本项目由深圳市宣传文化事业发展专项基金资助

景海峰 主编

RUXUE DE DANGDAI LILUN
YU SHIJIAN

儒学的当代理论
与实践

人民出版社

目　录

前　言 ·· 景海峰　1

汤一介先生的学术贡献 ······························· 郭齐勇　1

众望从今仰斗山
　　——怀念汤一介先生 ······················· 刘大钧　8

汤一介先生论儒学的复兴
　　——读《中国儒学史·总序》 ··············· 许抗生　11

汤一介先生儒学观初探 ······························· 蒋国保　21

人自我身心内外的和谐
　　——汤一介"普遍和谐"观的重要面向 ······· 陈　鹏　35

汤一介先生对中国哲学的哲学思考
　　——从范畴研究到哲学地思考中国哲学 ······· 王兴国　42

论汤一介先生的中国哲学史方法论思想 ··············· 高秀昌　46

略论汤一介对中国传统哲学范畴体系的研究 ········· 柴文华　张美玲　65

汤一介先生《周易》诠解述论 ······················· 胡士颍　73

汤一介《郭象与向秀》读后
　　——向、郭异同再商榷 …………………………………… 黄敏浩　85

汤一介先生的佛学研究 ………………………………………… 杨　浩　100

论汤一介道教研究的历史价值 ………………………………… 邓　妍　118

汤一介中西学术对话思想中的西方思想元素及其
　　对西方思想的态度 ………………………………………… 高中理　131

新轴心时代的展望
　　——从《瞩望新轴心时代》看世界秩序的重构 ………… 高瑞泉　138

"内在关系"论
　　——兼评汤师20岁时对金岳霖知识论之批评 ………… 张耀南　146

汤一介与海外中国学研究 ……………………………………… 徐　强　159

哲学与历史的融合
　　——本体诠释学的本体诠释与中国解释学的历史诠释 ……… 成中英　171

聚焦中国诠释学问题 …………………………………………… 洪汉鼎　181

中国经典诠释学建构的三个维度 ……………………………… 景海峰　205

建构第三期中华文明的经典体系与经学 ……………………… 吴展良　217

诠释学的存有学探源
　　——以"存有三态论"为核心的展开 …………………… 林安梧　236

从"接着讲"看中国哲学的分期和发展 ……………………… 金春峰　248

中华文化对第二个轴心期的应有贡献 …………………… 郭　沂　261

论先秦儒家的语言观与诠释观 …………… 李清良　周律含　274

试论儒家思想语境中的"无为" ………………………… 郑　开　289

心性论的主要问题与逻辑关系 …………………………… 强　昱　307

儒学传统的现代境遇 …………………………………… 胡　军　336

喻进与典范：从《关雎》之义的早期转变看经典意义的塑造…… 孟庆楠　348

"君子"、"小人"、"女子"及"与"之再辨析 ………… 张丰乾　358

四端之心
　　——孟子对德性理据性的追问 …………………… 匡　钊　378

孟子性善论及其意义 …………………………………… 于民雄　395

初探荀子礼乐论在哲学咨询领域之应用 ……………… 金汝珍　400

从《中庸》言"中和"看儒家的生活方式 …………… 柳向忠　410

关于老庄"道根"与"道本"问题的追问 …………… 李大华　424

从牛马之喻看天人的隔断与贯通 ……………………… 陈　静　440

学术与政治的深度紧张
　　——董仲舒《春秋》学的三大面相 …………… 王　博　456

舍人、盛览与西汉时期的儒学南渐 …………………… 张新民　467

再论魏晋玄学与儒道会通 ……………………………… 谢大宁　481

邢昺《论语注疏》所引王弼《论语释疑》考辨 …………… 黎业明 493

文中子的王道思想及其对朱陈王霸之辨的影响述论 ……… 李 强 500

唐宋道统说新考：容荀子等人及进出变化 ………………… 周炽成 515

湘学称谓的历史变迁及其内涵 …………………………… 王立新 541

元代科举之罢与蒙汉观念之"冲突" ……………………… 周春健 554

从"知行合一"看王阳明对孔子的继承和发展 ………… 欧阳祯人 568

湛甘泉的人格与境遇
　　——关于人生之命的一种思考 ……………………… 宁新昌 581

《湛甘泉全集》的整理出版与湛甘泉的《非老子》思想研究 …… 刘兴邦 597

王心斋的工夫理论探析 …………………………………… 谢群洋 609

方中通《哀述》诗释读 …………………………………… 张永义 626

王夫之《未济》卦阐发的几个思想维度 ………………… 张学智 642

清儒消解《孟子》良知良能申论 ………………………… 李畅然 657

略论《汉学商兑》的思想谱系与理学批评 ……………… 李 辰 671

康有为政治哲学的人性论基础
　　——以《孟子微》为中心 ………………………… 干春松 687

宗教·儒教·民间儒教 …………………………… 解光宇 宋冬梅 707

印度佛教心性论诘难 ……………………………………… 张广保 715

李退溪《天命图说》述论 ·················· 杨柱才 746

《正教真诠》和《天主实义》的关系初探 ·················· 问永宁 756

从诠释学看儒学民族化的进路和回族思想的核心理念·· 李 伟 潘忠宇 778

伊儒会通视域下明清回儒善恶观 ·················· 潘忠宇 于 兰 792

王阳明与冯友兰的道德观差异 ·················· 金周昌 803

文化坚守者与学问家的张力
　——以汤用彤为分析个案 ·················· 李兰芬 809

人道即天道
　——邹化政先生的儒家哲学研究 ·················· 李景林 815

附 录
汤一介思想国际学术会议论文集目录 ·················· 833

前　言

汤一介先生（1927—2014）是当代中国著名哲学家、哲学史家和新时期以来传统文化复兴的重要领军人物，在国内外学术界享有崇高声望，并有很大影响力。他在1984年南来深圳，创办了深圳大学国学研究所，为早期深大的人文学科建设发挥了重要作用。为纪念汤先生为当代中国哲学所作出的重要贡献，也为了缅怀这位深大的先贤，我们在他去世的当年，便创设了以他的名字来命名的"汤一介儒学讲座"和"汤一介人文奖学金"，以作为长久的纪念。"汤一介儒学讲座"在每年的秋季举办，邀请一位著名学者做主讲，发表与儒学相关的主题讲演，迄今已举办过三届。2014年度邀请了韦政通先生，2015年度邀请了洪汉鼎先生，2016年度邀请了郭齐勇先生，三次演讲活动均产生了很大影响。"汤一介人文奖学金"于每年的第四季度颁发，由深圳游艇会的刘德竣先生出资，奖励深大哲学系的在读研究生和本科生，每次10人，迄今也已经颁发了三届，共有30名品学兼优的同学获得奖励，亦取得了良好的社会效果。

在设立这些项目的同时，我们也一直想召开一个较大规模的学术讨论会，集中研讨一下汤先生的学术思想，为全面梳理他对当代中国学术所作出的贡献，推动汤一介思想的研究，做一些铺垫性的工作。经过一年多的筹备，这个愿望终于实现了，深大国学研究所于2016年12月上旬，在深圳举办了大型的学术会议，以"儒学的当代理论与实践——汤一介思想国际学术会议"为主题，邀约了来自两岸三地及美国、比利时、韩国、新加坡等国的120余名学者参加。在大会的开幕式上，刘洪一、王博、李中华、王守常、干春松等，分别代表深圳大学、北京大学儒学研究院、《儒藏》编纂中心、中国文化书院、中华孔子学会等单位致辞，充分表达了对汤一介先生的深切怀念和感激之情，而这些学术机构，恰恰都倾注了汤先生的大量心血。在大会的发言环节，来自海内外的著名学者成中英、陈鼓应、许抗生、刘大钧、洪汉鼎、金春峰、冯达文、刘笑敢、郭齐勇、卡戴琳、金圣基、张学智、高瑞泉、李景林、吴展良、郑宗义、林安

1

梧、陈少明、董平等，深情追忆了与汤先生交往的经历，从老一辈学者的民族危机意识、复兴优秀传统文化的艰苦历程、中国诠释学的建设与开展等多个方面，探讨了汤一介思想的当代价值和理论意义。在两天的分组讨论中，来自海内外的学者，分别围绕着汤一介学术思想研究、儒家典籍的整理编纂与思想研究、中国诠释学的建构与探索、近30年来的中国哲学思潮与人物、儒家思想与现代生活等议题，展开了深入的讨论。通过老中青三代学人的共同努力，这次国际学术会议取得了圆满成功，集中讨论了汤先生的学术，探讨了众多的当代儒学问题，也为后续的汤一介思想研究打下了重要的基础。

从本次会议的主题来看，在眼下探讨儒学的当代理论与实践问题是有着深刻含义的，因为儒学的复兴经过了二十多年的演进，已经由微渐著，面临着重要的关节点，当代的儒学研究已然进入了一个新的时代。如果我们把儒学在新文化运动中遭遇顿挫之后、从现代文化的语境和背景再出发的历程梳理一下，这大致经过了三个时期。

第一个时期是对现代性的全面拥抱。在经历了一系列的历史创痛和文化选择之后，中国走上了一条向现代化迈进的道路，如何向西方学习以应对西方的挑战，成为了时代的主调。一个世纪以来，现代主义者对儒家思想发动了大规模的批判，进行了各式各样的打击和改造，这种清算是带有根本性的。伴随着儒家文化所赖以生存的制度结构和社会土壤的惨遭瓦解与根本铲除，从经典系统到思维模式，儒学都陷入了有一搭没一搭的状况，像是随风飘散的浮云，已在若有若无之间。反传统主义者所着力打造的现代性神话，造成了现代与传统之间严重对峙的分割之局。在他们看来，只有现代性才能够创造自由的空间，使个体免于习俗、贫困和专制的奴役，从而获得精神上的解放；同时，只有迈向现代化才能够创造中国未来社会的繁荣与进步。而与现代精神不相契合的儒家传统，则造成了社会的衰败、大众的愚昧和国家的贫弱，是需要进行彻底检讨、批判，乃至于抛弃的。现代主义的这种二分方式可以说是随处可见，在现实生活中造成了强大的定势，影响所及，各种思想观念无不染上了它的印迹，人们对此早已经习以为常，乃至在中国当代的文化现象中仍显得盘根错节，至今还牢牢地占据着许多人的头脑。

第二种形态是调和式的，走的是中西会通的道路，这个时期与现代主义的形态有交叉和重叠的地方，是一个由远及近、由弱转强的过程，在一定程度上，中西会通已经渐渐地成为了现时代的主流形式。譬如现代新儒家群体，从熊十力到牟宗三，基本上都是走中西融合的路子。他们对现代主义者持一种批评的态度，认为其一边倒的选择显得过于简单化了，因而强调中西方的融合。在这调和的一派看来，西方文化有着许多值得肯定的地方，比如科学精神、理性主义的求知欲、理解和改造外部世界的力量、对个体生命的尊重及其制度创新的能力等，这些确实为儒家传统所不及，故需要大力地吸收。而西方文化中的个人主义、极度的物欲膨胀和畸形的消费观、对内对外的强力盘剥乃至导向军国主义，以及道德和精神性的衰退等，这些则是需要我们极度警醒和予以强有力拒斥的。而要想矫正这些方面的弊端，就需要调动传统的资源，坚守儒家的立场，乃至于回归到传统。发生在现代语境之下的调和主张，始于新文化运动时期，在随后的数十年中，它始终笼罩在现代主义的浓重阴影底下，只是到了晚近的 20 年，才独显峥嵘，渐入佳境，成为有着相当影响力的文化形态，也是达致了某种共识的、颇为流行的社会思潮。

第三个时期则出现了一种新的趋向，既不认同于现代主义，也批判以新儒家为代表的中西调和主张，而是选择或者创辟一条新的回归传统的路，我们姑且称之为批判的传统主义。这种思想主体性的转移，显然是在经历过现代化的洗礼之后的一种新的形式，它对现代主义并不陌生，也不简单地拒斥之，而是在现代性的泥淖里摸爬滚打了一番之后，想要抖落一身征尘，可谓是曾经沧海、回首再望。批判的传统主义对现代主义做了很多深刻的检讨，认为现代科学的状况是受到理性主义者傲慢自大的损害，汲汲于外部世界的征服和人类社会的控制，而日常生活却严重地科层化和流于精英主义，人类普遍的精神性日渐萎靡。各种暴戾的现象层出不穷，理性之设计和安排则捉襟见肘、应对乏力。往往只掌握在少数人手中的政治和知识权力，反而可能成为对自然与社会施暴的渊薮。在主流文化形态以外的民间知识和传统智慧被彻底地边缘化。以科学和理性的名义，漠视其他方面的人类潜质，对生命的意义和日常生活方式，要么是关注得太少，要么是随意地规划与支配，人的存在成为各种力量的玩偶。批判的传统主义在面对现代性的姿态上，与主张调和的一派稍许相像，其理性的分析立场可以看作是对西方的情绪性拒斥的小小的调整。但他们并不瞩目于融合的方式，甚至不认同中西会通的说法，认为一个社会只能有一个主体，必须回归到自己的本真性。而这种本真性是基于特定的文明传统和特定的历史文化，其社会共同体的形成和所属成员的思想变化是有自身轨迹可循的，不因时代的改变和评价标准的游弋而彻底丧失掉其认同感。所以，儒家对其他文化的借鉴和吸纳，只是批判性地自我反省的辅助手段，而不是"以西化中"式的改变掉自身的主体性。虽然说文化形态的变化是必然的，但道路却不是固定和唯一的，在面对挑战之中的更新，就是于实践活动里找到最能够发挥其自身潜质的那种复兴方式。批判的传统主义相较于成熟的现代主义和中西会通派，可以说尚处在一种意识汇聚的状态之下，还不是那么的清晰和明显，因此在思想主张和学派表征上，还缺乏鲜明而又统一的特征，在当下的儒学实践中，其理解和表述也是各行其是、散乱无序的。

除了上述的三个时期或三种形态之外，在当代的儒学思潮中还有一个仿宗教的原教旨主义的想象，他们制造儒学的神圣性，将现代化放置在世俗的一边，从而形成了一种神圣与世俗的假想性对峙。如果说在西方的文化背景下，本来就有一个漫长的以基督宗教为主体的神圣系统，追求超越，想象以彼岸来拯救现实，而启蒙的发生则打破了这种信仰的独断，迈入了所谓"世俗时代"；那中国文化的历史发展却并不存在类似的转折，没有一个像查尔斯·泰勒所说的"大脱嵌"（the Great Disembedding）的发生，因为儒家传统从来都不追求否弃现实的超越性，是故将西方社会神圣与世俗的二元对立简单地移植到儒家的身上，只能说是一种观念的错置。儒家的现实主义本质接近于所谓的世俗性，但它又不是与神圣性二元对立的那种境况，如果硬要用西方的对列格局之框架来解释，那就是融神圣于世俗当中，以世俗来显发神圣，既世俗又神圣，即凡而圣。所以，我们没有必要非得用西式的宗教来比附和装扮儒学，硬要制造出一个不伦不类的现代儒教来，然后再拿腔拿调地以儒教的口吻来言说现代社会的事情，什么教主、圣裔，曲阜为"圣城"之类，这不是显得很滑稽么？尽管以塑造儒教的方式来否弃现代主义、批判中西调和的，只是一小部分人，但这种极端的主张颇能够引起人们的注目，也潜藏了很大的危险，可能将儒学的现代复兴引向死胡同。

这些不同的形态在当代儒学的理论与实践活动当中可能都有所表现，只是倚轻倚重，乃至杂糅交错，形成了非常复杂的阵势，往往让人虚实难辨，故留下很多疑惑。所以，如何从理论上来归纳、辨析和探讨这方面的问题，便成为当前儒学研究的重要任务。本次的儒学会议即是直面当下，学者们所提交的论文对当代儒学发展的理论和实践层面都有所观照，并且提出了很多新的想法，有些观点颇具启迪意义。在大会圆满结束之后，我们从会议的90余篇论文当中挑选出了约三分之二，经过修订和编排，交由人民出版社正式出版。有些已经发表或将要在报刊上发表的论文，一些没有来得及完成或未及修改的论文，或者仅有大纲、体例尚不完备的论文，这次就没有纳入本论文集，这是需要特别说明的，也请与会的代表能予以谅解。

　　深圳大学国学研究所主持的国际儒学大会，已经连续举办了五届，这一起始于 2012 年的大型学术活动，得到了很多人的关心、支持和帮助。我们要特别感谢深圳市宣传文化事业发展专项基金的资助，作为基金项目，这个国际会议自始至终得到了深圳市各方面的大力支持和帮助，特别是王京生、韩望喜、王跃军、杨建诸位先生，关注与助力尤多。深圳大学的校领导和各部门也全力给予了指导与配合，使会议能够在繁杂的筹备事务与运作过程中一路畅行。国学研究所的诸位同仁，在参与会议准备和操持会务的全过程中，所付出的辛劳与努力，更是一言难尽，正是在这共同事业及学术目标的推促下，我们的同事之情和团队向心力得到了极大的凝聚与巩固，这也是大家在做完了这件事情之后最值得珍视与回味的果实。这五年来，就读于深大国学所的几十位研究生，前后相续，或多或少都参与了会议的服务和接待工作，这一方面保障了会议的正常运作，同时也开阔了他们的眼界，并且得到了锻炼，在读研阶段也算是留下了一段难忘的记忆。当然，这个国际儒学会议能够持续地举办，并且取得了丰硕成果，主要还是得益于海内外众多学者的大力支持，如果没有他们的积极响应和倾力襄助，这一业绩的取得是不可能的。所以在这里，特别要对所有关心、支持和帮助过我们的朋友说一声谢谢，感谢你们多年来的付出与友情，同时也要感谢人民出版社对会议论文集出版所给予的持续而有力的支持。

景海峰

2017 年端午节于深圳湾畔

汤一介先生的学术贡献

郭齐勇

汤一介先生（1927—2014）是我国当代著名哲学家、中国哲学史家、教育家。他学而不厌，诲人不倦，深思力行，著作等身，为弘扬中国文化与中国哲学而操劳了一生。笔者谨以此文深切悼念汤先生，缅怀他的学术贡献。

汤先生有很强的问题意识，一生致力于中国传统哲学的深度发掘、创造性转化与创新性发展工作，为中国哲学的精华在当代中国与世界之可能的贡献不懈陈辞，大力推动了中国哲学的世界化与世界哲学的中国化，推动了儒释道、中西马的互动。在传统与现代、中国与西方，古今中外大的学术文化思潮的碰撞交融及当代世界文明对话的过程中，汤先生是有心人，立足学术，以文化自觉与文化自信，以健康开放的心态、深度的同情理解、内在的自我批评，继承并超迈前贤，力求做到对中国传统哲学的完整准确的理解与创造性的诠释，经世致用，推陈出新。

汤先生继承并弘大乃父用彤先生的学术传统，在魏晋玄学、早期道教史、佛教、儒学、中国文化与哲学、中西文化与哲学之比较等领域都作出了深入的、精专的微观与宏观研究，有独到见解与较大贡献。

在魏晋玄学领域，汤先生以郭象为纽结，着力于玄学本体论及其范畴的研究。他指出："魏晋玄学是指魏晋时期以老庄思想为骨架企图调和儒道，会通'自然'与'名教'的一种特定的哲学思潮，它所讨论的中心为'本末''有无'问题，即用思辨的方法来讨论有关天地万物存在的根据的问题，也就是……形而上学本体论的问题。"① 在这一研究领域中，先生的特点是：(1) 资料先行，个案为基础。竭泽而渔，吃透有关郭象及玄学的所有材料并予以细腻的梳理。(2) 以哲学问题与范畴系统为骨架。他的专著《郭象与魏晋玄

---

① 《汤一介集》第 2 卷，中国人民大学出版社 2014 年版，第 12 页。

学》①之方法学的原则是逻辑与历史统一的方法论。该著的优长恰恰在于揭示了《易》、《老》、《庄》三玄，特别是魏晋玄学的体用、本末、有无、动静、言意之辨，特别是"知"与"无知"、圣人可否"学致"、"外资"与"独化"、"入世"与"超世"、"自然"与"名教"、"无待"与"有待"等问题。这里有一个背景：本书出版的1983年前后，汤先生与张岱年、冯契、萧萐父、陈俊民、方克立等先生一道，推动了全国中国哲学史学界的范畴与问题史研究。(3)小中见大，前后贯通，透过郭象把握整个玄学思潮及其发展脉络。他重视剖析每位思想家内在的矛盾与紧张，又把围绕魏晋玄学中心问题而展开的各位思想家之间的逻辑联系清理出来。他把郭象与正始时期的何晏、王弼，竹林时期的嵇康、阮籍、向秀，以及同为元康时期的裴頠等人的学术异同梳理得清楚明白，并论证了郭象如何下启东晋的张湛，彼此间的理论联系。他尤其能通过郭象哲学探寻儒道之间的真实关系，以"游外以弘内"、"无心而顺有"统一内圣与外王、个体精神自由与社会伦常。(4)汤先生当时的这一研究仍不免有时代印痕，受黑格尔哲学史观的影响过重，而他日后努力修正、弥补这些缺憾，对玄学的人生哲学、精神境界与方法有了更深的体验。

在早期道教史领域，汤先生于1988年出版了《魏晋南北朝时期的道教》一书，以后更名为《早期道教史》，续有补充修订，现为《汤一介集》第三卷。他着力对中国本土的宗教——道教的创立与早期发展、最基本的教义、主要的经典与代表人物的思想做了深入的研究，特别对《道德经》、《太平经》、《老子想尔注》、《老子河上公注》等经典，对葛洪、寇谦之、陆修静、陶弘景、成玄英等思想家的分析尤为精到。诚如作者在2012年的新版自序中所说：他在20世纪80年代即区分了"宗教"与"迷信"，肯定宗教对人类社会生活，对人的心理与精神需求的意义；他论证了道教成为一种完整意义上的宗教，经过了两三百年的时间，其间形成了该教的理论、教规仪式、经典系统、神仙谱系与传授历史；他注意到道教不仅与道家思想密切相关，而且与儒家社会政治理论有不可分割的联系，同时大量吸收了印度传来的佛教的思想与教规；注意到道教与民间信仰的紧密联系；对道教特有的概念，如"道"、"气"（元气）等做了多层次、多角度的分析，努力揭示其内涵，没有简单地扣帽子。他肯定东晋葛洪对道教理论的贡献，很重视北朝寇谦之、南朝陆修静、陶弘景在建立斋戒轨

---

① 修订扩充后，现为《汤一介集》第2卷。

仪、道教组织与神仙谱系方面的重大作用。在研究葛洪成仙理论的影响时，汤先生指出，宗教哲学与一般哲学所讨论的问题与表现形式是不同的，如用一般哲学史上的问题来要求宗教中的哲学问题，就会抹杀宗教的特点。例如葛洪实际提出的是成仙是否可能、如何才能成仙、神形关系和个体与整个宇宙的关系问题，这不是一般哲学问题，但正是道教必须回答的理论问题。关于唐初成玄英的重玄学，先生认为，成玄英深受佛教三论宗的影响，促进道教理论精细化、系统化，开启了"内丹学"，从而使"内丹学"与"外丹学"成为道教不可或缺的两个重要部分。他认为重玄学实开宋代理学心性论的先河。先生从总体上认为，道教从一个侧面反映了中华民族文化的特点，通过道教可以使我们了解我们的民族心理、宗教信仰和思维方式，了解我们的传统科学技术、医药卫生发展的道路及其缺陷所在。他同时分析了道教的理论与实践上的内在缺失。

在佛教领域，汤先生谦虚地坦承自己受主客观条件的限制，特别是没有系统研读佛经，没有学习梵文与巴利文，缺乏进一步深入探究的基础。这是他对自己的严格要求。实际上，他对魏晋到隋唐的佛教哲学资料的理解很有深度，诠释非常精到。我们从他 1999 年出版，尔后又补充增订的《佛教与中国文化》一书（现为《汤一介集》第四卷），可以发现他在佛教哲学义理与佛教史的研究上，有不俗的成就，可圈可点。先生在佛教传入、魏晋南北朝时期的佛教及其与儒、道、玄学的关系、僧肇《肇论》的哲学意义方面，在隋唐以来的中国化佛教宗派天台宗、华严宗、禅宗哲学要旨及儒释道"三教归一"方面，在普林斯顿大学所藏《碛砂藏》等佛教典籍考订及《心经》的解读方面，极深研几，创见叠出。汤先生是哲学家，他深入到佛教哲学的深层，对华严"十玄门"与禅宗"明心见性"说有透彻的领悟与哲学的诠释。汤先生善于提出问题、思考问题、回答问题。从印度佛教传入中国，到中国化佛教宗派的形成，到宋明理学的产生，汤先生思考了"文化的双向选择"问题。一方面，中国文化不断吸收印度佛教文化而极大地丰富了自己；另一方面，中国文化的"入世"精神却没有被"出世"思想所改变，"相反，佛教在中国的发展却越来越走向世俗化，而认为在日常生活中就可以实现成佛的理想，'挑水砍柴，无非妙道'。因此，只要前进一步，'事君事父'也可以成圣成贤，这正是宋明理学（儒学的发展）可以在中国取代佛教的根本原因。这就说明，印度佛教传入中国后，在长期的历史发展过程中为适应中国社会和中国文化的要求而不得不变形"①。汤先生提出并回答了为什么其他佛教宗派先后衰落而禅宗影响越来越大，终至一家独秀的问题，究其根本原因，是禅宗较好地吸收了儒道重要思想，真正中国化了，而与印度佛教不同。宗杲禅师所谓"世间法则佛法，佛法则世间法"，表明禅宗不再否定"孝养父母"等，而禅师则表白，"爱君忧国之心与忠义士大夫"相同。荷兰皇家科学院院士施舟人教授曾向汤先生提出问题："为什么在中国历史上几乎没有因宗教思想的原因发生过战争？而其他国家、民族、地区在历史和现实中常有因宗教思想的原因发生过这种或那种的宗教战争？"汤先生研究后认为，原因是儒、释、道之间虽有矛盾冲突，但仍能共存共荣，并从内部提出"三教归一"、"万善同归"等思想协调三教关系。这"或许对治理今日世界的因宗教思想文化的不同引起种种战争的乱象有所贡献"②。

在儒学领域，汤先生在宏观上及重要的命题上做了深入探讨，这与他在前三个领域是个案基础的断代思潮史的研究有所不同。汤先生的学术兴趣，原在道、佛与玄学，他1983年在哈佛大学做访问学者时及在以后的交往中，深感外国学者、世界哲学界更关注中国的儒家思想，此后为了学术对话与沟通，开始关注儒学，经常思考儒学对我们今日人类社会的健康、合理发展可以在哪些方面有所贡献。二十多年来，他在中外学术刊物上发表的多篇儒学研究论文，于2009年辑成论文集《儒学十论及外五篇》，晚年又有增补，更名为《在儒学中寻找智慧》一书，现为《汤一介集》第五卷。他关于儒家的论说并不只限于这本书，实际上，在他晚年辑成的《思考中国哲学》、《面对中西文化》等书所收的诸论文中，儒学都是其中最重要的内容。他的讨论围绕儒学与现代化的关系这一中心，涉及儒学与中华民族的复兴、儒学第三期发展、儒学中的真善美问题、新轴心时代儒家思想的定位、儒家伦理与企业家精神等问题，尤其是重点阐发了"天人合一"、"知行合一"、"情景合一"、"普遍和谐"、"内在超越"、"内圣外王"、"和而不同"、"礼法合治"等命题。他的研究还涉及《周易》、郭店楚简的性情说与韩国李朝大儒南冥的思想等。他认为，儒学仍然影响着我国现代生活的各个方面，还有生命力。儒学的现代化，是对儒学做现代的解释，使它在现代社会中的某些方面发挥作用，并加入现时代的世界学术文

---

① 《汤一介集》第4卷，中国人民大学出版社2014年版，第8页。

② 《汤一介集》第4卷，中国人民大学出版社2014年版，第214—215页。

化之中。他认为，儒学的"外在超越"不够，没有独立的认识论体系，应吸纳西学来补充、丰富自己。他晚年在《论儒学的"普遍价值"问题》、《儒家思想及建构性的后现代主义》等文中，发掘儒学的普遍价值，认为儒家的"仁爱"及"和而不同"、"天人合一"、"克己复礼"的思想中，包含着并可创造性转化为现代世界特别需要的，人与自然、人与社会、人与人相接相处的普遍之道，在"关心他人、尊重差异"的第二次启蒙中特别有优势，而且"仁""义""礼"可以与现代人权观念相沟通。

在中国文化与哲学领域，汤先生全方位地讨论了"传统中国文化很可能对人类社会作出划时代的贡献"的问题，包括中国的儒道文化可以让文明不再冲突等内容。2012年底，他把近30年的相关论文辑成《思考中国哲学》一书，系《汤一介集》第6卷。透过这本书，我们不难领悟先生思考传统中国社会文化与哲学的现代转型问题的慧解。他对传统哲学范畴体系、阴阳五行观念与中国医学做了细致的探索，对五四运动与现代哲学做了深刻的反思，从20世纪八九十年代起，就考虑如何走出中西古今之争，而走向融会中西古今之学，提倡走"反本开新"之路。他主张"接着讲"，促使中西马融合，让中国文化在传统中创新。关于中国哲学的理论体系，汤先生指出，由"天人合一"及其派生的"知行合一"、"情景合一"，以及由这些基本命题所表现的思维模式"体用一源"，可以引发出中国传统哲学的三套相互联系的基本理论来，这就是"普遍和谐观念"、"内在超越精神"、"内圣外王之道"。这三套理论是从三个方面来表现中国传统哲学的理论："普遍和谐观念"是中国哲学的宇宙人生论；"内在超越精神"是中国哲学的境界修养论；"内圣外王之道"是中国哲学的政治教化论。这三套理论就构成了中国传统哲学的理论体系。从这三套理论中，我们不仅可以看出中国传统哲学的价值，同样也可以认识到中国传统哲学的问题所在。1998年至2000年，他写了四篇论文，创造性地提出"建构中国解释学"问题，成一家之言。他梳理中国解释经典的历史，指出中国历史上主要有三种解释经典的方式，即以《左传》对《春秋经》的解释为代表的叙述事件型的解释，以《易传·系辞》对《易经》的解释为代表的整体性哲学的解释，以《韩非子》的《解老》、《喻老》对《老子》解释为代表的社会政治运作型的解释。此外，还可以找到其他的解释方式，如《墨经》中的《经说》对《经》之字义或辞义的解释等。他还以僧肇注《道德经》为例，讲解中国经典注释的知识系统。"解释问题"对中国文化、哲学、宗教等有十分重要的意义,汤先生的意图是,运用西方解释学理论与方法,对中国注疏经典的传统做系统研究,发现其同异,最后建立一种不同于西方的"中国解释学"。

在中西文化与哲学之比较领域,汤先生高屋建瓴,以中国智慧参与世界性对话,批评美国学者亨廷顿的《文明的冲突?》,并对中西印文化的跨文化对话作出了示范。他的相关论文收入《汤一介集》第七卷《面对中西文化》一书。汤先生分析了中国文化如何从传统走向现代及从中国走向世界的问题,肯定中西文化交流对话对双方的积极意义,思考"文化热"与"国学热"。汤先生认为,西学的冲击使中国学人对自身文化有了自我反省的机会,唤起了我们的"文化自觉",使我们逐渐知道应发扬什么,抛弃什么,吸取什么,"因而在这百多年中,我们中国人在坚守中国文化主体性的条件下努力学习、吸收和消化'西学',这为中国文化从传统走向现代奠定了基础"①。他指出,"国学热"的兴起,"预示着中国人的一种'文化自觉',强调自身文化的主体性,追求把中国文化的发展扎根在自身的文化基础上"②。他强调,他对亨廷顿的评析,主要是用儒家的"和而不同"等观念批评美国的"霸权"。他还以他深厚的学养,把老子、孔子、庄子的思想与西方的黑格尔、康德、谢林的思想做了比较,提出了西方哲学主要是要建立一完满的知识系统,而中国哲学则是在追求一种内在人心的精神境界。他与法国学者李比雄、汪德迈的对话,意义深远。

汤先生的学术思想博大精深,笔者限于学识,管窥蠡测,对他的述评难以全面、中肯,恳请方家不吝赐正。笔者曾在多文及不同场合指出,汤先生不仅是一位醇儒、学者,而且是具有卓越学术组织能力的学术领袖,他以多元开放视野与学术敏感,开风气之先,力辟新域,以心血与生命做了大量的文化传承积累与发展创新的实际工作,创办了中国文化书院等机构,积极开展对外交流,费心组织高端学术会议与讲习班,邀请诸多国外境外学者出席并讲学,主持《儒藏》编纂,组织西学东渐史、中国儒学史、经学史、儒释道三教交融史等丛书的编写等。他是人师,培养了大量德才兼备的中国哲学史研究的英才。汤先生的贡献绝不应限于他的文字著述,他还有文字语言之外的精神遗产,主

---

① 《汤一介集》第7卷,中国人民大学出版社2014年版,"自序"第1页。

② 《汤一介集》第7卷,中国人民大学出版社2014年版,"自序"第2—3页。

要是实践精神。他是一位知行合一、言行一致，内圣与外王、做人与做学问并重，有理想追求与理想境界的大师！他把全幅生命与精力奉献给了中国哲学创造性发展的伟业，是我们后辈的楷模！

（作者简介：郭齐勇　武汉大学国学院）

众望从今仰斗山

——怀念汤一介先生

刘大钧

1983 年，在加拿大蒙特利尔第十七届世界哲学大会上，汤一介先生提出中国哲学的主题是天人合一、知行合一、情景合一，是对真善美人生境界的追求。在当时的环境下，汤先生这种提法为中国哲学研究开辟了一个新方向。同时，在这次会议上，汤先生首次提出了马克思主义和儒学的融合问题，引起与会学者的震惊和热烈的回响。今天，它已变为备受关注的当代学术研究课题，显现了汤先生对现代学术重大问题的卓识和远见，这也是汤先生三十多年来呼唤"自由即创造力"的又一实例。

汤先生仙逝后，我在悲痛中约金春峰先生写一篇纪念汤一介先生的文章。不久，金春峰先生就寄来了他怀着深深师生之情写的纪念文章《自由即创造力——汤一介先生的学术风范》，此文 12000 余字，发表在《周易研究》2014年第 4 期。文中对汤先生一生的学术活动做了精彩的回顾总结和辨析。在此，我想将此文介绍给诸位，使诸位学术界的朋友们以此可更好地了解汤先生一生的学术境界和学术历程。

改革开放以后，万象更新，汤先生一直非常关心在改革开放的大潮中，作为五经之首、大道之源的《周易》的研究发展状况。1983 年，我与汤先生相识。1987 年夏，在美国圣地亚哥参加国际中国哲学年会期间，我们又进一步熟识。之后，我们一直保持着密切的联系。每次进京，我都会抽空前去拜访汤先生，只要无特殊情况，汤先生都会留下我用餐。至今我还清楚记得乐黛云先生烹制的南方精美小菜，三个人以茶代酒，每次都谈得非常尽兴。当时正是我创办《周易研究》学刊、召开"国际周易学术研讨会"，开展易学研究事业的起步阶段，通过那些交谈，使我从汤先生的身上获得了今天所说的"正能量"，深深感到古人所云"精义入神，吉祥至止"的真旨。山东大学易学研究中心举办的历次学术会议，汤先生都给予了大力的支持。对于每次易学研讨会的主题及所邀代表，汤先生会详加指点和帮助。我们中心以接续传统易学即象数易学为研究宗旨之一，其中自然要涉及对筮法的探讨，然而出乎意料的是中心的工作为此遭到了某些学者的打压。对此，汤先生说：我看到冯友兰先生在给1987年首届国际周易学术研讨会的贺信中说，"研究《周易》当然以《周易》哲学为主，但《周易》本是一本卜筮书。《周易》的哲学思想有些与筮法有关。因此，对筮法也要作调查研究工作"。汤先生又说：学术者，乃天下之公器，非一人所私有，有不同的学术见解是正常的，但不可以用非学术的手段打压异己。汤先生还提出，我们应从学术学理上展开对易学的全面深入研究，建议我们建立《周易》解释学。

不久，汤先生寄来了《关于建立〈周易〉解释学问题的探讨》的文章。此文发表在《周易研究》1999年第4期。汤先生在文中说："《易经》六十四卦是一个整体性的开放系统，它的结构形成为一个整体宇宙的架构模式。这个整体性的宇宙架构模式，是一生生不息的有机架构模式，故曰'生生之谓易'。世界上存在着的事事物物都可以在这个模式中找到它——相当的位置。所以《系辞》说，《易经》'范围天地之化而不过，曲成万物而不遗'。在宇宙中存在的天地万物之所以如此存在，都可以在《易经》架构中找到它如此存在的道理，此即'天下之理得而成位乎其中矣'。因此，'易与天地准，故能弥纶天地之道'。它既包含实际存在的天地万物的道理，甚至还包含虽未实际存在，而可能显现为现实存在的一切事物的道理。"其后，我们又在《周易研究》2000年第3期发表了金春峰先生的《帛书〈系辞〉反映的时代与文化》，我认为金先生此文是对汤先生前文的响应与补充。

2000年，山东大学易学与中国古代哲学研究中心被批准为第一批（全国只有十三个）教育部人文社科重点研究基地。汤先生来函热烈祝贺。不久，我们又与山大哲学系联合申请中国哲学博士点，以高票喜获成功。作为评审专家，汤先生和方立天先生、蒙培元先生冒着大雪，来济南参加山大中国哲学博士点的第一次专家论证会，并讨论第一批博导资格的认定。当时山东大学校长潘承洞教授亲自到火车站迎接。在论证会上，汤先生对我们主办的刊物《周易研究》和历次召开的学术会议及研究成果给予了极高评价。

2003年，汤一介先生任《儒藏》总编纂。我闻之后，立即撰联以贺之：

> 轻装依旧携琴鹤；
>
> 众望从今仰斗山。

汤先生与我通电话，让我们中心作为与北大签约参与儒藏项目的第一个学术单位。当时，北大分管文科的张副校长请我吃午饭，汤先生亲自陪同。我说："你冒雪到我们学校参加……"不等我说完，汤先生便说："那不一样，你们博士点是你们一个学校的事，编纂《儒藏》是全国各高校共同努力才能做好的工作，你作为第一个签约单位的代表理应受到重视。"

2005年，我中心拟整理近百年的易学论文资料，汤先生闻之非常高兴，并说这些吃力不讨好的基础资料整理非常重要，极有价值，还建议请饶宗颐先生为此巨著题名。为此，汤先生亲自写信给饶先生。不久，饶先生寄来亲笔回信，并欣然为《百年易学菁华集成》题写了书名。

自1987年以来，回忆我们中心在学术上走过的每一重要历程，都有汤先生的关怀、鼓励与帮助。他的人品、气象与风范生动地诠释了中国传统文化中儒者的"大当"精神。明胡直《衡庐精舍藏稿》云：

> 古之为师，以学不厌、教不倦为分，以得天下英才教育之为乐，而它未皇，此大当也。古之为士，以仁义礼智根心生色，睟面盎背，四体不言而喻为所性之存，而它未皇，此大当也。故古之儒务当其大当以该其小当，虽有小弗当，弗暇恤也。①

我以为先儒胡直此段有关"大当"的言论，当是对汤一介先生为人、处世与治学的最好评价与总结，故引之以为此篇纪念汤先生文字之结语。

（作者简介：刘大钧　山东大学周易研究中心）

---

① 《胡直集》下册，上海古籍出版社2015年版，第590页。

汤一介先生论儒学的复兴

——读《中国儒学史·总序》

许抗生

　　汤一介、李中华先生主编的《中国儒学史》，其书的"总序"是由汤一介先生亲自撰写的一篇长序。"总序"比较全面系统地阐说了汤一介先生对儒学在当代复兴的一系列重要问题的看法和观点，对我们复兴儒学有着重要的意义，是汤一介先生留给我们的一份宝贵的文化思想遗产。

　　"总序"共分四大部分：第一，儒学与中华民族的伟大复兴；第二，儒学与"普遍价值"问题；第三，儒学与经典诠释；第四，儒学与外来文化的传入。这四大部分的内容涉及复兴儒学的方方面面，诸如儒学与中华民族复兴的关系、儒学有没有"普遍价值"的问题、儒学与现代社会核心价值观的联系、儒学经典如何诠释的问题，以及儒学与外来文化的冲突与融合的问题，等等。所有这些都是当代复兴儒学所面临的重大的理论问题，汤一介先生对这些问题，皆做了十分深刻而精辟的分析与解答，确是我们后学们应当认真学习与很好领会的。近日我又重读了"总序"的全文，深感获益匪浅。为了较好地领会汤先生的思想，我认为可以把"总序"的思想，概括成两个问题来加以阐发：一是为什么要复兴儒学，二是怎么样来复兴儒学。

一、为什么要复兴儒学

　　为什么要在当代复兴儒学呢？这很清楚，就是为了中华民族复兴大业的需要。汤一介先生说："民族的复兴必然与民族文化的复兴相关联，而'儒学'在我国历史上曾居于主流地位，影响着我国社会生活的方方面面。因此，儒学

11

的复兴和中华民族的复兴是分不开的，这是由历史原因形成的。"① 民族的复兴与民族文化的复兴是分不开的。而中华民族文化在我国历史上，儒学曾居于主流地位，深刻地影响着我国社会生活，因此，中华民族文化的复兴，首先应当是儒学的复兴，这是由历史原因所造成的。汤先生又说："儒学自孔子起就自觉地继承夏、商、周三代的文化，从历史上看它曾是中华民族发育、成长的根，我们没有可能把这根子斩断。如果我们人为地把中华民族曾经赖以生存和发展的根子斩断，那么中华民族的复兴就没有希望了。"② 儒学自孔子起就自觉地继承上古三代的文化，从历史上看，它成为中华民族赖以生存与发展的根，从这根上开出了光辉灿烂的中华民族的文化，这个根是不能斩断的，如果斩断了这个根子，"那么中华民族的复兴就没有希望了"。可见中华民族的复兴与儒学的复兴是密切联系在一起的。

汤一介先生更从世界文化发展的视角考察了儒学复兴必要性的问题。汤先生说："当今世界处于全球化的形势下，人类社会面临的是一个大变动的时代，正因为在这人类社会处于全球化的时代，各国、各民族在政治、经济、文化诸多方面处在错综复杂、矛盾重重的关系之中。人类社会如何从这种复杂的矛盾关系之中找出一条路，在进入第三个千年之际，世界各地的思想界出现了对'新轴心时代'的呼唤，这就要求我们更加重视对古代思想智慧的温习与发掘。回顾我们文化发展的源头，希望从人类的历史文化智慧中找出一条能使世界走上健康合理的'和平与发展'道路，这无疑是各国人民所希望的前景。"③ 这就是说，当今世界的现代化、全球化，一方面促进了各国经济文化的学习与交流，另一方面则加深了现代工业文明的危机，使整个世界处于错综复杂的严重的矛盾之中，那么当今世界的出路在哪里呢？为了探寻这一出路，世界各地的思想界出现了对"新轴心时代"的呼唤。关于轴心时代的思想，首先由德国思想家雅斯贝尔斯提出。他认为，在公元前500年前后，在世界上出现了第一次文化繁荣时期，诸如在古希腊、以色列、印度、中国、古波斯的地域，皆出现了不少伟大的思想家，形成了各种不同的文化传统。雅氏则把这一文化发展的时代称之为"轴心时代"。汤一介先生引用雅氏的话说："人类一直靠轴心时

---

① 汤一介主编：《中国儒学史·两汉卷》，北京大学出版社 2011 年版，第 1 页。

② 汤一介主编：《中国儒学史·两汉卷》，北京大学出版社 2011 年版，第 1 页。

③ 汤一介主编：《中国儒学史·两汉卷》，北京大学出版社 2011 年版，第 3 页。

代所产生、思考和创造的一切而存在，每一次新的飞跃都回顾这一时期，并被它重新燃起火焰。自那以后，情况就是这样。轴心期潜力的苏醒和对轴心期潜力的回忆，或曰复兴，总是提供了精神力量。"① 由此可见，既然人类一直是靠着轴心时代所产生、思考和创造的一切而存在、而发展，那么人类历史上每一次飞跃，都要回顾这一时期，"被它重新燃起火焰"，也就是说都应复兴这一轴心时代的思想。当今世界正处在又一次文化飞跃的时期，正寻找一条新的出路从而能解决掉现代工业文明的危机，这就要求我们重新回顾轴心时代的思想，从中找出发展出当今时代需要的新文化。这就是要我们复兴古代轴心时代的文化，也就是世界各地思想界所呼唤的"新轴心时代"的到来。为此汤先生发问说："在人类社会进入新千年之际，人类文化是否会有新的飞跃呢？雅斯贝尔斯为什么特别提到中国、印度和西方对轴心期的回忆，或曰复兴的问题呢？这是不是意味着，中华文化有一次复兴的机会呢？我认为，答案应当是肯定的。"② 我们应当呼唤"新轴心时代"的到来，实现人类文化的新飞跃。复兴我中华文化，复兴我中华文化中的主流文化——儒学，应成为世界"新轴心时代"文化的一个重要的组成部分。我们应当为之而努力。

以上汤先生论证的是儒学复兴的必要性和迫切性，至于儒学复兴有没有实际可能性呢？这就要看儒学本身中存不存在当代社会发展所需要的思想资源了。那么儒学中究竟有没有这些资源呢？汤先生的回答是十分肯定的。汤先生说，儒学指其学术思想的传统，包括它的世界观、思维方法和对真、善、美境界的追求等等，虽不能说儒学可以解决人类社会存在的一切问题，但儒学在诸多方面可为人类社会提供有意义的、较为丰厚的资源是无可否认的。对此，汤一介先生认真地分析与挖掘了儒学中的这些思想资源，说："在二十一世纪初，我国提出建设'和谐社会'的要求，这将对人类发展的前景十分重要，并对人类社会健康合理生存产生深远影响。我们知道，'和谐'是儒学的核心概念，在我国传统儒家中包含着'和谐社会'的思想资源。"③ 接着汤先生分析了儒家思想中诸如"大同思想"、"礼之用，和为贵"的思想、"和而不同"的思想、中和与太和思想等，并认为所有这些包含在儒学经典中的和谐思想，为中

---

① 汤一介主编：《中国儒学史·两汉卷》，北京大学出版社 2011 年版，第 3 页。

② 汤一介主编：《中国儒学史·两汉卷》，北京大学出版社 2011 年版，第 4 页。

③ 汤一介主编：《中国儒学史·两汉卷》，北京大学出版社 2011 年版，第 13 页。

国哲学提供了一种对人类社会极有价值的世界观与思维方式。更可贵的是，儒家这些"和谐"思想，对当今时代所存在的种种严重的矛盾和问题，可以提供一条解决的思路。汤先生说："当前人类社会需要解决，甚至今后还要长期不断解决的'人与自然'、'人与人'（人与社会、国与国、民族与民族）、'人自我身心'之间的种种矛盾问题，无疑是人类要面对的最大课题。"① 为解决这一课题，儒家确实是可以提供不少思想资源的。对此，汤先生从三个方面做了具体的分析：（1）儒家"天人合一"（合天人）的观念将会为解决"人与自然"之间的矛盾提供某些有意义的思想资源。汤先生说："天人合一"作为一种世界观和思维模式，它要求人们不能把人看成是和天对立的，这是由于"人"是"天"的一部分，破坏天就是对人自身的破坏，人就要受到惩罚。因此，"天人合一"学说认为"知天"（认识自然以便合理地利用自然）和畏天（对自然应有所敬畏，要把保护自然作为一种神圣的责任）是统一的。在这里汤先生强调了"知天"与"畏天"相统一的问题，知天而不畏天，就会把天看成一死物，任人宰割，破坏自然界；畏天而不知天，就会把天看成外在于人的神秘力量，使人不能真正得到天（自然）的恩惠。所以天人合一思想，要求人应担当起合理利用自然，又负责任的保护自然的使命，从而帮助我们解决当代的"人与自然"的矛盾，克服"生态的危机"。（2）人我合一（同人我）的观念将会为解决人与人（人与社会）之间的矛盾提供某些有意义的思想资源。汤先生说"人我合一"，是说自我与他人之间存在着一种相即不离的内在关系。人（自我）是不能离开社会（他人）而存在的，所以儒家提倡仁学，孔子讲"仁者爱人"；《郭店楚简》说"亲而笃之，爱也；爱父其继爱人，仁也"；孟子更提倡"亲亲而仁民，仁民而爱物"。人不能脱离他人（社会）而存在。人要生存在世界上，人与人之间就应当互相爱护、相互协作、互相帮助，不然的话，人类就不可能生存与发展。所以说，人与人，国家与国家之间的协调和互相爱护的"人我合一"思想对建设"和谐社会"、"和谐世界"应是有意义的。（3）"身心合一"（一内外）将会为调节自我身心内外的矛盾提供某些有意义的思想资源。汤先生说"身心合一"，是说肉体生命与精神生命之间存在着一种相即不离的和谐关系。儒家认为达到"身心合一"要靠"修身"。确实达至身心的和谐，首先要靠"修身"。《论语·述而》说："德之不修，学之不讲，闻义不能徒，不善不

---

① 汤一介主编：《中国儒学史·两汉卷》，北京大学出版社 2011 年版，第 14 页。

能改，是吾忧也。""修身"就是"修德"，即道德的修养。《中庸》说："修身以道，修道以仁"。《大学》更提倡，"自天子以至于庶人，壹是皆以修身为本"。儒家倡导只有修身好了，才能做到"齐家"、"治国"、"平天下"，才能达至社会的和谐和世界的和谐。而"修德、讲学、徙义、改过"，是做人的道理，是使人得到自我身心内外和谐的路径，这就要求"修身"，以求得一安身立命处。从以上三个方面的分析论证中，我们确实是可以得出这样的结论：当今人类社会所遇到的问题，儒学可以为其提供某些有意义的思想资源，以促进问题的解决。这就是儒家思想可以在当代复兴的内在因素，内在的可能性。

儒家思想是中国古代的传统思想，它对古代中国社会有意义，同时它也对全球化下的当今社会有意义，在这里就有一个重要的理论问题，即有没有适合古今中外的"普遍价值"呢？对此，汤先生说："如果儒学能为解决'人与自然'、'人与人（社会）'、'人自身的身心内外'的矛盾提供某些有意义的思想资源，那么我们能不能说这些思想资源针对某些特定的问题包含着'普遍价值'的意义呢？我认为，这应是肯定的。"[1]汤先生并认为，必须承认世界上各不同民族文化中都有某些"普遍价值"的因素。"这是因为同为人类，必然会遇到需要共同解决的问题，在各种不同文化中都会有对解决人类社会遇到的问题有价值的资源。这些能解决人类社会所遇到的'共同问题'的有价值的思想资源，我认为就具有'普遍价值'的意义。"[2]在此，我们必须承认世界上各民族文化中皆有着某些"普遍价值"的思想。汤先生还认为，如果"不承认在各个不同民族文化中都具有'普遍价值'意义的因素，那么很可能走上文化的'相对主义'，认为没有什么真理，只能说'公说公有理，婆说婆有理'，这样在不同文化之间很难形成对话，很难找到共同语言，很难对遇到的共同问题的解决达成'共识'"[3]。可见承认各个民族文化中都具有"普遍价值"的存在，这才是各民族文化对话求得共识（"求同存异"）的基础；不然的话，就不可能对话，不可能找到共同语言和共识。我们承认各民族文化中皆有"普遍价值"思想的存在，但我们反对一些西方学者与政客所宣扬的"普遍主义"。在这一点上，汤先生特别加以了强调。汤先生说，我们讲的"普遍价值"是不同于

---

① 汤一介主编：《中国儒学史·两汉卷》，北京大学出版社 2011 年版，第 20 页。

② 汤一介主编：《中国儒学史·两汉卷》，北京大学出版社 2011 年版，第 22 页。

③ 汤一介主编：《中国儒学史·两汉卷》，北京大学出版社 2011 年版，第 20 页。

"普遍主义"的，所谓"普遍主义"，就是"把某种思想观念（命题）认定为是绝对的、普遍的，是没有例外的，而其他民族的文化思想观念（命题）是没有普遍价值，甚至是没有价值的"①。一些西方学者与政客宣扬的西方文化"普遍主义"，就是这样做的，他们鼓吹的是西方文化中心主义。这是我们要坚决反对的。

至于如何寻求不同民族文化中的"普遍价值"的途径问题，汤一介先生也做了探讨。汤先生提出了这样三个途径：(1) 在各民族文化中寻求原来就有的相同的或相近的有益于人类生存与发展的理念。例如不少民族文化中皆有的"己所不欲，勿施于人"的思想，"不偷盗"、"不淫秽"思想，等等。(2) 在各民族文化的不同理路中寻求"普遍价值"。例如中国儒家的"仁"，西方基督教的"博爱"，印度佛教的"慈悲"，虽然形式不同，出发点不同，甚至理路中也有差异，但却都具有"普遍价值"的意义。(3) 在各不同民族文化中创造出的某些特有的理念，往往也具有普遍价值的意义。例如我国儒家所提出的"和而不同（求同存异）"的思想，"天人合一"的思想，等等。确实，只要我们努力认真去寻求，各民族文化中的蕴含的"普遍价值"的思想，就会被挖掘出来，也就能在不同文化的对话中求得共同语言和共识。

与"普遍价值"思想相联系的另一个理论问题，即现代性社会核心价值与各民族传统文化中"普遍价值"的关系问题。现代性社会，即近现代社会，从其根源性上说，汤一介先生赞同严复所主张的是"自由为体，民主为用"的社会。汤先生说："对现代社会而言，自由是一种精神（包括自由的市场经济和个体的'人'的自由发展，因为自由是创造力），而民主从权利与义务两个方向使自由精神的价值得以实现。"② 在此，不用讳言，自由与民主来自西方的文化，但它有着"普遍价值"的意义，是近现代社会的核心价值。（汤一介先生说："我们可以把人类社会分成'前现代社会'、'现代社会'和'后现代社会'，如果用中国体用一源的观点看，我们是不是可以说'前现代社会'是以'专制为体，教化为用'类型的社会；'现代社会'是以'自由为体，民主为用'类型的社会；'后现代社会'是以'和谐为体，中庸为用'类型的社会。"当前我们正处在"现代社会"之中。）接着汤一介先生又说："任何思想体系都

① 汤一介主编：《中国儒学史·两汉卷》，北京大学出版社2011年版，第22页。
② 汤一介主编：《中国儒学史·两汉卷》，北京大学出版社2011年版，第28—29页。

会在其自身体系中存在着矛盾，任何制度在一时期都只有相对性的好与坏，自由、民主等等也是一样。"① 对此，汤先生指出，自由、民主对于人类进入"现代"是有着根本性意义的，"但不用讳言，自由经济却使贫富两极分化日益严重。特别是自由经济……将会引起经济危机和社会混乱。……因而出现了对'现代性'的解构热潮，这就是'后现代主义'"②。为此，人们正在寻求克服"现代性"弊端的途径。汤先生说："因此，我们可以设想中国的儒家思想是不是可以在接受自由、民主等现代性的核心价值的情况下，创造出不同于西方的道路，并为此补充某些新的内容，从而可以对消除'现代性'所带来的弊端起积极作用。"③ 汤先生举例说，诸如儒家的和谐思想、中庸思想、民本思想、宽容精神、责任意识等等，皆能起到这方面的积极作用，更何况"后现代社会"，很可能就是一种"和谐为体，中庸为用"的类型的社会呢！为此，汤先生的结论是："某些民族和国家的文化中不仅会有丰富自由、民主、人权的内涵的思想因素，甚至会存在着制约'自由'、'民主'、'人权'等等可能发生的负面作用的思想资源……也许在人类社会发展到后现代时，各个民族和国家文化中具有特殊价值的因素将会成为更重要的'普遍价值'的资源。"④

二、怎样来复兴儒学

如果说"总序"中的前两节"儒学与中华民族的复兴"与"儒学与普遍价值"，讲的是为什么要复兴儒学，探讨的是儒学在当代复兴的必要性与可能性的话，那么，后两节"儒学与经典诠释"与"儒学与外来文化的传入"，可以说主要讲的是怎样来复兴儒学，即要通过对儒学典籍的重新诠释和吸收与融合外来文化的途径来复兴与发展当代儒学。

怎么样来复兴儒学呢？汤一介先生首先提出了一个总的指导思想，即"反本开新"的思想。汤先生说："新的现代儒学该是反本开新的儒学。反本才能开新，反本最重要的是为了'开新'"⑤。反本，并不能复古，反本为了开新，

① 汤一介主编：《中国儒学史·两汉卷》，北京大学出版社 2011 年版，第 32 页。
② 汤一介主编：《中国儒学史·两汉卷》，北京大学出版社 2011 年版，第 32 页。
③ 汤一介主编：《中国儒学史·两汉卷》，北京大学出版社 2011 年版，第 33 页。
④ 汤一介主编：《中国儒学史·两汉卷》，北京大学出版社 2011 年版，第 33 页。
⑤ 汤一介主编：《中国儒学史·两汉卷》，北京大学出版社 2011 年版，第 2 页。

开出当代的新儒学。为此汤先生进一步加以解释说:"'反本'必须要对儒学的渊头有深刻的了悟,坚持自身文化的主体性。我们对儒学的来源及其发展了解得越深入,它才会越有对新世纪的强大生命力。"① 开新"要求我们全面系统地了解当代人类社会面临的亟待解决的生存和发展的重大问题和思想文化发展的总趋势,这必须对儒学作出适时的合乎时代的新解释。反本和开新是不能分割的"②。可见,"反本"是要深刻地了解和领悟儒学的渊头与发展的趋势,其目的是为了'开新',对儒学作出适时的合乎时代要求的新解释,即开出当代的新儒学。在这一思想指导下,汤先生特别重视对儒学经典的诠释和研究,并在主编《中国儒学史》时,要求我们重视加入历代儒家经学的内容,"以期使经学能成为此书重要部分"。汤先生指出:"盖'六艺之学'即六经,它为中国学术之源头,而其后之学皆原于此,并沿此之流向前行,是源头与支流的关系。"③ 所以历代大儒都十分重视对经典的诠释,并通过历代的诠释来发挥、发展儒家的思想,形成了中国的儒学史和中国的经学史。为此汤先生说:"从今天看来,恐怕离开了六经,我们就很难了解中国文化的源头,更难了解儒家的精神。……此后历史上虽有七经、九经、十经、十一经、十二经以及十三经之说,但其中《易》、《书》、《诗》、《礼》、《春秋》在儒学中的根本性地位是不言而喻的。"④ 由此看来,当代儒学的"反本开新",从历史上的经验来说,也应从重新诠释儒家经典(包括源头六经和支流历代大儒的重要著作)和儒家思想开始。在我国对儒学经典诠释的历史,至少已经有两千多年的历史,并且有着极其丰富的诠释的理论与方法。正如汤先生所说:"在中国,自先秦以来有着很长的诠释经典的历史,并且形成了种种不同的注释经典的方法与理论。"⑤ 他并举例说,诸如汉代有章句之学,魏晋时期有玄学的"得意忘言"和"辩名析理"的注释方法,至宋明时代,又有所谓的"六经注我,我注六经"的不同的理论与方法,等等。所有这些历史上丰富的诠释理论与方法,对于我们今天的诠释工作,也是有着很大的启发意义的,我们可以从中汲取丰富的经验与教训,是我们祖先留给我们的一份宝贵的文化遗产。为此,汤先生提出了要梳理

---

① 汤一介主编:《中国儒学史·两汉卷》,北京大学出版社 2011 年版,第 2 页。
② 汤一介主编:《中国儒学史·两汉卷》,北京大学出版社 2011 年版,第 2 页。
③ 汤一介主编:《中国儒学史·两汉卷》,北京大学出版社 2011 年版,第 36 页。
④ 汤一介主编:《中国儒学史·两汉卷》,北京大学出版社 2011 年版,第 38—39 页。
⑤ 汤一介主编:《中国儒学史·两汉卷》,北京大学出版社 2011 年版,第 49 页。

和总结这份遗产，并在此基础上建立起我们中国的诠释学，以指导我们当前的诠释工作，以便开出我们当代的新儒学。所以，汤先生自1998年以来，前后撰写了四篇论文，讨论了"能否创建中国诠释学"的问题，"总序"中又较系统地阐发了这一问题，可见汤先生对这一问题的重视。应该说以新时代的要求重新诠释儒学经典和儒家思想，是"反本开新"，构建当代新儒学的一个重要的必不可少的途径。

至于儒学吸取和融会外来文化以发展自己的问题，正如汤一介先生引用罗素的话所说的，"不同文化的接触，以往常常成为人类进步的里程碑"一样，儒学发展的历史，也充分说明了这一点。其典型的例子，就是古印度佛教的传入，一方面佛教吸取了我国儒道两教思想，实现了佛教的中国化，从而使得佛教在中国得到了极大的发展；另一方面儒家自宋朝开始，一面批评佛教，一面又吸取佛教以完善和发展自己的思想。例如，程朱理学吸收了佛教华严宗的"理事无碍"和"理一分殊"等思想，建立起了以理为本的形而上学体系；陆王心学则吸取了禅宗的"明心见性"等思想，建立了以心为本体的形上学说。这样就使宋明理学较之先秦儒学有了更加完善的理论体系，从而大大提升和发展了儒家思想。正如汤先生所说："这一发展正是由于理学吸收、消化和融合了隋唐以来中国化的佛教宗派所形成的。"[1] 可见，儒家文化与佛教文化的接触，促使儒学的发展（宋明理学的形成与发展），确实具有"里程碑"的意义。汤先生又进一步加以强调："但是，从根本上说，理学仍然是先秦以来儒家'心性'学说的发展，佛教只是助因。从这里我们也可以看出文化的'源'与'流'的关系。"[2]

在我国历史上，外来文化大规模地传入中国有两次：一次是古代佛教的传入，一次是近现代"西学"的传入。适应着中国社会自强图存的需要，西学前后有两大思潮传入中国，一次是19世纪末20世纪初的"进化论"思潮，另一次是五四新文化运动开始进入我国的马克思主义思潮。当然还有从西方传入的其他哲学思想，诸如尼采哲学、实用主义哲学、分析哲学、新实在论，等等。但对中国社会产生最大影响的莫过于马克思主义了。至于马克思主义为什么能在我国产生巨大的影响，汤一介先生对这一问题做了认真的分析说："马克思

---

[1] 汤一介主编：《中国儒学史·两汉卷》，北京大学出版社2011年版，第55页。

[2] 汤一介主编：《中国儒学史·两汉卷》，北京大学出版社2011年版，第55页。

主义自上个世纪以来，一直影响着中国社会，除了中国社会确实需要一巨大变革外，我认为这和儒家思想重视'实践'（道德修养的实践，社会政治生活的实践）有着密切的关系。"① 汤先生引用马克思《关于费尔巴哈的提纲》一文说："哲学家们只是用不同的方式解释世界，问题在于改造世界。"而儒家也是为了改造社会改造世界的（"齐家、治国、平天下"），因此，汤先生说："他们在实践问题上可有相同之处。"② 同时汤先生还指出，它们两者又"都是理想主义学派"，马克思主义有共产主义思想，而儒家有"大同世界"的理想，在这里又有相近相通的地方。由此可知，为什么儒家传统的中国较容易接受马克思主义了。

　　至于儒家与马克思主义之间的互动问题，汤一介先生还有专门文章加以论说。在我们中国，儒家要在当代复兴，很显然，就要与马克思主义进行对话与互动。在近现代中国，儒家要有新的飞跃与新的突破，就要大量地吸收适合于我国社会发展要求的外来的思想，其中一个很重要的方面，就是首先要与马克思主义进行互动，吸取马克思主义思想以弥补儒家在当代的不足和进一步丰富儒家的思想，构建起适应于时代新要求的当代新儒学思想体系。当然，马克思主义要在中国得以发展也有一个实现中国化的问题。中国化的马克思主义，自然也有必要吸取儒学中的一些优良的传统思想，以发展自己的学说。关于儒学与马克思主义的互动问题，可参阅汤一介先生的《儒学与马克思主义》一文，这里就不赘述了。

（作者简介：许抗生　北京大学哲学系）

---

① 汤一介主编：《中国儒学史·两汉卷》，北京大学出版社 2011 年版，第 59 页。
② 汤一介主编：《中国儒学史·两汉卷》，北京大学出版社 2011 年版，第 59 页。

汤一介先生儒学观初探

蒋国保

汤一介先生在晚年，改变其早先潜心研究道家、道教、佛学之学术志向与兴趣，专心研究儒学、阐发儒家精神。汤先生为何在晚年由侧重研究释道学术转向一心研究儒学？其研究儒学有哪些重要的理论与学术贡献、形成了怎样的儒学观？其儒学观对于我们深刻认识儒学价值、发挥儒学当代作用，有什么启迪？本文欲就这三个问题谈谈初步认识，借以纪念汤一介先生九十诞辰。

一

汤一介先生早年学术兴趣的确立与培养，无疑深受乃父汤用彤先生的影响。汤用彤先生是研究佛学的大家，家中藏书甚富，汤一介自小就受家学学风的熏染，学术兴趣自然偏向释道，是不言而喻的事。上大学后，他之所以能对自己的为学兴趣坚定不移，据说是因为读了冯契先生的《智慧》。冯契先生是汤用彤先生的弟子，他的《智慧》正是他在西南联大读书期间，与汤用彤先生一起商讨、得到汤用彤先生具体指导下写成的。《智慧》发表于1947年《哲学评论》10卷5期，是一篇探讨"智慧如何可能"（哲学家称元学为智慧，所以这也可称之为"元学何以可能"）的宏文。该文"把智慧称为认识"[1]，从广义认识论的意义上将智慧与知识、意见鼎立，从而层层、细致地分析"意见是'以我观之'，知识是'以物观之'，智慧是'以道观之'"[2]。由于"智慧"以"道"为对象，而"元学"范畴的"道"论毕竟以释道为丰富，所以《智慧》固然在立论上将儒释道三教并重，但在论述上很自然地侧重引证释道论述，这

---

[1] 冯契：《智慧的探索·补编》，《冯契文集》第9卷，华东师范大学出版社1998年版，第3页。

[2] 冯契：《智慧的探索·补编》，《冯契文集》第9卷，华东师范大学出版社1998年版，第3页。

使得早就对释道二学感兴趣的汤一介先生，不知不觉地进一步巩固与加深了对释道学术的浓厚兴趣。从北京大学毕业后，组织上安排汤一介先生为汤用彤先生的学术助手，这更使他的学术研究不能不偏重于释道。

正是因为上述原因，在汤一介先生学术生涯的前期，除了青少年期及"文化大革命"8年，他的二十几年的学术研究，都集中于以下三个方面：魏晋玄学、早期道教史、佛教，分别出版了《郭象与魏晋玄学》、《魏晋与南北朝时期的道教》（后改名为《早期道教史》）、《佛教与中国文化》。这一前期学术研究之重心，在晚年发生转变。关于自己学术研究之重心由释道二学转向儒学的开始时间以及理由，在为《在儒学中寻找智慧》所写的"自序"中，汤一介先生给予了明明白白的说明：

> 从我关注和研究的兴趣上看，我原来更喜欢道家和佛教。只是在1983年我到美国哈佛大学做访问学者时感到海外学者更重视儒家学说。于是，我开始读一些海外儒学研究学者的著作，而有所得。这时正巧要在加拿大蒙特利尔举办第十七届世界哲学大会，会议邀请了我。为了参加会议，我花了两三个月写了一篇《关于儒家思想第三期发展可能性的探讨》的论文，并在大会中的"中国哲学圆桌会议"上作了发言。据香港中文大学刘述先教授的《蒙特利尔世界哲学会议记行》中有如下一段话："会议的最高潮由北大的汤一介教授用中文发言，探讨当前第三期儒学发展的可能性，由杜维明教授担任翻译。汤一介认为儒家的中心理念如'天人合一'、'知行合一'、'情景合一'在现代都没有失去意义，理应有更进一步发展的可能性。这一番发言虽然因为通过翻译的缘故而占时间特长，但出乎意料的清新立论通过实感的方式表达出来紧紧扣住了观众的心弦，讲完之后全场掌声雷动，历久不息。"通过这次会议，我感到中国的儒家思想是世界哲学界十分关注的，我们应该十分重视这一份宝贵遗产；我也感到中国学术界能够与世界其他国家的学术界对话，并且在思想上可以沟通。自此以后，我就经常思考儒学对我们今日人类社会的健康、合理的发展可以在哪些方面有所贡献。①

根据汤一介先生自己的说明，我们明白：他的学术研究的重心由释道二学转向

---

① 汤一介：《在儒学中寻找智慧·序》，《汤一介集》第5卷，中国人民大学出版社2014年版，第1页。

儒学，发生在 1983 年。至于这一转向的原因，我们可从两方面把握，直接的原因，是他对海外学者重视儒学的积极呼应，他先是在美国亲身感受到海外学者更重视儒学，后又在世界哲学大会上感受到世界哲学界十分关注的是儒家思想，使他觉得自己有必要研究儒学，否则，难以同海外学者进行积极的学术对话；深层的原因，是他充分认识了儒学的当代价值，希望通过阐发儒学，以利用这份宝贵遗产，为今日的人类健康、合理的发展提供必不可少的精神资源。这反映了汤一介先生不是一个为学术而学术的传统的书斋型的知识分子，是一位具备人类情怀与使命担当的现代知识分子。在这一情怀与担当意识的驱使下，在晚年，汤一介先生不但彻底放弃了其早年的释道二学研究而转向儒学研究，而且以明确的问题意识主宰其儒学研究，始终从人类的前途与发展当遭遇与当解决的"问题出发来考虑如何从儒学中寻找智慧"，积极挖掘"儒学中可能对今日人类社会有益的思想资源"[①]，撰写并发表了一系列的论文。2009年，汤一介先生将此前二十几年里发表的主要论文结集为《儒学十论及外五篇》交北京大学出版社出版；2012 年又在该书的基础之上"增补了十多篇相关论文及五篇有关儒学的记者访问记"[②]编成《在儒学中寻找智慧》，作为《汤一介集》第五卷，交由中国人民大学出版社出版。《汤一介集》出版于 2014 年，当年汤一介先生逝世，所以《在儒学中寻找智慧》，是我们研究汤一介先生儒学观的最基本的资料。需要补充说明的是，除《在儒学中寻找智慧》之外，汤一介先生晚年，还主持《儒藏》编纂工程，并主编《中国儒学史》。《中国儒学史》的"总序"系汤先生亲撰，它比收于《在儒学中寻找智慧》中的《论儒学与中华民族复兴》篇幅要大得多、内容要丰富得多，也当作为研究汤一介先生儒学观的基本资料。本文就是依据此书与此序写成。

二

汤一介先生既从问题出发来研究儒学，那么要全面地把握他的儒学观，最为可行的做法是先看他究竟提及了哪些问题，然后追问他提出那些问题究竟

---

① 汤一介：《在儒学中寻找智慧·序》，《汤一介集》第 5 卷，中国人民大学出版社 2014 年版，第 1 页。

② 汤一介：《在儒学中寻找智慧·序》，《汤一介集》第 5 卷，中国人民大学出版社 2014 年版，第 2 页。

出于什么考虑。从《在儒学中寻找智慧》列目来看，汤一介先生所提出的问题，主要有：儒家哲学中的真善美、儒家的忧患意识、儒家的定位、儒学的性情说、儒家"孝"道的意义、儒家的"礼法合治"、新轴心时代、后现代主义、经典诠释、编纂《儒藏》的意义等，虽不能说囊括了儒家学说及其现代地位与意义的全部问题，但确实都属于关乎儒学命运的重大问题。在这里，一一叙述汤一介先生如何阐述那些问题，没有必要，而必须说明两点：（1）汤一介先生出于什么考虑提出那些问题；（2）如何把握那些问题之间的内在关联性或曰内在逻辑性。

对于前一个问题，我的看法是：汤一介先生之所以提出那些问题，具体可以从三个方面寻找其思想根源。首先是出于他深深的忧患意识，希望在因工具理性过度张扬而价值理性严重失落的当今，通过重新的理性启蒙，以提升旨在凸显人文精神的价值理性。其次是因为汤一介先生认为，人类要摆脱工具理性独大、价值理性极度失落的人文意义危机，就不能拒斥以人文精神见长的中国文化所提供的启迪，而中国文化要为人类文化前途提供正确发展方向与切实可行的路径，就必须自身先得真正现实复兴；而中国文化的复兴，又与儒学的复兴密不可分，因为"'儒学'在我国历史上曾居于主导地位，影响着我国社会生活的方方面面"[①]。再次，在汤先生看来，儒学的复兴，具体讲，就是指"儒学的现代化"，或曰"儒学的第三期发展"。"儒学的现代化"，是汤一介先生从问题出发来研究儒学的核心的问题意识，他关于儒学所提出的所有研究问题，都是为了解决这个根本问题。

关于后一个问题，不妨先转引汤一介先生自己说的一段话，然后再做分析。在 2002 年曲阜"千年论坛"的演讲会上，当有网友问汤一介先生先生"是否也属于'新儒家学派'"这个问题时，他这样回答：

> 我不属于新儒家学派。我和新儒家学派有相当大的不同，但我尊重儒家思想，我也欣赏孔子的很多思想。我跟新儒家的接触是从 1983 年开始的。那年我参加在加拿大蒙特利尔开的第 17 届世界哲学大会。……在会上有一个演讲，就讲儒家思想第三期发展的可能性。因为杜维明先生他们也讲儒家第三期发展，我也讲儒家第三期发展，我是针对他们的讲

---

① 汤一介：《在儒学中寻找智慧》，《汤一介集》第 5 卷，中国人民大学出版社 2014 年版，第 1 页。

法来讲的……

　　我想儒家的学说只能解决一部分问题，解决什么问题呢？也许是两个相互联系的问题。一个是调整人与人之间的关系，另外一个是提高人的道德修养，这是两个相互联系的问题。如果我们在这两个方面来发挥或发展，或者叫做我们对儒家可以发挥作用的这些方面进行现代的诠释，那么儒家对现代社会会发生很好的作用，所以我在那个会上讲的是一个真善美的问题。我说儒家的学说，当然不仅是儒家，可能用三个基本命题把它概括出来。一个是天人合一的问题，这是解决一个真的问题，就是人道怎么来合天道；第二个是知行合一的问题，你所知道的、你所主张的应该去身体力行，所以知行要合一；第三个是情景的问题，是解决美的问题，人的审美是怎么来的，它是人的主体和客体相遇。情和景，人的感情和景相遇而产生美感，所以王夫之讲"情景一合"，情和景一相合自成妙语，就会产生很好的诗来。王夫之讲的是诗，我说我的想法是应该就这些方面来考虑中国或者儒家思想的意义，不要去企图用科学民主来套说儒家思想里头一定有现代的科学民主。没有没关系嘛，没有科学民主思想，或者科学民主思想比较少，我们吸收就得了嘛。鲁迅不是讲拿来主义吗，我们没有的，我们就把它拿来，对不对？同时我们发挥我们自己的优长。所以我不是新儒家，但是我欣赏儒家的思想。①

汤一介先生的这一回答，明确地告诉我们，他的儒学研究，一开始关注的就是"儒学第三期发展问题"。他自己又解释说："'儒学能否现代化'和'儒学是否能有第三期发展'应该是同一个问题。"②从《在儒学中寻找智慧》来看，"儒学能否现代化"这个问题，不但是他研究儒学开始就关注的问题，而且是贯穿其整个儒学研究的中心问题，他的每一篇儒学研究论文都可以说是以这个问题为论旨，他的整个儒学研究都可以说是为了解决这个问题。汤一介先生指出，对待儒学应有三个视角，当恰当区分政统的儒学、道统的儒学、学统的儒学之差异，以便确定儒学能否现代化的范围。他以为，儒学的现代化，不应就政治的儒学来谈，因为"总的说来，政治的儒学层面对当今的社会而言可继承的东西

---

① 汤一介：《在儒学中寻找智慧》，《汤一介集》第5卷，中国人民大学出版社2014年版，第286页。

② 汤一介：《在儒学中寻找智慧》，《汤一介集》第5卷，中国人民大学出版社2014年版，第23页。

并不多，它存在着较多的问题"①；也不应该主要就道统的儒学来谈，因为"对
'道统'的过分强调就可能形成对其他学术文化的排斥，而形成对异端思想的
压制"②，不利于儒学在多元文化交流背景下通过吸收其他文化以更新；应主要
就学统的儒学来谈。就学统的儒学来谈儒学的现代化，其谈法不但与目前流行
的四种看法——（1）儒学现代化就是要使儒学成为中国现代社会的主导思想，
（2）儒学现代化就是使它按照西方文化的模式改造，（3）儒学现代化就是把儒
学马克思主义化，（4）儒学现代化即是要用它来解决现代社会的一切问题——
相左，而且在学理上主要是针对现代新儒家之牟宗三学派的观点③ 而发。也就
是说，汤一介先生不赞成包括现代新儒家看法在内的所有现成的儒学现代化方
案，以为按那些现有的方案推行儒学的现代化的话，"那么儒学是不可能现代
化的，或者说儒学现代化是无益的"④。破之当头，立在其中。汤一介先生之所
以不认同现成的任何一种儒学现代化方案，是因为他认为对"儒学现代化"还
能做另外的理解，"即'儒学现代化'是说对'儒学'做现代的解释"⑤。基于
这一理解所确立的汤氏之儒学现代化方案，一定强调儒学现代化其实就是对儒
学意义的现代解释。汤一介先生曾特意就此补充说："我认为，这样或许是可
以的，而且如果可以对儒学做出现代的解释，那么儒学就仍有其现代意义。"⑥
这一补充虽然不是以十分肯定的语气说出，但对其看法却表达得十分明白：既
然儒学现代化可以理解为对儒学的现代解释，那么一旦对儒学做出了现代解
释，儒学的现代意义就得以发现，就能发挥其现代作用；而儒学一旦发挥其现
代作用、得以发现现代意义，也就意味着儒学现代化的实现。如果我对汤一介
先生的论述理解无误，那么我们不妨将汤氏的儒学现代化主张统称为"'儒学

---

① 汤一介：《在儒学中寻找智慧》，《汤一介集》第 5 卷，中国人民大学出版社 2014 年版，第
7 页。

② 汤一介：《在儒学中寻找智慧》，《汤一介集》第 5 卷，中国人民大学出版社 2014 年版，第
7 页。

③ 下面将具体论述，这里暂且不将之作为与前四种看法并列的第 5 种看法。

④ 汤一介：《在儒学中寻找智慧》，《汤一介集》第 5 卷，中国人民大学出版社 2014 年版，第
23 页。

⑤ 汤一介：《在儒学中寻找智慧》，《汤一介集》第 5 卷，中国人民大学出版社 2014 年版，第
23 页。

⑥ 汤一介：《在儒学中寻找智慧》，《汤一介集》第 5 卷，中国人民大学出版社 2014 年版，第
23 页。

现代意义之阐释'说"。

据此不难推断，尽管汤一介先生的儒学研究涉及儒学许多重大问题，但其研究始终贯穿一个主线，即阐发儒学的现代意义，以使儒学适用现代社会需求，为现代人所用。既然如此，我们也就不难理解汤一介先生各项儒学研究之间的内在关联性。《关于儒家思想第三期发展可能性的探讨》、《关于儒学第三期发展问题》、《儒学能否"现代化"》为一组，都是旨在探讨"儒学现代化"即"儒学第三期发展"这个问题，所提出的核心观点是：儒学现代化不应该是指以儒学包治百病、以儒学拯救世界、以儒学代表人类未来，也不应是指由儒学自身开出科学民主，而应当是指阐释儒学之现代意义以使儒学适应现代社会的需要，为当代人安身立命所用。而儒学之现代意义的阐释，在汤一介先生看来，根本在于要对儒家哲学所反映的真、善、美之理论与精神进行阐释，以发现其现代价值。由此很容易理解紧接此组论文之后的那四篇的内在关联：《论儒家哲学中的真、善、美问题》，是关于儒家真、善、美学说的统论，提出并论证儒家真、善、美哲学分别体现在"天人合一"说、"知行合一"说、"情景合一"说；而紧接此篇之后的三篇——《论"天人合一"》、《论"知行合一"》、《论"情景合一"》，则是分别具体论证这三个命题，即具体而深入论证此三大"合一"学说所体现的"真、善、美"哲学精神意涵。

以上七篇又可以合为一大组，这一大组论文可以视为汤一介先生关于儒学何以现代化、怎样现代化的通论。此外以"论"冠名的八篇：《论"普遍和谐"》、《论"内在超越"》、《论"内圣外王"》、《论周易哲学的本体论和宇宙构成论》、《论"道始于情"的儒学的性情说》、《论"和而不同"的价值资源》、《论儒家的"礼法合治"》、《论儒家的"忧患意识"》，加上未冠以"论"的《"孝"作为家庭伦理的意义》），当合为另一大组，可将之视为汤一介先生关于儒学的几个具体学说之现代意义的阐释。

剩下十一篇，除了谈编纂《儒藏》意义的四篇——《儒家伦理与中国现代企业家精神》、《我们为什么要编纂〈儒藏〉》、《再谈我们为什么要编纂〈儒藏〉》、《〈儒藏〉工作的意义和几点意见》以及谈朝鲜李朝时代大儒曹植（号南冥）思想的一篇：《读〈南冥集〉所得》，其他五篇——《论儒学与中华民族的复兴》、《儒学与经典诠释》、《儒学与外来文化的传入》、《儒学与建构性的后现代主义》、《论新轴心时代的中国儒家思想定位》，可以归为第三大组。此组论文基于当下时代性质与特征论儒学当有的价值与应有的地位。需要指出的是，列在此组论文首篇的《论儒学与中华民族的复兴》，在《在儒学中寻找智慧》一书中，亦列为首篇，而它与汤先生所撰《中国儒学史》"总序"，明显有承袭关系，但《中国儒学史》"总序"在篇幅上要大得多，在内容上也丰富得多。"总序"设四大论题：(1) 儒学与中华民族的复兴；(2) 儒学与"普世价值"问题；(3) 儒学与经典诠释；(4) 儒学与外来文化的传入。在第一个论题下论及五个问题：(1) 儒学的"反本开新"；(2) 儒学与"新轴心时代"；(3) 儒学的三个视角；(4) 儒学与"忧患意识"；(5) 儒学与"和谐社会"建设。在第二个论题下论及三个问题：(1) 借文化沟通与对话寻求共识；(2) 寻求不同文化间"普遍价值"的途径；(3) "多元现代性"的核心价值。第三个论题未再分子问题。在第四个论题下论及两个问题：(1) 儒学与印度佛教的传入；(2) 儒学与"西学"的传入。简单对照二文就能明白，"总序"第一论题下所论及的五个问题，除论"忧患意识"，其他四个论述，基本是承袭《论儒学与中华民族的复兴》中的论述；如果再将"总序"与《在儒学中寻找智慧》中的论文对照，也不难发现，"总序"中关于其他问题①的论述，都可以说是重复《在儒学中寻找智慧》中的有关论述。所以，我们不妨将"总序"作为《在儒学中寻找智慧》的绪论来读。"总序"定稿于 2010 年 4 月 3 日，要晚于《在儒学中寻找智慧》中诸文②的发表时间，因而它也可以作为汤一介先生儒学研究的最后结论来读。

三

从上面的论述不难看出，汤一介先生之儒学观，注重从如何解决当今之社会问题出发来思考儒学的当代价值。这与当下许多学者以儒学救治当代社会弊病的研究视角有别，可视为汤一介先生儒学观之鲜明立论特征。这一特征的立论，不是先设定儒学有什么价值然后据以把握儒学能解决当今哪些社会问题，而是先把握当今社会迫切需要解决什么社会问题然据以衡定儒学对解决当今迫切需要解决的社会问题具有什么价值。从某种意义上讲，这意味着汤一介

---

① 指《论儒学与中华民族的复兴》一文所论之外的问题。

② 两篇访谈录《附录四："反本"是为了"开新"》、《附录五：尊师重教，首重孔子的精神》除外。

先生在学术研究上彻底走出了"以'古'范'今'"的复古主义的老路，为我们基于当代的问题意识来研究儒学的当代价值，提供了可贵的新范式。具体阐述的话，该范式为我们研究儒学当代意义与价值，所提供的主要启迪有以下三方面。

其一，儒学的现代化，只能从诠释儒学之现代价值来论，不能从儒学开出现代科学民主来论。前面已说过，汤一介先生儒学观所想解决的核心问题，就是儒学第三期发展或曰儒学现代化问题。但这个问题的提出，始作俑者并非汤先生，而是现代新儒家。现代新儒家是一个松散的学术流派，各家关于儒学何以能现代化在主张上也不尽相同，有的强调儒学可以拯救现代的道德危机、意义危机、存在危机，有的强调儒学能适应现代化的需要，有的强调儒学能弥补现代化的不足，有的强调儒学能为现代人提供底线伦理；有的强调儒学能为现代人提供终极关怀体，有的强调儒学可以为当今与未来的新文化构建提供不可或缺的思想资源，不一而足，然而要数"内圣开出新外王"说的影响最为广大。此说为牟宗三首提，后一直为牟门大多弟子宣扬。在牟宗三看来，上述种种儒学现代化主张，虽然各自为说，互相排斥，但都不免一个通病，即将儒学所倡导的价值与现代价值加以比较，以发现两种之同异，进而一方面基于两者的相同而求儒家价值与现代价值的融会贯通，另一方面基于两者的相异而以儒家价值纠正或弥补现代价值之不足。牟宗三将这种取向的儒学现代化主张，统称为"凑合"说，指出其实质是强调以儒学适应现代化需要。牟宗三认为，以儒学适应现代化之需要，是将儒学与现代价值外在地硬"凑合"在一起，只能损及儒家价值，绝不能真正求得儒学的现代性。儒学要真正实现现代化，必须放弃这一外在"凑合"范式，从儒学的内在特性以谋求儒学的现代转化。牟宗三认为，学者们以为儒学缺乏甚至排斥科学与民主的认识是错误的，其实儒学本来就内在地蕴含科学与民主精神，只是儒学在后来尤其是在宋元明清的发展中，因为过度地侧重于"内圣"精神的呈现而遮蔽了"外王"精神的彰显，使得儒学未能从自身内在特性开出科学与民主，所以儒学的第三期发展（儒学现代化），就是要克服宋明儒学重"内圣"轻"外王"的不足，使儒学由"内圣"开出"新外王"，即开出科学与民主。"新外王"的所谓"新"，固然是相对于传统的"内圣外王"而言的——由君王内在的道德自觉直接地体现为外在的政治事功，更是强调：由儒家的道德理性（内圣）开出现代的科学、民主精神，不能循传统"内圣外王"似的直开的路子，而必须"曲折"地开出。也就是说，由儒家的道德理性（内圣）辩证地开显出科学与民主。问题是，如何由"内圣"辩证地开显出科学与民主？牟宗三指出，这不能从变革"内圣"（儒家道德理性）考虑问题，因为"内圣"关乎儒家常道，常道是无须变革，也是不能变革的；只能从"内圣"自身的辩证性考虑问题，因为"内圣"本其自身的辩证性可以自我否定。牟宗三以生僻的"坎陷"一词取代"否定"一词，于是以"良知的自我坎陷"说来回答儒家的道德理性（内圣）何以能辩证地开显出现代的科学、民主精神。

汤一介先生关于儒学何以能现代化的主张，直接针对牟宗三所谓"内圣开出新外王"而说："新儒家有两个基本观念，当然不是全部观念，我认为是不正确的。一个他们认为，孔子的内圣思想可以开发出适应现代民主政治社会的外王之道来，这就是中国儒家所讲的'内圣外王之道'。我认为这是不可能的，因为儒家的学说里面，原来并没有丰富的民主思想，有一些民本思想。第二，他们认为可以从儒家的心性说中间开发出他们叫做良知的坎陷，这个说起来很复杂，我认为这是不可能的。任何一种学说你必须给他一个定位，它能解决什么问题，不能解决什么问题，没有一种学说可以说它能解决人类社会的全部问题。没有这种学说。如果说有这种学说，它一定是伪科学。所以儒家学说你要把它定位在能解决全人类社会的所有问题，那就糟蹋了儒家的学说。"[1] 既然"开出"不可能，"坎陷"也不可能，那么儒学的现代化何以可能？汤一介先生以"返本开新"说回答之。这一提法，似乎是对唐君毅先生的提法的借用，但较之唐先生着重强调"唯有返本才能开新"，注重对儒家根本精神的坚守，汤先生更看重对儒家精神的新解释："新的现代儒学应该是'返本开新'的儒学。'返本'才能'开新'，'返本'更重要的是为了'开新'。'返本'必须要对儒学的源头有深刻的了悟，坚持自身文化的主体性。我们对儒学的来源及其发展了解越深入，它才会有对新世纪的强大生命力。'开新'要求我们全面、系统地了解当今人类社会所面临的亟待解决生存和发展的重大问题和思想文化发展的总趋势，这必须对儒学做出适时的、合乎时代的新解释。"[2] 汤先生之所以更看重"开新"，是因为他认为只有"开新"才能适时地开拓儒学发展

---

[1]　汤一介：《在儒学中寻找智慧》，《汤一介集》第5卷，中国人民大学出版社2014年版，第285—286页。

[2]　汤一介：《在儒学中寻找智慧》，《汤一介集》第5卷，中国人民大学出版社2014年版，第2页。

的新局面、"只有敢于面对当前人类社会存在的新问题，才能使儒学的真精神得以发扬和更新"①，使儒学适应现代社会的需要。这种儒学现代化的主张，未必不属于牟宗三所批评的以儒学"凑合"现代化，但汤一介先生一再明确地强调：通过对儒学作出合乎时代发展的新解释，以使儒学适应现代社会的需要，应当是儒学现代化之切实可行的途径。

其二，儒学的现代化，只能从"内圣"来论，而不能从"外王"来论。上面论及牟宗三强调"内圣"不能变革，将儒学现代化严格限定在"外王"层面，指出儒学现代化仅仅是"开新外王"。汤一介先生的"返本开新"说所谓的"开新"，不但视牟宗三所谓的"开新外王"、所谓的"坎陷"为不可能，而且更针锋相对地指出：不能从"外王"层面而只能从"内圣"层面对儒学做现代性的新解释。将儒学的现代化限定在"内圣"层面来谈，是汤先生儒学现代化主张不同于牟宗三主张的根本之点，但他非特意与牟氏对立，实是因为汤先生深刻地认识到根本不可能从"外王"层面谈儒学现代化。其中的道理，汤先生讲得很明白："我认为，儒家的'内圣'之学无疑对今日社会（不仅中国，而且对当今之人类社会）有其特殊之价值；而'内圣外王之道'或可产生某种与现代社会不适应之处。"②儒家的"内圣外王之道"，作为政治哲学原则，是指"把'圣人'造就成'圣王'，而由'圣王'来实现社会理想"③。它不能适应现代社会的需要、不可以现代化，在汤先生看来，取决于几点：（1）它只是儒家的"一种理想，而历史上并无实现的可能性，'圣人'也不一定最宜于作王，因古往今来的社会并没有此可实现之条件"④；（2）"在中国历史上，实际没有出现过儒家所塑造的那样的'圣王'，所出现的大都是有了帝王之位而自居为'圣王'的'王圣'，或者为其臣下吹捧起来的假'圣王'"⑤，而正是那

① 汤一介：《在儒学中寻找智慧》，《汤一介集》第 5 卷，中国人民大学出版社 2014 年版，第 2 页。
② 汤一介：《在儒学中寻找智慧》，《汤一介集》第 5 卷，中国人民大学出版社 2014 年版，第 109—110 页。
③ 汤一介：《在儒学中寻找智慧》，《汤一介集》第 5 卷，中国人民大学出版社 2014 年版，第 110 页。
④ 汤一介：《在儒学中寻找智慧》，《汤一介集》第 5 卷，中国人民大学出版社 2014 年版，第 108 页。
⑤ 汤一介：《在儒学中寻找智慧》，《汤一介集》第 5 卷，中国人民大学出版社 2014 年版，第 114 页。

些居"帝王"之位而被吹捧为"圣王"的假"圣王",往往将中国社会推向崩溃的边缘;(3)个人的"修身"与社会的治理毕竟是两个问题,后者必须依靠一套合理的客观制度,不能仅寄希望于某个人的道德高尚(成为圣人),因为"光靠着个人的道德学问的提高,把一切社会政治问题都寄托在'修身'上,寄托在某个或几个'圣王'的身上,是不可能使社会政治成为合理的客观有效的理想社会政治的"①;(4)它在理论上,是强调一切以修身为根本,把国家的治理归根于个人的道德修养,这作为一种政治哲学理论,其弊病就更为明显,"因为'身'之修由个人的努力可提高其道德学问的境界,而国之治、天下之太平,那就不仅仅是靠个人的道德学问了。盖因国家、天下之事不是由什么个人的'修身'可以解决的。如果企图靠个人的道德修养解决一切社会政治问题,那么无疑会走上泛道德主义的歧途,致使中国社会长期是'人治'的社会,而'法治'很难在中国实现"②。

汤一介先生之所以主张从"内圣"层面谈儒学现代化,不只是因为他深刻地认识到由"外王"层面谈儒学现代化必招致现实困境、理论困境以及严重的负面后果,还因为他认为儒学中原本并没有民主与科学思想,儒家的思想价值并不在这方面,而是在"教人如何做人,有个'安身立命'处,有个对宇宙人生自觉自主的领悟"③。既然儒家思想的价值只能从"内圣"之学求,那么要贯彻自己的儒学现代化的主张——"'儒学现代化'是说对'儒学'做现代的解释"④,汤一介先生势必要从"内圣"层面谈儒学的现代化,将对儒学之现代解释侧重放在"内圣"之学方面,强调儒学并不十全十美,"它并不能全盘解决当今人类社会存在的诸多问题,它只能给我们提供思考的路子和有价值的理念(如世界观、人生观、价值观等等的理念),启发我们用儒学的思维方式和人生智慧,在给这些思想资源以适应现代社会和人类社会发展前途新诠释的基

① 汤一介:《在儒学中寻找智慧》,《汤一介集》第5卷,中国人民大学出版社2014年版,第110页。

② 汤一介:《在儒学中寻找智慧》,《汤一介集》第5卷,中国人民大学出版社2014年版,第113页。

③ 汤一介:《在儒学中寻找智慧》,《汤一介集》第5卷,中国人民大学出版社2014年版,第22页。

④ 汤一介:《在儒学中寻找智慧》,《汤一介集》第5卷,中国人民大学出版社2014年版,第23页。

础上，为建设和谐的人类社会做出它可能做出的贡献"①。

其三，以冯契先生的统一理论、方法、德性的"智慧"说作为马克思主义中国化的成功范例。谈儒学的现代化，不可避免要谈儒学与外来文化的关系问题；要谈儒学与外来文化的关系，固然要追溯儒学与印度佛学的交融，但更要谈儒学与"西学"的关系；谈儒学与"西学"的关系问题，在当今中国，最难谈、必须谈、最值得谈的重点，就是儒学与马克思主义的关系问题。谈儒学与马克思主义的关系问题，根本的目的是解决马克思主义中国化问题。学界在这个问题上的根本分歧，就是以儒学化马克思主义还是以马克思主义化儒学的分歧，有的学者以为马克思主义中国化，就是以马克思主义改造、会通儒学，使马克思主义获得儒学的形式、儒学的样态，以便马克思主义更贴近中国人的生活方式；有的学者则认为马克思主义中国化就是以儒学改造、会通马克思主义，使马克思主义本质上贴近儒学，通过取消儒学与马克思主义的对立，使外输的马克思主义与中国本土的儒学融为一体，就如同历史上儒学与印度佛学交融为一体似的；甚至有学者主张，以儒学化马克思主义，就是取消马克思主义在当今中国的意识形态地位，重新恢复儒学在古代社会所具有的官方哲学的地位。在这几派的争论中，主张以马克思主义化儒学的观点，常常受到来自他派的这样的质疑：以马克思主义化儒学只是观念中的构想甚至是幻想，因为从未有学者提供以马克思主义化儒学的成功经验。汤一介先生在研究儒学现代化问题时，对这方面的争论显然相当关注，而且形成了自己的是非判断，但他并没有正面作出回应，只是间接地指出：以马克思主义化儒学或者说以马克思主义化中国哲学，并非如有些学者所指责的，从来就没有成功过，而是有成功的范例，这就是冯契先生的"智慧"说。

汤一介先生关于冯契先生的统一理论、方法、德性的"智慧"说堪当马克思主义中国化的成功范例的论述，既见于《儒学与外来文化的传入》，亦见于他为《中国儒学史》所撰写的"总序"。在这两文中，有字句完全相同的一段话是这样说的："中国学术界无疑都十分关心马克思主义中国化的问题，从哲学这个层面讲，我认为做得比较成功的应该是冯契同志。已故的冯契同志是一位有创造性的马克思主义者，他力图在充分吸收和融合中国传统哲学和西方

① 汤一介：《在儒学中寻找智慧》，《汤一介集》第 5 卷，中国人民大学出版社 2014 年版，第 16 页。

分析哲学的基础上使马克思主义哲学成为中国化的马克思主义哲学。他的'智慧说三篇'可以说是把马克思主义的实践辩证法、西方的分析哲学和中国传统哲学较好结合起来的尝试。"[①] 至于汤先生如何具体论证这个观点，为篇幅所限，这里暂且不叙。

（作者简介：蒋国保 苏州大学哲学系）

[①] 汤一介：《在儒学中寻找智慧》，《汤一介集》第 5 卷，中国人民大学出版社 2014 年版，第 202 页。

人自我身心内外的和谐

——汤一介"普遍和谐"观的重要面向

陈　鹏

汤一介先生在《关于儒学思想第三期发展的可能性探讨》（1983 年在加拿大蒙特利尔第十七届世界哲学大会上的发言）中提出："儒家思想之所以仍有存在的价值，也许就仅仅在于它告诉我们一个做人的道理，做人是最不容易的，做到和自然、社会、他人以及自己的身心内外的和谐更是不容易，难道今天的世界不应有这样的要求吗？正因为儒家思想只是告诉我们一个做人的道理，就不应从其他方面要求化。它有不足的方面，也不应该奇怪。"[1]

这一段话表明了汤先生儒学重建的基本出发点。汤先生后来的儒学探索至少有两个方面的重要内容：一是探讨儒学系统内部如何实现真善美的统一；一是通过对儒家和谐观念的现代诠释，提出他的"普遍和谐"观。这两部分又是内在关联的，对儒学真（天人合一）、善（知行合一）、美（情景合一）统一的讨论可以看成是他的普遍和谐观的哲学基础，也可以看成是个人身心和谐的最高境界。

汤先生"普遍和谐"的观念包含了自然的和谐、人与自然的和谐、人与人的和谐（即社会生活的和谐）以及人自我身心内外的和谐四个方面。本文选取"人自我身心内外的和谐"的内容略做论述。

---

[1]　汤一介：《在儒学中寻找智慧》，《汤一介集》第 5 卷，中国人民大学出版社 2014 年版，第 20 页。

一、问题意识：三类和谐关系被破坏

汤先生认为，儒学的复兴必须根源于问题意识，必须建立在回应现实的社会文化问题的基础之上。当前，我国与世界面临一些全球性的困境，这些困境可被概括为三类和谐关系被破坏。他指出："对自然界的过量开发，资源的浪费，臭氧层变薄，海洋的毒化，环境的污染，人口的暴涨，生态平衡的破坏，不仅造成了'自然和谐'的破坏，而且严重地破坏了'人与自然的和谐'，这些已严重威胁着人类自身生存的条件。由于片面的物质利益的追求，对自然资源的争夺、占有和权力欲望的膨胀，造成了国与国、民族与民族、地域与地域之间的对立和战争。过分注重金钱和物质享受，造成了人与人之间关系的紧张、社会的冷漠、心灵的孤寂，使人们失落感日甚。在人类社会中，现在儿童有儿童的问题、青年有青年的问题、老年有老年的问题、人与人之间心灵上的隔膜，在日常生活中的互不了解甚至仇视，使人们失去了对'人与人的和谐'的追求，这样发展下去终将导致人类社会的瓦解。现代社会，由于人们无止境地追求感官之享受，致使身心失调、人格分裂，由于心理不平衡引起精神失常、酗酒、杀人、自杀等等，造成了自我身心的扭曲，已成为一种社会病，而且严重影响了社会的安宁，其原因正在于忽视了'人自我身心内外的和谐'。"[①]

三类和谐关系的丧失，就意味着三种矛盾，儒家的和谐观念经过现代的诠释可以为解决这三种矛盾作出贡献。汤先生指出："我们国家和当前世界所遇到的重大问题，可以概括为：'人和自然'的矛盾；'人与人'的矛盾，这中间又可包括'自我与他人'、'个体与群体'、'群体与群体'、'国家与国家'、'民族与民族'的矛盾等等；'个人自我身心内外'的矛盾。如何解决这些矛盾，当然有多种途径，但从文化上来加以思考，应该说是非常重要的方面。而从文化上来考虑解决上述种种矛盾，从每个民族自身的文化传统中找资源，无疑是重要的方面。儒家的'天人合一'（合天人）的观念可以为解决'人和自然'的矛盾提供某些有意义的思想资源；'人我合一'（同人我）的观念可以为

---

① 汤一介：《在儒学中寻找智慧》，《汤一介集》第 5 卷，中国人民大学出版社 2014 年版，第 88 页。

解决'人与人'之间的矛盾提供某些有意义的思想资源；'身心合一'（一内外）的观念对调节自我身心内外的矛盾可以提供某些有意义的思想资源。"①

二、身心内外和谐及圣人境界

汤先生强调在人与自然、人与人、人身心内外和谐的关系结构中，人的身心内外和谐是关键，是基础。那么，如何理解这个"身心内外和谐"呢？

先生认为，这个身心内外和谐实质上就是个安身立命的问题。孟子说："存其心，养其性，所以事天也。夭寿不贰，修身以俟之，所以立命也。"（《孟子·尽心上》）一个人如果能保存他的本心，修养他的善性，以实现天道之要求，短命和长寿都应无所谓，但一定要修养自己保持和天道一致，这就是安身立命了。"安身立命主要是要使自己的身心和谐、内外和谐，使自己言行符合天道的要求，至于衣、食、住、行等并不能对自己的身心发生什么重要影响，这种对待生活的态度也就是宋儒追求的'孔颜乐处'。周敦颐尝问程氏兄弟：'寻孔颜乐处，所乐何事？'宋儒对此多有所论，归结起来就是寻得一个'安身立命'处。朱熹在其《答张敬夫》中与张敬夫讨论'中和义'时说：'而今而后，乃知浩浩大化之中，一家自有一个安宅，正是自家安身立命；主宰知觉处。'可见儒家所强调的正是由道德学养的提升，以求身心内外之和谐。"② 这个安身立命应该是一种终极信仰或终极关怀的确立。

真、善、美合一之境可谓是汤先生对身心内外和谐的另一种解释，它是做人的理想境界。先生认为，如果我们把孔子这一由"知天命"到"耳顺"再到"从心所欲不逾矩"的过程和我们所概括的中国传统哲学关于真、善、美的基本命题相对照，也许可以说"五十而知天命"是追求"天人合一"的层次，"六十而耳顺"是达到"情景合一"的层次，"七十而从心所欲不逾矩"则是实践"知行合一"的层次。"天人合一"属于"智慧"（知）的方面。"情景合一"属于"欣赏"（情）的方面，"知行合一"则属于"实践"（意）的方面。照儒家看，这三者是不可分的。做人既要了解宇宙大化之流行，又要能欣赏天地造

---

① 汤一介：《面对中西文化》，《汤一介集》第 7 卷，中国人民大学出版社 2014 年版，第 128 页。
② 汤一介：《在儒学中寻找智慧》，《汤一介集》第 5 卷，中国人民大学出版社 2014 年版，第 92 页。

化之功，更应在生活实践中再现宇宙的完美和完善。就以上的分析看，孔子的"知天命"、"耳顺"和"从心所欲不逾矩"都是就人生境界的追求说的，这是孔子对自己追求"真"、"美"、"善"的总结。"大概就是这样一种境界，自己的一切言行和宇宙、社会、自己的身心都和谐了，这种境界是真、善、美合一的境界，自然也就是圣人的境界了。"①儒学中极有意义的部分就是教人如何做人，这圣人之境算是做人的极致了。

在这个"普遍和谐"观念系统中，汤先生强调儒家"是把'自我身心内外的和谐'作为起点的。儒家是由通过道德学养达到自身的和谐而推广到'人与人的和谐'，人类社会和谐了，那么才能很好地处理人和自然的关系；人与自然的关系处理好了，才能不破坏'自然的和谐'。正如《中庸》第二十二章中所说：'唯天下之至诚，为能尽其性。能尽其性，则能尽人之性。能尽人之性，则能尽物之性。能尽物之性，则可以赞天地之化育。可以赞天地之化育，则可以与天地参矣。'故而儒家关于'和谐'的路向是：由自身之'安身立命'，而至'推己及人'，再至'民胞物与'，而达到'保合太和'而与天地参"②。

从另一个角度讲，如果人自身不和谐就不会有良好的道德，也不会有符合社会要求的道德规范和行为准则。汤先生指出："儒家非常注重'修身'就是要使自己有良好的道德修养。《中庸》中说：'知所以修身，则知所以治人，知所以知人，则知所以治天下国家矣。'知道如何修养好自己的道德，才能知道如何处理好人与人之间的关系，知道如何处理好人与人之间的关系，才能知道如何治理好天下国家。"③所以，人的自我和谐不仅是自我人格和自我德性的完善，同时也是整个和谐社会、和谐世界建立的基础。

三、修身：实现身心内外和谐的途径

汤先生认为，达到身心合一就要靠修身。"那么，如何'修身'呢？《性自命出》中说：'修身近至仁。'修身应该以'仁爱之心'为指导。如果能做到自

---

① 汤一介：《在儒学中寻找智慧》，《汤一介集》第 5 卷，中国人民大学出版社 2014 年版，第 20 页。

② 汤一介：《当代学者自选文库·汤一介卷》，安徽教育出版社 1999 年版，第 603 页。

③ 汤一介：《儒家文化里的和谐思想》，《华人世界》2008 年第 5 期。

己的为人行事以'仁'为指导,那么真是'仁者无忧'了。做到'仁者无忧'的境界,其身心内外必是和谐的。所以朱熹说:'但能致中和于一身,则天下虽乱,而吾身之天地万物,不害而为安泰;其不能者,天下虽治,而吾身之天地万物,不害而为乖错。一国一家,莫不然。'(《中庸或问》)如果自我的身心内外中正和谐,即使天下大乱,它对自己身心的安宁康泰也不会有什么影响;如果自己的身心内外不能中正和谐,即使天下治理得很好,自己的身心也将是不安宁和错乱的。正像张载的《西铭》开头说'民吾同胞,物吾与也',做人必须以'仁爱之心'对人、对物;这样你才可以做到'存,吾顺世,没,吾宁也',人活在世上应尽责尽职,离开人世时将是很安宁的。这就是说,人有个身心和谐的'安身立命'处了。"[1]

汤先生常引用孔子一段话,认为可以作为修身的座右铭。孔子说:"德之不修,学之不讲,闻义而不能徙,不善而不能改,是吾忧也。"(《论语·述而》)意思是说,不修养道德,不讲求学问,听到合乎正义的话不能去身体力行(实践),犯了错误而不能改正,是他最大的忧虑。孔子这段话告诉我们的是做人的道理,修德并不容易,那就必须有崇高的理想,有为人类长远利益考虑的胸怀;讲学同样不容易,它要求人们天天提高自己的知识和能力,这样才可以负起增进社会福祉的责任;徙义是说人生在世,听到合乎道义的话应努力跟着做,应日日向着善的方向努力,把公义实现于社会生活之中;改过是说人总是会犯这样那样的错误,问题是要勇于改正,这样才可以成为合格的人。"修德、讲学、徙义、改过,是做人的道理,是使人自我身心内外和谐的路径。"[2] 这就要求修身,以求得一安身立命处。

四、避免泛道德主义

汤先生讲儒学,一方面要挖掘它的现代价值,另一方面也注重吸收新的思想资源以弥补传统儒学的不足,而且主张后一方面可能更为重要。关于传统和谐观念的不足,先生主要提到两点,一是泛道德主义,一是未能在分化的基

---

① 汤一介:《面对中西文化》,《汤一介集》第7卷,中国人民大学出版社2014年版,第135页。

② 汤一介:《在儒学中寻找智慧》,《汤一介集》第5卷,中国人民大学出版社2014年版,第241页。

础上谈合一。

汤先生曾说过，他提出儒学第三期发展的问题在某种程度上是针对港台新儒家的某些主张而来的，他并不同意可以通过儒学来开出现代民主和科学；他主张儒学能够对做人的道理，对改善人与人之间的关系提出自己的解答，就是一种重要的文化贡献。先生持这种观点与他对泛道德主义立场的批判态度是一致的。

汤先生认为，人类社会活动中的经济、政治、道德三方面既有联系，也有区别，它们之间没有从属关系，要求用道德解决一切问题，包揽一切问题，那就会走上泛道德主义的歧途。"身之修是由个人努力可提高其道德学问的境界，而国之治、天下之太平，那就不仅仅靠个人的道德学问了。"① 道德教化和政治法律制度虽有某种联系，但它们毕竟是维系社会的不同两套，不能用一套代替另一套。

汤先生认为，传统儒家"和谐"观念的路向并非十分完善，过分强调道德学养的意义，容易走上泛道德主义。所以，在先生的普遍和谐观念中，也只是强调了个人身心内外和谐的起点作用和基础作用，而并非说是有了这一层和谐，其他层面的和谐问题就都自然而然地解决了。先生认为："'普遍和谐'观念作为一种观念说，无疑是对现代社会有其正面的价值的。如果我们扬弃其中可能导致缺点的方面，并给以现代意义的解释和发挥，并通过各种可行之途径，使之落实于操作层面，我认为它将会对今日人类社会的发展提供一有积极意义的经验，以匡正今日社会所发生的种种弊病。"②

五、在分化的基础上讲合一

对于和谐观念，汤先生认为："我们缺少一步，就是没有能给这样的和谐以科学的诠释，只是在没有充分分化基础上的和谐。"③ 所以，他说："我认为，和谐的观念对现代社会来讲可能是非常重要的，必须对和谐的观念现代诠释，

---

① 汤一介：《思考中国哲学》，《汤一介集》第 6 卷，中国人民大学出版社 2014 年版，第 21 页。

② 汤一介：《在儒学中寻找智慧》，《汤一介集》第 5 卷，中国人民大学出版社 2014 年版，第 93 页。

③ 汤一介：《思考中国哲学》，《汤一介集》第 6 卷，中国人民大学出版社 2014 年版，第 85 页。

把主客体关系分析清楚了再讲和谐，这样才会更有意义。"①

汤先生认为，如果中国哲学家不认真吸收西方哲学的重知识系统、重逻辑分析的精神，从西方哲学这个"他者"来反观自己的哲学问题，那么，其天道性命的"天人合一"思想就很难克服其一定程度上的直观性，也很难使它开出一个更高的新层面。因此，我们必须给儒家思想以适当的新的解释，使之成为具有现代意义的哲学。

汤先生对于一些问题确立了一个大的框架和一些基本的方向和方法，正需要我们做进一步的探索。

（作者简介：陈　鹏　首都师范大学政法学院）

---

① 汤一介：《思考中国哲学》，《汤一介集》第6卷，中国人民大学出版社2014年版，第85页。

汤一介先生对中国哲学的哲学思考

——从范畴研究到哲学地思考中国哲学

王兴国

  汤一介先生的哲学道路几经曲折，大学时代积极投身于马克思主义的学习之中，因为表现突出，被学校派往北京市委党校学习，在大学毕业时（1952年），便成为了一名党校的教员，主讲《联共布党史》和马克思主义"经典著作"；1956 年秋天，一个偶然的机会使汤一介回到了母校北大哲学系工作，成为乃父汤用彤先生的助手，从此与中国哲学结下了终身不解之缘。然而，在那个阶级斗争高于一切、阶级党性至高无上、政治运动频繁的时代，汤一介先生虽然曾系统地攻读了不少中国哲学的原典，但是除了政治大批判式的对中国哲学的扭曲与践踏外，还说不上对中国哲学的正常学术研究。那不啻是汤一介先生个人的悲剧，而是一个时代的悲剧，更是中华民族的悲剧。更不幸的是，汤一介先生身不由己地卷入了政治漩涡，浪费了十多年的宝贵光阴，险些葬送了一生。幸好"文化大革命"结束后，迎来了改革开放，中国出现了一个历史的大转机，汤一介先生的人生境遇也随之有了好转，从 1980 年开始恢复了在北大哲学系讲课的"资格"。从此，汤一介先生才真正地开始了研究中国哲学并哲学地思考中国哲学的黄金时期。

  汤一介先生对中国哲学的哲学思考，始于对"中国传统哲学"的范畴的探索。"对中国哲学的哲学思考"本来是汤一介《我的学思历程——在非有非无之间》①中的一章，后来又以同一个题目成为一个演讲录，而"对中国哲学的哲学思考"，其意犹如牟宗三所谓"使中国哲学能哲学地建立起来"②，也就

---

① 汤一介：《我的学思历程——在非有非无之间》，台湾中正书局 1995 年版。

② 牟宗三：《智的直觉与中国哲学》，台湾商务印书馆 1971 年初版，"序"第 3 页。

是"哲学地建立"中国哲学。汤一介先生并不以做一个哲学史家为已足,而志在做一个哲学家。对汤一介来说,对中国哲学进行哲学的思考,而"哲学地建立"中国哲学,正是他一生研究哲学的旨趣之所在。然而,做一个哲学家谈何容易! 20世纪后半叶,中国一度除了有一个唯一合法的源自苏联的"马克思主义哲学"的教科书的哲学以外,几乎再无别的哲学。中国有全世界最庞大的哲学从业队伍,却可以说几乎没有一个哲学家。汤一介先生的内心深深地被如此这般的哲学状况所刺伤,他认为,对中国哲学的不同的哲学思考,"必须摆脱政治意识形态的无意义的干扰",于是他"尝试着对中国传统哲学作哲学的思考,希望对它进行哲学的分析,以便使之在现代社会中有所发展,而能成为一种有现代意义的活的哲学"①。在汤一介看来,哲学史上有影响的大哲学体系必然由一套概念、范畴、判断、命题和一系列的推理组成,因此他对于中国哲学的哲学思考便从"中国传统哲学"②的范畴开始,"提出一种把中国传统哲学作为一个大体系来作哲学的思考"③,想由此找到"哲学地建立中国哲学"的一个突破口。

在中国古代哲学中,尽管已经有了关于哲学范畴的论究,但基本上限于经学的形式之中。带有"前哲学"的色彩,具有现代学术意义的中国哲学范畴的研究,乃是在西学东渐的20世纪初期开始的,并且直接受到日本的哲学研究风气的影响。其中,王国维先生堪称是率先研究中国哲学范畴的先驱人物,此后有唐君毅、牟宗三、张岱年和冯友兰等哲学家和哲学史家对中国哲学范畴从不同方面进行过深入和卓有成效的探研。然而,由于一些特殊的历史原因,他们的研究成果没有得到应有的重视、研究和评价,因此在20世纪80年代中期以前,几乎不被大陆学界所知晓,更遑论产生影响了。缘于此故,汤一介先生的中国哲学范畴研究与他的前辈之间未能建立起一种应有的联系。换言之,中国哲学范畴的研究是在历史的中断中重生与发展起来的。这固然不免要在历史的悲剧中留下遗憾,然而这却为新一代中国哲学家提供了一种在时代的挑战中表现理论勇气与超凡睿识,贡献创造性的哲学天赋和智慧的大好时机。汤一介先生不幸而万幸,"昨死今生",从恢复教职伊始,便充分地抓住与把握了这一时

---

① 汤一介:《对中国哲学的哲学思考》,《非实非虚集》,华文出版社1999年版,第301、300页。

② "中国传统哲学"这一概念在当时是为了区别于"马克思主义哲学"而使用的,今天一般统称为"中国哲学",故下文中一般只称"中国哲学"。

③ 汤一介:《对中国哲学的哲学思考》,《非实非虚集》,华文出版社1999年版,第301页。

机，在中国哲学的研究中开始了从范畴探析来哲学地思索中国哲学体系的构建。

汤一介先生的中国哲学范畴研究，分别是从中国哲学范畴的"存在的本源"、"存在的形式"与"人们对存在的认识"三个方面着手，对中国哲学的概念体系做了初步的探索。但是，这并不令他满意，于是他改变思路，从"真"、"善"、"美"的角度来考虑中国哲学的概念体系问题，把中国哲学中的"天"（天道）和"人"（人道）视为一对关于宇宙人生的最基本的概念，属于"真"的问题，由这一对根本性的范畴推演出属于"善"之问题的"知"与"行"一对范畴，以及属于"美"之问题的"情"和"景"一对范畴；同时，以"天人"、"知行"和"情景"三对基本概念为母范畴，分别纳入众多的其他子范畴，在其交叉关系中，建成一个中国哲学范畴的体系。

汤一介先生认为，上述"天人"、"知行"和"情景"三对基本范畴分别构成相应的"天人合一"、"知行合一"和"情景合一"三个基本命题，恰好是对"真"、"善"、"美"的表述。由于与当代新儒家的接触，刺激了汤一介先生从有别于当代新儒家的另一路径，思考与回答"儒学第三期发展"之"如何可能"的问题。这就是沿着他所思考的"天人合一"、"知行合一"和"情景合一"三个基本命题及其关系来展开探讨，他由此发现和揭示出这三个基本命题，在思维模式上，正是中国传统的"体用一源"思维特色的体现；进而，由这三个基本命题所表现的"体用一源"的思维模式，引发出三套相互关联的基本理论，即："普遍和谐观念"论、"内在超越精神"论和"内圣外王之道"论。这三套理论分别从三个方面表现出中国哲学的精神，即"普遍和谐观念"是中国哲学的宇宙人生论，"内在超越精神"是中国哲学的境界修养论，"内圣外王之道"是中国哲学的政治教化论。汤一介先生以这三套理论来构成中国哲学的一个理论体系，并认为可以由此看出中国哲学的价值，同时也认识到中国哲学的问题之所在。

尤可注意的是，汤一介先生在他对"内圣外王之道"的思考中，不能认同当代新儒家的"返本开新"，从"内圣"开出"新外王"的理论主张，而是在其"体用一源"的思维中，以严复所提出的"以自由为体，以民主为用"为一切现代社会所当遵循的法式轨范。①

---

① 参见汤一介：《现代与后现代》，见谢龙编：《中西哲学与文化比较新论——北京大学名教授演讲录》，人民出版社 1995 年版，第 101 页。

　　在汤一介所做的中国哲学的思考中，使他最为纠结的是关于"内在超越"与"外在超越"的关系问题，他认为这是会通中西方哲学的最大关键所在，如何找到"内在超越"与"外在超越"的结合点，建立一个既包括"内在超越"又包括"外在超越"的哲学体系，"应该是哲学发展的更高层次"①。只有在出现若干不同形式的体系后，才可能会有比较圆满的"哲学地建立"的中国哲学的诞生，而这正是中国哲学第三期发展的重大使命。②

　　在一个"万马齐喑"的时代，汤一介先生不甘于成为意识形态的教条主义的附庸，把自己变成一只"应声虫"，继承与发扬"事不避难，义不逃责"的祖训，自觉地担负起时代精神和历史的使命，成为为数不多的敢于挑破沉闷、勇于追求真理和哲学智慧的一代但开风气不为师的楷模。他对中国哲学所做的哲学思考，为把中国哲学重新带上一条正常的学术研究的康庄大道，推进中国哲学研究的"范式转移"，作出了不可磨灭的重要贡献。尤为难得的是，汤一介先生以哲学家自勉，一生出入儒释道，借鉴与融摄西方哲学，面向世界与未来，致力于建立一个能包容中西方哲学精神的中国哲学的理论体系，辛勤耕耘与奋进开拓，虽然只"留下了一串闪光的哲人的脚印——标记出一个在途程的哲学家"③，但是仍然是一笔宝贵的精神财富，值得我们继承和发扬。

（作者简介：王兴国　深圳大学国学研究所）

---

① 汤一介：《对中国哲学的哲学思考》，见谢龙编：《中西哲学与文化比较新论——北京大学名教授演讲录》，人民出版社 1995 年版，第 89 页。
② 参见汤一介：《对中国哲学的哲学思考》，《非实非虚集》，华文出版社 1999 年版，第 338 页。
③ 景海峰：《事不避难，义不逃责：汤一介对新时期中国哲学的贡献》，见胡军、孙尚扬主编：《探寻真善美——汤一介先生 80 华诞暨从教 55 周年纪念文集》，北京大学出版社 2007 年版，第 187 页。

论汤一介先生的中国哲学史方法论思想

高秀昌

如果从 1947 年升入北京大学哲学系算起，到 2014 年在北京因病去世，汤一介先生的哲学学术生涯共有 67 个春秋。在汤先生近七十年的哲学学术生涯中，他主要是在读书、教书、写书和编书中度过的。如果从汤先生认同他们那一代知识分子的共同经历看，他的哲学学术活动相应地也可以分为三个时期：1949 年前短暂的"实现自我"的时期，1949 年至 70 年代末长达 30 年的"失去自我"的时期，1980 年至 2014 年二十多年的"找回自我"的时期。① 第一个时期的主要论著有《谈魏晋玄学》（1947）、《我所认识的玄学》（1947）等；第二个时期的主要论著有《英国经验主义学习报告（二）》（1950）、《谈谈哲学遗产的继承问题》（1957）、《以毛主席的哲学思想为纲改革中国哲学史的教学内容》（1958）、《关于研究中国哲学史特点的一点意见》（1959）等；第三个时期的主要论著有《论中国传统哲学范畴体系的诸问题》（1981）、《郭象与魏晋玄学》（1983）、《儒释道与内在超越问题》（1991）、《在非有非无之间》（1995）、《我的哲学之路》（2006）等。在这三个不同时期，汤一介先生在研究中国哲学史时提出或践行了不同的研究方法，从总体上说可以归结为："为学术而学术"的客观的、求真的研究方法，"唯书"、"唯上"的教条主义的研究方法，以比较为基础的多元主义的研究方法。下面针对这三种方法做一简要评述，从方法论角度凸显汤先生对中国哲学史研究所作出的贡献。

---

① 晚年汤一介先生在《新轴心时代与中国文化的建构》"自序"中说："我们这一代 80 岁左右的人文学科的知识分子，大都经历了企图实现自我，继而失去自我，而到 20 世纪 80 年代后又在逐渐地找回自我。"（江西人民出版社 2007 年版，第 1 页）

一、"为学术而学术"的客观的研究方法

1947年暑假后，汤一介先生升入北京大学哲学系，从此走进了哲学之门。汤先生选择哲学系，是他的兴趣和愿望所在。他由过去关注文学而转向关注哲学，特别是对西方哲学有浓厚的兴趣。他不仅是为了学习和掌握一般性的哲学知识，更主要的是他有一个宏大的理想和志向——当哲学家。

青年时期的汤一介先生就是一位充满着追求真理勇气而又十分自信的哲学探索者。汤先生的自信和勇气是源自于他的天赋和能力，以及他深厚的家学学养。他喜欢思考一些人生问题和宇宙的大问题，并勤奋努力地大量地阅读哲学、逻辑、佛学和文学著作，做了大量的读书笔记；与此同时他还撰写有跟哲学家讨论哲学问题的论文《我所认识的玄学》、《对维也纳学派分析命题的一点怀疑》、《论内在关系和外在关系》等。而关于《论内在关系和外在关系》一文，当时贺麟先生看后还写了批语："认柏拉得列所谓内在关系仍为外在关系，甚有道理。对内在关系的说法，亦可成一说，但需深究之。"①

汤先生后来回忆说，他在进入北京大学哲学系后，就希望自己能够成为一名有创造性的、对哲学发展有所贡献的哲学家。青年汤先生有这样一股为"学术而学术"的精神和追求真理的勇气，具有敢于质疑中西哲学家的气魄，并能够按照哲学的学术理路读书、思考、写文章，若是按照正常的发展来看，他成为冯友兰、贺麟、金岳霖和汤用彤等哲学家之后中国新一代独立思考的哲学家不是不可能的。②

尽管这一时期的汤先生初出茅庐，还没有提出自己关于研究哲学和哲学史的方法论思想，更没有提出研究中国哲学史的方法论思想；但是，如果我们从他所撰写的论文还是可以看出，他所遵循的研究方法很明显的是前辈学者从事哲学研究所使用的思辨的、客观求真的哲学方法。汤先生当时在跟前辈哲学家讨论哲学问题的时候，已经明显地表现出哲人思考的特点：不是只解释别人的思想，而是在跟哲学家讨论问题时能够大胆地提出自己的想法和观点，即自

---

① 汤一介：《我的哲学之路》，新华出版社2006年版，"自序"第1页。

② 参见汤一介：《哲学家与哲学工作者·自序》，《汤一介集》第1卷，中国人民大学出版社2014年版，第4页。

己的思想。

汤先生后来回忆说:

> 我写的《我所认识的玄学》和《对维也纳学派分析命题的一点怀疑》两文,是对冯友兰先生《新理学》和洪谦先生的哲学思想的质疑。这是因为在 20 世纪 40 年代,冯先生和洪先生在"玄学"(即"形上学")上有所讨论。我认为,两方面都有可以质疑之处,所以写了上述两文,特别是我对"玄学"的四点看法,说明我确实在独立思索着形上学问题。[1]

在 20 世纪三四十年代,冯友兰先生已经是创立了新理学哲学体系的声名显赫的哲学大家,而洪谦先生也是颇有影响的西南联大的教授、维也纳学派的成员,汤先生敢于跟这些大家讨论哲学问题,尽管其所论也存在着不足之处,但是他还是能够发现前辈哲学家的问题,质疑他们的思想,表现出汤先生在哲学上独立思考、探求真理的精神和品质。

汤先生在其父汤用彤先生的影响下,对魏晋玄学进行了初步的思考和研究,并写成了《谈魏晋玄学:当时的玄学家怎样调和自然和名教的争论——魏晋玄学的第一个目的)》、《读〈庄子序〉书后》、《读欧阳坚实〈言尽意论〉书后》等论文。从汤先生一生的学术发展看,就是这几篇研究中国哲学的论文,可以说是汤先生治中国哲学史的滥觞,奠定了汤先生一生以中国哲学研究为志业的基础。汤先生后来回忆说:

> 现在看来,我写的那几篇关于魏晋玄学的文章虽然幼稚,但确有自己的心得和体会,有些论点今天仍有一定的价值,如对郭象《庄子序》和欧阳建《言尽意论》的分析都不能说没有意义,其中《谈魏晋玄学》可以说大体上勾画出了它的发展线索。我这一时期所写的有关魏晋玄学的论文对我在 1981 年教授"魏晋玄学与佛教、道教"一课大有帮助。[2]

这里主要想强调的是,汤先生是按照一般的哲学方法来研究哲学和中国哲学史问题的,他所提出的质疑及见解、观点,都是依照学术的规范通过分析而得出的结论。我们可以把这一时期汤先生所使用的方法称之为"为学术而学术"的客观的研究方法。

---

[1] 汤一介:《哲学家与哲学工作者·自序》,《汤一介集》第 1 卷,中国人民大学出版社 2014 年版,第 3 页。

[2] 汤一介:《哲学家与哲学工作者·自序》,《汤一介集》第 1 卷,中国人民大学出版社 2014 年版,第 3 页。

这里还想说明的是，这对于一个刚刚步入哲学殿堂的热心于追求真理的青年来说，是十分难能可贵的。由此我们也可以认识并体会到，1949 年后急剧变化的大势使得汤先生像众多知识分子一样在被迫失去自我时所表现出的彷徨、苦恼和挣扎，以及 1980 年以后思想解放使他和其他知识分子一样能够在激流勇进的大潮中逐步寻找自我、回归自我时所表现出的自信、坚定和欣喜。

二、"唯书"、"唯上"的教条主义的研究方法

汤一介先生于 1949 年 11 月参加中国共产党，从内心接受了马克思主义。从 1950 年开始，汤先生听马克思主义的讲授课程，并研读马恩列斯毛经典著作等。他所听的课程主要有：艾思奇的"辩证唯物主义与历史唯物主义"、胡绳的"论毛泽东思想"、何思敬的"费尔巴哈和德国古典哲学的终结"等。影响最大的是让汤先生树立了对哲学思想必须进行阶级分析、必须坚持"无产阶级的党性原则"这一套东西。[①] 汤先生后来回忆说，那时候"学的'马克思主义哲学'是受到苏联'教条主义'影响的'马克思主义'，这对于我以后的哲学教学和研究有着负面的影响"[②]。1951—1956 年，汤先生在中共北京市委党校学习与教书，像众多的知识分子一样相信马克思主义就是"放之四海而皆准的普遍真理"；接下来就是自觉地用教条主义的哲学理论和方法来解释中国的历史和现实；而且当时只能有一种愿望和一种选择：就是成为一名合格的"哲学工作者"或"马克思主义的宣传员"[③]。汤先生撰写于 1950 年的一篇文章《英国经验主义学习报告（二）》，就已标志着他开始自觉地用新的马克思主义的立场、观点和方法，即阶级分析的方法和党性原则来从事哲学史研究了。在这篇文章中，汤先生明确地指出："今天写巴克莱的报告希望能够贯彻阶级分析的原则。纯客观是有害的，只可以使人更陷于主观的深渊中。以前我学习的态度

---

① 参见汤一介：《哲学家与哲学工作者·自序》，《汤一介集》第 1 卷，中国人民大学出版社 2014 年版，第 4 页。

② 汤一介：《我为什么选择北大哲学系》，《汤一介集》第 9 卷，中国人民大学出版社 2014 年版，第 107 页。

③ 汤一介：《哲学家与哲学工作者·自序》，《汤一介集》第 1 卷，中国人民大学出版社 2014 年版，第 6 页。

是力求纯客观，现在我则一边倒了，首先我倒向无产阶级的怀里，然后用唯物的观点辩证的方法来处理问题。"①

1958年，汤先生发表于《新建设》第8期上的一篇文章《以毛主席的哲学思想为纲改革中国哲学史的教学内容》，则更为旗帜鲜明地申明：要站在马克思主义的立场上，运用马克思主义的观点和方法，批判资产阶级的学术思想，捍卫中国哲学史的教学和研究始终沿着马克思主义的方向发展。汤先生指出，要"以毛泽东思想为纲来改造我们的教学内容"。具体说就是，第一，建立新的马克思主义的中国哲学史，彻底打破旧的资产阶级哲学史体系；第二，应该根据毛主席两种文化的观点来研究和讲授中国哲学史；第三，必须以马克思主义的批判的革命精神来研究和讲授中国哲学史；第四，必须根据毛主席提出的"理论联系实际"、"厚今薄古"、"古为今用"的精神来研究和讲授中国哲学史；第五，必须根据毛主席对中国农民革命战争的看法来处理和研究中国哲学史；第六，必须在中国哲学史的教学和研究中运用毛主席分析问题的方法。②在汤先生看来，这六个方面的意见尽管"很不成熟，也没有什么系统"，但是他相信"这是无产阶级的不系统，比起资产阶级的系统来要高出千百倍"③。

从这篇文章末尾的说明文字中可以看出，这些观点和看法，不只是汤先生一个人的，而是包括了北京大学哲学系中国哲学史教研室一部分青年教师、进修教师、研究生和同学的意见，并且说"是在教研室讨论后写成的，其中错误一定很多，希望得到批评"④。

这里需要强调的是，当时的汤先生和众多的知识分子一样，在这样做的时候，都有其主动性的一面和被动性的一面。汤先生那一代知识分子尽管被剥夺了自由，但是，这并不是自己说唯心的话、修辞不立其诚的借口。因此，处于今天的我们也就不能也不应该说当时的知识分子完全是受蒙骗了，受欺骗了。相反，我们应当认识到，这种将学术政治化、哲学政治化的做法，是当时

① 汤一介：《英国经验主义学习报告（二）——论巴克莱的立场、观点、方法》，《汤一介集》第1卷，中国人民大学出版社2014年版，第81页。

② 参见汤一介：《以毛主席的哲学思想为纲改革中国哲学史的教学内容》，《汤一介集》第1卷，中国人民大学出版社2014年版，第135—146页。

③ 汤一介：《以毛主席的哲学思想为纲改革中国哲学史的教学内容》，《汤一介集》第1卷，中国人民大学出版社2014年版，第149页。

④ 汤一介：《以毛主席的哲学思想为纲改革中国哲学史的教学内容》，《汤一介集》第1卷，中国人民大学出版社2014年版，第149页。

中国哲学精神的具体体现，是绝大多数人自觉半自觉、自愿半自愿、被迫半被迫地去践行和力行的做法，而并不完全是不可理解的荒谬的做法。正是从这个意义上我们说，晚年汤先生和其他知识分子共同的反思、反省和自我忏悔是具有十分重要的价值与意义的。

在此还需要说明的是，汤先生因受其祖父和父亲的影响①，使他还能够在非常的形势下接续着早年对魏晋玄学进行某种程度的研究。尽管这些研究并不属于真正意义上的学术研究，但是对于汤先生的学术发展来讲则是具有承前启后的意义的。20世纪60年代初期在教条主义盛行的时候，汤先生撰写、发表了多篇文章如《略论郭象的唯心主义哲学体系》（1962）、《嵇康和阮籍的哲学体系》（1962）、《论裴頠的〈崇有论〉》（1962）、《略论王弼与魏晋玄学》（1963）、《略论魏晋玄学的发展》（上下）等。在此笔者想强调的是，从这些文章的内容看，如果剔除其标签式的不实评价，这些研究确实还是具有一定的学术价值的。诚如汤先生后来所说的，1949年后，由于长期受极左思潮的影响而致使中国哲学史的研究很不理想，但也取得了若干成绩。②事实上，这一时期所积累的一些成果成为汤先生1980年开始研究和教授"魏晋玄学"并撰写出版颇具影响的《郭象和魏晋玄学》一书的前奏或基础。

三、以比较为基础的多元主义的研究方法

伴随着毛泽东的逝世和"文化大革命"的结束，汤一介先生自问："我今后听谁的？"汤先生经过深思熟虑后坚定地回答："听自己的！"于是自1978年起，汤先生逐渐地要求自己"在学术思想上能独立思考"，"照自己的想法来写文章、来讲课"③。尽管当时汤先生并没有也不可能完全摆脱教条主义的影响，

---

① 汤先生的一生，自始至终都受到了他父亲汤用彤先生的影响，间接地受到了他祖父汤霖先生的影响。做了一个不大的小官但教了不少学生的汤霖先生为他们家留下了家训："事不避难，义不逃责"。他的父亲汤用彤先生秉持这一家训，在1949年前，曾撰写了一部佛学名著《汉魏两晋南北朝佛教史》，并撰写8篇论魏晋玄学的文章；前者被认为是填补了中国哲学史空白的巨著，后者则确立了中国的本体论地位。1980年以后，汤一介先生在学术的意义上继承和发展了其父汤用彤先生的哲学思想。

② 参见汤一介：《我的哲学之路（三）》，见《我们三代人》，中国大百科全书出版社2016年版，第383页。

③ 汤一介：《魏晋玄学讲义》，鹭江出版社2006年版，"自序"第2页。

甚至在讲义中仍然使用唯物唯心、阶级分析方法等，但是慢慢地，这些用语更多的只是一些陪衬或套话，甚至可以说是一些"影子"而已。由此我们也可以看出，当时的知识分子由于受时代和条件的限制，特别是领导人提倡个人迷信、独尊教条的非常时期，摆脱教条主义的束缚可以说是很难的，有时能够迈出哪怕只是一小步，都可以说是非常难能可贵的，因此是值得大加称赞的。

在逐渐地否定了以往教条主义的所谓"真正科学"的"中国哲学史"的前提下，汤先生从黑格尔和列宁那里找到了一部真正的"有历史价值的哲学史"的条件：有自己的哲学思想的哲学家所写的哲学史才是具有"历史价值的哲学史"。有鉴于此，汤先生自觉到：今后自己不仅要做哲学史家，而且试图要提出自己的哲学之见，并向着哲学家的目标迈进。其实，做哲学家和哲学史家是二而一的关系：不是哲学家，就不是真正的哲学史家；也就是说，不是哲学家的哲学史家就不是真正的哲学史家。汤先生沉思自己所潜心思考的哲学问题并对这些哲学问题提出自己的观点和看法，以此为基础来研究和讲授中国哲学史。诚如汤先生后来所说的：

> 我真正开始做哲学和哲学史的研究应该说是在 1980 年，那时我已经 53 岁了，但我没有气馁，我仍然希望能够为中国哲学和中国文化尽一点力。①

因此，我们可以说，正是汤先生的学术自觉和自信，使他能够在进入 20 世纪 80 年代以后，率先考虑如何突破当时学术界所受苏联关于唯物与唯心两军对垒，以及唯物进步、唯心反动的教条主义理论框架的问题。汤先生已清楚地认识到，哲学史是认识史，而不是唯物主义和唯心主义的斗争史，更不是阶级斗争史。中国哲学史也是这样。经过艰苦的思考，汤先生毅然决然地用研究哲学的"认识史"来消解日丹诺夫关于哲学史的定义，并提出了具有突破意义和广泛影响的"范畴研究法"。

（一）范畴研究法

从认识世界的历史看哲学的发展，从"认识"的范畴开始研究中国哲学史，于是就有了"范畴研究法"。在汤先生看来，研究中国哲学就必须研究中国哲学的概念、范畴，研究中国哲学的命题以及由概念、范畴和命题构成的中国哲学体系，从而揭示出中国哲学的特点及中国哲学在当今中国和世界的价值

---

① 汤一介：《我的哲学之路》，新华出版社 2006 年版，第 20 页。

与意义。

需要说明的是，汤先生早在 1963 年所写的《略论王弼与魏晋玄学》一文中，就曾指出研究哲学范畴的意义：

> 研究哲学范畴发展的历史对于研究哲学史有着重要意义。范畴是"认识世界的过程中的一些小阶段，是帮助我们认识和掌握自然现象之网的网上纽结"。因此，在哲学史上新的范畴的提出和运用，反映着哲学思想发展的深入和提高。①

汤先生认为，先秦诸子提出了中国哲学的若干重要范畴，两汉哲学对之有具体性的发展，而魏晋玄学对之有抽象性发展。就王弼而言，汤先生认为王弼已经提出了一个范畴系统，并充分肯定了王弼范畴体系的价值，当然汤先生当时也指出了这一范畴体系的唯心主义和形而上学的基础。可以看出，当时汤先生还是在"两个对子"研究范式的影响下，不得不习惯性地对历史上的哲学家作出唯心与唯物、进步与反动的定性评价，但是，一旦抽去表态性的标签式语句，也可以发现汤先生的这些探索与研究，还蕴含着货真价实的东西，这就是对于中国哲学特点的揭示以及对于中国哲学价值的肯定，所以也是具有一定的学术价值与意义的。因此，从一定意义上可以说，这些不成熟的探索和研究为汤先生在 1980 年就较早关注并倡导范畴研究法做了铺垫。

20 世纪 80 年代，伴随着拨乱反正和思想解放，作为倡导、力行和推进"范畴研究法"的领军人物，汤先生以其大智大勇为当时中国哲学界学术研究转型和中国哲学史研究走出困境注入了他全部的生命活力和力量。正如汤先生后来所说的，试图从总体上考察中国哲学的概念、范畴、命题以及由范畴构成的哲学体系，"在当时曾对摆脱'左'的教条主义影响起了一定的作用"②。

在当时以及后来产生了很大影响的《论中国传统哲学范畴体系的诸问题》一文中，汤先生不仅肯定了中国传统哲学有一个范畴体系，而且还回答了为什么要研究和如何研究中国传统哲学的概念、范畴问题，并对中国传统哲学范畴体系做了构建。汤先生认为，哲学思想发展的历史，就其内容讲是哲学概念、范畴的提出及其含义的明确、丰富和不断发展的历史。因此，在研究哲学

---

① 汤一介：《略论王弼与魏晋玄学》，《汤一介集》第 1 卷，中国人民大学出版社 2014 年版，第 417—418 页。

② 汤一介：《非实非虚集》，华文出版社 1999 年版，"自序"第 1 页。

概念、范畴发展的历史时，就要对概念、范畴的含义、诸概念范畴之间的关系以及前后发展的逻辑联系进行理论上的分析。这种分析方法，具体包括分析概念、范畴的含义，分析概念、范畴含义的发展，分析哲学家或哲学学派的概念、范畴体系以及分析中外哲学概念、范畴的异同等。这就是"范畴研究法"的具体内涵。

需要说明的是，倡导和力行中国哲学范畴研究法是在汤先生哲学观与哲学史观的转变的基础上进行的。在汤先生看来：

> 哲学史作为认识史来说它要解决的问题应是揭示历史上哲学思想发展的内在逻辑必然性。哲学是关于自然、社会、人类思维的最一般规律的科学，它是以理论思维的形式表现出来，而理论思维的形成，必然通过一系列的概念范畴以及由概念范畴构成的哲学命题表现出来。因此，可以说哲学思想的发展就其内容说是概念范畴以及命题如何提出、如何丰富和发展的历史。哲学史的每一发展阶段都是围绕着对某些基本概念范畴的解释和由概念范畴构成的命题展开的。从中国哲学史看，先秦唯物主义和唯心主义的斗争大体上是围绕着天（道）人（道）、名实、知行、变常等等不同的解释展开的；魏晋则是围绕着有无、本末、体用、一多、言意、名教和自然等等概念展开的；宋明围绕着理气、心物、心性、能所等等的不同的看法展开的。所以，把哲学史作为认识发展史，作为揭示人类理论思维发展的规律的历史来研究，它的基本任务就是研究哲学概念范畴的各个方面的问题，即要分析概念范畴的涵义、分析概念范畴的发展、分析哲学家的概念范畴体系以及哲学概念范畴的内在逻辑结构等等。[1]

汤先生运用范畴研究法对于中国哲学概念、范畴、命题和体系的分析和论述，使汤先生重构了中国哲学的基本问题和范畴体系，特别是他用天人关系这一中国哲学的基本问题取代了以往套用西方思维和存在的关系问题，这可以说是更贴合了中国传统哲学的实际，更符合了中国传统哲学的面貌。因此，汤先生后来说，他在当时通过范畴研究法所建构的中国传统哲学的概念体系，虽不说是唯一合理的，但是它总是不失为是一种较为合理的、较为有意义的尝试。[2]

---

[1] 汤一介：《中国哲学史与中国思想史》，《哲学研究》1983年第10期。

[2] 参见汤一介：《我的哲学之路（三）》，见《我们三代人》，中国大百科全书出版社2016年版，第386页。

金春峰先生在《重视哲学史方法论的研究——读〈郭象与魏晋玄学〉》一文中指出，汤先生的《郭象与魏晋玄学》"不仅对魏晋玄学及郭象哲学体系的范畴进行了细致的分析，它还从中国哲学史甚至中西哲学史的广阔范围与高度上提出了关于范畴的许多很有启发的成果与见解"①。汤先生的老朋友陈俊民先生，以其亲身经历当时的范畴研究活动而发自内心地称颂汤先生在当时倡导和力行范畴研究法是"既开风气也为师"，认为汤先生力行范畴研究法，是只作"哲学的思考"而不作"政治的思考"，而且其根本的旨趣在于"究天人之际，通古今之变，会东西之学，成一家之言"。陈先生指出，汤先生"范畴研究的终极目的，是要建立以'究天人之际'为哲学基本问题，以'天人合一'、'知行合一'、'情景合一'为主要命题，以'真善美'为理想人格和精神境界，以'普遍和谐'、'内在超越'、'内圣外王'为理论特征的中国传统哲学体系；而且，是要将这一体系置于包括中、西、印等整个世界哲学系统的现代学术轨道，完全脱离'字义疏证'、'经籍纂诂'一类的传统学术旧辙，成为汤一介'一家之言'的当代中国哲学"②。

1997年，汤先生在《当代学者自选文库》"自序"中也指出：这篇关于"中国哲学范畴"问题的文章，现在看来尚不够成熟，但是它是较早提出来并做了详细讨论的。这说明了汤先生对于这篇文章的重视。③

（二）解释学方法

20世纪90年代，汤一介先生确立了更为明确的哲学观。在汤先生看来，"哲学"应该是从思考某个（某几个）"哲学问题"出发而形成的一套概念体系，并根据概念之间的联系形成若干基本"命题"，在方法上有着自觉，进行理论上的分析与综合而形成的关于宇宙人生的哲学体系。④尽管汤先生一再地说自己由于主客观条件的限制无法成为真正的哲学家，而只希望做一个称职的

① 金春峰：《重视哲学史方法论的研究——读〈郭象与魏晋玄学〉》，《汤一介集》第10卷，中国人民大学出版社2014年版，第406页。

② 陈俊民：《既开风气也为师——中国哲学范畴研究启示录》，《汤一介集》第10卷，中国人民大学出版社2014年版，第495—496页。

③ 参见汤一介：《当代学者自选文集·汤一介卷·自序》，《汤一介集》第8卷，中国人民大学出版社2014年版，第99页。

④ 参见汤一介：《三论创建中国解释学问题》，《汤一介集》第6卷，中国人民大学出版社2014年版，第316页。

哲学史家，但是，从其对哲学特别是中国哲学和中国哲学史的系统研究和不断提出的新的哲学思想和创见解看，他事实上已经成为新时期一位名副其实的哲学家。在汤先生看来，"真正的'哲学家'应该是他所处的时代的引领者，是一个时代的精神导师"①。哲学家必须"有独立精神"、"有系统的真知灼见"，是"引领时代"的大师。② 因此，汤先生谦称自己只是一位"哲学问题的思考者"或"哲学学科的爱好者"。不过，从汤先生 1980 年开始的所思所行及其厚重的学术研究成果和哲学创新来看，诚如他的好友陈俊民先生所说，汤先生创立了自己的"一介哲学"，堪称当代中国的哲学大家。

处在世纪之交的汤先生敏锐地体察到了西方解释学思潮的大力引进和广泛影响，特别是中国的宗教、哲学、美学、伦理学、历史学、文学艺术等等学科纷纷运用解释学的理论和方法展开研究所取得的可喜成果，于是他自觉地从中国哲学和中国哲学史的研究切入，开始思考如何建构中国的解释学问题。从 1998 年发表《能否创建中国的"解释学"?》开始，汤先生在五年之内陆续发表了《再论创建中国解释学问题》（2000）、《三论创建中国解释学问题》（2000）、《关于僧肇注〈道德经〉问题——四论创建中国解释学问题》（2000）、《"道始于情"的哲学诠释——五论创建中国解释学问题》（2001）、《释"易，所以会天道人道者也"》（2002）等文章，系统地阐述了建构中国解释学的必要性和可能性，为中国解释学的建立、为中国哲学的创新和发展指示了一个可能的方向。

1998 年，汤先生在《能否创建中国的"解释学"?》这篇文章中，有鉴于中国有着悠久的解释经典的传统，提出是否可以在借鉴西方解释学的基础上来构建中国的解释学的问题，认为"主动借鉴西方诠释学，以便我们对今后中国哲学的发展提供某些可以利用的资源"③。不过，此文一出来，有否定者，也有肯定者。于是，汤先生就进一步思考，又撰写了《再论创建中国解释学问题》。在该文中，汤先生通过比较中西方"解释问题"研究发展的历史，十分明确

---

① 汤一介：《思考中国哲学·自序》，《汤一介集》第 6 卷，中国人民大学出版社 2014 年版，第 4 页。

② 参见汤一介：《思考中国哲学·自序》，《汤一介集》第 6 卷，中国人民大学出版社 2014 年版，第 5 页。

③ 汤一介：《能否创建中国的"解释学"?》，《汤一介集》第 6 卷，中国人民大学出版社 2014 年版，第 294 页。

地指出："我们可以借鉴西方的解释学理论和方法来讨论中国的'解释学'问题。"① 为此，汤先生具体而详尽地考察了中国注释经典的历史与类型（哲学的诠释、历史叙述性的诠释和社会运作型的诠释），并进一步揭示了中国解释经典的一些特点以及"解释问题"曾经对中国文化、哲学、宗教、文学等方面所有的十分重要的意义，寻找中国与西方解释经典相同和不同的原则和方法，为创建"中国解释学"提供一个思考的方向和基础。

2000 年，汤先生发表《三论创建中国解释学问题》一文，针对有人提出改"创建中国解释学"为"重建中国解释学"以及中国有"中国解释学传统"的说法，汤先生在区分"解释（注释）"、"解释问题"和"解释学"的基础上认为，说"创建中国解释学"比说"重建中国解释学"要科学些、合理些；说有"中国解释学传统"不准确，而说中国有很长的解释经典的历史，或者说中国有很丰富的解释经典的资源更为合适。汤先生特别强调指出，西方解释学是中国建立或创建解释学的必要的参考系，因此我们需要很好地研究西方解释经典的历史以及西方解释学理论及其发展，不如此，建立"中国解释学"就是不可能的事情。与此同时，汤先生指出，我们需要对中国解释经典的历史做一系统的梳理，并对"传"、"记"、"说"、"解"、"注"、"笺"、"疏"解释其来龙去脉以及对"训诂学"、"文字学"、"考据学"、"音韵学"、"版本学"、"目录学"等予以定位。② 汤先生在《关于僧肇注〈道德经〉问题——四论创建中国解释学问题》一文中，详细地说明了目录学和考据学与经典注释问题的密切关系，并再次强调，"要想真正创建'中国解释学'，更重要地是要在借鉴西方解释学的基础上，对中国经典注释做系统的历史梳理才有可能，而'考据学'、'目录学'等的知识是不可或缺的手段而已"③。依照汤先生的解释和说明，最后两篇文章是尝试用他自己所理解的"解释理论"来具体分析郭店楚简中的两个重要命题，以便给"解释"一个限度，以免"过度诠释"。

---

① 汤一介：《再论创建中国解释学问题》，《汤一介集》第 6 卷，中国人民大学出版社 2014 年版，第 297 页。

② 参见汤一介：《三论创建中国解释学问题》，《汤一介集》第 6 卷，中国人民大学出版社 2014 年版，第 313—321 页。

③ 汤一介：《关于僧肇注〈道德经〉问题——四论创建中国解释学问题》，《汤一介集》第 6 卷，中国人民大学出版社 2014 年版，第 330 页。

汤先生发表的这些论文集中探讨了建立"中国解释学问题",从理论和方法上推进了中国哲学史研究和中国哲学的创新。对此,郭齐勇先生认为,汤一介先生总结了中国古代经典诠释的三种路向:一是"历史事件的解释";二是"整体性的哲学解释";三是"社会政治运作型的解释"。"这些都是值得我们讨论的一些问题,都可以丰富我们的哲学史研究。"[1] 景海峰先生在《中国哲学的现代诠释》一书第一章"诠释学与中国哲学"中也指出:"随着诠释学(Hermeneutics)在中国的传播和研究的日益深入,作为一种具有普遍意义的文本解释的方法,它越来越受到学术界的极大重视。"海内外学者"把诠释学和中国传统思想的研究结合起来,并尝试建立具有中国特色的诠释论体系和诠释学方法"。景先生在评介傅伟勋先生的"创造的诠释学"、成中英先生的"本体诠释学"、黄俊杰先生的"以孟子为中心的经典诠释学"之后,对汤一介先生创建"中国解释学"的构想做了解释和说明,并认为这是汤一介先生对中国哲学方法论的探索与创新。[2]

(三)"以西释中"

在中国哲学史学科建构以及中国哲学和中国哲学史的研究中,"以西释中"向来都是一种十分重要的而且是必要的研究方法。汤一介先生所主张的必须"以西方哲学为参照系"来研究中国哲学的方法其实就是"以西释中"的方法。汤先生曾就"为什么必须要以西方哲学为参照系?"和"为什么中国的很多学科都是跟着西方学术的屁股后头跑呢?"两大问题作出肯定的回答:

> 有些"学科"我们确实先要学习人家的,然后才有可能建立我们自己的"有中国特色的××学"(如"中国的比较文学"、"中国的考古学"等等),并且最终要超过"她们的老师"[3]。

汤先生还说:

> 在20世纪,中国哲学家大多或多或少都是在运用西方哲学的理论与方法分析中国哲学。照我看来,新的现代中国哲学的建立是离不开西方哲学的,现代中国哲学必定是经过现代西方哲学的冲击的洗礼,经过"改造"(或新的解释)才有可能从"传统"走向"现代",发展成为适应

---

[1] 郭齐勇:《中国哲学史方法论问题》,http://blog.sina.com.cn/guoqiyong。

[2] 参见景海峰:《中国哲学的现代诠释》,人民出版社2004年版,第23—33页。

[3] 汤一介:《三论创建中国解释学问题》,《汤一介集》第6卷,中国人民大学出版社2014年版,第316页。

中国（作为世界一部分的中国）现代社会生活要求的"中国哲学"。①

汤先生还有一个一以贯之的看法，他说：

> 我一贯有这样的看法：不了解西方哲学就很难在中国哲学的研究上作出重大贡献。这不仅是西方哲学会教给我们分析概念、命题、理论体系的方法，也不仅是会使我们能用一种不同的视角来审视中国传统思想，而更重要的是使我们自觉地把"中国哲学"作为一门独立的学科来进行研究。②

汤先生在总结自己五十多年研究和教授中国哲学（史）的经验时，又说：

> 我在北大哲学系已经工作五十多年了，我虽然是教"中国哲学"的，但是我一再强调研究"中国哲学"，如果想取得创造性成果，必须熟悉"西方哲学"，甚至我说要先学好"西方哲学"，因为这样我们才有更加广阔的眼光来进行研究。③

引述汤先生的这几段话，主要是想说明汤先生一贯强调和重视的"以西方哲学为参照系"的研究方法，其实就是"以西释中"的方法。笔者曾在《"中学西范"依然是治中国哲学史的基本模式》一文中把"中学西范"看成是最基本的研究中国哲学史的范式，认为"20 世纪研究中国哲学史的主导范式是'中学西范'，即以西方哲学史为参照，运用西方哲学（史）的框架、体系、问题、概念、命题等，来诠解、梳理中国哲学史"④。这里的"中学西范"即是"以西释中"，也就是汤先生主张的"以西方哲学为参照系"的研究方法。从汤先生1980 年后所提出的范畴研究法、中国传统哲学体系、普遍和谐、内在超越、中国解释学、新轴心时代等一系列问题和思想看，其底色和理论依据就是"以西方哲学为参照系"即"以西释中"的理论和方法。由此可见，"以西释中"在汤先生思想中的重要地位。

不过，汤先生也指出，在中西文化的交流汇通中，既要有"拿来主义"

---

① 汤一介：《三论创建中国解释学问题》，《汤一介集》第 6 卷，中国人民大学出版社 2014 年版，第 320 页。

② 汤一介：《安乐哲〈和而不同：比较哲学与中西汇通〉序》，《汤一介集》第 8 卷，中国人民大学出版社 2014 年版，第 127 页。

③ 汤一介：《在北京大学历史系主办的中学生夏令营上的发言稿》，《汤一介集》第 8 卷，中国人民大学出版社 2014 年版，第 266 页。

④ 高秀昌：《"中学西范"依然是治中国哲学史的基本模式》，《光明日报》2004 年 3 月 2 日。

的精神，又要有"送去主义"的精神：

> 只有善于并勇于把其他民族和国家的优秀文化充分地、系统地而不是零碎地（不是以狭隘的实用主义态度）拿进来，才可以促使我们自身文化得到更新。把其他民族和国家的文化作为"他者"来关照我们自己的文化，才能更好地看见自身文化的长处和短处。①

> 今后中华文化既要提倡"拿来主义"，又要提倡"送去主义"，以便我们能够在与世界其他各种文化的双向互动中得到更加合理的、健康的发展。②

汤先生认为，中国传统文化中也有西方文化所需要的有价值的东西，也有能够对人类社会、对世界可以作出贡献的有价值的东西，所以在破除了"西方中心主义"的、多元文化发展的文明对话的时代，我们要积极地倡导"送去主义"，向西方和世界送去我们中国文化的真精神，以弥补其文化的不足。很显然，汤先生在坚持"以西释中"的同时，也十分肯定中国传统哲学与文化对于西方和世界的价值与意义。

这里需要指出的是，汤一介先生把经由他组织、有十余位学者共同编写的十四卷《20世纪西方哲学东渐史》看成是一种"比较哲学"的研究工作，其主要的目的是通过了解西方哲学来弘扬中国哲学。而汤先生关于中国解释学的创建其实也是遵循了这一思路："要创建'中国解释学'，大概先要运用西方解释学理论来研究一番中国解释问题。"③由此可以看出，汤先生所主张的"以西释中"的方法，其基础是比较哲学的理论与方法。

汤先生曾对比较哲学做了界定，认为"把一个民族（一个国家或一个地域）和另一个民族（一个国家或一个地域）的思想文化相比较的分析研究方法就是比较哲学"④。为此，汤先生还提出了"建立以马克思主义为指导的比较哲

---

① 汤一介：《〈汉学名家书系自选集〉序》，《汤一介集》第8卷，中国人民大学出版社2014年版，第159页。

② 汤一介：《〈汉学名家书系自选集〉序》，《汤一介集》第8卷，中国人民大学出版社2014年版，第166页。

③ 汤一介：《三论创建中国解释学问题》，《汤一介集》第6卷，中国人民大学出版社2014年版，第320页。

④ 汤一介：《从印度佛教传入中国看研究比较哲学、比较宗教学的意义》，《汤一介集》第7卷，中国人民大学出版社2014年版，第257页。

学"的设想。① 汤先生认为，通过比较哲学，可以在两种不同传统思想文化的比较中找出人类思想文化发展的某种规律，总结出各自思想文化的特点和发展水平，扩大研究的内容。因此汤先生肯定，比较哲学的研究一定会促进中国哲学史的研究。②

（四）"接着讲"

笔者曾在《"接着讲"——一种治中国哲学史的方法》一文中说：

> "照着讲"与"接着讲"是20世纪30年代末冯友兰创立新理学之初提出的研究中国哲学（史）的一对概念，80年代以后，经由冯友兰本人的申论和冯学研究者的引申发挥，成为学术界广泛使用的概念。③

"接着讲"是冯友兰先生提出的一种哲学研究和哲学创新的方法。汤先生也正是在这一意义下使用这一概念的。

汤一介先生早在1986年《〈论中国传统文化〉序》中就指出：中国文化的发展有三个相互联系的问题需要解决：（1）面对西方文化的挑战，如何作出积极的回应？（2）马克思主义怎样与中国传统文化相结合而不断实现马克思主义中国化？（3）怎样从总体上对待传统文化？汤先生在此已经提出了在中国传统文化的基础上吸收和融合外来的西方文化，马克思主义和中国传统文化中可能起积极作用的方面相结合而实现马克思主义的中国化，以及从中国现代化的新文化的发展角度来实现中国传统文化的现代化。④ 事实上，这篇文章从文化层面提出了三个"接着讲"的问题。

更为明确地提出"接着讲"这一问题是在《中国现代哲学的三个"接着讲"》一文中。汤先生回顾了印度佛教文化从输入、融合到创新，实现了由"照着讲"到"接着讲"的超越，以说明当代中国文化的发展也应该和必须实现对外来文化特别是西方文化由"照着讲"到"接着讲"的跨越。在汤先生看来，从中国现代哲学建构的角度提出三个"接着讲"：一是接着中国传统哲学

---

① 汤一介：《从印度佛教传入中国看研究比较哲学、比较宗教学的意义》，《汤一介集》第7卷，中国人民大学出版社2014年版，第257页。

② 汤一介：《从印度佛教传入中国看研究比较哲学、比较宗教学的意义》，《汤一介集》第7卷，中国人民大学出版社2014年版，第265—273页。

③ 高秀昌：《"接着讲"——一种治中国哲学史的方法》，《中州学刊》2003年第2期。

④ 参见汤一介：《〈论中国传统文化〉序》，《汤一介集》第8卷，中国人民大学出版社2014年版，第10—17页。

讲；二是接着西方某种哲学讲；三是接着马克思主义哲学讲。①

汤先生以 20 世纪三四十年代冯友兰、贺麟、熊十力三先生为例，说明他们创立的新理学和新心学不是对中国传统哲学"照着讲"，而是在西方哲学的冲击下，努力吸收西方某些哲学思想，"接着讲"中国哲学，从而建立起了现代型的中国哲学。②

关于接着西方哲学讲，汤先生主要讲了他自己提出的建构"中国诠释学"问题。他认为，要创造出"中国的诠释学"也许要经过对西方诠释学发展的历史与现状有充分的了解，并运用西方诠释学的理论与方法对中国注经传统做系统的研究，又对中国注释经典的历史和方法做系统的梳理，比较中西注释经典的异同，然后才有可能归纳出中国诠释经典的特点，在这一基础上"中国的诠释学"的建立才有可能。③

关于如何接着马克思主义哲学讲，汤先生主要以冯契先生为例，认为冯契先生"是一位有创造性的马克思主义者，他力图在充分吸收和融合中国传统哲学和西方分析哲学的基础上使马克思主义哲学成为中国化的马克思主义哲学。他的《智慧三说》可以说是把马克思主义的实践唯物辩证法、西方的分析哲学和中国传统哲学较好结合起来的尝试"④。

汤先生还指出："哲学研究的价值就在于提出新思想，新方法，开创新的方向和新的研究领域。""中国现代哲学必须适时地'接着'中外哲学家已有的成果讲，这样它才有生命力，才能对中华民族的伟大复兴和全人类社会合理、有序的发展作出贡献。"⑤

汤先生进而认为，在新轴心时代，通过文明对话与多元对话，既要接着西方哲学讲，在学习和消化西方哲学的基础上，形成中国化的存在主义、中国

---

① 参见汤一介：《中国现代哲学的三个"接着讲"》，见《新轴心时代与中国文化的建构》，江西人民出版社 2007 年版，第 137—138 页。
② 参见汤一介：《中国现代哲学的三个"接着讲"》，见《新轴心时代与中国文化的建构》，江西人民出版社 2007 年版，第 138—142 页。
③ 参见汤一介：《中国现代哲学的三个"接着讲"》，见《新轴心时代与中国文化的建构》，江西人民出版社 2007 年版，第 143—145 页。
④ 汤一介：《中国现代哲学的三个"接着讲"》，见《新轴心时代与中国文化的建构》，江西人民出版社 2007 年版，第 146—148 页。
⑤ 汤一介：《中国现代哲学的三个"接着讲"》，见《新轴心时代与中国文化的建构》，江西人民出版社 2007 年版，第 150 页。

化的现象学、中国化的解构主义、中国化的后现代主义、中国化的诠释学、中国化的符号学等等，又要接着马克思主义哲学讲，形成中国化的马克思主义哲学，还要接着中国传统哲学讲，发展出现代新儒家、现代新道家等。在中国哲学现代化和世界化的进程中，中国哲学必定会实现走向西方和走向世界的理想。① 这其实也是汤先生后来所主张和一再强调的"反本开新"，即中国哲学的发展是沿着"反本开新"或"继往开来"的方向发展。②

余 论

通过以上简要的述评可以看出，在汤一介先生近七十年的学术生涯中，他一直都关注着中国哲学史方法论问题：如果说 1949 年前汤先生自主奉行的是"为学术而学术"的客观的研究方法，1949 年至 70 年代末被迫遵行的是"两个对子"的教条主义的研究方法，那么自 1980 年以后，他一改过去的不成熟和错误，自主而自觉地而且是大胆而坚定地提出并践行了研究中国哲学史的范畴研究法、解释学方法以及"以西方哲学为参照系"的"以西释中"的方法和比较研究法等，为中国哲学史的研究和中国哲学史学科的发展，为中国哲学史方法论的构建以及为中国哲学的创新作出了重要贡献。景海峰先生曾指出："在近二十年中国哲学方法论的探索与创新的过程中，汤一介先生殚精竭虑，勇于开拓，为此付出了巨大努力并作出了重要贡献。"③

这里还要指出的是，晚年汤先生的一个顾虑和一个希望。汤先生的顾虑是：害怕学术太意识形态化；他的希望是：学术归学术，政治归政治。④ 汤先生的顾虑和希望表达了广大知识分子的心声。纵观中国近代以来的知识分子，可以说大都是游走在学术与政治之间，很少有人能够做到使学术独立于、超然于政治之上而进入"为学术而学术"的纯粹之境，1949 年以后的 30 年更是如此。

---

① 参见汤一介：《蔡德麟、景海峰主编〈文明对话〉序》，《汤一介集》第 8 卷，中国人民大学出版社 2014 年版，第 183—184 页。

② 参见汤一介：《我的哲学之路（三）》，《汤一介集》第 6 卷，中国人民大学出版社 2014 年版，第 441 页。

③ 景海峰：《汤一介先生与中国解释学探索》，见《汤一介集》第 10 卷，中国人民大学出版社 2014 年版，第 424 页。

④ 参见汤一介：《中国文化，可作为两岸对话基础》，《汤一介集》第 10 卷，中国人民大学出版社 2014 年版，第 9 页。

如果说 1949 年前青年时期的汤先生初生牛犊不怕虎，能够做到自由思想，言为心声，"为学术而学术"，那么 1949 年以后的汤先生就像大多数知识分子一样，要么依附于政治，将学术研究政治化、哲学研究政治化，唯书唯上，以意识形态思维取代哲学思维；要么有限度地摆脱政治的强权和干扰，尽量地做到"修辞立其诚"，使学术研究、哲学研究最大限度地"回归自我"。

进入 90 年代后，汤先生还提出了"思想自由是最重要的"和"自由是一种创造力"两个命题。汤先生认为："哲学家从事哲学工作要有一个条件，首先你要能够自由思想，自由创造。不能自由思想，不能自由创造，哲学就变成了死哲学。自由是一种创造力，没有了自由，你的创造力就没有了。"[1] 汤先生十分关注和特别申论的思想自由、言论自由和行动自由[2]，可以说是他一生最后的、最高的觉悟。汤先生一生的学术实践告诉我们：研究学术、研究哲学如果没有学术自由、思想自由和言论自由，要想作出真正的学术成就和学术创新，成为真正的哲学家，那几乎是不可能的！汤先生这一发自内心的真诚的肺腑之言为其身后的中国哲学界指明了研究中国哲学史的正确道路和方向。这里借用汤先生在一次采访中叮嘱采访者的话作为本文的结束语：

年轻人，你们要有热情，你们千万不要忘了自由地创造啊！[3]

（作者简介：高秀昌　西南大学哲学系）

---

[1] 汤一介：《自由是一种创造力》，《汤一介集》第 10 卷，中国人民大学出版社 2014 年版，第 235 页。

[2] 汤一介先生论"自由"和"学术自由"的文章主要有：《关于"学术自由"的一点感想》（《群言》2000 年第 8 期）、《"自由为体，民主为用"》（收入《昔不至今》，上海文艺出版社 1999 年版）、《自由的层次》（收入《昔不至今》，上海文艺出版社 1999 年版）、《在"自由"与"不自由"之间》（《读书》1994 年第 3 期）等。

[3] 汤一介：《师者谆谆　儒骨仁心》，《汤一介集》第 10 卷，中国人民大学出版社 2014 年版，第 176 页。

略论汤一介对中国传统哲学范畴体系的研究

柴文华　张美玲

汤一介关于中国哲学的思考是从 20 世纪 80 年代初对中国传统哲学概念、范畴问题的思考开始的。西方哲学的概念、范畴体系已经较为完善，古代有亚里士多德的《范畴篇》，近代有康德提出的构成经验条件的十二范畴。而中国传统哲学中是否存在一个概念、范畴体系却还是一个有待探究的问题。汤一介虽然承认中国确实没有类似西方哲学那样的一套概念、范畴体系，但却否认中国没有概念、范畴体系这样的说法。在他看来，任何哲学思想都有赖于概念和范畴来表达和传承。回顾中国历史，先秦时期中国哲人便开始使用特殊的概念表达其哲学思想，后来又形成了一些专门分析概念的著作，如《白虎通义》、《北溪字义》等。由此可见，中国的概念、范畴发展应该是很发达的，但为什么却没有形成像西方哲学那样系统的概念、范畴体系呢？在汤一介看来，中国古代哲学家并没有建立概念、范畴体系的自觉意识，他们将哲学思考的重点放在了人生境界的追求上，而非思想的理论分析上。

一、分析概念、范畴的意义

汤一介指出，在对哲学史的书写中，概念、范畴体系的研究至关重要。对范畴体系的研究有其一般意义和特殊意义。

就一般意义而言，首先，对哲学史上概念、范畴产生的原因，含义的丰富和发展过程的具体分析，"可以掌握哲学思想发展的规律，揭示出其发展的内在逻辑"①。其次，哲学史不仅是认识发展的历史，同时也是唯物主义与唯心主义斗争的历史，并且认识发展的规律往往寓于唯物主义与唯心主义的斗争当

---

① 《汤一介集》第 6 卷，中国人民大学出版社 2014 年版，第 56 页。

中。而认识离不开概念、范畴的使用，所以，对概念、范畴含义的解析是"正确评价哲学史上唯物主义和唯心主义不可缺少的一环"①。最后，对概念、范畴的运用展现着人类认识的水平，且概念、范畴发展的过程也是人类认识深化的过程，而要想对这一过程进行研究就必然要使用一定的方法，这种对能将人类认识发展过程更清晰完整地再现的方法的思考，也有助于提高人类的理论思维能力。一般意义具有普遍的适用性，即无论是研究中国哲学、西方哲学还是印度哲学等都具有同样的价值。

同时汤一介还认为，研究概念、范畴体系对中国传统哲学来讲具有特殊的意义。那便是"了解中国传统哲学的特点和发展的水平"②。他认为中国传统哲学确实有一套较系统的概念、范畴体系，和西方哲学甚至马克思主义哲学的概念、范畴都有不同。中国传统哲学的概念、范畴基本上是独立发展起来的，其特点非常鲜明，概括来说有三点：第一，概念、范畴基本上是成对的；第二，有一些范畴特别重要，在哲学史上特别重视与此相关的问题研究；第三，有些范畴可以同时包含不同的内容，内涵非常丰富。研究中国传统哲学各个历史发展时期的概念、范畴，可以展现中国传统哲学的特点，并揭示出我国历史上各个时期的理论思维水平。

从提出范畴、体系的意义上看，汤一介是要从中国哲学史的研究入手，思考中国传统哲学的现代化问题。但是汤一介20世纪90年代回忆，写《论中国传统哲学范畴体系的诸问题》这篇文章其目的是要"冲破原来的唯物唯心对立的框架，冲破思维与存在关系的框架"③。他提出从范畴出发重新认识中国哲学史，是要摆脱新中国成立以来的"唯物—唯心"对立的框架以及关于哲学的"党性原则"，跳出简单、教条的学术问题政治化的思维模式，转向"对中国传统哲学的哲学思考"。这才应该是汤一介分析概念范畴对中国哲学以及当时整个思想界的主要意义。④ 同时从"哲学思考"的方面考虑，汤一介鉴于中国传统哲学认识论不发达、不独立的弊端，想要尝试突破中国传统哲学"天人关系"的问题框架，从"另外一个角度"即把中国传统哲学"作为一个整体来考

---

① 《汤一介集》第6卷，中国人民大学出版社2014年版，第56页。
② 《汤一介集》第6卷，中国人民大学出版社2014年版，第57页。
③ 《汤一介集》第6卷，中国人民大学出版社2014年版，第74页。
④ 《汤一介集》第6卷，中国人民大学出版社2014年版，第75页。

察"①，以概念、范畴—命题、判断—理论体系这样一个完整的体系来重新规划中国哲学，其气魄非常宏大，其设想也是非常有意义的。

二、分析概念、范畴的方法

萌生了建立一套中国传统哲学概念、范畴体系的想法后，汤一介做了许多有益的尝试。他对中国传统哲学概念、范畴体系的探索可以分为两个阶段。第一阶段为 20 世纪 80 年代初到 80 年代中期。以 1981 年发表的《论中国传统哲学范畴体系的诸问题》为开端，这篇论文在这一阶段也最具代表性。在《郭象与魏晋玄学》（1983）中对这个问题做过补充，又在《非有非无之间》（1995）中做过一些修正。另一个阶段是新世纪以后，汤一介开始考虑从"真"、"善"、"美"的角度重新构建中国哲学的体系。下面重点就汤一介第一阶段对中国传统哲学范畴体系的构建进行分析研究。

汤一介从马克思主义立场出发，提出研究中国传统哲学概念、范畴的科学分析方法："（1）分析概念、范畴的含义；（2）分析概念、范畴含义的发展；（3）分析哲学家或哲学派别的概念、范畴体系；（4）分析中外哲学概念、范畴的异同。"② 汤一介对各个步骤分别做了一些说明：（1）作为第一点来说，中国古代哲学家提出的一些概念其含义往往是模糊的、多义的。比如老子的"道"这个概念，模糊到老子自己都难以言明，只能用各种说法去形容它，对"道"进行分析就是要确定它科学、明确的含义。又比如郭象的"自然"这个概念，其含义非常丰富，汤一介概括出至少五点含义，而且相互联系又相互转化。（2）作为第二点来说，随着哲学的历史发展，一些概念范畴在各个时代其含义往往不同。比如"气"的概念春秋时期就已经提出，从先秦到两汉，先后经历物质化到精神化再到道德化、神秘化的不同发展阶段。汉代以后的变化更加复杂。对这样的概念含义进行历史分析，可以"明显地发现其间的前后继承关系"③。（3）作为第三点来说，研究一个哲学家或者哲学派别的概念、范畴体系，可以全面了解这个哲学家或者哲学派别的思想体系水平。一个哲学家或者

① 《汤一介集》第 6 卷，中国人民大学出版社 2014 年版，第 74 页。

② 《汤一介集》第 6 卷，中国人民大学出版社 2014 年版，第 39 页。

③ 《汤一介集》第 6 卷，中国人民大学出版社 2014 年版，第 45 页。

哲学派别的体系往往会由几组重要概念构成。比如郭象的哲学主要由"有"和"无"、"性"和"命"、"自生"和"无待"、"独化"和"相因"四组基本概念构成，单单分析其中一组的话并不能得出对郭象哲学全面、客观的认识和评价。（4）作为第四点来说，比较中外哲学概念、范畴的异同，有三方面意义：认识中外哲学各自的特点和水平；看到外来文化传入对传统文化的影响；观察外来文化如何被吸收和融合。总的来说，通过这种分析比较，"可以更好地认识中国传统哲学的特点和水平"①。

汤一介提出的这几个步骤还仅限于对概念范畴体系的分析，几个步骤之间是相互联系的：从单个哲学概念出发，进而触及整个哲学家或哲学学派，再涉及中外哲学之间的影响，与此同时还要考察它们的历史发展，无疑将是一个颇为庞大全面的工作。这样分析起来有一定难度，但是和建构一个范畴体系比起来，还是可以做到的。

三、对中国传统哲学范畴体系的构想

汤一介关于中国传统哲学范畴体系的构想借鉴了西方哲学、马克思主义哲学对范畴问题的认识。他总结亚里士多德、康德、列宁以及苏联《哲学词典》中对范畴的看法和定义，认为范畴可以从两个方面来说明：一个是存在方面，一个是认识方面。这两方面的关系是："认识的必要条件必然是反映和表现'存在的基本样式'；'存在的基本样式'又只是在人们的认识过程中才有意义。"② 同时区分概念和范畴，认为概念不都是范畴，只有基本概念才是范畴。汤一介提出这样一个设想："如果我们能根据中国古代哲学家所使用的基本概念构成一个能表现中国传统哲学史如何用以认识和说明'存在的基本样式'的体系，并能从中揭示中国传统哲学思想发展的线索，那就证明中国传统哲学确有其范畴体系。"③ 汤一介用了 20 对中国传统哲学的基本概念来构建中国传统哲学的范畴体系，并将这些概念分为三部分：第一部分为表述世界存在的概念；第二部分为表述存在的形式的概念；第三部分为表述人的认识和存在的

---

① 《汤一介集》第 6 卷，中国人民大学出版社 2014 年版，第 47 页。

② 《汤一介集》第 6 卷，中国人民大学出版社 2014 年版，第 49 页。

③ 《汤一介集》第 6 卷，中国人民大学出版社 2014 年版，第 49 页。

概念。

中国传统哲学是从探讨"天""人"关系问题开始的,"天""人"关系问题一直是各派哲学家探讨的中心,并贯穿中国哲学的始终。所以,汤一介从天人关系入手,来构建其范畴体系。在表述世界存在的部分,汤一介将"天"与"人"的关系分为两支:一支为道家,另一支为儒家。在道家这一支中,老子提出"道"和"万物"的关系:"道生一,一生二,二生三,三生万物。"又说:"天下万物生于有,有生于无。""道"和"万物"又可以用"无"和"有"这对概念来表述。到了魏晋时期玄学多探讨本体论,此时的"无"和"有"又可以用"体"和"用"来表示。而"体"和"用"在表达"宇宙本体"和"人类社会关系"的含义时可以用"自然"与"名教"这对概念来表述;在说明对宇宙本体的认识问题时又可以用"意"和"言"这对概念来表述。在儒家这一支中,很早就提出"道"和"器"这对范畴,《易传》中说:"形而上者谓之道,形而下者谓之器。"又说:"易有太极,是生两仪","一阴一阳之谓道"。所以,由"天"和"人"这对范畴派生出的"道"和"器"又可以以"太极"和"阴阳"这对概念来表述。魏晋时期,道家系统和儒家系统逐渐结合。到宋明时期出现了既继承玄学思想,又吸收佛教思想后形成的新的儒学体系——理学。理学所探讨的基本概念为"理"和"气"、"心"和"物"以及"心"与"性"的问题。对认识论问题的探讨可以用"格物"和"穷理"来概括,对社会问题的研究可以用"天理"和"人欲"来表达。黑格尔将哲学史比作圆圈,列宁对此非常认同并将古代的德谟克利特—柏拉图看作是一个圆圈;将近代的霍尔巴赫—黑格尔看作是一个圆圈;将黑格尔—费尔巴哈马克思看作是一个圆圈。汤一介认为这种归纳方式同样适用于中国传统哲学,在其对范畴体系的构想中,中国传统哲学被归纳为三个螺旋上升的圆圈:第一个圆圈是先秦时期并分为儒家和道家两支,儒家为孔子—孟子—荀子;道家为老子—稷下学派—庄子。第二个圆圈是魏晋时期,王弼—向秀—郭象(或王弼—郭象—僧肇)。第三个圆圈是宋明时期,张载—朱熹—王夫之。汤一介的这种分类虽然是模仿,但对中国传统哲学来讲同样是一种创新。

在第二部分对存在的形式的构建中,汤一介只列举了三对范畴:"静"和"动"、"常"和"变",以及"正"和"反"。其中"静"和"动"是最根本的一对范畴,"常"和"变"以及"正"和"反"都是"静"和"动"的一种表现形式。

在第三部分对人的认识和存在的构建中，汤一介列举了五对范畴："神"和"形"、"性"和"情"、"知"和"行"、"名"和"实"，以及"能"和"所"。中国传统哲学对"人"的问题的研究一直是重点，"精神"和"身体"的关系问题早在先秦时期就有过探讨，这部分问题可以用"神"和"形"来表述。在伦理道德方面，对人性问题的讨论一直是众说纷纭，产生了多种人性论学说，如"性善论"、"性恶论"，进而又有了"性善情恶"、"性静情动"等说法，这部分内容可由"性"和"情"这对范畴来概括。"知"和"行"关系的问题也一直是中国古代的哲学家们所探讨的重点，它与"名"、"实"的问题以及佛教传入的"能"、"所"问题一起构成关于人的认识问题的最基本概念。

汤一介的这个体系构想，是从"存在的本源、存在的形式、人们对存在的认识"① 三个方面来建构，分别对应前面所表述的三部分。它只是建构概念范畴体系的一种可能。如何建构中国传统哲学的范畴体系是一个见仁见智的问题，《论中国传统哲学范畴体系的诸问题》本身就是一种可能的探讨和尝试，而且思考方式上"仍反映了1949年以来哲学教科书的某些影响"②。从存在和认识的角度进行中国传统哲学范畴体系建构，倾向于"把哲学史作为一种认识发展史来考察"③，并不能很好展现中国传统哲学自身的特色。后来汤一介又提出从"真"、"善"、"美"的角度考虑构建范畴体系。大致思路是从"天"和"人"这对最基本的概念出发推演出包含"真"、"善"、"美"三个维度的整个范畴体系，把天人关系问题作为中国传统哲学基本问题，摆脱以"思维与存在"模式分析中国传统哲学的教条主义做法。汤一介作为这一问题的提出者，前后提出两个立场和观点截然不同的思路，尤其是后一种思路至今仍不失为一种合理的尝试。

四、简要分析

对汤一介所提出的中国哲学范畴问题进行分析，我们既要看到其积极的一面，也要看到其时代的局限。

从积极的意义上说，第一，汤一介在1980年思想界刚刚开始解冻的时候

---

① 《汤一介集》第6卷，中国人民大学出版社2014年版，第7页。

② 《汤一介集》第6卷，中国人民大学出版社2014年版，第7页。

③ 《汤一介集》第6卷，中国人民大学出版社2014年版，第6页。

就开始从新的角度提出构建中国传统哲学范畴体系的问题，在当时的思想界引起强烈的反响，对突破原来的唯物唯心二元对立框架来说确实起到积极的促进作用。汤一介提出的这个新问题引起了一系列哲学问题的提出和讨论，打开了中国哲学范畴研究的新领域，有"开创风气之端绪"①的作用。第二，汤一介开始思考中国哲学范畴问题，其实是由"哲学工作者"向一个独立思考哲学问题的"哲学家"的转变。汤一介认为，亚里士多德通过《范畴篇》对古希腊哲学的范畴做了总结，黑格尔通过《逻辑学》对近代西方哲学的范畴做了总结。他提出的问题是要研究如何对中国传统哲学的范畴做一个总结，并建立中国传统哲学的范畴体系，此举本身就展现出一种宏大的气魄。第三，汤一介认为，"一个哲学体系必由一套概念（范畴）、判断（命题）和经过一系列推理活动的理论所组成"②。而中国传统哲学中的确没有一套类似于西方哲学那样的概念、范畴体系，这种情况也会引起人们对中国有无哲学的质疑。中国虽然没有与西方哲学类似的概念、范畴体系，但并不代表中国哲学的范畴体系就真的不存在。汤一介建构中国传统哲学概念、范畴体系的尝试，在一定意义上回答了中国有无哲学的问题。

同时，我们也要看到汤一介对中国传统哲学概念、范畴体系的建构也存在着一定的历史局限性：第一，1949 年至 1980 年这 30 年间，哲学界对中国传统哲学的思考可以说是"主要进行了一种政治的思考，而没有做哲学的思考"③。虽然自 80 年代初开始汤一介通过建立中国传统哲学概念、范畴体系来改变中国哲学界唯物主义与唯心主义两军对垒的状况，但是不可避免地依旧受到某些影响，直到 90 年代重换思路的时候才有所改观。第二，汤一介对中国哲学范畴的研究虽然是开新时代风气之先，但是提出问题容易，想要真正建立起一套体系却非常困难。汤一介在这一方面做过一些努力，比如 1983 年出版的《郭象与魏晋玄学》这本著作其中一个目的就是"通过魏晋玄学范畴的研究寻找中国哲学的范畴体系"④；他也曾经系统地探讨过一些概念范畴，比如说《"有"与"无"》系统地探讨了"有"和"无"这对范畴。但是这些研究基本集中在魏晋玄学这一时期，而且离构成一个体系还有相当的差距。早在 20 世

---

① 胡军：《探寻真善美》，北京大学出版社 2007 年版，第 54 页。

② 汤一介：《我的哲学之路》，新华出版社 2006 年版，第 5 页。

③ 《汤一介集》第 6 卷，中国人民大学出版社 2014 年版，第 75 页。

④ 《汤一介集》第 6 卷，中国人民大学出版社 2014 年版，第 5 页。

纪 30 年代，张岱年即完成了《中国哲学大纲》的写作，分宇宙论、人生论、致知论三大板块探讨了中国传统哲学中诸多哲学范畴，是中国第一部中国哲学问题史、中国哲学范畴史。在 20 世纪 80 年代以后研究中国哲学范畴史的热潮中，葛荣晋于 1987 年出版了《中国哲学范畴史》，分 22 章阐释了中国哲学中的 20 对范畴；之后张立文分别于 1988 年和 1995 年出版了洋洋洒洒的《中国哲学范畴发展史》（天道篇）和《中国哲学范畴发展史》（人道篇），是这一时期中国哲学范畴研究最为厚重的代表性著作。与之相比，汤一介的中国哲学范畴研究虽然有自身的特点，但仅仅是一张设计图，未及展开全面和深入的研究。

尽管如此，汤一介作为新时期最先开始突破教条主义对中国哲学做哲学思考的学者之一，他所进行的中国哲学范畴问题研究对当时哲学界的影响是不可低估的。这一问题对中国哲学以及哲学史的研究来说都有相当深刻的启发。汤一介 20 世纪 80 年代中期以后开始关注中国传统哲学中真、善、美的问题，也从这一方面找到了建立中国传统哲学范畴体系的更好思路，可见对中国哲学的思考是一个可以不断突破和创新的过程，我们应该在哲学不断发展着的道路上继续前行。

（作者简介：柴文华　张美玲　黑龙江大学哲学学院）

汤一介先生《周易》诠解述论

胡士颍

汤一介先生学术思想扎根、深植于儒释道为主的深厚中华文化土壤，同时又对国外学术思潮密切关注和思考，会通古今中西，自内向外生发出具有个人独特洞察与中国文化本色，同时又兼具世界格局、天人关怀的哲学体系。他肯定20世纪儒学大师之一马一浮先生所谓"六艺之学"（"易"、"书"、"诗"、"礼"、"乐"、"春秋"）的提法，认为六经或六艺既是夏商周文明之文献遗存，也是中国文化的源头。在众多经典中，汤先生引用最广、讨论最普遍的莫过于《周易》。[①] 这与《周易》在中国文化中的重要、独特地位以及当代易学复兴的研讨趋势有重要关系，也反映汤先生敏锐把捉了易学和哲学之间的联结点与会通处，易学为中国哲学表述与讨论提供了新鲜而深刻的话题，哲学学科理论的介入也为传统易学提供了新的解析角度与思考导向，二者在汤先生的学术思想体系中相互资养、浑然一体。

一、《周易》与中国哲学体系、问题

汤先生在其重要文章《论中国传统哲学范畴体系的诸问题》中，提出了一个构想图来表述中国传统哲学范畴的发展及其诸范畴之间的关系并加以论

---

① 关于《周易》与易学的论述，在汤先生的论著中出现频次甚多，其中以讨论相关哲学问题、会议发言、演讲采访等涉及、引述为主，专就某一特定主题而撰写的文章则有《再论创建中国解释学》、《论〈周易〉哲学的本体论和宇宙构成论》、《论"天人合一"》、《"关乎人文，以化成天下"》等四篇，另外还有《在北京外国语大学"易学与儒学研究中心"的成立大会上的致辞》一篇，这些内容或者关乎中国哲学和文化之关键、紧要问题，或为涉及易学传统的现代面向，或是与世界文化交流、人类难题解决思路相关。（按：该统计以汤先生行世之十卷本《汤一介集》为主，其余散见论述《周易》或易学的文章暂不入列。）

证。在其构想中，先生不自觉地呈现出易学概念、范畴、问题与传统对于中国哲学具有举足轻重的作用。他认为中国传统哲学从研究"天（道）"和"人（道）"的关系开始，代表者有二：一为老子、道家提出的"道"和"物"、"无"和"有"关系，一为《易传》、儒家提出的道器关系。先生云：

> 在《易传》中提出"道"和"器"这对范畴，说："形而上谓之道，形而下谓之器"，又说："易有太极，是生两仪"，"一阴一阳谓之道"，所以"道"和"器"的关系又以"太极"和"阴阳"这对概念表现。两汉时哲学思想虽有发展，但似乎没有提出新的有影响的范畴。魏晋玄学主三玄（《老子》《庄子》《周易》），而使道家系统的思想和儒家《周易》系统的思想渐结合，而实是以老庄思想为骨架而建立了关于宇宙本原问题的本体论。魏晋玄学用"体""用"、"本"、"末"、"一""多"等概念说明"无"（本体）和"有"（万物，本体的种种表现），用"自然"（体）和"名教"（用）这对概念表述"宇宙本然"（即本体）和"人类社会关系"（即名分教化之类）的关系，用"意"和"言"这对概念说明对宇宙本体的认识问题。①

这段论述在一定程度上受到列宁哲学观点的影响，列宁曾认为黑格尔关于"把哲学史比作圆圈"的理论是对哲学思想发展规律的反映和总结，汤先生在以马克思列宁主义为指导的哲学研究思路影响下，也用以研究中国传统哲学思想。在范畴体系的构想图中，他认为"我们可以看到中国传统哲学基本上是由三个螺旋上升的圆圈构成的：第一个是先秦，从儒家说是孔子——孟子——荀子（或《易传》）；从道家说是老子——稷下学派（即《白心》等篇）——庄子，两汉是个过渡阶段。第二个是魏晋，王弼——向秀——郭象（或王弼——郭象——僧肇）。南北朝到隋唐佛教盛行，经过一段时间的发展形成了中国的宗派如华严宗、禅宗等。第三个是宋明，张载——朱熹——王夫之"②。这三个阶段的划分是汤先生对于中国传统哲学的问题思考、逻辑归纳、范畴演绎得出的结论，其中每一个阶段和绝大部分思想家之哲学均与易学有所交涉。

根据汤先生对中国传统哲学范畴关系的说明、包括儒道佛三家在内的哲

① 汤一介：《论中国传统哲学范畴体系的诸问题》，《汤一介集》第6卷，中国人民大学出版社2014年版，第51页。
② 汤一介：《论中国传统哲学范畴体系的诸问题》，《汤一介集》第6卷，中国人民大学出版社2014年版，第50—52页。

学思想史理论，以及对现当代哲学问题的相关论述，本文对其中关涉面较为广泛且与哲学问题直接相关的内容进行梳理，如气化宇宙论，天人问题，言意之辩，普遍和谐、形神、体用、本末、一多、内外等等，以此对汤先生《周易》的哲学解读、内容解说、讨论进路有比较细致的认知。

二、阴阳与气化宇宙论

气论是中国哲学古老、特有、丰富的思想，也是《周易》气论哲学充分展现的地方。先秦时期的关于"气"的认识是比较普遍的，在道家、儒家、阴阳家、杂家等典籍中皆有示现，但随着《周易》阴阳观念、阴阳关系的发展，逐渐吸收、整合出比较系统的阴阳哲学，极大丰富、提升了早期的气论思想。汤先生指出：

> 自先秦以来，对于宇宙万物的构成有着种种的学说，《易经》这个系统以为宇宙万物的构成是由"太极"而"两仪"而"四象"而"八卦"的这样一个系列，而"太极"本可了解为"气"，郑玄释"太极"谓："极中道淳和未分之气也。"（《文选注》引）"气"本身包含着阴阳两种性质，也有解释为阴阳二气者。……天地万物构成问题的另一方面是它有一个什么样的架构，《易经》系统认为一切都以阴阳分为两类而有秩序地存在着，或认为宇宙中最重要者为"天"、"地"、"人"，而这三者之所以重要也是因其具有对立统一的特点，"在天为阴与阳，在地为刚与柔，在人为仁与义"。……在天地万物构成问题上还有一发展系列问题，《易经》有一"太极生两仪，两仪生四象，四象生八卦"的系列。[①]

通过《易传》中对太极—阴阳的诸多论述和后世的注解，太极、阴阳、两仪、四象、八卦等概念被较好地组织到完整解释链条的思想系统之中，形成了《周易》独具的宇宙认知模式，并且对其他事物也具有联系、结合的开放性。汤先生还指出，《盐铁论·论诅》所谓《易》明于阴阳，《书》长于五行"，显示先秦时《周易》系统是讲"阴阳"的，而《书经·洪范》系统是讲"五行"的；《系辞》所谓"生生之谓易"，正如李道平注说"阳极生阴，阴极生阳，一消一长，转易相生，故谓之易"，故而《庄子·天下篇》"《易》以道

---

① 汤一介：《早期道教史》，《汤一介集》第3卷，中国人民大学出版社2014年版，第36—37页。

阴阳"亦非无本质说;《泰卦·象辞》所谓"内阳则外阴,内健而外顺",说明阴阳本是一对相对的概念,而《否卦·象辞》之"内阴而外阳,内柔而外刚",表达了阴阳相对应而相生、阴阳矛盾的两种性质,以及通过这两种不同的性质相互作用使得天地万物之生生不息的作用。因为阴阳何以相对而相生,是由于"一阴一阳之谓道"的发用外显;而事物发展变化之规律,也都是通过阴阳之极为复杂的变化、天体六象之相互消长来表现的,故有"阴阳不测谓之神"之谓。总之,《周易》关于阴阳的学说,作为一种思维方式无疑影响到中国文化的各个方面,后世许多哲学家多据以发挥;而从思维模式上,《周易》阴阳系统,当为儒道思想之结合,"阴阳相合互补之观念在中国哲学中之重要性非同一般。它作为一种思维方式,不仅与先秦道家之以一极而求对应一极有关,而且与先秦儒家之以两极中求中极有关。盖其谓有阴必有其相对应之阳,此当可归于在一极求对应之另一极之同一特征之模式;而两极必会合而互补则又表现了在两极相对之中而超出两极之上之和"①。

在对易学气化宇宙追溯的同时,汤先生还讨论了与《周易》大略同时的《尚书》、《管子》、《吕氏春秋》等书中的早期气化构成说;认为《淮南子·天文训》更能反映关于宇宙构成的元素架构,宇宙时空以"太始"、"虚霩"为原始状态,而后产生未分化的元气,元气分化为阴阳二气;《天文训》以阴阳四时之配合,说明自然界和社会存在之构架与系统,这样就把先秦关于"气"、"阴阳"、"五行"的说法结合起来以解释天地万物的构成问题;董仲舒更进一步吸收、阐述"阴阳五行"说,以"天"为宇宙的最高主宰,而"天"主宰万物是通过"气"来实现的,阴阳五行都是"气",由此则"阴阳五行不仅是构成天地万物的材料,而且是有能动性、有意志、有道德性的神秘力量,它可以支配自然界和人类社会的变化":

> "天"是"上元"之"气","地"是"下元"之"气","人"是"中元"之"气"。就自然现象说,太极二分为阴阳,生天生地;天地有四时,即春夏秋冬;四时各又有阴阳刚柔之分而有八卦,则为天地风山水火雷泽等。时间之十二月,空间之四正四维均依一阴阳五行的世界图式而存在。就社会生活方面说,因阴阳而有三纲六纪,五气变形以为五常,则有仁

---

① 参见汤一介:《阴阳五行与中医学》,《汤一介集》第 6 卷,中国人民大学出版社 2014 年版,第 64—66 页。

义礼智信；五德相生相克，故有朝仪之更替。①

汉代的《易纬》、《孝经纬》等文献都论及天地万物经历太易、太初、太始、太素四个由无形而有形有质的演化过程，由"元气"构成的宇宙万物的一切方面都被纳入阴阳五行的解释架构之中。汉朝的宇宙构成论学说对道教重要典籍《太平经》有着直接而又重要的影响，《太平经》认为宇宙中的一切都是由"气"构成的，最根本的是产生于宇宙未分状态的"元气"，它把自然界和社会的一切方面都纳入以"元气"为根本的系列之中，而构成了一种宇宙的架构系统，可以如下：太阳＝道＝父＝天＝生＝君……；太阴＝德＝母＝地＝养＝臣……；中和＝仁＝子＝人＝施＝民……。②自《太平经》以后普遍持有的"三一为宗"观念便是以此为基础的，汤先生指出：

> 所谓"三一为宗"是说：天、地、人三者合一以致太平；神、气、精三者混一而长生。"天"、"地"、"人"者即"阳（太阳）"、"阴（太阴）"、"和（中和）"；"神"、"气"、"精"者亦即"阳"、"阴"、"和"，所以这两个"三合一"实际上是一致的，关于"天、地、人"三者合一的思想。③

这里的天地人、阳阴和等观念和《周易》的思想有所类似，如《周易·系辞下》中说："《易》之为书也，广大悉备，有天道焉，有人道焉，有地道焉，兼三才而两之，故六，六者非它也，三才之道也"，《说卦》说："昔者圣人之作《易》也，将以顺性命之理，是以立天之道，曰阴与阳；立地之道，曰柔曰刚；立人之道，曰仁曰义，兼三才而两之，故《易》六画而成卦。分阴分阳，迭用柔刚，故《易》六位而成章"。《太平经》的"三一为宗"思想经历了先秦气化论、汉代阴阳五行说等阶段的发展，而形成了以"气"和"道"为核心的两个重要概念，对道教乃至整个中国哲学都有重要影响，所以汤先生指出："儒家思想到东汉末虽然衰落了，但它的思想中的某些部分却可以为宗教吸收和利用。这点我们可以从道教思想中找到它吸收某些儒家思想的事实加以证实。例如关于'天地人三合一致太平'的思想，它表现了儒家强烈的关心现实政治的倾向和《易传》中关于'三才'的思想，可以说直接来源于纬书的关于世界创化的模式以及阴阳五行思想等等，这些都和两汉流行的儒家思想有密

① 汤一介：《早期道教史》，《汤一介集》第3卷，中国人民大学出版社2014年版，第39页。
② 参见汤一介：《早期道教史》，《汤一介集》第3卷，中国人民大学出版社2014年版，第41页。
③ 汤一介：《早期道教史》，《汤一介集》第3卷，中国人民大学出版社2014年版，第30页。

77

切关系。我们应该看到，一般研究道教史的学者往往只注意它和道家的渊源关系，而忽视了道教和儒家在思想上的联系，这是一种偏见。"①

三、三才与天人关系论

汤先生认为，"天"和"人"是中国传统哲学中的两个最基本、最重要的概念，"天人关系"也是中国哲学史、中国哲学最重要的问题。司马迁、董仲舒、扬雄、王弼、刘禹锡、柳宗元、邵雍等自古以来的中国学者都曾把天人关系作为最重要的研究课题。其中，荀子、庄子、刘禹锡、道教等等围绕天人关系问题产生过种种不同的理论，但唯有"天人合一"学说影响最大，既是具有根本性的哲学命题，也构成中国哲学的一种思维模式。②"天人合一"范式的建立，离不开易学的参与，汤先生认为在中国哲学史上讲"天人合一"的哲学家中以儒家学者涉及最多，他说：

> 根据现在我们能见到的资料，也许《郭店楚简·语丛一》："易，所以会天道、人道也"，是最早最明确的"天人合一"思想的表述。它的意见是说，《易》这部书是讲会通天道（天）和人道（人）的关系的书。《郭店楚简》大概是公元前三百年前的书，这就是说在公元前三百年前已经把《易》看成是一部讲"天人合一"的书了。为什么说《易》是一部会通"天道"和"人道"的书？这是因为《易经》本来是一部卜筮的书，它是人们用来占卜、问吉凶祸福的。而向谁问？是向"天"问。"人"向"天"问吉凶祸福，所以说《易经》是一部"会天道、人道"的书。《易经》作占卜用，在《左传》中有很多记载，如庄公二十二年"周史有以《周易》见陈侯"条；昭公七年"孔成子以《周易》筮之"条等等，均可证。《易传》特别是《系辞》对《易经》所包含的"会天道、人道"的思想作了哲学上的发挥，阐明"天道"和"人道"会通之理。③

这段话里的所谓"天人合一"观念，是要说明"天"和"人"之间存在着一种相即不离的内在关系，"天道"与"人道"之间互相涉及，没有绝对的分判。

① 汤一介：《早期道教史》，《汤一介集》第3卷，中国人民大学出版社2014年版，第5页。
② 参见汤一介：《论"天人合一"》，《汤一介集》第5卷，中国人民大学出版社2014年版，第53—54页。
③ 汤一介：《论"天人合一"》，《汤一介集》第5卷，中国人民大学出版社2014年版，第54页。

但是，《周易》的天人观在汤先生看来是一种"传统的有机论"，有别于董仲舒后来将"天"意志化、主宰化、神秘化的主张，"我们可以说董仲舒的'天人合一'思想是一种'天人机械感应'的'天人合一论'。这种'合一论'与《周易》开创的直至宋人所发挥的'天人相即'的'天人合一论'显然颇不相同"①。汤先生进一步阐明说：

> 《周易》中所包含的"天人合一"思想。《周易》中的《系辞》是对《易经》所作的哲学解释。它深刻地阐明了"天道"和"人道"相会通的道理。《系辞》中说："易之为书，广大悉备，有天道焉，有地道焉，有人道焉。兼三才而两之。"意思是说《易经》这部书，广大无所不包，它既包含着"天地"的道理，也包含着"人"的道理。"道"是贯通"天道"、"地道"、"人道"的，"道一成而三才备"。"道"一旦形成，就有了"三才"。三才就是天、地、人。另一解释《易经》的《说卦传》中说："昔圣人之作《易》，将以顺性命之情，是以立天之道，曰阴与阳；立地之道，曰刚与柔；立人之道，曰仁与义，兼三才而两之。"古代的圣人作《易》是为了顺乎性命的道理，所以用阴和阳来说明"天道"，用刚和柔来说明地道，用仁和义来说明人道，把天、地、人统一起来看都表现为乾坤。所以宋儒张载注说："三才两之，莫不有乾坤之道也。易一物而合三才，天（地）人一，阴阳其气，刚柔其形，仁义其性。"天、地、人三才都是说的乾（—）、坤（——）两两相对相即的道理。《易》把天、地、人统一起来看，所以强调天和人是一体的。②

这种"天人合一"的思维模式到宋朝的理学家就更加明确了，例如程颐说："安有知人道而不知天道者乎？道，一也。岂人道自是一道，天道自是一道？"③朱熹言："天即人，人即天。人之始生，得之于天；既生此人，则天又在人矣。"④王夫之的《正蒙注·乾称上》认为周敦颐在《太极图说》中"探讨了天人合一的道理，阐明了人之始生是'天道'变化产生的结果，在'天道'变化中，'天'把它的精粹部分给了人，使之成为'人性'，所以'人道'的日用

---

① 汤一介：《天有三意》，《汤一介集》第9卷，中国人民大学出版社2014年版，第289页。

② 汤一介：《论"天人合一"》，《汤一介集》第5卷，中国人民大学出版社2014年版，第59—60页。

③ 程颢、程颐：《二程遗书》卷十八，上海古籍出版社2000年版，第231页。

④ 黎靖德编：《朱子语类》卷十七，中华书局1986年版，第387页。

事物当然之理，和'天道'阴阳变化的秩序是一致的，'人道'和'天道'是统一的，这一点永远都不能违背……'天人合一'的道理既是'人道'的'日用事物当然之理'，也是'天道'的'阴阳变化之秩叙'"，王夫之的观点可以说是对《易经》的"所以会天道、人道"的很好解释和对儒家"天人合一"思想的进一步发挥。①

所谓有机的天人关系，实际上也是一种不同于外在关系的内在关系，"外在关系"是事物之间各自独立、不相干，而"内在关系"是说在两者（或多者）之间是不相离、而相即的。② 所以从"天人合一"的模式出发，在人和自然的关系也存在着一种内在的关系，"我们必须把'人'和'自然'的关系统一起来考虑，不能只考虑一个方面，不考虑另外一个方面。'天人合一'这一由《周易》所阐发的命题，无疑是儒家思想的重要基石。因此，我们说'天人合一'作为一种思维模式对今天解决'人'和'自然'的关系应该说有着正面的积极意义"③。由此，汤先生认为由《易经》开出的"天人合一"思想，可以为解决当前"生态问题"提供一种哲学的思考、一种思维模式，它赋予"人"不可推卸的责任，"人"必须在追求"同于天"的过程中，实现"人"的自身超越，以此达到理想的"天人合一"的境界。

总之，汤先生认为在中国传统儒家哲学中，虽在立论有所不同，但都以讨论"天人合一"为中心课题；从中国传统哲学上看，虽然各派在论述"天"、"人"统一性问题时的立论基础并不相同，但也有若干共同点。首先，"天人合一"的观念表现了从总体上观察事物的思想，是一种直观的"总体观念"；其次，论证"天人合一"的基本观点是"体用如一"，这种"天道"与"人道"的统一可谓之和谐"统一观念"；再次，中国传统哲学的"天道"生动活泼、生生不息的，而"人道"应适应"天道"的发展，体现了同步的"发展观念"；最后，"天"是客体，但"人"是天地之心（核心之心），天地如果无"人"则无生意、无理性、无道德。这些是中国儒家哲学中"天人合一"思想的全部

---

① 参见汤一介：《论"天人合一"》，《汤一介集》第 5 卷，中国人民大学出版社 2014 年版，第 61 页。
② 参见汤一介：《"畏天命"与"知天命"》，《汤一介集》第 9 卷，中国人民大学出版社 2014 年版，第 292 页。
③ 汤一介：《论"天人合一"》，《汤一介集》第 5 卷，中国人民大学出版社 2014 年版，第 66 页。

内涵。①

四、太和与普遍和谐论

当前我国乃至全世界经济、文化、社会发展都面临诸多问题，汤先生认为复兴儒学的过程中必须有所回应、自觉思考这些问题，提出解决的思路，如此方能形成有真正价值的理论。对于当前世界范围内的资源过度开放、生态环境急剧恶化、国家矛盾和冲突频发，以及人类自身出现的身心失调、人格分裂、心理扭曲等等问题，汤先生将之归纳为"人与自然"、"人与人"（"人与社会"、"国与国"、"民族与民族"）、"人自我身心"之间关系失范②，由此从传统儒学中汲取有意义的思想资源，提出"普遍和谐论"。

普遍和谐论的重要概念"太和"来自《周易》，对解决当前人类存在的人与人、人与自然两大问题具有重大观念性的启示和现实意义，同时也是"平衡论"必须注意的问题。③ 先生指出：

> 《礼记·礼远》中的"大同"思想可以说已为中华民族勾画出一幅"和谐社会"理想的蓝图。《论语》中的"礼之用，和为贵"，将会对调节人们社会生活之间的关系有着重要的意义；"和而不同"，又可以为不同民族和民族之间的"和平共处"提供某种理据。《中庸》中的"中和"思想，要求在各种关系之间掌握适合的度，以达到万事万物之"和谐"的根本。特别是《周易》中的"太和"《周易·乾卦·彖辞》："乾道变化，各正性命，保合太和，乃利贞。"观念经过历代儒学思想家的阐发，已具有"普遍和谐"的意义。"普遍和谐"包含着"人与自然"、"人与人"（人与社会、国家与国家、民族与民族）、"人的自我身心内外"等诸多方面"和谐"的意义，所以王夫之说"太和"是"和之至"，意即"太和"是最完美的"和谐"。所有这些包含在儒家经典中的"和谐"思想，为中国哲学

---

① 参见汤一介：《论儒家哲学中的真、善、美问题》，《汤一介集》第 5 卷，中国人民大学出版社 2014 年版，第 34—35 页。

② 汤一介：《论儒学与中华民族的复兴》，《汤一介集》第 5 卷，中国人民大学出版社 2014 年版，第 11 页。

③ 参见汤一介：《在平衡论国际学术讨论会上的讲演稿》，《汤一介集》第 5 卷，中国人民大学出版社 2014 年版，第 258—259 页。

提供了一种对人类社会极有价值的世界观和思维方式。①

汤先生认为《周易》的"太和"理念就是"万物按照自己的本性及其作用保持太和的话就能比较顺通，不会受到阻碍"②，反映出的是一种不断变化适应的天道运行状态，宇宙万物皆能各适其所，保持完满、和谐的状态。这里的"太和"包括四个层面，"其一是自然界的和谐，古人认为没有人类之前的自然界本真状态是很和谐的，即便有了人类后，如果不破坏这个状态，也仍然是和谐的；其二是人与自然的和谐；其三是人与社会的和谐；其四是人自身的和谐状态，即人的肉体和精神是和谐的"③。自孔子、孟子，以至于张载、朱熹、王夫之对中国文化的和谐观都有继承和发挥，孔子的"礼之用，和为贵"、"和而不同"自古以来都是可以作为调节人与人、国与国之间关系的两大基本理念。

当然，普遍和谐理念并不是故步自封的本位文化主义思想，而是对中国古代文化交流，尤其是儒道佛文化历史发展的总结，同时也是面对新型全球化世界及其问题的应对、解决思路。"世界已成为一个关系非常密切的整体，全世界要解决的重要问题很多是共同的，任何一个地区和国家发生的重大问题和世界其他地方都有密切关系。现代信息技术使新的学说、新的思想、新的理论得到高速传播。因此，对文化的发展没有一个全球眼光是不行的。我们必须随时了解各种新思想、新学说。随着思想文化交流的扩大，各种学说、思想、文化的互相影响不断增强。所以，就全世界范围看，文化的发展有着一种'综合'的趋势。任何国家和民族的文化发展都不能不考虑整个世界所面临的重大问题，都不能不去努力解决现实世界提出的重大课题。"④ 汤先生根据王夫之在《张子正蒙注》中"太和，和之至也。……未有形器之先，本无不和，既有形器之后，其和不失，故曰太和"的说法，分析说在宇宙未分化出具体事物之前，宇宙本来就是和谐的，没有什么不和谐；在宇宙分化出天地万物（包括人）之后，如果不使和谐丧失，这才叫作"太和"。总之，"太和"包含着"普

① 汤一介：《论儒学与中华民族的复兴》，《汤一介集》第5卷，中国人民大学出版社2014年版，第10页。

② 汤一介：《文化历程的反思与展望》，《汤一介集》第10卷，中国人民大学出版社2014年版，第31页。

③ 汤一介：《"和而不同"，中国和平崛起拥抱世界》，《汤一介集》第10卷，中国人民大学出版社2014年版，第230页。

④ 汤一介：《走向世界走向现代——汤一介先生访谈录》，《汤一介集》第10卷，中国人民大学出版社2014年版，第15页。

遍和谐"的意义。①

普遍和谐的观念不仅是世界观念，汤先生还落实到具体的生活行为、修养实践中。他在采访中坦言："我这个人性格比较和平，优点就是能团结人，即使跟我观点不同的人，我都能团结。"② 倡行普遍和谐、追求太和，也是先生自身修养与经典思想会通、提炼得出的宝贵经验、真知灼见。

五、余 论

除以上论述外，汤先生还从道家重要人物王弼的《周易略例》揭示出从以《系辞》为代表的《易传》中生发出的言意之辨、知与无知、有无关系、一多关系、动静关系、内外关系等等，几乎涉及魏晋玄学讨论的全部主题和关节性问题，反映汤先生对《周易》的解释与其哲学史研究、哲学思考密切相关。

《周易》也是佛教、道教所利用的重要思想资源之一，并且体现着文化解读存在的差异性、文化融合的特征与规律，等等。这部分讨论主要集中在汤先生文集第二卷《郭象与魏晋玄学》和第三卷《早期道教史》中。汤先生认为这一时期的哲学探讨还是中国传统注释方法，不过傅伟勋认为汤先生的《郭象与魏晋玄学》具有"诠释学创见"③。这种作者与诠释者认识的不同，一方面说明汤先生在关注和提出构建中国诠释学之前，主要是以传统的注释方法、论述方式展开包括《周易》在内的文本解读、哲学史写作；但从傅先生的角度则汤先生早先的研究已经带有先见性，或者可以说汤先生传统的注释研究方法运用已为后来的解释学主张导乎先路，故而这些《周易》与哲学问题的诠解的大部分内容也成为讨论易学与中国解释学建构的材料支撑，成为解答人类普遍问题而提出"普遍价值"的思想来源。

总之，汤一介先生一生致力于中国哲学思想之研究和文化振兴之努力，晚年思考人类文明与文化的未来而提出"新轴心时代"，其体大思精的理论阐

---

① 参见汤一介：《论"普遍和谐"》，《汤一介集》第5卷，中国人民大学出版社2014年版，第88页。

② 汤一介：《汤一介："学而不厌，诲人不倦"》，《汤一介集》第10卷，中国人民大学出版社2014年版，第77—78页。

③ 参见汤一介：《三论创建中国解释学问题》，《汤一介集》第6卷，中国人民大学出版社2014年版，第314页。

述与哲学洞见，对中国与海外哲学界、思想界、学术界的影响和贡献是多方面的。易学虽然并非汤先生专治之学，然而在哲学史、哲学问题探究中展开《周易》与哲学问题的诠解是其学术研究的重要内容；在建构中国解释学的视野下，汤先生的易学论述更加带有反本开新、会通中西、发掘普遍价值的特色，为当代易学研究的深化、融通、鼎革提供了十分重要的思想理论资源。

（作者简介：胡士颖　中国社会科学院哲学研究所）

汤一介《郭象与向秀》读后

——向、郭异同再商榷

黄敏浩

汤一介教授是 20 世纪中国哲学研究的重要学者之一。他早年的代表作《郭象与魏晋玄学》至今仍为不少研究郭象（253—312）乃至魏晋玄学的学者所参考引用。笔者阅读此书至"郭象与向秀"一章，受到启发之余，觉得里面提出的一些问题还有值得讨论的余地。兹借纪念汤教授的研讨会之便，爰作此文，表达自己的一点看法。本文之所以题为"再商榷"，是因为有关向秀（227—280）与郭象的异同问题，除汤教授之外，已有许多学者讨论过，笔者自问没有什么创见或定论，只是从笔者的视域提出一些意见以供参考。

一、郭象剽窃向秀之问题

所谓向秀、郭象异同的问题，指的是今本郭象《庄子注》究竟是反映向秀还是郭象的义理的问题。关此，学者大都重视两段记载。一是《世说新语·文学》篇：

> 初注《庄子》者数十家，莫能究其旨要。向秀于旧注外为《解义》，妙析奇致，大畅玄风。唯《秋水》、《至乐》二篇未竟，而秀卒。秀子幼，义遂零落，犹有别本。郭象为人薄行，有俊才，见秀义不传于世，遂窃以为己注，乃自注《秋水》、《至乐》二篇，又易《马蹄》一篇，其余众篇或点定文句而已。后秀义别本出，故今有向、郭二《庄》，其义一也。①

这段话也见引于《晋书·郭象传》。另一段则见于《晋书·向秀传》：

---

① 刘义庆：《世说新语》，刘孝标注，台湾华联出版社 1976 年版，第 49 页。

庄周着内外数十篇，历世才士虽有观者，莫适论其旨统。秀乃为之隐解，发明奇趣，振起玄风，读之者超然心悟，莫不自足一时也。惠帝之世，郭象又述而广之，儒墨之迹见鄙，道家之言遂盛焉。①

从这两段话，汤一介已看出它们有一致的地方：它们"都说明郭象注曾深受向秀注的影响"，"又都说明郭注和向注总有不同之处"②。此大概已为学者所共认。但两段记述也有互相冲突的地方：一以郭象剽窃向秀，一以郭象对向秀注"述而广之"，意谓在向注的基础上加以发展。究竟二说以何者为是？正就是这个问题引起后世学者的不同说法。于此，汤一介作出归纳，谓以后认为郭象注是抄袭向秀者可见于：唐末新罗学士崔致远的《法藏和尚传》、高似孙《子略》、王应麟《困学纪闻》、焦竑《笔乘》、胡应麟《四部正讹》、谢肇淛《文海披沙》、陈继儒《续狂夫之言》、王昶《春融堂集》、袁守定《占毕丛谈》、《四库全书总目提要》、《四库简目》、陆以湉《冷庐杂识》、刘宗周《人谱类记》、顾炎武《日知录》，以及近人杨明照《郭象〈庄子注〉是否窃自向秀检讨》、寿普暄《由〈经典释文〉试探〈庄子〉古本》等。至于对郭象注窃自向秀之说持怀疑态度的有：钱曾《读书敏求记》、王先谦《庄子集解》、吴承仕《经典释文序录疏证》、刘盼遂《世说新语校笺》等。③

如果单从所归纳的这份名单看，传统以来学者似乎较多接受郭象剽窃向秀之说。但汤一介却指出：郭象是魏晋玄学的重要人物，此如当时玄学领袖王衍谓郭象义如"悬河泻水，注而不竭"，"庾凯尝称之（案指郭象）"（《世说新语·赏鉴》），以及时人咸以郭象为"王弼之亚"（《世说新语》注引《文士传》）。郭象除《庄子注》外，尚有其他著作如《论语体略》、《论语隐》和《老子注》（皆佚）。且自晋至唐，向秀和郭象的《庄子注》都是两本并存。唐以后郭象注较向秀注流行，至唐末则向秀注失传。当时，诸家如东晋张湛《列子注》、唐陆德明《经典释文》及李善《文选注》等在引用庄子注时对向注、郭注都是分别引用，或两注并存。比较这些引用情况，可见郭注、向注确有很多相同，但也有郭注抄录向注后再加发挥，也有二注十分不同者。还有，向注是

---

① 房玄龄：《晋书》卷49，《四库全书》第255册，上海古籍出版社1987年版，第834页。

② 汤一介：《郭象与魏晋玄学》，台湾谷风出版社1987年版，第130页。

③ 参见汤一介：《郭象与魏晋玄学》，台湾谷风出版社1987年版，第129—130页。汤一介的归纳很可能参考过杨明照的文章。参见杨明照：《郭象〈庄子注〉是否窃自向秀检讨》，见《学不已斋杂着》，上海古籍出版社1985年版，第207—222页。

在崔譔注的基础上发展而成，而郭注也不仅采用向注，也采用了崔譔注和司马彪注。① 所有这些都表明，以郭象的背景及才学，实在没有必要，也没有剽窃向秀，但郭象大量采用向秀的旧注则是事实。当然，若据现代人的标准，采用别人的注而不注明，便算剽窃，但这恐怕不是古人用以评定剽窃的标准。

事实上，一些学者如冯友兰已对郭象剽窃向秀一说提出辨正。② 王叔岷据各本所引向注，详加纂辑，与郭注比较，得出"郭注之与向注，异者多而同者少"的结论。③ 加上汤一介的详辩，我们似乎可以肯定，《世说新语·文学篇》及《晋书·郭象传》所谓郭象剽窃向秀，只注《庄子》中《秋水》、《至乐》、《马蹄》三篇，其余众篇只是点定文句之说，实不足采信。此虽未见为学界的定论，但为大多数现代学者所能接受，应该是不成问题的。汤一介于此的论定亦当有其一定的贡献。

二、郭象"述而广之"之问题

《世说新语·文学篇》及《晋书·郭象传》的"剽窃说"既非，则《晋书·向秀传》所谓郭象对向注"述而广之"之说便成自然的结论。盖现存郭注及向注的片断中，既有向注有郭注无，又有向郭注全异、相近或相同者，且有《晋书·向秀传》"述而广之"之说，而此说又符合向、郭注比较之下所见的事实，则此说反映实际，当不成疑问。④ 所谓"述而广之"，是说郭象引述向注而有所发挥。如此则《世说新语·文学篇》及《晋书·郭象传》所说"向郭二庄，其义一也"便不一定全错。盖"其义一也"如果是指郭象剽窃向注，二注的字句意义完全一样，此则当然是错。但如"其义一也"是就郭注之引述发挥向注而言，二注之义理基本相通一致，此则不能算错。是故"向郭二庄，其义一也"在某一义上仍可得而说。

---

① 汤一介：《郭象与魏晋玄学》，台湾谷风出版社 1987 年版，第 130—137 页。
② 参见冯友兰：《中国哲学史》下册，香港三联书店 1992 年版，第 117—119 页；《中国哲学史新编》中册，人民出版社 2003 年版，第 509—516 页。
③ 王叔岷：《庄子向郭注异同考》，见《庄学管窥》，台湾艺文印书馆 1978 年版，第 114 页。
④ 当然，如上所述，《晋书》也出现郭象剽窃向秀之说，如果一定要以此说空穴来风，未必无因的话，我们也许可认为此说是郭象对向注"述而广之"的事实的错误引申而导致的结果。

事实上，冯友兰即主张"述而广之"之说。① 既是"述而广之"，则广义地说，"向郭二庄，其义一也"当亦不成问题。然而，其他学者如王叔岷却指出："由二氏注文之出入，以推其旨趣，亦大有径庭"②，似乎认为向、郭二注实有很大的不同。汤一介即沿此方向，指出郭注对向注有很大的发展，而此发展实意味二注有重要观点的不同，恐怕已不能用郭象"述而广之"来概括。汤一介所注意到的重要观点是指郭注《庄子序》中提出的两点。《庄子序》云：

> 然庄生虽未体之，言则至矣。通天地之统，序万物之性，达死生之变，而明内圣外王之道，上知造物无物，下知有物之自造也。其言宏绰，其旨玄妙。③

汤一介认为，尽管《庄子序》是否为郭象所作尚存争论，无论如何，此序所提出的"明内圣外王之道"及"上知造物无物，下知有物之自造"两点实足以概括整部郭注的基本思想，而各书所引向注，在这两点上正与郭注不甚相同。④汤一介由是得到如下的结论：

> 郭象和向秀在这个问题上存在观点的不同，至少又说明两点：一是，郭象尽管是沿着向秀"以儒道为一"的路线在发展，但他确实在这个问题上提出了与向秀颇不相同的新理论，甚至可以说用"述而广之"已经不能概括郭象对向秀思想的发展了。二是，又进一步说明，向秀思想是正始王、何"贵无"向元康郭象"崇有"的过渡性。魏晋玄学从王、何"贵无"的重"自然"，经向秀的任"自然之理"与"节之以礼"的调和儒道二家过渡性理论，发展到郭象的"庙堂"即"山林"、"名教"即"自然"的合一论，这可以说是魏晋玄学发展的必然趋势，也就是说郭象哲学是魏晋玄学发展的高峰。⑤

依汤一介，向、郭的异同关系实已溢出郭象"述而广之"、"向郭二庄，其义一也"的范围，郭象实际上已提出与向秀不同的新理论。汤一介更把他们放在魏晋玄学发展的脉络上而认为郭象代表着向秀思想的进一步的发展而至其极。这

---

① 参见冯友兰：《中国哲学史》下册，香港三联书店 1992 年版，第 117—119 页；《中国哲学史新编》中册，人民出版社 2003 年版，第 509—516 页。

② 王叔岷：《庄子向郭注异同考》，见《庄学管窥》，台湾艺文印书馆 1978 年版，第 130 页。

③ 郭庆藩辑：《庄子集释》，台湾河洛图书出版社 1980 年版，第 3 页。

④ 参见汤一介：《郭象与魏晋玄学》，台湾谷风出版社 1987 年版，第 138 页。

⑤ 汤一介：《郭象与魏晋玄学》，台湾谷风出版社 1987 年版，第 147—148 页。

大概就是汤一介在向、郭异同之问题上所提出的新见解。此一提法很有启发性，且甚具意义，但我们认为当中似乎仍有可以讨论的空间。就让我们来看看汤一介是如何证成其说。

三、"上知造物无物，下知有物之自造"

汤一介认为整部郭象《庄子注》的思想不外两个重点，即"明内圣外王之道"和"上知造物无物，下知有物之自造"，而向秀注在这两点上均与郭注不同。他首先就"上知造物无物，下知有物之自造"而提出向注观点与之有异的两个例证。第一个例证见于《列子·天瑞篇》"故生物者不生，化物者不化"句下的张湛注。张湛注说：

> 《庄子》亦有此言。向秀注曰：吾之生也，非吾之所生，则生自生耳。生生者岂有物哉？（无物也）故不生也。吾之所化，非物之所化，则化自化耳。化化者岂有物哉？无物也，故不化焉。若使生物者亦生，化物者亦化，亦奚异于物？明夫不生不化者，然后能为生化之本也。[①]

引文中的"（无物也）"为汤一介所加。从上文下理看，此一增补有其合理之处。汤一介认为张湛所引的向秀这段话大概是注解《庄子·大宗师》"生生者不生，其为物也，无不将也，无不毁也"的一句。他发现郭象在注解此句时没有采用向注，而是删去向注，紧接着就用"上知造物无物，下知有物之自造"的观点来解释生生化化，说"任其自将，故无不将；任期自迎，故无不迎"等。[②]此已显示郭注在解释同一句子时其立场已与向注不同。更何况郭象在注《庄子·齐物论》"天籁者吹万不同"句中说：

> 无既无矣，则不能生有；有之未生，又不能为生，然则生生者谁哉？块然而自生耳，非我生也。我不生物，物不生我，则自然而已，然谓之天然，天然非为也。故以天言之，所以明其自然故也。[③]

汤一介大概认为郭象此段话以及其"自将"、"自迎"之说，正好与前引向注之

---

① 刘宝楠等编：《列子》，《诸子集成》第 3 册，上海书店出版社 1986 年版，第 2 页。

② 参见汤一介：《郭象与魏晋玄学》，台湾谷风出版社 1987 年版，第 138 页。

③ 汤一介：《郭象与魏晋玄学》，台湾谷风出版社 1987 年版，第 139 页；刘义庆：《世说新语》，刘孝标注，台湾华联出版社 1976 年版，第 56 页；郭庆藩辑：《庄子集释》，台湾河洛图书出版社 1980 年版，第 50 页。

言成一对比。从此段话看来，"郭象不仅否认'无'能生'有'，而且从原则上也否认有任何东西能产生天地万物，并且批判了有'造物主'的观点"①，从而提出其万物皆自生自然、自将自迎之说。反观向秀那段文字，"他并没有摆脱王弼、何晏'贵无'思想的影响，以为仍有一不生不化的'生化之本'。这实际上是认为，在'万有'之上有一作为'万有'存在的根据的'无'，或者说有一'造物主'"②。这不正好与郭象"上知造物无物，下知有物之自造"之观点相违反吗？③

以上的论证似不无道理。然而，我们首先注意到向秀那段文字所要注解的未必是《庄子·大宗师》"生生者不生……"的一句，而很可能是"生物者不生，化物者不化"的一句《庄子》的佚文。④ 这句佚文不见于郭象本的《庄子注》，郭象自无注文可言，如此则似不能直接证明郭象曾删除向秀的那个注。我们再看向注的那段文字，汤一介之所以认为向秀以万有之上有一万有存在之根据，是本于向秀那段文字的末句"明夫不生不化者，然后能为生化之本也"而来之说。在那段末句之前的文字中，实没有跟郭象"造物无物，物之自造"的意思有丝毫抵触者。向秀谓"生生者岂有物，化化者岂有物"、"无物故不生，无物故不化"、"生自生，化自化"，都与郭象造物无物，物之自造、自生、自然的说法完全相同。唯一不同者只在末句。如果我们不认为向秀在同一段文字内会自相矛盾，我们便应该循另一角度去了解"明夫不生不化者，然后能为生化之本"此一末句的含义。我们认为，向秀所谓"不生不化"，是指万物不由他物所生所化，而只是自生自化。既非由他物所生所化，故说不生不化。但

---

① 汤一介：《郭象与魏晋玄学》，台湾谷风出版社 1987 年版，第 139 页。

② 汤一介：《郭象与魏晋玄学》，台湾谷风出版社 1987 年版，第 139 页。

③ 汤一介此看法亦见于钱穆。钱穆尝引《列子》张湛注所引向秀那段文字，谓"彼（笔者案指向秀）盖认有一不生不化者为生化之本。此不生不化之本身，则决非一物。既非一物，则为无物。既无物矣，而犹认以为万物生化之本，此则仍是王弼以无为有之本之旧谊也"。又谓："惟郭象注庄，其诠说自然，乃颇与王弼何晏夏侯向秀张湛诸家异。大抵诸家均谓自然生万物，而郭象独主万物以自然生。此两义显有辨。"（见钱穆：《郭象庄子注中之自然义》，《庄老通辨》，台湾东大图书公司 1991 年版，第 3、419—420 页。钱穆自谓此文作于 1948 年。）王叔岷亦尝引张湛注文而有类似说法，参见王叔岷：《庄子向郭注异同考》，《庄学管窥》，台湾艺文印书馆 1978 年版，第 117—118 页。

④ 参见王叔岷：《庄子向郭注异同考》，见《庄学管窥》，台湾艺文印书馆 1978 年版，第 117—118 页。

一说不生不化，便容易令人误会为真的没有生化，宇宙变成死寂，一片虚无，于是便说若真明白不生不化，便知其能为"生化之本"。此生化之本，实即万物之自生自化者也。此"生化之本"并不意谓在万物之外或之上推高一层，以之作为万物之根据或根源，而实指万物之自生自化，自然自尔，无待而自足。"生化之本"之"本"，正是自生自化之为本也。于是，全句的意思便可理解为：明夫万物不由他物所生所化，然后能知万物自生自化之为本。如此解便可解消向秀自相矛盾之问题，而向秀之意与郭象之意实亦无二无别。

汤一介所举的第二个例证，是向秀对《庄子·达生》"夫奚足以至乎先，是色而已"句的注，见于《列子·黄帝篇》张湛注中：

> 同是形色之物耳，未足以相先也。以相先者，唯自然也。①

汤一介发现，郭象注《达生》"夫奚足……"句与向秀同，但却删去"以相先者，唯自然也"的一句，他认为郭象此删实隐含一重要讯息：盖向秀以"自然"为"先于万物而产生万物的'生物之本'，或说是万物存在的根据"，"不管他对'自然'怎样解释，这种承认'相先'的观点，仍然表明他没有摆脱（王弼等）'贵无'思想的影响，而在郭象的注中则找不到'贵无'派'相先'思想影响的痕迹"②。是以郭象删去此句，正表明郭象不能同意向秀的观点。汤一介更引郭象注《知北游》的一段话作为对比：

> 谁得先物者乎哉？吾以阴阳为先物，而阴阳者即所谓物耳。谁又先阴阳者乎？吾以自然为先之，而自然即物之自尔耳。吾以至道为先之矣，而至道者乃至无也。既以无矣，又奚为先？然则先物者谁乎哉？而犹有物无已，明物之自然，非有使然也。③

依汤一介，在此段文中，"确有以'自然'为一先物存在的实体者，故有'以为自然为先'之说。郭象否认有'先物者'，并给'自然'下了明确的定义：'非有使然'，即'物之自尔'，这个观点也是贯穿在整个他的《庄子注》中"④。如此看来，郭象与向秀对"自然"的看法不同，似乎十分明显：郭象以

---

① 刘宝楠等编：《列子》，《诸子集成》第3册，上海书店出版社1986年版，第16页。

② 汤一介：《郭象与魏晋玄学》，台湾谷风出版社1987年版，第139—140页。

③ 此是《知北游》"有先天地生物者耶？物物者非物。物出不得先物也，犹其有物也。犹其有物也，无已"句注。郭庆藩辑：《庄子集释》，台湾河洛图书出版社1980年版，第764页。

④ 汤一介：《郭象与魏晋玄学》，台湾谷风出版社1987年版，第140页。

自然即物之自尔，向秀以自然为先物存在的实体。①

跟对第一个例证的分析一样，要是我们从另一角度解读"以相先者，唯自然也"之一句，便会发现，向秀与郭象其实也没有上述的差异。我们认为，无论就向秀或郭象而言，"自然"都不能是一物。在他们心目中，如果有一先物者能生万物，或为万物之根源、根据或根本，则此先物者也只能是一物，实不能作为万物之根据。如是则万物之根据到最后只能是万物之自生自化，自然自尔，亦即万物自己而然，也就是自然。向秀所谓"以相先者，唯自然也"，大概是就一般人之追求一先物者或万物之本而言，谓若必要求一万物之本，则此本只能是万物之自然自尔，实无有一"相先"之本。如此解则句中之"相先者"是虚说非实说。当然，读者可能会以实说视之，而以为此句主张有一"相先者"，或"相先"之先物者。这也许是向秀以此语表达时之不善巧。郭象便很可能以此为易生误会之滞辞而删除之，并不是认为自己的观点与向秀根本有异。

或以为笔者之辩解较牵强不合原文之意。我们且看看上引郭象注《知北游》之文，当中"吾以自然为先之，而自然即物之自尔耳"，"吾以自然为先之"毕竟与"以相先者，为自然也"有何分别？吾人认为，两句句意实无分别。所不同者，只在郭象紧接着"吾以自然为先之"便说"自然即物之自尔"，又说"吾以至道为先之矣，而至道者乃至无也。既以无矣，又奚为先？"这样以为先之自然为物之自尔，以为先之至道为无而实不能先，便较不易令人生误会，不会以为他主张一先物者。反观向秀，只单提一句，实较易令人误解，故郭象删之。但郭象"吾以自然为先之"、"吾以至道为先之"之表达方式实与向秀"以相先者，为自然也"同出一辙。然而，须知汤一介解释"吾以自然为先之"，或是以"以自然为先之"者为他人而非郭象，郭象即反对此他人之说；或是以"以自然为先之"为"吾"（郭象自己）之假设之说，而此假设之说实非。② 我们认为，若是前者，郭象应径直说"他人以自然为先之"而非"吾以自然为先之"；若是后者，郭象大可说"或以自然为先之"而不须说"吾以自然为先之"。既说"吾以自然为先之"，则此当为郭象认可之说，只须了解自然

---

① 无独有偶，钱穆与王叔岷亦尝引向注及郭注这两段文字而提出与汤一介看法一致的解读。参见钱穆：《郭象庄子注中之自然义》，《庄老通辨》，台湾东大图书公司 1991 年版，第 427—428 页；王叔岷：《庄子向郭注异同考》，《庄学管窥》，台湾艺文印书馆 1978 年版，第 130 页。

② 参见汤一介：《郭象与魏晋玄学》，台湾谷风出版社 1987 年版，第 140 页。汤一介的解释不十分明显，但细体其意，应该不外这两个意思。

是指万物之自然自尔，并非一先物者之物，若明乎此，则虚说"以自然为先"亦无不可。我们相信，向秀"以相先者，为自然也"实亦同此意。

至此，汤一介等所提出的两个例子以证明向秀与郭象观点的不同，似乎仍有可商榷的余地。汤一介认为向秀思想是王弼、何晏的"贵无"与郭象"崇有"思想之间的过渡。若单就上述两个例子而言，向秀的思想似乎呈现着较倾向以自然为本为先的姿态，而与郭象不重言本言先不同。就此而言，汤一介的观察非无道理。但吾人须立刻强调，向秀思想之作为过渡，其与郭象思想之不同只是由虚至实之重点转移之不同，非谓他们之基本观念有异也。①

四、"明内圣外王之道"

依汤一介，郭象《庄子注》中的另一个基本思想"明内圣外王之道"，与向秀的观点亦有差距。汤一介认为，所谓"内圣外王之道"的问题，其实就是自然和名教关系的问题。于此，汤一介引述向秀流传下来的一篇较完整的著作《难养生论》以明其观点。我们只从汤一介所引述者选出较重要的几条，从中可见向秀观点之一斑。《难养生论》云：

> 有生则有情，称情则自然，若绝而外之，则与无生同。何贵于有生哉？且夫嗜欲，好荣恶辱，好逸恶劳，皆生于自然。夫天地之大德曰生，圣人之大宝曰位，崇高莫大于富贵。然富贵，天地之情也。贵则人顺己以行于天下，富则所欲得以有财聚人，此皆先王所重，关之自然，不得相外也。又曰：富与贵，是人之所欲也。但当求之以道义。
>
> 夫人含五行而生，口思五味，目思五色，感而思室，饥而求食，自

---

① 苏新鋈在详细比较向注与郭注之异同后，提出向秀之论实"为一种至少尚肯定有境界型之实体为造物主之理论"，郭象则"表明一切造化事物之造、化，殆皆为自造自化"。二者之异在于"对应象说之为圆融式与更精妙深玄言，秀说实乃为分别式与质朴平实者"。"此殊异……充其极亦不过仅为两注之义旨形态有异，而不显示其思理系统真已迥然有别者也"。一言造物主，一言物自造，如何可说二人思理系统无别？"盖秀、象所谓造物主之实质意义，实不论就其为存在于造化事物自身之外者言，抑就其为存在于造化事物自身之内者言，皆只为一无物之'境界'、皆是藉'众形之自物'而显之'自然'、'自尔'一类之'意'，实仍一也。"（见苏新鋈：《郭象庄学平议》，台湾学生书局1980年版，第154—156页）案苏说之结论（二人思理系统非有别）与本文相同，然承认向主造物与郭主物自造，为分解与圆融之二形态而实可通为一；此虽可备一说，而实甚缭绕，似不及本文以向、郭皆不言造物主之论为明切。

然之理也。但当节之以礼耳。

> 且生之为乐，以恩爱相接。天理人伦，燕婉娱志，荣华悦志。服飨滋味，以宣五情。纳御声色，以达性气。此天理自然，人之所宜，三王所不易也。①

汤一介又引《列子·黄帝篇》张湛注引向秀云：

> 夫实由文显，道以事彰。有道而无事，犹有雌而无雄耳。②

从以上的引文，汤一介看到，尽管向秀承认有一不生不化的"生化之本"，他却把人的自然本能（如求食、思室）和要求（如富贵、荣华）看成是"自然之理"。所谓"任自然"就是要使这些要求得到满足。满足这些要求，与名教并无矛盾，此等要求为"三王所不能易"，只须"节之以礼"、"求之以道义"便可。而"名教"之不可废，就如"实由文显，道以事彰"，如"任自然"而"非名教"，则如"有雌无雄"。向秀这个对自然的新解释"就是把超现实的'自然'逐步拉回到现实的'万有'之中。这个新方面就是由'贵无'向'崇有'过渡的桥梁"③。

依汤一介，"郭象《庄子注》在调和'名教'与'自然'的矛盾问题上比向秀又大大前进一步，表现了对向秀思想有很大的发展。郭象的《庄子注》不仅认为'名教'和'自然'全无矛盾，而'外王'与'内圣'简直就是一回事"。如郭象《逍遥游》注即云：

> 夫神人即今所谓圣人也。夫圣人虽在庙堂之上，然其心无异于山林之中，世岂识之哉！徒见其戴黄屋，佩玉玺，便谓足以缨绂其心矣；见其历山川，同民事，便谓足以憔悴其神矣；岂知至至者之不亏哉！④

其《大宗师》注亦云：

> 夫理有至极，外内相冥，未有极游外之致而不冥于内者也，未有能冥于内而不游于外者也。故圣人常游外以宏内，无心以顺有，故虽终日挥形而神气无变，俯仰万机而淡然自若。夫见形而不及神者，天下之常

---

① 汤一介：《郭象与魏晋玄学》，台湾谷风出版社 1987 年版，第 143 页。戴明扬校注：《嵇康集校注》，人民文学出版社 1962 年版，第 162—163、164、166—167 页。

② 汤一介：《郭象与魏晋玄学》，台湾谷风出版社 1987 年版，第 144 页。刘宝楠等编：《列子》，《诸子集成》第 3 册，上海书店出版社 1986 年版，第 22 页。

③ 汤一介：《郭象与魏晋玄学》，台湾谷风出版社 1987 年版，第 144—145 页。

④ 郭庆藩辑：《庄子集释》，台湾河洛图书出版社 1980 年版，第 28 页。

累也。是故睹其与群物并行，则莫能谓之遗物而离人矣；覩其体化而应务，则莫能谓之坐忘而自得矣。岂直谓圣人不然哉？①

汤一介认为，这两段话便是郭象对"内圣外王之道"的特定解释。"如果说，向秀的'以儒道为一'只是把'名教'和'自然'的矛盾看成是可以协调的，在他那里'自然'仍是'自然'，'名教'仍是'名教'，儒道还是两行；那么郭象就不一样了，他认为'名教'就是'自然'，'庙堂'就是'山林'，真正的'外王'必然也是'内圣'……"这个以山林和庙堂等同，游外和游内齐一的新思想在各书所引的向秀注中是找不到的，更何况它和向秀《难养生论》的观点是非常不同。②

虽然汤一介以上的举证有说服力，但我们认为就向、郭内圣外王之道或自然与名教关系的异同问题而言，似乎仍有讨论的空间。首先，各书所引向注找不到圣人"常游外以弘内"的思想，而各书所引郭注及现存郭注中却可以找到，并不表示向注就没有这个思想。这可能是因为郭象对向注"述而广之"，诸书引用向、郭同有之思想时多采郭象，以其所述或较详之故。

其次，我们同意汤一介谓"物之自造"与"内圣外王之道"乃郭注的两个基本思想。我们更认为，二者实为有机之统一。在形上学或本体论上看到物之自造，万物皆自生自化，自然自尔，无待自足，没有一造物主在其上或背后；如此的思想反映在政治、社会、人生论上，便必然是内圣即外王、自然即名教、游外即弘内。这些思想实际都是一根而发的。向秀"物之自造"之思想既与郭象相同，其"内圣外王之道"亦应与郭象不异。③

再次，现存向注片断虽没有明言"游外以弘内"、"内圣即外王"的思想，但还是有迹可寻。就如上引郭象《大宗师》注所谓"见形而不及神，天下之常累"，圣人则遗物离人而又与群物并行，坐忘自得而又能体化应务。其背后之意正谓圣人见形及神，神由形显，神以形彰，遂能遗物而群物，坐忘而应务，此亦即游外而弘内，内圣而外王者也。此与上引《列子》注中之向注所谓"实

---

① 郭庆藩辑：《庄子集释》，台湾河洛图书出版社 1980 年版，第 268 页。

② 参见汤一介：《郭象与魏晋玄学》，台湾谷风出版社 1987 年版，第 146—147 页。

③ 如果顺着汤一介的意见把向秀心目中的自然理解为一生化之本，则向秀没有物之自造、自然的思想，其内圣外王之道便不必与郭象相同。但如此理解则向注所呈现之作为生化之本的自然便与汤一介所承认能代表向秀思想的《难养生论》所呈现之作为自然本能之自然很不一致。然而，《难养生论》能否完全代表向秀的思想确是一问题，此于下文辨之。

由文显，道以事彰。有道而无事，犹有雌而无雄"实同一旨趣。此外，许抗生尝引《列子·黄帝篇》张湛注所引向注"苟无心而应感，则与变升降，以世为量，然后足为物主，而顺时无极耳"①等语，认为这种"无心任自然"的思想实为郭象所吸收，在此郭象的思想与向秀并无二致。②细看此语，所谓"无心应感，与变升降"，实表示圣人"游外而弘内"、"内圣即外王"之内容。这样看来，向秀思想之调和自然与名教，便不止于以自然仍是自然，名教仍是名教，而是跟郭象一样，以自然即是名教。

至于向秀的《难养生论》，单从上面所引的几段话，已可知就如汤一介所观察的，当中的"自然"是指自然本能和要求，此与向注中的自然——无论被理解为一生化之本或是万物之自己而然，实大异其趣。其实，早有学者注意到此问题。冯友兰曾把郭注的文字与嵇康《答难养生论》做一对比。《答难养生论》云：

> 圣人不得已而临天下，以万物为心，在宥群生，由身以道，与天下同于自得，穆然以无事为业，坦尔以天下为公，虽居君位，飨万国，恬若素士接宾客也。虽建龙旗，服华衮，忽若布衣之在身。故君臣相忘于上，蒸民家足于下，岂劝百姓之尊己，割天下以自私，以富贵为崇高，心欲之而不已哉？③

冯友兰以嵇康此段话与上引郭象《逍遥游》注④做比较，认为意思基本相同。他猜测郭象可能是抄嵇康的。⑤但无论如何，嵇康作《养生论》，向秀作《难养生论》以难之，嵇康复作《答难养生论》以回应其说，这表示向秀在《难养生论》的立场与嵇康乃至郭注中的文字是相违反的。⑥但已知向注与郭注的义

---

① 刘宝楠等编：《列子》，《诸子集成》第3册，上海书店出版社1986年版，第23页。
② 参见许抗生：《魏晋思想史》，台湾桂冠图书股份有限公司1992年版，第167页。
③ 戴明扬校注：《嵇康集校注》，人民文学出版社1962年版，第167页。
④ 郭庆藩辑：《庄子集释》，台湾河洛图书出版社1980年版，第28页。
⑤ 参见冯友兰：《中国哲学史新编》中册，人民出版社2003年版，第512页。我们认为，以向秀和嵇康之友好关系，而嵇康之《答难养生论》又是为答向秀之《难养生论》而作，则更可能是向秀抄嵇康，及至郭象对向注"述而广之"，于是便出现郭注中与嵇康《答难养生论》相近的一段文字。
⑥ 此处所谓向秀《难养生论》的立场，可参见汤一介：《郭象与魏晋玄学》，台湾谷风出版社1987年版，第143页。戴明扬校注：《嵇康集校注》，人民文学出版社1962年版，第162—163、164、166—167页。

理基本一致，衡之于《难养生论》之不同，岂非向秀思想有自相矛盾之嫌？冯友兰即说：

> 向秀在自己所写的文章中所发表的意见，同《庄子注》的意见，是有矛盾的。别人所记录的他的意见，倒是不见得有矛盾。照一般的情况下，我们应当多相信他自己写的文章。①

冯友兰的意思是，别人如《世说新语》注所记录向秀的意见与向注并不矛盾，反而是向秀自己的《难养生论》与向注有矛盾。在此情况下，冯友兰认为吾人应较相信《难养生论》，因为这是向秀自己的著作。就一般而言，冯说固有道理。但这样一来，尽管现存的向注只是一些零星片断，向注中尤其是合于郭注的精义便不能作准，只能以其完整的但义理层次较低的一篇《难养生论》代表其思想。这样的处理恐怕是有问题的，而冯友兰也毕竟没有抹杀向注对郭注的重要影响，而承认向注的地位。

　　无论如何，《难养生论》与向注至少部分思想的矛盾究当如何解决？于此，牟宗三曾提供一个看法，值得参考。他说：

> 此种顺世外道，反动放纵之论（笔者案指《难养生论》），焉得谓为稍有学养者？如果今之郭注真是窃自向秀，则不得以此文定向秀。此文必有委曲。此非吾所能考。如果以此文定向秀，则向秀决不能有如郭注之注庄，或非注庄时之向秀。若以齐一论之，则只有两可能：或者未注庄，或者未作此文。但人之思想有发展，人之表示意见亦常有特殊之机缘与心理。如是亦可有第三可能，即：向秀既可注庄，亦可作此文。即此中函有思想发展中成熟不成熟之问题。亦函有在特殊机缘与心理下而作之之问题。晋书卷四十九"向秀传"："又与康论养生，辞难往复，盖欲发康高致也"。此"发康高致"四字甚有意思。此或是故作俗论以发康之高致。总之，若真是"向郭二庄，其义一也"，则当以注庄为主，决不可以此文定向秀。此吾所可断言者。而或者以其庄注牵合此文之思想，则吾未见其当。②

牟宗三在同书他处又说：

> 今观嵇康"答难养生论"，其中有许多理境，甚至语法，与庄子注极

---

① 冯友兰《中国哲学史新编》中册，人民出版社 2003 年版，第 514 页。
② 牟宗三：《才性与玄理》，台湾学生书局 1993 年版，第 210—211 页。

相似。此显为向秀受其影响，而言之更精练。……"难养生论"之作决不能晚于注庄，以此，在未得康之启发前，不脱俗情。既得启发，超然玄解。固不可据"难养生论"以贬其庄子注也。①

牟宗三以向秀《难养生论》为"反动放纵之论，焉得谓为稍有学养"。案此评可能太过，盖《难养生论》中明言"当求之以道义"、"节之以礼"，怎可说是"反动放纵"？即使是俗情之论，也是言之成理，且文辞优美，怎可说是"焉得稍有学养"？牟宗三也倾向郭注窃自向秀之说，此亦恐非，前已有辨。然而，牟宗三以《难养生论》或为向秀早期之作，及后受嵇康启发，超然玄解，然后作庄子注；或为向秀为了引发嵇康之高致而作之俗论。二说皆有道理。②我们认为，二说以后说更有可能。前说预设向秀思想曾经历转变，此虽有可能，但从俗论转至玄解，像这种转变恐非易事。且向秀与嵇康友好，若向秀初持俗论，与嵇康之意反，又如何可与之相契而成为好友（当然亦非不可能）？是以我们赞成后说之以向秀本与嵇康相契，而故作《难养生论》欲发其高致，亦不排除嵇康之《答难养生论》予向秀以更深的启发，使之作庄子注之言益精，如此互相启发，实更为有理，何况此说已得《晋书·向秀传》之间接支持。我们更认为，《难养生论》与向注的思想其实亦不至于冰炭相反而毫无关系。前举向注谓"实由文显，道以事彰。有道而无事，犹有雌而无雄"，实以文实、道事、雌雄合而为一而通于游外而弘内、内圣即外王的思想。其作《难养生论》恐是要暂罥道、实之一面，强调事、文之一面，而成一世俗之论，欲以引发嵇康之高致，使其发挥游外而弘内之旨至更深切着明之程度。③

如是，我们回头看汤一介，他从向注及《难养生论》的分析认为向秀之"内圣外王之道"异于郭象，此恐未得其实。事实上，他的父亲汤用彤便有不

① 牟宗三：《才性与玄理》，台湾学生书局1993年版，第322页。

② 杨立华曾批评牟宗三"此论恐难免主观臆见之嫌"，参见杨立华：《郭象〈庄子注〉研究》，北京大学出版社2010年版，第55页。如果此评是就牟宗三之以《难养生论》为"反动放纵之论"而言，则固是；若此评是就牟之以此论"或者是向秀早年未定之说，或者干脆为了引出嵇康的高明议论而故作近俗之论"而言，则恐未必然。盖至少就第二点而言，正如牟宗三在引文所自述，他的意见是以《晋书·向秀传》所言为线索的。

③ 杨立华说："细考《难养生论》中的论辩，其思想往往与其《庄子注》逸文相合。比如'有生则有情，称情则得自然'，与其'适性逍遥'的主张相合。'天命有限，非物所加'的思想，与其'生之所禀者有涯'的观点一致。"见杨立华：《郭象〈庄子注〉研究》，北京大学出版社2010年版，第55页。这都可从本文所提供的背景脉络下得到理解。

同的看法。汤用彤认为郭象虽因向注"述而广之","然根本论据，恐无差异"，故"向郭二庄，其义一也"；尤其是"内圣外王之义，乃向、郭解《庄》之整个看法，至为重要"。他从向注及《难养生论》归纳出好几个要点，认为都跟郭注的说法一致。如向秀称"周、孔穷神"、"圣人穷理尽性"（《难养生论》），盖以孔子为圣人。《世说新语》载向秀谓"巢、许狷介之士，不足多慕"，向秀亦有寡情欲，抑富贵，未之敢许之言（参见《难养生论》），由此可见"士君子须宅心玄虚，而不必轻忽人事"。谢康乐《辨宗论》谓"向子期（笔者案即向秀）以儒道为壹"，而"《难养生论》以富贵关之自然，则合名教自然之又一义"。向秀谓"至人其动也天，其静也地。其行也水流，其湛也渊嘿"（《列子·黄帝篇》注），此则合乎"圣人法天之无言"，"则天下自安"。向秀谓"乘天地之正，御日新之变"、"苟非其人，虽法无益"（《释文》引《胠箧》注），皆明圣人之不着迹而任自然。凡此向秀之说，皆关乎内圣外王义，而与郭注所呈现之观点一致。① 汤一介对于他父亲这样的看法，不可能不知，这就表示他自己确有跟父亲不同的见解。他确实提出了一些新见，但就向、郭内圣外王之道这一点言，我们宁取汤用彤的结论。

本文检讨汤一介对向秀、郭象思想异同关系问题的看法。他认为郭象剽窃向注之说不足信。他也反对郭象对向注"述而广之"之说，认为就"上知造物无物，下知有物之自造"及"明内圣外王之道"这两个在郭注中的基本思想而言，向秀均与郭象不同。我们同意他的第一个说法，却认为他的第二个说法可有商榷的余地。我们认为就第二个说法所提及的那两个基本思想而言，向、郭均无不同。我们的结论是郭象就向注"述而广之"，而"向郭二庄，其义一也"。这个结论其实并无新意，只是经过笔者的一番辨正而重新肯定传统下来以及一些学者的说法。然而，汤一介的新的见解虽不被接受，但读过他的《郭象与向秀》，乃至《郭象与魏晋玄学》，便知他对向、郭关系的了解是来自他把向、郭放在整个魏晋玄学发展的脉络下的了解，如是，他对向、郭关系的看法实反映一更深广之意义而非必为本文所能穷尽。此是一更大的题目，自当别论。

（作者简介：黄敏浩　香港科技大学人文学部）

---

① 以上所述，皆归纳引用自汤用彤：《向郭义之庄周与孔子》，收入《魏晋玄学论稿》。另参见贺昌群等：《魏晋思想》，台湾里仁书局1984年版，第107—116页。

汤一介先生的佛学研究

杨 浩

汤师一介先生在学术界的声誉主要由其《郭象与魏晋玄学》、《早期道教史》两部专著所奠定。也就是说，学术界认可汤先生是魏晋玄学、早期道教两大研究领域的专门学者。此外，汤先生对儒学其实也有较为深入的研究，特别是汤先生的哲学思想基本上是建立在儒学研究的基础之上的。2000 年以后，汤先生担任中华孔子学会会长，又主持编纂大型项目《儒藏》工程，所以更以儒者的面貌为学界以外的大众所知。

然而不为大众所熟知的是，汤先生对佛学也很有兴趣，而且所取的研究角度是较为独特的，所取得的成就是值得肯定的，所指出的研究方向也是很重要的。汤先生从宏观上注重佛教与中国文化的关系，具体而言主要关注三方面内容：佛教与儒道二教的关系、佛教哲学以及佛教有关文献的考证问题。本文旨在梳理汤先生佛学研究的基本情况，对汤先生佛学研究的具体成就在现代学术史上的价值则另须专文探讨。

一、汤先生佛学研究的历程

在《汤一介集》第四卷《佛教与中国文化（修订版）》前面的两个"序言"，以及《我们三代人》中《我的哲学之路（二）》一文中，汤一介先生自述了他的佛教研究历程。我们即根据此中涉及的几个要点略作简单分析。

汤先生自认"我对佛教的研究无疑是受到我父亲用彤先生的影响"[①]，并在其影响下开始读《法华经》：

> 我记得在 1945 年夏，我曾向我父亲说，我想读点佛经。他找了一部

---

① 汤一介：《佛教与中国文化》（增订本），中国人民大学出版社 2016 年版，第 1 页。

《法华经》给我，让我自己读。读了一段时间，似懂非懂，我就问我父亲如何才能读懂，他说多读就可以懂。我又读了一段时间，仍然不得要领，又因我要准备考大学，就没有继续读《法华经》了。①

在北大读书的时候，汤先生特别重视对各种语言的学习，汤先生回忆道：

> 我本来对佛教哲学很有兴趣，在 1947 年进入北大后，我计划先把中西哲学学好，同时希望能掌握几门外语，甚至在 1949 年我还学了一门冯至先生教授的"德语快班"（每天要上课），并打算再花点时间学梵文和巴利文等。但是，由于天天搞政治运动，而我又是青年团的干部，哪有时间学外语，不要说梵文、巴利文没有沾边，德文也因课下没有时间复习，而只考了 59 分，现在连德文字母都搞不清了。②

汤先生在大学期间还选修过任继愈先生开的"中国佛教哲学问题"。1956 年后，汤用彤先生还为北大年轻教师与研究生讲过一段时间《杂心论》。《杂心论》是佛教小乘佛学的经典论著，在中国南北朝时期曾经受到广泛的研习，是毗昙师所倚仗的重要论典。

汤先生再次接触佛教研究是改革开放之后。汤先生说：

> 1980 年夏，我在整理父亲的各种遗稿时，找到了他写的两种《隋唐佛教史稿》，我觉得应该把它整理出来发表。从那时起，我花了一年多的时间查对引文和补充材料，这两种史稿于 1982 年 8 月由中华书局出版了。我想这一年多的时间对我很重要，使我感到佛教对中国文化有着非常重要的影响，应该对它进行深入研究。③

整理汤用彤先生的遗稿对汤先生来说应该是非常好的一次了解与研究佛教的机会，但同时也可能使汤先生更清醒地认识到研究佛学的难度。汤先生回忆道：

> 到 80 年代初，我多少了解了一点日本学者佛教研究的状况，我就感到，我们这一代，甚至我们的下一两代在佛教研究上很难超过日本。不要说近三十年来，他们出的成果比我们多得多，而且就掌握各种语言（如梵文、巴利文、藏文），我们已是望尘莫及了。④

---

① 汤一介：《佛教与中国文化》（增订本），中国人民大学出版社 2016 年版，第 1 页。
② 汤一介：《我的哲学之路（二）》，见《我们三代人》，中国大百科全书出版社 2016 年版，第 369—370 页。
③ 汤一介：《佛教与中国文化》（增订本），中国人民大学出版社 2016 年版，第 1 页。
④ 汤一介：《我的哲学之路（二）》，见《我们三代人》，中国大百科全书出版社 2016 年版，第 370 页。

只是在 1981 年，我准备为北大哲学系开设一门"魏晋玄学与佛教、道教"课和整理汤用彤先生"隋唐佛教史讲义"，才较多地读了一些佛典及有关佛教史的相关资料。①

汤先生自己也在教学实践当中对佛教进行了研究。汤用彤先生在哈佛大学从兰曼学习过梵文与巴利文，而且在支那内学院任过巴利文教师。应该说，汤先生受父亲研究佛教的影响，认为研究佛教，语言工具非常重要。汤先生说：

> 可是在我较为深入地接触佛教文献之后，我深感自己研究佛教的根底太差，很难在佛教哲学本身问题上有什么重大突破。因为我没有学过梵文和巴利文等，英文也忘得差不多了。这样的基础，如何能在佛教研究上作出可观的成绩呢？②

在《佛教与中国文化》一书增订本序言中，又说：

> 我之所以没能在佛教研究上有什么特殊的贡献，这是我在这方面没有具备可以进行深入研究的基础：一是没有系统地研读汉译的主要佛经；二是没有学习过梵文、巴利文。当然，也有外在的客观原因。③

从汤先生对自己的反思可以看出以下三点：第一，汤先生关注的重点是佛教哲学。第二，强调对汉译主要佛经的系统研读。第三，强调具有梵文、巴利文等语言工具。此处更能清晰地看出，汤先生对佛教研究的理解是深受汤用彤先生影响的。汤用彤先生的佛教研究是历史学方法与哲学方法并举，虽然历史学的方法要多一些，但由于汤用彤先生对汉译佛典颇为熟悉，因而对佛教哲学非常重视。

对自己佛学研究状况的认识，促使汤先生决定在道教方面有所作为。汤先生回忆道：

> 因此，在 80 年代初，我考虑再三，既然我在佛学研究上无法超过日本学者（甚至到现在为止，中国学者在佛学研究的成就上应该说还是落后于日本，而且也没有超过我国三、四十年代的水平），只能改变我的研究方向。当时我考虑到，也许我可以研究道教，因为道教的文献都是中

---

① 汤一介：《佛教与中国文化》（增订本），中国人民大学出版社 2016 年版，第 1 页。
② 汤一介：《佛教与中国文化》（增订本），中国人民大学出版社 2016 年版，第 1—2 页。
③ 汤一介：《佛教与中国文化》（增订本），中国人民大学出版社 2016 年版，第 1—2 页。

文，这方面我还有点优势。①

在道教研究当中，汤先生特别关注了佛道之间的关系。而就佛教研究而言，汤先生则自觉地为自己的佛教研究找到某种方向。汤先生说：

> 这样的基础，如何能在佛教研究上作出可观的成绩呢？但我又不大甘心，于是就把"佛教与中国文化"的关系作为我研究的一个方向。②

汤先生接续其父亲对中印文化交流问题的思考，也长期关注佛教进入中国之后与中国文化交流的问题。而且汤先生也在佛教与中国文化关系的视角下思考着当下中西文化交流的问题，且对中国传统文化充满了特别的自信。汤先生的佛教研究确实如他所言，是在这样一种宏观的视角之下展开的。

汤先生注意到佛教传入中国的历史与中国文化发生的关系。他从这个关系受到启发，认为比较哲学、比较宗教学的方法具有重要价值，也从中获得中国文化应对西方文明冲击的自信。汤先生将佛教传入中国明确分为以下三个阶段：

> 一、由西汉末至东晋，印度佛教开始传入中国时首先是依附于汉代的方术（又称"道术"），到魏晋又依附于魏晋玄学。③

> 二、东晋以后印度佛教在中国的广泛传播，引起了中国传统文化与外来的印度文化的矛盾和冲突，并在矛盾和冲突中推进了中国文化的发展。④

> 三、印度文化到隋唐以后逐渐为中国文化所吸收，出现了若干中国化的佛教宗派，到宋朝以后佛教则成为中国文化的一部分而融合于中国文化之中，形成了宋明理学，即新儒家学说。⑤

这样的讲法无疑受到汤用彤先生文化观的影响，而且将汤用彤先生语焉不详的地方说得特别清楚。汤用彤先生认为两种文化的交流往往采取"融合—冲突—融合"的模式。首先在最初接触的时候，更多看到相互的相通之处，后来随着交流的深入，两者的差异明显地表现出来，再后来，两种文化取长补短，又走

---

① 汤一介：《我的哲学之路（二）》，见《我们三代人》，中国大百科全书出版社 2016 年版，第 370 页。

② 汤一介：《佛教与中国文化》（增订本），中国人民大学出版社 2016 年版，第 2 页。

③ 汤一介：《佛教与中国文化》（增订本），中国人民大学出版社 2016 年版，第 3 页。

④ 汤一介：《佛教与中国文化》（增订本），中国人民大学出版社 2016 年版，第 4 页。

⑤ 汤一介：《佛教与中国文化》（增订本），中国人民大学出版社 2016 年版，第 6 页。

向融合。①

汤先生还特别得出文化双向选择的极为宏观的结论：

> 文化的发展始终存在着一个双向选择的问题。我们选择外来文化，外来文化也在选择我们。因此，我们必须全方位地吸收外来文化，同时还应积极地向外介绍和传播中国文化，促使东西方文化健康融合，以利于世界文化的发展。②

汤先生用其敏锐的目光看到文化交流当中的一些规律。这些规律有三方面：第一，每一个文化都有其特征，在文化交流当中，文化主体性要保留，即这种文化"最基本的特征就需要保存"。如果这种文化最基本的特征没有了，这种文化实际上也就是消亡了。③ 第二，一种文化必须保持敞开的胸怀，不能故步自封，要"不断吸收外来文化以滋养自己"④。第三，文化的吸收与融合不是一蹴而就的，"需要一定的时间和条件"⑤，比如印度文化融入中国文化用了上千年的时间。这些规律无疑对于当今大胆向西方学习的同时保持坚定的民族自信心具有重大启示意义。

二、佛教与儒道二教的关系

汤先生对佛教与中国传统文化的关系的研究主要体现在三教关系上，具体来说有两个方面：一个方面是玄学与佛教的关系，主要体现在他的玄学研究上；另一方面是道教与佛教的关系问题，主要体现在他的早期道教研究上。汤先生特意将此两部分内容编入其《佛教与中国文化》（增订本）的第一大部分。在晚年，汤先生特别为新成立的北京大学儒学研究院设计了研究三教关系史的课题，并且撰写了《论儒释道"三教归一"问题》一文。汤先生的三教关系研究值得专门探讨，限于篇幅，此处重点阐述汤先生对佛道关系的研究。

在1988年出版的《魏晋南北朝时期的道教》一书的最后四章（即第11至

---

① 参见汤用彤：《文化思想之冲突与调和》，《汤用彤全集》第5卷，河北人民出版社2000年版，第281页。

② 汤一介：《佛教与中国文化》（增订本），中国人民大学出版社2016年版，第9—10页。

③ 参见汤一介：《佛教与中国文化》（增订本），中国人民大学出版社2016年版，第8页。

④ 汤一介：《佛教与中国文化》（增订本），中国人民大学出版社2016年版，第8页。

⑤ 汤一介：《佛教与中国文化》（增订本），中国人民大学出版社2016年版，第9页。

14章)① 阐述有关佛道关系的四个方面问题。后来的自述中,汤先生特别看重书中佛道关系的研究:

> 《魏晋南北朝时期的道教》也许最有价值的是第十一章至第十四章,这也可能和研究哲学史与研究宗教史的学者所重视的方面不同有关吧!②

2005 年的《早期道教史》的"修订本后记"中,汤先生自认为:

> 本书注意到当时的佛道之争,大体上把当时这两教争论的主要问题勾画出来了。③

书中四章,每一章勾勒一个问题:第一,佛道先后问题,以老子化胡问题为中心;第二,生死问题,同时涉及相关的形神问题;第三,轮回问题;第四,出世问题。前面两个问题是贯彻佛道关系始终的中心问题,后面两个问题是早期佛道关系的特殊问题。汤先生认为,佛道二教在这些问题上都有较大差异甚至相互对立的看法。

第一,老子化胡是佛道关系当中非常重要而且特别有意思的话题,可以说是佛道争论的一个焦点与典型个案。从化胡说产生到《老子化胡经》的制作,一直成为佛道争论先后的焦点话题。元代佛道争论中,《化胡经》被彻底焚毁,禁止流通,从此失传。后来在敦煌遗书中发现残本的《化胡经》,中外学者对此问题进行了广泛的研究。汤先生在文章中也梳理了大量相关的史料。根据材料,汤先生得出的一些判断也是颇有意思的,比较中肯。比如,对化胡说在晋代的发展演变,汤先生指出:

> 一是在西晋时道教不仅有"老子化胡"之说,而且创造出了《老子化胡经》这样的书,用以证明佛教是出自于道教;二是西晋中叶后,佛教势力渐盛,不再能容忍道教关于"老子化胡"的说法,因而与之争辩。④

"化胡"之"化"还有教化、变化等意义。汤先生也注意到化胡说当中颇为复杂的一面:

> 原来道教徒伪造"老子化胡说",作《老子化胡经》,后来佛教徒

---

① 在《汤一介集》中,汤先生特意将此四章合并为《佛教与中国文化》的第五章,题名为"南北朝时期的佛教与道教"。

② 汤一介:《我的哲学之路(二)》,见《我们三代人》,中国大百科全书出版社 2016 年版,第375 页。

③ 汤一介:《早期道教史》,昆仑出版社 2005 年版,第 418 页。

④ 汤一介:《佛教与中国文化》(增订本),中国人民大学出版社 2016 年版,第 78 页。

又篡改道教经典，把本来是“老子化胡”的意思改为佛是老子师“化游天竺”①。

值得一提的是，汤先生关注化胡说，并非仅论化胡本身，而是围绕佛道先后问题。汤先生特别注意到《魏书·释老志》的一条材料：

> 经云：佛者，昔于西胡得道，在三十二天，为延真宫主。勇猛苦教，故其弟子皆髡形染衣，断绝人道，诸天衣服悉然。②

汤先生分析指出：

> 这里所谓“经云”当然是指某种道教经典。道教的寺院多称“宫”或“观”，“宫主”指某一“宫观”的主持者，这里说“佛”是“延真宫主”自然不会是指道教中最高级的神仙。《道教义枢》认为“仙人”的位业有三等：一三清位、二九宫位、三十转位。所以“宫主”之位在“三清位”之下。寇谦之把佛排在“宫主”之位，也就是把佛教排在道教之下。③

汤先生对《魏书释老志》所言“经云”未予推测，塚本善隆则称“此类之说，见于《老子化胡经》”④。

第二，关于佛道在生死观上的异同，汤先生指出佛道都是要“超生死，得解脱”，并归纳为“不生”与“不死”的不同：

> 佛教主张“不生”，盖有生必有死；道教主张“不死”，盖不死则永生。道教和佛教虽所持之观点不同，但都是要求解决生死问题以求得解脱而“成仙”或“成佛”⑤。

由于佛道的理论主张不同，一个主张“灵魂不死”，一个主张“肉体不死”⑥，具体的方法也不同：

> 盖佛教认为，执著虚幻的现实世界是一切苦恼的根源，解脱之道在于认识人生之虚幻而无所执著，因此要靠智慧才能达到涅槃。道教主张肉体飞升，要在炼形。形体是物质的，可以依靠物质的东西的帮助，使

---

① 汤一介：《佛教与中国文化》（增订本），中国人民大学出版社 2016 年版，第 79—80 页。

② 转引自汤一介：《佛教与中国文化》（增订本），中国人民大学出版社 2016 年版，第 83 页。

③ 汤一介：《佛教与中国文化》（增订本），中国人民大学出版社 2016 年版，第 83 页。

④ 塚本善隆：《魏书释老志研究》，台湾觉风佛教艺术文化基金会 2007 年版，第 186 页。

⑤ 汤一介：《佛教与中国文化》（增订本），中国人民大学出版社 2016 年版，第 88 页。

⑥ 参见汤一介：《佛教与中国文化》（增订本），中国人民大学出版社 2016 年版，第 89 页。

其永不败坏，以至神形不离，达到"长生不死"的目的。①

汤先生这样的比较，目的要凸显出中国文化与印度文化的差异：

> 中国思想传统确与印度思想传统有很大不同，概括地说，中国思想传统是比较注意实际的、注意现世的；而印度思想传统则是比较注意虚幻的、超世的。②

用佛道关系在生死观问题上的差异作为一个缩影来讨论中印文化上的差异，确实具有一定的代表性。

第三，"轮回"说是印度宗教的特色学说，为中国传统思想所无。《太平经》等早期道教经典则有"承负"说，与"轮回"的说法有一定的相似性。汤先生指出：

> 所谓"承负"的意思是说：行善事或做恶事的人，其本人此生或其子孙承受和负担所行善事或做恶事的报应。③

具体的承负类型，汤先生梳理了五种：后人为前人"承负"；为天地"承负"；自然界事物的"承负"；后人为前人邪说"承负"；后主为先主"承负"。同时，具体消除承负的方法亦有多种：行太平之道、读《太平经》书、养气守一、行大功德、有天师出等。

当然，道教后来吸收了佛教的"轮回"学说，汤先生认为其中的关键人物是陶弘景。汤先生根据文献指出：

> 道教经过受佛教影响的陶弘景的改造和发展，使中国原有的子孙受报的思想和佛教的来世受报的思想结合起来。④

第四，汤先生还特别分析了佛道二教在入世与出世方面的不同。早期道教承袭道教思想中身国一理的思想，即治国与养生统一的原理，积极地参与世间的活动。佛教在早期则具有较强的出世主义特点。汤先生所依据的主要文献有《老子河上公注》、《老子想尔注》、《太平经》、《抱朴子》等。汤先生看出，道教作为中国本民族宗教的鲜明特点：

> 道教作为中华民族本民族的一种宗教，它正是中国文化常和政治纠

---

① 汤一介：《佛教与中国文化》（增订本），中国人民大学出版社 2016 年版，第 94 页。

② 汤一介：《我的哲学之路（二）》，见《我们三代人》，中国大百科全书出版社 2016 年版，第 377 页。

③ 汤一介：《佛教与中国文化》（增订本），中国人民大学出版社 2016 年版，第 113 页。

④ 汤一介：《佛教与中国文化》（增订本），中国人民大学出版社 2016 年版，第 120 页。

缠在一起这一特点分不开的。①

此外，汤先生在编辑《佛教与中国文化》（增订本）一书时，特别在《禅宗及其哲学问题》一文最后增加了有关禅宗与儒道关系的比较。一般认为，作为最具中国化佛教的禅宗吸收了中国传统的儒道二家的思想，特别是道家的思想而形成。但这是一种颇为笼统的说法，具体怎么影响的，由于没有明确的证据，所以往往说不清楚。汤先生虽也持这种观点，但力图从宏观的角度并结合个别的例子予以分析。汤先生指出，心性方面的讨论主要受到儒家的影响：

> 人的道德修养的提高，成圣成贤，"上下与天地同流"的路径就在于能把其内在本性充分发挥出来。这一儒家思想传统深深地影响着中国社会和中国文化。禅宗的"明心见性"、"见性成佛"的思想路径，无论在思维模式还是思想内容上，正是从中国佛教禅宗方面接着这一思想传统的。②

与此同时，禅宗当中"顺其自然"的思想则又受到道家的影响：

> 禅宗有着一种强烈的"顺自然"的思想，这点又可以说颇受中国老庄道家的影响。③

应当说，禅宗与儒道二家思想的交涉问题是一个非常重要的研究话题，汤先生已经指出了一个大致的方向，这样的比较研究的方法与角度值得学人们继续深入研究。

三、佛学的哲学诠释

汤一介先生关于佛教亦宗教亦哲学的看法，显然承袭支那内学院一系，并受到汤用彤先生的直接影响。他认为：

> 佛教是一种宗教，同时也是一种哲学；中国佛教如华严宗、禅宗是一种宗教，同时也是一种极高的哲学。④

由此，汤先生特别关注华严宗与禅宗当中的哲学思想。关于华严宗，汤先生写

---

① 汤一介：《我的哲学之路（二）》，见《我们三代人》，中国大百科全书出版社 2016 年版，第 376 页。

② 汤一介：《佛教与中国文化》（增订本），中国人民大学出版社 2016 年版，第 193—194 页。

③ 汤一介：《佛教与中国文化》（增订本），中国人民大学出版社 2016 年版，第 195 页。

④ 汤一介：《佛教与中国文化》（增订本），中国人民大学出版社 2016 年版，第 157 页。

有《华严"十玄门"的哲学意义》一文。此文是汤先生对佛学进行哲学诠释的代表作，收入《汤一介集》第四卷时，补充了华严宗简史的内容，改题为《华严宗及其哲学问题——"十玄门"》。关于禅宗，汤先生写有《论禅宗思想中的内在性与超越性》一文，后补充了早期禅宗的历史后，改题为《禅宗及其哲学问题——"明心见性"》。还有《禅宗的觉与迷》一短文，是专门诠释禅宗中"一念觉即佛，一念迷即众生"这句话的，也比较有意思。

汤先生非常欣赏华严宗的思想，在对"十玄门"研究的同时也对华严宗判教、六相圆融提出了自己的见解。汤先生对华严宗思想的哲学诠释有以下四点值得注意：

第一，汤先生从思想之间的关联性出发，认为华严宗的判教有其特殊性。

但我们如果从一个系统论的观点看，华严的"判教"或更为严整，它表现了历史和逻辑的统一。①

我认为华严判教的意义可被注意的有二：它的判教体系是严整的，此其一也；它可以容纳其他学说，此其二也。严整而又可容纳其他各种学说正是"圆融"的特征，故华严为"圆教"应甚合理。②

华严宗"五教判"在佛教史上虽然有其光辉的价值，但却受到宗内与宗外的各种批评。特别是后代华严宗人与天台宗人之间争夺"圆教"的地位争得不可开交。与站在自己立场上的各种挑剔说法相比，汤先生的分析看到华严宗建立五教判的积极意义，令人耳目一新，是难能可贵的，实际上是从同情的角度指出了华严宗自己对"圆教"的理解。

第二，汤先生指出，华严宗的中国化特色主要体现在其思维方式上。

华严宗虽为佛教一个宗派，但从思维方式上说，它却是更为中国式的，至少可以说它必然引出或归于中国式的思维方式。③

而华严宗就其"四法界"学说看，如果我们据"理事无碍"、"事事无碍"所得出之结论，本体必须由现象来呈现，现象与现象之间因均为本体之呈现而互相呈现，则可以不必于现象界之外求超现象的世界，不必离现象以求本体，不必于个别外求一般，这样就打通了众生界与佛世界、现象

---

① 汤一介：《佛教与中国文化》（增订本），中国人民大学出版社 2016 年版，第 157 页。

② 汤一介：《佛教与中国文化》（增订本），中国人民大学出版社 2016 年版，第 158 页。

③ 汤一介：《佛教与中国文化》（增订本），中国人民大学出版社 2016 年版，第 158 页。

与本体、个别与一般之间的隔绝，而达到一种"圆融无碍"的地步。①

华严宗的思想固然是对《华严经》等佛教经典思想的总结概括，但是原来经典本身并没有明确的归纳与概括。华严宗概括出的"四法界"、"圆融无碍"等思想确实可以体现出佛教中国化的一种侧面。汤先生点出"思维方式"差异的角度值得我们继续深入研究。应当说，对比华严经的解释与华严宗宗学的差异可以鲜明地看出中国化佛教是如何形成的。

第三，对"六相圆融"的诠释，汤先生用现代哲学术语进行分析。

"总相"和"别相"是讨论"全体"和"个别"的关系。②

"同相"与"异相"从作为哲学问题来说，是讨论"同一性"与"差别性"的关系的。③

"成相"与"坏相"是讨论"现实性"与"可能性"问题的。④

华严宗的"六相"不仅是佛教自己的术语，而且也是古代哲学思想的一种表达，要对其内涵进行更为细致的分析，用现代的哲学语言对其进行重新诠释确实是很有意义的。汤先生此处所使用的哲学术语习见于马克思主义哲学当中。

第四，汤先生引入一些现代哲学术语对"十玄门"进行诠释。

一、同时具足相应门	体用互相依存之统一
三、一多相容不同门	统一性与多样性之统一
四、诸法相即自在门	差别性与多重性的统一
五、秘密隐显俱成门	构成现象与本体的排他性与共存性的统一
六、微细相容安立门	共性与个性的统一
七、因陀罗网境界门	现象与现象的相对性与互融性的统一
八、托事显法生解门	觉与不觉的相离性与相即性的统一 已知与未知的相离性与相即性的统一
九、十世隔法异成门	主体与客体的差别性与同一性的统一
十、唯心回转善成门	非无与非有的差别性与同一性的统一

---

① 汤一介：《佛教与中国文化》（增订本），中国人民大学出版社 2016 年版，第 159 页。
② 汤一介：《佛教与中国文化》（增订本），中国人民大学出版社 2016 年版，第 159 页。
③ 汤一介：《佛教与中国文化》（增订本），中国人民大学出版社 2016 年版，第 159 页。
④ 汤一介：《佛教与中国文化》（增订本），中国人民大学出版社 2016 年版，第 159 页。

这些诠释与对"六相"的诠释类似，也是来自西方哲学的一些术语，特别常见于马克思主义的哲学当中。不难看出，汤先生从总体上认为华严宗"十玄门"的思想是矛盾的对立统一规律。汤先生的诠释虽然没有更多的、细致的展开，但是这样的诠释已经是难能可贵了。

此外，汤先生还从华严思想当中看到概念之间的互补关系，这一问题更值得继续深入思考：

> 第一，一概念必有其相对应之概念而立，如有"体"必有"用"，有"统一性"必有"多样性"，有"排他性"，必有"共存性"等；第二，所有成对之概念均为互补性之概念，故在法藏思想体系中必然表现为相对应之概念才有不可相离之互补性；第三，法藏之"十玄门"只是举出十个方面的相对应的概念的相关性，但并不是说只有这十个方面的相对应的概念有相关性，而是说任何一概念都有其相对应之概念，这一对相对应之概念必是相互成立、相互补充的，这样才构成一圆融无碍之图景。①

也就是说，华严宗思想看到了不同概念之间的对立性与互补性，而且采用"十"这个数字，说明这样的不同的概念是无穷的。这其实涉及语言哲学的内容，也可以从一定意义上说，这些思想中蕴含着华严宗语言哲学的内容。

另外，饶有意味的是，汤先生运用华严宗的哲学尝试解决一些现当代的哲学问题。比如：理先或事先（先有飞机，还是先有飞机之理）：

> 如果我们从现实性和可能性两个方面同时考察，那么说"理先"（"理"存在，而"事"尚未存在）或"事先"（"事"已存在而"理"未知）都是可以成立的，也都是不能成立的。盖因"理先"是就可能性方面说的，而"事先"是就现实性方面说的。不过"可能性"（坏相）可以转化为"现实性"（成相）；同样"现实性"也可以转化为"可能性"。因此，我们可以说，由"理事无碍"的观点看，"非无与非有的差别性与同一性是统一的"②。

此外，还有主体与客体的对立、一般与个别的对立等。③ 这些哲学问题都是现当代哲学中的难题。之所以是难题，是因为这样的命题都陷入了语言二元

---

① 汤一介：《佛教与中国文化》（增订本），中国人民大学出版社 2016 年版，第 165—166 页。

② 汤一介：《佛教与中国文化》（增订本），中国人民大学出版社 2016 年版，第 166 页。

③ 参见汤一介：《佛教与中国文化》（增订本），中国人民大学出版社 2016 年版，第 167—168 页。

对立的逻辑困境当中。汤先生通过华严宗思想进行了一种哲学上的解读，而且是一种原创的解释，体现汤先生自己的思考与体会。汤先生从年轻的时候曾立志成为哲学家，但后来被迫放弃这样的想法，但是哲学思考的习惯一直没有放弃，这里对现代西方哲学某些哲学问题的解决虽然简单、更不系统，但是却体现出汤先生对哲学创新的尝试。

《论禅宗思想中的内在性与超越性》一文认为禅宗思想的内在性与超越性体现在四个方面：其一，中国禅宗不重经典、不立文字，一切自任本心。其二，中国禅宗破去陈规，废去坐禅，唯论见性成佛。其三，中国禅宗不拜偶像，呵佛骂祖，一念悟即成佛。其四，中国禅宗以"识心见性"、"见性成佛"立论。这些见解，一方面确实能够证成汤先生关于中国禅宗具有内在超越性的特点，另一方面也能够看出汤先生所追求的完全是对禅宗的客观理解。

在《禅宗的觉与迷》一文当中，汤先生理解了禅宗"心"与"性"两个概念：

> 禅宗的理论与方法可以由两个基本命题表示："明心见性"、"见性成佛"。就此可以说禅宗是一种特殊的"心性"学说。在《坛经》里，"心"和"性"的含义并没有分得太清楚，但我们仍然可以了解"（人）心"往往是指人的思维活动的主体，如说"不是风动，不是幡动，仁者心动"；而"（人）性"是人之所以为人者的本体，如说"自性常清净"①。

这里体现了汤先生对禅宗心性的理解，性还往往指人成佛的本性，即所谓佛性。但这个问题本来也如同汤先生自己后面的分析，什么是心性也当出自宗教体验。因为在禅宗看来，如果真正见性，那么就觉悟了。汤先生并指出禅宗的修行法门在于"无念"、"无相"、"无住"：

> 禅宗既然认为只要能做到"无念"、"无相"、"无住"，就可以通过"自心"的觉悟，而达到"自性常清净"的成佛境界，因此，成佛之道并不需要在日常生活之外再有什么特殊的生活，如坐禅、持戒、念经、拜佛等都无必要，做这些反而是成佛的障碍。②

在汤先生看来，觉迷的命题是在宗教经验上说的，从哲学上说，则是无真实意义的话语：

---

① 汤一介：《佛教与中国文化》（增订本），中国人民大学出版社 2016 年版，第 197 页。
② 汤一介：《佛教与中国文化》（增订本），中国人民大学出版社 2016 年版，第 199 页。

从宗教经验上说，"一念觉，即佛；一念迷，即众生"，这个命题是一种有真实意义的信仰，故它给人们以希望；从哲学思考上说，这个命题则是一种无真实意义的话语，故它并不会给人们以希望。①

汤先生文中自我嘲讽般地说自己的问题是在"迷"中的问题，这一点颇有禅宗机锋的味道。汤先生探索式地对华严宗、禅宗有关命题进行了哲学性的探索，显然烙上了汤先生自己思考的特色，这样的探索是非常有意义与价值的，无怪乎桑大鹏对《华严"十玄门"的哲学意义》一文的哲学诠释感叹道：

显然，作者站在华严学的立场对这几个现代哲学命题的思考是颇具颠覆性和震撼力的。②

汤先生自认不谙外文，于是在佛教研究当中采用了哲学诠释方法。这样的方法由上一代学者所开创，典型的如牟宗三、方东美等先生。这在汤先生那一代佛教学者身上颇为常见，典型的如傅伟勋、方立天等先生。傅伟勋先生建构了"创造的诠释学"，并将此方法自觉地运用在对佛学的现代诠释当中。方立天先生对中国传统哲学特别是中国佛教哲学进行了哲学诠释，认为佛教作为传统文化的一部分，要能广泛为现代人所了解，必须用现代哲学语言加以解释。他不仅写有《佛教哲学》这样的名著，晚年还写成了《中国佛教哲学要义》巨著。在当前年轻学者当中，在对佛学进行哲学诠释的方法越来越不占主流的今天，继承与发扬前代学者的探索成果非常重要，对于中国哲学的创构与发展无疑具有重大意义。

四、有关佛教文献的考证

汤一介先生多从哲学、文化等宏观角度审视中国传统文化，但是也表现出对考证的较大兴趣。有个别人认为汤先生不擅长文献的考证，故而对主要研究哲学的汤先生担纲《儒藏》编纂的首席专家有过微词。实际上，正是因为汤先生对文献的极度重视，才促使他在75岁高龄主持编纂《儒藏》。作为一个学术研究者，汤先生对哲学史料是非常重视的，也深知其对于学术研究的重要性。他在其《郭象与魏晋玄学》一书当中，有专门的章节梳理了研究魏晋玄学

---

① 汤一介：《佛教与中国文化》（增订本），中国人民大学出版社2016年版，第201页。

② 桑大鹏：《三种〈华严〉及其经典阐释研究》，华中师范大学出版社2007年版，第209页。

的资料，还有一个附录梳理有关郭象的生平与著作的相关资料。

金春峰先生特别注意到汤先生在考证方面的成就：

> 扎实的学术功力对创造力的产生是十分重要的，汤先生继承汤用彤先生在这方面的学术风范，其扎实的学术功力和对学术资料的详尽搜集和用力，是其每一论著的特色。他的研究遍及儒释道三个领域，每个领域皆有专著，每本专著皆有前人所未及的史料考证。如《记美国普林斯顿大学所藏〈碛砂藏〉》，《功德使考》，《〈般若波罗蜜多心经〉讲义》，《裴頠是否著有〈贵无论〉》，寇谦之生平与著作考证，等等，这是许多中国哲学史大家所未有的。其中《记美国普林斯顿大学所藏〈碛砂藏〉》，是他利用访美的短短时间所写的。当时我正在普林斯顿大学东亚系访问，常在葛斯特图书馆看书，但对这本佛经宝典却从未注意。先生能有这样大的发现，赖于辛勤扎实的研究学风。①

汤先生毕竟主要是哲学方面的学者，往往考虑的都是哲学上较为宏观的问题，写出这些文章虽然不算什么，但是确实表现出汤先生在原始文献方面扎实的学术功力，是有能力也有兴趣做这样严谨的资料考证的。有关的佛教文献的考证文章主要有三篇：《唐代的排佛思想——读〈全唐文〉札记》、《记美国普林斯顿大学所藏〈碛砂藏〉》、《功德使考——读〈资治通鉴〉札记》。② 这三篇文章实际上都是与佛教文献有关的学术札记。

读《全唐文》的札记，主要摘选了《全唐文》当中有关排佛的表、疏，并对其特点与魏晋南北朝做了比较。汤先生对魏晋南北朝的反佛问题做过研究，有题为《魏晋南北朝反佛思潮》的文章。与魏晋南北朝的反佛做比较，汤先生认为唐代排佛的主要特色在于：

> 即利用佛教的某些观点作为反对当时皇帝、权臣佞佛行为之根据。③

具体分析则归纳为三类："以佛因心成，不可外求，反对搜刮民财，营寺造像"、"以佛空寂无为，一切有为法皆去佛甚远"、"释教'以清净为基，以慈悲为主'，故当体道以利万物"。其中涉及不少佛教的基本理论，当时大臣以佛教这些理论来反对佛教。

---

① 金春峰：《"自由即创造力"——汤先生的风范》，见雷原、赵建永主编：《汤一介学记》，新华出版社2015年版，第106页。

② 佛教以外的考证文章，如《读〈世说新语〉札记》、《裴頠是否著有〈贵无论〉》等。

③ 汤一介：《佛教与中国文化》（增订本），中国人民大学出版社2016年版，第209页。

汤先生通过材料的分析，指出唐代排佛的主要特点。汤先生指出唐代反佛是用佛教的理论来反对当时帝王佞佛行为：

> 在南北朝时，各朝各代帝王、权臣佞佛者虽亦甚多，于民间信佛之风亦不逊于唐朝，但当时反对佛教的人利用佛教的某些观点反对佞佛之行为，虽有而并不多见。而唐朝则不同，查《全唐文》中，排佛之表疏几乎篇篇均有利用佛教之某些观点反对当时帝王之佞佛行为者。①

同时，唐代反佛基本上没有从哲学理学角度去批判：

> 南北朝时，反对佛教不仅就其"劳民费财"、"变夏为夷"等方面，且常从理论上加以批驳，如"神灭"、"神不灭"之争，"自然"与"因果"之辩等。而唐朝之排佛思想则几乎没有从哲学理论上去批判的。②

1990 年，汤先生在普林斯顿停留了三周左右的时间，专门去调查了普林斯顿大学葛斯德东方图书馆所藏的《碛砂藏》（以下简称"葛斯德藏本"）。汤先生的研究主要是在胡适的基础之上的进一步研究。

汉文大藏经研究当中，作为南藏的代表的《碛砂藏》是比较重要的。对之进行研究的，先后有朱庆澜的《影印宋版大藏经缘起》（《海潮音》1931 年 12 期）、蒋维乔《影印宋版碛砂藏经始末记》（《光华中月刊》，1934 年、1935 年连载）、叶恭绰《碛砂延圣院小志》（《考古》1936 年第 4 期）、李经玮《世界佛教居士林整理宋碛砂藏残余散片记》（《弘化月刊》1952 年第 132 期）、胡适《记美国普林斯顿大学的碛砂藏经原本》（《大陆杂志》1959 年第 19 卷第 10 期）、张新鹰《〈论碛砂藏〉读后》（《文物》1986 年第 9 期）、吕澂《碛砂版藏经》（《吕澂佛学论著选集》卷三，齐鲁书社 1991 年版）。③ 汤先生此文就是接续这些研究的重要论文。

民国时期国内已经影印出版过《碛砂藏》，汤先生研究后认为，普林斯顿大学所藏《碛砂藏》有一些特殊价值。汤先生勾勒了五点：（1）国内当时影印《碛砂藏》有十一卷未能访补到，其中九卷实际上可以从普林斯顿藏本中得到补充。（2）国内影印《碛砂藏》原缺多以其他刻本补充，而葛斯德藏本中有约七百卷宋刻本，且有一千六百卷元刻本，所以实际上有很多不必用其他藏本补

---

① 汤一介：《佛教与中国文化》（增订本），中国人民大学出版社 2016 年版，第 212 页。

② 汤一介：《佛教与中国文化》（增订本），中国人民大学出版社 2016 年版，第 212 页。

③ 曹忠建主编：《中国宗教研究年鉴 1996》，中国社会科学出版社 1998 年版，第 94 页。

充。（3）葛斯德藏本有些题跋似可注意。影印中有不少实际上与葛斯德藏本不同，所以葛斯德藏本不少题跋为影印本所无，并有一定价值。汤先生文章罗列了一些他所见到的题跋。（4）藏经之音义，葛斯德藏本也有一定参考价值。（5）影印本《大般若波罗蜜多经》中有不少并非碛砂原本，只有题为"三藏法师玄奘奉诏译"为碛砂原本。①

学界也多有利用汤先生此文的研究成果。例如，李富华、何梅著的《汉文佛教大藏经研究》引汤先生此文说明"仅有更字函《显密圆通成佛心要集》2卷是大德十年七月十五日刊"②，附录"《碛砂藏》宋刻版及第一至四位住持刊经目录一览表"，也有用到汤先生此文的资料。③ 屈大成《〈历代法宝记〉的护法意识》一文关注到汤先生转录的葛斯德藏本《碛砂藏》中《四十二章经》后录的唐太宗《焚经台诗》。④

在阅读《资治通鉴》有关"功德使"胡三省注语的时候，因为其中的个别字句与其来源的《新唐书》不同，汤先生认识到其中可能存在问题。于是，汤先生对相关文献进行了查证，解决了"功德使"这一官职在唐代成立、演变的大致情况。⑤ 汤先生得出以下结论：

> 开始时"功德使"不是一个常设的正式官职，而往往是为某项功德而设，初并由僧人充任。代宗朝，由于李元琮等禁军统领充任了这个职务，而渐渐代替了祠部管理僧尼的事务，但仍非正式的常设官职。由于有外官与内官分别充任的情形，所以有内外功德使之分。且此时还有由僧人充任为完成某项临时性功德任务而委任的功德使。大历十四年废止，后于贞元四年又复置。复置的"功德使"有"左右街大功德使"、"东都功德使"、"修功德使"等，为常设的"总僧尼之籍及功役"的正式

① 汤一介：《佛教与中国文化》（增订本），中国人民大学出版社2016年版，第239—247页。
② 李富华、何梅：《汉文佛教大藏经研究》，北京宗教文化出版社2003年版，第290页。
③ 参见李富华、何梅：《汉文佛教大藏经研究》，北京宗教文化出版社2003年版，第714、721页。
④ 参见周新国、李尚全主编：《扬州大学佛学论丛》第1辑，甘肃人民出版社2006年版，第142页。
⑤ 王立民主编《唐代法律与佛教》一书论及寺僧主管机构引及汤先生的考证（王立民主编：《唐代法律与佛教》，上海人民出版社2014年版，第216页）。陈金华的The Career of a "Villain Monk" from Central Asian the Court of the Central Kingdom一文也用到汤先生的考证，见龚隽主编：《汉语佛学评论》第3辑，上海古籍出版社2013年版，第327页。

官职。①

查明昊在汤先生研究的基础上作《唐五代功德使补考》一文，认为功德使的设立与道教也有一定的关系，并根据汤先生没有涉及的一些材料做了一些补充论述。②

从上面我们梳理的汤先生的佛学研究情况不难看出，汤先生在佛学研究当中运用了多种研究方法，有从中国文化角度对佛教的审视，也有对佛教具体理论或命题的哲学诠释，还有对佛教相关文献的考证。

三教关系视野下的佛教研究其实是相当困难的，因为不仅要求研究者对儒释道三教都有一个通盘的理解，同时也要求研究者不能囿于某种先入之见，要从具体的文献当中去具体分析。现代学术视野之下的三教关系研究历史已经颇为悠久，宏观的研究很多，但真正具有突破意义的研究并不多。汤先生对佛道关系的多角度研究对未来相关研究无疑具有重要借鉴价值。

至于佛学的哲学诠释，对于中国哲学的创构与研究是非常必要的。佛学当中的哲学无疑非常深刻，为很多学者所认可。然而可惜的是，佛教哲学的研究在目前中国哲学的研究中受到一定程度的忽视。这当然有更为细密的分科的问题，比如哲学学科与宗教学学科的分离，以及国学学科的兴起等。宗教学学科下的佛教研究更多关注社会学、人类学、历史学、文献学等研究方法。前代学者曾普遍重视的哲学研究方法被认为是较陈旧的方法，在年轻学者当中越来越不受重视。实际上，佛学的哲学诠释是很有意义的。海内外的很多大学者，如牟宗三、方东美、傅伟勋、方立天等都在这方面作出了较大成就，虽然汤先生成果不多，但显然也是其中的一员。

最后，佛教历史、佛教思想等的研究要建立在佛教相关文献的梳理与考证上，汤先生对这方面的重视也向我们展现了多元方法的重要性。

（作者简介：杨　浩　北京大学哲学系）

---

① 汤一介：《佛教与中国文化》（增订本），中国人民大学出版社 2016 年版，第 253 页。

② 参见查明昊：《转型中的唐五代诗僧群体》，华东师范大学出版社 2008 年版，第 218 页。

论汤一介道教研究的历史价值

邓　妍

卿希泰先生在《道教研究百年的回顾与展望》一文中说，"中国道教研究的起步是非常艰难的，老是在那里踏步不前，在整个 20 世纪里它真正迈开步子、正式展开研究的时间是很晚的，是最后 20 年的事"，这一点具体到新中国成立前，"仅仅是有些从事历史和哲学研究的学者……在从事自己专业研究的同时，附带作一些道教文化的研究，没有一个是以道教研究作为自己专业的学者"[①]。同时，由于道教的内容本来"杂而多端"且"自从原始道教的形成到神仙道教的发展，不仅各种道派孳乳很多，教义教理、科仪斋醮、方技方术等名目也是十分繁复"[②]，因此，至 80 年代早期，国内道教研究的开展仍然比较缓慢。当时最早的道教专著是卿希泰先生于 1980 年出版的《中国道教思想史纲》第一卷，主要内容是道教在汉魏两晋南北朝时期的兴起、官方化演变及其与儒、释的关系。这对于当时国内的道教研究来说的确是一大突破，但或许由于写作时间早，该书仍带有较强的政治思考痕迹。接着在 1984 年，中国社科院哲学研究所的王明先生出版了《道家和道教思想研究》，然其作为一本论文集尚缺乏理论系统性，且严格地说该书主要还是从思想史的角度研究道教。直到 1988 年由卿希泰先生主编的《中国道教史》第一卷和 1990 年任继愈先生主编的《中国道教史》[③]出版，才弥补了国内道教通史的空白，然两书皆不属专著。相比之下，当时海外的道教研究不但开展时间早，成果也较为丰富。经过几十年的发展，到 20 世纪 80 年代，"海外的道教研究非常兴盛，基本上形成了日本、法国、美国三个中心，尤以日本和法国最为突出"，"同时，德国、英国、

[①]　卿希泰：《道教研究百年的回顾与展望》，《四川大学学报》（哲学社会科学版）2006 年第 4 期。

[②]　参见《中国道教史》第一卷中王明先生所作的序言，见卿希泰主编：《中国道教史》第 1 卷，四川人民出版社 1988 年版，第 10 页。

[③]　任继愈主编：《中国道教史》，上海人民出版社 1990 年版。

荷兰、加拿大、俄国、澳大利亚等其他国家的道教研究也硕果累累"①。

　　受家学影响，汤一介先生在 20 世纪 60 年代已初涉道教研究。1961 年，汤一介根据父亲汤用彤先生《云中音诵新科之诫》的相关研究撰写成《寇谦之的著作与思想——道教史杂论之一》一文，文章以寇谦之对原始道教的改革活动为中心，对寇谦之在道教早期发展中的历史地位与贡献进行了重新评价。由此不难理解，为何 80 年代初期汤一介便成为当时国内最早恢复道教研究并发表相关论著的学者之一。1981 年，汤一介发表了《略论早期道教关于生死、神形问题的理论》②一文，这是 80 年代汤一介有关道教研究的第一篇文章。文中，汤一介率先运用比较宗教学的方法，对早期道教关于生死、神形问题的理论根据做了集中分析，并且围绕对这些问题的思考，对早期道教的发展史进一步做了深入研究，又于 1982 年发表了《论早期道教的发展》③一文，集中探讨了早期道教发展成为一种完备意义上的宗教的规律。1983 年，汤一介开始在北大讲授"早期道教史研究"专题课程，并在此基础上于 1987 年完成《魏晋南北朝时期的道教》④一书。该书作为先生唯一一部研究宗教的专著，不仅是先生此前道教研究成果的集成，更在其基础上有了更加系统而深入的推进，具有相当重要的学术与历史价值。然而，由于先生 80 年代后期的学术转向以及同时代道教通史的出版，使得学界对其道教研究成果的认识尚且很不够，因此有必要重新进行评价。

一、首开道教研究去政治化的先河

　　相比佛教、基督教研究，我国道教研究原本就基础薄弱。虽自十一届三中全会后学界开始逐渐摆脱极左思潮的影响，国家也开始从政策层面支持道教研究，但 20 世纪 80 年代初不少学者在思想上仍受唯物、唯心和教条主义的影

---

① 　陈颖飞：《近二十年海外道教研究回顾》，《中国史研究动态》2003 年第 1 期。

② 　参见汤一介：《略论早期道教关于生死、神形问题的理论》，《哲学研究》1981 年第 1 期。

③ 　参见汤一介：《论早期道教的发展》，《汤一介集》第 3 卷，中国人民大学出版社 2014 年版，第 292—318 页。原文发表于《世界宗教研究》1982 年第 4 期。

④ 　该书后来在昆仑出版社出版的《东方文化集成》中改名为《早期道教史》。为便于叙述，本文以下皆以《早期道教史》指称该书。参见汤一介：《魏晋南北朝时期的道教》，陕西师范大学出版社 1988 年版；汤一介：《早期道教史》增订本，《汤一介集》第 3 卷，中国人民大学出版社 2014 年版。

响。当时学界对哲学特别是宗教的研究与解释方式几乎都是政治化的，甚至直接将宗教的思想体系等同于唯心主义，正如汤一介先生回忆的那样："研究中国哲学史，就是要最后判定它是唯物主义还是唯心主义，如果判定它是唯心主义，它就是反动的；如果是唯物主义，那它一定就是进步的。这显然是以政治标准代替哲学思考，而且用一些教条主义的方式来加以研究。"①作为宗教的一种，对道教的研究很多时候也都陷入批判唯心主义的政治路线中，研究者们或对其正面价值避而不谈，或鲜有客观评价，更多的则是援引马克思主义宗教学的观点加以庇护。

在这样的时代背景下，自80年代初，汤一介便开始反思以往的哲学研究方法与宗教观。他认为要突破当时的困境，首要的是转变以前那种简单化的、教条化的思考方式，不再以唯物、唯心为标准剪裁中国哲学史，要用哲学史的而非思想史的方法对中国传统哲学做真正的哲学思考。他说："那时候我就有一个考虑，怎么才能使哲学研究特别是哲学史的研究突破原来的教条主义的框框？原来的说法是，哲学史就是唯物主义和唯心主义的斗争史，前者是进步的，后者是反动的。我就想，能不能把哲学史看成人的认识的发展史？既然是人的认识史的发展，不仅唯物主义会提高人的认识能力，唯心主义也可以提高人的认识能力。"②汤一介对唯心主义的重新认识，从另一个角度而言就相当于肯定宗教研究的价值，为道教研究争取合法的学术空间。1980年，汤一介在北大复开的第一门课"魏晋时期的玄学、佛教和道教"中便实践着对此前那种教条主义思维方式和研究方法的摒弃。对这门课，汤先生的学生景海峰教授认为："在上世纪80年代初，国内学术界尤其是中哲界还比较封闭僵化的状态下，这门课一开始的起点就和'左'的那一套理路表现出决然的不同。"③体现在汤一介的道教研究中，就是他要求以客观的态度，从道教特有的概念和范畴体系入手分析其理论特点。因此，他在《早期道教史》一书中所使用的不论是宗教定义、分析方法还是理论评价标准甚至文章用语，都与当时的学术氛围显得极为不同。如论及宗教本质时，汤一介选择用普列汉诺夫的宗教定义而非当时及

① 汤一介：《对中国传统哲学的哲学思考》，《汤一介集》第6卷，中国人民大学出版社2014年版，第73页。
② 金春峰：《"自由即创造力"——汤先生的风范》，见雷原、赵建永主编：《汤一介学记》，新华出版社2015年版，第102页。
③ 景海峰：《汤一介先生的学术与时代精神》，《天津日报》2015年2月16日。

此前学者们普遍引用的恩格斯在《反杜林论》中所作的宗教定义，认为宗教是一种社会意识形态，研究它既具有普遍意义又具有特殊意义；而对道教特有的概念如"道"、"气"（元气）等，他也拒绝将"唯心主义"、"唯物主义"、"辩证法"、"形而上学"等概念硬套其中。

正是以去政治化的哲学方法研究道教，汤一介形成了自己理性的宗教观。他在自己的论著中明确而大胆地肯认宗教的价值及其对人类生活（特别是心理和精神上的需求）的积极意义，对作为中国唯一本民族宗教的道教，他认为其最初的产生正是"适应了东汉末期中国本民族（主要是汉族）的社会、政治、经济、道德以及人们的心理的需要"[1]，并逐渐对中华文化的方方面面产生了重要的影响。为了扫清道教研究的思想障碍，汤一介还十分强调要区别宗教与迷信、信仰、科学，特别是不能将宗教与迷信混为一谈："并非任何迷信思想都可以称为宗教，当然宗教中总是包含着大量的迷信成分，也并不能说任何'有神论'都能称为宗教，虽然一般地说宗教也是'有神论'。宗教，特别是一种有影响的宗教，它的产生和发展必定有其社会生活、历史条件的原因。它的发展总也有着某种客观规律。"[2]他甚至对父亲汤用彤对宗教的一些说法也并不表示认同："用彤先生的《康复札记》可以说都是他的读书笔记，讨论的都是具体的问题，注意的是'史料'和'史实'，但也可以看到个别地方受到当时学术环境的影响，今天看来也不尽妥当，例如引用'宗教是人民的鸦片'之类的话，现在对此应做具体分析了。"[3]此外，他在《早期道教史》一书首章就率先为学界提出若干基本的宗教理论问题，如"宗教的本质是什么"、"人类的心理特性是否需要有一种宗教性的信仰"、"宗教和宗教性的信仰是否一回事"、"宗教信仰是否有益于社会生活"、"宗教与科学是矛盾的还是互补的"、"宗教能否现代化"等，希图借此提醒宗教学界对这些问题予以学术上的重视。

在当时政治和学术风气尚未完全转变的背景下，学者们对长期被扣上唯心主义帽子的道教研究无不是战战兢兢、小心翼翼，但汤一介先生却展现出鲜

---

[1] 汤一介：《早期道教史》增订本，《汤一介集》第3卷，中国人民大学出版社2014年版，第2页。

[2] 汤一介：《早期道教史》增订本，《汤一介集》第3卷，中国人民大学出版社2014年版，第2页。

[3] 汤一介：《汤用彤先生的治学态度》，《汤一介集》第6卷，中国人民大学出版社2014年版，第374页。原载于《万象》2009年第8期。

明的去政治化的研究态度、纯学术性的研究取向以及创新的哲学眼光，这在当时就像一阵清风吹进了哲学界，充分体现了其作为一位学者追求独立思考、求真求实、充满勇气的学术态度。这些对学界的影响不能不说是巨大的。

二、系统研究早期道教形成过程中的规律性问题

丁培仁先生曾指出，东汉早期"是道教上层化、定型化和大发展的时期，国际汉学界和宗教研究者对此期道教史研究历来十分重视。相比之下，在我国则是一个薄弱环节"[①]。受家学影响，汤一介对汉魏两晋南北朝时期的历史相当熟稔，其道教研究也主要集中在这一时期。但与当时其他研究者不同的是，汤一介十分注重挖掘早期道教在形成与发展过程中的历史条件、内在规律及矛盾问题，因而他能够从整体上把握道教早期发展中的规律性特征，其研究成果也更加具有系统性。

关于早期道教的产生，学界大都认可是在东汉顺帝以后开始兴起，但为何偏偏是在顺帝之后而不是之前或当时呢？对此，汤一介经过认真考察，认为这必然与当时的社会历史条件密切相关。他在《论早期道教的发展》一文中指出，道教之所以在东汉末以前没有产生，而是在东汉顺帝以后产生，是因为这一时期为道教的产生提供了诸多适宜的社会政治和思想条件，如顺帝之后政治腐败，社会、经济、精神、道德等各方面开始普遍瓦解，道教由此获得了产生的客观条件，再加上当时的农民起义多利用巫术、迷信和信仰等作为组织群众的纽带，这就为道教产生提供了广泛的群众基础。此外，汉末儒家思想衰落、佛教传入，又为道教的产生提供了思想条件。具备了以上这些条件，道教才有了兴起、发展和壮大的可能。可见，顺帝时期是当时社会环境发生重大变化的一个分水岭，也是道教兴起的一个标志。

通过对其后南北朝时期道教发展史的研究，汤一介认为早期道教的形成最终是经过长达两三百年的时间才完成的，因为他认为完整意义上的宗教应该有其宗教理论、固定的教规教化、经典系统、超人的神仙谱系和传授历史等，而道教正是经过早期两三百年的发展，逐步具备了这些特征，才最终成为一个完备意义上的宗教。具体而言，他认为从东晋起到梁陈止，早期道教建立了教

---

① 丁培仁：《1996—2000 年国内道教研究成果综述》，《社会科学研究》2002 年第 1 期。

会组织并对其进行整顿，葛洪为道教建立和完善了作为宗教教义的理论体系，寇谦之则为道教建立了比较完备的教规教仪，陆修静为道教编纂经典目录，陶弘景又为道教创立神仙谱系和传授历史的发展过程，道教从而成为一完备的宗教。值得指出的是，在汤一介之前或当时，学界早已认识到如葛洪、寇谦之、陆修静等道教人物在道教创立和发展过程中的作用与影响，但这些人物之间却始终缺乏一条线将之贯通起来。汤一介则以"完整意义上的、有影响的宗教团体"为标准对这些人物横跨的道教历史进行考察，这就令我们对早期道教史的认识不再是此前那种碎片化的了。他还同时强调，道教的这样一个发展过程可以说也是一般意义上的宗教发展规律，这就使早期道教的发展规律具有了普遍性意义。

正是由于早期道教的产生和发展经历了较长的时间，其中各种关系与人为动机错综复杂，因此在研究中可能会遇到不少前后矛盾、难以解释，甚至看起来不符合"规律"的情况。对此，汤一介特别强调要在面对矛盾、解决矛盾的过程中去认识规律，以此推动道教史的研究。他说："现在中国哲学史的研究似乎有一个问题，即阐述某一哲学家的思想往往设法把其思想体系说成是没有矛盾的，我认为这是不符合实际的。历史上的哲学家的哲学思想中都会包含着某些矛盾，或者说存在着他们没有解决的问题，这样才有哲学的发展……其发展的过程就是在不断地解决着矛盾的过程。"[1] 因此，他在分析道教人物的思想或道教经典中的概念时，对其中的矛盾之处甚至特别注意，往往先加以细心的思考，再予以合理的解释，如对葛洪《抱朴子内篇》中"成仙如何可能"的问题，他就直接指出了其思想上的矛盾之处，并且认为这种矛盾恰恰反映了道教人物在当时历史条件下认识上的局限性，体现了道教这种注重经验的宗教在理论上与其他宗教或学派不同的特点，而这也不能不说是作为本民族宗教的道教在早期发展过程中的一个特殊的规律性特征。

三、全面认识早期道教的理论来源及其发展转向

早期道教在产生和发展过程中，吸收了不少其他宗教与学派的理论，最

---

① 深圳大学文学院编：《积薪集：深圳大学建校二十周年文学院学术文选》，北京大学出版社2003年版，第20页。

广为人知的便是对道家思想的吸收与利用。对此，汤一介认为早期道教不仅与道家思想有着密切的关系，与早期民间信仰也有联系，同时还大量吸收了儒家、佛教的思想，至唐初成玄英等又吸收了佛教三论宗的学说而使道教产生了心性学转向，为内丹派的产生提供了理论基础。但在这诸多的理论来源中，汤一介认为道家思想始终占据主要地位。

汤一介十分重视早期道教在理论上对老庄道家的继承和发挥，认为"道教在思想文化上是道家思想宗教化的继承和发挥"①，同时论证了原始道教经典《老子想尔注》与《老子河上公注》两书都属于站在道教的立场来解释和改造《老子》的作品，并勘定前者与葛洪一系有关，后者则为西蜀汉中张鲁一派所述。其中，《老子想尔注》将《老子》书中"道"这一以"自然无为"为主旨的概念，从"精神性实体的意义转化为'人格神'"②，如此便将"道"的概念人格化、宗教化和神秘化，这是道家思想走向宗教化的一个象征；《老子河上公注》则特别强调"治国"的思想，将"治身"与"治国"并列为道教的基本要求。这样，原始道教思想与道家思想之间的联系便有了一具体论证。

除道家思想外，汤一介还注意到早期道教与民间信仰之间存在着密切关系，特别是对黄老道和方仙道与早期道派之间的联系做了具体考证。其中，"黄老道"是由汉初的黄老学发展到东汉初并与当时流行的神仙养生学说相结合而成，具有较为明显的宗教性；方仙道则流行于靠近东海的齐鲁地区。经过详细考证，汤一介认为最早产生的两支原始道教，即顺帝时张陵的"五斗米道"和灵帝时张角的"太平道"，前者或因张陵入蜀前的住地近东海而与"方仙道"有深厚渊源，后者则因《后汉书·皇甫嵩》等记载张角曾自称事奉黄老道而或与其有密切关系。汤一介的这一观点对厘清原始道教的思想来源具有重要的意义。

从20世纪30年代傅勤家先生的《中国道教史》开始，学界谈佛道关系多，谈儒道关系少，尤其是儒家与道教之间在思想上的联系鲜有触及。对此，汤一介认为从早期道教的思想特征和理论旨趣来看，其与儒家的社会政治理论

---

① 汤一介：《〈道家文化研究丛书〉总序》，《汤一介集》第8卷，中国人民大学出版社2014年版，第114页。该文作于1999年7月8日，原收入《道家文化研究丛书》，上海文化出版社2001年版。

② 汤一介：《早期道教史》增订本，《汤一介集》第3卷，中国人民大学出版社2014年版，第87—88页。

其实是有着不可分割的关系的，尤其是原始道教经典《太平经》，不但吸收了儒家"天地人三合一致太平"等思想，更以"兴国广嗣"之术为主旨之一，这一点明显体现了儒家关心现实和政治的思想特征。可见，道教虽作为宗教，其不同于佛教或西方基督教的入世倾向或许正来自于儒家思想的影响。

此外，汤一介还是较早注意到道教理论在唐朝向心性学转向的。至 20 世纪 80 年代，有关儒家、禅宗的心性学说已有不少研究成果，"但对宋明以来道教的心性学说却很少有人研究"[1]。对此，他在《论魏晋玄学与初唐重玄学》一文中首次提出了道家（教）发展的三阶段论和道教的理论转向问题。他说："如果我们把先秦道家看成是道家思想的第一期发展，把魏晋玄学看做道家思想的第二期发展，那么我们能否说初唐重玄学为道家思想发展的一个新阶段呢？如果说中国本民族的宗教道教在初唐以前还没有较为系统和完善的道教哲学理论，那么能否说重玄学是道教的一种较为系统和完善的哲学理论，并为后来的内丹心性学奠定了基础呢？"[2] 他指出，南北朝时期的道教学者们的著作已多释"重玄"，作者不详的《玄门大论》早于《本际经》则用精、气、神三者合一说"重玄之道"，由此开始将道教"三一为宗"的思想与"重玄"思想相结合，并对成玄英、李荣的"重玄学"产生了直接的影响。更为重要的是，成玄英的"重玄学"不仅是一种由本体论引向心性论的哲学，还是一种宗教哲学（道教哲学），其引入"气"的概念，为道教追求的"长生不死"做了理论上的论证。汤一介由此得出结论，认为成玄英等道教徒所建立的"重玄学"，是"在魏晋玄学的基础上吸收当时在中国有影响的佛教般若学和涅槃佛性学以及南北朝道教理论所建立的新的道家（道教）学说"[3]，它使得道教理论体系变得更为精细化和系统化。但"重玄学"作为一种新的道教理论出现，还必须为信教者提供相应的修持方法，汤一介认为这正是唐宋以后的"内丹心性学"逐渐发展起来的原因。

---

[1] 汤一介：《张广保〈金元全真道内丹心性学〉序》，《汤一介集》第 8 卷，中国人民大学出版社 2014 年版，第 64 页。该文作于 1992 年 12 月 7 日，原收入张广保：《金元全真道内丹心性学》，生活·读书·新知三联书店 1995 年版。

[2] 深圳大学文学院编：《积薪集：深圳大学建校二十周年文学院学术文选》，北京大学出版社 2003 年版，第 13 页。

[3] 深圳大学文学院编：《积薪集：深圳大学建校二十周年文学院学术文选》，北京大学出版社 2003 年版，第 26 页。

汤一介认为，道教心性学的转向和内丹心性学的产生，恰是道教思想从唐末到宋明发展的特有形式，但就其思想本质和理论特点而言却仍然是"道家思想宗教化"的发展，可见"道教的思想理论是和道家的思想理论分不开的"①。通过全面评价早期道教的理论来源及其后向心性学的发展转向，道教与道家思想理论之间的关系也由此得到了更加清晰的说明。

四、推进道教早期经典《太平经》的研究

汤一介曾明确提出研究道教经典至少有四难："第一难是道教经典大都没有经过整理，研究它得先做大量的校点工作，然而可供校勘的参考材料不仅少，而且杂乱；第二难是道教经典往往很难确定是什么时代由谁编撰的作品，而且一部作品又常被后人增删，妄加篡改，致使很难复其原貌；第三难是在中国的著作中各种名物、概念、命题常有多种含义，且模糊不清，道教尤甚，因此要做大量厘正的工作，才有可能知其意；第四难是道教作为一种宗教，它是一种信仰，宗教信仰免不了有其神秘性，而对研究者说如何透过其神秘性来把握其理论（或实践）的意义，是相当困难的。"②特别是第四难，可谓是道教经典研究中的一大特点与难点。基于此四难，汤一介在研究中非常注重道教经典特别是早期经典《太平经》的研究。

在前人研究的基础上，汤一介着重论证了《太平经》在东汉末期的成书经历及后来的传承历史。他认为《太平经》一百多卷的形成过程，除最初联系道家思想，更重要的是后来从帛和传到于吉、于吉传宫崇、宫崇传襄楷所经历的不断扩充的过程，更由于此不断扩充的过程，在历史发展过程中就出现了多种卷本的《太平经》。其中，汤一介十分关注隋唐时期出现的一百四十四卷的《太平洞极经》。对于其与《太平经》之间的关系，在陈撄宁先生看法（陈先生认为二经差别本不大，不过《太平洞极经》因卷数较少一些，因此在流传过程中渐渐归于自然淘汰）的基础上，汤一介根据《道教义枢》和今本《太平经》

---

① 汤一介：《〈道家文化研究丛书〉总序》，《汤一介集》第8卷，中国人民大学出版社2014年版，第115页。

② 汤一介：《王宗昱〈道教义枢〉序》，《汤一介集》第8卷，中国人民大学出版社2014年版，第117页。该文作于2000年8月18日，原收入王宗昱：《〈道教义枢〉研究》，上海文化出版社2001年版。

卷四十一《件古文名书诀》中"其为道乃拘校天地开辟以来,天文地文人文神文皆撰简得其善者,以为洞极之经"① 等的说法,认为《太平洞极经》实际上就是《太平经》中天地开辟以来的"天文"、"地文"、"人文"、"神文"中的精华部分,由此论证了《太平洞极经》应是今本《太平经》的一个本子。汤一介的这个看法在勘定其他一些卷本《太平经》时也是适用的。

针对 20 世纪 80 年代学界对《太平经》的一些说法,汤一介也提出了不少富有新意的看法。如当时有的学者认为《太平经》中含有大量的儒家思想,因此怀疑其基本上属于儒家。但汤一介认为,《太平经》中虽包含不少汉朝时期的儒家思想,但从时代背景来看,儒家毕竟还是当时占统治地位的思想,《太平经》不可避免会受其影响。同时,当时的儒家思想实际上早已与阴阳五行思想相混合,与神仙家思想便也有莫大的关系,因此其所谓的《太平经》中掺杂的大量儒家思想早已不是纯粹的儒家思想。更为重要的是,《太平经》中仍然包含着大量有关"长生久视"、"养生成仙"的思想内容,而这些绝不是儒家思想的特点,因此他认为可以认定《太平经》仍然属于道教的基本思想。除此之外,当时还有一些学者认为《太平经》中包含"民本"思想,如当时卿希泰先生就认为《太平经》有要求人人都要劳动、提倡劳动致富、互助互爱等思想,因此主张《太平经》中有部分思想"反映了当时农民群众的要求和愿望"② 。对此,汤一介并不认可。他认为《太平经》包含的思想虽然杂乱,但其从总体上来说并不是反映劳动农民的要求,而是一部"应帝王"的书,其核心还是"长生久视"及"兴国广嗣"之术,这种观点在当时是比较新颖的。此外,他还提出《太平经》在产生之初与佛教之间的关系复杂,认为《太平经》初始已经受到佛教影响,然其在吸收佛教思想的同时又包含着排佛的思想趋向。例如他认为《太平经》之所以特别突出"守一"的观念,正是与当时流行的佛教小乘禅法有关,因为小乘禅法认为人的烦恼源自于人心的种种活动,故多讲"安般守意",要修养心性就必须"守意",而"守意"即"安般";但同时《太平经》中的《天咎四人辱道诫》又批评了"四毁之行",这又明显是针对佛教的,有排佛的倾向。可以看出,汤一介提出的这些有关《太平经》的新观点,是建立

---

① 汤一介:《早期道教史》增订本,《汤一介集》第 3 卷,中国人民大学出版社 2014 年版,第 25 页。

② 卿希泰:《中国道教思想史纲》第 1 卷,四川人民出版社 1980 年版,第 121 页。

在他对《太平经》成书历史的认真研究，特别是对其中如"气"、"道"等重要概念和驳杂的思想内容的认真分析的基础上的，这些工作都大大加深了当时学界对《太平经》的认识。

五、率先恢复运用比较哲学与比较宗教学的研究方法

比较哲学与比较宗教学的研究方法是汤一介在道教研究中使用最多也最重视的方法之一。20 世纪 30 年代，著名学者许地山是国内第一位学习、研究并运用比较宗教学方法的，但随着政治局势的变化以及后来国内学术气氛的转变，这一研究方法在 80 年代之前已所见不多。

80 年代初，汤一介在北大开设的"魏晋玄学"专题课中便强调，要"通过对外来思想文化与本土文明之关系的揭示，加深了解中国文化自身的特点……开展比较哲学和比较宗教学的研究"[1]。他认为，道教要成为一种完备意义上的宗教，意味着必定要有不同于其他宗教的特点，特别是道教哲学作为一种宗教哲学必然有着自己明显的特点，而这种特点只能在和其他宗教对比中加以揭示。这一点反映在道教研究上，则是运用对比哲学与对比宗教学研究方法，将道教的特点、发展规律以及道教作为宗教的一般规律显现出来。在《略论早期道教关于生死、神形问题的理论》一文中，汤一介便运用这一方法对早期道教关于生死、神形问题的理论根据做了详细分析。他以佛教为参照对象，认为佛道二教虽然对生死问题的观点不同，但作为一种宗教，都要解决生死问题以求解脱。相比之下，佛教认为人生的痛苦在于"有生"，超脱轮回才能脱离苦海并获得解脱，而道教解决生死问题、解脱成仙则是以"长生不死"为主要目的。故在神形问题上，佛教主张神形相离（神形二本）以获得解脱，而道教则注重身体修炼，追求肉体成仙、灵魂常驻。同时，基于佛道二教对"生"这一问题的不同看法，汤一介还进一步将道教的"承负"说与佛教的"轮回"说进行比较，认为佛教是一种有来世的宗教，而道教则认为"生"和"死"是天地间的正常法则，人死后不能再生。这就不仅体现了道教与佛教在根本教义上的不同，也突出了道教在理论和修持方法等方面的明显差异，对于深化理解

---

[1] 景海峰：《事不避难，义不逃责：汤一介对新时期中国哲学的贡献》，《汤一介集》第 10 卷，中国人民大学出版社 2014 年版，第 458 页。

早期道教的理论特点及其作为民族宗教的特征极有帮助，对早期佛教传入中国的历史过程与理论发展也有了更深入的理解。

此外，汤一介还将早期道教的发展同基督教的早期发展进行对比研究。如在谈到"五斗米道"和"太平道"这两支原始道教的早期发展情况时，他正是通过援引恩格斯在《论原始基督教史》中对早期基督徒的来源及其心理特征的描述，从中得到方法论上的启发，而得出原始道教的这两支定与当时的农民起义有密切关系这一结论。

通过比较哲学与比较宗教学研究，汤一介认为不但可以凸显道教的特点，还可以由此"了解中华民族的民族文化、民族心理和思维方式的特色"，同时反过来还能看出"道教之所以没有能成为世界性的宗教，主要是由于它作为一种宗教，其理论和实践都有很大缺陷，且带有过于强烈的民族特色"①。总之，汤一介倡导的比较哲学和比较宗教学的方法为当时道教、佛教甚至基督教的研究都开辟了新的思路。

正是由于汤一介先生的道教研究开展时间早、视野多元，其在研究过程中又务求去政治化、保持价值无涉，并以系统而全面的视角研究早期道教发展过程中的规律性问题，提出了不少与时论不同的新观点，所以称先生为那一"大变革时代思想转型的探索者"②的确是不为过的。不过，先生的道教研究也存在一些问题，如在 20 世纪 80 年代以前还是显现出唯物、唯心的痕迹，且因其道教研究范围多局限在魏晋南北朝时期，其他时期研究相对不多，故研究成果的影响范围有所受限。

自 80 年代后期起，汤一介逐渐转向儒学与中国文化等方面的研究，但仍始终关注着道教研究在学界的进展。先生不但陆续为不少道教专著与论文集撰写序言，还发起召开了两届甚有影响的国际道家与道教研究的学术会议，与陈鼓应先生合力创办国际道联，组织撰写"道家文化研究丛书"等。此外，汤一介先生还是较早呼吁恢复国内宗教研究和教学的学者之一。他曾在后来的一次媒体采访中提到："80 年代后期，我在海内外同其他一些学者一起积极呼吁应

---

① 汤一介：《早期道教史》增订本，《汤一介集》第 3 卷，中国人民大学出版社 2014 年版，第 14 页。

② 景海峰：《汤一介先生的学术与时代精神》，《天津日报》2015 年 2 月 16 日。

尽快在国内一些重点大学成立宗教学系，认为如果大陆的大学如果再不着手积极从事宗教方面的研究教学就迟了。"① 先生亦亲自培养道教研究方向的博士生，为研究道教的科研队伍培养了大批优秀的青年学者，切实推动了道教研究在新世纪的持续开展。

（作者简介：邓　妍　武汉大学哲学学院）

---

① 李素平：《用宽容、明智、理性的学术视角研究宗教——访北京大学著名教授汤一介先生》，《汤一介集》第 10 卷，中国人民大学出版社 2014 年版，第 125 页。原载《中国宗教》2005年第 4 期。

汤一介中西学术对话思想中的
西方思想元素及其对西方思想的态度

高中理

汤一介先生毕生为中国传统文化的旧邦新命，在学术和文化领域奋力耕耘，直到生命最后一息。他承接家学，出入中西思想文化与学术，在 20 世纪 80 年代以来中国经济快速融入全球化、中国社会与文化较为全面地融入世界之时，他以其对中西社会与文化的认知与深度体验，成为一脉相承的中国文化与中国精神面向世界的标签。他的中西文化对话的实践或者说会通中西的努力，可以说是全球化时代的中国文化承上启下的新阐释的一个标本。他的思想观点、方法和立场以及对中西文化资源的挖掘运用，可以说是中国文化发展取向上的一个风向标，对于中国文化向何处发展、中西文明更加智慧地相处、中国社会的现代文化精神面貌的建设，都具有重要的借鉴意义。

在 20、21 世纪这样一个波澜壮阔的全球化时代，从一个兼通中西学术世家子弟、有着追求自由的革命激情和革命浪漫主义理想的文学青年、哲学爱好者，到哲学系学习中西哲学与文化的大学生，再到中年作为中西文化对话交流研究重镇的北京大学学术团队的领军者，再到晚年提出返本开新以及全球文化发展的新轴心时代，汤一介的一生与中西文化交流紧密联系在一起。在他的学术中，他是怎样地吸收中西文化资源的？中西文化元素如何影响了他的主张与学术研究？就返本开新而言，返本的过程从传统里到底挖掘了什么，又用什么态度对待传统文化与西方文化等外来文化？汤用彤、汤一介一脉相传的家学渊源，汤一介与夫人（中文系的乐黛云教授）如未名湖畔的两只小鸟比翼齐飞，汤一介对古代文史哲典籍与传统思想思维方式均有相当深度和广度的了解，毕生从事中国哲学与文化的现代性资源的挖掘与创新阐释，等等，这些事实广为人知，毋庸赘述。本文主要从 20 世纪 80 年代中国改革开放以来，汤一介关于中西文化对话的思想中所参照或者吸收的西方思想元素及其对待西方思想的态度，一窥门径。

一、汤一介中西学术对话实例及主要观点

"文革"后，经历拨乱反正，在面向西方社会与西方文化的经济全球化背景下，汤一介先生率先开始对中国哲学的内在逻辑和文化发展走向开展学术文化研究。可以说，这些研究，大多是在中西对话的框架下展开的，有鲜明的西方哲学与西方文化的参照系和清醒的中西对话意识。

汤一介先生浸润于国学世家，中国传统修养深厚，他的中国哲学与文化研究，当然是内在于中国思想的研究。但是，在汤一介与西方思想界学术界对话中，他所表达的中国思想，有些则是受到西学触动或者启发，或者是对西方思想中提出的有意义的问题的回应。运用来自中西文化双方面的资源，他有一系列中西对话的作品。对中国哲学的新的诠释，也是对标西方哲学来挖掘了中国哲学的范畴体系。

1983 年，在蒙特利尔召开的世界哲学大会上，汤一介做了"儒家哲学第三期发展可能性的探讨"的演讲，引起热烈反响。后来此次演讲内容补充，以《论中国传统哲学中的真善美问题》发表，把中国哲学思想与西方思想共同对真善美的追求进行对照，并且在真善美问题的追求方面接通，阐述中国哲学追求的现代意义。1987 年，香港中文大学"儒家与基督教对话国际讨论会"上，汤一介提交论文《论儒家哲学中的内在性与超越性问题》，对照西方思想中外在超越的方法，提出中国哲学的内在超越的思想方法特质。进入 90 年代，西方解释学被用来解释中国的哲学、宗教、文学、艺术等，汤一介思考中国历史上长期解释经典的历史中独特的解释学理论与方法资源，写了三篇论创建中国解释学的论文。

在《论中国传统哲学范畴体系的诸问题》[①]一文中，汤一介提出了中国哲学主要是围绕追求人生境界问题和天人关系、知行关系等方面一系列概念组成的特色范畴体系。如围绕"天"、"人"关系的一组概念，包括"天"与"人"、"自然"与"名教"、"天理"与"人欲"；围绕"知""行"关系的一组概念，

---

① 汤一介：《论中国传统哲学范畴体系的诸问题》，《中国社会科学》1981 年第 5 期。

包括"良知"、"良能","已发"、"未发";围绕"情""景"交融的"虚"与"实"、"言"与"意"之辩;等等。就是回应西方哲学的观点——中国哲学似乎没有一套鲜明清晰的问题体系和严谨的概念、理论体系,像亚里士多德讨论范畴、康德讨论认识论——而讨论的。在1983年加拿大蒙特利尔召开的世界哲学大会上,汤一介在题为"儒家哲学第三期发展可能性的探讨"的大会演讲中,在上述三组概念基础上提出了"天人合一"、"知行合一"、"情景合一"三个理论命题,这也是面向西方,以仿照西方哲学的研究方法和范式来向西方解释中国传统哲学,并且发掘中国传统文化可以为世界文化贡献力量的资源。

后来在《在西方哲学冲击下的中国现代哲学》、《否定普世价值无法建设现代社会》、《会通中西古今之学,创返本开新之路》等文中,汤一介先生陆续讨论了中西文化与学术的对话交流与发展问题,主张经济全球化背景下,人类文明、各民族文化应该多元化共存发展。在文明的冲突争论中,针对亨廷顿的说法,汤一介先生提出了文明多元共存,共同发展,发出了中国智慧的声音。汤一介先生把文明价值作为终极追求,与亨廷顿等人的现实的帝国的取向之间,体现了长期与短期的区别。

《瞩望新轴心时代》是汤一介先生探讨中国哲学的现代化、儒学第三期发展等问题之新作,标举返本开新,指出中华文明的复兴之路在于紧紧抓住当今中西文明对话、相互激荡的契机,反思、自省自身传统,打通中西古今,海纳百川,为在新时期中华民族的伟大复兴寻求哲学依据。

二、汤一介中西学术对话的西方社会文化的感性认识基础

汤一介一家三代人的西方生活经历以及汤一介与定居美国的儿孙的思想与生活交流,汤一介早年学习兴趣及改革开放以来向西方求真理的学术交流活动,解释了汤一介对西方社会与西方文化均有相当程度的感性认识及理性认知。同时,从《论中国传统哲学范畴体系》、《中国哲学中的真善美问题》、《内在超越与外在超越》等一系列逻辑一致的学术文化论著中可以获得直接证据,来探讨汤一介瞩望新轴心时代思想中的西方学术思想资源、中西文化比较的视野及其对中西学术对话与比较研究的思想方法。

汤一介先生中西文化家学渊源深厚,从父亲汤用彤到一双儿女,其三代人均有西方生活经历。汤一介早年大学时代的学习经历,改革开放后与西方学

者、西方社会的广泛的接触，以及与西方学术界、文化界持续的广泛的学术交流与学术对话，都表明汤一介对社会、西方哲学与文化有相当深入的了解。

汤用彤先生 1912 年考入清华学校开始接受中西文化教育，1918 年赴美求学 5 年，1922 年回国后与胡适、吴宓等一批兼具中西教育背景的学者共事，西方生活习惯与文化对其影响颇深。他对英语的侦探小说兴趣颇深，甚至于他更相信西医药而非中医药。时隔多年，汤一介回忆起父亲所给予的"身教"：1948—1949 年，他听过父亲的两门课——《欧洲大陆理性主义》和《英国经验主义》。父亲教这两课已经二十多年了，但他每次上课前都要认真准备，重新写讲课提纲，把一些有关的英文著作拿出来再看看。当时他担任北大的行政领导工作，只能晚上备课到深夜。他讲课，全都是根据原书所讲的内容，几乎每句话都可以在原著中找到依据。

在北京大学哲学系读书期间，汤一介重视西方哲学的学习，他选修了一些西方哲学与西方文化的课程——北大选课制度比较自由，汤一介不仅可以选修哲学系的课还可以选修其他系的课。梁思成时任清华大学教授，他在北大开了一门"中国建筑史"的课，汤一介也慕名选修了他的课。此外，西语系开设"英国文学史"的俞大缜教授，哲学系开设"数理逻辑"、"演绎科学方法论"的胡世华教授，国学系开设"欧洲文学名著选读"的杨振声先生，汤一介都曾获得过教益。

改革开放后，汤一介先生到海外学术交流与讲学机会较多，夫人乐黛云研究比较文学，精通中英文与中西文学。汤一介乐黛云夫妇后来有较多机会到北美和西欧从事研究，对西方社会和西方文化有多方面的直接的体验。汤一介一双儿女 20 世纪 80 年代改革开放后，到美国求学，后定居美国。汤一介先生在儿女家小住，与儿孙两代人的交流，也有助于深入了解美国现代社会。汤一介先生与儿子汤双分别记录了一些汤先生与定居美国的儿孙之间关于中西思想与生活方式的交流，特别是关于物理学、哲学问题的讨论。

汤先生对西方社会与西方文化有深切的感性认识，对中国古代文史哲典籍与传统思想思维方式有相当深度和广度的了解。因此，他对中国与西方社会的深刻理解，构成了他全球文化视野下中西文化对话的感性基础。研究生们及北京大学的同事都感受到汤先生中西合璧的人格特质。

三、汤一介关于中西文化比较研究及
文化关系的态度、原则与方法

汤一介的中国哲学与文化研究阐释，是在西方哲学与西方文化映照下的针对当代问题的表述。他赞成中西文化交流与比较的思想方法、赞成文化交流有益的观点，也是来自于中西文化两方面的资源。

中国传统儒道文化均有和而不同的思想，汤一介先生很认同这种开放的文化价值取向，主张包括中西文化在内的多元文化充分对话交流融合，在此基础上融合创新，开创世界文明的新轴心时代。汤一介以其对儒释道文化较为深入的了解，在中西文化对话中，激活运用全部中国文化资源，去和西方思想格义，去和西方文化对话。他的开放的态度，包括在中国文化内部的开放，也包括面向西方文明，还有面向当代世界与中国的发展实践的开放。

在《中国哲学范畴诸问题》、《郭象与魏晋玄学》中提出的"天人关系"、"知行关系"、"情景交融"三个系列的范畴体系，以及《论中国哲学的真善美问题》等文中所提出的"天人合一"、"知行合一"、"情景合一"三个理论命题，正是回应西方文化对中国社会的挑战，在西方哲学对中国哲学与文化的启发基础上，总结出了中国哲学的特点、概念体系和命题体系、理论体系，以西方所熟悉的范式阐述了中国哲学的特殊性及其普世价值。这使得国内外学者对汤一介所阐述的中国文化及其中西文化对话耳目一新，因而受到了热烈的欢迎。

汤一介以儒道融合发展以及经过一千年左右时间消化吸收印度佛教而创新产生中国特色的大乘佛教及宋明理学的例子，阐述文化交流对话对中国文化绵延不绝发展的影响。亨廷顿从国际政治的视角，提出了影响一时的"文明冲突论"。汤一介则在哲学层次回应"文明冲突论"，介绍了中国传统的和而不同的文化开放的思想原则，以及中国历史上吸收外来文化后共同发展出了新文化的例子，系统地阐述世界文明应该多样化、多元化发展，相互交流对话，取长补短，在相互融合的基础上创新，实现共同发展。《评亨廷顿〈文明的冲突?〉》一文向世界解释了根植于中国传统思想和历史的并且与美国学者不同的哲学思想，也向世界介绍了中国历史和中国的态度。对于中国文明、西方文明及伊斯兰文明更好地和平共处，从而共创世界多元化发展的新文明以及世界和平发展具有重要理论意义，特别是对于中西文化和谐共存以及中美两个大国的和平共处互利共赢发展具有极强的现实意义。

中西学术与文化的对话交流，应该在西方学术思想方法与中国文化传统两者中汲取资源。关于对话的方法论、必要性来源，也不仅仅来自传统，而是包含了西方思想中相应的资源。比如在论证中西对话有益的主张中，除了引用中国社会与文化发展的历史经验，汤一介还引述罗素访问中国后所写的"中西文化比较"中提出的观点：不同文化之间的交流过去已多次证明是人类文明发展的里程碑，希腊学习埃及，罗马借鉴希腊，阿拉伯参照罗马帝国，中世纪的欧洲又模仿阿拉伯，而文艺复兴时期的欧洲则仿效拜占庭帝国。

汤一介先生对中国传统哲学文化思想的返本的研究中，其实是在西方文化映照下的反思过程，伴随着对西方文化提出的问题与采用的方法的借鉴。在这个持续一生的研究过程中，汤一介先生对西方思想一直是保持了开放包容的态度，认为返本与开新，都要开放包容、学习借鉴，都离不开对西方文化元素的吸收。

四、中西对话与返本开新

汤一介并不疏离于西方思想来进行中西对话，他并不是脱离全球化时代、脱离中国社会、脱离西方思想来自说自话，单方面地返回中国传统思想。汤一介返本开新的思想，在包含中西文化内容基础之上有着自己的内涵，返本是为了开新，是要在学习借鉴吸收世界优秀文化元素资源的基础上，服务于中国社会现代化与中国文化的现代化。

在中国经历了漫长的封建专制主义之后，汤一介先生曾经谈到他有一个疑问：古代传统思想中好的东西，在过去的封建专制下，是否在历史上真实地存在过？到底能够实现多少？特别是在亲身经历了"文化大革命"十年浩劫之后，在种种相形见绌的社会现实面前，他对片面的封闭的文化取向怀有警惕。他认为，中国哲学普遍和谐的本体论和发展理念，只有在科学技术发展、经济繁荣和物质丰富的现代社会，才能实现。

汤一介先生中年梳理出能够会通西方文化核心价值的中国哲学概念、命题和理论体系，提出中国传统的内在超越与西方的外在超越不可偏废，以中西方殊途同归的真善美的追求来开启中西文化对话。晚年提出中西并用、礼法共治、德法共治的思想，一贯在开放的国际化视野中看待中国传统文化和中西文化关系。他晚年退而编修《儒藏》，号召复兴中国传统文化，提出新轴心时代，在全球文明的融合发展的视野下来复兴传统、在融会贯通中西文化的基础上创造出新的文化。

汤一介先生所讲的返本开新，并非只是回到中国古代文化，返本是为了开新，开出中国文化的现代化。返本开新，是要在传统与现代之间建立内在联系。发展扎根于传统，找到源头活水，同时又能够"苟日新，又日新，日日新"。汤一介先生对"开新"的主要期待，是要开出包括人的现代化、文化现代化以及经济科学技术等在内的全面的现代化。其中文化现代化，当然包括开放、对话交流、兼包并蓄，多元化发展。汤一介先生等学者还提出了人的现代化，意指要重视人的价值、人的权利和自由尊严。汤一介先生所指返本开新，不意味着仅仅靠传统就开出所谓新外王。因为，他并不认为仅仅靠中国文化自身的"内圣外王"，就可以开出现代经济社会的现代化的新"外王"。他主张文化的多元化发展，通过开放、对话交流，相互借鉴，取长补短，向前发展。

像民国以来的许多学术大家一样，汤一介反对中西偏废。他不是复古派，他所属意的返本开新，侧重点在于强调开新，返本的目的在于开新，而非复古。挖掘传统中的现代资源，也是为了更好地创新，实现旧邦新命，更好地实现文化的现代价值。

（作者简介：高中理　上海建桥学院）

新轴心时代的展望

——从《瞩望新轴心时代》看世界秩序的重构

高瑞泉

今年是汤一介先生诞辰九十周年，承汤先生创办的深圳大学国学研究所邀请参加本次会议，感到十分荣幸。正如大家都知道的，作为著名哲学史家，汤先生不但对佛道两家的研究卓有成功，而且推动儒学研究尤其是主持《儒藏》的编纂，功莫大焉。在他那一辈学者中间，汤先生属于既有深厚的传统学养，又能够不断与时俱进的人物。我与汤先生只有不多的几次会面，对其著述没有更多研究。今天的发言只能从汤先生晚年出版的《瞩望新轴心时代——在新世纪的哲学思考》一书出发，谈一点感想，就正于各位同仁。

一

在 20 世纪与 21 世纪之交，汤用彤先生曾经多次预言："21 世纪将形成一个文化上的新轴心时代。"① 他援引德国哲学家亚斯贝尔斯的《历史的起源与目标》中关于"轴心时代"的观念，指出：

从某种意义上说，当今世界多种文化的发展正是对二千多年前的轴心时代的一次新的飞跃。据此，我们也许可以说，将有一个新的"轴心时代"出现。在可以预见的一段时间里，各民族、各国家在其经济发展的同时一定会要求发展其文化，因而经济全球化将有利于文化多元化的发展。从今后世界文化发展的趋势看，将会出现一个在全球意识观照下的文化多元发展的新局面。21 世纪世界文化发展很可能形成若干个重要

---

① 汤一介：《瞩望新轴心时代——在新世纪的哲学思考》，中央编译出版社 2014 年版，第 29 页。

的文化区：欧美文化区、东亚文化区、南亚文化区和中东与北非文化区（伊斯兰文化区），以及以色列和散居于各地的犹太文化等等。这几种有着长久历史的大的文化潮流将会成为影响世界文化发展的主要动力。①
这与 20 世纪晚期全球化浪潮中兴起的现代性批评有密切的关系，艾森斯塔特就发表过《迈向二十一世纪的轴心》的文章，认为源于西方近代历史的"现代性方案"是"第二个轴心时代"。余英时先生对此提出了进一步的讨论，甚至提出"今后是否有第三个'轴心时代'的出现，或者是'第二个轴心时代'以经济全球化的方式继续，变相地支配着其他文化和民族"是一个尚待讨论的大问题。当然，余英时先生的重点是论述第一个轴心时代（他用"轴心突破"的概念）中的中西差别，尤其强调在多元文化的语境下，古代中国"轴心突破"所形成的"内向超越"（inward transcendence）的思维特色以及如何有其悠长的生命力。不过他同时也说："从历史史实出发，我们不能不承认西方的'现代方案'构成了 19、20 世纪世界文化的'轴心'。"②

汤一介先生所说的"新轴心时代"与艾森斯塔特的"第二个轴心时代"不同，不是单单指迄今为止从西欧北美发源的强势西方文化，而是指向 21 世纪的世界秩序的重构。他不但从人们普遍发现的全球化带来的"地方知识"或原先处于边缘或被视为"落后的"民族文化的复兴的趋势作出了某种预言，而且对新轴心时代之所以"新"，有更多的具体分析。他认为，新的轴心时代和公元前 500 年那个轴心时代有鲜明的不同：第一，由于经济全球化、科技一体化、信息网路的发展把世界连成一片，"新的轴心时代的各种文化必将沿着这种已经形成的文化之间的交流和互相吸收的态势向前发展。因此，各种文化必将是在全球意识观照下得到发展的"。第二，随着跨文化和跨学科研究的重要性与日俱增，"我们可以预见，在 21 世纪哪种传统文化最能自觉地推动不同文化传统和不同学科之间的对话和整合，这种文化就将会对世界文化的发展具有更大的影响力。21 世纪的新轴心时代将是一个多元对话的世纪，是一个学科之间互相渗透的世纪，这大大不同于公元前 5 世纪前后的那个轴心时代了"。第三，新的轴心时代的文化将不可能像公元前 5 世纪前后那样由少数几个伟大

① 汤一介：《瞩望新轴心时代——在新世纪的哲学思考》，中央编译出版社 2014 年版，第 49 页。
② 余英时：《轴心突破与礼乐传统》，《余英时文集》第 8 卷，广西师范大学出版社 2015 年版，第 102—103 页。

思想家来主导，而将由众多的思想群体来导演未来文化的发展，中国必将出现一个新的百家争鸣的局面，文化多元并存的新格局。①

汤先生这些论断，在 20 世纪中国学人中并非孤掌难鸣的独唱。

以美学家名世，其实有着更宽阔的哲学和历史视野的哲人朱光潜先生（这只要看他曾经写过大量时论、不但翻译黑格尔的《美学》而且翻译过维科的《新科学》、研究克罗齐哲学，就可以明白），在 20 世纪 30 年代说："从历史的教训看，文化思想的进展大半可以分为两期——生发期和凝固期。"西方公元前 6 世纪到 4 世纪是希腊文化的生发期，亚历山大时代与罗马时代是凝固期；14、15 世纪文艺复兴为近代欧洲文化思想的生发期，17、18 世纪为其凝固期。先秦是中国文化的生发期，从汉到清都可以说是儒家思想的凝固期。近代"这种千钧一发的时会应该是中国新文化思想的生发期"。"惟其不拘一轨，所以分歧、摩擦、冲突、斗争都是常有的事；惟其含有强壮的活力，所以在分歧的冲突之中，各派思想仍能保持独立自由的尊严，自己努力前进而同时也激动敌派思想努力前进。这种生发期愈延长，则思想所达到的方面愈众多，所吸收的营养也就愈丰富，所经过的摩擦锻炼愈彻底，所树立的基础也就愈丰富坚实稳固。"②换言之，在朱光潜看来，文化生发期是与百家争鸣的历史机遇紧密联系在一起的，所以生发期是愈长愈好。朱光潜先生此论发表的时间早于亚斯贝斯的《历史的起源与目标》③，但是在把先秦和近代以来的文化状况在"文化生发期"这一概念上整合起来，则思路上与新轴心时代的概念是相似的。事实上，后来许多中国学者在这一点上有高度的共识：中国近现代与先秦时期都是思想解放、百家争鸣的时代。

当然，"新轴心时代"的百家争鸣已经不局限于黄河文明，而是世界性的，或者说是全球的知识生产与流动的新秩序。20 世纪 80 年代，熔中国古典哲学、马克思主义和西方哲学于一炉，创立了自己的"智慧说"④体系的冯契先生说：

---

① 汤一介：《瞩望新轴心时代——在新世纪的哲学思考》，中央编译出版社 2014 年版，第 29—32 页。

② 朱光潜：《我对于〈文学杂志〉的希望》，《朱光潜美学文集》第 2 卷，上海文艺出版社 1982 年版，第 497—500 页。

③ 亚斯贝斯的《历史的起源与目标》发表于 1949 年，英文译本则出版于 1953 年。

④ 汤一介先生认为，冯契先生"力图在充分吸收和融合中国传统哲学和西方分析哲学的基础上使马克思主义哲学成为中国化的马克思主义哲学。他的《智慧说》可以说是把马克思主义的实践辩证法、西方的分析哲学和中国传统哲学较好结合起来的尝试。"见汤一介：《中国现代

　　我们正面临着世界性的百家争鸣。海内外的中国哲学各学派，都将在国际范围的百家争鸣中接受考验。而为了参与争鸣和自由讨论，那就需要有民主作风和宽容精神。当然，这只是一个发展趋势的开始，但它是一个具有重大历史意义的可贵的开始。这个成就，后代人可能要给予很高的评价，认为这是一个非常重大的事件。①

因为在冯契先生看来，"国际范围的百家争鸣"正是中国哲学融入统一的世界哲学的契机。反过来，因为中国哲学的现代创新，"世界哲学"才真正开始了。这里的"世界哲学"多少与马克思所预言的"世界文学"②的概念相关。所谓"世界哲学"当然不能理解成只有一种哲学，正如中国传统哲学也至少有儒、释、道三大家，同属于儒家的尚且有孟荀之论争、朱陆之异同可辨。以周易"天下同归而殊途、一致而百虑"的胸怀观之，它只是表示汤先生所指示的全球化将带来前所未有的多元对话的局面，某种文明（包括哲学）再封闭起来独自演进的历史应该结束了。这恰恰是"新轴心时代"的一大特点。

二

　　人们不难发现，汤一介先生关于新轴心时代的预言，与全球化的语境密不可分。"全球化"作为对现代化历史的概念化表达，只有几十年的时间，但是，作为一种社会现象，对其时间的开端之判断与对其历史的概念化联结在一起。因此，像许多学术热点问题一样，围绕着"全球化"的本质、历史和走向等问题，学术界充满着争论。有历史学家认为，最早的一波资本主义全球化开始于 500 年以前的荷兰。也有人把 16 世纪到 18 世纪称为"最初的全球化"（first globalization）。"它包括影响深远、多向度的经济、技术、文化与制度上

哲学的三个"接着讲"》，《汤一介集》第 6 卷，中国人民大学出版社 2014 年版，第 245 页；《在西方哲学冲击下的中国现代哲学》，见《瞩望新轴心时代——在新世纪的哲学思考》，中央编译出版社 2014 年版；以及《读冯契同志〈智慧说三篇导论〉》，《学术月刊》1995 年第 6 期。

①　冯契：《中国近代哲学的革命进程》，华东师范大学出版社 1996 年版，第 680 页。

②　"过去那种地方的和民族的自给自足和闭关自守状态，被各民族的各方面的互相往来和各方面的互相依赖所代替了。物质的生产是如此，精神的生产也是如此。各民族的精神产品成了公共的财产。民族的片面性和局限性日益成为不可能，于是由许多种民族的和地方的文学形成了一种世界的文学。"见《马克思恩格斯选集》，人民出版社 2012 年版，第 404 页。

的交换、影响与借鉴。"或者如马克思 1848 年即描述的资本主义的全球化过程中，资产阶级如何铸造了统一的世界市场，使得东方服从西方、农村服从城市。19 世纪则呈现了后来研究全球化的主流范式，这一范式现在受到了严重质疑并正在发生转变。① 因为全球化在 20 世纪演变的一个结果，是亚洲尤其是中国正在崛起，世界秩序面临重整，知识生产的单向度的传输正在改变。最近若干年，我们又看到强烈的反全球化浪潮正以各种不同形式出现，它也必然反映到作为知识生产和传播的流向，以及对于现存秩序的态度。对于中国学者而言，全球化带来了新的世界视野和民族意识，它们既创造了新的语境，也改变了知识主体自身以及知识生产方式，更加强了后发国家或原先处于被支配地位的民族对于世界秩序的重构的要求。

如果做更近一步的回顾，中国知识分子比较早地意识到资本主义全球化的趋势是在 19 世纪晚期。以梁启超引用唐才常等说法：

> 西人以动力横绝五洲也。通商传教、觅地布种，其粗迹也，其政学精进不已，骎骎乎突过升平也。无可惧也，无可骇也。乃天之日新地球之运，而生吾中国之动力也。②

人们不难从中看出当时持有相对开放态度的中国人对 19 世纪资本主义全球化的矛盾心态。稍早一些，则是"同治中兴"领袖对时局的判断：中国面临"三千年未有之大变局"。在当时政治精英和知识精英的心目中，"大变局"的结果吉凶难测。这一方面固然是"大变局"集中表现为不同类型国家之间的冲突，西方文明（包括其观念）以一种强制力乃至暴力的形式出现；另一方面，曾国藩、左宗棠、李鸿章等的判断并没有更长程的历史视野。以"后见之明"论之，他们当然不会理解这其实是"最初的全球化"（first globalization）的一部分。"大变局"在很长的时段里表现出负面的冲击性，以至于港台新儒家常常用"花果飘零"来描述传统文化在 20 世纪下半叶中国的现状。

---

① 参见马克·塞尔登（Mark Selden）：《对中国研究及中国在世界上之地位的再思考——二十世纪漫长岁月中的战争、革命和全球化》。在这篇文章中，他认为 18 世纪的东亚以中国为中心、包括朝贡贸易关系在内的国际体系，不仅与布劳德（Braudel）所说的地中海世界经济，同样有活力和富有；而且"以中国为中心的朝贡贸易体系提供了一个协调国际政治、经济关系的框架，而它的等级划分则将战争的可能性降到最低。对于一个在国际法理性的掩饰之下饱受滥用武力之苦的世界来说，这是一个值得引起认真思考的模式"（见高瑞泉、颜海平主编：《全球化与人文学术的发展》，上海古籍出版社 2006 年版，第 111 页）。

② 梁启超：《说动》，《饮冰室合集·文集之三》，中华书局 1936 年版，第 38 页。

但是，我们前面引用的朱光潜、冯契等学人显然对"大变局"导致的结果并不如此悲观，更往前推，在晚明的徐光启等，提出"会通以求超胜"，表达了在中西大致平等对话的过程中，我们的先贤对中国文化的生命力和竞争力有高度自信。汤一介先生在对新轴心时期的展望中，可以说上接徐光启等前贤豁达开放的态度，因而能用实事求是的方式来对待中西文化的这次大规模相遇。"在可以预见的一段时间里，各民族、各国家在其经济发展的同时一定会要求发展其自身的文化，因而经济全球化将有利于文化多元的发展。从今后世界文化发展的趋势看，将会出现一个在全球意识观照下的文化多元发展的新局面。"① 换言之，与有些人认为全球化会摧毁我们的民族文化的看法不同，汤一介先生认为全球化给了中国文化复兴的某种机遇。他说："当今人类社会各民族、各国家大概都能从其文化传统中找到某些贡献于人类社会的资源。不过各民族、各国家都应该看到自己的文化传统只能在某些方面作出贡献，而不能解决人类社会存在的一切问题。中国的儒家哲学作为世界多种哲学的一种，我们必须清醒地给它一个适当的定位。中国哲学要想在 21 世纪走在人类哲学的前列，必须在充分发挥其自身哲学内在活力的基础上，排除其自身哲学中过了时的、可以引向错误的部分，大力吸收其他各种文化的先进因素，使我们的哲学'日日新、又日新'，不断适应现代社会发展的要求，在解决和平与发展问题和人类终结关切的和哲学问题上作出贡献。这才是中华民族的真正福祉。"②

作为一个中国现代哲学家，汤先生坦承：中国古代确实没有古希腊那样的"哲学"，"无论是对于中国传统哲学（中国哲学史）的梳理，或是现代型中国哲学的建构，都离不开西方哲学，都是因为西方哲学传入引起的。所以我们可以说中国哲学的建立受惠于西方"③。当然，作为一个儒者，汤一介先生一方面注意到中西差别，譬如他以为与西方哲学重在哲学知识体系的建构不同，中国古代贤哲们注重的是人生境界的追求。但是，另一方面，他又大力提倡建立中国解释学，并且认为也可以有中国现象学等等。我以为，中国哲学史的学科会继续发展，因而其主流形态也可以有演变（譬如当下许多学人注重的是经学史研究）；中国现代哲学的建构可以有不同的流派（说来多少是遗憾的事情，迄

① 汤一介：《瞩望新轴心时代——在新世纪的哲学思考》，中央编译出版社 2014 年版，第 49 页。
② 汤一介：《瞩望新轴心时代——在新世纪的哲学思考》，中央编译出版社 2014 年版，第 57 页。
③ 汤一介：《瞩望新轴心时代——在新世纪的哲学思考》，中央编译出版社 2014 年版，第 112 页。

今为止，真正能具有体系性建构的现代中国哲学家实在屈指可数），哲学理论建构也会反过来影响哲学史学科的建制。但是，汤先生所说的中国哲学与西方哲学继续对话和融合的历史方向，应该是他所瞩望的新轴心时代的中国哲学发展的方向。

三

汤一介先生的新轴心时代的预言，与他对持续百余年的"古今中西"之争的观点有密切的关系。我曾经将"古今中西"视为近代以来从学术意义上考察各种社会思潮纷争的元问题。诸多思潮或理论派别很可能都是在此问题上各执一端，由此纷争不断。

汤一介先生认为，新轴心时代是一个会通古今精华的新时代。"近百年来，在我国一直存在的'古今中西'之争，实际上也就是所谓'全盘西化'和'本位文化'之争，其中包含着把古与今、中与西对立起来的思想趋向。这种简单化地处理文化问题的思想方法，是不利于文化健康合理发展的。当前，我们应该抛弃把中与西和古与今对立起来的观点，走出'古今中西'之争。"目标是"进入全面、深入地吸收、融合西方文化的时期。要走出'古今中西'之争，也许应该把握两个基本观点：第一，我们应该看到中西两种文化虽有相异之处，但也有相同之处，而且即使所谓相异也可以在对话和商谈中得以调和，而做到'和而不同'。第二，任何文化都会因其地理的、历史的、民族的甚至某些偶然的原因而既有其优长处，也有其短缺处，没有一种文化可以完全解决所有民族存在的问题，或者说它可以解决人类存在的一切问题"①。

"当今人类社会各民族、各国家大概都能从其文化传统中找到某些贡献于人类社会的资源。不过各民族、各国家都应该看到自己的文化传统只能在某些方面作出贡献，而不能解决人类社会存在的一切问题。中国的儒家哲学作为世界多种哲学的一种，我们必须清醒地给它一个适当的定位。中国哲学要想在21世纪走在人类哲学的前列，必须在充分发挥其自身哲学内在活力的基础上，排除其自身哲学中过了时的、可以引向错误的部分，大力吸收其他各种文化的

---

① 汤一介：《瞩望新轴心时代——在新世纪的哲学思考》，中央编译出版社2014年版，第37—38页。

先进因素，使我们的哲学'日日新、又日新'，不断适应现代社会发展的要求，在解决和平与发展问题和人类终结关切的和哲学问题上作出贡献。这才是中华民族的真正福祉。"①

以上这些话，大约都是在十几年前写的，那么在世界情势发生巨大变化——反全球化有成为潮流、民粹主义到处崛起的今天它是否依然有效呢？至少我个人以为，从总的方向上它们没有错。汤先生的论断，其思想是辩证的，其态度是真诚的，对于那些可能将中国哲学导向狭窄化的路径，这是一个有意义的提醒。

作为一个中国哲学家，从会通中西的视角看新轴心时代的文明，汤一介先生大胆地提出一个颇为新颖的看法：

> 我们可以把现代社会作为一个中间点，向上和向下延伸，我们可以把人类社会分成前现代社会、现代社会和后现代社会，如果用中国的"体用一源"的观点看，我们是不是可以说前现代社会是以"专制为体，教化为用"类型的社会；现代社会是以"自由为体，民主为用"的社会；后现代社会是以"和谐为体，中庸为用"的社会。②

这是中国哲学家对未来的美好愿景，其实现则端赖人的实践。

（作者简介：高瑞泉　华东师范大学哲学系）

---

① 汤一介：《瞩望新轴心时代——在新世纪的哲学思考》，中央编译出版社 2014 年版，第 57 页。

② 汤一介：《瞩望新轴心时代——在新世纪的哲学思考》，中央编译出版社 2014 年版，第 123 页。

"内在关系"论

——兼评汤师 20 岁时对金岳霖知识论之批评

张耀南

　　陈俊民先生撰文,将汤师哲学与冯契哲学相提并论,认为汤师有"三论"①,而冯契先生有"智慧三说"②,并以"一介哲学"概括"三论",又以"冯契哲学"概括"三说",认为他们是"继冯友兰、金岳霖之后难得的两位'亦哲学亦哲学史'的大家"③。

　　陈先生立足于"三论",提炼出"一介哲学"之专名,是一极佳研究视角。本文欲"接着"陈先生讲④,立足于汤师全部著述,而提炼出"汤氏哲学"之专名。此专名涵盖"三论",亦涵盖汤师其他著述。"内在关系"及其运用,乃是"汤氏哲学"之重要组成部分。

一、"内在关系"文几大要点

　　1948 年 2 月 15—23 日,汤师 20 岁⑤,读英哲布拉德雷⑥《现象与实在》(*Appearance and Reality*)一书而有感,写出《论内在关系与外在关系》一文,详细讨论"关系"(relations)与"性质"(qualities)、"内在关系"(internal

---

① 分别为《论中国传统哲学范畴体系的诸问题》、《论中国传统哲学的真善美问题》、《对中国传统哲学的哲学思考》。

② 分别为《认识世界和认识自己》、《逻辑思维的辩证法》、《人的自由和真善美》。

③ 陈俊民:《既开风气也为师——中国哲学范畴研究启示录》,见《汤一介集》第 7 卷,中国人民大学出版社 2014 年版,第 496 页。

④ 可简写为"接讲"陈先生,以区别于"照讲"与"对讲"。

⑤ 汤师生日为夏历正月十五日。

⑥ F.H.Bradley (1846—1924),汤师译为柏莱得烈。

relation）与"外在关系"（external relation）等等之关系，提出了诸多新见，尤其对金岳霖先生之批评，使人眼前一亮。

该文有几大要点：（1）对布氏之"关系学说"提出批评；（2）对金氏之"关系学说"提出批评；（3）提出自己之"关系学说"；（4）以自己之"关系学说"论"太极"；（5）以自己之"关系学说"论"科学"。

（一）对布氏之"关系学说"提出批评

布氏之观点是："任何关系之发生必为内在关系而无外在关系之可言。"[①] 其理由是：关系即性质，性质即关系；性质与关系既无法分开来讲，又无法合起来讲；关系不能无性质，关系亦不能有性质。"因关系有性质则关系亦为性质，故有性质则有关系而且关系即为新性质，那么我们又需要有新关系产生。"[②]

布氏"内在关系"之含义为：某一事物在某一关系中与其不在此关系中时其性质上有增加或有减少。设 A、B 为两事物，若 A 与 B 发生关系，则其形式不为 ARB，而为 A'RB'，因其性质有所改变。如氢气、氧气由电流作用而成水，原 H_2 与 O_2 一变而为 H_2O，其在水中之性质，"已与氢气及氧气有些不同了"[③]。

汤师对布氏提出的批评是："现在我们以为柏氏之所谓内在关系（亦金先生所谓内在关系）正是外在关系。"[④] 此批评之逻辑程序如下：

（1）事物加入于某一关系中，则此事物与未加入此关系中时定在性质上与逻辑条件上有些不同；

（2）某一事物之加入某一关系而有性质与逻辑条件之改变，则称为外在关系（疑为内在关系）；

（3）外在关系注重点为由性质之相异而出发；

（4）某一事物加入某一特定之关系，而失去其本身原有之意义而成为一特定之事物，则称为内在关系（疑为外在关系）。[⑤]

此为汤师之一种特别思路："内在关系"发生后，A、B 既已变成 A'、B'，则 A'、B' 就是另一新性质 C、D；如此则 C、D 之关系，又可视为 C 与 D 之

---

① 《汤一介集》第 1 卷，中国人民大学出版社 2014 年版，第 43 页。

② 《汤一介集》第 1 卷，中国人民大学出版社 2014 年版，第 44 页。

③ 《汤一介集》第 1 卷，中国人民大学出版社 2014 年版，第 45 页。

④ 《汤一介集》第 1 卷，中国人民大学出版社 2014 年版，第 47 页。

⑤ 参见《汤一介集》第 1 卷，中国人民大学出版社 2014 年版，第 48 页。

间之"外在关系"。汤师表述为:"亦即 B 事物加入一关系中则其不再为 B 而为特定之 A,C 事物加入于一关系中则其不再为 C 而亦为一特定之 A 也。"① 如此则 B 与 C 发生"内在关系"后,并非变成 B'RC',而是变成 ARA,ARA 乃是 A 与 A 之外在关系。故曰"内在关系"即是"外在关系"。

汤师在文末批评布氏说:"我附带说明一点就是柏莱得烈为什么没有发现我们所谓的内在关系,因柏氏虽为新黑格尔学派中之哲人,然其仍受由洛克(Locke)与休谟(Hume)以来的英国经验主义的限制,因此柏莱得烈只注意到经验中之事(一切他所谓内在关系之事物),而他对于超经验之事物未加注意也。"②

(二)对金氏之"关系学说"提出批评

金氏之观点是:布氏只承认有"内在关系"而无"外在关系",乃是"不正确的"。③"外在关系"表述为:某一事物加入某一关系中其逻辑条件上有所改变。"内在关系"表述为:某一事物加入某一关系中,不仅其逻辑条件上有所改变,就是在其性质上亦有改变。金氏认为"手套"与"桌子"之关系,如"手套放在桌子上",就不能说是一种"内在关系"。

汤师对于金氏之批评,有好几个段落。如云:"金先生并未驳倒柏氏之说"、"汤先生对此点根本没有加以注意"、"金先生之说不能成立"④,等等。又云:"虽金先生再三强调有性质不改变仅逻辑关系改变之外在关系存在,然事实在一事物加入一关系之后必有性质之增加,故我们不能认为金先生之说法更较柏莱得烈合理。"⑤

在确立"内在关系"同时即是"外在关系"之观点后,汤师又说:"由以上五个关于'关系'之条件我们可以很明确地了解'关系'并非如柏莱得烈所说皆为外在关系(即柏氏所谓内在关系),金先生之错误是在强把柏氏之关系分为两部分而并未真正找出柏氏之疏忽处。"⑥

---

① 《汤一介集》第 1 卷,中国人民大学出版社 2014 年版,第 48 页。

② 《汤一介集》第 1 卷,中国人民大学出版社 2014 年版,第 51 页。

③ 参见《汤一介集》第 1 卷,中国人民大学出版社 2014 年版,第 44 页。

④ 《汤一介集》第 1 卷,中国人民大学出版社 2014 年版,第 45 页。

⑤ 《汤一介集》第 1 卷,中国人民大学出版社 2014 年版,第 47 页。

⑥ 《汤一介集》第 1 卷,中国人民大学出版社 2014 年版,第 48 页。

（三）提出自己之"关系学说"

汤师本人之"关系学说"，可见于贺麟教授之批语中："认柏拉得烈所谓内在关系仍为外在关系，甚有道理，对内在关系的说法，亦可能成一说，但须更深究之。"① 认为布氏"内在关系仍为外在关系"，即是汤师本人之"关系学说"。

其论证如下：既已承认关系非即性质，然关系之所以成为性质者，因其在于既成关系之后，故对一事物之研究可不计此关系产生之新性质。然此事物之加入此关系中之改变当仍为内在，而研究之对象当不为关系之所变成之性质，而此事物亦可视为外在关系加以研究之。如 A（性质或事物）加入于某一关系中，吾人可控制 A 本身，对其新性质可不计算："由此看来我们日常所要研究者虽然表面复杂，然而仍可以外在关系视之。"②

汤师对于"关系"与"性质"之"最基本的认识"，凡七条，分别为：

（1）必有 A 与 B 两性质，才有 ARB 之可能。

（2）有 A 与 B 两性质，则必有关系存在，至少若 B 在 A 之外，则 B 与 A 有 B 在 A 之外之关系；若 B 在 A 之内，则 B 与 A 有 B 涵蕴于 A 之内之关系。

（3）"关系"不能在 A 与 B 之中，因 A 与 B 本无关系。

（4）A、B 亦不在"关系"之中，因无 AB 则无"关系"之可能。

（5）所以我们说"性质是关系的性质，关系是性质的关系"。

（6）无性质则无法产生关系，无关系则无所谓性质，因无关系则性质唯一，性质唯一则不必为性质，故性质不离关系而存在。

（7）A 与 B 是同一涵蕴，若 A 与其他任何性质（或事物）皆为同一涵蕴，则无法有性质，并无法有关系。③

由以上"关系性质同一论"，汤师更推出一惊人之结论：对任一事物之了解，必待了解天下所有事物而后能。（其有原话为："由此类推，天下任何一事物之彻底了解，则必已知天下所有之事物之性质。"④）此一结论，恰好就是对中华哲学之核心理念的"深层释读"。

总之，汤师"关系学说"之基本点，是承认"一切关系皆内在关系"，然

① 《汤一介集》第 1 卷，中国人民大学出版社 2014 年版，第 51 页。

② 《汤一介集》第 1 卷，中国人民大学出版社 2014 年版，第 47 页。

③ 参见《汤一介集》第 1 卷，中国人民大学出版社 2014 年版，第 45—46 页。

④ 《汤一介集》第 1 卷，中国人民大学出版社 2014 年版，第 46 页。

却认为在知识论中可将"内在关系"视为"外在关系"来处理,"仍可以外在关系视之"。就前一点而论,汤师同于布氏;就后一点而论,汤师不同于布氏。

(四)以自己之"关系学说"论"太极"

汤师认为王弼所谓"演天地之类,所赖者五十也,其用四十有九"一名话中,不用的一个就是"太极":"太极不是在万理之外,而是蕴摄于万理之中的。"① 就万理都有其独立特性而言,它们是相同的;就万理各有其不同的独立特性而言,它们又是不同的。"因而我们可以说万理是基于一理(太极),因为有太极(独立的特性)它们才有同与不同。由这种说法我们认为是最好说明内在关系的了。"②

汤师原意是将"太极"与"理"之关系视为"内在关系之例";不过就本文而观,"内在关系"即是"太极关系","太极关系"即是"内在关系"。以"太极关系"为"内在关系"之例亦可,以"内在关系"为"太极关系"之例亦可。如此则汤师以"内在关系"释读"太极关系",乃是开"中西互鉴"之先河,亦开"以中化西"(以"太极关系"化"内在关系")之先河。

(五)以自己之"关系学说"论"科学"

若只承认"一切关系皆内在关系",则"科学"无由成立;若同时承认于"内在关系""仍可以外在关系视之",则"科学"可以成立。此为汤师解决"科学"问题之方案。

汤师予"科学"之界定为:"因此,一切外在关系之研究可为科学研究。"③ "科学"只能研究"外在关系",无法研究"内在关系",此正对于"科学"本性之"深层释读"。此种释读,超越"科玄论战"中之"科学派",而与"玄学派"暗合。

宇宙之真相是"只有内在关系",如此则"科学"实无发生之余地。然汤师以为,A、B发生关系后所带来"性质"之改变,吾人是"可以控制"的。如研究氢气与氧气,吾人可以不使电流通过,从而不使氢、氧发生关系而变成"水"。"任何事物之研究皆可以加以控制,故我们可以设想科学之功用最主要者为在控制着他种原因,而只使一种因素在关系中变动,以便我们研究

---

① 《汤一介集》第1卷,中国人民大学出版社2014年版,第49页。
② 《汤一介集》第1卷,中国人民大学出版社2014年版,第49页。
③ 《汤一介集》第1卷,中国人民大学出版社2014年版,第50页。

之用。"①

"内在关系"告诉吾人,进入"关系"者其"性质"有变,则任何事物之"性质"分分秒秒均在变化中,永远无"定"。无"定"则不能"捉",不能"捉"则"科学"无以立。要让事物之"性质"有"定",只有一个办法,就是斩断它与其他事物之"关系",即汤师所谓"控制着他种原因,而只使一种因素在关系中变动"。如此则"科学"实际只是斩断"关系"之学,或控制"关系"之学。不斩断"关系"、不控制"关系",就没有此等之"学"。

氢、氧因电流作用而成水,于是氢、氧之"性质"皆变。此变不是谓其原有"性质"已不存在,只是谓发生关系后"新性质"过多,"原性质"不易察出。氢、氧之"性质"与水之"性质"不同,实因"新性质"之产生,而"新性质"之产生,实因电流作用。无电流作用,则氢、氧之"性质"亦并非不存在,而存在于还原之氢、氧中。②"科学"欲捕捉氢、氧之性质,则可斩断其与电流之"关系";若欲捕捉水之"性质",则可斩断其与其他东西之"关系"。此即汤师所谓"控制说"。

然吾人当牢记,于"关系千万重"中斩断某类或某些"关系",乃是"实验室之举",并非宇宙真相;斩断"关系"后所得一事物之"性质",当然亦非该事物之"真性质"。此即"科学之悖论":不斩断"关系",它无以得"性质";若斩断"关系",它无以得"真性质"。如此则"科学"所得,其实并非"真理"。

"科学"只能研究"外在关系",此"外在关系"其实并非真存在,只是在"实验室"存在。汤师将"内在关系"视为"内在关系",予"科学"成立之可能,然同时亦将"科学"所得限定在"似真"之中,无以达成"真理"。"科学"在汤师理路中,乃只是"外在关系的例子"③。

二、汤师批评金氏是在《知识论》正式出版前

金氏承认"外在关系"之存在,汤师予以批评,乃是哲学史上一件"大

---

① 《汤一介集》第 1 卷,中国人民大学出版社 2014 年版,第 50 页。
② 参见《汤一介集》第 1 卷,中国人民大学出版社 2014 年版,第 49—50 页。
③ 参见《汤一介集》第 1 卷,中国人民大学出版社 2014 年版,第 49 页。

事"。因为金氏此后构建的"知识论",正是以"外在关系"为基础、为框架的。撤掉其"外在关系"之骨架,其"知识论"将轰然坍塌。

据汤师自己说,他写《论内在关系与外在关系》"是在看了金岳霖先生刊于《哲学评论》上的《论内在关系》之后"①。此时金氏《知识论》并未正式出版,汤师之批评是在未读《知识论》之前展开的,因而显得弥足珍贵。②

汤师不知金氏后来乃是把"外在关系"完整地带入其"知识论"中。金氏之失,不在其承认"外在关系",而在其用"外在关系"去说明知识关系。对此张东荪曾有尖锐之批评:"有一点则我持之甚坚,就是唯有在知识的关系上绝不能用关系在外说来解释。我们或许可以说一个弓与一个箭的关系是在外的。但我们绝不可以说我知道这个东西是一种在外的关系。所以我暂时不欲主张完全没有在外的关系,而只以为唯有认知不是在外的关系。"③ 张东荪也承认有"外在关系",但坚决不承认知识关系是"外在关系";金氏亦承认有"外在关系",同时坚持用"外在关系去构建知识关系"。

在《外在关系(*External Relation*)》一文中,金氏提出知识关系不能是"内在关系",只能是"外在关系"的四大理由:

(1)如果假设知识关系是"内在关系",则知识就没有了"客观的标准";知识没有客观标准,则科学当然没有客观标准。

(2)如果假设知识关系是"外在关系",则就不会出现我们既不能取消"外物"又不能知道"外物"之类问题。

(3)要假设知识关系是"外在关系"的理由就是我们不能证明它是"外在关系";我们不能证明,是因我们所知事物均在知识关系中而非在知识关系外。

(4)知识外之外物既不能与知识内之现象相比较,我们当然也不能证明知识关系是"内在关系";若假设知识关系为"内在关系",则就不能说我们知道任何事物,如此则亦不能说我们知道知识关系是"内在关系"④。

---

① 《汤一介集》第 9 卷,中国人民大学出版社 2014 年版,第 16 页。

② 金氏原文名《外在关系(External Relation)》,载《哲学评论》1928 年第 3 期。"其实我读大学时,金岳霖先生就写过一篇论'内在关系'与'外在关系'的文章,我对这个问题就有所考虑。"见《汤一介集》第 10 卷,中国人民大学出版社 2014 年版,第 225—226 页。

③ 张东荪:《认识论》,上海世界书局 1934 年版,第 80—81 页。

④ 参见金岳霖:《外在关系(External Relation)》,《哲学评论》1928 年第 3 期。

以上立场，被完整地带入到后来的《知识论》一书中，一方面说知识关系只能是"外在关系"，另一方面说知识关系不能是"内在关系"。关于前一方面，他无法证明，仅仅停留在"官能活动不必有外在关系，但是有外在关系"、"假如它是外在的"之类模棱两可的说法上。关于后一方面，他认定："如果我们坚持内在关系论，我们所知道的绝不是事物底本来面目。……如此说来，如果我们坚持内在关系论，知识根本就不可能。"①

张东荪对于"外在关系说"之批评，虽可应用到金氏头上，但其直接针对的并非金氏，而是罗素（B.Russell，1872—1970）。罗素曾针对布氏"内在关系说"，而提出"外在关系说"。汤师在张东荪之后，针对金氏而提出批评，并提出自己的"关系学说"，在学术史上意义重大。也许真如贺麟教授批语所说，"亦可能成一说"。

三、中华哲学研究中"内在关系"之运用

汤师承认"一切关系都是内在关系"，此其"常"；同时亦承认在知识论中可将"内在关系"视为"外在关系"来处理，此其"权"。"权"之一面，汤师在后来著述中，未及展开；"常"之一面，却有诸多拓展。此种拓展，即是"内在关系"之运用。

在《平衡论国际学术讨论会上的讲演稿》（2003年7月21日）中，汤师讨论到中华哲学中"五种极有影响的思维模式"：（1）在两极之间求一"中极"的孔子"中庸"思想；（2）由一极寻求另一极的老子"有无相生，难易相成"思想；（3）讲万物相生相克的《书经·洪范》"五行"思想；（4）讲新生事物反回来辅助原来事物的郭店竹简"太一生水，水反辅太一"思想；（5）强调"相异相关"的《国语·郑语》"和实生物，同则不继"思想。②

汤师在讨论第四种思维模式时，运用了"内在关系说"，云："这就是说，一事物产生了一新的事物，并不是新事物把产生它的旧事物否定掉，而是帮助产生它的旧事物得到发展，从而产生更新的事物。这种思维模式是充分注意到新和旧并不是对立不相容的，而是说'新'往往是包容着'旧'的，在它们之

---

① 金岳霖：《知识论》，北京商务印书馆1983年版，第150页。

② 参见《汤一介集》第8卷，中国人民大学出版社2014年版，第255—258页。

间存在着一种内在关系。"① 又云:"在新旧事物之间找到内在关系,这样事物就可以在运动中经常保持'平衡'态。"② 此即讲新与旧之"内在关系"。

又如《唐代兴〈生态理性哲学导论〉序》(2004 年 12 月 10 日)在讨论天人关系,批评欧西"天人二分"思想,分析中华"天人合一"思维模式时,就自觉地运用了"内在关系说"。认为,"天人合一"之想"是要说明'人'和'自然'存在着一种内在的关系"③。又说:"故'天''人'之关系实为一内在关系。"④ 汤师重早"内在关系"与"外在关系"之不同:"外在关系"是说二者(或多者)之间是"各自独立的、不相干的";而"内在关系"是说二者(或多者)之间是"不相离而相即的"⑤。汤师认定"天人合一"由《易经》而阐发,是中华思想之"重要基石";而其内涵既是"天与人之内在关系",则可知"内在关系"乃是中华哲学之"重要基石"。汤师 20 岁时以"内在关系"释读"太极关系",即是对此"重要基石"之阐发。汤师认定当今"人类和自然正走上一条相互抵触的道路",原因即在"严重地忽略了这种'天'与'人'相即不离的内在关系"。⑥

汤师以"内在关系"释读《易经》开出之"天人合一"思想(即"易,所以会天道、人道也"之思想),共得三点结论:

(1) 不能把"人"和"天"看成是对立的,盖因"人"是"天"之一部分,"人之始生,得于天也"。人作为天之一部分,不仅应"知天",且应"畏天","知天"与"畏天"是统一的。只"知天"而不"畏天",就会视天为"死物",无法了解天乃"有机的、生生不息的刚健的大流行";只"畏天"而不"知天",就会视天为"种秘力量",无以体现天之"活泼泼的气象"⑦。

(2) 不能把"天"和"人"之关系看成是一种"外在关系",盖因"天即人,人即天",天与人"是相即不离的"。人离开天"无法生存",天离开人"无以彰显",此种存在于天人之间之"内在关系","正是中国哲学的特点"。

---

① 《汤一介集》第 8 卷,中国人民大学出版社 2014 年版,第 257 页。
② 《汤一介集》第 8 卷,中国人民大学出版社 2014 年版,第 258 页。
③ 《汤一介集》第 8 卷,中国人民大学出版社 2014 年版,第 175 页。
④ 《汤一介集》第 8 卷,中国人民大学出版社 2014 年版,第 176 页。
⑤ 《汤一介集》第 8 卷,中国人民大学出版社 2014 年版,第 176—177 页。
⑥ 《汤一介集》第 8 卷,中国人民大学出版社 2014 年版,第 177 页。
⑦ 《汤一介集》第 8 卷,中国人民大学出版社 2014 年版,第 177 页。

若视天人关系为"外在关系",则人必向天"无限制地索取",必把天"看成敌对的力量",必最终"自取灭亡"。不能到"天道"之外找"人道",亦不能在"人道"之外找"天道"。"天理"是超越,同时是内在;"人性"是内在,同时是超越。不了解、把握人,无以了解、把握天;同理,不了解,把握天,无以了解、把握人。①

(3)"天人关系"只能是"内在关系"之原因在于,"天"与"人"皆以"仁"为性。天之"仁"表现为"生长、养育万物",人之"仁"表现为"爱人利物之心"。若天不能"生长、养育万物",人如何能生存发展;若人无"爱人利物之心",天如何能生生不息。天人关系在中华哲学中,不是"不相干的两截",不是"研究其中之一能够不牵涉另一个",而是"存在着内在的相通关系"②。

不是对立关系、不是外在关系、皆以仁为性,此三条,即是汤师对于"内在关系"之新拓展。第一条汤师立足于"整体部分之关系"而讲,第二条汤师立足于"相即相离之关系"而讲,第三条汤师立中于"功能实体之关系"而讲。

由"整体部分之关系"而观"内在关系",可得一"全息相关";由"相即相离之关系"而观"内在关系",可得一"涵义相关";由"功能实体之关系"而观"内在关系",可能一"作用相关"。"全息相关"、"涵义相关"、"作用相关"三条,正是汤师此处对于"内在关系"之新拓展。③

四、对第一阶段诸文之总体评价

景海峰曾将汤师之"学思经历"划分为三个阶段:大学毕业以前的青少年求学时期,当1927—1951年;参加工作之后将近三十年间曲折而又颇为沉寂时期,当1952—1979年;焕发学术活力、作出重要贡献之"新时期",当1980年后。④

---

① 《汤一介集》第8卷,中国人民大学出版社2014年版,第178页。

② 《汤一介集》第8卷,中国人民大学出版社2014年版,第178—179页。

③ 参见《汤一介集》第9卷,中国人民大学出版社2014年版,第297—300页。以上论述又见于汤师与法儒汪德迈合著《天》(北京大学出版社2011年版)。

④ 参见景海峰:《事不避难,义不逃责:汤一介对新时期中国哲学的贡献》,见《汤一介集》第10卷,中国人民大学出版社2014年版,第454页。

以上"三段法",与汤师本之划分稍有不同。汤师将第一段之时间点定在"22 岁",亦即 1949 年,始终未变。《汤一介学术文化随笔》"自序"(1994 年 12 月 30 日)云:"回想我在年轻的时候(大概在 22 岁以前吧!)也曾梦想过当个大哲学家,可是到 22 岁以后,我再也没有想过当一个哪怕是个小哲学家了。而只是希望老老实实地当个'哲学工作者'。"① 又云:"在 22 岁以前,我曾想做个哲学家,但在 22 岁以后,我只希望做个合格的'哲学工作者',其实在 1979 年前就连个合格的'哲学史工作者'也做不到。"②

汤师本人其实也有一个"三段说",只是第一阶段依然定在"22 岁"(1949 年)。汤师《当代学者自选文库·汤一介卷》"自序"(1997 年 12 月 1 日)云:"但到 1949 年后,我的这种幻想逐渐消失,……认为自己只能做一名'哲学工作者'。"③

汤师之"三段说",以 1927—1949 年为第一阶段,1950—1979 年为第二阶段,1980—1997 年(作此文时)为第三阶段。第二阶段汤师提到"四五十篇论文",第三阶段汤师提到"百余篇文章"及"七本书"④。对第二阶段作品之自我评价是"学术价值很少",是"总结极左思潮对学术研究的危害的材料"⑤。对第三阶段作品之自我评价是"不再写违心的、应景的和教条式的论文了"⑥。

第一阶段汤师提到 1947 年 20 岁时发表在北平《平明日报》上的两篇散文,其实还应包括当时未发表的多篇论文或读书报告,如《谈魏晋玄学:当时的玄学家怎样调和自然与名教的争论——魏晋玄学的第一个目的》(1947 年 10 月 20 日)、《读〈庄子序〉书后》(1947 年 11 月 20 日)、《读欧阳坚石〈言尽意论〉书后》(1947 年 12 月 1 日)、《我所认识的玄学》(1947 年 12 月 22 日)、《对维也纳学派分析命题的一点怀疑》(1947 年 13 月 31 日)、《论内在关系与外在关系》(1948 年 2 月 23 日)等。

在《汤一介集》第一卷"自序"(2012 年 11 月 20 日)中,汤师对自己第

---

① 《汤一介集》第 8 卷,中国人民大学出版社 2014 年版,第 74 页。
② 《汤一介集》第 8 卷,中国人民大学出版社 2014 年版,第 75 页。
③ 《汤一介集》第 8 卷,中国人民大学出版社 2014 年版,第 97 页。
④ 《汤一介集》第 8 卷,中国人民大学出版社 2014 年版,第 96—97 页。
⑤ 《汤一介集》第 8 卷,中国人民大学出版社 2014 年版,第 96 页。
⑥ 《汤一介集》第 8 卷,中国人民大学出版社 2014 年版,第 97 页。

一阶段之作品给出自我评价。关于"魏晋玄学"诸文，汤师认为"虽然幼稚，但确有自己的心得和体会，有些论点今天仍有一定价值"、"不能说没有意义"、"对我在1981年教授'魏晋玄学与佛教、道教'一课大有帮助"①。这就是提醒我们注意，汤师后来有关"魏晋玄学"的"深度研究"，其源头就在第一阶段，亦在用彤先生"1938—1948年十年间发表的八篇论魏晋玄学的文章"②。

关于《我所认识的玄学》及《对维也纳学派分析命题的一点怀疑》两文，汤师认为"是对冯友兰先生《新理学》和洪谦先生的哲学思想的质疑"，"说明我确实在独立地思索着形上学的问题"③。对冯先生《新理学》中有关"玄学"（形上学）思想之质疑，至今仍是治中国哲学史者之重要题目。对洪谦先生有关"玄学"（形上学）思想之质疑，于今不仅重要，且似乎很少见。

关于《论内在关系与外在关系》一文，汤师说是在"读了新黑格尔学派柏莱得烈的《现象与实在》（*Appearance and Reality*）后"所写，认为柏氏所说"内在关系"仍是一种"外在关系"，"同时也对金岳霖先生对柏莱德烈的批评有所质疑"④。质疑布拉德雷先生、质疑金岳霖先生，至今同样仍是治中国哲学史者之重要题目。

本文之分析证明，《论内在关系与外在关系》一文，不仅是"金岳霖哲学批评"之源始，而且是"汤氏哲学"中"内在关系说"之源始。汤师在文章中，已经提出了不同于布拉德雷、罗素、张东荪、金岳霖诸大家的另一种"关系学说"。布氏之观点是：一切关系皆内在关系。罗氏之观点是：一切关系皆外在关系。张氏之观点是：有外在关系，然知识关系决非外在关系。金氏之观点是：一切关系皆外在关系，知识关系亦外在关系。汤师之观点则是：一切关系皆内在关系，然亦可将"内在关系"控制为"外在关系"，以成就"知识论"与"科学"。汤师之观点置于诸大家前，并不逊色。

质疑冯友兰先生之《我所认识的玄学》、质疑洪谦先生之《对维也纳学派分析命题的一点怀疑》、质疑布拉德雷先生与金岳霖先生之《论内关系与外在关系》三篇文章，学生以为乃是"汤氏哲学"重要源头之一。其重要性在三：一在"观点之新"，得一"智"字；二在"路数之正"得一"仁"字；三在"气

---

① 《汤一介集》第1卷，中国人民大学出版社2014年版，"自序"第3页。
② 《汤一介集》第1卷，中国人民大学出版社2014年版，"自序"第3页。
③ 《汤一介集》第1卷，中国人民大学出版社2014年版，"自序"第3页。
④ 《汤一介集》第1卷，中国人民大学出版社2014年版，"自序"第3页。

魄之大"，得一"勇"字。"智"、"仁"、"勇"三字，正是著者对于"汤氏哲学"第一阶段（1927—1949 年）诸文之总体评价。

汤师对上述三文自评说："今天来看，上面提到的三篇论文是十分幼稚的、无意义的，甚至是有错的，但我敢于和中外大哲学家讨论一些哲学问题，敢于发表一些和他们不同的意见。这种勇气在以后的岁月中渐渐消失了。"又云："从我敢于质疑中外哲学家和中西哲学的勇气看来，我希望自己成为能独立思考的哲学家不是没有可能的。"[1]

"十分幼稚"、"无意义"、"有错"等说法，是否定了上述三文之"智"；"勇气"、"敢于质疑"等说法，是肯定了上述三文之"勇"；"讨论问题"、"发表不同意见"、"独立思考"等说法，是肯定了上述三文之"仁"。否定上述三文之"智"，是汤师之自谦；肯定上述三文之"勇"与"仁"，却是汤师之追求。没有上述三文之"智"、"仁"、"勇"，就不可能有"汤氏哲学"第三阶段之开启。

故著者提请学界注意探讨"汤氏哲学"第一阶段诸文，不要仅以"幼稚"、"无意义"、"有错"视之。[2]

（作者简介：张耀南　北京市委党校哲学教研部）

---

[1] 《汤一介集》第 1 卷，中国人民大学出版社 2014 年版，"自序"第 3 页。

[2] 汤师另有自评云："而我仍然对西方哲学有很浓厚的兴趣，我写过两篇文章：一篇是《对维也纳学派分析命题的一点怀疑》，这是由冯友兰和洪谦两位先生的争论引起的，在这篇文章中我既批评了洪谦先生对'玄学'的否定，又批评了冯友兰先生认为'玄学对实际无所肯定'的观点。另一篇是《论内在关系与外在关系》，这是在看了金岳霖先生刊于《哲学评论》上的《论内在关系》之后，对新黑格拉尔学派布拉德雷（F.H.Bradley）在《现象与实在》（*Appearance and Reality*）中讨论'内在关系'与'外在关系'的批评。"见《汤一介集》第 9 卷，中国人民大学出版社 2014 年版，第 16 页。

汤一介与海外中国学研究

徐 强

随着中西方文化交流的深化，越来越多的西方学者关注中国哲学、中国文化，并创作了大量的研究成果，这些研究成果引起了国内学者的关注和重视。汤一介先生作为一个具有谦逊和包容心态的学者，敏锐地意识到了海外中国学的研究成果对国内的研究可能具有的重要意义和启示价值。一方面，在实践上，通过出席汉学或中国学大会、出版汉学丛书、支持汉学或中国学研究机构的建立等一系列活动积极推动海外中国学在国内的传播和介绍；另一方面，在理论上对海外中国学的研究成果进行深入的反思和评判。应该说海外中国学的研究在国内成为一种"显学"，汤先生贡献了他的力量。本文试图系统地梳理汤一介先生在推动海外中国学研究方面的种种实践活动，概括他对于海外中国学的一些基本看法和见解，从而使我们能够比较全面地了解汤先生在推动海外中国学研究方面所作出的贡献。

一、汤一介先生推动海外中国学研究的实践活动

（一）参加、出席中国学或汉学会议

目前，国内有几个比较重要的、规模比较大的汉学会议，如世界汉学大会、世界中国学论坛、国际中国哲学会议等，汤先生生前均积极参与。

1. 出席世界汉学大会

世界汉学大会是由孔子学院总部暨国家汉办与中国人民大学主办的世界性会议，汤一介先生生前每届都有参加。在 2009 年 10 月 30 日举行的第二届世界汉学大会上，汤先生做了大会学术发言，在发言中概括了海外汉学研究的

"两种类型"和"三个新视角"①。

2012 年 11 月 3 日，参加第三届世界汉学大会，并作为首场主题发言特邀点评人对美国贝勒大学的谢大卫教授、美国哈佛大学的杜维明教授的发言作出点评。

2. 出席每届的世界中国学论坛

世界中国学论坛是由国务院新闻办公室和上海市人民政府共同主办，上海社会科学院和上海市新闻办联合承办的学术论坛。论坛旨在为海内外中国学研究界提供对话渠道和交流平台，反映中国学研究的动态与趋势，鼓励观点创新，推动学派共荣，增进中国与世界的相互了解，建设具有世界影响力的中国学学术共同体。汤一介先生曾任"世界中国学论坛"顾问、专家学术委员会主任。自 2004 年起，几乎每届论坛都参与。

(1) 2004 年 8 月，在首届世界中国学论坛上，汤先生做了题为《走出"中西古今"之争，会通"中西古今"之学》②的特邀演讲。(2) 2006 年 9 月，在第二届世界中国学论坛上又做题为《文化自觉与问题意识》的特邀演讲，提出建设"和谐社会"，我们面临一系列矛盾："人和自然"、"人与人"、"个人自我身心内外"的矛盾，而中国传统上的"天人合一"（合天人）、"人我合一"（同人我）、"身心合一"（一内外）的观念可以为解决这些问题提供有意义的思想资源。③ (3) 2008 年 9 月，出席第三届世界中国学论坛。④ (4) 2010 年 11 月 6 日，第四届世界中国学论坛上，演讲"和的意义"，通过系统阐释中国传统价值观中"和"的观念，揭示了"和合共生"对于建立和谐世界的当代意义⑤。(5) 2010 年在第四届世界中国学论坛发表"中国哲学与西方哲学的融合之道"的演讲，从哲学的角度考察了传统的中国哲学思想与西方哲学思想的融合之道，特别指出了西方新兴的建构性后现代主义思想与中国传统儒家思想之间的互通性及其现实意义。⑥ (6) 2010 年 11 月，汤一介先生在第四届世界中国学论

---

① 汤一介：《海外中国学研究的三个新视角》，此文为汤一介先生在第四届世界中国学论坛所作演讲。参见汤一介：《"海外中国学"研究的新视角》，《学术月刊》2010 年第 5 期。

② 参见 http://www.chinastudies.org.cn/c/922.htm。

③ 参见 http://www.chinastudies.org.cn/c/925.htm。

④ 参见 http://www.chinastudies.org.cn/c/922.htm。

⑤ 参见 http://world.people.com.cn/GB/8212/191816/207035/207045/13149045.html。

⑥ 参见 http://www.chinastudies.org.cn/c/252.htm。

坛全体大会上同时作特邀演讲。演讲题目为《海外中国学研究的三个新视角》，重新强调了海外中国学研究的三个新视角，并对其做了修订和重新表述，使之更为合理准确。①

3. 参加其他海外中国学类的会议

2003 年 12 月 26 日在美国哈佛大学费正清中心举办关于"纪念毛泽东诞生 110 周年和斯提华·希拉姆翻译 1949 年前全部毛泽东著作十卷本的完成"的讨论会。② 在此次会上，汤先生意识到中国学研究中存在的政治意识形态对学术的干扰问题。

2009 年 7 月 26—29 日在北京召开"《五经》研究与翻译国际学术委员会第一次工作会议"，讨论由国家汉办组织、施舟人教授主持《五经》的翻译。汤先生与会，并意识到海外中国学家重新开始关注中国文化的源头这一趋向。

（二）主编关于中国学的系列丛书：《汉学名家书系》

除了热心参与有关中国学的大会之外，汤先生还组织编纂海外中国学研究方面的丛书，这对于引进、介绍国外中国学界的研究成果，推动国内对海外研究的关注、研究，也起到了很大的推动作用。从 2005 年到 2009 年，汤先生主编了"汉学名家书系"，包括《叶嘉莹自选集》、《成中英自选集》、《韦政通自选集》、《周策纵自选集》、《秦家懿自选集》、《沈清松自选集》、《刘述先自选集》、《许倬云自选集》等华裔汉学家的自选集，由山东教育出版社出版。汤一介先生在此书系的"总序"中介绍，编辑这套《汉学名家书系》的目的，是想在推动中外文化双向交流上起一点作用，一方面把其他民族和国家的优秀文化引进我国，另一方面又把中国的文化介绍到其他民族和国家，使不同文化在双向交流中形成一种良性的互动关系，在相互交流中增进了解和友谊，促进当前在全球意识观照下的文化多元化发展。③

（三）创办学术讲座，邀请国外汉学家讲学，出版演讲丛书

介绍国外中国学的研究成果，加强同国外中国学界的交流的另一重要途径是邀请汉学家来中国讲学，在这方面汤先生也做了很多工作。汤先生分别于 1997 年和 1998 年创办"汤用彤学术讲座"和"蔡元培学术讲座"，迄今为止

---

① 参见 http://www.chinastudies.org.cn/c/924.htm。

② 参见汤一介：《研究"海外中国学"的意义》，《国家图书馆学刊》2010 年第 1 期。

③ 参见周策纵：《周策纵自选集》，山东教育出版社 2005 年版，"总序"第 11 页。

所举办的讲座中邀请了大量的国外汉学家。

"汤用彤学术讲座"和"蔡元培学术讲座"到 2015 年分别举办了 18 届和 19 届，所邀请的学者包括饶宗颐、柳存仁（Liu Ts'un Yan）、施舟人（Kristofer Schipper）、陈方正、安乐哲（Roger T. Ames）、钱致榕（Chih-Yung Chien）、杜维明、崔根德、罗多弼（Torbjorn Loden）、王赓武等，他们分别就"中国宗教思想史新页"、"道教史探源"、"道教在中国近代的变迁"、"儒家思想与实用主义"、"儒家民主主义"等诸多问题做了讲座。

应该说，"蔡元培学术讲座"和"汤用彤学术讲座"很注重邀请海外华裔学者和从事中国学研究的汉学家，占很大比例的被邀者都是汉学家或华裔的在国外从事中国文化研究的学者。这一系列讲座以及在此基础上所出版的演讲丛书，对于介绍国外中国学界的研究成果，发挥了重要作用。

（四）支持和推动中国学研究机构的建立

目前，国内比较重要的、有较大影响的海外汉学研究机构有北京外国语大学海外汉学研究中心、国际中国文化研究院（中国海外汉学研究中心）、苏州大学海外汉学研究中心（现代中外文化关系研究所）、华东师范大学海外中国学研究中心、国家图书馆海外中国问题研究资料中心，等等。在这些机构中大都可以找到汤先生活跃的身影。

其中，汤先生与北京外国语大学海外汉学研究中心、中国海外汉学研究中心关系最为密切，他担任了此中心的学术顾问、名誉顾问。2006 年，在中国海外汉学研究中心成立大会上，汤先生做了大会致辞，讲到了中心成立及研究海外汉学、海外中国学的意义，并为中心发展提出了一些建议。①

（五）参与或扶持国内重要的中国学研究刊物

推动海外中国学研究，一个非常重要的途径是出版专门性的中国学研究的刊物、期刊。汤先生推动国内学界的海外中国学研究的另一个重要贡献是，积极参与一些重要的汉学研究刊物的创办，并热心支持这些刊物的发展。比如，汤先生担任了《国际汉学》②的学术指导委员会委员，并于2006年为《国际汉学》题词："汉学是中西文化交流的一座桥梁，汉学是西方人了解中国文

---

① 参见 http://www.sinologybeijing.net/cn/zxgk/lntx/2006ntx。

② 张西平主编，北京外国语大学海外汉学研究中心成立以后成为该中心主办的综合性学术辑刊，1995 年任继愈主持创刊。

化的一个窗口,汉学是中国人反观自身文化的一面镜子"①;在《国际汉学》第二辑发表《读〈南冥集〉新得》等文章。此外,担任北京语言大学首都国际文化研究基地《汉学研究》②的顾问。此外,还参与和扶持上海社会科学院世界中国学研究所的《中国学季刊》的创办,在试刊号上发表论文《走出"中西古今"之争,会通"中西古今"之学》。

(六)与海外中国学家的交往

汤先生对海外中国学研究的关注,还表现在他积极与一些著名的海外汉学家展开直接的交流和对话。这些汉学家包括李比雄、罗多弼、汪德迈、安乐哲、成中英、戴卡琳,等等。这种直接的交流和对话非常之多,无法一一统计和罗列,在此仅举几个例子说明。2011年12月17日、19日,在《跨文化对话》的促成下,汤先生和法国著名汉学家汪德迈教授做了一次对谈③,对话的主题是"谈中西文化的互补性"。此外,2011年9月10日,在"启蒙之对话"系列活动中,汤先生还曾与北京德国文化中心歌德学院前总院长阿克曼、德国海德堡大学汉学系瓦格纳教授、海德堡大学的顾有信教授等共同探讨了启蒙在中国的发展历程及其对中国近现代历史的影响。④2010年5月,汤先生参加了两岸清华大学所举办的"杜希德与20世纪汉学典范的大转移"学术座谈会,与与会的一些汉学家有深入交流,他认为国际汉学是今天我们国学重新恢复的重要参照系,因为近代以来国学之兴起是与西方汉学进入中国学术界紧密联系在一起的。⑤

(七)指导海外学生、培养海外中国学学者

除了如上所列的种种活动和工作之外,汤先生还培养了一些来自欧洲、韩国等地的海外学生,培养了一批对中国传统文化、对中国哲学、宗教有深入研究的重要汉学家,比如雷立柏(Leopold Leeb)等等。在此不一一列举。

(八)汤一介先生推动海外中国学研究的实践活动的特点

由于汤先生在其他领域的重要声誉和重要地位,他在推动国内学界的海外中国学研究方面所做的大量工作,有时候反而被忽视了,以至于很多人没有

---

① 参见 http://item.jd.com/1625761652.html。

② 阎纯德主编,学苑出版社出版,1995年创刊。

③ 参见 http://www.aisixiang.com/data/53475.html。

④ 参见 http://www.chinanews.com/cul/2011/09-10/3319883.shtml。

⑤ 参见 http://item.jd.com/1625761652.html。

意识到汤先生在这方面所付出的诸多努力和所体现出的重要价值。通过以上的整理，我们便可以初步了解汤先生在推动国内学界的海外中国学研究方面所作出的重要贡献。

首先，汤先生相当早地认识到中国学研究的重要性，并且很早就介绍海外中国学研究的学者。早在 1983 年，他参加国际中国哲学会议时，就积极展开了通过国际汉学界的交往。1985 年，汤先生在深圳大学国学研究所时，主持召开过"东西方文化比较研究协调会"，即已注意跟海外汉学家交流合作。这次会议曾邀请两位海外的汉学大师：加州大学的历史学家魏斐德、哈佛大学的杜维明。① 其间，还跟国家教委的高校古籍整理工作委员会合作，办了两届"中国学"研讨班，请来了饶宗颐、刘述先、赵令扬、霍韬晦等海外学者授课，为全国几十所高校培训了一百多名从事比较文化和汉学研究的青年教师。② 汤先生其时就有明确的意识，要通过这些形式的工作，把国内学术界的成果介绍到外面去，同时把海外的研究成果移植到国内来，使之起到一个学术交流桥头堡的作用。③ 另外，1987 年，汤一介主持的深圳大学国学研究所编辑了《中国文化与中国哲学》，刊登介绍魏斐德的文章《现代中国文化的民族性探寻》。④ 我们可以发现这些推介海外中国学研究的活动在国内都属于比较早的。国内其他重要的汉学研究机构大都是进入 90 年代中后期才开始出现的，重要的汉学研究刊物一般都晚于这些研究机构的出现；而重要的、大量介绍海外中国学研究成果的丛书，比如刘东主编的"海外中国研究丛书"也是在 1988 年才开始出版的。由此，我们可以体会汤先生敏锐的学术洞察力，以及他能够开学术风气之先的素养。汤先生对海外中国学的关注或许不是其工作的中心或重心，但还是非常好地体现了学术的前瞻性。

其次，汤先生对海外中国学研究成果的介绍、对国内学界关于海外中国学的反思性研究的推动是全方位的。他做了多方面的工作来推动这一研究，包括我们在整理中所提到的积极参与出席中国学方面的会议、邀请汉学家来中国做演讲或讲座、主编介绍中国学研究成果的丛书、创办或扶持成立从事汉学研究的机构、支持或参与创办介绍海外中国学研究成果的刊物、主办中国学方面

---

① 参见 https://www.douban.com/group/topic/83392531/。

② 参见 https://www.douban.com/group/topic/83392531/。

③ 参见 https://www.douban.com/group/topic/83392531/。

④ 参见 https://www.douban.com/note/541615718/。

的会议、与汉学家进行直接的对话与交流、培养来自海外的学生、培养海外中国学学者，等等。可以看出，汤先生在推动国内的海外中国学研究方面是非常用心的，也是非常积极、非常热心的。

最后，应该指出，汤先生不仅有从事推动海外中国学研究的具体行动和实践，而且对海外中国学做过很深刻的思考，也就是说有自己的关于海外中国学研究的理论，包括研究海外中国学的意义价值、如何看待海外中国学研究的成果、如何促进中西方文化的深层次沟通和交流，等等。对于这些理论问题，我们下文专门作出整理和思考。

二、汤一介先生对海外中国学研究的理论分析

汤一介先生关于海外中国学的理论见解和看法，主要见于他就此主题发表的一系列文章、在一些汉学会议上的发言，以及他为海外中国学研究的丛书所撰写的一些序言中。对于海外中国学的研究，汤先生很谦虚地认为，其认知主要局限于自己的专业领域，也即哲学领域的中国学研究之内。确实，当代海外中国学的研究范围、内容都极为丰富、广泛，能将某一领域内甚至是某一主题的中国学研究成果梳理清楚已属不易，故而汤先生所言，虽属谦辞，却也实事求是，体现着其一贯的谦逊而严谨的态度。依据汤先生就哲学领域的中国学研究所发表的一系列文字，其关于海外中国学的看法主要集中于如下几点：一是海外中国学研究的价值和意义问题；二是海外中国学研究的几个代表性视角或类型；三是海外中国学研究对我们当下的研究具有何种启示意义。应该说这几个问题都是海外中国学研究的关键问题，汤一介先生对这些问题的阐释说明，对我们研究海外中国学具有重要指导意义。

（一）海外中国学研究的价值和意义

汤先生之所以较早向国内引介海外汉学或海外中国学，并且积极而广泛地参与国内学界对海外中国学的各种研究活动，显然是立足于其对中国学研究成果的重要价值和意义的清晰认知的基础之上的。在汤先生看来，引介和研究海外中国学界的研究成果，至少在以下三方面具有重要意义。

首先，海外中国学界的研究成果揭示了中国哲学、中国传统思想所可能具有的普遍性价值。汤先生认为，在世界各民族文化中都会有一些具有普遍意义的、全人类都会认可并从中受用的具有普遍性的价值和观念。如果不承认这

种普遍性价值的存在，那么世界各民族之间的沟通和交流就会是有问题的，这会走向文化相对主义，彼此之间很难对话，很难有共识，各民族最终只会陷于自己的特殊性之中。汤先生观察了汪德迈、郝大维、安乐哲等汉学家的研究，这些研究都注意揭示中国传统哲学中所具有的可供西方借鉴的普遍性价值。汤先生说："海外汉学家注意到在中国思想文化中具有某些具有'普遍价值'意义的思想资源，这应该说是他们对'中国学'研究的一个新贡献。"[1]汉学家身为西方学者，他们都已经对中国哲学、中国传统中所具有的普遍性价值作出了肯定和认可，这从侧面向我们证明了揭示中国传统哲学中的普遍性价值是可能的。

其次，海外中国学界在哲学领域的研究成果揭示了中国传统哲学同当今世界哲学的相似性、相容性，进而展示了中国传统哲学走向世界的可能性及途径，这可为我们推动中国哲学的世界化提供借鉴。正如上文所言，汤先生认为海外中国学界在哲学领域的相关研究揭示了中国传统哲学所具有的普遍性意义，揭示了其对于当今世界哲学和当今人类可能会作出的贡献，这无疑对于展现中国哲学的当代价值、展现其世界性意义具有重要帮助。汤先生注意到，西方学者怀特海、查伦·斯普瑞特奈克（Charlene Spretnak）、约翰·科布（John Cobb）等对中国哲学都有所阐述，怀特海认为中国传统哲学与过程哲学存在相似性，而斯普瑞特奈克和科布对中国传统哲学所蕴含的建构性的后现代主义思想进行了揭示，汤先生认为这恰恰证明了中国传统哲学与西方后现代哲学之间的相容性和可沟通性，由此也展现了中国传统哲学走向世界、走向后现代哲学的可能的途径。这无疑对于在新的时代背景下阐释和发展中国传统哲学具有重要的启示意义。

再次，海外中国学界的研究成果是沟通中西的桥梁。汤先生认为在当今时代中西方文化的交流和沟通是必不可少的，而海外中国学界的中国哲学研究实际上起了沟通中西的重要作用。海外汉学家都是兼通中西的学者，一方面，他们把西方哲学带进中国传统哲学之中；另一方面，他们又把传统中国哲学引介到西方去，使越来越多的西方人了解中国哲学、中国文化。汤先生在评价一些著名的华裔汉学家时说："既可以通过他们'拿来'海外学术研究的最新成果，又可以同时送去中国学术文化的真精神。……也许我们可以说，他们无疑

---

[1] 汤一介：《"海外中国学"研究的新视角》，《学术月刊》2010年第5期。

是建设中国现代新文化的一支不可缺少的力量和促进世界民族和国家间文化交流的使者。"① 其实这不仅可以用来评价华裔汉学家，在一定程度上也可以泛指所有的海外中国学家。

（二）海外中国学研究的重要视角或视点

关于海外中国学研究的类型学考察也是一个非常重要的问题，汤先生对此也有所思考。不过，他并没有对海外中国学研究做一个全面的、系统的分类，而主要就汉学界存在的几个重要的、具有代表性的研究视角，进行了概括和说明。在汤先生看来，当下的海外中国学研究主要有三个突出性的视角，分别是：（1）在中国文化中，寻求有普世价值意义的思想资源。（2）法国哲学家于连（Francois Jullien）以"迂回—进入"模式研究中国学。（3）重视中国原始经典研究的趋势。②

在海外中国学的第一个视角中，汉学家所做的不只是研究中国传统，更是要设法使之成为丰富和改造西方世界的一种文化资源，在中国传统哲学中寻求可以用以解决当前人类社会存在的种种问题的思想财富。代表性人物有汪德迈（Leon Vandermeersch）、郝大维（David L. Hall）、安乐哲（Roger T. Ames）等。比如，汪德迈认为，中国的"天人合一"思想对解决"人和自然"的矛盾，"远神近人"的观念对治于宗教的完整主义，"四海之内皆兄弟"的"天下观"对解决"博爱精神"的缺乏等都具有现实的意义。郝大维、安乐哲也曾讲："我们要做的不止是研究中国传统，更设法使之成为丰富和改造我们自己的一种文化资源。"③ 这种视角的研究，其发出点都是试图在中国传统哲学、文化中寻求具有世界意义、普遍价值的资源，用以弥补西方哲学自身的一些不足。

汤先生把法国汉学家于连"迂回—进入"的研究归结为中国学研究中第二个重要视角。于连认为，中国文化对欧洲文化来说，代表着一种最明显的外在性，它会让欧洲人摆脱自己的种族中心论。通过互为主观、互相参照，重视他者、反观自身文化的跨文化研究，从另外一种文化来了解自身文化，从对中国文化的研究出发，走一条迂回的道路。从外在的观点来观察自身文化，必定

---

① 周策纵：《周策纵自选集》，山东教育出版社 2005 年版，"总序"第 11 页。

② 参见 http://www.sinoss.net/2010/0102/17318.html。

③ 郝大维、安乐哲：《通过孔子而思》，北京大学出版社 2005 年版，"序"第 5 页。

会有新的视角、新的发现。

汤先生认为海外中国学研究中存在的第三个重要视角是重视中国原始经典。在汤先生看来，大多具有悠久历史文化传统的民族都非常重视对古代思想的重新温习与发掘，回顾自身文化的源头，回顾"轴心时代"，从而激发新的思想。虽然总体上看，近些年的"海外中国学"研究重点已转到现当代中国政治、经济、文化、艺术等等方面，但是自20世纪简帛的出土，又再一次引起了西方对中国古代历史文献的关注。因为在汉学家看来，不了解中国文化之源，很难对中国的现实及其可能之发展有切实之理解。自20世纪末至今，在欧美和日本的汉学家对出土简帛的研究以及对传统经典的研究日愈广泛和深入。

关于海外中国学研究的三个有代表性的视角，汤先生在另外的文字中则有不同的描述，即用"建构性的后现代主义思想中的中国思想因素"取代了"重视中国原始经典研究的趋势"这一视角。① 也就是说，汤先生还注意到一些建构性后现代主义哲学家，比如查伦·斯普瑞特奈克和约翰·科布都对中国传统思想比较熟悉，他们认为建构性后现代主义的思想与中国传统思想在很多方面是相似的，并对两者进行比较，指出了中国传统哲学中蕴含的后现代性因素对于西方后现代主义哲学所具有的积极意义。汤先生认为这种研究也是当下海外中国学研究中一个非常重要的视角，这种研究对于传统哲学与后现代接轨，更加顺利地进入后现代具有重要意义。

严格来讲，汤先生在前一种表述中所概括的三种视角，其实其划分标准并不是十分清晰明确。因为视角一是指的研究内容，视角二是研究方法层面的，而视角三则是研究对象方面的。正是由于汤先生在概括这三个视角时，标准不是很统一，所以初看起来才会让人觉得逻辑上不甚完美。或许是因为汤先生意识到了这个问题，才提到了后面的这三种视角，而后面的这种概括至少从逻辑上就更合理一些。

不过，汤先生自己明确讲过，其对于海外中国学研究中的视角的概括并不追求全面性和系统性②，所以以上的评判确实是一种过分的苛责。仅仅从指

---

① 参见汤一介：《海外中国学研究的三个新视角》，此文为汤一介先生在第四届世界中国学论坛所做演讲。

② 参见汤一介：《我所了解的海外中国学研究的三个新视点》，此文为汤一介先生在第二届世界汉学大会上的发言。

出三种有代表性的研究倾向而言，汤先生的概括是有效的，况且他的确敏锐地把握了海外中国学界几种有代表性的研究视角，更不用说这种简洁的概括体现着其前瞻性、智慧性，可以启发进一步的研究了。

（三）海外中国学研究的启示

汤先生认为通过梳理和反思海外中国学的研究，思考其研究成果、研究方法、研究视角，对于我们当下的研究，无论从理论方面，还是在现实方面都具有有益的启示。

1.“迂回进入”与“返本开新”

汤先生认为在当今时代要实现中国文化的复兴，需要我们回归传统经典，返本才能开新。只有回到经典，重新诠释经典，赋予经典新的意义，才能开出新的局面。而如何真正做到“返本开新”？汤先生认为于连的“迂回进入”的模式提供了很好的借鉴。“迂回进入”的模式考虑到因为我们对自身文化的熟悉和过分亲密，与之缺乏适度的“距离感”，因而会影响对自己的文化传统的切实反思。“迂回进入”的模式通过选择先离开，再绕道返回，试图站在自己的文化和哲学之外，以他者的眼光重新审视自己的哲学，摆脱由于过于亲密而导致的无形的“遮蔽”，获得客观审视自己的文化所需要的距离感，获得一种外在的视角，从而更好诠释自己的文化、发展自己的哲学与文化。总之，借助于“迂回进入”的模式实现了文化的“返本开新”。

2.文化主体性与中西文化交流对话

汤先生认为中华文化的复兴，一方面固然要保持我们文化的主体性，但同时也不能因此陷入故步自封和民族中心主义。中华传统文化有其固有的特点和价值，它并不比其他文明要差，在新的时代中它能够而且应该继续发挥其作用。我们要自觉地传承并弘扬中国传统哲学文化，但这不应该成为自我封闭的理由。就像汉学家于连给我们呈现的，西方文化在保持其自信的同时，又通过“迂回进入”的模式，自觉避免民族主义，从中国传统文化中、从外部视角反思自己的文化传统，获得自身哲学文化的发展。中国文化、中国哲学的复兴，同样也需要站在“此山之外”，以他者的眼光获得与自身文化的距离感，要注意同西方文化展开平等的交流对话，在沟通中共同进步。

3.中西方沟通交流中应避免意识形态或其他因素的干扰

汤先生通过与汉学家的交往、交流，以及对海外中国学研究成果的分析，认为在一些研究中难免受到意识形态等非学术因素的影响和干扰，比如他在参加一次汉学会议之后指出："国外学者可能有他们意识形态上的偏见"，"这使我感到，研究学问、特别是对中国现当代问题的研究应是真实的材料（史料）优先，而中外都应摆脱政治意识形态的干扰，才能得出合乎实际的正确结论，才具有真正学术理论的价值"①。确实，海外中国学的研究由于研究者本身的知识背景、立场等因素影响，戴着有色眼镜观察中国，使其对中国的研究难免存在一些问题，产生一些误读或曲解。误读和曲解则可能造成沟通交流的障碍，所以在中西交流对话中应该尽量去同情地理解对方，避免这种偏见带来的误读，从而更好地沟通交流。

总体上看，汤先生在对待海外中国学问题上始终保持一种开放、包容的心态。很多国内学者看不起海外中国学或海外汉学的研究，认为他们对中国的研究总是难免存在巨大隔阂，很难深入中国哲学、文化内部，很难真正理解中国。汉学家的中国哲学或文化研究仅仅是他们立足于自身立场对中国哲学、文化的有意变形或塑造。与此不同，汤先生对海外中国学、海外汉学的研究很少有批评之语，他更多地看到了这些研究所具有的积极意义和启示，并且以开放的心态去学习、吸收这些研究成果，进而以自己的努力推动这些研究在国内的发展。我们认为，海外中国学研究近些年成为一种显学，在国内获得了较大的关注，对此的反省也有了深入的讨论，中西方的交流获得了进一步的推动。对此，本文认为汤先生在其中是功不可没的，而汤先生在其中所做的工作和贡献需要我们更进一步、更全面的梳理和探究。

（作者简介：徐　强　大连理工大学哲学系）

---

① 汤一介：《研究"海外中国学"的意义》，《国家图书馆学刊》2010 年第 1 期。

哲学与历史的融合

——本体诠释学的本体诠释与中国解释学的历史诠释

成中英

一、本体诠释学与中国解释学的三异一同

　　1983 年在纽约大学召开第四次国际中国哲学会议，我邀请汤一介教授并同肖萐父、金春峰，我负责接待，从此与汤一介先生建立了深厚的学术友谊。1984 年在加拿大蒙特利尔召开国际第 17 届世界哲学大学，我主持中国哲学圆桌讨论会，邀请汤一介教授参加，他发言说到中国哲学的三个境界：天人合一、知行合一、情景合一。1985 年在加拿大多伦多召开第 5 届国际中国哲学会议，汤一介教授参加，适逢他正在哈佛大学燕京学社做访问学者。我与汤先生及其夫人乐黛云女士交谈很多，我们讨论创办一个国际中国诠释学的刊物。恰巧这几个国际大会都有提到中国本体诠释学，不过虽有中国哲学的成分，但是它不直接发展中国诠释学，所以它的历史意义并不彰显。然而在理论层面上涵盖中国哲学基础源头来融合西方诠释学的传统，发展具有世界意义的一个本体哲学或方法哲学，是很重要的。中国有没有诠释学？中国诠释学是什么样？与西方主流诠释学是什么关系？这些问题都需要讨论。我最先注意到中国的诠释学与《周易》的源头活水关系，因此一直致力于融通中西、建立具有世界意义的诠释学。汤一介先生对此很有兴趣，于是我提议创办中国诠释学期刊。

　　遗憾的是，1985 年我回到国内，与汤一介先生同去湖北黄冈参加熊十力百年学术会议，同住在一个房间，但我们的探讨转到新儒家方面，没有进一步探讨如何创办中国诠释学期刊的问题，没有界定诠释学的概念以及如何发展中国诠释学。即便 1985 年我与汤一介先生在其他地方开会时讨论过诠释学的问题，但也没有深入下去。当时他忙于中国文化书院的事，我也没有积极推动，

他也无暇顾及。由于我们太忙碌，这件事就搁置下来。

1986 年、1987 年我与汤一介先生对诠释学的概念以及如何去建立中国诠释学产生了几点分歧。在概念上我发现汤一介先生一直用"解释学"字样，我提出用"诠释学"一词代替"解释学"一词，但汤先生似乎不在意二者的差别。这是我与汤先生之间的第一点不同。

我看过他写的中国解释学文章，我与他讨论过。我理解汤一介先生想从古代历史上找到不同的诠释模型，他提出了三种不同的注释方式作为典型：第一种称为历史事件的解释，如《左传》对《春秋》的解释；第二种是《系辞》对《易经》的解释叫作整体性的哲学解释；第三种是《韩非子》的《解老》、《喻老》叫作实际社会政治运作型的解释。[①] 而我在本体诠释学方面却探讨两个基本问题：一是中国诠释学是不是基本上可归纳并定性为本体诠释学；二是本体诠释学要面对诠释"学"的所谓哲学问题，涉及根源性的考察与终极目标的考察，不是说只是找寻中国人怎样解释或诠释文本的问题，离开了哲学问题，而是还要面对哲学的考察。这是我和汤先生之间的第二点不同。

我们之间还有第三点不同。我显然是在本体诠释学层面上把中国诠释学的基础建立在周易或易经本体学之上，开展不同层次以及不同方面的实际诠释及其应用面的延伸与发展，可名之为"用与行"以对应本与体之知。透过中国传统关于宇宙天地、自然人生、人格心性、道德理性、实用智慧，以及真、善、美、和、神（圣）这些基本价值性的考虑来显示多姿多彩的诠释成果。显然我要探讨的是诠释这一个知解的活动如何可能，中国文化与哲学中诠释形而上的基础问题或曰本体论的基础问题，不是个别的诠释方式或诠释的表达方式。这是我和汤先生的第三点不同。

这三个不同并不妨碍我和汤先生的大同之处，我谈本体诠释学有明确对象。汤先生所诉求的也是历史的事实，两者平行而都属于中国人对知识与价值的两个层次：哲学的与历史的。也可说为中国诠释传统和现代西方的诠释传统的区别。我提出本体诠释学是有针对性的，一方面针对海德格尔或伽达默尔这个具有形上哲学基础的诠释学理论，一方面针对中国传统隐而未发的本体学的思考，涵摄于传统历史、文学与思想文献之中。针对两者，本体诠释学要理论上回答人是什么存在、内涵为何，人与宇宙天地的关系为何以及人与他者及世

[①] 参见汤一介：《论中国先秦解释经典的三种模式》，《北京行政学院学报》2002 年第 1 期。

界之间的关系为何。这自然涉及我说的形上学、本体论、知识论、伦理道德学及政治哲学等基本认知。对我而言，西方面临人与上帝（包含环境生态）的对立、现象学与存有论的对立、人文主义和科学主义的对立。中国的本体哲学不管如何诠释都必须认识到它重视的各项合一，如天人合一、主客合一、内外合一、体用合一、知行合一等。汤先生更提出了一个情景合一，特别能够体现中国美学的功能。这些合一显然为西方哲学中面临的对立提供了一个出路。中国哲学与西方哲学、中国文化与西方文化之间也显示了一个科学与人文之间的相互补充。这个基于不同的哲学诠释传统的观照或背景是值得重视的，因为它开辟了一个根源性与世界性的哲学与文化认知与探讨，同时也体现了并指向了一个认知与探索的方法。有此理解，本体诠释学导向了历史经验的反思，而可以呈现不同领域的知解方式与语言表达形式。这是我和汤先生之间的一个大同之处。

二、本体诠释学作为中国诠释学核心的发展

在此三不同一大同的框架下，我想就对西方诠释或解释传统的了解来说明当前我和汤先生关注的中国诠释学的发展问题。我先回到诠释与解释的差异做一个当代性的表述：诠释是人文的事；解释是科学的事；诠释是指对文本或作为文本符号的现象进行意义与指谓的说明（interpretation），而解释（explanation）则是对自然现象或作为历史的现实做出规律性或合乎规律性的说明（lawlike interpretation）的，涉及一个涵盖性的规律模式。诠释学是针对 hermeneutics 翻译成诠释，对此我较后有所说明。伽达默尔在其名著《真理与方法》中说明，真理不一定经过方法，方法不一定反映所有真理。关于翻译的问题，1965 年我在台湾讲学，有学者问有个新名词，是希腊文，表示传递消息。消息需要正确了解与正确传递。比如发生一个交通事故涉及当事者的死亡，信息传递者怎样让有关对方了解此一信息以及其含义，有一个方式的问题，也许他不叙说事故的直接信息，不直接说出死亡的事实，而仅从某种传递的方式来表达传递者理解的真相。因为信息不一定直接表达真相，我们需要一个理解的过程也是一个诠释的过程来了解，透过诠释方式来了解。为什么说是诠释呢？因为要把没有说清楚的话清楚地说出来。

诠，用语言补充；释，解开闭塞。诠释就是更正确地表达信息及其所指真

相。在希腊文是传递消息，需要说明，需要用语言表达出来。诠释因而与现代意义的解释不一样。在此意义下，"诠释"一词也就开始普遍地应用了。当时也有人问我，依据的中国古典是什么？我举出《淮南子·诠言训注》谓："诠，就也。就万物之指，以言其征，事之所谓，道之所依也。"显然，以语言指物，并有所谓述，说明事物之本原及其意义与指谓之所以成，即是诠释的主旨。重要的是，透过诠释一个文本可以发挥凝聚与凸显一个语言中思想的意涵及其所指，自可视为一个作者或传递者内在自我所表述的意指，同时也因语言沟通进入读者心灵之中，形成理解，或表述为另一文本，本本相生，文文相继。所谓诠释即是相生相继揭露本原体系义理之活动者。"诠释"一词，虽然后来台港学者都在用，大陆文哲学者对此翻译背景并不熟悉，但大陆学者所理解与所感兴趣者却十分符合我的本义。以我所说的本体诠释学，为一个整体的新思想潮流，能够从存在深层理解一个事故的可能。同时，也具有特殊的重视本源与体系发生与发展的思维与表达方式，即为本体诠释，而非一般所说的解释也。我重视本体的思考历来已久，但认识到从语言中表达本体的诠释方式却是面对伽达默尔所提出的真理与方法之关系开始。

汤一介先生遵从中国社会科学院编的《中国哲学大辞典》（1994年出版）翻译hermeneutics为"解释学"显然并无异议，问题是70年代以后，"诠释学"或"诠释"一词不但在台港已经流行，而且已经在1985年传入了大陆学界。我在北大及中国文化书院1985年讲学时即已提出了本体诠释学的概念与内涵，并在1987年于华东师范大学讲学时进行了较为系统的发挥，后来出版为《中西哲学的会通与融合》一书（1991年）。我在讲课中及在出版物中即已指出，"解释"在科学中已经有一定意义在里面，指的是explanation。科学解释，根据规则性的定则或根据所谓自然律则来说明一个事故，譬如用物理定律来说明地球的运行，用化学定律来说明万物的形成。在科学领域里，用科学定理来说明自然现象，如用力学中万有引力解释物体运动现象、天体运行。生活中也有一些不成文的非精确性的律则表达在里面。比如车祸，如何解释？回答是由于天气不好、地势危险或人们酗酒造成，基本上有一定客观规律在里面。这是解释，不是诠释。当然，我们可以诠释一个自然现象，把自然当作文本与符号系统。诠释就是诠释文本或一个符号体系的意思，本体诠释学是经过本体的思考来诠释文本、说明现象，而不必局限在科学之中。我可以说是用诠释涵盖了解释，而汤先生则是用解释涵盖了诠释。在当代科学哲学中，我们明显地用理论来解释或表达科学定律之能够解释现象。至于文本，我们当然也可以做科学的解释，但却导致化约人文现象于物质现象之中的后果。伽达默尔明确反对，他认为你不能把一切人文现象用科学的方法来解释、来化约。

我们必须说诠释是人的表达与理解事物的一种方式，具有高度的自觉性，高度的思想的综合性，必须首先理解语言与文本的意义及其所指。人们理解与认识环境的对象不一样，语言表达的方式也不一样。诠释是把话说清楚，而且有多种可能。由于文本的理解，由于背景关系，以及涉及一些潜在存在的假设，所以提出的理解与认知会有差异，这种差异也可以是涉及本源意识与体系发展的差异，因而本体性的探求成为必要。科学解释重视客观物质层面的考察，要求统一的客观性，排除了多种解释的可能。当然在科学发展史上有多种解释的可能，但在追求真理上，却以导向一个统一的真理为科学的研究方向，此一事实见之于牛顿、爱因斯坦等科学家的基本思考之中，比如万有引力、统一场论等。但在文本的说明上却可以有多种诠释的可能，所以要在理解上把它们加以区别，把它们的关系说清楚。汤先生虽然不同意我的说法。但奇妙的是：最近10年我注意到他也开始用"诠释学"一词了，并把"解释"与"诠释"两词交替使用，没有区分。在这里，我觉得他已经接受了我对诠释学所做的解释。这是我想澄清的一个历史回顾。

第二个回顾，涉及中国诠释学的问题。诠释是一种思想的过程，是思维的方式加以表达出来。这样一种认识，当然可以有不同的表达方式，它在基础上面，对理解是有一定认识的，对事物真相有基本的认识。这种基本认识是在本体诠释学对一个事物发生的根源、发展的过程、发展形成的整体或个体的意义与所指，因思想与语言的不同而不同，进行认识以及对它们的关系进行分析与认识。如何让我们的概念或表达的意思，显示出本体真实的基本认识。假如我们有一套本体发生的学问，我们就可以解释为什么事物形成为事物，为什么我们能认知这样的事物、那样的事物，而无其他。事物之为根本，事物之为发展，事物之为根本发展的成果，有很多可以探讨的问题。我们可以用思维本源的关注、思维发展及其过程的关注、思维成果及目标的关注来表达我们理解的基本方式，并说明事实，说明论证或说明真理，显真理。这就是本体诠释学的诠释作用内涵，也是中国哲学中的根本关注。在实际操作里面，汤先生用文本分类来说明不同文本与不同目标的解说方式，这是有创意的。他认识到诠释的多样性，而我却强调了诠释作为一种思维活动的一元性。我把理解作为最主要的诠释活动，因理解到的对象与目标不同而有不同类型的语言表达。至于理解是什么，刚才已有说明，并不必影响到诠释之为诠释。在中国文化早期的处境中，理解对象与目标如为天地宇宙的变化之道，无疑它将导向《易经》的文本的形成。这里我们涉及一个理解方法的问题，为此我提出广泛自然周遍的观察（comprehensive observation）与自我深刻的反思（profound self-reflection）两个过程作为理解的方法，也是作为本体认知概念或典范（本、体、知、用、行）形成的基础与根据。这种基于根源、发展与对象的理解只是一个内在概念体系的认识，而非一个外在的方法的运用。这样我们就可以看到不同的诠释文本的可能，乃是根植在文本所预设或包含的真实状态之中。

三、论中国解释学中三种文本的诠释模型

汤先生提出的古典文献中的三种诠释文本以及三个诠释目标模型。他提出《周易易传》诠释了周易文本中的自然宇宙论，《左传》针对孔子所做的鲁国春秋进行了历史事实的记录或描述，韩非子《解老》与《喻老》两文对《老子道德经》一些重要文义的意思解说与推演，并举例以说明之。这是汤先生所说的中国解释学诠释三个典型。这三个基于前人的某些文本进行功能性与目标性的说明是有其特殊意义的，因为这是发挥了给予的文本的基本意义及其所指，已具有本体学的意义，只是汤先生未能加以指出而已。当然，也可能汤先生不想用本体这个概念来加以说明。如何理解本体是道，是理，也是历史呈现的事实，这三个文本诠释的现象也自然可以看做本体诠释的不同方式了。问题的关键也在这里，为何不能有一个对真实加以说明的概念与方法呢？我认为没有说明诠释学的基本问题，只是把诠释的方法用在不同的文本说明一种诠释的成果或后果，可以看成是本体诠释的实际应用，而在应用中假设了本体的诠释，因诠释的方式、对象与目的的不同而表现不同。诠释作为理解的活动是否也有不同？怎样诠释《周易》中宇宙思想、宇宙体验或经验？怎样解释《春秋》中历史事实以及包含的道德价值判断？把《春秋》作为文本还是历史事实？显然《左传》是对《春秋》同一个历史事实的了解。《春秋》用简易的笔法述史，寓以微言大义，《左传》则是细化了历史的陈述，把微言大义的发挥留给了《公羊传》或《穀梁传》。所谓解释事实上只是重新描述而已，以更详尽的方式说明事实。说到韩非的《解老》《喻老》两篇，我们看到的是韩非对

《老子道德经》的基本概念的认识以及一些基本思想的表述，有其概念上的创发性，譬如以理来说道，并用理来说明天地宇宙与国家治理的一些道理。

汤先生把中国的诠释学看成不同型态的文本解释方式，当然也可以说是不同的理解方式、不同的语言表述方式。从这个角度看，我们可以列举更多的文本作为后起文本诠释的基础，如在"儒家五经"中，我们可以把《礼记》看成是对原初的《周礼》与《仪礼》的解说与基础及历史事实的说明，后来的诗传如《韩诗外传》看成是对《诗经》的历史与内涵意义的说明，等等。关于《尚书》，汉代有伏胜作《尚书大传》，是否可看成对《古文尚书》的解说？评者指出其穿凿支离，或涉及尚书，或不涉及尚书，如何界定其为诠释构成为重大问题。当然这是经学中必须面对的问题。"十三经"中则更多经与传的关系问题，在此处不拟细论。在子学典籍中，老庄也可以看成诠释的关系，显然更是一种本体性的诠释了，而非历史的表述或比喻式的阐释了。这也正如曾子、子思、孟子与孔子或荀子与孔子的义理传承关系，更必须要用本体的诠释思考方法来说明了，在此我以不拟细说。中国哲学的发展基本上是本体诠释的发展，可以见之于二程与朱子、朱子与王阳明。王夫之的易学更可说是对对张载《正蒙》一书的义理与本体性的发扬，程朱理学与陆王心学是对性理与心理的概念的一种本体诠释。这些发展说明了一些文本的关连，但更重要的说明了本体认知与本体表述与本体实践的关系。中国诠释学抛除这些还有些什么呢？

中国文化中文本可以由后人加以重新认识与说明，但认识与说明的方式与方法显然有其自己的特色，涉及思维方式与表达方式以及沟通方式，与其他文化中的思维、表达及沟通方式显然不同。但是在基本的问题上仍然是对人的存在与存在活动以及存在认知及其意义与价值的理解与说明。中西的不同也在这些方面，本体问题就是基本问题，对本体的探究显然包含了这些有关人的存在的问题。我与汤先生的不同在于，他从具体事物看新的说明的可能，而我，从文本所包含的根源的指向或概念体系的形成来说明诠释的过程与呈现的意义。我尤其重视文本的含义来自于我们已形成的本体宇宙观点，而世界上的现象可以当成符号体系，具有其内在的文理与意义，因而是人类文本的蓝本与底本。认识这个世界符号体系中的意义与价值，才能诠释五经，才能诠释子学，才能诠释历史与史书，才能诠释古典的诗词歌赋。我和汤先生之间有很大差异：汤一介先生体现的是一种经验分析的方式来表达一种实际的多元诠释的可能。至于说它们之间的关系怎样，解释方式不同，为什么造成不同，汤先生未说明。而在我则面对诠释哲学的根本问题来考察中国哲学的形成以及其所以形成，寻找其本根，鉴定其发生与发展以及其原理，用以说明一个思维方式，一个认知方式，一个表述方法，一个沟通方式。

显然，我和汤先生之间是一种互补关系。汤先生尊重历史文本，说明注释文本所包含的传统意义，进而发挥其现代意义。这是有其基本价值的。我则说明中国文化中文史哲的诠释与表达方式是与西方诠释学传统不同的。伽达默尔和海德格尔关心的问题是人的存在问题，是人的存在能不能导向一个能否及怎么去理解这个世界的问题以及人和人的关系问题，甚至是自我存在的自我理解问题，这是一个哲学问题而不是文本问题，文本只是作为一个语言表露诠释概念的成果来看待。诠释为什么受到重视，诠释不只是方法论，而是存在自身，代表人的存在所发展出的理解范式。我必须说我的本体诠释学与其所依循的周易哲学整合出，也勾画出一个变动不居的具体的品物流行宇宙中人能够认知世界的方式，用以表达不同义理与所指的意义系统。这样与西方对照可以看到它的重要性。西方传统先重超越性，后重个体性，一再形成二元对立，用以诠释的世界也是二元对立的。就中国文化中哲学思维而言，人本是天地间的一分子，自然形成一套天人体系，自觉发展一套意义体系。在自然与自觉中看到更多的整体真实，更多的发展真实，当然也体会到必须克服的差异与冲突问题，这是很重要的。本体诠释学强调本体存在的认识。在理解文本中，与认知自然之道一样，面对根源、发生、发展、关系与成果等问题，而不应只是一种分类。中国诠释学是在具有特质的基础上具有导引与实践的含义，因为本体的概念离不开实践，正像本体的概念离不开现象一样，因为它涉及人的本体与宇宙的本体的道通于一的体验。它的应用性也是很强的。这个应用性，用于预测也好，用于决策也好，潜在地说明本体诠释学和汤先生说的具体的中国诠释学有同一个关切，却理一分殊的关系，不但有互补之用，且是息息相关。补充在于中国诠释学可以提供经验的例子，提供诠释的可能。本体诠释学，从传统哲学里面各种不同哲学事实，找到哲学共同性的表达方式，聚焦于哲学的思考，把中国哲学思维提升为人类文明发展的一个未来方向，解决了西方非本体性的、后现代性的诠释冲突、对立与隔绝问题。

也许我们可以把中国诠释学看做是一种对历史注释的分类。注释不是单独的，可以包括著书，也可以包括对一个事物体系的认识，具有确定的方式，因而构成了历史性的经典诠释。它理解的是历史文本；而本体诠释学则是对当前与未来的世界与可能的文本进行理解，导向我们如何实际地去行为。基于人对本体的认识，有其规范性的作用。

四、中国诠释哲学发展的阶段

诠释学的发展很重要。不管在中国还是西方，都有两千年的历史。现在走向全球化的时代，必须考虑东西两大传统如何沟通与相互接纳及融合的问题。我们显然可以对中国诠释学的发展，提出三个不同的阶段。第一个阶段是对重要的文本如儒家五经进行实践性的了解，据我们已有的思维理解方式，用在这个文本的认识上面。这是实践诠释传统的时代。此一时代的诠释方式是理念诠释，并以实用与实践为目标，体现在孔孟的著述之中。我们认识过去并不表示认识未来，怎样用过去来规范未来，这是实践的注释文本所必须强调的。事实上，除了儒家，道家与墨家，都有此一重视实践的整体的思想表述。

汉代则开始了另一阶段，一方面对早期经典进行重述或重建，另一方面则进行文字的或概念的注释或概括，前者如董仲舒，后者如郑康成。依此，早期中国诠释学的活动，也可说是注释性的，主要在已有的经典文字之上，进行字解及句读以注释经文的理解中，面对现实，为了可用可行，形成可理解的诠释规范。长久以来，进一步形成了经典诠释的传统，以文字注释为主，但忘却了实践的目标，

最后一个阶段则在清代，经文诠释经过长期的注释落入文字训诂与文物考证的活动之中，此一训诂诠释的结果，经文已经离开实际的人生，变成生硬冷僻的文字符号了。总言之，中文典籍中原始的具有实践性的诠释，经过长期注释，最后落入到文字的注释了。一个很好的例子是，早期的占卜，其诠释充满了生命的焦虑与盼待，经过形式与仪式的发展，逐渐成了一个公式的解说，很难看到解说者的深知灼见。到今天，用计算机来卜卦或预测，只是一个聪明的或愚蠢的程式的设计与应用而已。

对我而言，自然就有对行为的规范的作用，可以借自然之力，把历史现实转化成为更好的未来认知。对孔子而言，卜卦不在知来而已，也在求其自我规范的德义。求其德义在怎样修己成为君子、成为圣贤，释卦具有未来指导的意义，就是指导实践。本体诠释学也具有此一求其德义的含义，如何明本知体以达用，实现人性之善德，就是理解本体诠释的道德含义，我想汤先生也不会反对。

五、结论：异名同出、相生互补

我和汤先生在中国诠释学方面的发展，进行了对话。我记得在 2001 年社科院方克立教授邀请我做了一个关于什么是本体诠释学的论文演讲。我指出对中国历史文化的理解，注释不能代替诠释，正如解释不能代替诠释一样。思想文化的内涵不能只借镜文字意义或历史意义，因为那是片段的，个别的。而我们必须要有一个完整却是开放的视野，涵盖过去与未来，因而不能不诉诸本体的认知与理解来整合传统，建立理论，寻求理论与实践的统一。这也才是中国诠释学应有的发展途径。传统的经典诠释基本上走的路线与汤先生讲述的没有太多差别。抓住语言表达的正确意义，正确的表述方式，集体或个别，为现代人提供过去或传统的面貌，这样产生传统的经典诠释。本体诠释学对中西形上学与本体哲学及宇宙观的建立，以及对本体性的思想与理念差异非常关注，但却不忘寻求其相关的整体性与统合性，自然也不否定其他对本体的基本诠释，以寻求其相通与融合。

本体诠释学强调本体的一元而多体，也强调人之一体中本、体、知、用、行的一致性与可通性，在基本方向上，中国本体学不同于西方：西方二元哲学强调上帝与人的差别，知识与行为的差别，价值与事实的差别。海德格尔想打破这种哲学格局却不成功。对当代中国而言，恢复国学，寻求文化复兴，就必须要掌握文化传统中哲学思考的历史的意义与价值何在，就不能不问本源何在，体系何在，根据何在，发展何在，它与西方本体诠释学的异同何在，如要回答这些基本问题，就不能不面对本体学的思考与本体诠释学的诠释功能。

总结来说，中国诠释学基于中国人对人与生命本体的哲学探讨，也基于具体处境与对象的深入认识，包括对中国哲学的更广泛的认识，更深刻的基础上说明中西不同。西方的存在结构与中国的本体结构不同，这就是为什么中国有中国的诠释学，西方有西方的诠释学。未来怎样解决中西方文化差异的问题，自然必须从本体的诠释入手，对于如何指导人的实践行为，也必须从本体的理解开始。这两点是本体诠释学特别强调的，在这个意义上，本体诠释学把中国诠释学这些具体事实融合于其中，应能更好实现这两个方向上的发展。

（作者简介：成中英　美国夏威夷大学哲学系）

聚焦中国诠释学问题

洪汉鼎

汤一介先生生前提出创建"中国解释学",在此次汤一介思想国际学术会议上,本文试图以聚焦中国诠释学问题为题,阐明诠释学作为沟通中外古今思想之桥梁,是开拓和创新中华优秀传统文化的必经之路,因此创建中国诠释学是一项重要的学术理论工程。

一、19世纪末20世纪初中国传统哲学的现代化

我国传统哲学在此时期经历了一场现代化的转变,这种转变可以用"经学解体与中国哲学建立"来刻画,如果就儒学而言,也可以说是从作为经学的儒学到作为哲学的儒学的转变。这种转变是当国人鉴于帝国主义贪得无厌的侵略和中国封建社会的腐败无能,感到需要向西方资本主义先进国家学习科学技术和新文化,发愤图强,借以挽救国家民族的危亡而产生的。邵作舟曾经描述当时人们求习西方的情形说:"道光、咸丰以来,中国再败于泰西,使节四出,交聘于外。士大夫之好时务者,观其号令约束之明,百工杂艺之巧,水陆武备之精,贸易转输之盛,反顾赧然,自以为贫且弱也。于是西学大兴,人人争言其书。习其法,欲用以变俗。"(《邵氏危言》卷上《纲记》)。如果我们回忆清末民初我国经学支离瓦解,名存实亡,以致严复所谓八股有"锢智慧,坏心术和滋游手"三大要害,那么我们就不难理解当时维新人士向西方追求真理的苦衷。

这种西方化的现代化,表现在三方面:一方面是学科分化,过去的经史子集分化为哲学,文学、历史诸人文和社会科学;另一方面是学术话语转变,我们固有的传统学术话语几乎主要被西方的学术话语所替代;再有一方面,也是最重要的一方面,就是哲学的观念、旨趣和功效完全变了,我们所面临的不再是那种内圣外王之道和为己之学,而是具有知识和实践双重意义的整个哲学世

界和哲学视域。这样一条现代化道路是否应当受到质疑呢?

的确,作为哲学的儒学是在接收西方哲学观点之下建立的,但这只是吸收和充实,而不是失去自己的主体性。如果我们不站在后殖民主义和所谓西方中心主义立场的话,那么我们中国文化主体经过西方的洗礼,这不是主体失落而是主体更加充实,因为我们是摆脱了落后的东西,向先进的行列走去,因此从经史子集进入西方现代学科是进步的。贺麟先生曾说"五四"那些批儒家的人对新儒家的好处实在太大。他说:"表面上,新文化运动是一个打倒孔家店、推翻儒家思想的一个大运动,但实际上,其促进儒家思想新发展的功绩与重要性,乃远远超过前一时期曾国藩、张之洞等人对儒家思想的提倡。曾国藩等人对儒学的倡导与实行,只是旧儒家思想的回光返照,是其最后的表现与挣扎。对于新儒家思想的开展,却殊少直接的贡献,反而是'五四'运动所要批判打倒的对象。"我还认为,20世纪末和21世纪初,在新世纪全球化浪潮中,中国经济腾飞,中国文化走入世界,这正是前一阶段的结果,是向西方学习的结果和功绩。如果没有前一阶段的现代化,那么中国学术绝不会有今天的成果。因此20世纪中国传统哲学现代化不应遭到质疑,而应得到肯定。人类教化的本质就是舍弃特殊性和同化陌生性,从而达到普遍性。正如我们到外间世界去旅游而最后返回自己家园一样,陌生而不熟悉的世界不仅是新家,而且也是我们自己的真实的家。

如果从哲学上分析,我想这里正是海德格尔所说的"遗忘"的作用。海德格尔认为,只有此在在其最本己的被抛能在中遗忘了自己,这种非本真的自身筹划才是可能的。遗忘并非无或只是记忆的缺失,遗忘是曾在状态固有的一种积极的绽出方式。记忆只有基于遗忘才是可能的,而不是相反,因为曾在状态原本在忘却的样式中开展出一种境域来,而失落于所烦忙的"外在性"的此在只有进入此一境域的内部才能回忆。这实际上就是连续性必须非连续性,非连续性正是连续性的必要条件。

在这里,我更想到了过去所谓"中体西用"、"西体中用"之争。其实这些问题都是假问题,中国人无论你怎样向西方学习,你也是中国人;中国文化无论怎样吸收国外优秀成果,也总是中国文化。中国文化的体或本质是不会丧失的。中体西用或西体中用之争之所以长期在我国思想史中未能解决,倒不是因为它们真是困难问题而不能解决,而是因为它们根本就不是真问题。正如分析哲学家所说的,既然不是问题,当然就没有对问题的回答。

在这一点上，我肯定 Interculturism（跨文化主义），并反对 Multiculturism（多元文化主义）。Multiculturism 主张各民族的不同文化彼此独立存在，互不影响，而 Interculturism 则主张各民族的不同文化可以交流，相互对话，互相影响，共同发展。中华传统文化要复兴和弘扬，首先必须走向世界，而不是封闭在自身内部，要借鉴世界先进文化改造自己落后的方面，从而使自身能得到国际的认可和尊重，并有可能成为国际思想界的主流之一。诠释学在这里就具有不可忽视的作用，而且也只有这样，中国优秀的文化传统才能走向世界。

二、20 世纪末中国学界的诠释学诉求

20 世纪 90 年代中期尤其 21 世纪以来，有些学者基于对现代中国学术的深刻反思，从对立的方面提出了"回归中国"和"回归古典"的要求。

1996 年，有人提出了现代中国学术最严重的问题是"失语症"，认为我们当代文学理论长期处于"失语"状态，以致我国文论从根本上丧失了解读传统和现实的能力，也丧失了提出任何创造性理论的能力。之后又有人说，近百年来的中国哲学研究范式是所谓"汉话胡说"，它不仅参照西方哲学来建立中国哲学史学科框架，而且大量套用西方哲学理论和术语来剪裁和附会中国哲学史料，因此提出要创建"汉语哲学"，即"运用汉语自身的思想语汇"来进行哲学思考、创造、写作和表达。这样在我国哲学界慢慢出现了"回归中国"的要求，即"以中解中"的要求，如张立文教授提出的"自己讲，讲自己"，即"以我为主"，依靠中国哲学自己的原创性能力，依据中国哲学实际情况自己定义自己，发展自己。有人还提出"以儒学解释儒学，以儒学解释中国，以儒学解释西方，以儒学解释世界，一句话，以'中国解释中国'"。这都可以说是这种"以中解中"的要求。①

如果说"回归中国"是要以中解中，那么"回归古典"则是要以古解古。"回归古典"的要求是近年来一些学者要求一种无须现代批判的古典意识而引起的，如刘小枫、甘阳等通过引进施特劳斯学派大力提倡古典学。他们坚信"古典式学问不仅比现代式学问高贵，而且比现代式学问高明"，在他们眼里，

---

① 详细情况请参阅李清良和张丰赟的论文：《新世纪以来我国学界的诠释学诉求》，《湖南大学学报》（社会科学版）2015 年第 5 期。

仿佛有一种不受现代意识影响的纯粹古典意识，这可以说是"以古解今"、"以古解古"。

今天在我们看来，尽管这些要求的出发点是要摆脱西方和现代的影响，但从根本看来，这应当是一种诠释学的诉求。为什么呢？因为从本质上说，它们都是要求发展中国的古代的优秀传统，但要发展中国古代的优秀传统，就需要在现代性语境下建立现代中国的诠释系统和诠释模式，因此它们实际上是中国哲学现代化前期的反思形式，表示 20 世纪的中国传统哲学的现代化需要进入另一个新的阶段。这个新阶段是什么？即诠释学作为中国传统哲学发展的必由进路。

三、中国传统哲学现代化的途径就是诠释学

余敦康先生说"哲学和哲学史的唯一进路就是诠释学"；汤一介先生曾问如何使中国传统哲学从传统走向现代，能否在一些方面与西方哲学接轨，他认为其途径唯在诠释学。这两位著名的中国哲学家为什么这样说呢？搞哲学如果离开了哲学史是不行的，哲学必须与哲学史同一，或者说，哲学研究就是哲学史研究，哲学就是对哲学史上哲学家的经典著作进行研究，因此哲学研究就是诠释学。经典著作的研究不是"照着讲"，也不是"讲自己"，照着讲只有别人，而没有自己，而讲自己，则只有自己，而没有别人。因此只能是要诠释学，因为诠释是别人与自己、过去与现在、陌生与熟悉的中介。余敦康先生在《诠释学是哲学和哲学史的唯一进路》一文中说："诠释学是哲学和哲学史的唯一的进路，不管中外古今，只要你搞哲学，必然是诠释学。搞哲学史是诠释学，搞哲学也是诠释学。"汤先生在 2013 年一次讲话中说："我为什么考虑要建设中国解释学，就是有鉴于现在我们的哲学、宗教、伦理学、社会学、文学、艺术，基本上用的是西方解释学的架构，而不是中国解释学的架构。但是，中国对经典的解释从时间上来讲并不比西方晚。……我们解释经典的历史很长，有丰富的资料，能不能建设有中国特色的中国解释学？这是一个想法。这与对西方的了解有关，如果不了解西方解释学，你不会想到这个问题。"[1] 刘笑敢先生也在其《诠释与定向——中国哲学研究方法之探究》一书中认为，自

---

[1] 见《跨文化对话》第 34 期，生活·读书·新知三联书店 2015 年版，第 6—7 页。

魏晋以来大多数中国哲学家都是以完整的经典注释或诠释方式建构自己的哲学体系，因而主张中国哲学今后也应走一条不仅有西方诠释学存在论，而且也有中国诠释方法论的诠释学之路。我认为走诠释学之路，就是在批判性地与中国传统经典的对话基础上发展自己的哲学之路。

当然，诠释学首先不只是一种普遍方法论，更是一种新的哲学形态。理解作为诠释学任务就已经包含着一种反思的向度，理解并非某种认识的单纯复制，而是一种过去与现在、陌生性与熟悉性、传统与现代的综合，因此只要问题涉及的只是纯粹的接受或原样自制某种精神传统，那么这里就不存在诠释学问题。伽达默尔说："诠释学也许会被定义为克服那些难有共感以及不易达到共识的区域中的距离的尝试。总有一个鸿沟必须被桥接。从而，诠释学在观看人类经验中获得一个重要的位置。"① 伽达默尔曾把这种沟通称之为"占有"（Ereignis，participation），他说："'占有'（参与）是一个奇特的词。它的辩证法由这样的事实组成，也就是占有并不是占取部分（taking parts），而是掌握了整体（taking the whole）。每位占有某物的人并不是取走了某些东西，因而其他人无法拥有它。反过来说是真的：在我们占有的事物中，通过分享，通过我们对事物的占有，我们丰盈了它们；它们不会变得更小，而是更大。传统的整个生命完全在于这个丰盈之中，所以生命便是我们的文化与我们的过去：我们生命的整个内涵总是因占有而得以拓展。"② 简言之，占有就是分有，而分有就是共有。

中国哲学要走向世界，诠释学是必经之路。正如电影界的情况一样，光靠民族特色是打不进国际的，第 6 届北京国际电影节主持人曹可凡说："很多电影还需要学会在国际语境下讲好中国故事"，就是说要真正发展中国电影，必须把握世界整体范围内电影的发展走向，而不能仅停留在国内当下的狭窄范围。中国人通过西方哲学研究而具有世界哲学视域，具有世界哲学视域的中国哲学就不再只是民族哲学，而是属于世界哲学之列。只有在一个普遍世界历史的条件下，每个民族面对的不再是本民族的本土的特殊问题，而是具有世界意义的问题。只有在这一普遍的世界视域下，我们才能说"民族的也是世界的"，

---

① 伽达默尔：《怀疑诠释学》，见 Gary Shapiro、Alan Sica 编：《诠释学——问题与前景》，Amherst，1984，p.57。

② 伽达默尔：《怀疑诠释学》，见 Gary Shapiro、Alan Sica 编：《诠释学——问题与前景》，Amherst，1984，p.64。

否则民族的只能是民族的。

四、如何理解"创建中国解释学"、"中国解释学史" 以及所谓中国解释学是一个"怪物"?

汤一介先生一方面提出要研究中国的解释学史，另一方面又提出"创建中国解释学"，这似乎是一对矛盾的命题。要创立中国解释学，就说明中国还没有解释学，那怎么会有中国解释学史呢？既然中国有了解释学史，就说明中国有了解释学，那怎么又说要创建中国解释学呢？另外，德国汉学家顾彬（W.Kubin）教授在其《中国解释学，一种想象的怪兽——对理解差异的初步考察》一文中，对我国目前所谓的"中国解释学"一词提出了质疑。按照顾彬的看法，诠释学是西方思想史上一个相当晚出和复杂的现象，中国古代哪里会有解释学呢。说中国古代有解释学的人，就是希望造成一种怪兽。

要解决汤先生的矛盾与顾彬先生的质疑，我提出从"中国经典注释"到"中国经典诠释学"，中国历史悠久的经典解释历史应该是指中国固有的经典注释经验，而我们现在要创建的应该是中国经典诠释学。这里一方面我们肯定我国具有历史悠久的经典注释传统，不回避我国具有漫长的经典注释历史；另一方面我们也指出要创建的是中国经典诠释学，而不是一般的诠释学。按照伽达默尔的观点，诠释学不完全就是经典诠释学，因为诠释学是实践哲学，是对人类行为（现代行为）、信仰、作品（艺术、建筑、雕塑、绘画等）和文本的阐释。也就是说，诠释学不仅是对作为过去文献的文本的学究式诠释，也是为了对他人内在的奥秘的理解。狄尔泰说："我们把这种我们由外在感官所给予的符号去认识内在思想的过程称为理解"，又说："我们把这种我们由感性上所给予的符号而认识一种心理状态——符号就是心理状态的表现——的过程称为理解"，而诠释或解释无非只是"这种对一直固定了的生命表现的合乎艺术的理解"。① 这里所谓的符号就是指人类的行为、信仰、作品和文本，狄尔泰称之为"精神的客观化物"，贝蒂称之为"富有意义的形式"。因此，经典诠释学只是一种关于文本的诠释学。因而我们今天的任务是回顾中国经典注释史，创立

---

① 狄尔泰：《诠释学的起源》，见洪汉鼎主编：《理解与解释——诠释学经典文选》，东方出版社2001年版，第76、77页。

中国经典诠释学，从而可以把汤先生的两个主张统一起来。另外，我们也可回应顾彬先生的质疑，我们古代的确有着漫长而丰富的经典注释经验和历史，但那还不构成经典诠释学，经典诠释学需要我们今天去创建。不过，中国两千多年丰富的经典注释经验和历史已构成世界经典诠释的重要宝库，在我们今天创建中国经典诠释学时将为世界提供丰富的宝藏。

就此而言，当前学界所谓侨易学与新子学问题，似乎没有经典诠释学更为确切。所谓侨易学主张位置迁移而精神质变，但有些精神即使没有位置迁移也会质变，而有些精神即使位置迁移也不会变质。对于中西古今来说，关键不是在位置迁移，而是在于诠释。另外，新子学也似乎有一种不主张不同文化之间进行交流和融合的观点，它主要强调中国传统的子学特色，而忽视了中国现代的哲学面向。

五、古典学抑或诠释学？

古典学（Altertumswissenschaft，classics 或 classical studies）是西方 18 世纪产生的一门对古希腊罗马的遗迹、建筑、雕塑、绘画以及文物文献进行考察研究的历史科学。弗雷德里希·奥古斯特·沃尔夫（Friedrich August Wolf）被看作是现代古典学学科的创始人。初期的德国古典学，主要是对古典文献进行校勘的语文学。19 世纪中期后，在古典教育和大学教育的影响下，古典学有了专业化的分工，包括语文学、历史学、考古学与艺术史等。但古典学不是古典学术的活的延续，而是一门现代的新兴学科，它并不是企图延续古人关于世界的思维模式和情感模式，而是现代人通过对古代人生活和思想的历史性考察而对自身生活和思想的深刻反思。如果说，古典学研究的是发生在古希腊罗马与现代的旨趣之间的事情，那它就不仅包括我们与古代世界的对话，也包括我们与那些在我们之前已经与古代世界进行过对话的前辈的对话。因此，古典学存在着很明显的现代意识。

马丁·贝尔纳的《黑色雅典娜——古典文明的亚非之根》（1987—1991）就是这样一本书。它试图通过复兴和修正一种有关希腊文化的古代模式，摧毁或者说颠覆一种有关希腊文化的可以说是非常主流和流行的现代模式。想复兴和修正的那个古代模式贝尔纳把它称为"黎凡特模式"，而想摧毁或者说颠覆的那个现代模式贝尔纳把它称为"雅利安模式"。黎凡特模式认为古代希腊文化广泛地受到了今天北非、西亚地区的古代文化的影响，也就是埃及文化和闪米特文化的影响，以至于古代希腊文化实际上可以说在很大的层面上是这两种文化殖民的结果。贝尔纳认为，这一对古代希腊文化的理解是得到绝大多数古代作家所承认和所记录的，只是进入到现代以后，特别是在 1785—1985 这两百年间，由于一种欧洲种族主义文化思想的兴起，才逐渐被一种新的对古代希腊文化的理解模式所取代，这就是雅利安模式。雅利安模式认为，古代希腊文化有它自己的特殊性，它在本质上是来自北方大陆的雅利安人种所创造的，里面无不浸透了出自于雅利安人种所独具的高贵的和优越的文化种族特性，它即使存在着对同时期的其他地区的民族文化的借鉴和吸收，也更多的是在改造和同化的意义上，也就是使之归附于希腊文化自身的独特性，变成希腊文化自己独特的文化创造。贝尔纳认为，后一种模式是浪漫主义古典学所怀抱的一种新时代的理想，即试图通过对古代文化的追溯而提出一种关于人的理想。这种理想表面上看是古代人的，但实际上是现代人的；表面上看是古希腊古罗马人的，实际上是现代市民的。浪漫主义古典学试图通过将古代生活和古人思想理想化来反映现代人对一种更为完满的人类生活和思想的向往和预期。它反映的其实是现代意识——主体意识和自由意识，试图通过强调希腊人的种族的纯粹性来阐发现代欧洲文明的独特和高贵。如在卢梭那里，古人被美化为高贵的、单纯的和善良的；在温克尔曼那里，古希腊罗马艺术被理想为高贵的单纯、静穆的伟大、最完满的境界，古希腊成了现代人的精神家园，开启了现代思想家对古代的乡愁意识。①

伽达默尔在某种程度上也同意希腊古代文化受到埃及文化的影响，他在我访问他时曾谈过此问题。他曾经说：诠释学还必须探讨更原始的东西，譬如"埃及的东西"，这种东西曾经如此深远地对希腊发生影响，柏拉图在《蒂迈欧篇》里如此恳切地（透彻地）描述了一位希腊人拜访埃及，发现自己和其他希腊人在某些方面可以说一无所知，并听到"你们希腊人永远长不大，你们都是儿童，你们中间一位老人都没有"，以致让这位拜访埃及的希腊人最后提出"我们能知道什么，以及我们怎样能更好经验它？"的问题。但是，这并不说明伽达默尔赞同贝尔纳这种观点。伽达默尔认为，尽管阿拉伯文化及其观念对希腊文化是有影响的，但这种影响并不否定漫长传统中表现的古希腊自身思想的

---

① 关于古典学的研究，请参阅聂敏里的论文《古典学的兴起及其现代意义》。

主体位置和主流思想。我认为目前我们应当警惕民族主义的思想，由于后殖民主义和萨伊德东方主义的影响，学术界有一股歪风，试图颠倒漫长历史传统的看法。这种情况有如我们国内有些人提出 20 世纪中国哲学的现代化乃是按照西方模式构造的产物，以及汉文化模式统治了中国文化传统。我想有些问题可能需要我们历史地认真考察。我想当伽达默尔讲到希腊文化受到古埃及影响时，我们也要这样分析。

另外，列奥·施特劳斯及其学派的基本关怀是：重新展开"古今之争"，力图从"古典西方"的视野检讨"西方现代性"的问题。他曾说："现代人与古代人之争这段公案必须重新开审；换言之，我们必须学会严肃而不带偏见地考虑这种可能性：斯威夫特当年把现代世界比作小人国，而把古典世界比作巨人国，他是对的。"① 施特劳斯学派的古典学进路就是与近代启蒙运动和现代历史主义进行激烈挑战，试图重新发展前现代的观念和哲学。他们与现代自由主义和左翼学者不同，认为最重大的时代问题即"现代性的危机"和"西方文明的危机"。近年来，随着施特劳斯关于古今之争观点的推介，古典学的问题也进入了中国的人文学界。刘小枫、甘阳主编的《经典与解释》，从 2000 年开始经历 15 年已陆续出版图书达 350 余种，在我国学界引起了不小反响。针对有些学者强调现代学问高于古典式学问的看法，这些学者甚至认为"古典式学问不仅比现代学问高贵，而且比现代式学问高明"，更有些学者甚至认为，对古典著作进行解释以符合现代观点这一做法，乃是"先天性地认定现代社会是好的"，从而导致对现代社会"没有一种具有相当深度的批判力"。高峰枫教授就曾著文批驳称，丛书中译介的众多西方学界研究古典学的论著，存在着很深的门户之见，更像是施特劳斯派的"中国派对"，而跟着施特劳斯通向古典学是过"窄门"，于学无益。聂敏里教授也曾指出，这批经由施特劳斯进入西方古典学研究的学者，"在很短的时间内进入到西方古典学的研究领域，主要是从政治思想角度对古希腊哲学做了施特劳斯式的特殊地解读，但是，还没有等这种解读方式成熟起来，并且产生足够丰硕的研究成果，他们已经迅疾地离开了

---

① 施特劳斯：*The Political Philosophy of Hobbes：Its Basis and Its Genesis*，University of Chicago Press，1952，p. xv. 中译文见甘阳《政治哲人施特劳斯：古典保守主义政治哲学的复兴》，见列奥·施特劳斯：《自然权利与历史》，彭刚译，生活·读书·新知三联书店 2003 年版，第 24 页。

西方古典学的研究领域，转而开始目前看来尚未停止的对中国古典的研究。"①他认为基于这样的古典学研究"实质上是意识形态性质的"。张巍教授更直接地说，施特劳斯的读经方式在这些中国学者看来，正好契合了中国"公羊学派"对古代经典"隐微式"、"微言大义"的解读。

在此情况下，为避免过于意识形态的考虑，我们宁愿强调诠释学之路。诠释学作为哲学，乃是一门重要的实践哲学，它有不同于一般语文学和古典学的独特的理解和解释观点，也有独特的意义与真理理论。

六、如何建立一个具有中国特色的中国经典诠释学

作为经学的儒学如何走向作为哲学的儒学，目前学术界有两种不同的思路：一种是所谓"新经学"之路，其基本途径是摆脱西方概念框架和语言，试图通过整理我国经学的已有经验和实践，焕发我国传统文化的当代活力；另一条是走"诠释学"之路，即主张运用西方诠释学的理论和观点，建立一种中国经典诠释学。我认为我国传统哲学现代化的根本途径应当是，既不丢弃我国漫长经典注释的宝贵经验和历史，同时又是通过对西方诠释学的批判性反思，走一条从经学到经典诠释学之路。西方诠释学最早是独断型诠释学，即神学诠释学与法学诠释学，以后走向探究型诠释学，即语文学诠释学、历史诠释学，最后形成哲学诠释学，这种过程也是从圣典到经典的过程。反之，中国经典注释及其最系统的形态，即经学，主要仍是独断型诠释学。经典不仅是认识的对象，而且也是信仰的对象，经典诠释旨在承认并维护经典中的权威和真理。因此要从这种经典诠释加以发展，特别要发展到探究型诠释学以及哲学诠释学，这就需要建立中国经典诠释学。中国经典诠释学的研究对象不是中国经典本身，而是对中国经典诠释的研究，特别是阐明关于中国经典的理解和诠释之途径及其当代意义。

海峡两岸学者提出创建中国诠释学要求，问题关键是如何建立一个具有中国特色的现代诠释学。在我们面前既有西方自古发展的古典诠释学及其当代发展的哲学诠释学，又有中国历史悠久的经典注释传统和经验，以及其所形成的经学、训诂学、考证学、文字学、注释学等。当我们讲"中国经典诠释学"

---

① 聂敏里：《古典学的兴起及其现代意义》，《世界哲学》2013 年第 4 期。

时，我们是以西方的理论来削足适履地把中国本有的注释传统硬塞进去，还是立足于我国自己固有的经典注释传统借鉴西方诠释概念和理论，创立我们自己具有中国特色的现代中国经典诠释学。显然我们走的是后一条路。汤一介先生说："真正的'中国解释理论'应是在充分了解了西方解释，并运用西方解释理论与方法对中国历史上注释经典的问题作系统的研究"。其实早在20世纪30年代，陈寅恪先生在《冯友兰中国哲学史下册审查报告》中就指出过："其真能于思想上自成系统，在所创获者，必须一方面吸收输入外来学说，一方面不忘本来民族之地位。"① 我想提出最有益而可靠的途径，是把经学的现代化作为出发点。我们首先要全面整理中国经学的理论与历史以及训诂学、考证学、文字学、文献学、注释学等学问，我们从这里入手再通过西方诠释学理论的反思来建立中国经典诠释学。我认为只有这样，我们才能立足中国，借鉴国外，挖掘历史，把握当代，从而在学科体系、学术观点和话语系统上充分体现中国特色、中国风格和中国气派。

针对有些人认为西方诠释学只谈本体而不谈方法，这里我想补充利科关于长程与短程的说法。② 利科所说的"短程"，指的是一种理解存在论，它与任何方法论的讨论断绝关系，直接把自身带到存在的存在论层次，指明理解是此在的一种存在方式；而"长程"指的是一种解释认识论，它考虑诠释的方法论问题，追问我们如何为文本的诠释和清楚理解提供一种工具。在利科看来，这种短程即理解存在论虽然引起理解的革命，使得理解变成此在的筹划何所向，此在向存在开放，从而真理问题不再是方法问题而是存在的显明问题；但这种短程却没有把我们的诠释学问题真正解决，而且还可能把问题隐没起来。我们需要问：如何为文本的诠释、被给予文本的清楚理解提供一种工具？如何创立一种与自然科学相抗衡的历史科学？各种对立的解释之间的冲突何以能被仲

---

① 陈寅恪：《金明馆丛稿二编》，上海古籍出版社1980年版，第252页。

② 利科在其"存在与诠释学"中说："我之所以把这种理解存在论称之为短程，是因为它与任何方法论的讨论断绝关系，它直接把自身带到有限存在的存在论层次，以便在那里重新恢复理解，使之不再作为一种认识方式，而是作为一种存在方式。我们不是一点一点地进入这种理解存在论，并不是通过深入研究解经学、历史学或精神分析的方法论要求而逐渐地接近它，而是通过问题的突然倒转而被转到那里。我们不是探问：一个能知的主体在什么条件下才能理解文本或历史？而是问：一个其存在在于理解的存在者究竟是一个什么样的存在者？所以诠释学的问题变成了对这种存在者即通过理解而存在的此在进行分析的问题。"（洪汉鼎主编：《理解与解释——诠释学经典文选》，东方出版社2001年版，第249页）

裁？因此我们还必须走解释认识论的长程，也就是用开始于语言分析的长路取代此在分析的捷路。这样，我们与那些以方法论方式寻求实际解释的学科保持联系，我们将反对那种把真理即理解的典型特征与来自解经学的学科所操作的方法加以分开的做法，也就是说，我们必须既考虑存在论，又要考虑方法论。以前余敦康先生就问过我，诠释学究竟对我国的经典注释提供了哪些方法。姜广辉先生也说：如果诠释学没有方法论，对实际研究没帮助，我们完全可以不管它。我想他们的要求都是合理的，我们应当把这种短程与长程结合起来。

总之，要形成一种中国特有的经典诠释学，（1）首先要从中国悠久的、丰富的经典诠注释实践和历史出发，尤其要从经学所创建的训诂学、考证学、文字学、文献学、注释学等出发，从总结经验中提出一些有效的经典解释方法与理论；（2）要从西方经典诠释同样漫长的经验和历史中，特别是从他们近代所发展的诠释学尤其是当代哲学诠释学中找出一些值得我们学习的理论与方法；（3）在前两方面的基础上，建立我们不同于西方诠释学的中国经典诠释学，并向世界展现中国的经典理论与方法。总之，建立中国经典诠释学乃是一个漫长而复杂的工程，可以说是我国传统现代化的整个过程。

这里我想特别指出三个非常重要的历史源泉和前驱工作需要我们最先深入研究：（1）外国传教士的西学东渐工作；（2）民国以来中国哲学家的从作为经学的儒学到作为哲学的儒学的工作；（3）最近三四十年中国哲学家关于创立中国诠释学的设想和先行工作。

七、中国经典诠释学与传统的中国经学的对立

如果说传统的中国经学也是一种经典诠释学，那么我们可以说，它是一种中国的独断型诠释学。这里我们首先要弄清楚两个概念，即 Klassik（经典）和 Kanon（圣典）。从宗教上看，在古代 classicus（经典）与 canon（圣典）有联系，圣典也是一个集合名称，它指一组作品，是复数。因此在神学里，圣典具有准宗教或权威地位，成为一种神圣文本。所谓神圣文本，就是指它是信仰的对象，而不是探究的对象，它反对解释多元化。反之，经典就不是这样，它首先是探究和认识的对象，而不是信仰的对象。它的意义需要我们不断地诠释，它不是绝对真理。这样，在西方作为经典诠释的古代诠释学发展史上就存在有两种诠释学，一种是独断型诠释学，另一种是探究型诠释学。独断型诠释

学是旨在卓越文本中找寻早已众所周知的固定意义并把它们作为教导性的真理和指示应用于当前具体情况，反之，探究型诠释学不是在文本里找寻那种不变的、永恒的、固定的意义，而是在一切文本中探究那种不断更新的、富有生命体验的无限力道。我们可以把前面的独断型诠释学称之为解经学（Exegesis），把后面的探究型诠释学称为诠释学（Hermeneutik）。

首先，我们看一下西方诠释学的发展。在西方古代，我们都知道有两种诠释学，即神学诠释学和法学诠释学，前者诠释的就是《圣经》这个经典，后者诠释的是罗马法。这两种诠释学都是独断型诠释学，它们形成了西方诠释学早期的发展形式。西方早期哲学就是从经典诠释这一传统开始的，一直到中世纪，像奥古斯丁、托马斯·阿奎那那样的神学家也都还在讲经典诠释，如托马斯·阿奎那的《亚里士多德〈形而上学〉注释》。西方第一本以诠释学命名的书就是丹恩豪尔的《圣经诠释学》。这本来是一个很好的传统，发展神学也好、哲学也好，是通过注释经典来发展。但是到了近代，从英国经验论和法国唯理论开始，也从德国批判哲学开始，他们并没走这条路，他们走的路是自个儿写哲学，如英国休谟的《人类理解论》、法国笛卡尔的《沉思录》、德国康德的《纯粹理性批判》等都不是经典注释的形式，而是独立的个人写的哲学著作。他们不想仅仅只是做注释的工作，尽管他们自己的思想有很多是来自经典，但是他们想要有自己的东西，要做一些哲学自己的建构工作。所以西方近代以后的哲学传统跟古代中世纪就不一样了。西方经典诠释为什么有这种转变呢？那是因为他们发展了一种探究型诠释学。相对于古代的神学诠释学和法学诠释学，他们发展了一种语文学诠释学或普遍诠释学。语文学诠释学或普遍诠释学诠释的对象尽管也是经典，但它们不是圣典，因而它们不是信仰的对象，而是认识的对象，从而他们丢弃了解经学，而发展了诠释学。

现在我们来看一下中国经典诠释的情况。孔子早就说过"述而不作"，"信而好古"，"作"是圣人做的，而我们充其量只能做"述"，述就是解释、注释。《史记·孔子世家》载："孔子以诗，书，礼，乐教，弟子盖三千矣，身通六艺者七十有二人。"孔子修订诗书，礼乐皆是对经典的诠释，但在中国经典诠释家看来，经典就是圣典，"盖经者非他，即天下之公理而已"。由圣人所裁定的"经"，既已被确立为"天下之公理"，那么其他人所要做的事无非只是"诂经之说"。从此我国以经典诠释形式发展哲学思想形成一种固有的经典诠释传统。我们早先确定了什么五经、六经、十三经，然后的发展都是通过注释来发挥。

你看我们很多以后的哲学家，例如魏晋时代的王弼，他写了《周易注》、《老子注》，郭象写的也是《庄子注》，这些著作实际上都是通过注释来表现自己的哲学思想。到了朱熹这样的大家也是这样，他做的是《四书集注》，当然他也有一些语录，但这都是后人编的。一直到清代的戴震也是著《孟子字义疏》，中国哲学家大都是靠这样一个经典注释来发展自己的思想。而且，自汉武帝"罢黜百家，独尊儒术"起，我们还形成了一套独特的诠释系统，即经学，这套经学不仅规定了经、传和注三层独特格局①，而且还有它的一套独特的方法论，比如训诂、考证、文字、音韵等各种各样的一套学问。就其时间之长、注释著作之多，我们应当说中国经典诠释这一传统远比西方要重要得多。中国经典诠释，不限于只有儒家经典，更不限于古代几部经典。张载的《正蒙》产生于北宋，但以后有不少人为之作注，并以作注方式发挥张载的思想，如刘玑的《正蒙会稿》，高攀龙、徐必达的《正蒙释》，王植的《正蒙初义》，李光地的《正蒙注》，杨方达的《正蒙集说》，以至于王夫之的《张子正蒙注》更是研究张载和王夫之思想的重要作品。

　　这种复杂性和多向性，我们可以理解为诠释学的圣典化（Kanonization）必然之结果。这种圣典化是一种儒学意识支配，这种儒学意识首先表现在经典诠释者都具有一种学术使命，即所谓"内圣外王"的思维，其典型表现就是"为天地立心，为生民立命，为往圣继绝学，为万世开太平"。这种儒学意识把经典视为绝对权威，强调"信而好古"，"吾从东周"。"言必称尧舜"，"行必法三代"，从而倾向于"崇古复古"。这种儒学意识有四种具体意识：一是圣人意识，儒者的圣人意识非常明显，孔子就奉尧舜文武为圣人，而他自己又被弟子誉为"集大成者"，后来孟子也被奉为亚圣；二是道统意识，儒学认为历史上存在有一个圣人的"道"世代相传的谱系：尧—舜—禹—汤—文—武—周公—孔子—孟子，以后还有朱子的道统谱系；三是任务意识，儒学特别强调"为己之学"，它强调学者要修身齐家、治国平天下；四是经学意识，把经称为常，即绝对永恒真理，"在五常之道，故曰五经"，经典成了圣典，并搞了一套以经为核心，传、记为辅翼，注解、章句、义疏更次之的所谓"经、传、注"独特

---

① 魏晋间人张华道："圣人制作曰经，贤者著述曰传、曰记、曰章句、曰解、曰论、曰读。"清人皮锡瑞在其《经学历史》中说："孔子所定谓之经；弟子所释谓之传，或谓之记；弟子展转相授谓之说。"

的诠释系统，加之训诂、考证、文字、音韵等的学问。

尽管有些儒家也提出经典的可变性，"六经皆史"，但这并不影响整个中国经学传统。正如阿佩尔所说的，这种诠释工作始终是局限在历史的和语法的理解范围以内，"显然，这种诠释学哲学总是预先假定宗教、哲学和文学传统中的伟大文本都具有不可替代的活生生的意义，关键在于利用语文学批评的所有手段和方法，使这种意义重新在当代世界中展现出来"①。我们要补充的是，在儒学中，不仅重考据的汉学是这样，重义理的宋学也是这样，而且就是在儒学之外，佛道两学从总体来说也是概莫能外的。

这里我想引证黑格尔关于希腊经典与中国经典之本质区别的一段话："希腊人生活在自觉的主体自由和伦理实体的这两领域的恰到好处的中间地带。他们一方面不像东方人那样固执一种不自由的统一，结果产生了宗教和政治的专制，使用权主体淹没在一种普遍实体或其中某一方面之下，因而丧失掉他的自我，因为他们作为个人没有任何权利，因而也就没有可靠的依据。反之，希腊人也还没有走到主体沉浸于自我，使个人与整体和普遍性的东西割裂开来……在希腊的伦理生活里，个人固然是本身独立自足和自由的，却也还没有脱离现实政治的一般现存的旨趣以及积极内在于当前实际情况的精神自由。按照希腊生活的原则，伦理的普遍原则和个人在内外双方的抽象的自由是处在不受干扰的和谐中的。"②

八、西方诠释学的基本特征

在我们研究中国传统经典注释经验时，我们也不应忘记西方古代经典注释经验和历史，就亚里士多德的注释来说，大约有 300 位注释者，如 Alexander of Aphrodisias, Philoponus, Porphyry, Simplicius 等，他们来自古代、拜占庭时代、伊斯兰时代、中世纪和文艺复兴时代。英国伦敦皇家学院曾出版了一套《古代亚里士多德注释丛书》(*Ancient Commentators on Aristotele*, ACA)，从 1987—2012 年，出版了 100 卷。随后 R.Sorabji 又编辑了一套《希腊文亚里士多德注释丛书》(*Commentaria in Aristotelem Graeca*, CAG)，而且

---

① 阿佩尔：《哲学的改造》，上海译文出版社 1994 版，第 3 页。
② 黑格尔：《美学》第 2 卷，商务印书馆 1986 年版，第 169 页。

还出版了一些古代亚里士多德注释研究丛书，如《注释者的哲学》、《亚里士多德转换：古代注释者及其影响》、《希腊文、阿拉伯文和拉丁文注释里的哲学、科学和解释学》、《公元前 100—公元后 200 年的希腊和罗马哲学》。另外，我们还要研究西方的神学诠释学以及他们的解经学（Exegesis）。

尽管在西方近代，不管英国经验论、法国理性论，还是德国的批判哲学，他们都没有继续前人的注释道路，而是走自己写哲学之路。但是，如果我们仔细考察，他们似乎也不是没有经典诠释，而是经典诠释的形式有了分化。就经典诠释的类型，西方近代以来似乎有不同的形式。以近代德国哲学为例，我们可以区分三种类型的经典诠释传统：一种是批判哲学与德国观念论的经典诠释，即康德到黑格尔与谢林的传统，通过康德对柏拉图理念论的解释，黑格尔对古希腊哲学的阐释，以及谢林对《蒂迈欧》的注释，使古希腊哲学在德国复兴，并与德国本土思想交融，从而规定了德国哲学的本质。另一种是施莱尔马赫与 F. 施莱格尔的浪漫派传统，施莱尔马赫从神学和法学诠释学引申出来的普遍诠释学，使德国经典诠释具有一种不同于哲学诠释的形式，即诠释学的经典诠释，如施氏在翻译《柏拉图全集》过程中对柏拉图的解释、施莱格尔对希腊史的疏注，均体现了一种新型的重作者意图的诠释倾向。最后一种是自沃尔夫（Friedrich August Wolf）和伯克（August Beck）以来的历史考证语文学派所作的经典诠释传统。伯克最著名的著作是《语文学百科全书和方法论》。

就我自己的看法，我想提出下述几个西方诠释学的本质特征：

（1）诠释学的本质反思牲。理解作为诠释学本质环节就始终已经包含着一种反思的向度。理解并非某种认识的单纯复制，而是使已经认识的东西在新时代再被认识，因此只要问题涉及的是纯粹的接受或原样复制某种精神传统，那么这里就不存在诠释学问题。伽达默尔说："我们总是在听（hearing）——聆听某些事物并且从其他事物中抽离。我们在观看、聆听、接收中进行诠释。在观看中，我们寻找某物；我们不只是像照片般反映每一个可见之物。例如，真正的摄影师总是在寻找某个能够作为经验诠释的刹那的镜头。所以，显而易见的是有一诠释的真正优先性（real primacy）。"① 只有在那种没有一个强大的传统把自己对传统的看法归并于自身之中，而是人们突然意识到自己与面前的

---

① 伽达默尔：《怀疑诠释学》，见 Gary Shapiro、Alan Sica 编：《诠释学——问题与前景》，Amherst，1984，pp.57-60。

传承物处于陌生的关系中或是他根本就不属于这种传统，诠释学都会出现。正如海德格尔的"遗忘"所表明的，记忆只有基于遗忘者是可能的，而不是相反。海氏说："只有此在在其最本己的被抛能在中遗忘了自己，这种非本真的自身筹划才是可能的。遗忘并非无或只是记忆的缺失，遗忘是曾在状态固有的一种'积极的'绽出方式。"①

为了与古典诠释学仅把诠释学作为一门避免误解和正确解释的方法学相区别，伽达默尔在这里首先阐明了诠释学绝不仅是一种精神科学方法论。按他的看法，如果我们从诠释学的历史来看，自古以来所存在和发展的两种诠释学——神学诠释学和法学诠释学，"与其说具有科学理论的性质，毋宁说它们更适应于那些具有科学教养的法官或牧师的实践活动，并且是为这种活动服务的"②。按照伽达默尔的观点，无论是法官的判决还是牧师的布道，都超出了仅仅把文本作为客观对象进行科学探究的范围，它们根本不涉及科学方法论问题，也根本不是为了构造一种能满足科学方法论理想的确切知识，正相反，它们都涉及人类的整个世界经验和终极关怀。伽达默尔在这里已经把他后期认为诠释学作为哲学，就是一门实践哲学的观点表露出来了。在为"活着的哲学家丛书"《汉斯－格奥尔格·伽达默尔的哲学》一书所写的"对我哲学旅程的反思"中，伽达默尔说："自《真理与方法》之后，我的研究转到了另一个完全不同的方向：实践哲学及社会科学问题……实践哲学本身确实不是这种合理性。它是哲学，这意味着，它是一种反思，或者更精确地说，它是一种对于人类社会和生活形式究竟是什么的反思。同样，哲学诠释学本身也不是理解技术，而只是理解哲学，但实践智慧和哲学诠释学这两者都是从实践产生，如果没有实践，它们就成为多余。"③

（2）诠释学作为沟通中外古今之桥梁。不论中外关系还是古今关系，凡是学都是学共相，学优于自己的东西，从观念的进展来看，这都是一种融化过程。从诠释学观点看，中外和古今的学习关系，都是这种融合过程。那种认为借鉴西方哲学来发展中国哲学乃是按西方模式建构中国哲学，以及对古代经典的诠释乃是将古代现代化的看法，都是对观念理解的本质误解的结果。

① 海德格尔：《存在与时间》，生活·读书·新知三联书店 2012 年版，第 386 页。

② 伽达默尔：《真理与方法》第 1 卷，商务印书馆 2013 年版，第 3 页。

③ 《汉斯－格奥尔格·伽达默尔的哲学》，Chicago and Lasalle, Illinois, Open Court, Established, 1997，pp.55-57。

观念和对观念的理解是两件不同的事，对观念的理解已经把该观念带入一个更大的自己所属的视域中。这正是古代柏拉图所说的知识是回忆、近代维柯所说的 copia，即丰富的观察点，也就是海德格尔所谓的理解前结构、诠释学的作为（hermeneutic-as）、修辞学的发明（inventio）和伽达默尔所说的应用（applicatio）。任何对观念的理解都不是对原观念的复制或模仿，而是把原观念带入一种我们所处的现实性（Aktualität），使其具有当代性，经受批判和转变。伽达默尔曾谈到精神科学的循环结构，他说："在异己的东西里认识自身，在异己的东西里感到是在自己的家，这就是精神的本质运动，这种精神的存在只是从他物出发向自己本身的返回。"① 精神在于运动，首先是它离开它的家园到陌生的、不熟悉的世界中去，如果运动是完全的，精神在他物中找到自己的家，使自己重新返回到自己。因为陌生的、不熟悉的世界不仅是新家，而且也是它自己真实的家。也正是由于精神这样一种普遍本质，使研讨精神活动的精神科学也总是离开一切熟悉的东西而去到陌生的东西中生活，然而正是在这种自身异化过程中，我们才重新发现了我们自身，正如我们在文学、艺术、历史和哲学等人文科学领域中所看到的。因此，如果我们可以说自然科学的独特性质是一直在外漂泊，回不到自己的家，那么精神科学的独特性质就犹如《圣经》所描述的故事一样，它是浪子回头，重返家园，这是一种通过外出而重新回到自己家园的旅行者的感觉。这也说明精神科学具有一种普遍的循环结构。

（3）何谓经典？伽达默尔有一篇文章叫《魏玛与巴赫》，在那篇文章中伽达默尔说，经典首先自己本身要有一个浓厚的内涵，然后可以不断进行解释和诠释。他引用一段黑格尔的话说，经典"意蕴其自身并因此也解释其自身的东西（das sich selbst Bedeutende und damit auch sich selber Deutende）"。伽达默尔说，如果我们将这句话置于历史的向度下来考虑的话，那么它便深具说服力了。因为它不可能是说，这种自我意涵乃是艺术作品自身的某种本质特征，以致它在无历史的永恒中始终不渝地讲说自己，它毋宁说是对一部作品或一位大师得以经历所有历史变迁的那种取之不竭的力道（Maechtigkeit）所做的判断。他说："对于每一个时代而言，荷马、索福克里斯、但丁、莎士比亚、歌德、巴赫和贝多芬对我们诉说的东西，显然都是一种普遍人性（Allgemein-Menschliche）。然而什么是普遍人性呢？那些让我们所有人觉得是人性的东西，

_____

① 伽达默尔：《真理与方法》第 1 卷，商务印书馆 2013 年版，第 26 页。

其本身乃是由我们所搜集并保留在我们意识中的这些伟大人性作家的话语来规定。我们自己同时将它们自其现象的历史单一性与消逝性中加以纯化，直到我们将其纯粹的本质看作我们自己的本质、人性的本质。因此，经典并非一成不变的东西，而是日新又新、不断给我们赢得最新的当代的东西。就如歌德与席勒，亦如贝多芬与巴赫。因为这位伟大的托马斯教堂领唱者的音乐也带有一种对我们而言取之不竭的当代性，即便它也是一个君主时代的表现，一个你我陌生、使用着笃信宗教的语言的时代，而不像我们这个怀疑的，或者决然任意的世界。"①

这里伽达默尔说得很深刻，我们也可以用此定义来说我国经典《论语》。《论语》之所以成为两千多年来的经典，就是因为它一方面有自身意蕴，另一方面这种意蕴不断被进行解释。这样我们就了解了什么是经典，经典就是对一部作品或一位大师得以经历所有历史变迁的那种取之不竭的力道（Maechtigkeit）所做的判断。

（4）独特的意义和真理观点——视域融合。我们使用传统概念，既不能是一种单纯显示博学和古风的接受方式，又不能是使这些概念沦为工具的技术操作方式，而是要在这些概念的历史源泉和发展中再现和发展这些概念，有如伽达默尔对人文主义几个主导概念的探讨那样："这种思考必须意识到它自身的理解和解释决不是一种依据于原则而来的构思，而是远久流传下来的事件的继续塑造。"② 这种哲学研究是一种概念史研究，从概念本有的历史的原始意蕴中去发展和丰富概念的内涵，但这种概念史研究又不同于词源学研究。词源学虽然也探讨语词的历史起源，但它是由语言科学而不是由语言生命本身所构成的抽象。

（5）语言与对话是诠释的根本路径。伽达默尔曾说："我自己的观点使我发现，只要思考者相信语言，也就是说，只要他与其他思考者和其他人的思想进行对话，那么任何一种概念语言，甚至包括海德格尔所谓的形而上学语言都不会成为思想无法穿透的禁区。"③ 又说："我只是知道一个例子，其中对言说的诠释不是附加的补充环节，并且我们达到了事物的实质自身：这就是对话。在对话中我们真的在诠释。因而言说便是诠释其自身。这正是对话的功能，即

① 伽达默尔：《巴赫与魏玛》，见《伽达默尔短篇著作集》[Kleine Schriften, J.C.B. Mohr（Paul Siebeck），Tübingen, 1979] 第 2 卷，第 76—77 页；同时也可参阅《伽达默尔著作集》（H-G Gadamers Gesammelte Werke）第 9 卷，第 144 页。
② 伽达默尔：《真理与方法》第 1 卷，商务印书馆 2013 年版，第 7 页。
③ 伽达默尔：《真理与方法》第 2 卷，商务印书馆 2013 年版，第 417 页。

在言说或陈述某事物之际，一个与他者之间激发思考的关系展开了，一个答复被引起，而且这个答复提供了对于他人的诠释的诠释。如此一来，我们知道（一个古老的柏拉图的慧识）言说的真正所与模式始于对话。它不再是符号的系统或者文法和句法结构的一系列规则。作品的真正行动乃是对说话者们的共同存在据为己有（占有）。我在自己的著作中尝试发展这个观点，即语言——不是在 langue（抽象的语言体系）的意义上，而是在真实的交流与作品的意义上——如何在对话中显现自身。在任何的对话形式中我们都在建构（we are building up）。我们都在建构一种共同的语言，以至在对话的结尾我们将有某个基础。当然，并非所有的对话都有成效，但至少应该以营造一场对话为目标。"① 伽达默尔曾在给 Geldsetzer 教授转给我的信中这样说道："我对即兴的讲话的偏爱至今都没有消失，反而通过即时的电器录音更易通达，对于我自己也是这样。我是如此强烈地喜爱活生生的讲话，因此我很感谢现代技术在我目前如此薄弱的记忆力下能为我提供活生生的讲话。"所谓诠释就是通过批判性与传统的对话发展自己的哲学。

（6）诠释学主张解释者与文本之间一致性是一种永无止境的路，人与人之间的所有一致性，社会所有组分之间的全部一致性都是以此为前提。海德格尔说，艺术作品是作为一种冲力（Stoss）而与我们照面。对文本的体验可能总是包含着这样一种边界经验，每一种寻求理解的阅读都只是一条永无尽头的道路上的一个步骤。谁走上这条道路，谁就会知道，他绝不能"对付"他的文本，他只能把这种冲力接受下来。这一点就诠释者方面来说，就是人类认识到自身的有限性，伽达默尔始终把诠释学与人的有限性联系起来，并反对"无限理智"这一概念。伽达默尔曾以柏拉图的辩证法原则来说明这一点，他说："柏拉图的这些'原则'并不是意谓着产生终极的确定性（ultimate determinancy）。我认为当柏拉图说哲学是为了人类而非为了诸神时，他是相当清楚地意识到这个立场的。诸神知道真理，但我们却是辩证地在接近与克服错误的进程上迈向真理。"② 这种人类认知有限性观点使伽达默尔也拒绝"无限理智"这一概念，他在给施特劳斯的信中这样说道："我想我通过海德格尔所

---

① 伽达默尔：《怀疑诠释学》，见 Gary Shapiro、Alan Sica 编：《诠释学——问题与前景》，Amherst，1984，p.63。

② 伽达默尔：《怀疑诠释学》，见 Gary Shapiro、Alan Sica 编：《诠释学——问题与前景》，Amherst，1984，p.64。

理解的东西（以及我的新教出身所能证实的东西）首先是，哲学必须学会不靠一种无限理智的观念去安身（die philosophie lernen muss，ohne die Idee eines unendlichen Intellektes auszukommen）。我已经努力筹划一种相应的诠释学。"①

（7）思想与技艺之区分，中学与西学，不同于中医与西医、中国画与西方画、中国语言与西方语言以及中国京剧与西方歌剧，前者是思想或普遍性，后者是技术或特殊形式。前者是观念的进展，没有分开而成整体，后者则是方法的借用，可能并用也可分开。

九、关于中国经典诠释经验

我国传统经典注释，特别是经学中有很多极宝贵的诠释经验与方法：

（1）中国儒家之典籍，历来就有层次之分。在传统的经学系统中，经为核心，传、记为辅翼，注解、章句、义疏则锦上添花矣。三国时东吴人杨泉有一比喻："夫五经则海也，传记则四渎，诸子则泾渭也。"初唐长孙无忌谓："昔者圣人制作谓之为经。传师所说则谓之为传，丘明、子夏于《春秋》、《礼经》作传是也。近代以来，兼经注而明之，则谓之为义疏。"但这一阶梯状的三层格局在理学系统中曾被搅乱过。宋儒实际上是以《易传》、《孟子》、《中庸》等传记为儒家经典的核心，"五经"反而退隐到了遥远的幕景之中。朱子在论及儒家典籍之关系时，曾经打过一个比方，说《语》、《孟》、《学》、《庸》是"熟饭"，"六经"是"禾"（打禾为饭）。他又编了周张二程的语要为《近思录》，强调他们的著作是进入"四书"的阶梯。这样，在经、传、注之外，便又构成了不同于汉唐之学的另外一个三层格局。至于元代以后，《四书集注》成为科举考试的标准答案，程朱的书实际上是最高权威，儒家经典的层次关系又为之一变。

所以，同是对经典的诠释，汉儒不同于诸子，宋儒又不同于汉儒，文本的中心地位在发生着转换，诠释所追寻的意义也随着时代的变迁而不断地游移着。从诠释展开的文本境况和典籍之间的关系来衡定儒学发展的历史，显然不同于政治史、文化史、学术史的解读，甚至与思想史的眼界也不完全一样。先秦儒家和两汉、六朝经学皆是围绕着对"六经"的整理、编纂、传述、疏解来

---

① 伽达默尔 1961 年 4 月 5 日给施特劳斯的信。

展开思考的，"六经"是各种观念和学说"视域交融"的主轴，是诠释的中心。所以，这一时段的诠释学焦点是在经，这是一个以经为本的时代。魏晋南北朝时期的道玄，特别是外来的佛教，对儒家文明所代表的价值系统提出了严重的挑战，经的本根性权威遭遇到空前危机。从中唐开始，儒家经典诠释的重心逐渐从经向传记转移，以"四书"为中心的系统至南宋最终形成。这一时段的诠释学重心是"轴心时代"的原创性著作《论语》、《孟子》、《易传》等，也就是说是以传记为核心。入元之后，随着理学体系的稳固化和思想统治地位的确立，儒家诠释学的重心又随之改变。一方面，经典系统被彻底地经院化和严重格式化了，诠释空间极度萎缩。另一方面，经典诠释逐渐由文本训诂走向意义理解，由书写式转向了体证式，呈现出古典文明形态行将破解之前的复杂性和多向性。

（2）经学不仅规定了经、传和注三层独特格局，而且还有它的一套独特的方法论，比如训诂、考证、文字、音韵等各种各样的一套学问。就其时间之长，注释著作之多而言，应当说中国经典诠释这一传统比西方要重要得多。

（3）文字诠释（训诂）与义理诠释（义理）、汉学与宋学、我注六经与六经注我，这两种诠释指向表明我国经典诠释传统有很高的理解层次。但是，这两种诠释我们必须统一。程颐曾区分"文义"与"文意"，他说："凡看文字，先须晓其文义，然后可求其意"（《近思录》卷三），又说："凡观书，不可以相类泥其义，不尔，则字字相梗，当观其文势上下之意。"这应当就是从训诂到义理的综合方法。

（4）儒家经典诠释有三条路径，一是以孟子所为"以意逆志"的解经方法，诉诸解经者个人生命的体悟或体认，这可以说是作为心性哲学的儒学诠释学；二是以经世济民的理想作为诠释的目标，这可以说是作为政治学的儒学诠释学；三是通过文字训诂以疏证经典的历史意义，这可以说是作为文字学的儒学诠释学。第一、二种可能持之过甚不免流于古为今用，刑求古人，以现代取代古代；第三种可能囿于字面意义而未发挥今真理所在。如何综合这三种路径，也是我们需要研究的课题。

（5）中国历代经典注释可以就语言、历史和心理三方面总结一些特殊的诠释经典。在语言诠释方面有"名实之辨"、"言意之辨"，先后形成"立象尽意"、"以名举实"、"辨名析理"、"得意忘言"、"因声求义"诸方法；在历史诠释方面有"以事解经"、"知人论世"、"微言大义"等方法；在心理诠释方面有

"以意逆志"、"体认工夫"等方法。

(6) 中国哲学与西方哲学的最大差异在于中国哲学强调价值意义高于知识意义，中国学术在于致用，西方学术在于致知，中国哲学重在实践，西方哲学重在知识。我们创建中国经典诠释学应当重新唤醒和恢复我国传统哲学的价值意义和实践品格的强调，让经典回到实践生活境遇中去。

因此，我们也必须在中国经典诠释的这种圣典化过程中看到中国学人对经典的另一种不同于西方经典诠释的理解方式。西方经典诠释通常是以主客二分为基础，采用知识论的外在的中立性的客观解释，尽量避免主观的渗入。正如伽达默尔对浪漫主义诠释学家所批评的，他们虽然把理解与解释加以等同，但却丢掉了应用，因而他们理解文本和解释文本，就好像科学家在实验室研讨一个事物一样，尽量不让自身渗入，做到客观的中立的理解。反之，在中国经典诠释学家看来，经典理解不是一个单纯的方法论问题，而是属于人自身的教化和德性的培养。"天命之为性，率性之为道，修道之为教"，"圣人之道入乎耳，存乎心，蕴之为德行，行之为事业；彼以文辞而已者，陋矣"。"圣希天，贤希圣，士希贤"，为学之道乃是"至圣人之道"，"博学而笃志，切问而近思，仁在其中矣"。(《近思录·为学大要》)。这种观点如果加以阐明，有点类似于伽达默尔所说的那种诠释学观点，即"进行理解的意识不再依赖那种所谓使过去的信息传达到现代的再说，而是在直接转向文字传承物中获得一种移动和扩展自己视域的真正可能性，并以此在一种根本深层的向度上使自己的世界得以充实。对文字传承物的精神占有（Aneignung）甚至超过了那种在陌生语言世界中进行漫游的历险的经验"①。因此，相对于西方经典诠释学家，中国经典诠释学家更重视实践和践行，道德和德性的培养。在他们看来，理解和解释活动不应是静观的和中立的知识论活动，而应是一种主客观合一的"为己之学"。他们说，"古之学者为己，欲得之于己也；今之学者为人，欲见知于人也"（《近思录·为学大要》）。按照伽达默尔的观点，理解和解释乃是传承物的运动和解释者的运动的一种内在相互作用。支配我们对某个文本理解的那种意义预期，并不是一种主观性的活动，而是由那种把我们与传承物联系在一起的共同性（Gemeinsamkeit）所规定。但这种共同性是在我们与传承物的关系中，在经常不断的教化过程中被把握的。就此而言，中国经典诠释已有了一种伽达

---

① 伽达默尔：《真理与方法》第 1 卷，商务印书馆 2013 年版，第 548 页。

默尔哲学诠释学要发展的理解方式的雏形，即"占有或据为已有"的方式。按照伽达默尔的看法，文字传承物的历史生命力就在于"它一直依赖于新的占有（Aneignung）和阐释（Auslegung）"[1]。

当然，我国的经典诠释，从总的方面来说，它没有达到海德格尔和伽达默尔的那种源始的哲学诠释学层次。所以，我们要发展中国的经典诠释，就要强调从方法论到本体论这个转向，强调理解的本质不是我们的主观行为，而是我们被事情本身所吸引而参与到里面了。不过即使这样，我还是认为，我国哲学的经典诠释传统既可以为西方诠释学提供漫长的历史线索和深厚的土壤，也可以以自身的经验对西方诠释学加以补充，所以我们搞诠释学的人一定不要忘了中国哲学。

（作者简介：洪汉鼎　北京市社会科学院）

---

[1]　伽达默尔：《真理与方法》第 1 卷，商务印书馆 2013 年版，第 559 页。

中国经典诠释学建构的三个维度

景海峰

　　什么是中国的经典诠释学？按照一般的理解就是中国历史上注释、考证和诠表经典的基本方法、思想和学说，是对历代处理文献的经验和传通典籍之方式的系统总结和理论升华。这样认识，似乎没有错，也比较容易为常人所理解和接受。但问题是，如果仅限于这样单向度的历史线索之记忆与描述，只从传统的学术脉络来理解和入手，那已有的历史文献学、古典学以及哲学和思想史的研究，不就足够了吗，何必再生出一套？仔细想来，既然是一门尚需建构的学问，那一定就有它的特别之处，和既有的研究方式、规则及思路应该是有所不同的。那它的特性究竟在哪里，又如何在现有的学术系统之中获得恰当的身份和定位，这也许是首先需要思考的问题。我觉得，中国经典诠释学不是既有的历史文献学的花样翻新，也不是西方的哲学诠释学的简单移植，而应该是一种新的创造性的融合与会通的形式。它的建构宗旨应该是面对中国文化之当下的，是以自身丰厚的历史文化资源和悠久的经典解释传统作为基础，同时又大力引进和吸收、消化西方解释学的成果，在富有创新性的解释与融通的过程中，逐步地形成自己鲜明的学术特色、独特的研究方式和内容丰厚的理论形态。作为一个学问系统的目标，我认为中国经典诠释学的建构至少应该包括以下三个维度：一是能够回应西方现代文化的挑战，在思考的问题域和表达的方式上能够与西方的解释学有一种文明之间对话式的呼应，而不是闭门造车、自说自话。二是有深厚的文化底蕴，在资源方面能够调动起一切传统经典解释的记忆和形式。其中，经学是主体，但不是唯一；小学是基础，但不是界阈。三是要有明确的目的性，重提经典解释不是为了整理国故，而是重在阐发义理、凝练思想，为当代的中国文化辨明身份、书写证辞和寻求意义，所以需要理论上的创造性和体系化。

一、西方解释学的参照

毫无疑问，中国经典诠释学的提出和构想是与西方解释学特别是哲学解释学的传入及其影响有直接的关系，或者说是在西方解释学思潮的刺激和诱发之下所产生出来的一种理论上的创造冲动。早期傅伟勋提出"创造的诠释学"和成中英创构的"本体诠释学"，均是在欧美解释学之思潮涌动的氛围中，激发出灵感，尝试以西释中、中西会通所产生的成果。而稍后汤一介创建中国解释学的构想和黄俊杰提出的经典释义模式，则是在西方解释学思潮的刺激和观照之下，试图从现代的眼界来重建中国经典诠释的范式。近些年来，两岸三地如火如荼的经典诠释学研究和众多参与到其中的学者，在大多数情况下，都是与西方的解释学思潮有所关联的，或者是深受其影响，或者是有意识地吸纳之，虽说深浅不一、程度不等，但几乎没有完全能够撇得清关系的。这说明，中国经典诠释学的出场完全是以西方解释学的"先在"作为背景的，如果没有后者的传播、影响和刺激、诱导，就不可能有中国经典诠释学的思考及其所产生的效应。

在晚清经学解体以后，传统的"四部"之学都面临着一个打散重建、自寻家门的过程，也就是在现代学术的洗礼之下，原有的学问体系、学统和方法都经历了一个脱胎换骨的变化。不但经学不复存在了，就是研究经典的态度和方式也发生了根本性的改变，"信古"变成了"疑古"，解经变为所谓"整理国故"，往往一字之差，内涵已有天壤之别。在现代的学科分类体系当中，传统的解经内容被碎片化之后，散落在了文史哲的个别领域内，其中以历史文献学和古典文献学最为集中。现代文献学的研究基本上是把典籍材料化，经典的等级和身份性消失了，所有古籍都只是历史的资料，研究之方式也是以小学作业为主，文字、音韵、训诂等最为接近于客观实证性的方法被普遍地采用，而义理方面的内容则因时代之改变而自然地淡出。以小学工夫作为"硬通货"的经典整理与解释，不可能对典籍中思想的确定性和选择性负责，而新的意义之阐发又完全被现代观念和政治意识形态所笼罩，原有的传统义理变得越来越模糊。在新的经典解释活动中，文献学所扮演的角色只能是工具性的，而不可能产生思想的主体意识，经典的意义只能在极为有限的方式和界域之内得以保留和延续。在这种情形下，带有强烈的思想创造意识和新颖的文本解证方式的西方解释学传入我国，无疑给现代转型中的中国文化提供了一个重要的参照，为经典解释的方法和途径打开了一片新的天地。尤其是关于作者与文本、理解与解释，诠释者对于经典本身所具有的意义和作为存在之本体的解释活动的意义等，这些深层次问题的探寻，无疑给了现有的典籍整理和释读工作以强有力的刺激与挑战。如何吸收西方解释学的成果，促进我们的经典研究，在整理和发掘这些传统资源的过程中能够显现出更具有活力和思想创造性的当代意义来，便成为一项非常重要的工作。

西方解释学有着漫长的发展历史，从《圣经》释义学到近代施莱尔马赫、狄尔泰等所致力的革命性变革，再到海德格尔、伽达默尔等将之引入到存在论哲学中，这其中的历史线索和思想旨趣是非常复杂的，形式也多有变化。按照诠释学家帕尔默（R.E.Palmer）的归纳，与词源意义相关联的早期诠释学的内涵，包括了言说、说明和翻译等三重向度。"言说"的初意是表达和宣喻，即用口头的方式传递某种信息和旨意，可以是神的召唤、宗教性的启示，也可以是史诗的吟诵和经文的口耳相传。在这种形式中，口语的魔力有充分的展现，声音的穿透性和摄人心魄的力量是阅读文字所无法体验到的，"口头的语言似乎拥有一种几乎是不可思议的力量，但一旦它们成为视觉图像时，就丧失了其中许多力量"，此映照出了"书面语言的软弱性"①。这也就是德里达（J.Derrida）所说的"符号是一种不在场的经验"，只有通过声音才能实现"面对自我的在场的体验"②。从口头语言的在场感和直接的聆听、对谈、观赏和体验，到书写与文字阅读的沟通，其中意义传递与接受的方式发生了巨大的改变，理解的原初性和活生生的感知度消失了，代之以对意义传达形式的关注，从而成为了理智在系统表达一件事物的真实判断时的基本活动。③作为"说明"的诠释，是面对文本所展开的更为深层意义上的对话，诠释的意义从"如何有效的接受"转移到了"怎样更好的理解"，阅读者拥有了更大的释义空间和

---

① 帕尔默：《诠释学》，商务印书馆 2012 年版，第 29 页。

② 参见德里达：《声音与现象》第 5 章，商务印书馆 1999 年版，第 76—87 页。

③ 清人陈澧（1810—1882）曾从历史演变的角度，区分了"以声达意"和"以形（文字）达意"。他说："上古之世，未有文字，人之言语，以声达意。声者，肖乎意而出者也。文字既作，意与声皆附丽焉。象形、指事、会意之字，由意而作者也。形声之字，由声而作者也，声肖乎意，故形声之字，其意即在所谐之声。"见陈澧：《说文声表序》，《陈澧集》第 1 册，上海古籍出版社 2008 年版，第 124—125 页。

解释的权力，也因此承担了更多的还原文本意义的责任。"说明性的诠释，使我们意识到说明是语境性的，是'视域性的'。必须在一种已被认同的意义和意图之视域内才能进行说明。在诠释学中，这种预设的理解领域被称为'前理解'。"① 在诠释的过程中，"说明"的依据和理由实际上已经远离了意义的原初性，而带有了大量的理解因子，其资源的丰厚和介入的程度又会直接影响到"说明"的效果，所以其"理解"本身就已经是具体化和情景化的诠释活动，而不仅仅是释读和接受的过程。这便是"视域融合"，在作出任何富有意义的说明之前，主体的视域和境遇、自我的理解和把握，已经进入到了阅读的活动当中，使理解暗含了说明，"说明"复又建立在前理解的基础之上。所谓"翻译"，涉及跨语际传通和不同的文化系统在意义的交流方面所要面对的方式和技巧。"诠释学在其早期的历史阶段中，无论是作为古典语文学的诠释学，或是作为圣经诠释学，都确实始终涉及语言的翻译，翻译现象是诠释学的真正核心。"② 如果将古与今的差异性也考虑在内，则翻译就不只是语际间的现象，也含有文化系统内部在时间之矢上的意义。清代陈澧就说："盖时有古今，犹地有东西、有南北，相隔远，则言语不通矣。地远则有翻译，时远则有训诂，有翻译则能使别国如乡邻，有训诂则能使古今如旦暮，所谓通之也。"③ 从意义的传通而言，训诂实际上也是一种翻译。言说、说明和翻译这三重向度，是从早期诠释学的词源意义上所做的分析，但在其后续的发展中，不管历史线索有多么复杂，诠释学的基本内容也是时时地返回到这三重向度的意蕴之中。

西方解释学的内涵分析或从问题入手所做的理解，在一定程度上是具有普遍性的，对于中国经典的理解也可以从类似的方式或者角度来着手，这些理论资源移植东土，为我所用，应该是没有问题的，至少会对我们的经典诠释工作起到启发的作用。但回到历史的情景中来看诠释学，或者从西方解释学发展的历程来做具体的比较分析，则问题就变得不那么简单了。帕尔默在《诠释学》一书中同时也归纳了解释学的六种形态（六个定义），实际上也是解释学在西方发展的六个阶段：作为圣经注释的理论（圣经释义学）；作为语文学的

---

① 帕尔默：《诠释学》，商务印书馆 2012 年版，第 40 页。
② 帕尔默：《诠释学》，商务印书馆 2012 年版，第 48 页。
③ 陈澧：《东塾读书记》卷 11，《陈澧集》第 2 册，上海古籍出版社 2008 年版，第 215 页。

方法论（古典学）；作为理解技艺学的一般科学（施莱尔马赫）；作为精神科学（人文学）的方法论基础（狄尔泰）；作为存在论的哲学解释学（海德格尔、伽达默尔）；作为既恢复意义又破坏偶像的诠释系统（利科等）。这些具体的内容是和西方文化长久的历史发展之环节及其一个个的思想理论体系结合在一起的，有着深厚的历史文化根源和差异性极大的学术背景，很难说与中国的情形有相似性，更不能简单地拿来与中国经典解释的历史做比观。利科早在《弗洛伊德与哲学》（1965）一书中就已指出："不存在一般的诠释学，也不存在解释的普遍准则，只有一些根本不同和相互对立的有关解释原则的理论。诠释学领域和诠释学本身并非内在一致。"① 这样，我们要想移植或者借用西方解释学的某一个具体的系统或者理论，就需要先对其做背景的分析和问题的梳理，而不能笼而统之，简单地画等号。一般说来，对于西方的"前诠释学"（圣经释义学和古典语文学），我们可以做平行的比较，既可以用西方的资源来评价中国的传统，也可以用中国的资料来说明西方的情况。因为从"诠释"的观念背景和展开形式来讲，两者之间确实有相像的地方，大可以参比一番。而"古典诠释学"，即施莱尔马赫以来成为一门技艺的"理解的艺术"，或作为一般方法论的普遍的诠释学，在我国却并不存在。当然，中国经典诠释的历史中也有可以称作"一般"的东西，也有一些普遍性的原则，但这毕竟不同于近代西方，因为它没有经历过类似的现代性的学术转换，所以古典诠释学对于我们而言，仍有着巨大的启迪作用。而对于当代的哲学解释学来说，中国传统的"诠释"资源与之相较，离得比较远，很难做实质性的比观，所以主要是借鉴和吸收的问题，即如何"拿来"作为我们当代思想的养料，运用到传统的现代转化中去。②

二、经学传统的开掘

中国的经典诠释，历史悠久而场域深广。《国语》中就有"昔正考父校商之名颂十二篇于周大师，以《那》为首"的记载，这是在周宣王时代，宋国大

---

① Paul Ricoeur, *Freud and Philosophy*, translated by Denis Savage, Yale University Press, 1970, p.8.
② 参阅景海峰：《中国哲学的现代诠释》第1章第2节"中国哲学的诠释学境遇及其维度"，人民出版社2004年版，第15—16页。

夫正考父所做的文本整理与校雠工作。而称"经"之著，年代亦早。《国语》中就有"挟经秉枹"之语，韦昭注："经，兵书也。"《墨子》一书中有《经》和《经说》，《庄子·天下》谓："南方之墨者……，俱诵《墨经》。"《管子》的前九篇称"经言"，而与后面的"内言"、"区言"等篇相对。虽然最早的"经"名，不一定是儒家的专用品，但一说到"经"，还是要回到儒家；尽管后世的释、道二氏，其著作也多以经言，甚或百家杂书亦用经名，可系统的学说，当是以儒家之经学为大宗。所以我们后面的讨论，大体上还是以儒家的经典与经学作为范围。从儒家的起源来说，其与三代文化的关系是具有很强的传承性的，而直接的纽带就是文献的整理与编纂，孔子所谓"述而不作"，实可以理解为是对先王典册的删削、筛选和叙述、诠解，这实际上就是一种理解和解释的工作。《庄子·天运》载："孔子谓老聃曰：'丘治《诗》、《书》、《礼》、《乐》、《易》、《春秋》六经，……论先王之道，而明周、召之迹。'"又《天下》篇言："……其明而在数度者，旧法、世传之史尚多有之；其在于《诗》、《书》、《礼》、《乐》者，邹鲁之士、搢绅先生多能明之。《诗》以道志，《书》以道事，《礼》以道行，《乐》以道和，《易》以道阴阳，《春秋》以道名分。其数散于天下而设于中国者，百家之学时或称而道之。"这其中，由"治"而"论"而"明之"，进而见其宗旨。可见"六经"是经过孔子之手后，才具有了完整的文本意义，而儒家和远古文明的关系便是传承性的文献整理，是典册之一网打尽，我们谈中国文化的经典，只能从"六经"入手，而儒家的经学就成为探讨经典解释问题的渊薮。

严格说来，经的解释始于孔子，而系统的经学则是成于汉代。"经学"一名，首出《汉书·儿宽传》："及汤为御史大夫，以宽为掾，举侍御史。见上，语经学，上说之，从问《尚书》一篇。"武帝罢黜百家、独尊儒术，立五经博士，使得经学建制化、系统化、威权化，成为主导性的学术和帝国的意识形态。自汉以后，经学就是中国学术的主脑，不管是思想义理的根据、学者操业的对象，还是典籍划分的四部类别、经典解释的效应及状况，如果离开了经学，中国经典诠释学的思考和建构就无从谈起了。但经学的内容是十分复杂的，牵扯到的学术流派、文本系统和解释方法是非常多样化的。就经典的序列来讲，最早是"六经"，后来扩展到了"十三经"，在长达一千多年的历史上，文本的增减、拆分、升格以及排序等，所引带出的问题可以说层出不穷，甚至聚讼至今。就经学的流派而言，有汉宋之分或今古文之别（两派说），有汉宋

（或今古文）之外单列清代学术者（三派说），还有将影响比较大的朱子学、乾嘉考据等特别划出者（多派说），阵形复杂，统绪多端。就经学发展的历史来说，更是线索复杂、众说纷纭。譬如，刘师培的《经学教科书》（1905）就采用"四派说"，即将经学史分为四期。皮锡瑞的《经学历史》（1907）于经学历程详加考察，区别出了十个时代；而周予同的注释本（1928）则仍坚持"经学的三大派"说。马宗霍的《中国经学史》（1936）按照历史顺序划分出十二个段落。甘鹏云的《经学源流考》（1938）则将经学史划分为四个时期。这种复杂的情况，一如浩瀚无垠的汪洋，浪花相逐，几条履痕，我们只能在岸上观其胜景。的确，对经学加以总结、画出条理的经学史研究就是在经学接近尾声甚至是结束之后才开始的，而具有现代学术意义的经学史系统至今仍处在构筑的过程之中。

晚清以来，人们对经学的叙述基本上采取了离场者的姿态，一般是将章太炎视为古文经学的殿军，而康有为则是今文经学的绝响，章门弟子和康氏后学不再被作为经学人物来看待。不但他们的后辈被划入到了现代学者的行列之中，分门别类，头衔全变；即便是章、康二人，也尽量被归拢于现代学术，着染了不少新（西）学的色彩。在这种情形下，大家都是局外人，经学已绝，殆无疑义。而对于过去历史的总结往往是站在当下立场上的，我们熟悉的经学史图景也是从晚清以来才逐渐绘就的。是故，若从渊源上追溯，江藩的《汉学师承记》和《宋学渊源记》还搅扰在汉宋之争的漩涡当中，处于站边的状态；而皮锡瑞的《经学历史》虽获得公允之评、被誉为开山之作，但也难以完全摆脱今古文之别的干系。所以，我们熟悉的经学图景和对经学的基本理解与认识，大体上是在现代学术兴起以后才逐步确立的；而经学资源的分布地图和关注向度，也是在现代学术的辨识之下，或者在新旧学术交岗接班的记忆当中，才渐渐地形成的。在这种情况下，到底什么是经学，实际上仍然有模糊之处，乃至于众说纷纭。按照现代研究者的理解，譬如周予同说："所谓'经学'，一般说来，就是历代封建地主阶级知识分子和官僚对上述'经典'著述的阐发和议论。"① 这是在阶级斗争的年代下的定义，不但毫无识见，而且逻辑上同义反复。又如较早日人本田成之说："所谓经学，乃是在宗教、哲学、政治学、道德学的基础上加以文学的、艺术的要素，以规定天下国家或者个人的理想或目

---

① 周予同：《经学和经学史》，上海人民出版社 2012 年版，第 20 页。

的的广义的人生教育学。"① 这个定义貌似有学术含量，但是在现代学科中转了一大圈，早就让人晕菜了，还是不得要领。所以现代的经学理解，用明确的下定义的方式，其实是难乎其难，我们一直在摸这只大象，但总是画不出它清晰的全貌来。

对经学资源处理的现代方式，更多的是具体性的、可操作的。要么从文字、音韵、训诂等小学工夫入手，接近于语言学的研究；要么从古籍整理和校释工作做起，接近于历史文献学的活计；要么走思想义理的诠解之路，和哲学的兴趣稍许相像。这些路向与现代学科的领域分配庶几相合，故能够容身于其中，相安无事，传统的资源在现代学术中以碎片化的方式获得了一席之地。从大的时代环境来讲，经学被看作是"僵尸"，经学资源被认定为"国故"，所以和科学的理念与方法能够符合的那部分内容，存身的空间就大些，存在的合理性也会充足些，而与时代观念相抵触的内容，便栖身艰难。另外，作为材料化的状态，经学的记忆是和晚清的学术脉络联系在一起的，乾嘉考据范式的强势在现代科学实证精神的加冕与护持之下，在学术界得到了一定的延续。所以，小学工夫便成为了"硬通货"，在现代学术中拥有比较大的知识兑换权，甚至被看作是经学存活的象征和传统形态转换之后的代表。久而久之，在一般人的心目中，研究经学就是处理古典的材料，就是整理国故，经学的主要内容便是以乾嘉考据为典范的小学。这种狭窄化的理解完全是在现代文化的背景下塑造与引导出来的，是对经学形象的偏识和扭曲。我们看清代学者自己所理解的经学，并不是如此狭窄。如焦循（1763—1820）谓："经学者，以经文为主，以百家子史、天文术算、阴阳五行、六书七音等为之辅，汇而通之，析而辨之，求其训故，核其制度，明其道义，得圣贤立言之指，以正立身经世之法。以己之性灵，合诸古圣之性灵，并贯通于千百家。"② 这是乾嘉时代学界中坚人物的看法，其经学视野比我们想象的要宽广得多，绝不是仅限于考据。稍后的陈澧（1810—1882）说："所谓经学者，贵乎自始至末读之、思之、整理之、贯串之、发明之，不得已而后辩难之，万不得已而后排击之。唯求有益于身，有用于世，有功于古人，有裨于后人，此之谓经学也。有益有用者，不可不知；其

① 本田成之：《中国经学史》，漓江出版社 2013 年版，第 2 页。
② 焦循：《与孙渊如观察论考据著作书》，《雕菰集》卷 13，《焦循诗文集》上册，广陵书社 2009 年版，第 246 页。

不甚有益有用者，姑置之；其不可知者，阙之。此之谓经学也。"① 陈氏是当时汉宋兼采的人物，又受到了经世思潮的影响，故他对于经学的理解和看法，比之乾嘉时期的学者又有了新的境地。

从上述的分析可以看到，经学的涵盖面和纵深度可能要比我们今天的理解宽广得多，其可以采掘、吸收和运用的资源，也要比现代学科格局之中的情状要好得多，这完全可以成为今天建构中国经典诠释学的富矿。早在清代中叶，焦循著《辨学》篇，即对当时的经学状况做了全景式的描述："今学经者众矣，而著书之派有五：一曰通核，二曰据守，三曰校雠，四曰摭拾，五曰丛缀。此五者，各以其所近而为之。通核者，主以全经，贯以百氏，协其文辞，揆以道理，人之所蔽，独得其间，可以别是非，化拘滞，相授以意，各慊其衷；其弊也，自师成见，亡其所宗，故迟钝苦其不及，高明苦其太过焉。据守者，信古最深，谓传注之言，坚确不易，不求于心，固守其说，一字句不敢议，绝浮游之空论，卫古学之遗传；其弊也，局踏狭隘，曲为之原，守古人之言，而失古人之心。校雠者，六经传注，各有师授，传写有讹，义蕴乃晦，鸠集众本，互相纠核；其弊也，不求其端，任情删易，往往改者之误，失其本真，宜主一本，列其殊文，俾阅者参考之也。摭拾者，其书已亡，间存他籍，采而聚之，如断圭碎璧，补苴成卷，虽不获全，可以窥半；是学也，劬力至繁，取资甚便，不知鉴别，以赝为真，亦其弊矣。丛缀者，博览广稽，随有心获，或考订一字，或辨证一言，略所共知，得未曾有，溥博渊深，不名一物；其弊也，不顾全文，信此屈彼，故集义所生，非由义袭，道听途说，所宜戒也。五者兼之则相济。学者或具其一而外其余，余患其见之不广也，于是乎辨。"② 这里所说的五派，都是在做经学，所涉及的内容是十分宽广的，而这还仅仅是清代经学的境况，如果将之放大到整个的经学时代，则我们今天可以吸纳的资源和可以借鉴的方法，那将是非常丰富的。

---

① 陈澧：《与王峻之书五首》，《东塾集》卷4，《陈澧集》第1册，上海古籍出版社2008年版，第179页。
② 焦循：《辨学》，《雕菰集》卷8，《焦循诗文集》上册，广陵书社2009年版，第139页。

三、义理之学的阐扬

除了作为历史材料和语言宝库的经学之外，它的思想义理对于今天的社会和人们的价值观念还有没有意义、还起不起作用？如果是在几十年前，对此的回答可能大半是否定的，因为现代文化已经终结了传统的形态，四部之学为现代的学科知识所取代，人们的日常生活也与经学所反映和展现的境况大不相同了，所以其义理上的价值必然归于消亡。在现代条件下，受到西学刺激与影响的经学史研究，大多是致力于材料的梳理，且极度边缘化；而更多与经学的内容相关的碎片式整理工作，则主要是在历史和文献学的领域内进行。这些现代式的研究基本上与人生观、价值论无涉，不属于精神科学的范围，只是纯粹的客观知识的探究而已，这实际上便与经学的本质差了很远。所谓"凡经学，要识义理，非徒训诂考据而已"①，这是古人的基本看法，经学若无义理，则成躯壳耳！即便是讲"经以明道，而求道者不必空执义理以求之也"（王鸣盛），以及"诂训明则古经明，而我心所同然之义理及因之而明"（钱大昕）的乾嘉学者，也从来不否认义理在经学之中的主脑意义，只是在求道的路径上与宋儒相异而已。胡承珙（1776—1832）谓："说经之法，义理非训诂则不明，训诂非义理则不当，故义理必求其是，而训诂则宜求其古。义理之是者，无古今，一也，如其不安，则虽古训犹宜择焉。每见著述家所造不一，类有数端：或捃摭细碎，非闳意渺旨之所存；或务为新奇可喜之论，求胜于前人，而不必规于不易；或贵遐而贱迩，择其最古者而坚持之，徇过遂非悍然不顾。三者于义皆无当也。"②训诂虽然与义理相资相助，但说到底还是为义理服务的，如果两者发生矛盾，仍当以义理为归，因为"义理之是者，无古今，一也"，求理、求道才是经学的大义所在。

这样的经学资源从今天的学术视野来看，可能更多的是保留在宋明理学当中，或者说我们想要发展中国经典诠释学的义理向度，就需要从理学的学术形态中去汲取营养。近代以来在西学的冲击下，儒学的现代转型走上了一条哲

---

① 陈澧：《与菊坡精舍门人论学》，《东塾集外文》卷1，《陈澧集》第1册，上海古籍出版社2008年版，第317页。

② 胡承珙：《寄姚姬传先生书》，《求是堂文集》卷2。

学化的路径，主要对接的传统形态就是宋明理学，人们对于哲学的理解与理学的形式是最为相像的，所谓"中国哲学"的成立，也就和理学的传统形态结下了不解之缘。由此，发挥思想义理的儒者大多成为了现代学科中的哲学家，其学术取向与理学的关系最为密切，而他们的学说也就自然地被视为是"新宋学"或"新宋明理学"。我们以熊十力为例，他在《读经示要》、《原儒》等书中，提出了要回到经学，以经典的重新理解和阐释作为基础来转化儒学，期望与现代社会的价值观念相衔接。但这个经学，并不是传统意义上的，不是旧有形态的照搬或者复述，既非汉唐注疏，也非清代考据，面貌上或与宋学稍有相像，但出入释道、融合中西的大量思想素材，又使之超出了儒学的范畴，实际上是重新塑造之后的一个新形态。熊十力认为这样的经学就是儒家的"哲学"，他说："余以为经学要归穷理、尽性、至命，方是哲学之极旨。可以代替宗教，而使人生得真实归宿。盖本之正知正解，而不杂迷情。明乎自本自根，而非从外索。是学术，不可说为宗教。是哲学，而迥超西学。非宗教，而可代替宗教。经学之特质如是，焉可持科学万能之见，以屏斥经学，谓其绝而不可续哉？"① 他是以改造后的经学等同于哲学，又以哲学来代替宗教，这显然已非经学的固有之意，也不是多数史学家所可以接受的那种现代研究方式的经学。这个经学置换了哲学之名，重在思想义理，反倒不包括一般人所理解的考据之业，而是特指传统的义理之学。

从熊十力的例子可以看出，现代新儒家对于传统儒学形态的改造，坚持了义理在中国文化中的主导地位，为中国经典诠释的思想向度提供了一种现代的模式，与当代诠释学特别是哲学解释学的思考方向有很多可以衔接的地方。作为哲学的儒学是在中国文化的现代转型过程中登场的，也是在中国社会结构发生了巨大改变之后所选取的新的表达形式。伴随着现代性的成长，它的内涵日渐丰富化，既会通融合了古今的各种元素，也吸收消化了中西交流中所激荡生成的养分，成为儒学在新的时代得以延续并有所发展的主要形式。在这种新的儒学形态中，哲学扮演着十分特殊的角色，近代以来中国人所讲的宇宙观、人生观及真理与价值诸问题，皆寄寓其中。"中国哲学"并不是一种单纯的知识，而是学习和评判如何做人，这也许是西哲东传之后在定位上所发生的最大改变。正是基于这样的理由，儒学在新的时代，当然选择了哲学，在哲学

---

① 熊十力：《读经示要》，《熊十力全集》第 3 卷，湖北教育出版社 2001 年版，第 731 页。

学科的叙事和说辩中，儒学的义理和价值功能得到了尽可能的发挥，它的众多思想命题和丰富的历史资源被转化成了现代人的精神世界之养料。儒学选取哲学化的表达方式，除了在现代学术系统中谋得一个合法性的身份之外，更为重要的是，哲学的宽广领域和其特有的伸缩性，为儒学的容身空间和现代发挥提供了便利的条件，可以使得儒学的话语形式及其现代转换工作，在一个有纵深度而又较为宽阔的平台上来进行。以哲学方式所展开的经典诠释活动，以及重在义理发挥的现代思想创造，虽然有着不同的方法和路径，侧重点也不一样，但均可汇聚于哲学的旗帜下，在哲学学科范属和方法论的意义上来进行义理的探索。正像姜广辉在《中国经学思想史》的"前言"中所说的："我们的目标不是把经学当作一种古董知识来了解，而是通过经典诠释来透视其时代的精神和灵魂；不只是对经学演变的历史轨迹做跟踪式的记叙，而是对经学演变的历史原因做出解释；不只是流连那汗牛充栋的经注的书面意义，而是把它当作中国古代价值理想的思想脉动来理解。"[1] 从现代学术的格局来看，中国经典诠释学的构建，绝对离不开思想义理的维度，而经典解释的过程就是当代的思想参与和渗入其中的过程，解释者在阅读和理解经典的活动中，同时把自己所处时代的精神要素和转化传统的意向，或隐或显地融入到了各种线索与环节当中，从而形成了新的形态。清代杭世骏（1696—1772）有言："诠释之学，较古昔作者为尤难。语必溯原，一也；事必数典，二也；学必贯三才而穷七略，三也。……诠释之苦心与作者之微旨，若胶之粘而漆之漆也，若盐之入水而醍醐奶酪之相渗和也。"[2] 此一水乳交融的情状和我中有你、你中有我的会通，恰恰是经典与解释的活动、传统与现代的转化进入到了一种创造性的形态，也为新的思想义理的生成搭建了平台和提供了可能性。

（作者简介：景海峰　深圳大学国学研究所）

---

[1]　姜广辉主编：《中国经学思想史》第 1 卷，中国社会科学出版社 2003 年版，第 2 页。

[2]　杭世骏：《李义山诗注序》，《道古堂全集》文集卷 8。

建构第三期中华文明的经典体系与经学

吴展良

汤一介先生曾说:"为什么要重视国学?道理非常简单,一个民族存在的根基在什么地方?在文化传统。站在传统文化的立场上而使它更新,以适应现代社会生活的需要,这样国家民族才有生存发展的良好基础。这个更新完全没有排斥其他学说的意思。更新的条件常常是非常好地吸收其他好的思想文化。从历史上看,我们曾经吸收了佛教,吸收佛教使中国文化有了很大的发展,这是有目共睹的。没有佛教的传入,就不大会有宋明理学的出现。看待西学的冲击,一方面看它的破坏作用;另一方面,正是由于西学的冲击,刺激了我们,使我们反省,反省我们自己的缺陷,反省他们好的东西并用来充实我们自己。我们一方面要弘扬自己的传统文化,另一方面也要时时地吸收其他文化好的方面。不吸收是绝对不行的。"①

汤一介先生又说:"在不同文化传统中应该可以通过文化的交往与对话,在商谈中取得某种共识,这是由'不同'达到某种意义上的'认同'的过程。这种'认同'不是一方消灭一方,也不是一方"同化"一方,而是在两种文化中寻找某种交汇点或者是可以互补的方面,并在此基础上推进双方文化的发展,这正是'和'的作用。"②

为纪念汤一介先生上述"站在传统文化的立场上而使它更新,以适应现代社会生活的需要"的主张,也配合本次大会主题"儒学的当代理论与实践",尤其是其中"儒家典籍的整理、编纂与思想研究"、"儒家思想与现代生活"乃至"中国诠释学(经学)的建构与探索"的子题,我提交本论文,以就教于与会学人。

---

① 汤一介:《国学与二十一世纪》,《乾元国学通讯》2006 年第 2 期。

② 汤一介:《"和而不同"原则的价值资源》,《学术月刊》1997 年第 10 期。

一、三期中华文明与其经典体系

中华文明一直是一个"超级的国家型文明",从这个观点来看,中国历史可依其国家的基本性质分为三期。第一期是封建时期,虽然有天子,可是其下各国相当独立,有数以百、千计的国家,共同组成一个依中央礼制所建构的天下型国家。第二期是大一统的帝制时期,从秦一直到清末,大体上实行或企图实行由皇帝作为最高统治者的郡县制。第三期则是民国跟共和国时期。① 这三期中国文明的基本性质都有非常重大的不同。因此,在这三个时期,所谓经典或经学的概念,其实相当不同。

第一期的华夏文明,是经的诞生时期,当时还没有所谓的经学。依清代章学诚,所谓的"经"是记录尧舜禹汤、文武周公等三代圣王得位行道、经纶世胄,建立稳定政教结构的历史记录。三代圣王透过世界性秩序的建构,让天下老百姓都能安居乐业,而且在伦理、道义与文化上大幅提升,成就极其斐然,所以后世尊此大业之记录为经。②

后世所谓的经学主要盛行于中国文明的第二期,也就是汉以下的帝制中国。汉人为了因应大一统的需要,重新解释并整理古代的经典。此因秦用法家而速亡,汉初用黄老也产生诸多问题,最后只得法古更化,透过重新学习三代之治让汉朝稳定下来。这显示中国文明从第一期过渡到第二期的过程中,由于变化幅度太大,经历了一段很不稳定的时期。最后,唯有通过重新阐释并运用三代的经典,方得以建立稳定的新政教体系。这才是经学诞生的首要意义。此后的中国历史,则如冯友兰所说,从汉武帝罢黜百家、独尊儒术,直至清末,学术思想基本上定于经学。冯先生意存批判以表现他新时代的见解,但古人确实如此。在历史上,经学让中国的政教稳定了两千年,自然有其伟大的价值。

从第一期中国转型到第二期中国当中政教体制长期不稳定:先用法家与诸子,最后转回汉人对古代经典的重新诠释,并融入了法家与诸子学。此一历史

---

① 参见吴展良:《吴展良谈中国的三期建国与立国方式》,《东方早报·上海书评》2016 年 11 月 6 日。

② 章学诚有周公集大成,孔子不得集大成之说。以周公之成就无以复加,尊之若圣神。本文尊其经典源于"圣王"制度之义,然而不采孔子不得集大成之说。参见章学诚:《文史通义校注》,叶瑛校注,中华书局 2000 年版,第 119—146 页。

经验特别值得我们注意。在中国历史的大转型时期，政局及其使用的主要思想——也就所谓的"教"——往往变动难定。中国作为如此巨大、举世无双的"超级国家型文明"，一向需要一个适当的政教体系才能稳定。从汉至清的历史已经充分说明了这一点，传统的经学即在此一时期负担了稳定政教体系的功能。如今中国文明已进入第三阶段，初期以"主义"取代了经与经学，但未来仍有必要重建新的经典体系与经学，否则恐难以维系此一文明之政教体系的稳定与发展。

不同于中国文明，所谓西方文化并非一个一体的"国家型文明"，而由多个国家与文明结合在一起，亦缺乏统管"国家政教"的经或经学的传统。埃及与两河流域文明各自发展，两河流域尤其有多种外来文明进入。希腊各城邦的规模很小，政教体系极其多样化。罗马帝国则由罗马城邦统一众多文化高度歧异的殖民地而形成。罗马衰亡后，西方进入没有共主的封建时期，靠基督教而非一统国家建立起共通的文明基础。至于现代西方文明，则是在高度分散的封建社会与基督教文化基础上，复兴并发展了希腊、罗马的古典文明。是以其文化虽然相通，但政治上高度分裂，最后走上以民族国家为基础的列国体制。整体而言，西方文明的政治形态，一般趋于分散。各期与各国的政教也融合表现了各种不同的文明，所以并非一"国家型文明"。另外，印度文明历史上分裂多于统一，且后期的统一主要靠蒙古与英国所达成，主要是个宗教型文明而非国家型文明。伊斯兰世界虽实行政教合一，仍主要仍属于宗教型文明。早期统一，如今也分为五十余国。历史上，印度与伊斯兰文明在其实行政教合一的时期，亦皆有统管"国家政教"的经与经学的传统。

在并世人类大文明之中，只有中国文明长期保持国家型文明的样态。国家型文明首先必须处理的课题，必然是稳定国家的体制。因此，华夏的根本性经典，主要皆聚焦于处理建国与立国问题——《诗》、《书》、《礼》、《乐》、《易》、《春秋》皆与立国体制和政教大端密切相关，均为当时建国、立国的重大文献或相关记载。汉人法古更化、体儒用法，此后中国历代立国的体制，尤其社会礼教文化，大体渊源于此，是以后人尊之若天。入宋以后，士人对于经典的解释较偏于人伦义理与教化，然而宋元以降政治之积弊日深。民国以来，传统大衰，提倡传统的学人多只能侧重于阐发经典之哲理。若深入考察中华经典的根本，"六经"与"四书"均带有高度的政治性与教化性，不可偏废，故知宋以下之经学实有所偏。

综上所述，关键问题在于：华夏文明底下的生存发展，需要何种根本性经典？过去一百多年来，此一问题的答案剧烈震荡，经过许多深沉的历史教训，方于今日逐渐浮现。两千余年来，第二期中国的政教体系以儒家经典为主，维系了文明的稳定与繁荣。然而，此一体系在近代遭逢西方文明后，受到一连串的重挫，乃至有亡国灭种之忧，从而引发革命。此后中国的政教系统便不断更替，至今难以稳定。起初，革命党以为民族主义与民主思想能解决问题，但民初政治分裂混乱。袁世凯企图恢复帝制与儒教，各地军事强人割据。之后国民党以三民主义与列宁化的革命党，作为新的政教中心，方能局部性地统一中国，获得初步的成功，却依旧未能应付内乱外患的挑战。共产党起而代之，改行共产主义与马列毛思想，获得前所未有的成功。但在"文化大革命"之后，此一体系又发生巨大的变化。百年来中国人所服膺的政教方针长期不稳定，第三期中国的政教体系究竟应当安顿于何处，主导整个国家政治、经济、社会、文化主要架构与内涵的基本经典又是什么？为了中华文明的稳定发展，我们必须重新思考如何确立中华文明新的经典体系。

二、华夏文明的根本性经典与三期的中国

首先，从整体文化与政教渊源来看，华夏文明的根本经典仍应当是"六经"与"四书"。"六经"是华夏文明生活方式和政教体制的根源与根本，"四书"则是对其所蕴含的基本道理所做的伟大发挥。这关系到华夏文明之所以能稳定发展，及其道理体系的根本价值。"六经"何以是华夏文明生活方式和政教体制的根源与根本？因为传统政治、社会、学术、文化，皆主要渊源于"六经"所代表的古典时代。[①] 经过数千年的积累，即使时而至今，华夏文明的各种基本特性莫不与"六经"、"四书"相关。例如对于家、亲人、人情与人际关系的重视，至少可以追溯到商周的祖宗崇拜与宗族体系。另一方面，自三代以降，政治而非宗教才始终是中华文明的核心，而中国文明之政治，倾向于照顾整体的秩序与福祉。这渊源于三代的宗族主义以及由天子、诸侯、卿、大夫、

---

① 参见章学诚：《文史通义校注》，叶瑛校注，中华书局 2000 年版，第 93—117 页；钱穆：《中国学术通义》，台湾联经出版事业公司 1995 年版，第 2—15 页；柳诒征：《中国文化史》上册，上海古籍出版社第 2001 年版。

士构成的政治体制，再透过封建礼制所完成的整体秩序，深入渗透后世的郡县制度与政治社会文化。封建礼制以照顾整体的秩序与平衡为第一义，后世虽号称帝王一统，仍必须重视中央与地方的平衡。而现代无论中华民国或中华人民共和国时期，都依然有中央及广大地方间的平衡问题。换言之，从三代以降，中国文明的诸多基本特质始终延续。此种高度的延续性，当然有其内在根源。

两千多年第二期中国的稳定性，很大程度建立在对第一期中国所产生的《诗》、《书》、《易》、《礼》、《乐》、《春秋》等经典的不断阐释与运用上。法家式的秦代官僚、法律与郡县等制度固然非常重要，在汉朝以降却只被当作社会上层行政架构，至于中国的社会生活与文化，乃至政治观念，两千年间虽颇有变化，其基本原理却一直延续三代。换言之，第二期中国无论在观念或制度上，皆大量沿袭自第一期中国。此所以经学一直为儒者所尊，并成为科举考试的主要内容，直至清末才废除。四千年来中国人的学术、思想、礼法、生活方式与文化，都深受经学的笼罩。尽管许多人认为，经学在现代化之后已经成为过去式，不但不再被需要，而且是必须破除的限制。但如从比较文明的观点来看，华人或中国人的基本生活方式与思想文化，至今仍明显不同于西方人、印度人。这些差异从何而来？即使中国人往往不自觉，但外国学者与观察家普遍认为中国特质显然源自儒家的政教体系。由是观之，"六经"与"四书"实为华夏文明的根本，数千年来国族的生命赖之而存。其中必有甚深奥义有待发掘，并非简单的现代化理论或某种主义、学说所能取代。

第三期中国虽然经过天翻地覆的革命，输入了大量西方学理，其建国过程却在相当程度上延续了传统中国的方式，而与所有西方国家不同。中国历代开国的格局一般难以改变：明太祖建立明朝，其基本政治形态经过太祖、成祖两代定制，此后两百年大抵无法改变。宋代王安石变法亦以失败收场；汉代尝试改变，结果闹出王莽，一度亡国。然而，为何中国政治开国后的基本格局不易改变？主要因为中国的规模极为巨大。如此巨大的国家，一旦基本的政教体制发生变化，稍有不慎，便是千万人头落地、血流成河。当然，这并非意味着中国文明与朝代的基本体制不能改变，但从历史经验来看，确实很不容易。

在这层意义上，"现代中国"是否真的已"西化"或"现代化"？"现代中国"不理会或抛弃旧中国的体系与格局,是否能够安定下来?恐怕实在未必。各种历史研究皆显示,现代中国的政治、经济、社会与文化等诸多基本构造与要素,都与传统有非常密切的关系,尤其与明清的传承性高。中国基本的政治、经济、社会与文化等结构并不容易发生根本性的改变,一般人大多高估了中国革命与现代化的意义。现代中国固然在各方面已有巨大改变,然而从深层结构与大历史的角度来看,传统中国的延续性却仍然相当强。合延续与巨变两方面同时客观考察,才更能接近真实。

从社会与文化来看,作为中华文明根基的家族伦理,其源头与基础皆在于家族,而家族关系的亲疏远近规定于《丧服》。从先秦到清末,《仪礼·丧服》规定了中国人与人之间的基本关系,影响不可谓不深远。中国的家庭与家族主义发达,是以个人主义始终不发达。立基于自然与血缘关系的家对于中国人或华人而言极度重要,从三代以降,始终是其生命、伦理、价值与道德的根本。在民国以前同时是社会与政治组织的根本。三代的政治属于家国同构,尽管秦汉之后政治"体儒用法",并非家国同构,但家族与扩大的家族主义仍然是中国社会与文化的基本特色,也是华夏文明生活方式与政教体制的根源与根本。现代化之后,中国人固然提倡各种超越血缘关系的政治社会与经济组织,但立国之本,其实依旧是"国家主义",亦即将对于家的情感,放大至对于"国家"这个大家庭,未曾摆脱"扩大的家"的概念。以上种种传统特质在今日固然均面临现代个人主义与人为主义的严重挑战,但也不容易舍弃。既因上千年的传统不易去除,也因西方当代的个人主义与人为主义均已产生很多本质性的问题。

以上所论仅为其中一例,中国文明在政治、经济组织、社会构造、宗教、学术、思维方式、情感、行为模式、文艺心灵等所有重要层面几乎均与西方文明有着根本性的不同。虽然屡经革命,数千年的传统对于现当代中国文明仍有着极深的影响。从文明的深层结构到具体面貌上,传统特质依然处处可见。所以即使到了现今世界,华夏文明的根本性经典恐怕依然应该是"六经",因为它是华夏文明生活方式与政教体制的根源和根本。

既然国体与时代已剧变,新时代讲述与理解"六经"的方式,自然必须与传统的,亦即第一、二期中国不同。汉代以降一般认为孔子删《诗》、《书》,订《礼》、《乐》,作《春秋》,"六经"经过伟大的圣人之手,所以为"六经"。但是近现代的史学研究其实一再显现孔子并没有如前人所说的那样删《诗》、

《书》，订《礼》、《乐》。孔子确实作了《春秋》，但意义也与传统说法不同。①基本上，"六经"是由古代建立世界秩序的先王们所留存，可以垂之久远的政教历史。这些记录以尧、舜、禹、汤、文、武、周公及其贤臣与后代英主所开创之政教为中心，后人以其为伟大典范以及现有体制与文化的根源，故不断加以研究，且高度崇敬。《论语》、《孟子》、《尔雅》与《孝经》原本皆不列于经。"六经"作为古代传世的政教典范，其核心是诗书礼乐。周公制礼作乐而安大下，这个"礼"包括了社会、经济、文化、宗教、学术、艺术等方方面面，属于整体的构成。这是第一期中国政教秩序的核心。

孔子学习古代先王留下的经典，再经过自己的思考体会，融成一个完整的道理体系。因此，孔子最重要的贡献在于解释并发挥了"六经"的根本道理。孔子也根据鲁史作了《春秋》，史书与史官原本是周代维持世界政治秩序中很重要的一环，史书经孔子笔削，而表现出应有的世界秩序，获得新的意义。孔子继承伟大政教传统，并借之创造了一个完整深刻的道理体系，这点非常重要。"六经"包括政治、经济、社会、学术、宗教、艺术等各方面的制度文化，本以周代的政教为中心。孔子学了文武之道，对"六经"体会反思后，才创造了儒家的道理体系，"四书"的第一本书《论语》于焉而生。孔子的道理体系广大周遍，而以仁义礼智、孝悌忠信为本，德智兼修为基。孟子与《大学》、《中庸》都继承了孔子的学说。孟子深刻发挥仁义对于人生人世的无上价值与性善的道理。《大学》与《中庸》则深富天道与性命的内涵，并提供了学圣贤的具体办法，而为宋以下的中国人普遍重视。"四书"主要提倡仁义礼智、孝悌忠信的道理，从古代重要的政教文化举措当中，抽绎出一些最根本的道理。这些价值具有高度的普遍性，直至今天。

上下尊卑是古代治理天下的重要原则，而深受现代人批判。第一期中国是贵族制，又特重整体的秩序与福祉，上下尊卑在各方面均极为重要。天子、诸侯、卿、大夫、士按照他们在政治上的不同地位，给予饮食起居礼仪等各方面不同的待遇。到了第三期中国，"六经"中上下尊卑的讲法不能再延续，但仁义礼智、孝悌忠信、德智兼修等道理并没有问题。这些人生基本德目或目标很具有普遍性，且与新时代的事物——无论是自由、民主、平等、法治、科学或者社会主义——并无根本性的矛盾。因此，"四书"的道理体系比"六经"

---

① 参见钱穆：《国学概论》第一章，台湾联经出版事业公司 1995 年版，第 1—31 页。

更具有普遍性；但后人仍不能不研究"六经"，因为它是华夏几千年文明的根基，"四书"实源于此。

"六经"与"四书"体系也有其特殊性。其特殊性首先在于中国自古的政教体制非常巨大，必须照顾到亿万众生，故而非常看重整体的生存发展，以及彼此的互保互育，所以特别强调"仁"的概念。再者，由于中国不是宗教型文明，一切人生义理必须另有所本，所以选择源于也含摄人伦关系的仁义当作做人的根本。现代的自由、民主、正义乃至法治的概念，源于古代雅典。雅典只是一城邦，其政治的规模相当小，通常只有三四万的自由人，最多时亦不过十万。另外，雅典同时是个高度商业化的文明。相较之下，中国这样的大农国与宗族社会，自文明肇始之际，其所需的政教体系就与商业化的小城邦雅典截然不同。西方一切政治、社会理论与文化的主要源头是雅典与罗马，再加上埃及与两河文明的远源，兼以基督教文明的涵育，使得西方文明从一开始就与中国文明大为不同。举例而言，西方的法治有两个重要根源：首先，法律起源于宗教诫命，超越的宗教传统让西方人有一个悠久的守法传统，从苏美法典、汉谟拉比法典、《圣经》的十诫到《旧约》的种种律法皆然。其次，共和国制的城邦系由自由公民与权贵集议立约，共同选择创造保护自己与城邦的制度与法律。因此共和国的人民有深刻的自主、自律的概念，其守法的性格深入骨髓。相反地，中国人身上则根本找不到这种深层的守法性，这主要因为中国人既缺乏宗教立法的传统，也没有城邦式自主立法的传统，双方的大传统实有巨大差异。以上举例说明了"六经"与"四书"的道理体系既有普遍性也有特殊性。其普遍性在于仁义礼智和孝悌忠信等基本德目与德智兼修的追求。其特殊性则例如，"四书"何以特别强调上述德目，而非自由、平等、正义等德行，以及对于性本善以及人可以通过德智兼修而完成的肯定。中国文明与西方文明各自的体制不同，其所强调的德行与人生目标亦不相同，但彼此亦能互相欣赏、互相补益。我们既要认识"六经"、"四书"道理体系的普遍性，也要认识其特殊性，才能深入继承本文明的主体特质，又能够不断吸收与发展新文化。

三、辅益性的传统经典

第二类是辅益型的传统经典。就此方面，建议纳入老庄、中华佛典与理学经典。学者难免怀疑，理学原本列于子部，而老庄与佛家的经典均不在四部——仅释道类后代中国人著作收在子部之末，是否可列入经典？[①] 若将老庄、中华佛典与理学经典列入经部，必然引起很大的争论。但在历史上，它们确实对中华文明的发展发挥了巨大的作用，深深浸入几乎每一个华人的生命之中，应该列入第三期中华文明的重要经典，但必须在性质上与根本性经典进行区分。笔者认为，它们不代表中华文明的源头、根本或结构，但对此文明的运作大有帮助。是以不属于根本性的经典，而是辅益型的传统经典。

中国人读老庄两千余年，老庄对于儒家有很多根本性的批评，与儒家相反而相成。儒家容易拘守于礼法与各种整体性关系，老庄则让人能逍遥，自由开展个人的生命体验。老庄深入探讨天地自然广大丰富的意蕴，其气化的宇宙观成为中华后世宇宙观主轴。老庄同时深入探讨语言、知识、身体的奥义，直探其本性，从而具有丰富的意义与现代所谓的哲学性，乃中国哲学性思想的重要源头。

佛教从汉代进入中国，影响至为深远，提供中国传统所较缺乏的"宗教"，尤其是"人生宗教"面向。在中华佛典方面，《心经》、《金刚经》、《六祖坛经》等属于人人当读的佛典。《大乘起信论》、《楞严经》、《大方广佛华严经》、《妙法莲华经》或许也可以选择纳入。佛学入中国两千年，与儒家相反相成，与道家则既竞争又融合。儒释道三教长期成为华人的心灵归宿。到了近现代，儒家与道家颇为衰落，反而佛教在民间的延续性甚强。佛学的哲学性与哲理性，同时非常为学界所重视。

儒释道三家早已融入中国历史之中，其中最为重要的融合结果便是理学的诞生。在融合之前的中国，魏晋南北朝主要盛行老、庄，隋、唐则流行佛学乃至道家。然而，当中国的主导性思想为老庄跟佛学时，容易在政治与社会上产生问题。举例而言，士大夫在上朝议政与主持家务时用儒家，而个人之心灵世界则安顿于佛老之学，人生分成两截，心态与内涵矛盾。以唐代为例，唐代风气与今天颇为相似，平常追求功名利禄、酒色财气，崇尚自然人性，喜欢富强、宏大、征服与进取，但在另一方面，内心又有许多苦痛烦闷，故而普遍相

---

① 《钦定四库全书总目》有载："今录二氏于子部末，用阮孝绪例；不录经典，用刘昫例也。诸志皆道先于释，然《魏书》已称释老志，《七录》旧目载于释道宣《广弘明集》者，亦以释先于道。故今所叙录，以释家居前焉。"不录经典，只录华人重要著作。永瑢等编撰：《子部五十五·释家类》，《四库全书总目》卷 145，商务印书馆 1933 年版，第 3016 页。

信佛道。这形同将人生分成两截，矛盾而且不理想。降及宋明理学，才将佛家与老庄的优点尽量吸收进儒家。在此之后，理学化的儒学长期独尊，超过佛教和老庄，直到清末都主导着中国政治与教化。所谓"前有孔孟，后有程朱"的说法渊源于此。由是观之，理学经典应该也可以列入辅益性的经典。

四、发展中的现代中华新经典

第三类，也是最难确定且具有争论性的，是为发展中的现代中华新经典。传统的经学跟经典有一个重大缺点，就是缺乏发展性。中华文明几千年来一直守着几部经典，认为古代的圣人太伟大，一切的道理都已经"致广大、尽精微"，而无以超越。这种想法使中华文明很难发展。[①] 因此，中国文明到了新时代，必须深入反思，也不断加入新的经典。本文所论中华文明的经典与经学，是一种随着历史发展不断扩充的经典与经学的观念。本此发展性的观念，在新时代中，当然必须纳入代表现代性的经典。

现代性的核心是自由、平等、民主、科学、法治与社会正义，这是西方近代发展出的伟大成果，其中包含许多的经典，数之不尽，难以尽收。要如何变成中华新经典？必须由历史来选择，使部分最重要也最适合的西方经典，通过时间的考验，融入我们的文明体系。中国体系已经存在四五千年，并不是每一样输入的东西都能被顺利接受。近现代引进的西学，其中有些影响巨大，除各种自然科学外，另有天演论、民族主义、国家思想、穆勒的自由说、卢梭的民主思想、实验主义、多种社会主义等等；但同时也有更大量的西方学说未曾带来重大的影响。我们应对所有的西方学理保持开放的态度，然而何者将成为中华新经典则有待历史的选择。与此同时，许多以提倡引进西学为主的学者，例如前期梁启超、鲁迅、陈独秀、胡适等大家的著作，其作品皆大有可采的部分。未来应该有人择其可传、当传的部分，作出选集，列入中华现代经典。

除上所述，现代中国自身发展出来的传统型或融合型的经典亦相当重要。儒家学人继承传统文化的精华，面对西方现代性的巨大挑战，作出了许多重要

[①] 此种思维若限于德性、智慧、伦理与人生基本价值与态度的领域内，则问题较少；若广泛包含政治、社会制度以及学术文化的内容，则将产生严重限制。

论述，例如康有为、后期梁启超、梁漱溟、钱穆、熊十力等大家，乃至一些新儒家的学人，都作出了值得注意的成果。此外，近现代的佛道之学，如太虚、欧阳竟无、印顺、吕澂等人都值得关注。相形之下，道家与道教的传承较隐秘，需要有熟知其内涵的人为之整理。无论儒释道三家，未来都需要有人择其可传与当传的部分，作出选集，列为中华现代经典。

在此必须特别提出三民主义。三民主义何以重要？首先，其民族主义是辛亥革命的基础，没有民族主义就没有中华民国，而"国族主义"至今仍为中国立国的基础。再者，孙中山的民族主义既重视本民族的独立自主，也兼顾世界大同；既重视本民族道德与学术的继承，也对世界开放。孙中山曾说：革命派里头只有他继续讲传统，其他人都反传统。在革命的浪潮中，既能面向世界，又能继承传统，实为极难得的少数。孙先生不仅西书读得多，同时擅于融会贯通与创造。他的民权主义一方面强调自由民主，另一方面发挥传统精英思想。此因广土众民、各地文化与民族矛盾甚多的中国政治，难以走上缺乏精英领导的政治制度。是以孙中山主张人民有权、政府有能的"权能区分"制，尝试建立一个精英型的民主化"万能政府"。他说老百姓或许是阿斗，但一群阿斗可以选出能干的诸葛亮，这相当符合中国政治的实际。另外，孙中山的民生主义兼顾社会主义跟资本主义，并以发展国家与个人资本为先，也是其高瞻远瞩之处。中国至今仍须兼顾国族与世界主义、资本与社会主义、自由民主与精英主义。

接下来是社会主义经典，其中对现代中国有重大影响的，当然首推马列毛。虽然有不少人对此抱持异议，但从大历史的角度来看，中国近百年来有两个最根本的问题：第一是必须快速现代化的问题，第二则是如何重新建国与立国的问题。亦即在新的世界列强压迫与列国体制下，中国传统的国家体制无以支撑，必须转型成一个新形态的国家。清末变法既然未能成功，中国只好重新建国与立国。若无法有效地建国，根本无法在内乱外患中从事建设。中国近代史的第一要务就是重新建国与立国，马列毛对此当然有大功。

运用某种主义而成功，这显示中国体系需要在此一时期运用该主义来解决某些重大问题。马列毛思想在第三期中国初期的建国立国过程中，造成如此重大的影响，自然功不可没。不仅马列，若没有毛泽东，现代中国完整的建国立国仍不知要等到什么时候。毛泽东在建国方面的贡献，古今鲜有其比，属于数百年难得一遇的人才。毛泽东对于今天中国体系之形成有重要的影响。当然，在此之后的邓小平也有重要影响，同样都必须深入研究。唯有如此，方能深入认识今天的中国体系为何物。

无论来自西方或中国自身的经典，也无论是自由民主派、传统派、融合派与共产主义、社会主义派的经典，它们作为中华文明之经典的价值，在今日尚难以充分确认。笔者认为，上述这些类别中最优秀的经典，在数百年后都将留下来，并应整理成几本重要的典籍。历史与经典学家，现在就可以开始不断地编集与讨论这一百年有真正重要性、应该会留下来的经典作品。如此一来，随着中国现代化的逐渐成功，孰优孰劣，数百年后自然清楚明白，现在不必过度争论。

当今时代是开始重建中华文明新经典系统的关键时期。必须要有新的经典系统，否则一切的意义与价值难免混乱不堪。就中华文明而言，根本性经典仍是"六经"与"四书"。在历史上，中华文明曾在此基础上吸收了老庄和佛家，今天也当进一步吸收西学。只要凿井及泉，掌握根本义，随顺时代因革，自然能够吸收自由主义、社会主义以及各种具有价值的现代与西方思想文化。若论其矛盾，佛教主张出离，与儒家更为矛盾，但最终亦得以融合。主张无为与为我的老庄，与儒家非常矛盾，而同样早已融合。这正是古人伟大的地方。只要有足够的聪明智慧，并善于掌握双方最根本的原理，便能够在更深刻的意义上加以融合。人性相通，世界为一，只要是真正最好的传统，和真正最好的西方与现代性就必能融合。事物在第二义、第三义的时候，经常矛盾；一种思想陷入教条主义时，更经常与其他事物发生矛盾。然而一旦讲到最高、最深之时，反而能够融合。譬如前述仁义礼智等儒家最根本的道理，与自由、民主、法治与社会主义并无必然的矛盾。与老庄、佛教强调无欲无执的道理也不矛盾。当然，不矛盾并不意味着相同，这就必须善于融通调和了。

从整体来看，中华文明大概很难不以"六经"跟"四书"所揭示的根本道理为主。历朝历代皆在此基础上，像海绵般不断吸收新的因素。所谓"海纳百川，方能成其大"，这正是中华文明伟大的地方。历史上中华文明其实是因为不断吸收异族的成分才能成其大。举例而言，一般认为秦是华夏，其实秦在当时被称为蛮夷。秦融合了西戎与欧亚草原带的文化与血统，将中原国家一一消灭，从而统一中国。魏晋南北朝时期，更有大量胡族的文化血统融入。至于隋唐盛世，亦如陈寅恪先生所指出：隋唐制度渊源于北朝，而北朝君主都是胡人。① 唐代以融合胡汉与对世界开放著称。明清时期，中国正因未能及早融入西学，后来百余年一直处于劣势，所以中国一定要有开放的心胸。然而，中国亦不能没有自身的根本，否则流荡难归，无以自立。西学各家各派甚为分歧，中国究竟要师法美国、英国、法国、德国，抑或俄国？根据过往百余年的历史，以上各国文明，中国皆曾师法，却无一能照抄。因此，惟有本诸自身的文明体系与历史脉络，勇于吸收外来文明，不断改造、发展出自己的政治教化与经济社会体制。也因为如此，经典必须随之变化，此即笔者试图提出的新时代的经典概念。

五、建设现代儒学与现代经学

接下来，笔者将在上述意义下讨论如何建设现代儒学与现代经学。"现代经学"是"现代儒学"的一部分，故首先必须探讨如何建设"现代儒学"。基本上，中国今天的学术界实为西方学术界的附庸，所有的学术分类、研究方法乃至所用语言都按照西方学术进行，无所谓真正的儒学。目前学界所有严格意义上的学术衡量，皆以西欧、北美为准，不符合此一标准即不入流。就学习西学而言，这有其必要，在学习阶段确实必须这么做，笔者亦主张讲西学就应该彻底地依照西方的标准。然而，只有西学恐不能解决中国的问题。首先，人生的价值、意义、道德与伦理问题，以及中国许多根本性的文化与社会的问题，只用西学难以解决。其次，中国的政治问题其实无法只靠西方政治学来解决。如果不懂得中国政治与历史的独特性，以及中国政治社会运作的方式，其实难以处理。中国之为中国，依据"六经"、"四书"与诸史，首先是一个以高超的伦理与文化所抟成的国家。若其伦理与文化衰败，则危机四伏。

今天的西学训练都是专家之学，只适合处理专门问题，而且有些专门问题还无法有效处理。举例而言，现代经济学家如果实际经商，一般常失败；现代政治学家如果担任政治领袖，结果往往也很不理想。尤其在华人社会，不懂中国式政治不行。西方政治学侧重解释性的学理，固然在知识上很有贡献，在理想上亦甚有启发，但若以此处理中国的实际政务，却未必适用。

---

① 参见陈寅恪：《唐代政治史述论稿》，生活·读书·新知三联书店 2001 年版；陈寅恪：《隋唐制度渊源略论稿》，生活·读书·新知三联书店 2001 年版。

儒学传统以实践与实战见长。儒家长期且普遍担任政治与社会的领导工作，却不太重视解释性的理论。西方人喜欢探索具有"普遍性"的理论，然而学者自己往往不见得能实践。儒学不同，其核心目标就是具体的修齐治平。传统上研读经史子集，重点在于从事修齐治平的大业。百年来的经验显示，仅西学不足，现代中国必须要复兴儒学，否则无法解决自身修齐治平等根本性的问题与危机。如一般所熟知，中国当前的价值与意义体系混乱，伦理及家庭体系亦趋于衰败。由于意义与伦理体系的败坏，整个社会或人与人之间缺乏基本的互信，对内、对外的行为粗暴，从而造成各种严重的问题。国家体制不稳定，与周边及世界多国的关系亦并不顺畅。因此，我们必须复兴儒学，才能面对中国当前价值、意义、伦理、道德、家庭与文化的危机，并改善政治、社会、经济等方面的问题。

重建现代经学是复兴现代儒学的关键部分。这当然非常困难，因为今天的教育及学术体系中并没有儒学与经学的位置。笔者建议各大学设"华学院"，以培养现代儒学的人才。目前有一些大学已经设了国学院，然而"国学"一词不祥。"国学"一词由日本人当初为了维持民族自尊与保持民族特色而提出，以之对抗西学。① "国"既然意指本国，何必要学习其他国家的学问？既为我国之学，其他国家又何必重视？相较之下，"华学"更能代表中华民族有容乃大的传统，而不是本国主义。我们必须在以西学为标准的现有人文学院与社会科学院之外，另立华学院。此学院的研究以经史子集为主，目标在研究与从事中华民族的修、齐、治、平之大业。毕业后可以到各级学校任教，或从事社会文化工作，也可以担任政治、社会、经济的管理工作。儒学与经学是最好的人文社会素养，可以投入各行各业。大陆现有的国学院，其实还只是各种西化的相关学科的凑合，缺乏完整的学术概念与方向，或许应朝上述方向转型。

六、继承传统面向未来的"现代经学"

在此新时代研究经学，首先应讲明"经典"在新时代的意义。若只将其当作几本重要的古典文献，依现有方式埋头研究的意义有限。当然，今日亦不能再一厢情愿地认为经典为圣人所传，包含了一切人文社会乃至自然界的至高

---

① 桑兵：《晚清民国的国学研究》，上海古籍出版社 2001 年版，第 5 页。

道理。我们宜如前述，从一个文明如何奠基、如何在此基础上持续成长与吸收融合的观点，来研究中华经典与经学的诞生与发展，从而深入探讨其中无穷的内涵。毕竟，从今天来看，并不是有了孔子与"六经"就能解决中华文明一切问题。"六经"与"四书"固然是中华文明价值与文化的根本，但不能只有"六经"与"四书"。

因此，我们需要立基于中国历史，建立一个"发展中的经典与文明"的观念。经典体系的发展经常具有辩证性，且往往关连到中国文明如何面对危机。历史上，封建制度衰微，于是发展出子学，而诸子学一方面继承、一方面批判传统，与"六经"有辩证性的关系。两汉的经学源自经典与诸子学的结合，而后世的"四书"，更源出于子学。两汉经学衰落，儒学与老庄及佛教发生进一步的辩证关系，经过很长的时间，最后镕铸出理学。至于今日，我们当以"六经"、"四书"暨中华释老、理学传统与西方文明体系做辩证性的研讨，以镕铸中华文明的新学理与文化体系。这是建构中华文明的新经典体系，使中华文明能有本有原并不断发展的关键。我们当以"发展中的经典与文明"的观念，建立"现代儒学"跟"现代经学"，也就是"中华文明第三期的儒学与经学"。历史上的中华文明，第一期是经的时代，第二期是传统经学的时代，到了第三期中国，必须要有新形态的现代儒学与经学。今人必须建设能充分因应现代性挑战的现代经学与儒学体系，以继承传统，并迎向具有高度发展性的未来。

"现代经学"必须学习并超越融合汉、宋、清代经学与西方经典学。汉、宋、清代经学与西方经典学，各有其学术与学派传承乃至师承家法，必须高度尊重，方能深入堂奥。学者以一人之力，通常只能依循一种学术暨学派传统以求深入，然而一旦凿井及泉，则可以此为基础，力求融会贯通。清末民初经学与"国学"大家，早已提出融通汉、宋、清代经学以及佛、老、诸子与西学的主张。其中各学术传统大不同，必须分别求之，又必须融会贯通。这是现代经学乃至整个中华学术文化所面临的最大挑战，且舍此亦无他途。

汉代经学伟大，然而并不只是因其讲明经典与圣人的古义以传诸后世而伟大。汉代经学的真精神在于"通经致用"，亦即建立与匡正整个朝代的制度与文化。随着汉代难以避免的渐衰，汉代经学家开始要求国家变法改制。他们认为每个朝代皆有其德，一盛难免一衰，衰落后则必须有贤德之主取而代之，新莽一朝缘此而来。当时朝野皆支持王莽，后世则视之为乱臣贼子。其实，如果王莽不如此迂腐，而是个头脑清醒而务实的政治家，中国政治最困难的症结也就是高权力的轮替问题，或许可以就此得以解决。每隔大约150年至200年，当官僚体系腐化，制度、人心也产生各种难解的问题之时，若能变法改制、移转政权，中国皇帝制度的根本问题，岂不可以大幅纾解？这种"天命转移"的思维方式，至今依然很可以为我们所借鉴。只可惜新莽以失败告终，魏晋南北朝又弑频仍，从此禅让、天命改易与改制成为污词，再也没有人敢提起。

敢于反省与批判最高政权，正是汉代经学了不起的地方。宋代经学发达，促成了庆历与熙宁变法，同时促使坚持经义的儒学家长期与因循苟且的官僚集团抗争。汉、宋两代是中国经学最盛的时候，都发生了重大的变法与政治改革，这才表现出中国经学的真精神。明清之际的经学依然有此精神，然而在高压政治下，乾嘉经学只能致力于考据。这虽然有知识上的重要价值，但对于国计民生实少有贡献，所以到了清末，学人一举而尽去之，从此再难恢复。要复兴"现代经学"，首先应该要恢复汉、宋经学的真精神，更上溯古先"圣王"创造经典的原意，真实面对中国现当代的政治与教化问题，力求改变整个时代乃至改善整个世界。这才是中华经学的原意。①

胡适仅从知识上论，认为清朝是中国的文艺复兴。②清朝在知识考据上确实是很进步，但这些经生因循度日，顶多以学术上的"平实精详"移至于政事，却对于当时的诸多根本性问题，一无见解与办法。如此读书有何用处？国家社会养一群书呆子又有何意义？汉朝博士经生的章句之学，论辩抄写甚繁，后来通通散失，而今天的论文比古代的经注更烦琐。汉代秦近君说尧典"曰若稽古"四字用了三万字，如今更小的问题动辄考据数万字，其烦琐难用一也。

中华文明第一期的经，是古代圣王创造世界秩序与文化的记录。第二期的经学，旨在透过经义改变世界，这是汉、宋经学的真精神。第三期中华文明的经学，在继承前两期的精神下，应当融入西学，以深入研究并改善今天的政治与社会文化。要超越并融合汉宋清学与西学，首先要接受它们的长处。两汉宏大的学术格局与通经致用，宋学的义理、心性、法天道，清学的知识考据与西方的科、哲学都是现代经学所当学习的重要内涵。我们要学习、融合而超

---

① 以上两段参见钱穆：《素书楼经学大要三十二讲》，《讲堂遗录》，台湾联经出版事业公司1995年版，第483—484、638—644页。

② 胡适："The Chinese Tradition and the Future"，《胡适全集》第39卷，安徽教育出版社2003年版，第644—657页。

越，这才是新时代的经学。

七、分门、专精与兼通

儒学的核心目标是研习与解决修齐治平的根本性问题，其学术则是经史子集之学，尤其以经学为中心。古人治经的切要方法是如《汉书·艺文志》所说："古之学者耕且养，三年而通一经，存其大体，玩经文而已，是故用日少而蓄德多，三十而五经立也。"[1]读经的重点在于明白其主要的意涵，学习古圣先王原有的气魄与精神，培养自身的德性能力，从而面对修齐治平的根本性问题。如此治经，要而不繁，才能得其大体，发挥其大用。

两汉博士之学发展得专门而烦琐，最后全部不传。后世的经学，依然不免分经而治之，随着时间的发展，内容极其丰富，在各时代固然有其各自的价值，然而时过境迁，意义大幅衰减。后世学者必须继承汉、宋、清人之经学，又必须有现代学术的观念，势必取精方能用宏。随着时代的发展，当今学术首先牵涉专家之学与通人之学的关系问题。一个人的能力有限，不可能门门皆通，所以一方面对诸经、诸史要有贯通性的理解，但另一方面，每个人也必须有各自专精的领域。譬如有的人治《论语》、有的人治《春秋》，专精之后则诚如曾国藩所说，"凿井而及泉"，可以通于各种学问。[2]"通"与"专"之间，相辅而相成。能专精方能兼通，而学问通达亦大有利于专门之学的创辟与深入，也才能将其专家之学放在适当的位置上。二者可互补而不见得矛盾。

揆诸中西学术本质性的巨大差异，以及世界学术发展的趋向，建议宜分成儒学与西学两种不同的路径来研治第三期的中华经典，彼此互相学习。儒学的精神与道路，主要如同上述。儒学依传统亦可分成专家之学跟通人之学，且彼此应互相学习。就专家之学而言，有的人偏从经学治经，有的人偏从史学治经，有的人偏从汉、宋或清学治经，或在诸经中侧重某经。这既是入门，也是求深入时所必需。深入有得之后，其才性通达者，当然可求兼通。科学化的西学则均为专门之学，宜严格依照西法治之，可以为经典开出新意义。此新途径

---

[1] 班固：《汉书》卷30，颜师古注，台湾鼎文书局1986年版，第1723页。

[2] 参见曾国藩：《圣哲画像记》，《曾国藩全集》（修订版）第14册，岳麓书社2011年版，第153页。

与意义，亦应与儒学相融通，以开拓现代儒学的视域与内涵。

不仅如此，现代经学是现代儒学的一部分，应与现代儒学中的史学、子学与集部之学相通。现代经学的体系最难重建，至于现代史学则比较简单，现代史学应该既研究中国史也研究世界史。然中国史学传统与西方史学之不同，着重于研究"世运兴衰、人物贤奸"，"天人之际、古今之变"与修齐治平之道等根本性大问题。因应此目标，所以其方法上更注重博雅、通贯与学者的修养。这个传统，与西方现代史学有相辅相成的效果。子学指各种专门或一家之学，可推而广之，包含西方近现代各种专门之学与哲学。集部之学则是个人生命的整体完成之纪录整合，而并非西方文学或文艺的概念。集部之学所看重的是一个一个的人，譬如朱文公文集、杜工部集，乃个人生命完成的相关文献集结，又称之为别集，而总集则表现某特定时代人群的特殊风貌。此因儒学的重点，如钱穆先生所指出，不是知识的完成，而是人的完成。西方学术的重点是知识的完成，故以知识做分类。儒学是以人的完成为重，在实际的历史里从事修齐治平。因此，若能深入集部之学，便得以懂得各个不同的人，以及各个不同的时代。①

或问通人之学如何可能？其实儒学自古以来致力于贯通经史子集的通人之学。以今天的标准来看，四部之学所涉及的书籍与知识皆难以计量，前人之所以从来可以研习，因其多只从经史子集——尤其是经史，因为儒学以经史之学为中心——当中择其最重要的经典研读，数量有限。若能读懂经典，其他自然容易。就古人而言，经部是"五经"与"四书"，以通其大义为主。二十五史则以史、汉（或前四史）与近现代史为主。先仔细通读，或可能先专治某方面，而后再通于其他。如朱子所说，道理相通，读第一部书花十分力量，第二部则花六七分力量，第三部便只要两三分力量，然后势如破竹，可以完成通人之学。

学通人之学者可从事各种事业，尤其适合从事政治社会文化的领导工作。在今日社会，广义的通人之学也包括管理、商业、政治、媒体、文化等领域，而修齐则是每个人都应当做的事情。至于从事通人之学的人将来是否有出路，最终将由市场来决定。此所谓"市场"，系指广义而言，包含国家社会的需要。

---

① 儒学为通人之学与四部之学之大意参见钱穆：《四部概论》，见《中国学术通义》，台湾联经出版事业公司 1995 年版，第 33—67 页。

这当然也牵涉政府的政策问题，但儒学终究必须证明自己，才能够获得存在的价值，而不应推给国家政策。如果中华文明需要这些人，证明读过经典与古书的人在修齐治平方面比从事西方专家之学的人表现更好，久而久之，众人便自然会不断加强这方面的训练。反之，如果这些人表现一直不佳，那就表示传统的经史子集之学无价值。当然，初期阶段可能要靠国家政策培育，譬如某省或某地觉得此一办法合适，使举办华学院培养相关人才。我个人相信，受过传统经典教育，同时又愿意接受现代教育与文化洗礼的人，在修齐治平上的表现，肯定比现今只懂专门之学的专家更好。

与此同时，中华经典不应只留在华学院，或只限于现代儒学，而同时应当按照西方分类的现代学门加以研究。事实上，研究政治问题的人若只学西学，而不懂得学习传统经典，则不仅对于中国的很多事情不得其门而入，对于世界人类的理解，亦将受西学的视角所限。不懂得原本立基于"六经"、"四书"与诸史的中国政治社会，如何理解与处理现代中国政治？只用西学看世界，如何真能看懂其他文明的价值。所以即使是现代政治学也应该研究传统经典，并以最标准的西方学术基底与方法加以研究，如此方能开拓双方的门庭，促进彼此的理解。同样地，经济、社会、心里、人类、文学、哲学乃至其他各种社会与人文科学，也都应该严格地按照西方学术的方法研究传统经典，以求获得新的知识，并透过读中华经典，增加自己的视野。以儒学的方式或用西学的方式治经，将得出非常不同的结果，很可以互补相通。这样就会形成一个具有开展性的中华文明跟中华经典体系，既有自己的本根，也能不断地吸收融会其他文明的长处。期望新的经典体系与经学，能让中华文明得到更美好的发展。

（作者简介：吴展良　台湾大学历史系）

诠释学的存有学探源

——以"存有三态论"为核心的展开

林安梧

"存有三态论"是我在写博士论文时逐渐发展出来的一套理论，在《存有、意识与实践：熊十力体用哲学之诠释与重建》①一书中，已有相关的章节论述。这十几年来，"存有三态论"可以说是我思考的主要向度。1996 年秋，我在南华大学的哲学研究所的"启教式"（开启教学仪式）所讲的《"道"与"言"》，后来以《道言论》正式发表在 1997 年南华大学哲学所《揭谛》学刊上，作为创刊的《发刊词》。关于《道言论》原以八句构成，即：

道显为象，象显为形，言以定形，言业相随，

言本无言，业乃非业，同出于道，一本空明。

1999 年在国际中国哲学会议上，我进一步地以"后新儒家哲学之拟构：从'两层存有论'到'存有三态论'——以《道言论》为核心的诠释与构造"为题阐述了这个思想。后来，我将这篇文章增订修饰，作为《道的错置：中国政治思想的根本困结》②一书的第一章"导论：'道'的彰显、遮蔽、错置与治疗之可能：从'两层存有论'到'存有三态论'"。今天我们要讲的"存有三态论"及其诠释学，一方面关联我们这学期开的课程，一方面是想借这机会，更集中而系统地对"存有三态论"可开启的诠释学做一概述。首先，我们将对"存有三态论"做一简单的引介，之后，再展开其与诠释学的关系。

---

① 该书已由台湾东大图书公司 1993 年印行。

② 该书已由台湾学生书局 2003 年印行。

一、"存有三态论"的基本构造

（一）存有三态：存有的根源、存有的彰显、存有的执定①

"存有"这一字眼乃借西方哲学的话语而来，相应的是"Being"这个词，但在这里，我们并不以此自限。我们不以其自柏拉图（Plato）、亚里士多德（Aristotle）以来主导的概念来说，或者它较接近海德格尔（Martin Heidegger）《存在与时间》（*Being and Time*）里所说的意涵。但这样来理解"存有"这个词，仍然易出问题。或者回到中国传统"道论"的脉络上来理解，会较为恰当。"存有"指的不是"存有一般"（all beings in general），不是作为一个对象去把握的"存有"，而是"天、地、人交与参赞所成的总体根源"。"存有"指的是："人"迎向"世界"，"世界"迎向"人"，天地人我万物通而为一且不可分的总体，如其根源而说其为存有，这并非与主体区别开来，而作为一主体认识的对象。"存有"之作为天地人我万物通而为一且不可分的总体而说之"存有"，这并不是人认识的对象，而是作为人参与而构成的那个场域、总体、根源。这么说来，"存有"这一字眼相当于中国古代哲学所说的"道"，存有的根源即隐含一开显的动力，"道"之为"道"即隐含一开显的动力，因"道"中已隐含天地万物人我通而为一的总体根源性动力。

"道"之所以能够彰显，因为人之作为一"活生生的、实存而有"的存在，若借海德格尔的话来说即人作为一"在世存有"（Da-sein），具有一使得存有能开显的可能。以中国老话来说"人能弘道，非道弘人"，但老子也说"道生之"，这并非道来弘人，其实是人"志于道"而"道生之"；进一步"道生之"而"德蓄之"，因其"德蓄之"而人可以"据于德"。存有根源之所以隐含开显的动力，因为那存有之道，姑且用海德格尔的"Sein"去说它，人之作为一"Da-Sein"，存有之道落实在那里，因其"活生生的实存而有"使得那存有之道彰显。存有的根源不停留在存有的根源，它必然得开显，就如同"道"不停留于一隐匿的状态，它必然要开显出来。至于如何彰显，用中国古代的话来说，它隐含一开显动力，即阴阳开阖，翕辟成变。这是讲道体本

---

① 参见林安梧：《存有、意识与实践：熊十力体用哲学之诠释与重建》第五章，台湾东大图书公司 1993 年版，第 107—150 页。

身彰显的动力、律动,此律动能够彰显的关键,就在人这一活生生实存而有的参与。所以自来华人文化传统谈本体论、宇宙论,均不能离开人来说。这不是将它视为一客观对象而凝视它的传统,而是人动态地去参与它,这样所成的传统。更精确地讲,是人含于其中,去触动、参与,而使之开显,并不是人去开显它。

(二)从"存有的根源"到"存有的彰显"、进而"存有的执定"之过程

由此谈从"存有的根源"到"存有的彰显",若借用佛教唯识学所说,这是从"境识俱泯"到"境识俱显而未分",境识俱泯相与为一体所构成的整体称为"道",而"道"之揭露即"境识俱显而未分"。由于人作为一活生生实存而有的人,在触动参与的过程中使之彰显了,此彰显使"境"与"识"(即外境与人的心灵意识主体)同体彰显,相互迎向而彰显,人触动道、参与道,道即迎向人,所揭露者还未分别,即未形成主客对立之貌。再进一步,才有所谓"以识执境,以主摄客,以能摄所",才有所谓"存有的执定",即"主体的对象化"活动,才使对象成为被决定的定象。这一重要的过程即"话语"进到其中,也就是主体对象化活动,即人们通过一"言以定形"(即王弼所谓"名以定形")、"文以成物"的方式,使"形、器、物"成为一被决定的定象。① 换言之,一个对象物之所以为对象物,这是经过一非常复杂的过程,是一主体对象化过程使得它形成定象,才有所谓一与我这个主体区隔开来的对象,即物之为物并非本有可摆在那个地方、一被抛掷(be given)在那个地方的东西。其实,这是人们去建构它,而成为对象物,过程中人们有其规定及隐含的诠释,在其中人范限、构造了它,说它是什么。这过程中也把人所隐含的意趣、欲望、权力、作用等都掺和了进去,使得话语所规定的对象所构成的一大套系统隐含了这些东西。借用佛教的话来说,即"业力"伴随而生,经由语言文字所范限构造的对象物均有这些问题。

---

① 参见王志铭编:《老子微旨例略·王弼注总辑》,台湾东升出版事业有限公司 1980 年版,第 65 页。王弼于《老子》第二十五章"吾不知其名"下,注曰:"名以定形。混成无形。不可得而定。故曰不知其名也。"又于"字之曰道"下,注曰:"夫名以定形。字以称可。言道。取于无物而不由也。是混成之中。可言之称最大也。"

二、关于"道、意、象、构、言"的诠释层级

(一)"道论"较接近中国哲学的原型

关于"存有三态"的展开,我曾透过道家《老子道德经》"道生一,一生二,二生三,三生万物"来诠解这个问题。"道"之为"根源性","一"之为"整体性","二"之为"对偶性","三"则为"对象性",而"三生万物"之为"万物"即为"对象物"。"道"之为道,其根源之为一总体,此即隐含对偶的两端,进而经由一"主体的对象化活动",而成一决定了的"定象"。这也就如前所述,是从"境识俱泯"到"境识俱显而未分"、再到"以识执境"的过程。由"根源性"而"对偶性"转为"对象性",由对象性才能对象化成为一被决定的定象。这样说来,我们可将"道生一,一生二,二生三,三生万物"的哲学理路厘清了,这与"存有三态论"是相合的。① 总的来说,这较符合中国哲学传统中儒道原型。中国哲学谈宇宙万有一切,谈存在如何开启,存在是什么,谈对象物如何成为对象物,谈存在又如何与价值和合为一。

华人文化传统谈"存有之道",乃言"天地人我万物通而为一且不可分的整体"。此存有之道,当我们讲物时,是经过一复杂的彰显生发的过程,因为彰显生发而被决定,而再经过一认定的过程,此中有一"纵贯的发展"及"横面的执取";"纵贯的发展"是从"境识俱泯"到"境识俱显而未分","横面的执取"是进一步到"以识执境"的过程。② 这样的说法避免了"主体主义"及心灵独大的倾向,因中国哲学乃以"道论"作为归依。"道"所贵为天下以前,天下万物皆为道。"道"的内涵是什么,就其能动性来说,就隐含开展为物质的可能,"道"其实是心物不分的,化而为一的,姑名之为"气"。"气"是"对比于心灵与物质两端而成的一个辩证性概念"③,它是最源初的概念。我以为,中国哲学既非以主体能动性的"心"为主,亦非以客观的

---

① 参见林安梧:《人文学方法论:诠释的存有学探源》第七章,台湾读册文化事业公司印行 2003 年版,第 177—203 页;林安梧:《"道""德"释义:儒道同源互补的义理阐述》,台湾《鹅湖月刊》2003 年第 10 期。

② 参见林安梧:《"存有三态论"与"存有的治疗"的构建》,台湾《鹅湖月刊》2000 年第 6 期。

③ 这个理解,得自于船山学,参见林安梧:《王船山人性史哲学之研究》第五章,台湾东大图书公司 1987 年版。

法则性的"理"为主,而是以总体的根源性之"道"为主。用唐君毅先生的话来说,此中隐含着"存在的流行"及"流行的存在"①,这存在的流行,亦是存在的律动。

(二)话语的介入使得万物成为万物

我认为以"气论"(或道论)为核心的诠释较接近于中国哲学的原型。这里所说的原型是就整个理论系统的原初而言,并不是通过时间之追溯而溯其源。因为时间的溯源,此为不可能,顶多只能溯至最古老的巫教传统,即萨满教(shmanism)的传统,而此一传统又可与"道论"的传统连接在一起。我们这样的诠释方式,可避免牟宗三先生以《大乘起信论》"一心开二门"的哲学思维来处理康德(Immaneul Kant)"现象"与"物自身"的区分,而构作成两层存有论的问题。这一思维有主体主义倾向,这是以道德主体的优位性来涵摄一切。此一方式对整个中国哲学中许多层面的解释力上有其限制,而且在整个哲学史的诠释上,忽略了汉代哲学、唐代哲学,以及清代哲学。视汉代哲学宇宙论倾向为歧出,视汉代重气的哲学为一种陷溺,这是不当的。这类问题我曾于2000年在"中央大学"(台湾中坜)讲座中提出。我当时主要是从"两层存有论"到"存有三态论"去谈相关问题,在此处暂不多谈。回到"存有三态论"的构造来说,一个严重问题在于,我们常误认为万物之为万物是一既与的存在而为万物。实则不然,通过我们的名言概念、文字符号象征,通过非常复杂的主体对象化活动后,才使得万物成为万物。简单地说,是话语介入后才使得万物成为万物。所以"凡物皆论",无论即无物,我们其实是透过话语来建构、理解世界。

(三)"道、意、象、构、言":存有根源的体证、意向的体悟、图象的想象、结构的把握与话语的记忆

凡物皆论,无论就无物,没有话语的介入,就不可能有物。这样来理解,就可以发现一个非常重要的事实:我们其实是通过话语去建构这个世界。同时,我们是通过话语去理解这个世界。建构跟理解是一体之两面,而我们对于那一大套已经被建构成的语言文字符号系统,又如何重新去理解,这时候很重要的是,我们必须去理解这套系统建构的过程。我们在这里谈"存有三态论",隐含建构所成的结构脉络。这个结构脉络是从"存有的根源"到"存有的彰

---

① 语见唐君毅先生:《中国哲学原论·原教篇》,台湾学生书局1984年版,第479页。

显"，再到"存有的执定"。

建构与理解一体两面，对于已有的一大套语言文字系统，我们如何重新去理解它？此时我们必须理解此一建构的过程，所以我们谈"存有三态论"即隐含一建构所成之结构脉络。这就是先前所说"存有的根源"到"存有的彰显"，再到"存有的执定"。若通过一话语系统去说它的话，再往前追溯，在话语之前有其结构，结构之前有图象，图象之前有意向，意向之前即在宇宙造化之几，这是说心意初几前那个浑然未分的"道"的状态，或者我们可用《易经》所说的"寂然不动"之态去诠解它。由此"寂然不动"而有"感而遂通"，由此"诚无为"而有"几善恶"，由此一不可分的整体，所以在它开显的过程才会有一心灵意向，由意向才构成图象，由此图象才化为结构，由此结构才化为一大套语言文字符号系统。①

从这一层级我们可以看到，其实是隐含着道的开显到展放的层级，同时也隐含我们去理解、去诠释的层级。理解与诠释刚好与存有的开启与展放是一个互为不可分的整体；但是它们的向度，一个是由上而下，一个是由下而上。理解、诠释是由"言"到"构"，到"象"，到"意"，到"道"，而"存有"的开展则是由"道"到"意"，到"象"，到"构"，到"言"。我们这么说是想要说明：在华人传统中有个非常可贵的东西，凡是我们去诠释任何一个存在的事物，我们预取在这个事物是可以上升到浑然不可分的层级，这个最高层级是存在，也就是道，我们预取会有这个体证。

从话语、结构逐层而上，以更简单的语词来说，我们对"话语的记忆"，到"结构的把握"，再往上升到"图象的想象"，再到"心灵意向的体会"，最高到达"存有之道的契入"、道的体证。"道的体证"是无言的，是不可说的，而落实到我们对于句子的认知、记忆，这其实是已经说出了对象，有个对象你去记忆它，认知它是什么。换言之，我们有个从"不可说"到"可说"，到"说"，而说出对象，这个复杂的过程。在我们的哲学里面，从不可说到可说，到说出是一个连续的发展过程，"言"上及"无言"，言之成为物，而无言则契及于道，道器原是冲和为一的。作为定象的物，它可以恢诡谲怪地冲而化之，而上及一个无言之境、不可言说的道。在我们的文化传统里，非常强调这个

---

① 这在拙著《人文学方法论：诠释的存有学探源》第六章（台湾读册文化事业公司印行2003年版）所提"道、意、象、构、言"的层级系统中，有详细的阐发。

"道"。换言之，你对于话语系统，当然要去把握它、理解它、诠释它，但重要的是在认知、把握、理解、诠释的过程中，不断地瓦解，不断地往上升进，最后到达这个"道"。

基本上，我们肯定人可以伴随这样的发展过程，而到达"体道"或是"证道"的活动；这同样是诠释不断发展的层次，在华人的文化发展里，非常强调这点。而且，我们相信，人们其实是必须要摆脱话语结构的限制，不断地解构，不断地一层一层往上升进，才可能达到道的体悟。人们不一定要完完全全通过整个语言的结构系统的把握，才能往上升进。在存在的当下，本身就有个机会直接契入道。华人文化传统强调这个过程，是要告诉我们"存在优先于思考"，"思考优先于认知"，"认知优先于话语"，"话语优先于被话语决定的定象"。正因为这样的一个氛围，禅宗的六祖慧能可以告诉他的弟子无尽藏，你要我讲《法华经》可以，不过"字即不识，义即请问"，字我不懂，但道理我是懂得的，你就直接问吧！"道理"之为道理，是如其道，彰显而为理，称之为"道理"也。回到那个最高存有根源的契入，如其本身所显露的，这里便隐含一套脉络系统，这叫"道理"。所以我们说，这样的诠释学是上及到"道"那个最高本体的活动而成的"本体诠释学"。

三、"生活世界"与"意义的诠释"

（一）在"生活世界"里展开"意义诠释"

"道、意、象、构、言"这五层是层层互动、两端一致、和合为一的。"道"与"言"有个循环互动，"道"与"意"之间有个循环互动，"道"到"象"之间有个循环互动，"道"到"构"之间有个循环互动，"道"到"话语"之间也有个循环互动，彼此之间又不断有循环互动。我们之所以做这样的强调，正因为我们回到华人的世界去看，会发现那复杂而有趣的经传注疏解等的解释学传统。它看起来万变不离其宗，却在万变不离其宗里生根，往下扎根，往上生长，不断彰显，不断地让意蕴在这个彰显、扩大、转化与创造的过程里，一而再、再而三地生长下去。如上所述，就是我对"道、意、象、构、言"的诠释层级以及隐含存有的开显层级的一个互动所强调的几点。

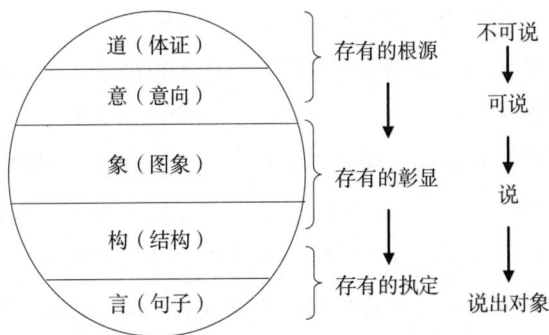

人去展开意义的诠释,其实是不离生活的,你在阅读经典,这就是生活,这也是修持的活动、体证的活动。印顺法师有个说法我非常赞同,他认为做经典疏解的活动本身就是修持。印顺法师是非常了不起的学问僧,他的修习法门依我来看以及他自己所说,整个经典诠释的活动就是修持的活动。① 大家不要误认为经典诠释活动与修持无关,经典的诠释与实践无关,他要告诉你这其实是不可分的东西。当我们展开意义的诠释时,其实不是紧抓着字句不放,而是要注重在字句后头的结构、后头的图像,在更后头的意向,在最后头、最高的道,在存有之道整个彰显的过程所构成的那个生活世界。在这个生活世界里面,展开我们的意义诠释。

(二)沟通·解放·批判与建立

生活世界是什么呢?是"天地人我万物通而为一"的那个当下、那个场域,这就是生活世界。譬如现在我们的生活世界,就是现在的生活场域所构成的。像我一来到东华,就会让我有种休养生息的体会,放开了、放松了,就会有创作的欲望。由于这个地方所构成的生活世界气息交感不同。我们说那个"道"就是"天地人我万物通而为一",气息交感的原初状态。"道"不同,它彰显的就不同,你当下的意向不同,你所揭露的那个想象图像就不同,那个结构不同,话语表达方式也就不同,所以整体就会有影响。我们在展开意义的诠释的时候,其实就在天地人我万物通而为一所构成的生活世界所展开。这一意义诠释隐含了实践的向度,就这个实践向度的落实来说,很重要的就是"人迎向世界"、"世界迎向人",人迎向你所想要迎向的,也因此构造着它,它也迎向你,又回应到你自身。就在这不断迎向、不断沟通的过程里,你获得一种解

---

① 语见印顺法师:《法海微波》,台湾正闻出版社 1987 年版。

放，同时你也因之而解放；你也构成了自己，又构成了它。

在生活世界里展开意义诠释的过程，同时也展开了批判性的活动，这批判的活动就是刚刚我们所讲的，在诠释的过程中隐含着转化，这个转化带有批判性的活动。批判之为批判，其实有个更高的东西作为一切批判的依准，这依准就是道。这批判的依准就是"和其光，同其尘"（《道德经》第五十六章），这里所说的"批判"与康德意义下的批判不同，它比较接近黑格尔意义下的辩证。它也不像哈贝马斯意义下的批判，它其实比较像海德格尔意义下所说的融通与开显，我们通过历程而达到更高的"存有的实在"，那个"实在"其实是人们参与那个场域中的整个构成。

四、"人"、"经典诠释"与"道"的结构性关连

（一）"两端而一致"的交互活动与三端互为核心的循环结构

这么说下来，经由存有三态论的基本构造，它隐含着一套诠释学的理解：一方面是顺着存有之道的开显过程，就其开显的层级来说，从道生一，一生二，二生三，三生万物，从道的根源而为总体，由此总体而有对偶性，由此对偶性引发了对象性，由此对象性而生出了万物，而生出了作为决定的定象，作为对象的万物。这刚好配合"道、意、象、构、言"这一结构，相对来说，诠释是由下而上的，由言而构，由构而象，由象而意，由意回到了道之本原。这样的提法其思想资源，有一大半是来自于王夫之对于《易传》的诠释，他强调"两端交与为一体"，两端而一致。[1] 就人与经典而言，人诠释经典，同时经典也诠释着人。人能诠释经典，是因为人在诠释的过程里是上及于道，而这个道又经由人之诠释下贯到经典。这个过程是"两端而一致"的交互活动，另一方面又是经典、诠释与道，这三者是互为核心的循环结构。

人对经典的诠释必须调适而上遂于"道"，人之所以能够调适上遂于"道"，是因为这个道源泉滚滚、沛然莫之能御，把它的道理彰显于人，使得人具有诠释的能力。人之为人，就在这样的过程里面逐渐长成，经典也在这一过程里被诠释、被彰显，道也就在这一过程里，从不可说到可说，又从可说回到

---

[1] 关于"两端而一致"，参见林安梧：《王船山人性史哲学之研究》第四章，台湾东大图书公司印行 1987 年版，第 87—93 页。

不可说。"道"、"经典"与"人"这三端各自作为核心，其他两端而一致，互为循环，这三者构成不可分的整体。以"人"作为核心的时候，"道"与"经典"是两端；以"经典"为核心的时候，"人"与"道"作为两端；以"道"为核心的时候，"人"与"经典"作为两端。①

（二）"义理明"、"训诂明"的互为"先"与"后"

诠释的活动不只是字句训诂的问题，不只是历史文物制度考证的问题，不只是地上所能掌握的资料，也不只是地下所挖掘出来的资料，不只是如何上天下地去把握而已，因为这些都只是基础。这些基础是展开理解的一个起点，但不是理论性的基础建构。真正理论性的基础建构应该是我们这里所说的这五层的诠释层级、五层的存有之道的开展层级。我认为人文学的研究必须以字句的训诂、历史文物制度考证或者地上能掌握的、地下能挖掘的种种东西作为一个起点，但是不能把此起点当作终点。这个起点能不能清楚，还必须放到这五层诠释层级或是存有之道的开展层级里去加以论证，才能够对字句的训诂、历史文物的考证、地上或是地下所挖掘的下判断。

清代考据学者所说的"训诂明而后义理明"说得很简单，字句训诂你必须能把握到它作为认知的起点，这是基本的。要是更高一层地说，"义理明而后才使得训诂明"，因为唯有存有之道的照明，这义理明了，训诂之为训诂，才得明白起来。② 存有三态论落实到五层存有之道的开展层级，可以有五个诠释层级的诠释学。我认为这样的诠释学时时刻刻要去面对与调整，一方面必须正视理解与诠释的起点；但是你不能就此为止，必须把它放到那里面去看。譬如说大学之道，讲三纲领、八条目，八条目里面讲"格、致、诚、正、修、齐、治、平"，其中一直有一个问题就是："物格而后知致"，"知致而后意诚"，"意诚而后心正"，"心正而后身修"，"身修而后家齐"，"家齐而后国治"，"国治而后天下平"，这个"而后"如何解？这时候，其实你就必须回到整体的结构上去理解，不能够只是抓着一句话的话语结构就去说。你必须放在更高的结构上，而这个"结构"隐含着"图象"，这个"图象"又隐含着"意向"，这个

---

① 这个部分可以参考我所著《王船山人性史哲学之研究》的第四章，在方法论里面提到互动循环的部分。

② 训诂与义理本是两端而一致的，互为一体而不可分。清儒常主张"训诂明而后义理明"，而新儒学者则从另一角度说，亦唯有"义理明，训诂方能明"，钱穆、唐君毅、牟宗三等都可以说是如此。

"意向"又隐含着"道",也就是说,你有一个"体道"的活动。如何有一个"体道"的活动?《大学》里讲"大学之道,在明明德"。还是回到那个"明明德","明"其"明德","在亲民","在止于至善","使知止而后能定"、"定而后能静"、"静而后能安"、"安而后能虑"、"虑而后能得";然后,再落实而说格物、致知、诚意、正心、修身、齐家、治国、平天下。

物格而后知致、知致而后意诚,意诚而后心正,心正而后身修、身修而后家齐、家齐而后国治,国治而后天下平。看起来好像这个次序很清楚,格物是最优先的,但是,我们发觉到真正的工夫不是从格物、致知,而是一步步往前展开,进而诚意、正心、到修身、齐家、治国、平天下。什么是"本"呢?其实这里有一句很清楚地告诉我们,"自天子以至于庶人,壹是皆以修身为本"。换言之,修身之本,由本贯末,在这样的发展里,这个"本"从修身作为一个起点讲齐家、讲治国、讲平天下。这个"而后"有着时间发展的先后,这是很清楚的。但是,你去讲格物、致知、诚意、正心到修身,其实并不是一个时间先后的关系,这时候我们就必须用另外一个诠释方式说,其实这不是一个时间的先后,这是一个理论上或逻辑的先后,也就是说,为修身找寻一套理论的程序说格物、致知、诚意、正心、修身……

换言之,"修身"这个活动是当下的,而这个当下就隐含了前面所说这个东西做一个整体。这个意思也就是说,我们要去了解这个"而后",在这里就可以区隔成两个意思。从"格物"到"致知",到"诚意",到"正心",到"修身",这个"而后"我们说它是一个"理论逻辑的先后";从"修身"到"齐家",到"治国",到"平天下",我们说它是一个"时间历程的先后"[①]。我们做这些判断的时候,一方面了解前后次序所构成的结构,而我们更高地再往上去理解,已经触及"明明德"、"亲民"、"止于至善"。"明明德"、"亲民"、"止于至善"是从你内在的一个"明"其"明德"而又参与于整个生活世界,落实为历史社会总体讲,"亲民"而最后到达一个道德理想国度,再"止于至善"。

(三)从"道的根源"去思考问题

如果从这样的方式去看的话,我们其实可以对诸如牟先生所说的《大学》

---

① 关于这样的阐析,我首发之于《关于〈大学〉"身""心"问题之哲学省察——以〈大学〉经一章为核心的诠释兼及于程朱与陆王的讨论》,见《第五次儒佛会通学术会议论文集》,台湾华梵大学 2001 年版。

是一个横面的横摄的系统，提出不同的见解。因为《大学》其实无关于横摄或纵贯，而这里就牵涉到牟先生在诠释《大学》的时候，太强调朱熹的格物，而他在强调朱熹的格物的时候又太强调心性二分学说，太强调了朱熹的格物穷理，而忽略了朱熹讲"格物"、"穷理"是与"涵养"、"主敬"合而为一地说的。正因为他太强调这一面，就把它贬到另外一边去了。《大学》、《中庸》、《论语》、《孟子》、《易传》这五部宋明理学家重视的经典，他认为《大学》是一个横摄的顺取系统，这是不妥适的，它不是一个纵贯的系统。它是一个横摄的系统，而不是一个逆觉体证的系统，这是牟先生的诠释方式。但是依照我们前面所做的诠释，便可以有一个调整。这个"调整"，我认为应该重视《大学》之为《大学》它并不是悖离《中庸》的传统，它其实不必被视为一个横摄的顺取的系统，不是一个知识认知的系统，即使强调"格物"、"致知"，其实隐含了一个"涵养主敬"的活动在里面，隐含了一个"明明德"的活动在里面，隐含了"止于至善"这样一个活动在里面。

我们这样诠释的时候其实是放到更高的结构、更高的层级上去看，放到一个圆满的结构上，也就是回到一个最高的"道"上去看，不然的话我们会觉得解不通，怎么解会比较好？譬如说"形而上者谓之道，形而下者谓之器"，一般人很习惯地就把这个"形"解释成"有形"，"有形"之上者为"道"，"有形"之下者为"器"，这是大不通的。其实"形"是一个"形著的活动"（embodiment），"形著的活动""上溯其源"谓之"道"，"下委其形"谓之"器"。这也就是说，以这个"形著的活动"做核心，往上追溯它叫"道"，"上溯其源为之道，下委其形谓之器"。可以发觉，我们如果用这样的一个诠释，就可以把"形而上者谓之道，形而下者谓之器"理解了，也可以定案了。所以我说一个问题应该放在这里去看，这是值得关注的。

（作者简介：林安梧　台湾慈济大学宗教与文化研究所）

从"接着讲"看中国哲学的分期和发展

金春峰

冯友兰先生指出中国哲学发展历程中有两种形式:"我注六经"的"照着讲"和"六经注我"的"接着讲"。汤一介先生在《中国现代哲学的三个"接着讲"》中发挥说:"现代哲学必须适时地'接着'中外哲学家已有的成果讲,这样它才有生命力,才能对中华民族的伟大复兴和全人类社会合理、有序的发展做出贡献。""历史上,对哲学思想既有'接着讲'的,当然也有'对着讲'的,例如韩非的《五蠹》就是对着儒家和墨家讲的;道家的老庄也可说是在儒家之外的'另外讲'。但是,从人类文化发展的历史看,就一定意义上说,'对着讲'和'另外讲'也是一种意义上的'接着讲'。例如韩非,他写了《五蠹》,从一方面说,他是'接着'早于他的法家思想家来讲的;从另一方面说,又是因为已有儒墨思想,他从相对立的方面'接着'讲的。又如庄子的书,当然是另外一种不同于儒家的思想路径,而他一面是接着老子讲,另一方面他和郭店的三种《老子》本不同,他直接批评了孔子的儒家思想,这正是因为已有儒家思想,他才有批评对象,这从一个角度看,也可以说是'接着讲'了。哲学研究的价值就在于提出新思想、新方法,开创新的方向和新领域。"① 文章分析了中国现代哲学家冯友兰、贺麟、熊十力等如何分别"接着"程朱与陆王讲,对"接着讲"赋予了普遍的方法论的意义。本文拟用此一方法对中国儒学的历史分期做一讨论,以揭示历代儒学大师如何通过"接着讲"以开辟新领域、解决新问题而推进儒学持续不断地发展。

---

① 《汤一介集》第 6 卷,中国人民大学出版社 2014 年版,第 250 页。

一、儒学历史分期

孔子是圣之时者。孔子学说是时代的产物，儒学亦随时代而发展。有学者提出儒学发展三期说，也有提四期说的。三期说是牟宗三先生等港台新儒学学者提出的，四期说的提出者是李泽厚先生。[1] 牟宗三先生定性儒学为"内圣成德"之教，如同基督教、佛教一样，是宗教；儒学以挺立道德主体为教旨，以"心性"之学为法门，教主是孔子，正统传人是孟子。这为儒学第一期。荀子被排除在外，因为不符合这一儒学定性标准。汉儒被认为讲"气化宇宙论"，是儒学的倒退与变质，更不符合这一标准。魏晋玄学，被认为纯属道家。故直到宋明理学才又直承孔孟，重建儒家心性之学，是为儒学发展第二期。但只有陆王心学，才是"接着"儒学孔孟正宗；程朱讲"理在心外"，是歧出，乃"别子为宗"，和荀学一样，不在儒学发展第二期之内。宋明以后，有清一代儒学复陷于倒退，至熊十力才使孔孟心性之学复明，经牟宗三、唐君毅发扬光大而定型，是为第三期。牟氏以康德之实践理性解陆王心性之学，以"良知"为心性大本；由"良知坎陷"以开民主、科学。故第三期当代儒学即牟、唐之儒学。

李泽厚先生主儒学四期说，于牟之三期说中，加进了汉代儒学，为第二期；宋明理学为第三期；但认为程朱陆王讲"内在超越"，体系含内在矛盾，不能成立，故第三期名不副实，徒有其名。第四期则为李自己的"人类学历史本体论"，认为这才又回到了儒学原典精神，是当代儒学与当代中国哲学。[2]

按"接着讲"的精神，本文认为儒学及其哲学可划分为先秦、汉代、魏晋隋唐、宋明、清、现代，共六期。每一时期儒学的发展都由该时期的两个大的因素所推动：一是历史与社会的变化；一是文化新思想发展形成的新思潮。故每一时期之儒学皆为时代精神的产物，皆有自身独特的贡献，有新领域、新观点、新方法，都是"接着"前一阶段的儒学继续往前发展的新儒学。

（一）先秦

这是儒学的奠基期，以孔、孟、荀为代表。

---

[1] 参见李泽厚：《说儒学四期》，《己卯五说》（增订本），生活·读书·新知三联书店 2003 年版。

[2] 参见李泽厚：《说儒学四期》，《己卯五说》（增订本），生活·读书·新知三联书店 2003 年版。

孔孟思想以西周宗法氏族制为社会历史基础，故"自然地"、朴素地相信"人性善"，相信道德之教育和感化力量，以宗教、伦理、政治三合一，而以道德为合一之主轴。"道德"的实质则为宗法分封氏族之"亲情"与族规，所谓"仁之实，事亲是也；义之实，从兄是也；礼之实，节文斯二者是也；智之实，知斯二者是也"。亦相信"天生德于予"，"四端"皆为"天之所以与我者"；但所谓"天"实即由来已久、已成为天经地义的宗法分封氏族制所潜移默化形成的习俗与心理。其体系的基本精神是人本主义与人文主义。从"成德"之教言，"德"不只是道德，亦包括才艺与"六艺"所代表的文化，所谓"博我以文，约之以礼，亦可以弗畔矣"。

孔子对"礼崩乐坏"的氏族制分封社会尚抱回到原状的希望。墨子和老子则对此大加批判，要代之以新的政制和法制，故继承孔子的孟子，大讲"性善"，"人皆有'四端'之心"……恻隐之心等，凸显"内圣"心性之学与仁政王道之外王理想，既与杨墨对抗，又与法家对抗，在战国中期的新时代条件下对儒学做了重大发展。

荀子活动于战国末年，大统一即将实现，分封宗法制已趋崩溃。兼并战争的残酷、合纵连横的反复，令其看到人性的黑暗与险恶，故扬弃孟子，以"性恶"为主旨；吸收道家，以"天"为自然，扬弃宗法分封封建制，以"礼"为"法之大分，类之纲纪"；提倡"化性起伪"，重建新的礼义法度，确立以道德、学问、能力为依据的权力、财产再分配之新政制。儒法兼综，儒道兼综，而以孔子的教育与人文思想为基点，大力倡"礼有三本之"之说，"称情而立文"之说，"君子以为文而百姓以为神"之说，谓："凡禹之所以为禹者，以其为仁义法正也。然则仁义法正有可知可能之理，而涂之人也，皆有可以知仁义法正之质（指理性能力）；然则其可以为禹明矣。"（《荀子·性恶》）继承和发展了儒学的人本与人文思想，而更有时代的适应性。荀学乃战国末年之新儒学。将荀子逐出儒门，是狭隘片面的观点。

（二）汉儒

汉儒的时代，秦汉大一统中央集权制已牢固建立，宗法分封制基本上被消灭，分封宗法之"亲亲"仁恩与尊尊，已不能成为儒学之社会思想基础。相反，论证大一统的新政制的合理，成为时代向哲学提出的要求。文化思想方面，司马谈《论六家要旨》列举了阴阳、道、墨、名、法等，皆为显学；儒家只是其中之一。故儒学如要焕发生机活力，必须适应这一时代与社会的大变化，以自己为主而融合各家，采取新的形式以发展自己。汉儒董仲舒的"公羊春秋学"，正好适应了此新时代的要求，成功地成为先秦以后"接着"儒学讲的新儒学。

董之新儒学以"奉天法古"为纲领，将"天"阴阳化、仁学化、礼乐化，建立以神学式的道德目的论为核心的新哲学体系，论证了"天地之性人为贵"，"凡举皆归之以奉人"的新人学，从而重新恢复了孔孟"人为贵"的仁学传统精神。

人何以贵？董说："人受命于天，固超然异于群生，人有父子兄弟之亲，出有君臣上下之谊，灿然有文以相接，欢然有恩以相爱，此人之所以贵也。"（《汉书·董仲舒传》）不仅克服了阴阳家、道家及法家以人为自然物、为工具的反人本与反人文思想，且为汉代新帝国的政治、文化提供了真正进步的思想指导。

孟子大力宣扬"民为贵，社稷次之，君为轻"（《孟子·尽心下》）、"闻诛一夫纣矣，未闻弑君也"（《孟子·梁惠王下》），汉儒对此不仅坚守不失，且大力倡导"天下为公"，以皇位禅让的实现为理想，并为之奉献和献身（如眭孟等）。

在此新思想引导下，汉儒实现了"罢黜百家，独尊儒术（以仁德为政治指导思想）"，提出了"立太学"、兴教育、"除奴婢"、"去专杀之威"、"开放盐铁"、政府不与民争利，及立君是为了民，君的主要责任是行仁政、教民成性等一系列政策与政治主张，为汉代四百年的长治久安、繁荣发展，奠定了政治思想的基础。

牟宗三以汉代儒学为"宇宙气化论"，不知它实是"宇宙气化的道德目的论哲学"。宋人和清人以之为章句训诂，不知它的实质与核心是哲学。两者的看法都是肤浅、片面的。

汉儒的方法是以"儒学"为主而兼综各家；并采"名号以达天意"的辩名析理方法，为人性论及政治、伦理提供论证，将哲学之理论性、思辨性提高到一个先秦儒学所未有的高度。孟子及荀子之"人性论"基本上是经验归纳，或据内在经验与体验，或据外在经验与观察。董仲舒则采取"名"的先验论立场，由"名号"以分析出人性之"善"为潜在的；现实的"善"由后王的教化而成，综合了孟子和荀子的人性思想。经过汉儒，"六经"内容极大地丰富与扩展了，《易》成了"大道之原"；"礼"经过《礼记》的综合与创新，成为天人一体的大礼乐观;《书》经由《春秋繁露》及何休《公羊解诂》成为哲学与历史、政治的新教材。儒家"五经"之能成为经学、"经典"——从政治到人伦的大经大法,由汉至清始终居于主导与独尊地位,是由汉儒奠定的。

国内一段时期,受日丹诺夫哲学党性原则及"五四"提倡民主、科学的影响,以董仲舒汉代儒学为反动神学,钳制思想,阻碍了科学与文化的发展。经过学者们长时间的拨乱反正,才恢复汉儒的本来历史地位。可以说,非汉儒,则儒学可能于秦火后一蹶而不振;亦可能沦为百家之一而边缘化;亦可能固守宗法仁恩老套而起反社会进步的作用。故汉代儒学作为儒学发展的第二期,是非常确当的。

(三)魏晋儒学

儒学三期说与儒学四期说都将魏晋排除在儒学发展之外,认为此时期为"玄学",属道家。儒学已退出历史舞台。

实际上,王弼《易注》是继汉儒而来的"经学",非道家玄学。王所摒弃的,是汉人"王道之三纲"皆取于"天"之旧说,而大力恢复"人"与"人情"之为"道"之始原的地位,恰好是向孔孟儒学的回归。

王弼谓:"圣人茂于人者神明也,同于人者五情也。神明茂,故能体冲和以通无;五情同,故不能无哀乐以应物。然则圣人之情,应物而无累于物者也。今以其无累,便谓不复应物,失之多矣。"(《三国志·魏书》卷二十八《钟会传》注引)"体冲和以通无"即境界之"体无";但其"本原"在"神明茂"。此"神明茂"即荀子"大清明"说,是向儒学之重认知理性的回归。在回归中,将汉儒所贬抑、所驱逐了的"情",重新呼唤了回来。

汉儒将《易》提高为"大道之原",但以"历律"讲《易》,盛行"天人感应"与象数之说,见"天"不见人。王弼予以摒弃,提出"以爻为人,以位为时;位以德兴,德以位叙"之注《易》新方法;其所谓"人"即君主与大臣,君子与小人。"德"即儒学之道德名教:仁、义、礼、忠、信;"位"即官爵、等级名分,而以"德"为做人之本、为治之本,应时叙位之本,实际上使儒学之仁义道德思想重发了活力。

王弼说:"物无妄然,必由其理。""物"指吉凶悔吝。"无妄然",即其所由来,非神意,非偶然,非命定,皆由"理"所致,有规律可循。掌握了"理"就可"不卜不筮,而知吉凶","理"之实质内涵就"人"而言,亦包括道德与才艺,发挥了孔子《要》篇的思想。

王弼强调"静"与"无",谓:"动息地中,寂然至无,是其本矣。""息"乃休养生息之"息"。此非绝对之"静",乃含"动"之"静"。非虚无,乃"寂然"——无形、无象之"有"之存在形式。

王弼说"圣人体无",而"体无"者是孔子,非老子。"体无",即孔子"七十而从心所欲不逾矩"之天人境界。在此境界中,"情"与"理"融合为一,不思而得,不勉而中,从容中道,"无为而无不为",也即"无心而成化","名教即自然"。何晏说"将无同"?即自然与名教本来"同"。王弼之说正是如此。此境界不可言说,亦不落经验,可称为形上之"无形无名"之"无"。

修养方法上,王弼提出"性其情",以"性"统"情"。"性"即自然之善性,"情"即"道始于情"之"情"。以"性"制"情"导"情",正是儒学孔孟之传统。

故王弼《易注》乃儒道兼综而实为儒学。

王弼注《老子》,其指导思想见于《老子指略》,谓:"既知不圣为不圣,未知圣之不圣也;既知不仁为不仁,未知仁之为不仁也。故绝圣而后圣功全,弃仁而后仁德厚。夫恶强非欲不强也,为强则失强也;绝仁非欲不仁也,为仁则伪成也。有其治而乃乱,保其安而乃危。'后其身而身先',身先非先身之所能也;'外其身而身存',身存非存身之所为也。功不可取,美不可用,故必取其为功之母而已矣。篇云'既知其子',而必'复守其母',寻斯理也,何往而不畅哉!"论述的宗旨是如何"守本以存子","存诚以去伪",不故为仁义而使仁义自生、自彰、自现;系针对东汉举孝廉,月旦人物,以"有为""故为""名位奖赏"以倡仁义之"伪"而造成的流弊,目的在正本清源,去"伪"存"诚",重新恢复仁义植基于人之真性情之孔学精神。

"存诚以去伪"、"崇本以息末"、"守母以存子"皆儒学语境下之修养功夫,非去除名教以归于自然。

向秀、郭象注《庄子》,大畅玄风,实质乃采辩名析理方法以建立新哲学体系,其主旨,郭象自谓,乃"通天地之统,序万物之性,达死生之变,而明内圣外王之道,上知造物无物,下知有物之自造也"(《庄子注·序》)。"造物无物",摒弃了孔孟儒学的"天命论";"物之自造"强调了"性"乃万物本有,非外来。"内圣外王之道"不则外乎"名教出于自然"之道。《庄子·天下》篇论辩者,郭象注评说:"(辩者虽)无经国体致⋯⋯真所谓无用之谈也。然膏粱之徒,均之戏豫,或倦于典言,而能辩名析理,以宣其气,以系其思,流于后世，使性不邪淫，不犹贤于博奕者乎？"不仅未反对儒学，亦并不忘儒学强调的"经国致用"。"性不邪淫"正是儒学所致力的。故所谓"大畅玄风"，用今天的话讲就是大畅纯粹哲学思辨之风，"辨名析理"之风宗旨与内容则在"内圣外王"。

郭象《逍遥游注》强调自由，谓："夫大小虽殊，而放之自得之场，则物任其性，事称其能，各当其分，逍遥一也。岂容胜负于其间哉！""性"就万物言，为万物之本质属性或自然属性；就人言，既指自然属性，亦包括自然本有之仁义善性，所谓"仁义者，人之性也"（《天运注》）。"分"指才能、体量、地位、欲求，各具差别。郭认为能不于"性分"之外强求、强为，即是"自由"，故"服牛乘马"，牛马为人所用，亦是牛马之"自适其性"，得其自由。显然，这并不违反儒学，与庄子思想旨趣大不相同。

郭象之"圣人"观发挥王弼"体冲和以通无，应物而无累于物"思想，强调"无心以顺有"，"居庙堂之上，而心无异于山林之中"，重点在"应物"而非"逃物"，其"内圣外王"合一（"冥"）之典范，非许由，而为"尧"；认为尧之大治乃"无思、无为"（法天、则天、法自然）、"无心以成化"之境界。故郭象《庄子·徐无鬼》注说："圣人无言，其所言者，百姓之言耳。""圣人之形，不异凡人，故耳目之用衰也。至于精神，则始终常全耳。"在《庄子·渔父》注中又谓："孔子之所放，岂直渔父而已哉！将周流六虚，旁通无外，蠕动之类，得尽其所怀，而穷理致命，固所以为至人之道也。"汤一介先生指出："郭象认为，只有孔子才可以称得上圣人。"[1]尽管郭之论述带有玄学化的色彩，但精神是不离乎儒学的。嵇康、阮籍"越名教而任自然"，"非汤、武而薄周孔"（言辞上），郭象似纠此之偏，而凸显"名教出於自然"。

裴頠以"崇有论"强调"自生而必体有"，"自然"不能离开名教。护卫正统儒学观点，而亦以思辨论证之。与郭象本质上无异。

故整体言之，王弼等乃儒学，如将其革出儒门，将不能解释唐人《五经正义》何以将王弼《易注》收入，奉为正宗；不能解释魏晋士族之风流与家教；不能解释魏晋文学诗歌之颂"情"抒"情"——家国兴亡之情，民生疾苦七哀之情，战祸惨烈，民无以生之情之浓烈；不能解释魏晋何以如此重出于天性、纯乎自然之父子亲情与朋友之情；不能解释何以魏晋南北朝注《经》方面

---

① 《汤一介集》第3卷，中国人民大学出版社2014年版，第267页。

成绩斐然，《易》有王弼、韩康伯注，《论语》有何晏集解，《左传》有杜预注解，《穀梁》有范宁注，《尔雅》有郭璞注，刘勰《文心雕龙》亦为儒学诗教性质之作。

魏晋终归与老、庄所处时代大不相同，经过汉代四百年独尊儒术的洗礼，玄学诸人皆已潜移默化，深受儒学熏染，故王、何、郭、裴儒道兼综而弘扬儒学，乃反映此种新时代精神所然。章太炎总论魏晋玄学说："夫驰说者，不务综终始，苟以玄学为诟；……五朝有玄学，知与恬交相养，而和理出其性，故骄淫息乎上，躁竞弭乎下。"① 这是很确当的。

魏晋儒学对先秦与汉代儒学，不仅从扬弃方面是"接着"讲的，从正面继承方面也是"接着"汉儒扬雄、王充及郑玄引《老》解《易》和引《老》入儒之流风而"接着讲"的。其"自然"、"自生"等概念，郑玄在注《易纬·乾凿度》中早已提出和发挥。

唐代，孔颖达《五经正义》接着汉儒和魏晋讲；后期，韩愈排佛老，写《原道》，李翱写《复性书》，引佛入儒，开宋明儒学之先路，更使魏晋隋唐儒学为儒学发展之一期而无愧。

（四）宋明儒学

宋明儒学，西方称之为"新儒学"。其新，一在于消化融合佛、道，特别是禅宗；同时吸收汉儒之阴阳五行之宇宙目的论思想，而以程朱之理气两分、理先于气之形上形下之划分代之，理论思维上达到了柏拉图式"共相论"的高度；二是在于在心性上，在价值领域或"实践理性"领域，建立了心性本体与"良知"之"内在超越"说，完成了有别于孟子以"情"论心之朴素心性思想，成为一完整的心性价值学说。

李泽厚先生批评宋儒，说他们混"超验"与经验为一，其"内在超越说"自相矛盾。然王阳明有"良知不萌於见闻，假见闻以为用"（《传习录》）之说，超越、先验与经验，区分极其明确。"良知"何所从来？无所从来，乃独立自足的绝对；借李泽厚先生形容康德"实践理性"、"绝对命令"的话，是"不可解释、无所由来（否则即坠入因果律的现象界）的先验的纯粹形式"② 。"良知"

① 章太炎：《五朝学》，转引自汤一介：《郭象与魏晋玄学》增订本，《汤一介集》第 2 卷，中国人民大学出版社 2014 年版，第 10 页。

② 李泽厚：《说儒学四期》，见《己卯五说》，生活·读书·新知三联书店 2003 年版，第 134 页。

之在人心，如同"上帝鉴临"（有如圣灵），知善知恶，自己却不是善，也不是恶，超乎善恶。它在人心之中，却不是"心"，所谓"无善无恶心之体，知善知恶是良知"，故"良知"也可谓是"纯形式"，犹如镜子，"不将不迎"，空无一物，而物来自应。它与"见闻"、经验的关系是"不即不离"。"不即"，因为它是超经验、见闻的。"不离"，因为它支配与主导经验界之善恶与行为。"假气以为用"即假"气之灵之心"之"知觉灵明"以为用。朱熹在理气上，讲理先于气；在价值领域，讲"心体无起无不起"，"心体"即天命之性善本体，它在心而非心，与人心、经验的关系，亦是"不即不离"，假"气之灵之心"以为用的关系，有如《中庸或问》所谓："盖天命之性纯粹至善而具于人心者，其体用之全本皆如此，不以圣愚而有加损也（王阳明《大学问》发挥此说）。"此"具于人心"之"天命纯粹至善之性"即人的道德本心，也即"道德理性"，康德所谓"超验"、"实践理性"。朱论"太极"，谓"人人有一太极，物物有一太极"。"太极非是别为一物，即阴阳而在阴阳，即五行而在五行，即万物而在万物，只是一个理而已。因其极至，故名曰太极。"（《朱子语类》卷九十四）"才说太极，便带着阴阳；才说性便带着气。不带着阴阳与气，太极与性那里收附？然要得分明，又不可不拆开说。"（《朱子语类》卷九十四）"若以为止是阴阳，阴阳却是形而下者；若只专以理言，太极又不曾与阴阳相离。……某解此云：非有离乎阴阳也，即阴阳而指其本体，不杂乎阴阳而为言也。此句自有三节意思，更宜深考。"（《朱子语类》卷九十四）故朱熹与王阴明之"内在超越说"，无所谓"自相矛盾"。

陆象山讲"心即理"，说："人皆有是心，心皆具众理，心即理也。"（《象山先生全集》卷十一《书·与李宰》）"心只是一个心，某之心，吾友之心，上而千百载圣贤之心，下而千百载复有一圣贤，其心亦只如此。"（《象山先生全集》卷三十五《语录》）"盖心一心也，理一理也，至当归一，精义无二。此心此理，实不容有二。"（《陆九渊集》卷一《书·与曾宅之》）"此心此理，万世一揆也。"（《陆九渊集》卷三十四）其所讲的"心"亦非经验界之形下之心。在《中国哲学史新编》中，冯友兰先生说它乃客观唯心主义的"宇宙心"，或"公共的心"、"公共的世界"①，不是个人的"经验心"。实际上，这是一超越的

---

① 冯友兰：《中国哲学史新编》第5册第55章"陆、王心学的兴起"，人民出版社1999年版，第276页。

"心",不在时空中,亦不在具体的因时因地而变的"公共世界"中,乃"在心而非心",即康德所谓"超验",不过没有用这种名词而已。

因其如此,故宋明理学名符其实地是一理论自足而完整的新儒学。就实质内涵说,宋儒大讲仁心仁德,而以"博爱"为内容,如程颢谓"仁者与万物为一体",张载谓"大其心则能体天下之物……有外之心,不足以合天心",朱熹《仁说》,王阳明《大学问》皆是如此。这实际是承董仲舒"仁,天心"及韩愈"博爱之谓仁"而来,是"接着"他们讲的。

康德"实践理性"讲"绝对命令",似乎不食人间烟火,但举的例仍不外"不能偷盗"、"不能自杀"种种"客观普遍性"之道德,以此为内容,亦是"超验"与"经验"、"理性"与"感性"混而为一。康德的"圆善说",以三个预设——上帝存在、意志自由、灵魂不死——为前提;后两者离开活生生的人就毫无可指。"意志"者即人之与理性、情感并存之"意志"也;"灵魂"者即与人之与身体相联连之某某人之"灵魂"也。故又是"超验"与"经验"相混的。"意志自由"不过是说理性能自己为自己建立具客观普遍性的行为法则,而不受因果律支配而已。"实践理性"仍是人的理性,而非高悬于人世之上之外、与人世无关的东西。"纯形式"是就其作为"客观普遍性"之"命令",不能涉具体道德陈述而言。因一旦如此,就为这"内容"所限定而不能为"纯形式"了。但康德还是为道德下了一有内容的界说,即"要把人当成目的而不当成手段来行动"。这就不是抽象的纯形式,而是很有内容的"仁"说了。故尽管论说如何玄妙超脱,但按实说来,离开了感性、心理,人际关系,所谓"目的"、"手段"等等,就不可能指谓什么。但我们不能以此批评康德。盖康德所谓"实践理性"乃道德,而道德之为道德,即在于处理人己关系、人群关系。故定义本身即决定了它不可能是非人与超人的"神德"与"超验",而必是与经验相对而言的"超验",且必假经验以为用,也即王阳明所言"不萌于见闻","假见闻以为用";朱熹所言,"不离乎阴阳","假阴阳以为用"。以康德与宋儒对立,批评宋儒之"内在超越"说不能成立,是经不起推敲的说法。

宋儒之为新儒学,达到了古典儒学发展的高峰。以之为新儒学,是实至名归的。

(五)清儒

代表人物是黄宗羲、王夫之、戴震。

清儒处于明清之过渡期,理论思想拖泥带水,既朱又王,即王又朱,张载亦居突出地位，其矛头是清祆王阳明"致良知"带来的流弊，而凸显与强调王的"假气以为用"的"用"的修养功夫与"气"的本原作用。亦是既否定又肯定，是"接着"王阳明讲的。王夫之《读四书大全说》和《张子正蒙注》则经由朱熹而回到张载，否定王学而又续讲"心学"，建立了自己的新儒学哲学。

黄宗羲《明夷待访录》批判君主专制，"屠毒天下之肝脑，离散天下之子女，以博我一人之产业……，敲剥天下之骨髓，离散天下之子女，以奉我一人之淫乐。然则为天下之大害者，君而已矣"；要求以学校为议政之所，国家的大政举措和人选的任用，应经学校评议以限制君权。戴震《孟子字义疏证》否定先验的"天理"，强调："理也者，情之不爽失也。""无过情无不及情之谓理。"认为"天理"即是情欲的适中，离欲无"理"。把人由天理良知的干枯压抑中解放出来；对"以理杀人"的封建尊卑等级制亦进行猛烈批判。作为一个思潮，在明清之际，这带有东方式的文艺复兴和人的解放的性质，从而把儒学的人本和文主义思想发展到了更高的阶段。

乾嘉以后，随着国家和文化面临的新危机，这一思潮借助于今文经学的形式，发展为龚自珍、魏源的改革思想、谭嗣同的《仁学》，康有为的《孔子改制考》、《大同书》，而以辛亥革命为结束。《仁学》、《大同书》、《孔子改制考》，吸收西学，尝试使儒学向近代转型，其探索与前开先路之功，不可抹杀。

要之，传统儒学是随历史发展的，亦依历史之大阶段而分期，强加以判教，分为三期或四期，是不恰当的。

二、民国时期之现代新儒学

在中国，所谓现代即是由传统社会转向西方开始的近现代社会。民国时期是社会开始彻底转型的时期。思想方面，清末以降，西方各种近现代思想如大潮一样涌来，冲击古老的儒学。适应此时期之新情势，儒学必须转型。贺麟、熊十力、牟宗三、唐君毅建立新心性之学，是转型的一种尝试和努力。冯友兰的《新理学》是转型的另一种尝试与努力，目的都是适应社会现代化，使宋明儒学转型为现代新儒学、新"内圣外王"之学。

贺麟的新心学实际上否定了陆王的"天理良知说"，只讲"知行合一"，自称"自然的知行合一论"。他批评王阳明，"不批评地研究知行问题，而直谈道德，所得必为武断的伦理学"。故贺麟特为自己的新说提供一"合理的知识基础"①，从而与"五四"强调科学之精神相符。名为新陆王而实是否定神秘的宗教式的"良知"信仰而崇尚理性之哲学。牟宗三的新心性哲学则强调"良知大本"，极具宗教神秘特点，其所讲"良知"有如上帝，造天造地，造世界（价值上），造善德，与现代科学民主潮流不甚相契。其"良知坎陷"以开民主科学，更是戏论。此论之实质，说明白了，就是：要落实民主与科学，使社会现代化，就要让"良知"自动退位，置自己于无用之地。这与其大倡"良知大本"实是自相矛盾的。

冯友兰的《新理学》立于理性、自觉之上，是对"理性"的高扬，与"五四"的民主科学思潮甚为合拍，也更适合当时中国的情况。

冯友兰的《新事论》以历史唯物论为社会史观与外王之学的基础。依历史唯物论，所有的社会都分成种种类型：原始社会、奴隶社会、封建社会、资本主义社会和共产主义社会。每种类型都由生产方式与上层建等两部分构成。由一种类型过渡到另一更高的类型，由其内在的生产力与生产关系之矛盾运动决定。每一类型，按《新理学》本体论的说法，即是一"理型"、"共相"。因此，历史唯物论之社会类型说与社会发展规律说，和作为新理学哲学本体论的"理、气、道体、大全"四要素说，是一致的，前者不过是后者在社会历史观上的运用与表现而已。以社会类型为依据，《新理学》认为中国社会转型即由古代传统社会转向西方开始的近代社会，这种"类型"的转变是全盘的，整体的。故西化不是西方化，是近代化。中西的区别是古代与近代的区别。孔孟思想仅适合古代而不适合现代生活。儒学所讲之道德只能抽象继承。新社会将立足于现代化生产之上，道德与政治社会生活皆将以社会为本位，其具体模式是社会主义。这也是符合中国现实的。

《新原人》讲人生，强调"觉解"，谓"觉解"的高低，乃人由自然境界到功利境界、再到道德境界，最后达于超道德的大全境界之决定因素。这与其哲学本体论之强调"理性"为本的精神，亦是一致的。依《新理学》，中国哲学与文化的特点是"极高明而道中庸"，"极高明"即理本体，"道中庸"即"理"之在社会日用伦常上的体现。由两者的内在融合关系，中国哲学可由低到高，划分为儒学、道家、禅宗、程朱理学与新理学几个阶段；而新理学乃中

---

① 《汤一介集》第6卷，中国人民大学出版社2014年版，第238页。

国哲学之最高的发展。这亦言之成理，自成系统。

因此，新理学作为现代新儒学，其转型远比港台心性哲学成功。它在 20 世纪的三四十年代，是先进的思想，与当时的马克思主义哲学是相呼应的。①

人类历史从欧洲文艺复兴开始，崇尚人文，崇尚理性与科学，成为时代主流，马克思主义是这一思潮的高扬与总汇。马克思主义之所以能说服人、感召人、吸引人，皆在其内具的昂扬的科学精神与人文精神。民国时期它传播到中国，今天已居思想主导地位，并正在随改革开放而获得全新的面貌。但它也是"接着"马克思主义和早先的中国传统哲学和西方启蒙以来的近现代思想讲的。在指导我国改革开放的历史进程中，它正在不断综合吸收包括传统在内的国内外各种思想精华，而使自己日益更新。

（作者简介：金春峰　人民出版社哲学编辑室）

---

① 　参见金春峰：《冯友兰哲学生命历程》，台湾"中央研究院"文哲研究所 2003 年版（繁体版）；
言实出版社 2004 年版（简体版）。

中华文化对第二个轴心期的应有贡献

郭　沂

　　"轴心期"这个概念自雅斯贝斯在 20 世纪 40 年代末提出以后，虽然争议不断，但至今魅力不减。雅斯贝斯本来是个历史学家，由历史转入哲学，所以他是一位有历史眼光的哲学家。他用哲学思维对世界历史发展脉络的宏观把握，对我们今天研究文明转型来说，仍然极具启发意义。

　　近年来轴心期理论重新成为学术界的热门话题，人们着眼于未来，关注的重点主要是诸如第二个轴心期的特质与趋势、现在是否已经处在第二个轴心期、第二个轴心文明是以单一的西方文明为主导还是多文明共同参与之类的问题。

一、第二个轴心期的基本特质与趋势

　　什么是第二个轴心期的特质？目前学术界的主流的看法是现代性。固然，随着现代化的开展，现代性早已成为现代社会的基本特征，因而人类历史早已进入第二个轴心期。例如，艾森斯塔特（Shmuel N. Eisenstadt）在《迈向二十一世纪的轴心》一文明确指出，第二个全球轴心时代的特质是现代性。他认为："现代性，即现代文化和政治方案是在伟大轴心文明之一——基督教欧洲文明的内部发展起来的，它通过含有强烈诺斯替教成分（gnostic components）的异端理想的转型而得以形成。"因而，"大革命和启蒙运动开启了第二个轴心时代"，是欧洲的现代化"开动第二个轴心时代"①。不言而喻，按照这种理论，第二个轴心时代不但早已开始，而且是以西方文明为主导的。

　　事实果然如此吗？如果雅斯贝斯地下有知，会断然否定的！

---

① 参见艾森斯塔特：《迈向二十一世纪的轴心》，香港《二十一世纪》2000 年第 2 期。

在《历史的起源与目标》一书中，雅斯贝斯用两种方式阐述了其轴心期理论以及人类文明演进的基本趋势，我分别称之为"起步说"和"呼吸说"。

先看"起步说"。雅斯贝斯提出，"人类看来好像从新的基础起步了四次"。第一次始于人类刚刚诞生的史前时代，也就是普罗米修斯时代。普罗米修斯是盗火者，所以这也就是发明火的时代。第二次始于古代文明的建立，这古代文明就相当于我们的夏商周，有了国家形式、进入文明时代。第三次始于轴心期，即公元前 800 年至公元前 200 年之间在古希腊、古中国、古印度产生了文明的突破。第四次始于科技时代，是我们正在亲身体验的这个阶段。①

这四个时期的本质特征各是什么呢？雅斯贝斯认为，第一个时期的标志是语言、工具的产生和火的使用。②第二个时期的表征是文字和文献、建筑和作为其先决条件的国家组织、艺术品。"然而，这些文明缺乏奠立我们新人性基础的精神革命。"③第三个时期，即公元前 800 年到 200 年间在中国、印度和西方不约而同发生的轴心文明，是一种"精神过程"④。"这个时代的新特点是，世界上所有三个地区的人类全都开始意识到整体的存在、自身和自身的限度。人类体验到世界的恐怖和自身的软弱。他探询根本性的问题，人到底是一种什么样的存在。面对空无，他力求解放和拯救。通过在意识上认识自己的限度，他为自己树立了最高目标。他在自我的深奥和超然存在的光辉中感受绝对。""这一切皆由反思产生。"⑤"它与人性的整个有意识的思想方面的精神的历史发展有关，在这之前都是考虑自然界是怎么回事，到这时代就考虑人是怎么回事。从古代文明产生起，这三个具有独特性的地区就在基督降生前的 1000 年中，产生了人类精神的全部历史从此所依赖的创造成果。"⑥为什么叫作轴心期呢？是因为在这之前的各种文明都汇集到这一文明时代，而轴心期以后，各种文明又由此文明中生发出来，所以这个时期犹如一个轴心。拿中国来说，孔子整理"六经"，三代文明都汇集到孔子这里，而后来的众多学说又是从先秦儒学中开出。董仲舒建立新儒学是回到了孔子，宋明理学建立新的儒学

---

① 参见雅斯贝斯：《历史的起源与目标》，华夏出版社 1989 年版，第 32—33 页。

② 参见雅斯贝斯：《历史的起源与目标》，华夏出版社 1989 年版，第 32 页。

③ 雅斯贝斯：《历史的起源与目标》，华夏出版社 1989 年版，第 55 页。

④ 参见雅斯贝斯：《历史的起源与目标》，华夏出版社 1989 年版，第 7 页。

⑤ 雅斯贝斯：《历史的起源与目标》，华夏出版社 1989 年版，第 8—9 页。

⑥ 雅斯贝斯：《历史的起源与目标》，华夏出版社 1989 年版，第 22 页。

形式也回到了孔子，而我们现在发展儒学、复兴传统文化，仍然要回到孔子，这也是轴心期的意义之所在。第四个时期，也就是我们这个时代"全新全异的因素，就是现代欧洲的科学和技术"①。

再看"呼吸说"。四次起步的说法是雅斯贝斯对整个人类到目前为止发展脉络的洞察，那人类文明将来会向何处去呢？雅斯贝斯在《历史的起源与目标》中也做了展望。他认为，"我们视线内的这个人类历史如同进行了两次大呼吸"："第一次从普罗米修斯时代开始，经过古代文明，通往轴心期以及产生轴心期后果的时期。"体现在中国，也就是说从发明火的时代经过夏商周到了春秋战国。"第二次与新普罗米修斯时代即科技时代一起开始，它将通过与古代文明的规划和组织类似的建设，或许会进入崭新的第二个轴心期，达到人类形成的最后过程。"②

显而易见，在雅斯贝斯看来，人类将进入第二个轴心期，从而"达到人类形成的最后过程"。不过，现代社会远非第二个轴心期，而现代性也绝非第二个轴心期的特质。雅斯贝斯指出："我们现在所处的状况是十分明确的，现在并非第二轴心期。与轴心时期相比，最明显的是现在正是精神贫乏、人性沦丧，爱与创造力衰退的下降时期。""这整幅画面给我们的印象是，精神本身被技术过程吞噬了。""如果我们寻求一个我们时代的类似物，我们发现它不是轴心期，而更象是另一个技术时代——发明工具和使用火的时代，对这一时代我们完全不了解。"③

那么，第二个轴心期的基本特质是什么呢？从雅氏的表述看，第二个轴心期是一种精神过程、精神创造、精神突破。他曾经将人类历史的起源与目标做了符号性的总结："'人类之诞生'——起源；'不朽的精神王国'——目标。"④ 这就是说，和第一个轴心期一样，第二个轴心期的实质仍然是一种"精神过程"。

综合"起步"、"呼吸"二说，可以得知，整个人类历史的过去、现在和未来分为五个大的时代，即史前时代、古代文明时代、轴心时代、科技时代和新轴心时代。

---

① 雅斯贝斯：《历史的起源与目标》，华夏出版社 1989 年版，第 95 页。

② 雅斯贝斯：《历史的起源与目标》，华夏出版社 1989 年版，第 33 页。

③ 雅斯贝斯：《历史的起源与目标》，华夏出版社 1989 年版，第 112、113 页。

④ 雅斯贝斯：《历史的起源与目标》，华夏出版社 1989 年版，第 34 页。

窃以为，在这整个过程，又包含四次大的文明转型。第一次是人类由野蛮时代进入文明时代，或者说由史前时代进入古代文明时代；第二次是由古代文明进入轴心文明；第三次是由轴心文明进入科技文明；第四次是由科技文明进入第二个轴心文明。就其性质而言，第一次和第三次为"工具的突破"，第二次和第四次为"精神的突破"。其中，第一次是"工具"本身的革命，由史前时代语言、工具、火之类的低级"工具"，上升到古代文明时代文字、金属工具、国家之类的高级"工具"。其后，便是"工具的突破"和"精神的突破"交替进行。"工具"和"精神"就像人类文明的两极，当历史的车轮驶向其中一极并达到顶点以后，便调转车头，驶向另一极；当达到这一极的顶点以后，又会重新调转车头，驶向对面。这个情形，犹如周敦颐笔下的太极图："太极动而生阳，动极而静；静而生阴，静极复动。一动一静，互为其根；分阴分阳，两仪立焉。"（《太极图说》）就像动与静、阴与阳两极一样，作为人类文化两极的工具文化和精神文化，也是相互促进、相互派生的。

难道历史只是机械地重蹈覆辙吗？当然不是！每一次突破都使人类文明上升到一个新台阶，都有一系列前所未有的新质的整体呈现。

另外，我们用工具文化和精神文化这对概念来表达人类文化的两极，并不意味着这两种文化对人类的意义是旗鼓相当、地位平等的。早在两千多年以前，孟子对人的本质就曾有深刻的揭示："体有贵贱，有大小。无以小害大，无以贱害贵。养其小者为小人，养其大者为大人。""耳目之官不思，而蔽于物。物交物，则引之而已矣。心之官则思，思则得之，不思则不得也。此天之所与我者。先立乎其大者，则其小者弗能夺也。此为大人而已矣。"（《孟子·告子上》）用我们今天的话说，作为"耳目之官"的"小体"就是生理需要、物质享受，是人和动物共有的；而作为"心之官"的"大体"是精神寄托、价值诉求，是只有人才具有的，是人之为人的本质。依此，我们可以说工具文化所满足的主要是作为"耳目之官"的"小体"，即生理需要、物质享受，而精神文化所满足的主要是作为"心之官"的"大体"，即精神寄托、价值诉求。换言之，精神文化是人的高级需要，工具文化是人的低级需要，或者说精神文化是人的目标，工具文化是实现这个目标的途径和手段。这样我们也就不难理解为什么雅斯贝斯把"不朽的精神王国"作为人类的最终目标了。

原来，我们所处的科技时代的主题不过是工具文化。沉浸于此，为物所役，人们早已失去目标，无家可归了。所以，发现自我、重返久违的精神家园乃当务之急，也是第四次文明转型即由科技文明进入第二个轴心文明的根本任务。

值得注意的是，第二个轴心期是全人类的集体行动。雅斯贝斯指出："两次呼吸具有根本区别。……第二次呼吸与第一次呼吸的本质区别是：第二次呼吸是人类整体进行的，而第一次呼吸却好像分裂为几次相似的呼吸"；"第一次呼吸期间，每一桩事件，甚至作为最强大的帝国，都是地方性的，没有一个地方对整体具有决定性的作用，这就使西方的特殊性和在那儿产生的分离成为可能"；"将来所发生的事件将是世界性的和包罗一切的，不可能再存在中国、欧洲或美洲的界限。决定性的事件将是整体的，因而也是空前重大的"[①]。从这些表述看，人类一体化是第二个轴心期的基本趋势。

二、中华文化对第二个轴心期精神突破的应有贡献

既然现代性不是第二个轴心期的特质，那么，西方文明主导新轴心文明的说法也不攻自破。

第二个轴心文明的精神突破一定是在已有的精神文化成果的基础上，进行新的融合、提升和创造。我们所说的已有的精神文化成果，主要是第一个轴心文明的成果，包括中华文明、印度文明和西方文明。因而，第二个轴心文明的大致方向是中国、印度和西方的精神文化成果的融会贯通与创造发展。

这三个轴心文明的本质特征虽然都是一种"精神过程"，但各自的"精神过程"又有自己的风格，甚至在不同的精神文化领域各有所长，这也意味着它们在第二个轴心文明的相应领域中拥有显赫地位。按照我的理解，所谓精神文化，大致包括三个方面：一是审美，二是道德，三是信仰。不难发现，中国、印度和西方在这三个方面可谓大异其趣，各呈异彩。

在这三个方面中，信仰居核心的、主导的地位，它决定着精神文化的基本风格和大体方向。无疑，信仰也将成为第二个轴心文明的灵魂与核心。

作为终极关怀，信仰可以分为宗教信仰或非理性信仰、人文信仰或理性信仰两种基本类型。世界上大多数民族的信仰为宗教，故其终极价值是宗教性的和非理性的，如西方文明中的基督教，印度文明中的婆罗门教、佛教、印度

[①]　雅斯贝斯：《历史的起源与目标》，华夏出版社 1989 年版，第 33—34 页

教、伊斯兰文明中的伊斯兰教等；而中国人的信仰则宗教、人文并行，尤以人文信仰为主，故其终极价值为宗教性和人文性并行，非理性与理性齐驱，而尤以人文信仰或理性信仰为主。

毋庸讳言，近代以来，在世界范围内，宗教虽然仍然代表着一些文明的民族主体价值，但已经受到科学的严重挑战，而达尔文的进化论对基督教的否定尤为彻底。在这种情况下，宗教犹如明日黄花，再也不能重现前现代时期的风采。

人是精神的动物，而信仰又是精神的核心，所以人不可一日无信仰。宗教式微了，价值崩溃了，信仰缺失了……怎么办？出路就在于继承和发展中国传统的人文信仰或理性信仰，重建人类的精神家园。这就是第二个轴心文明的精神方向！

中国古代精神文化之繁荣昌盛，是世界上任何一个民族都望尘莫及的。中华民族的精神家园要比其他民族丰富得多，我归结为五个组成部分：华教、儒、道、释以及文学艺术。

古代中国的主体宗教，既不是道教和佛教，也不是所谓儒教，而是另一种宗教形式，其主要内容包括上天崇拜、民族始祖崇拜、祖先崇拜、圣贤崇拜、自然崇拜、社会习俗、传统节日等。这才是中华民族的正宗大教，所以我称之为"华教"。早在三皇五帝时期，华教就已经形成了。自夏商周至元明清，它一直是古代中国的国家宗教。在汉代以后两千多年的历史中，作为国教的华教和作为官学的儒学相辅相成，共同组成了中华民族精神家园的最重要的部分。

相对而言，中国传统人文主义的形成就晚得多了，时当殷周之际。以文王、周公为代表的周初文化精英由殷之代夏、周之代殷的历史，对传统宗教进行了一次深刻、彻底的反思，终于发现"天命靡常"，"惟命不于常"，甚至"天不可信"。至于夏、殷两代的废替，皆因"惟不敬厥德，乃早坠厥命"。原来，社会发展变化的最终根据，并不是神秘莫测的天命，而是人的德行。摒弃天命，注重人事，显然是对传统宗教的根本否定和彻底批判，标志着中国人文主义的形成。不过，与此同时，文化精英们又巧妙地将这些人文主义成果纳入宗教的体系之中。周公提出"皇天无亲，惟德是辅"，主张"以德配天"。在这里，天仍然是人格神，只不过能够根据人的德行扬善罚恶而已。另外，周公还制定了一整套祭祀礼仪制度，用人文主义成果来强化宗法性传统宗教。这样就形成了一个奇特现象，在周初以后的思想界，宗教和人文主义合为一体，共同组成了主流意识形态；或者说宗教和人文主义一体两面，分别扮演着不同的角色。

由于历史渊源等原因，作为两种性质不同的意识形态的人文主义和宗教之间仍有千丝万缕的联系。二者相互支持，相互补充，相互影响，相互渗透，并导致你中有我、我中有你。也就是说，这种人文主义含有宗教的因素和性质，这种宗教也含有人文主义的因素和性质。在这个意义上，这种宗教可以称为"人文主义宗教"，这种人文主义也可称为"宗教人文主义"。依此，我们可以把华教、道教和佛教看作人文主义宗教，而把儒家、道家和文学艺术看作宗教人文主义。

随着时代的进步和人类思想意识的提高，中国精神文化中的人文信仰或理性信仰因素，将成为未来世界文明中精神信仰的增长点。虽然作为非理性的信仰，宗教还会长期存在，但历史将会证明，在信仰领域，宗教的或非理性的信仰会越来越弱，而人文的或理性的信仰会越来越强，最终成为第二个轴心文明的主流。

如果我们承认像雅斯贝斯所说的那样，精神创造是新轴心时代的本质特征的话，那么我们可以预言，以人文信仰见长并具有丰厚相关资源的中华文明的复兴，将开启新轴心时代！

三、中华文化对第二个轴心期人类一体化的应有贡献

众所周知，西方文明是当今世界的强势文明，因而人们想当然地认为西方将在人类一体化的过程中起主导性作用。

让我们回顾一下 20 世纪最杰出的历史学家汤因比在 40 年前所作出的判断："罗马帝国崩溃后，西欧世界再也没有能够挽回原来的政治统一。……在罗马帝国解体后，西方本身或在世界其他地区，都没有实现过政治上的统一。不仅如此，西方对政治的影响是使世界分裂。西方对自己以外地区推行的政治体制是地方民族主权国家体制。罗马帝国解体后，西方的政治传统是民族主义的，而不是世界主义的。由此看来，今后西方也似乎不能完成全世界的政治统一。"[1]

---

[1] 汤因比、池田大作：《展望 21 世纪：汤因比与池田大作对话录》，国际文化出版公司 1999 年版，第 278 页。

正如汤因比所说，罗马帝国灭亡后，欧洲就没有建立起一个统一的强有力的政权。尽管如此，16世纪初期以前，欧洲还是一个以基督教为基本价值体系，以教皇为精神领袖，以基督教教仪为社会习俗，以拉丁文为官方语言的松散整体，我称之为"基督教共同体"。随着文艺复兴和宗教改革运动的发展，欧洲各国纷纷挣脱教皇的羁绊，掀起了民族独立的浪潮，近代意义的民族国家诞生了。自此以后，民族国家就是以西方为主导的世界秩序的基本单位，世界冲突也多发生于民族国家之间。不过，西方推进一体化的努力和尝试却不曾中断。在一定意义上讲，历史上欧洲各国之间的战争，包括20世纪的两次世界大战，都属于以一体化为目的的兼并战争。欧洲一体化失败的根源，不得不归结于民族主义，所以汤因比说"今后西方也似乎不能完成全世界的政治统一"是有充分根据的。

更为严重的是，西方民族国家的兴起又促进和强化了民族主义意识形态。时至今日，西方的那些政治学家们，仍然深深陷入民族主义泥潭而不能自拔。不管是福山的历史终结论，还是亨廷顿的文明冲突论，不都属于汤因比所说的那种"西方的政治传统"吗？它们"是民族主义的，而不是世界主义的"。完全可以判断，不管按照它们之中的哪一种方案，都不可能建成一个稳定的一体化的世界新秩序。

当今世界的强势文明——西方文明——被汤因比轻描淡写地否定了。那么，在这位睿智的历史学家心目中有没有心仪的对象呢？当然有！20世纪70年代初，"文化大革命"正在中国大地如火如荼地进行，看起来这个曾经的文明古国已经迷失了方向。正是在这样一个当口，汤因比提出了一个惊世骇俗的论断："将来统一世界的大概不是西欧国家，也不是西欧化的国家，而是中国。"① 对此，他提出了八条理由。我们认为，其中前两条是最重要的："东亚有很多历史遗产，这些都可以使其成为全世界统一的地理和文化上的主轴。依我看，这些遗产有以下几个方面：第一，中华民族的经验。在过去二十一个世纪中，中国始终保持了迈向全世界的帝国，成为名符其实的地区性国家的榜样。第二，在漫长的中国历史长河中，中华民族逐步培养出来的世界精神。"②

① 汤因比、池田大作：《展望21世纪：汤因比与池田大作对话录》，国际文化出版公司1999年版，第278页。
② 汤因比、池田大作：《展望21世纪：汤因比与池田大作对话录》，国际文化出版公司1999年版，第277页。

什么是"中华民族的经验"呢？我们的解读是古代中国的天下一体化的政治格局。

中国从来就不是一个近代意义上的民族国家，而是一个多民族的天下一体化的社会。如果我们一定要把古代中国称作一个"国家"的话，那只能说它是一个"天下国家"、"世界国家"，而不是一个"民族国家"。"天下"的字面意思是"普天之下"，用以指全人类所生活的地方。受当时地理观念的限制，中国古人并不知道中国以外还有其他人类和文明的存在，所以"天下"与现在的全球相当，古代中国的天下一体化，事实上是一种相对意义上的全球化。

古代中国一体化的天下，实质上是一个政治、文化共同体。它大致地可以分为两个部分，一是核心区，二是周边区。天下一体化主要表现在政治和文化两个方面，其基本形式是核心区和周边区之间的政治文化互动。大致地说，古代中国的天下一体化过程可以分为三个阶段。自五帝时期至殷周之际为第一阶段，而"诸夏"和"四夷"分别代表当时一体化天下的核心区和周边区。早在尧舜的时候，天子就接受列国的定期朝贡，从而初步奠定了天下一体化格局的基础。后来，大禹治水又使之得到了进一步的强化和巩固。第二阶段始自西周初年的分封制，而西周末年王室衰微、诸侯崛起，引发了春秋战国时期一系列的兼并战争，极大加速了天下一体化的进程。秦始皇统一中国以及新的主体民族汉族的形成，标志着天下一体化进入第三阶段。统一帝国形成以后，中国文化继续向更遥远的地区传播，逐渐成为整个东亚地区的主流文化。至此，古代中国的天下一体化基本完成。

古代中国天下一体化过程，主要是通过四个途径得以实现的。其一，兼并战争，例如第一阶段各部落联盟之间的混战、第二阶段列国之间的争霸、第三阶段中央政权对周围少数民族政权和其他小国的征讨等等。其二，和平政治。核心区的最高统治者还采用和平的手段对周边区在政治上加以控制，试图将整个"天下"纳入到自己的势力范围，并构成一个一体化社会。例如第一阶段的朝贡制、第二阶段的分封制和第三阶段的封贡体系，都属于这种情况。其三，文化传播。高度发达的核心区文明传播到周边区，提高了当地文化的水平，而周边区的文化为核心区所接纳和吸收，也在一定程度上丰富和充实了核心区文明，这样核心区和周边区的文化就逐渐融为一体了。其四，民族同化。在古代中国，核心区主体民族和周边区各民族的界线常常是不确定的，甚至有时周边区的民族只要接受了核心区的主体文化，并积极参与其政治活动，就会成为核心区主体民族的一员。

古代中国的天下一体化有三个突出特征。一是，天下一体化虽然导致了地方性的衰减，但并没有完全泯灭各地区的文化个性和特质。直到今日，中国各地文化和语言的差异还是显而易见的。在这个意义上，我们可以说中国文化是多元一体的。二是，在天下一体化的过程中，各地区在保持其地方文化特色的同时，这些地方文化也进入了公共领域。毋庸置疑，诸如儒家、道家、法家等原本为地区性的文化现象，早已为中国人所普遍接受，并共同汇成中国文化的巨流。它们分别在社会伦理、人生、文学艺术和政治等领域各显其能，相映成趣。三是，在多元一体的文化格局中，各种文化不仅相互渗透，而且能够和谐相处，甚至不同信仰的人们之间，不仅相安无事，而且能够相互借鉴、相互包容。儒、释、道三教是中国主要的信仰载体。就其相处之道而言，在历史上，它们之间虽然也曾经为了成为官方意识形态而展开竞争，但总起来说，这种竞争是和平的、理性的，并没有因此而爆发宗教战争。就其思想理论而言，它们之间是相互吸收、相互学习的。

什么是汤因比所说的"中华民族逐步培养出来的世界精神"呢？我们认为，主要指儒家的天下主义，这其实是引导古代中国走向天下一体化的理论基础。

天下主义是一种与天下一体化现象相应的意识形态。笼统地说，一切对天下一体化持积极态度的主张、观点，都可归为天下主义。由《尚书》、《周易》、《诗经》等早期经典看，天下主义从一开始就居中国文化的正统地位。后来，尽管中国学术思想流派繁衍错综，但大抵持天下主义立场，其中又以儒家的天下主义最为全面而系统。其基本要点大致如下：

就其哲学基础而言，是天人合一，万物同源。天人合一的观念意味着人与万物是同源的，应该亲和相处。到了北宋，张载则明确地提出："民吾同胞，物吾与也。"后来王阳明也说："大人者，以天地万物为一体者，其视天下犹一家，中国犹一人。"（《大学问》）

就其社会理想而言，是天下大同："大道之行也，天下为公。选贤与能，讲信修睦，故人不独亲其亲，不独子其子，使老有所终，壮有所用，幼有所长，矜寡孤独废疾者，皆有所养。男有分，女有归。货，恶其弃于地也，不必藏于己；力，恶其不出于身也，不必为己。是故谋闭而不兴，盗窃乱贼而不作，故外户而不闭，是谓大同。"（《礼记·礼运》）

就其实现途径而言，是王道。虽然华夏文化远远高出周围的蛮夷戎狄，但儒家并不主张以武力去征服这些野蛮民族，而是坚持用文化和恩德去感召他们。如孔子说："远人不服，则修文德以来之。既来之，则安之。"（《论语·季氏》）到了战国时期，孟子则明确提出了王霸之辨，主张用实施"仁政"的"王道"去统一天下，反对专恃武力争夺利益的"霸道"。

就其文化多元原则而言，是和而不同。孔子说："礼之用，和为贵。"（《论语·学而》）又说："君子和而不同，小人同而不和。"（《论语·子路》）和而不同是儒学的一个基本理念，当然也适用于其对文化的差异性和特殊性的态度，这意味着承认文化多元，对不同文明兼容并包。如《中庸》提出"素夷狄，行乎夷狄"。明清之际大儒王夫之甚至提出"王者不治夷狄"的主张。他充分肯定文化多元性，尊重民族自主权，认为各民族之间应该各自保存其习俗、文化和制度，各安其居，彼此尊重，互不干涉，和平共处。

总而言之，儒家天下主义的基本立场是天下，而不是民族、国家。其基本特征是和平、和谐，反对通过武力实现天下一体化。

古代中国的天下一体化和儒家的世界主义之间是互动的。也就是说，古代中国的天下一体化导致了儒家天下主义的产生和发展，而儒家的天下主义又反过来深刻影响和促进了古代中国的天下一体化的基调和进程。

依据古代中国的天下一体化经验，站在儒家天下主义的立场上，我们应该如何建构未来的世界秩序呢？我们的答案是：天下一体，和而不同！

目前的全球化和古代中国的天下一体化都是一种社会一体化过程，十分相似，但二者也有明显的不同。一方面，古代中国的天下一体化是一个从政治天下一体化到文化天下一体化的过程，而当今的全球化将是一个从经济全球化到文化全球化的过程。另一方面，由于早期中国各民族的文化发展很不平衡，古代中国的天下一体化基本上是主体文明华夏文明、汉族文明和中华文明向其他民族传播的过程，亦即由核心区向周边区传播的过程，因而其主流是单向的。但由于世界各大文明，不管是西方文明，还是其他文明，都有自己独特的风格、深厚的底蕴、完整的文化系统和高度的发展水平，难分伯仲，因此当今的世界是多核心的，这决定了这种全球化是双向的和多向的。

天下一体，是说未来的世界将是一个有机的整体。各种文明依然存在，但它们之间不再是相互疏离、相互排斥甚至相互冲突的，而是相互包容、相互配合的。如果说一体化的世界是一台运转完美的机器的话，那么各种文明就犹如组成这台机器的零部件。我们之所以用"天下"而没有用"世界"或"全球"等目前使用更普遍的概念来表达未来一体化的世界，是因为前者代表中国人的世界观念，意味着世界虽然由不同的地域和文化构成的，但这些不同的部分是从属于统一的"天下"整体的，是为"天下"所包容的。这就是说，"天下"观念所体现的是一种天下一体化或世界一体化。这是对世界的一种世界主义理解。而后者总是与西文的"World"、"Globe"等概念脱不了干系，而这些概念代表西方人的世界观念，意味着世界是由不同的国家和地域所构成的空间范围，是一个松散的系统，各部分之间是相对独立，甚至相互排斥的。这是对世界的一种民族主义理解。

"和"即不同事物和美整合，"同"是同一事物简单积累。和而不同一方面肯定文化的多元性，另一方面强调不同文化之间和谐相处，相互尊重，相互依存，相互配合，正所谓"一支独放不是春，百花齐放春满园"。

就像不同零部件在一台机器中所起的作用不同一样，在一体化的世界中，不同文明也扮演着不同的角色。至于各种文明会扮演什么角色，取决于各自的优势，其情形类似于本来作为地方知识的儒家、道家、法家分别在统一后的中国文化的社会伦理、人生、文学艺术和政治等领域所具有的地位。

在漫长的交流和融合过程中，各个文明之间的界线将越来越淡化、模糊以至消失，最终形成一种真正意义的统一的世界文明、人类文明。不过，那些原本属于各个文明的富有生命力的元素将会保存下来，它们会在不断组合中产生新的文化元素，得以使人类文化永续发展。

伴随着经济、政治、文化的一体化，民族的融合也是大势所趋。在古代中国天下一体化的过程中，中国主体民族的演变经历了三个阶段，即先秦时期的华夏族、秦汉以后的汉族和近代以来的中华民族。事实上，它们本来都是由若干个民族融合而成的。不难预见，在全球一体化的未来，曾经在中国历史发生的这个现象，将会在我们居住的星球重演。也就是说，全球民族融合的结果是形成一个统一的世界民族。

这是一幅多么美好的画卷啊！然而，我们是不是过于乐观、过于理想化了呢？的确，我们还有好长一段路要走。

作为当今世界上唯一超级大国的美国，其国力之强大、霸权主义之张扬，皆不亚于战国时代的秦国。假设美国也像秦国那样用武力统一世界并用强权维护自己的统治，那也一定会像秦国那样万劫不复！它如若想长治久安，就必须像汉代那样,改弦更张。也就是说,将来不管哪种文明首先用什么方式来统一世界,但如果想在政治上和文化上实现真正的稳定统一,恐怕需要采用儒家的天下主义立场,推行王道政治,实施天下方案。

(作者简介:郭　沂　韩国首尔大学哲学系)

论先秦儒家的语言观与诠释观

李清良　　周律吾

对于先秦儒家语言观，人们往往只从语言学、逻辑学、符号学或伦理学等角度来研究，但语言问题乃是一个真正的哲学—诠释学问题，每一种语言观都与世界观、生存观、真理观乃至伦理观、政治观等密切相关。因此，要全面深入地把握先秦儒家的语言观，还应从哲学—诠释学视域出发加以考察。此中所牵涉的问题甚多，本文主要结合先秦儒家的诠释观来讨论其语言观。

一、名实不二：现实世界是有意义的世界

语言之所以重要，就在于它不仅承载而且形塑了意义。我们总是生活在意义之中，我们的现实世界和整个生活世界总是一个具有意义的世界。此处所谓"意义"，是一个很宽泛的概念，统指人们对于一切事实、关系、秩序、价值等的理解。在先秦儒家看来，人们总是通过意义来理解现实并超越现实。《荀子·非相》云："人之所以为人者何已也？曰：以其有辨也……夫禽兽有父子而无父子之亲，有牝牡而无男女之别。故人道莫不有辨。"这就是说，人类与禽兽虽然同有父子牝牡，但只有人类才追求体现某种意义和价值的父子之亲和男女之别。《孟子·滕文公上》亦云"人之有道也，饱食暖衣，逸居而无教，则近于禽兽"。荀子所说的"有辨"和孟子所说的"有道"，都是强调辨析意义和追求价值的能力乃是人类得天独厚的禀赋，人们总是通过思想和语言不断赋予现实以意义，即不断为之命名，由此实现对于世界与人生的理解和超越。

因此，我们所理解的现实，一定是有意义亦即有"名"的现实。这是儒家探讨一切语言问题的基本预设。荀子在《正名》篇中由此进一步提出了一个著名主张：我们用以理解和交流的"名"都源于"约定俗成"。"俗"即习俗、传统，是我们生活于其中的意义世界。论"名"之起源而强调"俗"就是强调

274

意义世界的历史性，强调"约"则是强调意义世界的公共性。荀子所谓"名无固实，约之以命实，约定俗成，谓之实名"以及"制名以指实，上以明贵贱，下以辨同异"，就是说我们的生活世界乃是一个公共的意义世界，有着维系社群秩序和价值的共同习俗与传统，我们正是在此公共的意义世界、共同的习俗传统之中，持续不断地通过意义的冲突、交流与约定（共识）以及相应的"命名"或"正名"活动，参与习俗传统和意义世界的生息（"俗成"），从而实现对整个现实世界的理解、规范与安顿（"辨同异"、"明贵贱"）。因此人们实是因意义而实存，也因意义而连通。

传统与习俗或者说公共的意义世界，影响甚至规定了我们的生存方式。正如荀子在《荣辱》篇中所说"越人安越，楚人安楚，君子安雅。是非知能材性然也，是注错习俗之节异也"，《儒效》篇中也讲"习俗移志，安久移质"。这即是说，习俗传统之异不仅意味着"言"、"文"之异，在某种程度上更决定着"志"、"质"之异，不同的习俗传统或意义世界塑造了不同的意义赋予方式，亦即诠释方式，造就了看待现实世界的不同眼光和对待现实世界的不同方式，由此形成了不同的生存之道。每一个民族都有其独特的历史文化传统，因此而各有不同的生存之道，也各有不同的赋义方式或诠释方式，以及反思、解释和规范各种赋义活动、诠释活动的诠释之道。

对意义进行理解、解释和传达的诠释活动只能经由"名"、"言"达成。众所周知，我国在先秦时期遭遇了一场前所未有的语言危机。诸子围绕"名"能否指"实"、如何指"实"等问题展开了一场激烈的"名实之争"。名实关系即语言与世界的关系，在谈论语言之前，一定要首先回答"语言能否指称事实"这一问题。倘若语言不可信任，那么对于语言的一切使用都将失去意义。先秦儒家也常论及语言，并提出了著名的"正名"论，不过其旨趣却主要不在探究"名"能否指"实"的问题，而是人的存在与"名"的关系问题。① 换言之，先秦儒家其实并未参与到语言危机的论辩之中，因为他们从未将"名"与"实"视为可从根本上加以分离的两个世界。

坚持"名""实"不二正是先秦儒家语言观的一项基本原则。先秦道、墨、名诸家在探讨"名"是否可以指"实"之前，往往预设了"名"与"实"即意义世界与现实世界可以截然二分，存在一个脱离意义的客观世界作为"名"、

---

① 曹峰：《〈荀子·正名〉篇新论》，《儒林》第 4 辑，山东大学出版社 2008 年版。

"言"的指称对象。但在儒家看来，现实世界与意义世界并非彼此并列与对立，而是相互融贯和统一，连通二者的就是"名"、"言"所表达的意义。如孔子说："觚不觚，觚哉！觚哉！"(《论语·雍也》)所言之"觚"本是一种酒器，一个有形之"实"，但人们是在其所承载的礼仪意义之下理解它的，故在听到孔子言及"觚"时，既能想象其形体，又能领会其意义，意义世界与现实世界就这样因"名"而融通。总之，凡"实"皆有意义，从而皆可有"名"，凡"名"也总是指称着"实"(包括想象和思辨之"实")，表达意义的"名"虽然不即是具有意义的"实"，但它们总是相融相通而无法截然分离。此之谓名实不二。

"名实不二"也意味着"言""意"不二。诚然，儒家典籍《易传·系辞上》说"书不尽言，言不尽意"，即语言有时并不能完整表达事物及其意义，但它又说"圣人立象以尽意，设卦以尽情伪，系辞焉以尽其言"，即只有通过"系辞"才能让"立象"、"设卦"所尽之意充分呈现，因此"象"要"尽意"最终仍离不开"辞"。这说明，儒家所讲的"言不尽意"论与其所主张的名实不二论并不冲突。事实上，只有将语言看成可以独立存在的工具，才会将反思语言有限性的"言不尽意"论发展为彻底否定语言"达意"功能的命题。但对孔子来说，语言虽不能总是通过直接指称事物而完全呈现其意义，却可通过描述、形容而让事物意义的内部条理与结构得到呈现。这正是"立象"、"设卦"、"系辞"之用意所在。它说明，事物的意义并不是现成的，以言达意也不是简单地以言辞反映意义，而是一个经由语言对意义不断加以形塑和诠释从而使之逐渐生成、定型并彰显的过程，因此否定了"名"、"言"的"达意"功能实际上也就等于从根本上取消了事物意义生成的可能性。

语言出现之处就是诠释发生、意义生成之时。语言遍布于人们的一切生存交往之中，诠释活动也因此成为个体认识、理解并融入世界与传统的根源性活动。个体通过诠释进入传统的过程，用孔子的话说便是"学"。所谓"行有余力，则以学文"(《论语·学而》)，正是强调对传统的诠释和理解必须建立在"行"，即个体实际的生存活动之上。人们因经历、禀赋、志趣等的不同，从传统和文本中获取的意义也有所不同。不存在两个完全相同的个体，也不存在两个完全相同的个体意义世界。孔子所谓"成人"的过程，既是个体建构与扩充其意义世界的过程，也是个体立足于自身遭遇和实践而对传统加以反复体认、诠释从而融入其中并对之有所扩充的过程，故在本质上就是以诠释活动连通当下与传统、个体与世界的过程。语言是诠释活动得以开展的必由之路，个体只能凭借语言，通过持续不断的诠释活动融入世界与传统，找到安身立命的意义与价值所在。

对于人类生存而言，诠释活动的根源性也意味着语言的根源性。

首先，诠释活动的对象，主要就是生成和表现事物意义以及整个传统的语言。当然，所谓"言"是广义的，不仅指口说的言辞，也包括文字、书籍等。正如上引荀子之言所示，我们的生活世界乃是一个源自传统、"约定俗成"的意义世界。与庄子认为言为实"宾"、书是糟粕不同，儒家极为强调"言"与"书"的作用。因为正是"言"与"书"塑造并承载着我们的意义世界，排拒言辞与书籍，即意味着否定和无视作为意义世界之基石的传统，意味着我们永远只能困伏于此时此地，而无法拥有一种超越当下的视域与境界。孔子所谓"不学《诗》，无以言"（《论语·季氏》），"人而不为《周南》、《召南》，其犹正墙面而立也与"（《论语·阳货》）等，都是在强调由"言"与"书"所体现的传统之重要性。可以说，"言"就是我们整个的生活世界之肌理。

其次，诠释活动的结果，要为大家所了解和接受也必须形诸语言。个体的体认与理解当然可以是无言之"意会"，然而若不形诸言辞，便无法呈现于公共的意义世界之中。孔子云："不言，谁知其志?"（《左传·襄公二十五年》）每一个体的特有之"志"即特有的意向与欲求，只有形诸言辞才能进入公共的意义世界而为他人所理解。《礼记·表记》所谓"无辞，不相接也"，也是说，只有通过语言才能打破原本相互隔绝的个体之间的封闭性。"言"乃"志"之体现，"志"的形成与提升又必有赖于对以语言为肌理和载体的意义世界及传统之诠释与实得。故语言作为意义交流的通道，不仅将个体与他人连通，也将个体与传统连通。即使是传统，也要通过语言才能具有意义并为今人所理解，今人之"志"形于"言"，又成为后人理解传统之依凭。因此，个体通过语言不仅与他人连通、与传统连通，更参与了传统的建构，使公共的意义世界不断更新和拓展，也使传统生生不息而"历久弥新"。

总之，"名实不二"乃是先秦儒家语言观的基本原则，它强调语言与事物、意义世界与现实世界的一致性，亦即现实世界总是一个具有意义的世界，并因此是一个连通个体与他者、当代与传统的公共的意义世界，而语言就是整个意义世界得以生成并展现的内在肌理与脉络。

二、言为身文：言语方式即生存方式

正因事物意义和整个意义世界的生成、塑造及展现，都以语言为其内在肌理和脉络，所以言语活动便是个体与世界打交道的根源性活动，个体的言语方式则是塑造并展现其人格的生存方式。

早在春秋时代，中国古人就已提出："言，身之文也。"（《左传·僖公二十四年》）意思是说，人们的言语即是其存在之表现。先秦儒家分享了此种观念，强调"言为身文"正是其语言观的又一重要原则。应当特别指出，先秦儒家已明确意识到"文"不仅是对于"质"的表现，更是对于"质"的塑造，因此正如"名"异则"实"异，不同的"文"实际上也塑造了不同的"质"。《论语·颜渊》记载了孔子高弟与棘子成的一段对话："棘子成曰：君子质而已矣，何以文为？子贡曰：惜乎，夫子之说君子也！驷不及舌。文犹质也，质犹文也。虎豹之鞟犹犬羊之鞟。"子贡之意正谓君子与小人之别，并不是自然之"质"的差别，而是经由"文"的规范、修饰、塑造和提升之后"质"的区别，也就是孔子所谓"文质彬彬"与文质偏胜（或"文胜质"或"质胜文"）的区别。据此，作为"身文"的"言"实际上不仅表现了，而且塑造并区分了不同的人格与存在方式。正因如此，对于"言语"的高度重视便成为了先秦儒家的一个突出特点，对于他们来说，"修辞"即是"修身"，言语方式即是生存方式。

在先秦儒家看来，言语活动包括了言说、沉默与倾听，言说又可分为言及自己和言及他人，不管是哪个方面，不同的言说方式都意味着不同的生存方式。

人们的实践行为不必总是伴随着言辞，但要彰显其意义，就必须通过自己或他人以恰当的语言来诠释（当然有时可以是"无言"这种方式）。在先秦儒家看来，言语最基本的要求是在内容上要如实可"信"，因为只有实事求是的描述才能为大家所接受和认可。故孔子云："言从而行之，则言不可饰也；行从而言之，则行不可饰也。"（《礼记·缁衣》）。在儒家的思想观念中，"信"是"成人"的基本标志，也是君子必须具备的仁德的首要前提。因此言语之"信"不仅是其人有"德"的表现，而且是其人修德的起点。故《论语·为政》云："人而无信，不知其可也。大车无輗，小车无軏，其何以行之哉？"当然，在儒家看来，一切德性都必须以仁义为基础，因此真正的"信"并非僵硬刻板的言出必践，而要看它最终是否符合仁义。故孟子云："大人者，言不必信，行不必果，惟义所在。"（《孟子·离娄下》）。总之，言语是否可"信"，正是基于并表现了言说者本人是否有"德"。孔子所谓"有德者必有言，有言者不必有德"（《论语·宪问》），说的就是这个道理。

在言及他人他物时，言语是否有"信"还表现了言说者是否有"知"。孔子明确说："君子知之曰知之，不知曰不知，言之要也。"（《荀子·子道》引）"不知"之言，只能表明其人非"愚"则"佞"。真"知"真"信"之言即是如实、有征、有理、如法之言。所谓"君子之言，信而有征"（《左传·昭公八年》），"夫人不言，言必有中"（《论语·先进》），"言无实不详"（《孟子·离娄下》）以及《周易》所谓"言有序"等，都是从不同角度强调此意。当然，言者究竟"知"与"不知"，还需结合其平日言行进行综合判断。但语言与行为并无第一性与第二性之分，行为的意义一定要通过语言才得以彰显。《礼记·儒行》云"言谈，仁之文也"，"仁"是君子之本，君子不仅应具备仁心和仁行，也应形诸仁言，因此"仁言"便是仁者之"身文"。言语方式符合仁义之道，自然"文质彬彬"，成为君子。不论是言行一致还是言知一致，目的均在于通过言语为人的实践行为赋予恰当的意义。个体的存在方式虽奠基于行，却成形于言。行多言少且言而有信，言语便多了一层"德"的含义，言过其实且言而不履，言语便多出一层"佞"的含义。由此可见，同样的行为可能因言语的不同而呈现出不同的意义，最终体现为"君子"与"小人"之别。所以孔子不仅强调"可言也，不可行，君子弗言也"，也同样强调"可行也，不可言，君子弗行也"（《礼记·缁衣》）。在是否"可言"的自觉与抉择中，既体现了言说者之"德"，也体现了言说者之"知"。

不仅言说内容，言语方式也是言说者之生存方式和修养水平的表现。《左传·昭公十一年》说"言以命之，容貌以明之，失则有阙"，意思是说，言辞意义的彰显与言说方式（包括神态仪容和语气等）密切相关。先秦儒者更进一步认为，言说方式与言说内容一样体现了言说者的存在方式。孔门著名弟子曾子就明确说："君子所贵乎道者三：动容貌，斯远暴慢矣；正颜色，斯近信矣；出辞气，斯远鄙倍矣。"（《论语·泰伯》）因此言说时的"容貌"、"颜色"和"辞气"恰当与否，就是其人能否成为君子的重要指标。而判定是否恰当的标准就是，是否符合仁义原则以及大家共同认可的"礼"（故孔子明确将"非礼勿言"作为为仁之方的一个重要方面）。除此之外，是否注意言语场合也是一个重要指标。故儒者主张"食不语，寝不言"（《论语·乡党》），"在官言官，在府言府，在库言库，在朝言朝"（《礼记·曲礼》）。总之，在先秦儒家看来，言语方式乃是生存方式的重要组成部分。

先秦儒家又特别强调，恰当的言语方式还包含了对于言语之"时"的准确把握。当我们与他人言语时，这一行为本身便意味着对于对方有了一定程度的了解和认同，并试图进一步寻求理解和达成共识。但进一步的交流与沟通只能出现在恰当的"时机"，倘若不当其时，本是连通彼此的言语反会成为阻断交通的沟壑。故孔子明确说："可与言而不与言，失人；不可与言而与之言，失言。"（《论语·卫灵公》）"可与言"便意味着彼此之间存在共同语言，彼此的存在方式具备一定程度的互通性。"可与言"而"与之言"，体现的是君子对可言之人的信任与肯定。若不与之言，不仅错失人才，亦违反君子之道，此之谓"失人"。相反，"不可与言"则意味着对方还未及"可与言"的层次。比如孔子说"中人以上，可以语上也；中人以下，不可以语上也"（《论语·雍也》），孟子也说"自暴者不可与有言"（《孟子·离娄上》）。不可言而与之言，言语承载的意义便无从显现，此之谓"失言"。君子"既不失人，亦不失言"正表现为"时然后言"。把握言语之"时"，不仅要了解对话者的接受水平，还要注意对方的即时状态以及自己的言语次序，正如孔子所说："言未及之而言谓之躁，言及之而不言谓之隐，未见颜色而言谓之瞽。"（《论语·季氏》）当然，要想准确把握言语之"时"，最根本的还是孔子所谓"毋意，毋必，毋固，毋我"（《论语·子罕》），也就是言说者本人要能宽容、开放和善下，而不是固执己见，自以为是，居高临下，急迫教人。因此，对于言说之"时"的准确把握，实际上体现了一种"自卑而尊人"（《礼记·曲礼》）的美德。

总之，主张"言为身文"，言语方式即生存方式，乃是先秦儒家语言观的又一重要原则。此一原则认为，言语方式包含着对言说内容、言说对象、言说场合和言说时机的把握与抉择，因此不仅体现了言说者对于他者的了解与态度，也体现了言说者本人的修养与境界。可以说，我们怎样做人，我们就怎样言语。

三、通天下之志：以言语安顿现实世界

言语活动不仅是对于事物的描述活动，更是赋予事物意义的诠释活动。对于先秦儒家来说，诠释活动的最终关怀就是在意义世界中了解并安顿每一个体的意向和欲求。

任何个体的言语活动和生存实践活动都在公共的意义世界中发生、呈现并渴望被理解，有鉴于此，儒家经典《易传》提出了一个伟大口号——"唯君子能通天下之志"、君子应将力求充分了解（通晓）和全面安顿（畅达）所有个体通过其实践活动与言语活动所表现出来的意向和欲求，作为其使命和任务。显然，要安顿"天下之志"就须首先了解"天下之志"，而了解"天下之志"最终是为了安顿"天下之志"。其中，全面安顿"天下之志"正是儒家仁政思想的最终目的，充分了解"天下之志"则可以说是儒家诠释学思想的终极关怀。由此可见，儒家的仁政理想内在地包含了一种诠释学维度，因此我们在理解儒家的诠释学观念时不仅要考察其语言观，还必须紧密结合其仁政理想。

先秦儒家基于"言以足志"的观念（《左传·襄公二十五年》），认为充分了解"天下之志"的关键首先在于"知言"。故志在"修己以安人"的孔子明确说："不知言，无以知人也。"（《论语·尧曰》）正谓欲"安人"，便须"知人"，而欲"知人"则不仅要"观其行"，更要"察其言"从而"知言"，否则便只知道其行为及结果，却不知其采取此种行为的动机、意向和赋予这一行为及结果的意义。因此在儒家的思想观念中，"知言"乃是"通天下之志"、安顿他人乃至安顿整个世界的基础性工作。

通过"知言"而"知人"，最基本的含义便是通过个体的言语并结合其行为而了解其意向、欲求以及相应的性格与修养。正如《易传》所说："将叛者其辞惭，中心疑者其辞枝；吉人之辞寡，躁人之辞多，诬善之人其辞游，失其守者其辞屈。"言生于心，发于志，虽不必见于行、合于行，却可映照出一个人的存在方式，从而可以显露出其人其行的整体倾向。自称"知言"的孟子则说："陂辞知其所蔽，淫辞知其所陷，邪辞知其所离，遁辞知其所穷。"（《孟子·公孙丑上》）可见"知言"绝不仅仅意味着理解言辞的字面含义，而是通过言辞理解一个人的整体存在方式与存在状态。反之，不能"知言"，便不能真正了解其"人"其"行"。

"知人"之后，便应"安人"。"安人"首先表现为言语上的安顿。对于"可与言"者便应安之以善言，"不可言"则安之以无言。沉默无言也是言语方式之一，是在暂时无法与对方进行有效交流沟通、达成任何共识的情况下，将未来有效对话的可能性保留在那一片无言的空白地带。故荀子说："言而当，知也。默而当，亦知也。故知默犹知言也。"(《荀子·非十二子》)总之，言语上的安顿就是如实而合理地彰显其意义与价值，具体表现就是，对他人言行的合理之处加以肯定承认，不及之处加以疏导彰显，不当之处加以调整修正或"存而不论"等。如此，便如《荀子·不苟》所说："君子崇人之德，扬人之美，非谄谀也；正义直指，举人之过，非毁疵也；言己之光美，拟于舜禹，参于天地，非夸诞也。"

既然"知人"最终是为了"安人"，那么就不应仅仅局限于了解特定个体的存在状态，还应在更广阔的语境中了解不同个体所面临的生存困境，理解其相应的意向和欲求，并在意义层面为之探求解决之道。换言之，"知言"不仅是通过单纯的言语行为理解和安顿可直接对话的少数几个身边人，更是通过文字、书籍等一切语言活动而理解天下众人，否则便不可称为通晓"天下之志"。比如，孟子就深感当时"邪说诬民，充塞仁义也。仁义充塞，则率兽食人，人将相食。吾为此惧"(《孟子·滕文公下》)。荀子则看出了他那个时代所面临的意义困境——"名守慢，奇辞起，名实乱，是非之形不明"(《荀子·正名》)。"奸言邪说"盛行所体现的正是世道变迁、价值沦丧、人心不古的社会现状，意味着时代多小人，多不可言之人，这也正是孟子与荀子不得已而"好辩"的原因。"辩"乃是申明大义，是与天下人共言，故而在小场合下便可以默代言。也就是说，无言并非弃之于不顾，正所谓"以善至者待之以礼，以不善至者待之以刑"(《荀子·王制》)，君子不言仅仅意味着不与小人发生直接的话语冲突，却可在更大的场合之下对其进行间接教化。具体而言，就是通过一套完整的诠释活动整顿意义世界，重新建立一套完整的价值体系，并在此基础上寻求制度层面的相应变革。只有从意义入手来引导现实，人民大众才能够在精神上重返家园，找到自身的存在价值，并合理地实现自身的意向和欲求。这一过程便是《易传》所谓之"人文化成"。唯有如此，方可称为"通天下之志"。

所谓"天下"，不仅是空间意义上的，也是时间意义上的。无论今人之言还是古人之言，都是其人其世的表现。古人之志自然也属于"天下之志"，同样需要"通"，即同样需要了解和安顿。孟子说："一乡之善士，斯友一乡之善士；一国之善士，斯友一国之善士；天下之善士，斯友天下之善士。以友天下之善士为未足，又尚论古之人。颂其诗，读其书，不知其人，可乎？是以论其世也。是尚友也。"（《孟子·万章下》）苟能促使形躯已逝的古人之心志事业长存于天壤之间，这便是所谓通古人之志而安顿古人。唯有将古人同样视作需以善言安之的朋友和亲人，才能通过文本识得"古人之志"，进而通过诠释安顿"古人之志"。因此，对于先秦儒家来说，"通天下之志"既是政治上的终极关怀，也是诠释学上的终极关怀。

"通天下之志"不仅是知天下之言，从而识天下之志，更要以相应的言语活动安顿天下之志，从而安顿整个现实世界。言语上的安顿本质上就是意义上的安顿，亦即使不同意向和欲求的个体在公共的意义世界中各得其所。由于人类本质上是一种追求意义和价值的存在者，人类世界则是一种为意义的承认而不断交流乃至斗争的世界，这种通过言语而获得的意义安顿和精神安顿，正是人类协调和完善其现实世界的一种特殊途径，也是较诸强力手段更为有效、更为彻底的一种途径。孔子曰："有国有家者，不患寡而患不均，不患贫而患不安。盖均无贫，和无寡，安无倾。"（《论语·季氏》）意思是说，人们所患，主要不在于货物财力与民众领土等物质上的不足，而在于"不均"、"不安"等意义上的不当。因此，要想天下太平，就必须通过言语活动以及相应的诠释活动，使各有其志意欲求的不同个体获得意义上的认可和价值上的安顿。荀子所谓"与人善言，暖于布帛；伤人之言，深于矛戟"（《荀子·荣辱》），以及后世俗话所谓"良言一句三冬暖，恶语伤人六月寒"，说的都是这个道理。

总之，先秦儒家的最高追求就是"通天下之志"而使天下万物各得其所、各安其位，但这不仅是政治上的终极关怀，同时也是诠释上的终极关怀。因为，根据名实不二的语言观以及上述分析，意义诠释层面的终极关怀与政治实践层面的终极关怀，乃是相互交融而无法截然分开的一体之两面。

四、王业之始："正名"论的内在理路

讨论先秦儒家的语言观不能不提到其"正名"论，通过"正名"论，我们也可更进一步了解儒家思想的上述特质。最早明确提出"正名"论的是孔子。《论语·子路》记载："子路曰：'卫君待子而为政，子将奚先？'子曰：'必也正名乎！'子路曰：'有是哉，子之迂也！奚其正？'子曰：'野哉，由也！君

子于其所不知，盖阙如也。名不正则言不顺，言不顺则事不成，事不成则礼乐不兴，礼乐不兴则刑罚不中，刑罚不中则民无所错手足。故君子名之必可言也，言之必可行也。君子于其言，无所苟而已矣。'"

孔子所谓"名"，可以简单地理解为人们常用的基本概念。他对"名"的特别关注体现了儒家语言观的一大卓识：语言系统的核心是"名"，"名"就是人们用以构建公共的意义世界之基石。在孔子看来，人们的言语活动与实践活动都体现了对于"名"的把握和理解，只有"名正"才能"言顺"、"事成"；因为"言"与"行"、"言"与"事"之间有着内在的一致性，"言顺"则"可行"，"言不顺则事不成"。"正名"之所以是为政首务，就在于正当合理的政治实践活动必然源自正当合理的言语、思想，而言语、思想的合理性和正当性则只有通过"正名"，即通过甄定公共世界的基本概念和原则才可能获得。正因如此，孔子才有"片言可以折狱"（《论语·颜渊》），"一言可以兴邦"（《论语·子路》）等说法。如果说，"通天下之志"同时表达了儒家在政治实践和意义诠释上的终极关怀，那么"正名"就是同时实现这两方面关怀的重要途径。

这种"正名"论的基础就是上述名实不二的语言观。孔子之所以特别重视"正名"，就在于"名"虽然只是概念，但所指称的一定是有意义的现实，因此，通过"正名"，即厘清最常用的基本概念的意义及各概念之间的相互关系，不仅可以重新建构公共的意义世界，而且可以转变人们对于现实不恰当、不正确的思想和认识，从精神和价值上引导人们对于现实世界和现实人生的合理调整与变革。马克思曾说："哲学家们只是用不同的方式解释世界，而问题在于改变世界。"① 但孔子所主张的"正名"活动，却不仅是用言语来"解释世界"，更是内在地"改变世界"。值得指出的是，孔子的"正名"论并不认为"名正"就必然导致"言顺"、"事成"、"礼乐兴"、"刑罚中"，从而民得其所、各通其志，只是说上述诸项中的每个后项的实现都必须以前项作为必要条件。儒家只是认为名实不二，并不简单主张名实是一。

"正名"首先体现为意义层面的辨说诠释，即通过意义的厘定而正百事百物之名。《荀子·正名》篇是继孔子之后儒家"正名"论的重要文献。根据此篇所说，所谓"正名"主要是指在"王者制名"之后的圣贤辨说。"王者制名"是依据"约定俗成"原则"约之以命实"，即综合众人对于现实事物的共同感

---

① 《马克思恩格斯文集》第 1 卷，人民出版社 2009 年版，第 506 页。

受和约定而创造性地制定各种名称和概念；如果是后王，则除了像先王这样"有作于新名"之外，自然也"有循于旧名"。经由"王者制名"之后，自然是"名定而实辨，道行而志通"。然当"圣王没"后，由于缺乏一民之道，势必"名守慢，奇辞起，名实乱"，以致"是非不明"、"同异不别"，从而"志必有不喻之患，而事必有困废之祸"，此之谓天下大乱。当此之际，便有"正名"的必要，承担此一重任的就是圣人君子。而"无势以临之，无刑以禁之"的圣人君子只能通过摆事实、讲道理的"辨说"方式，也就是宽泛意义上的诠释方式来"正名"。《荀子·正名》篇的重要贡献之一就是，较明确地指出了圣人君子的辨说诠释乃是"正名"的主要方式，或者说，圣人君子的辨说诠释主要是以"正名"为目的。

唯有通过辨说诠释活动重新厘定意义世界中的基本概念，才能以此为基础来引导并最终实现政治层面的变革。因此，圣人君子以"正名"为目的的辨说诠释，实际上属于儒家最终关注的"内圣外王"事业，这正是《荀子·正名》篇的另一重要贡献。篇中明确指出："实不喻然后命，命不喻然后期，期不喻然后说，说不喻然后辨。故期、命、辨、说也者，用之大文也，而王业之始也。""期"与"命"是指王者的"制名"工作，"辨"与"说"则指圣人君子的"正名"工作，荀子认为此二者均属"王业之始"，即"外王"事业的基础性工作。具体地说，就是由于"正名而期，质请而喻；辨异而不过，推类而不悖；听则合文，辨则尽故"，便能"正道而辨奸，犹引绳以持曲直"，以致"邪说不能乱，百家无所窜"，对于天下民众来说，则"虑之易知也，行之易安也，持之易立也，成则必得其所好而不遇其所恶焉"，一言以蔽之，"说行则天下正"。由此可见，圣人君子的辨说诠释之所以属于"外王"大业，就是因为它能"正名"。

在儒家的观念系统中，"外王"大业必基于"内圣"修养。故《荀子·正名》篇也指出，圣人君子的辨说诠释之所以可"正名"，归根到底是因为他们"心合于道"，即"有兼听之明，而无矜奋之容；有兼覆之厚，而无伐德之色"，故其辨说诠释实是"以仁心说，以学心听，以公心辨。不动乎众人之非誉，不治观者之耳目，不赂贵者之权执，不利传辟者之辞"，亦即"处道而不贰"。但这种"心合于道"的内圣修养并不是天生的，必须通过长期的"虚壹而静"工夫始能达到。所谓"虚壹而静"，《荀子·解蔽》有明确的解释："不以所已臧害所将受谓之虚"，"不以夫一害此一谓之壹"，"不以梦剧乱知谓之静"，"未得道而求道者，谓之虚壹而静"。如果说"正名"最终是为了"正人"，那么它首先必须"正己"；欲"正己"则必须"修己"。故孔子所谓"修己以安人"、"修己以安百姓"亦可用来表达以"正名"为目的的辨说诠释之修养与功用。根据上述，这种修养与功用归根到底就是儒家一贯强调的"内圣"与"外王"。

由此可见，在意义世界的"外王"事业，主要不取决于政治权位，而取决于"内圣"修养。因此荀子在《正名》篇中明确指出，"正名"工作的主要承担者乃是代表广大公众的"有道"者即圣人和士君子，而不是政治、军事和经济权力的拥有者。荀子认为，每一个体和整个社会的追求都不可能没有选择，因而不可能不有所权衡（"无动而不可以不与权俱"），只有公共而全面的"道"才是最高、最彻底的权衡标准，故曰："道者，古今之正权也。离道而内自择，则不知祸福之所托。"而各种具体的"正名"工作，最终必然都是"论道"的工作，否则便不可能是真正的"外王"事业。因此，"正名"工作只能主要由"求道"并"合于道"的圣人和士君子承担。若"离道而内自择"，即使掌握了天下大权，也不可能不"惑于祸福"，甚至"虽封侯称君，其与夫盗无以异"。这便意味着，"正名"乃是一项"论道"而非论权势的公共事业。"道"贯古今、统万物，以"道"来"正名"，就是从古今全体的"天下之志"出发来"正名"。

坚持"道"高于"政"，正是儒家"正名"论的一个基本原则。早在荀子之前，孟子就已这样做了。比如当齐宣王针对商汤放桀、武王伐纣之事问孟子"臣弑其君可乎"，孟子回答说："贼仁者谓之贼，贼义者谓之残，残贼之人，谓之一夫。闻诛一夫纣矣，未闻弑君也。"（《孟子·梁惠王下》）意思是，桀、纣虽有君王之权位，但他们既然丧失了君王所应有的仁义之道，就不再是真正的君王，而只是"一夫"，亦即后世常说的独夫民贼。这是以"君王"之道来正桀、纣之名，所体现的正是儒家以天下公共之"道"而非以权位"正名"这一基本原则。

根据这种思路，孟子所谓"以意逆志"、"尚友古人"之类的文本诠释也可归结为"内圣外王"事业。这一层面的"外王"事业就是指"通古人之志"而安顿古人。众所周知，儒家所谓"外王"事业包含了"存亡续绝"一面，正如《论语·尧曰》所说："兴灭国，继绝世，举逸民，天下之民归心焉。"《公羊传·僖公十七年》也说："桓公尝有继绝存亡之功，故君子为之讳也。"对于古人之志的安顿正属于这种"存亡续绝"的工作。但要真"通"而不诬枉古人之志，就须像对待朋友一般充分了解古人，为此必须"颂其诗，读其书"、"知其人"、"论其世"并"以意逆志"，而"不以文害辞，不以辞害志"，只有这样，才能知其所得并继承阐扬其所得，明其所失并修正扩充其所未及。所以这种诠释活动显然又需要充满仁心和公心的"内圣"工夫。另一方面，这类诠释其实就是对于传统的诠释，在这一过程中，诠释者本人也必然从不同角度扩展了自己的生命维度，提升了自己的生存境界，因而这种诠释活动本身就是一种自我扩充和提升的"内圣"工夫。总之，文本诠释正可以视为"外王"事业与"内圣"工夫的统一。就其"通古人之志"而言，也可以说是一种"正名"工作，是为古人"正名"，为其人其书、其志其事"正名"。正因如此，先秦儒家才比道法墨诸家更为注重对于传统的诠释。孔孟荀三人均采取诠释传统经典的方式著书立说，孔子更直接提出"述而不作，信而好古"（《论语·述而》）。

综上所述，儒家所说的"正名"，就是圣人君子们充分运用广大民众的智慧与理性，通过对于"言"与"事"的诠释，厘清公共意义世界中的基本概念、基本原则和基本事实，从意义与价值维度实现对于现实世界的安顿。"正名"活动实际上是在意义世界中实行仁道，故以"通天下之志"为终极关怀，以"道"为终极依据。其理论基础便是名实不二、言事不二的语言观。其前提条件是，"正名"的主体必须"有道"而达到一定程度的"内圣"，即在学识和修养上达到高度的自觉，真正具有天下一体的仁者情怀，体现广大民众的智慧和利益。一言以蔽之，在儒家的观念系统中，"正名"活动就是通过"内圣"修养实现"外王"大业的基础性工作，就是"通天下之志"的具体途径之一。

上述分析表明，先秦儒家语言观的基本原则即坚持名实不二。此一原则意味着，我们所理解的客观现实总是一种具有意义的现实，我们所栖居的现实世界也总是一个公共的意义世界，而语言便是事物意义乃至整个意义世界得以建构和连通的条理与脉络。同时也意味着，我们的言语方式便是我们的存在方式，通过语言赋义与诠释，我们不仅连通了自己的行与心，连通了自己与他人，更彰显和扩展了我们及他人的生命维度与存在价值，分享并参与建构了我们共有的传统以及整个意义世界。正因如此，对于先秦儒家来说，为使天下万物各得其所、各安其位，必须将意义层面的安顿与政治层面的安顿视为相互交融而无法截然分开的一体之两面，整个"外王"事业实际上就是"通天下之志"的事业。而其最为基础的工作之一便是基于"内圣"工夫与修养来"正名"，即通过对于"言"与"事"的诠释，厘清公共意义世界中的基本概念、基本原则和基本事实，从意义与价值维度实现对于现实世界中每一个体之志意欲求的安顿。

上述分析也表明，对于先秦儒家来说，所谓"诠释"活动乃是体现"身之文"和君子之"道"的活动，其功用就是为具体事物的意义乃至公共的意义世界"正名"，最终目的则是"通天下之志"。这说明早在先秦时期，儒家就对诠释活动有了高度的自觉与反思，虽未系统成文，却作为一种基本观念始终流淌在其思想深处。可以说，先秦儒家的诠释之道同时具备了意义层面的理论基础即"名实不二"、理念层面的价值关怀即"通天下之志"，以及技艺层面的具体操作方法即"正名"，三者相辅相成，共同构成了一套与西方古典诠释学和现代诠释学都不尽相同的观念与原则。先秦儒家的诠释之道不仅是先秦儒家内圣外王之道的重要维度，更可以说是整个中华文明生存之道不可或缺的组成部分。

（作者简介：李清良、周律含　湖南大学岳麓书院）

试论儒家思想语境中的"无为"

郑　开

　　表面上看，儒、道两家思想迥乎不同，甚至水火不容。司马迁有见于"世之学老子者绌孔子，学孔子者亦绌老子"，曾感叹说"道不同不相为谋"（《史记·老子韩非列传》）。实际上，儒道两家虽然有点儿以邻为壑，却在相互拮抗的同时展现了相互切磋、相互资取的思想对话关系。《论语》中出现的"无为"可以说是儒道对话与会通的范例。例如，"子曰：无为而治者，其舜也欤？夫何为哉，恭己正南面而已矣。"（《论语·卫灵公》）

　　首先应该明确，出现于上文的"无为"乃是严格意义上的哲学概念，不同于日常语言中的语词，例如《诗经·兔爰》"我生之初，尚无为"句中的"无为"就不能称之为概念，只是语词而已。倘若没有经过哲学思考的淬火与洗礼，语词不可能概念化。其次，"无"的出现乃是哲学突破的重要标尺，"无为"则代表了"无"的观念里最核心、最具特色的部分；[①] 道家亦据此激烈地批判了儒家崇尚的"为"或"有为"，因为在道家看来，"为"或"有为"意味着那种目的性的"为"，亦即在复杂的人文动机甚至意识形态支配下的行动。可见"无为"既是道家哲学的特征，又是针对儒家思想而发。那么，孔子提到了"无为而治"，又把它用来称赞圣人舜，令人瞩目而且意味深长。其中的原因是什么？或者说，自孔子以来的儒家是在何种意义上谈论"无为"，是借鉴和吸纳道家哲学的概念为己用，还是鸡同鸭讲、各说各话呢？我认为，这很值得探究。

　　实际上，《论语·卫灵公》引起了不少理解上的困扰，也促使许多学者不能漠视它，并试图解释它。从《论语》的解释史上分析，汉晋注疏却比较能够正视"无为而治"语出道家，并借助黄老学的思想资源进行分析和解释，然而

---

① 参见郑开：《试论老子中的无的性质与特点》，见《哲学门》第 29 辑，北京大学出版社 2014 年版。

宋代以来的新儒家却竭力否认孔子曾提到的"无为"与老子"无为"之间的关系。拙稿拟将讨论的是早期儒家思想语境中"无为",理应更多地参取秦汉旧籍与汉晋古注而应该以宋儒的是非为是非。刘笑敢曾把孔子以来儒家思想语境中"无为"所涉及的问题概括如下：

> 关于孔子之无为，历代的诠释主要有三种类型：一是包咸、朱熹、王夫之等人所说的德化天下，"不恃赏劝刑威而民自正"，因而可以实现无为之治；二是何晏所说"言任官得其人，故无为而治"；三是蔡谟所说"三圣相系，舜据其中，承尧授禹，又何为乎"？①

这个概括只是梳理了学术史上的主要诠释，还不足以揭示出早期儒家思想语境中"无为"之丰富内涵和深广力度，追究儒家思想语境出现"无为"概念的必然性。进一步的推敲表明，儒家借助"无为"概念这一他山之石，深化他们对于德政、圣人和执中等重要哲学问题的阐发和讨论，从某种意义上说，儒家思想语境中出现"无为"不是偶然的，而恰恰体现了儒家哲学的思想逻辑。也就是说，儒家思想语境中的"无为"既是汲取和兼容道家思想的表现，同时也体现了儒家哲学的思想逻辑。

一、德政：政治语境中的"无为"

道家政治哲学的核心系于"无为"概念，而"无为政治"的精义，则包括"我无为而民自化"（统治方法）及"小国寡民"（理想社会）等方面。然而，从前面的引例来看，"无为政治"之原则似乎并非道家私属的"专利"，因为孔子在赞叹舜的德政时，提到了它（"无为而治"），毫无疑问他正面肯定了"无为而治"。董仲舒更充分地讨论了尧舜德政的无为而治之特色，可以看作是对《论语》的进一步解释，他说：

> 尧在位七十载，逊逊于位，以禅虞舜。尧崩，天下不归尧子丹朱而归舜。舜知不可辟，迺即天子之位，以禹为相。因尧之辅佐。继其统业。是以垂拱无为而天下治。又曰：三王之道，所祖不同。非其相反，将以救溢扶衰，所遭之变然也。故孔子曰：亡为而治者，其舜虖！②（《汉书·董

---

① 刘笑敢：《老子古今》，中国社会科学出版社 2006 年版，第 403 页。

② 另见《春秋繁露·楚庄王》。

仲舒传》)

　　盖闻尧舜之时，游于岩郎之上，垂拱无为而天下太平。(《汉书·董
仲舒传》)

　　《论语·卫灵公》中隐含的意味，值得深究。因为这是儒家文献中首次出
现了"无为"，而且是在积极意义上使用了这个概念。"无为而治"是对舜的称
颂，或者说是对舜确立的政治模式（德政）的高度评价。然而，倘若对比《尚
书·尧典》和《史记·五帝本纪》(亦是依据《尚书》改编而成的）记载的尧
舜之德政，孔子的说法有点儿不同凡响。因为《尚书》和《史记》所讲述的
尧、舜的德业，主要包括两个方面的内容：第一，确立了"协和万邦"的政治
模式；第二，德性的典范、德行的楷模（例如尧的让德与舜的纯孝）。但早期
儒家孔子和董仲舒都强调"无为而治"，这一点很值得玩味。早期儒家热衷于
谈论尧舜之间的禅让（让德），舜的那种不可解释的孝德（孝行），因为它们既
代表了其政治理想，又表明了其道德原则。《论语·卫灵公》提出的"无为而
治"，似乎添加了一点儿新东西，也可以说，这一解释（"无为而治"）代表了
理解德政的新方向，就是说，理想的政治或者最好的统治就是"无为而治"。
进一步的分析表明，早期儒家思想中出现的新质素，恰好体现了儒家与道家
（甚至黄老）之间的对话关系。

　　现在我们不妨设问：儒家所推崇的德政，何以具有了"无为而治"的内涵
与特征？

　　对于《论语·卫灵公》之"无为而治"，汉晋旧注的通常解释是："任官
得其人，故无为而治"。这种解释显然渗透了"黄老意"。比较起来，朱熹《集
注》和刘宝楠《正义》更倾向于发掘"恭己"隐含的德性意味，解释倾向上亦
吻合于宋明以来新儒家的立场观点和方法，当然，他们也很难摆脱旧注的影
响。例如朱熹《四书章句集注》曰：

　　　　无为而治者，圣人德盛而民化，不待其所作为也。独称舜者，绍尧
　　之后，而得以任众职，故尤不见其有为之迹也。恭己者，圣人敬德之容。
　　既无所为，则人之所见如此而已。

　　很显然，这个新儒家对"无为而治"的解释包含了董仲舒曾提到的几个
要点，其主要诠释倾向则是强调德（德化、敬德），并在此基础上，将"无为
而治"阐释为以下两点：第一，"圣人德盛而民化，不待其所作为"；第二，"任
众职而不见其有为之迹"。蒙文通指出，儒家与诸子百家在思想上相互切磋、

相互融摄。① 即便按照朱熹的解释，第一点"圣人德盛而民化，不待其所作为"与老子所主张的"我无为而民自化"庶几近之，而第二点"任众职而不见其有为之迹"则与黄老学派"君无为而臣有为"的观点若合符节。我们是不是可以说，早期儒家思想语境中的"无为而治"，乃是受到了道家特别是道家黄老学派的激发而产生出来的；另一方面，战国中晚期以迄秦汉时期的百家著作、各种学派塑造的尧舜形象，大多呈现出"无为而治"的风范，也可以认为是儒家思想影响力的体现。

无独有偶，以德行著称的孔门高弟颜回以"御马"为例，对鲁定公讲了一番"以政知之"的道理：

> 昔者帝舜巧于使民，造父巧于使马，舜不穷民力，造父不穷马力，是以舜无佚民，造父无佚马。②

我们知道，古代君王论治，常以"牧民"、"御马"为喻。颜回"御马"的故事，颇见于秦汉诸书，表明它流传广泛影响深远；从政治思想上分析，颜回的说法暗合于《庄子·达生篇》的政治理念③，"无为而治"的理念似乎是他们共同的主张。为了更好地说明问题，兹再举数例如下：

> 昔者舜之治天下也，不以事诏而万物成。处一危之，其荣满侧；养一之微，荣矣而未知。故《道经》曰："人心之危，道心之微。"危、微之几，惟明君子而后能知之。（《荀子·解蔽》）

> 主道知人，臣道知事。故舜之治天下，不以事诏而万物成。农耕于田，而不可以为田师，工贾亦然。（《荀子·大略》）

> 昔舜左禹而右皋陶，不下席而天下治。（《大戴礼记·主言篇》）

上述例证是不是可以表明早期儒家思想吸纳了道家特别是黄老思想？反过来说也是如此，道家黄老思想同样也汲取了儒家思想，热衷于讨论尧舜之治道或者打着尧舜之道的幌子论证最好的、理想的政治。为了更充分论证这一点，我们不妨抄录几条道家著作或具有道家倾向的早期文献中的材料，以便和

---

① 参见蒙文通：《儒学五论》，广西师范大学出版社 2007 年版，第 12—14 页。

② 《孔子家语·颜回》、《韩诗外传》卷二、《吕氏春秋·适威》、《荀子·哀公》、《新序·杂事五》并记此事。

③ 其曰："东野稷以御见庄公，进退中绳，左右旋中规。庄公以为造父弗过也，使之钩百而少及。颜阖遇之，入见曰：稷之马将败。公密而不应。少焉，果败而反。公曰：子何以知之？曰：其马力竭矣，而犹求焉，故曰败。"

前引几条文献进行对比：

> 舜之有天下也，禹为司空，契为司徒，皋陶为李，后稷为田，此四士者，天下之贤人也，犹尚精一德，以事其君。今诬能之人，服事任官，皆兼四贤之能，自此观之，功名之不立，亦易知也。(《管子·法法》)

> 尧治天下，伯成子高立为诸侯。……当尧之时，未赏而民劝，未罚而民畏，民不知怨，不知说，愉愉其如赤子。今赏罚甚数，而民争利且不服，德自此衰，利自此作，后世之乱自此始。(《吕氏春秋·长利》)

> 蘧伯玉为相，子贡往观之，曰：何以治国？曰：以弗治治之。(《淮南子·主术训》)

> 大道容众，大德容下，圣人寡为而天下理矣。……无为而能容下。(《说苑·君道》载尹文语)

> 当尧之时，舜为司徒，……（尧）使九子者各受其事，皆胜其任，以成九功，尧遂成厥功以王天下。(《说苑·君道》)

> 尧治天下五十年，不知天下治欤，不治欤？不知亿兆之愿戴己欤，不愿戴己欤？(《列子·仲尼》)

> 故王者劳于求人，佚于得贤。舜举众贤在位，垂衣裳，恭己无为而天下治。汤、文用伊、吕，成王用周、邵，而刑措不用，兵偃而不动，用众贤也。(《新序·杂事四》)

经过对照和比较，我们不难发现儒家著作中，尧舜之道包含了趋向于"无为而治"的思想逻辑，也就是说，如果沿着儒家政治思想的内在逻辑推而广之、引而申之的话，那么"无为而治"犹如儒家政治思想的目的性。同时我们也有足够的理由相信，出现于儒家思想语境中的"无为而治"并不是孤立的，因为道家特别是道家黄老学派的著作总是以"无为而治"作为其政治的理想与目标，他们之间的对话关系很值得注意。

为此我们更举一条孔子讨论的"德政"的话：

> 为政以德，譬如北辰。(《论语·为政》)

围绕这句话的解释史比较有意思，尤其应该注意的是，它引发了进一步关于孔氏之无为和老氏之无为的深入辨析与激烈诤辩。请看几条主要的解释：

> 德者无为。譬犹北辰之不移而众星拱之也。北极谓之北辰。拱，拱手也。(郑玄：《论语注》)[①]

[①] 这段注文邢本引作包氏注，皇本作郑氏注，兹从皇本。

为政以德，则无为而天下归之，其象如此。程子曰："为政以德，然后无为。"范氏曰："为政以德，则不动而化，不言而信，无为而成。"（朱子：《论语集注》）

为政以德而云不动，云无为，言其不恃赏劝刑威而民自正也。盖以施于民者言，而非以君德言也。

无为者，治象，非德体也。（王夫之：《读四书大全说》）①

上天之载，无声无臭，此天之无为而成，即圣人之无为而治，邢疏以无为为老氏之清净，全与经义而悖。（焦循：《论语补疏》）

看来，即使是儒家内部，对这一问题的看法亦不尽一致。但无论如何，儒家德政（"为政以德"）观念里面早已渗透了道家无为而治的政治理念，这一点已经基本成为了汉晋以来学者的共识，即便于是标榜道统、严于异端之防的程朱也部分地接受了"无为"观。但另一方面，程颐、朱熹虽然也用"无为"解释"为政以德"，不过，朱子却反复强调孔子之无为不同于老子之无为，他说：

老子所谓无为，只是简忽。圣人所谓无为，却是付之当然之理。……岂可与老氏同日而语！（《朱子语类·论语五》）

意味深长的是，儒家推崇、标榜和论证的德政，除了具有充分文化合理性和政治合法性之外，还隐然具有某种不言而喻的普适性和有效性，从理论或思想逻辑上说，倘若把作为政治模式的德政推展到一个"极点"，这个"极点"就是"无为而治"。换言之，"无为而治"其实内在于儒家思想之内。具体地说，以礼乐教化为实质内容的德政，乃初创于殷周之际、建构于西周时期并在东周时期经受了严峻考验的制度设施，亦是孔子向往的"郁郁乎文哉"的西周文化体系。然而，新的、不同德政的政治模式——例如力政、刑政和法的兴起与成熟——已经在孔子的时代风起云涌，那么，儒家理想中的德政，亦不能不在新形势的挑战下与回应之中，进行理论创新，"无为而治"之所以被纳入德政模式，应该从德礼体系的宿命性崩溃与道法体系的推陈出新的宏观历史视野中予以把握。②

像许多汉代知识分子一样，陆贾严厉指责了秦政严刑峻法，过分

---

① 王夫之还批评朱子说："以不言不动、因仍纵弛为无为，此老氏之旨，而非圣人之治也。"（《读四书大全说》）

② 郑开：《德礼之间——前诸子时期的思想史》，生活·读书·新知三联书店 2009 年版，第392 页。

"有为"：

> 秦始皇帝设为车裂之诛以敛奸邪，筑长城于戎境以备胡越，事愈烦，天下愈乱，法愈滋，而奸愈炽，兵马益设而敌人愈多。秦非不欲为治，然失之者，乃举措暴众而用刑太极故也。(《新语·无为》)

> 君子之为治也，块然若无事，寂然若无声，官府若无吏，亭落若无民，闾里不讼于巷，老幼不愁于庭。(《新语·至德》)

陆贾这么说的原因在于，他要反衬出儒家政治的最高理想就是无为，他说：

> 夫道莫大于无为，行莫大于谨敬。何以言之？昔虞舜治天下，弹五弦之琴，歌南风之诗，寂若无治国之意，漠若无忧民之心，然天下治。(《新语·无为》)

这一看法很有代表性，类似的表述在汉代文献中屡见不鲜，例如：

> 舜弹五弦之琴，而歌南风之诗，以治天下。(《淮南子·诠言》)

> 昔者，舜作五弦之琴以歌南。(《礼记·乐记》)

> 昔者，舜弹五弦之琴，其辞曰：南风之薰兮，可以解吾民之愠兮，可以阜吾民之财兮。(王肃《圣证论》引《尸子》及《家语》难郑玄语云)

这里所说的"(舜)弹五弦之琴而歌南风之诗"与风花雪月、吟风弄月了然无涉，实际上它就是儒家标榜的乐教的体现。这样的话，可以认为，儒家知识分子刻意强调了乐教的无为而治的功能。这种以和同为目标的乐教、诗教和礼教，确有那种春风化雨、润物无声的非强制性特点。非强制性或者诉诸感召力的治理才是最好的、最有效的治理，同时也是无为的方式和方法。可见，陆贾所说的两段话足以使我们对儒家政治思想语境中的"无为"有进一步的了解，更重要的是，陆贾明确了早期儒家政治思想的内核在于"无为而治"，并且发展了孔子所说的"无为而治"，具体地说他揭示了"无为而治"与"德政"、"乐教"之间的联系。他所说的"无为之治"就是其心目中的理想政治——"君子之治"（其实更确切地说就是"圣人之治"），就是刑政的反面，换言之，就是德政或《大戴礼记》所称的"德法"，其核心就是礼乐教化。①

---

① 礼乐教化作为一个特殊的政治模式，其特征正如《司马法·仁本》所说："先王之治，顺天之道；设地之宜；官民之德；而正名治物；立国辨职，以爵分禄。诸侯说怀，海外来服，狱弭而兵寝，圣德之治也。"

陆贾比较明白透彻地阐述了"无为"即儒家政治理想，它必然出现于儒家德政思想的逻辑延长线上。因此我们说，他的说法对于理解早期儒家思想语境中的"无为而治"很有启发。

回顾前面的讨论，我们发现《论语·卫灵公》中的"无为"概念乃资取老子之说，历来的注家也不回避参取黄老思想进行解释。然而仅仅从它出现于其中的语境分析，"无为而治"和"恭己正南面"两个说法之间并非吻合无间，问题的关键在于，早期儒家对《论语·卫灵公》的解释却试图弥合两者之间的裂隙，比如说董仲舒的解释包含了更多、更复杂的思想内容。倘若我们把《论语·卫灵公》和《论语·为政》合而观之，不难发现儒家政治思想语境中的"无为"其实也是德政和乐教的进一步发展，当然其中亦濡染了不少黄老思想。总之，在前面的讨论中，我们发现儒家似乎很推崇"无为而治"的政治理念，儒家政治语境思想中的"无为"往往又和德政、乐教联系在一起，可见儒家政治思想中的"无为而治"容受了道家思想，同时也是其合逻辑的发展。如此说来，出现于早期儒家政治思想语境中的"无为"就不是出于偶然，也不仅是对道家概念断章取义的剽袭，而是具有思想上的必然性。当然，理想政治（德政、乐教）问题仅仅是儒家"无为"观念所涉及的一个方面而非全部，比如说，禅让问题是早期儒家重要的政治思想，郭店楚简《唐虞之道》和上海博物馆藏《容成氏》显示出禅让的重要性。早期儒家文献特别重视"让德"，例如《论语·泰伯》极度推许它，其中的"德"既包含了德行的意义，又包含了德性的意味。接下来，我们将围绕圣人观念讨论伦理语境中的"无为"。

二、圣人：伦理语境中的"无为"

前面我们讨论了儒家德政语境中的"无为"，早期儒家关于无为的议论主要集中于政治（德政）语境；但还要注意，出现于儒家思想语境中的"无为"并不限于政治（德政）问题，实际上，我们发现，儒家文献中的圣人观念亦不能不诉诸予以"无为"概念更加明确、更加富于意味的阐释，而圣人（王）出现于中国哲学史上的必然性则在于：圣人是经典、价值和秩序的具体体现，代表了文明（历史和文化）的开端、政治理念和伦理规范的神圣启示和人性的光辉。

我们仍从具体文本的梳理和分析入手讨论问题。

首先，除了前面分析讨论的《论语·卫灵公》和《论语·为政》，《论语》中的另外一条材料也多少涉及了儒家德政思想以及无为而治的观念：

> 子曰：大哉尧之为君也！巍巍乎！惟天为大，惟尧则之。荡荡乎，民无能名焉！巍巍乎，其有成功也，焕乎其有文章！（《论语·泰伯》）

"巍巍乎！""荡荡乎！"是对圣人之道的感叹，谓其"高深闳大而不可名也"①。孔子所说的"惟天惟大，惟尧则之"这句话，可与《尚书·尧典》相互参照。《尧典》曾提到的"七政"，都是德政的各个方面。但是我们从《尧典》本身并不能直接概括出德政的"无为而治"这一特征。问题在于，孔子这句话的确切含义是什么？或者说他何以发出这样的言论呢？我认为，这段话的重点是阐明儒家天命观念。我们知道，儒家天命观念继承了西周以来的人文精神，以德为核心的"哲命"改造了之前宿命性的、只涉及吉凶祸福的天命观。尽管如此，早期经典中的表示天命含义的"天道"一词，仍然残余了吉凶祸福的意思②，甚至隐含了某种"自然法"的意味③，恰好与孔子说的"天何言哉？四时行焉，百物生焉"（《论语·阳货》）《易传》所载的"观天之道，而四时不忒。圣人以神道设教，而天下服矣"（《周易·观·彖辞》）相互印证。也就是说，儒家似乎并不排斥"天道无为"的思想，实际上，春秋时期"皇天无亲，惟德是辅"（《左传》僖公五年载《周书》语）观念不仅为老子"天地不仁"、"圣人不仁"（《老子》第五章）的命题所点化④，也体现于《庄子》著名段落"天德而出宁，日月照而四时行，若昼夜之有经，云行而雨施矣"（《天道》）之中⑤，同时还是儒家"天道无为"思想的来源之一。以儒家自命的扬雄曾说过一段很有启发性的话：

> 或问天。曰：吾于天，见无为之为矣。（《法言·问道篇》）

---

① 欧阳修：《与张秀才棐第二书》，见《中国古代名家诗文集·欧阳修集》卷2，黑龙江人民出版社2005年版，第697页。

② 参见钱大昕：《答问六》，《潜研堂文集》卷9，江苏古籍出版社1997年版；以及郑开：《德礼之间》，生活·读书·新知三联书店2009年版，第437—439页。

③ 参见王启发：《礼学思想体系探源》，中州古籍出版社2005年版，第84—89、159—162页。

④ 《史记》引作："天道无亲，常与善人。"朱谦之以为俗语。（见朱谦之：《老子校释》）

⑤ 注意《天道》所载的这段话正出于尧舜之间的对话。另外《庄子·至乐篇》所说更加透彻："天无为以之清，地无为以之宁。故两无为相合，万物皆化。芒乎芴乎，而无从出乎？芴乎芒乎，而无有象乎？万物职职，皆从无为殖。故曰天地无为而无不为也，人也孰能得无为哉！"

天的自然运行和启示于人正是"无为之为",这种"无为之为"其实就是"天道无为"的另一种表述。无独有偶,王充也指出了这一点:

> 尧则天而行,不作功邀名,无为之化自成。故曰:荡荡乎! 民无能自名焉。年五十者击壤于涂,不能知尧之德,盖自然之化也。《易》曰:黄帝尧舜,大人也,其德与天地合,故知无为也。(《论衡·自然》)

这样看来,即便是在儒家思想语境中,所谓"天道"也包含了"自然的"和"无为的"两层意思。从"究天人之际"的角度看,应该是儒家论证乃至推行德政的最终依据。《论语·尧曰》记载了尧对舜的嘱托中有这样一句很重要的话:"天之历数在尔躬,允执其中。"这里所说的"历数",一般解释为"法度",准确地说,其中包含了自然规律(自然法)的意思。① 这是不是意味深长呢?

其次,我们分析一下《易传》中的两条材料:

> 古者包羲氏之王天下也,仰则观象于天,俯则观法于地,观鸟兽之文,与地之宜,近取诸身,远取诸物,于是始作八卦,以通神明之德,以类万物之情。……神农氏没,黄帝、尧、舜氏作,通其变,使民不倦,神而化之,使民宜之。易穷则变,变则通,通则久。是以自天佑之,吉无不利,黄帝、尧、舜,垂衣裳而天下治。(《周易·系辞下》)

> 易,无思也,无为也,寂然不动,感而遂通天下之故。(《周易·系辞上》)

这段话还不能理解为"易,没有思考,不能作为,静静地在那里没有行动,有所感应便通达天下的因由"②。把上述语境中的"易"解释为"易道"或《易》都很难说是正确的解读。实际上,《系辞上》话里有话,其"潜台词"其实就是探赜索隐、洞见到"易"的真谛的"圣人",或者说,我们径可以"圣人"替换"易"作为主词。因此,这里的"易"的准确含义就是洞见到易道真理的圣人,或者说写下了《易》的圣人的精神境界。③ 舍此,任何解释都未免牵强。而这种"无思无为"的圣人,当然比较接近于觉者佛陀和全知全能的上帝,只不过儒家更重视从道德意识的完满自洽方面来理解和诠释圣人而已。

---

① 刘宝楠:《论语正义》,中华书局1990年版,第756页。
② 李申主编:《周易经传译注》,湖南教育出版社2004年版,第208页。
③ 郑开:《圣人何为?》,《周易文化研究》第4辑,社会科学文献出版社2012年版。

《周易·系辞下》所说的"黄帝、尧、舜,垂衣裳而天下治",表明了天下之治业轻松裕如,仿佛老子所说的"治大国若烹小鲜"。《逸周书·武成》也有类似的"垂拱而天下治"的说法。

让我们再回到《论语·泰伯》中的思想语境,以进一步分析儒家的圣人(王)观念。《论语·泰伯》篇首一段称颂了泰伯"三以天下让"的"至德",篇末几段又记载尧舜禹几位儒家所称颂的圣人的德业,很有意思,值得注意:

> 子曰:巍巍乎,舜禹之有天下也而不与焉!

> 子曰:大哉尧之为君也!巍巍乎!惟天为大,惟尧则之。荡荡乎,民无能名焉!巍巍乎,其有成功也,焕乎其有文章!

> 舜有臣五人而天下治。……周之德,其可谓至德也已矣。

> 子曰:禹,吾无间然矣。菲饮食而致孝乎鬼神,恶衣服而致美乎黼冕,卑宫室而尽力乎沟洫。禹,吾无间然矣。(《论语·泰伯》)

可见,孔子景仰并且推重的尧、舜、禹以及泰伯(即吴太伯)的德行,而这几位圣人的德行主要体现于以下几点:谦让(让德),所谓"有天下而不与焉",这里的"与"应读作"预",这样一来就可以与道家所称的"无为"相吻合;"舜有臣五人而天下治"似乎也可能通过"君无为而臣有为"进行诠释;至于禹克己奉公,注重祭祀,自然是克制私欲的典范。而我们知道,"无欲"也是"无为"的题中应有之义。由此可见,孔子所理解的圣人的德行、德性,似乎可以通向了"无为"的境界。《荀子》引孔子"语曰",两次提到了"无为":

> 无小,大遍与诸生而无为也,似德。

> 水,无为,似德。(《荀子·宥坐》)

虽然这两句话不见于《论语》,但我们也没有任何证据表明孔子没有说过这样的话。因为根据前引孔子的几段话来看,与《荀子》所载思想一致。值得注意的是,荀子称引的两句话,在儒家"水玉比德"(君子人格德性的比喻或标榜)传统中引入了"无为"一词,即以"无为"诠释"德"。这里应该特别指出:早期儒家文献出现的"无为"往往就是对于圣人之德(往往涉及心性层面的问题)的描述与诠释,这一点很值得玩味。

进一步的推敲表明,孔子以来的儒家"无为"观念,与"为仁由己"命题所突出出来的强调道德自律和内心道德意识的自发(自然)状态之间具有深刻的内在联系。孔子特别推重内心自发的行为,他说:"知之者不如好之者,好之者不如乐之者。"(《论语·雍也》）就是以行仁为乐，道德意识与行动更加自发与主动，也没有丝毫勉强，更为自然。这样看来，孔子的仁，"的确隐含或包括了'自然'之行为标准在内"①。同时，这种自然（自发）的状态也部分地暗合于"无为"，这也许就是儒家"无为"观念出现之所由。

葛瑞汉（A. C. Graham）发现：儒家理想中的圣贤，生具先天性的、能够洞见和了知一切的直觉知识所带来的洞见。而这种洞见出乎某种"自发的感知力"（spontaneous awareness），因此圣人一定是突如其来地、自发地引导人类的正确行动、树立正确的伦理标准。史华慈（Benjamin I. Schwartz）赞同说，人们能够在《论语》中发现一种能俯瞰全局的直觉知识所组成的通见（vision），一旦它为昔日的理想圣贤获知之后，就会自发地引导人类在任何人生情境与任何礼仪行为之中恰当地行动；只有在这个意义上，人们才可以说《论语》"预示了道家的存在"。"这确是《论语》中一股朝向后来称之为道家方向流逝的潮流"②。经过以上的讨论，我们知道，更确切的说法应该是：儒家思想中的几个"极点"，例如德政（最理想、最完备、最有效的政治模式）、圣人（理想人格、至善德性和道德楷模），都多少在其思想逻辑的驱动下倾向于"无为"，从而在借鉴与吸纳道家思想的基础上进而深化了儒学。换言之，表面上波澜不惊的儒家思想的深层，仍隐含了许多重要的曲折。

最后，我希望试图通过一个有趣的例子继续延伸前面的思考和讨论。前引出于《论语·泰伯》例子，孟子曾加引述，不过他的引述与今本《论语》所载略有不同：

> 孔子曰：大哉尧之为君，惟天为大，惟尧则之。荡荡乎民无能名焉！君哉舜也！巍巍乎有天下而不与焉！尧舜之治天下，岂无所用其心哉？（《孟子·滕文公上》）

我们可以这样理解上述文本的歧异问题：孟子在引述孔子之言的同时，还进行了某种创造性的阐释，特别是末句"尧舜之治天下，岂无所用其心哉"，提示了其中涉及了心性问题。这一转折，我认为，并非无关宏旨。请看《说

---

① 刘笑敢：《老子古今》，中国社会科学出版社 2006 年版，第 400—401 页。另外，朱熹对仁者安仁的阐释是："安仁者不知有仁，如带之忘要腰，履之忘足。"其说点化了庄子的思想。程树德亦曰："无所为而为之谓之安仁，若有所为而为之，是利之也，故止可谓智，而不可谓仁。"（刘笑敢：《老子古今》，中国社会科学出版社 2006 年版，第 229 页）

② 史华慈：《思想的跨度与张力》，中州古籍出版社 2009 年版，第 149、147 页。

苑》引"孟子"曰：

> 人皆知以食愈饥，莫知以学愈愚，故善材之幼者，必勤于学问以修其性。今人诚能砥砺其材，自诚其神明，睹物之应，信道之要，观始卒之端，览无外之境，逍遥乎无方之内，彷徉乎尘埃之外，卓然独立，超然绝世，此上圣之所游神也。（《建本篇》）

这段话是否孟子之语，无从考证。以刘向纂辑《说苑》的体例和性质来估计，这段话既然标明了出于"孟子"，那么至少说明，汉代人以为上述言论可以归诸儒家。值得注意的是这段话的后半部分，与庄子所说的"彷徨乎无为其侧，逍遥乎寝卧其下"（《庄子·逍遥游》）、"芒然彷徨乎尘垢之外，逍遥乎无为之业"（《庄子·大宗师》）如出一辙。上述例子表明，先秦诸子，特别是儒道两家在思想上的相互切磋、交互影响很可能超出了以前人们的想象。儒家和道家思想既非风马牛不相及，亦非井水不犯河水。余敦康曾说，儒家思想的逻辑发展是道家，反之亦然。岂虚语哉！

总之，前面提到的尧舜，不仅是德政的倡导者、推进者、设计者，同时也是儒家推崇的圣人。从《尚书》、《尧》、《舜》，以及《史记·五帝本纪》的描述看，尧、舜乃道德的化身，而且他们所具有的道德品格及其力量，无论是尧具有的美德和其所制定的德政模式，还是舜所具有的智慧（例如舜之重瞳）和其"纯孝"之德，或者出乎先天，或者出于先觉，都是不可解释的。从这个意义上说，儒家所谓圣人，就是传奇性理想人格的投射，因而圣人具备最高超的智慧和最完满的德性，同时也是应然意义上的至高无上的统治者——"哲学王"①。前面我们讨论德政时约略涉及了这样一个观点：作为政治意义上的最高境界，德政是最合理、最巧妙、最有效的政治模式，是儒家政治思想中的一个"极点"，唯有圣人能够设计、实施和驾驭这种德政。现在我们进一步说，儒家所谓"圣人"，其实也是理想人格和完美人性的化身，从这个意义上说，它（"圣人"观念）也是儒家思想的一个"极点"，即"圣人"观念是儒家思想逻辑的一个"极限"或"奇点"，它在某种意义上是不可解释或不容置疑的，因为人们不能追溯其来源、追索其原因。总之，儒家的圣人观念之不可解释性，无关史料是否缺略，其根本原因在于："圣人"观念乃儒学的"极点"，是不能

---

① 而孔子之前或左近的"圣人"大多只是聪明多能、精通某种艺业的意思（参见《论语·子罕》），未如儒家所赋予的深刻含义。

置疑的基本理论预设。就是说，儒家心目中的政治理想和伦理原则兼备于尧、舜，或者说，儒家著作中出现的尧、舜象征了儒家的政治理想和伦理境界。早期儒家"无为"观念既然涉及了圣人（特别是尧、舜）观念，而儒家思想语境中的"无为"恰好反映了儒家政治哲学、人性论和伦理学的思想逻辑。这正是我们从政治（德政、乐教）入手，同时也致力于分析圣人观念，并力图揭示其间内在联系的原因。

三、执中与中庸：实践智慧和心性论语境中的"无为"

接下来，我们进一步讨论儒家实践智慧和心性论语境中的"无为"，尤其是与"中"（执中、中庸等概念）之间的联系。《论语·尧曰》载：

> 尧曰："咨，尔舜，天之历数在尔躬，允执其中。四海困穷，天禄永终。"舜亦以命禹。①

这段话中的"允执其中"，与"中庸"相关。宋明理学注意发挥寓于《中庸》里面的心性论因素，朱熹《中庸章句序》发掘了《尚书·大禹谟》所载的"十六字心传"——"人心惟危，道心惟微。惟精惟一，允执厥中"。朱熹弟子蔡沈说："二帝三王之治，本于道；二帝三王之道，本于心；得其心，则道与治皆可得而言矣。何者？精一执中，尧舜禹相授之心法也。"（蔡沈：《书经集传·序》）儒家特别是宋明理学以来，特别重视"中庸"，而且解释不一。② 今人张舜徽指出，伪《大禹谟》那"十六字心传"前面，还有这样一段话："汝惟不矜，天下莫与汝争能；汝惟不伐，天下莫与汝争功。"这与《老子》第22章所说"不自伐，故有功；不自矜，故长。夫惟不争，天下莫能与之争"没有什么不同。③ 而且"十六字心传"中的"人心惟危，道心惟微"两语，初见于《荀子·解蔽》所引之《道经》。由此可见，依乎《孟子》、《中庸》而建立的早

---

① 这段话的释义，参考了杨伯峻的说法（详见《论语译注》，中华书局 2006 年版，第 233—234 页）。

② 例如：钱大昕著《中庸说》，认为"中"乃"尧舜以来传授之心法也"。并指出：尧舜以来言"中"不言"庸"，自孔子始言"中庸"；唐虞相传，皆曰"执中"，而孔子申之云"执其两端，用其中于民"。中庸即执中之义，而执中莫如随时。（参见钱大昕：《说》，《潜研堂文集》卷 3，江苏古籍出版社 1997 年版）

③ 张舜徽：《周秦道论发微》，中华书局 1982 年版，第 22—23 页。

期儒家心性之学，虽是儒家思想理论的核心，却很难排除是在与道家的思想对话中受到了激发。

我们还可以在《中庸》里找到更多的语句，表明《中庸》所重点阐发的"中庸"和"诚"似乎都濡染了"无为"的意味，例如：

> 如此（中庸）者，不见而章，不动而变，无为而成。
>
> 诚，不勉而中，不思而得。（《中庸》）

又按《说苑·君道》引"孔子曰"：

> 大哉！文王之道乎，其不可加矣！不动而变，无为而成，敬慎恭己而虞、芮自平。

可见，早期儒家思想相当开放，并没有太多的门户之见，与后世儒家的所作所为反差很大。上面几条例证表明，"不勉而中"、"不思而得"、"不动而变"、"无为而成"几者是一致的、相互蕴含的。换言之，上述语境中"无为"的准确含义应该从"不勉而中"、"不思而得"、"不动而变"亦即"诚"与"中"（具有那种发乎本心、出于本性的意思）角度予以理解和把握。重要的是，中庸之道除了作为处世原则与精神境界，还包含了政治意味，也就是说，它同时也是君主、圣王之道。所以孔子说：

> 舜其大知也与！舜好问而好察迩言，隐恶而扬善，执其两端，用其中于民。其斯以为舜乎！（《中庸》）

那么，"中庸"意味着什么呢？"不偏之谓中，不易之谓庸"、"过犹不及"、"无过不及"、"不偏不倚"等都是程朱对"中庸"的理解，早已确定为"理学教科书式"了。然而，如果我们这样理解"中庸"，或者把它理解为适宜、均衡、平衡、折中，恰到好处，或者等同于孔子所说的"乐儿不淫，哀而不伤"、"惠而不费，劳而不怨，欲而不贪，泰尔不骄，威而不猛"，或者相当于亚里士多德所说的 Mean（通常译为"中庸"）概念，多少有点儿不足，也不尽准确。因为孔子以来都特别强调中庸是不易掌握或不易达到的，例如：

> 中庸之为德也，其至矣乎！民鲜久矣。（《论语·雍也》）
>
> 天下国家可均也，爵禄可辞也，白刃可蹈也，中庸不可能也。（《礼记·中庸》）

事实上，早期儒家认为，唯有圣人才能把握"中庸之道"。

> 君子依乎中庸，遁世不见知而不悔，唯圣人能之。（《中庸》）

那么，怎样把握"执中"或"中庸"呢？如果我们试图将"中庸"、"诚"

等《中庸》里面的核心观念联系于"无为",同时参照《易传·系辞上》所说的"易,无思也,无为也",可以做出以下推断:易、中庸、诚和前面讨论过的德政、圣人等,都是儒家思想里复杂难解的部分,都是儒家思想逻辑展开中的"极点",而且都多少纠葛于、涉及了"无为"观念。例如孔子在《论语》中具体谈到"中庸"时说:

> 子曰:吾有知乎哉?无知也。有鄙夫问于我,空空如也;我叩其两端而竭焉。(《论语·子罕》)

应该说,这段话的含义比较难以索解,而两汉以前的古籍亦未曾引述之,历代的注疏往往也语焉不详。细酌之,这段话难道不是《中庸》所谓"执两用中"的具体表述吗?值得玩味的是,孔子自称"无知",旧注皆以为谦词,但我们还是认为,"无知"超乎一般意义上的"知",或即最高意义上的"知"。那么,这样一种超乎一般意义上的"知"的"无知",或者说最高意义上的"知",究竟是什么意思,具有怎样的意义呢?至少可以认为,"无知"就是那种不假思虑、感而遂通的内在知觉经验,即精神经验。倘若比较一下孔子所说的"无知"和道家哲学的"无知"概念,就难以否认它们是相互吻合的,这是不是令人惊诧?然而,我想强调的是,与其说孔子从老子那里借用了"无知"概念或语词,不若说孔子所说的"无知"体现了儒家哲学的思想逻辑。试进一步分析如下:早期儒家比较重视"圣"与"智"(或"知")之间的区别与联系,新出文献简帛《五行篇》表明了这一点。[1] 这也使我们联想起了孔子提到的"生而知之者",并自谦"我非生而知之者"的说法。(《论语·季氏》、《论语·述而》)很明确,孔子所谓"生而知之者"就是他推崇和景仰的圣人,例如尧舜。[2] 这样一来,我们试图把"叩其两端而问焉"视为"执两用中"在知识或智慧层面的扩展,而"中庸"包括了"生而知之"的内涵,因为这几方面都可以统摄于"执中"或"中庸",并且与"诚"、"感而遂通"(易)的观念息息相通。

更耐人寻味的也许是,执中、中庸、诚、无知(生儿知之)、感而遂通等几乎不可能经由逻辑判断或通过知识论途径得到澄清和了解,实际上这几个概

---

[1] 参见陈来:《竹帛〈五行〉与简帛研究》,生活·读书·新知三联书店 2009 年版,第 141—157 页。

[2] 实际上,史册记载的尧舜禹的传说,恰好印证了他们确是"生而知之者"。

念或语词并不能仅仅从纯思想角度予以理解和把握，因为它们都涉及了更为复杂的实践向度；也就是说，它们多少逸出了思想范畴，应该从实践智慧方面予以理解和把握。从实践智慧角度把握和理解"中"以及"诚"的意味，也就是从心性论层面的阐发与解释，中国哲学中的心性论颇具实践哲学的性质和特征。

对儒家来说，比追求智慧、探讨知识性真理更重要的是道德伦理问题，即道德意识、道德意志和道德实践诸问题，而这些问题皆与儒家心性论交涉在一起，莫分彼此。

孔子曰："知之者不如好之者，好之者不如乐之者。"（《论语·雍也》）孟子亦曰：

> 舜明庶物，察于人伦，由仁义行，非行仁义也。（《孟子·离娄下》）
>
> 尧舜，性之也；汤武，反之也。（《孟子·尽心上》）

这两段话都涉及了儒家思想极深邃的部分。它们反映出来的思想精髓在于，作为圣人的尧舜，其德性、德行和德业都诉诸先天，《易传》所谓"先天而天弗违"是也。《中庸》首章云："天命之谓性，率性之谓道，修道谓之教。"所谓"率性"，程朱以来的正统解释是"帅性"。然而，我们能否理解为"循性"呢？它是否与庄子所说的"情莫若率"（《庄子·山木》）相得益彰呢？其实，倘若把"率"读作"率由"，并不违反儒家哲学的逻辑，反而更切合孟子所说的"由仁义行，非行仁义也"。《庄子》所说的"率性"或者"安其性命之情"、"托不得已"云云，《淮南子》提到的"若性诸己"云云，正吻合于孟子"性之"之义：

> 故圣人怀天气，抱天心，执中含和，不下庙堂而衍四海，变习易俗，民化而迁善，若性诸己，能以神化也。（《淮南子·泰族训》）

对于圣人而言，其举手投足无不中道，行走坐卧皆合礼义，并非刻意而为，而是出于本性、发乎本心。这就是为什么孟子在《尽心上》里强调"尧舜性之也"的原因。程子解释《尽心下》那段话时，曾分析说："汤武，学而知之也，尧舜，生而知之。"（《二程集》）这种诠释的启发性是，孔子所说的"生而知之者"即圣人，其社会伦理行动，出乎自然而然、自发和率性，而非出于某种道德意识的支配或者受某种外在原因（如利益）的驱动。但是，我们切记，这仅仅是适用于圣人而非肉体凡胎。看来，"由仁义行而非行仁义"、"性之"、"生而知之"诸观念并不是偶然出现于儒家典籍，它们都深具意味，代表了儒学精辟深邃的若干"极点"。

《周易》特别重视"中道"和"时义",甚至可以把易道的精髓概括为"时中"。儒家所谓"时中"就是原则性与灵活性之间、经与权之间的均衡感,就是因时变化,因地制宜,随机断事,就是实事求是,具体问题具体分析,一言以蔽之,就是活的思想,就是实践智慧的展现。

前所论及的儒家思想语境中的"无为",含义深刻而且特别,它们启示了儒家哲学之思想逻辑的几个"极点",因而都显示出超脱于寻常意义的倾向,同时也都显示出与道家思想相互切磋、相互对话的痕迹;换言之,儒家思想语境中的"无为"之说并非出乎偶然,借鉴和吸纳道家思想也仅仅外在的诱因而已,最重要的是,它出现于儒家思想逻辑的延长线上,具体地说,儒家热衷讨论的德政、圣人、执中和中庸诸观念都隐含了理论上趋于"无为"的倾向,其中既濡染了道家思想,又充实以新的洞见和条理,曲折而深邃。反过来说,儒家无为之说支撑起了几个重要"极点",这几个"极点"也是儒家思想的"支点"①。从这个意义上看,儒家"无为"说的出现与发展具有某种必然性。

(作者简介:郑 开 北京大学哲学系)

---

① 例如《礼记·学记》曰:"学无当于五官,五官弗得不治。"又曰:"君子大德不言,大道不器,大信不约,大时不齐。"孔颖达疏曰:"大德不官也,不官而为诸官之本;大道不器者,大道亦圣人之道也,器谓物堪用者。夫器各施其用,用圣人之道弘大,无所不施,故云不器,不器而为诸器之本也。"陈皓谓:"大德、大道、大信,皆指圣人而言。……不官,不拘一职之任也;不器,无施而不可也。"孙希旦《集解》卷三六引朱熹曰:"大德不官,言大德者不但能专一官之事。"按此数语,与更正统的"爵有功、禄有德"、"不官无德,不尊无功"的说法明显不同,何也?显而易见,上述说法多少受了点老庄道家思想的影响,值得进行深入的对比。当然,也可以与儒家无为思想合而观之,因为它们都涉及了儒家圣人观念。

心性论的主要问题与逻辑关系

强　昱

不论是以智者、先知，还是以圣人指称理想的人格典范，中西古今的哲学家显然都承认，在漫长的人类历史中，存在着不同于凡夫俗子、洞察了宇宙人生真相的觉悟者。是他们的精神创造集中呈现了人类生命潜能释放的极限，成为光照千秋万代的不朽楷模。突破蒙昧走向文明的成绩，以及在人类面临着严峻的生存考验的时期，指导全体社会成员化危机为转机的荣耀，皆归功于他们的远见卓识与非凡智慧。从早期人类对神灵发出的虔诚赞歌，到社会化宗教与理性主义哲学对自身能力的自信证明，都蕴含着人类如此与众不同，或自我完全可以主宰自己的命运，是因为获得神灵的恩宠而一跃为万物之灵长，或依赖固有的生命力而超凡入圣的潜在意识。

一、从哲学的突破到心性论哲学的初步开启

享有实现中国的哲学突破荣耀的当然是非老子莫属，而老子《道德经》的核心议题之一，就是对理想人格的典范圣人的论述。同样的意识也反映于孔子与孙子的意识中，共同构成了早期圣人观的基本形态。老了与孙了的圣人仅是崇高的概念，不同于孔子的实指为尧舜。当庄学以内圣外王概括理想人格的伟大时，诸子百家的圣人观的分歧更加明显。但是从整体倾向上考察，儒与墨的圣人观较为接近，名、法、兵与道家在精神理念具有的同一性，实际上折射的是道家思想的辐射范围或社会认同度的广泛性。这也是战国时期兴起的黄老道家，能够以空前开阔的视域，容纳异己的精神因素于自身的思想基础。由于圣人代表的是文明对蒙昧的否定，成就于社会群体突破了自然状态而个人理性能力空前扩展的时代，已经包含着对人类不同历史发展阶段的判断。因此被中国哲人认可的圣人本身是世俗社会创造了丰功伟业的帝王，集教权与王权于一

身，始终坚持着在当下的生活中对实现自我的认识关切。自然也意味着作为世俗文化高度理性化发展产物的圣人的情操品格，与宗教学说的神灵存在着明显的不同。即使未来的道教为圣人赋予了无限的生命属性，然而生命属性的永恒不朽以对自我的确证为条件，依然在内涵上明显有别于创造一切具有人格意志的上帝。如果我们的认识偏离了这一基本的准则，那么必然会造成思想的错觉，无法理解心性问题在中国哲学中的特殊地位。①

老庄道家通过对经验表象的反省提炼，肯定了运动变化的万物生起消亡是阴阳之气的凝聚或离析，不断突破潜在转化为实在而最终回归潜在，呈现的必然性、规律性是形上之道的客观作用的反映。老子的"道法自然"（《道德经》第二十五章）的著名命题，因此既回答了世界万物的内在统一性问题，又揭示了形上之道的依据即是自身的本体论哲学的基本原理。离开了对形上学问题的坚实细致的探寻，人类不足以把自己从异己事物中清晰区分出来。当然无法富有认识深度地对不同个体的富贵贫贱问题做出合理的说明。相应地，则对人类突破蒙昧、走向文明的历史跨越，要么诉诸天启，要么指向造物主的恩赐，依然不足以说明人类成长发展的真正动力。当人类的文明积累及理性化发展到一定程度的时候，高瞻远瞩的哲学家通过对历史的回顾与自觉的逻辑化建构，或诞生了社会化宗教，或创建了理性化的哲学，摆脱了运用神话与传说的方式揭示普遍的世界存在与人生意义问题的欠缺，为心性论问题的成熟奠定了坚实的基础。个人的价值实现问题与人类的未来命运问题，在他们的笔下给出了明确的答案。问题是轴心时代的哲学家，虽然不论中西，皆对心性情关系问题有所涉及，甚至积累了丰富的资源，然而由于理论思考的核心对象不是围绕心性情关系问题的阐释作为认识的中枢，同样不能使心性论问题在自身的理论体系中发育成熟。这说明认识自我、实现自我的哲学主题必须凝聚于心灵净化的焦点，圣凡的异同关系问题才能获得突出，个体生命与宇宙万物以及社会生活的适应问题，就落实在了知情意的有序张弛。生命活力蕴藏的无限创造潜力，永远表现为知情意和谐的生命整体释放的无穷智慧。

一方面，我们应当承认轴心时代的哲学对自我存在问题进行的多方面理

---

① 对道教心性论的初始梳理，见拙作《从魏晋玄学到初唐重玄学》的相关章节，上海文化出版社 2002 年版。专题的研究则有《道教心性论的成立及特点》，见《学人》第 14 辑，江苏文艺出版社 1998 年版。

论化阐释的价值；另一方面，需要准确区分心性论与心性学说的界限。完整的心性论的产生依赖于成熟的形上学的建立，一旦形上学的内容存在着空缺，那么精神自觉的规定的贫乏不言而喻。而从先秦至两汉的中国哲学，由于没有坚实完整的形上学的支持，孟子的性善论与荀子的性恶论，把对现实的行为结果的评价上升为对先验的内在属性，产生了严重的认识倒错。虽然孟子的"人皆可以为尧舜"（《告子》上）与荀子的"涂之人可以为禹"（《性恶》）的认识，肯定了每一个人具有成就自我的潜能，却不能通过普遍的逻辑抽象揭示创造潜能的释放，以突破价值规范的束缚。理想人格的超越性为完整的生命，贯通了心灵的感悟与行动的合度，是洞察了宇宙人生的根本原理的智周万物，决定了觉悟者的自由既表现在文化成果的创造方面，又能够以心灵的圆满充实化解各种矛盾挑战。只有经受了现实生活的洗礼，且剥离了一切人为成分的包装，回归了先验的纯粹状态的心灵，才能无往而不适。自由解放的人生追求不能扎根于自我生命的创造力的发挥，丧失的不仅是对推动人类文明成长的动力的说明，而且不可避免地割裂了同生生不息的宇宙万物运动变化的根源及其条理秩序的内在联系。其结果是，一方面漠视了产生于特定历史环境下的文明成果的价值，另一方面因为没有对个人与社会以及世界的关系问题做出系统的诠释，个人价值实现的永恒意义问题变成了空中楼阁。

社会群体的道德观念与道德意识，固然是人类取得的重大收获，但是维系其价值的可靠基础不能与可以共享的经济、政治利益脱节。老庄道家在深入反省文明的异化问题的认识过程中，具体分析了生命活动的复杂变化，围绕人类须臾不可疏离的社会秩序与世界万物的关系，把握自我实现的条件性。正是以坚实的形上学为背景，对价值体系的结构层次问题与价值评价的标准问题展开系统的论述，保障着人性自然论的思想主张，同为学之方以及人生可能达到的理想目标保持着内在的统一。价值评价的标准问题如果没有得到确立，那么现实生活中的是非善恶之分自然失去了应有的客观依据。如果不能对自己与异己的关系问题做出合理透彻的论述，则自我实现的永恒价值将被局限于有限的经验领域，终究将随着时间的流逝被未来的人类生活无情地抛弃。分崩离析的社会成员无法形成自己的文明传统，遭到否定的只能是人类的尊严与生命创造的历史阶段性，同文明发展的继承性。因此，遵循着自然属性与社会属性统一的基本理念，考察个人、社会以及世界之间存在的复杂关系的老庄道家，认为主体自我通过生命潜能的彻底释放而洞察宇宙人生的真相，是人生中唯一具有决定意义的事情。实现人生，换言之即对自我的确证，不能与偶然的良心发现或知识的学习等同。个人的道德操守与知性的创造能力，作为个人的理性自觉水平的表现，是生命潜能现实化的部分。保障每一个人创造潜能的充分释放以及由此产生的具体利益，又是检验社会正义实现程度的指标。适应或背离社会普遍需求的张弛变化，是文明的成长或文明的异化现象的折射。身处特定历史时代的个人或顺应、或抗争的人生态度，不能简单视之为仅仅是出于利益选择的驱使，而与个人对时代潮流的变化以及未来发展趋势的把握无关。

归纳相互联系的不同层次的问题，焦点逐步指向了自我的成就。人生的自由解放问题如果没有成为哲人共同关注的认识对象，那么奠基于轴心时代的不同文明传统，将形成不同的哲学模式。"实现自我是人生中唯一具有决定意义的事情"这一观念没有被社会精英普遍接受，遭到漠视冷落的终究是人类创造性的宝贵价值。哲学不同于一般知识系统的特殊性恰恰在于，把包括人类生活在内的宇宙万物，通过普遍的抽象提炼纳入到同一的逻辑结构，反省考察自己与异己、个人与社会以及认识与实践、事实与价值等既与经验现象相互依存又与人类未来密不可分的重大问题的奥秘。试图在已有的知识积累的基础上运用人类固有的理性能力，确定自我价值实现的合理途径与客观准则，并为人类指明未来发展的正确方向，是哲学的批判意识与理性精神，剥离了自觉或不自觉地被施加于事实之上的各种虚幻观念的伪装。更为重要的是，揭示了由不同的社会成员以及由此构成的形形色色的利益集团，对同一的价值准则的认同感的背离，社会秩序将会在追求利益最大化的本能的冲击之下土崩瓦解，依赖群体的方式存在于世界的人类，将走向自我毁灭的道路。与此相关的重要问题是，虽然不同的个人社会地位彼此有别，但是承担的责任义务却没有实质性的不同。可以抱怨指责甚至以武力对抗不合理的社会秩序，然而目标则是实现与社会生产力发展水平相适应的政治制度。不论个人的现实遭遇如何不幸，只要个体生命一息尚存，天赋的创造潜能永远不会被异己的外在因素剥夺殆尽。这说明历时性的个体生命在无限的宇宙中没有可以懈怠安息的时候。理性的自觉性与当下的适应性左右着创造力的发挥，因此正视充斥着不足与欠缺的社会现象的客观性，通过身体力行的付出予以发展完善，构成了实现人生的应有内容。精神升华的极限绝对不是个体内心的独白，而是以无限世界的生生不息为永恒参照。达到与天地参的高度的自我，心灵容摄了宇宙万物。不能简单地认为对道德规范的践行能够独立于世界之外，使之成为封闭而自足的理论系统。

是非善恶的价值评价游离于复杂的社会生活应当遵循的准则秩序之上，僵化的道德教条成为了阻滞社会成员创造力释放的枷锁。

心性论哲学的基本原理与主要思想内容，早已见诸先秦老庄道家的理论认识系统中。虽然儒家与法家、兵家以及墨家等，也从不同的侧面对自我的价值实现问题做出了各自的贡献，但是其认识的深度与高度以及广度远不及道家哲学。除了道家之外的诸子百家，没有从历史的演变过程中认识到理想的人格典范开创的不朽业绩与日常生活的统一的光彩形象在内涵上是否具有普遍性与永恒性。口耳相传保存的尧舜禹的精神记忆，由于儒墨与道在事实的考察上存在着不同，造成了对理想人格的内涵的认知出现了重大区别。相反，主要由道家塑造出来的更加久远的黄帝与炎帝的形象，却随着道家思想的不断扩张日益深入人心。不仅被诸子百家接受，而且把尧舜禹等古代帝王纳入到了同一的文化世系，构筑起既存在着血缘关系，又体现了不同地域文化向共同中心汇集的历史过程。道家深邃的历史洞见，在以黄帝作为区分蒙昧与文明的分水岭的同时，也指明了始于黄帝的文明的异化现象对自然人性的伤害问题。从思想认识领域光大了黄帝与尧舜禹精神世界的老子与孔子，哪怕后继者们彼此存在着价值评价的分歧，也已经不能从根本上动摇他们同为圣人或觉悟者的历史地位。不过需要我们时刻牢记的问题则是，不同觉悟者个人的心灵感悟虽然在原则上可以承认其同一性，但是不能与自觉的理论建构等量齐观。概念的明晰与逻辑的一贯历来是建立哲学体系的基本要求，古今中西不存在可以讨价还价的余地。对早期哲学逻辑化程度的高低允许做出见仁见智的判断，却不能以某一方面的论述取代其他方面的论述。

哲学家以往是在对历史的回顾中，反思桀纣的才智过人与凶残暴虐的人格矛盾问题。而经历了秦汉兴替的哲学家，面对结束了分裂局面的秦始皇，与巩固了大一统政治秩序的汉武帝，不得不肯定他们前无古人的丰功伟绩，内心又不能对其产生像黄帝那样的敬意。历史与现实的是非交织刺激着哲学家们的神经，使内圣与外王的关系问题变得空前突出。早已敏锐地指出外王乃圣人之余事的庄子后学，实际上已经说明了觉悟者的以身作则与除恶制暴的行为是历史潮流的体现。为研究者熟悉的《管子》与《易传》出现了同样的观念，说明儒家鼓吹的空洞虚幻的道德理想主义在无情的事实冲击下的破产。从哲学的高度提炼总结过去的认识成果，产生了不同于先秦的性善恶混与性三品之论。理论作为对性善与性恶以及自然人性论的回应，尝试通过区分善别不同的人群类别，或以为人类的内在属性先验具有积极的与消极的因素，解释现实世界圣与凡以及君子与小人的形成原因。虽然汉代人的主张并不能克服传统认识的欠缺，不能准确把握道家的自然人性论的思想真谛，但是由于视老子与孔子为圣人的时代背景，使圣人观中隐藏的重要问题变得明晰：圣人生知还是学以至圣，与圣人不可至不可学诸问题成为了当时流行的话题。而此问题的发生、发展同秦皇汉武的求仙狂热，黄老道、方仙道先后的嬗变直至道教的正式创立互为表里。上层知识精英的理性思考同社会大众的精神信仰的彼此结合，催生了整个社会的造神运动。儒家的谶纬神学与道教的神学构造共同推动着精神生活的转型，加之外来的佛教对传统价值观形成的刺激，一浪高过一浪的多种思想因素深度合流，迫切需要哲学家从根源上揭示理想的人格典范的内涵。

耐人寻味的是，老子与孔子精神形象的变化同黄帝的神圣历史地位的巩固透露的思想信息，皆是对在现实世界成就自我的认识原则的强化。充斥社会生活的形形色色的方术扮演着超凡入圣的具体方法，赋予了净化生命的实践手段，被大大夸张的效用成为沟通彼岸与尘世的桥梁。回归内心，不为苦难的尘世遮蔽生命的光彩，寻找安身立命的一片净土，显然是理想人格引起社会成员心灵共鸣的社会文化基础。

二、基本的理论范式的确立

认识自我并实现自我，是哲学的根本使命。作为无限世界的组成部分，人与万物的差别，在于人类具有理性自觉的能力。每一个人虽然认知能力存在着利钝或大小的不同，但是理性自觉的先验属性普遍平等。理性自觉的本质属性，即人类内在属性中居于支配地位的部分，从属于本质属性的非本质属性，又不能从人类的生命整体中人为剔除。非本质属性就是人类与异己之物，特别是生物，主要指具有较高生命活动能力的动物基本同一的本能，如饮食男女之类。现代哲学一般又以自然属性或生物属性、社会属性或文化属性对两者进行区别说明。

对存在着生死周期的个体生命与人类全体来说，理性的成长文明的创造是一个漫长发展的过程。突破蒙昧走向文明的人类，在逐步适应世界的挑战中实现了生命的升华。其收获就是通过自觉的反思，考察自己与异己以及个人与社会的复杂关系，解释不同个人的当下处境与人类全体的终极命运。主要继承发展了道家思想的道教哲学，同时吸收借鉴儒学与佛教的合理因素而在六朝时期逐步走向成熟的道教心性论，呈现出了极其鲜明独特的精神气质。由于道家与道教在两晋之际的合流，因此对未来道家心性论的分析说明，就是指道教哲学对道家思想的继承发展。道家的理性主义哲学当然存在着不同于社会化宗教的道教的内容，但是实现人生的同一本质追求，决定了两者不仅在价值关怀方面保持着高度的共性，而且能够被道教发展成熟的实践方法付诸行动。走进普通百姓的生命体验的世界的哲学家的理性沉思，则在鲜活生动的个体人生中绽放出了夺目的光芒。而从《太平经》到王弼哲学发生的认识变化，成为了心性论哲学实现转型的核心标志。摆脱了运用传统的元气自然论作为揭示人类异于他事物的本质属性的逻辑依据的王弼，更加系统自觉地展开了对宇宙万物以及人类生命活动的分析反省，突出了依赖天赋的理性能力洞察世界的底蕴而实现人生的观念。强调善恶的道德评价是历史的产物，与任何具有规定性的个体事物一样存在着相对性，对于自我的价值实现不具有决定作用。但是道家、道教从未否定在现实生活中调节处理人与人以及人与社会的关系问题，对维护社会的稳定性具有的积极价值。因为其坚持认为个人不能游离于社会群体之外而实现人生，自觉履行每一个人应当承担的责任义务，是理性自觉的客观反映，因此又与外来的佛教明显持论不同。结果高度关注现实政治问题的中国道教，除了个别时期的内丹学之外，都提出了各自的社会政治理论。内圣外王统一的人生追求始终贯彻在道教的思想传统中，直到今天也没有消失隐退。本末体用的基本认识原理完整地贯穿于对各方面问题的解释，彰显了本体论哲学的思想深度与理论特色。

历时性的生命活动，是形神心性统一的有机整体，形神的分离意味着生命的终结。自我的价值实现是生命潜能的彻底释放于世界，只能成就于当下今生。知情意作为心灵活动的具体形式，永远只能是整体生命的组成部分，且始终不能与依存的客观世界脱节。只有把潜在的消极因素全部转化为积极的创造力量，才能实现个体人格的完整。因此历时性的潜能向现实的转化，必然要求认识与实践之间达到对应。如果割裂了彼此固有的依存关系，颠覆了先验的主从结构，那么将会造成生命的畸形甚至死亡。而满足正常的生理需求又是生命赖以存在的条件，是对个体存在的合理性的尊重。本能的放纵则阻滞了自我实现的可能，与人类永恒的自由追求的冲突。传统的精气神论关注的重点对象是个体生命与宇宙整体的内在联系，是对元气化生万物的终极本源的追溯。圆满的生命即是精气神的和谐有序表现，凭借守一修身的实践活动弥补不断耗损的能量达到动态平衡，突破个体有限性因此成为每一个人的永恒使命。性的形上原理决定着心灵的现实展开状态，心灵在生命整体中先验具有的认知与主宰的地位功能，使知情意的活动表现受到性的制约，绝对不是杂乱无章的拼凑堆砌。能知与所知以及能诠与所诠，即境智与言意的相互作用构成了心灵作用机制的重要侧面。智慧明觉虽然在传统哲学中占据着显赫的地位，但是因为缺乏王弼的本体论哲学那样的本末体用观的逻辑支持，自然不足以充分解释心性情的发生原理与相互作用的固有机制问题。元气自然论在哲学形态上是对万物的生起与存在状态的说明，考察的核心是差别性与同一性的相互关系。本体论哲学把思考的对象转向了对万物遵循的普遍原理及运动变化的规律的抽象提炼，没有否认积累了深厚认识成果的元气自然论的思想成就。根据对经验事物依存关系的深浅程度，逐步通过归纳演绎使之容纳在本末体用的有序逻辑结构中。① 魏晋时期人自觉出现的认识转型，使心性论得以在成熟系统的本体论哲学的逻辑考察下展现其魅力。

　　不能从本末体用的本体论，容摄升华传统的阴阳气化的认识价值及消解其局限，就无法使心性学说的各方面成分凝聚在对人格典范的说明的中枢。而复杂的生命活动如果以一个整体性的角度加以概括，那么在与心性情对应的精神气概念的解释中表现得最为充分。从道与德的概念中分离出来的性与理、法则等概念及围绕对自我存在问题提出的重要命题，涉及的是对情感欲望与知性判断、理性直观乃至伦理观念，在现实世界恰如其分地释放问题。对知识与智慧以及意见与真理等复杂层次的梳理，彰显的是只有建立在广泛的知识积累的基础之上的理性直观，心灵才能容摄无限世界。作为万物存在的依据的形上之道，同自我的内在属性先验同一。而认识自我即对世界的确证的准则没有成为普遍的共识，或者关注的对象发生了偏离，要么不能建立起统一的心性论传统，要么哲学思考的内容同心性论有别。同时必须确定的问题是，认识自我即是对世界的确证——不同于个人拥有了无限世界的各方面具体的知识——只是对普遍本质的洞察领会。逻辑分析建立起来的形上学，属于"有名之域"的可

---

① 精气神"三一"论，在道教的教义体系中曾经长期流行。相关的研究见拙作《道教的三一论》，《中国哲学史》1998 年第 4 期。较为系统的分析见拙作《从魏晋玄学到初唐重玄学》，上海文化出版社 2002 年版。

以传授学习的范围，诉诸心灵领会的为只可意会不可言传的"无名之域"。唯此划清了觉悟同一般的经验与可以传授的知识的界限，并且始终以与宇宙万物的和谐共处为自己安身立命的永恒家园。因此如果缺少了形上学的坚实依托，那么自我的有限性与宇宙的无限性的关系问题不能获得真正的说明。相应地，对人类的生命属性的内涵，自然会出现不同形式的误判。实现人生的为学之方，丧失了应有的针对性。出于主观臆想或心理期待的认识编造，既不足以在历时性的文明发展过程中经受复杂的生活现象的严正检验，又由于心灵的短视无法引导自我生命不断突破个体性的欠缺，使当下的人生获得彻底的满足安顿。

心性论的直接思想渊源，为先秦老庄道家与魏晋玄学。战国中期以来的儒道之争，发展为汉代人的孔子与老子优劣辩论，刺激了哲学思考对理想人格问题的更加深入的阐释。天才王弼针对何晏与钟会的认识错误则明确指出，"圣人茂于人者，神明也。同于人者，五情也。神明茂，故能体冲和以通无。五情同，故不能无哀乐以应物。然则圣人之情，应物而无累于物者也。今以其无累，便谓不复应物，失之多矣"（《三国志》卷二八）。继踵而起的郭象提出的"独化于玄冥之境"（《庄子注》序）以及适性逍遥的思想主张，加剧了传统认识存在的理论冲突。特别是王弼的哲学，建立了中国哲学的心性论的基本理论范式。而郭象的见解为推动心性论的成熟，同样做出了不可估量的贡献。对郭象而言，身居庙堂之上而心灵不殊于山林的觉悟者，是因为心灵摆脱了一切依附的"独化"而语默动静不违中道。由于是固有的自然之性的流露，任何的添加减损必然是对自足的个体生命的扭曲伤害。每一个人的自然之性如果得到充分释放，那么无不实现洒脱逍遥的自由解放。名僧支道林为之质疑，为世人痛恨至极的桀纣，是以伤天害理为乐事，如此产生不可克服的逻辑悖论。不同的哲学家共同的方面是，承认觉悟者存在的客观性，以及实现人生的现实可能性。差别则表现为彼此对性的规定的不同，造成了理论建构的分歧。反观未来的僧肇的中观学与道生的涅槃学，思想内容依然没有超出玄学讨论的基本范围。而各方面认识的对立，更加彰显了王弼哲学的合理性。显然"神明"就是指人类共同具有的理性自觉的能力，圣凡之别表现为释放程度的不同，彼此完全同一的当然是"五情"的情感欲望。不论"神明"还是"五情"皆为自然之性，不存在天赋的道德意识。心灵的"体冲和以通无"的智慧明觉，因为包含着对"冲和"的生生不息的大千世界的深刻体验，主体自我的内心"通无"，因此而默契形上之道的内容。内在于心灵的情与性是有机的整体生命不可或缺的部分，在生命发展的过程中遵循着固有的客观法则有序呈现。①

能知的与实践的统一的自我，须臾不能割裂与世界、社会的联系。而个体生命在既定的社会价值规范的约束控制之下，无法使个人的主观意志完全获得贯彻。"应物"而出现的"哀乐"的客观结果，存在着不可逾越的尺度。可以调节的弹性张弛的空间恰当与否，既是不同个人的个性气质的反映，又是修养水平的高低的现实表现。因此认识与实践的预期目标的达成，以及生理需求的满足带来的快感对于圣与凡并无本质的差别。不为本能的舒适陶醉，且心灵突破了日常的经验活动毁誉评价的左右，超然物外则是专属于觉悟者的生命世界。承认在全体社会成员中存在着"神明"的天赋之"茂"者，其智能与对某方面问题极为敏感。但是认为"茂"的饱满和谐，当为"体无"的潜能向现实的彻底转化之际成就的认识，已经否定了"茂"为生命的常态的主张。既不能把一般的聪明睿智、富有学识等等，简单地与"神明"等量齐观，又不能草率地否认正确的知性判断中，本身包含着"神明"的因素。与无限世界须臾不离的自我，始终存在着需要知性不断开启的盲区，一息尚存的个人不允许存在懈怠的时候。道家的理论系统中如果缺少了这一重要观念，就会存在明显的或把觉悟者视为万能的上帝，或"体无"的智慧可以取代一切知识的认识漏洞。老子以极具前瞻性的"玄德深矣，远矣，与物反矣，然后乃至大顺"（《道德经》第六十五章）的语言昭示世人，终极解脱或自由解放的人生，在于达到了"大顺"的普遍和谐。因此兼容了"神明"的智周万物与"大顺"的和谐圆满的"玄德"的概念内涵，明晰而准确地指出生命潜能彻底释放的究竟底蕴，是主客体的矛盾冲突的消失与自我知情意的疏离的弥合，使平凡的个人因为与无限世界浑然一体而超凡入圣。

王弼的"体冲和以通无"的认识，其深刻性与超越性在于突出强调了主体自我对"冲和"之"体"的领会，是以全部的生命激情，投身于无限的世界而冥合无间。丝毫的错位即意味着个体的知情意，与生生不息的宇宙的运动变化，没有达到风月无痕的完全默契的程度。宇宙万物的普遍存在依据本体，因

① 郭象哲学在形上学、方法论与心性问题方面皆对中国哲学的建设做出了巨大的贡献，但是其理论体系包含着明显的认识矛盾，参见拙作《郭象哲学的内在逻辑困境》的考察，见《哲学门》第19辑，北京大学出版社2009年版。具体的分析可参见拙作《成玄英评传》的相关章节，南京大学出版社2006年版。

为不是感性知觉的对象，只能通过"体"的理性直观领会其实在性与永恒性，因此"体"又上升为理解世界的客观方式。只有达到与觉悟者同一的纯粹心灵的个人，才能泯灭时空的隔阂。只能自我怡悦而不可与他人分享复制的唯一性，见证的是不可分割的形上之道。"有名之域"组织起来的概念与范畴以及命题的逻辑系统，因为是具有规定性的归纳演绎，因此不论如何精密，相对有限性的欠缺永远不能从自身内部消除。在"有名之域"中大显身手的不同形态的知识，即使具有不可否认的积极价值，仍达不到解脱的终极目的。但是在社会分工日益具体化的社会环境中，包括最卑微的劳作与游戏在内，同样也承担着心灵净化的途径以及手段的作用。慧心独运的庄子提出的"道也，进乎技矣"（《养生主》第三）的著名论断，隐含着生产劳动是每一个人的神圣天职，是绝对不允许推卸的义务，每一个人必然需要通过不同形式的劳动创造与社会以及世界保持着直接的联系，并且在自觉的参与过程中使意见升华为真理，知识结晶为智慧的观念。"进乎技"者业已在"无名之域"中畅快漫游，但是只有不经意间达到"体冲和以通无"的刹那，光照尘寰的自我与天地日月比肩而立。庄子与列子的大量论述中，都以饱含激情的高超笔触，从不同侧面刻画了张弛于"有名之域"与"无名之域"两者间的觉悟者，动人心魄的风度气象。他们以众多的篇幅揭示孔子的心灵向往，固然为孔子问学于老子的历史事实提供了重要的诠释素材，其实历史的书写仅是问题的一个方面，背后尚大有深意存焉。

在世时就已经享有圣人之名的孔子，个人的知识学问与道德修养，为社会生活树立了可资借鉴的光辉典范，同四处碰壁的曲折遭遇形成了鲜明的对比。其化成天下的勃勃雄心被迫切的现实需求无情粉碎，一方面理想的幻灭的客观性不容否认，另一方面则无损于孔子的人格。交织在孔子的人生中的复杂矛盾，更加彰显了自我的价值实现问题不易厘清解决的重重困惑。说明个人的善良意志与待人接物的端正态度以及过人的才情，对异己的时代潮流与当权的王者没有发生深层的共鸣，英雄无用武之地还说不上是最坏的结果。彼此相互背离的趋势发展到不可调和的阶段，毁灭性的灾难当然是家破而人亡。为避免被冷酷的社会彻底湮灭，审时度势成为了重要的条件。而深刻的洞察力，需要克服主观地为客观的世界与社会秩序掺杂个人的好恶情感，则是必须应当考虑的因素。只有化解了理性与情感的冲突对峙，才能保证知情意的和谐稳定。礼崩乐坏的社会形势造成了孔子心理的紧张焦虑，挽救时代危机的历史使命感与社会责任感，激励其汲汲如丧家之犬般奔走于列国诸侯门下。虽然其情可悯，其行动人，但是乏味的道德说教，因为不能有效解决棘手的问题，因此遭到冷落的结局乃是必然。孔子的人生具体而微地说明了"玄德"得以有序释放需要的主客观条件与特定的历史环境，即能动驾驭个人与社会以及文明发展的阶段性与普遍必然性之间，存在的错位失衡是检验"神明"现实化的客观尺度。放纵罪恶的流行或无视社会生活中广泛存在的不合理现象，绝对不是觉悟者的胸怀。问题是个体的一己之力完全不足以撼动时代的共同需求，飞蛾扑灭般的挑战不仅可悲而且幼稚。晚年的孔子专注于古典文献的整理与人才的培养，年届七十时，臻于"纵心所欲而不逾矩"（《为政》第二）的逍遥洒脱。"应物"之"哀乐"变化"不逾"生命的固有秩序，形形色色为人困扰痛苦的失落不满，则在自我"纵心所欲"的情感意识中消失殆尽。

还是身处那个罪恶的或混乱的社会，可是孔子的心理情怀却悄然地出现了前后不同的巨大改变。以天下为己任的执着心理的瓦解，使回归了个体内心的仲尼当喜则喜、该怒则怒，在无限的世界中获得了深刻的精神启示。合乎中道的空前丰富的生命活动，因为解除了套在自己身上的价值追求的枷锁，而能够以光彩照人的形象流传千古。热衷于注释《论语》的玄学家，彻底改变了孔老圣贤之别的汉人旧说。神龙见首不见尾的老子，体现的是超越凡俗的精神力量。因材施教的孔子更多地反映了尘世的人生态度，见证的是个人的道德修养与知识学问的应有价值。《论语》等文献，为社会成员提供了一般可以镜鉴的实践道路。哲学家自觉反省个性气质迥然有别的孔子与老子的精神世界，极大地拓展了理想人格的思想包容性。庄子与列子皆以辛辣的语言讥讽孔子身上挥之不去的俗气，然而他们塑造的虚怀若谷的孔子形象却又跃然纸上，不禁令人击节赞叹。是道家的精神传人洞若观火的认识理解，使在中国成为共识的觉悟者远离了不食人间烟火、宛如神灵的欠缺，而贴近日常生活而真切感人。甚至在某种程度上我们可以断言，离开了道家的精神继承人对孔子与老子关系的深切把握，未来道教的太上老君与道德天尊，必然丧失神圣的创造空间。与孟子、荀子对孔子不遗余力的颂扬不同的是，为他们津津乐道的道德品格的妙相庄严，实在远不及庄子、列子笔下的孔子饱满传神而意味隽永。

觉悟者"应物而无累于物"的现实生命活动，根源于"体冲和以通无"的精神自觉。因为知情意处于"无累"的中和状态下，创造的激情在"应物"的认识与实践展开中源源不断地释放。"体冲和"的心灵，成为"应物"却没有丝毫疲乏的个体生命的充分保障。"无累于物"的精神意识如果缺少了滋养生命成长的阳光雨露，必然导致认识与实践过程的终结。参与社会生活与积极探索未知世界的"应物"的内容，就是指现实存在的人伦物理等，有序地被"无累"的心灵消化。"应物"过程中出现的"哀乐"情感，作为正常的生理活动始终受到"神明"的制约。整体的生命打破了固有的客观法则，或形神心性彼此出现了对立，不仅违背了自我保存的先验本能，而且与既定的社会价值规范格格不入。"体"此"冲和"的生命活动与生生不息的大千世界的消长代谢，并且最终达到"通无"的理性直观的自我，标志着抵达了自由解放的人生的彼岸。魏晋时期的哲学家王弼、嵇康与郭象通过深入的探索，对知情意关系问题及其促进个体人格完整的作用的理解，高度融合了前代的思想积累，以自己精深的洞察力把握了时代的精神需求。认识自我，就是认识世界的永恒哲学主题在这一历史阶段被引导向了知情意的和谐与激发创造潜能的领域。觉悟者的完整人格与明觉智慧浓缩于"体冲和以通无"的命题，概括了中国哲学对人生意义问题的认识。一方面从逻辑关系上彻底消除了天赋道德论与运用阴阳气化学说，解释生命的内在属性的认识错误；另一方面肯定主体自我以"应物而无累于物"的怡然自得，无分别意识的心灵与无限世界打成一片，否定的是依赖知识的学习实现生命的升华的可能性。"体"的感同身受，既表示"冲和"的个体生命的空灵自在，又指向了生机勃勃的无限宇宙的运动变化机制与原理的妙不可言。

真情实感瓦解了刻板的道德教条的束缚，激活的不仅是思想的创造与艺术的普及，而且使整个社会的心态都发生了前所未有的巨变。仿佛突然间迎来了一个全新的陌生世界，吸引着不同阶层的社会成员探寻品味。动荡的政治秩序与狂热的精神信仰彼此的消长兴替，为哲学思考与民族文化注入了不竭的经验素材。由此产生的重要现象之一则是，未来的大批中国哲学家，在表达形式上愈来愈钟情于诗。他们以为"冲和"之"体"的浪漫情怀通过需要高度技巧的凝练诗作，使超验的"无名之域"深藏不露的诗意得以清晰地抒发。诗的暗示与隐喻准确传递了"通无"的纯粹心灵，呈现了宇宙的真相的信息。避免了单向度的概念符号的演绎归纳，把宇宙万物肢解为不相关的碎片的同时，实现复杂性与整体性以及有序性与统一性的融合。后来者不得不为前人严谨的思辨折服，而其洋溢在字里行间的诗意从未被思辨性淹没。

三、哲学园地的中国问题

抑制生命属性的消极因素，使之全部转化为积极的创造力量，是理想人格赖以成就的基础。对自我的认知与适应生命发展的客观需求，其合理程度又只能在实践过程中获得具体的检验。与个体生命的成熟彼此同步的实践活动，共同主导着当下的人生状态。能动地顺应客观的自然秩序，摆脱异己的社会价值规范对自由意志的约束及干扰，内在的创造潜能有序释放于世界而知情意各得其所，完整的自我生命才能回应一切挑战。对意识结构问题的认真审视构成生命活动的基本要素及其层次结构的依存关系，从传统的本末观到体用观解释说明生理属性问题的变化脉络，把本末关系置之于体用关系中考虑，为心性论哲学的进一步成熟开辟了正确成长的坦途。①

分门别类考察知情意的内涵及具体形式，庄子、列子与《管子》出现了较之前辈老子更为琐碎的变化。不同时代的哲学家由心、神、性、意、情与欲、念、觉、知等构成的概念系统，通过彼此依存关系的揭示说明心灵净化的深浅步骤与先后秩序，逐步集中于精气神与心性情相互对应的认识模型中。经历了漫长成书过程的《太平经》与《黄帝内经》，由于实践问题的突出，从不同角度提炼和发展了前人的思想。历史上存在的各种丰富认识资源被王弼的体用本末观整合，成为了心性论发展承先启后的精神坐标。颍川荀融对王弼的《大衍义》提出了自己的质疑，王弼在回信中首先指出："夫明足以寻极幽微，而不能去自然之性。颜子之量，孔父之所预在。然遇之不能无乐，丧之不能无哀。"虽然以孔子杰出的智慧之"明"即"神明"，但是也无法把"哀乐"的生理本能等从生命中剔除。"不能去自然之性"换言之即是肯定，属于每一个人的"自然之性"不论圣凡，普遍同一。是因为孔子具有"寻极幽微"的深刻洞察力，因此对"颜子之量"即品行才能等了然于胸欣赏不已。"遇之"的相逢相知，孔子"不能无乐"，因为是人生的幸事。早亡的颜回"丧之"于世界，孔子同样不能如同冷血动物无动于衷"不能无哀"。在王弼的思想意识中

---

① 六朝末期的道教兴起的心学思潮，在哲学史上具有重要的理论价值。详细的研究见拙作《心学释义——道教哲学之于陆王心学的一种考察》，《中国哲学史》2001 年第 1 期。又有《道教心学的精神气质——以〈内观经〉为中心》一文，《世界宗教研究》2006 年第 4 期。

丰富深刻的情感生活，被视为人类的"自然之性"，并且对其表现予以了高度的关注。其次简洁地澄清了荀融"又常促狭斯人"的见识短浅，"以为未能以情从理者也"，其完全没有理解孔子"以情从理"的生命活动贯穿于认识实践的各个方面，从未使"情"的哀乐动摇"理"的"自然之性"的稳定和谐，具有的不可替代的价值。"而今乃知自然之不可革"的结论，表示自己通过对经典内涵的反复涵咏，如今确信客观存在的"自然"的自己与异己者，其情其理"不可革"的绝对永恒性。最后的"足下之量，虽已定乎胸怀之内，然而隔蹰旬朔，何其相思之多乎！故知尼父之于颜子，可以无大过矣"（《三国志》卷二八）的文字，回到现实生活则自比孔子而以荀融为颜回，同荀融开了一个轻松的玩笑。"相思之多"是普遍的生活现象，情感的依恋与利益的共享以及超越了价值计较的个性气质的吸引，毫无疑问是人生具有乐趣的重要因素。此"自然之性"的现实化，只能是"情"的情感欲望。与生俱来的"足下之量"的差别，则是大体可以度量的个体性，与"已定乎胸怀之内"的先验客观性，永远是统一的有机整体。由于郭象的适性逍遥重视的是无我无心的超越性，对"以情从理"的积极意义即性之理与心之德的内在联系问题，缺乏细致而条理的分析，因此造成了明显的逻辑漏洞。

以本源与派生的本末观解释生命的历时性发展，已经兼含了固有的"自然之性"内部，不同因素的主从关系的规定。知情意的类别统一于心灵的判断，先秦时期的哲学家已经没有异议。高度重视心灵的知觉判断与主宰功能，是轴心时代以来的哲学建设的普遍倾向。体用观对自我生命问题的探索重点是，既是每一个人的存在，与宇宙万物的普遍存在依据的本体之道的同一，又是对自足的生命活动的机制与原理问题的说明。前者回答了宇宙万物的内在统一性问题，而后者则揭示了心灵的能动容摄力量，最终与本体之道冥合无间，必须应当具备的各方面条件。由于关注的对象不再是生理的或生物的活动变化，转向为对保持心灵的动态平衡问题的考察，虽然王弼对"自然之性"的内涵及其相互关系有待分析之处甚多，但是确立的基本认识原则以其深邃的思想辐射力，成为主导未来哲学发展的核心中枢。中国化佛教的先驱僧肇的中观学、道生的涅槃学的脱颖而出，一方面是大乘佛学次第演变的标志，另一方面则是适应中国社会的精神需求的重要收获。法华、涅槃、十地诸经典广受重视，进一步推动着心性论的发展。道教的心性论在《太平经》等早期经典的认识基础上的蓬勃兴起，因为受到魏晋玄学与佛教思想的深刻陶冶，因此呈现出了更加旺盛的创造精神。仔细追究当时开始鼎立并存的儒释道三教各自的理论建构，虽然是对同一的理想人格问题的讨论，但是依然存在着重大的差别。哪怕是以隋唐五代高度成熟的佛教与道教哲学对照宋明理学，遵循的不同内在原则还是历历在目。对核心的概念范畴内涵的鉴别至为关键的作用在于，能够通过审慎严格的厘定，排除道教心性论是对佛教学说的照搬抄袭的浅薄幼稚的错误判断，使继承发展了道家与主要是佛教中观学认识成就的道教心性论，其伟大的思想贡献获得应有的肯定。①

自我的价值实现固然是心性论的核心，但是道家道教哲学从未把个人的价值实现仅仅视为纯粹的逻辑建构，从而出现与当下的人生处境脱节的错误。身心的完整需要在实践中通过有效的方法手段，抑制情感欲望的放纵造成的生命能量的流逝。情感欲望的合理满足，正是先验的生命属性的秩序准则的客观反映。激发日常生活状态下知情意的创造潜能，在提升的过程中使知情意始终保持张弛有序的动态平衡，保障完整的个体生命不会遭到异己因素的伤害扭曲。因此道教的修炼实践针对的是"自然之性"的有序化延续问题，一方面依赖心灵的净化实现创造潜能的彻底释放，另一方面以此说明通过完整的生命塑造收获的充实怡悦的当下人生，突破了个体有限性的不足而具有的永恒绝对性。因为创造潜能发挥的极限，则为自我的"自然之性"同宇宙万物的究竟底蕴的默契。理性精神的不断提升弥合了主客心物的距离，打破生死的周期性制约实现永生。实现自我既然是人生中唯一具有决定意义的事情，身处特定历史时代的每一个人的生命活动，如果固有的完整性一直存在，那么现实社会中存在的罪恶，达到人类濒临毁灭的边缘，也不论社会的文明程度的高低及其合理性大小如何，都无损其完整人格的纯粹圆满的光明。调节知情意的修炼实践，达到饱和的精气神重返了宇宙万物的生起本源——元精、元气、元神。万物的历时性变化与宇宙的共时性整体，被个体心灵领会见证。联系先秦道家与魏晋玄学的认识传统反省道教的立场态度与思考倾向，对性之理或心之德问题的把握，没有因为时代的差异而出现理论范式发生改变的情况。儒家思想因为除了

---

① 与消化吸收佛教哲学同步的是佛教的中国化，而佛教的中国化实质即是老庄化。对相关问题的讨论，拙作《因缘与自然：慧远的选择与回应》从一个具体的侧面，考察了中印思想的交流互动情形，见《哲学门》第 12 辑，北京大学出版社 2005 年版。又在《〈元气论〉对佛教缘起论的融会》中，具体揭示了当出自吴筠后学手笔的创作，对佛教缘起论的自觉扬弃，见《中国哲学史》2004 年第 4 期。

阳明学之外，不能消除天赋道德论、血统论与等级制的欠缺，拖泥带水的心性论，因此自然有别于道家道教。而宋明时期的尊德性与道问学之说指向的重点为经典的钻研，非投身于无限世界探索自然，并且通过对社会政治制度的逐步完善，实现内圣外王的伟大抱负。虽然不能简单否定儒家学说的功绩，但是显而易见其对根本的哲学问题发明不多。不论历史上的儒者还是当今自诩为儒家的传人如何巧为曲说，依然无法消除固有的历史退化论与苍白的道德意识，同"自然之性"的矛盾。

在另一方面，自我的自足生命活动，如果没有定位在形神心性的先验有序结构上，则要么割裂人类与宇宙万物的联系，要么无法划清人类与异己之物的根本界限。缺乏社会政治理论探索的热情且几乎没有历史观念的佛教，则在对造成人生苦难的根源的追溯产生的形上学，以及实践的方法论与建立哲学体系的方法论领域，取得了极为突出的思想成就。戒定慧三学构成的认识系统与实践途径，展现出来的宏富精神图景鲜明地体现了印度民族的气质个性。然而佛教对万物存在的条件性问题的分析，包括对意识活动的缘生关系的理解的宗旨，目的是否定万物存在着永恒实在性。万法皆空的结论，在彻底否定了宇宙万物的内在统一性的同时，又把超越相对性视为大彻大悟的根本解脱。且不论其否定情感欲望在正常的生命形态中应有的价值的荒唐，几乎无视道德与法律的规范的积极作用，把个人悬置于社会群体之外的态度，人类自身能否延续的疑问已经成为了无法解释的难题。不必追问时空统一的无限宇宙是否存在着劫数的限定，仅就其诸法本无自性的基本观念而言，佛教之性的主要含义为界，内涵是类别而非属性之意。因此其众生平等的主张，是指存在者存在的同一性。延伸至对主体自我的认识，对心之体与用的关系问题的解释，不免出现顾此而失彼、难以两全的局面。既然不承认性或体具有实在性，那么秩序井然的大千世界，纷纭万物的周期性运动变化的因的根源，无疑只能是多余的虚构。立足于对经验表象的归纳演绎建立起来的教义体系，同六道轮回的永恒性判断，产生了严重的认识对立。相互依存的万物的结构与秩序，其统一性与内在性问题永远无法获得同经验现象符合的说明。以为随着条件性的瓦解个体事物必然走向消亡这种观点，虽然解释了经验事物的相对性、有限性问题，但是历时性与共时性统一的宇宙本身既没有开端也没有终点，不存在量的增减与质的改变，则其永恒性、无限性被恣意去取的相对性、条件性玩弄左右。殊不知，彼此依存的概念范畴，一方的存在以另一方的存在为条件。更何况不同的生命形态，客观上存在着自觉深浅与否的界限，不允许人为混淆。离析的结果将遭受的是主体自我的生命活动，因与缘从何而立的严正诘问。因此抽象提炼主体自我与客观事物的性之理，存在的同一依据则为永恒不变的形上之道。

主宰容摄功能是人类心灵固有的先验属性，作为知情意统一整体内部居于支配地位的部分，运动变化的机制原理为心之德。主客体之能缘与所缘的结合形成具体的情感与认识形式，意味着我们感知的世界万物，以生命存在为前提而相互联系。淡化或模糊了心之体即性的观念，在逻辑关系上必然无法清晰说明人类在宇宙中具有的特殊地位。佛教的中道缘起与阿赖耶识缘起乃至如来藏缘起论，建构起了令人惊叹的概念系统与意识结构。为拯救性空假有之说的偏颇而提出的真空妙有之论，通过对从属于心王的不同层次的精神意识活动的分析，从一个具体的侧面呈现着人类生命的复杂与博大。但是其远离了现实生活的演绎，把活生生的世界与存在着具体需求的自我，变成了空洞纯粹的概念游戏。兴盛一时的唯识与华严的经院哲学遭到禅学的唾弃而光荣不再，而佛教依赖禅学实现了信仰向生活的回归。只是以明心见性顿悟成佛为标榜的慧能禅学，由于对概念内涵的辨析不及别的宗派严谨自觉，心与性等核心概念的内涵被有意无意地置换。正是理论说明中模棱两可的处理，使禅学的包容性与适应性得到了空前的发展。加之《大乘起信论》的一心开二门与体大、用大、相大学说的权威的影响，造成了华严与天台的性起性具之说等，不得不向禅学妥协的结果。实现自我在中印两大文化传统中，皆以洞察宇宙人生的究竟底蕴为核心。然而佛教以妙有者的实质为真空的认识，又否定了存在着生命的永恒安顿之地。觉悟的本质内容是世界万物的虚幻性与相对性，不具有中国哲学"至于大顺"个体生命获得超越的观念。虽然对智慧明觉的高度推崇是共同具有的特点，但是彼此自由观的差别不会因为对智慧的崇尚而改变。淡化法身、报身与应身的神通而彰显智慧的中国禅学，既消解了印度佛教迷恋概念符号的构造的执着，又以人间化的立场刻画了佛陀的亲切感人形象，是对生命活动的当下处境的认识，使外来的佛教在老庄道家与后起的道教的约束下日益趋同。特别是中国哲学家热爱生活的人生关切，改变了印度人那种视肉体为心灵的坟墓的陈腐态度。印度佛教的一切皆苦主张，在中国禅学这里变成了放下负担夜夜是良宵。回到中国化佛教的思想立场考察对自由问题的判断，我们还是可以清楚地看到，佛教的心性论述与道家道教的心性论，两者在内涵上的明显歧异。

　　突破生死与执着的根本因素为主体自我的创造潜能的彻底释放，对自我内在属性的确证，就是对宇宙人生的真相的发现。因此在老庄道家与道教的思想意识中，宇宙万物存在依据的同一性与永恒性以及先验性与绝对性，被自我心灵领会到不是知识问题，而落实在安身立命的意义领域。① 形上之道的真实不虚见证于个体内心，成就的是当下的圆满人格。动态平衡的知情意由于与生生不息的万物冥合无间，消除了价值计较的善恶是非判断与心理情感的好恶美丑分别。投身无限世界获得的情感的陶醉与知性的满足，因为认识与实践始终合乎中道的要求而恰如其分。自由解放的人生以此为唯一的衡量准绳，任何的动摇必然造成主客体间的疏离。而对宇宙的普遍本质得出虚幻性与非真实性判断的佛教，依据其性空假有的认识推演下去，则同涅槃的终极解脱无法一致。涅槃如果仅为理想化的臆造，那么又是对现实的人生与具体的实践价值的否定。拒斥形上之道的实在性的哲学思考漠视了人类文明发展的阶段性，潜在埋藏着丧心病狂者把个人应当尊重维护的社会价值规范，当作了束缚生命成长的沉重枷锁的陷阱。大乘佛学的世间即出世间的超越精神，因为被自觉地熔铸于中华民族浓郁的家国情怀中，因此使对心灵的解脱成为了共同关注且认同的价值追求。外来的佛教始终不能从整体上左右中国文化固有的内圣外王的发展格局，相应地，贴近中国传统哲学的禅学却获得了更加广阔的成长空间。尊重个人价值选择的中国文明传统具有的包容性与开放性，没有以牺牲民族文化的主体性为代价，没有允许或默认外来的文化凌驾于自身之上。关注现实的人生的传统从不否认丰富真诚的情感生活，在生命成熟过程中具有的不可替代的价值。即使以未来的朱子学为参照，长期以来受到热烈讨论的中和与已发未发的关系，其久远的先声则在六朝与隋唐道教哲学那里，目的则是从知情意的潜在向实在转化的刹那之际，体验宇宙的勃勃生意。但是先验的自我属性掺杂了主观的道德意识的程朱理学，混淆了主客之分的客观界限而造成了认识的错误。②

　　因果关系问题在佛教的教义体系中牵一发而动全身，以为事物的存在是

---

① 在《知止与照旷——庄学通幽》（宗教文化出版社 2004 年版）中，尝试以意义论、知识论与解脱论概括中西印哲学的不同。如今的思考，是对过去认识的具体化。

② 武周时期的孟安排在隋代的《道门大论》的基础上改编而成的《道教义枢》的教义手册，较为典型地反映了当时的道教对心性情关系问题的认识倾向。见《孟安排〈道教义枢〉的"神本"生命论》，《哲学门》第 28 辑，北京大学出版社 2013 年版。

因之主导因素与缘之辅助因素的暂时凑合的产物的认识思考，突出的自然是条件性问题。而通过对经验事物生起根源的反复追溯形成的造业招果的主张，因与缘的概念不论是指向土水火风四大，还是如来藏与阿赖耶识，都存在着能生的种子的理论预设。从信仰主义的角度考察即是业，而从理性主义的立场反思则为本源性的存在者。虽然法不孤起因缘而立为佛教一贯强调，但是由于不承认宇宙万物存在着同一的普遍依据，终究导致了时空统一的整体宇宙，内在之体的结构秩序与运动变化的活动表现之用，彼此不能在逻辑关系上左右逢源的困境。与道家道教哲学相互比较，佛教对因之根据的认识依然是外在的东西。提炼事物存在之性与运动变化的结构秩序之理，上升为形上的本体之道的概括，"自然之性"就是万物存在的普遍依据本体之道固有的玄德。结构秩序具有的主从关系即是对内在属性的区分，对本质属性与非本质属性之间的关系展开的逻辑分析，兼容了性之理与心之德两个方面的内容。与古希腊哲学的原子论的思维方式非常接近的是印度佛教的四大说，都以各自有别的基本元素间的排斥吸引解释万物的差别的原因。而中国的元气论则以为阴阳是元气固有的属性与功能，事物的生起与消亡是同一统一体内部的矛盾冲突达到临界状态，突破潜在转化为实在又回归潜在的过程。运动变化的原因与根据就在事物自身。在阴与阳的消长升降过程中形成的个体事物共同造就了和谐的宇宙，不是外在的第一推动力主宰着不同事物的命运。主体自我保持先验的和谐状态，就是在现实世界使知情意处于饱满的动态平衡。远离了感性知觉可以把握范围的万物生起之源，因为仅仅是理性直观的对象而没有同人类生命发生疏离。然而只有重归了先验状态的自我生命才能克服感性知觉存在的盲区，同无限世界合一的心灵领会了宇宙人生的真相。因此中国哲学坚持认为，理智的判断与情感的认同最终为人类架起了生死超越的桥梁。是情感的认同欣赏消除了自己同异己的万物的陌生感与敌意，个体生命由于征服了死亡而获得彻底的安息。认识的展开、理智的扩张不能违背思维的原理与生命的准则早已是基本的常识。因果关系问题在中国哲学中的地位不及印度与古希腊那样突出，这与民族个性以及历史文化传统的塑造相关。更为重要的因素应当是，满足哲学建构的需求存在着强弱之分。轴心时代的哲学家都力求揭示宇宙人生的究竟底蕴，但是因为对自我与世界以及语言属性的认识不同，中西印的文化差别使不同的文明形态获得明确区分。尊重在各自历史环境下形成的不可公约的哲学立场是态度问题，不同于对哲学认识的价值的评价。

　　龙树与柏拉图无不以庞大的概念系统建构起了形上学，又因为肯定主体自我对客观事物的认识感知，存在着辨析真伪是非的过程发展出了细腻严谨的知识论。支持其理论发展的因果关系问题始终与逻辑学互为表里，尤其是在古希腊促进了不同学科的建立，成为了足可称道的优势。然而古希腊的理性精神集中体现在确定性的知识方面，公理化与逻辑化被当作神明一样崇拜，与佛教追求的般若智慧无形间拉开了难以弥合的距离。印度社会诞生的佛陀是以慈悲情怀破除了无明的黑暗，消解烦恼的纠缠洞见无相的实相依赖的是心灵的领悟享受自由，贬斥否定的对象正是古希腊哲学那样的符号概念的堆砌，居然出乎意料地靠拢了中国哲学特有的风格。如果把古希腊的认识置于佛教的立场之上审视，令希腊人骄傲万分的逻各斯或共相或理念，终究不过是属于意见与常识范围的俗谛，同指称真理与智慧的真谛虽然相即不离，但是真伪虚实之别不啻瓦砾与珠玉。探究纷繁的经验表象背后的永恒实在者，在中国哲学中是对"自然之性"的细致入微的体认，精义入神的自我超越了知性的分别计较，内心的自由冲动与世界万物打成一片，化解了认识实践面临的冲突矛盾。离开了"冲和"的知情意的完整塑造结晶，就不能达到同宇宙的生命家园默契无间而息息相通的自由解放。宇宙万物与自我的"冲和"因此在中国哲学中，既是无限宇宙的创造活力，又是人类生命的存在原则。知情意的失衡或畸形导致生命的病态，偏离了"冲和"的中枢就不能成就完整的人格。而佛教的心性学说并非围绕知情意的和谐有序揭示自由的生命内核，一直以来似是而非的判断模糊了中国哲学的独特性。至于传统西方哲学，因为认知方向不是以"冲和"的生命为考虑的重点，与心性论的议题疏阔，自然是不着边际。对必然性的超越即自由，长期以来是西方社会的思想主流。借助具体的法律条文维护公民享有的权利，奠定了近代民主体制的基础。深入人心的意志自由的绝对性，冲破了理性的堤岸的禁锢，引导着人类社会从古典时代步入现代。主张众生平等的佛教在祖国印度近乎绝唱，印度同中国一样，百余年遭受西方殖民主义者的宰割奴役。自由的可贵与自由的拥有之间出现的分裂，提醒我们需要时刻注意理想与现实以及观念与行为，是否能够保持固有的一致。

　　苏格拉底是以知道自己的无知的谦卑享誉至今，他的再传弟子亚里士多德则以掷地有声的"吾爱吾师，吾尤爱真理"的宣言，表达了自己的见解与恩师柏拉图发生冲突时持有的态度。本来依义不依语是佛教的精神信念，可是在浅薄的信徒那里，吹嘘的往往是佛陀的料事如神的卓尔不凡。理性主义哲学与社会化宗教学科属性的不同，造成认识目标产生高与低的落差。但是脱离了人生的关切的支点，任何天花乱坠的言说都不具有唤醒生命的创造激情的力量。而老子的"大顺"与孔子的"纵心所欲而不逾矩"无不以现实的生命活动，同世界万物与社会的和谐为终极归宿。在超越性方面可以同佛陀的人生相参证，在现实性方面则能够契合苏格拉底与柏拉图的精神旨趣。由于实现自我永远是个人的事业，因此不允许他人包办代替。个体人格的完整问题作为圆满人生不可或缺的要素，因为不在来世与天国，客观上决定了参与社会生活的自觉付出，遍尝人间百态而砥砺身心，成就一尘不染的生命的积极作用。摈弃施加于佛陀身上的各种神通，同消解片面地以为佛陀的智慧是深度禅定状态下的流露，是同一问题相互联系的两个方面。心灵没有点滴滞碍的真实佛陀，同以发现真理为使命的希腊哲人，其永恒价值注入到逻辑学与知识论未能充分发育的中国哲学中，势必会催生适应全球化需求的现代中国哲学。创造性与自由精神的激活，在某种程度上可以理解为先秦道家与名家以及墨家与法家积累起来的思想资源，在现代中国具有了全新的形态。走出持续了一个世纪之久的格义哲学存在的思想贫乏的困境，先决的条件就是摆脱一切依附意识自做主宰。当王弼开创一代哲学新风的时候，嵇康没有被王弼的划时代成就迷失自我。他的《声无哀乐论》包含着对因果关系问题与知识论问题的深刻洞察，足可成为现代学人汇通古今熔铸中西的思想诠释典范。①

哲学是时代精神的精华的名言，道出了普遍的哲学思考与历史发展的阶段性相互关系的真谛。而不同民族哲学传统的建立及延续，在全球化不断扩张的社会环境下不可避免地产生了思想观念的冲突与对峙的问题。尊重彼此的差异而欣赏文化创造的特殊魅力，正是隋唐时期的佛教与道教能够取得辉煌精神成果的重要动力与内在原因。此"道教之真精神，新儒家之旧途径"可以昭示于历史者，既是恪守着不同哲学原则展开自身理论说明的哲学家个性气质与心灵向往的深层反映，又是中华民族不同时代的思想巨人殚精竭虑的不朽贡献。心性论作为哲学园地的中国问题，其特殊性与人生实践问题密不可分。

---

① 迄今为止的研究尚未充分领会嵇康的《声无哀乐论》的思想价值，导致了完全可以同王弼、郭象鼎足而三的思想成果的流失。尚未刊行的拙稿，得出的是几乎不同于时贤的判断。

四、心灵净化的维度与向度

诉诸心灵的领会实现人生的认识，一方面要求每一个人以全部的生命激情投身于人生的实践，另一方面则要严格区分意见与真理以及知识与智慧的关系。来自生活实践的知识与经验提升结晶为真理与智慧，必然是知情意和谐贯通的个体生命对经验素材的融合扬弃。已经包含着主客心物浑然一体的自我，在认识与实践的各个方面与一切环节中，完全消除了自己与异己的矛盾冲突的规定。觉悟者拥有的可以为实践检验的确定性知识，一旦置之于无限世界，存在着知性的盲区是不容否认的事情。克服有限与无限之间的鸿沟的核心关键，取决于没有丝毫分别意识的心灵与形上之道的彻底默契。

概念命题内涵的明晰一贯与逻辑的自洽，是建构知识体系的基本要求。运用抽象化、普遍化的概念范畴，揭示客观存在的事物以及人类生命活动的渴望，包括自我精神意识在内的一切事物，被哲人容纳在远离了生活实际与客观事物的语言符号之中。观念化的世界万物，因此在人类的心灵深处得以摆脱了直接的感性存在的形态。情感的交流与信息的传递乃至蕴藏其中的是非善恶评价，为日益凝固稳定的语言符号表达。自觉澄清语言符号的运用中存在的各种各样的误用或滥用现象，自然随着人类理性能力的发展成为了认识的重要对象。问题是具有客观规范的语言符号，乃人类整体的能动生命活动的具体形式之一。语言符号构造的确定的观念系统，既非客观存在的世界本身，亦非生命活动内容的全部。老庄道家对语言现象及本质的反省，极其深刻地呈现了意识形态包装之下的不同类别的知识体系与价值观念系统存在的复杂矛盾。从未否认语言符号与归纳演绎应有价值的道家哲学，认为突破概念范畴建构起来的"有名之域"存在的封闭性或排他性，达到见证"无名之域"的开放性或包容性，恰恰是生命的创造潜能对语言符号单向度的线性推理的欠缺的超越。老子的"正言若反"（《道德经》第七十八章）与庄子的"得意而忘言"（《庄子·外物》第二十六）的命题旨在说明，具有规定性的知识能够解决的是某一方面的问题，在模糊性的排除与确定性的确立过程中，则不可避免地肢解了普遍联系的事物。拯救那些遭到流失的丰富成分，实现对宇宙人生的究竟底蕴的洞察，使辨名析理的严谨逻辑分析，与通过否定达到对某一对象的肯定的"正言若反"的方法有机统一，只有"得意而忘言"的心灵才能胜任。换言之，即彼此的心领神会跨越了知性判断的鸿沟，完全摆脱了运用语言符号交流思想表达情感的限制。虽然诞生于特定时空的言说的背景，在不可逆转的时间之流中逐渐消逝，但是蕴藏于其中的精神内涵，却依然被后人清晰而准确地捕捉。表现出高度成熟的哲学智慧的道家因为对语言属性及其功能的把握，同对自我生命潜能的释放问题的考察联系在一起。名家的重要代表人物惠施受到挚友庄子严肃的批评，原因在于惠施的劳作偏离了心灵净化的主题。而《维摩诘经》获得中国知识分子的广泛欢迎，是因为文殊师利与维摩诘展开的"不二法门"之辩，深刻地契合了道家的言意关系论的个中妙趣。

以语言符号为枢纽联结的自己与异己以及个人与社会，其中隐藏着重重的深不可测的机关。庄子的弟子把从恩师那里获得的真传，运用于对名家的另一重要代表公孙龙巧舌如簧的伪善的清算，令过去纵横江湖无敌手的公孙龙顿时自惭形秽，知道了自己是如此孤陋寡闻。如果不具备驾驭语言符号的能力，并且洞察语言符号的工具属性同个体生命活动的深刻关系，就不会产生让公孙龙心悦诚服的实际结果。因果关系问题与知识论问题，没有在道家的哲学思考不断得以发展的根源仅仅在于，粉碎"有名之域"的画地为牢，进入"无名之域"的空灵纯粹，只有消除了一切知性计较的自我内心同"无形无名"的形上之道，彻底冥合为一才能得到确证。具有规定性的"有形有名"的经验事物，是知性可以把握的对象。无规定性的"无形无名"的形上之道，则只能诉诸理性的直观。虽然两者相即而不离，但是超验的形上之道不具有"形"的规定性，因此不能把指向"形"的"名"的概念符号施加于形上之道，否则形上之道便成为了相对有限的存在者。庄子与列子等以"无形"揭示内在性与唯一性，而以"无名"表达超越性与整体性，诠释"自本自根"（《庄子·大宗师》第六）的形上之道作为宇宙万物存在的普遍依据。指出自我能够确证唯一不可分的本体之道于内心，就是因为自我的存在依据与宇宙万物的存在依据的同一。同样是通过严谨的分析过程确立的自己就是自己存在的依据的形上之道，未能在哲学思考中牢固占据不可动摇的地位，这无疑已经与中国哲学的心性论建构发生了方向性的疏离。本来如此的"自然之性"又因为不允许为其添加任何的因素，意味着只有排除了知觉判断的非此即彼，回归了先验的纯粹无意识状态的心灵，洞察了宇宙万物的究竟真相与运动变化的内在奥秘。老子的"信言不美，美言不信。善言不辩，辩言不善"（《道德经》第八十一章）的认识，从价值论的角度肯定了被语言符号陈述的真知真理，不需要任何包装粉饰。花言巧语的背后，往往包藏着不可告人的动机。直抒胸臆的语言具有的动人心魄的力量，不仅是真诚的态度深切地感染了他人，而且把事物的真相和盘托出，大千世界不可思议的生机被知晓产生的令人陶醉的快乐，使其他的一切立刻黯然失色。

知性领域涉及的各种重要哲学问题，始终与价值论问题紧密结合。而当下的人生面临的困扰特别是生理欲望，乃是不论贫富贵贱的每一人类生命，没有高下之分的完全同一的天赋本能。精神与物质的满足，回应挑战需要依赖社会群体的力量，通过具体的生产实践提供基本的生存保障。人类的社会属性或文化属性，是生物属性或自然属性的延伸。调节利害冲突形成的法律的与道德的行为规范，既限制了个人的选择自由，又体现着社会正义。如果不能对人类突破蒙昧走向文明的动力问题做出合理的说明，那么被漠视的文明的异化问题就不能进入心灵超越的议题之中，人生的自由解放就变成了个人内心的独白。回避了对尖锐的社会矛盾问题的反省，一方面不能解释现实的幸福满足对完整生命塑造具有的积极作用，另一方面必然把知情意应有的功能属性相互割裂，出现以意识活动取代情感的相对独立存在的认识错误。佛教的中观行与瑜伽行两大流派的思想观念，典型地暴露了缺乏历史观支持的理论学说存在的逻辑断裂。把特定历史时期形成的价值规范视为神圣不可侵犯的教条，大行其道的等级制与血统论将遮盖历史发展的阶段性与文明成果的相对性，同现实生活的紧迫性与实现人生的永恒性之间的矛盾。无法在自身的理论中产生打破业已异化与僵化的文明枷锁的生机，就不能以超越性的精神引领人类文化发展的正确方向。在人类面临自我毁灭的危机关头，丧失批判的武器就不能化危机为转机，使社会群体有效地把握更加深刻的历史突破的机遇。个人的道德修养不能与维护社会正义底线的法律规范达成一致，呈现的将是把自己血缘亲情凌驾于他人权利之上的虚伪与可悲。被盲目放大的儒家的道德理想主义的虚幻性与欺骗性，不能从认识根源上澄清，就会把复杂生动的社会生活简单化，阻碍生来平等的每一个人创造潜能释放的途径。历代仁人志士虽然未必对形上之道的唯一价值评价标准具有多大的自觉性，但是对人之为人者的毫不妥协却是同一的态度。熊十力痛斥历史上的儒者只有为封建帝王流血者，未有为人民的痛苦而流血者。追究炮制了一批又一批满嘴仁义道德一肚子男盗女娼的伪君子的儒学，其根源则与形上学的长期空白有关，缺乏平等意识与强烈的知识优越感，亦是其中不容忽视的原因。几乎放弃了个人应当承担的责任义务的佛教，其自由平等之说完全集中在了精神意识领域。因为没有对社会政治问题的关切，所以在遭遇儒道的责难时仅以有助王化辩护，固有的理论自信荡然无存。

制约个体生命活动的知性的与价值的维度及其发展升华的向度，必然需要在满足"以情从理"的条件下，使自我的价值最大化的努力，同客观的生命法则与社会价值规范相互适应。因此"从理"之"情"既不能与具体的实践脱节，又表现在个人的自觉性与创造性的充分释放方面。如果知情意与心性情构成的整体生命出现了畸形或病态的现象，那么固有的"神明"的潜能就会遭到遮蔽，而个体的人格就会走向分裂甚至是毁灭。"情"之"从理"指先验的中和状态，始终有序获得维护的同时，知性能力在投身社会生活时收获的经验素材，被本质上为理性直观的"神明"提炼结晶，并且在其中注入了丰富深刻的情感体验。缺少知情意中和规定的佛教由于视情感为消极的因素，与中国哲学持论不同。以觉悟的超越性取代了情感的现实性的理论建构割裂了为人为学的内在统一性，也就不可能揭示转识成智的生命创造动力如何持续不绝的问题。与佛教形成鲜明对比的儒学，则存在着把血缘亲情凌驾于社会成员需要共同遵循的普遍规范之上的顽固倾向，且其以经典的传授学习为知性活动的核心对象，最终造成了认识的僵化。没有了在探索无限世界的过程中净化个体身心的主张的坚实支持，对存在着时代性与阶级性的欠缺的价值规范的超越，导致智慧内容的空洞乏味。以宇宙为家园获得生命的安顿的意识未能得到彻底的彰显，因此洞察宇宙人生的真相而实现人生、强烈批评颓废的人生观，与放弃个人担当的责任义务的逃避行为之间，存在着逻辑的断裂。心灵的超越性因为指向的是宇宙人生的究竟底蕴，自由解放的人生必然不允许掺杂人为的分别成分。说明回归了知情意的中和状态，是凭借对"自然之性"的确证实现了从有限到无限的转化。个体人格不能获得圆满完整的塑造，则知情意的疏离将造成"神明"的创造潜能无法彻底释放的结果。与无限宇宙尚未冥合无间，即是同形上之道存在着错位，主客心物的冲突矛盾，在个体人生中将延续不绝。

寂然不动的先验属性与应感而发的心灵功能，是有机统一的和谐整体，因此在当下的生命活动中，只能表现为没有丝毫分别意识的因任自然。以生命实践为根本特征的道教哲学，与佛教等社会化宗教的道德实践大为不同。发展了道家的心性论的道教，对心性问题的认识把握，始终围绕着可以操作的具体实践体验的背景。虽然从早期的胎息守一到后来的内丹修炼，存在着深浅精粗的不同，但是通过气息的有序调节激发生命的创造潜能，直至释放殆尽的追求则一以贯之。认为生命的创造潜能未能释放殆尽，自我的内在属性即不能与无限宇宙的究竟底蕴冥合。而认识自我就是对世界的普遍本质的领会的哲学关怀，在道教哲学中发生的实践性转型，绝对没有浅薄荒唐到否认知识的学习的重要，主张离群索居，放弃个人应当承担的责任义务，纯粹依赖气息的调节，就可以实现自我的地步。相反，基于对生命内在属性的深刻认识强调投身丹道修炼的个人，一方面需要通过气息的调节激发生理机能的活力，以期真实体验决定生死变化的机制原理；另一方面则要求全身心投入复杂的社会生活，以检验心灵的饱满与承受力大小。只有在达到了三万六千功行俱足的高度之际，知情意彻底回归了先验的中和状态，自我才能在个体内心实现对宇宙万物的普遍本质的确证。逆炼成仙因此兼指剥离了经验表象遮蔽的本初真心的如实呈现，与构成人类生命以及宇宙万物的基本元素及其活力的还原的双重规定。[1] 不明其奥秘的西方学者，对此冠以了东方神秘主义的浮名。没有理解内丹修炼的核心宗旨在于生死超越，误读了三位一体的精气神的思想内涵，不能准确把握丹田在道教心性论中至关重要的精神意蕴，认识上也就远离了集真善美于一身的觉悟者，自由解放的理想人格的心灵憧憬。

道教对生命活动必然依赖的客观条件及其基本规律的认识判断，即使包含着可以检验的丰富的实践化内容，依然不能简单而直接地等同于近代社会发展起来的实证科学。作为宇宙的奇迹的人类生命，探寻其奥秘是每一个人面临的永恒挑战。渗透其中的生命体验，固然不可能产生道德意识，但是生命体验的丰富内容非道德意识能够取代置换。而激发生命潜能达到极限状态的实践操作，本身是探索世界认识自我构成的知识体系中不能被轻易否定的成果。同一般的知识学习与技艺养成不同的地方在于，需要更多心灵领会的生命体验不取决于拥有的知识或信息的多寡，在遵循基本的程序要求下，通过不断的积累尽可能地贴近无意识状态下知情意的宁静稳定。盲目夸大可以实证化的公理与个人心理体验之间的差别，则难以解释东方社会形成的久远而深厚的修炼传统。只有经历了完整生命体验的过程的个人，才能洞察知情意间的张弛离合的要诀。没有投身广阔的社会生活，仅仅局限于个体心理的祥和与生理的怡悦，当然不能成为驱使生命的创造潜能释放于世界的动力。无法与宇宙万物打成一片

---

[1]　内丹学定型于五代时期，拙作《崔希范〈入药镜〉的内丹学》对其基本原理与操作程序进行了解释，见《北京师范大学学报》2007 年第 1 期。

的心灵，毫无疑问将受到客观法则的限制而不能安享自由解放的人生。中国传统哲学的天人合一、知行合一、情景合一的命题，因为同真善美的理想境界是完整和谐的有机整体，因此在认识上不允割裂与价值论、知识论、方法论的固有联系。融会贯通了真善美的自由，落实在神游物化的人生实践中。道家道教对自我存在问题或人类的本质属性问题的认识，最终走向了理性与自由统一的思考方向。初唐的成玄英深切领会了这一早已包含在老庄哲学中的思想资源，宋元之际的褚伯秀对其加以明确。

回顾心性论的成长发育的漫长过程，有助于我们对中国哲学的独特气质个性的理解。佛陀超然物外的人格风范与柏拉图穷源溯本的求真精神，都可以从不同侧面成为我们分疏中国哲学的得失短长的镜鉴。坚持为人为学统一的思想原则与认识传统，提升理论建构的逻辑自觉性并不是水火不容的东西。老子的"知止不殆"（《道德经》第四十四章）的告诫，应当成为我们警惕语言符号的适用边界时刻铭记的准则。如果把哲学思考封闭于象牙塔之内，仅仅成为少数哲学家把玩的文字游戏而自得其乐，同丰富多彩的现实生活脱节，那么必然丧失其批判的革命的固有功能。淹没在嘈杂经验表象中的各种歇斯底里的叫嚣，终将成为服务于不同意识形态的工具。而缺乏严谨分析演绎的理论建构自然无法满足普遍的抽象提炼的要求，固执己见瓦解了相互交流的基础，使对根源性、普遍性与终极性问题的反省探索，止步于独断论或信仰论的桎梏之中。一个作茧自缚的观念系统不能容纳不断更新的知识成果，以及由此变化产生的价值评价的合理内容，背叛了现实生活与心灵的无限自由追求的结局，留给后人的不过是思辨的技巧可供欣赏评论。在专制主义的压迫下，思想创造的前瞻性的凋零，批判质疑的理性精神的窒息，都是造成社会生活日益走向僵化凝滞的重要原因。具有高度公理化与逻辑化特征的西方哲学，易于同客观化的知识结合，能够有效推动知识的创新，但是不能简单地把呈现了人类知性能力骄傲的一个侧面，等同于人类精神活动的全部。甚至以此为唯一的绝对标准，取代中印文化在不同方向形成的对宇宙人生问题的认识，弥足珍贵的思想贡献。既然从古至今的西方哲学，永远不具有把认识自我的哲学主题放逐于哲学的园地之外的可能，那么不同方向对认识自我问题付出的不懈努力，在价值上的同一性地位自然毋庸置疑。是不同文明之间交流的深入，使哲学家有机会了解异质文明的差异性，自觉吸收其合理性，并且以更加丰富的诠释方法揭示自身文化蕴藏的深层价值。而中国哲学之于印度，同西方哲学之于阿拉伯世界，则是过去的历史阶段取得成功的典型事件。影响力一直绵延至今日，业已成为全人类共享的精神财富。

酝酿于六朝时期的三教合一的思想潮流，最终在宋元时期成为了社会的普遍共识。凝聚力与向心力空前巩固的民族文化形成的强大力量，使中华民族尽管历尽劫难却终究能够浴火重生，没有因为异族的入侵外来文化的冲击，走向分崩离析的境地。由于儒释道三教在对心性问题的认识的逐步合一，既导致了差别性的模糊而不能在彼此的辩难中推动认识成长，又深刻暴露了公理化与逻辑化追求不足的思想传统，吸收知性成果迟钝的弊端。宋元明清哲学固然在某些领域或对个别具体问题的认识取得了一定的进步，但是其创造性的严重衰退则为不可否认的事实。求真局限于自我的知情意而回避了对客观世界的叩问，阻滞的则是"判天地之美，析万物之理，察古人之全"的胸怀与视域的开放性，对"独与天地精神往来"（《庄子·天下》第三十三）的个体生命而言，真善美的和谐统一在自我内心出现了失衡。作为还处在建设过程中的中国哲学，虽然是具有悠久的历史与丰富的思想资源的认识收获，然而毕竟是参照近代以来的西方哲学建构出来的产物。因此人为取舍的斧凿与民族精神的固有图景存在着差距，乃是意料之中的事情。近百年的不断建设一方面使对中国哲学抱有敬意的中西学人，较之奠基者更加清楚地认识到中国哲学的丰富博大，另一方面也使澄清附会盲从的任务变得刻不容缓。受惠于传统而克服传统必然存在的惰性，是成就哲学的光荣的试金石。

心性论哲学如果能够在现代生活环境下生机重现，必然需要熔铸知识论与日新月异的科技成果于一身。真善美的理想境界之所以不是虚构幻想，是因为实现了人生的自由解放的历代觉悟者，通过自身的人生实践见证了生命创造的无限潜能。他们以人情的温暖与理性的清醒投身于生机盎然的大千世界，实现个体人生与社会生活相得益彰的理想目标的途径，其完整人格光照千秋万代的号召力，依然是激励我们不断实现全新突破的不竭动力源泉。同古典时代的中国哲学家一样，今人的目标是，使自己的哲学即是自己的人生的写照，或自己的人生即是自己的哲学的现实化表达。亲教师汤一介教授生前念兹在兹，一心所系者如斯而已。

（作者简介：强　昱　北京师范大学哲学学院）

儒学传统的现代境遇

胡 军

一

众所周知，现代社会至少应该包含如下要素：独立人格、自由思想、法治、民主、人权、科学等。一百多年前的新文化运动就积极倡导上述的各种要素，也因为如此，我们也就习惯于认为新文化运动揭开了现代社会的序幕。其宗旨在于确认，孔子为代表的儒学虽然在中国历史上有其特定的价值，但是孔子的这一套礼教制度却"在二千年后的今天一文不值"了。新文化运动的领袖们认为，现代社会的性质已大大不同于中国古代社会，他们是在现代性的基础上批判儒学的。

在他们看来，现代社会至少应该具备如下这些要素，而这些要素却是中国传统社会所不具备的。

第一，现代社会必须是法治的社会。这样的社会至少必须具有如下的两个必备之要素：首先，宪法是国家的根本大法，是对最高权力的限制。"盖宪法者，全国人民权利之保证书也，决不可杂以一族一教一党一派人之作用。"①最高权力之一切举措均须以法律为其唯一的准绳。其次，法律面前人人平等，绝不应该有尊卑贵贱之分别。三纲五常主张的是阶级尊卑的制度，强调的是片面之义务和不平等之道德。

第二，现代社会必须是不断进步的社会。一切事物都在变化发展的过程之中，道德伦理也是如此。他们认为进化论是"宇宙之根本大法"，所以世界上绝没有"空间上人人必由之道，时间上万代不易之宗"，因此不可能存在着一种万古不变的道德伦理的教条。所以孔子所提倡的道德、所提倡的礼教是封

---

① 陈独秀：《宪法与孔子》，《陈独秀著作选》第 1 卷，上海人民出版社 1993 年版，第 226 页。

建时代的道德、封建时代的礼教。而现代社会应该是共和社会，所以产生于封建时代、服务于封建时代的孔子之道也就当然不适宜于现代社会了。陈独秀说："吾宁忍过去国粹之消亡，而不忍现在及将来之民族，不适世界之生存而归消灭也。"

第三，现代社会也是以伦理经济的个人独立主义为其必要的基础。"现代社会，以经济为之命脉，而个人独立主义，乃为经济与生产之大则，弃影响遂及于伦理学。故现代伦理学上之个人人格独立，与经济学上之个人财产独立，互相证明，其说遂至不可动摇；而社会风纪，物质文明，因此大进。"[1] 伦理上的个人独立主义是以经济上的个人独立主义为基础的。而个人独立主义是促进经济发展的动力，这种经济上的个人独立主义应该指的是财产的个人所有。个人独立之财产或私有经济是伦理意义上的个人独立主义的物质基础。伦理上的独立主义显然是指个人独立之人格。强调个人独立之人格是新文化运动领袖们的伦理思想、政治思想的一个重点，是他们用来批判孔子礼教的最重要的武器之一。

在孔子的礼教即三纲说中，"人格之个人独立即不完全，财产之个人独立更不相涉"；"君为臣纲，父为子纲，夫为妻纲"；"父兄畜其子弟，子弟养其父兄，《坊记》曰：'父母在，不敢有其身，不敢私其产。'"为人子为人妻者，先失个人独立之人格，复无个人独立之财产。

第四，现代社会是建立在人权平等说的基础之上的。陈独秀认为，三纲五常之名词，虽不见于经，而其学说的实质，非起自两汉、唐、宋之后，应为孔教之根本教义。[2] 三纲五常说别尊卑、明贵贱，尊卑贵贱是一种阶级制度，孔子礼教是宗法封建社会的产物，宗法社会以家族为本位，而不是以个人为本位，因此个人无权利，一家之人，听命家长。在他看来，宗法制度之恶果有四：一曰损失个人独立自为之人格，一曰窒碍个人意思之自由，一曰剥夺个人法律上平等之权利，一曰养成依赖性戕贼个人之生命力。

第五，现代社会当然更是民主的社会。在民主社会中，主权在民，人民是国家的主人，"国家为人民公产，人类为政治动物"，这就是说，除了拥有经

---

① 陈独秀：《孔子之道与现代生活》，《陈独秀著作选》第1卷，上海人民出版社1993年版，第232页。

② 陈独秀：《宪法与孔教》，《陈独秀著作选》第1卷，上海人民出版社1993年版，第228页。

济权利、社会权利之外，人们还应该先天具有政治权利，人民是国家的主人，国家主权在民。于是，陈独秀指出：民主政治"非政府所能赐予，非一党一派人所能主持，更非一二伟人大老所能负之而趣"。他更进一步说道：民主政治"不出于多数国民之自觉与自动，皆伪共和也，伪立宪也，政治之装饰品也"。这就是说，民主政治的建立必须以大多数国民是否具有民主政治的意识为转移。世界现在的潮流是"由专制政治，趋于自由政治；由个人政治，趋于国民政治；由官僚政治趋于自治政治"①。在他们看来，中国的将来必须走民主政治的道路。

第六，在现代社会中，科学扮演着越来越重要的角色，起着巨大的作用。陈独秀等人甚至认为，科学与民主一样，是推动世界历史前进的主要的动力。中国要走向现代社会，不得不走上科学发展的道路。此处所说的科学含义除通常的意义而外，他们尤其注重科学的方法和以科学为基础的人生态度。

他们又从男女平等、男女社会、妇女独立谋生、权利等方面批评了孔子的礼教。

总之，在他们看来，孔子学说"于近世自由平等之新思潮，显相背驰，不于报章上词而辟之，则人智不张，国力浸削，吾恐其敝将只有孔子而无中国也"。应该说，陈独秀对现代社会必须具备的要素有比较全面的了解。

大致说来，陈独秀超越了仅仅将西方文化归结为物质文明、制度文明的浅薄看法。因为显然物质文明、制度文明并不具有决定性的作用。那些坚持从文化的外在层面观照中西文化关系的人已经历史地将中国引领上了一条只注重实用技术的路径。他坚持指出，文化的核心应该是人生论。正是基于这样的认识，他创办《新青年》杂志的初衷不是批判现实政治，而在于转变人的道德信念、确立一个新的人生论来促进思想或文化的变革，尤其是道德的变革，但是新文化运动前后却不断有人鼓噪尊孔复辟。之所以反复出现这样的历史现象，蔡元培曾有过这样的分析：支持袁世凯称帝的有三种社会势力，一是官僚，二是学究，三是方士。蔡元培对这三种社会势力做了如下的评论。"畏强抑弱，假公济私，口蜜腹剑，穷奢极欲，所以表官僚之黑暗也。天坛祀帝，小学读经，复冕旒之饰，行跪拜之仪，所以表学究之顽旧也。武庙宣誓，教会祈祷，

---

① 陈独秀：《吾人最后之觉悟》，《陈独秀著作选》第 1 卷，上海人民出版社 1993 年版，第 178 页。

相士贡谀，神方治疾，所以表方士之迂怪也。"正是因为如此之故，所以尽管袁世凯帝制活动失败，且本人也已死去，但是复辟帝制的活动并未因此而停顿，"而此三社会之流毒"依旧。① 所以蔡元培认为，袁世凯的复辟帝制的丑剧在当时有其社会基础。他说道："中华民国约法，有责任内阁，而当时普遍心理，乃不以为然。言统一，言集权，言强有力政府。于是为野心家所利用，而演出总统制，又由总统制而演出帝制。此亦崇拜总统、依赖总统之心理有以养成之。"②

新文化运动反对袁世凯等人复辟帝制，强烈批判康有为为袁世凯复辟帝制张目，更要清洗不断制造专制帝王的社会的根本恶因。此种恶因既指蔡元培所说的三种社会流毒，更指向容易为历代帝王所利用的儒家思想。正是这样的认识，提醒陈独秀必须在中国大地上积极努力地宣传自由、人权、民主、平等、法制等思想，提高青年之修养，培养国民之人格，改变社会之风俗和道德。

陈独秀对于袁世凯帝制活动的这种深入认识，遂使其十分重视对于一般民众的思想教育的工作，他反复指出，伦理的觉悟是吾人最后之觉悟。要使一个思想或灵魂已经腐化的民族重新获得新生，就像让一个已经变坏的人恢复良心一样的困难。只有一场真正的思想革命才能唤醒广大民众，从而使中国社会逐渐地摆脱皇权专制走向民主政治体制。可以说，新文化运动就是这样的一场思想革命。

遗憾的是，这场思想革命的影响只局限在青年学生之中，而没有机会进一步扩展到整个中国的社会大众。特别是蔡元培所提及的那些社会阶层，对于法治、民主政治、科学等现代社会要素不只是相当隔膜的，而是完全无知，其中的大部分又是既得利益者，遂使他们对现代社会抱持顽强的反对态度。

上述的一切表明，陈独秀清楚地认识到了中国到底应该向西方文化学习什么，所以主要是由他发动的新文化运动的宗旨就是提倡和确立一种新人生论。从现在看，陈独秀新文化运动提出的目标也并未真正实现。

应该承认，陈独秀的思想革命优先的看法是有着历史的先见之明。不先

① 蔡元培：《对于送旧迎新二图之感想》，《蔡元培全集》第 2 卷，浙江教育出版社 1997 年版，第 463 页。
② 蔡元培：《对于送旧迎新二图之感想》，《蔡元培全集》第 2 卷，浙江教育出版社 1997 年版，第 464 页。

行思想革命，没有具备民主、自由、科学、独立、法制、权利、责任等意识的人来从事单纯的经济建设会给社会带来无穷的社会问题，导致产生权与钱结合的变相官僚资本，形成财富分配极不公平现象，加剧社会矛盾，导致生态环境的急剧恶化。当下社会蔓延的极端功利化趋势也与单轨的经济发展模式密切相关。

还应该肯定的是，陈独秀当时所提倡的新人生论是正确的，是积极的、乐观的，在当时及以后产生过巨大的历史影响，现在仍然可以清晰地感受到这一影响的历史延续性。民主与科学在当代中国仍然具有至高无上的地位，这与新文化运动领袖人物的积极鼓吹宣传是密不可分的。他对现代社会的理解基本上也是正确的。他认为，现代社会应该具有的那些因素，如民主、人权、法治、科学、独立的人格等几乎已成为了具有普遍性的价值取向。可以说，缺乏或部分地缺乏这些因素的社会，都没有资格被称为现代意义上的社会。

问题在于，他对这些现代社会要素尽管有了基本的认识，但仍远远没有深入的研究和系统的表述。新文化运动的领袖人物对于上述要素缺乏系统深入的理论研究，这实质上影响着后来中国社会的发展。他们没有深刻地认识到，现代社会背后的本质特征。

同时，我们也应该看到，陈独秀虽然正确地认识到新人生论是西方文化的核心，但是他不能够正确地解决中西文化的关系问题，他将中西文化截然对立起来，认为要引进和确立新人生论，就必须全盘地颠覆中国传统的文化，尤其是要彻底地推倒儒家思想传统，这就表明他对文化性质的理解存在着一定程度的误解。首先，他没有清楚地意识到，西方的新人生论虽然基本适合于现代社会，但这样的人生论一旦引进中国本土，也就必须嫁接在中国传统文化的根茎之上，才有可能生存、滋生、繁荣。没有了中国文化固有的实体，任何优秀的文化都是不可能生根开花的。其次，文化本身就是在漫长历史过程中的人类的创造，具有客观实在性。人是创造文化的主体，但是人也必然处在一定的文化系统内，才有可能从事创造性的活动。任何人都不可能随意脱离自己所处的文化系统。这一道理同样适用于陈独秀。当陈独秀猛烈地抨击中国传统儒家思想的时候，他本人也恰恰生活在这样的传统之中，他的言论方式也带有明显的儒家传统的痕迹。

陈独秀、吴虞等人在《新青年》上所发动的对儒家思想传统的猛烈抨击在客观上激发了儒家思想重新崛起。如梁漱溟就是在《新青年》反孔声浪中异军突起的，感觉自己的使命即是要在新的历史条件下讲明儒家思想的价值及其意义。尽管如此，他也受到了新文化运动的深刻影响。这种影响表现在，他肯定了民主与科学的价值，指出中国必须要对西方文化全盘承受；而根本改过，就是对其态度要改一改，要批评地把中国原来的态度重新拿出来审视。他所谓的全盘承受就是全盘的西化。在梁漱溟看来，这种全盘承受科学与民主在当时是不可避免的。后来的贺麟也积极提倡儒家思想新开展的途径。

新儒学着力要解决的最为重要的理论问题也是儒学思想与民主、科学之间的关系问题。他们所谓的"内圣"开出"外王"或"返本开新"，就是企图说明如何从儒学开辟出一条通向民主、科学的形而下的途径。他们本能地意识到，如果不能够指出一条将传统儒学思想与现代社会的民主、自由、法制、科学、人权等要素融合起来的途径，那么其他的一切努力必将是多余的。无情的是，这一问题到现在，无论在理论上还是在实践上，仍然未得到妥善的解决。

二

新文化运动对儒家思想或孔子的批判是晚清以来中国传统社会结构发生巨大而深刻的变革所必然要产生的历史事件，而不仅仅是陈独秀、吴虞、李大钊等人的一厢情愿。从近代向现代社会转变的任何国家的历史都发生过类似对传统思想的深刻而全面的批判。但似乎中国近现代历史发生着要比其他国家更为艰难曲折漫长并痛苦的转变，因为我们的传统文化要嫁接或移植的是源自西方的现代性。

这一历史转变既表现在价值观层面，也表现在中国社会结构的全面深刻的变革方面。

为了能够深入了解新文化运动的意义，我们首先必须懂得中国传统社会的结构。

绝大多数的民族在其早期的历史发展中都经历了"家族、私有经济、国家"这三个不同的先后更迭的历史阶段。家族制度本为原始社会末期父系氏族公社的产物。而私有经济则是在家族经济这个母体中孕育并不断发展起来的。但是，私有经济发展到一定阶段就会毫不留情地冲击家族制度，最终从根本上摧毁家族制度。正是由于此种原因，世界上绝大多数家族制度因此纷纷瓦解。于是，从家族制度的瓦解过程中逐渐地分化出了一夫一妻制的家庭。原始社会也就随之退出了历史舞台而形成了国家，国家代替了家族。这是世界上绝大多数民族国家所走过的共同道路，也是家族制度在大多数地区遭遇到的共同命运。

中国古代的家族制度却走了一条独特的道路。应该承认，在中国古代的家族制度的母体中也产生出了某种程度的私有经济。但这种私有经济并没有发展到足以从根本上摧垮家族制度的程度。或者说家族经济极大地限制了私有经济的发展。正是中国古代的家族制度过于强大，使中国古代历史并未走上一条从家族制度到私有经济再到国家、由国家从根本上代替家族的道路，而是走上了由家族过渡到国家，或者说家族完全进入了国家政权机构之中。因此，国家和家族完全混合在一起。而且国家最高统治者为了有效地巩固自己的统治地位，有意识地并且充分地利用了家族制度，即分封亲戚和同姓等方法来为自己的国家政权服务。正是由于这样的原因，在中国古代，家族制度非但没有代替国家制度，却在某种程度上反而因国家制度而得到极大的加强。于是，国家制度加强了家族制度，而家族制度反过来也巩固了国家制度。家主高居政坛之上，家即国，国即家，家国同构。由家族而进入国家，家族特有的宗法血缘关系因此进入了国家制度之中，并决定着后者的运作。儒家思想正是在这样的背景之下形成的。可以说，儒家思想是中国古代宗法社会的产物，带有宗法血缘的特性。所谓的宗法制就是以父系血缘关系为纽带而建立起来的大、小宗之间的统辖隶属关系，并以宗族形式管理、统辖族人。孔子所向往的周礼实质上就是建立在宗法血缘关系基础之上的一整套典章、制度、规矩和礼节。

晚明以降，中国社会的结构经历着重大的变化。尤其是鸦片战争之后，西方文化、经济、军事、政治等的全面入侵，使中国传统的社会结构发生了巨大的变革，出现了两千年来未见的大变局。西方的坚船利炮、声、光、电、化使国人意识到自己的器物不如人。随后又意识到，我们的行政制度也同样不如人，所以需要进行变法。辛亥革命结束了两千多年的封建制度，这就表明我们的政治制度也是落后的，需要以西方的民主宪政取而代之。新文化运动又进一步使我们认清，自己的人生论似乎也有待改进。

其实，在孔子的思想中，虽然维护以宗法血缘为基础的周礼是其主导的方面，但是孔子毕竟还有企图突破宗法关系束缚的思想倾向。然而在儒家思想传统的后期发展中，君臣、父子、夫妇的关系逐渐变成了绝对片面的关系。汉代的董仲舒就是这种思想的代表。如果说原始儒家反反复复强调的君臣、夫子、夫妇还主要是一种伦理道德的模式，那么到了汉儒手中，原始儒家的君臣父子夫妇大义所形成的"三纲"、"五常"就已经蜕变成了适合封建中央专制权力的意识形态。原始儒家思想与汉儒的思想之间固然有着很大的区别，但是我们决不能因此而否认这两者之间的天然联系。而此种天然联系就是以宗法血缘为其先天的纽带的。汉代以后，历代统治者及其思想家们就是以宗法血缘为基础，完成了中国传统社会的制度设计。毋庸讳言，儒家思想在历史上就是与此种社会制度紧密相联的。

问题在于，随着中国传统社会结构的不断变化，儒家思想却没有随之作出相应的调整以适应此种历史变迁。晚明以来，尤其在东南沿海一带，社会结构发生了巨大的变化。那时虽不断有猛烈批判儒家思想传统的思想者，但社会的主流意识形态仍然固守有失调整的儒家思想而不变。社会的思想精英却也不重视思想的创新，而沉迷于考证训诂音韵之学，认为这才是学问的根本。此种学术思潮一直延续到清末，遂形成中国社会的"思想贫血症"。反观近五百年来西方国家的思想、政治、文化、科学等方面，都发生了翻天覆地的变化。以至于西方思想强借其暴力手段汹涌而至时，我们竟然全不知如何应对，甚至于以儒家思想为其基础而形成的整套社会制度在西方思想文化的冲击下顿时全盘崩溃。

众所周知，宗法国家的稳定存在主要依赖于如下的几大要素：政治名义上的统一、土地的国有化、劳动者的安于纲常名教、安土重迁。然而在春秋战国之间，周天子已名存实亡，土地私有化也在加剧，劳动者也不再依附于特定的土地。此种社会结构的变化促成了对儒家思想的第一次批判。于是，家族本位转变为家庭本位。宗法制度也发生了变化，战国之后出现了官僚制的政治结构。虽然如此，宗法制并没有完全退出历史舞台，而是作为官僚制的社会基础仍然顽强地在历史和现实中发挥着重要的作用。

如果上述的看法是对的，那么新文化运动对儒家思想的批判并非一两个先觉者的一厢情愿，而是儒家思想在明代以来有失调整而形成的必然结果。

20世纪以来的中国社会结构发生了全面的质变。儒家思想赖以生成的宗法血缘的家族制度在现代中国社会毫无作用。城市在中国现代社会中的作用完全代替了乡村，而且产业革命率先在城市实现之后已经更大规模地流向农村。产业革命与城市化的结合已经彻底地瓦解了历史上所谓的家族的或家庭的制度，宗法血缘关系不再有任何的社会作用。城市化和产业革命使大量人口冲破了安土重迁的社会习俗，大规模地流向城市或城郊（最近统计这样的流动人口占 2.63 亿）。政治统一的合法性也不再诉诸那套陈旧的纲常名教，而是来自于人民的意志和程序的合法性。领导者治理国家虽然要求其有良好的道德品质，但此类道德品质要完全表现在应该如何严格地依法行政上。

以上所描述的只是中国现代化进程的一个部分，但是这一部分的变迁也清楚地表明儒家思想传统已经完全地失掉了她曾经依赖的社会土壤。在现代中国社会，以宗法血缘为基础的家族或家庭制度已经完全失去了左右社会的作用。于是，问题就在于，儒家思想传统究竟该如何去应对这一社会结构的全面解体的现实呢？

三

在西方思想的长期冲击下，我们不得已进入了现代社会，但儒家思想失于一时之应对，处于完全失语的状态。出现此种状态的原因究竟是什么呢？我个人认为，最为根本的原因在于，中国传统文化完全缺乏对于理论理性深厚的兴趣与系统明确的研究。

传统儒学所遭遇到的现代困境，究其实质，就是如何从感性经验型的文化过渡到有系统知识体系的理论问题。

我所理解的科学，指的是人们对自然、社会和人文现象的有条理的、系统的、学理性的研究而形成的知识理论体系。在西方，此种知识理论体系的研究历史传统可以上溯至《柏拉图的对话集》。也就是说，在西方知识论研究的历史至少有着两千五六百年的历史。但是首先对这些知识加以理性考察的，首先探索其各部分之间的因果关系的，事实上也就是首先创立科学的，应该说是希腊艾奥尼亚（Ionia）的自然哲学家。这种活动中最早也最成功的活动，是把丈量土地的经验规则（大部分是从埃及传来的）变成一门演绎科学——几何学。而创始者相传是米利都的泰勒斯和萨默斯的毕达哥拉斯。三百年后，亚历山大里亚的欧几里得才对古代几何学加以最后的系统化。[①] 这段历史告诉我们，是古希腊的学者将传自古埃及的丈量土地的经验规则上升至知识理论体系的。同时其他民族国家的也有着丰富的关于自然、社会等方面的经验内容，却没有

---

① 参见丹皮尔：《科学史》，商务印书馆 1987 年版。

能力进一步构成知识理论体系。我们同样注意到的是，知识理论体系在古希腊之后也没有得到任何实用的价值。但是，到了文艺复兴之后，尤其是第一次产业革命之后，知识的社会价值逐渐地为人们充分地认识到了。时至今日，不少未来学家运用大量的历史的和现实的事例表明，发达的国家已经或正在进入知识社会。人类近五百年来的历史也清楚地告诉了我们，没有知识，或者没有能力形成新的知识理论体系的国家或民族是没有希望的，也是不可能有前途的。

古希腊的思想家们首先形成了学科知识理论体系，而与孟子同时代的亚里士多德则进一步开创了分科治学的传统。在历史上，分科治学极大地推进了各个学科的繁荣与发展。仅亚里士多德本人就开创了不少学科，其研究范围涉及了十几种学科。亚里士多德创设并研究的领域涉及伦理学、政治学、诗学、物理学、形而上学、动物学、植物学、逻辑学、天文、音乐等。《亚里士多德全集》中文版共十卷，前九卷目录如下：第一卷《工具论》，第二卷《物理学》、《论天》、《论生成和消灭》、《天象学》、《论宇宙》，第三卷《论灵魂》、《论感觉及其对象》、《论记忆》、《论睡眠》、《论梦》、《论睡眠中的征兆》、《论生命的长短》、《论青年和老年》、《论生和死》、《论呼吸》、《论气息》，第四卷《动物志》，第五卷《论动物部分》、《论动物运动》、《论动物行进》、《论动物生成》，第六卷《论颜色》、《论声音》、《体相学》、《论植物》、《奇闻集》、《机械学》、《论不可分割的线》、《论风的方位和名称》，第七卷《形而上学》，第八卷《尼各马可伦理学》、《大伦理学》、《优台谟伦理学》、《论善与恶》，第九卷《政治学》、《家政学》、《修辞术》、《亚历山大修辞学》、《论诗》、《雅典政制》、《残篇》。

他们两人不仅研究领域相差甚大，研究方法更是完全不同。如孟子从性善推出仁政，亚里士多德却将伦理的善与国家的善区分开来。个人的善是伦理学研究的对象。国家的善是政治学研究的对象。后来的马基雅维利、马克斯·韦伯在这一问题上也与亚里士多德持基本相同的思想立场，认为政治从来都不是以道德为依据的。

其实，亚里士多德与孟子之间最大的不同在于，亚里士多德尤其关注思维学科及其方法论本身的研究，西方逻辑学科就诞生于他的手上。在亚里士多德看来，要著书立说、要论辩，首先要注意的是如何使我们的思维遵循一定的推导的规则。更令人我们感到惊讶的是，亚里士多德已经自觉地将思维的形式与内容严格地区别开来，并制定了严格的三段论推导规则。而孟子则从来不关心此类问题。孟子以好辩而闻名于历史，但他的辩论没有自觉地遵循一定的思维规则，更无思维科学的指导，而是以其情感和气势取胜。由于缺乏严格的思维规则的指导，孟子的论辩过程经常是自相矛盾的。我们文化在感悟与经验方面有过不少辉煌的成就，但在理论知识方面没有给予应有的关注。

当然知识在技术产品上的落实，即便在西方也在文艺复兴之后。尤其是产业革命之后，西方才在世界上长期地处于垄断或支配的地位。一般人只看到西方的产业革命的世界性影响，而没有自觉地意识到，工业革命或产业革命背后的科学知识所起的决定性作用。可以毫不夸张地说，第一次产业革命之后的所有的新产品都是知识产品，都有系统的新知识作为其基础。科学知识是整个工业化运动的基石。没有自牛顿之后的现代自然科学繁荣与发展，我们根本不可能想象近五百年来的世界历史所发生的一系列的巨大变化。

其实，现代知识的革命性变化不只发生于自然现象研究的领域，在社会科学和人文科学领域内也不断有着类似的变化与发展。在进化论、人类学、心理学、文化学、美学、教育学等及艺术领域内都有着重大的知识理论体系的突破。

由于我们的文化传统不重视对科学知识的研究，所以在分科为基础的学科研究上几无所获，结果是在知识理论体系的研究上所能做的也就是人云亦云，完全丢失了话语权。

我们正处在一个以知识为基础不断前进的时代，因此，如何将传统儒学思想与现代知识社会结合起来，是儒学未来走向必须要解决的问题。这一问题解决得好，儒学就有未来，否则就步履艰难。

儒学思想的研究，绝对不能局限于文本的解读，字句的训诂，典故的考察，而要在儒学思想传统的基础上"接着讲"，要将传统儒学思想与现代知识理论体系结合起来。应该说，这两者之间不会有根本性的冲突。我们要站在儒学思想的基础上，建构出自己关于现代性和现代化的理论体系。

而建构上述知识理论体系的首要条件就是，必须尽快培养出极为高超的系统深入的思考能力。我们现行的教育体制不但不能在这方面有所作为，而且似乎简直是反其道而行之，不注重能力的培养，而注重记忆、背诵、模仿等能力的培养。

法治社会、民主政治、产业革命等现代社会要素的基础就是科学知识理论体系。要在科学知识理论体系方面有全面突破是几乎不可能的，但我们要积极努力在某些领域有所作为。有了属于自己的核心的知识理论体系，我们才有可能拥有专属于自己的核心技术、核心设备、核心人才。否则，我们也只能人云亦云、拾人牙慧。

要在某些学科理论上有所突破，必须加强以分科治学为基础的现代性大学的建设，传统的书院制实质上不符合现代知识理论发展和创新的基本要求。当然，分科治学有其长处，其短处也不在少数。然而克服其缺点的平台只能是在分科治学基础上的学科综合，舍此绝无他路可走。

此外，我们还必须在法治建设、社会建构理论等方面积极努力建构自己的有着传统儒学思想特色的理论体系。

（作者简介：胡　军　北京大学哲学系）

喻进与典范：从《关雎》之义的
早期转变看经典意义的塑造

孟庆楠

儒家认为，包括《诗经》在内的六艺之书是"王教之典籍"，是"先圣所以明天道、正人伦、致至治之成法"①。在这样的定位之下，《诗经》不再是普通的著作，它承载着时人对天道、人伦、治法的根本认识，规范着社会的基本秩序与价值。而《关雎》一诗作为"诗三百"之首，历来受到诠释者的重视，因此也更集中地体现着诠释者对秩序与价值的理解。本文即尝试通过考察早期诠释者对《关雎》之义的解读，来了解《诗》的经典意义的塑造。

一、由色喻礼

借由近年来问世的大批出土文献，我们对早期儒家思想有了更全面的了解。这些出土文献中涉及不少有关《诗经》章句的解释和讨论。在早期儒家的诠释中，《关雎》一篇的意义与我们所熟悉的经学传统中的"后妃之德"的解读截然不同。

上博竹简《诗论》一篇中第 10 简到第 16 简② 的内容涉及对《关雎》的讨论。不过，对于这 7 支简的排序存在不同看法。李学勤、廖名春、姜广辉、曹峰、李锐等学者持有一致的意见，认为正确的排序应该是第 10 简、第 14 简、第 12 简、第 13 简、第 15 简、第 11 简、第 16 简。③ 按照这一排序，简文内

---

① 班固：《汉书·儒林传》，中华书局 1962 年版，第 3589 页。

② 竹简序号依据马承源主编：《上海博物馆藏战国楚竹书（一）》，上海古籍出版社 2001 年版。

③ 参见李学勤：《上海博物馆藏楚竹书〈诗论〉分章释文》，《国际简帛研究通讯》2002 年第 2 期；廖名春：《上博〈诗论〉简的形制和编连》，《孔子研究》2002 年第 2 期；姜广辉：《古〈诗

容如下：

> 《关雎》之改……，曷？曰：童而皆贤于其初者也。《关雎》以色喻于礼……（10）两矣，其四章则喻矣。以琴瑟之悦秦好色之愿，以钟鼓之乐……（14）……好，反纳于礼，不亦能改乎？……（12）……（13）……（15）……《关雎》之改，则其思賸矣。……（11）①

由于竹简的残缺以及文字释读的困难，这段论说的很多细节都存在歧义。好在幸存的文字为我们保留了一些清晰的关键词，让我们得以大致把握住《诗论》对《关雎》的基本理解。从这段论述的整体结构来看，"童而皆贤于其初者"是对《关雎》、《樛木》、《汉广》、《鹊巢》、《甘棠》、《绿衣》、《燕燕》这一组诗篇的意义做出的概括，而"《关雎》之改"则是对《关雎》之义的凝练表述。不过，此处决定文义的"童"和"改"这两字的读法，异说甚多。两字是否是假借字，其本字为何，其含义如何，我们还需要根据下文来加以分析。在这种情况下，材料中另一个对《关雎》主旨的概括就成为了我们的突破口。《诗论》称，《关雎》意在表达"以色喻于礼"之义。而我们知道，在这首诗中可能存在的与美色相关的诗句只有"窈窕淑女"一句。但是，在毛诗的解释传统中，"窈窕"被解为"幽閒"，"淑"解为"善"。"窈窕淑女"即为"幽閒贞专之善女"或"幽閒处深宫贞专之善女"②。毛郑这两种解释的细微差别可以姑且不论，我们只需要注意到，在二者共同的解释方向上，毛郑都是从德行的角度来理解"窈窕淑女"的。虽然"善"在古汉语中包含貌美的义项，但如果从"幽閒贞专"的意义来看，毛郑对"窈窕淑女"的理解可以完全不涉及美色之义。不过，在《诗论》的提示之下，我们也不难发现，以美色来理解"窈窕淑女"之义同样能够找到训诂上的依据。王逸在《楚辞·九歌注》中称："窈窕，好貌。"《广雅·释诂》也称："窈窕，好也。"另《方言》称："窕，美也。陈

序〉复原方案》，见《中国哲学》第二十四辑，辽宁教育出版社2002年版；李锐：《孔子诗论简序调整刍议》，上海大学古代文明研究中心、清华大学思想文化研究所编：《上博馆藏战国楚竹书研究》，上海书店出版社2002年版，第195页；曹峰：《对孔子诗论第八简以后简序的再调整——从语言特色的角度入手》，见《上博馆藏战国楚竹书研究》，上海书店出版社2002年版，第200页。

① 释文参见马承源主编：《上海博古馆藏战国楚竹书（一）》，上海古籍出版社2001年版，第139—146页；李零：《上博楚简三篇校读记》，中国人民大学出版社2007年版，第15—16页。

② 李学勤主编：《毛诗正义》，北京大学出版社1999年版，第22—23页。

楚周南之间曰嬎。自关而西，秦晋之间，凡美色或谓之好，或谓之嬎。"① 既然将"窈窕淑女"解读为美女并不存在训诂上的障碍，那么《诗论》从思色的角度来理解《关雎》也就顺理成章了。《诗论》认为，该诗的情感基础就是思色，君子思淑女之窈窕美色，前三章言"君子好逑"、"寤寐求之"以及"求之不得"时的"辗转反侧"，都是在描述这种"好色之愿"。而从第四章开始，《关雎》在思色的基础上有所喻示。"攺好色之愿"的"攺"字，李学勤先生释为"拟"，今从之。据此而论，第四章言"窈窕淑女，琴瑟友之"，则是以琴瑟之悦，也即是以琴瑟友乐淑女的喜悦，比拟对于美色的悦乐。既是比拟，则比拟的双方当有相似之处。这里的相似便在于，君子对于美色的直接的好欲，与通过琴瑟钟鼓友乐淑女而表达求取、喜好之意，都是发自内心的。"以色喻于礼"便是基于这种相似性，从对美色的直接的好欲自然地引生出对于以礼求色的诉求。而以琴瑟钟鼓友乐淑女，已是将好欲之情纳入了礼的规范之中。这种从直接的好欲过渡到合礼的悦乐，便是所谓"《关雎》之攺"。李学勤、廖名春两位先生以"改"释"攺"，姜广辉先生认为"攺"是"改"的正字，都是可以接受的释读。② "攺"或"改"就是改易、改换之义，是一种由听凭本能的好欲向纳于礼乐的好欲的转换。这也正是"贤于其初"之处。通过《诗论》的上述解释，《关雎》所表达的思色之情在礼乐之中获得了安顿。

实际上，在早期的儒家《诗》学中，以思色解《关雎》者并不止《诗论》一例。马王堆汉墓帛书《五行》篇的说文部分在引论《关雎》时，也是以思色解之的。

> 喻而［知］之，谓之进［之］。弗喻也，喻则知之矣，知之则进耳。喻之也者，自所小好喻乎所大好。"窈窕［淑女，寤］寐求之"，思色也。"求之弗得，寤寐思伏"，言其急也。"悠哉悠哉，辗转反侧"，言其甚□□。□如此其甚也，交诸父母之侧，为诸？则有死弗为之矣。交诸兄弟之侧，亦弗为也。交［诸］邦人之侧，亦弗为也。［畏］父兄，其杀畏

---

① 转引自王先谦：《诗三家义集疏》，中华书局 1987 年版，第 10 页。

② 参见李学勤：《〈诗论〉说〈关雎〉等七篇释义》，《齐鲁学刊》2002 年第 2 期；廖名春：《上海博物馆藏诗论简校释》，《中国哲学史》2002 年第 1 期；姜广辉：《关于古〈诗序〉的编连、释读与定位诸问题研究》，姜广辉：《义理与考据：思想史研究中的价值关怀与实证方法》，中华书局 2010 年版，第 55—95 页。

人，礼也。由色喻于礼，进耳。①

此章旨在解释经文提出的"喻而知之"的说法。所谓"喻而知之"，就是通过"喻"的方式而有所"知"，"知"则有所进益。这里的关键问题在于什么是"喻"？"喻"是如何给人带来知觉、知解的？按照说文的解释，"喻"是指从"所小好"导引出"所大好"。"喻"所联结的二者，都是人之所好。对于这一导引过程的具体解释，是通过对《关雎》"由色喻于礼"之义的论释而实现的。在这里，无论是"色"与"礼"之间的关联，还是对于"喻"字的使用，都与楚简《诗论》篇"以色喻于礼"的论述相合。此处说文指出，《关雎》"窈窕淑女，寤寐求之"两句是言君子思求美色，"求之不得，寤寐思服"则描述了好色之情的急切，"悠哉悠哉，辗转反侧"则是描述急色之甚。这种"思色"无疑是发自内心的好欲。但是，即便好欲如此急切，仍有不可为之事。最初的注释者训"交"为交合。② 在父母之侧、兄弟之侧、邦人之侧，皆是有死而弗为此交合之事。这是因为另一种情感压制了好色之情，这即是对父兄及对他人的敬畏或畏惧，或者说是对在父母、兄弟、邦人之侧行交合之事的畏惧。这种畏惧带来了发自本心的约束与节制，成就了表现于外的礼。若以"自所小好喻乎所大好"之说来加以理解，则"所小好"在于美色，"所大好"当指礼。对于礼的好欲，毋宁说是在强调，不为在人侧交合之事乃是发自内心的诉求。这里承认了好色之思，而对于美色的思求一旦发生并呈现于现实的伦理处境中，又自然地引生出了对于非礼之事的畏惧。这种自然的引生便是所谓"喻"，也即是让人在对美色的好欲中自然地知觉到内心中的约束力。这正是《关雎》一诗的意义所在。

我们看到，上博竹简《诗论》和帛书《五行》说文都是将君子对美貌淑女的喜好与追求作为《关雎》的情感基础。但更重要的是，在《诗论》和《五行》看来，《关雎》并不只有思色之情，这种自然的情感可以通过喻的方式获得合礼的安顿或约束。当然，在这一点上，《诗论》和《五行》的处理方式是不同的。《诗论》是要将思色之情的表达纳入礼乐之中，而《五行》则是主张利用人们对非礼之事的敬畏去节制思色之情。

---

① 释文参见国家文物局古文献研究室：《马王堆汉墓帛书（一）》，北京文物出版社1980年版，第24页。

② 参考国家文物局古文献研究室编：《马王堆汉墓帛书（一）》，北京文物出版社1980年版，第27页注82。

二、后妃之德

但随着毛诗的传承与诠释，汉代的解释者对《诗论》与《五行》的这种解读思路做出了显著的调整。毛郑将《关雎》之"思"引向了另一个方向。

我们首先来看一下毛《传》的解读。毛《传》解"关关雎鸠，在河之洲"：

> 兴也。关关，和声也。雎鸠，王雎也，鸟挚而有别。水中可居者曰洲。后妃说乐君子之德，无不和谐，又不淫其色，慎固幽深，若关雎之有别焉，然后可以风化天下。夫妇有别则父子亲，父子亲则君臣敬，君臣敬则朝廷正，朝廷正则王化成。[1]

解"窈窕淑女，君子好逑"：

> 窈窕，幽闲也。淑，善。逑，匹也。言后妃有关雎之德，是幽闲贞专之善女，宜为君子之好匹。[2]

解"窈窕淑女，琴瑟友之"：

> 宜以琴瑟友乐之。[3]

这几条《传》文集中反映了毛《传》对《关雎》一诗的理解。毛《传》认为，《关雎》一诗所涉及的基本人物关系就是诗文中出现的"窈窕淑女"与"君子"。不过，毛《传》为"窈窕淑女"赋予了一个特定的身份，即后妃。那么，与之相应的"君子"也不是一般的男子，而是君王。这样一种政治角色的代入具有怎样的意义，我们稍后还会讨论。这里仅就《关雎》一诗的人物关系而言，毛《传》明确指出，"窈窕淑女"是"君子之好匹"。那么，君子寤寐所思者也应是这一"宜为好匹"的淑女。对于这样的淑女，君子又"宜以琴瑟友乐之"。由此来看，毛《传》对《关雎》诗中人物关系的定位，与《诗论》、《五行》并没有太大区别。

毛《传》真正的改变，在于对君子思求淑女的原因做出新解。正如上文已经提到的，《诗论》、《五行》明确将君子之思的原因归结为思色，而《关雎》

---

[1] 李学勤主编：《毛诗正义》，北京大学出版社 1999 年版，第 22 页。

[2] 李学勤主编：《毛诗正义》，北京大学出版社 1999 年版，第 22—23 页。

[3] 李学勤主编：《毛诗正义》，北京大学出版社 1999 年版，第 26 页。

中唯一可能与淑女之美色有关的就是"窈窕淑女"一句。但毛《传》却对"窈窕淑女"做出了一种道德化的解读，将其释为"幽闲贞专之善女"。对此说的理解还要结合起兴之义来看。毛《传》在解读"关关雎鸠，在河之洲"时，明确地将雎鸠的形象与"窈窕淑女"，也即是后妃关联在一起。雎鸠所兴起的正是"后妃之德"。《传》文强调，兴辞中的雎鸠鸟具有一种特别的属性，即"挚而有别"。郑《笺》进一步解释称："挚之言至也，谓王雎之鸟，雌雄情意至然而有别。"① 按郑玄之意，"挚而有别"包含两层含义：一是雌雄情意至笃，二是虽情意至笃却能分别而处。对于郑玄此说，批评者不乏有之，但胡承珙坚持认为此说"最得《传》意"②。胡承珙做出如此判断，在很大程度上是因为他敏锐地注意到，郑玄所解出的"挚而有别"的两层含义，恰与毛《传》对"后妃之德"的解说相合：其一，雎鸠雌雄之间的"情意至"，对应了后妃"说乐君子之德"。需要特别指出的是，毛《传》于此处即排除了思色的意义，淑女对于君子的喜爱是因其德，而不是因其色。其二，雎鸠雌雄之间分别而处，又与后妃的"不淫其色，慎固幽深"相应。由此来看，"后妃之德"指向了对男女之情的自我节制，强调淑女与君子相处应以对德的好乐为基础。这可以看作是对"幽闲贞专"的一种阐发。具有如此德性的淑女才是君子的良配。在此基础上，《关雎》之"思"的意义就发生了根本性的扭转：君子寤寐所思，并不是思淑女之色，而是思其"幽闲贞专"之德。

郑玄同样将《关雎》的主题规定为"后妃之德"，但是正如历代经学家在辨析毛郑同异时所注意到的，郑《笺》与毛《传》之间可能存在着巨大的差异。差异集中体现在以下几条《笺》文中。其解"窈窕淑女，君子好逑"：

> 怨耦曰仇。言后妃之德和谐，则幽闲处深宫贞专之善女，能为君子和好众妾之怨者。言皆化后妃之德，不嫉妒，谓三夫人以下。③

解"窈窕淑女，寤寐求之"：

> 言后妃觉寐则常求此贤女，欲与之共己职也。④

解"求之不得，寤寐思服"：

---

① 李学勤主编：《毛诗正义》，北京大学出版社 1999 年版，第 22 页。
② 参见胡承珙：《毛诗后笺》，黄山书社 1999 年版，第 10 页。
③ 李学勤主编：《毛诗正义》，北京大学出版社 1999 年版，第 23 页。
④ 李学勤主编：《毛诗正义》，北京大学出版社 1999 年版，第 25 页。

服，事也。求贤女而不得，觉寤则思己职事当谁与共之乎！①
郑玄打破了毛《传》对该诗人物关系的基本设定。本来按照毛《传》的解释，诗中的"淑女"指后妃，"窈窕淑女，君子好逑"一句意为淑女是君子的良配。但在郑《笺》这里，"淑女"指称着一个新的角色，即受"后妃之德"感化的贤女。"好逑"之"好"从形容词变成了动词，即"和好"之义。"逑"也不是一般的配偶，而是所谓的"怨偶"。这句话的意思就变为，淑女"能为君子和好众妾之怨者"。在曲解这一关键句的基础上，后妃取代君子，成为了觉寤思求淑女之人。在这样的解读之下，《关雎》所表现的不再是单纯的男女或夫妻关系，而是在更复杂的由夫妻与众妾组成的家庭背景下，后妃对于贤良淑女的思求。由于人物关系的变化，"后妃之德"以及相关人物的定位也发生了改变。后妃摆脱了"窈窕淑女"的"幽闲"之义，其美德体现在对贤女的思求。后妃的职责在于感化众妾，以维系家庭和睦、管理家庭事务。"窈窕"所具有的"幽闲贞专"之义转而赋予了众妾之中的贤女。不过，在郑《笺》的解释中，贤女更重要的德性是，她能在后妃的感化下，辅助后妃和好众妾之怨者。

三、诗言志

通过以上梳理我们可以看到，经过从先秦到汉代的不断诠释，《关雎》一诗的意义发生了很大的变化。《诗论》和《五行》将《关雎》之"思"理解为君子思求淑女之色，并在此基础上关注于对思色之情的安顿与节制。毛《传》接受了君子思求淑女的基本设定，但额外为淑女赋予了后妃的身份，并且抹去了美色的意义，重点强调后妃受君子青睐的"幽闲贞专"的美德。郑《笺》同样关注于"后妃之德"，但"后妃之德"的重心转移到了对贤女的思求以及和好众妾之怨者的努力上。

很显然，在诠释者利用《关雎》固有的语意元素阐发特定主题的过程中，许多元素的意义都发生了改变。但我们同时也注意到，有一个细节始终没有变化，那就是诗中所表达的思求之意。无论思求的主体与思求的对象如何改变，"寤寐求之"、"辗转反侧"等诗句表达出的思求之意本身，始终带给人们最直接的触动。而诠释者正是利用了《关雎》所固有的这种志意，来实现各自的理

---

① 李学勤主编：《毛诗正义》，北京大学出版社1999年版，第26页。

论意图。这正是"《诗》言志"的一种具体体现。

"言志"说最初是与礼乐仪式中的赋诗活动有关的。不过，此说很快便脱离了赋诗这一具体的场景，转而成为了对《诗》的整体特征的概括。关于《诗》言志"或"诗言志"的研究已经很多，此处并不想赘述这一观念的演变过程。这里只是想强调，对"言志"说的理解需要结合《诗》的性质定位来看。早在春秋时期，《诗》就已经具有了经典的意义：

> 冬，楚子及诸侯围宋，宋公孙固如晋告急。先轸曰："报施救患，取威定霸，于是乎在矣。"狐偃曰："楚始得曹而新昏于卫，若伐曹、卫，楚必救之，则齐、宋免矣。"于是乎蒐于被庐，作三军。谋元帅。赵衰曰："郤縠可。臣亟闻其言矣，说礼乐而敦《诗》、《书》。《诗》、《书》，义之府也。礼乐，德之则也。德义，利之本也。《夏书》曰：'赋纳以言，明试以功，车服以庸。'君其试之。"①

这条材料可以看作是一次军事与外交会议的记录。起因是楚国围宋，宋遣使到晋国告急。晋国君臣围绕这一紧急态势展开讨论。先轸的发言论证了救宋的必要性，狐偃进一步谋划救宋的军事方案，之后则进入了对元帅人选的讨论。赵衰涉及《诗》的发言就是在举荐元帅。如果《诗》的意义仅仅是表达各种情感、意愿，那么这部书就与军事领导的人选毫无关系。但赵衰显然不是这样理解《诗》的。在他看来，郤縠之所以是元帅的合适人选，正因为他喜好礼乐、敦习《诗》、《书》。而《诗》、《书》、礼、乐凝结、汇聚着社会的基本秩序与价值，也即是所谓的"义之府"、"德之则"。要取得战争的胜利，恰恰需要元帅在掌握战争技艺的同时，对社会的基本秩序与价值有着深刻的理解与把握。这是赵衰推荐郤縠的基本逻辑。而且，赵衰选择以此作为推荐的依据，意味着他认为郤縠喜好礼乐、敦习《诗》、《书》的事实能够成为一个有力的证据。这也进一步表明，赵衰对《诗》、《书》的理解在当时是获得普遍认可的。

至于孔子，其素有"从周"之志，自然也即继承了经典之学的传统。虽然孔子之时已经出现了"周室微而礼乐废，《诗》、《书》缺"②的情形，经典之学在很大程度上失去了王权的支撑，丧失了王官学的地位，但孔子以及儒家

---

① 《十三经注疏》整理委员会整理：《春秋左传正义》，北京大学出版社1999年版，第436—437页。

② 司马迁：《史记》，中华书局1959年版，第1135页。

对于经典的传习、讨论仍然是在探究社会基本秩序与价值的高度展开的。《史记·孔子世家》在记述孔子传习经典的情况时，将他的功绩概括为"备王道，成六艺"①。《庄子·天下》篇讲圣王之道有"在于《诗》、《书》、《礼》、《乐》者"，也是"邹鲁之士搢绅先生多能明之"②。这些材料都佐证了儒家对于既有的经典意义的认同与传承。汉代六艺之学再次获得王权的支持，此时儒者将《诗》、《书》等定义为"王教之典籍"，正是对上述旧传统的延续。

在这样一种对经典的定位之下来看"《诗》言志"之说，我们不难得出一个推论：儒家既选择以"言志"来概括《诗》的基本属性，那么"言志"的含义就不只是个人情感、意愿的表达，诗篇所言之志一定关系着对社会基本秩序和价值的思考。当然，关联的方式可以是多样的。

仍就《关雎》一诗的意义演变来看，在《诗论》及《五行》的理解中，《关雎》固然表达了君子的思色之情，但这并不是诗篇的经典意义所在。我们知道，《诗论》有一个说法：

> 《邦风》，其纳物也，溥观人俗焉，大敛材焉，其言文，其声善。③

这里的"俗"字，是马承源先生的读法。李零、庞朴等学者则主张将这个字读为"欲"。事实上，如果仅从思想指向来看，这两种读法之间是存在关联的。民众的欲求所向，可以说是风俗之中最重要的一个因素。而《邦风》，也就是《国风》中的诗篇，正可以用来观知人欲、风俗。这一意义已经与单纯的欲求表达不同了。表达各种欲求、意愿的是诗作者或赋诗、用诗者，但观知欲望则是从第三者的观察视角出发的。更重要的是，对儒家而言，观本身并不是目的，观人欲是为了了解人欲的基本状态，并对其做出合礼的引导与安顿。因此，《诗论》在论说《关雎》时，强调的一定是"贤于其初"的意义。原初的思色之情不是重点，重点是这种情感"反纳于礼"之后的合礼表达。同样地，《五行》说文也是从思色之情出发的，但一定会强调"喻而知之"，实现"由色喻于礼"的"进之"。

毛《传》、郑《笺》的情形又有所不同。毛、郑将后妃、君主的身份引入《关雎》，使得《关雎》之"思"具有了毛《传》所说的"风化天下"的意义。

---

① 司马迁：《史记》，中华书局 1959 年版，第 1137 页。

② 郭庆藩：《庄子集释》，中华书局 1961 年版，第 1067 页。

③ 释文参见马承源主编：《上海博古馆藏战国楚竹书（一）》，上海古籍出版社 2001 年版，第 127、129 页；李零：《上博楚简三篇校读记》，中国人民大学出版社 2007 年版，第 32—33 页。

我们知道，儒家特别重视风化。《论语》载：

> 季康子问政于孔子曰："如杀无道，以就有道，何如？"孔子对曰："子为政，焉用杀？子欲善而民善矣。君子之德风，小人之德草，草上之风，必偃。"①

在孔子及儒家看来，社会秩序与价值的确立不能简单地依赖强制性的规范。刑政赏罚的手段只能让百姓被动地接受一种外在的言行要求。儒家所追求的，是引导百姓确立起对秩序与价值的自觉认同与追求。而风化正是实现这一目标的重要手段。风化首先是统治者对百姓的一种潜移默化的影响。儒家相信，在上位者如果能践行善道，那么百姓以之为典范，自然会慢慢实现向善的转变。在毛、郑对《关雎》的解读中，思求贤德后妃的君主与思求贤女的后妃，即构成了处理夫妇、妻妾关系的典范。后妃或贤女有"窈窕"之德，则"可以风化天下"。这也就是《诗序》所说的"风之始也，所以风天下而正夫妇也"②。而风化的另一个特点在于，统治者对百姓的影响不只是言行层面的，更重要的是内在于心灵的潜移默化。这也就要求，作为典范的君主或后妃要具有对善道的真诚的渴求。而《关雎》之"思"恰恰表现出了君主或后妃的真诚志意。

由此来看，《诗论》、《五行》、毛《传》、郑《笺》为《关雎》赋予了不同的含义，并以不同的方式将诗中固有的思求之意带入到了有关伦理秩序的探讨中，使其成为了相关理论建构的一个重要因素。很显然，经典诠释建立起了《关雎》与各种理论问题之间的内在联系。而正是由于鲜活的理论问题的不断引入，才使得《诗》始终反映着人们对社会秩序与价值的深刻认知。

（作者简介：孟庆楠　北京大学哲学系）

---

① 李学勤主编：《论语注疏》，北京大学出版社 1999 年版，第 166 页。
② 李学勤主编：《毛诗正义》，北京大学出版社 1999 年版，第 5 页。

"君子"、"小人"、"女子"及"与"之再辨析

张丰乾

> 事不避难，义不逃责，素位而行，随适而安，固吾人立身行己之大
> 要也。①
>
> ——汤　霖

> 叙述的历史和事件的历史总有其密切的关系，但严格说来，几乎写
> 的历史都是叙述的历史。叙述历史的作者在叙述历史事件时必然都和他
> 处的时代、生活的环境、个人的道德学问，甚至个人的偶然机遇有关系，
> 这就是说叙述的历史都是叙述者表现其对某一历史事件的"史观"②。
>
> ——汤一介

《论语》对于中国文化的影响，最重要的方面恐怕是其中所记载的孔子及
其弟子们关于"君子"与"小人"的反复讨论和辨析，其中不仅包含了儒家的
人格理想，也体现出儒家的思维特点和论说方式。孔子和他的弟子们没有给
"君子"和"小人"做一个一劳永逸的界定，而是对各种具体的情形做出概括。
比较"君子"与"小人"的异同，需要注意二者的对立关系并非空中楼阁，而
是有种种相同的基础。孔子所说的"唯女子与小人为难养"引起广泛争议，需
要在历史背景、文献语境及字词用法几个方面综合辨析。

君子和小人的本意是就社会地位而言③，但在孔子及其弟子的很多讨论中，
则侧重于将君子和小人定位在德行意义上。孔子作为"万世师表"，他所言传

---

① 此段文字被视为汤氏家风，出自汤霖为吴本钧绘《颐园老人生日宴游图》所作跋。（见杜羽：
《汤一介遗稿〈我们三代人〉出版——追述汤氏家风　记录文化变迁》，《光明日报》2015 年
11 月 19 日）

② 汤一介：《儒学与经典解释》，《北京大学学报》2010 年第 4 期。

③ 《周易·剥卦》上九爻辞："君子得舆，小人剥庐。"《周易·大壮卦》九三爻辞："小人用壮，
君子用罔，贞厉。"

358

身教的，就是如何成为君子。① 虽然有人斥责"伪君子"，而肯定"真小人"，但君子与小人之分，仍旧成为适用于各个领域的评价范畴。而当"小人"与"女子"并提时，则引起很多争议。梳理相关的思想资源，在文献脉络与历史语境中重新审视和梳理君子与小人的内涵，可以为今日之人格培养与传统文化的研究提供借鉴。

一、"君子"、"小人"之辨与"义"的准则

君子之为君子，一个重要的方面是他所认可的价值准则是否符合社会公义。

> 子曰："君子之于天下也，无适也，无莫也，义之与比。"（《论语·里仁》）

这句话是说君子对于天下事物的判断和认识，没有什么一定要认同和顺从的方面，也没有什么一定要否定和抵触的方面，只要是符合"义"这个标准的，君子就站在和"义"保持相同立场的一边。② 其中讲到的"无适"和"无莫"，非常类似于道家的思想，比如庄子讲到的"无可无不可"，老子讲到的"大道泛兮，其可左右"等。从北宋谢良佐到南宋朱熹，都注意到了这个问题，他们强调假如没有后面"义之与比"这句话，那就和老子及佛教思想非常接近了：

> 适，专主也。《春秋传》曰"吾谁适从"是也。莫，不肯也。比，从也。谢氏曰："适，可也。莫，不可也。无可无不可，苟无道以主之，不几于猖狂自恣乎？此佛老之学，所以自谓心无所住而能应变，而卒得罪于圣人也。圣人之学不然，于无可无不可之间，有义存焉。然则君子之心，果有所倚乎？"（朱熹：《论语集注》卷二）

倘若不能做到"义之与比"，"无适"和"无莫"就变成了无所适从和无所否定，相反，如果从"义"的立场来讲的话，那一定是有所认可、有所否定

---

① 如陈少明先生所论："孔子授徒的目的，主要不是出仕，而是成君子。士是身份，而君子是道德人格。"（陈少明：《经典世界中的人、事、物》，上海三联书店2008年版，第132页）

② 君所以不为臣隐何？以为君之与臣无适无莫，义之与比，赏一善而众臣劝，罚一恶而众臣惧。若为卑隐，为不可殆也。故《尚书》曰："必力赏罚，以定厥功。"（《白虎通义卷四·谏诤》）

的。换言之，君子对于天下事物的判断，不会以个人好恶作为标准，而是和正义或良知站在同一立场上。汉儒和宋儒在这一点上一脉相承。①

子曰："君子矜而不争，群而不党。"（《论语·卫灵公》）

"矜"在《道德经》里面出现过："不自矜，故长。"其中的"矜"可理解为自尊自大。但是在《论语》里面讲到的"矜"是正面的意思，是指君子的矜持，能够保持自己的立场。同时君子需要注意的是，过于固执就会引发和别人的争斗。所以，孔子强调，君子一方面要"矜"，另一方面要"不争"。"矜"是不同流合污，但是并不代表君子就要和别人争斗，即"矜而不争"。在《论语》中，孔子中庸的思想，很多时候就是通过"而"字来表达的。

接着，孔子讲到"群而不党"，在《礼记·学记》里面曾讲到过"乐群"，是说善于和别人群处，或者说善于融入群体，但是不会结党营私。"党"和"比"在古代本来都是行政单位②，后来引申为贬义词，是指立场很偏狭而且拉帮结派的行为。③ 在这里，孔子在要求君子"矜而不争"的基础上，进一步提出了"群而不党"的要求，这两方面实际上存在一个相互制约的关系。简言之，就是在保持个人独立和矜持的基础上，不会和别人争执；同时，融入一个团体当中能和众人很融洽地相处，但又不会结党营私。

---

① 祁奚称其仇，不为谄；立其子，不为比；举其偏，不为党。建一官而三物成，晋国赖之，君子归焉。盖人君者闭门关窗，号咷博求，得贤而赏，闻善若惊，无适也，无莫也。（《风俗通义·十反》）

明道先生曰："道之外无物，物之外无道，是天地之间无适而非道也。即父子而父子在所亲，即君臣而君臣在所严，以至为夫妇、为长幼、为朋友，无所为而非道，此道所以不可须臾离也；然则毁人伦、去四大者，其分于道也远矣。故'君子之于天下也，无适也，无莫也，义之与比'，若有适有莫，则于道为有间，非天地之全也。彼释氏之学，于'敬以直内'则有之矣，'义以方外'则未之有也。故滞固者入于枯槁，疏通者归于恣肆，此佛之教所以为隘也。吾道则不然，率性而已。斯理也，圣人于《易》备言之。"（《近思录》卷十三）

黄勉之问："'无适，无莫也，义之与比'，事事要如此否？"先生曰："固是事事要如此，须是识得个头脑乃可。义即是良知，晓得良知是个头脑，方无执着。且如受人馈送，也有今日当受的，他日不当受的；也有今日不当受的，他日当受的。你若执着了今日当受的，便一切受去，执着了今日不当受的，便一切不受去，便是适莫，便不是良知的本体，如何唤得做义？"（《传习录》卷下）

② 掌乡、合、州、党、族、闾、比之联，与其民人之什伍，使之相安相受，以比追胥之事，以施刑罚庆赏。

③ 无偏无党，王道荡荡；无党无偏，王道平平；无反无侧，王道正直。（《尚书·周书·洪范》）

子曰："色厉而内荏，譬诸小人，其犹穿窬之盗也与？"(《论语·子张》)

这句话是对小人的描述，这里讲到的小人有两方面的意义，一方面指社会地位比较低下的人，另一方面这些人的言行举止像"穿窬之盗"。"穿"就是穿过墙，"窬"是指翻过墙，是两种不同的偷窃方式。是说小人平时的行为，虽然没有偷东西，却畏首畏尾，就像小偷一样。孔子对于这一点的看法的特别之处在于他指出色厉而内荏的人（也许是高高在上的君主，也许是富甲一方的商人，也许是学富五车的文人），这类人尽管其表面看起来非常严厉，但他们的内心是非常恐惧的。之所以说这些人和小偷一样，就在于尽管他们并没有偷窃的行为，却用严肃的外表来掩饰内心的怯懦。

在现代社会，"色厉内荏"是一个比较通行的成语。孔子在这一点上的贡献就在于，指出不管社会地位的高低、财富的多寡、学问的高下，都有可能色厉而内荏。从这个角度上讲，孔子所谓的"小人"，指的不仅是社会上特定层面的一小部分人，而是社会各个阶层的人都有可能是小人。即使有的人在社会地位上来讲是高贵的，但事实上他们的言行举止都和小人没有差别，关于这一点，是孔子思想中的难得之处，他不会在社会地位和人的德行两方面画上等号。

子夏曰："小人之过也，必文。"(《论语·子张》)

子夏则具体地讲到，小人犯了错误和过失一定会为自己找借口来掩饰。这里的"小人"主要是指德行上的小人。这类人不能够直面自己所犯的错误，并且为自己的错误找借口、为自己的过失掩饰。

二、"君子"与"小人"：因同而异

按照日常的思维习惯，人们都会比较注重君子和小人不同的地方，注意到君子和小人之间的鲜明对比。但是，需要留心的是，君子和小人之间的对比需要一个基础；换言之，要明确他们之间的不同点建立在什么样的基础之上。只有当我们了解到君子和小人之间的相同点的时候，才能够更好地去了解他们的不同之处。

子曰："君子周而不比，小人比而不周。"(《论语·学而》)

与前文"义之与比"不同，孔子在这里用到的"比"是一个否定意义的词。对于这一点，朱熹也做出了解释：

> 周，普遍也。比，偏党也。皆与人亲厚之意，但周公而比私耳。君子小人所为不同，如阴阳昼夜，每每相反。然究其所以分，则在公私之际，毫厘之差耳。故圣人于周比、和同、骄泰之属，常对举而互言之，欲学者察乎两闲，而审其取舍之几也。（《论语集注》卷一）

在朱熹看来，"周"是普遍的意思，"比"是偏党的意思。接着，朱熹讲到了二者的共同点。君子的"周"和小人的"比"的共同点就在于"皆与人亲厚"，就是和周围的人的关系都很亲密，看起来都好像很敦厚的样子。但是"周"的特性是"公"，"比"的特性是"私"，所以，君子和别人的亲密关系是建立在公的基础之上，而小人和他人之间的亲密关系是建立在偏私的基础之上。所以朱熹特别强调"君子小人所为不同，如阴阳昼夜，每每相反"。接着"究其所以分"，即去探究君子和小人之所以有这样的差别的原因，就在于"公私之际，毫厘之差"。"差之毫厘，谬以千里"是我们非常熟悉的一组成语，这实际上就指出了人和人的差别很小。孟子常常以"非人也"来强调人和禽兽的差别，并说"人之与禽兽，相去几希"，是说人和禽兽的差别其实也很小，但是根本性的。就君子与小人的不同而言，主要就在于君子能够保持或者说严守这种差别，而小人却忽略或无视这种差别。所以朱熹指出，要特别注意这样一些微妙的差别。如朱熹所言："圣人于周比、和同、骄泰之属，常对举而互言之"，这和孔子思想中提到的"叩其两端"的方式相类似，即把两端的内容凸现出来，然后让自己做选择，所以朱熹强调要察乎这两者之间来做取舍——"欲学者察乎两间，而审其取舍之几也"。

三、怀德，怀土；怀刑，怀惠

君子与小人都有时时挂怀、念念不忘的对象，但重点截然不同。

> 子曰："君子怀德，小人怀土；君子怀刑，小人怀惠。"（《论语·里仁》）

相对来说，这是《论语》中比较令人费解的一句话，也是历代注疏和解释《论语》的学者争议很大的地方。这里，"怀德"、"怀土"、"怀刑"、"怀惠"的共同点在于"怀"，即关心或者关怀的意思。对此，朱熹在《论语集注》里面的解释是：

> 怀，思念也。怀德，谓存其固有之善。怀土，谓溺其所处之安。怀
> 刑，谓畏法。怀惠，谓贪利。君子小人趣向不同，公私之间而已。尹氏
> 曰："乐善恶不善，所以为君子；苟安务得，所以为小人。"（《论语集注》
> 卷二）

在朱熹的解释中，"怀"是思念的意思，也可以理解为念念不忘。"怀德，谓存其固有之善。怀土，谓溺其所处之安。"朱熹解释的精妙之处就体现在，分析了为什么君子念念不忘的是德，而小人念念不忘的是土，或者说，怎样来理解德和土之间的差别和共同之处呢？"德"和"土"的共同点就在于"德"具有固定性，而"土"也具有使人安定的特点；"德"和"土"的不同之处也是历代注释家的一个分歧点所在，何为"德"，何为"土"？"德"和"土"的区别在哪里？在朱熹看来，"土"即为"所处之安"，就好比是长期居处的乡土。

此外，"怀德"和"怀土"还有另一层更深的含义。"德"具有普遍性，在《论语》中讲到有德行的人"虽之夷狄，不可弃也"①。简言之，这里除了强调"德"需要不断地改善和提升以外，还应注意到德的普遍性。"怀土"是讲意识的狭隘性，这里孔子已经意识到狭隘的根源往往有地域的特征。在这样的过程中，人们的出发点都是自己所处的乡土，我们可以从乡土观念来解读很多的内容。进一步思考，为什么"怀土"的观念是很多冲突的根源？原因就在于"怀土"是一种很狭隘的本土观念。

另外，在《论语》中孔子还讲到"乡愿，德之贼也"，这里的"乡"和"怀土"的"土"有相通之处。为什么说"乡愿"是"德之贼"？就在于有那么一些人会把乡土看得比德行更为重要，这样的人看上去好像是每到一个地方都主动和当地的人相适应，并且和所有人都相处得很好，但事实上，这样的人没有坚定的立场，只是用附和或者讨好的方法来和他人相处，这样的行为是损害德行的。这句话可以和"怀土"的内容进行相互发明。

历来更受争议的是"怀刑"和"怀惠"，对此，邢昺做了如下解释：

> 此章言君子小人所安不同也。"君子怀德，小人怀土"者，怀，安也。
> 君子执德不移，是安于德也。小人安安而不能迁者，难于迁徙，是安于
> 土也。"君子怀刑，小人怀惠"者，刑，法制；惠，恩惠也。君子乐于法

---

① 樊迟问仁。子曰："居处恭，执事敬，与人忠。虽之夷狄，不可弃也。"（《论语·子路》）

制齐民，是怀刑也。小人唯利是亲，安于恩惠，是怀惠也。①

"小人怀惠"比较好理解，指小人在处理事情的过程中看重的是恩惠和利益。但君子为什么"怀刑"？这是一个比较费解的问题。另一个问题是，如果这里的"刑"是指刑罚的话，小人应该比君子更畏惧刑罚才对，为什么这里却特别强调"君子怀刑"呢？

在古代典籍，包括出土文献中，刑、型和形这三个字是可以相互通用的。《礼记·礼运》有云，禹汤文武等六位君子"刑仁讲让，示民有常"。其中的"刑"显然不可理解为刑罚、法制等，而是使仁定型、成形，让老百姓都可以遵循；就是把仁作为一种核心的价值观让它成形，或使其定型、常态化。

故而，所谓的"君子怀刑"，就是指君子关心的是自己的德行，让德行定型于自身当中，使得德行成为自身的一部分。与此不同的是小人"怀惠"，小人觉得如果所谓的仁有利可图的话，那么他也会装作一幅仁的样子，但是如果仁和利益没有关系，他们则不会在乎。这就是"怀刑"和"怀惠"的一个主要差别，所以邢昺说"君子小人所安不同"。

四、"义""利"之喻

小人并非愚钝之人，相反，和君子一样，也是明白利害之分别；而和君子之不同，则在于以"利"为优先。

> 子曰："君子喻于义，小人喻于利。"（《论语·里仁》）

这是《论语》中广为人知的一句话，在这句话中，君子与小人的区别讲得很清楚，但是很容易让人忽略二者的共同点——"喻"。朱熹的解释是：

> 喻，犹晓也。义者，天理之所宜。利者，人情之所欲。程子曰："君子之于义，犹小人之于利也。唯其深喻，是以笃好。"杨氏曰："君子有舍生而取义者，以利言之，则人之所欲无甚于生，所恶无甚于死，孰肯舍生而取义哉？其所喻者义而已，不知利之为利故也，小人反是。"（《论语集注》卷二）

如朱熹所言，"喻，犹晓也"，即通晓、明白的意思。"义者，天理之所宜。利者，人情之所欲。"这里，"义"和"利"的对立被转化成了天理和人欲的对

---

① 邢昺：《论语注疏》卷 4，《十三经注疏》（下），上海古籍出版社 1997 年版，第 2471 页。

立。如果不去仔细追究，这种解释好像非常顺畅，没有什么抵牾之处。接着朱熹引程颐之说："君子之于义，犹小人之于利也。"是说君子对待"义"和小人对待"利"的态度是一样的，这种一致就在于"唯其深喻，是以笃好"，正因为他们都很了解"义"或"利"的要害，所以君子非常重视"义"，小人则非常喜欢"利"。简言之，他们的共同点是"唯其深喻，是以笃好"，但是所好物件不同，分别是"义"和"利"。

义利之辩也是中国哲学史上非常复杂的问题，在《论语》之中，"义"和"利"是两个对立的范畴。[①] 朱熹所引杨时的解读是说君子可以做到舍生取义，这是和以"利"为中心的价值追求完全对立的。从"利"的角度来讲，人所最希望的莫过于生命的存续，而最讨厌的莫过于死亡的降临。正是因为君子了解义的重要性，所以不把利作为首要选择，而能够在关键时刻为了道义而牺牲生命；而小人则是为了私利有可能赴汤蹈火。即使在日常生活中，人生的很多付出其实都是无利可图的，但是其中自有乐趣和价值，反而是"放于利而行，多怨"（《论语·里仁》）。杨时所注"不知利之为利"似乎有绝对之嫌，君子并非"不知利之为利"，而是明白义重于利。

五、"君子儒"与"小人儒"

《论语》中也讲到了"儒"，其中的"儒"是泛指读书人或学者。

子谓子夏曰："女为君子儒，无为小人儒。"（《论语·雍也》）

这句话具有很重要的意义，因为这里孔子已经从他的学生当中发现，尽管都是在求学，尽管很多人都有了很好的文化修养，但是还是有可能成为小人而不是君子。孔子在这里讲到的"君子"和"小人"与《论语》中的大多数地方讲到的不同。这里的"小人"类似于孔子在批评樊迟的时候所讲到的小人，是指目光很短浅、见识很狭小的读书人，并不是指坏人。就是说读书并不一定会使人变得高明，读书人也很有可能成为心胸狭隘、见识短浅的小人。在孔子的学生中，可能是因为子夏教学生的内容非常琐碎，注重细枝末节，看起来没有远大的目标，所以孔子才会对子夏做出这样的告诫。这里的"君子"和"小人"是强调修养目标和志向方面的不同。

---

① "利"者，义之和也。（《周易·乾·文言》）

除了志向之外，君子和小人的胸怀和心理状态和明显不同。

> 子曰："君子坦荡荡，小人长戚戚。"（论语·述而》）

君子的言行很谨慎，同时，有了过失也能及时改正，所以是"坦荡荡"。而与此相反，小人言行放纵又患得患失，所以经常处于忧戚的状态。

君子和小人对待自己不同，对待别人也有根本区别。

> 子曰："君子成人之美，不成人之恶；小人反是。"（《论语·颜渊》）

这是《论语》中经常被误解的一句话，"不成人之恶"经常被误解为不揭发他人的歪风邪气，但是在孔子看来这恰好是成人之恶。"君子成人之美"就是说君子要成就别人美好的一方面，"不成人之恶"是说不会去帮助别人实现不好、恶劣的一方面。小人就恰好相反，当别人有美好的事情的时候，他们千方百计地去破坏，别人有恶劣的方面他们帮助其去实现。

六、学道与立德

无论是社会地位，还是道德品行，尽管君子和小人之间有非常明确的界限和区分标准，但实际上二者之间是互相影响的，他们可以接受一些共同的价值观念和文化形式。

> 子之武城，闻弦歌之声。夫子莞尔而笑曰："割鸡焉用牛刀？"子游对曰："昔者偃也闻诸夫子曰：'君子学道则爱人；小人学道则易使也。'"子曰："二三子！偃之言是也。前言戏之耳！"（《论语·阳货》）

武城是鲁国的一个地名，孔子到了武城之后，听到了礼乐的声音，孔子莞尔而笑，说"割鸡焉用牛刀"，是说治理这么小的地方为什么要用礼乐呢？这里带有一定讥讽的意味。对此，子游很严肃地对孔子说，曾经听您讲过，君子学习礼乐之道后就会更加地爱惜别人，小人学习礼乐之道后就会更容易听从指挥。此处的君子与小人的区分在很大程度上仍然是以社会地位为基础的，特别指处在统治阶层的人在学道之后会更加主动地去爱惜下层社会的人，下层社会的人学道之后更容易听从命令和承担各种义务。所以在子游看来，无论地方大小，无论君子还是小人，都应该用礼乐弦歌来加以教化。在听到子游的说法之后，孔子赶紧对身边的学生说："子游说的话是正确的，我在之前说的话不过是和他开玩笑罢了。"这里孔子实际上有一点自我解嘲的意味。其实，孔子所言"割鸡焉用牛刀"，也值得思考，即礼乐要用得恰到好处。这里孔子委婉地改变了自己的说法，似乎有一点不是那么坦率地认错的嫌疑。

既然存在君子和小人，以至于有道之人和无道之人的区别，那么如何对待二者，就是统治者经常要考虑的问题。

> 季康子问政于孔子曰："如杀无道，以就有道，何如？"孔子对曰："子为政，焉用杀？子欲善，而民善矣！君子之德，风；小人之德，草；草上之风，必偃。"（《论语·颜渊》）

季康子是当时掌握鲁国实权的正卿，他向孔子提出的问题颇有蛮横的意味："如杀无道，以就有道，何如？"孔子不是反复强调有道和无道的区别吗？那么把无道的人都杀掉，以此来向有道的人看齐，这样如何呢？对此，孔子回答可谓义正词严，他质问季康子，你推行政务，为什么一定要用杀的方法呢？然后指出，你如果有向善的愿望，而民众就变好了。随即，孔子又用"风"和"草"来比喻君子和小人的区分及其相互关系。孔子强调季康子处于君子的地位，一些处于下层的民众虽然无道，但是如果上层的统治者追求善行的话，那么民众也会朝着善的方向靠近，也会变得善良。这实际上也是谴责统治者的不善导致了民众的为恶。

孔子认为，君子的德行就像风一样，具有方向性，并且可以影响到别人；而小人的德行就像草一样，没有自己的方向，而是随着风的方向变动。这不是一般意义上强调君子的德行可以影响到小人，而是突出君子对小人所发挥的影响是难以抗拒的，就像草必定随着风的方向而发生偏倒一样。这里的一个关键字是"必"，强调这种影响是必然的，可见孔子对于在君子的影响之下小人必然会发生良性改变这一点深信不疑。

仔细想来，季康子的欲念其实非常危险。按他这种说法，把人分成"有道"和"无道"，以"诛无道"的名义去屠杀，必然造成无辜者受害。这样一种二元对立且迷信杀戮的思维方式所导致的治理手段是很残忍的。对此，孔子的立场非常鲜明，他指出老百姓是善良还是恶劣，统治者负有主要责任。

前文已述，一方面，君子和小人通过学道都可以共同得到提升；另一方面，君子相对小人而言，是可以充分发挥影响力的，并不是说小人就坏得无以复加、无可救药了，而是说君子是可以通过德行去影响和教化小人的。拥有社会资源和社会权利越多的人，就应该在德行上面有更高的水平和更好的表现。作为统治阶级，其德行应该具有表率作用，这在儒家的思想层面上看是必需的。

七、"女子"与"小人"

如果说"君子"与"小人"的区别容易理解的话，孔子把"女子"与"小人"均列为"难养"的对象则有些匪夷所思。

> 子曰："唯女子与小人为难养也，近之则不孙，远之则怨。"(《论语·阳货》)

"唯女子与小人为难养也"是孔子思想中引起激辩论的议题。近年来，钟肇鹏、劳悦强、李存山、廖名春等学者都曾有专门文章来讨论这个问题。

有人认为孔子这里所谓的女子与小人是指小女孩和小男孩，说的是小女孩和小男孩都很调皮，所以很难照顾。这种解释实际上让人有点啼笑皆非，既然承认小女孩和小男孩有调皮的特点，就不会有"难养"的感慨了。其中最主要的问题是女子不是专指小女孩，小人在任何情况下都不是专指小男孩。①

对孔子的另外一种维护是，说这里讲到的"女子"即为"汝子"，因为在先秦时代，"女"，通"汝"，这是很常见的现象。所以这样一来，"唯女子与小人为难养也"似乎就是孔子责备自己的学生，说他们跟小人一样难养。这样的解释看起来也似乎有一定的道理，但是也有很多存疑的地方，一方面在于"汝子"和孔子之间何以存在"养"的关系？即使说"养"，那么在孔子的时代，也是学生养老师，而没有老师养学生的道理，因为当时的民间老师主要就靠学生提供的供养（束脩）来维持生活；另一方面，将"汝子"与"小人"并提也是很令人费解的一种说法。②

---

① 《墨子·辞过》："女子废其纺织而修文采，故民寒；男子离其耕稼而修刻镂，故民饥。"《商君书·境内》篇："四境之内，丈夫女子皆有名于上，生者著，死者削。"《韩非子·亡征》篇："女子用国、刑余用事者，可亡也。"《黄帝内经·上古天真论》："岐伯曰：女子七岁肾气盛，齿更发长……五七阳明脉衰，面始焦，发始堕……"《孔子家语·本命解》："女子者，顺男子之教而长其理者也，是故无专制之义，而有三从之道，幼从父兄，既嫁从夫，夫死从子。"其中的"女子"都是泛指女人。（李存山：《"唯女子与小人为难养"之古义》，见李存山的博客 http://blog.sina.com.cn/s/blog_4a089901010006is.html）

② 所以，钟肇鹏先生批评说："现在有人新译《论语》，把'唯女子与小人难养也'说成'女同汝'，'子，弟子，学生'，翻译为只有你们几个学生和小人一样难于教养。这种解释和翻译也是随意诊释，毫无历史根据，可以说是妄说。"（钟肇鹏：《诠释古籍要实事求是》，国际儒学研究联合会编：《国际儒学研究》第 15 辑，九州出版社 2007 年版，第 224 页）

另外，还有一种维护孔子的说法是认为这里讲到的"女子"不是全称判断，而是一个特称判断，就是特指一些女子和小人，在笔者看来，这种解释也比较浮泛。

也有一些学者认为问题很简单，指出这可能只是孔子的愤激之词。的确，我们会留意到在现实生活中，无论是女性还是男性，在忿怒的状态下，都会偏向于以全称判断来表达自己一时的感触，而且言辞会很激烈，如"女人都虚荣"或"男人都霸道"之类。然而，孔子将"女子"和"小人"并提，而不是直接陈述"女子"如何，这显然是经过细致考虑的，而不大可能是一时兴起的愤激之词；其次在于，孔子在这里有一个明确的界定，这个界定就是"近之则不孙，远之则怨"，如果是愤激之词的话，就很难总结出这样的概括。所以，孔子这句话应该是经过深思熟虑的。

对于在这个问题上的争论，最值得我们留意的是，孔子讲这句话与古代社会中怎样的一种社会形态最相贴切。首先来看一下朱熹的注释：

> 此小人，亦谓仆隶下人也。君子之于臣妾，庄以莅之，慈以畜之，则无二者之患矣。（《论语集注》卷九）

朱熹的这个解释，并无精妙独特之处。家庭中的主仆关系，在孔子思想中并不是一个核心的问题。在儒家思想中反复强调五伦（君臣、父子、夫妇、兄弟、朋友），即使能勉强把主仆的关系纳入君臣伦常中讨论，也没有多大重要性。

相比而言，皇侃、邢昺的注疏更值得注意。皇侃从"禀气"的角度说明女子与小人的共同点：

> 女子小人并禀阴闭气多，故其意浅促，所以难可养立也。"近之则不逊"者，此难养之事也。君子之人，人愈近，愈敬；而女子小人，近之则其承狎而为不逊从也。"远之则有怨"者，君子之交如水，亦相忘江湖；而女子小人，人若远之，则生怨恨，言人不接已也。[1]

邢昺则认为：

> 此章言女子与小人皆无正性，难畜养。所以难养者，以其亲近之则多不孙（逊）顺，疏远之则好生怨恨。此言"女子"，举其大率耳，若其禀性贤明，若文母之类，则非所论也。[2]

---

[1] 皇侃：《论语义疏》卷9，《四部备要注疏丛刊·论语》（上），中华书局1998年版，第289页。

[2] 邢昺：《论语注疏》卷17，《十三经注疏》（下），上海古籍出版社1997年版，第2526页。

"举其大率"即指这里的"女子"是一个概言。"文母"是指文王的母亲，她以贤明著称，肯定不在"难养"之列。

还需要指出的是，孔子在这句话中讲的"女子"是一个概括性的说法，但是这个概括性的说法并不是指所有的女性。那他是指什么样的女性呢？以笔者愚见，孔子这里主要指的是和小人一起的那些女性。这里的一个关键是"养"的问题，对于自己的父母是秉持孝顺的态度，对自己的子女则是抚育的责任。所谓的君主或者君子，他们与小人的关系主要就是"养"和"被养"的关系。孟子的一段论述值得注意：

> 说大人则藐之，勿视其巍巍然。堂高数仞，榱题数尺，我得志弗为也。食前方丈，侍妾数百人，我得志弗为也。般乐饮酒，驱骋田猎，后车千乘，我得志弗为也。在彼者皆我所不为也，在我者皆古之制也，吾何畏彼哉？（《孟子·尽心下》）

"说大人则藐之，勿视其巍巍然"是指劝说那些所谓的"大人"的时候要藐视他，不要觉得他是高高在上、不可侵犯的。"堂高数仞，榱题数尺，我得志弗为也"，是说在孟子看来，即使自己志向得以实现，也不会去追求堂皇富丽的高堂大屋。与女子和小人的问题相关联的就在于，这里说到的"食前方丈，侍妾数百人，我得志弗为也"，这句话是指，吃饭之前，阵势很宏大，有歌舞表演，还有专门伺候的侍妾几百人，这种事情孟子是不会去做的。在很多时候，女子与小人其实就是指这一类的人，这些女子成为统治者娱乐的工具，这些小人则是从事服务工作的下人。接着孟子讲道："在彼者皆我所不为也，在我者皆古之制也，吾何畏彼哉？"就是说以上所列举的这些声色犬马的事情我都没有做过，有什么可惧怕的呢？这里孟子批评了统治者追求奢靡生活的做法，而"小人"和"女子"就是指那些被养着的侍妾。

八、"与"的关系及"难养"之处

东汉荀悦所著《汉纪·哀帝纪》中讲道：

> 夫内宠、嬖近、阿保、御竖之为乱，自古所患。故寻及之。孔子曰："惟女子与小人为难养。"性不安于道，智不周于物。其所以事上也，惟欲是从，惟利是务。饰便假之容，供耳目之好，以姑息为忠，以苟容为智，以技巧为材，以佞谀为美；而亲近于左右，亵习于朝夕；先意承旨，

因间随隙，以惑人主之心，求赡其私欲。虑不远图，不恤大事。人情不能无懈怠，或忽然不察其非而从之，或知其非不忍割之，或以为小事而听之，或心迷而笃信之，或眩曜而不疑之。其事皆始于纤微，终于显著，反乱弘大。其为害深矣！其伤德甚矣！是以明主唯大臣是任，唯正直是用。内宠便辟请求之事，无所听焉。

"内宠嬖近阿保御竖之为乱，自古所患"，这里的内宠、嬖近、阿保、御竖，实际上就是指后宫所豢养的女子和小人。① 这些人与君主朝夕相处，虽地位卑微，但和君主关系亲昵，对君主影响巨大，如果品行恶劣，就是乱局的始作俑者，所以孔子才讲："唯女子与小人为难养。"为什么难养？在荀悦看来，原因就在于这些人的心性不会安于正道，他们的智力不求周全，他们在面对君主的时候，只是一味地满足君主的欲望，注重自己的利益得失，还装出一副可亲的面容来迎合君主的耳目之好。他们的这种忠诚实质是在姑息和纵容皇帝的恶行，而他们的这种聪明都是苟且偷生，以此来获取君主的恩宠。但是，这样的人却具有"亲近于左右，酰习于朝夕"的便利，他们和君主朝夕相处，且善于阿谀奉迎。君主想什么事情还没有说出口，他们就已经猜测到其意图，所以他们在有机可乘的时候会迷惑君主以满足自己的私欲。他们的出发点不在于国家和百姓的利益，而在于一己之私。在一般的情况下，人不可能没有懈怠之时，这些人或者马马虎虎，没有意识到君主的错误而顺从君主，或者是即使知道君主的错误又不忍心去纠正他们，或者加以炫耀而没有疑问，或者是觉得这些无关大体而听之任之……最后的结果就是："其为害深矣！其伤德甚矣！"给国家带来的祸患非常大，对德行的损害非常严重。所以，荀悦的结论就是，君主应该"唯大臣是任，唯正直是用。内宠、便辟请求之事，无所听焉"。

现在我们不妨回头看一下，在男尊女卑的时代，在所谓的专制制度非常盛行的时代，荀悦就有了这样的看法，这里不是说所有的女子和小人难养，而是说当他们在皇权周围的时候，变得难以豢养。从另外一个角度来讲，这些女

① 阿保为乳母。范雎告诫秦昭王："足下上畏太后之严，下惑于奸臣之态，居深宫之中，不离阿保之手，终身迷惑，无与昭奸。大者宗庙灭覆，小者身以孤危，此臣之所恐耳。"（《史记·范雎列传》）"竖"指后宫中供役使的小臣，《周礼·天官冢宰》记载有"内竖"之职，人数比"寺人"（宦官）多一倍。"御"也是陪同在君主左右提供服务的小臣，《礼记·文王世子》："文王之为世子，朝于王季，日三。鸡初鸣而衣服，至于寝门外，问内竖之御者曰：'今日安否何如？'内竖曰：'安'。"

子和小人之所以为患作乱，最终的根源还是在于君主，在于君主能不能把各方面的关系都恰当地处理好。

在这方面，儒家有一个劝说的技巧，是通过讲出"唯女子与小人为难养"的这种说法来提醒君主和主政的人来约束自己的行为举止，并意识到身边的女子和小人都有"近之则不孙，远之则怨"的特征，从而去任用和依赖正直的大臣。

两汉政权时期，后宫内宠干预政事的问题都很严重。《汉书·谷永传》记载谷永对汉成帝的劝谏：

> 《易》曰："在中馈，无攸遂"，言妇人不得与事也。《诗》曰："懿厥哲妇，为枭为鸱"；"匪降自天，生自妇人"。建始、河平之际，许、班之贵，倾动前朝，熏灼四方，赏赐无量，空虚内臧，女宠至极，不可上矣；今之后起，天所不飨，什倍于前。

谷永之言是有针对性的：

> 成帝性宽而好文辞，又久无继嗣，数为微行，多近幸小臣，赵、李从微贱专宠，皆皇太后与诸舅夙夜所常忧。至亲难数言，故推永等使因天变而切谏，劝上纳用之。

谷永借助天气变化而劝谏成帝远离小臣，授意者是皇太后和他的兄弟，可见后宫和外戚干政，有时也和近幸小臣发生矛盾。

《后汉书·杨震传》中也讲道："《书》诫牝鸡牡鸣"，母鸡打鸣是不祥的预兆，这里意在告诫后宫不得干预朝政；"《诗》刺哲妇丧国"，《诗经·大雅·瞻印》篇实际上是当时的民众表达对上天不满的诗歌，"瞻印"即抬起头来看天，这首诗抱怨上天为何这样糊涂，主要目的是讽刺周幽王，为了褒姒而使得国家倾覆，而且说到"懿厥哲妇，为枭为鸱；妇有长舌，维厉之阶"，最后得出的结论是"乱匪降自天，生自妇人"，这里把国家祸乱的根源归结为妇人。

诚然，从今天的观点来看，这对女性来说是一种很不公平的说法。对此，历史上也有很多讨论。杨震在给汉安帝的奏折中讲道："昔郑庄公从母氏之欲，恣骄弟之情，几至危国，然后加讨，春秋贬之，以为失教。"后面又化用孔子之言："夫女子小人，近之喜，远之怨，实为难养"，所以他以《周易·家人卦》的六二爻辞"无攸遂，在中馈"，作为后宫不能干预朝政的一条原则。杨震指出《周易》所言就是指"妇人不得与于政事也"。他所提出的具体措施有："宜速出阿母，令居外舍，断绝伯荣，莫使往来，令恩德两隆，上下俱美。"汉安帝先是受制于邓太后及其兄长邓骘，而邓太后也依靠宦官控制安帝。邓太后去世后，安帝的乳母王圣及其儿子伯荣又倚仗安帝的宠信和纵容胡作非为。而杨震非常担心这种情况愈演愈烈，导致不可挽回的祸乱，于是向汉安帝敬献了几份奏折加以劝勉，主张"宜速出阿母，令居外舍，断绝伯荣，莫使往来，令恩德两隆，上下俱美"。后面提出的建议更是直指要害："绝婉娈之私，割不忍之心，留神万机，诫慎拜爵，减省献御，损节征发。"告诫安帝割舍对其乳母的溺爱之情，以社稷为重。但是，昏聩的汉安帝反而把杨震的奏折给王圣等人看："（安）帝以示阿母等，内幸皆怀忿恚。"

从这段记录来看，实际上真正有问题的是汉安帝，不仅任其乳母摆弄，还将大臣舍身劝谏的奏折给他的乳母看，引起所有作乱的人都非常痛恨杨震。

到汉桓帝的时候，又一位比较有作为的大臣叫做爰延。他在对汉桓帝的劝谏中也讲到：

> 臣闻之，帝左右者，所以谐政德也。故周公戒成王曰"其朋其朋"，言慎所与也。昔宋闵公与强臣共博，列妇人于侧，积此无礼，以致大灾。武帝与幸臣李延年、韩嫣同卧起，尊爵重赐，情欲无厌，遂生骄淫之心，行不义之事，卒延年被戮，嫣伏其事。夫爱之则不觉其过，恶之则不知其善，所以事多放滥，物情生怨。故王者赏人必酬其功，爵人必甄其德。善人同处，则日闻嘉训；恶人从游，则日生邪情。孔子曰："益者三友，损者三友。"邪臣惑君，乱妄危主，以非所言则悦于耳，以非所行则玩于目，故令人君不能远之。仲尼曰："惟女子与小人为难养，近之则不逊，远之则怨。"盖圣人之明戒也！（《后汉书·爰延传》）

在爰延看来，皇帝周围的人，都应该为皇帝提供劝谏和主张，以改善施政、提高德行。所以周公告诫成王说"其朋其朋"，就是说跟什么样的人交往一定要非常谨慎。"昔宋闵公与强臣共博，列妇人于侧，积此无礼，以致大灾"是春秋时期的历史事件。① 宋闵公正是孔子的先祖，孔子对于闵公的悲剧应当是很熟悉的。

我们不妨想一想，在孔子的时代，造成一个诸侯国产生如此大的祸乱的

---

① 宋闵公臣长万以勇力闻，万与鲁战，师败，为鲁所获，囚之宫中，数月归之宋。与闵公博，妇人皆在侧，公谓万曰："鲁君庸与寡人美？"万曰："鲁君美。天下诸侯，唯鲁君耳。宜其为君也。"闵公矜，妇人妒，其言戒曰："尔鲁之囚虏尔，何知？"万怒，遂搏闵公颊，齿落于口，绝吭而死。（《新序·义勇》）

原因大多在于后宫乱政，汉代的人在讨论"唯女子与小人为难养"这个问题的时候，就自然会更加深刻地认识到这一点的重要性。

接着，爱延还以汉武帝为例来说明这个问题，并引用了孔子所说的："益者三友，损者三友"，以此指出"邪臣惑君，乱妾危主，以非所言则悦于耳，以非所行则玩于目，故令人君不能远之"。这些人会"近之则不孙，远之则怨"的原因不在于他们离不开君主，而是君主因为要肆意满足耳目之欲而离不开他们。所以最后爱延指出："'唯女子与小人为难养，近之则不逊，远之则怨。'盖圣人之明戒也！"这说明，"女子"和"小人"都是特指的。但正如廖名春先生所指出的：

> 以上的引证，"女子"虽多以姬妾、内宠为说，但也不能说在杨震、爱延、荀悦看来，《论语》此章的"女子"就只指姬妾、内宠，而不包括其它。相反，从杨震、爱延都称"妇人"来看，在他们的心目中，"女子"就是"妇人"，这是一般义，人人皆知。因此，不值得特别提出。①

廖先生认为"唯女子与小人为难养也"一句中的"唯"作为副词，是用来限定范围的，表示强调，相当于"只有"、"只是"，与《孟子·梁惠王上》："无恒产而有恒心者，惟士为能"一句中的"惟"同义。②他在引证和分析古今有代表性的诸多说法的基础上，指出"与"是"如"的意思，并进而得出结论：

> 《论语》此章的"女子与小人"是一个偏正结构，"女子"是中心词，"与小人"则是后置定语，是修饰、限定"女子"的。因此，这里的"女子"不可能是全称，不可能是指所有的女性，而只能是特称，特指那些"像小人一样"的"女子"，"如同小人一样"的"女子"。这种"女子""如同小人"，其实质就是"女子"中的"小人"，就是"女子"中的"无德之人"。

> 为了强调，孔子特意在"女子与小人"前加上一个语气词"唯"字，突出强调只有这种"像小人一样"的"女子"才是他视为"难养"的物件。这样，自然就排除了其它的女子，排除了非"如同小人一样"的女子。

> 孔子视小人一样的女子为"难养"，认为她们"近之则不孙，远之则

---

① 廖名春：《孔子真精神——〈论语〉疑难问题解读》，贵阳孔学堂书局 2014 年版，第 58 页。

② 廖名春：《孔子真精神——〈论语〉疑难问题解读》，贵阳孔学堂书局 2014 年版，第 68—69 页。

怨",亲近了,就会放肆无礼;疏远了,就会埋怨忌恨。这种轻视、这种厌恶,有的放矢,决不是针对全体女性而言的,只能说是对小人、"女子"中的"小人"而言的。孔子思想的逻辑与语言考证反映出来的历史事实是完全一致的。因此,"五四"以来藉《论语》"唯女子与小人为难养也"章攻击孔子极端仇视妇女,"是女性的敌人"的说法可以休矣。①

按照廖先生的说法,孔子讲"唯女子与小人为难养",重点是在"女子";不过,结合相关文献来分析,很难把"小人"排除在"近之则不孙,远之则怨"的物件之外。

但廖先生考察了一般论者都忽略的"与"字,可谓独具只眼。结合相关的文献,我们可以了解到,"与"其实是指一种特别亲密的关系:

> 士与女,方秉蕳兮。
>
> 维士与女,伊其相谑,赠之以芍药。
>
> 士与女,殷其盈矣。
>
> 维士与女,伊其将谑,赠之以芍药。(《诗经·郑风·溱洧》)
>
> 葛生蒙楚,蔹蔓于野。予美亡此,谁与独处?
>
> 葛生蒙棘,蔹蔓于域。予美亡此,谁与独息?
>
> 角枕粲兮,锦衾烂兮。予美亡此,谁与独旦?(《诗经·唐风·葛生》)

由此引申出"党与"一词:

> 丁亥,楚子入陈,纳公孙宁、仪行父于陈。此皆大夫也,其言纳何?纳公党与也。(《春秋公羊传》宣公十一年)
>
> 内悉其众,外得党与卫曹。(《春秋繁露·竹林》)

《说文·勺部》:"与,赐予也。一勺爲与。此与、与同意。"段玉裁注:"与、攠与也。"《说文·手部》:"攠,朋羣也。"段玉裁注:"此'乡党'、'党与'本字。"从以上文献可见,"唯女子与小人为难养也",即只有作为后宫嫔妃的"女子"和从事各种侍奉工作的"小人"互相勾结、成为朋党时,才是难以豢养的;"近之则不孙,远之则怨"的特点,也是在"小人"与"女子"结为朋党之后,表现得更为充分。如前所述,这是为大量历史事实所证实的,也

---

① 廖名春:《孔子真精神——〈论语〉疑难问题解读》,贵阳孔学堂书局 2014 年版,第 81—82 页。

是正直的思想家们所高度警惕的。

黄宗羲在《明夷待访录》中严厉批评说：

> 奄宦之如毒药猛兽，数千年以来，人尽知之矣。乃卒遭其裂肝碎首者，曷故哉？岂无法以制之与？则由于人主之多欲也。夫人主受命于天，原非得已。故许由、务光之流，实见其以天下为桎梏而掉臂去之。岂料后世之君，视天下为娱乐之具。

> 崇其宫室，不得不以女谒充之；盛其女谒，不得不以奄寺守之。此相因之势也。

> 其在后世之君，亦何足责。而郑玄之注《周礼》也，乃谓女御八十一人当九夕，世妇二十七人当三夕，九嫔九人当一夕，三夫人当一夕，后当一夕，其视古之贤王与后世无异，则是《周礼》为诲淫之书也。

> 孟子言："侍妾数百人，我得志弗为也。"是时齐、梁、秦、楚之君，共为奢僭，东西二周且无此事。若使为周公遗制，则孟子亦安为固然，"得志弗为"，则是以周公为舛错矣。苟如玄之为言，王之妃百二十人，妃之下又有侍从，则奄之守卫服役者势当数千人。后儒以寺人隶于冢宰，谓《周官》深得治奄之法。

现在我们回过头来看一下，孔子在讲到"唯女子与小人为难养"，以及汉唐宋人在做注疏的时候，不能排除其中涉及性别歧视的问题。但是我们从另外一个角度来讲，性别歧视自古以来就是整个人类面临的一个问题，也是一个非常严肃的问题。对于这一点，我们真正应该做的是，一方面如何相互尊重男性和女性在各方面的差异，另一方面如何避免由于这些差异而引起的歧视和敌对。从前文所引述的文献来看，如果"女子"和"小人"的作用都是千方百计地满足君主的私欲，那么"女子"和"小人"就会因为得宠而骄横，因为失宠而抱怨。无论是骄横还是抱怨，都会成为祸乱政治的因素。特别是，在被君主所共同豢养的情形下，"女子"与"小人"更加容易互相勾结，为满足私欲而胡作非为。

同样值得重视的是，孔子熟读《诗经》等经典，他对经典中所记载的杰出的女性，以及他自己的母亲一定是非常尊敬的。①（当然，孔子与女性的交

---

① 如廖名春先生引《史记·孔子世家》所言："孔子对其母亲感情深厚，非常孝敬。"廖名春：《孔子真精神——〈论语〉疑难问题解读》，贵阳孔学堂书局 2014 年版，第 67 页。

往中，也有不愉快的经历，如"出妻"、"见南子"等。)

　　至此可以得出结论，孔子所言的"君子"、"小人"、"女子"三者有一个共同的立体背景：个人经历、社会制度与历史事件的交织。其中争议最大的"唯女子与小人为难养"一说，主要不是就女子的性别特征而言，而是针对为君主所豢养"女子"、"小人"形式上或实质上结为党羽之后的常见病态而言。孔子之言固然有可能出于激愤，但其背后蕴含着深切的忧虑。而黄宗羲则直接指出了古代君主豢养女子与小人所导致的严重后果，并点明是由于人主的多欲，进而提出"自三宫以外，一切当罢。如是，则奄之给使令者，不过数十人而足矣"的主张，虽然不够彻底，但已经是一大突破了。

（作者简介：张丰乾　中山大学哲学系）

四 端 之 心

——孟子对德性理据性的追问

匡 钊

从批评"仁内义外"的论点开始，到提出著名的"四端"之心，孟子这些思考真正的诉求，便是为德性的理据性寻求一个最终的根据，也就是为优良人性的成就寻求一个最终的根据——对于德性何以成立或者说某些人性品质何以可被认定为优秀，以往儒家似视其为不言而喻，这或与儒家将此向度的思考追溯至不容置疑的三代传统有关。但到了孟子的时代，随着三代传统不断崩塌，被儒家视为善的那些人性中的品质，那些自春秋以来便被称道的德性，何以具有此种地位，则成为一个潜在的需要被讲明的问题。其时以老子等为代表的批评声音或早已不绝于耳，而在此种论辩的语境中，以拒杨墨为己任的孟子，自需要给予儒家所谓德性以更强有力的理论支持，树立其之所以仍然成立的内在必然理由。孟子不断转向人的内心，进一步发扬孔孟之间儒者已经初现端倪的"即心言性"之理路，其未曾明言的问题意识的出发点，或即在于上述方面。孟子明确从心灵出发来看待成就人性、获取德性、塑造理想人格品质，也就是说使人成为其所应是的成人之道，一言以蔽之即是"先立乎其大者"：

> 公都子问曰："钧是人也，或为大人，或为小人，何也？"孟子曰："从其大体为大人，从其小体为小人。"……曰："耳目之官，不思而蔽于物……心之官则思，思则得之，不思则不得也。此天之所与我者，先立乎其大者，则其小者不得夺也。此为大人而已矣。"（《孟子·告子上》）

孟子在对于公都子的回答中，所涉及的关于人心的许多见解，比如"大小体"、"心之官则思"这样的内容，都是对已知的之前儒者和更早传统的继承，近从《五行》，远从《诗》、《书》的文本中都能找到语义上的线索。聚焦于人心带来的负面后果，便是在历史上长期将儒家的思想形象局限于心性之学的小格局。

如果暂时跳脱出心性之学的理论格局，对孟子在早期儒家"为己之学"之全局中地位的把握，应首先从他对于德性理据性的追问与对"四端"之心的规定开始："孟子欲肯定价值意识为自觉心所本有，只能就本质历程讲。此所以孟子就四端而言性。"①

一

德性的理据性问题在孟子这里与人性之善恶纠结在一起，而后一问题也是他与告子争论的另一个焦点。孔孟之间儒者言性最大的发明便在于，通过一系列的理论努力将原本表与生俱来之禀赋的"性"，转化为抽象的对于人之应是的回答，而此回答呈现在一个动态成长的过程中，而不表现为某种预先确定的"本质"："在社会体制的'后面'或者历史'之前'不存在任何使我们成为人或将我们定义为人的东西。尤其特别的是，不存在那种会帮助我们了解我们的真实所是或怎样才是最好的生活的所谓的'人性'。"② 相形之下，告子言性，如《孟子·告子上》中记录的其各种主要论点所示，完全还停留在与生俱来之生命禀赋的意思上：

> 性，犹杞柳也；义，犹桮棬也。
>
> 性犹湍水也，决诸东方则东流，决诸西方则西流。
>
> 生之谓性。
>
> 食色，性也。

而这样的人性，在他看来既无法改变，也无须改变：

> 以人性为仁义，犹以杞柳为桮棬。
>
> 人性之无分于善不善也，犹水之无分于东西也。

这种意义上的性，不外就是孔子所讲的"命"："天命、人性二观念，在其演进之初，本属同一范域。"③ 对于命或天命的基本地位，从孔子早已奠定的天人有分

---

① 劳思光：《新编中国哲学史》第 1 卷，广西师范大学出版社 2005 年版，第 120 页。

② Rorty, Richard, *Contingency, Irony, and Solidarity*, Cambridge University Press, 1989. 转引自 Aaron Stalnaker, *Overcoming Our Evil: human nature and spiritual exercises in Xunzi and Augustine*, Georgetown University Press, 2006, p.36。

③ 傅斯年：《性命古训辨证》，上海古籍出版社 2012 年版，第 178—185 页。

的角度看，本属于"不可求"者①，但孟子在对告子的驳斥中所要强调的则是，人性的观念，早已由"不可求"者彻底转化为"可求"者了。后一种意义上的"性"，也就是孟子所谓的"求在我者"："求则得之，舍则失之，是求有益于得也，求在我者也。"（《孟子·尽心上》）此"求在我者"与"求在外者"相对："求之有道，得之有命，是求无益于得也，求在外者也。"（《孟子·尽心上》）所谓"求在外者"，也就是孔子早先所谓"不可求"者。在传统的解释中，典型如朱熹对此"求在我者"的理解却包含着一个严重的问题，他认为："在我者，谓仁义礼智，凡性之所有者。"这个论点，实际上是将人性养成或者说德性获得的问题，与德性理据性或者说某种人性品质可被视为优良的根据问题混淆在了一起。在人心的天然能力或禀赋之中，可能存在德性与人性被目为善的根据，但这并不意味着人因此便无条件拥有某些先天的、非获得性的品质——在严格意义上，心与性是两回事，人心只是人性之成就的不可或缺的起点，却并不反映后者的完满状态——否则儒家的全部修身工夫或者借用现代福柯所曾运用的术语来说——"自身技术"——便无从挂搭。朱熹及持有同样看法的学者之所以会陷入此种错误之中，肯定一方面与他们对人性的近乎"本质主义"的设想有关，而另一方面也与他们对孟子所谓"四端"之心的误读有关。

孟子所谓"求在我者"的人性，乃是"人之异于禽兽者"，对此方面的内容，有论者参照孟、告论辩中所举出"白"之类的例子认为："按照孟子的看法，谈到'白'这一概念，我们所关注的是对象的抽象共同性。……但是，'性'这一概念所表示的，却不是像'白'一类概念那样的抽象共同性或抽象属性。当我们说'性'的时候，我们意谓的是一类物在其整体存在上所显现出来的根本的特性……是人与动物相区别的、标示人之所以为人的根本特性。"②在何种意义上可将"抽象共同性"或"抽象属性"与"根本特性"加以区分，并不是非常清楚、显而易见的，较为明显的是，孟子在自己的论辩中，实际上使用了偷换概念之类的手法以胜过告子——告子对于"性"的一般理解，即将其作为事物的某种天然具备的规定性，仍然是有效的，只不过，孟子所关注和

① 参见劳思光：《新编中国哲学史》第1卷，广西师范大学出版社2005年版，第102—105页；匡钊：《〈论语〉中所见孔子的天人观》，见孔庙和国子监博物馆编：《孔庙国子监论丛》（2012年），北京燕山出版社2012年版，第259—273页。

② 李景林：《教养的本原——哲学突破期的儒家心性论》，北京师范大学出版社2009年版，第216页。

谈论的人性，已经超出了此一范围，并非如告子所理解的是属于人的某种天然
禀赋，而是回答人之所以为人的关键所在。暂不考虑其论辩的形式上的有效
性，孟子正确地揭示出人性和白之类的观念完全不在一个层面上，那么，白作
为一种"抽象属性"和与之不同的性作为一种"根本特性"的所指究竟分别是
什么？我们又应该如何将两者加以区分并进一步将后者与人联系起来？如果在
一定程度上参考亚里士多德的看法，或者可以设想，告子所谓白乃是指事物或
某一客观对象的抽象的"属性"（Attribute），这样的属性，如某物之为白，可
以是偶然的，即"偶性"（accident），虽然告子与孟子均未言及这一层意思，
但告子的错误，显然在于将此种偶然属性视为与"性"这个概念无异——这种
理解在较早的时候或许并不算错，但随着"性"被独立出来、在一系列特殊的
用法当中被用来指谓人或物的某种特性之时，理解上的鸿沟就产生了。虽然就
目前而言，性这个术语如何具有我们这里所指出的这种特殊用法的观念史细节
仍然有待研究，但结合孔子后学与孟子的言论，尤其是孟子与告子的论辩，则
可较为清楚地看出，孟子对此术语与以往告子所谓白之类的属性或偶性，即白
羽、白雪之白之间的差异，所见则更为深刻精细，他有意识地指出，"性"所
指称的内容——特性，与白之类属性并无交集，其内涵远非后者所能覆盖。孟
子在自己的论辩中，赋予"性"这个术语全新的积极用法，这种用法的来路，
或许与之前儒者的努力密不可分，但以完全自觉的意识，强调性之为特性，则
应是孟子重大的理论发明和哲学推进。如是，更向前推进一步，孟子完成的最
后努力，便是将人性明确视为人之所以为人的根本规定，或者说，他将人的特
性进而表达为人的"本质"（essence）——本质意义上的人性，可以为德性所
充实，并在这种意义上是"善"的，而这划定了人之不同于禽兽之类的根本所
在。当然，如果从亚里士多德的角度来看，孟子的思考在这里仿佛出现了一个
无法容忍的理论跳跃，即，将特性直接与本质等同起来，是不可能被接受的。
对此笔者的理解是：其一，孟子在利用人性来规定人的本质的时候，实际上已
经考虑到了人与物相比，近似于亚里士多德所说的那种种属之间的差异，他的
判断，完全是针对人这一专门的物种而言的；其二，孟子在这里遵循了某种目
前尚未得到正面研究的、不同于古希腊式的思维程序，这种程序从西方哲学的
角度来看，便是孟子并没有如亚里士多德那样，从种属关系和定义的角度清晰
揭示上述问题的理论构造，在直接将结论呈现出来的同时，却使其中原理化为
隐藏的谜团。抛开仍然有待评估的上述理解不谈（亚里士多德的有关考虑也并

非完全清楚、无懈可击），根据我们以上的分析，可以肯定的是，相对于告子而言，孟子在谈论人性的时候，所希望谈论的，乃是人之为人的本质所在，而绝非人的某种一般属性。

尤为重要的是，上述这种本质并非是被预先决定的，人性并非某种完成时的本质主义概念，而是一个敞开的、形式化的概念，有待于从实质上加以充实之后，即通过德性的获得或者说向善的努力，方能充分显示出其内容是什么。于是动态地看，人性便是一个变化、成长的过程，也就是说，在孟子这里，人性指的是一个人通过某些内心原则所支配的实践活动来使自己区别于一切非人者的提升、改变自己的过程："在孟子那里，把一个人从人类兽性中区别出来的东西不是某种不受侵犯的自然赐予，而是一种暂时的和永远特殊的文化上的细致提升。"① 对于这一点，王夫之曾有相当正确的看法，冯友兰曾引王夫之《尚书引义》卷三言，说到"他提出了关于性命的一个重要命题，就是：'命日受则性日生'"②，而"性日生"正是对于人性的过程性的强调。最终，可以说孟子所言性就人而言，恰恰表述的是一种完全与告子的意见相对的、"不自然"的、培养塑造人格品质的过程，而作为其最终成果的人性，则是某种为人所独具、"异于禽兽"的特殊的人之所以为人的规定性或人的本质。更进一步，在接续孔子后学思考方向、不断强调内心作用的孟子看来，此过程最终应当由本人心来加以呈现和解决："'性'只是孟子为了建立人类的复杂形象时所需要的词汇表上的一个术语。事实上，'心'是使得人类和其他动物区分开来的那部分本性的终极'处所'（locus）。如果正确地加以理解，'性'只是人心（heart）朝向充分实现其道德能力的天赋趋向。的确，孟子在处理人的问题时，其问题意识（problematique）的中心实际上并不是本性（性）而是人心／心灵（心）。"③

在以上的理论向度中，孟子的思考最终在两个意义上向心灵收束：其一是在工夫论的意义上，基于某些心灵能力的精神修炼为人性的塑造提供了动力与途径；其二是在德性理据性的意义上，被以往儒家视为理所当然的那些德性何以成立、其必然的来源如何的问题，在孟子看来也须从人心中寻找其根据。以

---

① 安乐哲：《孟子的人性概念：它意味着人的本性吗?》，见江文思、安乐哲编：《孟子心性之学》，社会科学文献出版社 2005 年版，第 96 页。

② 冯友兰：《中国哲学史新编》下，人民出版社 1999 年版，第 321 页。

③ 本杰明·史华慈：《古代中国的思想世界》，江苏人民出版社 2014 年版，第 364 页。

上第一方面问题较为单纯，以往学者也有明确论及，如牟宗三曾参照康德的观点加以说明："'纯粹理性如何其自身就能是实践的'……这问题底最后关键，是在'心'字，即康德所谓'道德感'、'道德情感'……最终是指这'心'字说，所以最后是'心'底问题。"① 这个问题包含两个层次：人心在精神性的意义上，是人性内容的实现场所；修身工夫的精神性维度或者说精神修炼，在孔孟之间儒者便已经开始成为重要的，甚至主导性的力量，如《性自命出》所谓"心术为主"②。至于以上第二方面问题，与形式化的、动态的、成长性的人性为什么是值得追求的有关。在儒家和孟子看来，这当然是由于人性中所能包容的德性，如果我们一定要进一步追问这种德性的理据性何在，孟子认为其正在于人心所本来具有的道德自觉能力。如此，人性、人心与德性便形成了一个自足的系统，人在其中通过各种工夫追求善的理想人格的努力，则完全成为不依赖任何外在力量的"求在我者"，如徐复观便曾从类似角度评价孟子言心的贡献："心字很早便出现，并且很早便流行。但在孟子以前所说的心，都指的是感情、认识、意欲的心，亦即是所谓'情识'之心。……在自己心的活动中找道德的根据，恐怕到了孟子才明白有此自觉。"③ 以上两方面问题，最终都在孟子对"四端"之心的论述中交织在一起。

二

反观孟子与告子的全部争论，孟子相对告子那种较为传统和"自然的"人性论，所欲强调的不外是人性所具有的两个特征。其一，人性的成就是修身努力的结果；其二，此种努力具有确定的必然方向，也就是说，是以成就被称为德性的那些优良品质为目标。前一特征我们前文已经反复论及，而后一特征一方面与孟子对人性最终能达到某种"善"的判断有关，另一方面则直指德性的理据性何在的问题。关于孟子口中的"善"，如胡宏《胡子知言·疑义》所称："先君子曰：'孟子道性善云者，欢美之辞也，不与恶对。'"乃是称许人性的"欢美之辞"，理论上的后果或正如葛瑞汉所言："完善孟子人的本性理论的

① 牟宗三：《心体与性体》（上），上海古籍出版社1999年版，第140页。
② 参见匡钊：《简书〈性自命出〉中"道四术"探析》，《江汉论坛》2012年第7期。
③ 徐复观：《中国人性论史·先秦篇》，《徐复观全集》，九州出版社2014年版，第156页。

是去掉人的本性是善的主张。"① 即便取消这个称许之辞，仍无损于孟子人性论的完整性。实际上，孟子对人性的称许仍然是出现在驳斥告子的语境中：

> 公都子曰："告子曰：'性无善无不善也。'或曰：'性可以为善，可以为不善；是故文武兴，则民好善；幽厉兴，则民好暴。'或曰：'有性善，有性不善；是故以尧为君而有象，以瞽瞍为父而有舜；以纣为兄之子且以为君，而有微子启、王子比干。'今曰'性善'，然则彼皆非与？"孟子曰："乃若其情，则可以为善矣，乃所谓善也。若夫为不善，非才之罪也。恻隐之心，人皆有之；羞恶之心，人皆有之；恭敬之心，人皆有之；是非之心，人皆有之。恻隐之心，仁也；羞恶之心，义也；恭敬之心，礼也；是非之心，智也。仁义礼智，非由外铄我也，我固有之也，弗思耳矣。"（《孟子·告子上》）

在驳斥对手的时候，颇为"好辩"的孟子有时大概难免因逞口舌之利而有损于思想上的精确与清晰，对于人性的观念而言，善的评价本应出现在这个过程的终点，但在孟子的话语中，很容易让听者以为这个过程从一开始就是善的。孟子对于善这个字眼的使用，是将其作为对于某种一般意义上好的、值得赞扬的行为、言词、人物或事件的评价和修饰，但是，善作为一个正面的评价，其根源不能出于某种公共的约定性或人们的公认——如果把问题还原到这个层面，那么我们基本无法摆脱庄子所设想的那种"彼亦一是非，此亦一是非"的陷于相对主义泥淖的公共评价混乱。在孟子看来，之所以能够做出如此的评价，其理由仍然在于对于人心中本来具有的德性理据性的认定。从逻辑上讲，人性的全部过程当然既可能是善的，也可能是不善的。那么为什么人性在孟子这里最终会得到善这样的评价呢？这不外是因为人性的成就取决于德性的获取。具备德性的人，所呈现之人格面貌便可谓善。孟子的思路，或的确可与康德形成一定程度上的对照，后者认为："善和恶的概念必定不是先于道德法则（从表面上看来，前者甚至似乎必定构成后者的基础）被决定的，而只是（一如这里所发生的那样）后于道德法则并且通过道德法则被决定的。"② 他们之间的区别在于，孟子在对人性之善加以认定的时候，所诉诸的根据并非康德所设想的那种

---

① 葛瑞汉：《孟子人性理论的背景》，见江文思、安乐哲编：《孟子心性之学》，社会科学文献出版社 2005 年版，第 76 页。

② 康德：《实践理性批判》，商务印书馆 1999 年版，第 68 页。

"道德法则"，而是基于德性善的必然性。从某种意义上讲，董仲舒论人性之时反而把握到了孟子的核心意思："善如米，性如禾，而禾未可谓之米也。性虽出善，而性未可谓之善也。"（《春秋繁露·实性》）归根结底，人性的养成过程，从评价的角度看，实际上是先行于善的，而之所以我们最终能给予这个过程善的评价，则是由于这个过程最终呈现出的，乃是被认定为优良的德性品质。追问至此，德性何以可被认定为美好的、值得追求的，便是一个不得不加以正视的问题了。孟子很快意识到这一点，并主张其答案仍然在于人心所具有的某些"本然"性质，即后文言及的"四心"。

在谈论此"四心"之前，孟子还提及两个可能会产生误解的观念，"情"与"才"。就孟子所言"情"，朱熹在《集注》似是从情感之义来看待，并据此做出了自己的推论："情者，性之动也。人之情，本但可以为善而不可以为恶，则性之本善可知矣。"无论此"情"究竟所指为何，朱熹据其直指"性之本善"也不知根据何在，况且孟子此处所言"情"，应是取"情伪"之义，无涉于情感，是要说明就人性之实际结果而言，它当然是善的，只是未及立即追加说明，此人性的实际结果并非现成之物，而是修身成德的后果。至于"才"，则是对于人心具有实现理想人格之潜能的第一个表述，或是为后面引出"四心"做铺垫。善作为对人性之应然的评价，其在现实中的面貌如欲实然如此，则从逻辑上讲，必须获得"求则得之"的"求在我者"之德性，而人之所以能够获取德性的第一个保障，便在于人心之才。这处所谓"才"，正如以往朱熹、蒋伯潜所以为的，"本来就与心、性、情通为一物"[1]。但是人心具有此等改变自己的潜能，却也并不意味着一定会在现实生命中达成理想人格，这种潜能，需要经历实际的修养过程方能成为现实，而上述过程，在实际上完全可能因为种种阻碍而无法正常发挥，致使我们对于德性的追求受到阻碍，并导致现象界总有不善或者说恶的东西存在——孟子其他地方谈到的"牛山之木"的比喻，便是要说明这层意思。同时，孟子虽然在原则上同意"人皆可以为尧舜"（《孟子·告子下》)，但他似乎没有认真考虑过人心所具有的成就德性的潜能，或者说"才"是否必定具有实践上的强制性。原本应向善之人不能为善，大约不外是因为无知、主观故意或者意志软弱这三方面的理由，而孟子虽然意识到人心中追求德性的潜能可能会受到阻碍，但并未清晰区分上述各种情况。孟子实际

---

① 欧阳祯人：《先秦儒家性情思想研究》，武汉大学出版社 2005 年版，第 358 页。

上可能是把上述前两个人无法为善的理由混淆在一起，他斥杨、墨之徒为"禽兽"，而他显然认为这些人之所以未能最终展示出人性的优美，是因为认识上的错误——否则他"好辩"就显得毫无意义；比较麻烦的是关于纣之类的反面典型，孟子并未明示这种"残贼之人"作恶的理由何在：他们是出于对人之应是的价值的无知，还是在了解这些价值真相的情况下故意作恶？不能为善的第三个理由，孟子曾先后从两个角度对其加以考虑，一方面曾以"挟太山以超北海"和"为长者折枝"做比喻，主张导致意志软弱的消极影响完全可以通过改变自己的立场而加以克服；另一方面，孟子也曾将其与人们因"好货"、"好色"之类的私欲遮蔽联系起来，而为了克服这些阻碍自身心灵内潜能发展的私欲，孟子简单地提供了"寡欲"的方案。虽然在人性向善的过程中存在上述各种不和谐的状况，但这仍不足以否定人心有可能开展出的正面德性与价值，而这便是孟子所谓"非才之罪"的意思所在。

回到孟子提出的"四心"的基本立场，其意图首先便在于表明德性的理据性何在。除了上述《告子上》中所言的内容，孟子还在《公孙丑上》中将"四心"称为"四端"，以更为确切的方式提出了"四端"之心的著名论断："恻隐之心，仁之端也；羞恶之心，义之端也；辞让之心，礼之端也；是非之心，智之端也。人之有是四端也，犹其有四体也。"这是明确将德性养成的根据与心中的特定潜能联系起来，而如果希望真正实现有德性的人格，则还需要"扩而充之"的修养工夫："凡有四端于我者，皆知扩而充之矣，若火之始然、泉之始达，苟能充之，足以保四海。"

将孟子前后言及的"四心"视为"端"，比直接指其为某种德性本身更为可取且贴合孟子本意——孟子从来没有主张人性无须任何努力、当下即是善的，否则他与各种修身工夫有关的思考就毫无意义。但从他与告子论辩的语境看，孟子在不精确的意义上，称道人心具有德性，也就是从"仁之端"最终可以为"仁"的角度说"仁之端"就是"仁"。抛开这种论辩的立场，结合前面已有的对于孟子与早期儒家人性论的讨论，我们认为孟子的实际观点乃在于，将心之"四端"作为引导人达成理想人格和德性价值的潜能，这种潜能通过适当的修养，一定能够得到必然实现，但其需要大量的努力和漫长的过程。在这个意义上，孟子继续主张"四端"之心是与生俱来的，如同人天生具有"四体"，这也就意味着德性养成的潜在苗头"非由外铄我也，我固有之也"。这样的"四端"之心，任何人均普遍具有，用孟子的话说就是："非独贤者有是心也，人皆有之，贤者能勿丧耳。"(《孟子·告子上》)如果我们能够主动并恰当地培养这种人心之"端"，便都可能达到理想人格境界："孟子思想中的'心'具有普遍必然性，又有自主性。这两个特质都表现在孟子的'心'之作为价值意识的创造者这一点之上。"①在现实中，之所以有人因丧失自觉的价值意识而失去人的身份，并堕落到禽兽的地步，仍然是因为未能妥当对待、滋养心之"四端"。如我们前面所言，从逻辑上讲一定可以向"善"的心灵之潜能之所以不能发育成熟，不外是因为故意、无知或无能，从《孟子》全书多处对于"求则得之"的强调来看，孟子最为重视的乃是第三种情况，也就是如何通过适当的修身工夫，克服意志的软弱——这正落入早期儒家"为己之学"的范围之内。

孟子将"四端"之心视为德性的理据性，具有前所未有的理论意义。在先秦时代，对于类似的根源性观念的探寻，已经在道家谱系内有所突破，老子所谓"道"堪称是一个外在的超越性权威，但此权威对于人而言，却在一定程度上取消了后者对于价值的"自由"获得——人的价值来自以"无为"或"自然"的方式得道或顺应道。这种思路，无异于将人置于一个更高的客观权威之下，而这对于坚持天人有分立场，并认为各种价值目标均应是完全取决于人自身的"求则得之"的"可求"者的儒家而言，应当说不是令人满意的答案。孟子将此德性的根据追溯到人心，便避免了上述困难，既坚持了儒家天人有分的基本立场，也突破了以往儒家谱系内部对于根源性观念的探索无所贡献的局面。但孟子的思路也并非完全没有疑问，至少在荀子眼中，这个直指人心的答案，由于在最初的辨识上与人的一般生理或生命禀赋层面的情感活动有关，如孟子"乍见孺子将入于井"的例子所体现出的那样，或许在可说明性方面显得有些不那么清晰。可能是出于这样的考虑，荀子在自己对于类似内容的探究中，反而放弃了孟子已经建立的思路，转而从"圣人"那里寻找德性的根源，如《荀子·性恶》所谓"礼义者，圣人之所生也"。这种说法的理论后果，实际上仍然倒向了不"自由"的"他律道德"，而如果更进一步对圣人如何知礼义之源加以追问，则恐怕荀子也无法提供合理的答案。对于完全贯彻并充分理解早期儒家天人有分的思想传统的荀子而言，他的上述观点不能不说是他思想中的一个严重缺陷，荀子似乎没有真正了解从孔子到孟子所强调的"可求"或

---

① 黄俊杰：《中国孟学诠释史论》，社会科学文献出版社 2004 年版，第 96 页。

者"求在我者"的那些仅仅并完全取决于人自身的价值目标的全部意义——德性的价值在于,其获得是"自由"的,人成为自己之应是可以并且能够对于自身之外其他任何东西都应无所依傍。

实际上,孟子所谈论的作为德性根据的心之"四端",既不是一个生理问题,也不是一个纯粹的理论问题。如果心的问题最终被归于前一方面,那么哲学活动就完全没有意义了,人之所以为人,恰恰不是因为这个物种有生命,而是因为这个物种有"异于禽兽"的意义。同时,对于这些意义的发掘,也并未仅仅停留在理智思辨的层面上,而主要是贯彻在生存(existence)之中的实践问题,或者说"为己之学"问题域中出现的问题——人的全部意义均来源于他们改变自己、成就德性、塑造理想人格品质的实践活动。探索孟子在理论上的真正发明,便在于如何理解从"四端"之心开始,德性由某种潜在而得到全幅实现的过程。

孔子早已认为德性作为构成人格品质的要素,乃是"内在的",但他并未明示追寻这些德性的内向转向是对一种现成之物的发现,还是根据某些外在的规范对于人自身人格的重建,或者是对于原有的某些苗头或者倾向的精心培养与发展。从人如何成就德性的修身过程来看,"宽泛地讲,我们可以区分三种伦理修养的过程:发现、重建和发展"[1]。上述三种不同的修养模式为不同的中外哲人所主张,从孟子指出仁、义、礼、智这些品质起始于某种具有特定倾向之"端"来看,他所设定的人获得伦理德性的过程是发展和发现式的。[2] 持论者可能出于对孟子言"性善"之传统理论未加分辨地认可,而认为他对伦理生活的考虑同时具有发展和发现两种理论趣味,但从严格意义上讲,孟子的观点仅同意发展类型的伦理生活,这与典型的柏拉图式的通过回忆来发现人本来完整具备的某些素质根本不同。与此形成对照的是,亚里士多德和荀子对于伦理生活的了解则属于重建式,而前者的伦理学模式中同时也含有发展式的因素。[3] 从涉及德性养成过程的角度看,发展和重建式的伦理生活有共同之

① Bryan W. Van Norden, *Virtue Ethics and Consequentialism in Early Chinese Philosophy*, Cambridge University Press, 2007, p. 43.

② Cf. Bryan W. Van Norden, *Virtue Ethics and Consequentialism in Early Chinese Philosophy*, Cambridge University Press, 2007, p. 46.

③ Cf. Bryan W. Van Norden, *Virtue Ethics and Consequentialism in Early Chinese Philosophy*, Cambridge University Press, 2007, pp. 50-51.

处，只是它们的起点完全不一样，前者起源于内在具备的倾向或者潜能，而后者诉诸外在的法则。从这个角度看，荀子的伦理属于典型的发展类型，他认为人在开始其伦理修养的时候并不具备任何与德性有关的素质。那么孟子所据以发展出德性的特定倾向性或者"端"究竟应如何理解呢？从孟子自己的说法来看，"四端"之心首先都被视为与仍然处于生命禀赋层面的情感状态有关。这个观点来自对较早儒者观点的继承，人之情早已被在他之前的以郭店简书为代表的儒者认为是人性成长的真正起点。举孟子自己最常用的例子"恻隐之心"而言，上述这种情绪又被孟子称为"不忍人之心"："所以谓人皆有不忍人之心者，今人乍见孺子将入于井，皆有怵惕恻隐之心。"（《孟子·公孙丑上》）这样的心情，被冯友兰与作为人之根本规定性的"仁"联系起来："他（孟子）认为'仁'的重要内容是'不忍人之心'，就是不忍看见别人痛苦的心。"[1] 至于"不忍看见别人痛苦"可被视为人在情感或情绪方面的诸如"同情—移情"这样的通感："孟子单挑出同情—移情（'不忍人之心'）来作为我们人性的独特的和规定性的特征。"[2] 类似于这种"恻隐之心"，"羞恶之心"也可从情绪或者感觉的角度加以理解："伦理上的羞耻……乃是当我们认为自己（或那些我们与之相认同的人）具有重大品格缺陷时所具有的一种不愉快的感觉。"[3] "恭敬之心"作为某种对于心情的表述，无疑与以上两种心态类似，而"是非之心"也仍然是对于人情感上好恶的表达，包含基于这个好恶的价值判断而非单纯的真假判断。孟子运用"四端"之心的根本思路，是对作为人格构成之品质的德性加以进一步的解释，通过将其充分情感或情绪化而使之成为对于人之应是的根本规定。孟子显然是继承并发展了之前儒者在《性自命出》中提出的重情之论，在现代哲学的语境中，与情绪或情感有关的问题可以直接通达海德格尔对于所谓"现身情态"（Befindlichkeit）的关注，后者作为一种"心态"（state-of-mind）乃是此在展开自身并与世界打交道的根本方式，孟子对"四端"的理解，不外也就是将其作为人的这种最为基本的情绪，这些内容乃是"'此'之

---

① 冯友兰：《中国哲学史新编》第 2 册，人民出版社 1964 年版，第 75 页。
② 杜维明：《论儒学的宗教性——对〈中庸〉的现代诠释》，武汉大学出版社 1999 年版，第 138 页。
③ Bryan W. Van Norden，*Virtue Ethics and Consequentialism in Early Chinese Philosophy*，Cambridge University Press，2007，p. 260.

在活动于其中的生存论结构"①,在这些情绪之前不存在任何先行之物,而对世界之所以为世界的领会,我们所有的那些揭示意义的理论努力或者说哲学本身,也总是"带有情绪的领会"②。孟子通过"四端"所表达的情绪乃是人性成长的真正起点,从其必然将成长为有德性的人性的意义来说,这些内容在孟子这里也可被称为"善"——这样的"善"只能根源于我们自身。这种善具有和西方不同的构造,善不源于上帝,如同后来荀子言"性恶",虽然其问题意识完全不同于孟子,但他所谓的"恶"也并非属于魔鬼。

进一步来说,孟子对人性善的判断,最终之所以不是某种循环论证——以本有的德性的善来评价人性的善,是因为孟子所表达的对于人格的正面看法,指向我们生命中比"善"更为基本的东西:良知。良知与罪责乃是我们生存中最基本的价值结构,无论绝对的善恶还是作为约定性判断的善恶,最终都可以被还原到良知与罪责的相对结构中:因为有良知,所以我们能为善;因为觉察到罪责,所以我们体会到恶。对于孟子而言,他在考虑"四端"之心态时,真正的缺陷在于,他像其他几乎所有中国哲人一样,缺乏对于罪责的切实觉察,而这一点的重要性远远胜于是否具有西方式的善恶之观念。在描述人性的时候,我们完全可以避免参照上帝或者魔鬼的形象,甚至完全可以避免使用善恶这样的形容,但我们无法回避对于良知与罪责的体会,孟子对于前者的理解展现出丰富的细节,却未能真正了解后者及与其相关的那些负面的、消极的情绪。孟子未能充分察觉"在我喜欢做的和我因道德召唤而做的事情之间存在心理上的分裂……用心理分析术语来讲,这种分裂被描述为自我的分裂……在存在主义术语里,其结果乃是种种畏(angst)、恐惧、害怕、忧虑和恶心。在神学术语里,其则与罪责的观念有关"③。我们当然不是在神学意义上使用"罪责"这个术语,而只是希望通过良知与罪责的结构来继续展开作为"现身情态"的心之"四端"。严格地讲,孟子只揭示了上述这个结构中正面的部分,因为他对于罪责之思考的付之阙如,我们下面的讨论从根本上来讲也是不完整的,而我们的工作只是指出这种不完整性而非对其加以补充。

---

① 海德格尔:《存在与时间》,生活·读书·新知三联书店 2012 年版,第 166 页。

② 海德格尔:《存在与时间》,生活·读书·新知三联书店 2012 年版,第 166 页。

③ John Cottingham, *The Spiritual Dimension: Religion, Philosophy, and Human Value*, Cambridge University Press, 2005, p. 75.

三

由以上了解可知，孟子所谓"四端"，必然会引出良知的问题，而后者才是孟子所认为的人所具有的引导自身达成其应是，或者说本真之生存的潜能，也同时是对"自由"问题的一个最终回答。用孟子自己的话讲，良知乃是"不虑而知者"（《孟子·尽心上》），但这种"知"，在孟子的语境中却并非我们所熟悉的对于人自身或者世界意义的领会，而是一种从道德上做出决断的能力，孟子所强调的正是这种能力——此在从常人状态中寻找到自己，将本真的生存显示给自己的能力："良知……是在其自身中召唤常人自身；……就是把此在唤上前来，唤到它的诸种可能性上去。"① 通过良知，我们见证到自己如何成为应是的主体："良知提供出某种本真能在的证明。"② 对于理想人格的目标而言，人的良知乃是先行具有之物，它使我们能本真地存在："良知的呼唤具有把此在向其最本己的能自身存在召唤的性质。"③ 在以上的描述中，我们依据某些来自西方哲学的传统将良知与某种召唤的声音联系起来，这方面内容，在西方传统中似乎是必不可少的，黑格尔早已认为："良知就是这样一种创造道德的天才，这种天才知道它自己的直接知识的内心声音即是上帝的神圣声音。"④ 这种人的良知与神圣的声音之间的联系可以一直回溯到苏格拉底，他也正是因为听到来自神的声音而成为一位有德的哲人。这种良知的呼声同样回荡在海德格尔的思想中，只是对于他而言，召唤的声音已经不是来自于神，而是人自身。相比之下，孟子所谈论的良知似乎缺乏这种与召唤的声音有关联的语义线索，这种引导我们改变自己以达到理想人格境界的力量似乎是静默的，但如果我们考虑到反映着略早儒者之思想的新出土文献《五行》，就会发现这种静默的良知大概是孟子故意为之的结果。无论思孟学派是否一定成立，《孟子》书与郭店简书《性自命出》和《五行》之间都可见极大的关联性，如孟子与孔孟之间儒者在性情问题和贵心、大体等观念上都曾表现出前后的继承关系。《五行》中曾明确将"圣"作为一德，而此德目则本来直接与听觉和声音有关，在孟子

① 海德格尔：《存在与时间》，生活·读书·新知三联书店 2012 年版，第 314 页。
② 海德格尔：《存在与时间》，生活·读书·新知三联书店 2012 年版，第 270 页。
③ 海德格尔：《存在与时间》，生活·读书·新知三联书店 2012 年版，第 309 页。
④ 黑格尔：《精神现象学》（下卷），商务印书馆 1979 年版，第 164 页。

这里，他将"五行"中前四个德目：仁、义、礼、智均接受下来，并分别将其与"四端"之心联系起来以说明其来源，而"圣"这个德目则被略去了。《孟子·尽心下》里有一个类似于"五行"的连续的说法："仁之于父子也，义之于君臣也，礼之于宾主也，智之于贤者也，圣人之于天道也"，这被庞朴视为"思孟五行"的关键证据①，抛开这种思想史的判断不谈，这条材料至少说明孟子对于"圣"或者"圣人"是并非完全加以忽视的，由此反观，他在谈论"四端"的时候与"圣"无涉，更可能是出于深思熟虑。对于"圣"的淡化，从《五行》说部便已经开始了，我们曾猜想出现这种状况是因为圣所带有的政治意义对于将其作为个人的德性目标来考虑时会产生干扰，孟子大概也是出于类似的考虑，在专注于对人格与德性的思考时，将比较难以顺利说明的"圣"割舍掉了。但孟子这样做的同时，也就排除了在进而以良知解释"四端"的时候所可能出现的、其与召唤之声音间存在的语义线索，虽然这种静默并不影响良知在孟子思想中具有如海德格尔所设想的那种基础性地位。

进而言之，孟子所谓"四端"便是在这种塑造我们自己之应是的良知的意义上被最终规定下来的，在"四端"的引导之下，我们改变自己，因获取德性而本真地存在，而这个摆脱常人状态、塑造自己为主体的过程也就是一个有所选择、有所决断的过程，这也就是有良知的意义："在愿有良知这一现象中就有我们所寻找的那种生存上的选择活动——对选择一种自身存在的选择。我们按照其生存论结构把这一选择活动称为决心。"②"选择"同样是一个在西方哲学中具有漫长传统的概念，亚里士多德在《尼各马可伦理学》中已经讨论过"选择"的观念，并认为这种选择一定是"因其自身"和"自愿"的："他必须有所选择，并因其自身而选择"③；"选择显然是自愿的。"④这种"因其自身"和"自愿"不外也就是"自由"，也就是被康德视为最根本的伦理学预设的东西：选择必须是自由选择，这样选择才有意义，而也就是基于这种选择之上，我们才可以理解自由的意义。在这个思路里，自由的意义最终要通过良知或者良心

---

① 参见庞朴：《帛书五行篇研究》，齐鲁书社 1980 年版，第 78 页。
② 海德格尔：《存在与时间》，生活·读书·新知三联书店 2012 年版，第 309—310 页。
③ 亚里士多德：《尼各马可伦理学》，《亚里士多德全集》第 8 卷，中国人民大学出版社 1997 年版，1105a，30。
④ 亚里士多德：《尼各马可伦理学》，《亚里士多德全集》第 8 卷，中国人民大学出版社 1997 年版，1111b，5。

来流露："良心是在自己本身内的自我的自由。"① 孟子可能并没有使用上述术语说表达自己的思想，但上述思路未尝不隐含在他的论辩当中，我们相信孟子绝对了解人必须经历一个不断选择的过程才能求得理想人格和本真的生存，而"自由"则意味着，这个过程不取决于任何外在的力量——这便是儒家所谓"可求"与"求在我者"的真正内涵。在孟子这里，所有这些内容最终均指向人心，选择的动力来自于表现出"四端"之结构的心之"大体"。对于后一方面内容，其他学者从不同角度也早有觉察："'大体'不是一种静态的结构……只有通过一个无限的坚定而连续的'决意'过程才能够建立起来。"② 这种决断、决意或决心也就是康德所谓的人为"自我立法"，但进而主张这种"决意立志""意味着心不仅是作为一种体验的实存而呈现，而且从本体论意义上，也作为一种绝对的超越的实存而呈现"③，则完全回归了近代西方的形而上学传统，对于上述选择与决断，我们无须认定其来自本体论意义上的人心。牟宗三在对上述为孟子和海德格尔共享的思路做出评价的时候，也陷入相同的问题当中："就海德格尔……的'存在伦理'。……良知的当下决断亦就是他的'存在伦理'中之存在的决断，独一无二的决断，任何人不能替你作的决断。可是良知的当下决断原是本良知本性（即性体心体）而来，原是本'先天而天弗违'的道体性体而来。"④ 这个论断中关于良知为人自己决断的那些了解是正确的，但他没有领会这种良知对于形而上的本体无所依傍，并具有彻底的生存论的性质："良知作为此在的现象不是摆在那里的、偶尔现成在手的事实。它只'存在'于此在的存在方式中；它只同实际生存一道并即在实际生存之中才作为实情宣泄出来。"⑤ 总而言之，上述因人心具备之良知而来的选择与决断便被我们称为"自由"，这种来自人心的自由不作为"公设"，而直接而真实地取决于我们所具有的良知，并显现在我们使自身成为所应是的选择与决断过程中。上述这个过程也就是人通过改变自己而成为主体的过程，其意义则必须通过修身工

---

① 黑格尔：《精神现象学》（下卷），商务印书馆 1979 年版，第 147 页。

② 杜维明：《论儒学的宗教性——对〈中庸〉的现代诠释》，武汉大学出版社 1999 年版，第 139 页。

③ 杜维明：《论儒学的宗教性——对〈中庸〉的现代诠释》，武汉大学出版社 1999 年版，第 141 页。

④ 牟宗三：《心体与性体》（上），吉林出版集团有限责任公司 2013 年版，第 163 页。

⑤ 海德格尔：《存在与时间》，生活·读书·新知三联书店 2012 年版，第 309 页。

夫方能真正领会。就孟子而言，他对于心灵的理解已经深入"四端"与"良知"的深度，但这种深度无须展现在形而上学或者认识论的背景中，直接便可呈现在个人修养的技术与过程中。

当然，所有上述对于孟子的理解并不意味着孟子的思想在细节上已经完全达到了现在我们所理解的程度，且其对于"四端"或"良知"在生存论意义上的存在论分析也并未继续深入，我们相信这里被忽略的秘密必定隐藏在个人与他人的关系或者说此在的共在状态之中，但参考现代思想对这些环节加以补足却并不应是思想史的任务了。

（作者简介：匡　钊　中国社会科学杂志社）

孟子性善论及其意义

于民雄

人是什么？人性是什么？尽管这些问题困扰着人类，但人们还是要做出回答。孟子作为中国古代杰出的思想家，他终生关注和思考的问题之一是人性问题，以及由人性问题展开的一系列问题，如政治问题、经济问题、人类的命运问题等。在孟子看来，人性问题是人类一切问题的基础，解决人性问题，其他一切问题便迎刃而解。

一

孟子关于人性的界说就是著名的"性善论"。描述如下：孟子以批判告子的"生之谓性"（《孟子·告子上》）立论。孟子认为，如果说"生之谓牲"，就会得出"犬之性犹牛之性，牛之性犹人之性"（《孟子·告子上》）的结论，无论孟子的反驳在逻辑上是否站得住脚，但孟子认为人性与牛性、犬性有本质区别，这一点是正确的。"性善论"强调的是，人之所以异于禽兽，就在于人有道德观念。道德观念先验地存在于每个人心中："恻隐之心，人皆有之；羞恶之心，人皆有之；恭敬之心，人皆有之；是非之心，人皆有之。恻隐之心，仁也；羞恶之心，义也；恭敬之心，礼也；是非之心，智也。仁义礼智非由外铄我也，我固有之也。"（《孟子·告子上》）"人之所不学而能者，其良能也；所不虑而知者，其良知也。"（《孟子·尽心上》）仁义礼智就是天赋的道德观念，就是良知和良能。

荀子的观点恰恰相反。荀子认为："人之性恶。"（《荀子·性恶》）"今人之性，生而有好利焉，顺是，故争夺生而辞让亡焉；生而有疾恶焉，顺是，故残贼生而忠信亡焉；生而有耳目之欲，有好声色焉，顺是，故淫乱生而礼义文理亡焉。然则从人之性，顺人之情，必出于争夺，合于犯分乱理，而归于暴。"

（《荀子·性恶》）

"性善论"与"性恶论"都是先验人性论，但两者关于善的本质的界说则没有区别。问题是：两种针锋相对的观点都不能自圆其说。孟子即情言性："今人乍见孺子将入于井，皆有怵惕恻隐之心——非所以内交于孺子之父母也，非所以要誉于乡党朋友也，非恶其声而然也。"（《孟子·公孙丑上》）这样的证明激动人心，也不乏经验证据，但不能满足先验人性论的普遍必然要求。因为见死不救同样是可能的，同样是经验事实。先验的道德观念不能说明恶的存在与产生，经验世界里善与恶的同时存在不是"人性善"能够解释的。我们可以把善行归结为人性善，但根据人性善原理，我们不能把恶人恶行归结于环境、社会、教育等因素，否则，我们只能得出环境决定论的结论。一旦我们用环境决定论来解释道德现象，"性善论"就不是自足的。同理，我们也不能用"人性恶"来解释善人善行。逻辑推论与经验现象都不能得出人性善或人性恶的结论。

在人性问题上，先验论不能自圆其说，经验论同样不能自圆其说。经验论的说法不外三种：第一，人有同情心（即恻隐之心），但同情心源于后天经验；第二，有的人有同情心，有的人没有同情心，但同样源于后天经验；第三，人没有同情心，同情心是文化虚构，是私欲的道义伪装。

第一种说法显然是站不住脚的。理由是，依据经验论的说法，不能说所有的人都有同情心，也不能说所有的人都没有同情心，因为这两种说法都否定了经验的作用，本身是一种先验论。经验论只能具体说某人有同情心，或者没有同情心。但经验论的说法经不起追问：生活经验使他具有同情心还是使他丧失同情心，经验论不能给出圆满的回答。历经磨难、饱受风霜不能保证人有同情心，或者没有同情心。贩夫走卒可能有同情心，公侯将相可能有同情心，当然也可能恰恰相反。不能说土匪强盗没有同情心，纵然我们习惯上把他们看成恶人。究竟是他的土匪生活使他丧失了同情心？还是他屡受欺压屡遭凌辱最终铤而走险堕为土匪，但他的良知并未灭泯因此他依然有同情心？经验论的解释在这里无济于事。我们也许能够解释土匪甲有同情心的原因，未必就能解释土匪乙没有同情心的原因，能够解释甲乙两者各自的原因，未必就能解释所有土匪种种不同的原因。经验论预设同情心被决定的前提，那么，同情心作为一种结果必有其原因。但令人失望的是，原因作为经验事实是无法完结的，有心理的原因，有社会的原因，有遭遇的原因，原因可以无限追溯下去，在综合种原因之前，结论是靠不住的。个人的原因乃至无可穷尽，遑论形形色色个体的集合！经验论无法逾越的障碍在此。

第二种说法同样是站不住脚的。如果说，有的人有同情心，有的人没有同情心，作为常识性经验，可以成立。但这并不意味着经验论解释了这一现象。依经验论，人是否有同情心，源于经验。但不同的经验，可能产生相同的结果；而相同的经验，也可能产生不同的结果。良好的道德教育不必然使人有同情心，受过良好教育而丧尽天良者，依然不乏其人。显然，经验论的解释没有普遍必然性。经验论不足以解释第二种说法，姑且不论这种说法是否成立。

第三种说法依然是站不住脚的。因为说人没有同情心，本身就是先验的结论。但它把同情心放在社会历史文化中来考察，具有经验性的意义。人类的历史和人生的经验反复告诉我们，面对苦难、面对无辜，洒一滴虚伪的同情眼泪者，比比皆是。源于私欲，伪装同情者比比皆是。但据此并不能否定同情心的存在。天灾人祸唤醒我们的同情心，应该是不容怀疑的。廉价的同情心可以随意施舍，一旦置身于利益之中，同情心往往化为乌有。但由同情心的牵引，不计利害、不顾得失者，同样不可胜数。自我含义宽泛。自我并不就与同情心相对立，自我也并不就与同情心处于同一层面，但在一定境遇中，同情心完全可能是人的真实自我。自我中心无非是同情心的边缘化，私欲压倒同情心并不能使之不复存在，因为悲天悯人的情怀总是存在的。

二

在人性问题上，经验论缺少说服力。"人性善"作为形而上学独断论意义上的假说，不具有理论上的说服力，但是，"人性善"不能在经验层面得到普遍证明，这一点不能否认"性善论"的超越性，相反，它代表中国儒家传统的希望与信念。中国没有上帝，"人性善"就是唯一的依靠和安慰，它就是希望。"人性善"的意义在于：为人活得好、活得自由、活得幸福提供形上根据。正像上帝存在的证明不在于是否自圆其说一样，孟子"人性善"不在于是否真实可靠，而在于提供了中国文化特有的理想主义与乐观主义信念。

第一，"性善论"确定人的存在价值。精神高于物质，人格大于利益。人的利益满足各各不同，但必须做一个有道德的人则是一致的。仁义礼智是"善"的集中体现，"善"是至高无上的价值，人们唯一的选择只能是从"善"，决不从"恶"。这一原则性的价值排序表明,孟子"性善论"是一种理想主义的人性论。孔子的"不义而富且贵,于我于浮云"(《论语·述而》),孟子的"王何必言利,亦有仁义而已矣"(《孟子·梁惠王上》)等诸如此类的说法,在儒家经典著作中比比皆是。人无论其地位、权势和财富如何,都可以堂堂正正做一个人,都应该发现人的道德自我,让道德"自我"成为利益"小我"的主人。以"善"牵引,人自然活得庄严、坚定、宽阔。

第二,正像一粒种子可以长成参天大树,种子不是石头,种子没有长成参天大树依然是一粒种子。"性善论"不否认人格养成的自觉性、主动性和创造性,同时强调道德意义上自我提升的必要性、必须性和长期性。理想人格来源于主体的自觉追求这一真理,一直被孔子、孟子反复强调,在儒家经典著作中屡见不鲜。儒家的道德决定论实质是善良意志决定论,这一逻辑前提强调了修身的决定意义,以至在中国历史文化长河中,道德修养的优先地位成为中国人安身立命的集体无意识。

第三,"性善论"为反对恶提供了理由。无论是持"性善论"立场还是持"性恶论"立场,人们面对的社会现实都是既定的。人们不能也不会把一个盗贼蜂起的社会说成是一个民风淳朴的社会,把民不聊生看成经济繁荣,把压迫剥削说成自由幸福。假如我们面对的恰恰是邪恶的时代,"性恶论"不能为我们提供批判、反抗邪恶的依据,因为恶的现实是"人性恶"的逻辑产物和必然结果。相反,"性善论"能够提供这样的依据,因为"人性善",所以人希望建立善的王国,善的王国以批判、克服、消除恶的存在为前提。

第四,孔子虽然没有关于人性的明确界定,但仁义代表善当无疑。手段内在于目的,"性善论"为仁义治国论提供了理由。儒家瞧不起特务政治,瞧不起严刑峻法,根本原因在于,以暴力、管控、阴谋等手段治国,已经不怀好意,出发点已经误入歧途,与"性善论"的精神格格不入。儒家并非不讲赏罚,只是儒家价值排序上的仁义优先论掩盖了、淡化了赏罚。在儒家看来,刑政服从于礼乐教化、仁义治国的目标,它只能是辅助性的、第二位的。因此,从理论上说,刑政没有绝对的必要性;实践上说,它的作用是消极的。这意味着,如果仁义的功能能够全面发挥,一个理想的社会就会实现。故孟子说:"人皆有不忍人之心。先王有不忍人之心,斯有不忍人之政矣。以不忍人之心,行不忍人之政,治天下可运之掌上。"(《孟子·公孙丑上》)无论儒家的看法是否过于乐观,但它宽容的、善良的、正面的、积极的立场更能赢得人心,更可能赢得人民的拥护，因此更有利于建立一个美好的社会。把人当人看，而不是当奴隶看，内在于"性善论"的逻辑，即令从手段上看，也比一味依靠惩罚更具有比较优势，这是不可否认的。

第五，"性善论"的理想主义信念和乐观主义精神为人类活下去活得幸福提供了希望。无论我们面对的世界如何，世界还要向着未来敞开，由过去不足以推导未来：未来不可知，任何事情都可能发生。因此，依照世界向未来敞开一切可能的逻辑，我们没有理由相信世界会随着时间的流逝渐渐变好，因为在不确定的意义上世界完全可能变坏。因此，说世界的未来是光明的没有充分根据，相反的说法也没有充分根据。世界无论怎样变，内在于历史发展的逻辑，由于人类历史存在比较好和比较坏两种现实，两者的存在都有各自的经验原因。但是，从存在论高度看，经验决定于人性。如果我们说，人是邪恶的，因此人类没有希望，处处充满混乱、恐怖与灾难，只有不可逆转地烂下去，人类的未来将不可避免地因为人性恶而成为一个鬼蜮横行的世界。人性恶是唯一的本体原因，是完全符合逻辑的解释。但是，如果我们相信人性善，结果就会完全相反。因为人性善，因此人希望世界变得好，世界就会变好。这里不妨具体分析如下：如果世界好，人就变得好，于是这个世界就更好；如果世界坏，人就变得坏，于是这个世界就更坏，这是环境决定论的解释。如果环境决定论能够成立，那么，世界变坏与变好的概率相同，各占一半。但是因为人性善——人希望世界变得好，世界变得好就比变得坏多一个理由，多一个理由是关键，因为重心已经发生了偏离。因此，世界更可能变得好，变得好的概率更大，从而不太可能变坏而走向毁灭。逻辑上说，因为人的善良意志的作用，世界变好就成为必然。虽然世界变好是一个历史过程，但因为世界变得好是必然的，因此人在主观上的愿望之外又多了一个客观的保证。于是，人就具有两重希望，人在乱世中就不会丧失信心，世界在人性善良的意志中走向光明。

（作者简介：于民雄　贵州省社会科学院历史研究所）

初探荀子礼乐论在哲学咨询领域之应用

金汝珍

哲学咨询（Philosophical Counseling）[①] 是什么？目前对此即使有许多定义，不过基本上都认同其"运用相关哲学理论来解决来访者的思想困惑或一般性心理障碍问题"之义。

哲学咨询起于 20 世纪 80 年代的欧洲，90 年代开始在北美洲迅速发展。随着哲学咨询的发展，各类哲学咨询的模式也相继形成，例如马瑞诺夫（Lou Marinoff）的宁静法（PEACE）、瑞比的四阶段法（FITT）、阿肯巴哈（Gerd Achenbach）的超越方法的方法（Beyond—method method）、黎建球的西撒法（Consciousness，Insight，Spiritual Moving，Ascend）等。且这些年来，在中国的大陆（哲学咨询）、台湾地区（辅仁大学：哲学咨商）以及日本（大阪大学：临床哲学）、韩国（江原大学：哲学相谈治疗）等国家和地区相应的研究和应用也得到广泛展开。

值得关注的是，近十年来，在大陆地区已有学者开始直接用中国传统思想资源来探讨哲学咨询。如《孔子的人生哲学咨询方法初探》（冯周卓，2009年）、《孔子哲学咨询思想探讨》（陈红、倪策平，2016 年）等。哲学咨询的关键作用在于使来访者能够运用哲学思维，审查自身而能够得到价值观、世界观层面的提升。所以儒家哲学所强调的自我省察及个人道德修养等问题是不能被忽视的。例如，在韩国地区儒学研究者探讨哲学咨询时，主要以孔、孟思想为焦点做人性教育方面的研究，其理由就在于此。

本文是首次试论荀子思想在哲学咨询领域应用的可能性。从如下两个方

[①] 1981 年，德国哲学家基德·阿肯巴哈（Gerd Achenbach）首次提出"哲学咨询（Philosophical Counseling）"的一种行业，第一次开创了哲学实践诊所，之后在德国及北美等地获得一定的成果，也称为哲学践行（Philosophical Practice）。

面，检讨能否把荀子的礼乐论置于哲学咨询治疗视野之中。其一，荀子思想能否对哲学咨询方法上的新模式提供资源。其二，在荀子的礼乐论应用于哲学咨询治疗方面时，其合理性在何处？依照此两点，本文从如下三个层面上谈及从哲学咨商治疗视野看荀子的礼乐论，做此方面研究的初步工作。一是哲学咨询模式所使用的工具层面，二是荀子思想的基底层面，三是其哲学咨询的运用原理层面。

一、以采取工具的层面——礼与乐

对某种对象的认识，从其根本性来说，它是与他物之间之差异的认识。其"找出异同性的操作过程"① 中，荀子认识到了礼与法所具有的"不同的功能"②、"效用的不同"③ 之处。它们显现在政治、经济、伦理的"功能"及"效用"等方面，或说法与礼乐拥有"异用而同功"④ 的特质。实际上在战国中晚期，"礼"和"法"的对比言说方式更加频繁地出现，这就反映出人们开始有了对礼与法之间相互关系的重视，同时也可以说——如上面揭示的"'比较'是可以发现'差异性'的'方法'"。当然荀子也处于这种"两者分别"（《荀子·王制》）的大趋势中。他"在论述礼法各自的地位和作用时，总是阐明两者之间的互相关系"⑤ 的原因也在于此。这种以不同他者做分别化、明确化的工作树立了荀子的礼法论及礼法关系的体系。

同样，荀子对于礼与乐，亦认识到其异同之处。例如，礼与乐，一样具有治世治人的功能，但就其不同功能而言，礼有"别"的功能，乐就有"和"的作用。拿不同作用的礼与乐，使它们互补运用，这已是众所周知的荀子治理论的一部分。那么在此怎样把荀子的礼和乐应用于哲学咨询治疗领域？换句

---

① 在《哲学事典》对于"比较"概念解释说明："比较是指两个或两个以上的对象包含于一个思维体系里，并从中找出异同性的操作过程。"（下中弘编：《哲学事典》，东京平凡社 1990 年版，第 1136 页）

② 汤一介：《论儒家的礼法合治》，《北京大学学报》（哲学社会科学版）2012 年第 3 期。

③ 韦政通：《韦政通自选集》，山东教育出版社 2005 年版，第 203 页。

④ 《孔丛子校释·记问》云："（子思问于夫子曰）伋闻夫子之诏，正俗化民之政，莫善于礼乐也，管子任法以治齐，而天下称仁焉，是法与礼乐异用而同功，何必但礼乐哉？"（傅亚庶：《孔丛子校释》，中华书局 2011 年版，第 95 页）

⑤ 郭志坤：《旷世大儒——荀况》，河北人民出版社 2001 年版，第 70 页。

话说，为何试探其工具的层面上能否采取礼与乐？为此问题，本文首先需要 LBT 疗法，基于逻辑的治疗（Logic-Based Therapy）方法，哲学家与心理治疗师埃利奥特·科亨（Elliot Cohen）所创立的哲学咨询模式，其借鉴了认知心理学中艾理斯（Albert Ellis）所创立的理性情绪行为疗法（rational emotive behavior therapy：REBT）。科亨认为，感情是根据信念的，而信念又可以通过批判性思考纠正，因此感情可通过批判性思考的手段得以纠正。① 不过，信念不仅可以通过批判性思考，也可以从礼乐方面进行。

在传统中国思想里，能够调和感情的手段，并不视为在批判性思考。古人认为可以用礼来引导人们的志向，用乐来调和人们的性情。正如《礼记·乐记》说，"先王之制礼乐，人为之节"，礼乐使人们用来节制自己的过于或不足的情感。孔子将乐视为人生修养的终极境界而说，"兴于诗，立于礼，成于乐"（《论语·泰伯》），可知礼乐益于个人的道德修养，如上所述，哲学咨询的关键在于使来访者运用哲学思维，审查自身而得到内在心灵平静，这跟儒学所谓个人的道德修养问题有关。也就是说，通过礼乐的方式，可以治愈人的精神障碍。

二、以思想基底的层面——分与和

对荀子而言，礼为认识的对象，人性之中没有礼，只有通过"学"才可以有"礼"。乐则是"人情所必不免"的，"入人也深"、"化人也速"。合理思考取代不合理思考，是礼所担当；协调好恶，是乐所担当。这样认知—情绪的和谐疗法，也许在荀子思想中也可以找出其为基底的。因为荀子的思想既重视"异"，同时又强调"和"。

首先，荀子对人的各种作用做出了区分：所谓天情、天官、天君等用语中，"天"都指"自然"之天，有本性的意思。"天情"是本性中即有的情感，即好恶喜怒哀乐之六情；"天官"是生来即有的五官；"天君"是五官本来即归心所指挥统辖；这三者就意味着人的"情感"、"自然生命"以及"认识能力"

---

① Cohen, E. D., "Philosophical Counseling: Some Roles of Critical Thinking", in Lahav and Tillmanns (eds.), *Essays on Philosophical Counseling*, Lanham: University Press of America, 1995, pp.122-125.

都是自然就有，本来就有的，用道家的话来讲即是天然。由于它们三者之天都有自然义，因而荀子言说的"人之命在天"也应该是在这个意义上去解释的。"天养"和"天政"，指的是人们会利用非同类的自然界万物来养育同类自己，这种人所具有的"自然的长养"本能、才智叫作"天养"。而人在生活过程中，某些外在于自然的法则，人不得不去顺从它而生活，不得不顺从自然固有的法则，这类行为荀子称之为"天政"。

人的天情、天官、天君、天养、天政即可落入天的天职和天功范围内统辖，这些概念中的"天"，都是自然义。人的自然本来就是天的自然运行和功用的结果之一，如天地之间产生其他万物一样。如果不从人的思虑来出发，从外在来看，人处于一个天地万物和自己一起按照自然之作用共同运行生灭的体系或者系统之中。人如何在这个系统中存在和生活，就必然涉及对人和天是怎样的关系的思考，由此我们可以讨论荀子的天人关系。荀子要求的是正确地认识"天"的不同层面的意思。对于以"天人之分"的天，荀子更加强调的是人们对自然、物质天的正确"认识"，合理地"把握"天的运行法则以及天的运行所带来的各种"天功"；对于以"天人之和"的天，荀子所期待的是天与人之关系上各为其职，人在自己的能力范围之内通过对天的认识和对自然万物包括自己的认识，和天地共同存在而不互相侵害违背。

要达到天人之和的地步，荀子提出的要求是"明于天人之分"。在荀子眼里，如果人们缺乏对天与人之不同职分的认识和理解，那就无法达成于天人和谐的理想。《天论》篇第一段的开头是这样开始的："天行有常，不为尧存，不为桀亡。应之以治则吉，应之以乱则凶。"这一句所言之"天"就指作为"自然"、"物质"的天。在此荀子说明天体的运行本身具有恒常的法则，因此，即使是尧舜桀纣这样的人，也无法对天的运行造成任何影响。然后，《天论》篇第一段的最后一句是："故明于天人之分，则可谓至人矣。"在此荀子所谓"分"既含有天与人之间的不同职分之意，也含有对如此不同运动规律的区分、区别之意。上面所谓"应之"两字已代表"天人之分"，并不意味着天人之间毫无关系地分离或分开，因为即使人类社会的运作不能影响天之运行，但是天功的各种方面往往能影响人类社会的运作，所以人类社会的治理对天的运行则需要应之。这首先需要人们对于天道和人道之间不同职责分工的正确理解和认识。有关天与人之间不同职分的言说，如："天不为人之恶寒也辍冬，地不为人之恶辽远也辍广，君子不为小人之匈匈也辍行。天有常道矣，地有常数矣，君子有常体矣。"① 天地有它们各自的存在法则，君子也有自己的行为原则。更为重要的是，各自的原则不会因为外在的干扰或者影响而消失。在对天的认识和理解中，荀子从中也概括了君子小人之分，在《天论》中，荀子的区分是："君子敬其在己者而不慕其在天者，是以日进也；小人错其在己者而慕其在天者，是以日退也。"② 荀子始终要求能够使人明白对待天之应当"所为"。"敬其在己"才是君子应该有的本分。"慕其在天"则是小人对天所具的态度。之所以如此区分，是因为小人在这种对于天的认识和理解中，不明白自己的职分和天的功用之间的区别，而追求自己不能决定的东西。

对于"天"和"人"所为的不同本分及职能特性，荀子如此表述："故天地生君子，君子理天地。"③ "天地生之，圣人成之。"④ "天地者，生之本也；先祖者，类之本也；君师者，治之本也。"⑤ 以上例子都在说明天地自然界具有它的本分和职能特性，君子和圣人具有它的本分和职能特性。并且其中给我们的暗示是，只有按各自的本分完成了其才能，才是天人之分的理想状态。荀子注重万物"各得其所"而"各尽所能"的理由也在于此。下一步该做的事，是万物之间相互和谐。人在这种任务中有着重要的作用，因为人区别于其他的自然之物，不是被动地在天地间存在，而是能够通过自己的所作所为使得自己的生活合于天地万物的运行和存在。

《礼记·中庸》所谓："喜怒哀乐之未发谓之中，发而皆中节谓之和；中也者，天下之大本也，和也者，天下之达到也。致中和，天地位焉，万物育焉。"⑥ "致中和"是儒家思维方式及精神的基本宗旨，儒家认为"致中和"能使得天地万物各得其所，达于和谐的境界。荀子在这一点上也是遵循着儒家的参天地的理想，荀子提出了从人"能参"天地而达于"天人之和"的可能性。对于能够参与天地万物之运行的主体——人，其中最有能力去积极主动参与活动的，荀子进一步明确其为"君子"，说"君子者，天地之参也，万物之揔

---

① 王先谦：《荀子集解·天论》，中华书局 1981 年版，第 311 页。
② 王先谦：《荀子集解·天论》，中华书局 1981 年版，第 312—313 页。
③ 王先谦：《荀子集解·王制》，中华书局 1981 年版，第 163 页。
④ 王先谦：《荀子集解·富国》，中华书局 1981 年版，第 182 页。
⑤ 王先谦：《荀子集解·礼论》，中华书局 1981 年版，第 349 页。
⑥ 孔颖达：《礼记·中庸》，北京大学出版社 2000 年版，第 1661—1662 页。

也，民之父母也"①。可知，天地人三者中，人就是管理宇宙的总责任者。人有治理天时、地财和社会的能力，可以和天地的作用相配合。正因为人才有知、有义，所以才能够实现与天地相参，负责管理并治理。所以荀子说："故天之所覆，地之所载，莫不尽其美，致其用，上以饰贤良，下以养百姓而安乐之。夫是之谓大神。"② 人可以充分发挥天、地的好处，极尽它们的效用，"尽其美，致其用"就可以使贤良的人和百姓各个得到满足并安乐。一边既能保持自然界固有的和谐，另一边又能使人类社会达到和谐的境界，这是人之和平治理的方法，于是荀子把它叫作"大治"。人类通过能参天地之化育而诚行，最终天人和谐，这就是天人关系的完成。

三、以运用原理的层面——同构与互补

荀子对于"和"的作用在其理论设立上，并非由礼来承担，而是由乐来承担。在《礼记·乐记》中，古人通过礼乐的同构关系，说明了礼乐的不同功用。礼与乐各自具有自身的局限性和不同的特点，二者正好构成互补的关系，能够弥补各自的不足。

乐和礼，形而上的根据是天地间万物的合同与差异。所以首先，在形而上方面而言，其实两者的地位是同样重要的，且缺一不可，从文献《乐论》即可推知。正如"与《礼论》篇所涉及的显示同型的言论方式"③，可以推知《乐论》篇与《礼论》篇并非只强调差异而忽视和同的一方面。从荀子所强调的人的特点是能群来看，群本身标志的就是和同与差异的统一，不同的身份职能的人，通过礼乐和同在同一个社会里。从礼之三本来看，礼出于人的对于秩序的本能追求。但是乐也有最初的人性上的根基："夫乐者，乐也，人情所不能免也。"④ 后来《礼记·乐记》说得更为明确，人先有声音，由于感于物，则产生乐。所以就产生的根源来看，二者地位相同，都是由于人的内在本性以及与外物人事交接而产生的。在荀子《礼论》和《乐论》中，其对源流的说明，也都

---

① 王先谦：《荀子集解·王制》，中华书局 1981 年版，第 163 页。

② 王先谦：《荀子集解·王制》，中华书局 1981 年版，第 162 页。

③ 久保田刚：《荀子乐论篇についての一考察——乐の论の思想性とその特质》，《东洋学论集》55，1980 年 9 月，第 276 页。

④ 王先谦：《荀子集解·乐论》，中华书局 1981 年版，第 379 页。

是说二者基于根本的人性。

> 礼起于何也？曰：人生而有欲，欲而不得，则不能无求；求而无度量分界，则不能不争；争则乱，乱则穷。先王恶其乱也，故制礼义以分之，以养人之欲，给人之求，使欲必不穷乎物，物必不屈于欲，两者相持而长，是礼之所起也。①

> 夫乐者，乐也，人情之所必不免也。故人不能无乐。乐则必发于声音，形于动静，而人之道，声音、动静、性术之变颂尽是矣。故人不能不乐，乐则不能无形，形而不为道，则不能无乱。先王恶其乱也，故制《雅》、《颂》之声以道之，使其声足以乐而不流，使其文足以辨而不諰，使其曲直、繁省、廉肉、节奏足以感动人之善心，使夫邪污之气无由得接焉。是先王立乐之方也，而墨子非之，奈何！②

其次，礼乐产生之后，二者同时能够反映个人的行为或者情感中节与否。行为不当，被评价为失礼，这种评价在先秦文献如《论语》或者《左传》中随处可见，如《论语》中孔子对于管仲的评价，《左传》中记载的各种非礼的行为等。音乐抒发不当，则被评价为发而不中节。所以《中庸》认为："发而皆中节，谓之和。"并非所有的抒发情感的音乐，都能达到一个和同的作用。当然，在个人身上如果不涉及别人，从现代的观点来看，也无妨。但是，先秦社会是以周礼为基础的宗法社会。在士大夫以上的阶层，纯粹的个人行为不对他人发生影响往往是不存在的。所以音乐往往和政治联系紧密，比如国君对于乐的种类的喜好，可以被评判为此国政治情形如何。在这个方面，礼乐也是处于同等重要的地位。所以考虑到乐的重要性，先王不但制礼，也制乐。"先王恶其乱也，故制雅颂之声以道之，使其声足以乐而不流，使其文足以辨而不諰，使其曲直繁省廉肉节奏，足以感动人之善心，使夫邪污之气无由得接焉。是先王立乐之方也，而墨子非之，奈何！"这里荀子顺便批评了墨子的非乐的观点。在先王制乐之后，方有雅颂之乐。其发挥的是和同的社会政治功能："故乐在宗庙之中，君臣上下同听之，则莫不和敬；闺门之内，父子兄弟同听之，则莫不和亲；乡里族长之中，长少同听之，则莫不和顺。故乐者，审一以定和者也，比物以饰节者也，合奏以成文者也，足以率一道，足以治万变。是先王立

---

① 王先谦：《荀子集解·礼论》，中华书局 1981 年版，第 346 页。
② 王先谦：《荀子集解·乐论》，中华书局 1981 年版，第 379 页。

乐之术也，而墨子非之，奈何！"①

然后，礼乐都能让人体会到天地万物的秩序与和同，这已经超越了社会政治治理层面，而达到形而上的感悟境界层面。对此，《礼记·乐记》有着详细的说明：

> 王者功成作乐，治定制礼，其功大者其乐备，其治辩者其礼具。干戚之舞，非备乐也，孰亨而祀，非达礼也。五帝殊时，不相沿乐。三王异世，不相袭礼。乐极则忧，礼粗则偏矣。及夫敦乐而无忧，礼备而不偏者，其唯大圣乎。天高地下，万物散殊，而礼制行矣。流而不息，合同而化，而乐兴焉。春作夏长，仁也。秋敛冬藏，义也。仁近于乐，义近于礼。乐者敦和，率神而从天。礼者别宜，居鬼而从地。故圣人作乐以应天，制礼以配地。礼乐明备，天地官矣。天尊地卑，君臣定矣。卑高已陈，贵贱位矣。动静有常，小大殊矣。方以类聚，物以群分，则性命不同矣。在天成象，在地成形，如此，则礼者，天地之别也。地气上齐，天气下降，阴阳相摩，天地相荡，鼓之以雷霆，奋之以风雨，动之以四时，暖之以日月，而百化兴焉。如此，则乐者，天地之和也。化不时则不生，男女无辨则乱升，天地之情也。及夫礼乐之极乎天而蟠乎地，行乎阴阳而通乎鬼神，穷高极远而测深厚。乐著大始，而礼居成物。著不息者，天也。著不动者，地也。一动一静者，天地之间也。故圣人曰《礼乐》云。②

这段话清楚地表明，王者作乐，乐并非是个人的简单的抒发情感，礼体现万物之间的差别，而乐体现"合同而化"。这段话和《易传》的思想是一致的，但是和荀子的思想并不矛盾，唯一的区别在于，其认为礼对应地，乐对应天，礼近于义，而乐近乎仁。荀子没有这样进行说明。但由乐的基础是情叫以推出，其近乎仁者爱人之仁是不矛盾，但对应天地的说法，则略显牵强，那是《易传》的说法，因为文中的某些文字和《易传》甚至是一样的。

在说明礼乐的同构关系之后，继续考察二者的互补关系。由《乐记》的说明，足以说明先秦儒家对于二者的看法，荀子《礼论》和《乐论》并提，正表明其为先秦儒家礼乐并兴主张的坚决倡导和拥护者。

---

① 王先谦：《荀子集解·乐论》，中华书局1981年版，第379—380页。
② 孔颖达：《礼记正义·乐记》，北京大学出版社2000年版，第1271—1279页。

　　乐也者，施也。礼也者，报也。乐，乐其所自生，而礼，反其所自始。乐章德，礼报情，反始也。①

　　乐也者，情之不可变者也。礼也者，理之不可易者也。乐统同，礼辨异。礼乐之说，管乎人情矣。穷本知变，乐之情也。着诚去伪，礼之经也。礼乐偩天地之情，达神明之德，降兴上下之神，而凝是精粗之体，领父子君臣之节。是故大人举礼乐，则天地将为昭焉。②

　　故乐也者，动于内者也。礼也者，动于外者也。乐极和，礼极顺，内和而外顺，则民瞻其颜色而弗与争也，望其容貌，而民不生易慢焉。故德辉动于内，而民莫不承听。理发诸外，而民莫不承顺。故曰：致礼乐之道，举而错之天下，无难矣。乐也者，动于内者也。礼也者，动于外者也。故礼主其减，乐主其盈。礼减而进，以进为文。乐盈而反，以反为文。礼减而不进则销，乐盈而不反则放，故礼有报而乐有反。礼得其报则乐，乐得其反则安，礼之报，乐之反，其义一也。③

因为礼对于情有着节制的作用，乐为情所生，通过礼，可以使得情得以在乐中有合适的抒发，所以第一条材料会说乐也者，施也；礼也者，报也。材料二则说的是礼乐不同的功用，二者正好互补。材料三分辨了乐和礼的里外之别，以及所达到的功用，二者容易陷入的困境等，最终要求就是知返知报。可以说，《乐记》是儒家礼乐论的集大成者，其文集合了荀子和《易传》等各种思想，但不出儒家之礼乐论范围。荀子思想正是出于这个传统，并以自己的《礼论》和《乐论》去继承和丰富了这个传统。

　　所有的哲学、思想都突出地显示那个时代的精神文化。其精神及文化，虽然每一时代具有相互不同的显型，但是儒家的精神仿佛一条历史长河，其有根本不变的主旨和范畴，如仁、义、礼作为基本的结构性的概念等。今天，如何将传统儒家的精神体现出来，这是所有儒学研究者都必须面对的当代性问题。因为"我们今天的任务是对自古以来的有价值的思想（包括儒家思想）进行现代诠释创造适应现代社会需要的新理论"④。

---

① 孔颖达：《礼记正义·乐记》，北京大学出版社 2000 年版，第 1299 页。

② 孔颖达：《礼记正义·乐记》，北京大学出版社 2000 年版，第 1300—1302 页。

③ 孔颖达：《礼记正义·乐记》，北京大学出版社 2000 年版，第 1330—1331 页。

④ 汤一介：《儒学十论及外五篇》，北京大学出版社 2009 年版，第 141 页。

　　本文试探从哲学咨询治疗视野中看待荀子的礼乐论，对于能否将荀子思想运用在哲学咨商治疗方面，做了最初步的考察和探讨。《礼记·乐记》说："乐者为同，礼者为异，同则相亲，异则相敬。乐胜则流，礼胜则离。合情饰貌者，礼乐之事也。"我们确定礼乐的功用可以协助于个人的修养、与他人之间的关系。这样礼乐互补的方式，可以带来认知的层面与感性的层面之间的和谐。由此而看，儒学的模式对于来访者的精神障碍，有可能提供恰当的诊断和处方。当然其具体的咨询模式、治愈的方法论及诊断与处方，还有待今后进一步研究考察。

（作者简介：金汝珍　韩国江原大学哲学系）

从《中庸》言"中和"看儒家的生活方式

柳向忠

中国哲学重"主体性"（Subjectivity）与"内在道德性"（Inner-morality）。儒家思想把主体性复加以特殊的规定，而成为"内在道德性"，即成为道德的主体性。[①] 意即儒学在本质上是重主体践履的道德哲学，亦即其学是为己之学，其教是成德之教，故而儒学即是于人伦日用的现实生活中去体验和亲历的一种实践，而非一种严格意义上的纯粹理论。在此意义上，儒学彰显的不仅是一种生活方式的态度和观念，更是一种生活方式的抉择和践履；亦因此，儒学的显著特质应是一种个体通过切实的"精神修炼"而实现自我转化乃至超越的智慧的形式。《中庸》所揭橥的儒家生活方式即是通过主体自我心性之体用寓于尽己性、尽人性、尽物性之维的"精神修炼"而无间于天人。换言之，亦如《中庸》所言："中也者，天下之大本也；和也者，天下之达道也。致中和，天地位焉，万物育焉。"[②] 本文意在就"中和"之阐释来看《中庸》所彰显的儒家生活方式的基本样态。

一

"中"、"和"，以至"中和"无疑是中国古典文化中具体且有一般性意义的思想观念抑或思维方式。先秦文献于此多所述及，毋庸赘述。仅就儒家简论，如孔子所言，"中庸之为德"（《论语·雍也》），"中行而与之"（《论语·子路》），"君子和而不同"（《论语·子路》）；孟子所言，"汤执中，立贤无方"（《孟子·离娄下》），"天时、地利、人和"（《孟子·公孙丑下》）之论；荀子所言，"曷为中？

---

① 牟宗三：《中国哲学的特质》，上海古籍出版社 1997 年版，第 4—5 页。
② 朱熹：《四书章句集注》，中华书局 1983 年版，第 18 页。

曰:礼义是也"(《荀子·儒效》),"义以分则和,和则一"(《荀子·王制》)诸论。《中庸》则较早于"大本、达道"之维析而合论"中、和",较完整地诠释了儒学作为一种生活方式,抑或儒家生活方式的哲学意蕴。概言之,儒学"中和"之说实蕴含本体论、方法论,心性观、价值观等于一体。

此处不就"中"、"和"、"中和"做过多语源学上的追溯,仅简择述之。就"中"而言。东汉许慎认为"中"的本义是内部、中心,具有中直和上下通之意,如其《说文》云:"中,内也。从口丨。上下通也。"清儒段玉裁则剖析了俗本以"和"释"中"之非,引证经传古籍,解释推求许说所本,认为"俗本和也,非是。当作内也。……内者,入也。入者,内也。然则中者,别于外之辞也。别于偏之辞也。亦合宜之辞也。……云上下通者,为中直或引而上或引而下皆入其内也"①。段玉裁训承许慎"中直、上下通"之义而引申至"别于外、别于偏、合宜",亦即有无外、无偏、合宜之意,拓展了"内"的含义而又实蕴含着"和"意。就"和"而言,许慎《说文》云:"盉,调味也。从皿,禾声。"段玉裁注云:"调声曰龢。调味曰盉。今则和行而龢盉皆废矣。"② 二者皆认为"和"本调和之义。也有学者认为"和"的本义是一种器皿,如王国维认为是古代礼制中和水于酒的一种器皿,郭沫若则指其本义是一种咋酒器③,调和之义是后传之假借义。近人杨树达认为,"乐调谓之'龢',味调谓之'盉',事之调适者谓之'和',其意一也。'和'今言适合,言恰当,言恰到好处"④。"和"之调和、恰到好处诸义也彰显了"中"之无外不偏之义。"中"、"和"互相含摄,亦可相互阐释,但"中"更具本质意义。

《周易·说卦》所讲"顺性命之理。是以立天之道曰阴与阳,立地之道曰柔与刚,立人之道曰仁与义"之"三才之道",即是一种天地人"中和"的中正和顺架构;人道尚中,"和顺于道德而理于义,穷理尽性以至于命",知常明变、法天正己、开务成物。在这个架构中,人道之"中"不仅限于三才之中央、中心之义,亦有"一切之中"的"中正和顺"之意。参唐兰对"中"的考论:

> 此其徽帜,古时用以集众,《周礼》大司马教大阅,建旗以致民,民

---

① 段玉裁:《说文解字注》,上海古籍出版社 1981 年版,第 20 页。
② 段玉裁:《说文解字注》,上海古籍出版社 1981 年版,第 212 页。
③ 参见李玲璞:《古文字诂林》第 5 册,上海教育出版社 2003 年版,第 203—204 页。
④ 杨树达:《论语疏证》,上海古籍出版社 1986 年版,第 28 页。

至，仆之，诛后至者，亦古之遗制也。盖古者有大事，聚众于旷地，先建中焉，群众望见中而趋附，群众来自四方，则建中之地为中央矣。列众为阵，建中之酋长或贵族，恒居中央，而群众左之右之望见中之所在，即知为中央矣。然则中本徽帜，而所立之地，恒为中央，遂引申为中央之义，因更引申为一切之中。[①]

"建中"以致民，则其意不仅在于群众望见中之所在，而其"一切之中"既有"中正"之无外不偏及合宜之意，亦有《周易》所讲"和顺"之意寓于"中道、中正、中行、中节"诸义中，以至于"各正性命，保合大和"（乾卦）。

"中"、"和"这一组重要范畴之初始本义在继后之经传中不再限于一空间的、器物的意义，而于渐进的诠释中含摄了"人伦物则"的人文意蕴，进而有内化为人之人格结构，如内隐之德性、外显之德行诸个性特征，即内即外、相互涵摄，亦因此于根本处关乎人之生活方式。诚如《论语·尧曰》所载"咨尔舜，天生历数在尔躬，允执其中"，"执中"体现了于社会政治生活中的公正不偏合宜之则；《中庸》中谓舜能"用其中于民，其斯以为舜乎"，"用中"即言其德化，究"用中"之本于个体的内在德性。[②]"中、和"，抑或"中和"即内外、相为用而皆为人之内在道德之质态。从本质上来讲，"中和"即为人之内在德性"仁"的质态，呈现而为礼乐之道。孔子曰："人而不仁，如礼何？人而不仁，如乐何？"（《论语·八佾》）礼乐之本在"仁"，不是外向天地，而是内向人心。余英时认为：

> 无论是作为个人的最高德性或"统摄诸德"，孔子的"仁"都是和"礼"（孔子把"礼乐"看作一个整体的秩序）分不开的，又内在于人之心，则他在个人的德行修养中占据着最重要的位置，是必然的归趋。在"统摄诸德"中，"仁"展现了它的整合（integrative）功能。……更凸显出"仁"不仅仅是个人德性，而必须同时理解为社会德性。[③]

礼乐内向于人心，亦外向于天地。礼乐之道亦即中和之道，礼、乐，亦

---

① 唐兰：《殷墟文字记》，中华书局 1981 年版，第 53—54 页。

② 李学勤主编：《十三经注疏·礼记正义》，北京大学出版社 1999 年版，第 1425—1426 页。（郑玄注：斯，此也，其德如此，乃号为"舜"。孔颖达疏：斯，此也，以其德化如此，故号之为"舜"；又云，仁义盛明曰舜）

③ 余英时：《天人之际——中国古代思想的起源试探》，台湾联经出版事业股份有限公司 2014 年版，第 100 页。

或中、和，统同合异，内出外作。《乐记》载："乐者，通伦理也。知乐，则几于礼矣。礼乐皆得，谓之有德"，"仁近于乐，义近于礼。乐者敦和，礼者别宜"①。礼乐相近而又有别，相近本乎仁义，有别所主有分。"礼乐之情同，故明王以相沿也"，据孔颖达疏解，认为"礼乐之状，质文虽异，乐情主和，礼情主敬，致治是同。以其致治情同，故明王所以相因述也"②。乐主和，礼主敬，主敬亦可谓之"制中"，如《礼记·仲尼燕居》载孔子曰："礼乎礼！夫礼，所以制中也。"③实则，"中、和"之于"礼、乐"皆即内即外，内由外作。譬如《乐记》所载："论伦无患，乐之情也。欣喜欢爱，乐之官也。中正无邪，礼之质也。庄敬恭顺，礼之制也。"④"情、质"由内言，"官、制"自外说。再如，《礼记·仲尼燕居》载孔子曰："礼也者，理也。乐也者，节也。君子无理不动，无节不作。"⑤"不动、不作"自内言，即人所不知而己所独知之地，应属"未发"处功夫；"理、节"自外言，使万事、万物合于道理、得其节制，则属"已发"处功夫。

《中庸》则较早地合论了"中、和"这一重要范畴，"喜怒哀乐之未发，谓之中；发而皆中节，谓之和。中也者，天下之大本也；和也者，天下之达道也。致中和，天地位焉，万物育焉"。就"中庸"而言，郑玄注解为："以其记中和之为用也。庸，用也。"就"大本、达道"而言，郑玄仅注解"中为大本者，以其含喜怒哀乐，礼之所由生，政教自此出也"⑥。中为礼之所由生，凸显了"中"的本质意义，是从人心之质处言；"乐由中出"（《乐记》），郑玄注解为"和在心中"⑦，则是就人心之情处言。"中庸"之"中"即"中和"，皆是内向于人心的。郑玄从人之情性上溯源礼乐，强调了"庸"之"用"义，中和之为用即中庸之道，就其"极"即为"致中和"，但这并不是一个一劳永逸、终结性的点，而是一个无尽于变动不居中的"中止和平"。朱熹解"中庸"之"中"为"不偏不倚、无过不及"，"庸"为"平常"⑧。"中庸"，抑或"中庸之

---

① 李学勤主编：《十三经注疏·礼记正义》，北京大学出版社1999年版，第1081、1093页。
② 李学勤主编：《十三经注疏·礼记正义》，北京大学出版社1999年版，第1087、1088页。
③ 李学勤主编：《十三经注疏·礼记正义》，北京大学出版社1999年版，第1383页。
④ 李学勤主编：《十三经注疏·礼记正义》，北京大学出版社1999年版，第1090页。
⑤ 李学勤主编：《十三经注疏·礼记正义》，北京大学出版社1999年版，第1387页。
⑥ 李学勤主编：《十三经注疏·礼记正义》，北京大学出版社1999年版，第1422页。
⑦ 李学勤主编：《十三经注疏·礼记正义》，北京大学出版社1999年版，第1086页。
⑧ 朱熹：《四书章句集注》，中华书局1983年版，第17页。

道"所表达的即是一种很自然的、很平和的，于人伦日用或日常生活中所遵循或达至的"持平守常"的行为方式或生活状态。"中庸之中，实兼中和之义"①，《朱子语类》载："以性情言之，谓之中和；以礼义言之，谓之中庸，其实一也。以中对和而言，则中者体，和者用，此是指已发、未发而言。以中对庸而言，则又折转来，庸是体，中是用。以中和对中庸而言，则中和又是体，中庸又是用。"②"中、和"从"性""情"处言，皆主体之己的内在德性，相对"中庸"而言更有本体的意义。从人格精神的意义上看，"中和"亦是一种终极性的生命意识。据朱熹对"中、和"之诠释，"未发之中"为性，"已发之和"为情，"大本之中"为道之体，"达道之和"为道之用。③如是观之，"中和"即为人之性情，亦为道之体用，即内即外，通人性而达天命，为人之为人于人伦日用的平常生活中实现自身转化、超越而与天地万物一体提供了内在依据。至于"致中和"，意即"极其中、极其和"，亦如朱熹所言：

> 天地万物本吾一体，吾心之正，则天地之心亦正矣，吾之气顺，则天地之气亦顺矣。故其效验至于如此。此学问之极功，圣人之能事，初非有待于外，而修道之教亦在其中矣。④

所开启的则是一个自觉意识与宇宙意识上下一贯的存在形式，亦是一个切实、具体、实际生活经历中"精神修炼"所抵达的智慧生活方式。

<h2 style="text-align:center">二</h2>

正是《中庸》"天命之谓性，率性之谓道，修道之谓教"系统所取"天人合一"（应是一个"无穷尽的未完成"）之路向，将德性之天归摄和内化为主体的道德性，亦为道德的主体以心性来上达天意开启了方便之门。余英时指出：

> 在轴心突破以前，"天人合一"完全仰赖巫作中介，以建立"人"、"神"之间的交通管道。但在轴心突破以后，哲学家（或思想家）则必须依靠自己的能力与"道"合一；……深一层观察，我们便会发现，这些哲学家（或思想家）在寻求与"天"或"道""合一"的进程中，同样离不

---

① 朱熹：《四书章句集注》，中华书局1983年版，第19页。
② 黎靖德：《朱子语类》卷63，中华书局1986年版，第1522页。
③ 朱熹：《四书章句集注》，中华书局1983年版，第18页。
④ 朱熹：《四书章句集注》，中华书局1983年版，第18页。

开中介物，不过他们的中介物不是"巫"而是自己的"心"①。

现实中的人靠自力求"道"，唯一的途径即是转向一己之"心"，通过己"心"（内在之德）的修炼而超越上达天道。余英时认为，轴心突破后两个世界（道和人伦日用）具有"不即不离"的特色，关键在"内向超越"，人作为世俗中的一员依赖"心"作为超越世界（道）和现实世界（人伦日用）的媒介作用，通过修炼便可将"道"收入"心"中，个人如果要接触"道"，第一步必须内转，向一己的"心"中求索。②转向一己之"心"，"内向超越"，个人通过自我之自觉意识而实现一种转化、超越，达至抑或置身存在于一种广袤神秘的至诚无息的"合一"之中。

《郭店楚墓竹简·语丛一》："人之道也，或由中出，或由外入。由中出者，仁、忠、信。由外入者，礼□□。仁生于人，义生于道。"郭店《五行》篇说"仁形于内谓之德之行"，孟子亦说"仁，人心也"。"中出"指向了人"心"，亦指向了"仁"。《中庸》之"中"（兼摄"和"），亦转向人之心，从主体之情性上探求"大本、达道"，内由外作，即体即用。从领会世界的方式上讲，转向了知觉的方向而直指人心；从生活方式上看，则是基于自我的精神修炼而置身于"内向超越"。诚如，景海峰指出：

> 《中庸》讲"天人合一"，以德性为刚宰，把空泛而寂寥、乃至于神秘莫测的天的世界给意向化和道德化了，使之成为境界性的形而上实体；同时，庸众的日常生活，甚或是无意味的普遍现象，也因为至诚无息的天作为其存在的形而上根据，而变得熠熠生辉、意义非凡了。③

《中庸》"天人合一"的模式即构建了一个能于切实、具体、实际经历的人伦日用之中实现自我转变、转化，成己、成人、成物，从而超越自身，置身于一个自适自洽的至诚无息的意义世界。

《中庸》所言"致中和"，即是体现"天地之心正、天地之气顺"之"天道"于个体自我之"心正、气顺"之"人道"（亦即自我之精神修炼）中；这是一个以当下自我超拔的实践方式、"存在的"方式，活动于"生命"，是真切

---

① 余英时：《天人之际——中国古代思想的起源试探》，台湾联经出版事业股份有限公司2014年版，第193页。

② 余英时：《天人之际——中国古代思想的起源试探》，台湾联经出版事业股份有限公司2014年版，第228页。

③ 景海峰、赵东明：《诠释学与儒家思想》，东方出版中心2015年版，第122页。

于从德性实践的态度出发，是以自己的生命本身为对象，寓天道于为己成德过程之无限展开中。"致中和"，从形而上之境界处言，是一个"极高明、致广大"的无限的未完成的事件；从庸众的日常生活处言，是一个"道中庸、尽精微"的择善固执、一以贯之的过程。尽管这是一种生活方式、一种生活形式、一种生活选择，但亦是一个极高的目标、极大的挑战；亦如《中庸》载孔子言："中庸其至矣乎！民鲜能久矣！"从主体"存在"的角度看，"中庸"（兼"中和"）是"至德"，人伦日用间能做到"时中"是一件很困难的事；从主体的认知角度看，"中庸"（"中和"）是一种知觉的方式，一种实践的理性，是不可计量的。故而，"致中和"是一种亲身经历的，用一种具体方式思考的，在人伦日用中修炼精神的行为。从其行为方式，抑或"精神修炼"的动态性来看，这里依《中庸》文本尝做如下诠释。

一是"慎独"。《中庸》首章载："是故君子，戒慎乎其所不睹，恐惧乎其所不闻。莫见乎隐，莫显乎微，故君子慎其睹也。"朱熹解释："独者，人所不知而己所独知之地也。言幽暗之中，细微之事，迹虽未形而几则已动，人虽不知而己独知之，则是天下之事无有著见明显而过于此者。是以君子既常戒惧，而于此尤加谨焉。"①"几"，人内心世界意识活动的动机，这是他人所无法直接了解的，且"隐、微"之事之"几"决定着形于迹（"著见明显"）之天下之事。故而，于人伦日用之现实生活践履中首先应转向一己之"心"，谨慎地对待自己的内心活动。再如《大学》中载："所谓诚其意者：毋自欺也，如恶恶臭，如好好色，此之谓自谦，故君子必慎其独也！"朱熹注云："诚其意者，自修之首也。言欲自修者知为善以去其恶，则当实用其力，而禁止其自欺。然其实与不实，盖有他人所不及知而己独知之者，故必谨之于此以审其几焉。"②"诚意"，亦属于人之内心活动，是心"知"为善以去恶之"已发"而未形于外处，且有个实与不实的问题，所以必须加之"慎独"的功夫。《朱子语类》载："'知至而后意诚'，已有八分。恐有照管不到，故曰慎独。"又，"'诚于中，形于外，故君子必慎其独'者，欲其察于隐微之间，必吾所发之意，由中及外，表里如一，皆以实而无少自欺也"③。就人之内心活动处而言，亦有一

---

① 朱熹：《四书章句集注》，中华书局 1983 年版，第 18 页。

② 朱熹：《四书章句集注》，中华书局 1983 年版，第 7 页。

③ 黎靖德编：《朱子语类》卷 16，中华书局 1986 年版，第 333 页。

个"致中和"的动态的自修行为,"慎独"之"知"为善以去恶即是"致中","慎独"之"不实而实"即是"致和"。"中,性之德;和,情之德。""知",从性体处言;"实"从情用处言。故而,所谓"必吾所发之意,由中及外,表里如一"即是"若致得一身中和,便充塞一身;致得一家中和,便充塞一家;若致得天下中和,便充塞天下。有此理便有此事,有此事便有此理。如'一日克己复礼,天下归仁'"①。即是"中和"之"内由外作"之展开。

比较而言,王阳明则将"慎独"之"独知"视作"诚意"之本,并非其外加之工夫。王阳明谓之:"诚意之本又在于致知也,所谓人所不知己所独知者,此正吾心良知处。"②在王阳明而言,"独知"之"知"即"良知","良知即是未发之中,即是廓然大公,寂然不动之本体,人人所同具者也。但不能不昏蔽于物欲,故须学以去其昏蔽,然于良知之本体,初不能加损于毫末也。……体即良知之体,用即良知之用"③。王阳明所谓的"独知"即"良知",直就即体即用处言,是一自在的独立的道德意识,不同于朱熹在"诚意"之上加持的"独知"之认知的工夫,而是本具道德判断和评价的功用。在王阳明而言,"独知"即"良知"亦即"中和",则"慎独"即是"致良知"亦是"致中和"。如王阳明谓之:

> 事变亦只在人情里,其要只在致中和,致中和只在谨独。
>
> 在一时之事,固亦可谓之中和,然未可谓之大本达道。人性皆善,中和是人人原有的,岂可谓无?但常人之心既有所昏蔽,则其本体虽亦时时发见,终是暂明暂灭,非其全体大用矣。无所不中,然后谓之大本;无所不和,然后谓之达道。
>
> 喜怒哀乐,本体自是中和的。
>
> 问:"良知原是中和的,如何却有过、不及?"先生曰:"知得过、不及处,就是中和。"④

"中和"抑或"良知"是人人本有的,即体即用。从用处言,"人皆可以为尧舜",意即人人皆可以通过内向的"精神修炼"而"成为"圣人;从体处言,

---

① 黎靖德编:《朱子语类》卷 62,中华书局 1986 年版,第 1519 页。

② 王阳明:《传习录》,《王阳明全集》,上海古籍出版社 2011 年版,第 135 页。

③ 王阳明:《传习录》,《王阳明全集》,上海古籍出版社 2011 年版,第 71 页。

④ 王阳明:《传习录》,《王阳明全集》,上海古籍出版社 2011 年版,第 17、26、22、130 页。

"尔胸中原是圣人"①，意即人人在"本来性"上即是圣人。较之朱熹而言，王阳明不仅揭橥了道德的内在性，更凸显了人的道德的主体性和道德主体自立自足的完满性。

简言之，"慎独"是针对人之内心"隐微之几"而"诚于中"的自我内向性的精神修炼或道德规制的意识活动，亦是同时决定着由中及外之"形于外"的全体大用。亦因此，"慎独"，从认知的角度看，易简直截，直指人心；从价值的角度看，益易则益难，于平常的人伦日用里能否真实无妄地"明心见性"而"立己"是一个"可能的未完成"的事件。

二是"时中"。《中庸》载："君子之中庸也，君子而时中；小人之中庸也，小人而无忌惮也。"朱熹认为，"中无定体，随时而在，是乃平常之理也。"但"君子知其在我，故能随时以处中，无时不中"②。朱熹认为，中、庸只是一个平平常常的道理，"以其不偏不倚，故谓之'中'；以其不差异可常行，故谓之'庸'"③。此处"君子之中庸"是就"时中"而言，即指于人伦日用或日常生活中可以常行的、达到的不偏合宜的自然"中和"状态。比较而言，"慎独"之"独知"是自性体处言，"时中"之"中"则是自情用处言。如朱熹所言："在中者，未动时恰好处；时中者，已动时恰好处。"亦如朱子所言："'中庸'之'中'，本是无过无不及之中，大旨在时中上。若推其中，则自喜怒哀乐未发之中，而为'时中'之'中'。未发之中是体，'时中'之'中'是用，'中'字兼中和言之。"④ 在朱熹而言，所谓"中庸之道"亦即"时中之道"，重视道德主体为己之"学"、成德之"教"的现实性，意即"时中"侧重立基"本来性"而于其与"现实性"之乖离处作工夫。王阳明则直就"本来性"处立教，"人只要成就自家心体，则用在其中。如养得心体果有未发之中，自然有发而中节之和"，"道无方体，不可执着。却拘滞于文义上求道，远矣。……若解向里寻求，见得自己心体，即无时无处不是此道"⑤。王阳明认为"道无方体"即随时变易，"良知"却是自家本有的，直截就"心体"言，内由外作（知行合一）只是一个工夫，故而"致吾心良知之'天理'于事事物物，则事事物物皆得其

① 王阳明：《传习录》，《王阳明全集》，上海古籍出版社 2011 年版，第 105 页。
② 朱熹：《四书章句集注》，中华书局 1983 年版，第 19 页。
③ 黎靖德编：《朱子语类》卷 62，中华书局 1986 年版，第 1483 页。
④ 黎靖德编：《朱子语类》卷 62，中华书局 1986 年版，第 1480 页。
⑤ 王阳明：《传习录》，《王阳明全集》，上海古籍出版社 2011 年版，第 24 页。

理矣"①。朱熹亦有言"所谓事事物物各得其所，乃所谓时中之义"②，但其所持知行合一并进之说有异于王阳明。基于上述而言，不论体用角度之不同，"时中"即是"成己"的展开，而成人、成物亦是"中庸（亦'中和'）之道"之"中"的切实义。

这里亦须探讨与"时中"相关的一个重要概念是"权"。《孟子·尽心上》载："子莫执中，执中为近之，执中无权，犹执一也。所恶执一者，为其贼道也，举一而废百也。"朱熹注云："执中而无权，则胶于一定之中而不知变，是亦执一而已矣。执中者害于时中，皆举一而废百者也。言道之所贵者中，中之所贵者权。"③"时中"，即是"中"亦是"权"，"中"是从其"本来性"上讲，"权"是从其"现实性"上讲；时中，兼"不变与变"之义。朱熹认为："权是时中，不中，则无以为权矣。"④"时中"是已定之"权变"，"权变"是未定之"时中"。在王阳明而言，其所谓的"道无方体"之"道"即是"中"，认为"中只有天理，只是易，随时变易，如何执得？须是因时制宜，难预先定一个规矩在。如后世儒者要将道理一一说得无罅漏，立定个格式，此正是执一"⑤。王阳明则认为"中"和"权"直接相应，"中"随时变易，"权"因时制宜。这里所谓的"道"或者"中"，亦可就"性"上说，"性无定体，论亦无定体，有自本体上说者，有自发用上说者，有自源头上说者，有自流弊处说者。总而言之，只是一个性，但所见有浅深尔。若执定一边，便不是了"⑥。皆即是个变易之体，执一则害道（"时中"）。

权变，更凸显了"中"的现实紧张性，既要与时俱进有所变，但不是随心所欲地变，又须择善固执而非离经叛道，但亦不是执泥不化。朱熹从"经、权"关系分析中指出，"经者，道之常也；权者，道之变也。所谓经，众人与学者皆能循之；至于权，则非圣贤不能行也。"⑦在朱子而言，"经"是道常的格式，可循经而达；"权"是道变的不定相，非体道者难以权衡、把握。《孟

① 王阳明：《传习录》，《王阳明全集》，上海古籍出版社 2011 年版，第 51 页。

② 黎靖德编：《朱子语类》卷 113，中华书局 1986 年版，第 2748 页。

③ 朱熹：《四书章句集注》，中华书局 1983 年版，第 357 页。

④ 黎靖德编：《朱子语类》卷 37，中华书局 1986 年版，第 989 页。

⑤ 王阳明：《传习录》，《王阳明全集》，上海古籍出版社 2011 年版，第 21—22 页。

⑥ 王阳明：《传习录》，《王阳明全集》，上海古籍出版社 2011 年版，第 130 页。

⑦ 黎靖德编：《朱子语类》卷 37，中华书局 1986 年版，第 989 页。

子·尽心上》载:"有伊尹之志,则可;无伊尹之志,则篡也。"伊尹放太甲,公为天下。朱熹谓之:"在伊尹可以谓之权,而在他人则不可也。权是最难用底物事,故圣人亦罕言之。自非大贤以上,自见得这道理合是恁地,了不得也。"①孟子称孔子为集大成者,"圣之时者",应是儒家德性之教的最高理想,亦是达至"中庸之道"(亦"时中之道")的理想状态。于此处看,"时中"是于"不变"处寻得个"变"的不偏合宜,这对在日常道德实践活动中的人而言是一项很难权衡的要求,虽是一可行而平常之理,然亦是一极难达至而又极高明之境地。

三是"诚"。在《中庸》里,"诚"贯通天人,尽己之性、尽人之性、尽物之性,成己、成人、成物,周流该遍、体物不遗;亦是"中庸之道"(即"中和之道"抑或"时中之道")的本初亦即至极,戒慎恐惧、至极中和。《中庸》载:"诚者,天之道也;诚之者,人之道也。"又,"自诚明,谓之性;自明诚,谓之教"。朱熹解释:"诚者,真实无妄之谓,天理之本然(自然不假修为者)。诚之者,未能真实无妄,而欲其真实无妄之谓,人事之当然也(当然勉而为之者)。"②人事之当然即是主体的"诚之",即是真切于从德性实践的态度出发,以自己的生命本身为对象,寓天道之"诚"于为己成德过程之展开中。朱熹区分了"诚明之性"与"天命之性",以及"明诚之教"与"修道之教","'自诚明,谓之性',此'性'字便是'性之'也。'自明诚,谓之教',此'教'字是学之也。此二字却是转一转说,与首章'天命之谓性,修道之谓教'二字义不同"③。相对于"性、教"之理而言,"性之、学之"则是人事之当然。在朱熹而言,"诚明之性"的"性之"属于尧舜圣人以上的事,至于学者抑或庸众,则须经由"明诚之性"的"学之",明此性而去求真实无妄之理。《中庸》言"君子诚之为贵",当含"性之、学之"二者,而"学之"(自是"道问学"之事)在朱熹而言应属急务(朱、陆于此有辨)。人皆可为尧舜,但如何成之?《中庸》言"君子尊德性而道问学",二者本是一件事,尊德性极乎道体之大,道问学尽乎道体之微。朱熹更多关怀的是现实性之于本来性的乖离处,故而贵"学之"以尽乎道体之微,下学而上达。比较而言,王阳明则认为"诚是心

---

① 黎靖德编:《朱子语类》卷37,中华书局1986年版,第991页。

② 朱熹:《四书章句集注》,中华书局1983年版,第31页。

③ 黎靖德编:《朱子语类》卷64,中华书局1986年版,第1566页。

之本体，求复其本体，便是思诚的工夫"①。诚，真实无妄之"良知"；思诚，自信、不自欺之"良知"。"是故不欺则良知无所伪而诚，诚则明矣；自信则良知无所惑而明，明则诚矣。明、诚相生，是故良知常觉，常照；常觉，常照则如明镜之悬，而物之来者自不能遁其妍媸矣。"②王阳明认为，"尔心中原是个圣人"，故直就"心体"上作工夫；"明、诚"皆自"良知"上言，亦是"良知"之自性，不欺之诚即是明，自信之明即是诚。于王阳明而言，不欺之诚、自信之明，使道德意识成为主体的内在德性，良知与人的存在合为一体，即主体的内在道德亦道德的主体，即此诚与明、实然与当然成为"良知"（亦"主体"）的一体向度，自然道问学即所以尊德性。

"诚"，作为德性，是"实有诸己"的真实存在；在"诚之"的维度（如朱熹重"学之"），抑或"诚"的向度（如王阳明的"致良知"），皆是一具体的而非抽象的形态，其唯一的途径俱转向一己之"心"。朱熹所谓"道问学"之途，概言之即"敬以直内、义以方外"，敬义夹持、明诚两进，侧重即在"居敬穷理"内向体认天理之理性自觉处。亦如《朱子文集》有《中庸首章》说，"以致中为敬以直内，以致和为义以方外，以涵养省察为敬义夹持"③。"致中和"即"诚之"的展开，亦即"诚"真实无妄之德性的外化，在朱子看来，心虽是浑然的虚体，但其中具有森然的人伦条理（"性"），并显现为（"性之"）具体的实际事功和人伦日常的道德秩序。王阳明所谓"道问学即所以尊德性"之径即"致良知"，"良知"作为主体之德性抑或德性之主体，凝于内显于外，"吾心之良知，即所谓天理也。致吾心之良知之天理于事事物物，则事事物物皆得其天理矣"。意即是化个体之内在德性于日常生活之道德实践中，通过个体心之"良知"（"道德意识"）外化（"道德实践"）而建立理性化的伦常世界、意义世界。

主体的道德意识不论是"学之"，抑或"致良知"式的道德实践，皆是在既定的人伦日用世界展开，和人们的日常生活之表里精粗息息相关、无一不到。《中庸》载："庸德之行，庸言之谨，有所不足，不敢不勉，有余不敢尽；言顾行，行顾言，君子胡不慥慥尔。"即在不可选择的当下环境中，通过德性

① 王阳明：《传习录》，《王阳明全集》，上海古籍出版社2011年版，第40页。
② 王阳明：《传习录》，《王阳明全集》，上海古籍出版社2011年版，第84页。
③ 参见陈建：《学蔀通辨》，《陈建著作二种》，上海古籍出版社2015年版，第258页。

之"诚之"力量的可选择性而挺立自我，获得"日用即道"之意义。"诚之"，"性之德也，合外内之道也"，这即是一个成己、成人、成物的主体意义世界（"人道"）的展开。同时，一己之"心"，"内向超越"，主体通过自觉意识而实现一种自我转化、超越，达至抑或置身于一种广袤的以至深不可测的神秘的"至诚无息"的"合一"之中。清儒陆世仪认为："《中庸》一部书，句句言人道，却句句言天道。能如《中庸》，方始是天人合一。""不是天人合一，如何能尽己性、尽人性、尽物性。"（《思辨录辑要》卷二十三）《中庸》言及"天道"皆以"至"说，如"至诚尽性"、"至诚如神"、"至诚无息"、"至诚能化"，"至"即"极"的意思，自然不可修为者；言及"人道"多以"致"说，如"致曲"、"致中和"，"致"即"推而极之"，当然勉而为之者。故而，"致中和"即是"诚明之性"推而极之"天命之性"，即是合人道与天道，即是"天人合一"。"诚之"指向的是一个自我实现、转化的人伦日用的世界，"至诚"则指向的是一个自我超越的"道"的世界。

三

《中庸》所呈现的生活方式及意义世界，即"尊德性而道问学，致广大而尽精微，极高明而道中庸"。这里涉及了天、人，天道、人道，人伦日用的世界和超越的"道"的世界。通过"中、和"语源学上的简梳，"致中和"样式的展开，《中庸》以知觉的方式构筑了它的生活方式和意义世界。这是一个以主体"德性"为根基而展开的自我亲身体验和实践的过程，是主体以当下自我"存在的"、实践的方式体认天道而成人道的无限展开；不离于人伦日用之表里精粗而"内向超越"至"日用即道"之境，其"知觉"之领悟本质上即是主体"精神修炼"的推而极之的展开。

作为一种生活方式，抑或一种"精神修炼"的生活方式，抑或一种"内向超越"的精神生活方式，《中庸》所提供的是一种易简而又难达的"中庸之道"，抑或"中和之道"，抑或"时中之道"。这是基于个体的"内在道德性"而"内向"实现、转化、超越于"合一"之境。明儒刘宗周就《中庸》之要说明：

> 《中庸》有数吃紧语：一曰知行合一之说，言不明，而曰"贤者过，不肖者不及"，言不行，而曰"知者过，愚者不及"是也。一曰诚明合一

之说，言诚则明，而曰"至诚之道，可以前知"，言明则诚，而曰"曲能有诚"是也。有隐见合一之说，"君子之道费而隐"是也。有显微合一之说，"鬼神之为德"是也。有天人合一之说，"暗然而日章"，"上天之载，无声无臭"是也。然约之，则曰"慎独"而已。[1]

简言之，"合一"，或谓之"致中和"，即是主体为己成德之本始，亦是日常生活中的不偏合宜，但不是一个终结性的目标；亦有终极性的意义指向[2]，但是一个"无穷尽的未完成"的"精神修炼"。

（作者简介：柳向忠　河海大学哲学系）

---

[1] 刘宗周：《刘子遗书》卷二《学言一》，《刘宗周全集》第 2 册，台湾"中研院"中国文哲研究所筹备处 1996 年版，第 453 页。

[2] 就其"终极性"抑或"超越性"而言，儒家的生活方式中亦有"宗教性"特质，可参杜维明：《论儒学的宗教性——对〈中庸〉的现代诠释》，武汉大学出版社 1999 年版；景海峰：《从〈中庸〉所言"诚"看儒家人文精神的宗教性》，《社会科学战线》2016 年第 2 期。

关于老庄"道根"与"道本"问题的追问

李大华

道根与道本关涉的是宇宙论与本体论的问题，也是中国哲学最基本的问题，对于这两个问题的理解与分别，表达了中国先贤的智慧及其思想的过程。

一、"道根"与"道本"是两个概念，还是一个概念？

在一般意义上，如果这两个词分开来用，就是两个概念；如果合起来用，就是一个概念。之所以可以分开来用，在于它们可以是两个独立的词，有两个不同的意思；之所以可以合起来用，又在于它们可以作为一个复合词，代表一个确定的对象而不是两个对象。然而，在实际的运用过程中，我们也会发现远比上述三种更复杂的情形，有时候，"根"、"本"各自有两种以上的意思，而"根本"也有从复合词回到单音节词的倾向，表达一个单音节词的意思，也即"本根"既说的是"根"，又说的是"本"，而这完全取决于语境的差异。

《大宗师》：

> 夫道，……自本自根，未有天地，自古以固存；神鬼神帝，生天生地……

这里的根与本是分开使用的，但是，看起来庄子是把本与根作为同一个词来使用的，也就是本根的意思了。在这段叙述道的话当中，庄子是从根源的意义上说开去的，"自本自根"，即道自己就是自己的本根，也即根源。"神鬼神帝，生天生地"，则是从"生"的根源性上讲的，意谓天地都是道"生"的结果。[1]

---

[1] 章太炎甚至认为"神"也是"生"的意思。他说："神与生同义。《说文》，神，天神，引出万物者也。"（《章太炎全集》，上海人民出版社 2014 年版，第 100 页）

方家大都以为这个本根就是根源之义。① 《知北游》里面,更是本、根合用:

> 物已死生方圆,莫知其根也,扁然而万物自古以固存。……惝然若亡而存,油然不形而神,万物畜而不知,此之谓本根,可以观于天矣。

这是《庄子》书中唯一的一次本根作为复合词使用,而其意思也不出根源之义。王夫之的《庄子解》中说:"名之曰本根,而实无本无根,不得已而谓为本根耳。"② 王夫之解注这段话时,有一个唯物论的立场,他自然不想从事物之外去理解庄子的本根之义,故而他认为不存在所谓事物的本根,但是人们的思维习惯要为事物的存在寻求一个根由,所以,庄子"不得已"说出了一个本根。王夫之的理解具有合理性,但是还是有违《知北游》的本意。如果事物的根由只在事物本身,那么庄子何必要强调本根之义呢? 这里说出一个"自古以固存",并非强调事物本身如此,而是想强调事物以生生死死而得以圆成("物已生死方圆"),不在事物本身,而在于它们之外的根由。

再来看"本"与"根"分开使用的时候,各自表达了什么样的概念。

先看"根":

> 南伯子綦游乎商之丘,见大木焉,……仰而视其细枝,则拳曲而不可以为栋梁;俯而视其大根,……。(《人间世》)

> 万物云云,各复其根,各复其根而不知。(《在宥》)

> 则深根宁极而待,此存身之道也。(《缮性》)

> 今已为物也,欲复归根,不亦难乎? (《知北游》)

> 万物有乎生而莫见其根,有乎出而莫见其门。(《则阳》)

> 以深为根,以约为纪。(《天下》)

以上各篇所论及的"根",除了《人间世》直指大树之根外,其他都是用"根"

---

① 成玄英《庄子疏》:"虚通至道,无始无终。从(本)〔古〕以来,未有天地,五气未兆,大道存焉。"(郭庆藩:《庄子集释》,中华书局1961年版,第247页)。方以智《药地炮庄》:"神鬼神帝,生天生地之根因耶!"(方以智:《药地炮庄》,华夏出版社2011年版,第214页)。王夫之《庄子解》:"自为本根,无有更为其根者。"(王夫之:《庄子解》,中华书局2009年版,第137页)

② 王夫之在《庄子解·知北游》的篇首题道:"言道者,必有本根以为持守;而观浑天之体,浑沦一气,即天即物,即物即道,则物自为根而非有根,物自为道而非有道。非有根者,道之所自运;非有道者,根之所自立。无根则无可为,无道则无可知。"(王夫之:《庄子解》,中华书局2009年版,第258页)

的隐喻之义，即用根来"象"所指对象①，也就是用根之义，指的却不是树根，而且其他各篇还都不是在形下之义上使用的，如《在宥》、《知北游》、《则阳》都指万物的总根源；《缮性》指生命的根本；《天下》指德的深玄本根。② 根的原始之义是直白显明的，就是树木的本根，然而它所隐喻的对象却不再是直白显明的，而是深玄的哲学问题了，这也称为"以有形者象无形者"（《庚桑楚》）。这些用法还都是从《老子》那里学来的，老子说"夫物芸芸，各复归其根"，"深根固柢，长生久视之道"，又说"玄之又玄，众妙之门"，《则阳》则说"莫见其根"，"莫见其门"。"根"与"门"的意思，原本都是不证自明的，可当它们借为隐喻之后，就变得复杂玄妙起来，那个根、门究竟指什么，便成为反复申述也不尽清楚的了。问题不在根、门本身，而在于它们所隐喻的对象。"根"在经过隐喻之后，不再指称树木或草木之根，而是万物之"所从来"；"门"也不再指称人们进出的那个关口，而是指万物之"所从出"。

在《庄子》书里，"本"有两种类型。第一种类型的"本"都指的是与"根"的相同之义：

> 夫虚静恬淡寂漠无为者，万物之本也。……夫明白于天地之德者，此之谓大本大宗，……骤而语形名，不知其本也；骤而语赏罚，不知其始也。（《天道》）

> 知天人之行，本乎天，位乎得，蹢躅而屈伸，反要而语极。……请循其本。（《秋水》）

> 然察其始而本无生；非徒无生也，而本无形；非徒无形也，而本无气。（《至乐》）

> 以天为宗，以德为本，以道为门，兆于变化，谓之圣人。（《天下》）

《天道》、《至乐》里的"本"与宗、始相配用，为根源、宗本、初始之义；《秋水》中的"本"与反（返）、循相配用，也是根源、原本之义；《天下》里的

---

① 王树人在《感悟庄子"象思维"视野下的〈庄子〉》（江苏人民出版社 2006 年版）"绪论"中称庄子的思维方式为"象思维"，认为庄子的"寓旨"，"同概念思维清楚确定之所指相比，乃是一种不确定的能指。也就是说，《庄子》既然给予读者一个大方向的能指，那么读者接着要做的事，就是在这个大方向下做出可能的所指。而这种可能的所指是无限的。就此而言，在《庄子》寓旨的不确定性中，又包含有确定性。"

② 成玄英《庄子疏》："以深玄为德之本根，以俭约为行之纲纪。"（郭庆藩：《庄子集释》，中华书局 1961 年版，第 1097 页）

"本"与宗、门相配用，也是宗本和关口之义。方以智的《药地炮庄》在解释"根"字时，也是用"本"字互释的："禾根，本也。"①

第二种"本"则不限于根源之义。

> 刖者之屦，无为爱之。皆无其本矣。(《德充符》)
>
> 夫王德之人，素逝而耻通于事，立之本原而知通于神，故其德广。……而终身道人也，终身谍人也，合譬饰辞聚众也，是终始本末不相坐。(《天地》)
>
> 本在于上，末在于下；要在于主，详在于臣。……极物之真，能守其本。(《天道》)
>
> 谓盈虚衰杀，彼为盈虚非盈虚，彼为衰杀非衰杀，彼为本末非本末，彼为积散非积散也。(《知北游》)
>
> 大乱之本，必生于尧、舜之间，其末存乎千世之后。(《庚桑楚》)
>
> 吾观之本，其往无穷；吾求之末，其来无止。(《则阳》)
>
> 重言十七，所以已言也，是为耆艾。年先矣，而无经纬本末以期年者者，是非先也。(《寓言》)
>
> 配神明，醇天地，育万物，和天下，泽及百姓，明于本数，系于末度，六通四辟，小大精粗，其运无乎不在。……以本为精，以物为粗，……其于本也，弘大而辟，深闳而肆；其于宗也，可谓稠适而上遂矣。虽然，其应于化而解于物也，其理不竭，其来不蜕，芒乎昧乎，未之尽者。(《天下》)

《德充符》所说的"本"，显然不是根源之义，而是在体用语境下的本，也就是质体、实体的意思。《天地》所说的"本"，也是指"体"，有本体之义②，《天道》、《知北游》、《庚桑楚》、《则阳》、《寓言》、《天下》各篇皆用"本末"，"本"、"末"二字，原本指树木的根基与末梢，《说文》："木下曰本，从木，一在其下。""木上曰末，从木，一在其上。"这就是说，本末原本不是哲学问题，是具体之物的本根与末梢之间的关系。然而，当这个意思引申之后，便具有了哲学意义，当它们意指原因与结果的时候，就是哲学问题（像《庚桑楚》那样）；

---

① 方以智《药地炮庄》引《鼎薪》语。(参见方以智：《药地炮庄》，华夏出版社 2011 年版，第369页)

② "体用"作为一对哲学范畴，应该是魏晋以后的事情，王弼《老子注》："本其所由，与极同体，故谓之天地之根也。"(第 6 章) 又说："虽贵以无为用，不能舍无以为体也。"(第 38 章) 然而，其根源在于老子和庄子，只是没有像王弼讲得那么显明而已。

当它们意指本原与现象的时候（像《天地》那样），就是哲学的本体论问题。后来的中国哲人把本末更直接理解为本体与功能，像王弼那样，以无为本，以有为末，主张崇本而息末。我们看到，"本"有用作表示根源的时候，也有用在表示实体与作用的时候，当前者引申到具象义的时候，它表达的是本根，是宇宙论；后者引申到抽象义的时候，无论是体用语境下的体（本），还是本末意境下的本，它都是本体，是本体论的。①

二、"道根"与"道本"之关系

在比较了"本"的两种用法之后，可以清楚，"本"即便在本末、体用语境下的运用，也都脱不掉"根"的影子，即"本"概念始终隐含了根源之义。再回到《大宗师》里所说的"自本自根"的问题，由于"本"非根源可以限量，那么把它解释为"本原"更加合适，因为"本原"更具有可解释性，可以解释为根源、本源，也可解释为实体、本体，而且《天地》里面已经有了这样的表达："立之本原而知通于神。"②

---

① 有一种观点认为，本体是西方借用过来的，这是现代意义上的说法。如果要把王弼所说的"本"表达为现代的话，只会把它解释成"本体"。可这个表达是借用了西方的本体才会有的吗？我以为不尽然。因为王弼本来就是这个意思，在王弼的《老子注》中可以看到，他在解注《老子》的根时，多理解为"本"，而这个"本"并不是有形质的东西，而是"无"，所谓"有之所始，以无为本"（第40章）。以无为本，才可以应有之用。

② 李泽厚《哲学纲要》："所谓'本体'不是康德所说与现象界相区别的 noumenon，而只是'本根'、'根本'、'最后实在'的意思。"（李泽厚：《哲学纲要》，北京大学出版社2011年版，第39页）又说："本来，本体论（ontology）一词搬用于中国，未必恰当。它的'存在论'、'是论'不同译名便显出这一点。因为它们探讨的是一切实在万物的最终本质、本性或'最终实在'（The Being of beings），或如 Quine 所说，'本体论'就是问'what is there'（有什么？）从而出现了各种设定：上帝、理性、绝对精神、物质世界，等等。它有深远玄奥的神学背景和缘由。而在中国'不即不离'，即现象与本体既不等同又不分离的巫史传统中从根本上便很难提出这个'最终实在'的'本体'问题。其极端者如郭象干脆认为'物偶自生'，并无共同本质或最终实在。"（李泽厚：《哲学纲要》，北京大学出版社2011年版，第233页）虽然如此，李先生还是连续用了多个"本体论"，以至有"双本体论"之说。我则认为，或许中国没有一个可以适合搬用的本体论"Ontology"，但是，中国有一个"道论"，这个"道论"中包含了本体的问题，诸如作为体用、本末语境下的本体与现象，道既是总根源，又是最后的本质。要知道，人类在这个问题上有着相类似的思维过程，如古希腊的本体学说，就是本源性与本体性不分离的。

于是，便产生了这样的问题：作为天地根源的道，同时也是本体吗？进一步说，作为宇宙论的道论，同样也作为本体论的道论吗？这个问题是老子、庄子学说引来的，却也是困扰中国哲学的一个基本问题。冯友兰在《中国哲学史》中曾将哲学的构成分为三部分：宇宙论（A Theory of World）、人生论、知识论，而在宇宙论中又分为研究"存在"之本体及"真实"之要素的本体论（Ontology）和研究世界之发生及其历史的宇宙论（Cosmology）。① 又说"'道'是天地万物所以生之总原理"②，依照冯先生的意思，前一个宇宙论是包括了作为哲学的本体论和作为物理学的宇宙论的。这样一来，宇宙论与本体论通约了，作为根源性的道也是作为本体性的道了。张岱年《中国哲学大纲》不提本体论，只称老庄的道论为"本根论"，认为"万物皆根据此道，此道则更无复根据；万物皆遵循此道，此道则更无所遵循；此道是自己如此的"③。刘笑敢《庄子哲学及其演变》也沿用了这种说法，认为道既是世界的总根源，又是世界的总根据。④ 崔大华《庄学研究》也认为道是宇宙的最后根源，只是这总根源的内涵里面，也有本体论的思想史意义。⑤ 蒋锡昌《庄子哲学》则直认天道为"宇宙之本体：宇宙之本体，可以'绝对'二字括之。所谓'绝对'者，无形色，无大小，无生死，无古今；只觉混然一体，超越一切，决非他物所可拟之谓也。庄子名此'绝对'曰'无无'，曰'无名'"。⑥ 冯达文《中国哲学的本源——本体论》认为："'本体'之意蕴，或亦可溯源于《老子》。老子有'道冲而用之或不盈'一说。此与'用'对举的'道'是'冲'（空）的，万物因'道'之'冲'而有自己多种多样之'用'。'道'与'用'比照即有万物得

① 冯友兰：《中国哲学史》，中华书局 1961 年版，"绪言"。

② 冯友兰：《中国哲学史》，中华书局 1961 年版，"绪言"。

③ 张岱年：《中国哲学大纲》，中国社会科学出版社 1982 年版，第 18 页。

④ 刘笑敢：《庄子哲学及其演变》，中国社会科学出版社 1988 年版，第 104 页。

⑤ 参见崔大华：《庄学研究》，人民出版社 1992 年版，第 118、129、130 页。作者在将庄子的道与黑格尔的绝对观念加以比较之后，形成了这样的观念："两者也有一个很大的区别：'道'总是在宇宙中作孤立的、一次性的完成的显现，而'绝对观念'则是在宇宙事物的逻辑的、辩证的连续发展中显现。"我则认为，这恰恰是问题的关键。

⑥ 蒋锡昌进而解释道："在西洋哲学中，亦有本体界（Noumenal world）与现象界（Phenoumenal world）之别。二者之关系，一方是真际，是本体；一方是感觉所见之表面，是现象。如柏拉图、康德及斯宾塞尔等皆以平常感觉到者只限于现象界，以以本体界为不可知，此与庄子相同者也。"（蒋锡昌：《庄子哲学》，上海书店 1992 年版，第 5 页）

以成其为自己之根据之意义，是即'本体'之意义。庄子《内篇》不说'道生一'而多说'道通为一'。'道通为一'者，谓惟消解（通）了经验世界之分别对待（通为一），才可以见'道'。此道亦不具化生万物之本源义，而仅俱精神境界之超越义。……在这一意义上成立的'道'，亦为本体。"① 又说："在道家哲学家中，在涉及世界的终极层面或终极依托时，有的取本源论，有的取本体论，有的两者掺杂而混用。故在总体讨论道家哲学时，我们亦可笼统以'本源——本体'论标识之。"②

对以上各家论述，这里做一个基本的分析。冯友兰先生的大宇宙论囊括了宇宙论和本体论，在思维框架上看起来没有问题，他看到了中国先秦道论中的宇宙论倾向，也即看到道论中的本体论离不开宇宙论，但是，他的这个看法容易使人产生两个宇宙论的不清楚概念，即产生大宇宙论框架下的小宇宙论是不是哲学的问题。张岱年、刘笑敢先生的观点看到了道论中的根源性特性，但是，没有回答作为总根源和总根据的道，如何可能作为本体论，而如果没有本体论意义，作为根源性的道如何实现它的普遍性，也就是这样的理论还算不算哲学。崔大华先生的观点试图表明根源性里面具有本体论的意义，但是，从已经表述的内容看，他并没有解决自己提出的问题。蒋锡昌先生的观点从宇宙本体的绝对性及其他的不可知，明确而彻底地解决了道论中的本体论问题，但是，他的方式是西式的，即拿西方哲学的本体与庄子的道做了简单的对比，然后断定庄子的"道"就是西方哲学所说的与现象对立的那个本体，他注意到庄子哲学与西方哲学的可比性，忽略了它们之间的不可比性，因此不能充分说明问题。冯达文先生的"本源——本体"论，道出了道家哲学（包括庄子）中本源问题与本体问题的纠结，他从老子的"道冲而用之不盈"看到了本体论问题（道体与道用），从庄子"道通为一"中理解到本体论的意义（"通"体现精神境界之超越义），而且，他洞见到了中国哲学的本体论是从道体与道用，即体用关系展开的。诸家之中，我取冯达文先生的观点。自然，冯先生以庄子内篇中的道"不具有化生万物的本源义"，则也未必。我们已经看到，《大宗师》中的"自本自根"以及"生天生地"，所要表达的主要观点还是根源义的。

如果顺着庄子的根源义理解道，能够解决哲学本体论问题吗？或者说能

---

① 冯达文：《中国哲学的本源——本体论》，广东人民出版社 2001 年版，第 113、114 页。

② 冯达文：《中国哲学的本源——本体论》，广东人民出版社 2001 年版，第 116 页。

解决万物的产生及其本体与现象关系问题吗？这关乎道家及其庄子哲学本身的命运，也关乎庄子哲学的研究。

作为根源义的道有两个维度：一是"生"，二是"一"。

先说"生"之义。如果说庄子运用的"根"具隐喻义的话，那么当庄子说"神鬼神帝，生天生地"的时候，他所说的"生"都不是隐喻之义，而是具实之义。我们看到，无论在内篇，还是外杂篇，他所说的"生"都是具实义的，也就是正面讲述的，而不是"转借"或者"旁白"，诸如"天地与我并生，而万物与我为一"（《齐物论》），"杀生者不死，生生者不生"（《大宗师》），"精神生于道，形本生于精，而万物以形相生"（《知北游》），"万物有乎生而莫见其根，有乎出而莫见其门"（《则阳》）等，这都是讲道如何"生"出万千世界的。借用"根"，意在表达出"生"的意义。就是说，万千世界，物物相生，但各类的生，都汇总、归根到"造物者"。任何"以形相生"的事物，其产生都有根源可寻，也就是事物都是有"根性"的，而且从道理上讲，顺着事物的根向上回溯，"顺藤摸瓜"，应该能够找到总根的，因为这个总根并非多元，而是从一个根生下去，从一个门出去。然而，实际上却做不到，这个总根并不对理智显现出来。依照《知北游》的"道—精神—形—万物"的路径，人们要从万物追寻道根，实在是力所不及。在《齐物论》里面庄子做了这样一个推定：

> 有始也者，有未始有始也者，有未始有夫未始有始也者；有有也者，有无也者，有未始有无也者，有未始有夫未始有无也者。俄而有无矣，而未知有无之果孰有孰无也。①

从"有始"往上推溯，有"未始有始"，继续推，则有"未始有夫未始有始"；从"有"与"无"往上推溯，有"未始有无"，继续推，则有"未始有夫未始有无"。如此的推溯可以无穷尽，却不会有结果。推溯属于理智所为，而理智所理解的东西还都局限于"以形相生"的时空范围（六合之内），理智不能够推及时空之外（六合之外），所以，依照庄子的意思，我们只需要明了万物之生有这么一个总根源，却不要去追溯，应当止步。

与"生"的维度孪生，"一"是另一个维度。在《老子》那里，道与万物之间的关系也是"生"的结果，但老子提出了"生"的图式："道生一，一生

---

① 葛瑞汉称此推定为"无穷后退证明"。（参见葛瑞汉：《论道者》，中国社会科学出版社 2003年版，第212页）

二，二生三，三生万物。"从绝对的无差别的"道"——"一"到"二"，是一个裂变的过程，诸如由一而有二（阴阳），由二（阴阳）而有三（多），由三（多）而有万物。在庄子那里，他只说到道是"一"，如"道通为一"（《齐物论》），"道不欲杂，杂则多"（《人间世》），没有说到如何从纯一到多。在《庄子》那里，只说"物物者非物，物出不得先物"（《知北游》），"万物以形相生"，也即是说，庄子并不想去推究道（物物者）如何生出物来的，只想说生出物的不是物，物的多样性在于"以形相生"，即物物自生。郭象恰好从这里推开去，说无不能生物，物是"自生"的。但是，纯一不杂的道如何实现它的普遍性观照呢？或者依崔大华先生提出的问题，那在宇宙中作孤立的、一次性完成显现的"道"，如何能够在宇宙事物的连续发展中显现？或者说纯一不杂的道如何在多样性的事物中显现出来？这是老子和庄子的道论共同要面对的问题。这是从"根源义"来论说道所不能回答的。[①] 有一个简便的回答：道在创造万物之时把自己根植于万事万物中了，并以此来实现它的普遍性和现实性存在，但是，这个根源似乎离现实的事物太遥远了，不能说明存在于远古的道又能够现实地存在于（或在场于）当下的事物中。从而使当下的事物都能够合目的性地和谐存在下去。主张根源义的张岱年先生提出了道"行于万物，统会一切殊理"的办法，但是，并没有解决如何"行"和"统会"的问题。所以，从根源义来理解道与万物之间的关系，是不能解决老子和庄子的哲学问题的。在上述意义上，庄子哲学注定要落实到本体论意义上去。

　　作为本体义的道可从两个方面得到解释：一是体用、本末论；二是道—理关系。成玄英在解释《天地》"立于本原"的那段话时，是如此解释的："神者，不测之用也。常在理上，往而应物也。不测之神，知通于物，此之妙用，必资于本。欲示本能起用，用不乖本义也。"[②] 本体与妙用，当然是成玄英解读出来的，却是《庄子·天地》本身所具有的蕴义。成玄英的时代，体用、本末观念已经相当流行，佛家、道家及儒家在这个方面形成了共识，即把本、体、宗都看作同一个对象，如《坛经》："无念为宗，无相为体，无住为本。"也就是说，本末的"本"，也就是体用的"体"。[③] 不仅如此，我们在《庄子》那里已经看

---

① 依照西方哲学的理解，就是本体如何"永远现在着"的问题，而不是过去时。

② 成玄英：《庄子疏》，见郭庆藩：《庄子集释》，中华书局 1961 年版，第 412 页。

③ 印顺《中国禅宗史》理解为："道本（本体、本原）只是空寂，是不二。"（印顺：《中国禅宗史》，江西人民出版社 1990 年版，第 104 页）

到,"用"与"末"并非仅仅指作用与末流,也指物事与现象,如"大乱之本"在尧舜,"其末(现象)存乎千世之后";同样,"以本为精,以物为粗","本"与"物"相对应,"本"当指本体、本质,"物"当指物事、现象。只不过本体既被看作引起现象的根因,又被视为现象背后的本质。如此来说,在《庄子》那里已经初现这样的端倪:体用、本末在两种意义上使用了,一是个体性的本与体、个别性的用与末,二是普遍的、抽象的本与体、泛指所有的用与末。在第一种意义下,体用、本末只是指称实体、物体与表象、功用;在第二种意义下,它们指称的是宇宙的本体(道)与现象。①

道—理关系。道既然是要"应物",实现它的普遍存在与观照,那么,道与理发生关联是有充足理由的。我们看《庄子》的书是怎么说的:

> 夫德,和也;道,理也。德无不容,仁也;道无不理,义也;……(《缮性》)

> 观于大海,乃知尔丑,尔将可与语大理矣。……是未明天地之理,万物之情者也。……消息盈虚,终则有始。是所以语大义之方,论万物之理也。(《秋水》)

> 万物有成理而不说。圣人者,原天地之大美而达万物之理。(《知北游》)

> 判天地之美,析万物之理,察古人之全。……泠汰于物,以为道理,……动静不离于理,是以终身无誉。(《天下》)

理总是万物之理,它与物事相对应,理并没有抽象出来作为独立的实在,而道与理在某些境况下画了等号,意味着这二者之间具有同一性;而理作为万物之理,总是相对具体一点。道既与理做了同一性理解,那么道就可以因应万物之变了。如是,道不再是悬空的、远不可及的,而对于物象乃至世间的所有变化,它都是在场的、应变的、周全的,从而,道才不失为道。道既可以在蝼蚁、在稊稗、在瓦甓、在屎溺,那么还可以不在什么之中?说道与理在某些境况下画了等号,却不等于道与理在任何境况下都可以画等号,道本身没有大小、殊异之分,而理则有了分别:有"大理"、"天地之理"、"万物之理"等说法。《秋水》中说:

---

① 有关这个问题,拙著《生命存在与境界超越》的"本根即本体"节有过论述,可参照。(见李大华:《生命存在与境界超越》,上海文化出版社 2001 年版,第 130—139 页)

知道者必达于理，达于理者必明于权，明于权者不以物害己。

这段话表明的正是：得道者自能明了事理，明了事理者自能明了权变，从道到理、到权变，是一个落实的过程。《则阳》说的"万物殊理，道不私，故无名"，进一步表明了道是普遍的，理是具体的，道可以通过具体的理来显现它的存在与在场，但并不可以为具体的理就是普遍的道，因为一旦具体化，道就不再是无私的了，无私意味着不局限于具体。道与理具有同一性，但道不等于理，这种差别决定了不可以将道看作理或理则。哲学史上有一种传统的观点，认为老庄的道就是理则，或者就是规律，这种观点说到底是一种知识论的，有其合理性，但并不充足。一来老庄的道论本身不是知识论的，二来老庄的"道"本身不是理则或规律所能规定或者限量的。

三、庄子之道与老子之道

（一）老子之道与庄子之道的区别

冯友兰先生曾言："庄之所以为庄者的那一种宇宙观是与《老子》第一章的说法相同的。"[①] 老庄之道在相同的方面，诸如以道为根本，以道为混沌，以道为存在，以道为朴，以道为无，道不可名等，兹不多说，这里着重说他们之道论的不同。

首先，在一与多的关系问题上，老子主张从浑沌之"一"到"多"，是一个"生"的过程，即道生一，一生二，二生三，"三"就意味着多，也即多样性的事物。[②] "一"是未分的整体，也是"道"，而"多"是从无到有、从阴阳

---

① 冯友兰：《中国哲学史新编》第 2 册，人民出版社 1983 年版，第 125 页。

② 刘笑敢《老子古今》上卷"道如何'生'"中引述并评论了牟宗三、傅伟勋对此的观点："牟说：'道生之者，只是开其源，畅其流，让物自生也。此是消极意义之生，故亦曰无生之生也。……它不是一能生能造之实体。它只是不塞不禁，畅开万物'自生自济'之源之冲虚玄德。而冲虚玄德只是一种境界。……故表示道生之的那些宇宙论的语句，实非积极的宇宙论语句，而乃是消极的，只表示一种静观之貌似的宇宙论语句。'牟的解释力图消解道的客观生成之义，把生解释为消极之生，貌似之生，强调道'不是一能生能造之实体'，以便最终把道纳入主观境界之中，构成与儒家学说一横一纵的关系，从而突出儒家学说在判教中的地位。……在化解道之客观生成之义方面，傅伟勋与牟宗三是殊途同归。傅认为《老子》在这里用的只是比喻性语言，道不是事实上的施事者，只是语言形式上的主语，道本身是自然无为的，不会产生任何事物，……按照傅的语言分析方法，'生'字的基本的生成、产生的意

到万物的已分的杂多。在老子那里,体现了较强的"根性",强调了万物与作为其根源的道的联系性,所以,老子的道论具有更显明的宇宙论倾向。作为"万物之宗"的道对于万物的观照,表现在道"为恍为惚"的造物过程中将自己的"根性"置入了事物的生命过程中,使其产生合乎目的性的运动,所谓"天之道,不争而善胜","天之道损有余以奉不足";并且万物最终将要回到道的本身,所谓"反者道之动","各复归其根"。如果仅从"生"的角度来看老子的道论,更像是宇宙论;而再从"反"、"复归"与合目的性方面看,则有哲学本体论的倾向,因为它使万物有了灵魂与本质,只要使事物的灵魂与本质显现出来,就可以使得万物之间产生彼此的顺畅与和谐。① 而在庄子那里,"一"并不是指老子所说的一,不是指道或者根源性的一,而是指认知上的一,《逍遥游》里面所说的"将旁礴万物以为一"②,《齐物论》里"凡物无成与毁,复通为一","天地与我并生,而万物与我为一",《大宗师》里"其一与天为徒,其不一与人为徒","又况万物之所系而一化之所待乎",皆不是指道,也非指万物起始的那个一,只是认知上如何把差异看成无差别(一),这个"一"其实就是"齐"的意思。但在《知北游》里面,有这么一段话:"人之生,气之聚也。聚则为生,散则为死。若死生为徒,吾又何患!故万物一也。是其所美

思没有了,只剩下了'在先'的意思,这是为了说明老子思想只有象征意义下的本体论意义,没有宇宙论、生成论的意义。"(刘笑敢:《老子古今》上卷,中国社会科学出版社 2006 年版,第 440、441 页)我以为刘的上述分析是占道理的。这里增加一点看法。老子对于道的界定确乎是采取了一种消极的方法,也即否定的方法,通过否定来达到肯定,所以,那个字面上的消极,却托出了一个积极的"生";至于道是否是一个实体,对它的理解应当且只能在老子本意上,也即不是我们如何看待老子所说的道是否是一个实体,而是老子怎么看;如果依照我们怎么看,那么所有的实体论、本体论都会失去原来的意义,柏拉图的实体、斯宾诺莎的实体、康德的本体、黑格尔的绝对,这些实体、本体存在,都可以归结为牟先生所说的那种"貌似"了。傅伟勋先生所说的道只是"形式上的主语"的看法,与牟先生类似;至于说"生"只是比喻,则未当。前面已经表明,无论是老子或庄子所说的"生",都不是在比喻的境况下说出的,而是在具实义上说的,《老子》书中有直言式的表达,《庄子》书中有"重言为真"的表达,对待这样的表达,是不能看轻的。

① 这里不用"善"这个词,是因为人们称之为"善"的这个词的歧义性质,以及我称之为"合目的性"的特殊指向与非歧义性质,如同可以说老子的这种"合目的性"是一种善,却不可说合乎所谓"善"的都是合目的性的。

② 见冯达文先生的文章《走在学思的路途上》关于"一"的论述。(参见刘笑敢主编:《中国哲学与文化》第 9 辑,漓江出版社 2011 年版,第 293—398 页)

者为神奇，其所恶者为臭腐。臭腐复化为神奇，神奇复化为臭腐。故曰：'通天下一气耳。'圣人故贵一。"庄子虽然主张万物都有根源、有宗本，但是，在"造物者"（道）与万物之间，有一个"物出不得先物"的界限，人们只能循到物的踪迹（且永无止境），却不可能顺势摸到道门，穷尽对于道的认知。虽然庄子主张通过修养"反其真"，却不强调道根与宗本的返还，他甚至觉得世界走向了不归之路（"往而不反"）。

其次，在根源与本末的关系上，老子与庄子都认为道就是万物的总根源，是一个实在（浑沌），道也存在于万事万物之中，但老子的道首先是一个"古始"之道，其次才是它存在于现世之中。老子更倾向于古而不是今，所谓"执古之道以御今之有"（《老子》第十四章），"古之所以贵此道者何"（《老子》第六十二章），"古之善为道者"（《老子》第六十五章）云云。庄子虽也崇尚古始，认为道是一个久远的存在，但庄子主张物物相生而成杂（多），物与道之间不存在可追寻的路径，于是他便以自己的方式阻断了由杂（多）而通向一与道的路径，然而，他却为道在现实世界的存在提供了一个以本体与现象关系的可能性论证。于是，道的存在并不需要以寻根的方式来彰显，而是如同本末、体用那样地如影随形。在庄子那里，道是灵活应变的，是当下在场的，而不必一定坚守古始，以远古之道来因应现世的复杂多变。从而，庄子以体用、本末的方式表现出来的本体论意识更为显明。

最后，在道—理的关系上。老子没有谈到"理"的问题，大概在老子的年代，"理"还没有流行起来，孔子也不谈论"理"，只是到了孟子、庄子才谈论理，而且，孟子谈的"理"主要指条理，庄子内篇也只有《养生主》谈到过"天理"，外杂篇里"理"的表达才多了起来。理原本指纹理，《说文》："理，治玉也。从玉里声。"从具体的纹理、理路，到抽象的理则、本质，需要一个长期的思想过程，标志着人们对事物认识的进步。先秦诸子之中，只有《庄子》明确地把理从一般的条理、道理当中抽象出来了，即便在《荀子》里面，理也非一个纯粹的哲学范畴，只在《解蔽》里说道"制割大理而宇宙里矣"，有一点抽象的意味。而理一旦作为哲学的范畴使用，便表现出了它的独特性，它更适合表达本体与现象之间的关系。但是，老子用了"德"的观念。依照老子的序次，"失道而后德，失德而后仁"（《老子》第三十八章），"道生之，德畜之，物形之，势成之"（《老子》第五十一章），德乃是道的具体化与落实化。王弼解释为："德者，物之所得也。"（《老子注》）乃至后人都遵循了这个解释，这是因为这样的解释合理，且符合老子的原意。道化为德，依照老子的意思，这乃是一种退化，如同德退化为仁义礼智一样，但是，道也因此而变成成物之性了，即变成人与事物的操存与品性了。德对于人来说，就是品性、品质；对于事物来说，德就是性质、本质。这就与理有了某种关系了，在某种意义上，理就是德。只不过，德是要在主动性上去说的，如同我要操存、蓄养，以成就与道相同的品性；而理则不必如此，它更像是被动接受的，换言之，事物之理或人的本性并不是接受的结果，而是被赋予的结果。显然，《老子》的"德"论并不适合所有的对象，因为不能够说事物也有德；《庄子》的"理"论可以适合所有的对象，对人可以说"道理"，对事可以说"事理"。

（二）道是"它"，"他"，还是"她"？

它、他与她其实是现代的分别，古时候只有它与他，没有她，但我们却要借现代的这个分别对老子和庄子的道，作一个性别的分析。"他"指对话主客以外的某个人、物、事，《孟子·梁惠王》："王还顾左右而言他。""它"同他，《诗经·小雅》："它山之石，可以为错。""它山之石，可以攻玉。""她"则是现代汉语才有的，即便在古文里出现了女性的她，也都用他代之。《老子》书里，没有用到过第三人称的他或它，只用到了第一人称的"吾"与"我"，诸如："吾不知谁之子，象帝之先。"（《老子》第四章）"何谓贵大患若身？吾所以有大患者，为吾有身，及吾无身，吾有何患？"（《老子》第十三章）"万物并作，吾以观复。"（《老子》第十六章）"自古及今，其名不去，以阅众甫。吾何以知众甫之状哉？以此。"（《老子》第二十一章）"吾不知其名，字之曰道，强为之名曰大。"（《老子》第二十五章）"将欲取天下而为之，吾见其不得已。"（《老子》第二十九章）"吾将镇之以无名之朴。"（《老子》第三十七章）"功成事遂，百姓皆谓我自然。"（《老子》第十七章）"俗人昭昭，我独昏昏。俗人察察，我独闷闷。……众人皆有以，而我独顽且鄙。我独异于人，而贵食母。"（《老子》第二十章）"使我介然有知，行于大道，唯施是畏。"（《老子》第五十三章）"天下皆谓我道大，似不肖。夫唯大，故似不肖。"（《老子》第六十七章）"夫惟无知，是以不我知。知我者希，则我者贵。是以圣人被褐而怀玉。"（《老子》第七十章）《老子》书中，"吾"字用了十六次，"我"字用了十次。这表明老子其实具有很强的自我意识，以至于他在运用第一人称代词的时候，在某些情况下，他是立足于个人的立场；但在某些情况下，他是立足于治国者的立场在看待问题，或许只有在治国者的立场才能谈论治国的问题，所谓"以邦观邦，以天下观天下"。但是，他在谈论到"道"的时候，要么直接称呼"道"，要么用了第三人称"其"，而没有用"他"或"它"。这之间有着某种值得玩味的东西。用"道"或"其"，其实都是第三称谓，如同我们在说到某人某事的时候，那个被说的人或事是不在场的，而"其"字是在前面已经说到的对象再次出现在我们的话语中的时候才会用到。然而，老子在论说的时候还有一层深意，道是不可以第一、第二称谓来论说的，所有论说道的人，都是一个他者，如此，可以始终保持自己作为一个述道者的角色，而不能够说"吾"或"我"就代表了道。我们已经看到，老子所用的"吾"或"我"，可以代表求道者、以道治天下者甚或圣人，亦即可以代表任何人，却不能代表道，道始终没有说任何的东西，它只是被述说而已。而第二称谓，如"若"、"汝"、"而"、"尔"等，都不适合用来述说"道"，因为在老子看来，没有人有资格面对道说话，只能以有距离的第三称谓来述说它。虽然老子并没有用"它"、"他"或"她"来表述，但我们仍旧可从他的言说语境中分辨出来。老子说："有物混成，先天地生。寂兮寥兮，独立而不改，周行而不殆，可以为天下母。"（《老子》第二十五章）"故道生之，德畜之，长之育之，亭之毒之，养之覆之。生而不有，为而不恃，长而不宰，是谓玄德。"（《老子》第五十一章）"故坚强者死之徒，柔弱者生之徒。"（《老子》第七十六章）"天下莫柔弱于水，而攻坚强者莫之能胜，其无以易之。弱之胜强，柔之胜刚，天下莫不知，莫能行。"（《老子》第七十八章）这里的"母"，当然是比喻的用法，然而，从浑沌之物到万千之物，也只有"母"能胜任"生"的责任了；使之长育、成熟、养覆的，也是"母"的作为；至于说德性，水一般的柔弱，也是女性的标志。有人以女性之德来表达老子所崇尚的德性，也是不会有错的。在这个意义上，《老子》书里的道，如果用第三称谓，应该是女性的"她"。

在《庄子》书里，道也是作为第三称谓，直呼其"道"，"道"也是名号，是可以用来称谓的；而在道已经被称呼了的情形下，后面的重复便用"之"字替代，如《大宗师》里所做的那样，在描述道本身的时候，直接用了"道"的称号，而在后面谈到道与人们的关系时，一律用了"之"字，诸如"狶韦氏得之，以挈天地；伏戏氏得之，以袭气母"云云。道虽然也是天地根，但并不强调"天下母"的意义，也没有性别意义，为了表达道的至上地位，有时称为"大道"（"大道不称"），有时称为"至道"（"敢问至道之精"），有时用无称谓（"一化之所待"）。如果我们把《庄子》所言的道置入现代语境下，那么与

"道"能够相对应的称谓当为"它"。如《知北游》所说的道在哪里的问题，道无所不在，既可以存在于高上的事物中，也可存在于低下的事物中，这就是"道之数"，"可以贵、可以贱、可以约、可以散"。显然，庄子不想强调道的根性与母性，而想强调它的存在与普现。

由此可以看出，一方面，庄子与老子保持了基本立场的一致，始终作为一个述道者的身份，从未以道者（我与吾）的身份谈论道；另一方面，以它与事物的关系的表达，彰显了道的存在论意义。至于说道教产生后，《老子想尔注》以"吾"来解释"道"，则是一个重大的转变，但毕竟那是后来的事情，只是符合了宗教产生的需要。①

（作者简介：李大华　深圳大学哲学系）

---

① 《老子想尔注》："吾，道也。帝先者，亦道也。"（"吾不知谁子，象帝之先。"注）"吾，道也，所以知古今终始共此一道，其事如此也。"（"吾何以知终甫之然？以此。"注）"吾，道也，还叹道美，难可名字，故曰道也。"（"吾不知其名，字之曰道。"注）见饶宗颐：《老子想尔注校正》，上海古籍出版社 1991 年版。

从牛马之喻看天人的隔断与贯通

陈　静

　　《庄子·秋水》篇有一个著名的隐喻，为了行文方便，我们称这个隐喻为牛马之喻。这个隐喻说：

　　　　牛马四足，是谓天。络马首，穿牛鼻，是谓人。故曰，无以人灭天，无以故灭命，无以得殉名。谨守而勿失，是谓反其真。（《庄子·秋水》）

这个隐喻，出自《秋水》篇河伯与北海若的对话，当河伯询问北海若"何谓天？何谓人"时，北海若没有以定义的方式回答他的问题，而是以上文这个牛马之喻来为"天""人"的含义进行了喻指。

　　驯化牛马原本是农耕社会的基本经验，但是，中国古代典籍描述这个经验却有两种不同的方式：一种是牛马之喻的"穿牛络马"，还有一种是"服牛驾马"。这两种不同的描述方式，代表着不同的价值立场。"服牛驾马"认为驯化牛马是圣人的一项文明成就，所以用了赞美口吻，颂扬"圣人……服牛驾马，以达陵陆，致远穷深"（《西汉年记》卷八十）。而庄子的"穿牛络马"，则强调"穿络"约束甚至戕害了牛马的天性，态度明显是批评的。

　　但是，牛马之喻毕竟只是一个隐喻，庄子用这个隐喻，回答的是"何谓天？何谓人"的问题。而当庄子说"穿牛络马"是"人"的作为，并不符合牛马的"天"性时，他实际上在"天""人"之间造成了一种隔断的甚至是对立的关系，或者说，"人为"被庄子放置到了与"天性"相对的一方，成为约束甚至戕害天性的外在力量。因此，庄子的牛马之喻，对天人关系的理解是天人隔断的。但是，后世沿用牛马之喻，却渐渐改变了其中的意味，把庄子对"以人灭天"的控诉，改变成对穿络行为的肯定。本文的目的，就是考察牛马之喻的历史演变，并揭示导致这种改变的内在理路。

一

在《庄子》里，显然有两个世界，一个是逍遥游的世界，一个是人间世的世界。

《逍遥游》开篇，是大鹏展翅，"抟扶摇而上者九万里"。九者，数之极，九万里，喻极致的高处。置身于这样的超拔之处，庄子以大鹏之眼看到，万象皆存在于"有待"的关系之中，因为有待，万象皆受制于对待而不得自由。庄子因此提出，必须超越对待，超越功利之用，自由才有可能。因此，那棵在惠施眼里不能满足任何功利要求的大树，在庄子的无何有之乡成为逍遥游的标志，而无何有之乡的宁静和空阔，也排除了来自对待关系的是非纠缠，使逍遥自在成为可能。

与无何有之乡的自在完全不同的，是人间世的无奈。如果说庄子在《逍遥游》里展示了逍遥的理想，那么，可以说他在《人间世》里描述了人世的无奈。他笔下的人物，无论是年轻的理想主义者，还是老到的政治家，共同的特点均是遭遇人世的无奈。

第一个出场的是颜回，他年轻热情，不谙政治的凶险，却要挺身而出，前往卫国，以儒家的道德理想改造那位暴虐的卫太子，救民于水火之中。颜回代表着儒家的救世热忱，但是庄子说，颜回这样的人是注定要失败的，他怀抱着崇高的理想而去，结局却可能是性命难保，成为暴虐权力的牺牲品。庄子通过颜回与孔子的对话，让孔子为他代言，否定了儒家的道德理想有发挥作用的可能性，指出儒家的道德热忱只是一厢情愿的良善愿望，对于权力在现实中的暴虐和滥用，并不能发挥约束和改造的作用。孔子对颜回的最终建议，是"一宅而寓于不得已"。就这一句"不得已"，人间世的无奈已经充分展露。

庄子描写的第二个人，是叶公子高。叶公子高受王命委派，即将出使齐国，说明他已经是老到的官员。就是这样一个久浸官场之人，也"朝受命而夕饮冰"，由于担心不能顺利完成使命而陷入焦虑。他求助于孔子，孔子的劝慰是"安之若命"，提出的建议仍然是"乘物以游心，托不得已以养中"。可见，不仅是不谙政治的颜回只能"不得已"，就是老练的官员叶公子高，最终也只能"不得已"。因为人间世终究是无奈的，经验无济于事。

庄子描述的第三位是"将傅卫灵公太子"的颜阖。看来庄子对那位卫太

441

子是深恶痛绝的，不仅在颜回的故事中充分描写卫太子可能的暴行，这里又借颜阖之口评价这位太子"其德天杀"。颜阖要去教导这样一个天生德薄之人，将是何等困难。颜阖担心，如果自己由着太子胡闹，将危害国家，如果纠正他，又会危及自身。颜阖被委派去教导太子，竟然因此陷入了进退两难的境地。与他对话的蘧伯玉建议说，颜阖自己要持身端正，而以虚以委蛇的态度来对待太子，"彼且为婴儿，亦与之为婴儿；彼且为无町畦，亦与之为无町畦；彼且为无崖，亦与之为无崖，达之，入于无疵"，并一再告诫他绝不能做螳臂挡车的傻事，因为那是无济于事的。随后的养虎者和爱马者的例子，也一再说不能仅仅凭借好意和爱心而行事，因为爱心和好意的不当表达，很可能就是致祸的缘由。这一次，在颜阖与蘧伯玉的对话中没有出现"不得已"之类的话语，但是人间世的无奈已经在他们不断地讨论如何躲避祸患的对话中表达出来了。

有意思的是，在以这些故事遍说人间的无奈之后，又出现了一棵无用的大树。这棵树在《逍遥游》里被惠施视为无用之物，庄子却说可以树立在无何有之乡，让懂得逍遥的人"寝卧其下"，享受自在的愉悦。《人间世》在颜回等人的故事之后出现的这棵高大的栎社树，也在匠人、匠人的徒弟和树神之间发生了同样的争执。匠人的徒弟被高大的栎社树深深吸引，与众人一样，久久地驻足观看，匠人却径直前行，不屑一顾，因为他知道这棵大树并不能成为匠人制作的材料，是一棵没有任何用处的"散木"。树神则托梦匠人，告诉他正是这种非功利的无用，才成就了自己保全生命的大用。在这里，"散木"栎社树与庄子"树之于无何有之乡"的那棵被惠施鄙视的大树，遥相呼应地宣示了逍遥游的理想。同时，也使能够逍遥的无何有之乡与无可奈何的人间世，成为两个不同的世界而相互对照。

这两个世界的不同，也可以用"内""外"的区分来表示。《大宗师》有孔子差遣子贡去吊唁一个道家人物的故事，这就是著名的"临尸而歌"的故事。当奉命前往的子贡见到死者的朋友们正在他们朋友的遗体旁歌唱，他震惊了，并质疑这种"临尸而歌"的做派是否符合礼制的规范。但是，这些道家人物毫不在意形式的礼节，他们表现的是理解，是"相视而笑，莫逆于心，遂相与友"，这种内在的真诚相通，并不需要外在的"礼"仪来维系相互的关系，所以，他们对子贡的质疑发出了"是恶知礼意"的嘲笑。在子贡眼里，"临尸而歌"是令人震惊的非礼行为，而这些道家人物却认为，他们才是亡友的知音，他们的朋友已然通达生死，他们懂得他，用歌声送他离去。庄子在妻子去世时也曾"鼓盆而歌",在遭到惠施的责备时所表达的也是对于生命的通达。这是儒家人物难以理解的。当子贡带着困惑返回并求问于孔子时,孔子用了"内""外"之分而"外内不相及"来回答。孔子说:

> 彼,游方之外者也;而丘,游方之内者也。外内不相及。而丘使汝往吊之,丘则陋矣。(《庄子·大宗师》)

孔子承认,自己派子贡去行吊唁之礼,本身就是不恰当的,因为这些人根本没有把生死放在心上,他们"游乎天地之一气,……恶知死生先后之所在,假于异物,托于同体,忘其肝胆,遗其耳目,反复终始,不知端倪,茫然彷徨乎尘垢之外,逍遥乎无为之业。彼又恶能愦愦然为世俗之礼,以观众人之耳目哉"!吊唁是多余的,一切礼仪,在这些"临尸而歌"的人看来,都是多余的。

在孔子的这一段话里,最值得注意的当然不是孔子的自我检讨,而是孔子用了"外内不相及"来区别自己和那些道家人物。孔子说自己是"游方之内者",而那些道家人物是"游方之外者"。在"方之内"生活的人,是谨遵礼教、不离礼仪制度之规范的人,而"方之外者"则遵从自己内心的真实感受。"游方之外者"的行为不是做给别人看的,不需要像滕文公世子那样,以"颜色之戚,哭泣之哀"让"吊者大悦"(《孟子·滕文公》上),他们只想以自己的内心和相互的真正理解来表达自己,而不愿意"愦愦然为世俗之礼,以观众人之耳目",与孟子的好学生滕国世子恰好相反。

庄子的用词,总是含义丰富且挥洒自如,这里的内外也是如此。"游方之外"的人,恰好是遵从自己内心的人,而"游方之内"的人,在意的却是外在的礼仪。内外就这样被庄子信手活用,自由地表达着自己的思考。但是,无论庄子如何活用内外,内外之间总是不同的,无论内外的具体所指为何,一个彼此相应的对照关系存在于内外之间,也是十分明显的。这种方之内外的对照,同逍遥游与人间世的对照有着同构的关系。孔子描述"游方之外者"的存在方式,是说他们"彷徨乎尘垢之外,逍遥乎无为之业",与《逍遥游》描述的,逍遥者在无何有之乡那棵无用的大树下"彷徨乎无为其侧,逍遥乎寝卧其下",是完全相同的。

内与外的对照,人间世和逍遥游的对照,也表现在天与人的对照之上。庄子说"牛马四足,是谓天。络马首,穿牛鼻,是谓人",就在天人之间进行了区分。天指天性,也指自然而有的一切,人指人为,同时意味着人间世的种种造作。庄子多有讨论天人之处,例如:

　　为人使易以伪，为天使难以伪。(《庄子·人间世》)

　　内直者，与天为徒。……外曲者，与人之为徒也。(《庄子·人间世》)

　　眇乎小哉，所以属於人也。警乎大哉，独成其天。(《庄子·德充符》)

　　何谓道？有天道，有人道。无为而尊，天道也；有为而累，人道也。

(《庄子·在宥》)

　　……

在这样的讨论中，天与人总是处于对照的关系之中，表征着不同的属性，意味着不同的价值，指点着不同的行为方式，展现为不同的生存状态和不同的世界。

　　除了天人、内外、人间世和逍遥游，在《庄子》中，道与物、真与伪、至德之世与圣人之世、古与今等，也都处于相互对照的关系之中，同时也从各自的角度，指点着庄子对两个不同世界的理解和思考。

<h2 style="text-align:center">二</h2>

　　天人有别，庄子的倾向明显在天的一边。《秋水》在牛马之喻之后，立刻声言了"无以人灭天"的价值立场，足以证明庄子是站在天的立场上反对以人为戕害天性的。《庄子》中还有许多论说，表达的都是这样的立场，最明显的，可见于《骈拇》、《马蹄》等篇的论说。

　　在《骈拇》中，庄子把一切向外的追求和外在的价值准则也就是儒家的礼乐仁义比喻为骈拇枝指、附赘悬疣，而"非道德之正"。认定那些满心忧患，希望以礼乐仁义来安顿社会、抚慰天下之心的仁人，与那些损害真实性命而疯狂追求富贵的不仁之人，虽然表现不同，但同样是残生损性、背道失德。他们的作为如同两个牧羊的孩子，一个沉溺游戏，一个埋头读书，却都因为心有旁骛而丢失了羊。他们丢羊的原因不同，沉溺游戏和埋头读书似乎有品格高低的差别，但是都背离了放牧的正当，造成了丢羊的同样结果。《骈拇》说："二人者，事业不同，其于亡羊均也。"同样，"伯夷死名于首阳之下，盗跖死利于东陵之上，二人者，所死不同，其于残生伤性均也。"但是世人不明究竟，一定要在伯夷和盗跖之间进行区分，认为殉义者为君子，殉利者为小人，而不知道他们"其殉一也，……其残生损性，则盗跖亦伯夷已"。

　　庄子之所以要抹消世俗对于伯夷和盗跖的区别，是要提示另一些往往被俗世忽视的价值，这就是保有生命和真性，不使这些真正的价值被俗世的浮华和外在的礼义所遮蔽。所以，《骈拇》反复说："正正者，不失其性命之情。""吾所谓臧者，非所谓仁义之谓也，任其性命之情而已矣。"正是以"性命之情"为基础，《骈拇》批评儒家对于三代的称颂和继承，认为"三代之下者，天下何其嚣嚣"，"自虞氏招仁义以挠天下也，天下莫不奔命于仁义，……自三代以下者，天下莫不以物易其性矣"。世俗以为伯夷高尚而盗跖邪恶，仁义高尚而声色粗鄙，但是，庄子指出这种区分的标准本身，就是外在于人的"性命之情"且遮蔽人的"性命之情"的。庄子要人从"外"诱的迷惑中返身自求，"自闻而已……自见而已"，如果"不自见而见彼，不自得而得彼者，是得人之得而不自得其得者也，适人之适而不自适其适者也"，这样被外在引领而遗忘内在的"性命之情"，"虽盗跖与伯夷是同为淫僻也"。

庄子在《骈拇》中以"性命之情"否定仁义礼乐具有终极意义，用"至正"否定规矩绳墨具有充当衡量标准的最终资格，其中隐含着"内"与"外"的分辨，"天"与"人"的不同。而庄子的立场显然是倾向于前者的，倾向于以前者来否定后者。

《马蹄》篇更加明显，直接控诉伯乐的治马残害了马性。《马蹄》说："龁草饮水，翘足而陆，此马之真性也"，而伯乐"烧之、剔之、刻之、雒之，……饥之、渴之、驰之、骤之、整之、齐之，前有橛饰之患，而后有鞭策之威，而马之死者已过半矣"，世人认为伯乐善于治马，在庄子看来这正是"伯乐之罪"。陶人的抟埴和木匠的砍削也是同样，是对泥土和原木的改造，对于土木原有的纯朴，是破坏。《马蹄》说："埴木之性，岂欲中规矩钩绳哉？"人们之所以称赞伯乐善于治马，称赞陶人木匠善于处理泥土和原木，是因为治天下者改变了社会，改变了人们原本纯朴的观念。在《马蹄》篇，明显有一个对比言说的结构，真性与教化、朴素与繁华、至德之世与圣人之时、仁义礼乐与自在逍遥，都是相对而言的。《马蹄》控诉教化败坏了真性，仁义礼乐束缚了人的性情，圣人的造作毁坏了至德之世的朴素，它的结论是："残朴以为器，工匠之罪也；毁道德以为仁义，圣人之过也。"

《庄子》里表达类似观点的地方还很多，例如《胠箧》称："彼曾、史、杨、墨、师旷、工倕、离朱者，皆外立其德而以爚乱天下者也"，所以必须"削曾史之行，钳杨墨之口，攘弃仁义"，才可能使"天下之德始玄同矣"；又如《在宥》批评"黄帝始以仁义撄人之心"；等等。但是，把天人、内外、古今相互对立并且以天贬人的，以《骈拇》和《马蹄》二篇最有代表性。

<h1 style="text-align:center">三</h1>

荀子曾经批评庄子"蔽于天而不知人"，看来确有根据。在《庄子》中，确实有许多天人、内外、古今、道物、真伪等相对并说的内容，而庄子的立场，明显是倾向前者而否定后者的。所以荀子说庄子"蔽于天而不知人"，确实是抓住了庄子思想的某种特点。

但是，庄子要的就是天人两立、内外区分、真伪隔离、道物两断吗？庄子借大鹏之眼看到了万象有待而彼此限制，从而提出了无待的逍遥理想，他难道看不出天人两立所导致的彼此相对，实际上制造了相互对待的关系吗？看不出九万里的超绝高处与平常的人间世之间本身就形成了对待吗？

认真阅读《庄子》，我们将看到，庄子孤鸣先发，努力彰显世俗未曾留意的"真性"，或者说，庄子用"真性"、"逍遥游"、"性命之情"等超出儒家问题域的论说，展开了一个全新的理解"人"的方向，这个方向，我们现在可以用"人的自由存在"来表述。这个论域，是庄子之前尚未展开的，所以庄子要有效地指点这个致思的方向，是十分困难的。为了显明他的思考，庄子不得不用对于当时社会而言已经是相当理想主义的儒家来映衬，说即使是这样的理想，仍然是他要批评和超越的，因为儒家的道德理想所表达的，依然是"相互性的原则"，这样的原则奠基在人的"对象性存在"的基础之上。而庄子要揭示的"真性"和"逍遥"，是超越对待的，是自身圆满的，无须以对象来规定和显明其意义。所以，尽管在"争于气力"的社会背景之下，儒家"何必曰利"的道德理想主义已经被视为"阔于事情"，不切实际，但是在庄子眼里，儒家依然没有超越对待，"其残生损性，则盗跖亦伯夷已"。显然，庄子的思考更加本源、更加深刻，涉及如何理解"人"的本质，而不是像儒家那样，径直以德性来定义"人"，满足于"人"对"物性"的超越。①庄子的这一套全新的思想，要清楚地表述出来是十分困难的，为了彰明自己的思考，庄子不得不把理想主义的儒家与功利主义的俗世归作一堆加以排斥，这种与儒家对立的姿态，落实到天人问题的领域，就表现为隔断天人。

---

① 孟子曰："人之所以异于禽兽者几希，庶民去之，君子存之"，可以说明。

就庄子的本意而言，庄子也曾努力，希望把"真性"铺垫在"人为"之下，使之成为支撑人为的基础。这一点，在《大宗师》中可以看到。《大宗师》说：

> 知天之所为，知人之所为者，至矣。知天之所为者，天而生也。知人之所为者，以其知之所知，以养其知之所不知，终其天年而不中道夭者，是知之盛也。（《庄子·大宗师》）

《大宗师》开篇就区分了天、人，以为"天"的作用是"生"，"人"的作用是"养"，但庄子在做了这种区分之后几乎立刻就说："庸讵知吾所謂天之非人乎？所謂人之非天乎？"这表明庄子尽管区分了天人，他的真实用意恰好是要贯通天人，实现天人合一。所以，在以反问的口吻说了这两句话之后，他开始讨论真人和真知，说真人才能保障真知。而在对"真人"做了若干具体的描述之后，庄子用"不以心捐道，不以人助天，是之谓真人"、"其一与天为徒，其不一与人为徒，天与人不相胜也，是之谓真人"为"真人"下了定义。这个定义表示，庄子心目中的"真人"，尽管是"不以人助天"的，同时也是"天与人不相胜"的，因此"真人"是天而人、人而天的，是天人合一的。

从这个角度来看，《大宗师》在讨论"真人"的段落插入了一节关于"圣人之用兵"的论说，就是可以理解的了。这一段，初读时觉得挺不好懂，甚至怀疑这一段的内容是否乱简混入，因为这一段的前后都在讨论"真人"，中间突然插入一段有关"圣人"以及"君子"的内容，确实让人疑惑。如果不是乱简混入，而是原本如此，那么《大宗师》在这里想说什么呢？

按照《大宗师》"庸讵知吾所謂天之非人乎，所謂人之非天乎"的说法，庄子是有贯通天人之用心的。以天人贯通的立场来理解真人和圣人的关系，在人间世活动的圣人，与不受外部世界影响的真人也应当是相互贯通而不相违逆的，或者说，"真人"应当成为"圣人"、"君子"的基础，或者"圣人"、"君子"应当是"真人"在有对待关系的世界中的具体呈现。而有了真人为底色，圣人、君子就有了超越对待关系的境界，用《齐物论》的话来说就是，他们有"吾"的自觉，因此有超越"我"的能力。按照"真人"是天而人、人而天的逻辑，按照"真人"与"圣人"相贯通的方向，圣人、君子虽然活动于社会，但是不会被"人间世"的现实对待关系所束缚。因此，即使圣人采取相当极端的行动，也不会因此失去民众的拥戴。《大宗师》说："故圣人之用兵也，亡国而不失人心"，就是最好的说明。说圣人用兵是举例，并且是一个极端的例子，因为亡人之国是伤害之中最大者。但是，这种极度的伤害似乎又不是伤害，因为在兴兵灭国的活动中，圣人并没有失去人心。那些亡国之人似乎没有受伤害，没有感到亡国的伤痛，很可能正好相反，他们是在"奚我后"的心情下，盼望着圣人早日莅临。所以，如果圣人兴兵灭国都能够不失人心，那么，圣人的其他举措也不会造成离心离德，因为这样的圣人并不是《马蹄》批评的圣人，不是强加自身价值于他人的圣人。《大宗师》所说的圣人，是有真人做底色的圣人，这样的圣人虽然身处有对待的现实之中，却能够超越对待，超越"我"，不会陷入是非。所以，《庄子》的圣人并非只有遭《马蹄》篇痛斥的那种，还有《大宗师》这种有真人做底色的。这样的圣人，《则阳》篇亦有描述。《则阳》曰：

> 圣人未始有天，未始有人，未始有始，未始有物，与世偕行而不替，所行之备而不洫，其合之也若之何！……容成氏曰："除日无岁，无内无外。"（《庄子·则阳》）

在这样的描述之下，圣人显然是不分天人的。这表明，虽然庄子有许多天人对说的内容，但是他所希望的理想人格，是不被这种区分限制的，是贯通二者而天人合一的。

但是，庄子毕竟是在展开一个全新的论说。逍遥游要成为可能，在庄子看来必须超越"相互性原则"、超越人的"对象性存在"。而"人"的"现实性"只能在对待中表出，人的普通经验都是在"对待"中获得的，人们对于穿牛络马已经习以为常，对于人为（例如礼仪）对天性的限制、遮蔽和捆束，已经理解为规范而习以为常。庄子在这样的语境下展开论说，并且要高扬一种此前不为人知的新理想，不得不将天人并列同说，以反对人为改造天性的夸张姿态，指点人们去觉悟自己本有的"真性"。这样的对说确实容易造成天人的对立，而庄子对天性的维护，也很容易留给读者"蔽于天而不知人"的印象。

四

这样，庄子指点人们领会"真"、"纯"的世界，努力揭示比人间之相互性伦理更具基础意义的价值"性命之情"，反而造成了两个世界的分裂，造成了理想与现实的隔离。而按照天人分立的格局，逍遥游就落实不到人间世，不可能在现实中实现。因为在天人分立的格局下，自在的逍遥在"天"的一边，在"外"边，在"无何有之乡"，在"古"时曾经流行，而当历史演进而道德下衰，马首牛鼻已被穿络，逍遥游的理想就已经不能与"人"贯通，不能进入"今"的当下，当今之世已经是"无可奈何"的"人间世"了。面对由"不得已"主宰的当今世界，人似乎只能无奈地"虚以委蛇"了。这样，庄子的理想妙则妙矣，却不能成为现实人生的观念支撑，而只能够成为现实中人拒绝现实，也就是傲世的理由。

如何在理论上使天人相通，真伪如一，为逍遥游找到进入现实的路径，是庄子为后世留下的理论难题。可以说，中国思想在很大程度上都从不同的方面探索和回答这个问题。这是一个大问题，非本文能够全面论说。所以，我们还是回到牛马之喻，从梳理此喻的不同语境，来看后世如何从贯通天人的立场对牛马之喻重新进行解释，从而使它所喻指的天人关系具有了不同的面相。

先看《淮南子》。《淮南子》是《庄子》之后最早使用牛马之喻的，而且是不止一次使用。唯其多次使用，使我们得以注意到，《淮南子》在不同的篇目中使用牛马之喻时，立场是不同的，开始是追随《庄子》，以牛马的天性与人对牛马的穿络相对立，肯定"天"而否定"人"，后来则在"因"的观念之下，承认穿牛络马具有一定的合理性。这两种不同的立场，分别代表着在《淮南子》中同时出现的道家立场和儒家立场。由此我们也可以看到，道家是顺承庄子，同时继承了庄子的理论困难，儒家才真正回应了庄子，试图解决庄子的理论难题。

由于道家在《淮南子》中占据着主导地位，《淮南子》的篇目编排是先道而后儒的，表达道家立场的牛马之喻，在《淮南子》的第一篇《原道训》中就出现了。《原道训》说：

> 牛歧蹄而戴角，马被髦而全足者，天也；络马之口，穿牛之鼻者，人也。循天者，与道游者也；随人者，与俗交者也。①

显然，这段话来自《庄子》，虽然不全同于《庄子》。因此，《淮南子》与《庄子》一样，是把牛马的天性与牛马的穿络相对立的，是在这种对立的关系下宣示自己的立场。不同的是，《庄子》明确说"无以人灭天"，《淮南子》则把"天"、"人"与"道"、"俗"相应，说"循天者，与道游者也；随人者，与俗交者也"。为什么《淮南子》不像《庄子》那样，直接发出"无以人灭天"

---

① 陈一平：《淮南子·原道训》，《淮南子校注译》，广东人民出版社1994年版，第14页。

的戒令，而要以"天"、"人"对应"道"、"俗"，对天人之分进行道俗分途的高低比照？在笔者看来，恐怕还是与《淮南子》书出众手又兼具道家和儒家两种立场有关。《淮南子》虽然由道家主导，但是，《淮南子》的道家既然无力彻底排斥儒家，不能把儒家"无"掉，也就只能把它贬低为某种"俗"，以此来否定儒家的价值具有终极根据的资格，同时以"道"自居，在"道"、"俗"的高低对照中实现道家对儒家的压制。从《原道训》所使用的牛马之喻可以看到，《原道训》直接接续了庄子的立场，认定穿牛络马违逆了牛马的天性，天与人的关系是相互否定的。

虽然《原道训》紧紧追随《庄子》，但是《淮南子》的其他篇目却渐渐转向。《淮南子》的篇目编排存在着由道家转向儒家的倾向，在牛马之喻的应用上，也可以看到这种立场随着篇目的后移而改变。《原道训》是《淮南子》的第一篇，《原道训》开篇的第一句话，就以"夫道者……"敞开了对"道"的论说，认为"道"无所不包，是万象的终极根据。因此，"体道者"应当完全依照"道"的原则来行事，才能立于不败之地。在这样的语境下，《原道训》以牛马之喻高天而低人、贵道而贬俗，就是其论说的必然逻辑了。但是到了《淮南子》的最后一篇《泰族训》，当牛马再一次被用来喻指道理的时候，牛马之喻已经不再在天人与道俗对举的论说格局之中，而是转到了圣人"驾马服牛"的语境之下。《泰族训》说：

> 驾马服牛，令鸡司夜，令狗守门，因其然也。①

上文提到，关于驯服牛马有两种不同的表述方式，一种是庄子的"穿牛络马"，一种是赞美圣人的"驾马服牛"，《泰族训》要肯定驯服牛马的合理性，就用了"驾马服牛"的表述，然后以"因"的观念来解释"驾马服牛"，由此承认"驾马服牛"的合理性。按照《泰族训》的说法，虽然是人给马戴上了笼头，为牛穿上了鼻绳，但是，"驾马服牛"不过是像"令鸡司夜，令狗守门"一样，因顺了牛马的本性而已。没有人质疑鸡鸣狗吠的合理性，同样是"因其然也"的"驾马服牛"，也不存在《原道训》所说的天人对立、道俗高低的问题。虽然"因"的发出者是"人"，但是因为"因"是顺从而不是违逆对象的天性，所以加之于对象的"人"与对象的"天"是彼此应合的。因此，"因"沟通了天人，而不是造成了天人的对立和相互否定。就牛马的天性而言，牛马

---

① 陈一平：《淮南子·泰族训》，《淮南子校注译》，广东人民出版社 1994 年版，第 1007 页。

是可以穿络的，但是，如果让马载重，让牛迅跑，则不可取。《淮南子·齐俗训》说："马不可以服重，牛不可以追速，……各用之于其所适，施之于其所宜，即万物一齐，而无由相过。"《淮南子》的这些话，在一定程度上改变了它在《原道训》中以"穿牛络马"表达的天人对立的道家观点，转向了儒家"因俗以成礼"的观点。而《泰族训》采用牛马之喻所讨论的问题，正是"先王之制法也，因民之所好而为之节文者也"。这种以"因"为根据而"为之节文"的观点，在《修务训》里还被展开为"教以成性"的论说。《修务训》说：

> 世俗衰废，而非学者多：人性各有所修短，若鱼之跃，若鹊之驳，此
> 自然者，不可损益。吾以为不然，……夫马之为草驹之时，跳跃扬蹄翘尾
> 而走，人不能制，……及至……良御教之，……掩以衡扼，连以辔衔，则
> 虽历险超涧弗敢辞。故其形之为马，马不可化，其可驾御，教之所为也。
> 马，聋虫也，而可以通气志，犹待教而成，又况人乎？

《修务训》以驯马为喻，肯定了教化的意义，与《庄子·马蹄》控诉伯乐对马的调教正好相反。《修务训》说，马驹在接受调教之前，处于野性的无序状态，在接受了良御的调教之后，在被套上笼头口嚼之后，就完全听从人的指令而步趋合仪了。显然，这种论说已经改变了《庄子·马蹄》对伯乐的控诉，承认了人文教化的必要性。

《淮南子》二十篇，有一个由道迁儒的立场改变，更具庄子原味的"循天者，与道游者也；随人者，与俗交者也"，出自《淮南子》的首篇《原道训》，而"驾马服牛，……因其然也"，则见于最后一篇《泰族训》。这也为《淮南子》由道转儒的立场变迁，提供了一个具体的例证。

目前还没有证据表明郭象受到了《淮南子》的影响，我们甚至不知道郭象是否读过《淮南子》，但是，从思想的逻辑来看，《淮南子》以"因"的观念认可"驾马服牛"，与郭象《庄子注》以"天命之固当"来认可对牛马的穿络，是一脉贯通的。或者说，郭象对穿牛络马的理解，顺承了《淮南子》"因其然"的观点而有进一步的推进，在理论上更加完整。

郭象注《庄子》，对《秋水》篇的牛马之喻是这样注释的：

> 人之生也，可不服牛乘马乎？服牛乘马，可不穿络之乎？牛马不辞
> 穿络者，天命之固当也。苟当乎天命，虽寄之人事，而本在乎天也。穿
> 络之，可也。若乃走作过分，驱步失节，则天理灭矣。……真在性分之
> 内。（《庄子·秋水》注）

郭象注文最值得注意的，是他把"服牛乘马"与"穿牛络马"关联起来了。前文说到，关于驯服牛马有两种不同的表述方式，儒家站在赞颂文明的立场，称颂"驾马服牛"是圣人的文明创造，而庄子站在"天性"拒绝"人为"的立场，控诉"穿牛络马"伤害了牛马，是"以人灭天"。而郭象在解读《庄子》的牛马之喻时，显然转移了立场，从庄子的控诉立场转移到了儒家的颂扬立场，还把"穿牛络马"描述为实现"服牛乘马"的必要方式。更进一步，他认为这样的方式并不是戕害牛马的天性，而是牛马"天命之固当"。为什么"牛马不辞穿络"是牛马的"天命之固当"？郭象的解释是，从人的生活需要服牛乘马来说，人以穿络的方式实现了对于牛马的驯服，但是从牛马进入文明系统的方式来看，穿络就是牛马进入文明系统的方式，如果没有穿络，牛马就是野牛野马，就与文明无缘了。正是在这个意义上，郭象认为接受穿络是牛马的"天命"，牛马只能够以穿络的方式进入文明的系统。既然接受穿络是牛马的天命，人对牛马的穿络就不是用"人"来灭绝牛马的"天"，相反是帮助牛马实现了它们的"天命"。于是，"人事"与"天命"就贯通了，人对牛马的穿络用郭象的话来说，就是"虽寄之人事，而本在乎天也"。于是，穿牛络马不再是"以人灭天"，而是天人一如的。

在《庄子》注释史上，郭象的《庄子注》是解读《庄子》的最重要的一部。之所以重要，就在于郭象从理论上解决了庄子的逍遥游进入不了人间世的难题。

上文指出，庄子虽然有沟通天人的意图，有把"真人"铺垫为"圣人"之基础的设想，但是庄子的意图并没有充分实现，他造成的理论印象仍然是"蔽于天而不知人"。在《庄子》书中，天人、内外、真伪、道物等，仍然是相对并说，有着高下之分和彼此否定的倾向。人们阅读《庄子》的强烈印象，还是庄子有两个世界。这样，庄子理想的逍遥游，就与现实的人间世彼此两断了，逍遥游的理想找不到在人间世实现的现实路径，通行于人间世的，只能是"不得已"的无奈和"虚以委蛇"的苟且。这样的逻辑使庄子的理想最终不能成为积极建构的原则，而只能成就批评和拒绝现实的傲世姿态。庄子的这个困难，被郭象的《庄子注》克服了。

郭象注《庄子》，使用了一个核心观念，叫作"性分"，郭象就是以"性分"的观念改变庄子的"真性"观念，克服了"真""伪"对立，从而化解了庄子的理论困难。庄子讨论人性，重视的是人的"真性"，庄子还用"真宰"、

"真君"、"真人"这些名称来讨论人的问题。庄子不像儒家，儒家讨论人性的善恶，而庄子讨论人性的真伪。庄子说人原本是"真"的，也就是整全的、纯朴的，但是进入现实之后，就被"角色"粉碎了，被教化伪装了，被礼仪规范了，人的"真性"也就因此丧失了。这里的真、伪，如同天人、内外、古今，也是对立的。但是郭象的"性分"与庄子的"真性"不同。庄子的"真性"与"道"合一，是整全而无限的。而"性分"强调的恰好是独立个体都有自身的限度。用郭象的话来说，就是"物各有性，性各有极，……故小大之殊各有定分，非羡欲所及"。（《逍遥游》注）"性分"注定了个体各有限度，由此形成了存在的序列，有大小的差别，高低的不同。"性分"与人的社会属性相结合，就是"名分"。"时之所贤者为君，才不应世者为臣。……臣妾但各当其分耳"。（《齐物论》注）因此，庄子的"真性"与"名分"是对立的，而郭象的"性分"则与"名分"相互贯通。这种相通，就把庄子那里隔离着、对立着的两个世界，变成了儒家的一个世界。

按照郭象的性分观念，逍遥无须远游，只要合乎"性分"，即可达成逍遥，郭象注释《庄子》，开篇就说："夫小大虽殊，而放于自得之场，则物任其性，事称其能，各当其分，逍遥一也。岂容胜负于其间哉！"牛马的性分决定了它们只能以穿络的方式进入文明，所以穿络不是戕害牛马的天性，而是实现牛马的天命。但是，如果"走作过分，驱步失节，则天理灭矣"，这里的"分"和"节"，就是牛马性分的边界。

如果说《淮南子》用"因"的观念解释了"服牛驾马"的合理性，郭象用"性分"的观念说明牛马不辞穿络是"天命之固当"，那么，到了宋明理学时期，理学家们则用了"天理"的观念，来说明牛马的穿络是天理之当然，例如朱子说：

穿牛鼻，络马首，这也是天理合当如此。若络牛首，穿马鼻，定是不得。（《朱子语类》卷九）

如穿牛鼻，络马首，都是天理如此，恰似他生下便自带得此理来。又如放龙蛇，驱虎豹，也是他自带得驱除之理来。如剪灭蝮虺，也是他自带得剪灭之理来。若不驱除剪灭，便不是天理。所以说，道有物必有则，不问好恶底物事，都自有个则子。（《朱子语类》卷二十九）

穿牛鼻，络马首，皆是随他所通处。仁义礼智，物岂不有？但偏耳。随他性之所通处，道皆无所不在。（《御纂朱子全书》卷二十四）

朱熹的说法，是继承程子之说并加以发展而来，程子说：

> 今夫羁靮以御马而不以制牛，人皆知羁靮之制在乎人，而不知羁靮之生由于马，圣人之化，亦由是也。（《二程外书》卷三）

> 服牛乘马，皆因其性而为之。胡不乘牛而服马乎？理之所不可。（《二程遗书》卷十一）

从程朱之后，这种言说方式就很普遍了，这些随处可见的说法表明，程朱的观点已经成了社会的共识。例如陈淳说：

> 随物之性而言之，如牛之可耕，马之可乘，鸡之可司晨，犬之可司夜，其所发皆有个自然之理。

> 如教人春耕、夏耘、秋敛、冬藏，穿牛鼻，络马首之类。

> 鸟兽如牛当合耕，马合当乘……等类，皆有理存乎其间也。

从陈淳的说法可以看到，穿牛络马不仅与鸡司晨、犬守夜等现象并列，而且与春耕、夏耘、秋敛、冬藏等体现着天人合一的人事活动相并列，都被视为"天理"的具体展现。明代的叶子奇，在以宋儒的看法为当然之后，还据以批评庄子说：

> 牛抵角，马蹄啮，天也；络马首，穿牛鼻，人而天也。庄子尽归之人，非也。①

牛马之喻是庄子最先使用的，庄子提出牛马之喻，是以牛马的"天性"来拒斥出自"人为"的穿络改造，它所蕴含的深层意味，是对文明的警惕，是强调文明在成就人的生活的同时，也具体规定了人的生活样式，由此束缚了人，遮蔽了人以其他样态敞开自身的可能。于是庄子强调人的"真性"，强调人的"性命之情"，要以人的"真性"和"性命之情"来克服文明的偏至，敞开人的一切可能。但是如上所说，庄子的言说也造成了天人的隔断，以至于荀子批评他"蔽于天而不知人"。从《淮南子》开始的转向渐渐克服了庄子的困难，却又出现了以"人"为"天"的倾向，到了宋明理学，穿络竟然成为天理之当然在牛马身上的具体体现。这样，天人隔断的消解，其实是通过放大属"人"的为属"天"的，把"人为"的声言为"天理"之展现而实现的。这样的论说固然在更大的普遍性上肯定了文明的意义，但是也抹消了根据"真性"和"性命之情"奠定的批评和反思文明的立场。因此，这样的"天理"观念很容易导致

---

① 叶子奇：《草木子　外三种》，上海古籍出版社 2012 年版，第 20 页。

价值的固化，使文明渐趋僵化。今天，如何更新传统以满足时代需要的迫切要求，向我们提出了反思传统的要求，在这样的背景之下，如何重新理解儒家的一个世界与庄子的两个世界，仍然是一个具有基础意义的理论问题。

（作者简介：陈　静　中国社会科学院哲学研究所）

学术与政治的深度紧张

——董仲舒《春秋》学的三大面相

王 博

　　作为汉代乃至整个古代中国政治、文化史上划时代的人物，董仲舒留给我们太多面相。当我们将他定义为"一代儒宗"时，我们习惯用"罢黜百家，独尊儒术"来作为他主要的历史功绩①；当我们称他为"《春秋》公羊家"时，我们更加看重的是他的"《春秋》大一统"论对古代政治一统的学术价值，同时也不忘他的"《春秋》决狱学"对古代司法实践的巨大影响②；尤其是，在现实政治需要变革的时代，当激愤的学者以对董仲舒思想所进行的富于张力的阐释来申明"变法"大义时③，董仲舒成了"新潮"的"改革者"或"革命家"。但是，当我们对这些面相进行深入考察时，却不得不承认很多面相之间有着内在的冲突，甚至有的面相更是源于历史的误会。我们尝试通过对董仲舒《春秋》学的多维度考察来还原历史中的董仲舒所具有的真实面相，以期对董仲舒以及他的时代有更深入的认识，并进而揭示出大一统政治环境中学术与政治的深度紧张。

　　自董仲舒高揭《春秋》大义，武帝立五经博士，《春秋》渐居五经之首，太史公作《儒林列传》即以《春秋》为核心统领六艺。④虽然太史公记录的传

---

① 若我们以文化上的统一为历史之必然，则董仲舒就理所当然成为以新学术为汉以后之中国奠定思想文化基础的一代醇儒；若我们以文化的统一为政治强力统御思想的大不幸，则董仲舒就成为以学术投机为两千年专制政治鼓与呼的历史罪人。

② 当然还有诸多被后世的公羊学者所津津乐道的"《春秋》大义"如"夷夏说"、"三世说"、"五爵说"等，皆可以在董仲舒那里找到最权威的论说。

③ 较具代表性的人物是康有为和蒋庆。

④ 《儒林列传》起于孔子作《春秋》之旨，终于"董仲舒子及孙皆以学至大官"，所论述最多者为《春秋》之传承与董仲舒行迹。

授《春秋》者有多人，但史公不忘强调："唯董仲舒名为明於《春秋》，其传公羊氏也。"（《史记·儒林列传》）奇怪的是，通观董仲舒的所有论述，未见有论及"公羊"这样的字眼。故在论述董仲舒《春秋》学时只以《春秋》学名之而不涉"公羊"。但我们无法否认，太史公所记述的传《春秋》者皆为后来所谓的"公羊学"一脉，可见当时人所说的《春秋》更大程度上就是指《春秋公羊传》，因为若离开《传》文的解释，《春秋》经文本身只能是"断烂朝报"。由于担心陷入长久以来三《传》之间无休无止的争长较短中难以自拔，我们尽量避免对于历来盛行的公羊义理之探讨，而是通过历史性地审视《春秋》公羊学在董身上所展现的种种复杂的特征，从中拣别出《春秋》经世、《春秋》灾异、《春秋》决狱董仲舒《春秋》公羊学的这三大基本面相，进而揭示出作为学者的董仲舒以学术干预政治的一般模式。

历史地看，董仲舒《春秋》学的这三大面相是学者理想向政治现实的一步步退让。就学理而言，《春秋》经世的核心并非"大一统"论，而是出于限制大一统下绝对君权的"大一为元"论，是董仲舒《春秋》学的核心关切；《春秋》灾异是在"大一为元"基础上进一步与作为天道的阴阳学说相结合而成的最具时代特色的学说，率先实现了经典的阴阳五行化，为身后学者纷纷效仿，是董仲舒"为儒者宗"的核心缘由；《春秋》决狱并不为董仲舒所重，却因其与政治现实结合得最为成功，成为后世所理解的董仲舒《春秋》学的核心面相。

一、《春秋》经世

我们今日已经无法厘清后学构造的公羊学授受体系之真伪，甚至连《公羊传》为何以此为名都难以辨明。① 我们唯一能够确信的是，作为对《春秋》

---

① 在讨论《公羊传》的早期传承时，我们多信从徐彦《疏》引戴宏《序》："子夏传与公羊高，高传与其子平，平传与其子地，地传与其子敢，敢传与其子寿。至汉景帝时，寿乃与其弟子齐人胡母子都著于竹帛，与董仲舒皆见于图谶。"（《春秋公羊传注疏》，中华书局聚珍仿宋版，第6页）但徐彦的说法既难证实亦难证伪，徐复观先生认为这纯属编造，并提出公羊学应该是在战国时就已著于竹帛，否则无法单线传承至后世。（参见徐复观：《两汉思想史》第2卷，华东师范大学出版社2004年版，第197—201页）王葆玹先生认为"公羊"和"胡母"皆为田齐王室之姓，故《公羊传》最初一定是在齐国写成，王先生并以汉初传《公羊》者皆为齐人为证。（参见王葆玹：《今古文经学新论》，中国社会科学出版社1997年版，第242—243页）诸家之说皆可备一说。

的解释，最早立于学官的《春秋》博士胡毋生与董仲舒所传都是《公羊传》，而《公羊传》最能体现《春秋》的经世之志。应该说，无论是"《春秋》灾异"还是"《春秋》决狱"，本质上都属于经世的范畴，但我们还是要在较为狭义的范畴上使用"《春秋》经世"这个术语，以它来表达《春秋》公羊学的最核心关切。

根据孟子以来对《春秋》的诠释，无论如何定位《春秋》的主旨，始终都离不开这部经典本身的经世追求。正是强烈而明确的改良现实政治的用心，让《春秋》得以成为董仲舒沟通天人古今的经典支撑，而《公羊传》对《春秋》更加明确而强烈的经世解说最是符合董仲舒改良政治的需要。在《公羊》学的所有经世主张中，最具代表性的即是"大一统说"。《春秋》首句为"元年，春，王正月"，董仲舒从中解说出了"天人合一"的《春秋》主旨。《春秋》中另有多处"元年，春，王，正月，公即位"这样的记载①，本来只是对于诸公即位时的一般叙述，但是《公羊传》却从《春秋》首句中读出了《春秋》"大一统"的经世之旨：

> 元年者何？君之始年也。春者何，岁之始也。王者孰谓？谓文王也。曷为先言王而后言正月？王正月也。何言乎王正月？大一统也。公何以不言即位？成公意也。（《公羊传》隐公元年）

我们看到，这里的解说明显不同于董仲舒的。《公羊传》强调的是"大一统"，而董仲舒钟情的是"大一为元"，二者之间的差异恰能体现董仲舒以《春秋》经世的理论及现实之间的张力。

整部《春秋繁露》中未见"大一统"字样，唯在《天人三策》第三策的结束处，董仲舒建言：

> 《春秋》大一统者，天地之常经，古今之通谊也。今师异道，人异论，百家殊方，指意不同，是以上亡以持一统；法制数变，下不知所守。臣愚以为诸不在六艺之科孔子之术者，皆绝其道，勿使并进。邪辟之说灭息，然后统纪可一而法度可明，民知所从矣。（《汉书·董仲舒传》）

这段话基本上是后世理解董仲舒的核心根据，既成为董仲舒"罢黜百家"的"大德"，又成为董仲舒"独尊儒术"的"原罪"。如果我们将这段话放在《天人三策》的整个论述架构中，可看出更多真意。董仲舒第一策将自己学说本旨

---

① 分别见于桓公元年、文公元年、宣公元年、成公元年、襄公元年、昭公元年、哀公元年。

悉数道出，故武帝"异焉"而复下第二策，但当董仲舒于第二策中满心欢喜将自己对于现实政治的诸种改良意见娓娓道来时，武帝的态度却大变：

> 盖闻"善言天者必有征于人，善言古者必有验于今"。故朕垂问乎天人之应，上嘉唐虞，下悼桀、纣，浸微浸灭浸明浸昌之道，虚心以改。今子大夫明于阴阳所以造化，习于先圣之道业，然而文采未极，岂惑乎当世之务哉？条贯靡竟，统纪未终，意朕之不明与？听若眩与？（《汉书·董仲舒传》）

武帝说"善言天者必有征于人，善言古者必有验于今"，并批评董仲舒文采未极、条贯靡竟、统纪未终等，可见他认为董仲舒所言并不能沟通天人古今，当他质问董仲舒"意朕之不明与"时，语气已经极为严厉。我们知道，在皇权至上的时代，当皇帝对臣子说这种话的时候，往往已露杀机，臣子凶多吉少。料想董仲舒看到此处时已是胆战心惊，因此第三策在称赞武帝圣德并承认自己"浅陋之罪"之后，基本上是小心翼翼逐条逐句地回答武帝的问题，而在对策结束时相当突兀地提出《春秋》大一统之论，其实正是对武帝第二策所提问题的正式回应：

> 今子大夫待诏百有余人，或道世务而未济，稽诸上古之不同，考之于今而难行，毋乃牵于文系而不得骋与？将所繇异术，所闻殊方与？各悉对，著于篇，毋讳有司。明其指略，切磋究之。以称朕意。（《汉书·董仲舒传》）

武帝将待诏者对于古今治道的不同回答归结于"所由异术，所闻殊方"，已经暗示了整齐百家的意向，可惜董仲舒在第二策时并未能领会，才险些有杀身之祸，但他还是最终明白了武帝的真实意旨，所以在第三策的最后，终于依据《公羊传》的"大一统"说提出了"罢黜百家"的著名经世意见。此论一出，"对既毕，天子以仲舒为江都相"（《汉书·董仲舒传》），君臣各得其便。

我们必须得说，尽管"大一统"被认为是公羊家的核心主张之一，备受尊崇，但在董仲舒对《春秋》首句的解释中，更为强调的乃是王道重始的含义：

> 《春秋》何贵乎元而言之？元者，始也。言本正也。道，王道也。王者，人之始也。（《春秋繁露·王道》）

因为王乃是人之始，所以王道政治应该首先从人君正己开始，这明显是对人君所提出的高标准要求。为了提高王道对人君的约束力，董仲舒将王道置于天道，并进而置于作为天之根本的"元"的约束之中：

是故《春秋》之道，以元之深正天之端，以天之端正王之政，以王之政正诸侯之位。五者俱正而化大行。（《春秋繁露·二端》）

这里表达的正是董仲舒反复申说的"《春秋》大一为元"之义，他以对"元"这一概念的创造性使用将《公羊传》"大一统"论加以巧妙改造，正是出于经世的目的。《公羊传》宣传大一统，在列国纷争的时代，自然是所能提出的最具根本性的改造意见，其核心乃是对政治权力集中的强调。大一统论即使在汉初郡县与封建并存的政治局势下仍然有其实质性意义，因此强调"大一统"的公羊家得以在景、武之世迅速崛起。董仲舒当然不反对大一统，他清楚汉家政治的首要问题乃是中央与地方的关系问题，因此他极力赞同削弱侯国的实力，屡次建言对于横行暴戾的侯王要"忍而诛之"。但与其他公羊家不同的是，董仲舒在赞成大一统的同时，更加清楚伴随大一统而来的君权独大无可约束的问题，因此他的《春秋》"大一为元"论无论是对天道还是对元的尊崇，从根本上皆指向了对君主的约束。

我们看到，依据同样的文本，《春秋》大一统论是为了经世，《春秋》"大一为元"论也是为了经世，不过此中所现的诸种紧张正与董仲舒《春秋》公羊学作为一门经世学说在汉世的发展流变相切合。武帝立五经博士后，《春秋》居五经之首，公羊学更是一枝独秀。武帝以后，汉家天下渐显颓势，但当公羊学者据《春秋》之义，数次要求汉帝退位让贤时，得来的只能是杀身之祸。在《春秋》学内部，《穀梁》以其"尊君"之义备受人君偏爱，石渠阁会议所谓"平《公》、《穀》异同"实际上是要以人君的喜好与需要来裁制经典。在公羊学自身，随着说经渐趋利禄之途，公羊经世义理之学遂让位于记诵章句之学，当勇于求真的学者愈发垂青于笃实朴质的左氏学，公羊学最终没落。

我们也看到，当董仲舒高举"《春秋》大一为元"之义时，皇帝并未积极回应，当董仲舒激烈批评时政并热情建言的时候，得到的是皇帝严厉的责问[1]，当董仲舒不情愿地说出"《春秋》大一统"时，其实已经无法在理论上继续坚持"《春秋》大一为元"之义，他不得不另辟蹊径以图限制君权，因此他将立论的重心放到对"《春秋》灾异"的解说上去，从而形成了最具时代特色

---

[1] 董仲舒提出的立学校、广太学等主张皆是在另一公羊学者公孙弘的极力推动下得以实现的，而后世对董仲舒的"正直"评价与对公孙弘的"阿谀"定性中更可看出以公羊经世的诸种困难。

的董仲舒《春秋》阴阳灾异学。

二、《春秋》灾异

班固说"董仲舒治《公羊春秋》,始推阴阳,为儒者宗",可谓对董仲舒一生行谊的最精辟概括。但是,无论董仲舒治《公羊春秋》还是始推阴阳,皆不足以为"儒者宗"。治《公羊春秋》者,在董仲舒之前有胡毋生,其人不仅最早将《公羊传》"著于竹帛","仲舒著书称其德"(《汉书·董仲舒传》),且我们今日所能见到的对《公羊传》最权威的注本《春秋公羊解诂》即号称"略依胡毋生《条例》",可见单纯以治《公羊春秋》而言,董仲舒不足以为儒者宗。始推阴阳者,早在《周易》古经即已暗含"阴阳"观念,后经《老子》将之明确为"阴阳",在《黄帝四经》中实现了阴阳与刑德的相配,并进而形成以阴阳刑德为核心的依时而立政的基本天人合一模式,董仲舒的阴阳刑德学说依然在此范围当中,因此,董仲舒根本算不上"始推阴阳"之人。那么,班固所说的"首推阴阳"必定另有他指。太史公说:

> 仲舒治国,以《春秋》灾异之变推阴阳所以错行,故求雨,闭诸阳,纵诸阴,其止雨反是;行之一国,未尝不得所欲。(《史记·儒林列传》)

太史公这段叙述被班固原封不动地挪到《董仲舒传》中,而"始推阴阳"这个提法正好可以在这段话中得到印证。依此,"始推阴阳"指的就是董仲舒第一个用阴阳学说来分析《春秋》所记录的灾异。董仲舒为了证明《春秋》乃是沟通天人古今之书,特别强调《春秋》是记灾异之书,但具体的沟通方式除了沿袭以往的阴阳刑德学说以外,主要就是这里所说的"以《春秋》灾异之变推阴阳所以错行"。则我们可以推知,这是以自然性的阴阳学说为根据来分析灾异的成因,并进而达到用阴阳学说来治理甚至预防灾异的现实目的。太史公主要举了"求雨"和"止雨"这两个例子,因为这是作为王国之相的董仲舒经常遇到的较具代表性的政治难题,《春秋繁露》中有专门的《求雨》、《止雨》之篇详述其具体方法。董仲舒对"求雨""止雨"的总原理概述为:

> 大旱者,阳灭阴也。阳灭阴者,尊厌卑也,固其义也,虽大甚,拜请之而已,敢有加也。大水者,阴灭阳也。阴灭阳者,卑胜尊也,日食亦然,皆下犯上、以贱伤贵者,逆节也,故鸣鼓而攻之,朱丝而胁之,为其不义也。此亦《春秋》之不畏强御也。故变天地之位,正阴阳之序,

直行其道而不忘其难，义之至也。（《春秋繁露·精华》）

我们看到，董仲舒以阴阳互灭来解释大旱与大水，正是利用阴阳的自然性意涵来解说自然现象。同样是自然现象，董仲舒却认为大旱是"义"，只要拜请就能止，而大水是"不义"，得攻之胁之才能止。究其原因，乃因董仲舒坚持阳尊阴卑之尚阳说的基本思路。我们知道，这个思路的阴阳学说在《黄帝四经》就已发其端，而在《易传》中得以光大。尚阳说表现在政刑关系上，乃是尊德而抑刑，而表现在君臣关系上，则是君尊而臣卑。太史公说董仲舒"行之一国，未尝不得所欲"，可见董仲舒对阴阳学说的使用非常得心应手，但正是对理论的过分自信，或可说对以理论改良政治的过分执着，让董仲舒再次险些丢了命。太史公继续说：

中废为中大夫，居舍，著灾异之记。是时辽东高庙灾，主父偃疾之，取其书奏之天子。天子召诸生示其书，有刺讥。董仲舒弟子吕步舒不知其师书，以为下愚。于是下董仲舒吏，当死，诏赦之。于是董仲舒竟不敢复言灾异。（《史记·儒林列传》）

这里所记实在是董仲舒一生的最关键转折。其实在当时的政治环境中，阴阳学说本来就是较为普遍的理解世界的基本理论，而董仲舒以阴阳学说推灾异之变业已获得相当程度的认同，那么董仲舒所写的《灾异之记》究竟为何连自己的弟子也"以为愚"？《灾异之记》已久佚，从《汉书·五行志》可以看到，在对辽东高庙灾的分析中，董仲舒对这次灾害提出的具体解释及应对方案为：

今高庙不当居辽东，高园殿不当居陵旁，于礼亦不当立，与鲁所灾同。其不当立久矣，至于陛下时天乃灾之者，殆其时可也。昔秦受亡周之敝，而亡以化之；汉受亡秦之敝，又亡以化之。夫继二敝之后，承其下流，兼受其猥，难治甚矣。又多兄弟亲戚骨肉之连，骄扬奢侈，恣睢者众，所谓重难之时者也。陛下正当大赦之后，又遭重难之时，甚可忧也。故天灾若语陛下："当今之世，虽敝而重难，非以太平至公，不能治出。视亲戚贵属在诸侯远正最甚者，忍而诛之，如吾燔辽东高庙乃可；视近臣在国中处旁仄及贵而不正者，忍而诛之，如吾燔高园殿乃可"云尔。在外而不正者，虽贵如高庙，犹灾燔之，况诸侯乎！在内不正者，虽贵如高园殿，犹燔灾之，况大臣乎！此天意也。罪在外者天灾外，罪在内者天灾内，燔甚罪当重，燔简罪当轻，承天意之道也。（《汉书·五行志》）

从这里的叙述中可看出董仲舒《春秋》阴阳灾异学说的一般原则。董仲舒通过对《春秋》所记灾异的深度分析，得出了"不时不见"这样的"天之道"。我们看到，在对"辽东高庙灾"的分析中，董仲舒侧重于阴阳学说的尊卑之义，因为他立论的目的是对治当时王侯的骄奢淫逸问题。董仲舒认为，正是由于王侯们违背了基本的上下尊卑，所以上天才降下灾异，让本来就处在不恰当位置的辽东高庙起火，以警示武帝要"视亲戚贵属在诸侯远正最甚者，忍而诛之"。我们也看到，董仲舒对时政的批评可谓是相当激烈，直指当时的核心政治问题，这对于已废为中大夫的故江都相而言，无疑是极不恰当的，这就是武帝以为其有讥刺之意且董仲舒弟子吕步舒以为其下愚的根本缘由。所幸武帝法外开恩，免董仲舒死罪，从此董仲舒再也不敢谈论灾异。这也意味着，董仲舒从此再也不敢轻易谈论时政了。

其实单就对灾异的分析而言，阴阳学说有其优势，因此董仲舒得以"始推阴阳"论《春秋》灾异，但过于强调阴阳学说的政治含义也是以阴阳论灾异的劣势，很容易就会陷于以实际政治需求来调适理论的局面。最终决定理论效果的，并不是理论本身，而是人君的真实需要。故而从《春秋》阴阳灾异学本身而言，董仲舒之后再无发展。但正是由于董仲舒的示范作用，其他经典也纷纷开始尝试以阴阳来推灾异，其中最具代表性的乃是《易》。自孟喜而下的卦气说将阴阳学说论灾异的模式逐渐推扩到极致，京房转而以五行与阴阳相结合特别是以五行为核心作为《易》占的基本方式，《易》遂取代《春秋》而成"五经之首，大道之原"。班固说董仲舒"为儒者宗"，也更应该放在这个背景中理解。

三、《春秋》决狱

正是从"不敢复言灾异"开始，为"儒者宗"的董仲舒彻底丧失了作为《春秋》学者的本色，但同时也开示出以《春秋》决狱的另一个面相，而这虽非董仲舒着重之处，却是《春秋》公羊学本有之意。

《汉书·五行志》在讨论完董仲舒论辽东高庙灾之后，遂转入此事的后续：

> 先是，淮南王安入朝，始与帝舅太尉武安侯田蚡有逆言。其后胶西于王、赵敬肃王、常山宪王皆数犯法，或至夷灭人家，药杀二千石，而

> 淮南、衡山王遂谋反。胶东、江都王皆知其谋，阴治兵弩，欲以应之。
> 至元朔六年，乃发觉而伏辜。时田蚡已死，不及诛。上思仲舒前言，使
> 仲舒弟子吕步舒持斧钺治淮南狱，以《春秋》谊颛断于外，不请。既还
> 奏事，上皆是之。(《汉书·五行志》)

可见班固认为董仲舒对辽东高庙灾提出的对策并无大错。不管侯王谋逆之事是
否属实，只要侯国仍然拥有较大势力，"七国之乱"的威胁始终存在。董仲舒
面对这个问题倡言"强干弱枝"(《春秋繁露·十指》)的《春秋》大义，并将
此义配合以灾异说，希望武帝能解决好中央与侯国的权力问题，但武帝先以其
为愚，后又思其言，可见董仲舒的不幸正在于时机的把握不够恰当。当董仲舒
弟子吕步舒以《春秋》之义专断淮南狱并且武帝"皆是之"的时候，标志着董
仲舒《春秋》学彻底转入了《春秋》决狱，实现了统治者层面对《春秋》公羊
学现实价值的最高认同。

我们在《春秋繁露》中唯一能找到的与决狱直接相关的材料为：

> 《春秋》之听狱也，必本其事而原其志。志邪者不待成，首恶者罪特
> 重，本直者其论轻。(《春秋繁露·王道》)

据此，则董仲舒以《春秋》决狱的核心原则乃是"原其志"，这当是董仲舒反
复申说的"《春秋》贵志"原则在具体的决狱问题上的落实。汉初的刑罚设施
皆袭秦旧，而秦法以严苛著名，其核心原则乃是循名责实，实质上是只以事实
来定罪。推扩到庆赏层面，则是以实际的战功来定赏，这是典型的唯后果论。
秦自商鞅变法以来一贯遵循这样的思路。正是依靠其明确而强效的律法，秦国
一步步走向强大，最终实现一统。然而，这种唯后果论的律法原则并不是没有
问题。陈涉因天雨而误期，依秦律误期当斩，而不论误期是否出于不可控的因
素。也就是说，在这种律法原则里，不仅要排除人为因素的干扰，也要杜绝任
何非人力可控因素的干扰，因此陈涉的揭竿而起实在是被这种只论后果而丝毫
不考虑缘由的律法逼出来的。但《春秋》特别是《公羊传》所解释出的圣人褒
贬，一定不会简单地以事件的实际后果来定是非善恶，而是必须"原其志"。
比如为《公羊传》和董仲舒极力称道的宋华元和楚子反，若单纯来看，二人皆
在事实上有叛国之行，但作为敌对双方的二人之所以坦诚相见、互吐实情，乃
是不忍于遭围困的宋国子民"人相食"，因此《公羊传》和董仲舒都以这二人
作为大德的典范。(参见《公羊传》宣公十五年《春秋繁露·竹林》)可见《春
秋》之义若落实于律法，一定会反对流行的唯后果论。董仲舒所强调的"必本

其事而原其志"原则从理论上来讲，可以部分地消解掉严刑酷法的残酷，而这正是董仲舒不断批判的"汉承秦法"之实情。可惜的是，我们从《春秋繁露》中只能看到《春秋》决狱的原则，它没有留下具体的断案实例。《汉书·艺文志》记载董仲舒著有《春秋决狱》十六篇，但此书已亡佚。根据今人程树德在《九朝律考》①所辑录的几条董仲舒决狱实例，正能看出董仲舒以《春秋》决狱的核心原则即是"原心定罪"。

公允地讲，"原心定罪"或"原志定罪"并不是没有问题，其最大的弊端就是定罪的任意性。因为"原心"的人即判案者所原之心并无统一标准，即便所有判案者皆是《春秋》大家，皆能深明《春秋》大义，但就在《春秋》学内部，诸家对于《春秋》大义本身的阐释也是众说纷纭，可见以《春秋》来决狱，其实就是以判案者本身依据自己所理解的《春秋》大义来"原心定罪"。因此，董仲舒的正传弟子吕步舒成为著名的酷吏就在情理之中。后世有人以《春秋》为"法家"也并非毫无根据。②但我们必须得说，这一切皆非董仲舒的本意，而且作为《春秋》公羊家的董仲舒对于自己的《春秋》决狱的面相，应该是不情愿引以为荣的，这大概就是我们在《春秋繁露》中看不到决狱实例的根本理由。

太史公讲完董仲舒不敢复言灾异之后，转入对董仲舒后半生的记述，着重于对董仲舒个人品格的赞美以及将董仲舒与同为公羊学者的公孙弘做比较，并未提及董仲舒以《春秋》决狱之事。班固紧接着太史公的记述说："仲舒在家，朝廷如有大议，使使者及廷尉张汤就其家而问之，其对皆有明法。"（《汉书·董仲舒传》）《春秋繁露》中，唯一记录廷尉张汤向董仲舒请问的乃是《郊事对》中的"以郊事问故胶西相"，正好符合所谓的"朝廷大义"，可见酷吏张汤所问个一定是刑法之事。那么《汉书·艺文志》所载的董仲舒《春秋决狱》十六篇，不一定是董仲舒亲作，而可能更多地反映了董仲舒以来秦法与《春秋》决狱相融合而成的汉家刑法实践的真相。到《后汉书》的创作，就将整个故事完整地串联到一起，从而形成了我们今天对于董仲舒《春秋》决狱学的一般印象。其文曰：

故胶西相董仲舒老病致仕，朝廷每有政议，数遣廷尉张汤亲至陋巷，

①　程树德：《九朝律考》，中华书局 1963 年版，第 164—165 页。

②　令狐澄：《大中遗事》（《说郛》本），见陈商：《立春秋左传学议》。

问其得失。于是作《春秋决狱》二百三十二事，动以经对，言之详矣。（《后汉书·应邵传》）

观此，则董仲舒晚年最重要的事迹就是《春秋决狱》的创作。无论如何，我们既不能以《春秋》决狱为公羊家董仲舒晚年的核心面相，也不应忽略这个面相在董仲舒的整个《春秋》学中的地位。董仲舒即便有天大的抱负与才情，也不能不受限于他所生存的时代本身，他所能得到的，只能是那个时代所能给予他的。作为一个以改良政治为旨归的学者，虽然董仲舒能够实现的目标极为有限，更多地取决于政治博弈的实际需要甚至是帝王的个人喜好，但如果不是因为有着高度的思想原创性，如果不是因为其理论的无限开放性，董仲舒不足以"为儒者宗"，更不可能对其身后的时代产生持续的影响。

同为《春秋》学者，让董仲舒比"学者靡然向风"（《史记·儒林列传》）的公孙弘更值得成为学者楷模的，不仅因为他更加清醒地触碰到了时代的核心问题，也因为他提出了自己的解决办法。虽然董仲舒的方式并不见得有效，却是真正想解决问题的学者不得不采用且被后来者乐于效仿的。更多的时候，帝王的真实需要往往与学者的理想相冲突。我们不能一味地苛责帝王的贪婪或学者的迂腐，而要看到在"一统乎天子"的政治环境中，帝王与学者（以改良政治为抱负的学者）虽然可以有自己的鲜明特性，但最终都是处在一种深度紧张之中。这种紧张构成了秦以后中国政治的基本特质，只要大一统的政治结构不发生大的变动，这种紧张始终难以消除。作为有理想的学者之优秀代表，董仲舒以学术预政治之艰苦卓绝的努力也最为典型。

（作者简介：王　博　西安第四军医大学社科部）

舍人、盛览与西汉时期的儒学南渐

张新民

两汉是中央王朝大规模经略开发西南地区的时期，儒学的南渐也随着国家力量的进入而日渐加强。在大传统不断扩大其传播涵盖范围的同时，地方人物的崛起也成为引人注目的文化现象。其中最突出者即为舍人、盛览、尹珍三人，他们都是"北学中国"的豪杰之士，具有儒学人格形态特征的读书士子。这说明儒学在贵州乃至西南地区的流衍传播，自汉武帝时期以来，至少已有两千年的历史，不仅移易地方礼俗风规之功甚大，即浸淫社会文化心理之力亦颇巨。溯其滥觞，究其发端，清人已将舍人、盛览、尹珍视为"汉三贤"；原始察终，寻流讨源，今人亦有必要以温情之态度重新总结。遂爬梳史料，钩稽众说，撰成此文，聊供同好参焉。

一、舍人及其《尔雅注》

考察两汉时期儒学的南传，就今贵州地区而言，最具标志性的早期学术文化事件，其不能不注意者，即为汉武帝时犍为郡鄨邑（今遵义）舍人，曾撰《尔雅注》三卷进上朝廷。陆德明《经典释文·叙录》："详悉古今，作《尔雅》注，为世所重。犍为文学注，三卷。"注："一云犍为郡文学卒史臣舍人，汉武帝时待诏，阙中卷。"① 则陆氏尚得获见旧本，虽偶有遗漏，然采录仍多，惜中卷已佚，甚为遗憾。《隋书》卷三十二《经籍志》："梁有汉刘歆、犍为文学、中黄门李巡《尔雅》各三卷，亡。"所云"犍为文学"，虽次于刘歆之后，

---

① 陆德明：《序录》，《经典释文》卷1，中华书局1983年影印本，第17页。

然仍有可能本于《七录》①，则舍人必为西汉武帝时人，合《释文》与《隋志》两书观之，似已无任何疑义。诚如莫友芝所说："前辈言《尔雅》家，皆不详文学姓名乡里，以《释文》本注云：'犍为郡文学学卒史臣舍人'考之，于郡吏衔下加臣某，必其上此注时自题，则舍人其姓名也。"②足证舍人向汉武帝进呈《尔雅注》时，必自署其官衔为犍为文学卒史，并依朝廷君臣之礼，示明自己属于行政体系上下结构中的臣位，否则便不必在郡吏之下，再加臣某等字样。③诸书所载，均当信据。

舍人生活的时代，恰值儒学地位不断上升，以至最终在制度安排上设立五经博士，遂一跃而为官学的时代。考汉武帝建元元年（公元前140年），开始诏举贤良方正直言极谏之士，当视为国家意识形态逐步修正调整，儒学骎骎乎已有取代汉初黄老之学正统地位之势的显著标志；五年（公元前136年）朝廷置五经博士，儒家经典则由民间私相传习，遽升为国家官制必备之正典，亦为儒学取得正统合法性地位的重大象征。在官方权力的诱导下，天下无不靡然向风，儒学俨然已成"国学"，经学的概念于焉成立，而相互授受以成世业者，无论人数规模或地域范围，显然也在迅速增加扩大。据《史记》卷一二十《儒林》："窦太后崩，武安侯、田蚡为丞相，绌黄老刑名百家之言，延文学儒者数百人。"所谓"文学"云云，即为官职，时武帝已罢黜百家，独尊儒术，设五经博士，故"文学"一职，必由儒者充任，既可用来兼指儒学或儒生，亦时或联用迳称"文学儒者"，从而明示如"黄老刑名"一类诸子百家之学已不能混杂厕入。具见舍人之出任"文学"一职，必在汉武帝设立五经博士之后，时儒生仕进之路已开，"文学儒者"遂得以广延入朝。而早在汉景帝末年，庐江人文翁为蜀郡守，便已推行儒学教化工作，不仅蜀地一隅之学从此大兴，即儒学重振亦首开天下风气，前人所谓"蜀学之盛，冠天下而垂无穷者，其具有三：一曰文翁之石室，二曰高公之礼殿，三曰石壁之九经。盖自周道衰微，乡校废

① 《尔雅注疏》条，《经部小学类》，《四库全书总目》卷40，中华书局1965年版，第339页。即据《隋志》断言《七录》载有犍为文学《尔雅注》三卷，并有按语云："《七录》久佚，此据《隋志》所称'梁有某书。亡'，知为《七录》所载。"用辞虽略嫌武断，然结论仍可酌采。

② 莫友芝：《犍为文学传》，《邵亭杂文燹馀录》卷1，《莫友芝诗文集》下册，人民文学出版社2009年版，第696页，标点有改动。

③ 参见王燕玉先生：《辨舍人的籍贯、官称和姓名》，《贵州史专题考》，贵州人民出版社1986年版，第347—354页。

坏，历秦之暴，至汉景、武间，典章风化稍稍复讲……自尔郡国皆立学，实文翁倡之，所谓石室者存焉"①。遵义与蜀地毗邻，或根本就为一文化区，舍人之学极有可能受文翁影响，甚至有可能迳入蜀地而受学。其既注《尔雅》，又充任"文学"，必能"游文于六经"②，乃今贵州地区最早可考的儒家学者。

"文学"一词为官职既明，当再考舍人之姓氏。按《广韵》："舍，又姓。"莫友芝以为："舍姓别无所见，意其所据《姓苑》诸书，必有引注《尔雅》之'文学'为证者。观陆氏于注中备录其衔，亦为备其姓名，使人有考。"③检邢昺《尔雅疏》凡引其书，亦多引作"舍人云"，皆可证"舍人"二字，实乃人名而非官职。④具见《经典释文》正文："大题不云舍人，而云犍为文学，盖当时此注，通称如此，陆氏虽得其旧本，原题骤改，恐人难即晓，故具之注中。又诸经疏所引《尔雅》旧注，多直称舍人曰，与孙炎、李巡、樊光等曰一例，益知舍人为姓名也。"⑤而"钱徵与晦之论《尔雅》书，已引《广韵》舍姓，谓舍人是姓名，非官称。赵竹冈《困学纪闻》笺，亦谓舍人是文学名。前辈读书细密，已有先我而获者"⑥，作为必要的旁助佐证，均可知"舍人"二字，必当解为人名，似已不应再有歧义。

舍人所撰之书，唐代即已亡佚，即陆氏所见旧本，亦未见流传，然《齐民要术》、《毛诗草木鸟兽虫鱼疏》等书均尝引及，邢昺《尔雅疏》更多甄采。虽吉光片羽，亦可旁助释经考史。沈廷芳《十三经注疏正字》卷七十九《尔

---

① 吕陶：《经史阁记》，《记》，《成都文类》卷 30；又见《记丁》，《全蜀艺文志》卷 36，文渊阁《四库全书》，台湾商务印书馆，1986 年版影印本。

② 班固：《艺文志》，《汉书》卷 30："儒家者流，盖出于司徒之官，助人君，顺阴阳，明教化者也。游文于六经之中，留意于仁义之际，祖述尧舜，宪章文武，宗师仲尼，以重其言，于道为最高。"所谓"游文于六经"云云本此。

③ 莫友芝：《郘亭杂文麰馀录》卷 1，《犍为文学传》，见《莫友芝诗文集》下册，人民文学出版社 2009 年版，第 696 页，。

④ 钱大昕：《与晦之论尔雅集》，《潜研堂文集》卷 33，江苏古籍出版社 1997 年版，第 575 页："来书疑舍人为何人？考陆氏《释文》称犍为文学卒史臣舍人，汉武帝时待詔；而《广韵》亦有舍姓；是舍人乃其人姓名，非官称也。"则舍人乃人名之说，钱氏己先发明之，当一并参阅。

⑤ 郑珍、莫友芝：《舍人传》，《遵义府志》卷 33，道光二十一年刻本；参见民国冯楠总编：《犍为文学传》，《贵州通志·人物志》，贵州人民出版社 2001 年版，第 2 页。

⑥ 莫友芝：《郘亭杂文麰馀录》卷 1，《犍为文学传》，见《莫友芝诗文集》下册，人民文学出版社 2009 年版，第 699 页。

雅》则以为"三卷"当系"二卷"之误，或原阙之中卷未计入，遂以二卷计之乎？清代考据学大兴，辑录者亦多，其中如余萧客、藏庸、王谟、叶心兰等诸家之本，均较可观，而较为流行者，则为马氏玉函山房本。[①] 遵义赵旭（晓峰）与井研廖平（季平），均好治《尔雅》之学而兼及舍人之书。其中赵旭有《辑犍为文学尔雅注稽存》一卷，辑录舍人旧注二百余条，均一一分类为编，同邑郑知同尝序之云："世以文学陋南中日久，谓罕淹通之士。以余论之，当汉代经学萌芽之始，而吾郡初入版图，已有大师如犍为舍人者，固未尝深究也。"[②] 黎庶昌则为其撰有跋语，历述辑佚诸家版本源流，并详考舍人姓名身世，亦可见其书之重要，略知赵氏辑录之功。廖平曾从宋学转入汉学，善治经而博览考据之书，撰有《尔雅释例》一卷、《尔雅犍为舍人注校勘记》一卷[③]，或当时即未能刊行，故俱未见坊间有流传。今观其比较《说文》与《尔雅》之言："《说文》专明本义，《尔雅》则多非本义，此假借也。一字一义，《尔雅》一义至数十字，则又转注也。治《说文》易，治《尔雅》难。《说文》有形象可凭，合者为是，不合为非。《尔雅》则义与字形全不依垺，一字兼见数义，俗体重文杂出其中。故说《尔雅》者皆影响垺会，不及《说文》之切实。《尔雅》之难过于《说文》十倍，以此见本义易明，而转段之难说也。"[④] 可知其于《尔雅》用功既深，识见亦颇为独特，则其校勘考证舍人原注，亦必有可观之处。倘能访得廖氏之原稿，再比对赵氏之辑佚，同时广采其他传世文献，重新整理出可靠之定本，必能还原原书固有之真，而有功于传统小学。故舍人原本虽唐初即已亡佚，内容仍大体可窥，欲讨论黔省地方经学成就，亦当以西汉武帝时期为肇端。足证与中央王朝经营开发西南地区同步，儒家思想已开始沿交通驿道传入。遵义既为由蜀经黔入滇之要区，乃有代表性人物舍人专治《尔雅》而崛起，诚如黎庶昌所说："《遵义府志》定舍人为郡产，并非借才于异地，奉为乐祖，其又奚疑？"[⑤]

---

① 参阅吕幼樵校补、张新民审补：《经部〈尔雅〉类》，《书目答问校补》，贵州人民出版社2004年版，第58—60页。

② 赵旭辑：《郑知同·序》，《犍为文学尔雅注稽存》卷首，贵州省博物馆藏清末姚之恢钞本。

③ 舒大刚、杨世文：《井研县志·艺文》，《附录》，《廖平全集》第11册，上海古籍出版社2015年版，第717页。

④ 廖平：《六书旧义·假借篇》，《廖平全集》第8册，上海古籍出版社2015年版，第163页。

⑤ 黎庶昌：《拙尊园丛稿》，《近代中国史料丛刊》第8辑影印本，台湾文海出版社1973年版，第269页。

二、地方经学的鼻祖

《尔雅》一书，《汉书·艺文志》承刘向及歆父子分类排比群书余绪，将其与《论语》、《孝经》同附于"六艺略"之后。今人以为"此乃汉儒心目中之学术分野，亦可谓汉儒尊经尤重于尊儒"①。而《尔雅》"不出于一时一人之手，且又备采众说，以俟折衷"②，故实为训释五经，辩章异同之重要著述，不妨视为《五经》之字典，显然亦为当时之王官学。故前人多以为勤读即能得九流之通路，多识鸟兽草木之名，做到博览而不惑，有裨于发明经义甚大。正如邢昺《尔雅注疏》序所云："夫《尔雅》者，先儒授教之术，后进索隐之方，诚传注之滥觞，为经籍之枢要者也。"而清儒戴东原的《尔雅文字考》一文，似说得更加具体明白：

> 古训诂之书，其传者莫先于《尔雅》，六艺之赖是以明也。所以通古今之异言，然后能讽诵乎章句，以求适于至道。刘歆、班固论《尚书》古文经曰："古文读应《尔雅》解古今语而可知。"盖士生三古后，时之相去千百年之久，视夫地之相隔千百里之远无以异。昔妇孺闻而辄晓者，更经学大师转相讲授，而仍留疑义，则时为之也。
>
> 余窃谓儒者治经，宜自《尔雅》始。取而读之，殚心于兹十年。是书旧注之散见者六家，犍为文学、刘歆、樊光、李巡、郑康成（案：郑氏无《尔雅注》，《周礼大宗伯疏》误引之耳）、孙炎，皆阙逸，难以辑缀，而世所传郭《注》，复删节不全，邢氏疏尤多疏漏。夫援《尔雅》以释《诗》、《书》，据《诗》《书》以证《尔雅》，由是旁及先秦以上，凡古籍之存者综核条贯，而又本之六书音、声，确然于故训之原，庶几可与于是学。③

可见《尔雅》一书，实乃治经学者必读之书。尤其研治训诂之学，更不能不求之《尔雅》。④《尔雅》既已稔熟在胸，则通经之路必然畅达。故无论援

---

① 钱穆：《朱子学提纲》，《朱子新学案》上册，巴蜀书社 1986 年版，第 4 页。
② 段玉裁：《读尔雅释山论南岳》，《经韵楼集》卷 4，上海古籍出版社 2008 年版，第 86 页。
③ 戴震：《尔雅文字考》，《戴震全集》第 6 册，黄山书屋 2010 年版，第 273 页。
④ 段玉裁："凡言训诂之学，必求之《尔雅》矣，虽然求之《尔雅》，而不得其所以然之故，但见其泛滥无厓矣，吾未见其熟于《尔雅》之必能通经也，则又求之《说文解字》矣，《说文解字》言形与声与义，无不憭然，读之者于训诂当无不憭然，然吾见读《说文解字》而于经

《尔雅》以释《诗》、《书》，抑或据《诗》、《书》以证《尔雅》，皆为清儒由训诂入经学的方法论的具体展开，然亦离不开包括舍人在内的历代注疏家辗转相承所形成的传统。① 特别是"汉儒注经，皆守师说，不尚新奇，不自臆造，不为附会，不事剽窃，不望文生义，不增字解经，不妄诋古训，不率改经文，无骑墙之见，无固执之谈"②，大体均不离河间献王所谓"实事求是"的学问取向和宗旨，而与宋明诸儒专尚形上义理的学风相去较远，与清儒颇好据事征典的学术路径距离更近。尽管从根本上说，举凡真正的通经之学，义理与训诂均不可偏废，以义理专属宋儒，训诂专属汉儒，难免不会产生生硬画分畛域之嫌，出现二元性的两歧现象，但毕竟清学与汉学更为接近，仍是一不可否认的基本事实。故《尔雅》及舍人等汉儒的旧注，自然就不能不引起戴震一类清代考据家的高度重视了。

必须注意的是，"古代简编，非甚繁重，师弟尤重传授，故历数百年，传十数世，其书仍不能亡，非惟保藏，亦口耳相传之效也"③。惜舍人之《尔雅注》一书，历时既久，今已散亡，唯部分佚文尚见存于他书，可以从中辑佚。则辑佚亦恢复古书原貌，俾其重新流传之一法？今反复稽核比对相关佚文，即不难发现，舍人之旧注，凡草木鸟兽虫鱼之名，均能一一辨而明之，其余虽单词双义，亦必有所依据。推而广之，可知于器服典章制度，当也十分稔熟，诚乃博学闳通之士。其注非仅可以羽翼《尔雅》一书，即揭橥经义亦贡献殊多。盖用功既深，为用必宏，故辑佚者代不乏人，皆非一时之偶然。足证清人精研深究《尔雅》者人数不少，乃至蔚成专门性的"雅学"，然若论导夫先路者，则必首推西汉时的舍人无疑。

研治《尔雅》一书，足可助人进入经典的世界；如果仍有不足，则当求诸

传、《尔雅》愈不能通，鉏铻不合，触处皆是，浅人遂谓小学与治经为二事，然则从事小学将以何为也?"文中之立论盖本于此。见段玉裁：《严九能尔雅匡名序》，《经韵楼文集补编》卷上，《经韵楼集》，上海古籍出版社 2008 年版，第 374 页。

① 戴震在《尔雅注疏笺补序》中谈道："《尔雅》，六经之道释也；援《尔雅》附经而经明，证《尔雅》以经而《尔雅》明。"可证以《尔雅》与六经互证，乃是清初学人治学的一大取向。就方法论而言，仍可视为以训诂明经义，与晚清以来训诂由附庸而独立为大国，明显存在极大的时代差异。古文字之学，由证经而证史，乃至蔚成专门术业，乃是 19 世纪以来之一大学术嬗变现象，当值得注意。戴说见《戴震全集》第 6 册，黄山书屋 2010 年版，第 274 页。

② 丁福保：《佛学大辞》上册，台湾屏台净宗学会 2002 年版，"自序"第 5 页。

③ 金毓黻：《中国史学史》，商务印书馆 2007 年版，第 46 页。

《说文解字》。盖"《说文解字》与经传《尔雅》训诂有不同者，由六书之有假借也。经传字多假借，而《尔雅》仍之。《说文解字》无假借，盖六书有义、有音、有形，有义而后有音，有音而后有形。然则谓《说文》为纲，谓《尔雅》、《方言》、《释名》、《广雅》诸书为目可也"①。而两汉时期舍人注《尔雅》在先，尹珍从许慎学《说文》在后，均足以说明贵州学者已厕身大传统主流文化，成为儒家正统学术的时代预流者。其中特别是舍人之注《尔雅》，实乃最早与经学有关的小学类撰述，甚有裨于后人旁稽广采，左考右证，成就名物训诂专门术业，芟夷典籍阅读障碍，非但为西南山川人物增光，亦甚有功于吾国传统经学。故道光《遵义府志》遂将其列于乡邦人物传记之首，并详考其生平事履说：

> 孝武通西南夷，初置犍为牂牁、汶山诸郡，其时榛榛狉狉，风教睢盱。文学以郡人膺学史选，诣阙上书，既挺生古所未臣之地，而即注古所未训之经，其通贯百家，学究天人，与相如、张叔辈上下驰骋，同辟一代绝诣，淑文翁之雅化，导道真之北学，南中若奠先师，断推文学鼻祖。②

注《尔雅》者，如郭璞、邢昺等，前后凡十余家，皆洽闻强识，为世所重。然溯其渊源，仍以舍人为一大肇端。故朱彝尊《经义考》"邢氏（昺）《尔雅疏》"条下列举犍为文学（舍人）、刘歆、樊兴、李巡、孙炎、郭景纯六家《尔雅》注，舍人即居诸家之首。③同书又著录犍为文学《尔雅注》云："舍人待诏在汉武时，此释经之最古者。"④而杭世骏《经解》则以为："经之有章句者，《诗》则齐之杜抚，赵之毛苌，《礼记》则马融、卢植，《春秋》则服虔，《论语》则包氏、周氏，《孟子》则赵岐是也。其以注称者，郑元、王弼、韩康伯之于《易》，郑元之于《三礼》，郑兴、郑众之于《周官》，犍为文学、刘歆、樊光、李巡、孙炎、郭璞之于《尔雅》，唐明皇之于《孝经》是也。"⑤ 具见舍人之注

---

① 段玉裁：《尔雅匡名序》，见严元照辑《尔雅匡名》卷首，光绪十一年刻本。
② 郑珍、莫友芝：《舍人传》，道光《遵义府志》卷33，道光二十一年刻本；参见冯楠总编：《犍为文学传》，《贵州通志·人物志》，贵州人民出版社2001年版，第2页。
③ 朱彝尊：《邢氏（昺）〈尔雅疏〉》条，《尔雅》类，《经义考》卷238，中华书局1998年影印本，第1205页。
④ 朱彝尊：《犍为文学〈尔雅注〉》条，《尔雅》类，《经义考》卷237，中华书局1998年影印本，第1202页。
⑤ 杭世骏：《经解》，《解》，张廷玉等《皇清文颖》卷12，文渊阁《四库全书》本。

《尔雅》，不但为贵州学术文化之开山，地方经学之鼻祖，同时也是汉儒释经之发轫，北学南传之功臣。[①]追溯滇黔地区学术思想发展的远源，则不能不以舍人为第一。

三、文翁事业的继承者

值得注意的是，道光《遵义府志》尚提到相如、张叔、文翁等人。相如即司马相如，以辞赋显名于世，事迹已为世人所稔熟，殆不必赘述。张叔则尝从相如游，学成后即返滇教授乡人，可视为滇人文教之鼻祖；而在郑珍、莫友芝等人看来，舍人之文采风流，亦足可与其列队结伴，相互"上下驰骋，同辟一代绝诣"。至于文翁，则见诸《汉书·循吏传》，班固尝详载其事迹云：

> 文翁，庐江舒人也。少好学，通《春秋》，以郡县吏察举。景帝末，为蜀郡守，仁爱好教化。见蜀地辟陋有蛮夷风，文翁欲诱进之，乃选郡县小吏……遣诣京师，受业博士，或学律令。……数岁，蜀生皆成就还归，文翁以为右职，用次察举，官有至郡守刺史者。

> 又修起学官于成都市中，招下县子弟以为学官弟子，为除更徭，高者以补郡县吏，次为孝弟力田。常选学官僮子，使在便坐受事。每出行县，益从学官诸生明经饬行者与俱，使传教令，出入闺阁。县邑吏民见而荣之，数年，争欲为学官弟子，富人至出钱以求之。由是大化，蜀地学于京师者比齐鲁焉。至武帝时，乃令天下郡国皆立学校官，自文翁为之始云。

> 文翁终于蜀，吏民为立祠堂，岁时祭祀不绝。至今巴蜀好文雅，文翁之化也。[②]

具见文翁自觉推行儒教大传统文化，积极化导一方民风习俗，其事甚至在汉武帝诏令天下郡国皆立学校官之前，不可不说是开风气之先，实乃"儒者在本朝则美政，在下位则美俗"政治理想的践履者。[③]而班固《汉书》正是有鉴于此，遂将其置于《循吏传》之首，以为当树之风声，垂范后世。明人李廷机撰《汉

---

① 参见王燕玉先生：《辨舍人的籍贯、官称和姓名》，《贵州史专题考》，贵州人民出版社 1986 年版，第 347—354 页。

② 班固：《文翁传》，《循吏传五十九》，《汉书》卷 89，中华书局 1962 年版，第 3625—3626 页。

③ 王先谦：《荀子·儒效》，《荀子集解》，中华书局 1988 年版，第 120 页。

唐宋名臣录》五卷，所录自汉文翁至宋杜衍凡六十人，黄吉士序谓其"录取严而用意微"①，然既以文翁居第一，即可见其人其事在后人心目中的地位和分量。今人据此认为他的身上明显表现出"吏"与"师"的双重身份："吏"的身份"虽然给他的教化工作提供了很大的便利，但'吏'与'师'又不是混而不分。'吏'的基本职能是维持政治秩序，这是奉行朝廷的法令；'师'的主要任务是建立文化秩序，其最后动力来自保存在民间的儒学传统"②。倘若以孔门"先富后教"的观念衡量之③，则可说他在"富"与"教"两方面都做了大量工作。④ 其中群守的职责固然要求他承担起强化政治秩序的责任，如《华阳国志》称他尝"穿渝江口，灌溉繁田千七"⑤，后人亦以为"蜀中江沱禹迹，至李冰而一变，其后文翁穿渝湔洩以溉繁田，则又一小变"⑥，即可视为富民工作的大事；但与此同时，他见当地"承秦之后，学校陵夷，俗好文刻，乃立学，遣隽士张叔等十八人东诣博士受七经，还以教授，学校鳞萃，蜀学比于齐鲁"⑦，后人亦称他"修起学宫，弟子学于京师者比齐鲁"⑧，更做了大量朝廷政令之外的教化工作。合以上两个方面共观之，则文翁既能导人以富，又能示人以教，其所作为完全符合儒教政治理想要求，遂不能不成为后人颇为心仪的功臣典范。

---

① 《四库全书存目》卷62，中华书局版1965年版，第558页。

② 余英时：《汉代循吏与文化传播》，见《士与中国文化》，上海人民出版社2003年版，第141页。

③ 先富后教的观念，出自《论语·子路》："子适卫，冉有仆。子曰：'庶矣哉！'冉有曰：'既庶矣，又何加焉？'曰：'富之。'曰：'既富矣，又何加焉？'曰：'教之。'"兹说影响后世深远，发挥者既多，践履者亦不少，实已构成儒家建构政治秩序的一大核心观念。

④ 按李如兰《四川通志》（《四库全书》本）"序"："窃闻圣门之论治道，其要在富之教之。……李冰治水、文翁兴学以来，其渐开富教之端。"据此可知，将文翁视为颇能代表儒门先富后教秩序建构理想的典范，乃是以前人固有之一贯看法为根据得出的结论。

⑤ 常璩：《华阳国志校注》，《蜀志》，《华阳国志》卷3，巴蜀书社1984年版，第214页。

⑥ 胡渭：《锡土姓》，《华阳黑水惟梁州》卷19，《禹贡锥指》卷9，贵州省图书馆藏康熙四十四年浙江德清胡氏漱六轩刻本；今人整理本可参阅年邹逸麟点校本：《禹贡椎指》，上海古籍出版社2006年版，第275页。

⑦ 常璩：《华阳国志校注》，《蜀志》，《华阳国志》卷3，巴蜀书社1984年版，第214页。

⑧ 胡渭《锡土姓》，《华阳黑水惟梁州》卷19，《禹贡锥指》卷9，贵州省图书馆藏康熙四十四年浙江德清胡氏漱六轩刻本；今人整理本可参阅年邹逸麟点校本：《禹贡椎指》，上海古籍出版社2006年版，第678页。

不过，由于文翁历来以化治见称于世，故与"吏"的身份相较，他似乎更有一种"师"的身份自觉。正是"师"的责任伦理的使命召唤，使他能够更主动地从事教化的工作。教化的重点当然是建立礼治文化秩序，所以在班固的笔下，他的"师儒"特征似也通过"化蜀"事迹的描述，获得了强化和突出。这显然也昭示了中国政教合一的久远传统。① 如果以"吏"和"师"来分别表征，则可说"'吏'代表以法令为中心的政治秩序，'师'代表以教化为主导的文化秩序，以中国原有的概念说，即是'政'与'教'两个传统，也可以称之为'政统'与'道统'。这两个传统之间的关系是不即不离的，一方面互相支援，一方面又不断发生矛盾"②。而郑珍、莫友芝正是着眼于文翁"师"的身份和"教"的传统，才极为关注他在郡守任上的化治工作的。至于以舍人为"淑文翁之雅化"的重要历史性人物，当也是依据道统的前后关联才做出的结论。

从整体上看，文翁好学而"通《春秋》"，入仕后复利用郡守职责的方便，积极传播儒家价值，开展以建构礼治秩序为主要内容的"化蜀"工作，无疑是儒学南渐的一大功臣。而西汉庞大帝国政治与文化制度必须依赖的社会土壤，从此多了一重儒家形态的民间礼治秩序基础。值得注意的是，遵义在地理区位上本属巴蜀文化圈范围，行政上长期归属四川管辖，雍正五年（1727 年）始改隶贵州省。③ 故四川各地，亦多舍人传说。如"今乐山县乌尤山，故有尔雅台，方志以为汉犍为舍人注《尔雅》处。在乌尤寺之北，构屋崖上，颇临绝壁，沫水西来，与岷江合，流经其下，大峨诸峰，远峙于前，乌尤山一胜境也"④。可见今川黔两地，均为舍人活动区域，遗迹既多，传说亦不少。则道光《遵义府志》之所以以舍人比附文翁，一方面固然由于他出身文学，与文翁一

---

① 《地理志》，《汉书》卷 28，称："文翁为蜀守，教民读书法令，未能笃信道德，反以好文刺讥，贵慕权势。"反映文翁固然有重教化，即"师"的一面，但也有重法令，即"吏"的另一面。比观其两面而加以客观分析，显然即为政教合一的典型性表现。而汉初虽崇尚黄老，然申、韩、苏、秦之学作为辅助，仍与其他百家之学并存而有所流传，故文翁之所作所为，也反映了援儒入法，儒法杂糅，即儒学由式微而渐趋显赫的时代发展趋势。

② 余英时：《汉代循吏与文化传播》，见《士与中国文化》，上海人民出版社 2003 年版，第147 页。

③ 参见《清史稿》卷 75，中华书局 1977 年版，第 1362 页。

④ 刘锡嘏、王培德：《尔雅台答问序》，见马一浮：《尔雅台答问》，《马一浮全集》第 1 册（下），浙江古籍出版社 2013 年版，第 395 页。又雍正《四川通志》卷 27《古迹》称尔雅台"在乌尤山乌尤寺左，相传郭景纯《注尔雅》于此"。说法明显有歧，则仅可视为传说。

样，均为朝廷命官，且一治《春秋》，一好《尔雅》，都明显具有"师儒"的特点；一方面则为犍为与成都均同属南中之地，二人无论间接直接，是后是先，都有功于儒学的南渐，都为推动地方文化风气的转移树立了具体的行为典范。然略有不同的是，舍人较倾向于大传统学术文化的重构，文翁则更关注小传统礼俗风规的再造。故"文翁终于蜀，吏民为立祠堂，岁时祭祀不绝"；舍人亦追随于文翁之后，"导道真之北学"，"南中若奠先师，断推文学为鼻祖"。从清人的视域如实观察，斯二人均有功于地方秩序的国家化发展，都是儒教秩序扎根西南不可忽视的早期推动者，都不可不连类述及而一并表彰之。如此，既能扩大移风易俗秩序再造工作必须依赖的正统合法资源，也可强化朴学学统谱系建构工作理当借用的汉学传统支持。

四、传播文教的盛览

舍人之后，尚有两人可述。一是西汉武帝时的牂牁（今贵州大部分地区）名士盛览（字长通），司马相如入西南夷，览尝从其学赋；再即毋敛（今正安）人尹珍，东汉桓帝时官荆州刺史，曾从许慎、应奉受经书、图纬。[①] 尹珍一生事迹，当另撰专文详考。兹仅略述盛览初传文教之事，或可一窥中原与西南文化交流状况。按《西京杂记》卷二载盛览尝问司马相如如何作赋，"相如曰：'合綦组以成文，列锦绣而为质，一经一纬，一宫一商，此赋之迹也。赋家之心，苞括宇宙，总揽人物，斯乃得之于内，不可得而传。'览乃作《合组歌》、《列锦赋》而退，终身不复敢言作赋之心矣。"盛览学成后，"归以授其乡人，文教始开"[②]。后人以为"司马相如答盛览论赋曰：'赋家之心，得之于内，不可得而传。'诗家妙谛，无过此数语"[③]。其说虽立足于诗歌创作发论，然仍可见评价之高。不过，尚有必要注意的是，如果与宋明儒的心学思想比较，似也有曲折旁通之妙，或心可统摄众理，然又难以言传，并非仅限于诗赋一端。

---

① 冯甦之康熙《滇南科目》（《昭代丛书》本）《滇考》卷下："盛览、张叔已从司马长卿学赋受经，后此若尹珍、許叔之文学，皆著名于益州。"此说亦可参。

② 郑珍、莫友芝：《盛览传》，道光《遵义府志》卷33。又明人谢肇淛《献略》，《滇略》卷6；雍正《古迹》，《四川通志》卷27，俱称盛览撰有《赋心》四卷，然《西京杂记》仅言作《合组歌》、《列锦赋》，片字未提《赋心》，不知所据为何。姑附于此，以供参考。

③ 王士禛：《司马相如答盛览论赋》，《香祖笔记》卷7，宣统三年扫叶山房石印本。

西汉武帝时期经营西南夷，或开发或放弃，究竟应当如何处置，朝廷一度争论激烈。司马相如则力主经略开通，曾撰《喻巴老檄》、《难蜀父老书》，均为关涉西南史事之重要文献。《史记·本传》云："相如为郎数岁，会唐蒙使略通夜郎、西僰中，发巴、蜀吏卒千人，郡又多为发转漕万余人，用兴法诛其渠率。巴、蜀民大惊恐。上闻之，乃遣相如责唐蒙等，因谕告巴、蜀民以非上意。"相如则向汉武帝建言："邛、筰、冄、駹者近蜀，道亦易通，秦时尝通为郡县，至汉兴而罢。今诚复通，为置郡县，愈于南夷。"汉武帝以为然，"乃拜相如为中郎将，建节往使。……略定西夷，邛、筰、冄、駹、斯榆之君，皆请为内臣。除边关，关益斥，西至沫、若水，南至牂牁为徼，通零关道，桥孙水，以通邛都。还报天子，天子大说。"① 可见盛览最早之问学请益，极有可能即在司马相如出使西南之时。清人田雯即有"汉司马相如曾西至滇，授经盛览"之说。② 然亦不排斥其以后北上中原，继续向相如求教的可能，否则"归以授乡人"云云，便无从谈起。唯盛览与相如初次见面之时间，考《难蜀父老书》有"汉兴七十有八载"一语，《集解》引徐广曰："元光六年（公元前129年）也。"则至迟汉武帝元光五年，相如即已出使至西夷③，盛览之前往请益，亦当在是年稍后。二人既切磋如何作赋，必多有过从。惜年久事湮，已无从稽考。

西汉王朝之经略西南夷及开设郡县，显然不能不以道路之开通为基本前提。《史记》卷三十《平准书》载："唐蒙、司马相如开路西南夷，凿山通道千余里，以广巴蜀，巴蜀之民罢焉。"即可见道路修筑颇耗人力财力，然亦有裨于经济文化之交流发展。相如既极力主张开通西南夷，直接与御史大夫公孙弘罢废高论对立，而如其在《喻巴老檄》中所说，目的主要为"存抚天下，辑安中国"，则必然乐于与盛览交往，以此结好交欢地方士人。时西南夷与中原地区文化风俗差异甚大，故中央王朝之经略开发亦多反复周折。④ 而相如与盛览一北一南，均打破了地缘时空的分殊与隔阂，相互切磋讨论精英阶层才有的作赋之法，固然首先是中国文学史上的佳话，亦是区域文化传播史上的大事，说

① 以上见《司马相如传》，《史记》卷117，中华书局1989年版，第3044、3046、3045页。

② 田雯：《万行草诗序》，《古欢堂集》卷24，贵州省图书馆藏乾隆年间刻本。

③ 参见方国瑜：《云南史料目录概说》第1册，中华书局1984年版，第42页。

④ 参见张新民：《司马迁、班固的民族观及史学实证精神异同论：从〈史记〉、〈汉书〉"西南夷传"谈起》，《民族研究》1993年第6期。

明与国家权力经营开发西南边地同步，汉地文化也渐次传入了当地，推动了区域与区域之间的文化交流，其中开发兴起较早之"蜀学"，当发挥了极为重要的中间桥梁作用。① 而国家与地方之间错综复杂的矛盾，亦因此或多或少有所缓解。如果站在国家大一统格局的整体立场看，也可说"凡今滇黔闽越之疆，朝鲜顺化之壤，所由光华文治，黼黻皇风，半皆帝之开辟蚕丛，创通蛮服，昔也鳞介，今也衣裳，美哉禹功，明德远矣"②。故司马相如主张开通西南夷，功固然不可轻忽，而盛览之初传文教，事亦值得表彰。足证追溯中原与西南学术文化交往的远源，其人其事皆堪称不可忘怀的掌故美谈。故历代地方志书载之者甚多，均无不以为当大书深刻于史册。

五、余　论

舍人、盛览二人，一首注《尔雅》，开地方经学之先河；一从司马相如游学，大得赋家不传之心，均可谓崛起于西南地区的一代豪杰、沟通中原文化与西南文化的桥梁式人物。他们之所以能够"北学中国"，成为地方学术文化的早期创辟者，固然离不开个人的才情兴趣，关涉师徒之间学问路数的传承授受，但也明显受到汉武帝经略开发西南夷整体格局形势的影响，不可不说是国家与地方频繁互动关系催生出来的文化生命形态成果。倘若追溯地方学术文化的渊源，疏理学派分化组合的支派谱系，则斯二人尽管可供钩沉发覆的史料不多，然对后世的象征性影响仍极为巨大，既形成了古今对话的历史性张力，代表了一个久远传统的势态化发展进程，也激活了边地文化中心化的历史记忆，引发了了士大夫群体大传统文化认同的自觉感。③

清人高度评价舍人、盛览等人，可以陈矩的话为代表："黔南江山灵秀，贤豪挺生，若汉犍为文学舍公，长通盛公，后汉道真尹公，德行经学词章，方之蜀都四子，殆无愧色（杨升庵先生《〈全蜀艺文志〉序》称相如、君平、王

---

① 班固《地理志》（《汉书》卷28）载："司马相如游宦京师，诸侯以文辞显于世，乡党慕循其迹……由文翁倡其教，相如为之师，故孔子曰：'有教无类。'"可见他们二人不仅是"蜀学"兴起的早期典范，而且也是文化交流的桥梁式代表。

② 皮锡瑞：《汉武帝论》，《中国近代思想文库·皮锡瑞卷》，中国人民大学出版社2013年版，第23页。

③ 参见张新民：《大一统冲动与地方文化意识的觉醒》，《中国文化研究》2002年第4期。

褒、子云为四子),黔中不可谓无人矣!"① 从清人的文化视域如实观察,一旦形成清季学术与汉代学统遥相契应对接的学人群体共识,在他们看来则不仅延长了学术谱系传承绵延的历史时间维度,而且更张大了地方学术文化资源积累的空间地缘声势。故清代汲汲于表彰斯二人者甚多,重视的程度远非其他任何时代可比。具见舍人、盛览生活的时代虽在西汉,但历史记忆复活的时代却主要在清季。讨论汉人事迹必关注清人的评论,亦时隔事通内在理路的必然。这当然也是文化传播史上常见的现象,触媒的酵素往往要遇到异代知己才能酿出成功的"异熟果"。

(作者简介:张新民　贵州大学中国文化书院)

---

① 陈矩:《淮海易谈·跋》,见何静梧、龙尚学主编:《贵阳人物续》,贵州教育出版社 1996 年版,第 108 页。

再论魏晋玄学与儒道会通

谢大宁

作为一个重要概念，儒道会通无疑是许多人都承认的，而且认为就是魏晋玄学的一个基本性格。这个概念的证据好像也是很显然的，包括历史上的许多证据，比如汉末曹魏时期，许多清谈的典故，都以孔老为话题，作为玄学的领军人物，王弼的《老子注》与《周易注》也是当时经典性的作品，这两部著作刚好就是儒道最具代表性的作品，把这些例子聚拢起来，认为在汉末时期存在着一种试图会通儒道的思潮，好像也是顺理成章的事。可是看起来的顺理成章，真的就是实情了吗？从这些历史证据真的可以推论出存在一种学术思潮吗？还是说这种推论跟历史证据之间其实并不存在那么严格的关联，之所以说其中有着某种学术思潮的脉络，其实也只是一种诠释的暴力呢？也许我们该先明确一下，什么叫作儒道会通。

一、儒道会通的意义

从最简单的意思来说，儒道当然是指述先秦的两个流派，儒道会通也就是这两个流派之间，通过某种交流而取得了某种共通的共识与共性，这该是两种思想的进一步发展。要获得这样一种发展，当然必须有某种过程，首先该是有对何谓儒、何谓道的某种讨论，然后则是在两者之间寻求某种折中的看法，即使在寻找折中的过程中，未必众议咸同，都没有关系。我们事实上在儒佛之间与儒、基督之间，都曾明确看到这样一种努力，圭峰宗密的原人论，持儒家观点的也许很有意见，但宗密冶儒佛于一炉的企图是明显的，宋代理学家的基本立场当然不是儒佛会通，而是刻意地区隔儒佛，把这种区隔当成夷夏大防来看待，寖假乃有陈建的学蔀通辨，不断地在阳明学与禅之间去比附，以一种抓贼的态度来区隔儒佛两者。但明代也是讲儒释道三教合一最盛的时代，这都是有意地寻找会通之道。这种会通有没有道理，能不能构成一种真正的新思想之创发，也许还不是最重要的事情，但如果没有这种自觉的努力，我们是不是还可以说存在着某种会通的事实，也许就值得商榷了吧！那么，在汉末曹魏时期，真有这种自觉的努力存在吗？

在进入这样一种检讨之前，我们也许还可以再回顾一下，儒家在先秦主要有三个代表性的人物，一是孔子，二是孟子，三是荀子。他们之间的思想并不完全一致，孟荀之间的差别更是明显，但是整体来说，"仁、礼"乃是他们的共同主张则无疑，对仁礼怎么诠释是一回事，大方向是一致的又是另一回事。特别是在汉朝，荀子的思想特别占着优势，这大概也是共识。如果说孔子在汉朝有一种"为汉立法"的特殊地位，五经也有一种特别的圣典身份，那么在礼俗与社会规范上的诠释，基本就是荀子的一套思想，大致是没有疑问的。当然，《易经》的特殊地位乃是另一个课题，姑且容后说明，但儒家思想的内涵在汉代是有共识的，这样的共识就发展成了东汉以后世家大族所谓的"名教"。在这样的名教轨范下，孟子并没有什么地位，但这并没有什么关系，至少在汉代学者眼中的儒家乃是有着明确意义与内容的。可是道家呢？

道家在先秦的代表，当然就是老子了。我们姑且不卷入老子是不是单一的一个人的争论，《老子》这部书就和《论语》之于儒家一样，乃是先秦道家的基本经典，这大概是没有争论的。可是老子和先秦后来的道家之关系，可能就和孔子与孟荀的关系大不相同了。孟荀作为孔子的继承人，尽管思想主张并不相同，但在儒家基本的代表思想上，是有共识的。可是老子与他的继承人之间，这关系就很难那么明确说了。这原因一方面当然出于《老子》，《老子》这部格言体的书，本身的性格就是并不明确的，不只今天学界的诠释很难理出一条清晰的脉络，即使任何人想要把《老子》的思想完全兜拢来，成为一个首尾一贯的思想，恐怕都是一项不可能的任务。这也就是说，如果想要诠释《老子》，其难度比诸诠释《论语》是大得多的，任何人恐怕都不能没有取舍，而在这取舍之间，想要求得一种共识，也几乎是一件不可能的事。另一方面，作为老子在先秦广义上的继承人，在对老子的诠释上也走出了几条根本是风马牛不相及的道路，其间的差异和孟荀之别是不可以道里计的。孟荀固然有根本的差别，但异中之同是很显然的。可是如果要对比庄子与黄老道家，或者甚至把韩非也算进去，那根本就是南辕北辙，简直找不到任何关联性。如果把汉朝的《老子河上公注》乃是想尔注也算进去，就更是越鸟与胡马之别了。有趣的是，所有这些看来毫不相干的所谓老子的继承人，最看重的概念却似乎是一致的，如果说这些继承人所选择的主要概念都是来自老子的话，那么他们几乎不约而同地都选择了"无为"这个概念，而不是我们今天的老子诠释者所看重的"无、有"这一组概念。这点是十分重要的，因为这表示虽然他们都选择了老子相同的概念，但对这概念意义的了解可以差异到如此程度，其间完全不存在由老子所带来的规范力，所以所谓道家的概念，究竟模糊到什么程度，就完全可以想见了。

先秦的这些老子继承人，也许唯一的相同点就是都看重无为这个概念，不管他们的诠释多么不同，这表示他们看重的是老子在现实人生中的"实践面"的意义，只是强调的实践面不同而已。比如庄子强调的是精神实践的层面，如何由无为来脱离由比较分别所带来的生命桎梏，黄老道家则强调无为在政治实践上如何协助统治者更好地贯彻其统治，兵家则强调以奇用兵之阴谋在兵法上的效用，养生家则强调收摄精神对长生延寿的效果等。而一件很明显的事情是，先秦乃至两汉的道家继承者，从来都没有对所谓的"形而上"问题的兴趣，无与有的讨论其实根本不是重点，也不是道家在老子早期流传过程中被注意的标的。之所以要特别说明这点，当然是和我们今天的玄学讨论相关，也需要特别注意的。

根据这样的简略说明，如果再回到儒道会通这个概念上来看，我们说儒家的内涵在汉代是有共识的，但道家在汉代不只是个没落的流派，也是个没有清晰内涵的概念。如果要说存在着儒道会通这件事，那么总需要厘清汉末的这些儒者到底是要和哪个意义的道家寻求会通吧！否则这个概念要如何确定呢？可是这件事曾经发生过吗？

二、儒道会通真的发生过吗？

对坚持汉末曹魏时期曾经发生过儒道会通的人而言，他们的证据是这样的：第一，玄学之所以得名，乃由"三玄"而来。三玄就是指易老庄而言。这三部经典分别就是儒道的基本经典。既然如此，这三部经典就成为了儒道会通的最基本证据。第二，王弼同时注老、注易，冶老易于一炉，这看起来当然也是儒道会通的另一个铁证。而且如一般所说，王弼以"援老入易"的手法，处理了《老子》与《易经》的问题，也"奠定"了玄学处理儒道会通时，以儒为表、以道为里的基本方向。第三，由于道家主张"自然"，儒家在东汉以后也以"名教"作为标榜，所以在魏晋出现的"自然与名教"的课题，当然也就是儒道会通的另一个"无可置疑"的证据。另一个证据是清谈的话题，也就是"有无"之辨出现，裴𬱖的崇有论就是一个绝佳的例子。有无之辨"当然"是老子的一个老命题，把老子的命题拿到自然与名教的课题中，这不是儒道会通的思考还会是什么呢？

这些证据看起来的确是十分坚强而有说服力的。然后汤用彤先生又为这样一个说法补上了一个更有深度的哲学与思想史的论证，他认为整个两汉到魏晋的思想过渡，就是从两汉的"宇宙论"取向转到魏晋的"本体论"取向，这个转向是以道家对"有无"的讨论作为主要代表的。他还在这里补充上了荆州学派的论证，这就为整个玄学的出现，以及其所显示的所有意义完整起了整个学理上的论证，成为一个"铁证如山"的判断。这也就是汤用彤先生在玄学领域里迄今都还具有典范意义的原因。当然，他这样的论证架构，也同样为儒道会通提供了"坚强"的论证，因为只要以此架构来诠释王弼，就可以把上述证据完全贯串起来，将整个玄学放到儒道会通的脉络里，也为当代中国哲学史的学科化提供了一个完美案例。

但是这样一个看起来完美的断案，真就无懈可击了吗？这个论题当然太大，也不是本文的主题所在。但我在拙文《试论玄学的分期问题》中，已经有了一些原则性的处理。以我来看，这样一个断案其实是有根本问题，以致当拆解了汤用彤先生架构的哲学基础与历史证据之后，这个断案会全盘崩溃。由于拙文具在，此处我也不拟重述，我只想回到儒道会通这个问题的基本证据以及它所涉及的思想层面的问题，做一个简单的检讨，来重新省思一下儒道会通这个概念的合理性究竟在哪里。

我想从两个基本的历史证据开始谈起：一个是，三玄中的易老庄在魏晋的学术讨论中是不是同时出现的？另一个则是，关于有无的讨论是在什么脉络中出现的？我以为这两个问题的厘清，将会对儒道会通这个概念的厘清提供重要的参考点。

三玄的说法是晚出的，并不是从汉末开始就已经确定为学界共识。不过如果我们回到汉末曹魏时期，就会发现无论当时学者是否读过《庄子》这部书，庄子的思想都不曾成为当时清谈场域的任何话题，这一现象至少在正始之前都是明确的。王弼固然用过得鱼忘筌的典故，但他不曾讨论过庄子的任何命题，这也是事实。得鱼忘筌的说法是套在得意忘象的脉络中说的，而得意忘象又是放在易系词言不尽意的脉络中说的。或者说这得意忘象的"忘"字，已经暗合了庄子的思想，但如果我们不过度诠释的话，大概还是很难说王弼已经把这个忘字当成了一个核心的重要概念，忘象之忘和庄子说坐忘之忘，其差距也还是很大的。这也就是说只有《老子》与《易经》才是正始以前曾进入知识分子论域的经典。

而可以作为对比的是，正始之后，如果我们仔细考察一下，就会发现《易经》几乎从学术讨论中消失，代之而起的则是庄子。庄子突然成为显学，毫无疑问是因为嵇康的缘故，而特别的是，在嵇康的著作中，几乎找不到《老子》与《易经》的痕迹。正始之后，即使讨论《老子》，也完全是庄子化了的《老子》，和正始之前讨论的《老子》，其脉络是明显不同的，然则这难道会是一个偶然的现象吗？

在历来的玄学讨论者中，很少有人注意到这个其实还算明显的断裂现象，这是很奇怪的。所有玄学的分期都认为玄学有三或四个段落，但无论怎么切分，都一致认为这些段落有着明显的继承关系，正始玄学与竹林玄学是最重要的两个段落，但从来不曾有人看出其中的断裂。我曾在许多地方指出，作为这两个时期代表人物的王弼与嵇康，嵇康比王弼大三岁，这两人虽同殿为臣，但没有任何交往的记录，王弼著作中不曾有任何嵇康的影子，反之亦然。像这样两个紧密衔接的时代的两位学界领袖，居然没有任何交集，岂不奇怪？我也曾指出另一重要证据，那就是作为竹林玄学另一位舵手的阮籍，他是王弼、嵇康等三人中年纪最大者，青年的阮籍明显曾受到王弼的影响，在他的《通易论》、《通老论》中，可以清楚看到王弼的影子，这当然代表了王弼这位青年在当时学界震动人心的程度，以至让一位比他大十几岁的世家公子都愿意在思想上追随他。可是有趣的是，阮籍在正始之后，几乎是尽弃之前所学，转而追随嵇康，大谈庄子之学。这些证据都是明摆着的，而且不可能是没有意义的。如果我们的诠释对这些证据都视而不见，恐怕不会是明智之举吧！

该如何诠释这样的断裂现象姑且按下不表，我此处想指出的只是一个简单的事实，也就是易老庄这三玄并不能摆在同一个平台上来看。这个事实当然隐藏着一个重大的秘密，可是这简单的事实也指向了另一个问题，就是老子学的出现，其背后究竟是基于什么样的问题意识呢？如果易老同时出现，这当然可以理解为儒家经典与道家经典的平起平坐，也可以像后来的理解，也就是在援老入易的过程中，让道家对儒家进行了一次偷梁换柱的工程，但理论上也未尝没有另一个可能，那就是《老子》还是在汉代易学发展的脉络中，为了替易学问题提供服务而出现的。这后面一种可能却是历来诠释者都不曾考虑过的，但如果我们真是一个学术场域中公正的法官，能够不考量这样一种可能性吗？当然，明眼人会知道我想提出的问题是，至少在正始之前，是不是有一个清晰的来自以老子为代表的道家式的问题意识出现？如果有的话，那么前两个可能性就存在了，但如果没有呢？

这个问题的一个比较简单的检查方式，就是回到王弼的《老子注》与《周易注》，搞清楚这两者之间的关系，如果说王弼真的是援老入易，或者是可以证实他是根据两个不同脉络来处理这两个注解，那么都还是可以证实确有道家的问题意识出现，但若是相反的状况呢？问题当然就得另做考虑了。当然，这里还有一个问题，那就是所谓道家的问题意识到底意味着什么呢？前面我们说老子的性格是不明确的，而先秦两汉的道家诠释者的诠释方向也各不相同，然则这是不是意味着我们根本就无法确定什么是道家的问题意识呢？这里当然有一些麻烦，也似乎不可避免会有一些争议，但我们也可以简单些看，如果汉末曹魏的学者所诠释的所谓道家，是从未在之前出现过的道家思想与问题意识，就算它还是有着经典上的依据，这种扩大的诠释方式，也许人们还是可以辩称那就是一种通过儒道会通而来的思想创发，但因为这样的解释和历史上对玄学的理解毕竟是有差距的，也许我们就不能算了。这是我们先做的一点方法论上的澄清，也许问题并不会如此复杂呢。

关于王弼这两部经典性的注解，论者已多，拙文《试论玄学的分期问题》中也做了详细讨论，此处同样不做详述，仅简单略述如下。在我看来，王弼援老入易的说法其实只是众口铄金的说法而已，并没有多少实质的根据，王弼的解易，事实上大体继承了早期象象传解易的模式。无论王弼扫象扫得是否彻底，他离开了汉易主流解释的观点，这是事实，但这并非王弼所独创，汉末以来围绕着易有没有互体的说法，已经预示了这个问题，王弼只是采取了汉末学界的主流观点，逐渐放弃汉儒解易那套繁复得让人眼花缭乱的技巧而已，当时还坚持用汉易主流观点解易的，大概也只剩一个在边陲地区的虞翻而已。当整个汉易解释已经改头换面，王弼用新的主流观点来解释，这并不足为奇，他的解释放到易学的脉络中要怎么看，这是一回事，但对我们此文比较有意义的则是这种改换到底和所谓的道家有没有关系？这才是重点所在。关于这个问题，我们大概可以从两方面看：一个是汉易的这个转变，是否和道家某种意义的兴起有关？另一个则是王弼是否真采取了某种道家的观点，因而改变了他对易经的诠释策略？我想先探讨这后一个面向。

说王弼援老入易，这几乎已经成了学界不容挑战的断案，可是一般人也许并没有想过，所谓的援老入易是什么确定的意指。如果说王弼曾引述老子的意思来解易，由于例证不少，这大概没有人能否认。但同样的，我们也可以找到证据说王弼在解老时，也大量引述了《易经》的意思，那这可不可以也反向来说王弼是援易入老呢？学界并没有这后一种说法，但这不就不公平了吗？当然学界在说王弼援老入易的时候，其实假设的并不是这么松泛的意思而已，而是认为王弼乃是把援老入易当成一个"方法论原则"来看待的，也就是说他是根据老子的思想来解易，易只是其形，老才是实质。但这样的意思真的经得起考验吗？

在前引拙文中，我曾提到对这个问题做过最严肃考虑的，大概只有戴琏璋老师了。戴老师在他《王弼易学中的玄思》一文中，承认王弼在讲《易经》时，多数所说都还是一种和儒家一脉相承的实践体会，当然，如果承认这点，再要把援老入易当成一个方法论原则来看待，就会很辛苦了。可是戴老师还是勉力提出了一套诠释。他认为王弼在大量采取了儒家实践体会的状况下，还是可以以对老子玄思之体会作为核心的，那就是王弼用了"有无本末"这一原则，来处理儒与老的关系问题，也就是以老为无、为本，以儒为有、为末。这样他就可以宣说王弼以老为本的立场了。在我看来，戴老师这样的努力恐怕还是很难真的把援老入易发展为一个普遍的方法论原则的。也就是说，如果援老入易不能被当成一个方法论的原则来看待，那么我们就必须承认，王弼的解易仍然是放在儒家本位上的，因为王弼解易真正继承的传统，依然是先秦《易传》的脉络，他并没有用道家的脉络替换这一传统。所以关于王弼把《易经》改换成了道家易的说法，也只是一个想当然的误会了。然而这问题就来了，那王弼去注解《老子》，又是为了什么？是用注解《易经》来发扬儒家，用注解《老子》来发扬道家吗？这还真是一个不容易讲清楚的问题。

一般公认王弼所注是注老最好的一部作品，最足以准确诠释老子的精神。要挑战这个权威性的看法，的确很不容易，里面攸关诠释的问题太多，很难说得清楚。我只是想问如下问题：王弼在注老中到底表达了什么样的思想？这样的思想跟先秦道家的渊源到底是什么？是有明确的渊源，还是根本是一个新的讲法呢？如果是前者，则这个渊源是怎么来的？如果是后者，那又是怎么来的？我们又该如何解读这个渊源？这当然是个混杂了哲学诠释与思想史的问题，同样也是个必须专门处理的问题，此处同样无法做精细的处理，我也同样只能简略交代个人的看法。

汤用彤先生对王弼的说法，有一点应该是正确的。王弼在《老子》里面主要谈的就是一个"有无体用本末"的问题，而且偏重在发扬"无"的一面，并由之开始了一些实践性的体会，联系到了"无欲、无为"等问题，但很明显，这些实践体会乃来自于对"无"的联想。这也就是说对王弼而言，无才是一个根本的概念，王弼"圣人体无"的说法，充分说明了这个思路的脉络。但现在最棘手的问题，就是这样的讲法是不是有明确渊源？我的意思特别是指它和先秦道家的关系。

以无为体的讲法，从字面上看，是没有渊源的，因为先秦的几个《老子》诠释都把重点放在无为上，都是一种以实践性为脉络的讲法，只是无为概念的内容不同而已。可是牟先生有一个诠释，就是他把老子也好，王弼也好，都放到了一个所谓的"境界型态的形上学"里去，也就是说他认为老子确有一套形上学的讲法，只是这套形上学是个姿态，其实质还是一套实践哲学，一套以对无的体会，并将之体会为无为无执之义的实践哲学，而王弼就继承了这套哲学。如此一来，牟先生就将老子与庄子之间构成了一个哲学上的联系，也许庄子对形上学的兴趣并不高，但从对无为自然之体会为无执自在，则是在同一个脉络中的。而如果王弼也在这一个脉络中，这就自然有了一个明确的渊源关系。

这是通过一种诠释方式，为王弼和先秦搭上了直接的渊源。关于老子是不是有一套境界型态的形上学，由于这点和本论题无关，我们可以暂置勿论，但王弼真是在这个脉络上接上了老子吗？要讨论这个问题，有两个层面也许是可以考量的，一个是王弼真有一种类似庄子实践哲学的内涵吗？另一个则是这样一个脉络在现实时空中是怎么出现的呢？至少有一点是明确的，整个两汉我们找不到任何证据来说，有哪位学者在讲这套庄子的实践哲学。而王弼身上似乎也找不到什么特殊因素让他跟庄子有了交会的可能性，如果一个学者在完全没有现实凭借下，就只是凭思考而可以独力衔接上一个断掉了几百年的传统，这实在是不可思议的事。

而若从另一点考量，整个王弼的《老子注》，如果说它有许多生活实践上的体会，大概没有问题，但是它在整个实践层次的讲法和周易注之间其实是没有太大差别的。老实说，我们很难在《老子注》里找到像庄子一样，脉络一致地谈无为无执的心灵自在这样一种精神实践境界的。这也就是说，牟先生用境界型态的形上学来表述老子，由之而说老庄的关系，不管对不对，它们观点的联结大体都是顺适的，可是如果要把这种联结扩大到王弼的《老子注》来，也许就有些牵强了。换言之，如果一定要把老子、庄子跟王弼绑在一起，在哲学上是不是联结得起来，恐怕是有些问题的。如果说庄子的问题意识是一个已经缺席几百年的意识，从王弼身上又找不到现实因缘来衔接，哲学上也不是那么顺适可以联结起王弼与庄子，则我们还有多少空间可以在先秦与王弼间搭上一座桥呢？

如果说牟先生通过诠释的手法试图为王弼与先秦道家做出联系的方式，有不那么妥帖的地方的话，汤用彤先生的做法有可能吗？如果汤先生把王弼思想准确地放在"无"上，并且将它变成一个本体论的命题的话，那就没有机会让王弼和先秦道家构成联系，因为这样的问题意识在先秦根本不存在。当然，人们可以根据对老子的诠释赋予老子这样一个问题意识，但至少先秦的老子诠释者，并没有任何人从这样一个脉络来继承老子，这至少是一个没有构成过任何"学统"的思路，当一个没有学统的思路突然在一本性格并不明确的老子与王弼间构成一种学脉相承的关系，这样的关系难道不给人一种不可思议的感觉吗？而且历史上两汉时期除了有很少数人偶尔提到老子之外，根本找不出一个所谓的道家，那么要从这样一个证据来说有所谓的儒道会通乃是一个时代风会，恐怕也就相当勉强了吧！

然则问题就回到了一个基本问题上了。我们该问的是，王弼为什么要写《老子注》？有没有可能是我们假设的看来最不可能的方案，也就是王弼并不是为了什么援老入易，而是写《老子注》乃是为了来支援他的《周易注》呢？如果是这样，当然也就跟儒道会通无关了，那只是儒学内部的一个新说法，老子被借用来作为支援儒学讨论的一个新工具而已。这一看法似乎有些颠覆性，但实情呢？

三、王弼注老一个可能的解释

如果儒道会通是个很难被建立的概念，我们很难找到理由用一个传统学派互动的方式来理解玄学的兴起，但王弼凭空的注老之举又是铁铮铮的事实，这究竟该如何理解？从汉末开始，确有注老的现象发生，但在知识分子群中，王弼的确是第一个。其他的注老多与道教有关，可以归之于养生家，而这一脉络并没有进入学界或精英阶层的讨论，大体只是小传统的东西，因此可置勿论，但王弼的注老无论从哪个角度来看，都是一个大论题，不能没有解释，可是这解释确实也不容易，如果不能有一个比较言之成理的说法，恐怕就很难杜绝儒道会通说法的诱惑力吧！

对这一问题，我曾做了一些艰难的考证，由于头绪纷繁，也只能简略叙述。我的整个想法其实是从汤用彤的一个似乎不经意的判断来的。汤先生曾有一个判断说，玄学的命题跟扬雄与王充有关。这讲法真的很怪，但又似乎真有那么一点由头。对这判断，汤先生从未给过任何论证，而论证的线索也的确很难寻找。扬雄是有名，但他的名声多半是在文学上，他努力想当一位学者，也努力写了《法言》以模拟《论语》，写了《太玄经》以模拟《易经》，这都符合当时儒者拟经的时尚，但他从来不是当时学圈公认的学者，只是个学界边缘人物，几乎没有任何影响力，后续除了东汉初的桓谭之外，也没听说谁继承他的学问。王充更是一个边陲人物。我们今天也许有人看中他的思想，但在东汉，他的《论衡》根本没人知道，一直到汉末的蔡邕，才提了提他，但要说谁继承他的学问，也是说不上来的。在这种状况下，要联系扬雄、王充与王弼的关系，真是个困难事。

可是扬雄在汉代学术中所代表的某一层意义，又似乎给了一种想象空间。扬雄是个边陲人物不假，而他也是西汉少数敢对主流学界发出批判声音的人。当时西汉的学界为五经博士所把持，除了讲经典之外，一种主流思想就是"占测天命、天意"，《易经》在西汉的流行，就是因为这种思想。可是扬雄大概是第一个引用论语"夫子之言性与天道，不可得而闻也"来质疑这种思想的人。他的质疑当然不是质疑天道这个概念，也未必是采取天道不可知论，否则他也就不必写《太玄经》来模拟《易经》了。原则说，扬雄的意思大概是孔子也喜欢读易，可是他并不多说天道本身的事，用孟子的话说，就是"见之行事之深切著名"者，这种对天道本身存而不论的态度，表现在《太玄经》里，就是用"无"来描绘天道这样的概念。《太玄经》的《玄攡篇》说"玄者，幽攡万类而不见形者也，资陶虚无而生乎"，这样一种讲法就有意思了。

扬雄与王充在一点上是相同的，那就是对灾异的态度。灾异论是汉代学者的普遍信仰，他们认为灾异就是天心示警的表示，也就是天道的直接表现。我们也许也可说，灾异就是天道的内容。但扬雄他们反对讲灾异，这态度未必代表他们认为灾异跟天道无关，只是认为圣人未必会对此大讲特讲，大肆宣说灾异，我们只要在具体的事相上努力去做就好了。这样的态度如果放到王弼的《易学》之中，似乎就有了明确的衔接点了。换句话说，在扬雄之谈无，并不是把无当成一个道家的概念，而是儒学内部根据他对孔子精神之体会而做的一种表达。那王弼之谈无，会不会也是基于相同的立场呢？

我曾经从几个角度试着解决这个问题。第一，扬雄这样的思想是不是就像我们表面上看到的，由于扬雄只是位边陲的学者，所以对后世没有产生什么影响呢？第二，易学在东汉的发展是不是有这样一种倾向，也就是反对一种太明确去确认天意的倾向？第三，王弼本人的著作是否也的确倾向以这样的命题来理解无？

就第一点而言，我做了一个有趣的考证，发现了东汉今古文之争，不全然是一个经学上的问题，它还牵涉到东汉朝廷权力分配的问题。尤其古文家多半出身于赋家，这是很有趣的。传统我们都认为古文家重训诂而轻章句，这自然是事实，但我们往往忽略了他们与今文家思想上的差异，古文家多不论灾异图谶，这在思想渊源，乃至出身背景上，与扬雄都是有一脉相承之关系的。而东汉中期以后，古文家成了学界最有影响力的一群，这也就初步解决了从扬雄到王弼的历史脉络问题。

第二，易学在东汉的发展，特别在古文家影响力变大了之后，有一种去烦琐化的倾向，扫象的倾向的确是在增加。在解释经文上，固然仍用了许多象数的做法，但像京房说卦气、飞伏等与天意的神秘性相关联的东西，的确是在减退中，而且越往后这种倾向就越明显。到了汉末，连像数学里最基本的互体之类的说法，都有人开始质疑了，这个趋势对王弼是有明显影响的。

第三，王弼在老子指略里的一些说法，如果我们不存成见的话，就会看到他表达了一个和扬雄相类似的说法，他说"物之所以生，功之所以成，必生乎无形，由乎无名，无形无名者，万物之宗也"，这和玄攡的说法是很近的。如果我们说这就是从扬雄开始，历古文家而下，到汉末所形成的一个和汉朝主流学界占测天命的传统不同的新思想，大概还是言之成理的吧！但无论如何，这样的表达，都还是把老子所说的无当成对易学之所由以建立之基础的表达，也就是说，这和道家是不相干的，老子在这个当口出现，不是以道家思想的代表出现，而是作为易学的一环而出现的。这样的判断也许出乎情量，但我觉得是比用儒道会通更有说服力的一种解释。

四、该如何理解所谓的自然与名教问题？

前面我大致说明了"儒道会通"这个说法对理解玄学其实是没有什么帮助的，但这样的判断也许会立刻遭到一种抗辩，那就是说魏晋时期有关自然与名教的冲突与和解，就是儒道会通过程的一种表现，而自然与名教的关系正是玄学中一个非常重要的论题，所以我们必须正视儒道会通的问题。

这个论题也是开始于汤用彤先生的。但是这样一个辩论其实来自于一种普遍的误解。我们只要回到历史证据，来问问自然与名教的议题是什么时候，在什么因缘下出现的，其实就很清楚了。

很显然地，自然与名教对举，并且真正成为一个论题，乃是开始于嵇康的《释私论》，在此之前，只有名教问题，没有自然与名教对举的问题，今天有些人硬要在嵇康这篇文章之前去找证据，其实是没有意义的。然则嵇康是在什么时候写的这篇文章呢？嵇康写《释私论》是有现实因缘的：司马家夺得政权，由于司马家乃是世家大族出身，所以刻意提倡名教，以名教来成其私因而引起出身曹家的嵇康之批判的。换句话说，这必然是一篇完成于"高平陵政变"之后的作品，那时王弼的尸骨已寒，怎么还有可能以这样的论题来支持儒道会通作为玄学兴起的问题意识呢？

的确，嵇康"越名教而任自然"的命题，乃是玄学转向以庄子为典范的一个重要转折点，关于这个论题我曾在拙作《历史的嵇康与玄学的嵇康》中有完整的论述，由于和本论题无关，这里就不多赘述了，诸君如有兴趣，还请参看。但无论如何，拿儒道会通和自然名教问题放在一起来看，无疑是颠倒了时间顺序的判断。玄学的确有一个由自然与名教问题衍生的儒道会通的论题，但在我看来，那也是在乐广说"名教中自有乐地"时才出现的，也就是说，有一个儒道会通的命题，是作为玄学的一个导出性问题出现的，如果把这样一个论题翻转为玄学发生的问题意识，其实是没办法通过各种证据之考验的。这就是我对魏晋玄学与儒道会通之关系的基本判断。

（作者简介：谢大宁　台湾佛光大学中文系）

邢昺《论语注疏》所引王弼《论语释疑》考辨

黎业明

　　王弼（226—249），字辅嗣，三国时期魏山阳高平人，为魏晋玄学开创者之一。其著作有《老子道德经注》、《老子指略》、《周易注》、《周易略例》以及《论语释疑》等。其中《论语释疑》（三卷）已经散佚，部分文字散见皇侃《论语义疏》、邢昺《论语注疏》（或称《论语正义》）之中。清人马国翰、今人楼宇烈先生先后根据皇侃《论语义疏》、邢昺《论语注疏》对《论语释疑》加以辑佚。马国翰《玉函山房辑佚书》、楼宇烈先生《王弼集校释》，所辑录《论语释疑》之佚文均为三十八条。① 由于马国翰辑本、楼宇烈先生辑本中，各有一条为对方所无，故两人所辑录之《论语释疑》佚文共有三十九条。② 此三十九条佚文中，见于《论语义疏》者，有三十二条；见于《论语注疏》者，有三条；既见于《论语义疏》又见于《论语注疏》者，有四条（其中一条，即《论语·先进》"柴也愚，参也鲁，师也辟，由也喭"章，邢昺《论语注疏》仅引述王弼注"喭，刚猛也"数字）。而在仅见于邢昺《论语注疏》三条之内，有两条颇为可疑，兹不揣浅陋，仅就见闻所及，略加考辨。

　　为方便讨论，我们不妨将仅见于邢昺《论语注疏》之三条，以及既见于《论语义疏》又见于《论语注疏》之四条所谓王弼《论语释疑》佚文，抄录

---

① 马国翰：《玉函山房辑佚书》第 3 册，广陵书社 2004 年版，第 1751—1756 页；楼宇烈：《王弼集校释》下册，中华书局 1987 年版，第 621—637 页。

② 马国翰辑本有一条，即《论语·颜渊》"子曰：听讼吾犹人也，必也使无讼乎"章王弼注："无讼在于谋始，司契而不责于人，是化之在前也"条，（马国翰：《玉函山房辑佚书》第 3 册，广陵书社 2004 年版，第 1755 页）为楼宇烈先生辑本所无；楼宇烈先生辑本亦有一条，即《论语·宪问》"子贡曰：'管仲非仁者与？桓公杀公子纠，不能死，又相之。'子曰：'管仲相桓公，霸诸侯，一匡天下，民到于今受其赐……'"章王弼注："于时戎狄交侵，亡荆灭卫。管仲攘戎狄而封之，南服楚师，北伐山戎，而中国不移。故曰受其赐也"条（楼宇烈：《王弼集校释》下册，中华书局 1987 年版，第 630 页），为马国翰辑本所无。

如下：

> 子曰："述而不作，信而好古，窃比于我老彭。"（《论语·述而》）

> 王弼云："老是老聃，彭是彭祖。老子者，楚苦县厉乡曲仁里人也。姓李氏，名耳，字伯阳，谥曰聃，周守藏室之吏也。"①

> 子曰："志于道，……"（《论语·述而》）

> 王弼曰："道者，无之称也，无不通也，无不由也。况之曰道，寂然无体，不可为象。"②

> 子曰："听讼吾犹人也，必也使无讼乎！"（《论语·颜渊》）

> 案《周易·讼卦·象》曰"天与水违行，讼。君子以作事谋始"，王弼云："'听讼吾犹人也，必也使无讼乎！'无讼在于谋始，谋始在于作制。契之不明，讼之所以生也。物其有分，职不相滥，争何由兴？讼之所以起，契之过也。故有德司契而不责于人。"③

> 子曰："柴也愚，参也鲁，师也辟，由也喭。"（《论语·先进》）

> 王弼云："喭，刚猛也。"④

> 子曰："贤者避世，其次避地，其次避色，其次避言。"子曰："作者七人矣。"（《论语·宪问》）

> 王弼云："七人：伯夷、叔齐、虞仲、夷逸、朱张、柳下惠、少连。"⑤

---

① 邢昺：《论语注疏》，《儒藏·精华编》第 104 册，北京大学出版社 2007 年版，第 671 页。又参见马国翰：《玉函山房辑佚书》第 3 册，广陵书社 2004 年版，第 1752 页；楼宇烈：《王弼集校释》下册，中华书局 1987 年版，第 623—624 页。案："吏"，《玉函山房辑佚书》、《王弼集校释》作"史"。

② 邢昺：《论语注疏》，《儒藏·精华编》第 104 册，北京大学出版社 2007 年版，第 673 页。又参见马国翰：《玉函山房辑佚书》第 3 册，广陵书社 2004 年版，第 1752 页；楼宇烈：《王弼集校释》下册，中华书局 1987 年版，第 624 页。

③ 邢昺：《论语注疏》，《儒藏·精华编》第 104 册，北京大学出版社 2007 年版，第 760 页。又参见马国翰：《玉函山房辑佚书》第 3 册，广陵书社 2004 年版，第 1755 页。

④ 邢昺：《论语注疏》，《儒藏·精华编》第 104 册，北京大学出版社 2007 年版，第 405、742 页。又参见马国翰：《玉函山房辑佚书》第 3 册，广陵书社 2004 年版，第 1754 页；楼宇烈：《王弼集校释》下册，中华书局 1987 年版，第 629 页。

⑤ 邢昺：《论语注疏》，《儒藏·精华编》第 104 册，北京大学出版社 2007 年版，第 475、799 页。又参见马国翰：《玉函山房辑佚书》第 3 册，广陵书社 2004 年版，第 1755 页；楼宇烈：《王弼集校释》下册，中华书局 1987 年版，第 631 页。案："少连"后，《论语义疏》以及《王弼集校释》有"也"字。

子曰："民之于仁也，甚于水火。水火吾见蹈而死者矣，未见蹈仁而死者也。"（《论语·卫灵公》）

王弼云："民之远于仁，甚于水火也。见有蹈水火者，未尝见蹈仁者也。"①

逸民伯夷、叔齐、虞仲、夷逸、朱张、柳下惠、少连。子曰："不降其志，不辱其身，伯夷、叔齐与！"谓"柳下惠、少连，降志辱身矣，言中伦、行中虑，其斯而已矣"。谓"虞仲、夷逸，隐居放言，身中清，废中权。我则异于是，无可无不可"。（《论语·微子》）

王弼云："朱张，字子弓，荀卿以比孔子。言其行与孔子同，故不论也。"②

其中，第一、二、三条，属于仅见于邢昺《论语注疏》者；第四、五、六、七条，则属于既见于《论语义疏》又见于《论语注疏》者。依据目前所见资料，第一、四、五、六、七条，将其视为王弼《论语释疑》佚文，当无可疑；第二条、第三条，若将其视为王弼《论语释疑》佚文，则颇有可疑之处。

其第二条（即注《论语·述而》"子曰志于道"条），马国翰《玉函山房辑佚书》、楼宇烈先生《王弼集校释》均有辑录，且文末多辑录"是道不可体，故但志慕而已"十一字。此十一字，应属于邢昺对何晏注语"志，慕也。道不可体，故志之而已"之转述。③其实，邢昺《论语注疏》中所引述此段所谓"王弼曰"之文字，并非王弼《论语释疑》中文字，甚至不是王弼之文字。这

---

① 邢昺：《论语注疏》，《儒藏·精华编》第 104 册，北京大学出版社 2007 年版，第 496、818 页。又参见马国翰：《玉函山房辑佚书》第 3 册，广陵书社 2004 年版，第 1755 页；楼宇烈：《王弼集校释》下册，中华书局 1987 年版，第 631 页。案：《玉函山房辑佚书》、《王弼集校释》作"民之远于仁，甚于远水火也。见有蹈水火死者，未尝见蹈仁死者也"。

② 邢昺：《论语注疏》，《儒藏·精华编》第 104 册，北京大学出版社 2007 年版，第 544、858 页。又参见马国翰：《玉函山房辑佚书》第 3 册，广陵书社 2004 年版，第 1756 页；楼宇烈：《王弼集校释》下册，中华书局 1987 年版，第 634 页。案：《论语义疏》、《玉函山房辑佚书》、《王弼集校释》作"朱张，字子弓，荀卿以比孔子。今序六人而阙朱张者，明取舍与己合同也"。

③ 案：邢昺引述所谓"王弼曰"文字，乃系对何晏注语"志，慕也。道不可体，故志之而已"之疏释，其文云："注'志，慕也。道不可体，故志之而已'，正义曰：道者，虚通无为，自然之谓也。王弼曰：'道者，无之称也，无不通也，无不由也。况之曰道，寂然无体，不可为象。'是道不可体，故但志慕而已。"（邢昺：《论语注疏》，《儒藏·精华编》第 104 册，北京大学出版社 2007 年版，第 672—673 页）

段文字，应该属于韩康伯之文字。

邢昺《论语注疏》中所引述此段所谓"王弼曰"之文字，见于韩康伯《周易·系辞上》"一阴一阳之谓道"之注释。其文云：

> 道者何？无之称也，无不通也，无不由也。况之曰道，寂然无体，不可为象。必有之用极，而无之功显，故至乎神无方而易无体，而道可见。故穷变以尽神，因神以明道，阴阳虽殊，无一以待之。在阴为无阴，阴以之生；在阳而无阳，阳以之成，故曰"一阴一阳"也。①

孔颖达曰，韩康伯"亲受业于王弼，承王弼之旨"②。显然，韩康伯之注释《易传》，当遵照王弼《周易注》之宗旨。然而，韩氏在其注释中，凡引述王弼之言，均标出王弼之名。例如，其注释《周易·系辞上》"忧悔吝者存乎介"云：

> 介，纤介也。王弼曰：忧悔吝之时，其介不可慢也。即悔吝者，言乎小疵也。③

其注释《周易·系辞上》"大衍之数五十，其用四十有九"云：

> 王弼曰：演天地之数，所赖者五十也。其用四十有九，则其一不用也。不用而用以之通，非数而数以之成，斯易之太极也。四十有九，数之极也。夫无不可以无明，必因于有，故常于有物之极，而必明其所由之宗也。④

其注释《周易·系辞下》"系辞焉而命之，动在其中矣"云：

> 刚柔相推，况八卦相荡，或否或泰。系辞焉而断其吉凶，况之六爻动以适时者也。立卦之义，则见于《彖》、《象》；适时之功，见存之爻辞，王氏之例详矣。⑤

---

① 楼宇烈：《王弼集校释》下册，中华书局 1987 年版，第 541 页。
② 孔颖达：《周易正义》，《十三经注疏》上册，中华书局 1987 年影印阮元校刻本，第 80 页中栏。案：孔颖达所谓韩康伯"亲受业于王弼"，非是。韩康伯，名伯，东晋人。《晋书·韩伯传》云："简文帝居藩，引为谈客，自司徒左西属转抚军掾、中书郎、散骑常侍、豫章太守，入为侍中"；后"转丹阳尹、吏部尚书、领军将军"。（房玄龄等：《晋书》第七册，中华书局 1993 年版，第 1992—1994 页）韩康伯之生活时代，距离王弼之卒，已经一百多年。然则，韩康伯不可能"亲受业于王弼"。
③ 楼宇烈：《王弼集校释》下册，中华书局 1987 年版，第 539 页。
④ 楼宇烈：《王弼集校释》下册，中华书局 1987 年版，第 547 页。
⑤ 楼宇烈：《王弼集校释》下册，中华书局 1987 年版，第 556 页。案：所谓"王氏之例"，指王弼《周易略例》。

其注释《周易·杂卦》"履，不处也"云：

> 王弼云：履卦阳爻皆以不处其位为吉也。①

可见，韩康伯引述王弼之言时，均标出王弼之名。然而，在《周易·系辞上》"一阴一阳之谓道"之注释中，韩康伯并没有标出王弼之名，说明该注释文字并不是王弼所撰而为韩氏自己所作。

邢昺《论语注疏》所谓"王弼曰：'道者，无之称也，无不通也，无不由也。况之曰道，寂然无体，不可为象'"，显然系对韩康伯注释《周易·系辞上》"一阴一阳之谓道"文字之节录。邢昺可能一时疏忽，以为《周易注》乃王弼作品，没有留意《周易注》之《易传》部分（包括《系辞上》、《系辞下》、《说卦》、《序卦》以及《杂卦》）乃韩康伯所注释，因而将韩康伯之此段文字误作王弼文字加以节录。且由于邢昺没有标明此段文字乃出自《周易注》，故马国翰《玉函山房辑佚书》、楼宇烈先生《王弼集校释》均依据《论语注疏》，误将其视为王弼《论语释疑》之佚文加以辑录。

此外，现代学者亦依据邢昺《论语注疏》，多将"道者，无之称也，无不通也，无不由也。况之曰道，寂然无体，不可为象"误作王弼文字加以引述，以此阐发王弼之哲学思想。汤用彤先生在其名著《魏晋玄学论稿》中，就一再依据邢昺之说法，将此段文字误作王弼《论语释疑》文字加以引述。例如，其《王弼大衍义略释》云：

> 王弼以为天地万物皆以无为本。本者宗极（魏晋人用宗极二字常相当于宋儒之本体），即其大衍义中所谓之太极（一作大极）。太极无体（邢昺《正义》引《论语释疑》），而万物由之以始以成。②

> 宇宙之全体盖为一大秩序。秩序者谓万理之全。万物之生各由其理，故王弼曰："道者，无不通也，无不由也。"（邢昺《正义》引《论语释疑》）通者，由者，谓万物在秩序中各得其分位。③

其《王弼之〈周易〉、〈论语〉新义》云：

> 《魏志》云，王弼好论儒道，实即因其以二家性道之学同主玄虚，故可并为一谈。《论语》"志于道"，王弼《释疑》曰："道者，无之称也，无

---

① 楼宇烈：《王弼集校释》下册，中华书局 1987 年版，第 590 页。

② 汤用彤：《魏晋玄学论稿及其他》，北京大学出版社 2010 年版，第 49 页。案："太极无体"之"无体"，疑即"寂然无体"之"无体"。

③ 汤用彤：《魏晋玄学论稿及其他》，北京大学出版社 2010 年版，第 49 页。

不通也，无不由也。况之曰道，寂然无体，不可为象。"①

王弼之所谓本体，为至健之秩序。万物生成为本体之用，而咸有其必然之分位。秩序者，就全体以称；分位者，就一物立言。全体之秩序，即所谓道。故道也者，无之称也，无不通也，无不由也。一物之分位，根据其所由之理，而各得其性。故曰："物皆不敢妄，然后万物乃得各全其性。"（无妄卦注）②

侯外庐先生等在其《中国思想通史》第三卷中，亦将此段文字误作王弼《论语释疑》文字加以引述，其文云：

所谓"混成"或"无"都是第一理，他也称之为"道"。他说："道者'无'之称也，无不由也。况之曰道，寂然无体，不可为象。"（邢昺《论语正义》引）③

余敦康先生在其《魏晋玄学史》中，同样将此段文字误作王弼《论语释疑》文字加以引述，其文云：

《论语·述而》："志于道。"何晏解释说："志，慕。道不可体，故志之而已。"王弼解释说："道者，无之称也，无不通也，无不由也。况之曰道，寂然无体，不可为象。是道不可体，故但志慕而已。"王弼立足于会通，把道直接归结为无，何晏较为严谨，但就本体论的意义而言，这两种解释也是可以相通的。④

由此可见，邢昺之一时疏忽，其贻误后人是何等深远。（当然，亦有学者未受邢昺误导。牟宗三先生撰《才性与玄理》，其第四章第五节为"王韩之'一阴一阳'解"，在引述相关文字时，乃依据韩康伯《系辞》注加以引述⑤）

其第三条（即注释《论语·颜渊》"子曰听讼吾犹人也"条），马国翰《玉函山房辑佚书》将王弼语辑录为"无讼在于谋始，谋始司契而不责于人，是化之在前也（邢昺《正义》）"⑥。马国翰此所辑录，与邢昺《论语注疏》所引王弼

① 汤用彤：《魏晋玄学论稿及其他》，北京大学出版社 2010 年版，第 65 页。
② 汤用彤：《魏晋玄学论稿及其他》，北京大学出版社 2010 年版，第 67 页。
③ 侯外庐、赵纪彬、杜国庠、邱汉生：《中国思想通史》，人民出版社 1992 年版，第 114 页。
④ 余敦康：《魏晋玄学史》，北京大学出版社 2004 年版，第 268—269 页。
⑤ 牟宗三：《才性与玄理》，台湾学生书局 1993 年版，第 114—115 页；广西师范大学出版社 2006 年版，第 97—98 页。
⑥ 马国翰：《玉函山房辑佚书》第 3 册，广陵书社 2004 年版，第 1755 页。

文字，出入颇大。一是脱去"在于作制。契之不明，讼之所以生也。物其有分，职不相滥，争何由兴？讼之所以起，契之过也。故有德"三十八字；二是将不属于王弼文字之"是化之在前也"六字，误作王弼文字加以辑录。更为重要者，邢昺已经明白无误地说明，此所引述王弼文字，乃出自王弼对于《周易·讼卦·象》"天与水违行，讼。君子以作事谋始"之注释，并非出自王弼对《论语》之注释，是故，马国翰将王弼此段文字作为《论语释疑》之佚文加以辑录，是否合适，值得商榷；楼宇烈先生在其《王弼集校释》中，以此段文字为王弼《周易注》中语，而没有将其作为《论语释疑》之佚文加以辑录，则极为慎重，颇为得当。

综上所述，邢昺《论语注疏》内所引述七条所谓王弼语，其中五条，将其视为王弼《论语释疑》佚文，似乎没有什么可疑；另外两条，即"道者，无之称也，无不通也，无不由也。况之曰道，寂然无体，不可为象"条、"无讼在于谋始，谋始在于作制。契之不明，讼之所以生也。物其有分，职不相滥，争何由兴？讼之所以起，契之过也。故有德司契而不责于人"条，则不能将其视为《论语释疑》佚文。理据是，所谓"道者，无之称也，无不通也，无不由也。况之曰道，寂然无体，不可为象"，根本不是王弼之言，而为韩康伯之语；所谓"无讼在于谋始，谋始在于作制。契之不明，讼之所以生也。物其有分，职不相滥，争何由兴？讼之所以起，契之过也。故有德司契而不责于人"，乃是王弼注释《周易·讼卦·象》"天与水违行，讼。君子以作事谋始"之文，而非注释《论语·颜渊》"子曰听讼吾犹人也，必也使无讼乎"之辞。

（作者简介：黎业明　深圳大学国学研究所）

文中子的王道思想及其
对朱陈王霸之辨的影响述论

李 强

文中子的先人家传六世皆志在行王道，因"未尝得宣其用"才退而著述。[①] 他本人也是因所献《十二策》不行于时，方才绍宣尼之业而续经，意在以私家著述成为将来的王官学。朱熹站在理学的立场上评价其学问规模为"有用而无体"：

> 凡人著书，须自有个规模，自有个作用处。或流于申韩，或归于黄老，或有体而无用，或有用而无体，不可一律观。……荀卿则全是申韩，……扬雄则全是黄老。……荀扬二人自不可与王韩二人同日语。……（王通）识得个仁义礼乐都有用处。若用于世，必有可观。只可惜不曾向上透一着，于大体处有所欠阙，……[②]

推论朱熹之意，"有用"是指文中子"识得个仁义礼乐都有用处"，欲发明经术以推明治道。"无体"是指他并未能站在儒家的立场上构建道体——太极、天理、理、性、心等形上概念。朱熹认为文中子的致王道方略不知从"正心诚意"做出，故将文中子的王道思想定位在二程以前的学问规模，责其说"未透"。

究其实，文中子主张作为王道基本结构的内圣与外王，分属于修己层面的成德之教和治人层面的王者之制，二者具有相对独立性。因此他的致王道方略虽重视"内圣"的作用[③]，但更强调制度规划的优先性和独立性。

---

① 参见张沛：《王道篇》，《中说校注》，中华书局 2013 年版，第 4 页。
② 黎靖德编：《朱子语类》卷 8，中华书局 2011 年版，第 3255—3257 页。
③ 如《述史篇》曰："温大雅问：'如之何可使为政？'子曰：'仁以行之，宽以居之，深识礼乐之情。''敢问其次。'子曰：'言必忠，行必恕，鼓之以利害不动。'又问其次，子曰：'谨而

一、文中子的王道思想

文中子在《王道篇》自述家学曰："晋阳穆公之述曰《政大论》八篇，其言帝王之道著矣。同州府君之述曰《政小论》八篇，其言王霸之业尽矣。"[1] 可以推知，文中子的先人认为王道与霸道之间只是程度上的大小之别，不存在本质上的不同。文中子不只"服先人之义"，而且将王霸观建立在自己的中道思想之上，认为"两汉之制"所表征的霸道，是以王道思想为基础的"权道"。他的致王道方略是"尊王道，推霸略，稽今验古"[2]。以王道为最高理想，但在落实王道的具体实践中又承认霸道（权道）的作用，通过历史效果（"稽今验古"）来论王霸。

可惜他向隋文帝陈《天平策》时，文帝虽然赞叹其方略，却未能实行。文中子在"申周公之事"而不得后，选择"绍宣尼之业"而作《王氏六经》，将王道思想寓于述作之中。需要注意的是，他虽然将自己的著作命名为《续诗》、《续书》、《元经》，貌似僭圣侮经，实际上却对孔子抱有无限崇高的敬意。他尊仲尼为圣人，认为自己受其"罔极之恩"，无法与其相提并论。《中说》曰：

> 子曰："……天地生我而不能鞠我，父母鞠我而不能成我，成我者夫子也。道不啻天地父母，通于夫子受罔极之恩。吾子汩彝伦乎?"[3]（《王道篇》）

同时，文中子也不认为自己所作的《王氏六经》与孔子所作的《六经》具有同等重要的地位。在他的构想中，复归"上古"至治状态的凭借是《诗》、《书》、《礼》、《乐》所表征的六经，而非只是自己的《王氏六经》。《中说》曰：

> 子曰："人能弘道，苟得其行，如反掌尔。……兴衰资乎人，得失在乎教。其曰太古不可复，是未知先王之有化也。《诗》、《书》、《礼》、《乐》复何为哉?"[4]（《立命篇》）

固，廉而虑，龈龈焉自保，不足以发也。'子曰：'降此，则穿窬之人尔，何足及政? 抑可使备员矣。'"说明文中子主张为政者必须具备一定的道德修养。参见张沛：《中说校注》，中华书局 2013 年版，第 188 页。

[1] 张沛：《中说校注》，中华书局 2013 年版，第 4 页。

[2] 《文中子世家》，见张沛：《中说校注》，中华书局 2013 年版，第 267 页。

[3] 张沛：《中说校注》，中华书局 2013 年版，第 27 页。

[4] 张沛：《中说校注》，中华书局 2013 年版，第 238—239 页。

　　文中子的致太平方略是"十年平之，十年富之，十年和之"①。"和"是指"礼乐教化"②。具体而言就是先实行"两汉之制"以富民，再实行唐、虞、三代的礼乐政教。他在《中说》里多次指出此种致王道方略，兹举一例以概其余：

> 贾琼问："太平可致乎？"子曰："五常之典，三王之诰，两汉之制，粲然可见矣。"③（《问易篇》）

文中子的意思是《三坟》、《五典》、《六经》等古代典籍已经向我们展示了把社会建设成为理想的"太平世"的途径，但是在"四民不分，五等不建，六官不职，九服不序，《皇坟》、《帝典》不得而识矣"④（《关朗篇》）的现实处境下，已不再具有直接按照经典中的规划实现王道的社会基础。在新的历史形势下，若想实现王道理想，必须分两步走：第一步，推行两汉之制以富民；第二步，"以三代之法统天下"，在社会上推广实施《六经》中所记载的礼乐政教。

　　文中子所谓的"两汉之制"，并不是历史上真实发生的两汉之制，而是对汉唐间历史的"点化"，其中寓有文中子的义法。《王道篇》曰：

> 子谓董常曰："吾欲修《元经》，稽诸史论，不足征也，吾得《皇极说义》焉。吾欲续《诗》，考诸集记，不足征也，吾得《时变论》焉。吾欲续《书》，按诸载录，不足征也，吾得《政大论》焉。"董常曰："夫子之得，盖其志焉？"子曰："然。"⑤

"史论"、"集记"、"载录"，相当于文中子所面对的史料，文中子得自先人的"志"则是"义法"。推论文中子之意，他认为自己的续经就是效法孔子"述史"作《尚书》使"帝王之制备"，作《诗经》使"兴衰之由显"，作《春秋》使"邪正之迹明"的行为⑥，来整理汉唐间的历史。只是"点化"后的两汉之

---

① 张沛：《中说校注》，中华书局 2013 年版，第 212 页。

② 张沛曰："和：礼乐教化。《论语·学而》：'礼之用，和为贵。'《礼记·乐记》：'乐者，天地之和。'"见张沛：《中说校注》，中华书局 2013 年版，第 212 页。

③ 张沛：《中说校注》，中华书局 2013 年版，第 146 页。

④ 张沛：《中说校注》，中华书局 2013 年版，第 255—256 页。

⑤ 张沛：《中说校注》，中华书局 2013 年版，第 7 页。

⑥ 《王道篇》曰："昔圣人述史三焉：其述《书》也，帝王之制备矣，故索焉而皆获；其述《诗》也，兴衰之由显，故究焉而皆得；其述《春秋》也，邪正之迹明，故考焉而皆当。此三者，同出于史而不可杂也，故圣人分焉。"见张沛：《中说校注》，中华书局 2013 年版，第 8—9 页。

制仅能收到富人之功，却无法成就点化后的"三代之制"的"和之"之效。若将《六经》中所载的道视为王道，那么《续书》、《续诗》、《元经》中所载的道就是霸道，霸道是王道的先行阶段，它和王道之间是阶段性的渐进关系，而非具有对立性质的本质之别。《续书》、《续诗》、《元经》并不是为了取代《六经》而作，而是为了接引《六经》中的王道规划而作。

二、朱陈王霸之辨的另一思想渊源

本文的一个重要目的是探讨文中子的王道思想对朱熹和陈亮王霸之辨的影响。在此之前，有必要先简要论述一下影响朱陈二人王霸义利之辨的另一重要思想渊源——孟子的王霸思想。

孟子的王霸思想可以从判分王霸的标准、实现王道的方略、王道与三代之间的关系三个方面来论述。

关于判分王霸的标准，《孟子·公孙丑上》曰：

"以力假仁者霸，……以德行仁者王，……以力服人者，非心服也，力不赡也；以德服人者，中心悦而诚服也，……"①

孟子认为王与霸之间的差别是本质的不同，是德与力的对立，是"行仁"与"假仁"之间的对比。孟子的王霸思想可谓独树一帜，诚如黄俊杰先生所言："中国古代思想家多在具体历史情境中论述'五霸'，诸家对'五霸'何所指虽然众说纷纭，但在具体形势中言'五霸'，则毫无二致。孟子论王霸，其实也是以具体历史事实作为根据，例如他自己解释'五霸者，三王之罪人也'这句话，就是紧扣历史脉络说的。……只是孟子才从具体历史经验提炼王道政治的理想，而认为'王'与'霸'是本质不同的政治。"②

孟子认为实现王道的方略是"以不忍仁人之心，行不忍人之政"。《孟

---

① 朱熹：《四书章句集注》，中华书局 2012 年版，第 236—237 页。

② 黄俊杰：《孟学思想史论》卷 2，台北"中研院"文哲所 2006 年版，第 147—148 页。此外，关于王霸之别，罗根泽先生指出："春秋以至战国之初，霸字只谓势为诸侯之长。及孟子始用为政治名词，以王表仁，以霸表力。荀子继之，无大差异。惟孟则是王非霸，荀仅大王小霸。韩非吕子以法与势言霸王，而王霸之政无殊。后有作者，无以轶于四家之说矣。"见黄俊杰：《古代政治学中的"皇""帝""王""霸"》，《管子探源·附录三》，岳麓书社 2010 年版，第 169 页。

子·公孙丑上》曰：

> "人皆有不忍人之心。先王有不忍人之心，斯有不忍人之政矣。以不忍人之心，行不忍人之政，治天下可运之掌上。……凡有四端于我者，知皆扩而充之矣，……苟能充之，足以保四海；苟不充之，不足以事父母。"①

孟子将没有道德（修己）和政治（治人）分属于不同领域，而是倾向于以道德代政治，主张只要在位者能够扩充内在的仁义礼智的善端，就可以实现王道。诚如黄俊杰先生所言，孟子在上文中含有一个观点："政治领域内部并没有特定的运作逻辑。政治领域作为道德的延伸，本质上受道德领域内的逻辑的支配。因此，政治的改革不需诉诸个别而零碎的制度改良（如周室班爵制或井田制度等），而应求之于人'心'的价值意识的全面觉醒，尤其是统治者的'心'的自觉，因为一旦统治者将他的'不忍人之心''扩而充之'，就能成就'不忍人之政'，于是'治天下可运之掌上'。（《孟子·公孙丑上》）所以，孟子一直将'格君心之非'列为当务之急，因为'君仁莫不仁，君义莫不义，君正莫不正。一正君而国固矣'（《孟子·离娄上》）。"②

孟子将其王道理想寄寓在三代的历史中，主张三代就是王道理想在历史中实现的时代。《孟子·离娄上》曰：

> "……尧舜之道，不以仁政，不能平治天下。今有仁心仁闻而民不被其泽，不可法于后世者，不行先王之道也。故曰，徒善不足以为政，徒法不能以自行。……欲为君尽君道，欲为臣尽臣道，二者皆法尧舜而已矣。……三代之得天下也以仁，其失天下也以不仁。国之所以废兴存亡者亦然。……"③

孟子认为王道就是以仁心行仁政，二者缺一不可，尧舜是事君治民的榜样，三代的兴亡是由行王道与否决定的。

三、朱陈王霸之辨的分歧

朱熹和陈亮王霸之辨的分歧主要体现在三个方面：（一）分判王霸的标准

---

① 朱熹：《四书章句集注》，中华书局 2012 年版，第 238—239 页。
② 黄俊杰：《孟学思想史论》卷 1，台湾东大图书公司 1991 年版，第 172 页。
③ 朱熹：《四书章句集注》，中华书局 2012 年版，第 280—283 页。

之分歧；（二）致王道方略的分歧；（三）对"三代"与"汉唐"认知的分歧。

（一）分判王霸的标准之分歧

朱熹首先致信陈亮劝其"绌去'义利双行、王霸并用'之说"①（《与陈同甫》）。陈亮表面上宣称自己赞许由伊洛诸公至朱熹以来用天理、人欲来分判王霸义利的传统，主张义利不可并行。但是他分判天理、人欲的标准不是"道心"之有无，而是"政治功效"的有无。②他说：

> 自孟荀论义利王霸，汉唐诸儒未能深明其说。本朝伊洛诸公，辩析天理人欲，而王霸义利之说于是大明。然……谓之杂霸者，其道固本于王也。诸儒自处者曰义曰王，汉唐做得成者曰利曰霸，一头自如此说，一头自如彼做；说得虽甚好，做得亦不恶：如此却是义利双行，王霸并用。如亮之说，却是直上直下，只有一个头颅做得成耳。③（《又甲辰秋书》）

陈亮因为汉唐功业上的成就（"做得亦不恶"），推论汉唐不可能只是人欲流行，而是其中必多有合于天理者。陈亮主张"霸道本于王道"，不能像伊洛诸公及朱熹等人那样以人欲指代霸道，王道和霸道之间的差别只是程度上的尽与不尽的差别，而非像天理人欲那样本质的不同。他说：

> 其大概以为三代做得尽者也，汉唐做不到尽者也。故曰："……使其田地根本无有是处，安得有来谕之所谓小康者乎？只曰'获禽之多'，而不曰'随种而收'，恐未免于偏矣。"④（《又乙巳春书之二》）

因为汉唐成就了小康的功业，所以主张其田地（心）必多有合于天理者。用功业之有无来推论动机是出于天理还是人欲，将朱熹的王道（三代）完全是天理、霸道（汉唐）基本都是人欲的结论做了翻转。朱熹坦陈自己学承孟子而来，"然孟子既没，而世不复知有此学"⑤，他一眼就识破了陈亮的"假动作"，指出其由历史语境来判别王霸与自己的标准不同。朱熹曰：

① 见朱杰人、严佐之、刘永翔主编：《朱子全书》第21册，上海古籍出版社，安徽教育出版社2010年版，第1581页。
② 陈傅良精准地概括陈亮的观点为："功到成处，便是有德，事到济处，便是有理。"陈亮：《陈亮集》，中华书局1987年版，第393页。
③ 陈亮：《陈亮集》，中华书局1987年版，第340页。
④ 陈亮：《陈亮集》，中华书局1987年版，第348—349页。
⑤ 见朱杰人、严佐之、刘永翔主编：《朱子全书》第21册，上海古籍出版社，安徽教育出版社2010年版，第1587页。

> 尝谓"天理"、"人欲"二字，不必求之于古今王伯之迹，但反之于吾心义利邪正之间。察之愈密，则其见之愈明；持之愈严，则其发之愈勇。……老兄视汉高帝、唐太宗之所为，而察其心果出于义耶，出于利耶？……（太宗）直以其能假仁借义以行其私，……若以其能建立国家、传世久远，便谓其得天理之正，此正是以成败论是非，但取其获禽之多而不羞其诡遇之不出于正也。千五百年之间，正坐如此，所以只是架漏牵补，过了时日。其间虽或不无小康，而尧、舜、三王、周公、孔子所传之道，未尝一日得行于天地之间也。①（《答陈同甫》）

朱熹指出，必须严判王者之心是出于义，还是出于利；是"行仁义"，还是"假借仁义"，并以此作为辨别王霸和天理与人欲的标准。② 他反对陈亮以社会功效或政治效果来论证汉唐多有合于天理者，指出如只以"能建立国家、传世久远"作为判断天理有无的标准，则是"以成败论是非"。若只是以成败论是非，则永远没有可能实现王道或理想中的三代之治，三代至赵宋的一千五百年之间，正因为不从君主一人之心的义利来辨王霸，才造成了"架漏过时"、"牵补度日"的后果。

（二）致王道方略的分歧

王霸标准的分歧源于朱陈二人对致王道方略的不同规划。

朱熹远承孟子，近本伊洛诸公和王安石变法失败的教训，认为必须以"内圣"作为外王的基础，方能实现王道理想。无论是一人之是非得失，还是天下的治乱安危，皆系于人的道德修养。若想达致王道之理想，必须学习儒者所谨守的尧舜禹汤相传的秘法，做"存天理，去人欲"的功夫，如此方为究竟。朱熹曰：

> 所谓"人心惟危，道心惟微，惟精惟一，允执厥中"者，尧、舜、禹相传之密旨也。……日用之间，二者（人心、道心）并行，迭为胜负，

---

① 见朱杰人、严佐之、刘永翔主编：《朱子全书》第 21 册，上海古籍出版社，安徽教育出版社 2010 年版，第 1582—1583 页。

② 贺昌群批评朱熹的王霸标准曰："其实朱子之视汉唐，但见汉高祖、唐太宗，而不见整个民族，但见一二人之心，而不见整个民族之心。"（贺昌群：《汉唐精神》，见《魏晋清谈思想初论》，商务印书馆 2011 年版，第 163 页）。但也不能由此苛责朱熹迂腐，他对宋代的权力结构有自己的洞察："天下事，须是人主晓得通透了，自要去做，方得。如一事八分是人主要做，只有一二分是为宰相了做，亦做不得。"（黎靖德编：《朱子语类》卷 7，中华书局 2011 年版，第 2679 页）

而一身之是非得失、天下之治乱安危，莫不系焉。……夫岂任人心之自危而以有时而泯者为当然，任道心之自微而幸其须臾之不常泯也哉？夫尧、舜、禹之所以相传者既如此矣，……此其相传之妙，儒者相与谨守而共学焉，以为天下虽大，而所以治之者不外乎此。①（《答陈同甫》）

究其实，朱熹认为致王道方略《大学》中已有明法，就是"明德"、"新民"、"止于至善"；"格物"、"致知"、"诚意"、"正心"、"修身"、"齐家"、"治国"、"平天下"的实践次第。内圣之学的修习次第和王道的实现次第完全一致。治国平天下必须先由诚意、正心的修身功夫做起。道学不只是修身的指导，也是治世的依据。

陈亮则远承孔子②，近本文中子和赵宋儒学"德泽有余而事功不足"③的现实，认为在实现王道的过程中"外王"（事功）比"内圣"（道德修养）更具有优先性。王道和霸道之间是阶段性的渐进关系，必须先实现霸道（汉唐的功业），方能达到王道（三代之治）理想。如他在论辩中援引文中子为自己的致王道方略和王霸标准辩护。他说：

王通有言："《皇坟》、《帝典》，吾不得而识矣，不以三代之法统天下，终危邦也。如不得已，其两汉之制乎！不以两汉之制辅天下者，诚乱也已。"仲淹取其以仁义公恕统天下，而秘书必谓其假仁借义以行之，……窃恐待汉唐之君太浅狭，而世之君子有不厌于心者矣。匡章通国皆称其不孝，而孟子独礼貌之者，眼目既高，于驳杂中有以得其真心故也。波流奔逝，利欲万端，宛转于其中而能察其真心之所在者，此君子之道所以为可贵耳。④（《又乙巳春书之二》）

"仲淹取其以仁义公恕统天下"，应当是指文中子在《中说·天地篇》曰：

---

① 见朱杰人、严佐之、刘永翔主编：《朱子全书》第 21 册，上海古籍出版社，安徽教育出版社 2010 年版，第 1586—1587 页。

② 黄俊杰先生指出："王霸之辨乃先秦儒学之旧问题，孔子虽然并未明揭王霸之别，但曾说：'齐一变至于鲁，鲁一变至于道'（《论语·雍也》）'有王者，必世而后仁'（《论语·子路》），似已隐寓由霸道进而为王之阶段性渐变过程，所以孔子对春秋霸者并未深责，他称许齐桓公（在位于公元前 685—前 643 年）以'正而不谲'（《论语·宪问》），称赞管仲相桓公霸诸侯一匡天下为'如其仁，如其仁'（《论语·宪问》）。"黄俊杰：《孟学思想史论》卷 2，台北"中研院"文哲所 2006 年版，第 146 页。

③ 《问皇帝王霸之道》，见陈亮：《陈亮集（增订本）》，中华书局 1987 年版，第 172 页。

④ 陈亮：《陈亮集（增订本）》，中华书局 1987 年版，第 349—350 页。

> 二帝、三王，吾不得而见也，舍两汉将安之乎？大哉，七制之主！其
> 以仁义公恕统天下乎？其役简，其刑清，君子乐其道，小人怀其生，四百
> 年间，天下无二志，其有以结人心乎？终之以礼乐，则三王之举也。①

陈亮推崇文中子因两汉之制可以带来长治久安的社会功效而承认两汉之制的合
法性，进而推论"七制之主"具有"仁义公恕"之心。陈亮主张的推论方式是
由效果推动机，与朱熹由动机推论结果正相反。得文中子之助，陈亮"反将一
军"，批评朱熹不能像孟子和文中子那样在利欲万端中见出"真心"，"不能点
铁成金而不免以银为铁，使千五百年之间成一大空阙"。明眼人一看即明，孟
子只是陈亮驳斥朱熹的一个掩护，其关于致王道方略及王霸标准的思想多受文
中子影响，他是用文中子和自己的思想来诠释孟子。

（三）对"三代"与"汉唐"认知的分歧

致王道方略和王霸标准的分歧是以"三代"和"汉唐"这两个象征符号
为焦点展开的。

三代被儒者赋予特殊的地位。"按照一般的儒家信念，三代是一种象征，
在那个黄金时期，历史上的基本价值得以成功实现。三代的黄金岁月在传统上
赋予基本价值以真实性，并为相信这些价值的有效性提供了基础。"②陈亮力图
刺破三代的光环，指出三代本有许多不洁净，方贻老子口实，在经过孔子"点
化"后才作为一个"正大本子"成为儒者的理想。孔子的功绩就在于点化三
代。他说：

> 老庄氏思天下之乱无有已时，而归其罪于三王，而尧舜仅免耳……
> 而孔子独以为不然：三皇之化不可复行，而祖述止于尧舜；而三王之礼，
> 古今之所不可易，万世之所当宪章也，芟夷史籍之繁词，刊削流传之讹
> 谬，参酌事体之轻重，明白是非之疑似，而后三代之文灿然大明，三王
> 之心迹皎然不可诬矣。后世之君徒知尊慕之，而学者徒知诵习之，而不
> 知孔氏之劳盖若此也。……亮深恐儒者之视汉唐，不免如老庄当时之视
> 三代也，儒者之说未可废者，汉唐之心迹未明也。故亮尝有区区之意焉，
> 而非其任耳。③（《又乙巳春书之一》）

---

① 张沛：《中说校注》，中华书局 2013 年版，第 56 页。
② 田浩：《功利主义儒家——陈亮对朱熹的挑战》，江苏人民出版社 1974 年版，第 115 页。
③ 陈亮：《陈亮集（增订本）》，中华书局 1987 年版，第 344—345 页。

陈亮认为儒者近日卑视汉唐，正如昔日老庄之贬斥三代，其原因在于，汉唐未经"点化"，致使"汉唐之心迹未明"。对于点化汉唐的使命，他自谦道："亮尝有区区之意焉，而非其任耳。"他期待朱熹等人可以完成点化汉唐的重任，洗净三代后的世界。他说：

> 秘书以为三代以前都无利欲，都无要富贵底人，今《诗》、《书》载得如此净洁，只此是正大本子。亮以为才有人心便有许多不净洁，……圣贤建立于前，后嗣承庇于后，又经孔子一洗，故得如此净洁。秘书亦何忍见二千年间世界涂涴、而光明宝藏独数儒者自得之，更待其有时而若合符节乎？……点铁成金，正欲秘书诸人相与洗净二千年世界，使光明宝藏长长发见，不是只靠"这些子"以幸其不绝，又诬其如缕也。……①（《又乙巳秋书》）

朱熹则固守儒者对三代的一般信念，主张三代与汉唐之间的差别是本质的差别，而非程度或等级上的量的差别，对待过去的历史不存在点化之说。他说：

> 至于古人已往之迹，则其为金为铁固有定形，而非后人口舌议论所能改易久矣。……帝王本无异道，王通分作两三等，已非知道之言。且其为道，行之则是，今莫之御而不为，乃谓不得已而用两汉之制，此皆卑陋之说，不足援以为据。若果见得不传底绝学，自无此蔽矣。今日许多闲议论，皆原于此学之不明，故乃以为苞篱边物而不之省。其为唤银作铁，亦已甚矣。②（《答陈同甫》）

朱陈二人对于往复论汉唐的实质均有自觉。朱熹在上封信中指出，陈亮之所以会提出错误的"点化汉唐"之说并与自己争论，就是"原于此学之不明"。他固守三代和汉唐之间的隔限，卑视汉唐，正是为了推尊道学。三代（天理）、汉唐（人欲）之别实是道学（"儒者之学"）有无之别。朱熹曰："夫人只是这个人，道只是这个道，岂有三代、汉唐之别？但以儒者之学不传，而尧、舜、禹、汤、文、武以来转相授受之心不明于天下，故汉唐之君虽或不能无暗合之时，而其全体却只在利欲上。此其所以尧、舜三代自尧、舜三代，汉祖、唐宗

---

① 陈亮：《陈亮集（增订本）》，中华书局1987年版，第352—353页。
② 朱杰人、严佐之、刘永翔主编：《朱子全书》第21册，上海古籍出版社、安徽教育出版社2010年版，第1591页。

自汉祖、唐宗，终不能合而为一也。……"①（《答陈同甫》）推尊道学正是为了捍卫道的尊严，以道抗位，逼迫皇帝信守奉行道学对于王道的规划。朱熹曰：

> 愚又谓有孟子而后《六经》之用明，有王道而后天子之位定。有《六经》而无孟子，则杨、墨之仁义所以流也；有天子而无王道，则桀、纣之残贼所以祸也。故尝譬之：《六经》如千斛之舟，而孟子如运舟之人，天子犹长民之吏，而王道犹吏师之法。今日《六经》可以无孟子，天子可以无王道，则是舟无人，吏无法，将焉用之矣？……②

孟子是契入王道（《六经》）的唯一大道，舍此别无他路。天子虽有位（"犹长民之吏"），但也要学习和遵守孟子及其后的儒者们所阐明的道学（法），按照道学所规定的王道方略实践王道，如此才不会变成桀、纣而遭受残贼之祸。

陈亮也向陈傅良告白道：

> 亮与朱元晦所论，本非为三代、汉、唐设，且欲明此道在天地间如明星皎月，闭眼之人开眼即是，安得有所谓暗合者乎！天理人欲岂是同出而异用，只是情之流乃为人欲耳，人欲如何主持得世界！亮之论乃与天地日月雪冤，……③（《与陈君举》）

陈亮点明，自己与朱熹往复论汉唐是为了证明道未尝离于天地之间，道学不能垄断道。汉唐并非只是人欲流行的世界，汉唐所象征的霸道和王道之间是阶段性的渐进关系，不是断裂性的具有质的不同的关系，若想实现王道，必须先实现霸道——功业上的成就。

总之，朱熹和陈亮辩论的焦点是对三代和汉唐的认知，但争论背后的实质是致王道方略之争。王霸标准的分歧也是源于实现王道的方略之争。

四、由朱陈分歧考察文中子王道思想的影响

朱陈二人的王霸思想皆有所源，他们论争背后的一个重要影响因素是孟子和文中子的致王道方略之争。通过思想渊源考察此次论争，有助于厘清二人之间分歧的症结和背后的理据。或者说，正是由于前人在讨论这一论争时，多

---

① 朱杰人、严佐之、刘永翔主编：《朱子全书》第 21 册，上海古籍出版社，安徽教育出版社 2010 年版，第 1588 页。

② 黄宗羲：《宋元学案》，中华书局 2013 年版，第 171 页。

③ 陈亮：《陈亮集（增订本）》，中华书局 1987 年版，第 390—391 页。

倾向于仅仅聚焦于朱陈二人，才使笔者有意从思想渊源对朱陈二人的影响的视角来探讨此次论争。①

孟子对朱熹的影响，很容易被研究此一论争的学人所发现，故无须笔者再置喙。只是近人对文中子的研究与其思想价值和实际影响相比还有很大的差距，也较少关注文中子对此次论争的影响，因此笔者所着力阐发的是文中子对陈亮的影响。

对于文中子与陈亮的功利思想之间的亲缘关系，朱熹看得很清楚，他曰：

> 陈同父学已行到江西，浙人信向已多。家家谈王伯，不说萧何张良，只说王猛；不说孔孟，只说文中子，可畏！可畏！②

在此，朱熹将陈亮之学与王霸之学和文中子归为一个系统，并指出文中子与孔孟思想之间的张力。孔子对于儒者而言，作为一个符号代表了权威、真理、正确等义。至于孟子，宋代虽有尊孟和反孟两大阵营③，但陈亮属于尊孟一系，朱熹将孔孟放在与文中子和陈亮对立的位置，绝不会得到同甫的认同。在同甫的构想中，儒家的道统是孔子—孟子—文中子，他说：

> 自周室之东，诸侯散而不一，大抵用智于寻常，争利于毫末，其事微浅而不足论。齐威一正天下之功大矣，而功利之习，君子羞道焉。及周道既穷，吴越乃始称伯于中国。《春秋》天子之事，圣人盖有不得已焉者。战国之祸惨矣，保民之论，反本之策，君臣轻重之分，仁义爵禄之辨，岂其乐与圣人异哉！此孟子所以通《春秋》之用者也。"故事半古之人，功必倍之。"孟子固知夫事变之极，仁义之骤用而效见之易必也，纪纲之略备而民心之易安也。汉高帝之宽简，而人纪赖以再立；魏武之机巧，而天地为之分裂者十数世。此其用具之《春秋》，著之《孟子》，而世之君子不能通之耳。故夫功用之浅深，三才之去就，变故之相生，理数之相乘，其事有不可不载，其变有不可不备者，往往泪于记注之书。

---

① 龚鹏程、钟永兴、董虹凌等人已经注意到了，文中子的王道思想对朱陈王霸之辨的影响，可惜都只是点到为止，而没有结合朱陈往复信件和朱陈二人的相关文章做系统的论述。参见董虹凌：《王通思想拓展研究》，中山大学哲学系硕士学位论文 2004 年，第 49—54 页；龚鹏程：《唐代思潮》，商务印书馆 2007 年版，第 45—54 页；钟永兴：《王通儒学思想及其在学术史上的意义》，台湾铭传大学应用中国文学系 2007 年硕士学位论文，第 167—170 页。

② 黎靖德编：《朱子语类》卷 8，中华书局 2011 年版，第 2966 页。

③ 黄俊杰：《宋儒对孟子政治思想的争议及蕴涵的问题——以孟子对周王的态度为中心》，见《孟学思想史论》卷 2，台湾"中研院"文哲所 2006 年版，第 129—190 页。

> 天地之经，纷纷然不可以复正，文中子始正之，续经之作，孔氏之志也。
> 世胡足以知之哉！《经》曰："天地设位，圣人成能。"《传》曰："天下之
> 生久矣，一治一乱。"①

陈亮与朱子一样尊孔孟，只是他对孔孟有自己的理解。陈亮从《春秋》来理解孔子的功绩，是从治道的角度来诠释道统。他从历史效果来判别孟子的义利之辨：认为"汉高帝之宽简，而人纪赖以再立；魏武之机巧，而天地为之分裂者十数世"的历史事实证明汉高帝的真心出于义（天理），魏武帝的心是出于利（人欲）。至于"故夫功用之浅深，……续经之作，孔氏之志也。世胡足以知之哉"一段，实是将文中子视为直承孔孟道统之人。《宋史·陈亮传》称："其学自孟子后，惟推王通。"②可为其道统观的旁证。

文中子和陈亮的心法，朱熹洞若观火，见得真真切切、了了分明。《朱子语类》曰：

> 问文中子之学。曰："它有个意思，以为尧舜三代，也只与后世一般，
> 也只是偶然做得着。"问："它《续诗》、《续书》，意只如此。"因举答贾琼
> 数处说，曰："近日陈同父便是这般说话。它便忌程先生说'帝王以道治
> 天下，后世只是以智力把持天下'。正缘这话说得它病处，它便忌。"③

贾琼是文中子弟子，朱熹所举的文中子"答贾琼数处"，虽不可探明到底为哪几处，但其必有关于《王氏六经》，特别是《续诗》、《续书》则无可疑。④"以为尧舜三代，也只与后世一般，也只是偶然做得着"，是指文中子认为"三经同出于史"，故作《续诗》、《续书》等著作来点化汉唐间的历史，使其成为经世的依据。陈亮由此认为三代之所以成为一个"正大本子"，也是孔子点化的结果。究其实，三代和汉唐都本有很多不洁净，近儒卑视汉唐只是因为没有意识到汉唐欠点化而已。王道和霸道并无本质的差别，只是程度上的尽与不尽之别。"近日陈同父便是这般说话。它便忌程先生说'帝王以道治天下，后世只

---

① 陈亮：《陈亮集（增订本）》，中华书局1987年版，第250页。

② 陈亮：《陈亮集（增订本）》，中华书局1987年版，第556页。

③ 黎靖德编：《朱子语类》卷8，中华书局2011年版，第3269页。

④ 如《周公篇》记载："贾琼问《续书》之义，子曰：'天子之义列乎范者有四：曰制，曰诏，曰志，曰策。大臣之义载于业者有七：曰命，曰训，曰对，曰赞，曰议，曰诫，曰谏。'"又，《问易篇》曰："贾琼问：'太平可致乎？'子曰：'五常之典，三王之诰，两汉之制，粲然可见矣。'"见张沛：《中说校注》，中华书局2013年版，第120、146页。

是以智力把持天下'。"则是泄露天机之言：晦庵与同甫往复论王霸，所争的实是道学是否是通达道的唯一方式，理想的政治秩序的实现与否一定要以修习道学为前提。

陈亮认为文中子直承孔孟道统，朱熹则因文中子的学问规模"有用而无体"，将其排斥在道统之外。朱熹曰："文中子其间有见处，也即是老氏"；"但向上事只是老释"①。又"若究其议论本原处，亦只自老庄中来"②。"有用而无体"中的用是指治道。虽有用，但因其无儒家之体，所以此用亦实有弊。弊在何处？弊在："不曾向上透一着。"何为不曾向上透一着？朱熹是指文中子"言论大纲杂霸，凡事都要硬做。如说礼乐治体之类，都不消得从正心诚意做出"③。又，朱熹曰："国初人便已崇礼义，尊经术，欲复二帝三代，已自胜如唐人，但说未透在。直至二程出，此理始说得透。"④"如二程未出时，便有胡安定孙泰山石徂徕，他们说经虽是甚有疏略处，观其推明治道，直是凛凛然可畏！"⑤可知，朱熹是将文中子定位在二程以前的学问规模：虽发明经术以推明治道，求复二帝三代之治的努力值得赞扬，但因不知"从正心诚意做出"，固责其说未透。朱熹甚至专门"作一篇文字说这意思"⑥。此篇文字很可能就是《王氏续经说》，他在文中曰：

> ……二帝三王之治，《诗》、《书》六艺之文，后世莫能及之，盖非功效语言之不类，乃其本心事实之不侔也。虽然，"维天之命，于穆不已"，彼所谓道者，则固未尝亡矣，而大学之教，所谓"明德"、"新民"、"止于至善"者，又已具有明法，若可阶而升焉。……苟为不然，而但为模放假

---

① 黎靖德编：《朱子语类》卷 8，中华书局 2011 年版，第 3267 页。
② 黎靖德编：《朱子语类》卷 8，中华书局 2011 年版，第 3260 页。
③ 黎靖德编：《朱子语类》卷 8，中华书局 2011 年版，第 3267 页。将"向上透一着"解释为"从正心诚意做出"是参考钱穆和余英时二位先生的意见。朱熹在《寄陆子静》一书中批评子静的奏劄："但向上一路未曾拨转处，未免使人疑着，恐是葱岭带来耳。"钱穆先生认为"向上一路未曾拨转处"疑指对语未在"正心诚意"上开导孝宗。余英时先生赞美其师的解释"洞见隐微"。参见余英时：《朱熹的历史世界》，生活·读书·新知三联书店 2012 年版，第 431—432 页。
④ 黎靖德编：《朱子语类》卷 8，中华书局 2011 年版，第 3085 页。
⑤ 黎靖德编：《朱子语类》卷 6，中华书局 2011 年版，第 2174 页，
⑥ 朱熹曰："二帝三王却不去学，却要学两汉，此是他乱道处。亦要作一篇文字说这意思。"见黎靖德编：《朱子语类》卷 8，中华书局 2011 年版，第 3267 页。

窃之计，则不惟精粗悬绝终无可似之理，政使似之，然于其道亦何足以
有所发明？……①

《王氏续经说》虽是为批评文中子而作，但其中所谈的王霸思想却可以与朱熹
和陈亮的论辩相互诠释。他指出王道（三代）与霸道（汉唐）的差别在"本心
事实"而不在"功效语言"，必须按照《大学》的三纲领八条目来实践王道方
不会流于模仿与假窃之弊。

　　透过朱陈王霸义利之辨的分歧，我们会发现文中子的王道思想直接影响
了陈亮关于王霸义利的讨论。陈亮在分判王霸的标准、致王道方略和对"三
代"与"汉唐"的认知等方面的思想皆承自文中子。朱熹将他们视为"同一个
意思"，为了回应他们的挑战，朱熹不只与陈亮书信往复，而且还建构了将文
中子排除在外的道统②，并专门写了《王氏续经说》来申明自己的宗旨。

（作者简介：李　强　深圳职业技术学院人文学院）

---

① 朱杰人、严佐之、刘永翔主编：《朱子全书》第23册，上海古籍出版社，安徽教育出版社
2010年版，第3281页。

② 余英时先生指出，朱陈二人的王霸论争是《中庸序》的写作背景，也是《中庸序》提出"道
统"两字的契机所在。《中庸序》的"道统"论述就是以《答陈同甫》第八书为底本。参见
余英时：《朱熹的历史世界》，生活·读书·新知三联书店2012年版，第18—22页。

唐宋道统说新考：容荀子等人及进出变化

周炽成

大家都很熟悉韩愈在《原道》中所说的道统：尧、舜、禹、汤、文、武、周公、孔、孟，他们代代传道，但孟子故后，道统中断，"荀与扬也，择焉而不精，语焉而不详"。[①]韩愈没有明说自己接上孟子（但可能暗示着如此），而到了北宋时期，随着道学的兴盛，程颢被一些人说是接续孟子的人，中断千年的道统终于被连上了。后来，程子的老师周敦颐被人重视，他被列入其中，甚至程子的表叔张载也被列入。至元代，随着朱熹的《四书集注》成为科举考试的基本教材，他又被认为接上周、程、张。在元明时代，从尧舜到朱子的道统被建构起来，并被广为接受。这种道统的权威性在明中后期受到阳明学的冲击，但是其根基未动摇。明亡之后，清初的人批评阳明学成为风尚，这又加固了此一道统的权威性。

上述众所周知的道统可以简称为程朱道统。本文要讨论的是与此不同的道统。我们将要叙述的道统，其中很多在孟子之后未中断，而是一直延续着，而道统的传人则不断变化，越往后就越有新人被纳入，同时还有一些旧人被挤出。我们的研究表明，唐宋的道统是多种多样的，各种道统说之间存在错综复杂的关系。认识到道统的多样性和复杂性，将会使我们更接近唐宋儒学史的实情。对于与程朱道统不同的道统，前人也有过研究。例如，刘成国研究了北宋初中期的多种道统话语，发现："北宋大约百分之六十的道统话语出现在书启等实用文体中。它们通常是为获得谒主的延誉或荐举，并非泛泛的应景之作。"[②]他细致地看到了提出不同的道统话语者之个人目的，但他可能预设了程朱道统为正宗道统，而把这些不同的道统话语只作为道统"前史"。事实上，

---

① 韩愈：《原道》，董诰等编：《全唐文》第 6 册，中华书局 1983 年版，第 5650 页。
② 刘成国：《9—12 世纪初的道统"前史"考述》，《史学月刊》2013 年第 12 期。

北宋初中期所说的各种道统,是名副其实的道统,虽然后来由于程朱道统太强势,它们的影响逐渐减小,但这并不意味着它们在北宋初中期没有影响,也不意味着它们在后来没有影响。更重要的是,这些道统说对程朱道统说深有影响。进而言之,唐代所说的道统也是名副其实的道统。只有对这些大量的从唐到宋的道统说透彻了解,才能透彻理解程朱道统说的形成。与前贤研究相比,本文在研究唐宋道统多样性的过程中特别关注几个问题:韩愈所说的道统是否只有一种版本?荀子等人在道统中的地位是如何演变的?道统新人如何不断增加?一些人(包括很有影响的人)是如何被挤出道统的?

一、容纳墨子、荀子、扬雄等人的道统

事实上,韩愈本人所说的道统不是只有一种版本,也就是前面说的那个孟子之后道统中断的著名版本。与他在《原道》中明确肯定孟子之后道统失传不同,他在《读荀》中承认扬雄事实上传道统。为避免误解,兹完整地引《读荀》于后:"始吾读孟轲书,然后知孔子之道尊,圣人之道易行,王易王,霸易霸也。以为孔子之徒没,尊圣人者,孟氏而已。晚得扬雄书,益尊信孟氏。因雄书而孟氏益尊,则雄者亦圣人之徒欤!圣人之道,不传于世。周之衰,好事者各以其说干时君,纷纷藉藉相乱,《六经》与百家之说错杂,然老师大儒犹在,火于秦,黄老于汉,其存而醇者,孟轲氏而止耳,扬雄氏而止耳。及得荀氏书,于是又知有荀氏者也。考其辞,时若不粹;要其归,与孔子异者鲜矣。抑犹在轲、雄之间乎?孔子删《诗》、《书》,笔削《春秋》,合于道者著之,离于道者黜去之,故《诗》、《书》、《春秋》无疵。余欲削荀氏之不合者,附于圣人之籍,亦孔子之志欤!孟氏,醇乎醇者也。荀与扬,大醇而小疵。"[①]韩愈以扬雄为"圣人之徒",并且明确说:"老师大儒犹在,其存而醇者,孟轲氏而止耳,扬雄氏而止耳。"不是孟轲死,道统不存,而是扬雄还存之。如果我们问:"荀子存道统吗?"韩愈的答案应该是肯定的,因为荀子"大醇",荀子"与孔子异者鲜"。韩愈的读书顺序是:《孟子》、《扬子》、《荀子》,这种顺序似乎也显示了他对三人的评价:孟子最高,接着是扬雄,然后是荀子。虽然荀子排后,但他在时间上处于孟子与扬雄之间("轲、雄之间"),起着连接二

---

① 韩愈:《读荀》,董诰等编:《全唐文》第6册,中华书局1983年版,第6565页。

人的作用，也就是接续道统的作用。荀子与扬雄都是"大醇而小疵"，扬雄不因"小疵"而被排除在道统之外，荀子也同样如此。荀子因有"小疵"而略有不合于道的地方，扬雄也同样如此，但是，这些小小的不合于道，并不从整体上影响他们在道统中的地位。显然，《读荀》所显示的道统与《原道》所说的道统不同。遗憾的是，似乎以前没有人发现两者的不同。

在《进学解》中，韩愈对荀子的评价更高："昔者孟轲好辩，孔道以明，辙环天下，卒老于行。荀卿守正，大论是弘，逃谗于楚，废死兰陵。是二儒者，吐辞为经，举足为法，绝类离伦，优入圣域。"① 在这里，韩愈显然肯定了荀子在道统中的地位。他与孟子不相上下。两人都吐辞为经，举足为法，都是出类拔萃而入圣域的高人。孟子明孔子之道，荀子也同样如此，他们对于传孔子之道有同样重要的贡献。韩愈类似的说法还有："臧孙辰、孟轲、荀子，以道鸣者也。"② 鸣道，当然就是传道。此处又增加了一般人不熟悉的臧孙辰（春秋时鲁国大夫），他们都是道统的传人。

韩愈道统更令人惊讶的版本是容纳墨子的版本："儒讥墨以上同、兼爱、上贤、明鬼。而孔子畏大人，居是邦不非其大夫，《春秋》讥专臣，不上同哉？孔子泛爱亲仁，以博施济众为圣，不兼爱哉？孔子贤贤，以四科进褒弟子，疾殁世而名不称，不上贤哉？孔子祭如在，讥祭如不祭者，曰：'我祭则受福'，不明鬼哉？儒墨同是尧舜，同非桀纣，同修身正心以治天下国家，奚不相悦如是哉？余以为辩生于末学，各务售其师之说，非二师之道本然也。孔子必用墨子，墨子必用孔子；不相用，不足为孔、墨。"③ 既然儒墨同是尧舜，就可以说两家都传尧舜之道。韩愈强调孔墨的一致性，而孔子在先，墨子在后，就可以说墨传孔。

孔墨之相连，不自韩愈始，而是具有悠久的历史。《庄子·盗跖》说："仲尼、墨翟，穷为匹夫。"《吕氏春秋·大喻》说："孔丘、墨翟欲行大道于世而不成，既足以成显名矣。"《韩非子·显学》说："孔子、墨子俱道尧舜。"《淮南子·主术训》说："孔丘、墨翟修先圣之术，通六艺之论。"《论衡·对作篇》说："贤圣不空生，必有以用其心。上自孔墨之党，下至荀孟之徒，教训必作

---

① 韩愈：《进学解》，董诰等编：《全唐文》第 6 册，中华书局 1983 年版，第 5647 页。

② 韩愈：《送孟东野序》，董诰等编：《全唐文》第 6 册，中华书局 1983 年版，第 5613 页。

③ 韩愈：《读墨子》，董诰等编：《全唐文》第 6 册，中华书局 1983 年版，6565 页。

垂文。"孔墨之争、孔墨之辩，大家都听得太多了，而这里所引的，大都显示孔墨的一致性。而《淮南子·要略》之言则较为全面地表明孔墨关系："墨子学儒者之业，受孔子之术，以为其礼烦扰而不说，厚葬靡财而贫民，久服伤生而害事，故背周道而用夏政。"墨出于孔而背孔，后人多知墨背孔，而少知墨出于孔。

"孔子、墨子俱道尧舜"、"上自孔墨之党，下至荀孟之徒"等说法已略有道统的意味，而唐代令狐德棻的说法就更显道统的意味："尧、舜、汤、武居帝王之位，垂至德以敦其风；孔、墨、荀、孟禀圣贤之资，弘正道以励其俗。"[1]从尧、舜、汤、武到孔、墨、荀、孟，其接续之链条已具雏形，而把他们连起来的是道或德。墨子与孔子、荀子、孟子一样，都禀圣贤之资，都弘正道。以墨子为圣贤，不始于唐代，前引汉代《论衡》的话已表明他是圣贤。"孔墨荀孟"之说从汉代延续至唐代，表明在汉唐人（起码在部分汉唐人）心目中，儒与墨并非水火难容，荀孟也并非水火难容。

令狐德棻和韩愈都在道统中容纳墨子，也可以说将墨学儒学化或归墨于儒。既然墨出于孔，儒化墨学是完全可以理解的。今人熟悉排斥异端（佛、老、墨）的儒家道统，而对容纳墨子的道统很陌生，这是受宋明道学影响的结果。道学家扬韩愈排墨的道统版本，而弃其容墨的道统版本。程朱道统把其他的道统覆盖，让后人不容易看到唐宋儒学史的本真。

韩愈既尊墨，又排墨，这如何解释呢？从客观方面说，墨学的多样性、复杂性肯定是其中的重要原因。从韩愈主观方面说，我倾向于以时间的不同来解释。也就是说，韩愈尊墨与排墨是他在不同的时间作出的。很可能是这样的：韩愈尊墨在前，而排墨在后。读韩愈的著作，可见他尊墨的话少，而排墨的话多。后者包括："杨墨交乱，而圣贤之道不明。"[2]"道于杨、墨、老、庄、佛之学，而欲之圣人之道，犹航断港绝潢以望至于海也。"[3]"杨、墨、释、老之学，无所入于其心。"[4]另一方面，韩愈尊墨的话，除了前面已引用过的那一段外，我只看到以下一句："禹过家门而不入，故禹过家门不入，孔席不暇暖，而墨突不得黔，彼二圣一贤者，岂不知自安佚之为乐哉？诚畏天命而悲人穷

① 令狐德棻：《周书》，中华书局 1971 年版，第 825 页。

② 韩愈：《与孟尚书书》，董诰等编：《全唐文》第 6 册，中华书局 1983 年版，第 5603 页。

③ 韩愈：《送王秀才序》，董诰等编：《全唐文》第 6 册，中华书局 1983 年版，第 5620—5621 页。

④ 韩愈：《上宰相书》，董诰等编：《全唐文》第 6 册，中华书局 1983 年版，第 5583 页。

也。"① 韩愈两方面的话，在数量上显然是不对称的。笔者猜测，可能韩愈尊墨的言论受到批评，他便改变了看法，转向排墨。

韩愈对荀子和扬雄的不同看法，可能也可用时间的先后来解释：他在相对年轻时肯定他们两人在道统中的地位，后来则拒之于道统之外。随着年龄的增长，韩愈越发自信，对两人的评价降低了，事实上暗示自己接上孟子，但不敢明说。韩愈大胆地把荀子和扬雄排除于道统之外，表明他思想上更"成熟"、更"定型"。能否倒过来说：韩愈年轻时更狂，热血方刚，不把两人放在眼里，年纪增大后，不那么狂了，谦虚了，于是把他们放回道统中。不排除这种可能性，但笔者认为，前一种可能性更大。本文旨在说明韩愈道统的多样性，暂时不着力于以充分的根据表明前一种可能性更大。

韩愈容纳墨、荀的道统，显示唐代道统说的多样性。前述令狐德棻的道统说，也显示此多样性。下面要说的其他人的道统说，更是如此。

长孙无忌说："姬孔发挥于前，荀孟抑扬于后。马郑迭进，成均之望郁兴；萧戴同升，石渠之业愈峻。历夷险其教不坠，经隆替其道弥尊。斯乃邦家之基，王化之本者也。"② 在长孙无忌看来，周（姬）、孔、荀、孟之后，还有多人传经、传道，包括马、郑、萧、戴等。道统通过经统传下来，"其教不坠"，"其道弥尊"。

魏徵说："《周礼》，公旦所裁；《诗》、《书》，仲尼所述，虽纲纪颇缺，而节制具焉。荀孟陈之于前，董贾伸之于后，遗谈余义，可举而行。"③ 这里可见周公、孔子、荀子、孟子、董仲舒、贾谊的传道系统。

给《荀子》作注的杨倞说："盖周公制作之，仲尼祖述之，荀孟赞成之，所以胶固王道，至深至备，虽春秋之四夷交侵，战国之三纲弛绝，斯道竟不坠矣……荀孟有功于时政，尤所耽慕。"④ 杨倞显示了周公、孔子、荀子、孟子一脉相承之王道。

卢照邻说："昔文王既没，道不在于兹乎！尼父克生，礼尽归于是矣。其

---

① 韩愈：《争臣论》，董诰等编：《全唐文》第 6 册，中华书局 1983 年版，第 5639 页。

② 长孙无忌：《进五经正义表》，董诰等编：《全唐文》第 6 册，中华书局 1983 年版，第 1374—1375 页。

③ 王福畤：《录唐太宗与房魏论礼乐事》，《全唐文》第 2 册，中华书局 1983 年版，第 1647 页。

④ 杨倞：《荀子序》，王先谦：《荀子集解》，中华书局 1988 年版，第 51 页。

后荀卿、孟子服儒者之褒衣。"① 这里显示的还是周孔荀孟之统,不过,"周"不是指周公,而是指周文王。他还说:"游、夏之门,时有荀卿、孟子。"②

如果考虑到文统与道统的相关性,我们更能看到唐代道统的多样性。裴度说:"夏、殷之际,圣贤相遇,其文在于盛德大业,又鲜可得而传也。厥后周公遭变,仲尼不当世,其文遗于册府,故可得而传也,于是作周孔之文。荀孟之文,左右周孔之文也。理身、理家、理国、理天下,一日失之,败乱至矣。"③ 这里显示的是周孔荀孟之统。柳冕说:"文而知道,二者兼难,兼之者大君子之事。上之尧、舜、周、孔也,次之游、夏、荀、孟也,下之贾生、董仲舒也。"④ 在柳冕的论述中,我们可以看到文统与道统之合一,也可以看到子游、子夏以及贾谊、董仲舒在其中的地位。孔颖达在解释《左传》记载叔孙豹关于立德、立功、立言三不朽之最后不朽时说:"谓言得其要,理足可传,……其身既没,其言尚存,……老、庄、荀、孟、管、晏、杨、墨、孙、吴之徒,制作子书,屈原、宋玉、贾逵、扬雄、司马迁、班固以后,撰集史传及制作文章,使后世学习,皆是立言者也。"⑤ 这里显示的文统和道统更复杂多样,纳入了很多非儒家的人物。许孟容说:"穆君溯其波流,择其宗师,以为文宣王经《春秋》,序《诗》、《书》,系《易》象,犹日月不可及矣。游、夏、荀、孟、李斯、贾谊之徒,是宜学者十驾百已,钻仰而宪章者也。故其文融朗恢健,沉深理辨……"⑥ 受人非议的荀子弟子李斯也纳入其中。王昌龄在《诗格》中说:"夫子传于游、夏,游、夏传于荀卿、孟轲,方有四言、五言,效古而作。荀、孟传于司马迁,迁传于贾谊。"⑦

韩愈的亲密朋友李翱,持一种很独特的道统说,他认为:"昔者圣人以之传於颜子,颜子得之,拳拳不失,不远而复其心,三月不违仁……其余升堂

---

① 卢照邻:《驸马都尉乔君集序》,《卢照邻集校注》,中华书局 1998 年版,第 302 页。

② 卢照邻:《南阳公集序》,《卢照邻集校注》,中华书局 1998 年版,第 313 页。

③ 裴度:《寄李翱书》,董诰等编:《全唐文》第 6 册,中华书局 1983 年版,第 5461 页。

④ 柳冕:《答徐州张尚书论文武书》,董诰等编:《全唐文》第 6 册,中华书局 1983 年版,第 5358 页。

⑤ 孔颖达:《春秋左传正义》,台湾古籍出版有限公司 2001 年版,第 1152 页。

⑥ 许孟容:《穆公集序》,《全唐文》第 5 册,中华书局 1983 年版,第 4898 页。

⑦ 遍照金刚:《文镜秘府论》,人民文学出版社 1975 年版,第 128 页。按:曾经有人认为《诗格》是伪作,但是,根据居唐多时的日本僧人所作的《文镜秘府论》大量地引用了《诗格》,今人多信其非伪作。

者，盖皆传也，一气之所养，一雨之所膏，而得之者各有浅深，不必均也……子思仲尼之孙，得其祖之道，述《中庸》四十七篇，以传於孟轲。轲曰'我四十不动心'，轲之门人达者公孙丑、万章之徒，盖传之矣。遭秦灭书，《中庸》之不焚者，一篇存焉。于是此道废缺，其教授者，惟节文、章句、威仪、击剑之术相师焉，性命之源，则吾弗能知其所传矣。道之极于剥也必复，吾岂复之时耶？吾自六岁读书，但为词句之学，志於道者四年矣，与人言之，未尝有是我者也……性命之书虽存，学者莫能明，是故皆入於庄、列、老、释。不知者谓夫子之徒不足以穷性命之道，信之者皆是也。有问於我，我以吾之所知而传焉，遂书于书，以开诚明之源，而缺绝废弃不扬之道，几可以传于时，命曰《复性书》，以理其心，以传乎其人。于戏！夫子复生，不废吾言矣。"① 李翱的道统说显示的是"孔子—颜渊等弟子和子思—孟子—公孙丑、万章等—李翱"这样独特的传授系统。韩愈还不敢明说自己接上在孟子之后中断的道统，而李翱则明说自己接孟子弟子。李翱的勇气鼓励了很多后来者，尤其是宋朝的后来者。

综观上述纷繁复杂的唐代道统说，"周孔荀孟"和"游夏荀孟"两说最值得注意。长孙无忌、魏徵、杨倞、卢照邻、裴度等人的说法都显示"周孔荀孟"之统，大部分人所说的"周"都是指周公，只有卢照邻所说的"周"是指周文王。

柳冕、许孟容、王昌龄、卢照邻等人的说法显示的是"游夏荀孟"之统。此统事实上可追溯到南北朝时期，当时颜之推说："自子游、子夏、荀况、孟轲、枚乘、贾谊、苏武、张衡、左思之俦，有盛名而免过者……"② 另外，我们还看见过唐代有"偃商荀孟"之说："自孔门偃、商之后，荀况、孟轲宪章六籍。"③ 此说不如"游夏荀孟"说那样常见。

应该注意的是，无论是"周孔荀孟"，还是"游夏荀孟"，都是荀在前而孟在后。从时间上说，孟子在荀子之前，"孟荀"才是一种自然秩序。为什么会出现与此自然秩序相反的秩序（"荀孟"）呢？最值得考虑的解释是：因为荀子的影响更大，所以他排在前面。早在《史记》中就有荀子在前而孟子在

---

① 李翱：《复性书》（上），《全唐文》第 7 册，中华书局 1983 年版，第 6334—6335 页。

② 颜之推：《颜氏家训》，广州出版社 2001 年版，第 124 页。

③ 权德舆：《唐故通议大夫梓州诸军事梓州刺史上柱国权公文集序》，《权德舆诗文集》，上海古籍出版社 2008 年版，第 517 页。

后的说法："荀卿、孟子、公孙固、韩非之徒，各往往捃摭《春秋》之文以著书，不可胜纪。"① 司马迁这样说，其目的应该是突出荀子一派在传《春秋》过程中之作用。我们上面引用过的《论衡》中的话"上自孔墨之党，下至荀孟之徒"，也是先荀后孟。有人给徐幹《中论》作序时说："荀卿子、孟轲怀亚圣之才，著一家之法，继明圣人之业。"② 这里不仅先荀后孟，而且还把两人都称作"亚圣"。到魏晋南北朝时，继续有先荀后孟的说法。傅玄写成《傅子》，他儿子将该书送给王沉看，王沉回信说："足下所著书，言富理济，经纶政体，存重儒教，足以塞杨、墨之流遁，齐孙、孟于往代。每开卷未尝不叹息也。"③ 这里的"孙"当然也是指荀子。王沉认为，傅玄在倡导儒学，反对杨、墨方面可与荀子、孟子等量齐观。段灼谈到魏文帝时说："孙卿、孟轲亦各有所不取焉。"④ 李重称述陈原有"孙、孟之风，严、郑之操"。⑤ 从这种从汉到唐一直存在的先荀后孟之排序，可见荀子在汉唐儒学中的重要地位。由于后来影响深远的程朱道统排挤荀子，自元明起，这种地位就逐渐被很多人淡忘了。如果历史地考虑这种地位，并考虑前述大量的"周孔荀孟"和"游夏荀孟"的道统说，我们应该肯定：在韩愈那里，排挤荀子的道统版本是很激进的，难以被时人接受，而承认荀子传道地位的道统则是平和的，容易被时人接受。在唐代，"时人"当然是指唐人。在下一部分可以看到，"时人"可以延伸至宋人，起码是北宋人。在北宋的道统说中，大部分都还承认荀子是道统的传人。

二、王通、韩愈进道统与五贤、四贤

时间越往后，进入道统的人就越多。到了晚唐，一种崭新的道统说出现：王通（文中子）和韩愈进入道统之中。持这种新道统说的代表是皮日休等。他在《文中子碑》中说："圣人之道德与命符，是为尧舜。性与命乖，是为孔

① 司马迁：《史记》，中华书局 1999 年版，第 365 页。
② 徐幹撰，孙启治解诂：《中论解诂》，中华书局 2014 年版，第 393 页。
③ 房玄龄等：《晋书》，中华书局 1974 年版，第 1323 页。
④ 段灼：《上表陈五事》，严可均校辑：《全上古三代秦汉三国六朝文》，中华书局 1958 年版，第 1838 页。
⑤ 房玄龄等：《晋书》，中华书局 1974 年版，第 1312 页。

颜……孟子叠踵孔圣，而赞其道。复出千世，而可继孟氏者，复何人哉？文中子王氏，讳通，字仲淹。生于陈隋之间，以乱世不仕，退于汾晋……夫仲尼删诗书定礼乐赞周易、修《春秋》，先生则有《礼论》二十五篇，《续诗》三百六十篇，《元经》三十一篇，《易赞》七十篇。孟子之门人有高第弟子公孙丑、万章焉，先生则有薛收、李靖、魏徵、李勣、杜如晦、房元龄。孟子之门人郁郁于乱世，先生之门人赫赫于盛时。较其道于孔孟，岂徒然哉！设先生生於孔圣之世，余恐不在游夏之亚也，况七十子欤？"① 皮日休把文中子与孔子、孟子相提并论，并明确指出他是在道统上接孟子的人。这里说的道统不含荀子，但下面说的道统则含荀子："夫孟子、荀卿，翼传孔道，以至于文中子……文中之道，旷百世而得室授者，惟昌黎文公焉。公之文，蹴杨墨於不毛之地，蹂释老於无人之境，故得孔道巍然而自正……设使公生孔子之世，公未必不在四科焉。国家以二十二贤者代用其书，垂于国胄，并配享于孔圣庙堂，其为典礼也大矣美矣。苟以代用其书，不能以释圣人之辞，笺圣人之义哉？况有身行其道，口传其文，吾唐以来，一人而已，死反不得在二十二贤之列，则未闻乎典礼为备。伏请命有司定其配享之位，则自兹以后，天下以文化，未必不由夫是也。"② 在这段话中，皮日休显示的道统是，孔子、孟子、荀子、文中子、韩愈。前面一段话表明文中子接孟子，而这段话表明文中子接荀子。当然，皮日休更注重的是韩愈。他上书请求让韩愈在孔庙中有"配享之位"。文中子被尊，关键是因为韩愈被尊。在韩愈去世后，他的影响不断扩大，地位不断上升，以至于出现了要他进孔庙、入道统的呼声。韩愈影响的扩大，肯定与他学生众多又很有势力有关。李汉、皇甫湜、孟郊、张籍、贾岛、刘义都是韩愈的学生或追随者。《新唐书·韩愈传》指出："愈成就后进士，往往知名。经愈指授，皆称韩门弟子。"陈寅恪在引此话后指出："退之在当时古文运动诸健者中，特具承先启后作一大运动领袖之气魄与人格，为其他文士所不能及……退之所以得致此者，盖亦由其平生奖掖后时，开启来学……故'韩门'遂因此而建立，韩学亦更缘此而流传也。"③ 有论者认为，"韩愈在中唐至晚唐五代之间同调甚少"。④ 这种说法肯定是有问题的。从社会背景来说，韩愈影响扩大

① 皮日休：《文中子碑》，《全唐文》第 9 册，中华书局 1983 年版，第 8388 页。
② 皮日休：《请韩文公配飨太学书》，《全唐文》第 9 册，中华书局 1983 年版，第 8349—8350 页。
③ 陈寅恪：《论韩愈》，《历史研究》1954 年第 2 期。
④ 林曦、吴在庆：《北宋时期对韩愈的接受》，《厦门大学学报》2011 年第 5 期。

而被要求纳入道统，其原因可能与对治晚唐的藩镇割据等问题有关。在当时，韩愈可能被作为尊王攘夷的象征。人们希望强化这个象征以利于解决藩镇割据等社会问题。

司空图也作过另一《文中子碑》："道，制治之大器也，儒守其器者耳。故圣哲之生，受任于天，不可斫之以就其时。仲尼不用于战国，致其道于孟荀而传焉，得于汉成四百之祚。五胡继乱，极于周齐，天其或者生文中子以致圣人之用，得众贤而廓之，以俟我唐，亦夫命也。故房、卫数公，皆为其徒。恢文武之道，以济贞观治平之盛，今三百年矣，宜其碑。"① 在这里说的道统中，文中子接荀子。司空图和皮日休的《文中子碑》都把文中子作为道统的传人，但是，司空图的碑文未列入韩愈。皮日休在碑文中说文中子接孟子，而司空图在碑文中说文中子接荀子。

唐末列文中子与韩愈进道统的说法可能不算多，但到宋初，这类说法就很多了。孙复指出："自夫子没，诸儒学其道、得其门而入者鲜矣，唯孟轲氏、荀卿氏、扬雄氏、王通氏、韩愈氏而已。彼五贤者，天俾夹辅于夫子者也。"② 他明确地把孟、荀、杨、王、韩称之为"五贤"。他在《信道堂记》中反复肯定五贤在道统中的地位："圣贤之迹，无进也，无退也，无毁也，无誉也，唯道所在而已。用之则行，舍之则藏，孰为进哉，孰为退哉？考诸三王而不谬，建诸天地而不悖，质诸鬼神而无疑，百世以俟圣人而不惑，孰为毁哉，孰为誉哉？吾之所为道者，尧、舜、禹、汤、文、武、周公、孔子之道也，孟轲、荀卿、扬雄、王通、韩愈之道也。吾学尧、舜、禹、汤、文、武、周公、孔子、孟轲、荀卿、扬雄、王通、韩愈之道三十年，处乎今之世，故不知进之所以为进也，退之所以为退也，毁之所以为毁也，誉之所以为誉也。其进也，以吾尧、舜、禹、汤、文、武、周公、孔子、孟轲、荀卿、扬雄、王通、韩愈之道进也，于吾躬何所进哉？其退也，以吾尧、舜、禹、汤、文、武、周公、孔子、孟轲、荀卿、扬雄、王通、韩愈之道退也，于吾躬何所退哉？其见毁也，以吾尧、舜、禹、汤、文、武、周公、孔子、孟轲、荀卿、扬雄、王通、韩愈之道见毁也，于吾躬何所毁哉？其获誉也，以吾尧、舜、禹、汤、文、武、周

---

① 司空图：《文中子碑》，《全唐文》第 9 册，中华书局 1983 年版，第 8506 页。

② 孙复：《上孔给事书》，曾枣庄、刘琳主编：《全宋文》第 19 册，上海辞书出版社，安徽教育出版社 2006 年版，第 292 页。

公、孔子、孟轲、荀卿、扬雄、王通、韩愈之道获誉也，于吾躬何所誉哉？"①
在我们研究道统思想史时，《信道堂记》尤其值得注意。这篇短文说"尧、舜、
禹、汤、文、武、周公、孔子之道也，孟轲、荀卿、扬雄、王通、韩愈之
道"1次，说"尧、舜、禹、汤、文、武、周公、孔子、孟轲、荀卿、扬雄、
王通、韩愈之道"5次，两者占了该文的大部分。石介说："道大坏，由一人
存之……周室衰，诸侯畔，道大坏也，孔子存之。孔子殁，杨、墨作，道大坏
也，孟子存之。战国盛，仪、秦起，道大坏也，荀况存之。汉祚微，王莽篡，
道大坏也，扬雄存之。七国弊，王纲圮，道大坏也，文中子存之。齐、梁来，
佛、老炽，道大坏也，吏部存之。"②石介也把孟、荀、杨、王、韩称为"五贤
人"，而且其尊韩之程度空前地高："孔子为圣人之至。噫！孟轲氏、荀况氏、
扬雄氏、王通氏、韩愈氏五贤人，吏部为贤人而卓。不知更几千万亿年复有
孔子，不知更几千百数年复有吏部。"③石介以孔子为"圣人之至"，以韩愈为
"贤人而卓"。从晚唐开始尊韩，经过一百多年，到石介那里，它达到了无与伦
比的程度。韩愈在道统中的地位实在太高了。

"五贤人"、"五贤"、"五子"等说法，在宋初比较常见。孙复、石介的此
类说法已引之于上。孔道辅、韩琦、张宗益等人也有此类说法。孔道辅作《五
贤堂记》称赞孟、荀、扬、王、韩五人。④韩琦在《五贤赞并序》说："余既
新夫子之宫，乃绘诸弟子及左氏而下释经诸儒于东西序。又图孟、荀、扬、
王、韩五贤于书楼之北壁。"⑤韩琦还说："孔子没，能传其道者，孟、荀、扬、
王、韩五贤而已矣。其著书立言，与六经相左右，执卷者皆知之矣。"⑥张宗
益说："以孟、荀、扬、王、韩五子排邪说，翊大道，像设于祖堂西偏，公为

---

① 孙复：《信道堂记》，《全宋文》第 19 册，上海辞书出版社，安徽教育出版社 2006 年版，第
313—314 页。
② 石介：《救说》，《全宋文》第 29 册，上海辞书出版社，安徽教育出版社 2006 年版，第 310 页。
③ 石介：《尊韩》，《全宋文》第 29 册，上海辞书出版社，安徽教育出版社 2006 年版，第
304—305 页。
④ 孔道辅：《五贤堂记》，《全宋文》第 17 册，上海辞书出版社，安徽教育出版社 2006 年版，
第 291—292 页。
⑤ 韩琦：《五贤赞并序》，《全宋文》第 40 册，上海辞书出版社，安徽教育出版社 2006 年版，
第 49—50 页。
⑥ 韩琦：《策问》，《全宋文》第 40 册，上海辞书出版社，安徽教育出版社 2006 年版，第 31 页。

之记。观其文，亦足以见公之心。"① 在孔道辅、韩琦、张宗益等人眼里，孟、荀、扬、王、韩这五位大贤，是相对孔子这位大圣而言的，他们都是孔子之后道统的传人和代表。孔道辅、韩琦是北宋初期的人，而张宗益是北宋中期的人。从"五贤"、"五子"等说法可窥见王通和韩愈进道统的历史实情。

不过，到了北宋中后期，王通被很多人排除在道统之外，"五子"演变为"四子"，"五贤"演变为"四贤"。看《全宋文》，可见陈襄、曾巩、王安石、吴孝宗、释元照、华镇、晁补之、邹浩、周必大等都有"孟荀扬韩"之说："道之未丧，有所传焉耳。若孟轲、荀卿、扬雄、韩愈氏之作，天也。"② "盖自孟轲而下，求其正辞正识，为得圣人之门户者，独荀卿子与子云、退之而已……自余诸儒百氏，或出或入，固不得与夫四子者比也。"③ "观圣人之道者，宜莫如于孟、荀、扬、韩四君子之书也。"④ "或曰：孟、荀、扬、韩四子者，皆古之有道仁人。"⑤ "夫自昔称贤，如孟、荀、扬、韩之属，前人已诵之矣，而今人又从而诵之。"⑥ "先圣之道，著如日星……闻而知之，有功于先圣者，莫醇如孟子、荀况、扬雄、韩愈，皆宗师之。"⑦ "承孟氏后，荀况、扬雄……猗欤韩愈，始以文显，厦屋将覆，勇于敢扶。唐三百年，斯人惟伟。天启我宋，咸秩无文，追求四贤，崇以爵号。"⑧ "今有司承诏，封孟子为邹国公，配食文宣王；荀子为兰陵伯，扬子为成都伯，韩子为昌黎伯，并从

① 张宗益：《宋守御史中丞赠太尉孔公后碑》，《全宋文》第 17 册，上海辞书出版社，安徽教育出版社 2006 年版，第 300 页。
② 陈襄：《谢两浙运使张学士差试官启》，《全宋文》第 50 册，上海辞书出版社，安徽教育出版社 2006 年版，第 160 页。
③ 陈襄：《与许太博论春秋书三》，《全宋文》第 50 册，上海辞书出版社，安徽教育出版社 2006 年版，第 166 页。
④ 曾巩：《上欧阳学士第一书》，《全宋文》第 57 册，上海辞书出版社，安徽教育出版社 2006 年版，第 225 页。
⑤ 王安石：《原性》，《全宋文》第 64 册，上海辞书出版社，安徽教育出版社 2006 年版，第 361 页。按：这是王安石引别人的话，不是他自己说的话。
⑥ 吴孝宗：《与张江东论事书》，《全宋文》第 84 册，上海辞书出版社，安徽教育出版社 2006 年版，第 123 页。
⑦ 华镇：《代高邮县祭先师兖国公文一》，《全宋文》第 123 册，上海辞书出版社，安徽教育出版社 2006 年版，第 148—149 页。
⑧ 晁补之：《北京国子监奉诏封孟荀扬韩告先圣文》，《全宋文》第 127 册，上海辞书出版社，安徽教育出版社 2006 年版，第 166—167 页。

祀。"① "力阘杨、墨，乃有孟轲；自成一家，乃有荀况；折衷义理，乃有扬雄；隄障末流，乃有韩愈。先后相望，虽参差不齐，而俾王之道皛皛乎百世之下，则随其浅深，咸有力焉。"② "孟、荀、扬、韩，发明经训，羽翼治道，此贤言也。"③ 在这些大量的论述中，从孟到荀，到扬，再到韩，一个传一个，他们在道统中都有各自的地位，而王通则不在道统中了。为何王通被逐出道统？最显而易见的原因是，很多人发现他的事迹被夸大甚至伪造，认为《文中子》是伪书。他是隋末人，但在《隋书》中没有他的传记，在唐初和唐中也几乎未被人提及。王通和《文中子》在两三百年中默默无闻，只是到了晚唐才被皮日休等人注意。如果说唐初房玄龄、魏征、杜如晦、杜淹、李靖、陈叔达等明臣都是王通的弟子，他们对老师只字不提，实在难以理解。一个默默无闻两三百年的人，突然红起来，而且被赋予那么重要的地位，当然令人生疑。在我看来，他是在尊韩的过程中被人挖出来的。那些人为了抬高韩愈的地位而把王通作为陪衬。

当然，在北宋中后期，仍然有人把王通置于道统中。这些人也说"四子"，但其所指是孟子之后的四子：荀、扬、王、韩。例如，吕陶说："孟子惧斯道之失其传也，于是力持纲常，以起废坠，故其书一出仁义而会之王道。嗣孟子之业者，荀、扬、王、韩也。四子之言，虽所蓄有醇疵，所骋有详略，要其归皆祖述六经之趣而得其传。"④ 到了南宋，陆九渊还说："孟子之后，以儒称于当世者，荀卿、扬雄、王通、韩愈四子最著。"⑤ 他们与怀疑《文中子》是伪书的很多人不同，仍然相信它，相信王通。这些说法实际上是宋初"五子"说法的延续。显然，把孟子加上去，"四子"就变成"五子"。不过，把孟子单列出来，这体现了他的地位的上升。王通被排除在道统之外，并不是一件干脆

① 晁补之：《诏封孟荀扬韩告先师文》，《全宋文》第127册，上海辞书出版社，安徽教育出版社2006年版，第167页。
② 邹浩：《祭告先圣文》，《全宋文》第132册，上海辞书出版社，安徽教育出版社2006年版，第77页。
③ 周必大：《沈氏论语解序》，《全宋文》第230册，上海辞书出版社，安徽教育出版社2006年版，第177页。
④ 吕陶说：《吕希述字说》，《全宋文》第74册，上海辞书出版社，安徽教育出版社2006年版，第41页。
⑤ 陆九渊：《策问》，《全宋文》第272册，上海辞书出版社，安徽教育出版社2006年版，第144页。

利落的事。关于他的争议，持续不断，一直到现在还有。

无论是"五子"，还是"四子"，无论是"五贤"，还是"四贤"，荀子和扬雄都在其中。由此可见两人在北宋的影响。不难看到，北宋人更多地受韩愈的接纳荀子和扬雄的道统版本的影响，而更少地受其排挤两人的道统版本的影响。我们上面还未说到王安石、苏轼等排挤两人的道统说，这要留到第四部分再讨论。实事求是地看，在北宋，容纳荀子和扬雄的道统说是常见的，而排挤他们的道统说是少见的。

三、更多的人进道统

钱穆说："北宋初期，建立了自孟子下迄韩愈的道统，但不久此种道统论即消失。"[1] 从我们以上论述可见，这种说法是不对的。道统中的四子（四贤）说，在北宋一直延续，而最后一子就是韩愈。以韩愈为终点的道统说，从晚唐开始提出，北宋初期、中期很流行，到北宋后期仍然没有消失。上面说过的陈襄、曾巩、王安石、吴孝宗是北宋中期的人；释元照、华镇、晁补之、邹浩是北宋后期的人。北宋中期宋神宗下诏让孟荀扬韩从祀，这是一件意味深长的事："自今春秋释奠，以邹国公孟轲配食文宣王，设位于兖国公之次。荀况、扬雄、韩愈以世次从祀于二十一贤之间，并封伯爵。"[2] 此诏表明韩愈以及孟荀扬在道统中的地位得到官方的承认。进而言之，考虑到周必大、陆九渊是南宋的人，以韩愈为终点的道统说到南宋时还存在。因此，"自孟子下迄韩愈的道统"在北宋初期就消失的说法不符合历史实情。

当然，宋代的道统说，跟唐代的一样，也是多种多样的。前述容纳"五子"或"四子"的道统说是最为常见的，除此之外，还有其他不同的道统说，兹述之于后。

有柳宗元在其中的道统："仲尼既没，千百年间，能嗣仲尼之道者，唯孟轲、荀卿、扬子云、王仲淹、韩退之、柳子厚而已。"[3] "故唐有天下大治。而

---

[1]　钱穆：《中国学术史论丛》卷五，安徽教育出版社 2004 年版，第 271 页。

[2]　宋神宗：《春秋释奠以孟轲配食文宣王诏》，《全宋文》第 117 册，上海辞书出版社，安徽教育出版社 2006 年版，第 110 页。

[3]　释智圆：《叙传神》，《全宋文》第 15 册，上海辞书出版社，安徽教育出版社 2006 年版，第 264 页。

韩愈、柳宗元复以其文从而广之，故圣人之道益尊。"①

有董仲舒在其中的道统："通儒博学如孟子、荀卿、董生、扬雄，皆推原制作之意，不可谓无统也。"②"文者，道之用也……自汉至唐，以文垂世者众矣……始终仁义，不叛不杂者，惟董仲舒、扬雄、韩愈、王通。"③"孔子而下至西汉间，世称大儒者，或曰孟轲氏、荀卿氏、扬雄氏而已，以其立言垂范，明道救时，功丰德巨也。至于董仲舒，则忽而不举，此非明有所未至，识有所未周乎……仲舒晔然奋起，首能发圣道之本根……暴秦之后，圣人之道晦矣，晦而复明者，仲舒之力也……仲舒于孔氏之门，其功深矣。观其道也，出于游、夏远矣。"④这里对董仲舒的评价非常高，而他在道统的地位当然也非常高。

有贾谊、司马迁在其中的道统："及战国时，合从连衡之说以倾天下，独孟轲、荀况以文持仁义而辨政教，当时虽不甚振，而学者仰而知有所趋。汉兴，贾谊、董仲舒、司马迁、扬雄辈以其文倡之，而天下和者响应，故汉德所以大而其世所以久也。隋世王通亦以其文继孔子之作，唐兴，太宗取其徒发而试之，故唐有天下大治。而韩愈、柳宗元复以其文从而广之，故圣人之道益尊。"⑤

有孔道辅在其中的道统："传曰：'五百年一贤人生。'孔子至孟子，孟子至扬子，扬子至文中子，文中子至吏部，吏部至先生，其验欤……今也道实在于先生，先生岂得让乎？"⑥"孟轲、扬雄、文中子、韩愈能得之于下，以之有其名于亿万世，惟孔氏子孙无有得之者。俟四十余世，近二千年，阁下乃得之。今夫子之道不专在于天下，在于阁下也。"⑦孔道辅是孔子的后裔，而且他

① 释契嵩：《纪复古》，《全宋文》第36册，上海辞书出版社，安徽教育出版社2006年版，第339页。
② 黄庭坚：《策问二》，《全宋文》第104册，上海辞书出版社，安徽教育出版社2006年版，第281页。
③ 黄宗羲：《宋元学案》（一），中华书局1986年版，第99页。
④ 孙复：《董仲舒论》，《全宋文》第19册，上海辞书出版社，安徽教育出版社2006年版，第302—303页。
⑤ 释契嵩：《纪复古》，《全宋文》第36册，上海辞书出版社，安徽教育出版社2006年版，第338—339页。
⑥ 石介著，陈植锷点校：《徂徕石先生文集》，中华书局1984年版，第138页。
⑦ 石介著，陈植锷点校：《徂徕石先生文集》，中华书局1984年版，第147页。

于宋初在宣传"五贤"道统等方面贡献甚大，把他列入道统中似乎是顺理成章的事。

有欧阳修在其中的道统："自汉以来，道术不出于孔氏而乱天下者，多矣……后得韩愈，学者以愈配孟子，盖庶几焉。愈之后，三百有余年而后得欧阳子，其学推韩愈、孟子，以达于孔氏，著礼乐仁义之实，以合于大道。其言简而明，信而通，引物连类，折之于至理，以服之人心，故天下翕然师尊之……士无贤不肖，不谋而同曰：'欧阳子，今之韩愈也。'"① 这里显示的道统比较简单：孔子、孟子、韩愈、欧阳修，而欧阳修被尊之程度非常高。曾巩在《上欧阳学士第一书》中也显示欧阳修在道统中接韩愈："韩退之没，观圣人之道者，固在执事之门矣。天下学士有志于圣人者，莫不攘袂引领，愿受指教，听诲谕，宜矣。窃计将明圣人之心于百世之下者，亦不以语言退托而拒学者也。"② 欧阳修也是活着时就被人置于道统中的。

如果考虑到文统与道统的一致性，黄庭坚的说法则把更多的宋人纳入道统中："天下之学，要之有所宗师然后可臻微入妙，虽不尽明先王之意，惟其有本源，故去经不远也。今夫六经之旨深矣，而有孟轲、荀况、两汉诸儒，及近世刘敞、王安石之书，读之亦思过半矣。至于文章之工，难矣，而有左氏、庄周、董仲舒、司马迁、相如、刘向、扬雄、韩愈、柳宗元，及今世欧阳修、曾巩、苏轼、秦观之作，篇籍具在，法度粲然，可讲而学也。"③ 按这里所说，欧阳修、曾巩、苏轼、秦观等宋人都可看作是道统中的传人，而且，左丘明（左氏）、董仲舒、司马迁、司马相如、刘向也是如此，甚至庄子也属此列。

在本文第一部分，我们讨论过唐代容纳老、庄、杨、墨、孙、吴等非儒家人物的道统说。在宋代，容纳非儒家人物的道统说继续存在，前引黄庭坚之说就是一个例证。另外一个例证是："孔子之六经，皆圣至之言，后世莫可几者。孟子之仁义，庄周、列御寇、老聃之微谈，亦皆道也。"④ 老子、庄子、列御寇被纳入道统。还有一个例证是："或问曰：'六经之后，诸子之书出焉，今

① 苏轼著，孔凡礼点校：《苏轼文集》，中华书局1986年版，第316页。
② 曾巩著，陈杏珍、晁继周点校：《曾巩集》，中华书局1984年版，第231页。
③ 黄庭坚：《杨子建通神论序》，《全宋文》第106册，上海辞书出版社，安徽教育出版社2006年版，第159页。
④ 余安行：《与方提刑书》，《全宋文》第128册，上海辞书出版社，安徽教育出版社2006年版，第303页。

独行五子，何与？'余应之曰：'老、庄极道之玄者也，荀、扬、文中子明道之要者也，焉得而不行。'……余曰：'……道有精粗，学有本末，……由本而至末，由粗而造精，荀、扬、文中三子之讲学是也。不观象心其易，不践形性其天，言精而遗其粗，舍本而求其末，老、庄之谈玄是也……夫学至道而止，道至精而止，学者倘自荀书儒道而推明之，则可以至王道之无为；自扬子《法言》而精进之，则可以会道德于不言；自文中子六经之学而充广之，又可以富胸中之六经。至是则老氏自然之天，庄生自得之境。"① 我们已经说过道统中的孟、荀、扬、王、韩五子，而这里的五子是：老、庄、荀、扬、文中子。这就把道家的老庄和儒家的荀扬王（文中子）都一起放在道统中。

四、荀扬韩被排挤出道统

时间越往后，被纳进道统的人就越多，这是我们研究道统史时看到的一个明显的趋势。当然，也不要忽视另一种趋势：时间越往后，越有一些旧人被排挤出道统。道统传人的增减趋势都存在。下面我们研究荀子、扬雄、韩愈等人是如何被挤出道统的。

前面说过，从汉至唐，荀子的地位一直都很高。先荀后孟说最能显示这种地位。不过，韩愈指出自孟子之后道统中断，荀子与扬雄"择焉而不精，语焉而不详"，对这种地位提出了挑战。韩愈排挤荀子的道统版本，在唐影响不大，在宋初也影响不大，但在宋中期影响开始大了起来。

唐末陆龟蒙以学生李斯反推老师荀子："斯闻孔子之道于荀卿，位至丞相，是行其道得其志者也，反焚灭诗书，坑杀儒士，为不仁也甚矣。不知不仁，孰谓况贤？知而传之以道，是昧观德也。虽斯具五刑，而况得称大儒乎？吾以为不如孟轲。"② 通过批评李斯而批评荀子，由学生坏而推论老师不好，这种思路被北宋中后期一些想要把荀子驱逐出道统的人所继承。例如，苏轼说："昔者常怪李斯事荀卿，既而焚灭其书，大变古先圣王之法，于其师之道，不啻若寇雠。及今观荀卿之书，然后知李斯之所以事秦者，皆出于荀卿而不足怪也……

---

① 龚士禹：《老子道德经序》，《全宋文》第 353 册，上海辞书出版社，安徽教育出版社 2006 年版，第 67—68 页。

② 陆龟蒙：《大儒评》，董诰等编：《全唐文》第 6 册，中华书局 1983 年版，第 8413 页。

荀卿明王道，述礼乐，而李斯以其学乱天下，其高谈异论有以激之也。孔、孟之论未尝异也，而天下卒无有及者。苟天下果无有及者，则尚安以求异为哉。"① 范祖禹说："夫申、韩本于老子，而李斯出于荀卿，学者失其渊源，承其末流，将无所不至。故秦之治文具，而无恻隐之实；晋之俗浮华，无礼法之防。天下靡然，卒至大乱。此学者之罪，不可以不戒也。"② 由李斯之坏而推论荀子之不好，这种思路自从唐末陆龟蒙开其端，到北宋中期就得到苏轼、范祖禹等人的响应。

宋人把荀子逐出道统的依据，除了李斯之坏外，还有另外几条：（1）不知周公；（2）攻击孟子；（3）主张恶性善伪。关于第一条的论述有王安石、孔文仲等人的说法："甚哉，荀卿之好妄也！载周公之言曰：'吾所执贽而见者十人，还贽而相见者三十人，貌执者百有余人，欲言而请毕事千有余人。'是诚周公之所为，则何周公之小也！夫圣人为政于天下也，初若无为于天下，而天下卒以无所不治者，其法诚修也。故三代之制，立庠于党，立序于遂，立学于国，而尽其道以为养贤教士之法，是士之贤虽未及用，而固无不见尊养者矣。此则周公待士之道也……荀卿生于乱世，而遂以乱世之事量圣人，后世之士，尊荀卿以为大儒而继孟子者，吾不信矣。"③ "呜呼！荀子之不知周公也。其论大儒之效曰：'周公负扆而坐，诸侯趋走乎堂下，夫谁为恭矣哉？兼制天下，立七十一国，姬姓独居五十三人，夫又谁为俭矣哉？'此其失周公之意远矣。……盖荀卿生乎乱世，杂乎流俗之间，未尝亲讲圣人之余论；其为书也，徒务驰文辞之工，以誇世俗，而不暇择其是非得失之详，故其辨论虽博，而诡于道者甚众，非特不知周公而已。"④ 这些说法都在批评荀子不知周公，误解周公。王安石的话尤其值得注意："后世之士，尊荀卿以为大儒而继孟子者，吾不信矣。"把荀子置于道统中，尊之为大儒而继孟子者，是多数派（本文第二部分关于五贤、四贤的大量论述即可证之），而王安石人与众不同，把荀子逐出道统中，

---

① 苏轼：《荀卿论》，《全宋文》第90册，上海辞书出版社，安徽教育出版社2006年版，第66页。

② 范祖禹：《省试策问二首》，《全宋文》第98册，上海辞书出版社，安徽教育出版社2006年版，第268—269页。

③ 王安石：《周公》，《全宋文》第64册，上海辞书出版社，安徽教育出版社2006年版，第298—299页。

④ 孔文仲：《周公论》，《全宋文》第81册，上海辞书出版社，安徽教育出版社2006年版，第33—34页。

属于少数派。

《荀子·非十二子》有著名的对子思、孟轲的非议："略法先王而不知其统，犹然而材剧志大，闻见杂博。案往旧造说，谓之五行，甚僻违而无类，幽隐而无说，闭约而无解。案饰其辞而祇敬之曰：此真先君子之言也。子思唱之，孟轲和之，世俗之沟犹瞀儒，嚾嚾然不知其所非也，遂受而传之，以为仲尼、子游为兹厚于后世，是则子思、孟轲之罪也。"这些对孟子的严厉批评，似乎未引起那些将荀子作为道统传人的人的注意，却被那些要把他逐出道统的人注意到了。既然孟子在道统中那么重要，如此敌视孟子的人为何还能留在道统中呢？王安石说："荀卿之书，备仁义忠信之道，具礼乐刑政之纪，上祖尧舜，下法周孔，岂不美哉？然后世之名，遂配孟子，则非所宜矣。夫尧舜周孔之道，亦孟子之道也；孟子之道，亦尧舜周孔之道也。荀卿能知尧舜周孔之道，而乃以孟子杂于杨朱、墨翟之间，则何知彼而愚于此乎？……荀卿之尊尧舜周孔，亦诚知所以尊矣，然孟子者，尧舜周孔之徒也，乃以杂于杨朱、墨翟而并非之，是岂异于誉尧舜而非礼乐者耶？"[①]王安石不敢否认当时流行的看法："荀卿之书，备仁义忠信之道，具礼乐刑政之纪，上祖尧舜，下法周孔。"但是，在王安石看来，孟子之道就是尧舜周孔之道。以尊孟有名的王安石容不得批评孟子的荀子留在道统中。黄庭坚说："由孔子以来，求其是非趋舍，与孔子合者，唯孟子一人。孟子，圣人也。荀卿著书，号为祖述孔氏，而诋訾孟子，以为略法三王而不知其统……其智不足以知孟子，安能知孔子？然则荀卿所谓知孔子者，特未可信。"[②]王洋说："昔者荀卿著书非十二子，自惠施、邓析，至于子思、孟轲皆不能免。使十二子皆逆理而伤道则可，使其有合于圣人之道，而荀卿非之，当乎？自孔圣而下，善学夫子者莫如孟子，而孟子犹且不免，则荀卿之论谓之不当可也。"[③]纯粹从逻辑上看，因为荀子如此严厉批评孟子，把他作为在道统中承接孟子的人可能是有问题的。不过，南宋王应麟指出："荀卿《非十二子》，《韩诗外传》引之止云十子，而无子思、孟子。愚谓

① 王安石：《荀卿上》，《全宋文》第64册，上海辞书出版社，安徽教育出版社2006年版，第354—355页。

② 黄庭坚：《孟子断篇》，《全宋文》第107册，上海辞书出版社，安徽教育出版社2006年版，第81页。

③ 王洋：《策问》，《全宋文》第177册，上海辞书出版社，安徽教育出版社2006年版，第191—192页。

荀卿非子思、孟子，盖其门人如韩非、李斯之流托其师说以毁圣贤，当以《韩诗》为正。"① 现代更有学者从文气、文理、字数等多个方面证明最后一非（非子思、孟轲）与前面十非的根本不同而断定它是荀子后学（不能确定姓名的后学）所加。② 把荀子这个人和《荀子》这部书区分开来是很有必要的，不能说书中的所有说法都是他一个人的，应该把它看作荀子学派的作品，其中肯定有后学的贡献。这种情况类似于《庄子》不是庄子一人所作。

《荀子》中的《非十二子》被作为排荀子出道统的根据，其《性恶》也同样如此。王安石说："盖孟子以谓人之为仁义，非戕其性而后可为，故以告子之言为祸仁义矣。荀卿以为人之性恶，则岂非所谓祸仁义者哉？顾孟子之生，不在荀卿之后焉尔，使孟子出其后，则辞而辟之矣。"③ 反对王安石变法的吕陶发表过类似于王安石的非荀看法："荀卿……务为豪说侈论，往往越于名教之外，而不知其归也。为仁义礼乐之宗主，万世仰而师之者，圣人也，荀卿曰：'尧、舜、跖，其性一。'又曰：'礼乐生于圣人之伪。'……立说好异，夸辨太过，而不知其归也夫。"④ 以荀子所谓主张人性恶而把他排除出道统，这种看法在北宋中期后陆续得到一些人的响应，而孟子性善论则被越来越多的人接受。

在我们看来，在《荀子》一书中，批评孟子的地方有两处：它们分别出自《非十二子》和《性恶》，而明确肯定孟子的地方也有两次："孟子恶败而出妻，可谓能自强矣。"⑤"孟子三见宣王不言事。门人曰：'曷为三遇齐王而不言事？'孟子曰：'我先攻其邪心。'"⑥《荀子》中吸收孟子或与之一致的地方更多。如何解释《荀子》中肯定孟子和否定孟子的不协调？值得注意的看法是，《非十二子》之非子思、孟轲为荀子后学所加，《性恶》也是荀子后学所作，其根据包括：在最早的《荀子》版本也就是刘向编的版本中，《性恶》夹在《子道》和《法行》之间，而这两篇公认为荀子后学的作品；该书只有一篇文章主张人性恶，而牵涉到人性的多篇文章（如《劝学》、《荣辱》、《礼论》、《正名》

---

① 王应麟：《诸子》，《困学纪闻》（中），上海古籍出版社 2008 年版，第 1193 页。

② 周炽成：《〈非十二子〉之非子思、孟轲出自荀子后学考》，《国学学刊》2014 年第 3 期。

③ 王安石：《荀卿上》，《全宋文》第 64 册，上海辞书出版社，安徽教育出版社 2006 年版，第 355 页。

④ 吕陶：《荀卿论》，《全宋文》第 73 册，上海辞书出版社，安徽教育出版社 2006 年版，第 376 页。

⑤ 王先谦《荀子集解》（下），中华书局 1988 年版，第 403 页。

⑥ 王先谦《荀子集解》（下），中华书局 1988 年版，第 501 页。

等）中都未有这一主张；司马迁在关于荀子的传纪中也未提到他有此主张；《韩诗外传》大量引《荀子》但未引《性恶》，如此等等；荀子本人应该是性朴论者，而不是性恶论者。① 如果这些看法成立，对孟子和荀子的关系就要有全新的视野。

李斯是荀子的学生、《荀子》有非议孟子的言论和人性恶的主张，这些客观事实一直都存在。那些以这些事实来作为把荀子排除在道统之外的"客观"根据的人，有什么"主观"目的呢？不同的人可能很不一样。凸显自我应该是其中不少人都具有的目的。说白一点，这种目的就是通过抑荀而扬我。前面说过，韩愈有两个道统版本，其中之一肯定荀子和扬雄为道统的传人，其中之一否定之。当他批评荀子与扬雄"择焉而不精，语焉而不详"，不能担当起传承道统的重任时，他暗示自己接上孟子，我们由此不难看出韩愈凸显自我的勇气。韩愈的肯定荀子和扬雄为道统的传人的道统版本是合乎潮流的，容易得到时人认可的，而他否定这一点的道统版本是反潮流的，不容易得到时人的认可。不过，韩愈的反潮流勇气被李翱继承，而且他比韩愈更大胆，敢于明说自己接万章、公孙丑等孟子弟子。到了北宋中后期，把荀子挤出道统的人，或明或暗地持有自己或自己的师长、同道接孟子的想法。连荀子都不能接孟子，其他人就更不行了。不过，"天下舍我其谁也"，"我"就敢接。王安石等人就是这样的"我"。这个被称为"拗相公"的人，非常有主见、有创造力。他以坚定的毅力，力排众议而推行变法。后来批评他的人，常说他心术不正，其实，他正是要从孟子那里吸收心的力量。孟子劝梁惠王：行仁政并不难，只要真正运用恻隐之心就行；王安石也劝宋神宗：变法并不难，只要有心做。他接孟子的心愿应该是很强烈的。他的女婿和学生蔡卞说："安石奋乎百世之下，追尧舜三代，通乎昼夜阴阳所不能测而入于神。初著《杂说》数万言，世谓与孟轲相上下，于是天下之士始原道德之意，窥性命之端云。"② 全祖望也说："荆公《淮南杂说》初出，见者以为《孟子》。"③ 别人的评价，体现的正是王安石的心思。这位北宋中期责荀最猛烈的人，通过打压荀子，直接孟子，气势非凡。在

---

① 周炽成：《荀子非性恶论者辩》，《广东社会科学》2009 年第 2 期；周炽成：《性朴论与儒家教化政治：以荀子和董仲舒为中心》，《广西大学学报》2015 年第 1 期；周炽成：《儒家性朴论：以孔子、荀子、董仲舒为中心》，《社会科学》2014 年第 10 期。

② 晁公武：《郡斋读书志校正》，孙猛校证，上海古籍出版社 1990 年版，第 525—526 页。

③ 黄宗羲：《宋元学案》（四），中华书局 1986 年版，第 3237 页。

回赠欧阳修的诗歌中，王安石也暗示了直接孟子的气势："他日若能窥孟子，终身何敢望韩公？"① 韩公是指韩愈。在别的地方尊韩甚至把韩与孟子并连的王安石，在这诗里可以说把韩愈也不放在眼里了。王安石的另一首以《孟子》为题的诗更显示了引孟子为知己，直接孟子的心态："沉魄浮魂不可招，遗编一读想风标。何妨举世嫌迂阔，故有斯人慰寂寥。"②

欧阳修比王安石大十多岁，而且提携过他。但是，欧阳修不赞成变法，两人关系闹僵。值得注意的是，与王安石尊孟不同，欧阳修尊荀："三代之衰，学废而道不明，然后诸子出……荀卿子独用《诗》、《书》之言，贬异扶正，著书以非诸子……及战国平，三代《诗》、《书》未尽出，汉诸大儒贾生、司马迁之徒莫不尽用荀卿子，盖其为说最近于圣人而然也……夫荀卿者，未尝亲见圣人，徒读其书而得之。然自子思、孟子已下，意皆轻之。使其与游、夏并进于孔子之门，吾不知其先后也。"③ 按欧阳修这里的叙述，荀子"最近于圣人"，他的地位显然高于孟子的地位。他对"自子思、孟子已下"轻视荀子的情形表示不满。从欧阳修说的"盖阁下善用尧、舜、禹、汤、文、武、周公、孔子、孟轲、荀况之道"④，可见荀子是道的传人。欧阳修尊荀，也尊韩，他继承了韩愈那个肯定荀子传道的道统版本。

由于荀子的巨大影响，把他排除在道统之外不是一件容易的事情。在整个北宋年间，只是少数人这样做，但多数人并不响应。这些少数人，除王安石、苏轼等人之外，还有二程等后来被称为道学家的人。王安石排挤荀子而直接孟子，二程也同样如此。二程明确地赞成韩愈排挤荀、杨的道统版本，而反对他容纳两人的道统版本："韩愈亦近世豪杰之士，如《原道》中言语虽有病，然自孟子而后，能将许大见识寻求者，才见此人。至如断曰：'孟子醇乎醇。'又曰：'荀与扬择焉而不精，语焉而不详。'若不是他见得，岂千馀年后便能断得如此分明？"⑤ "韩退之言孟子醇乎醇，此言极好，非见得孟子意，亦道不到。

---

① 王安石：《奉酬永叔见赠》，《王安石全集》，上海古籍出版社1999年版，第449页。

② 王安石：《孟子》，《王安石全集》，上海古籍出版社1999年版，第558页。

③ 欧阳修：《郑荀改名序》，《全宋文》第34册，上海辞书出版社，安徽教育出版社2006年版，第396—397页。

④ 欧阳修：《又上韩相公书》，《全宋文》第36册，上海辞书出版社，安徽教育出版社2006年版，第128页。

⑤ 程颢、程颐：《二程集》（上），中华书局1981年版，第5页。

其言荀、杨大醇小疵，则非也。荀子极偏狭，只一句性恶，大本已失。"①"圣人之道，至卿不传。"②本文第一部分已经指出，韩愈在《原道》中明确肯定孟子之后道统失传，而在《读荀》中承认荀子、扬雄事实上传道统。"大醇小疵"之说就是出现于《读荀》中，而此说被二程否定。二程对韩愈说法的取舍很明显。不过，二程在北宋的影响并不大。到了南宋，由于朱熹等人的努力，他们的影响扩大了，把荀子挤出道统的人也相对多了起来。

不过，就算在南宋，仍然有很多说法把荀子置于道统中。本文第二部分引用过陆九渊的含荀子的"五子说"。他还指出："由孟子而来，千有五百余年之间，以儒名者甚众，而荀、扬、王、韩独著，专场盖代，天下归之，非止朋游党与之私也。若曰传尧、舜之道，续孔、孟之统，则不容以形似假借，天下万世之公，亦终不可厚诬也。"③陆九渊的这些话肯定荀子在道统中的地位。楼钥作《孟荀以道鸣赋》，对之有更明确的肯定："周、孔既远，孟、荀挺生。以斯道而自任，在当时而善鸣。仰兹名世之贤，同宗一圣；抱此觉民之术，茂著英声。当六国之下衰，有二贤之可考，以亚圣之才而无所施用，以宗王之学而终于穷老。其遇于世何如也，既不逢辰；不得其平则鸣焉，独能以道。观夫名重楚国，学传子思，优入圣人之域，卓称王者之师。恐斯文之丧也，振吾道以鸣……经本吐辞，和金声于夫子……一时卫道也，信同声之相应；后世闻风也，有德音之不已……锵若钧天，小为文之韩氏。故能倡正道以相和，诋异端而力排……大醇小疵也虽或不同，立言指事也未尝有二……然则先王之道，至今在人耳者无他，由孟、荀之不坠。"④荀子传道之功，与孟子不相上下，两人都被称为"亚圣"。而且，楼钥也肯定了扬雄与韩愈传道。更值得注意的是，楼钥把"孟荀"与"周孔"并列。本文第一部分说过唐代道统中的"周孔荀孟"之说，到了南宋，这种说法仍然在延续。不过，从楼钥的话里可看到微妙的变化：先荀后孟变成了先孟后荀。这体现了孟子地位的上升。楼钥的"优入圣人之域"、"经本吐辞"源自韩愈《进学解》中的"吐辞为经"、"优入圣

① 程颢、程颐：《二程集》（上），中华书局1981年版，第262页。
② 程颢、程颐：《二程集》（上），中华书局1981年版，第403页。
③ 陆九渊：《与侄孙濬书》，《全宋文》第271册，上海辞书出版社，安徽教育出版社2006年版，第231页。
④ 楼钥：《孟荀以道鸣赋》，《全宋文》第262册，上海辞书出版社，安徽教育出版社2006年版，第153—154页。

域"，两人都用几乎一样的话来说孟子和荀子。从韩愈到楼钥，三四百年过去了，但我们仍然能看到从唐到宋道统说的历史延续性。比朱熹晚生多年的楼钥，显然不接受他的排挤荀子的道统，这种道统在南宋的接受程度大概被现代人高估了。另外，早于朱熹在武夷山讲学而且被其肯定的胡寅，要把邵雍、程颢、程颐、张载四人加入道统中，但肯定荀子在道统中的地位："本朝自嘉祐以来，西都有邵雍、程颢及其弟颐，关中有张载，皆以道学德行名于当世……会王安石当路，重以蔡京得政，曲加排抑，其道不行，深可惜也。愿下礼官讨论故事，以此四人加之封号，载在祀典，比诸荀、扬、韩氏，仍诏馆阁搜集其遗书，委官校正，取旨施行，便于学者传习，羽翼圣经……"① 胡寅与朱熹都尊二程，不过，朱熹肯定二程直接孟子，把荀、扬、韩排挤在道统之外，但在胡寅看来，二程等不是直接孟子，而是接荀、扬、韩。我们还看到，晚于朱熹的真德秀在"继之以子思、孟子、荀况、董仲舒、扬雄、周敦颐之说者"的话中也仍然承认荀子在道统中的地位。② 在真德秀那里，周敦颐进道统不排斥荀子的这种地位。

从前述对荀子被挤出道统的叙述中，事实上也可看到扬雄被挤出。两人经常是连起来被挤出的。而王通被挤出道统的情形，已在本文第二部分说过。下面要讨论韩愈被挤出的情况。

如前所述，韩愈是在晚唐被皮日休等人置于道统中的，由此开启了尊韩运动，它在宋初被孙复、石介等推到鼎盛。石介说韩愈是"不知更几千万亿年"才有的一个人。当然，物极必反。被尊至顶点的韩愈在北宋中期即遭到多种多样的批评，其中首先值得注意的是打通儒释的契嵩的批评。他的批评集中体现在《非韩》之中，主要针对韩愈的《原道》。《原道》的主题是以本土固有的道统反佛。作为儒化僧人，契嵩护佛而不反儒。他认为儒与佛并非势如水火，而是可以互补，主张"以儒治世，以佛修心"。契嵩批评韩愈以不合于礼、不合于道的方式急于求仕，批评韩愈先仁义而后道德的顺序，批评韩愈对儒家之道的理解之误，如此等等。由于契嵩曾受到仁宗皇帝的肯定，他对韩愈的批评在当时可能有不容忽视的影响。对韩愈为人处世的批评，尤其容易得到

---

① 胡寅：《先公行状下》，《全宋文》第 190 册，上海辞书出版社，安徽教育出版社 2006 年版，第 185 页。

② 真德秀：《大学衍义序》，《全宋文》第 313 册，上海辞书出版社，安徽教育出版社 2006 年版，第 173 页。

响应。曾经很尊韩的欧阳修说："每见前世有名人，当论事时，感激不避诛死，真若知义者。及到贬所，则戚戚怨嗟，有不堪之穷愁形于文字。其心欢戚，不异庸人。虽韩文公不免此累。"① 司马光说："韩子以三书抵宰相求官，《与于襄阳书》谓先达后进之士，玄为前后以相推授，如市贾然，以求朝夕刍米仆赁之资，又好悦人以铭志而受其金。观其文，知其志，其汲汲于富贵，戚戚于贫贱如此，彼又乌知颜子之所为哉！"② 从为人方面批评韩愈，从北宋中期到南宋持续不断。他与佛教人士如大颠等人的交往，也成为人们议论纷纷的素材。一方面反佛，另一方面又与和尚走得那么近，这不是言行不一吗？更值得我们注意的是，韩愈自负于对道的追求和把握，而宋中期的多位大家恰恰在这方面批评他。王安石以诗批评他，认为韩愈未识道："纷纷易尽百年身，举世何人识道真？力去陈言夸末俗，可怜无补费精神。"③ 苏轼批评韩愈对于道只好其名而不乐其实："韩愈之于圣人之道，盖亦知好其名矣，而未能乐其实。何者？其为论甚高，其待孔子、孟轲甚尊，而拒杨、墨、佛、老甚严。此其用力，亦不可谓不至也。然其论至于理而不精，支离荡佚，往往自叛其说而不知……圣人之道，果不在于张而大之也。韩愈者，知好其名，而未能乐其实者也。"④ 二程以韩愈入道浅来否定他在道统中的地位："扬子之学实，韩子之学华，华则入道浅。"⑤ 把韩愈挤出道统后，程颐就说其兄程颢直接孟子。

韩愈被挤出道统，最具有戏剧性。作为最早阐发道统的人，最终却被人逐出道统之外。这有点类似于一个团体的创立者，最终被逐出这个团体。韩愈提出道统在孟子之后中断，暗示而未明说自己接孟子。晚唐至宋初的尊韩，明确把他置于道统中，但不是接孟子，而是接王通（文中子），他是"五贤"或"五子"之一。后来王通被挤出道统，韩愈就接扬雄，成为"四贤"或"四子"之一。从北宋中期开始，他受到批评，被人挤出道统。蒋之奇用韩愈批评荀子、扬雄的语言批评韩愈，非常有趣："故自夫子之没，学而得其传、传而得其意者，孟轲氏、扬雄氏而止耳。至于荀况氏、韩愈氏，则择焉而不精，造

---

① 欧阳修：《欧阳修全集》，中华书局 2001 年版，第 491 页。

② 司马光：《颜乐亭颂》，见吴文治编：《韩愈资料汇编》第 1 册，中华书局 1983 年版，第 121 页。

③ 王安石：《韩子》，《王安石全集》，上海古籍出版社 1999 年版，第 559 页。

④ 苏轼：《论韩愈》，见吴文治编：《韩愈资料汇编》第 1 册，中华书局 1983 年版，第 145 页。

⑤ 程颢、程颐：《二程集》（上），中华书局 2004 年版，第 491 页。

焉而不醇,吾未见其无疵也。"①"择焉而不精"是韩愈用来说荀子、扬雄的话,现在被蒋之奇用来说韩愈自己。

承认荀子、扬雄在道统中的地位的韩愈是温和的,而否认它的韩愈是激进的。无论是温和的韩愈,还是激进的韩愈,都具有重要的影响。激进的韩愈引出了更激进的后来者,他们超越韩愈而想直接孟子或者推出自己的师长、同道接孟子。历史上经常存在着激进者被更激进者超越的情形,但没有前面的激进者就不会有后来的激进者。另外,论者们一般只知激进的韩愈,而未知温和的韩愈。而温和的韩愈的影响也很明显。有韩愈地位的"五贤"或"四贤"的道统说,从北宋初起一直延续到南宋末,甚至延续到元明;因篇幅和文本论说范围所限,只举一个例子就够了:元代的刘诜说:"论大道,则有孟、荀、扬、韩者焉。"②

从元代起,由于朱熹的《四书集注》成为科举考试的基本教材,排挤荀子、扬雄、韩愈等的程朱道统说影响越来越大,二程或二程老师周敦颐接孟子的说法得到广泛的接受。但是,这并不意味着元明道统说只剩下一种。关于元明道统说的多样性,拟另文讨论之。

(作者简介:周炽成　华南师范大学政治与行政学院)

---

① 蒋之奇:《广州州学记》,《全宋文》第78册,上海辞书出版社,安徽教育出版社2006年版,第237页。

② 刘诜:《丽泽斋记》,李修生主编:《全元文》第22册,凤凰出版社2004年版,第95页。

湘学称谓的历史变迁及其内涵

王立新

湘学与湖湘学派之作为思想学术的派别观念，主要有古代和近代两个兴盛的时期，古代的湘学或湖湘学派的观念是朱子首先提出的，意义很明确，范围也很狭小；近代的湘学和湖湘学派的观念主要是梁启超、李肖聃等提出来的，意义相对宽泛，而且外延也相对阔大。

一、古代的湘学概念及其内涵

湘学之在古代，称为湖湘学或湖南学，是湖湘学派及其学术思想的简略称谓。这个称谓首先是由朱子呼出并进而"叫红"的。

朱子原本与湖湘学派有密切的思想学术关系，他曾受业于胡文定的侄儿籍溪胡宪，时间长达 19 年之久，同时朱子又受过胡文定、胡致堂、胡五峰、张南轩等的重要影响。朱子因此而具有湖湘学的学统。① 后因思想上发生了重大的变化，朱子遂与湖湘学派分手，从湖湘学派的信奉者变成了湖湘学派的思想对手。

有关朱子为湖湘学派命名的情况，《朱子语类》和《朱熹集》等都有明确的记述。

《朱子语类》卷 101："问：'湖南"以身格物"，则先亦是行，但不把行做事尔。'曰：'湖南病正在无涵养。无涵养，所以寻常尽发出来，不留在家。'"

又："因说湖南学先体察，曰：'不知古人先学洒扫应对，为复先体察？'"

又："湖南一派，譬如灯火要明，只管挑，不添油。便明得也即不好。所以气局小，常汲汲然张筋努脉。"

---

① 参见王立新：《朱子与湖湘学派》，《朱子学刊》2000 年第 11 辑。

《朱熹集》卷53《答胡季随》有："今湖南学者有云：'不可以急迫求之，只得且持守，优柔厌饫，而俟其自得。'未为不是，但欠穷理一节工夫耳。"①

又卷42《答石重子》："钦夫见处卓然不可及，从游之久，反复开益为多。但其天资明敏，从初不历阶级而得之，故今日语人亦多失之太高，湘中学子从之游者遂一例学为虚谈，其流弊亦将有害。……"②

又卷38《答詹体仁》："湘中学者之病诚如来教，然今时学者大抵亦多如此……"③

从以上引述诸条有关朱子称说湖湘学者的思想材料可以看出，朱子指称"湖湘学派"的真正用意和内容所涵：

首先，朱子提出湖湘学或湖南学的观念或给湖湘学派命名，其所指称的主要是南宋时期活跃在湖南地区的一群学者，而湖湘学则是指这群学者的学术及其思想，包括他们在本体论、修养工夫论以及为学方法和践履落实等方面的理论主张。概而论之，就是南宋时期活跃在湖南地区的理学家、理学学者以及他们的学术思想。除此以外并不包含其他内容。

其次，朱子指称湖湘学派或湖湘学，并不是出于对湖湘学的理论肯定，而是为了同湖湘学派划清界限，也就是宣称自己不是湖湘学者。为什么要这样做？理由很简单，就是认为自己的学术思想是正确的，而湖湘学派的学术思想是偏颇的甚至是错误的。也就是说，朱子提出湖湘学派的观念，并不是为了从正面给湖湘学派争取学术地位，而是从负面上指证其弊，以提请天下学人，引发他们"注意"，不致误入歧途。这样的做法，事实上等于宣判了湖湘学派是儒学的异端。近世湖南学人以感激的心情称道朱子为湖湘学派的命名者，事实上只是对朱子的借重或误读。

朱子是湖湘学派的命名者，这个学术思想史的事实确实是个真实的判断。朱子也确实与湖湘学派有着相当的学术交谊，不过当其称说"湖湘学"、"湖南学者"和"湖南学"、"湘中学者"等的时候，其用意实在不出上述两种。

不过本文作者需要在这里提请读者注意的是，朱子在提出湖湘学派这样的学术观念时，是有着相当的技术方面的考虑的。仔细阅读上引文字就能

---

① 《朱熹集》第5册，四川教育出版社1996年版，第2670页。

② 《朱熹集》第5册，四川教育出版社1996年版，第1980页。

③ 《朱熹集》第5册，四川教育出版社1996年版，第1734页。

看出：

朱子的湖湘学派观念表面上是泛指湖南地区的学者，实则专指由胡文定所开创，由其子胡五峰所完成并由张南轩进一步扩张开来的理学学者群体。《答石重子》最能说明这一点：

> 钦夫见处卓然不可及，从游之久，反复开益为多。但其天资明敏，从初不历阶级而得之，故今日语人亦多失之太高，湘中学子从之游者遂一例学为虚谈，其流弊亦将有害。比来颇觉此病矣，别后当有以救之。然从游之士亦绝难得朴实头理会者，可见此道之难明也。胡氏弟子及其他门人亦有语此者，然皆无实得，拈槌竖拂，几如说禅。与文定合下门庭大段相反，更无商量处。惟钦夫见得表里通彻，旧来习见微有所偏，今此相见，尽觉释去，尽好商量也。（《朱文公文集》卷四十二）

所谓"与文定合下门庭大段相反"，可以表述为"现在的湖湘学派学者与早期开创时已大不相同，他们在相当的意义上背离了胡文定的开创原旨"。因此，朱子所谓湖湘学派学者，包括胡文定父子等在内，并且就是指由胡文定所开创的学统中的学人。同时，张南轩虽然是其中的佼佼者，但也不能免于湖湘学派整体的流弊。朱子对所有的湖湘学派的学者几乎都有微词。《朱子语类》有：

> 胡季随主其家学，说性不可以善言。……若如其言，有本然之善，又有善恶相对之善，则是有而性矣。……此文定之说，故其子孙皆主其说，而致堂、五峰以来，其说益差，遂成两个性。本然者是一性，善恶相对者是一性。他只说本然之善是性，善恶相对者不是性，岂有此理！[1]

可见朱子的湖湘学派，不仅指五峰以后的湖湘学者，而且包括胡氏父子。而胡氏父子在朱子的眼中，是南轩时代及其向后的所有湖湘学者学术思想之"病"的最初病源。

那么朱子为什么单提后面的而不提前面的？因为朱子针对的主要是与他同时的学者，而前期湖湘学派的学者已经被朱子从头到脚挨个数落过了。而在数落的过程中，曾经受到后期的湖湘学派学者的比较强烈的抗争，于是做些技术处理，主要说后面的，顺势轻点前面的，就不易激起更大的众议。这是朱子讲说的艺术或技术水平。我们现在暂且回过头来看朱子对前期湖湘学派学者的

---

[1] 黎靖德编：《朱子语类》卷101，中华书局1986年版，第2586页。

评判：

> 文定大纲说得正，细微处五峰尤精，大纲却有病。
>
> 文定说较疏，然好；五峰说密，然有病。①

这种语法也是做过技术处理的。看似在表扬胡文定而指责胡五峰，其实胡氏父子都在批评之列。因为转换口气，就可以表达成"文定虽说得正，但大纲太疏略"，"文定说虽好，但太疏略"。

再看朱子说胡致堂与胡籍溪：

> 胡致堂之说虽未能无病，然大抵皆太过，不会不及，如今学者只是不及。
>
> 胡籍溪人物好，沉静谨严，只是讲学不透。②

至于胡五峰，更加未留情面。《宋元学案·五峰学案》载其对五峰《知言》的怀疑与"批评"的言论，黄宗羲归总为八条：（1）性无善恶；（2）心为已发；（3）仁以用言；（4）心以用尽；（5）不事涵养；（6）先务察识；（7）气象迫狭；（8）语论过高。有此八端质疑，我们只能将批评两字打上引号，因为这已经远远超过了批评的范围。

至于张南轩，虽然与朱子共同质疑《知言》，朱子称其见善即迁，给了很高的评价，但就其思想学术甚至行为习惯，朱子都有一定的微词：

> 钦夫见识极高，却不耐事。
>
> 南轩伯恭学皆疏略，南轩疏略从高处去，伯恭疏略从卑处去。③
>
> 敬夫高明，他将谓人都似他，才一说时，便更不问人晓会得否，且要说尽他个。故他门人，敏的只学得他说话，若资质不逮，依旧无著摸。某则性钝，说书极是辛苦，故寻常与人言，不敢高远之论。盖为是身曾亲经历过，故不敢以是责人。《学记》曰："进而不顾其安，使人不由其诚。"今教者之病，多是如此。④
>
> 钦夫信忒猛，又学胡氏云云，有一般没人情的学问。⑤

应该说朱子对胡文定还是有所顾忌的，而对五峰则极尽"批评"之能事。

---

① 黎靖德编：《朱子语类》卷 101，中华书局 1986 年版，第 2579 页。
② 黎靖德编：《朱子语类》卷 101，中华书局 1986 年版，第 2581 页。
③ 黎靖德编：《朱子语类》卷 103，中华书局 1986 年版，第 2604 页。
④ 黎靖德编：《朱子语类》卷 103，中华书局 1986 年版，第 2605 页。
⑤ 黎靖德编：《朱子语类》卷 103，中华书局 1986 年版，第 2610 页。

本来对五峰也是应该多少加些回护的，因为毕竟五峰是长者和先驱。但因为如果不扳倒五峰，就不能使湖湘学派放弃自己的主张而站在自己一方。而一旦对《知言》的质疑成为湖湘学派无法争辩或无力争辩的"公论"之后，在湖湘学派学者们的反击下，朱子不得不表示对胡五峰的"妄议"，是犯了尊贤的忌讳。但此时朱子在与湖湘学派的理论辩争已经获得了胜利，也该收兵了。但朱子并没有就此回营，终其后半生都没有停止对湖湘学派的"批评"和"矫正"，直至陷入庆元学禁的重重围困时为止。

诚然，朱子对湖湘学派的"批评"与"矫正"，是在基本肯定其为理学重要学派并对南渡以后理学的发展做出了重要贡献的基础上进行的。朱子以自己对儒学的理解衡量湖湘学派、象山学派和浙东学派等，虽然表现了老大自居和唯一正统代言人的姿态，但其对儒学命运与前途的忧虑和使之重新振兴发展的历史使命感等，都有其不可抗拒的魅力，同时也十分令人感动。承续传统儒学生命精神的香火、坚定不移的卫道情怀和唯一正统代言人身份的要求与自我肯认交织在一起，构成了朱子为湖湘学派命名的全部心理动机。湖湘学派或早期湘学概念的真正含义也就由此而确定，并被学界广泛传播开去。

但是这里所说的早期湘学的概念，并不是早期湘学的内容和特点的同义语，早期的湘学是有着非常丰富的学术内涵和理论贡献的，关于这一点，朱子也有过相当的论述。因为本文主要是论述湘学作为学术概念的称谓之提出及其演变与内涵，故湘学自身的思想学术内涵，并不在本文的必须论说之列。

二、近代的湘学称谓及其内涵

首先让我们回顾一下湘学之作为观念的形态在近世盛行的一些情况。

湘学的称谓自南宋朱子提出而流行天下，天下学人在朱子的引导之下，认定其为偏离正确轨道的理学思潮，虽曾有功于圣学，但也存在很多弊病，造成了对圣学的误解等一些不良的社会影响。直到南宋灭亡、湖南沦陷之后，湖湘学派作为学术实体随之消亡为止。此后，湘学的称谓一度湮没不闻。湖南地区的思想学术也相对进入沉寂的历史时期。明清鼎革之际，衡阳王夫子继湖湘学派而起，再度将湘学的火炬燃亮，而且较之南宋更加耀目，可谓光芒四射。但由于船山穷处荒山，奔避流离，加以未曾从事真正的教育活动，故而没有形成具有现实影响的新湘学学派，包括船山本人也极少为外人所知。但湘学在此一时期并未造成像南宋时期那样大的影响。不过历史不会在完全省略前贤思想的情况下前行。邓显鹤曾于道光年间倾力搜集并刊刻船山遗书并花费很大心血整理湖南地区的学者与学术等历史材料，其有功于湘学的情形，可以从梁任公称其为"湘学复兴的导师"的评价中，约略可见一斑。咸同年间，随着湘军的崛起，湖南再度受到天下人的重视。加以郭嵩焘、曾国藩等的努力倡导与刊印遗书，船山像考古文物重新出土一样渐为世人所知。尤其是戊戌维新运动前后，由于谭嗣同等人的宣传，船山思想如地火一样冲出地平线，照亮了整个华夏神州。湖南人在近世中国的历史舞台上尽情地表演，以其果敢、无畏、坚定的卫道意识、拯救情怀和献身精神，赢得了世人的广泛关注与赞誉。人们由此联想到了古代的湘学，又将船山置于中间，从而使整个湘学有了历史的连贯性。这应该是近世湘学称谓重新被提出的最初动因，这一事实显然与湘学精神的复活拥有时间上的相对一致性。

近世湘学称谓的重新流行大致时间是在上两个世纪交替之前（1897年前后），确切时间不好确定。不过"湘学"的观念自南宋以后，就一直没有在士人的心中消失，否则就不会重新盛行起来。

梁启超《儒家哲学》第五章"二千五百年儒学变迁概略"之下有关于湘学的称谓两处：

> 南宋学派，主要是朱陆两家，历元明清三代，两派互为消长，直至现在仍然分立。两派之外，还有两个人需要注意。一个是张南轩，可以说他是朱子的附庸，死得很早，没有多大成就，与朱子并为一派无妨。南轩生在湖南，湖湘学派与朱子学派，实在没有什么区别。[1]

> 非朱非王，独立自成一派，当推王夫之（船山）。船山是湖南人，他这一派，叫做湖湘学派。在北宋时为周濂溪，在南宋时为张南轩，中间很消沉，至船山而复盛。他独居讲学，并无师承，居在乡间，很少出来。……船山在清初湮没不闻，咸同以后，因为刊行遗书，其学渐广。近世的曾文正、胡文忠都受他的熏陶。最近的谭嗣同、黄兴，亦都受他影响。清末民初之际，智识阶级没有不知道王船山的人。并且有许多青年，作很热烈的研究，亦可谓潜德幽光，久而愈昌了。[2]

---

[1] 《梁启超全集》，北京出版社1999年版，第4977页。

[2] 《梁启超全集》，北京出版社1999年版，第4985页。

梁任公的《儒家哲学》作成于 1927 年，而有上述湖湘学派的观念还要更早些，大约戊戌维新之前，经谭嗣同等的介绍而始读船山遗书，并受其影响而对船山和湖湘学派有了大致的看法并生出崇敬之心。

1897 年初，由谭嗣同、黄遵宪、唐才常、梁启超等云集湖南，在湖南巡抚陈宝箴的支持之下，合力宣传准备，出版《湘学报》，此报于 4 月 22 日正式开办，作为寻刊的《湘学报》①，湖南督学吴人江为最初的督办，唐才常与陈为镒等是最初的主编。

如果没有湘学的观念，是不可能办《湘学报》的。由此看来，近代湘学称谓的重新流行，或许还要向前推一些。

这是湖湘地区或熏染湘气的梁启超等近代学人们于近世重提湘学的大致情形。而事实上，近世的湘学称谓，不仅限于湖南地区。浙江学者陈汉第在汪康年（也是浙江学者，戊戌变法运动中的保守派学者之一）与梁启超反目之后，写信给汪康年说（此时梁启超已到湖南）：

> 湘学已为康（康有为）教所惑，浙学汲汲宜办，以社其未萌，先发制人，此其时也。……②

浙江学者心目中亦久有湘学观念。上引陈汉第写给汪康年的书信，只是一证而已。但由此可以想象，有湘学意识的不只湖南一地之学者，只是湖南地区的学者对此更加重视而已。

了解湘学的人都知道，近人李肖聃是最早的一部明确有湘学称谓的著作《湘学略》的作者。其《湘学略》成书于民国三十五年十二月，即 1946 年底。而据其自述，在民国十三年七月，为了祝贺《长沙大公报》创办十周年，李肖聃曾应湖南新化人李景侨之邀请，为做纪念文字，当时李肖聃以数万字的《湘学小史》应之。如此，则李肖聃之作湘学实在 1924 年，较梁启超在《儒家哲学》里使用湘学的概念相对要早。

李肖聃（1881—1953），名犹龙，肖聃其字也。李肖聃是李淑一的父亲。毛主席有《蝶恋花·答李淑一》词，就是这个李淑一，她是毛泽东的第一任夫人杨开慧的好友。1920 年，杨昌济病逝于北京，杨开慧回到湖南，因为留了

---

① 《湘学报》初名《湘学新报》，至 1897 年 8 月以后，改由徐仁铸督办。共出刊 45 期，以宫纸印刷。该报与南学会等相互配合，为戊戌变法维新做了相当的宣传准备工作，促进了湖南地区维新运动的蓬勃发展，并在全国范围之内造成了较为广泛的影响。

② 上海图书馆编：《汪康年师友书札二》，上海古籍出版社 1986 年版，第 2045 页。

短发，被认为是"过激党"，学校不准其读书，是李肖聃帮助她才得以进入长沙一家私立学校——福湘女中。李肖聃是杨昌济的同事与朋友，也是毛泽东的师辈。

不仅李肖聃的《湘学略》，钱基博的《近百年湖南学风》也是近世的湘学作品。钱基博是钱钟书的父亲，生于1887年，1957年过世。而据其女钱钟霞为其父此书的重版所作的序言称，此书成于1943年冬。时间相对《湘学略》晚了19年。

以上所列数条，只是说明"湘学"观念在近世重新兴盛的若干案例，其所表明的，并不是仅此而已，因为湘学的观念和对湘学精神的借重而推动近世社会革命和社会运动的发展的情况，在近代确实相当普遍。如陈独秀于1920年前后所作的《欢迎湖南人的精神》和杨度等人身上所体现的湘学精神等都非常明确地证明着这一点。不过需要在这里说明的，就是湘学之作为观念的形态，从近世重新盛行起来之后，直至今天，在人们的心目中也没有消失。

接下来我们探讨一下近世湘学观念的内涵情况。

从以上所引的近世学者和风云人物有关湘学的言论可以看出以下四点：

其一，湘学在近世人的心目中为一有别于浙学等的地域性之学术观念。

梁启超、杨度、叶德辉、钱基博、李肖聃、陈汉第与汪康年等虽然政治立场不同，但在对湘学是地域性学术的看法这一点上基本相同。

叶德辉[1]在《答人书》中说："湘学兆于鬻熊，成于三闾，宋则濂溪为道学之宗，明则船山抱高蹈之节。迨乎乾嘉以后，吴越经学之盛，几于南北同宗。湘人乃独守其乡风，怀抱其忠义。经世之作，开风气之先。讲学之儒，奏戡乱之绩。六风广衍，本不以考据为能。近日无知之徒，乃欲依附康门，表彰异学。似此无父无君之学，天下皆得而攻之，又奚怪鄙人之摇唇鼓舌乎！"[2]

钱基博在《近百年湖湘学风》中说，他自己作这种书是在张扬湖南，所以极论近世湖南的英杰曾国藩、胡林翼、左宗棠等就如同其在江苏时作《江苏学风》阐扬顾炎武、陆世仪、徐寿、华衡芳等一样，"张皇湖南不是为了湖南"，而是为了中国。这显然是将湘学作为纯粹的地域学术观念看待的。而其

---

① 叶德辉（1863—1927）湖南湘潭人。清光绪进士，反对维新变法。1927年在农民运动中被杀，是著名的经学家。

② 王夫之：《船山全书》第16册，岳麓书社1996年版，第776页。

在导言中说"天开人文，首出庶物以润山河"，并且说："弁冕史册者，有两巨子焉：其一楚之屈原……其一宋之周敦颐……"其主张湘学是地域性学术，并在时间上导源于屈原，与叶德辉的看法并没有原则上的区别。只不过叶德辉走得更远一些，直推到炎黄时代去了。其实梁启超在认同湘学是地域性学术这一点上，与他们的看法完全一致，只不过在梁任公那里，似乎还暗含一个附加条件，即湘学虽是地域观念，但不是任何地域都有可以成为学派的学术。李肖聃作《湘学略》，似乎较上述诸人更系统、更准确、更具学术意味。写作时间似乎也稍早一些。他在《湘学略》之自叙中说，民国十三年，为纪念长沙大公报创刊十周年时，就作过数万言的《湘学小史》。不过李氏虽然没有像钱基博和叶德辉那样，把湘学的诞生放到屈原或炎黄那里去，但也还是像梁启超一样把周敦颐作为湘学的开端来书写。这种提法事实上是很不准确的。周敦颐虽为理学开山，但不是湘学鼻祖，湘学的开创者是胡文定与胡五峰父子。①

不过无论是汪、陈，还是叶德辉，他们心目中的湘学观念，大而论之，还是一湖湘文化的观念，而将湘学扩大为湖湘文化，很容易造成湘学观念的滥觞。同时，他们又都以为忠君爱国是湘学的一贯精神，而对国家与民族未作分别，故将船山（如叶氏）只当成与屈原相同的爱国志士来看待。这一方面大约与曾国藩对船山的看法有关，可能受了曾国藩等的看法的影响，另一方面则显然是由他们保守的文化心态所导致。他们看不到船山思想的启蒙性和革命性，甚至包括船山的民族主义的思想也被他们故意忽略了。诚然这种保守的心态也是湘学故有的特征之一，是湘学精神中的保守成分在他们身上的具体体现。尤其是叶德辉，可谓顽固不辨时势，似乎专门承袭了湘学中的保守成分一样，在改良甚至革命思潮风起云涌的社会境况下，仍是满口君父之类的观念，并且根本不论华夏夷狄的分别，堪称固守湘学中的保守成分未开或不化的典范。

其二，近世的湘学观念，楚学与湘学含混不分。

这一点，可以从李肖聃等人身上看到。李作《湘学略》，极尽对湘学研究之弘诵，可谓对湘学不小的贡献。但在李肖聃的心目中，湘学与楚学是相通的，或者就是一个概念。《葵园学略》是《湘学略》中的一篇，是写王先谦的。

---

① 愚尝著文《周敦颐思想史地位之确立》，详论周敦颐与湘学之开创并无直接之关系，其对湘学的重要作用，乃是通过胡氏父子等的宣传转而发生的。详见王立新：《周敦颐思想史地位之确立：理学发展史中的重要问题之一》，《朱子学刊》1999年刊，第172—196页。

在这个学案中，李肖聃赞扬王先谦有功于"楚之经学"、"楚之史学"、"楚之文学"，说王先谦"上笺群经，下证国史，旁论文章，用逮诸子。四十余年，楚学生光"。① 这里说王先谦对楚学有功，就是对湘学有功。湘楚不分甚至在今天很多湖南研究湖湘文化的学者中，还是一个相当普遍的情形。这与朱子当年所谓"湘学"的称谓是有很大距离的。外延比朱子的阔大，内涵也不及朱子的明确，其实可以看作湘学观念在文化人心目中的滥觞。这种滥觞流衍至今，遂形成无所不包的湖湘文化的观念。因此，重提湘学观念，并在内涵与外延上予以较明确的厘定，对湘学与湖湘文化研究的进一步深入，是非常必要的。否则这样的研究可能越走越远，从而偏离真正的湘学精神。至少在对王先谦的认识上，李肖聃似不及钱基博清晰。李将二王并称（王闿运、王先谦），说他们都是湘学的大师，而钱却只列王闿运，而不讲王先谦。他认为"王闿运之人之学，先辈颇多绳弹，然有其独到以成湘学"，而王先谦虽"博涉多通，不啻过之"，但因其"无独到"之见地与发明，因而不能成为湘学大师。② 看来在对湘学的理解上，长沙李肖聃有时反不及无锡钱基博。这一点足以说明湘学或其他学术学派的研究，并不尽在于是否具有地域的优势，久在牡丹之园，未必就真能领略其国色天香的真正意韵。此不是说李肖聃不通湘学，而是可能因其对湘学的挚爱，遂使乡情不治而将湘学当成本乡本土的学问，进而无意识中张大了学术的范围。

在这一点上，梁启超似乎是局外人，他心目中的湘学观念并不通于楚学的观念，虽然其对湘学的理解也同样比较模糊。其言王船山，说"他这一派叫做湖湘学派，在北宋时为周濂溪，在南宋时为张南轩……"就是明显的对湘学认识模糊的表现。湘学自有不断的统绪，但是湖湘学派即便宽泛，也不至于从宋代一直延续到近代。湘学的薪火相传，并不即是湖湘学派的从未间断。不过上述诸人混淆湘学与楚学的观念，原则上还是处于传统的文化立场，而不是出于当时的行政区划或地理的观念。所以说他们"不分"湘学与楚学，或许不如说"未分"更符合实际。

其三，在近人的观念中，湘学是激进与保守共存的。

维新志士与保守主义各据其一端，互相不容，以是其所是而非其所非，

---

① 李肖聃：《李肖聃集》，岳麓书社 2008 年版，第 98 页。

② 钱基博：《近百年湖南学风》，岳麓书社 1986 年版，第 105 页。

各自认定自己的思想主张和行为模式为湘学之真正精神之体现，而将对方看作湘学之叛逆。这一点在王先谦、叶德辉与谭嗣同、唐才常等身上表现得最为典型。叶与谭等同样赞赏周敦颐与王船山，但一方则以为湘学是社会稳定的理论源泉，另一方则认为湘学的精神实质在于以变通求发展。这一点甚至导致他们对历史人物的评价的不同，如对曾国藩、胡林翼、左宗棠等。王、叶等对曾国藩等平定"洪杨叛乱"甚为褒扬，叶德辉以为这是"讲经之儒，奏戡乱之绩"，而谭嗣同则认为被称谓中兴人才群体的湘军集团，"固不足以御外侮，而自屠割其民则有余"。其对湘军则深恶痛绝，认为湘军助纣为虐，"正孟子所谓服上刑者"。①

其四，近世的湘学观念之复兴，与民族主义革命密切相关，是由于拯救的需要而复兴，几乎成了拯救当时中国的最主要的理论依据。

近世的湘学观念，与朱子的湖湘学的观念相比，因其与维新变法和民族民主革命等社会运动密切相关，故而政治意味明显，经世倾向浓烈而学术味道相对不足。

通过以上我们对近世湘学观念的粗略检省，已经不难看出，近世的湘学观念，如果仅就学术而论，味道是不足的，而且本身的内涵与外延也相对模糊不清，这一点实与维新变法和民族民主革命等社会运动密切相关。其应社会变革和发展之需要而复兴，本身也就决定了它主要是一学术性的政治观念。说它有学术性，是因为它与古代的湘学观念一样，是在学术的意义上首先被指称和认同的。但近世的湘学观念之所以有如此的感召力，乃是因为湘学的精神中既有适合社会稳定需要的成分，又有顺应社会变革与历史发展需要的内涵。后者在湘学中，是主要的和占绝对主导地位的。

湘学对于中国近世社会的作用大约主要表现在以下几个方面：一是湘学的精神迎合了社会稳定的需要；二是湘学的精神适应了社会变革的要求；三是湘学精神中的浓烈的民族主义倾向，成了推翻清朝、建立共和的社会心理动因。

就湘学的精神迎合社会稳定需要而论，曾国藩等的湘军集团最能集中体现这一点。湘军集团只于稳定上卖力气，但于社会的变动发展，则基本采取保守态度。其实这一点，主要是借用了湘学精神中的保守成分。

---

① 以上谭嗣同语见：《谭嗣同全集》，中华书局 1981 年版，第 345—346 页。

而王先谦和叶德辉的保守则主要体现在反对维新等重大社会变革之类的问题上。两人对湖南维新运动的坚定反对态度，甚至在1900年唐才常组织自立军失败以后，向巡抚廉三告密，使百余名维新志士惨遭杀害。之所以如此，除了个人性格和认识的原因以外，显然还由于深染湘学中的保守成分所致。

湘学中的这种保守的成分，甚至表现在学术思想上。王闿运对船山史论的看法就是一例。王湘绮在宣统三年四月十一日的日记中说："王夫之史论，似甚可厌，不知近人何以赏之？"这是明确地在说他自己最讨厌王船山的史论，他甚至不理解人们为什么对船山的史论有如彼之兴趣。在他看来，"船山论史，徒欲好人所恶，恶人所好，自诡特识，而蔽于宋元明来鄙陋之学，以为中庸圣道。适足为时文中巨手，而非著述之才也"。（《湘绮楼日记》同治八年正月十七日）

王氏是有学有识的优秀学者，但对船山史论有如彼评价，充分表明了其在为学上的保守倾向。仿佛有见识的理论都是故意标新立异一样。

湘学于近世发生重大历史影响和作用的最主要的方面，还在于它的深刻的积淀和相当的进步性。仅就谭嗣同而论，他的"以太说"虽粗略地借用了夕阳的近代科学观念，但实际上更重要的则是受了船山气化流行的影响，而其仁学思想中的主要味道，则依然是船山的性命日降日生的理论对其改良之界限的突破，实在也是船山"天下非一姓之私"和"一人之正义"、"一时之大义"与"古今之通义"等重要影响，当然还有黄梨洲的《明夷待访录》的深刻启发与警策。

湘学精神中进步性及其所表现出来的献身精神，曾在中国近世社会变革中发挥过极其重要的作用。杨度的《湖南少年歌》并不是自我炫耀，而有相当的实在性。1920年1月5日陈独秀撰文《欢迎湖南人的精神》，说："湖南人的精神是什么？'若道中华国果亡，除非湖南人尽死。'……湖南人这种奋斗精神，却不是杨度说大话，确实可以拿历史来证明的。"[①] 就是欢迎这种为救世而不惜献身的牺牲精神。

更为值得注意的是，船山所代表的民族主义在湘学承担社会拯救的理论和实践中起到了至为关键的历史作用。在一定的意义上，甚至完全可以说，中国近世革命的动因主要就是民族主义。从湖湘学派到王船山，再到谭嗣同、杨

---

① 张品兴选编：《国民性面面观：中国名人论中国人》，中国国际广播出版社1999年版，第24页。原载《新青年》第6卷第6号。

昌济、毛泽东，湘学中的民族主义可谓一脉相承，终至登峰造极。

从胡文定伸张"尊王攘夷"的"春秋大义"，到胡宏的"蕞尔女真，深入诸华，劫迁天子，震惊陵庙"。说这是"万世不磨之辱，臣子必报之仇，子孙所以寝苦枕戈，弗与共天下者也"①。再到船山的将华夏夷狄与君子小人当成天下之二"大防"，认为对于夷狄"奸之不为不仁，夺之不为不义，诱之不为不信"②。再到谭嗣同以爱新觉罗为"贱类异种"，指斥他们"凭凌其野蛮凶杀之性气以窃中国"③。而杨昌济则认为"王船山一生卓绝之处，在于主张民族主义，以华夏民族之受制于外来民族为深耻极痛，此吾辈所当知也……"④

湘学精神中强烈的民族主义，在中国近世的革命中起到不容替代的宣传鼓动和推波助澜的作用。有关于此，作者有《船山民族主义与中国近世革命》一文，详细论述了近世英贤在社会革命中对船山民族主义的宣传与借用情况，这里不再另做重复论述。

综上所论，古代湘学概念的提出，主要出于学术本身的目的，尽管朱子在相当程度上错判湘学或湖湘学派，使得湘学的发展受到了很大限制，但总的说来，还是学术本身的问题是针对湘学或湖湘学派的学术思想而发的，并不涉及学术以外的其他内容。包括朱子对胡文定的《春秋传》的评价和对湖湘学派的修养工夫的质疑等，都是从学术的角度，按照学术自身的原则进行的。而近世的湘学观念的提出，虽然提出的是学术的概念，但其用意主要并不在于学术，而在于借香奉佛——借湘学经世致用精神和浓烈的民族主义激情为统治秩序的稳定（曾国藩、胡林翼、左宗棠、罗泽南、王先谦、叶德辉等）、社会的变革与发展（谭嗣同、唐才常等），为民族主义革命（谭嗣同、黄兴甚至早期的毛泽东等）服务。前者深入湘学学理之内，而后者却经常徜徉在湘学外显的成分中。后者因此不能对湘学的学理进行冷静而严密的思想研究，虽然他们在相当程度上发展了湘学。正因如此，对湘学进行真正冷静严密的学理研究，就是摆在今天的湘学研究者们面前的艰苦而又漫长的学术任务。

（作者简介：王立新　深圳大学国学研究所）

① 胡宏：《上光尧皇帝书》，《胡宏集》，中华书局1987年版，第85—86页。
② 王夫之：《读通鉴论》，《船山全书》第10册，岳麓书社1996年版，第1175页。
③ 《谭嗣同全集》，中华书局1981年版，第337—338页。
④ 《杨昌济文集》，湖南教育出版社1983年版，第212页。

元代科举之罢与蒙汉观念之"冲突"

周春健

　　元朝（1271—1368）是由北方蒙古族建立起来的少数民族政权，同时也是中国历史上第一个真正实现了南北统一的"征服王朝"（美国学者魏特夫之语）。职是之故，元代学术与政治之间有一定的特殊性。科举考试，不唯与学术密切关联（考试依据往往是儒家经典），而且是士子们极其重要的仕进途径，影响着天下的稳定，故而对于窥测元代学术与政治之间的关联，是一个很好的视角。

一、许、伯之辩与科举之罢

　　南宋灭亡（1279）之后，由于时势需求以及蒙古人对科举的轻视，科举取士一度停废。经历了元代世祖、成宗、武宗三朝，在王鹗、许衡、王恽等汉族儒士的大力推进下，至于元仁宗皇庆二年（1313）十一月，皇帝终于下诏，规定自皇庆三年（1314）八月正式恢复科举。同时规定，无论蒙古人、色目人，还是汉人、南人，第一场皆考《四书》，且以朱子《四书章句集注》为准；而汉人、南人又考《五经》，版本亦以程朱之说为主。仁宗延祐二年（1315）三月，首次廷试进士，录取进士56人，元代的科举制度得以正式建立。①

　　然而科举只实行了二十余年，到了顺帝至元元年（1335），便爆发了一场关于科举存废的激烈争论。争论双方，分别是汉族士人代表参政许有壬、监察御史吕思诚，以及蒙古势力代表丞相伯颜、中书平章政事彻里帖木儿。关于此次事件，《元史·彻里帖木尔传》有一段详细记述：

---

① 参见周春健：《元代四书学研究》第2章，华东师范大学出版社2008年版，第60—65页。

554

至元元年，拜中书平章政事。首议罢科举，又欲损太庙四祭为一祭。监察御史吕思诚等列其罪状劾之，帝不允，诏彻里帖木儿仍出署事。时罢科举诏已书而未用宝，参政许有壬入争之。太师伯颜怒曰："汝风台臣言彻里帖木儿邪？"有壬曰："太师以彻里帖木儿宣力之故，擢置中书。御史三十人不畏太师而听有壬，岂有壬权重于太师耶？"伯颜意解。有壬乃曰："科举若罢，天下人才觖望。"伯颜曰："举子多以赃败，又有假蒙古、色目名者。"有壬曰："科举未行之先，台中赃罚无算，岂尽出于举子？举子不可谓无过，较之于彼则少矣。"伯颜因曰："举子中可任用者唯参政耳。"有壬曰："若张梦臣、马伯庸、丁文苑辈皆可任大事。又如欧阳元功之文章，岂易及邪？"伯颜曰："科举虽罢，士之欲求美衣美食者，皆能自向学，岂有不至大官者邪？"有壬曰："所谓士者，初不以衣食为事，其事在治国平天下耳。"伯颜又曰："今科举取人，实妨选法。"有壬曰："古人有言，立贤无方。科举取士，岂不愈于通事、知印等出身者？今通事等天下凡三千三百二十五名，岁余四百五十六人。玉典赤、太医、控鹤，皆入流品。又路吏及任子其途非一。今岁自四月至九月，白身补官受宣者七十二人，而科举一岁仅三十余人。太师试思之，科举于选法果相妨邪？"伯颜心然其言，然其议已定不可中辍，乃为温言慰解之，且谓有壬为能言。有壬闻之曰："能言何益于事。"彻里帖木儿时在座，曰："参政坐，无多言也。"有壬曰："太师谓我风人劾平章，可共坐邪？"彻里帖木儿笑曰："吾固未尝信此语也。"有壬曰："宜平章之不信也，设有壬果风人言平章，则言之必中矣，岂止如此而已。"众皆笑而罢。翌日，崇天门宣诏，特令有壬为班首以折辱之。有壬惧及祸，勉从之。治书侍御史普化诮有壬曰："参政可谓过河拆桥者矣。"有壬以为大耻，遂移疾不出。

初，彻里帖木尔之在江浙也，会行科举，驿请考官，供张甚盛，心颇不平，故其入中书以罢科举为第一。[1]

由这段引文，我们可以获知如下信息：

首先，自延祐开科取士之初，科举的推行之路便不顺畅，朝中总有反对声音。比如在顺帝至元元年此次罢科举之前，彻里帖木尔在江浙任上就对科

---

① 宋濂等：《元史·彻里帖木尔传》，中华书局 1976 年版，第 3404—3406 页；陈邦瞻：《元史纪事本末》卷 8，中华书局 1979 年版，第 61—62 页。

举"心颇不平"，故而甫一入中书，便"以罢科举为第一"。关于这点，许有壬说得更为明白："主者虽随事折之，而当时大臣复有不悦贡举限秩而用事者，欲因而摇之。周旋扶护而潜弭之，一二人是赖。盖设科来，列圣首诏，必有因而摇之者。庚申之春，则剥复之机系焉。癸亥冬，惴惴几坠。"①这里的"庚申（1320 年）"，乃指元英宗即位之年；"癸亥（1323 年）"，则为泰定帝即位之年。元代科举遭受"惴惴几坠"的危险境地，距延祐间复科举，也不过七八年时间。

其次，许有壬先世居颍，后徙汤阴，幼颖悟，曾"擢延祐二年进士第"②，是元代恢复科举后的首批进士。吕思诚则曾从名儒萧治经，并曾"三为祭酒，一法许衡之旧，诸生从化，后多为名士"③。许、吕二人皆为汉人，均对儒学有很深的感情，并在推进和维护元代科举的施行方面有所贡献。伯颜、彻里帖木儿二人，则代表了蒙古权势集团的保守势力，故对汉人、南人以及科举取士有着敌意和成见。许有壬和伯颜的激烈争辩，便是两派势力在科举问题上意见相左的集中展现。

再次，许、伯争辩，围绕科举，一共有四个回合的交锋。二人的争辩，共同揭示出元代学术与政治的实质，也体现出在这一问题上蒙汉观念之"冲突"。

二、蒙汉观念冲突之表现

基于科举之罢而体现出来的蒙汉观念之冲突，简要说来，大端有四：

（一）"人才缺望"与"举子赃败"

正如姚大力先生所言："元代科举入仕的儒生人数虽然极少，可是毕竟成为广大士人阶层的希望所在。这本来是有利于元政权的社会心理因素。"④此语道出的，正是科举考试在维护社会安定方面所具有的极其重要的功能。这一功能，不仅是学术的（读经），又是政治的（秩序）。

---

① 许有壬：《送冯照磨序》，《至正集》卷 32，文渊阁《四库全书》本。
② 宋濂等：《元史·许有壬传》，中华书局 1976 年版，第 4199 页。
③ 宋濂等：《元史·吕思诚传》，中华书局 1976 年版，第 4251 页。
④ 姚大力：《元朝科举制度的行废及其社会背景》，《蒙元制度与政治文化》，北京大学出版社 2011 年版，第 258 页。

宋元鼎革之际，科举久废，汉人无进仕之阶，曾引发士人从业身份的严重分化。加之元朝特殊的历史境遇，使元代文人怀有复杂的心态。今人么书仪分析这一心态的形成原因时称：

> 由于元朝八十年不开科举，使当时那些接受了儒家思想传统，并怀有拯物济世理想的文人心灵受到伤害。生计问题造成的人心散乱，不思进取导致的士人品格丧失，怀旧情绪带来的对汉唐盛世不切实际的旧梦重温，地位改变迫使文人对生活多角度的观察思考以及对儒家传统观念的突破，错综复杂地纠合在一起，使元代文人的心态呈现出一种独特的面貌。①

时人王鹗有感于此，曾经提出尽快恢复科举的建议："贡举法废，士无入仕之阶，或习刀笔以为吏胥，或执仆役以事官僚，或作技巧贩鬻以为工匠商贾。以今论之，惟科举取士，最为切务。"② 而仁宗时一旦恢复科举，广大读书人顿觉有了用武之地，欢欣鼓舞，士气大振。时人刘诜为高师周作墓铭即云："仁宗皇帝以明经修行取天下士，君忻然曰：'庶几可以展吾志矣！'"③ 曾经得到仁宗礼遇的宰辅大臣李孟亦曾作诗表露心志云："百年场屋事初行，一夕文星聚帝京。豹管敢窥天下士，龙（一作'鳌'）头谁占日边名？宽容极口论时事，衣被终身荷圣情。愿得真儒佐明主，白头应不负平生。"④

许有壬之所以竭力反对罢废科举，并称"科举若罢，天下人才觖望"，原因正在于此。所谓"觖望"，乃指因不满意而生怨恨。元朝建立几十年，汉族士人好不容易盼到实行科举，其心情是"如种待获，适惟其时"⑤，如今没过几年便要废止，怨怼之情可想而知，有壬所言不诬也。

有壬对待科举的态度代表的是汉族士人的立场，丞相伯颜却不这样看，他反驳许有壬的第一条证据是——"举子多以赃败，又有假蒙古、色目名者"，这是伯颜对科举士子政治素质和道德品质的双重否定。劈头便击其要害，伯颜下手不可谓不重。

其实，有壬也承认举子中存在赃败行为，故称"举子不可谓无过"，但相

---

① 么书仪：《元代文人心态》第1章，文化艺术出版社1993年版，第7页。
② 宋濂等：《元史·选举志一·科目》，中华书局1976年版，第2017页。
③ 刘诜：《高处士师周》，《桂隐文集》卷2，文渊阁《四库全书》本。
④ 顾嗣立：《初科知贡举》，《元诗选》2集卷5，文渊阁《四库全书》本。
⑤ 黄溍：《诸暨州乡贡进士题名记》，《文献集》卷7（上），文渊阁《四库全书》本。

对于朝中更多官员来说，"较之于彼则少矣"，故不可以偏概全。何况从历史的眼光来看，"科举未行之先，台中赃罚无算，岂尽出于举子"？因此过错不可尽归之于科举。应当说，许有壬的反驳是有力的，科举出身者较为清廉也确属事实。元代镇江人俞希鲁在《送录事司达鲁花赤萨都剌序》中即称："选举得人，前代故不论，自我朝设科以来，搜罗俊彦，济济在官。廉声能绩，煊赫中外。然儒者之效，诚有益于国家也。"① 相反，倒是未行科举时的元廷，由于轻视儒学，重用胥吏，未能使吏治受到"其精者为道德，而粗者为礼乐刑政"② 的儒家学说的限制，而致政治腐败严重。姚大力先生称：

> 取代儒生大批涌入中下层官僚机构的，是缺乏正统的儒家思想熏习教冶的胥吏令史。用当时人的话说，他们以刻薄文法、精深薄书相尚，捱蹭岁月，"一旦得用，如猛虎之脱槛、饥鹰之掣鞲"。国家即使有善政良法，付诸实行，也"往往误于胥吏。将以除弊，反足厉民"。显然，这种选仕制度损害了官僚素质与传统法度之间的内在谐调，破坏了国家机器理应具有的前述调节作用。其结果既加速了吏治的腐败，也催化了整个社会状况的恶化。……正因为如此，明初澄清吏治的重要措置之一，就是一反元代用吏之道而行之，明确宣布"黜吏用儒"。科举制度在遭致被贬斥命运时，恰恰从反面证明了自己的存在对中国传统社会的积极意义。③

因此可以说，"'举子赃败'只是巴延为达到停罢科举制度而夸大其词，与现实大相径庭。正如有的学者所言：'可以断言，元代进士中的贪赃之徒只是极少数，绝大多数进士是能够廉洁自持的。'"④

至于伯颜所说汉人中"又有假蒙古、色目名者"，确属事实。元人王礼亦曾感慨："予观曩时铨选薄，南士嗜仕进者往往诡籍于北，而讳弃父母之邦，倍本忘初，岂仁人之用心哉？"⑤ 所谓"南士嗜仕进者往往诡籍于北"，即指科考报名时，南方之士假冒北方蒙古、色目人户籍，为的是增加录取的几率。然

① 俞希鲁：《艺文志·杂文·元文》，《嘉庆丹徒县志（二）》卷54，《中国地方志集成·江苏府县志辑》第30册，江苏古籍出版社1991年版，第316—317页。

② 戴表元：《大学中庸孝经诸书集解音释序》，《剡源文集》卷8，文渊阁《四库全书》本。

③ 姚大力：《元朝科举制度的行废及其社会背景》，《蒙元制度与政治文化》，北京大学出版社2011年版，第270页。

④ 刘海峰、李兵：《中国科举史》第4章，东方出版中心2004年版，第263页。

⑤ 王礼：《西溪八咏序》，《麟原后集》卷3，文渊阁《四库全书》本。

而这一情形的出现，并非简单出于道德层面的"倍本忘初"，更为现实的因素是，元代科举制度具有明显的优待"国族"，压制汉人、南人的倾向。这便使得数倍于蒙古、色目人的汉人、南人科考士子，仅获得与蒙古、色目人大致相当的录取名额，从而迫使他们采取"假蒙古、色目名"的"对策"①。一个典型的例子是元人鲁钝生，杨维桢《鲁钝生传》载：

> 鲁钝生，不知何许人，或曰东鲁人也。六岁，善读书，日记万余言。十岁，能为古歌诗。长，明《春秋》经学。状貌奇古，人以为伟兀氏（按：维吾尔氏）。鲁钝生笑曰："使余氏西域，用法科才，魁天下士，一日之长耳，不幸生江南为孤隽。"落魄湖海间，以任纵自废。②

鲁钝生所苦笑的，也恰是因出身江南而在科举考试中难得仕进。因此，伯颜批驳许有壬的"又有假蒙古、色目名者"，非但不能说明"举子之赃败"，反而更能说明蒙元朝廷在科举制度上对汉人、南人的歧视。

（二）"有才者多"与"可任用者少"

第一个回合的论辩，丞相伯颜未占上风。当许有壬以"科举未行之先，台中赃罚无算，岂尽出于举子？举子不可谓无过，较之于彼则少矣"作为证据驳斥伯颜的"举子多以赃败"之说后，伯颜理亏，于是以"举子中可任用者唯参政耳"应之。此语实一箭双雕：一方面，改换论辩角度，不再言举子赃败，而言举子无用无能；另一方面，"可任用者唯参政耳"之表达，又包含拉拢有壬之意味。

许有壬并不上当，而是举出张梦臣、马伯庸、丁文苑、欧阳玄（字元功，一作原功）等优秀举子据理力争。伯颜的这一立论其实非同小可，因为他这样说来，便

> 完全否定了科举制度的人才选拔功能，这是不公允的。元代科举考试选拔了大量的人才，他们在政治、文学以及学术等方面成为元代社会的中流砥柱。正如许氏所言："若张梦臣、马伯庸、丁文苑辈皆可任大事。又如欧阳元功之文章，岂易及邪？"在《类编历举三场文选》目录首页中出版者的"咨"文说："圣朝科举自甲寅至乙亥凡八科，人材辈出，其于

---

① 刘海峰、李兵：《中国科举史》第4章，东方出版中心2004年版，第264—266页；姚大力：《元朝科举制度的行废及其社会背景》，《蒙元制度与政治文化》，北京大学出版社2011年版，第265—266页。

② 杨维桢：《鲁钝生传》，《东维子文集》卷28，《四部丛刊》影旧钞本。

> 性理之学，宏博之文，治平之策，精到者多，视前代科目之弊不可同日而语矣。""丙子之岁，梯云受阻，举业中辍，斯文兴废，实存乎人。钦惟圣天子德圣教明，诏复旧制，四方风动，文治益隆……将以抱才负艺借经科第而行其实学焉。"①

不过，伯颜等如此看待举子，可能是从士子科进为官后的政治功业相对较小来讲的。这是元代政治的又一个现实，然而这与科举制度中的歧视汉人、南人密切相关。因为元朝进士出身的官员，无论数量还是地位，在官僚构成中皆居劣势。真正在元代政治系统中发挥作用的，还是拥有雄厚根基的"宿卫近侍"和"吏业循资"。元人朱德润即曾云：

> 国家承平，垂七十年，治教休明，百度具张，而取士之科尤广。凡入官者，首以宿卫近侍，次以吏业循资。盖近侍多世勋子孙，吏业多省台旧典。自此，或以科举，或以保荐。内则省台院部，外则路府州县，咸以岁月计迁，九品分班，森布天下，可谓盛矣！而百家九流之人，亦杂出于其间，岂遴选之多而士之所以求进者亦不专以儒术欤？②

另外，即便有士子科举为官，任正职者一般为蒙古人、色目人，而汉人、南人多为副职，再加上数量有限，政治影响自然就相对薄弱。但实际上，元代进士治理地方的政绩相当突出，非如伯颜说的那样一无是处。有学者曾经做过统计：

> 尽管由于元代中期才采行科举，由进士担任的地方官只占整个元代地方官吏中的极小部分，但是"元代进士在《元史·良吏传》所录总人数中、《新元史·循吏传》所录总人数中及部分志书各自所录元代'名宦'总人数中所占的比例，却要远远高出上述比例……由此可以确凿地得出这么一个结论：元代进士在元代地方官队伍中是出类拔萃的，他们治理地方的政绩是突出的，他们的政治素质要远远高于元代地方官队伍的平均水平"。不仅如此，不少进士还成为中央的重要官员，延祐二年（1315年）科进士共计56人，在其后的十五六年中"司风纪，掌纶綍，内综机务，外使绝域，才不乏使"。泰定四年（1327年）的85名新科进士中，20余年之后，"同榜之士扬历台省，蔚有令闻，则贡举所贤之效，成均养

---

① 刘海峰、李兵：《中国科举史》第4章，东方出版中心2004年版，第261页。
② 朱德润：《存复斋文集》卷4，明刻本。

士之隆，益可征也"①。

著名元史专家萧启庆先生也认为："元代科举制度虽受不少局限，但仍有助于减少门第、族群、地域的隔阂，以文学经术为评准，为元代统治阶层注入一批学养、背景相近似的新菁英。设若元代不速亡，科举制度或能使'统治菁英'的成分及性质发生不小的改变。"②

由此说来，伯颜所谓"举子中可任用者唯参政耳"一语，更可能是一种论辩技巧，而与元代政治的实际情形有较大出入。

（三）"其事在治国平天下"与"欲求美衣美食"

在前两轮论辩中，伯颜诋毁科举和拉拢有壬，皆被有壬有力驳回，于是他采取了第三招——安抚。所谓"科举虽罢，士之欲求美衣美食者，皆能自向学，岂有不至大官者邪"，其意是说，科举虽罢而士子仍有出路，仍然可以为官，不必过于计较。而此语背后真正的潜台词则是——在伯颜看来，士人重视科举，无非意在"求美衣美食"，这便是对士人阶层精神品格的贬低了。有壬当然无法接受，于是义正词严回击道："所谓士者，初不以衣食为事，其事在治国平天下耳。"

在儒家观念中，从来是将"闻道"、"行道"视为头等大事，"美衣美食"非其所忧。《论语·卫灵公》载："子曰：'君子谋道不谋食。耕也，馁在其中矣；学也，禄在其中矣。君子忧道不忧贫。'"而孔子赞颂颜渊"一箪食，一瓢饮，在陋巷。人不堪其忧，回也不改其乐"（《论语·雍也》）的"孔颜乐处"，其实亦在"乐道"③。有壬所谓士者"其事在治国平天下"，文献来源正出列于《四书》之首的《大学》。有壬以此语作答，当是受了四书学北传并应用于科举的直接影响。

反观元代诸儒士，体现"不以衣食为事，其事在治国平天下"之儒家品质者，不乏其人，这里举二三典型者。一为四书学北传之最关键人物江汉赵复。据《元史·赵复传》载，太宗乙未岁（1235），元出兵伐宋，有德安（今

---

① 刘海峰、李兵：《中国科举史》第4章，东方出版中心2004年版，第261—262页。

② 萧启庆：《元代科举与菁英流动：以元统元年进士为中心》，《内北国而外中国：蒙元史研究》上册，中华书局2007年版，第212页。

③ 程伊川曾言："使颜子而乐道，不足为颜子。"朱子则言："直谓颜子为乐道，有何不可。"详细辨析，可参刘贡南《道的传承——朱熹对孔子门人言行的诠释》第1章，华东师范大学出版社2011年版，第17—28页。

湖北安陆）之战。姚枢奉诏求儒、释、道、医、卜士，德安儒者赵复被俘，欲自尽，枢劝之曰：

> 果天不君与？众已同祸，爱其全之，则上承千百年之统，而下垂千百世之洪绪者，将不在是身耶？徒死无义，可除君而北，无他也。①

正是怀着这种"传道"、"传宗"的信念，赵复才随姚枢来到燕京，并创太极书院，传播四书学，使元代北地亦受到程朱理学的广泛影响。《宋元学案》曾记述关于赵复的另一则遗事，由此可见赵复之品格与气节：

> 世祖尝召见曰："我欲取宋，卿可导之乎？"对曰："宋，父母国也，未有引他人之兵以屠父母者。"世祖义之，不强也。②

另外，同属于"元代理学三大家"的许衡和刘因，平生为学为官，亦恪遵"行道"、"尊道"之信念，志在"治平"，决不苟且。《南村辍耕录》载：

> 中书左丞魏国文正公鲁斋许先生衡，中统元年应召赴都日，道谒文靖公静修刘先生因，谓曰："公一聘而起，毋乃太速乎？"答曰："不如此则道不行。"至元二十年，征刘先生至，以为赞善大夫。未几，辞去。又召为集贤学士，复以疾辞。或问之，乃曰："不如此则道不尊。"③

如杜维明先生所言，虽然《辍耕录》里的这个故事并未明言，刘氏之使道尊就一定超迈于许氏之使道行。考虑到环境以及身涉其中的个人感受，从道德角度观，两种选择都是正确恰当的。尽管南北之间存在着分歧，使道尊和使道行对于所有相关的儒家学者而言都是极其重要的"④。

伯颜显然未曾预料到"士之欲求美衣美食"之说，已经触碰到了儒家知识分子道德及信仰的底线，并招致许有壬的严厉回击。"安抚"不成，于是他最终向许有壬亮出了底牌——科举"实妨选法"。

（四）"一岁仅三十余人"与"实妨选法"

伯颜"今科举取人，实妨选法"一语，便极为显白地将"科举"与"选法"对立起来了，同时也直白地宣告了伯颜之所以力主罢科举的最主要原因——儒家士子通过科举取士获取官位，从而分割了蒙古贵族集团的政治

---

① 姚燧：《序江汉先生死生》，《牧庵集》卷4，文渊阁《四库全书》本。

② 黄宗羲、全祖望：《鲁斋学案》，《宋元学案》卷90，中华书局1986年版，第2994—2995页。

③ 陶宗仪：《征聘》，《南村辍耕录》卷2，文渊阁《四库全书》本。

④ 杜维明：《刘因儒家隐逸主义解》，《道、学、政：论儒家知识分子》，上海人民出版社2000年版，第68页。

利益。

针对于此，许有壬据理力争，首先申明朝廷施政当"立贤无方"，要不拘一格简拔人才；其次表彰科举取士之出身贤能，"科举取士，岂不愈于通事、知印等出身者"？最后以精确的数据统计，说明在元代科举考试中，儒士数量之微小及地位之卑下："今通事等天下凡三千三百二十五名，岁余四百五十六人。玉典赤、太医、控鹤，皆入流品。又路吏及任子其途非一。今岁自四月至九月，白身补官受宣者七十二人，而科举一岁仅三十余人。"

应当说，有壬所举这一证据是可靠的。这里，我们不妨再举几组数据以证明之。时人姚燧曾言：

> 太凡今仕惟三涂：一由宿卫，一由儒，一由吏。由宿卫者，言出中禁，中书奉行制敕而已，十一之。由儒者，则校官及品者，提举、教授出中书，未及者，则正、录而下出行省、宣慰，十分一之半。由吏者，省、台、院、中外庶司、郡县，十九有半焉。[①]

美国学者艾尔曼统计云：

> 在 1315 年到 1400 年间，总共只录取 2179 名进士，平均每年 34 名。从 1279 年到 1450 年间，大部分的高层官职都是经由荐举或其他管道擢拔，而且根据 1314 年到 1366 年间的数据，蒙古人和其他非汉族民族占了全部举人和进士名额的 50%，虽然他们的人口数仅占整体注册户籍人口的 3%。[②]

姚大力先生也称，元代科举的规模，无论就取录人数或进士的地位前途而言，与唐宋相比都很不足道，

> 自延祐二年至元亡 54 年间，以 35 年为一代，合 1.5 代，则入仕人总数当为 28000 人。其中由科举入仕者，包括国子监应贡会试中选者共计 1400.5 人，占仕途总额的 5.0%。这个比率，大致上只相当于唐代和北宋的六七分之一。[③]

综上显见，在元代政坛，官位来源最主要者当属"宿卫"与"吏"，而

---

① 姚燧：《送李茂卿序》，《牧庵集》卷 4，文渊阁《四库全书》本。

② 艾尔曼：《南宋至明初科举科目之变迁及元朝在经学历史的角色》，《元代经学国际研讨会论文集》，台湾中国文哲研究所筹备处 2000 年版，第 75 页。

③ 姚大力：《元朝科举制度的行废及其社会背景》，《蒙元制度与政治文化》，北京大学出版社 2011 年版，第 263 页。

"儒"通过科举途径，不过占"十分之一半"的微小比例。照理说，儒士是无论如何也不会对"选法"造成任何威胁的，反倒是常有生不逢时之叹。明人徐一夔曾感慨云：

> 入元之后，当国者类皆西北右族，所用不过门第、吏胥、技艺杂流三等而已。自予所见，科目之行历五六举，吾邑仅得一人。彼出自学校得释谒者，虽一人亦无之。皓首穷经，不免有不遇时之叹。①

况且，即便儒士通过科举为官，也不会占据重要位置，这与元代的基本国策有关。明人方孝孺云："元之有天下，尚吏治而右文法。凡以吏仕者，捷出取大官，过儒生甚远，故儒生多屈为吏。"② 因此，当许有壬以确凿证据反问伯颜"太师试思之，科举于选法果相妨邪"时，伯颜亦"心然其言"。只是因为罢科举木已成舟，有壬之反驳再有力也无力回天，伯颜遂再次做起"表面工作"，"乃为温言慰解之，且谓有壬为能言"。

三、元代罢科举之原因与实质

元代中期科举之罢，由时任宰辅的蒙古贵族伯颜主导。究其因，既有伯颜对于儒学及汉人反感的个人因素，更因为当时社会存在一股强大的反科举的社会力量。而若探其本质，则实为朝廷两股政治势力的较量。简言之，元代科举之兴废，不仅仅属于学术之争，更是政治力量角逐的结果。

考察丞相伯颜的个人行历，似乎找不到他受汉学正面影响的充足证据。《元史》本传亦只言其"长于西域"，后为元世祖赏识而留在身边，屡建战功，深略善断，被誉为"真宰辅也"③。然据明人权衡所撰《庚申外史》，伯颜曾经明确表达了对汉人及科举的极端反感：

> 伯颜奏曰："陛下有太子，休教读汉儿人书，其间好生欺负人。往时，我行有把马者久不见，问之云'往应举未回'，我不想科举都是这等人得了。"遂罢今年二月礼部科举。④

伯颜所谓"休教读汉儿人书，其间好生欺负人"，未知其所指具体为何，却鲜

---

① 徐一夔：《送齐彦德岁贡序》，《始丰稿补遗》，清武林往哲遗著本。
② 方孝孺：《林君墓表》，《逊志斋集》卷22，文渊阁《四库全书》本。
③ 宋濂等：《元史·伯颜传》，中华书局1976年版，第3099页。
④ 权衡：《庚申外史》，清雍正六年鱼元传钞本。

明地体现出他对儒学典籍的反感与排斥。这里的"今年",所指为元顺帝"乙亥至元元年"(1335)。也恰好是在这一年,由伯颜主导,元代科举被罢。

由前文可知,其实不唯伯颜如此看待汉人及科举,彻里帖木尔亦然。这已不是某一两个人情感好恶的事情了,而是出于两种社会力量的抗衡。有学者云:

> 此次停罢科举的由头是彻里特穆尔(按,即彻里帖木尔)的上奏,其理由只是看到科举制度的繁盛以后"心颇不平",这实际上是元代社会一种较为普遍的社会心理,不少蒙古贵族从狭隘的民族利益出发,不希望通过科举选拔的人才来削弱民族专制权力,加之鄙视汉儒,戏称科举制度为"俗儒守亡国余习";而有些南宋遗民,基于对科举制度流弊的深刻认识,也对其产生了偏见,甚至将南宋灭亡归罪于科举制度,"以学术误天下者,皆科举程文之士"。这样在元代社会就形成了一股强大的反科举力量。他们往往从无法选拔真正的人才和进士赃败两个角度批评科举制度。①

许有壬与伯颜的论辩,恰好也体现出在对待儒学和科举上这两种不同观念的冲突。

不过,倘若再进一步深究便会发现,丞相伯颜的罢废科举,更深刻的原因在于将其作为一种政治斗争的策略,打击某些势力,同时又拉拢某些力量。关于这点,姚大力先生曾有精到的分析:

> 把罢科举的原因单纯地归诸决策者个人的好恶,总不能令人十分信服。伯颜此举,更可能是他在为垄断朝政而进行的派别斗争中,由于铁腕政治的需要而采取的一种手段。它远远超出了科举行废的本身所具有的意义。
>
> ……伯颜并没有燕铁木儿奠立文宗朝的那种勋绩可以依恃。对他来说,只有靠诛灭政敌来进一步扩张自己的权势。唐其势集团被他清除后,通向擅断朝政道路上的下一个障碍,就是以御史台为基地,密切地注视着他的动向,并企图对他的独断专行加以掣肘的儒臣集团了。许有壬说"御史三十人不畏太师而听有壬",不就分明是在对他进行挑战吗?至元二年,诏"右丞相伯颜,太保定住,中书平章政事字罗、阿吉剌聚议于

---

① 刘海峰、李兵:《中国科举史》第4章,东方出版中心2004年版,第260页。

内廷。平章政事塔失海牙,右丞巩卜班,参知政事纳麟、许有壬等聚议于中书"。伯颜不仅以内、外廷分别议政的方式排斥许有壬等人,而且还在外廷布置了自己的党羽,限制许有壬的言行。朝廷空气的紧张,由此可见一斑。

正是在上述背景之下,科举成了伯颜进行派别斗争首当其冲的牺牲品——废止科举,对于竭力企图保护它免遭破坏的儒臣无疑将是沉重的政治打击,更何况借此还可以讨好反对科举制度的种种社会势力呢![1] 话说开去,虽然自元世祖始即曾施行"以儒治国"的文化政策[2],但元代几代帝王对于儒学及科举的重视,仍然是基于整顿吏治、选拔人才的政治考量,而非如一般儒士那样将其视为实现治平抱负的重要途径。由此,伯颜等蒙古权势将罢废科举作为巩固势力、打击政敌的政治手段,也便是情理之中的事了。

从元仁宗时期的恢复科举,到元顺帝时期的罢废科举,体现出以许有壬为代表的儒士集团与以伯颜为代表的蒙古势力在诸多观念上的冲突。这一冲突不仅体现在学术层面,更体现在政治层面。元代科举之罢废,是元朝作为"征服王朝"政治生态的一个集中体现。台湾学者涂云清称:

就蒙元一代的政治史来看,顺帝朝伯颜执政期间,可以说是汉法儒治的谷底时期,自仁宗、英宗至文宗等朝所建立的"二期儒治"局面,在伯颜执政期间,为之中辍,究其原因,不外乎以伯颜为代表的蒙古、色目保守势力的全面反扑,这群保守顽固的蒙古、色目贵族,视汉法儒治为毒蛇猛兽,必欲去之而后快,因此停开科举,不过其中的一环而已。[3]

然而,科举终究在简拔人才和稳定儒士心理方面具有重大的正面作用,如葛兆光先生所言:

尽管在元代,这种给读书人提供前途的渠道还不是特别宽,也就是说思想与权力之间这种制度化的链接,还不能容纳更多的士人,但是,

---

① 姚大力:《元朝科举制度的行废及其社会背景》,《蒙元制度与政治文化》,北京大学出版社 2011 年版,第 256—258 页。

② 参见周春健:《元代四书学研究》第 1 章,华东师范大学出版社 2008 年版,第 30—45 页。

③ 涂云清:《蒙元统治下的士人及其经学发展》第 3 章,台湾台大出版中心 2012 年版,第 273 页。

它的象征意义却相当强烈，给很多士人暗示了一个知识与利益交换的方式。①

所谓"知识与利益交换的方式"，其意便指士子可以通过科举通向仕途，从而实现"治平"的理想抱负。因此，在政治斗争驱使下的罢废科举，一方面得不偿失，一方面也不会持续太长。果然五年之后，当伯颜所代表的势力集团被打压、伯颜被逐出京师之后，科举便重新施行了，《元史纪事本末》载：

> （元顺帝至元）六年（1340）十二月，诏复行科举。时科举既辍，翰林学士承旨嶷嶷从容言曰："古昔取人才以济世用必由科举，何可废也？"帝纳其言，复诏行之。国子监积分生员，三年一次依科举例入会试，中者取一十八名。②

不过，元代的科举制度毕竟有所局限，正如姚大力先生所言："元代科举的狭隘规模，把它对国家官僚构成所能发挥的积极影响限制在最低水平上。这不能不是元朝吏治腐败、政治黑暗的一个重要原因。"而这点，恰好是导致元代运祚不长的极为关键的因素。

（作者简介：周春健　中山大学哲学系）

---

① 葛兆光：《中国思想史》第2卷，复旦大学出版社2001年版，第284页。
② 陈邦瞻：《元史纪事本末》卷8，中华书局1979年版，第62页。

从"知行合一"看王阳明对孔子的继承和发展

欧阳祯人

长期以来，学界公认王阳明哲学的思想的源头主要是来自孟子。这当然是不可否认的事实。但是，我们也应该看到，王阳明哲学的本质是实践。王阳明哲学的核心和基石是"知行合一"。在其哲学体系中，"知行合一"使他的"心即理"和"致良知"落到了实处。也就是说，没有"知行合一"的思想，王阳明"心即理"和"致良知"就没有了落实的基础。从这个角度上来讲，阳明心学的真正灵魂，来自工夫，也就是来自孔子。深究孔子的学说，我们都应该知道，孔子是一位真正的道德践履者。从孔子的道德践履角度，来探究阳明心学的特征，这应该是一个极为深刻，而且也是不可或缺的视点。当然，从理论的构架与形态来说，阳明心学确实是对孔子的实践哲学有了巨大的发展与创造性转化，这也是一个值得我们十分关注的重大问题。

一

记载孔子言行及思想的主要文献，是《论语》、《孟子》、《礼记》、《周易》、《春秋》、《荀子》等。外围的资料还要涉及《孔子家语》、《说苑》、《史记》、《汉书》以及长沙马王堆、郭店楚墓竹简、上海博物馆藏战国楚竹书等相关文献资料。如果我们把这些著作的思想整合起来，我们看到的孔子思想是一个什么样的状态呢？第一，我们看到的孔子始终具有神秘的天道背景。第二，孔子对学生（社会的管理人才）具有圣洁的要求。第三，孔子政治哲学的真正目标是人之所以为人的精神解放。第四，孔子极其注重进德修业和道德践履。他认为这是我们人生的目的，所以，孔子从来没有在事事物物之外谈进德修业。第五，孔子十分重视礼乐对人性的提升，以及礼乐对全社会的教化。第六，孔子十分重视他的教育事业，而且极其重视他的教学方法。第七，孔子忠恕之道的核心是实践哲学。其归宿是世界大同。在政治哲学的理念上超越了宗法体制。第八，孔子十分重视社会诚信的建立。第九，孔子十分重视对他人的尊重。提倡和而不同，周而不比。第十，孔子对自己的命运得失、成败休戚，十分超然。下面，我们就上面各个方面对孔子的思想进行进一步的阐述，以此来审视王阳明对孔子的全面继承。

第一，我们看到的孔子始终具有神秘的天道背景。孔子始终生活在一个神秘的世界里。孔子终其一生最大的贡献，就在于对这种由上古而来的神秘文化的内容进行了人文主义的改造，但是，孔子是逃脱不了当时时代的整体环境的。子曰："子罕言利，与命与仁。"（《论语·子罕》）"获罪于天，无所祷也。"（《论语·八佾》）"君子有三畏，畏天命，畏大人，畏圣人之言。"（《论语·季氏》）但是，孔子生活在历史的纠结之中：孔子一方面不语怪力乱神，另一方又创造性转化，提倡"下学而上达，知我者其天乎"（《论语·宪问》）。

我们应该看到，从北宋五子的"性即理"到王阳明的"心即理"，虽然其中有各种各样的义理分疏，但是，它们始终具有"天"的背景，这是不容否定的事实。虽然孔子的"天"与北宋五子以及王阳明的"天"，具有重大的发展与变化，但是，它们真正的源头，是孔子的"天"①。这是没有任何问题的。没有孔子的人文主义转化及其内在超越的心学传统，"性即理""心即理"都是不可能的。笔者深以为，孔子的"下学而上达"，其实更注重人之所以为人的修为。它离"性即理"更远，而离"心即理"更近。从二者的比较来说，"性即理"是"敬"，而"心即理"是"诚"。"性即理"是虚灵不昧的冥想与体验，而"心即理"则是活在当下，是知体之"心"的认识面向，立足实践，在事事物物上用功夫，进而通过道德践履实现自我的价值呈现。王阳明哲学思想的根本之处，就是把高高在上的"天理"纳入到了我的心中，纳入到了我的生活实践之中。就其人学的思想实质来讲，其实这是对孔子思想的回归。

第二，孔子对学生（社会的管理人才）具有圣洁的要求。在孔子的整个政治思想中，孔子认为一切社会的管理的根源与前提，就是干部的管理。在《论语》中，孔子的后学深得其中奥妙，第一篇为《学而》，重点在突出学习，进德修业。第二篇就是《为政》，这一篇的开头四章是这样安排的：

子曰："为政以德，譬如北辰，居其所而众星共之。"（《论语·为政》）

---

① 参见欧阳祯人：《说天》，《先秦儒家性情思想研究》，武汉大学出版社 2005 年版。

子曰："《诗》三百，一言以蔽之，曰：'思无邪'。"（《论语·为政》）

子曰："道之以政，齐之以刑，民免而无耻；道之以德，齐之以礼，有耻且格。"（《论语·为政》）

子曰："吾十有五而志于学，三十而立，四十而不惑，五十而知天命，六十而耳顺，七十而从心所欲、不逾矩。"（《论语·为政》）

孔子后学这样的安排，真是耐人寻味。请看，第一章讲的是为政以德的总纲。第二章则讲《诗》的"思无邪"。第三章讲这种德政的好处与特征。第四章则讲人之所以为人的解放过程。因为它的总题目是《为政》，所以，笔者深以为，"思无邪"一章，表面上是在谈《诗》，但其实不是在论述《诗》。他讲的是孔子对社会管理者的圣洁的要求。据此，我们可以顺理成章地断言，《论语》之"兴于诗，立于礼，成于乐"（《论语·泰伯》）"志于道，据于德，依于仁，游于艺"（《论语·述而》）都是对社会管理者的圣洁要求。我想，"思无邪"，首先是说管理者必须要有正常的人类情感，其次是说管理者必须尊重广大百姓的正常情感，再次，是说管理者要有正确的审美尺度、审美伦理底线和高超的审美水平。试想，一个不懂得人类正常情感，进而不尊重人类情感，没有艺术审美能力的人，怎么能够去担任社会的管理者呢？正是从"思无邪"的角度，我们看到了王阳明"心即理"与"致良知"的终极源头。尤其是阳明学的"良知"学说，与孔子有真正的深层关系。

第三，孔子政治哲学的真正目标是人之所以为人的精神解放。这是核心问题。长期以来，我们对孔子一直抱有深刻的曲解。[①] 其实，从上面的四段引文，我们看得很清楚，"吾十有五而志于学"章，所展现的就是，人之所以为人，只有在一个公正的社会里，为政以德的社会里，管理者都有审美能力的社会里，广大的老百姓都"有耻且格"的社会里，老百姓才有可能做到"吾十有五而志于学，三十而立，四十而不惑，五十而知天命，六十而耳顺，七十而从心所欲、不逾矩"。这是一个自我奋斗、自我觉醒、自我解放的过程。表面上这一章好像说的是孔子，其实是对一个理想国度的人们提出的要求。王阳明的"致良知"，就是一个穿越自己的私欲、成见、障碍，寻求天理、圣洁的过程，这当然也是人的自我解放的过程。其实，这里所谓的"穿越"，就是知行合一。

---

① 五四运动的对象就是孔子，响彻云霄的口号是："只手打倒孔家店。"显然这是发生了深刻的误解。现在，仍然有人在继续叫嚣"孔子，是当代中国贪污腐败的老祖宗"。

王阳明的哲学被人们誉为思想解放的哲学，人性解放的哲学，但是在我看来，王阳明的哲学这一特征实则承孔子而来。

第四，孔子极其注重进德修业和道德践履。《论语》、《礼记》，尤其是《周易》，其精髓都在于道德的践履与修养。《论语》在这方面尤其突出：

> 子曰："居上不宽，为礼不敬，临丧不哀，吾何以观之哉?"（《论语·八佾》）

> 子曰："巧言、令色、足恭，左丘明耻之，丘亦耻之。匿怨而友其人，左丘明耻之，丘亦耻之。"（《论语·公冶长》）

> 子曰："默而识之，学而不厌，诲人不倦，何有于我哉?"（《论语·述而》）

翻开《论语》，这种把道德践履落实在"视、听、言、动"，每一个人生细节的表述，真可谓俯拾皆是。孔子虽然非常强调阅读书籍，他自己也非常努力，但是，对于学生，从根本上来讲，孔子尤其注重从生活实践之中来学习："弟子入则孝，出则弟，谨而信，泛爱众，而亲仁。行有余力，则以学文。"（《论语·学而》）这是大家都耳熟能详的教导。把生命当成修炼的平台，把身体当作修炼的道场，进德修业不离开事事物物的思想，并不是开始于王阳明，早在孔子的时代就已经开始了。这方面的思想资源非常丰厚。台湾的杨儒宾先生有《儒家的身体观》一书，专门讨论这个问题。鄙人也有《〈乐记〉的"践形"思想研究》一文发表在《儒家文化研究》上面①，此文立足于心性修养的角度，讨论心性与身体的关系。

第五，孔子十分重视礼乐对人性的提升，以及礼乐对全社会的教化。在《论语》和《礼记》中，孔子对礼乐情有独钟，在很多情况下都是大力提倡。从中我们可以发现，孔子提倡礼乐，并不仅仅是为了社会的管理、社群的和睦，在很大程度上它解决了人之所以为人的性情建设问题，它保证了人之所为人的真正幸福和境界的高尚。王阳明继承了这一重要的文化遗产，把礼乐视为人生道德践履的重要内容。王阳明讲："譬之树木，这诚孝的心便是根，许多条件便是枝叶，须先有根然后有枝叶，不是先寻了枝叶然后去种根。《礼记》言：'孝子之有深爱者，必有和气；有和气者，必有愉色；有愉色者，必有婉

---

① 欧阳祯人：《〈乐记〉的"践形"思想研究》，《儒家文化研究》第4辑（心性论专辑），生活·读书·新知三联书店2012年版。

容.'须是有个深爱做根，便自然如此。"① 王阳明引用的话，其实就深深地植根于儒家礼乐文明之中。尤其是，王阳明整个的"乡约"内容，都是建立在孔子孟子礼乐教化的基础之上的。没有《论语》与《礼记》的滋养，王阳明的礼乐思想，完全不可想象。而且，我们知道，王阳明不仅是伟大的思想家、军事学家，而且在诗歌创作、古琴、书法、绘画等方面也很有造诣。他尤其是一位文章圣手。这些都在说明，王阳明在"兴于诗，立于礼，成于乐"等各个方面对孔子的含英咀华，心领神会。

第六，孔子十分重视他的教育事业，而且极其重视他的教学方法。孔子不仅是一位伟大的哲学家、政治理论家、历史学家、音乐家，而且也是一位非常优秀的教育学家。在《论语》中，我们看到，孔子"默而识之，学而不厌，诲人不倦，何有于我哉"(《论语·述而》)，"有教无类"(《论语·卫灵公》)，"不愤不启，不悱不发。举一隅不以三隅反，则不复也"(《论语·述而》)，"知之者不如好之者，好之者不如乐之者"(《论语·雍也》)，"因材施教"等各种教育思想不绝如缕。我们还要看到孔子在学生面前那种客观、平等、推心置腹、直切中肯而又循循善诱、诲人不倦的作风。这种对话形式的教学方式，完全被王阳明所继承。他与徐爱、冀元亨、钱德洪、王畿、王艮等学生广泛而深入地讨论各种问题的场面，以及王阳明大量书信中显示出来的深厚情感、诲人不倦的作风，至今令人神往其音容笑貌。在教育思想上来讲，孔子对王阳明的影响，毫无疑问是极其巨大的。

第七，孔子忠恕之道的核心是实践哲学。其理论的归宿是世界大同。在政治哲学的理念上是对宗法体制的超越。从初步的层面上来讲，"忠"，就是自己的进德修业；"恕"，就是推己及人。在孔子的思想体系中，忠恕之道，一以贯之，最终是天下苍生。孔子曾经语重心长地说过："虽有周亲，不如仁人。"(《论语·尧曰》)王阳明对此应该有深刻的体悟。笔者认为，王阳明知行合一的哲学体系，完全植根于孔子的忠恕之道。他的"知"，就是对孔子之"忠"的继承与发展，他的"行"，就是对孔子之"恕"的继承与发展。他的知行合一思想，最后的境界就是"天地万物一体之仁"(其实这个话题在北宋五子的思想中多有表述，尤其是张载和程颢。王阳明对此的涵咏、理解与超越，当然非同寻常)。这是真正的一以贯之。他把孔子"虽有周亲，不如仁人"、"天下

① 王守仁：《王阳明全集》(上)，上海古籍出版社 2012 年版，第 3 页。

为公"的"大同"思想的境界改造成了一个富有诗意化的境界。这在明代中后期到处是锦衣卫的社会里，是有特殊作用的。

第八，孔子十分重视社会诚信的建立。一切社会管理的目标，就是整个社会"讲信修睦，选贤与能"。(《礼记·礼运》)孔子认为，百姓厚道、社会诚信，人与人之间讲信修睦的根本前提和条件就是政治公正。没有社会的公正，什么都没有。所以，孔子说："举直错诸枉，则民服；举枉错诸直，则民不服。"(《论语·为政》)孔子非常有名的"庶"、"富"、"教"(《论语·子路》)就直指全社会的道德修养。

> 或谓孔子曰："子奚不为政。"子曰："《书》云：'孝乎！惟孝，友于兄弟，施于有政。'是亦为政，奚其为为政？"(《论语·为政》)

> 子曰："君子怀德，小人怀土；君子怀刑，小人怀惠。"(《论语·里仁》)

> 子曰："巧言、令色、足恭，左丘明耻之，丘亦耻之。匿怨而友其人，左丘明耻之，丘亦耻之。"(《论语·公冶长》)

仔细想来，《论语》的这些表述无一不是与社会诚信的建设有着密切的关系。此后，孟子在此基础之上，在其仁政的理论体系中，建立了庞大的教化理论："五亩之宅，树之以桑，五十者可以衣帛矣。鸡豚狗彘之畜，无失其时，七十者可以食肉矣。百亩之田，勿夺其时，数口之家可以无饥矣。谨庠序之教，申之以孝悌之义，颁白者不负戴于道路矣。七十者衣帛食肉，黎民不饥不寒，然而不王者，未之有也。"(《孟子·梁惠王上》)但是，孟子的"仁政"思想受启迪于孔子的"德政"，这是大家公认的事实。王阳明在江西剿匪之后，全面提倡"乡约"，实行全方位的乡村道德教育运动。实在是孔子教育思想的创造性转化与现代性提升。[①]

第九，孔子十分重视对他人的尊重。提倡和而不同，周而不比。这一条虽然属于忠恕之道，可以纳入"世界大同"的理论体系之中去，但是，君子"和而不同"的理论，"絜矩之道"的理论，是孔子对我们人类社会的伟大贡献。它超越了"大同"学说，在当今中国，具有独特的、重大的意义。"大同"对我们现代而言，其实比较遥远。但是，君子"和而不同"的理论却是给我们提供了现代社会人与人之间和睦相处的根本原则。这是万古不变的真理。王阳

---

① 当然，也包含了孟子的教化思想，另当别论。

明的"心即理"和"致良知"，特别是"知行合一"学说，则是把孔子的"和而不同"理论推向了极致。阳明学的本质是把人当人，尊重每一个人的思想的独立性，它把我们每一个独特的我写到天上去了。这依然是对孔子孟子的发展。

第十，孔子对自己的命运得失、成败休戚，十分超然。《论语·学而》开篇第一章子曰："学而时习之，不亦说乎？有朋自远方来，不亦乐乎？人不知而不愠，不亦君子乎？"其实是对孔子波澜壮阔一生的全面总结及其人生观点。孔子勤奋努力，知识丰富，如切如磋，如琢如磨，全力推广他的思想，但是最终却是有如茫茫大山之中的兰花一样，与众草为伍。虽然难免寂寞，难免孤独，但是，孔子自有一种潇朗超然的态度：

子曰："饭疏食、饮水，曲肱而枕之，乐亦在其中矣！不义而富且贵，于我如浮云。"（《论语·述而》）

叶公问孔子于子路，子路不对。子曰："女奚不曰：其为人也，发愤忘食，乐以忘忧，不知老之将至云尔。"（《论语·述而》）

子在齐闻《韶》，三月不知肉味。曰："不图为乐之至于斯也！"（《论语·述而》）

子曰："兴于《诗》，立于礼，成于乐。"（《论语·泰伯》）

子曰："师挚之始，《关雎》之乱，洋洋乎！盈耳哉。"（《论语·泰伯》）

孔子的可爱，非同寻常。孔子的"吾与点也"（《论语·先进》），在笔者看来，首先可能要视为一种自救的方式。如果没有上述引文中旷达、潇朗的态度，孔子在漫漫周游列国的道路上，风霜雨雪，风餐露宿，怎么才能够活下来呢？当一切的政治事功付诸流水的时候，孔子的态度十分安然自在。他不仅有审美的心态，更有宗教性的情怀："下学上达，知我者其天乎？"（《论语·宪问》）上达苍穹，只求内在的超越，自足圆满。王阳明即便是在与朱宸濠恶战的时候，依然想到的是回家，再三再四，申请回家养病。这是一种什么样的心态呢？他会弹琴唱歌，会书法绘画，在生命的最后关头，客死江西青龙浦寒冷的冬月一条小船上的时候，学生问他有什么遗言，他面带微笑说："此心光明，亦复何言？"顷之，瞑目而逝。其境其情，来去潇洒，何等地超然放达？难道这就没有孔子面对惨淡的人生，乐以忘忧，亲自作曲、弹奏《龟山操》、《陬操》、《猗兰操》时的心态与风采？

二

王阳明志在圣贤的对象，我们肯定不能把孔子排除在外。王阳明对孔子的尊重是无以复加的。这在《王阳明全集》中有大量的证据。下面，笔者从知行合一这一理论特定的视阈，来分析王阳明对孔子的继承与发展。诚如上文笔者所言，王阳明知行合一的哲学体系，植根于孔子的忠恕之道。他的"知"，就是对孔子之"忠"的继承与发展，他的"行"，就是对孔子之"恕"的提升与超越。他的知行合一思想，最后的境界就是"天地万物一体之仁"。这是把孔子的"忠恕之道"真正地一以贯之。他把孔子"虽有周亲，不如仁人"(《论语·尧曰》)的境界推向了极致。其实这也是大而化之的说法。请看笔者下面的尽可能详细的分析。

王阳明的知行合一思想，最大的贡献是把传统文化中的知行关系为主体的认识论提升转化为道德修养论。这是一种道德的工夫，人学的践履。但是究其实，理论的源头，是孔子和孟子。孔子说："下学而上达，知我者其天乎。"就是说，我的不为人知的良知之心，落实在行动之中，直接面对天的圣洁。而且通过人生的道德践履，自足圆满而内在超越，上达天的圣洁。这是一种信仰，是一种精神，更是一种挺立于天地之间的人格力量。它不仅要有一颗不畏严寒、不畏打击的心，而且要有坚定不移的执行力。如果不是心灵的自足圆满，何以可能呢？所以，后来孟子就进而说："行有不慊于心，则馁矣。"(《孟子·公孙丑上》)孟子的观点，虽然讲的是养浩然之气，但是，知行合一的观点，呼之欲出。

笔者认为，在王阳明那里，知行合一是一种道德实践的必需，更是人之所以为人的必需。但是它的最终源头，是孔子的忠恕之道，一以贯之。无论如何，王阳明的"知行合一"思想始终是离不开孔子的忠恕思想的：

忠→恕

↓　　↓

知→行

正由于王阳明的"心即理"的理论导向是直接指向道德修养层面的，因此，他的知行合一思想，相对于此前的相关理论来讲，就不再是一个认识论。而是地地道道的道德实践、道德修养论。这是王阳明的重大创造。知，是良知。行，是致良知。只有在行动上致良知之后，良知的认知才能成为真正的可能。这是阳明知行合一之说的根本意思。在王阳明看来，知而不行，把知与行隔开，把知与行看成彼此悬隔的两回事，主要是我们每一个人的成见、偏见、偏执、私心、利欲、障蔽在作祟。

而且，由于王阳明的知行合一思想受到了孔子"下学而上达"的直接启迪，是心即理、良知的性情体现。因此，在这里，"知"与"行"，就不再是对等的因果关系、逻辑关系，而是一个知与行同时并存的精神实体。王阳明说："知之真切笃实处，即是行；行之明觉精察处，即是知，知行工夫本不可离。只为后世学者分作两截用功，失却知行本体，故有合一并进之说。"[1] 二者之间是混沌的，不分彼此的。阳明多次讲到了"知行本体"、"知行之体"、"知行本来体段"。它是生命的道德、良知显发，就是生命的本体。

离开了"知"就是"冥行"，离开了"行"就是"妄想"[2]。阳明说："某尝说知是行的主意，行是知的功夫；知是行之始，行是知之成。若会得时，只说一个知，已自有行在；只说一个行，已自有知在。"[3] 在传统的知行观之中，"知"属于主观意识，"行"属于客观行动。但是，王阳明仿佛混淆了知与行的界限。其实，这正是王阳明的高妙之处。因为他的目的是为了彻底地摧毁"知"与"行"之间的壁障，彻底贯彻"致良知"的践履工夫。所以，在王阳明的思想体系中，知与行，完全合一，良知与工夫，完全合一。完全不能分离，成为人的本体。

从知行合一思想的结构上来讲，有"浅深难易之殊"，分为三个层次。王阳明的表述是这样的：

> 问："圣人生知安行是自然的，如何有甚工夫？"先生曰："知行二字即是工夫，但有浅深难易之殊耳。良知原是精精明明的。如欲孝亲，生知安行的只是依此良知，实落尽孝而已；学知利行者，只是时时省觉，务要依此良知尽孝而已。至于困知勉行者，蔽锢已深，虽要依此良知去孝，又为私欲所阻，是以不能，必须加人一己百、人十己千之功，方能依此良知以尽其孝。圣人虽是生知安行，然其心不敢自是，肯做困知勉行的

---

[1]　王守仁：《王阳明全集》（上），上海古籍出版社 2012 年版，第 37 页。

[2]　王守仁：《王阳明全集》（上），上海古籍出版社 2012 年版，第 176 页。

[3]　王守仁：《王阳明全集》（上），上海古籍出版社 2012 年版，第 4 页。

工夫。困知勉行的，却要思量做生知安行的事，怎生成得！"①

这段文字的核心，是王阳明在强调，面对良知，我们必须要有真真切切的道德践履。良知是一个只在人生的道德实践中才能够实现的境界。如果离开了人之所以为人的道德实践，离开了人的道德践履，良知的境界是不可能实现的。可是就是有一些人，明明"蔽锢已深"，各种私欲的成见、偏僻、阻碍已经很多，云遮雾挡、愁云惨淡了，但是还在梦想着不付出一点点努力，就能够达到"圣人的生知安行"。这怎么可能呢？

王阳明在这里提出了"知行合一"的三个层次。也就是：生知安行、学知利行和困知勉行。笔者以为，这段文字理所当然来自《论语》的启示：

孔子曰："禄之去公室，五世矣。政逮於大夫，四世矣。故夫三桓之子孙，微矣。"（《论语·季氏》）

孔子曰："益者三友，损者三友。友直，友谅，友多闻，益矣。友便辟，友善柔，友便佞，损矣。"（《论语·季氏》）

孔子曰："益者三乐，损者三乐。乐节礼乐，乐道人之善，乐多贤友，益矣。乐骄乐，乐佚游，乐宴乐，损矣。"（《论语·季氏》）

孔子曰："侍于君子有三愆：言未及之而言谓之躁，言及之而不言谓之隐，未见颜色而言谓之瞽。"（《论语·季氏》）

孔子曰："君子有三戒：少之时，血气未定，戒之在色；及其壮也，血气方刚，戒之在斗；及其老也，血气既衰，戒之在得。"（《论语·季氏》）

孔子曰："君子有三畏：畏天命，畏大人，畏圣人之言。小人不知天命而不畏也，狎大人，侮圣人之言。"（《论语·季氏》）

孔子曰："生而知之者，上也；学而知之者，次也；困而学之，又其次也。困而不学，民斯为下矣！"（《论语·季氏》）

之所以有此长引，是因为这是一个理论体系。在笔者看来，这是王阳明知行合一理论的根源。深入研究《论语》，我们会发现，《季氏》的这段文字非常老辣。经《论语·季氏》的编纂者这么一编排，意思就十分深远了。笔者当然知道，《论语》的行文都是零条。各章之间，未必有深入的内在联系。此为古训。但是，《季氏》第一章讲的是"季氏将伐颛臾"，"谋动干戈于邦内"，是祸起萧墙之内，第二章讲的是礼乐征伐自天子出，"天下有道，则政不在大夫"，这在

---

① 王守仁：《王阳明全集》（上），上海古籍出版社 2012 年版，第 97—98 页。

孔子，当然是有具体所指的。孔子的意思是，礼乐征伐自诸侯出，则会天下大乱。接下来，就是"禄之去公室"章。这一章只是没有挑明，孔子的意思是，这些鲁国的执政者由于没有按照规定的礼制行事，已经是一代不如一代，快要断子绝孙了。这是非常令人恐怖的表述。这是典型的反面教材。然后就是一连串的"三"："三友"、"三乐"、"三愆"、"三戒"、"三畏"（其实这就是我们人生方方面面的道德践履，在王阳明那里就是道德实践、践履的"工夫"），最后都落实在"学"字上面："生而知之者，上也；学而知之者，次也；困而学之，又其次也。困而不学，民斯为下矣！"这才是孔子真正的意图。笔者在此强烈地以为，孔子讲学的思路可能也就是这样的。《论语》编纂者的灵感只能是来源于孔子。这么大的篇幅，编纂者们肯定依循了孔子的逻辑。这是七十子以及七十子后学师承的结果，这么大的篇幅，他们断断不会自作主张。我们可以想见，王阳明置身于贵州修文县的崇山峻岭之中，每天躺在阴湿的洞穴之中，他是怎么涵泳《论语》的呢？

　　历来，在中国古代哲学家那里，人们都非常重视《论语》的上述表述。《礼记·中庸》的作者对这些文字的理解也是有深刻领悟的。否则，他就不会在《中庸》中有如此深入、细密的发挥：

　　　　子曰："或生而知之，或学而知之，或困而知之，及其知之，一也；或安而行之，或利而行之，或勉强而行之，及其成功，一也。"

　　　　博学之，审问之，慎思之，明辨之，笃行之。有弗学，学之弗能，弗措也；有弗问，问之弗知，弗措也；有弗思，思之弗得，弗措也；有弗辨，辨之弗明，弗措也，有弗行，行之弗笃，弗措也。人一能之己百之，人十能之己千之。果能此道矣，虽愚必明，虽柔必强。（《礼记·中庸》）

　　在对孔子"生而知之者，上也；学而知之者，次也；困而学之，又其次也。困而不学，民斯为下矣"思想的理解上，《中庸》的作者有两个重大的发展。第一个发展，是他改变了《论语·季氏》"上也"、"次也"、"又其次也"的上中下三级划分，提出了只要我们认真学习，最后，对我们每一个人的"知"来说，都是一样的。第二个发展，是把孔子的"知"，彻底地提升到了"行"："安而行之、利而行之、勉强而行。"应该说，在中国哲学之认识论史上，这是一个重大的飞跃。因为它打破了人与人之间在"知"与"行"之外的一切人为的阻隔。提出了在"知"与"行"的面前人人平等的重要思想。更重要的是，《中庸》把"知"与"行"结合起来了，甚至开始了"博学、审问之、慎思、明辨、笃行"一以贯之,融为一体的理论导向。应该说,这就是一个知行合一的雏形体系。

这段文字被王阳明在其文集中反复引证,绝非偶然。也就是说,王阳明对孔子的思想,对《中庸》的"博学、审问之、慎思、明辨、笃行"心领神会。"必须加人一己百、人十己千之功,方能依此良知以尽其孝"①,良知的呈现,必须是努力践履的结果。因此,这样的思路,使王阳明"知行合一"的理论结构,始终没有离开孔子的框架:

或生而知之→或安而行之。

或学而知之→或利而行之。

或困而知之→或勉强而行之。

《中庸》的"及其知之,一也。及其成功,一也",是圣人之心没有放弃任何努力的个体的体现。天道酬勤。只要我们努力,就不可能没有收获。这正是王阳明知行合一思想的归宿。

说一千道一万,孔子的道德实践工夫,修身践履工夫,在《论语》中无所不在:"弟子入则孝,出则弟,谨而信,泛爱众,而亲仁。行有余力,则以学文。"(《论语·学而》)应该说,这种表述,只放在《学而》篇显赫的位置,自有作者的深意。他是在暗示,孔子学说的最大特点就是实践性、践履性。其实,王阳明的哲学思想虽然博大精深,"心即理"、"良知"、"致良知"、"知行合一",但是究其实,它的核心和基础,与孔子完全相通。因为离开了"实践性"和"践履性"之后,王阳明这个理论思想体系的基础就没有了。

当然,王阳明的"知行合一"理论对孔子的道德实践论、践履论同时也具有重大的发展。第一,王阳明的知行合一论,是对明代中后期整个社会,特别是官场阳奉阴违、口是心非的一个重大批判。是对明代世风日下的挽救。可惜有明一代,终究没有真正地接纳阳明学。第二,王阳明的"知行合一"思想,在理论形态上更加精致。他对由孔子而来的三个层次的划分与细密论述,具有立足于《中庸》的巨大超拔力。在理论的形态上、理论的内容上、理论的表述上和对孔子相关思想的超越上,都有了划时代的重大突破。第三,王阳明的知行合一之最大的贡献,并不仅仅是"致良知"的"致",长期以来,中国的阳明学研究,始终只是停留在这一个层面上。这是诚为可惜的(这是受到了

---

① 王守仁:《王阳明全集》(上),上海古籍出版社 2012 年版,第 98 页。

中国专制体制的压制所致）。笔者的意思是，王阳明"知行合一"的最核心部分，是为"志在圣贤"而付出的行动。知行合一的理论指向，始终都是志在圣贤。时时刻刻知行合一，向知行合一看齐，不以孔子的是非为是非，我们每一个人都应该有自己的独立思想，并且努力地去做一个顶天立地的人。这是王阳明12岁的凤愿最后的落实。这正是王阳明心学的核心精华。如果我们当代中国人真正理解了在"心即理"、"致良知"整个理论体系中的"知行合一"，并且能够把这种独特的理论落实于生活实际，那么，我们每一个人都生活得有价值、有追求、有理想，中华民族的伟大复兴就可以更早实现。

（作者简介：欧阳祯人　武汉大学中国传统文化研究中心）

湛甘泉的人格与境遇

——关于人生之命的一种思考

宁新昌

人格指的是人的品格，境遇则指的是人一辈子的生活环境和际遇。总的说来，甘泉的人生道路和仕途生活相对顺畅，享年九十有五，位至三部尚书，虽说高处不胜寒，但他却能安然处之。他的境遇不错，常有贵人相助，这实际上与他自己的修养有关。这里，之所以要探讨这一问题，意在对人生问题的认真思考。人的一生有两个因素非常重要：一是"天命之谓性"的"性"，可以叫作人格；二是"穷达以时"的"时"，可以叫作境遇。实际上，这两者都属于"命"的范畴，前者可以叫作"性命"，而后者叫作"时命"，或称之为"遇命"。人这一辈子都离不开这样两个"命"。所以，探讨人格和境遇实际上就是探讨人生之"命"的问题。

一、甘泉的出身与仕进

甘泉一生，总体看来，还算顺利。虽然早年遇有坎坷，少年失怙，漂落他乡。但他有一个坚强伟大的母亲，正是母亲的抚养和教育，以及他自己的不懈努力，最终使他成人成才；立德、立言、立功。

明成化二年，亦即公元 1466 年，甘泉出生在广东增城的甘泉都沙贝村。七岁那年，由于父亲的"豪侠好义，为乡里媒孽"，遭到乡人无端的诬陷，因此造成了湛氏家族与乡人的冲突，不得已，他和母亲陈氏避难于惠州府归善县的一个叫作冈下的地方，暂时栖身于曾任官同知（官名）的李应家中。后又移居到紫金县赤树塘。大约在外流离九年，等到事件平复，也就是在甘泉十五岁那年，他们返回了增城。

在避难期间，祖父樵林公辞世，这年甘泉九岁，到了十一岁时，父亲怡庵公又离开人世，剩下的就是孤儿寡母，他们只能相依为命。后来的举子仕进，母亲可谓厥功至伟。到了母亲过世时，甘泉曾这样赋诗缅怀："谥妣曰贤母，四十孀居整。"① 一位母亲守寡四十余载，可以想象其中的困苦和艰难，不养儿不知父母恩，不当爹娘哪知爹娘苦。对此，王阳明在其《湛贤母陈太孺人墓碑》中给予甘泉母亲以很高的评价："吾闻太孺人之生七十有九，其在孀居者余四十年，端靖严洁如一日。"湛母的品质是崇高的：端庄、平静、严毅、纯洁。顾鼎臣在《慈母传》中也说："家尝中衰，怡庵又蚤世，孺人携若水及诸女依母家以居，餐粝衣敝，日日切切以训子为事。"② 怡庵公去世，家道中落，湛母苦苦支撑起这个家庭，生活虽然艰辛，但勿忘子女教育。这正是湛母的过人之处。一般来说，能列入《慈母传》者并非易事，而湛母能选在其中，自有个中因由。顾鼎臣（1473—1540）何许人也？明代官员，初名全，字九和，号未斋，苏州昆山人。弘治十八年殿试状元，与甘泉为同科进士。也是甘泉的同僚，历官修撰、左谕德、礼部右侍郎、礼部尚书兼文渊阁大学士，入参机务，追加少保、太子太傅，曾拜相入阁。著有《未斋集》。

甘泉十六岁时入乡校，二十七岁中举人，遂改名雨，也是为了避讳始祖的尊名。二十八岁，上京会试，不幸落第。甘泉和传统的士人一样，走的是一条由科举而仕进的人生之路。落第之后，归家途中，路过南京江浦，拜访了庄昶。这时的庄昶早已在定山过着隐居生活。庄昶（1437—1499），字孔旸，号木斋，又自号活水翁，因隐居定山而被称为定山先生，江浦（今南京浦口）人，成化二年进士，曾任翰林院检讨。因不愿献诗进赋粉饰太平，便与罗伦、章懋、黄仲昭等先后遭到贬谪，庄昶被贬至桂阳州判官，后做南京行人司副。明成化七年（1471），庄昶父母相继故去，他回浦口，晚年卜居定山二十余年，去世之后，追谥文节。著作有《庄定山集》。他是一位著名的理学家，《明儒学案》对其有介绍，他为人正派，品行独立；赋诗作词，传道授业。黄宗羲说他"以无言自得为宗，受用于浴沂之趣，山峙川流之妙，鸢飞鱼跃之机，略见源头，打成一片，而于所谓文理密察者，竟不加功"③。由此可见他的心

---

① 黎业明编：《湛若水年谱》，上海古籍出版社 2009 年版，第 8 页。

② 黎业明编：《湛若水年谱》，上海古籍出版社 2009 年版，第 8 页。

③ 黄宗羲：《明儒学案·诸儒学案上三》，中华书局 1985 年版。

学倾向，他是陈白沙的挚友，两人过从甚密，学术来往不断。他长甘泉近二十岁。对于甘泉而言，庄昶可谓是一位长辈、师者。由于这时的甘泉正处在人生观和世界观的成形时期，因之，归家途中，路访定山先生，并且得到定山的"亟见奖许"，这无疑会对他起到鼓励作用。应该说，这次拜访对于甘泉是有重要影响的。

二、甘泉与其同门

在甘泉会试落第的第二年，也即在他二十九岁时，由梁景行（陈白沙弟子，顺德人）介绍，拜师心学大家陈白沙（1428—1500），即陈献章，字公甫，号石斋。因居住白沙村，人称白沙先生。白沙是明代心学的奠基者，也是有明一代风气的开创者。他学贵"知疑"，提倡静修，崇尚"自然"，注重"自得"。所有这些对于甘泉影响至深。白沙弟子众多，学有成就者不少，而只有甘泉被指定为衣钵传人，可见白沙对甘泉的信任。经由白沙心学的长期浸淫，以及师生之间的学问致辩，再到二次会试，中了进士，此时的甘泉年已四十。从第一次会试到第二次，其间已经"十有三年"，之所以如此，除了就学于白沙，主要的还是侍奉老母。如其所说，"以侍母不赴会试者十有三年"[1]。亦即《明儒学案·甘泉学案上》中所说的"不赴计谐（举人赴京会试）"。[2] 甘泉后来曾专门论述德业和举业，著有《二业合一训》。何谓"一"者，"执事敬"也。也就是在二业当中最基本的乃是德业，当然，也不能离开举业而另寻德业。

白沙开创的心学，也即岭南心学，明代的岭南心学是儒学研究和传播的一个重镇，在这样一个群体里，可谓是群星灿烂。除了甘泉之外，还有梁储、张诩、李承箕、林光、谢祐、李孔修、贺钦、陈茂烈、容贯、罗服周、潘汉、叶宏、林廷瓛等。所有这些人基本上和甘泉的年龄相仿，他们之间思想上的交流，学问上的切磋，乃是再正常不过的事情。下面就看看其中一些人的情况：

梁储（1451—1527），字叔厚，号厚斋，广东顺德（今南海石硝）人。戊戌会试第一名，传胪二甲第一名，成化十四年（1478）进士，选庶吉士。由翰

---

① 黎业明编：《湛若水年谱》，上海古籍出版社 2009 年版，第 11 页。
② 黄宗羲著，沈芝盈校点：《明儒学案》（下），中华书局 1985 年版，第 876 页。

林编修累官至特进光禄大夫、左柱国少师兼太子太师、吏部尚书、华盖殿大学士，赠太师，入参机务，一度出任内阁首辅（丞相），谥号文康，御赐葬祭。著作有《郁洲遗稿》。梁储中进士时，甘泉还未投诸白沙门下，但他们毕竟是同门，也属老乡，后来皆为当朝官员，而且他们两人在当朝也都是非常有影响的，不能完全排除他们有来往。甘泉在《问闻人谤师当如何谤师嘲师者如何有自负圣学而犯之矣》中说过这样的话："吾在庶吉士时，闻梁厚斋公道乡人谤石翁之言云云，吾怒之。"① 此属甘泉对梁储在这个问题上的看法，但还不足以构成对梁储的整体评价。

张诩（1456—1515），字廷实，号东所，南海人（一说番禺人）。成化二十年（1484）进士。官至南京通政使司右参议。著作有《张诩集》②。黄宗羲评价说："白沙以'廷实之学，以自然为宗，以忘己为大，以无欲为至，即心观妙，以揆圣人之用。其观于天地日月晦明，山川流峙，四时所以运行，万物所以化生，无非在我之极，而思握其枢机，端其衔绥，行乎日用事物之中，以与之无穷'。观此则先生之所得深矣。"③ 张诩长甘泉十岁，两人并未直接同学，但有学术往来，《张诩集》中就有《次韵寄湛民泽》、《别民泽后用韵寄兴》、《寄傲亭怀湛民泽》等文，《泉翁大全集》中也有《次韵答东所张先生》、《用韵留别东所张先生》等文。当然，甘泉也批评过张诩："常恨石翁分明知廷实之学是禅，不早与之斩截，至遗后患。翁卒后，作墓表，全是以己学说翁，如不以手而能书，不以心而能诗，全是禅意，奈何！奈何！"④ 这说明甘泉和张诩学问有差异，也说明了甘泉对张诩学问的看法。

李承箕（1452—1505），字世卿，号大厓，湖北嘉鱼（武汉）人，成化二年举人，不喜为举子业。著有《大厓李先生集》。黄宗羲说：李承箕"胸怀洒落，白沙之门更无过之"，"其文出入经史，跌宕纵横"。白沙与之"赋诗染翰，投壶饮酒，……无所不语"⑤。这说明承箕和白沙在精神气质方面的相似相投。甘泉弟子洪垣在甘泉的《墓志铭》中说了这样一件事：白沙"定居楚云台，台谓楚者，楚进士李承箕筑也。李善诗文，尝以书来问守台者，白沙先生复曰：

① 《甘泉先生续编大全》卷之八，明嘉靖三十四年刻本。
② 黄娇凤、黎业明编校：《张诩集》，上海古籍出版社 2015 年版。
③ 黄宗羲：《明儒学案·白沙学案下》，中华书局 1985 年版。
④ 《泉翁大全集》卷之三《知新后语》，明嘉靖十九年刻本。
⑤ 黄宗羲：《明儒学案·白沙学案上》，中华书局 1985 年版。

'时有湛雨者，始放胆来居之，冷焰迸腾，直出楚云之上。'"①李承箕去世那年，甘泉中了进士。

林光（1439—1519），字缉熙，号南川，东莞人。成化元年举人。五年会试入京，拜白沙于神乐观（官署名），从归江门，筑室深山，往来问学者二十年。白沙称"其所见甚是超脱，甚是完全。盖自李大厓而外，无有过之者"。尝言："所谓闻道者，在自得耳。读尽天下书，说尽天下理，无自得入头处，终是闲也。"成化二十年复出会试，中乙榜，授平湖教谕。历兖州、严州府学教授，国子博士，襄府左长史。②甘泉和林光虽同门，但没有直接同学，林光也长甘泉好多。不过，在白沙门下，白沙常在甘泉面前提及林光，如甘泉说："白沙先生谓林缉熙曰：'此理无一处不到，无一息不运，得此把柄入手，更有何事？'只此数句，理一分殊都在其中。理一分殊，只是一理，更无二理。夫子川上之叹，便以一句道尽，曷曾如是费力？'自兹以往，更有分殊处合要理会。'此就缉熙工夫学力而言，是周匝说话，体用一原，显微无间。"③还有："予癸丑下第南归，访先生（庄昶）于定山。潇然洒落，望之知为有德人也。今观先生及诸公之言，即先生之学宜与白沙先生同，而白沙先生尝语我曰：'定山人品甚高，恨不曾相与问学。不知其后问林缉熙否？缉熙又何以告之？'"④林光过世后，湛甘泉撰《祭林南川文》，并称之为"故友"。

当然，白沙的弟子不少，和甘泉有关系者还有谢祐，字天锡，南海人。筑室葵山之下，并日而食，袜不掩胫，名利之事，纤毫不能入也。尝寄甘泉诗云："生从何处来，化从何处去。化化与生生，便是真元处。"⑤卒后附祀于白沙。谢祐的诗，不免有禅学意味，与白沙存在差异。但毕竟还是儒者，同门甘泉曾这样评价他："清修励行，在白沙先师之门，甚有翼道之功。"⑥

李孔修，字子长，自号抱真子，顺德人。初赴会试，以搜检严，掷砚而去，可见其特立独行的性格。甘泉曾说自己"始求教白沙先生，先生先叹曰：

---

① 洪垣：《湛甘泉先生墓志铭》，见《湛甘泉先生文集·外集》，三十二卷本，清同治五年刻本。
② 黄宗羲：《明儒学案·白沙学案下》，中华书局1985年版。
③ 《泉翁大全集》卷之十三《天关精舍语录》，明嘉靖十九年刻本。
④ 《泉翁大全集》卷之二十八《新江书院定山先生祠堂记》，明嘉靖十九年刻本。
⑤ 黄宗羲：《明儒学案·白沙学案下》，中华书局1985年版。
⑥ 《甘泉先生续编大全》卷之二十三《访故友谢天锡茶业为墓祭帖付乡老古世禛》，明嘉靖三十四年刻本。

'此学不讲三十年矣。'"此学指的是儒学，甘泉问其原因，白沙解释说："子长只作诗，廷实寻常来只讲些高话，亦不问，是以不讲。此学自林缉熙去后已不讲。"① 对于李孔修的"只作诗"白沙不太满意，但他仍是白沙的高徒。甘泉在《祭林南川文》中，"我疑进问，子长东所，并称高弟，语何不可。"② 子长是李孔修，东所是张诩。

贺钦（1437—1510），字克恭，别号医闾，浙江定海人。成化二年（1466）进士，授户科给事中；寻告病归。弘治初（1488）起陕西参议，檄未至而母殁；乃上疏恳辞，遂不复出。构小斋读书其中，杜门者十余年。钦文章颇多，但信笔挥洒，不甚修饰。著有《医闾集》。甘泉后为之作墓表，说道："自周公没，数百年而孔子作，颜、曾、子思传之绝。百余年而孟子作，孟子没而道无传焉！绝者又千数年，而宋有周、程子作，张、朱继之。自是绝者又数百年，而我朝白沙先生作。时则有医闾先生与罗一峰、庄定山、章枫山诸先生，然而笃信恳到，则医闾公其人也。"③ 评价的确很高。

以上是白沙几个弟子的一些情况，他们与甘泉总有这样那样的关系，甚至学术交往，他们探讨学问，寻求真理，相互影响，共同提高。白沙的其他弟子就不一一赘述了。

三、甘泉与其师者

在人生的旅途上，甘泉也遇到了一些可敬的师者。弘治十七年（1504），在金宪徐纮的劝驾之下，甘泉奉母亲之命，北上入南京太学。徐纮是弘治三年（1490）进士，授刑部郎中累官至广东按察司金事，终官云南按察副使。能得到徐纮的劝驾，足以说明陈白沙及其弟子们的影响，甘泉乃为一介书生，不过，"随处体认天理"的思想已经形成。

甘泉入太学后见到章枫山，洪垣记载："祭酒枫山章公一见，与论君子所性，倾倒纳交，不敢以举子相视。"④ 国子监祭酒章枫山在与甘泉"论君子所性"的过程中，就对甘泉非常赏识，并视之为朋友，且不再以举子相待。罗洪

---

① 《泉翁大全集》卷之三《知新后语》，明嘉靖十九年刻本。

② 《泉翁大全集》卷之五十七《祭林南川文》，明嘉靖十九年刻本。

③ 《泉翁大全集》卷之六十三《明故医闾先生户科给事中贺公墓表》，明嘉靖十九年刻本。

④ 洪垣：《湛甘泉先生墓志铭》，见《湛甘泉先生文集·外集》，三十二卷本。

先也说："祭酒章枫山试晬面盎背论，奇之。"① 《明儒学案》说：在会试时，考官"杨文忠、张东白在闱中，得先生卷，曰：'此非白沙之徒，不能为也。'"② 张东白还叹道："真儒复出矣。"③

章枫山是谁？就是前面提到的和庄昶等人一起被贬的那个章懋（1436—1521），字德懋，号闇然居士、瀔滨遗老，人称枫山先生，浙江兰溪人。成化二年，会试第一，举进士，官至礼部尚书。著有《金华·兰溪乡贤祠志》、《枫山全集》、《枫山语录》、《正德兰溪县志》等。章枫山也曾问学于白沙。④ 当然，并不能因此就说明章枫山是陈白沙的弟子，但能说明他们之间的学术来往。甘泉在《奠故大宗伯枫山章先生文》中自称"门生"，并说："夫子之生，天笃其性，不揉而直，柔顺中正，人曰'克温'，温而亦厉，表里如一，人己无异。"而且，在《大宗伯枫山章先生像赞》中甘泉给予很高评价："先生自谓一生委靡。君子曰：盛德之至，是故不言而信，不怒而人畏，不为名高以立异，而人自有不可企。"⑤

杨文忠，即杨廷和（1459—1529），内阁大学士，字介夫，谥号文忠。四川新都人，祖籍江西庐陵。成化十四年（1478）殿试居第三甲，赐同进士出身。弘治二年，进修撰，参修《宪宗实录》和《会典》，擢左春坊大学士。正德二年初由詹事人东阁，专典诰敕（朝廷封官授爵的敕书），因与宦党相抗，得罪司礼监大太监刘瑾，改官南京户部尚书。不久因修书功成召还，授文渊阁大学士参理机务，迁吏部尚书，及至刘瑾伏诛，于正德七年进谨身殿大学士，曾出任内阁首辅。甘泉曾在《初入朝豫戒游逸疏》中说："旧德老臣，如大学士杨廷和等，……时赐召问，以兴其成王畏相之心。"⑥ 也体现了对杨文忠的尊敬。

张东白，即张元祯（1437—1506），字廷祥，别号东白，谥号文恪。南昌人。天顺四年（1460）进士，入翰林为庶吉士。弘治初，召修《宪宗实录》，进左赞善，上疏劝行王道。升南京侍讲学士。后又召修《大明会典》。进翰林

---

① 罗洪先：《墓表》，见《湛甘泉先生文集·外集》，三十二卷本，清同治五年刻本。
② 黄宗羲著，沈芝盈校点：《明儒学案》（下），中华书局 1985 年版，第 876 页。
③ 洪垣：《湛甘泉先生墓志铭》，见《湛甘泉先生文集·外集》，三十二卷本。
④ 参见《明儒学案·崇仁学案四》，中华书局 1985 年版。
⑤ 《泉翁大全集》卷之三十三，明嘉靖十九年刻本。
⑥ 《泉翁大全集》卷之三十六，明嘉靖十九年刻本。

学士，侍经筵。丁忧丧毕，改太常卿，掌詹事府。著作有《东白集》。

不仅如此，罗钦顺也是甘泉的恩师。甘泉在入南京太学时，罗钦顺就任国子监司业，后来罗钦顺的《整庵履历记》中记述了其中的情况："在任将二年，所奖进之士，如吴惠、汪立、王思、陆深、严嵩、董玘、张邦奇、湛若水、杨叔通、陈沂、盛仪、潘鉴、曹琥等，后皆有名，亦自喜其不谬。所愧学力未充，未能相与痛加切磋耳。"① 这些人都是他的学生，后来皆有成就。所以，对于罗钦顺，甘泉则以"门生"自称。他也曾写信给罗，有《上罗整庵太宰书》、《寄整庵公罗冢宰书》。在罗钦顺去世后，也曾撰《奠罗整庵先生文》，其中写道："作人模范，以表群伦，躬行若子，庐山共尊。"② 罗钦顺（1465—1547）字允升，号整庵，江西泰和人。弘治六年（1493）进士科探花，官至南京吏部尚书。其学说与甘泉、阳明有较大差异，但对甘泉有影响。著有《困知记》、《整庵存稿》、《整庵续稿》。嘉靖二十六年（1547）去世，年八十三，赠太子太保，谥号文庄。

当然，还有两人需要提起，即吴廷举、朱节。嘉靖元年（1522），甘泉五十七岁，都御史吴廷举、御史朱节共同推荐，起补翰林院编修，经筵讲官。这一举荐给甘泉在仕途上的发展提供了新的契机。

吴廷举，字献臣，梧州人。成化二十三年（1487）进士，除顺德知县。忤中官，毁淫祠，以葺学宫、书院，执下狱。后迁成都同知，擢广东佥事。从总督潘蕃讨平南海、清远诸盗。正德初，历副使，发总镇中官潘忠二十罪，潘忠亦讦廷举他事，逮系诏狱。刘瑾矫旨，枷十余日，几死。戍雁门，旋赦免。擢江西右参政。世宗立，召为工部右侍郎，改兵部、户部，迁右都御史。后寻改南京工部尚书，称疾乞休。辞疏中复用"呜呼"字，帝怒，以为廷举怨望无人臣礼，嘉靖五年令其退休。家居三年去世，年六十六。隆庆中，追谥清惠。甘泉撰《工部尚书吴公神道碑文》这样评价吴廷举："司空正卿，不拜而行，人皆曰亢，公视则轻。公曰予已，正丘而毙，仕止死生，诚哉无愧！"③ 可见，吴廷举绝非一般人物，为人耿直，敢于担当，不惧陷害，视死如归。与这样的人交朋友，值得！吴廷举也曾编辑陈白沙的著作《白沙先生诗近稿》（明弘治

---

① 罗钦顺：《知困记》，中华书局1990年版，第204页。
② 《甘泉先生续编大全》卷之十五，明嘉靖三十四年刻本。
③ 《泉翁大全集》卷之六十五，明嘉靖十九年刻本。

九年刊本）。

四、甘泉与其同事

在甘泉的人生境遇中，还有这样一些人。如王阳明、吕柟、崔铣、张邦奇、蒋冕、罗洪先、顾鼎臣。他们是湛甘泉的朋友、同僚、知己。

王阳明（1472—1529），字伯安，别号阳明。浙江余姚人，弘治十二年（1499）进士，历任刑部主事、贵州龙场驿丞、庐陵知县、右佥都御史、南赣巡抚、两广总督等职，晚年官至南京兵部尚书、都察院左都御史。因平定宸濠之乱而被封为新建伯，隆庆年间追赠新建侯。谥号文成。著有《王文成公全书》。王阳明是阳明心学的开创者，其学影响深远。阳明比甘泉小六岁，比甘泉中进士早六年。在甘泉中进士的第二年，两人就一见定交。第三年，亦即正德二年（1507），阳明贬谪龙场驿，甘泉作《九章赠别并序》以赠阳明，阳明也作诗以答。甘泉常称阳明为"吾友"、"我友"、"同志"、"阳明子"、"先生"。在阳明返京之后，两人比邻而居，正德六年（1511），甘泉出使安南，阳明作《别湛甘泉序》曰："晚得友于甘泉子，而后吾之志益坚，毅然若不可遏，则予之资于甘泉多矣。……吾与甘泉友，意之所在，不言而会；论之所及，不约而同；期于斯道，毙而后已者。"[1] 湛母去世，王阳明写《湛贤母陈太孺人墓碑》。而在王阳明去世时，甘泉便撰《奠王阳明先生文》曰："于乎！戚乎！于乎！哀乎！而止于是乎！而遽至于是乎！谓天之生人，其有意耶？其无意耶？以为无意也，何以厚赋兄智若是？以为有意也，则能笃生是，曷不永成是？嗟惟往昔，岁在丙寅，与兄邂逅，会意交神，同驱大道，期以终身。"[2] 悲痛之情，难以言表。两人情真意笃，友谊深厚，王湛心学，亦堪为时代双峰。至于两人之间的差异，我个人体会：阳明的"心"是内在而超越，甘泉的是超越而内在，实无本质区别。

吕柟（1479—1542），字大栋，又字仲木，号泾野，陕西高陵人。正德三年（1508），举南宫第六人，擢进士第一，授翰林编修。吕柟仕途坎坷，三起三落，不仅贬谪，亦曾下狱。曾历南京吏部考功郎中，南京宗人府经历（官

---

① 《王阳明全集》上册，上海古籍出版社1992年版，第230页。
② 《泉翁大全集》卷之五十七，明嘉靖十九年刻本。

名），尚宾司卿，太常寺少卿，国子监祭酒，累官至南京礼部右侍郎。六十致仕，退休之后仍讲学不辍。《明史》称其"仕三十余年，家无长物，终身未尝有惰容。时天下言学者，不归王守仁，则归湛若水，独守程、朱不变者，惟柟与罗钦顺云"。为官三十载，家中无有一件像样之物。终生勤勉，不见惰容。《明儒学案》说他的讲学"几与阳明氏中分其盛，一时笃行自好之士，多出先生之门"①。可见吕柟在当朝的影响。在吕柟会试时，甘泉为同考试官，并结识了吕柟。以后两人关系甚密，吕柟曾撰《明加赠资政大夫南京礼部尚书樵林湛公、配夫人梁氏神道碑文》，吕柟离世之后，甘泉曾撰《奠崔后渠吕泾野文》②，与崔铣一起奠祭。《明儒学案》也讲到王阳明、湛甘泉、吕仲木三人在学术上的关系。"阳明在吏部讲学，先生与吕仲木和之。"③也有学者把吕柟看成是甘泉的弟子，其实理据不足。吕柟比甘泉小十三岁，中进士晚三年，尽管甘泉是吕柟的考试官。

崔铣（1478—1541），字子钟，又字仲凫，号后渠，又号洹野，谥文敏。河南安阳人。甘泉的同科进士。即弘治十八年（1505）进士，入翰林，任编修。曾经仕途多舛，三次被贬，曾被外放为南京吏部验封司主事，后召还北京翰林院史馆，历南京国子监祭酒，因议"大礼"冒犯了世宗，罢职返乡；后又升任南京礼部右侍郎。著有《洹词》和《彰德府志》。时任南京礼部右侍郎时，他看到湛甘泉在参赞机务期间的行事记录后，著有《参赞事略跋》称赞甘泉。两人有学术交往，甘泉曾撰《读崔公后渠叙杨子折衷》，不同意崔铣对于杨慈湖的观点。④崔铣去世后，他撰写《奠崔后渠吕泾野文》，以表悼念。

张邦奇（1483—1544），字常甫，号甬川，别号兀涯，浙江鄞县人。弘治十八年（1505）进士。和湛甘泉同年进太学，属同学，又同科。授检讨，出为湖广提学副使。嘉靖初，提学四川，迁南京祭酒，以身为教，学规整肃。改南京礼部右侍郎。改掌翰林院事，做日讲官、太子宾客，改掌詹事府事进礼部尚书，改南京吏部尚书，又改南京兵部尚书。嘉靖二十三年（1544）去世，赠太子太保，谥文定。曾撰《封太孺人陈氏行状》（湛母行状）⑤，著作有《学庸传》、

① 黄宗羲著，沈芝盈校点：《明儒学案》，中华书局 1985 年版，第 11 页。

② 《甘泉先生续编大全》卷之十三，明嘉靖三十四年刻本。

③ 黄宗羲著，沈芝盈校点：《明儒学案》，中华书局 1985 年版，第 876 页。

④ 《泉翁大全集》卷之七十九上，明嘉靖十九年刻本。

⑤ 参见黎业明编：《湛若水年谱》，上海古籍出版社 2009 年版，第 51 页。

《五经说》、《兀涯两汉书议》等。甘泉曾著《封君洞云张先生暨太君沈夫人双寿序》①，以表达对张邦奇二老的尊敬。

蒋冕（1462—1532），字敬之，一字敬所，号湘皋，广西全州人，成化二十三年（1487年）进士，选庶吉士。弘治十三年，历司经局校书。正德中，累官至吏部左侍郎，改掌詹事府，典诰敕，进礼部尚书，仍掌府事，正德十一年入阁为大学士，十二年加太子太傅，十四年扈帝南征还，加太子少傅兼太子太傅、户部尚书、谨身殿大学士。嘉靖三年（1524）官至内阁首辅。议大礼时，因反对世宗为生父立庙被夺职削官，终老于家。隆庆初年（1568）敕令复官，谥文定。著作有《湘皋集》、《琼台诗话》等。撰《明封太孺人陈氏墓志铭》（湛母墓志铭）。②

罗洪先（1504—1564），字达夫，号念庵，卒后赠光禄少卿，谥文庄。阳明弟子。嘉靖五年（1526），乡试中举人，嘉靖八年（1529）会试，殿试第一中状元，授修撰。嘉靖十八年（1539），出任廷官，因联名上《东宫朝贺疏》冒犯世宗皇帝而被撤职。被罢归后，终日著书讲学。著有《念庵集》、《冬游记》。念庵不是甘泉的弟子，但两人过从甚密，曾作《太子少保湛文简公墓表》。③

五、甘泉与其传人及同道

上面是甘泉的同事，下面说说他的弟子和朋友。古有教学相长，"学然后知不足，教然后知困"。其中也暗含了师徒之间的关系，严师出高徒，高徒有严师。下面就介绍几位。

唐枢（1497—1574），字惟中，号子一，归安（今湖州）人。是甘泉的四大弟子（其他三位是吕怀、何迁和洪垣）之一，嘉靖五年（1526）进士，授刑部主事。著有《木钟台集》，编有《嘉靖归安县志》、《嘉靖乌程县志》、《嘉靖孝丰县志》、《万历湖州府志》等。唐枢有个著名的学生，名叫许孚远。

许孚远（1535—1604），字孟中，号敬庵，谥恭简，浙江德清人。曾任广

---

① 《泉翁大全集》卷之二十一，明嘉靖十九年刻本。
② 参见黎业明编：《湛若水年谱》，上海古籍出版社2009年版，第51页。
③ 参见黎业明编：《湛若水年谱》，上海古籍出版社2009年版，第380页。

东佥事，首辅张居正逐"拱党"，后谪为两淮盐运司判官。历兵部郎中，出知建昌府，任陕西提学副使、右佥都御史、福建巡抚、南京大理卿，调兵部右侍郎，旋改北部左侍郎。卒后赠南京工部尚书。许孚远一生精研理学，聚徒讲学。为学以克己为要，以反身寻究为攻。著有《论语述》、《敬和堂集》八卷、《大学述》、《中庸述》等。许孚远有两个比较著名的学生，一个是冯从吾（1556—1626），字仲好，号少墟，谥恭定，西安人。明神宗万历十七年（1589）中进士，虽官至工部尚书，但仕途曲折，命运不济，多次销籍辞职。著作有《疑思录》、《辩学录》、《善利图说》、《订士编》、《关学编》、《冯少墟集》等。另一个是刘宗周（1578—1645），字起东，别号念台，门人私谥正义，清时，追谥忠介。浙江山阴人，因讲学于山阴蕺山，学者称蕺山先生。明万历二十九年（1601）中进士，以行人司行人累官顺天府尹、工部侍郎。著作有《刘蕺山集》十七卷，及《刘子全书》、《周易古文钞》、《论语学案》、《圣学宗要》等。清初大儒黄宗羲是他的传人。

邹守益（1491—1562），字谦之，号东廓。江西安福县人，正德六年（1511）参加会试，位列会元，殿试名列进士第三（探花），被授为翰林院编修。著有《东廓文集》、《诗集》、《学豚遗集》等。今有《东廓邹先生遗稿》传世。他继承阳明心学，但并不死守师门，他与湛若水、吕柟的交往密切。嘉靖三年，因"大礼议"之故，邹守益和吕柟被下诏狱。嘉靖六年，邹守益升南京主客郎中，此后三年，与吕柟、湛若水等讲学不辍。晚年向甘泉执弟子礼。

黄绾（1477—1551），字宗贤、叔贤，号久庵、石龙。浙江黄岩人。以祖荫入官，授后军都事。告病归，家居十年。以荐起南京都察院经历，升南京工部员外郎。起光禄少卿，转大理事，改少詹事兼侍讲学士，充讲官，寻升詹事，兼侍读学士。出为南京礼部右侍郎，转礼部左侍郎。后官至礼部尚书，兼翰林学士。早年宗程、朱之学，后笃信王守仁学说，自称为其"门弟子"。1509年王阳明返京，与甘泉比邻而居，这时黄绾亦在京，三人遂相与订立终身共学之盟。[1] 黄绾是阳明的弟子，阳明离世之后，抚养其子，并把女儿许配给阳明的长子王正亿。甘泉和黄绾（久庵）是"共学"关系，并非师徒关系。

---

[1] 参见《阳明先生年谱》、《阳明先生行状》，《王阳明全集》下册，上海古籍出版社1992年版，第1231、1409—1410页。

甘泉曾在写给黄绾的信中开头便说："辱知湛某顿首拜启"①，"辱知"是谦辞，很能说明他们的关系。

王畿（1498—1583），字汝中，号龙溪，浙江山阴人。嘉靖二年（1523），因试进士不第，返乡受业于王守仁。五年会试中式，未参加廷试，八年（1529）赴京殿试，途中闻王守仁卒，奔广信料理丧事，服心丧三年。十三年（1534）中进士，官至南京兵部主事，曾任南京武选郎中之职，因当朝首辅夏言谗言而被黜。罢官讲学四十余年。修正王阳明的四句教。提出"四无"的主张，认为心、意、知、物只是一事，若悟得心无善无恶，则意、知、物皆无善无恶。黄宗羲认为其学说近于释老，使王守仁之学渐失其传。其著述有《王龙溪先生全集》。甘泉在《答王汝中兵曹》中称："某再拜复夏官王汝中大人先生道盟执事"②，并讨论"良知"之事，甘泉著作中亦记载有与王汝中讨论"性命"的论述。

钱德洪（1496—1574），字洪甫，号绪山，浙江余姚人。明朝嘉靖十一年（1532）进士。王阳明弟子，与王龙溪齐名。两人曾经就王阳明"四句教"而争论，也就是著名的"天泉正道"，著作有《绪山会语》、《平濠记》、《王阳明先生年谱》。钱绪山父亲病故后，钱绪山亦请甘泉为其父作《钱心渔先生墓铭》。③

聂豹（1486—1563），字文蔚，号双江，谥号贞襄。吉安永丰人。正德十二年（1517）进士，授华亭县令，升御史，历官苏州、平阳知府。擢陕西副使。嘉靖二十九年（1550）进兵部右侍郎，改左侍郎。嘉靖三十一年（1552）任兵部尚书。聂豹推崇王阳明的"致良知"，为阳明弟子。著有《困辨录》、《双江集》等。和甘泉有来往，甘泉曾写《与聂双江司马》④，恭祝聂豹荣升为兵部尚书。

薛侃（1486—1546），字尚谦，因曾讲学中离山，世称中离先生。潮州揭阳人。正德十二年（1517）进士。明世宗朝，授薛侃行人司行人，后丁母忧，居中离山，与士子讲学不辍。明嘉靖七年（1528）起补故官，为行人司司正。明嘉靖十年（1531）上疏言建储事，触明世宗讳，下狱廷鞫，后削职为民，隐

---

① 《泉翁大全集》卷之十《复黄久庵少宗伯》，明嘉靖十九年刻本。

② 《泉翁大全集》卷之十《答王汝中兵曹》，明嘉靖十九年刻本。

③ 《泉翁大全集》卷之十二《钱心渔先生墓铭》，明嘉靖十九年刻本。

④ 《甘泉先生续编大全》卷之八《与聂双江司马》，明嘉靖三十四年刻本。

居讲学于中离山。嘉靖十五年（1536）远游江浙，又至罗浮，讲学于永福寺，后归里，卒于家中。终年六十岁。薛侃的著作有《研几录》、《图书质疑》等，《潮州耆旧集》收有《薛御史中离集》三卷，后人又编有《薛中离先生全书》二十卷。甘泉与薛侃有学术往来，其中的《答薛尚谦名侃》[1]便是就良知心性问题的讨论。另，陈白沙的入祀孔庙，与薛侃给神宗皇帝的上书有关。

六、甘泉与其同乡

在甘泉的同乡中，除了梁储（顺德人），张诩（南海人，一说番禺人），林光（东莞人），谢祐（南海人），李孔修（顺德人），薛侃（潮州揭阳人）之外，还有南海的霍韬、方献夫、庞嵩等，他们都是朝廷命官，他们之间的交集甚深。

霍韬（1487—1540），字渭先，号兀崖，广东南海人。正德九年（1514）会试第一，官至南京礼部尚书。和甘泉是儿女亲家。《明史》说："韬学博才高，量褊隘，所至与人竞。帝颇心厌之，故不大用。"[2]应该说，霍韬在为人方面是有瑕疵的，甘泉与之相处，结成亲家，亦实不易。

方献夫（1485—1544），字叔贤，谥文襄，广东省南海人，原籍莆田。弘治十八年（1505）进士，与甘泉同科。曾任光禄大夫、柱国少保、太子太保、吏部尚书、武英殿大学士、内阁首辅。曾师从王阳明，与甘泉关系甚密，两人亦有书信往来。

庞嵩（1511—1587），字振卿，学者称弼唐先生，广东南海人。明嘉靖十三年举人，早年师事王阳明，历任南京刑部员外郎，升郎中，云南曲靖知府，后从湛甘泉游，筑室西樵山大科峰下，讲学授徒。著有《太极解图书解》、《弼唐遗言》和《弼唐存稿》。

七、甘泉与特殊权贵

另外，在甘泉的境遇中，还有一些特殊的权贵人物，这些人物有权势，

---

① 《泉翁大全集》卷之十《答薛尚谦名侃》，明嘉靖十九年刻本。

② 张廷玉等：《明史·列传第八十五》卷一百九十七，中华书局 1999 年版，第 3471 页。

有地位，混迹官场，精于权术，在历史上留有污名。有两个人必须提到，一个是刘瑾，另一个是严嵩，他和这两个人共过事。

刘瑾（1451—1510），陕西兴平人，明代权臣，官至司礼监主管，司礼监是内宫官署，主要职责是替皇权监督和控制官员的施政。在明武宗（1491—1521）时刘瑾已是大权独擅。甘泉登第之日，也正逢刘瑾得势之时，资历甚浅的甘泉和刘瑾保持了一定的距离，在所接触的资料中，未见到他对刘瑾有冒犯，只是在刘瑾被诛之后，才表达了对刘瑾的不满。他在给邹贤（字易斋，弘治九年进士，邹守益之父）、王阳明写墓志铭时，才表达出了这样的情绪。①在刘瑾当权期间，甘泉只是个翰林庶吉士，应该说，官不算大，但他亲历了朝廷中的政治斗争，他目睹了王阳明被贬谪龙场的事件，也目睹了戴铣等人的进疏而死于廷杖之下。[戴铣，明弘治九年（1496）进士，改庶吉士，授兵科给事中。正德元年，刘瑾逐刘健、谢迁，激起士人共愤，戴铣等二十一人，或独自具名，或联名，上疏请求保留刘、谢二人。最后皇帝将这些人全部逮捕，各廷杖三十。戴铣死于杖下，死者不止戴铣一人]

严嵩（1480—1567），字惟中，号勉庵、介溪、分宜等。江西新余人，弘治十八年（1505）进士。明朝权臣，历国子监祭酒，礼部尚书，吏部尚书，谨身殿大学士，少傅兼太子太师、少师，华盖殿大学士，后拜相入阁。严嵩和甘泉属同学，同年进入太学；也是同科进士，嘉靖十年严嵩升任南京礼部尚书，甘泉作《赠大宗伯介溪严公之南都序》②，亦曾作《宗伯严介溪先生像赞》③，另，有关的诗文也不少。这说明甘泉与严嵩的关系非同一般，据黎业明教授考究，甘泉与严嵩的交往并不是在严嵩权重位高之时才开始的，在此之前，他们的友谊已经有之。

从甘泉所交游的朋友来看，可谓是谈笑有鸿儒，往来无白丁。在他交往的人中，大多都是高官贵人，其中不乏有文化精英、社会贤达和威权人物。这应该就是他的生活世界，这个世界决定了他的问题意识和行为方式。

① 参见《甘泉先生续编大全》卷之十一（明嘉靖三十四年刻本）中的《明故福建兵备副使易斋邹君墓志铭》、《明故总制两广江西湖广等处地方提督军务奉天翊卫推诚宣力守正文臣特进光禄大夫柱国少保新建伯南京兵部尚书兼都察院左都御史阳明先生王公墓志铭》。
② 参见黎业明编：《湛若水年谱》，上海古籍出版社2009年版，第174页。
③ 《泉翁大全集》卷之三十三，明嘉靖十九年刻本。

　　一个人的人格和境遇直接影响他的生活方式和人生道路。实际上，这就是"命"。简单说来，这"命"可析为二，一是性命（"天命之谓性"的"命"），二是遇命（也被称为时命，即"穷达以时"的"命"）。性命主要靠自己的主观修养来实现；遇命则是一个人一生的遭遇，前者是可为的，后者则不可为。当然，两者时常是相互影响、纠缠在一起的。甘泉的人生经历，大致来说，比较顺畅，早年稍许不顺，十一岁时父亲去世，母子相依为命。后期则可谓圆满，登第进士、任国子监祭酒、历三部尚书。既无弹劾，也没贬谪。在他的朋友同僚当中，有多少人被弹劾、入狱、贬谪、罢归，而他则能身居高位，颐享天年。这样的命运，除了遇有贵人相助之外，与个人的处世智慧分解不开。他有很好的家庭出身，他遇到了庄昶和白沙这样的先哲，碰到章懋、杨廷和、张元祯、罗钦顺，乃至吴廷举、朱节这样的师者（伯乐）。遇有像梁储、张诩、李承箕、林光、贺钦这样的同门，像王阳明、吕柟、罗洪先、蒋冕、罗洪先这样的同事，有像黄绾、王畿、钱德洪、聂豹、薛侃这样的同道。像邹守益、唐枢这样的门徒，还有像严嵩、顾鼎臣、崔铣、方献夫、张邦奇这样的"同年"。有像霍韬、方献夫、庞嵩这样的同乡，当然，远不止这些。其中有的是内阁首辅，如梁储、杨廷和、方献夫、顾鼎臣、严嵩、蒋冕；有的是殿试状元，如顾鼎臣、吕柟、罗洪先；有的是学派的开创者或嫡传，如陈白沙、王阳明、吕柟；等等。他在刘瑾篡权时，小心谨慎，未见冒犯；在严嵩擅权时，平静安稳，他和严嵩是同学，也是同科，两人私交不错。可以这样说，他的人生是成功的。他的成功得之于他的遇命，更与他的处世态度有关，与他的人格修养有关，与他的哲学思考有关。这才是我们思考的问题所在。所以，他的成功在于两"命"（性命和遇命）的相济，"性命"无疑起到了非常重要的作用，而甘泉的"性命"修养实际就是他的哲学，他的哲学是从他的"性命"中流淌出来的。他真正做到了"外同乎俗，内秉纯洁"。其中的真谛也只有真正理解它的人才能知晓，也只有具备高超智慧的人才能做到。这正是甘泉的过人之处。

（作者简介：宁新昌　佛山科学技术学院政法学院）

《湛甘泉全集》的整理出版与
湛甘泉的《非老子》思想研究

刘兴邦

湛甘泉是我国明代岭南著名的哲学家、政治家、教育家，岭南心学的集大成者。湛甘泉一生著述丰厚，曾有多种文集问世，又有多种独立的学术著作存世。由于种种原因，湛甘泉的学术著作没有很好地整理编辑出版，到目前为止，湛甘泉的著作仅有《甘泉先生文集》（40 卷本）编入由著名学者汤一介先生主编的《儒藏》整理出版。为了全面系统地收集整理湛甘泉著作，研究湛甘泉思想，广东省岭南心学研究会以《湛甘泉先生文集》（35 卷本，明万历七年刻本，1579 年）为底本，并将湛甘泉各种著作的单行本收集整理，编成《湛甘泉全集》整理出版。在编辑整理《湛甘泉全集》过程中，我们阅读了湛甘泉的《非老子》一文，并对湛甘泉的《非老子》一文的思想进行了研究。

一

湛甘泉是我国历史上最长寿的哲学家之一，他生于明宪宗成化二年（1466 年），卒于明世宗嘉靖三十九年（1560），享年 95 岁。湛甘泉一生著述丰厚，其著作生前曾有多种文集整理出版。最早的《甘泉先生文录类选》（21 卷本），由周孚先于明嘉靖八年（1529）编辑出版，海南人民出版社 2000 年影印发行，改书名为《甘泉先生文录》，该《文录》仅仅收集了湛甘泉 64 岁前的著作。明嘉靖十五年（1536）时，湛甘泉 71 岁，湛甘泉的学生闻人铨整理出版湛甘泉的著作，取名《甘泉先生文集》（其中内编 28 卷，外编 12 卷）。该《文集》编入汤一介先生主编的《儒藏》（精华编，集部，第 253 册），它与明代著名哲学家罗钦顺的《整菴先生存稿》编入同一册中。这是目前为止湛甘泉著作中唯一的新式标点本。此《文集》收集整理了湛甘泉先生 71 岁之前的著作。明嘉靖十九年（1540），湛甘泉的学生洪垣编辑整理的《泉翁大全集》（85卷本）问世，该刻本是湛甘泉 75 岁时的刻本，刻本的内容比前二种丰富全面，该刻本由当代台湾学者钟彩钧先生校点整理，并以电子版的形式收入台湾"中央研究院"汉籍电子文献资料库中，现今的湛甘泉研究者大都使用该电子版本，使用方便。明嘉靖三十四年（1555），此时的湛甘泉先生已经 90 岁，他的学生洪垣编辑整理甘泉 75—90 岁之间的著作，取名《甘泉先生续编大全》（33卷本），该《续编大全》也经钟彩钧先生点校整理，同样以电子版的形式收入台湾"中央研究院"汉籍电子文献资料库中，为研究湛甘泉晚年的思想提供了极大的便利。湛甘泉去世后，他的学生洪垣可能以《泉翁大全集》和《甘泉先生续编大全》为底本，甚至包括湛甘泉先生 90 至 95 岁之间的著作，精编为《湛甘泉先生文集》（35 卷本），于明万历七年（1579 年）刻印出版。该本是一个精编本，内容不如《泉翁大全集》和《甘泉先生续编大全》丰富，但它是在湛甘泉先生去世以后编刻，可能包括了湛甘泉先生一生著作的精华部分。其后，清康熙二十年（1681）和清同治五年（1866）两个刻本，其名为《甘泉先生文集》（32 卷本），就是现今流行的通行本。另外，没有编入甘泉先生各种文集之中的著作有《圣学格物通》（100 卷）（台北商务印书馆 1986 年影印本），《春秋正传》（37 卷）（台北商务印书馆 1986 年影印本），《二礼经传测》（68 卷）（齐鲁书社，1997 年影印本），《遵道录》（10 卷）（齐鲁书社，2001 年影印本）等。《湛甘泉全集》的编辑点校以《甘泉先生文集》（35 卷本）为底本，以《泉翁大全集》（85 卷本）、《甘泉先生续编大全》（33 卷本）、《湛甘泉先生文集》（32卷本）为校本进行点校，全书总计近 400 万字。该书交上海古籍出版社出版，现已进入排版阶段，预计 2017 年出版。在编辑点校《湛甘泉全集》中，我们点校了湛甘泉的《非老子》一书，并对湛甘泉的《非老子》一书的思想进行了分析研讨，现就湛甘泉的《非老子》一书的思想谈点个人的心得体会，以就教于方家。

二

湛甘泉《非老子》一书是甘泉先生晚年的著作，他 83 岁时作于南海西樵山的烟霞洞。湛甘泉《非老子》首先认为《老子》一书不是老子本人所作。他在《非老子叙》中指出："非老子何为者也？非老子言，非老子所作也。"① 湛甘泉在叙中指出，他批判"老子"的原因在于《老子》中的思想言论不是老聃的思想言论，《老子》一书也不是老聃本人所作。从《老子》书中的思想内容来说，甘泉首先抓住《老子》一书的核心概念"道"和"德"，认为"道"与"德"的含义与儒家所说的道德的含义是完全不同的，并以此断定《老子》一书不是老聃所作。"道其道，德其德，非吾圣人之所谓道德也。是以知其非老子聃之作也。"② 当然，道家所讲的道德与儒家所讲的道德是不同的，湛甘泉以此来断定《老子》一书不是老聃所作，这是值得商榷的。甘泉接着说："聃称年踰几百，夫历年弥久，宜道德弥邵，古之称耆老成人者曰：'其稽我古人之德。'曰：'其有能稽谋自天。'今观老子道德上下篇，无一言暨乎天理者，其能稽谋自天乎！无一言发明乎六经之指者，其能稽古人之德矣乎？无老成敦厚之气，而有少年驰骋纵横之风；非怪诞不经之语，则权谋术数之指。予故知非老聃之所为作也。"③ 湛甘泉从老聃的人生经历来判定《老子》一书非老聃所作。甘泉认为，据说老聃活了100多岁，应该说，老聃的人生经历很丰富，老聃的道德修养、道德境界很厚实，很高尚。老聃的道德应该符合古代圣人的道德。可是，从《老子》一书包括的道篇与德篇的内容来看，没有一句言及天理的话，也没有一句阐述儒家六经宗旨的语言。因此，从《老子》书的内容来断定，《老子》书没有老成敦厚的气象，却有年少驰骋奔竞的风格，虽然没有离奇怪异不合常规的言语，却包含了权谋术数的宗旨。从这一点来说，甘泉认为《老子》书不是老聃所作。另外，如果认定《老子》书是老聃所作，那也是老聃思想迷惑时所作。"记聃为周柱下史，多闻博古，必贯穿三坟五典六经之奥者，而谓聃为此书乎？如聃为此书，则聃之志荒矣。"④ 甘泉认为，根据史书记载，老聃为周朝管理图书的官吏，曾担任过图书馆的馆长，博古通今，见多识广，通晓古代的各种典籍。可是观看《老子》一书的内容，非常简单，绝不像学识渊博的老聃。如果是老聃所作，那也只能是老聃思想迷惑时的作品。甘泉从《老子》书中的具体内容肯定《老子》书是老聃思想迷惑时的所作。如书中称"失道而后德，失德而后仁，失仁而后义，失义而后礼。礼者，忠信之

① 《甘泉先生续编大全》卷32。
② 《甘泉先生续编大全》卷32。
③ 《甘泉先生续编大全》卷32。
④ 《甘泉先生续编大全》卷32。

薄。'是薄礼而不为者也，乃称孔子问礼焉，何居？'……夫问礼之言是，则薄礼之言非也；薄礼之言是，则问礼之言非也。故知上下篇决非聃之作也。"① 《老子》38章中有"失道而后德，失德而后仁，失仁而后义，失义而后礼。夫礼者，忠信之薄"一段话，从这段话可以看出老聃是不重视"礼"的。可是，在有关文献的记载中却有孔子向老聃问礼的事实，这就出现了矛盾。如果孔子向老聃问礼的事是对的，那么老聃轻视"礼"的言论就是错误的。反过来，老聃轻视"礼"的言论是正确的，那么孔子向老聃问礼的事却是错误的。从这二者的矛盾中，甘泉认为《老子》一书是函谷关的长官尹喜的托伪之作。"又称关尹喜请作道德经五千余言，今观五千言可一言而尽之，曰'无'之一字足矣。奚以五千之游言，谍谍呶呶乎为哉？其必喜之徒伪为之也，其伪《泰誓》之类也乎？其汲冢之周书之为也乎？未可知也。"② 据史书记载，老聃辞去周朝国家图书馆馆长的职务，曾西游函谷关。当时任函谷关关长的尹喜请老聃讲学，并作了《道德经》一书，即后来人们称道的《老子》。甘泉认为，《老子》一书的宗旨可用一个"无"字就可以概括了，没有必要用五千言来表述，这肯定是尹喜的伪作，就像《尚书·泰誓》、《周书》是伪作一样。甘泉还以《老子》60章中所说的"以道莅天下，其鬼不神"来肯定《老子》书是尹喜审讯犯人罪状的文书。"以道莅天下，其鬼不神。非其鬼不神，其神不伤人，非其神不伤人，圣人亦不伤。夫两不相伤，故其德交归焉。"③ 老聃认为，以道治国，天下的鬼怪就不会作怪了。不是天下的鬼怪不作怪，而是鬼怪作怪也不会伤害人。天下的圣人也不会伤害人。鬼怪和圣人都不会伤害人，他们的德业就相互润泽于人民了。湛甘泉对此提出了批评。"非曰：大人与鬼神合其吉凶，以其同体也。中庸称鬼神之德之盛，岂有以道莅天下，其鬼不神之理？既神，又岂有伤之？又岂有圣人的伤神之理？老子原不知鬼神之德，又岂知道？故吾谓此书非聃作，必关尹之徒鞠说之辈托而为之也。"④ 甘泉认为，大人与鬼神同为一体。鬼神之功德是盛大的。不能因为以道治天下，鬼神就不起作用了。由此甘泉断定《老子》书不是老聃之所作，而是尹喜审讯犯人罪状的记录。

在肯定《老子》一书非老聃所作的基础上，湛甘泉对《老子》书中的道

---

① 《甘泉先生续编大全》卷32。

② 《甘泉先生续编大全》卷32。

③ 陈鼓应：《老子注译及评介》60章，中华书局1984年版。

④ 《甘泉先生续编大全》卷32。

论、治国论、自然论进行批评。道是《老子》书的核心范畴，它体现了道家学派的核心价值。道在《老子》书中具有宇宙本体和事物根本法则的含义。《老子》书首章开宗明义地指出了道是宇宙本体的含义。"道可道，非常道，名可名，非常名。无名，天地之始，有名，万物之母。"①《老子》认为，可以言说的"道"，不是"常道"。可以称谓的"名"，不是"常名"。只有不可言说的道，才是常道，不可称谓的名，才是常名。而且，不可言说的常道，是天地万物的本体。湛甘泉首先对《老子》书的宇宙本体之道进行了批评。"非曰：易言：'一阴一阳之谓道'，上下精粗皆具矣。何其直截明白矣。老子此言周遮支离，欲求高远无名，已不识道，反又晦焉。盖下之道字即是名矣。岂名外又有无名之名耶？"②湛甘泉以儒家经典《易传》的道论批评《老子》的道论。《易传》认为道就是阴阳二气运动变化的过程，它既存在于由阴阳二气形成的事物之上，也存在于由阴阳二气形成的具体事物之中。《老子》上述这段言论割裂了道与万物的关系，在万物之上求道、求名，已经不识道、不识名了。同时，湛甘泉还从逻辑上指出，《老子》所指的道就是一个名称了，怎么名称之外又有不是名称的名称呢？《老子》犯了逻辑上的错误。针对《老子》"无名，天地之始，有名，万物之母"，湛甘泉批评说："非曰：《易》曰：'形而上者谓之道，形而下者谓之器'，同一形字，只上下之间耳。老子以无名有名分天地万物，与易相反矣。况以道观天地万物，则天地亦一物耶！"③湛甘泉认为，天地万物都是形而下的具体器物，所谓形而上与形而下的区分，只是具体有形之物上与下的区分，而《老子》以无名与有名来区分天地与万物，并认为无名是天地之始，有名为万物之母，是割裂了有名与无名、天地与万物的关系。如果从道的立场来观察天地万物，天地亦只是具体的物质形态。对于道的性质，《老子》指出："道常无名，朴，虽小，天下不敢臣。侯王若能守，万物将自宾。"④《老子》认为，道没有名称可以称谓它，朴质，它虽然微小，可是天下不能降服它。侯王若能遵守道，万物自然能够服从道。甘泉批评说："非曰，既谓之道，是有名矣，何谓无名？无名之道又非可以朴比也。"⑤《老子》认为道没有

---

① 陈鼓应：《老子注译及评介》1章，中华书局 1984 年版。
② 《甘泉先生续编大全》卷32。
③ 《甘泉先生续编大全》卷32。
④ 陈鼓应：《老子注译及评介》32章，中华书局 1984 年版。
⑤ 《甘泉先生续编大全》卷32。

名称，既然有了"道"的称谓，为什么又说没有名称，这是自相矛盾的。同时，没有名称的道也不能以质朴称谓。对于道与天地万物的关系，《老子》认为道先天地万物生。"有物混成，先天地生，寂兮寥兮，独立而不改，周行而不殆，可以为天地母。"① 甘泉批评说："非曰：以寂寥为道，则感通天下之故者非道耶？是物其物，而非圣人之所谓物矣。"② 甘泉认为，《老子》以寂静空虚指称道，那么存在于天地万物之中的道就不是道吗？甘泉认为虚实都可称为道。同时，甘泉认为《老子》所说的"物"与儒家所说的"物"也不同。在甘泉那里，"物"是"天理"。对于《老子》所描述的道生天地万物的具体过程，湛甘泉也持批评的态度。《老子》说："道生一，一生二，二生三，三生万物，万物负阴而抱阳，冲气以为和。"③《老子》认为道与万物的关系是生成与被生成的关系。它表现为道生一，一生二，二生三，三生万物的过程。湛甘泉认为，道与万物的关系不是生成与被生成的关系，而是包含与被包含的关系。道流行于万物之中，万物之中包含着道。因此湛甘泉对《老子》的道生万物的关系也进行了批评。"非曰：一即道，道即一也。万物阴阳莫非道之流行也，而云道生一云云，岂知道之言乎。此书断非老聃所为矣。"④ 甘泉认为，道就是一，一就是道。一即是气，道就是气中之道，不存在道生一，道生气的关系，从而颠倒了《老子》道气关系，也从根本上批评了《老子》的宇宙本体之道。

《老子》宇宙本体之道下落到社会人事之中，就成了治国之道。《老子》治国之道的核心思想是无为而治。《老子》说："不尚贤，使民不争。不贵难得之货，使民不为盗，不见可欲，使心不乱。是以圣人之治，虚其心，实其腹，弱其志，强其骨，使夫知者不敢为也。为无为，则无不治。"⑤《老子》从当时社会礼乐文化危机的现实出发，认为尚贤、贵难得之货，让人民看见可欲得到的东西，都会造成社会动乱。因此，《老子》提出虚其心，实其腹，弱其志，强其骨的方法，使人民不敢有所作为，才能无所不为而达到天下无不治的目的。"故圣人云，我无为而民自化，我好静而民自正，我无事而民自富，我无欲而

---

① 陈鼓应：《老子注译及评介》25 章，中华书局 1984 年版。

② 《甘泉先生续编大全》卷 32。

③ 陈鼓应：《老子注译及评介》42 章，中华书局 1984 年版。

④ 《甘泉先生续编大全》卷 32。

⑤ 陈鼓应：《老子注译及评介》3 章，中华书局 1984 年版。

民自朴。"① 《老子》认为，圣人曾说过，我无所作为，人民自然顺化，我安安静静，人民自然端正，我无所事事，人民自然富足，我无所欲求，人民自然淳朴。一句话，当权者应该无为而治。对《老子》的无为而治，湛甘泉认为是乱天下之道。"非曰：此与笃恭而天下平似合。然而不同。所谓笃恭者，必笃之于心，笃之于身，笃之于家，由是笃之于国，由是笃之于天下。刑政礼乐，未尝无为，然圣人为之，天理流行，行无所事耳。若老子书一切无为，则足以乱天下矣。"② 湛甘泉看来，《老子》的无为而治好像与儒家的"内圣外王"相似，实质上完全不同。儒家的"笃恭"与《老子》的无为不同。儒家通过笃恭的修养，达到家齐、国治、天下平，是积极有为的，《老子》则主张一切有为，只能使天下混乱。《老子》"无为而治"的具体措施包括不尚贤、不尚仁、不尚法、不尚智、不尚礼乐。对此湛甘泉进行了一一的批评。《老子》说："不尚贤，使民不争。"③ 湛甘泉认为，《老子》不尚贤是不对的，大舜能把天下治理好，是因为任用了皋陶这样的贤人，商汤能把天下治理好，是因为任用了伊尹这样的贤人。只能尊崇贤德之人，不贤德的人就离得远远的，就没有争名夺利之事了。《老子》不尚仁，不以仁德治天下。"天地不仁，以万物为刍狗。圣人不仁，以百姓为刍狗。"④ 《老子》不崇尚仁德，对万物不仁爱，把万物当作无用之物；圣人不崇尚仁德，对百姓不仁爱，把百姓当作无用之人。湛甘泉对此进行了批评。"非曰：'天地之性人为贵。故民吾同胞，物吾与也。'故曰：'亲亲而仁民，仁民而爱物。'而以刍狗视之，不仁者也，无人心也。故太史公论申韩极惨礉少恩，皆于道德之意，况天地民物本为一体。"⑤ 湛甘泉继承了儒家的仁爱学说，认为人是天地之中最宝贵最有价值的，人民是我的同胞，万物是我的朋友，应该仁民爱物。《老子》以刍狗视百姓和万物，是无仁爱之心，与法家没有仁爱之心是一致的。每个人应该以天地万物为一体，仁民爱物。《老子》不尚法，认为尚法会使社会出现更多的盗贼，从而使社会难治。《老子》说："夫天下多忌讳，而民弥贫。民多利器，国家滋昏，民多智慧，奇物滋起。

---

① 陈鼓应：《老子注译及评介》57章，中华书局1984年版。
② 《甘泉先生续编大全》卷32。
③ 陈鼓应：《老子注译及评介》3章，中华书局1984年版。
④ 陈鼓应：《老子注译及评介》5章，中华书局1984年版。
⑤ 《甘泉先生续编大全》卷32。

法令滋彰，而盗贼多有。"① 湛甘泉对此也进行了批评。"非曰：'皋陶明刑，期于无刑，而云法令彰而有盗贼者，是必欲弃法令矣，是乱天下之道也。'"② 甘泉指出，皋陶是大舜推举的贤人，主管刑法，皋陶主管刑法而使刑法彰明，目的是为了不用刑法而使天下大治。可是《老子》认为法令彰明必然促使更多的盗贼出现，目的是舍弃法令，其结果是天下大乱。《老子》不尚智，提倡愚民政策。"民之难治，以其多智。故以智治国，国之贼；不以智治国，国之福。"③《老子》认为，人民难以统治，在于人民有智慧、有知识。所以，以智谋来治理国家，这是国家的灾难。不用智谋来治理国家，这才是国家的幸福。甘泉批评说："非曰：'智者若禹之行水，行其所无事也。若智者亦行其所无事，则智亦大矣。'以不智愚民，民散久矣。秦政是也。……前辈谓老子之道可以治天下，吾故谓老子之道可以乱天下，秦政是也。"④ 甘泉引用孟子的话说明以智治天下的好处，批评《老子》不以智治天下的坏处。甘泉说孟子讲以智治天下，就好像夏禹治水一样，实行无所事事，即顺从水之自然而治水。只有顺从水之自然而治水，这才是最大的智慧。《老子》以无智治天下，是乱天下，是秦朝的暴政。《老子》主张不以智治天下，实际上就是愚民。"古之善为道者，非以明民，将以愚之。"⑤《老子》认为，善于运用治国之道的人，不是使百姓聪明，而是使百姓愚昧。甘泉对之批评道："非曰，秦以愚其黔首失天下，自附于不可使知之，其得罪于圣人大矣。"⑥ 甘泉指出，愚昧人民是秦朝失去天下的根本原因，它违背了儒家"庶之，富之，教之"的治国之道。《老子》治国之道的最高理想是小国寡民，返回到远古的原始社会。"小国寡民，使有什伯之器，而不用，使民重死，而不远徙。虽有舟舆，无所乘之；虽有甲兵，无所陈之，使民复结绳而用之。至治之极，民各甘其食，美其服，安其俗，乐其业。邻国相望，鸡犬之声相闻，民至老死，不相往来。"⑦《老子》所向往的社会是"小国寡民"的原始社会。湛甘泉对《老子》的"小国寡民"的原始社会进行了尖

---

① 陈鼓应：《老子注译及评介》57 章，中华书局 1984 年版。
② 《甘泉先生续编大全》卷 32。
③ 陈鼓应：《老子注译及评介》57 章，中华书局 1984 年版。
④ 《甘泉先生续编大全》卷 32。
⑤ 陈鼓应：《老子注译及评介》65 章，中华书局 1984 年版。
⑥ 《甘泉先生续编大全》卷 32。
⑦ 陈鼓应：《老子注译及评介》80 章，中华书局 1984 年版。

锐的批判。"非曰：生今反古，结绳而治，是乱天下也，是不识时也。不识时，是不识道也。……太古则然，随时者道也。生今之世，反古之道，灾必逮其身。"①湛甘泉从社会进化的角度批评了《老子》提出的生今之世，返回古代的政治主张，表现了湛甘泉社会发展进步的观点。

《老子》的宇宙论、治国论坚守的基本原则是自然论。《老子》说："故道大，天大，地大，人亦大。域中有四大，而王居其一焉。人法地，地法天，天法道，道法自然。"②《老子》认为宇宙中有四大，即道、天、地、人。在道、天、地、人中，人效法于地无私地承载万物，地取法于天无私地覆盖万物，天取法于道无私心，道是自然而然的，无所效法他物。《老子》突出了道的自然性。甘泉对《老子》的道法自然进行了批评。"非曰：老子之道，平日只为其小，如何又称四大？天地人只是一气一体，而云'人法地，地法天'，是天地为二矣，而况于人乎？天即道，道即自然，而云'天法道，道法自然'，岂足以知天地人之道之自然乎！其言人法可也，而又于天地道自然皆曰法，是孰法之者？故老子书非知道者。"③甘泉认为天就是道，道就是自然，"自然"是指自然而然，自己如此。而《老子》讲"天法道，道法自然"，根本上不知天地人之道之自然。同时，甘泉认为，讲人效法可以，天地道皆曰效法，谁是效法者，从而又称《老子》不知道。《老子》讲"希言自然，飘风不终朝，骤雨不终日，孰为此者？天地。天地尚不能久，而况于人乎？"④《老子》主张少言教令，一切听任自然。飘风不刮整个早上，骤雨不下一整天，都是天地自然而然的现象。甘泉批评曰："非曰：消息往来，天道之自然。人不任真而每加之意，与天地不相似矣。"⑤甘泉认为万物生长变化是天地自然而然的现象，人与天地不同，人往往不遵守自然而加以个人的私意。总之，甘泉认为，道家的自然与儒家的自然不同。《老子》讲"道之尊，德之贵，夫莫之命而常自然"⑥。《老子》认为，道之尊崇，德之尊贵，并没有谁赋予它，这常常是自然而然的。甘泉批评说："非曰：此自然与圣人所谓自然者不同。《中庸》：'天下

① 《甘泉先生续编大全》卷32。

② 陈鼓应：《老子注译及评介》25章，中华书局1984年版。

③ 《甘泉先生续编大全》卷32。

④ 陈鼓应：《老子注译及评介》23章，中华书局1984年版。

⑤ 《甘泉先生续编大全》卷32。

⑥ 陈鼓应：《老子注译及评介》51章，中华书局1984年版。

之达道五，所以行之者三达德。天下之达德三，所以行之者一。'乃圣人所谓
自然也。世儒以老庄明自然，岂得自然？"① 甘泉认为自然应该是儒家经典所说
的君臣、父子、夫妇、兄弟、朋友五达道，知、行、勇三达德，诚是唯一的根
本，也就是甘泉所说的自然即天理，它是儒家所讲的"善"。道家老庄所说的
自然与儒家不同，它所讲的是"真"。湛甘泉认为道家的自然不是真正意义上
的自然。

三

甘泉从宇宙本体之道、治国之道和自然之道对老子进行了批判，如何看
待甘泉对老子本体之道、治国之道和自然之道的批判呢？甘泉对《老子》的批
评完全是站在儒家立场上进行的。首先来看甘泉对《老子》宇宙之道的批判。
《老子》认为道是宇宙的本体和具体事物的法则。"有物混成，先天地生，寂兮
寥兮，独立而不改，周行而不殆，可以为天地母。吾不知其名，字之曰道，强
为之名曰大。"② 《老子》首先描述了宇宙本体的道的特征，"有物混成"是说道
是一个浑然一体的东西。道是寂静空虚的，独自存在而不衰竭，循环运行而不
疲倦。它与天地万物的关系是，它先天地而生，可以为天地万物的根本。湛甘
泉对《老子》宇宙本体的道进行了批判。湛甘泉认为《老子》只强调了寂静空
虚之道，而忽视贯通于天地万物之中的实有之道。在湛甘泉看来，道是虚实一
体的，它既超越于天地万物之上，又存在于天地万物之中。同时，在湛甘泉
看来，作为有物混成的物，不是儒家所说的物，实际上也不是湛甘泉所说的
物，因为湛甘泉所说的物就是格物之物，就是天理。"非曰：'以寂寥为道，则
感通天下之故者非道耶？'是物其物，而非圣人之所谓物矣。"③ 当然，湛甘泉
对《老子》宇宙本体之道的批判是站在儒家心本论的立场上进行的，他虽然批
评了《老子》的道本论，却吸取了《老子》道本论的方法，从而建立其心本论
思想体系。湛甘泉对《老子》的治国之道，特别是《老子》治国之道的核心思
想"无为"之道进行了批判。《老子》的无为治国之道是春秋时期礼义文明大

---

① 《甘泉先生续编大全》卷32。

② 陈鼓应：《老子注译及评介》25 章，中华书局 1984 年版。

③ 《甘泉先生续编大全》卷32。

危机的产物，"无为"之道是救世之道，是拯救春秋时期礼义文明危机的。在《老子》看来，由于社会进步，社会生产力的发展，人类社会的本真状态遭到了破坏，社会出现了虚假的现象。"大道废，有仁义；智慧出，有大伪；六亲不和，有孝慈，国家昏乱，有忠臣。"① 仁义、智慧、孝慈、忠臣是虚假的，是大道被破坏的结果。因此，《老子》主张废除仁义、智慧、孝慈、忠臣等虚假的东西，返回到人类的本真状态。所以《老子》主张绝圣弃智，"民之难治，以其多智，故以智治国，国之贼，不以智治国，国之福"②。使人民处于愚昧的状态。"古之善为道者，非以明民，将以愚之。"③ 从而推行无为而治的治国之策。"故圣人云：我无为而民自化，我好静而民自正，我无事而民自富，我无欲而民自朴。"④ 湛甘泉对《老子》无为而治的救世之道可能缺乏认同和了解，因而对《老子》无为治国进行了尖锐的批判，认为《老子》的无为之道是乱世之道。"前辈谓（老）子之道可以治天下，吾故谓老子之道可以乱天下。秦政是也。"⑤ 同样，对于《老子》的"自然之道"，湛甘泉也进行了批判。《老子》的自然之道集中体现在"道法自然"中，《老子》说："人法地，地法天，天法道，道法自然。"⑥ "自然"在《老子》书中不是自然界，而是指事物的自然状态，即事物是自然而然的，自己存在，自己发展。"自然"是《老子》追求的最高价值和境界，"自然"也是湛甘泉心学的重要范畴，甘泉心学提倡以"自然为宗"，突出"自然"的天理含义和自然而然的自由境界，这说明甘泉的"自然"与《老子》的"自然"有相同的一面。但甘泉"自然"的天理含义是《老子》所没有的，因而甘泉对《老子》的"道法自然"进行了批判。"天即道，道即自然也，而云'天法道，道法自然'，岂是以知天地人之道之自然乎？其言人法可也，而又于天地道自然皆曰法，是孰法之者？故老子书非知道者。"⑦ 在这里，甘泉没有真正把握《老子》"道法自然"的含义，把"道法自然"理解为道与自然是两个东西。道法自然的实质含义是指本身是自然而然的，是指道

---

① 陈鼓应：《老子注译及评介》18 章，中华书局 1984 年版。
② 陈鼓应：《老子注译及评介》65 章，中华书局 1984 年版。
③ 陈鼓应：《老子注译及评介》65 章，中华书局 1984 年版。
④ 陈鼓应：《老子注译及评介》57 章，中华书局 1984 年版。
⑤ 《甘泉先生续编大全》卷 32。
⑥ 陈鼓应：《老子注译及评介》25 章，中华书局 1984 年版。
⑦ 《甘泉先生续编大全》卷 32。

的本真状态，它与儒家的自然所指的善是不同的。湛甘泉的《非老子》表明儒道思想的本质差异，但二者又是互为补充的。特别是湛甘泉的"自然为宗"的思想体现了儒道互补的特征。

（作者简介：刘兴邦　广东五邑大学）

王心斋的工夫理论探析

谢群洋

在如何解析宋明儒学之义理架构的问题上，荒木见悟先生曾将"本来性"与"现实性"的设定作为一个主要视角。在他看来，"本来性的事物正因为是本来性的，无论何时它都是实际存在着的。同时又因为它是本来性的，它又常常蕴藏着被现实性的东西掩盖的危险"。如何消解"本来性"与"现实性"之间的理论紧张，这是宋明儒学的核心主题。① 事实上，传统儒家对于"大学之道"的阐释，揭橥了儒家学为"大人"（圣人）的为学宗旨，成就圣人人格始终是儒家传统一贯的内在目标。宋明儒学的所有话题，在一定程度上可以说，都是围绕着成就圣人人格而展开的。基于"性善"的人性预设，宋明儒者在本来性上都坚信"人皆可以为尧舜"，问题只在于如何在现实中完满地落实和呈现出这种本来性，这就涉及宋明儒学中工夫论这一核心话题。

王阳明的弟子、泰州学派的开创者王心斋（名艮，字汝止，号心斋），在"良知现成"、"百姓日用即道"的道体观视野下，将儒家传统"人皆可以为尧舜"的可能性命题，发展成为"满街都是圣人"的肯定性命题，把传统儒家的圣人观推拓到了极致。然而在这一观念中，依然存在着本来性与现实性之间的紧张。在现实层面上，王心斋亦承认"良知亦有蔽处"、"百姓日用而不知"。为了消解"良知现成"与"良知亦有蔽处"、"百姓日用即道"与"百姓日用而不知"之间的紧张，将"满街都是圣人"的本来性在现实中完满地呈现出来，王心斋提出了"以良知为主本，多识前言往行"的工夫理论。

---

① 参见荒木见悟：《佛教与儒教》，中州古籍出版社 2005 年版，"序论"第 3 页。

一、"满街都是圣人"：王心斋圣人观的提出及其内在紧张

在"圣人"问题上，传统儒家一方面强调"人皆可以为尧舜"（《孟子·告子下》）、"涂之人可以为禹"（《荀子·性恶》），认为凡人通过后天的努力可以成就圣人人格；另一方面又特别突出圣人的超凡品质，将"圣人"高高悬起，即便是被后世儒者公认为集大成的时中之圣的孔子也说"若圣与仁，则吾岂敢"（《论语·述而》）。先秦"圣人"观念的侧重点在于强调"圣王"的一面，汉代"圣人"观念的侧重点集中在"圣神"的一面。但不论是"圣王"还是"圣神"，在现实中显然不可能是人人可企及的。从本来性上来看，人人都具有成圣的可能性。但在现实中，最终成圣的永远只是少数人而已。在这种圣人观之下，"人皆可以为尧舜"的信念难免有落空的危险。

随着阳明学的兴起，在一定程度上扭转了这一趋向。在阳明学的视域中，"圣人"观念已经褪掉了"王"和"神"的神秘性，核心主要是道德心性层面上"圣"的品质，亦即所谓的"内圣"、"以良知为圣"[①]。在阳明看来，圣人之所以为"圣"，不在乎其博学多识、天生异禀，而只在于其心"纯乎天理"[②]。阳明的这一圣人观，使儒家"人皆可以为尧舜"的信念得到了初步的落实。正是在这一意义上，嵇文甫先生将阳明称为"道学界的马丁·路德"，认为"聋圣人，哑圣人，工圣人，农圣人，大大小小，形形色色的圣人，都该为阳明所容许。于是，许多下层社会的份子，都有机会闯入圣人的门墙了"[③]。在儒家传统"人皆可以为尧舜"以及王阳明圣人观的基础上，王心斋进一步提出了"满街都是圣人"[④]的观念。但在这一观念内部，依然存在着本来性与现实性之间的紧张，具体而言：

（一）"良知现成"与"良知亦有蔽处"

心斋"满街都是圣人"观念，是以"良知现成"为立论的根据，是对阳明良知学视域中圣人观的发展。阳明之学以"致良知"为宗旨和头脑，在总结

---

① 方旭东：《以良知为圣——心学视野中的圣人》，《孔子研究》2000 年第 3 期。
② 王守仁：《传习录》上，《王阳明全集》卷 1，上海古籍出版社 1992 年版，第 27—28 页。
③ 嵇文甫：《晚明思想史论》，东方出版社 1996 年版，第 13、119 页。
④ 王守仁：《传习录》下，《王阳明全集》卷 3，上海古籍出版社 1992 年版，第 116 页。

自己一生的学术思想时，他明确指出："吾平生讲学，只是'致良知'三字。"①
阳明在良知问题上本来就存在着多维的阐发，其在世时，诸弟子"学焉各得其
性之所近"，在良知问题上就存在着颇多争议。阳明死后，这种分歧进一步扩
大，最终也难免"儒分为八"、"墨离为三"的命运，导致整个学派的分化。后
世研究者大都以此为立论的根据，依据阳明后学在"良知"问题上的异见划分
王门流派。② 在这一研究视野中，学者一致将心斋在良知问题上的看法归结为
"良知现成"说。

所谓"现成"，在心学的话语系统中，亦作"见成"或"见在"。"良知现
成"意指"良知作为人的道德本质，必然先天地存在于人心之中，是与生俱
来、先天具足、无有亏欠的；与此同时，良知作为人的道德意识，必然即刻
当下、直截了当、见见成成地'发育流行'于人伦日用生活当中"③。在阳明本
人，并没有明确提出"良知现成"概念，但他非常强调"此心常见在"的做
法，为"良知现成"说奠定了思想基础。在阳明后学中，王龙溪（名畿，字
汝中，号龙溪）阐发"良知现成"最为详尽，谓："先师提出'良知'二字，
正指见在而言，而现在良知与圣人未尝不同。"④ 在龙溪看来，阳明所谓的"良
知"，就是指"见在良知"。

在阳明后学中，王龙溪、王心斋并称"二王"，其学有颇多相近之处。刘
蕺山（名宗周，字起东，世称蕺山先生）曾指出："王门有心斋、龙溪，学皆
尊悟，世称二王。"⑤ 在良知问题上，心斋之论与龙溪如出一辙，如曰：

> 只心有所向便是欲，有所见便是妄。既无所向，又无所见，便是无
> 极而太极。良知一点，分分明明，亭亭当当，不用安排思索。⑥

> 良知天性，往古来今，人人俱足，人伦日用之间，举而措之耳。所

---

① 王守仁：《寄正宪男手墨二卷》，《王阳明全集》卷26，上海古籍出版社1992年版，第990页。
② 如日本学者冈田武彦先生在良知问题上，将阳明后学划分为三派：以王龙溪、王心斋为代表
的良知现成派；以聂双江、罗念庵为代表的良知归寂派；以邹东廓、欧阳南野为代表的良知
修正派。(参见冈田武彦：《王阳明与明末儒学》，上海古籍出版社2000年版，第103—104页)
③ 吴震：《泰州学派研究》，中国人民大学出版社2009年版，第71页。
④ 王畿：《与狮泉刘子问答》，《王畿集》卷4，凤凰出版社2007年版，第81页。
⑤ 转引自黄宗羲：《江右王门学案一》，《明儒学案》卷16，中华书局2008年版，第9页。
⑥ 王艮：《明儒王心斋先生遗集·与俞纯夫》，《王心斋全集》，江苏教育出版社2001年版，第
43页。

谓大行不加，穷居不损，分定故也。①

> 良知之体，与鸢鱼同一活泼泼地，当思则思，思通则已。如周公思
> 兼三王，夜以继日，幸而得之，坐以待旦，何尝缠绕？要之自然天则，
> 不着人力安排。②

此处，透过"人人俱足"、"自然天则"、"分分明明"、"亭亭当当"、"不用安
排思索"等语，心斋所要表达的无疑正是"良知现成"的思想。而其对于
"圣人"内涵的理解，也正是在阳明学视野中展开的，以良知为作圣的根据，
如谓："夫良知即性，性焉安焉之谓圣"③、"良知者，圣也"④、"只此心中便是
圣"⑤。基于"良知现成"，心斋便合乎逻辑地导出了"满街都是圣人"的观念。

值得注意的是，"满街都是圣人"观念主要还是就本来性而言的，属于应然
的层面。从现实角度来看，心斋亦承认"良知亦有蔽处"。因此，在实然的层面
上，"满街都是圣人"这一命题是不能成立的。关于这一层意思，心斋指出：

> 今人只为自幼便将功利诱坏心术，所以夹带病根，终身无出头处。
> 日用间毫厘不察，便入于功利而不自知。盖功利陷溺人心久矣，须见得
> 自家一个真乐，直与天地万物为一体，然后能宰万物而主经纶，所谓
> "乐则天，天则神"。学者不见真乐，则安能超脱而闻圣人之道？⑥

> 良知者，真实无妄之谓也，自能辨是与非。此处亦好商量，不得放
> 过。夫良知固无不知，然亦有蔽处。如子贡欲去告朔之饩羊，而孔子曰：
> "尔爱其羊，我爱其礼。"齐王欲毁明堂，而孟子曰："王欲行王政，则勿
> 毁之矣。"若非圣贤救正，不几于毁先王之道乎？⑦

---

① 王艮：《明儒王心斋先生遗集·答朱思斋明府》，《王心斋全集》，江苏教育出版社2001年版，第47页。

② 王艮：《明儒王心斋先生遗集·语录》，《王心斋全集》，江苏教育出版社2001年版，第11页。

③ 王艮：《明儒王心斋先生遗集·答徐子直》，《王心斋全集》，江苏教育出版社2001年版，第43页。

④ 王艮：《明儒王心斋先生遗集·与薛中离》，《王心斋全集》，江苏教育出版社2001年版，第60页。

⑤ 王艮：《明儒王心斋先生遗集·大成学歌》，《王心斋全集》，江苏教育出版社2001年版，第55页。

⑥ 王艮：《明儒王心斋先生遗集·语录》，《王心斋全集》，江苏教育出版社2001年版，第19页。

⑦ 王艮：《明儒王心斋先生遗集·奉绪山先生书》，《王心斋全集》，江苏教育出版社2001年版，第62页。

依心斋之意，良知虽然具有"人人具足"、"分分明明"、"亭亭当当"、"不用安排思索"、"自能辨是与非"等本来性，但不免为后天的物欲、功利所玷污和遮蔽，所以凡人"夹带病根，终身无出头处"，不能"超脱而闻圣人之道"。

但本来性的事物之所以是本来性的，就在于它不论遭到物欲和功利怎样的玷污与遮蔽，都丝毫不改其原有的特性。恰恰相反，本来性的事物越是遭到玷污与遮蔽，就越发强烈地强调其实在性，"既不存在脱离本来性的现实性，也不存在掐住本来性的咽喉使之窒息的现实性"①。心斋虽然看到了"良知亦有蔽处"的现实性，但对"良知现成"的本来性依然保持着充分的信心和乐观的态度，如曰：

> 人心本自乐，自将私欲缚。私欲一萌时，良知还自觉。一觉便消除，人心依旧乐。乐是乐此学，学是学此乐。不乐不是学，不学不是乐。乐便然后学，学便然后乐。乐是学，学是乐。於乎，天下之乐，何如此学！天下之学何，如此乐！②

此处所言之"乐"，"不过是生机畅遂的意思"③，亦即前文所指出的"与鸢鱼同一活泼泼地，当思则思，思通则已"。在心斋看来，良知心体本自畅遂，只因私欲功利的束缚，故本体之真乐不能自然呈现。但不论私欲功利如何缠绕，总不能丝毫减损于良知心体，所谓"私欲一萌时，良知还自觉"。只要通过"学"的工夫觉知良知心体，就能消除良知的遮蔽，呈现本有的生机畅遂。

（二）"百姓日用即道"与"百姓日用而不知"

如果说"良知现成"还只是推本阳明良知学的本有之意、与"左派王学"④无以异的话，那么将"百姓日用"纳入"道"的内涵中，提出"百姓日

---

① 荒木见悟：《佛教与儒教》，中州古籍出版社 2005 年版，"序论"第 3 页。

② 王艮：《明儒王心斋先生遗集·乐学歌》，《王心斋全集》，江苏教育出版社 2001 年版，第54 页。

③ 嵇文甫：《左派王学》，开明书店 1934 年版，第 39 页。

④ "左派王学"这一概念，出自嵇文甫先生。嵇文甫先生将龙溪、心斋称之为"王学左派"，认为"龙溪、心斋是阳明门下最杰出的人才"，"王学之发皇光大，风靡一世，得力于他们的最多"，"讲王学而不讲龙溪、心斋领导下的左倾一派，王学的精神至少失掉一半"。且认为由心斋开创的泰州学派"是王学的极左派，王学的自由解放精神，王学的狂者精神，到泰州学派才发挥尽致"。此说对后世研究者影响至深。（参见嵇文甫：《左派王学》，开明书店 1934年版，"序"第 1、44 页）

用即道"①的观念，则是心斋的孤发先明。在中国古代思想史上，心斋"是第一个对百姓日用论做出较为详尽阐发的思想家"②。心斋"百姓日用即道"的思想，"是中国思想史上颇有创造性的思想学说"③。在阳明处，虽然兼顾"日用"而立言，如曰："不离日用常行内，直造先天未画前。"④又曰："日用间何莫非天理流行，但此心常存而不放，则义理自熟。"⑤但阳明所言之"日用"，并非专就"愚夫愚妇"的"百姓"而言，更未将之提升到"道"的高度。因此，"百姓日用即道"的思想，只能看作是从学于阳明之后，在阳明良知学的熏陶之下，心斋的首创。

"百姓日用即道"和"良知现成"构成了心斋本体论思想的一体两面，彼此之间可以相互证明。在心斋的观念体系中，"道"、"良知"、"中"、"性"本是同一性的概念，如曰："道一而已。中也，良知也，性也，一也。"⑥又曰："道也者，性也，天德良知也，不可须臾离也。"⑦但更多的时候，心斋"多指百姓日用以发明良知之学"⑧、"以日用见在指点良知"⑨。以"百姓日用"来阐发"良知现成"，这是心斋对乃师"致良知"之教的发展和推进。而其对"愚夫愚妇"的极大关注，也与王龙溪的"见在良知"说异趣。

心斋"百姓日用即道"的思想，将"百姓日用"纳入到了"圣人之道"

---

① 在心斋思想的话语表达体系中，他所使用的是"百姓日用是道"一语，如《心斋年谱》"嘉靖七年"条记曰："集同门于讲于书院，先生言百姓日用是道。"（参见董燧编：《心斋年谱》，《王心斋全集》，江苏教育出版社2001年版，第72页）"百姓日用即道"一语，乃是出自于黄梨洲的概括。梨洲评心斋之学，曰："阳明而下，以辩才推龙溪，然有信有不信，惟先生于眉睫之间，省觉人最多。谓'百姓日用即道'，虽僮仆往来动作处，指其不假安排者以示之，闻者爽然。"（黄宗羲：《泰州学案一》，《明儒学案》卷32，中华书局2008年版，第710页）
② 万明主编：《晚明社会变迁：问题与研究》，商务印书馆2005年版，第585页。
③ 侯外庐等主编：《宋明理学史》下卷，人民出版社1997年版，第433页。
④ 王守仁：《别诸生》，《王阳明全集》卷20，上海古籍出版社1992年版，第791页。
⑤ 王守仁：《答徐成之》，《王阳明全集》卷4，上海古籍出版社1992年版，第145页。
⑥ 王艮：《明儒王心斋先生遗集·答问补遗》，《王心斋全集》，江苏教育出版社2001年版，第38页。
⑦ 王艮：《明儒王心斋先生遗集·答刘鹿泉》，《王心斋全集》，江苏教育出版社2001年版，第49页。
⑧ 董燧编：《心斋年谱》"嘉靖三年"条，《王心斋全集》，江苏教育出版社2001年版，第71页。
⑨ 董燧编：《心斋年谱》"嘉靖十二年"条，《王心斋全集》，江苏教育出版社2001年版，第73页。

中，从而为平民阶层优入圣域提供本体论的依据。具体而言，主要有以下几层意思：

> 此学是愚夫愚妇能知能行者。①
>
> 愚夫愚妇与知能行便是道，与鸢飞鱼跃同一活泼泼地，则知性矣。②
>
> 百姓日用条理处，即是圣人之条理处。③
>
> 圣人之道，无异于百姓日用。凡有异者，皆谓之异端。④

心斋以上所述，可资注意者有三：其一是强调"日用"以百姓为主体、为根本；其二是将圣人之道与"百姓日用"紧密联系，并将"百姓日用"纳入"道"的内涵中；其三是将"百姓日用"作为衡量圣人之道的标准。在他看来，"道"是"愚夫愚妇"能知能行的，超出"愚夫愚妇"能知能行之范围，便不是"道"而是"异端"。心斋此说，颠覆了传统"圣人之道"与"异端"的观念，"与早期儒家'行远必自迩'、'登高必自卑'，尤其是'君子之道费而隐'的看法已有一定差异，并未以为圣人之道还有超越于百姓日用之道而可进一步追求的'高'、'远'、'费而隐'的方面，从而填平了圣凡在道体论上存在的差异"⑤。

正是在这一道体观的统摄之下，心斋将阳明的圣人观做了进一步的发挥，提出了"满街都是圣人"这一肯定性的命题。在心斋及其泰州后学的观念中，"圣人"得到了更为现实的、具象的呈现，普通民众本身即成了现成的圣人。师友之间以"圣人"相待，这是泰州学派的一贯家风，同时代的许多学者即已敏锐地意识到了这一点，如顾泾阳（名宪成，字叔时，号泾阳）曰："罗近溪以颜山农为圣人，杨复所以罗近溪为圣人，李卓吾以何心隐为圣人"⑥。在泰州学派的观念中，"圣人"已不再是空洞、遥不可及的目标，而是真真实实的存在。

"百姓日用即道"的思想，虽然去除了"圣人之道"的神秘外衣，在一定

---

① 董燧编：《心斋年谱》"嘉靖十八年"条，《王心斋全集》，江苏教育出版社2001年版，第76页。
② 王艮：《明儒王心斋先生遗集·语录》，《王心斋全集》，江苏教育出版社2001年版，第6页。
③ 王艮：《明儒王心斋先生遗集·语录》，《王心斋全集》，江苏教育出版社2001年版，第10页。
④ 王艮：《明儒王心斋先生遗集·语录》，《王心斋全集》，江苏教育出版社2001年版，第10页。
⑤ 万明主编：《晚明社会变迁：问题与研究》，商务印书馆2005年版，第588页。
⑥ 转引自黄宗羲：《东林学案一》，《明儒学案》卷58，中华书局2008年版，第1388页。

程度上弥合了"圣人之道"与"百姓日用"之间的鸿沟，但这并不意味着根本取消了"圣人"与"百姓"之间的差异。关于这一点，心斋后学王一庵（名栋，字隆吉，号一庵）总结道：

> 君子（按：指心斋）谓"百姓日用是道"，特指其一时顺应、不萌私智者言之。谓虽圣贤处此，不过如是。惟其冥然暗合，而不知即此是道是性，故转眼便作蹊跷，非自私则用智，忽入于禽兽之域而亦不自知也。故与道合者才什一，而背于道者什九矣。①

依一庵之意，"百姓日用是道"的思想有其特定的指向，不能作普泛化的理解。在现实中，依然存在着行不著、习不察的所谓"不知即此是道是性"的问题。故而在实然层面上，"与道合者才什一，而背于道者什九矣"。在心斋的思想体系中，他常以"百姓日用而不知"这一观念来表达，所谓"圣人知便不失，百姓不知便会失"②。也就是说，从本来性角度上来说，圣凡一致，但在现实性角度上，圣凡之间还存在"知"与"不知"的区别。

"百姓日用而不知"一语出自《周易》③，意在说明：普通百姓虽然"日日赖用此道"，但却没有自觉意识，并不能真正了解"君子之道"④。这里的本意，在于凸显"道"高深玄远的特性。心斋虽然在语言上借用了这一表达形式，但在"百姓日用即道"的道体观下，赋予了新的内涵，如曰：

> 良知者，圣也；安焉者，学也，故曰性焉安焉之谓圣。知其不安而安之者，复其性也，故曰复焉执焉便是贤。惟百姓日用而不知，故曰先知觉后知。是圣愚之分，知与不知而已矣。此简易之道也。⑤

在邹聚所（名德涵，字汝海，号聚所）记载的心斋与友人的一段问答中，也明确透露出这一层意思：

---

① 王栋：《明儒王一庵先生遗集·会语续集》，《王心斋全集》，江苏教育出版社2001年版，第179页。
② 王艮：《明儒王心斋先生遗集·语录》，《王心斋全集》，江苏教育出版社2001年版，第10页。
③ 《周易·系辞上》曰："一阴一阳之谓道。继之者善也，成之者性也。仁者见之谓之仁，知者见之谓之知，百姓日用而不知，故君子之道鲜矣。"
④ 孔颖达疏曰："'百姓日用而不知'者，言万方百姓恒日日赖用此道而得生，而不知道之功力也；言道冥昧不以功为功，故百姓日用而不能知也。"（孔颖达：《周易正义》卷7，《十三经注疏》，中华书局1980年版，第78页）
⑤ 王艮：《明儒王心斋先生遗集·与薛中离》，《王心斋全集》，江苏教育出版社2001年版，第60页。

往年有一友问心斋先生云："如何是无思而无不通?"先生呼其仆，即应；命之取茶，即捧茶至。其友复问，先生曰："才此仆未尝先有期我呼他的心，我一呼之便应，这便是无思无不通。"是友曰："如此则满天下都是圣人了。"先生曰："却是日用而不知，有时懒困着了，或作诈不应，便不是此时的心。"①

概言之，心斋论"百姓日用而不知"具有以下两重意涵：其基本含义是指，道存在于百姓日用之中，百姓的日用常行本身即是道的体现，只是普通民众对这种自发的行为缺乏自觉的意识；其延伸含义是指，百姓因为缺乏知觉状态上的自觉意识，使得本已初步呈现于行为状态中的"道"或者显而复失，或者部分丧失。

二、"以良知为主本，多识前言往行"：王心斋的作圣工夫入路

如前所述，在"良知现成"、"百姓日用即道"的道体观视野下，心斋提出了"满街都是圣人"的圣人观，把阳明的圣人观推拓到了极致。但是在心斋"满街都是圣人"的观念中，依然存在本来性与现实性之间的紧张，即：在本来性层面上，基于"良知现成"、"百姓日用即道"的道体观，"满街都是圣人"；在现实性层面，因为"良知亦有蔽处"、"百姓日用而不知"，故"与道合者才什一，而背于道者什九"。为了消解这一紧张，在现实中完满地呈现出"满街都是圣人"的本来性，心斋提出了"以良知为之主本，多识前言往行"的作圣工夫入路。

在阳明后学的研究上，往时学者多将之区分为本体派与工夫派（或者现成派与工夫派）两大系统。这一研究路径的基本预设是：本体派专从本体入手，不讲或忽略工夫，并无真正的工夫理论，真正的工夫理论主要体现在工夫派这一系统中。②在这种研究视野下，心斋一系的泰州学派自然被排除在了工夫系统之外。另一种研究路径则是以唐君毅先生为代表，将阳明后学的工夫

① 转引自黄宗羲：《江右王门学案一》，《明儒学案》卷16，中华书局2008年版，第352页。
② 参见钱明：《王学流派的演变及其异同》，《孔子研究》1987年第6期；屠承先：《阳明学派的本体功夫论》，《中国社会科学》1990年第6期。

论区分为"悟本体即工夫"与"由工夫以悟本体"两种基本类型，认为王龙溪、王心斋、罗近溪等人属于前者，钱绪山、邹东廓、聂双江、罗念庵等属于后者。① 在笔者看来，前说对工夫论的理解显然是较为狭隘的，不免有失片面，唐君毅先生的观点较为可取。所谓"悟本体即工夫"并不是说只重本体而忽略工夫，而是强调本体对于工夫的优先性，工夫只有在本体的前提下才具有意义。

阳明在建构自己良知学体系时，既已揭橥了"即本体即工夫"的"本体工夫合一"说，如曰"合着本体的，是工夫；做得工夫的，方识本体"②。在他看来，与工夫相比，本体更为根本，没有本体作为前提，工夫就如无源之水。同时，工夫又是成就本体的必要手段，舍工夫而谈本体，无异于缘木求鱼。③后阳明时代的良知学，虽其侧重点各有不同，但大致不出阳明"本体工夫合一"的宗旨。心斋推本阳明之学，在本体工夫问题上，其有论曰：

> 惟皇上帝，降中于民，本无不同……保合此中，无思也，无为也，无意必，无固我，无将迎，无内外也。何邪思，何妄念？惟百姓日用而不知，故曰："君子存之，庶民去之。"学也者，学以修此中也。戒慎恐惧，未尝致纤毫之力，乃为修之之道，故曰合着本体是工夫，做得功夫是本体。先知中的本体，然后好用修的工夫。④

在此段文字中，前一部分所表达的是"百姓日用即道"、"百姓日用而不知"的思想，后一部分则表明了作为工夫之"学"的意义和价值。在他看来，"学"的工夫是为了发明涵养"中"（"道"、"良知"、"性"）的本体。"合着本体是工夫，做得工夫是本体"一语，即是直接阐衍阳明"合着本体的，是工夫；做得工夫的，方识本体"之意。"先知中的本体，然后好用修的工夫"，强调的是本体对于工夫的优先性。概言之，即唐君毅先生所谓的"悟本体即工夫"一路。

---

① 参见唐君毅：《中国哲学原论·原教篇》，中国社会科学出版社 2006 年版，第 226—286 页。

② 王守仁：《传习录拾遗》，《王阳明全集》卷三十二，上海古籍出版社 1992 年版，第 1167 页。

③ 如曰："工夫不离本体，本体原无内外。只为后来做工夫的分了内外，失其本体了。如今正要讲明工夫不要有内外，乃是本体功夫。"（王守仁：《传习录》下，《王阳明全集》卷三，上海古籍出版社 1992 年版，第 92 页）

④ 王艮：《明儒王心斋先生遗集·答问补遗》，《王心斋全集》，江苏教育出版社 2001 年版，第38 页。

（一）"经传之间，印证吾心"：良知对于知识的优先性

德性"良知"与知识之"学"对于成圣的优先性问题，即宋明儒学中"尊德性"与"道问学"的问题，亦即"德性之知"与"闻见之知"、"博学"与"一贯"、"博"与"约"、"居敬"与"穷理"的问题。本来，在儒家传统中，"尊德性"与"道问学"是一个有机的整体，如车之两轮、鸟之双翼，缺一不可。《中庸》谓："君子尊德性而道问学，致广大而尽精微，极高明而道中庸。"（《礼记·中庸》）其中，"而"字并不是递进关系，而是一种并列关系。宋明儒者基于对道体的不同理解，对此各有侧重，故有"尊德性"与"道问学"之辨。但总的来说，无论是程朱一系还是陆王一系，都属道德心性之学，故"尊德性"是他们一致的态度。问题只在于，"在尊德性之下，是否就可以撇开知识不管，还是在尊德性之后，仍然要对知识有所交代，这在宋明理学传统中是中心问题之一"①。所谓的"尊德性"，即是肯定人的德性是本已有之的，然不免为气禀、物欲所遮蔽，为保德性于不失，所以需要时时在这方面作工夫。但尊德性的同时也需要"道问学"来补充，否则难免空疏之弊。在陆王一系的心学系统中，"尊德性"对于"道问学"在价值和逻辑上都具有绝对的优先性，只在成就德性的意义上承认知识的意义和价值。

在良知与知识的关系问题上，心斋大致上亦不离陆王一系的宗旨，坚持"以良知为主本"，强调良知对于知识在价值和逻辑上的绝对优先性，如曰：

> 夫六经者，吾心之注脚也。心即道，道明则经不必用，经明则传复何益？经传，印证吾心而已矣。②

> 经所以载道，传所以释经。经既明，传不复用矣。道既明，经何必用哉？经传之间，印证吾心而已矣。③

依心斋之意，"道"存在于吾心之中，吾心"良知"即是"道"。经传只是作为载"道"的工具，所以发明、印证吾心而已。吾心既明，则经传不必用。心斋此处所言，与陆象山"学苟知本，六经皆我注脚"④如出一辙，强调的是吾心

---

① 余英时：《清代思想史的一个新解释》，《中国思想传统及其现代变迁》，广西师范大学出版社2004年版，第191页。

② 董燧编：《心斋年谱》"正德十五年"条，《王心斋全集》，江苏教育出版社2001年版，第70页。

③ 王艮：《明儒王心斋先生遗集·语录》，《王心斋全集》，江苏教育出版社2001年版，第18页。

④ 陆九渊：《陆九渊集》卷34，中华书局1980年版，第395页。

德性"良知"对于经传知识之"学"在价值和逻辑上的绝对优先性。在心斋的话语表达中，类似的还有：

> 学者初得头脑，不可便讨闻见支撑，正须养微致盛，则天德生道在此矣。六经四书，所以印证者也。若工夫得力，然后看书，所谓"温故而知新"也。不然，放下书本，便没工夫做。①

"若工夫得力，然后看书"，正表明了为学之次第。在他看来，经传知识之"学"乃"所以印证者也"，故"须养微致盛"之后方可"讨闻见支撑"。总而言之，心斋只是在作为德性"良知"之"用"的意义上肯定知识之"学"的意义和价值。

心斋"以良知为主本"的立场，在其给钱绪山的一封信中，有着更为明确的表达。在此信中，心斋指出：

> 良知者，真实无妄之谓也。自能辨是与非。此处亦好商量，不得放过。夫良知固无不知，然亦有蔽处。如子贡欲去告朔之饩羊，而孔子曰："尔爱其羊，我爱其礼。"齐王欲毁明堂，而孟子曰："王欲行王政，则勿毁之矣。"若非圣贤救正，不几于毁先王之道乎？故正诸先觉，考诸古训，多识前言往行，而求以明之，此致良知之道也。观诸孔子曰："不学《诗》，无以言；不学《礼》，无以立。""五十以学《易》，可以无大过。"则可见矣。然子贡多学而识之，夫子又以为非者，何也？说者谓子贡不达其简易之本，而从事其末，是以支离外求而失之也。故孔子曰："吾道一以贯之。"一者，良知之本也，简易之道也。贯者，良知之用也，体用一原也。使其以良知为之主本，而多识前言往行以为之蓄德，则何多识之病乎？昔者陆子以简易为是，而以朱子多识穷理为非；朱子以多识穷理为是，而以陆子简易为非。呜呼！人生其间，则孰知其是非而从之乎？孟子曰："是非之心，人皆有之。"此简易之道也。充其是非之心，则知不可胜用，而达诸多识前言往行以蓄德矣。故曰："博学而详说之，将以反说约也。"②

整体来看，心斋此处所言，乃是阳明良知学一贯之宗旨。这段文字的中心，在

---

① 王艮：《明儒王心斋先生遗集·语录》，《王心斋全集》，江苏教育出版社 2001 年版，第 7 页。
② 王艮：《明儒王心斋先生遗集·奉绪山先生书》，《王心斋全集》，江苏教育出版社 2001 年版，第 62—63 页。

于"以良知为之主本，而多识前言往行以为之蓄德"一句。此处，心斋以体与用的关系来界说良知与知识之间的关系，以良知为体、知识为用，体用一原，亦即以"良知"为"多识前言往行"的"主本"，以"多识前言往行"涵养德性"良知"。在他看来，孔子之所以诟病子贡的多学博识，其原因就在于"子贡不达其简易之本，而从事其末，是以支离外求而失之"，不达"一以贯之"之旨。"以良知为之主本，而多识前言往行以为之蓄德"，则可以避免"多识之病"。

关于这一层意思，透过以下心斋与友人涂从国的一段对话，我们亦可以得到明晰的认识：

> 先生（心斋）因读此和稿（按：指《和万鹿园诗》）而问在坐诸友曰："天下之学无穷，惟何学可以时习之？"内一友江西涂从国者答曰："惟天命之性可以时习也。"（心斋）再顾问诸友："还有可时习之学乎？"众皆不应。良久，忽一童子，乃先生甥周莅者答曰："天下之学虽无穷，亦皆可以时习也。"众皆愕然。先生（心斋）问曰："如以读书为学，有时又作文；如学文，有时又学武；如以事亲为学，有时又事君；如以有事为学，有时又无事。此皆可以时习乎？"童子（周莅）曰："天命之性，即天德良知也。如读书时也依此良知学，作文时也依此良知学，学文学武、事亲事君、有事无事无不依此良知学，乃所谓皆可以时习也。"时在坐诸友皆有省悟。先生（心斋）喟然叹曰："信予者，从国也，始可与言专一矣。启予者，童子也，始可与言一贯矣。呜呼！如童子者，乃所谓不虑而知、不学而能者也。"[1]

心斋与友人所谈论的天下可以时习之学，实乃为学之根本与头脑的问题。此处所谓的"天命之性"，亦即德性之"良知"。涂从国以为"惟天命之性，可以时习也"，即在强调德性涵养的重要性。其中虽未明言将"读书"、"作文"等知识的探求排除在外，但个中强调德性"良知"的绝对优先性的倾向是很明显的。心斋既肯定涂从国为"信予者"，则亦可将涂从国之见看作是心斋平日里的基本立场。

---

① 王艮：《明儒王心斋先生遗集·和万鹿园诗》附，《王心斋全集》，江苏教育出版社 2001 年版，第 56 页。

（二）"多识前言往行，以为之蓄德"：知识对于良知的意义和价值

前文已阐明心斋在作圣工夫入路上，"以良知为主本"的基本立场。那么接下来的问题是，坚持"以经传印证吾心"，强调良知对于知识在价值和逻辑上的绝对优先性，是否就意味着否定知识对于成圣的意义和价值呢？换言之，即"专以天德为知而恶闻见"呢？答案显然是否定的。针对当时学者"心斋专以天德为知而恶见闻"的质疑，欧阳南野（名德，字崇一，号南野）极力为之辩护曰：

> 良知不由见闻而有，而见闻莫非良知之用。犹聪明不由视听而有，而视听莫非良知之用。心斋传习师训，必不致专以天德为知而恶闻见。专以天德为知而恶闻见，是以聪明为聪明而恶视听矣。①

在良知与知识的问题上，阳明曾在给欧阳南野的一封答信中，明确表达了他的看法，谓："良知不由见闻而有，而见闻莫非良知之用；故良知不滞于见闻，而亦不离于见闻。"②对于阳明此教，南野信受奉行，坚信不疑，将之视为阳明传教的"师训"。在他看来，心斋作为阳明的杰出弟子，是为阳明所肯认的"真学圣人者"，亦必不能离"师训"。心斋既传习此"师训"，则必不至于"专以天德为知而恶闻见"。若果真如此，则心斋所传便非阳明之教矣。欧阳南野的以上辩护，虽略显苍白，但至少从消极的方面说明了心斋之学不废知识的基本立场。

心斋与周莅之间关于天下可以时习之学的那段对话，亦足以为此作出说明。周莅所言，仍是坚持"天德良知"在价值和逻辑上的绝对优先性，是"学"的根本和头脑，所谓"读书时也依此良知学，作文时也依此良知学，学文学武、事亲事君、有事无事无不依此良知学"。但值得注意的是，相对于涂从国之见，周莅对于天下可时习之"学"的理解无疑具有了新的内涵，不仅包含了"天命之性"的德性涵养，亦赅括了"读书"、"作文"等知识探求。心斋既许周莅为"启予者"，足见心斋并不反对周莅之见。事实上，周莅之见恰恰反映了心斋在良知与知识问题上的基本态度。同样，在前引给钱绪山的那封信中，"正诸先觉，考诸古训，多识前言往行，而求以明之，此致良知之道也。

---

① 欧阳德：《答冯州守》，《欧阳德集》卷4，凤凰出版社2007年版，第151页。

② 王守仁：《传习录中·答欧阳崇一》，《王阳明全集》卷2，上海古籍出版社1992年版，第71页。

观诸孔子曰：'不学《诗》，无以言；不学《礼》，无以立。''五十以学《易》，可以无大过。'则可见矣"之语，则无疑是在强调"多识前言往行"乃是"致良知"的题中应有之义，"多识前言往行"并不必然有害于"致良知"。

以上所引证的三则材料，都还是从消极意义上立论，旨在说明心斋在"以良知为主本"的前提下，不废知识之学，强调"多识前言往行，以为之蓄德"的一面。事实上，这也正是自孟子以来，直至象山、阳明一系心学的一贯传统。象山、阳明在承认"尊德性"、"德性之知"对于"道问学"、"闻见之知"在价值和逻辑上具有绝对优先性的前提下，并没有"废书不观"，根本否定经典研习、知识探求的意义和价值。相对于象山、阳明而言，心斋在此基础上又做了进一步的拓展，在良知主本的前提下，特别凸显知识对于良知的意义和价值。正是在这个意义上，余英时先生指出，在心斋处"已略露重知识的倾向，而与阳明良知之教有异"①。从积极的意义上来看，心斋论知识对于良知的意义和价值，主要体现为以下两点：一是"言学不言气质"，二是"论学不论天分"。

自张横渠将"变化气质"视为学之"大要"② 以来，"变化气质"说即成为后世儒者工夫论的重要话题，此说亦为心斋所主张。心斋之所以"言学不言气质"，是因为在他看来，"学"能变化气质。他指出：

> 程子（明道）云："善固性也，恶亦不可不谓之性；清固水也，浊亦不可不谓之水。"此语未莹，恐误后学。孟子只说性善，盖善固性也，恶非性也，气质也，变其气质则性善矣。清固水也，浊非水也，泥沙也，去其泥沙则水清矣。故言学不言气质，以学能变化气质也。故曰："明得尽渣滓便浑化。"张子（横渠）云："形而后有气质之性，善反之，则天地之性存焉。气质之性，君子有弗性者焉。"此语亦要善看，谓气质杂性，故曰气质之性。③

---

① 余英时：《从宋明儒学的发展论清代思想》，《中国思想传统及其现代变迁》，广西师范大学出版社 2004 年版，第 183 页。

② 横渠论为学工夫大要，曰："为学大益，在自求变化气质。不尔，皆为人之弊，卒无所发明，不得见圣人之奥。故学者先须变化气质，变化气质与虚心相表里。"（张载：《经学理窟·义理》，《张载集》，中华书局 1978 年版，第 274 页）

③ 王艮：《明儒王心斋先生遗集·答问补遗》，《王心斋全集》，江苏教育出版社 2001 年版，第 39 页。

基于"气质杂性"的认识，心斋一方面认为包含"恶"的"气质之性"并非人所本有的善性，是可以变化的；另一方面又认为"气质之性"中亦包含着善性，变化气质即能恢复本有之善性。因此，通过"学"的工夫，即能变化杂"恶"的"气质之性"，恢复本善之性，从而优入于圣域。基于这种认识，他认为程明道"恶亦不可不谓之性"一语"未莹"，"恐误后学"。因为"恶亦不可不谓之性"一语，容易使学者认"恶"作"性"，以为"恶"不可移易，从而放弃以"学"求"变化气质"的工夫。同时，他叮咛学者要善自理会横渠"气质之性，君子有弗性者焉"一语，因为否定"气质之性"中有善性，即意味着否定"变化气质"以优入于圣域的可能性。

心斋论"学"的意义和价值，还在于认为"学"足以补天分之不足，故又主张"论学不论天分"，如曰："人之天分有不同，论学则不必论天分。"① 容肇祖先生据此认为，"这论学不论天分的见解，简直是把现成良知的学说推翻，而建设重学的见解了"②。在以下几段文字记载中，亦清晰透露出这一层意思：

> 孔子虽天生圣人，亦必学《诗》、学《礼》、学《易》，逐段研磨，乃得明彻之至。③

> "若能握其机，何必窥陈编。"白沙之意有在，学者须善观之。六经正好印证吾心。孔子之时中，全在韦编三绝。④

在第一段文字中，心斋所强调的是：即便如孔子这样的"天生圣人"，亦需要借助于后天的学《诗》、学《礼》、学《易》，逐段研磨之后，方能臻于"明彻"之境。其在孔子，亦不敢自称"生而知之者"，仅以"好古，敏以求之者"（《论语·述而》）自居，况不如孔子者乎！这段话暗含的意思很明确，即：作为学孔子者，更应该注重于"学"。在第二段文字中，心斋因恐学者据白沙之语而废经典之习，所以强调学者要"得意而忘言"，善观白沙之意。其中，认为孔子所以为集大成的时中之圣，"全在韦编三绝"，其意与第一段完全相同，都体现出了重知识的一面。

要之，心斋的工夫理论，一方面强调德性"良知"对于知性之"学"的绝对优先性，另一方面又强调知识之"学"对于德性"良知"的必要性和工具

---

① 王艮：《明儒王心斋先生遗集·语录》，《王心斋全集》，江苏教育出版社 2001 年版，第 9 页。
② 容肇祖：《明代思想史》，开明书店 1941 年版，第 154 页。
③ 王艮：《明儒王心斋先生遗集·语录》，《王心斋全集》，江苏教育出版社 2001 年版，第 8 页。
④ 王艮：《明儒王心斋先生遗集·语录》，《王心斋全集》，江苏教育出版社 2001 年版，第 10 页。

性价值，在坚持以"良知"作为优入圣域的根本这一阳明学宗旨之下，体现出了重知识的倾向，在一定程度上奠定了明清之际从"反智识主义"到"智识主义"学术转型的基础①，是清代实学的先驱。②

（作者简介：谢群洋　贵州师范大学阳明学研究院）

---

① 关于这一问题，可参阅余英时先生《从宋明儒学的发展论清代思想》和《清代思想史的一个新解》，见《中国思想传统及其现代变迁》，广西师范大学出版社 2004 年版，第 157—184、185—210 页。

② 如冯友兰先生曾指出，王心斋之学"不惟不近禅，且若为以后颜习斋之学作前驱者"（冯友兰：《中国哲学史》，中华书局 1961 年版，第 432 页）。

方中通《哀述》诗释读

张永义

方中通，字位伯，号陪翁，乃方以智第二子。《哀述》是他在守丧期间所作的一组怀念父亲的诗作。这组诗，除小序外，一共十首。每首诗中，都附有一些解释性的文字。诗的内容，基本上涵盖了方以智一生的学行和志业，因此大体上可以看作是一篇"盖棺论定"之作。

在写作这组诗时，方中通除了正在经受丧父之痛外，也才刚刚从牢狱之苦中脱出。他入狱的原因和他父亲一样，都与"粤案"有关。[①]迄今为止，"粤案"的详情如何，我们并不知道，但它对这个家庭的影响却是致命的。一方面，方以智正是因为此案而死于非命；另一方面，方中通也前后两次被投入大狱之中。只是在亲族的联名具保下，他才得以短暂出狱，前往江西万安奔丧。[②]

方中通在江西守丧的时间大概半年。在这期间，他把父亲留下的法语汇编成册（《冬灰录》），并认真地回味和总结了他父亲那异常曲折的一生。由于方以智一生颠沛流离，出入儒释，最后还以戴罪之身了结，他的出处进退及思想归宿究竟该如何评定，的确并不是一个容易回答的问题。事实上，无论是密之生前还是身后，这方面的质疑和非议从来就没有间断过。方中通的《哀述》诗，在某种程度上，也算是对那些质疑和非议的一种回答。

方中通一共兄弟三人，从跟随父亲时间的久暂来讲，他并不是最长的。但就学术造诣及对其父一生学行的了解而言，他应该是三兄弟中最有资格承担

---

① 方中通《陪诗》卷四有数诗分别题作"辛亥三月二十三日，三弟家邮至自吉州，闻老父粤难作"、"三月二十七日檄至系狱"、"四月二十六日再系尊经阁"。参见《清代诗文集汇编》第133册，上海古籍出版社2010年版，第100—101页。

② 具保者有四弟方中发、叔祖梅师、姐婿马严冲、表弟孙肖武等。参见《清代诗文集汇编》第133册，上海古籍出版社2010年版，第104页。

起这份责任的。方以智晚年主要活动于江西一带，三子轮流陪侍，而中通的时间最长。康熙四年，密之有诗赐中通："念汝随余学，环中竟左旋。冬春看两度，首尾算三年。"这是发生在密之入主青原之前的事儿。中通为《冬灰录》所作的跋语中称："向侍青原，两闭冬关，父子恩深，刀斧莫入。"这是发生在密之入主青原后的事儿，时间也应该不少于两年。正是由于这种长期陪侍的经历，中通才把自己的诗文集命名为《陪集》，并自号曰"陪翁"。另外，他也是三兄弟中唯一受到"粤案"牵连的人。所有这些都表明，中通与其父在思想和行为两方面皆有极深的勾连，他对父亲一生行迹的叙述和评价具有极高的史料价值。甚至，他的"哀述"诗中，也未必没有包含某些方以智本人自我定位的因素在内。

有鉴于此，我们下面对《哀述》诗的内容略作分析与解释，希望对于方以智思想和学行的研究，能有些微的帮助。疏漏之处，敬请方家指正。

一

西泠姚有仆年伯序老父《瞻旻》诗，谓才人、孝子、忠臣合为一人者。呜呼，知之深矣！然未睹老父二十年来之著作，向见其翂颉之行，甄苏之节，称之为孝子，为忠臣；又见其经史会通，词章博雅，穷百家之书，工百家之艺，谓五地再世，称之为才人已耳。呜呼，万世而下，其所以景仰浮山先生者，岂特此哉？世固有性命之学，有象数之学，有考究之学，有经济之学，有三才物理之学，有五行医卜之学，有声音之学，有六书之学。老父穷尽一切，而一征之于河洛，破千年之天荒，传三圣之心法，准不乱而享神无方，必有事而归行无事，天然秩序，寂历同时，以无我为备我，以差等为平等，午会全彰，诚非虚语。倘姚公至今日披读《时论》、《炮庄》、《易余》、《物理》、《鼎新》、《声原》、《医集》、《冬灰》诸书，仅谓之才人乎哉？虽然，忠孝所以成其才，才所以济其学，浮山先生之直继缁帷，职是故哉。独是生于忧患，别路藏身，甘人所不能甘之苦，忍人所不能忍之行，瓢笠天涯，晚遭风影。不孝孚号，被羁故里。呜呼痛哉！我父竟舍我而逝矣。破浪奔丧，终天绝地，罪负须弥，无以自解。五云苦次，濡血写哀，莫述万一，用付纸灰而已。辛亥冬，不孝孤子方中通百拜识。①

此段为《哀述》诗的小序。除了交代写作时间外，方中通主要表达了两层意思：一是其父一生的皈命处在儒而不在佛，一是河洛之学才是其父统摄一切学问的基础。

关于第一点，中通特别提到了姚有仆"才人、忠臣、孝子合为一人"的评论。姚是方以智的同年，名奇胤，钱塘人，中进士后，选授南海县令。弘光元年，方以智为避阮大铖迫害，改名换姓，逃往广州，曾寄居在姚奇胤署中，并深得后者相助。奇胤称方以智为孝子，指的是密之曾经膝行沙堁两年，控疏鸣冤，最后终于脱父于牢狱，有如古之吉翂、虞颙。称其为忠臣，指的是密之在北京沦陷之时，虽备受拷掠，仍不改其志，并乘间南奔，有如唐之甄济、苏源明。称之为才人，指的是密之学博识广，无所不通，有如佛经中五地菩萨，通达世间一切之学。

对于姚奇胤的说法，中通有着发自内心的感激。要知道，正当密之漂泊天末之时，南京弘光小朝廷的刑部尚书解学龙、右侍郎贺世寿上奏从逆罪案，方以智赫然名列"宜杖拟赎"的第六等。御史王孙蕃论方以智，亦有"自亏臣节，复撰伪书，以乱是非"②之说。在那个党争不断、交通不畅、信息混乱的年代，方以智无论如何辩白，都难以消除人们的质疑。从现存《浮山文集后编》中可以知道，方以智曾经向包括瞿式耜、朱天麟、金堡、李雯、张自烈等在内的一大批师友申诉过自己的冤屈，这足可看出他当时的心理压力之大。

在这异常凄苦的日子里，姚奇胤是方以智的主要支持者之一，他曾上书隆武大臣黄道周，替密之辩护说：

> 马、阮报怨，南都以亡，自拔来归者得问罪矣，西北之人不俱漏网乎？且有不归而旋降■者，其父兄扬扬于家，不敢问也。夫臣子以礼守节，不当问受恩之深浅。然朝廷以法服人，则官之大小轻重，宜分别而等杀。如自宰辅而下，金紫大臣，何许？其执政要路数十年者，何许？今止逮二三南归之小臣，官未满百日，禄不过十石，为王维、郑虔者，锻炼大辟，而尊宠与贼召语者，反蒙收用，其何以服后世？嗟乎，士有幸不幸耳。早生数十年，皆忠孝廉节，身名俱泰。不幸遭乱，一不免，

① 方中通：《陪诗》卷四，《清代诗文集汇编》第133册，上海古籍出版社2010年版，第106页。
② 计六奇：《伪官》，《明季南略》卷2，中华书局1984年版，第130页。

遂为世所蹂躏至此。才与名，真老庄之所恨哉！至为甄济、苏源明者，事久论定，芳名自传。时当害才之世，不得受甄、苏之赏耳。若今日南都，降索头等，岂得籍口王维、郑虔比乎？①

奇胤提到的王维、郑虔、甄济、苏源明四人皆与安史之乱有关，王郑二人曾署伪职，甄苏则始终拒绝与安禄山合作。在姚奇胤看来，生当乱世，不必对那些被迫降贼的官员们过于苛责。至于忠贞不屈如甄济、苏源明者，虽一时可能蒙受冤屈，事白之后，芳名自会流传千古。这段话中虽未出现方以智的名字，但从奇胤《瞻旻》序来看，譬作甄、苏的，正是密之本人。后来隆武帝公开为密之平反，并恢复其旧职，显然和姚奇胤的努力分不开。作为密之的子嗣，方中通对于这位"年伯"的古道热肠，又怎能不感激涕零呢？"呜呼，知之深矣！"这里面当然包含着无限的深情。

至于用"才人"形容其父，方中通认为显然是不够的。这并不是说中通对姚奇胤有什么不满，毕竟后者并不能预知其父后半生的学术造诣。隆武二年，姚奇胤升任监察御史，在江西赣州抗清，英勇献身。这一年，方以智才刚刚35岁。姚奇胤能够读到的密之作品，大概只有部分诗文和《通雅》手稿。如中通所提到的《时论》、《炮庄》、《易余》、《物理》、《鼎新》、《声原》、《医集》、《冬灰》诸书，全都没有面世。按照中通自己的说法，他的父亲虽然博涉多通，穷尽一切（包括性命之学、象数之学、考究之学、经济之学、三才物理之学、五行医卜之学、声音之学、六书之学等），但并非杂乱无章，它们全都可以统摄于易学中的河洛之学，所以仅用"才人"来形容，并不足以反映其父"破千年之天荒、传三圣之心法"的大贡献。方以智如何在河洛之学上"破千年之天荒"，下面的诗文还有详述，这里暂时不论。倒是中通的说法提醒我们，过去流行的一些论断如《通雅》是方以智最重要的著作，需要接受重新的检讨。

小序的末尾又回到了第一个问题。中通断言："忠孝所以成其才，才所以济其学，浮山先生之直继缁帷，职是故哉！"句中的关键是"缁帷"二字。《庄子·渔父》篇称："孔子游乎缁帷之林。"因此后世常以"缁帷"代指孔子和儒家。在中通看来，道德是学问之本，忠孝又为道德之纲。其父作为忠臣和孝子，理当归宗于孔门。二十年的出家生活，只不过是"生于忧患"，被迫"别

---

① 方以智：《寄李舒章书》之后，《岭外稿》上，《浮山文集前编》卷7，《四库禁毁书丛刊》集部第113册，北京出版社1997年版，第586页。

路藏身"而已。方中通显然并不甘心让他那以僧人身份死去的父亲，身后仍然还为僧人。"粤案"终结后，方以智的灵柩被运回浮山，葬在其母的墓侧。这是密之本人的遗愿，当然也更是方中通和他的兄弟们的愿望。

总之，作为《哀述》诗的小序，方中通所表达的，其实就只有八个字："本于河洛"、"直继缁帷"。这八个字，也正是下面十首诗所要讲述的中心内容。

二

骑箕万里破苍天，丙舍高吟送纸钱。阙下变骚今日读，墓旁家《易》几时编（自注：变《离骚》而为《激楚》，编《时论》以继先人，俱详后注）。堪伤南北忘身后，欲令东西正学传（自注：北都矢死，南海重生，其所以鸟道孤行而不自已者，既开圆三宗一之全眼，欲救两家拘放之病，有功末世，岂浅鲜哉）。莫怪缁帷人不识，相看别路总茫然（自注：异类中行，原非获已。行者固难，知者亦不易）。①

这首诗与小序一样，仍属提纲挈领。末两句"莫怪缁帷人不识，相看别路总茫然"，是"直继缁帷"、"别路藏身"的另一种表达方式。自注中的"异类中行"是说其父虽着僧服，但落脚点仍在儒家的中道。"行者固难，知者亦不易"，则是说其父的深心苦志并非常人所可理解。

对于中通的这种说法，可以找到很多的支持材料。最有说服力的，其实还是方以智自己的话：

忽忽三年，易箦之际，竟不得一送。破关奔丧，遑问法云有例乎？袒踊袭绖，无发可指，无地可入，罪通天矣。合明寺之阳，旧卜佳城，治命即事。襟土攀柏之余，念及遗言，合编《时论》，且以自尽，留其残喘耳。嗟乎！忽言至此，更有一痛。家有数千年正决之学，而复不能侃侃木舌，且行异类，托之冥权，是又将谁告乎？不觉直叙，声已复吞。惟大人在天之灵，式冯鉴之。②

---

① 方中通：《陪诗》卷四，《清代诗文集汇编》第133册，上海古籍出版社2010年版，第106页。
② 方以智：《浮山文集后编》卷1，《四库禁毁书丛刊》集部第113册，北京出版社1997年版，第664页。

这是方以智在其父方孔炤墓前写下的《灵前告哀文》中的一段。文中哀叹自己无法承继"数千年正决"之家学，只好借异类（"且行异类"）而行方便（"托之冥权"），这种苦况又能向谁诉说呢？面对亡灵时的"不觉直叙"，恰恰是方以智心迹的最真实独白。

中通诗中，值得注意的还有第七句"欲令东西正学传"。方以智虽然从未忘记儒者的使命，但二十年的僧人生涯也不能说全是应付。关键就在中通自注中说的"既开圆三宗一之全眼，欲救两家拘放之病"。"圆三宗一"，指的大概是方以智下面这句话："教无所谓三也，一而三、三而一者也。譬之大宅然，虽有堂奥楼阁之区分，其实一宅也，门径相殊，而通相为用者也。"① 如果三教可以互通，那么救正儒、佛两家拘放之病，就不仅有功于儒，而且也有功于佛。所传正学，不仅包含有儒，而且也包含有佛。

近似的意思也出现在方中通为《药地愚者智禅师语录》所作的跋语中："本传尧舜禹汤文周之道，转而集诸佛祖师之大成，而尧舜禹汤文周之道寓其中，时也，非人也。教以时起，道以时行，何莫非异类中行乎？何莫非因法救法乎？"文中强调的虽是"异类中行"，但就承认其父"转而集诸佛祖师之大成"而言，他显然也并不否认其父对佛教的贡献，只不过在儒佛之间仍然存在着轻重之分而已。

三

　　家传患难足啼痕，我父曾经大父冤。不重南宫夸姓字，但依北寺泣晨昏。举幡只为悲亲老，挝鼓终能感帝恩。《激楚》如今当再拟，教人无奈赋《招魂》（自注：老父通籍时，值先祖遭党祸被逮，左右圜扉，悲鸣饮泣，未及殿试，控疏请代，幸感圣恩，时着《激楚》以见志。呜呼痛哉！我父罹忧，小子代诉，讵知事白而见背哉？天不慭遗，如彼苍何）。②
第二首诗，讲的是方以智为父诉冤事。诗文和自注中都已描述了密之奋不顾身、控疏请代的情形，这也是人们赞叹其为"孝子"的重要理由。可以补充的有以下两点：

---

① 转引自施闰章：《无可大师六十序》，《学余堂集》文集卷9，文渊阁《四库全书》本。
② 方中通：《陪诗》卷四，《清代诗文集汇编》第133册，上海古籍出版社2010年版，第106页。

631

一是事件的起因。密之父亲方孔炤原为湖广巡抚，参与围剿张献忠。一年之间，取得八战八捷的佳绩。后来由于杨嗣昌的调度失误，孔炤部将孤军深入，为献忠击溃。杨嗣昌以贻误军机为由予以弹劾，方孔炤因此被押送到北京狱中，等候审理。

二是崇祯帝的"开恩"。《清史稿·方以智传》称："其闭关高坐时也，友人钱澄之亦客金陵，遇故中官为僧者问以智，澄之曰：'君岂曾识耶？'曰：'非也。昔侍先皇，一日朝罢，上忽叹曰：求忠臣必于孝子。如是者再。某跪请故，上曰：早御经筵，有讲官父巡抚河南，坐失机，问大辟。某熏衣饰，容止如常时。不孝若此，能为忠乎？闻新进士方以智，父亦系狱，日号泣持疏求救，此亦人子也。言讫复叹，俄释孔炤而辟河南巡抚。外廷亦知其故乎？'澄之述其语告以智，以智伏地哭失声。"如果这条记载属实的话，正是密之的孝行挽救了他父亲的性命。

四

> 圜中讲《易》痛追随，墓下重编有雪知。华表鹤归常挂纸，栾庐兔绕复生芝。看来忧患非无意，留得乾坤到此时。为叹仲翔当五世，家山负土是何期（自注：作《易》者，其有忧患乎！自先明善而下，五世学《易》矣。先祖西库与石斋先生讲《易》不辍，晚年著有《时论》。老父庐墓合山，重编梓行。呜呼痛哉！忧患未竟，旅榇未归，为仲翔者，能不悲哉）。①

第三首讲密之学《易》之事。"圜中讲《易》痛追随"，指的是方孔炤与黄道周共处狱中，朝夕讲《易》，密之随侍在侧，故得以聆听二人的教导。"墓下重编有雪知"，指的是方孔炤辞世后，密之庐墓合明山，与子侄一道，重新编订并刊刻父作《周易时论合编》。"华表鹤归常挂纸"用丁令威学道灵虚山，后化鹤归辽东，集于城门华表柱之典，代指密之久别还乡。"栾庐兔绕复生芝"仍是说庐墓合明山之事，白兔、灵芝皆祥瑞之物，古代常有孝子庐墓，芝生兔绕之记载。"看来忧患非无意，留得乾坤到此时"，化自《系辞下》"作《易》者，其有忧患乎"。"为叹仲翔当五世，家山负土是何期"，借虞翻五世传《易》、后

---

① 方中通：《陪诗》卷四，《清代诗文集汇编》第133册，上海古籍出版社2010年版，第106页。

被孙权流放苍梧事，感叹自己身处患难，无法扶柩归葬。之所以特别提到虞翻的五世，是因为方家自方学渐起，经方大镇、方孔炤、方以智，到方中通这一代刚好已经五世研《易》了。

值得提及的是，方氏易学原本以义理为主，到方孔炤才开始转向象数一派。这当中有两个人起了很大的作用：

一是晚明易学大家黄道周。方以智《周易时论后跋》称："家君子自辛未庐墓白鹿三年，广先曾王父《易蠡》、先王父《易意》而阐之，名曰《时论》，以六虚之归环中者，时也。又八年，抚楚，以议剿谷城，忤楚相杨嗣昌被逮。时石斋先生亦拜杖下理，同处白云库中，阅岁有八月。两先生翛然相得，盖无不讲《易》朝夕也。肆赦之后，家君子特蒙召对。此两年中，又会扬、京、关、邵，以推见四圣，发挥旁通，论诸图说。自晋以后，右王左郑，而李鼎祚集之，依然皮傅钩鈲。至康节，乃明河洛之原，考亭表之。学《易》家，或凿象数以言占，或废象数而言理，岂观其通而知时义者哉？"[1] 从密之的这种追述可以知道，方孔炤《时论》初稿原是推广、阐发方学渐《易蠡》和方大镇《易意》的。后来因为和黄道周共处狱中一年零八个月，两人朝夕讲《易》，孔炤深受道周的影响，才开始结合扬雄、京房、关朗、邵雍，讨论图书象数之学。

另一位是虚舟子王宣。方以智曾作《虚舟先生传》，其中有云："智十七八，即闻先生绪论，旷观千世，尝诗书歌咏间，引人闻道，深者征之象数。其所杂着，多言物理。是时先生年七十，益深于河洛，扬、京、关、邵，无有能出其宗者。智方溺于词章，得先生之秘传，心重之，自以为晚当发明，岂意一经世乱，遂与先生永诀哉？"[2] 从语气看，密之深为自己早年未能致力于发明师学而懊恼。

在《通雅》卷首《考古通说》中，方以智称："虚舟子衍《河图》为《洛书》，漳浦公衍《天方图》（自注：老父与黄石斋先生在西库论《易》衍此。老父叹曰：此方圆同时图），尤为绝学，旷代始闻。"[3] 若从这两点出发，兴许能够找到密之本人易学思想的源头和端绪。

---

[1]　方孔炤：《周易时论合编》，《续修四库全书》第 15 册，上海古籍出版社 2002 年版，第 10 页。

[2]　方以智：《浮山文集后编》卷 1，《四库禁毁书丛刊》集部第 113 册，北京出版社 1997 年版，第 659 页。

[3]　《方以智全书》第 1 册，上海古籍出版社 1988 年版，第 1 页。

<h1 style="text-align:center">五</h1>

　　回忆沧桑五内焚,《瞻旻》诗卷不堪闻(自注:甲申变后,老父诗集名《瞻旻》)。请缨枉教书长策,召对空令谒圣君(自注:老父三上请缨疏,蒙先帝召对德政殿,痛陈时弊,先帝称善久之。欲予斋斧,竟为执政所阻)。愤哭东华轻梏拳(自注:闻梓宫在东华门,愤身往哭,遂为贼所系,遭其苦刑,不屈),早奔南国望氤氲(自注:老父引决,为人所救。闻南都新立,奔回最早,伏疏请罪,欲条贼状而仇奸阻之,不得上达)。那知血溅刀锋后,又避仇奸骨肉分(自注:老父矢死全节,《中兴辑录》、《大变录》、吴廷策《国变录》、吴门张魁《血誓单》、叶蓝玉《甲申纪事》、冯犹龙《伸志略》皆见褒白。而仇奸翻案,诬良蔑贞,欲得而甘心焉。鲁公孺发大呼阙下,以死保家父之不屈。陈公卧子、郑公潜庵皆有书明家父之节。曾公二云与罗认庵书,以家父为赵忠简、张忠献。徐公虞求慷慨言家父当同甄孟成、苏司业之表擢。嗟乎,公道犹在人心,怃蜴复何为乎?先祖见几,因命老父南游云)。①

第四诗叙述的是北都失守、方以智南奔事。自注基本上都是替其父恪守气节、不降逆贼的辩护,为小序中的"甄苏之节"的说法提供了细节和证据。

　　第二句中《瞻旻》诗,得名于《诗经·大雅》的末两篇《瞻卬》和《召旻》。《瞻卬》曰:"天之降罔,维其优矣。人之云亡,心之忧矣。天之降罔,维其几矣。人之云亡,心之悲矣。"《召旻》曰:"昊天疾威,天笃降丧。瘨我饥馑,民卒流亡。"这与北都失守、天下大乱、民人流离之状况,正相仿佛。

　　第五句自注中遭苦刑事,文献记载略有不同。《明季北略》卷二十二称:"方以智,南直桐城人,崇祯庚辰进士。官翰林院简讨,充定王讲官。闻变走出,遇苏人陈伯明,仓卒通名,相与叹泣。潜走禄米仓后夹巷,见草房侧有大井,意欲下投,适担水者数人至,不果。陈留至寓所一宿,次早,家人同四卒物色之,则家人惧祸,已代为报名矣。四卒挟往见伪刑官,逼认献银若干,后乘间逃归。"密之《寄李舒章书》中则说:"当城破时,握舒章手,委地饮泣,绝命之辞,缕于袺裾。翼日,闻诸老有投职名者,愤而引决,而足下止

---

① 方中通:《陪诗》卷四,《清代诗文集汇编》第133册,上海古籍出版社2010年版,第106页。

之，以为前歃血所谓者何。……既已哭东华，被贼执，则求死不得矣。至廿六日押入，呼名不应者反接，驱被锋锷，筹考惨毒，刺剟攻心。……适有天幸，为其书记卒所护。"①

第六句中自注中的"仇奸"，指的是阉党阮大铖。大铖本是密之同乡，两人结怨的原因，密之《寄张尔公书》有过解释："智万死不屈于北都，北来之人，无不人人知者。当时米吉士、韩雨公、汪子白诸人所亲见，决我弃妻子南奔，告诸督镇以贼状。五月至南都，九月阮大铖用事，而节妇晋为淫妇矣，冤哉冤哉！嗟乎，同郡之仇，君所夙恨。先祖、家父历朝居乡，与熏莸素矣。戊寅岁，吴下同社顾子方、吴次尾辈，以其为逆党之魁宿而揭之，彼以为出自我，龁舌甘心，何所不至？一旦柄用，翻先帝十七年之案，欲尽杀天下善人名士，何独于智？而止于赎徒，而又赦之，此幸矣。"②从信文最后一句来看，密山在弘光时虽名列"宜杖拟赎"之从逆第六等，好像不久又被赦免了。不过，这对密之本人来说，并无意义，正如中通自注所云，密之此时早已在父亲方孔炤的指使下，逃到了被称作"天末"的岭南。

六

干戈顷刻尚追寻，病谢天兴叹陆沉（自注：唐藩改福州为天兴，诏复馆职，以病未就）。乱里著书还策杖（自注：《物理》、《声原》，皆乱中所著），饥时变姓不投林（自注：自越而闽而粤，凡数易姓名。猺峒转侧，备尝艰苦）。八年转徙黄头泪（自注：流离天末八年），十诏蒿莱白发心（自注：端州告祟，十诏不受宰相，为白发也。上五策之后，遂浮家西粤）。一自法场归世外，竟披鹦衲到如今（自注：老父披缁于平乐之仙回山，被絷不屈，封刀自矢。时平乐将军奉黙德那教，尤恶头陀，露刃环之，而老父终以死自守。将军惊其不畏死，遂供养于梧州之云盖寺，老父因兴冰舍。壬辰之冬，始得出岭，由匡庐归省白鹿）。③

---

① 方以智：《岭外稿》上，《浮山文集前编》卷7，《四库禁毁书丛刊》集部第113册，北京出版社1997年版，第584页。

② 方以智：《岭外稿》中，《浮山文集前编》卷8，《四库禁毁书丛刊》集部第113册，北京出版社1997年版，第606页。

③ 方中通：《陪诗》卷四，《清代诗文集汇编》第133册，上海古籍出版社2010年版，第106页。

第五诗讲的是密之流离岭表事。第二句自注中的"唐藩",指的是唐王朱聿键。南京的弘光政权仅仅存在数月,就被清兵击溃。朱聿键在黄道周、郑芝龙的支持下,在福建称帝,改号隆武,成为南明的第二个小朝廷。道周与方孔炤有同僚兼狱友的关系,又是前述姚奇胤的座师,所以"诏复"密之的"馆职"并无太大的阻力,只是密之并未前往赴任。

最值得注意的是第六句,"十诏蒿莱白发心"。隆武政权仅仅支持一年多,就被清兵所灭。桂王朱由榔在瞿式耜等人支持下,于肇庆登基,是谓永历帝。方以智因为参与拥戴,官封少詹事。不过,当永历后来请他入阁时,他却坚决拒绝,连上辞疏,后来干脆遁入深山,连使臣都无法找到。对于密之如此决绝的解释有好多种,一说他厌倦了永历朝内的党争,一说他知道大势已去,不愿做无谓的牺牲,也有说弘光朝"从逆"的判决伤透了他的心。这些因素可能都有,但最重要的恐怕还是中通所说"白发心"。虽然永历朝廷一度控制两广之外的江西和湖南,但密之父亲和家人生活的地方都已经控制在满人手中,一旦拜相,其父与家人马上就会危在旦夕,这才是方以智最担心的问题。有密之自己的话为证:"自甲申至庚寅,无可道人以犄玗洞之悬丝,流离岭表,十召坚隐,不肯一日班行,为白发也。"[1] 如何评论密之的这种做法暂且不论,但在这件事上,孝思显然占据了主导地位。

诗的最后讲述了方以智被清兵逮捕、出家为僧的经过。各种野史的记载也大体相同。自北都沦陷以来,密之经历过无数的磨难,死亡已经成为常态,所以也就更能泰然处之了,这反而为他带来了生存的机会。出家为僧,至少保留了不愿臣服的气节和尊严。

密之初为僧人的生活,老友钱澄之有诗记之,可发一笑:"五更起坐自温经,还似书声静夜听。梵唱自矜能仿佛,老僧本色是优伶。"澄之自注云:"愚道人既为僧,习梵唱,予笑其是剧场中老僧腔也。"[2]

---

[1] 方以智:《辛卯梧州自祭文》,《浮山文集后编》卷 1,《四库禁毁书丛刊》集部第 113 册,北京出版社 1997 年版,第 650 页。

[2] 钱澄之:《藏山阁集》,黄山书社 2004 年版,第 327 页。

七

掀翻沧溟倒昆仑，何幸天留不二门。杖许竹关埋白下，斧知药地借青原。再生须发都成雪，廿载袈裟只报恩。纔信荣枯分未得，荆条活处露盘根（自注：两逼煴火，托迹空门。甫得归省白鹿，即圆具天界。破蓝茎草，遂受嘱于杖门，闭关建初寺之竹轩三年。先祖弃世，破关奔丧，结茅庐墓。终制后复游西江，扶起廪山、东苑。吉州诸公因请主青原法席，而药地之斧始酬米价焉。历住建武之资圣、安福，西昌之首山、汭林，何往而非药地乎？固知思祖之倒插枯荆，冬日再荣，诚受命如向，不可思议。呜呼痛哉！今日过药树、法荫、归云、晚对、别峰诸处，触目皆先人之创造、遗笔在焉。至为杖人翁刊《全录》，为笑老人建衣钵塔，成志书，免里役，凡百完备，而奉之同门，又其主青原之逸事也）。①

第六首诗描述的是方以智出家后的经历。第二句中的"不二门"，指的是觉浪道盛禅师。道盛为曹洞宗禅师，晦台元镜法嗣，曾住持南京天界寺，以提倡禅净不二、儒佛不二著称，与弟子、居士们一起成立过"不二社"、"双选社"。第三句"杖许竹关埋白下"指的是方以智圆戒后闭关于建初寺之看竹轩，第四句"斧知药地借青原"指的是方以智继笑峰大然主青原山净居寺，这些在中通的自注中都有说明。末尾讲的"荆条活处露盘根"借用行思倒插枯荆典，说明密之对于兴复青原的大功。

可以稍作补充的是：第一，方以智梧州出家的第二年，就跟随施闰章踏上了返乡之路。由于其声名在外，到家不久，就两度遇到清朝官员出仕的催促，因而不得不再次离家，正式接受大法之戒，这就是中通所说的"两逼煴火"。第二，觉浪道盛的《全录》是由方以智主持编纂的，《嘉兴藏》中还另有一部《觉浪盛禅师语录》，篇幅稍小，有些内容并未包含在《全录》之中。第三，方以智所成之"志书"，即《青原志略》，此书由笑峰大然发端，但完成于密之手中。"免里役"是指免除净居寺之赋税，详见《青原志略》末卷所载。"奉之同门"是指方以智晚年主动退休，把净居寺住持的位置传给了同门师弟叶妙大权。

总的来说，相对于梧州时期"习梵唱"的"愚道人"，身为青原山住持的

---

① 方中通：《陪诗》卷四，《清代诗文集汇编》第133册，上海古籍出版社2010年版，第107页。

"愚大师"的确为佛门做了不少的事儿，这是人们无法接受他只是一个纯粹应付的假和尚（侯外庐说）的重要原因。

八

尼山心向别峰传，黄叶藏身学可怜。符信图书携袖里，轮将宇宙挂帘前。一双眼出人间世，二六时归天下篇。莫惜高堂虚正座，定知午会证千年（自注：古航和上曰："《河图》言回互，《洛书》言临照。"山谷曰："以宇观人间，以宙观世。"然矣而未畅也。老父明两端四破之用中、公因反因、正知偏知，证此五位纲宗、天然物则之大符。又发为宙轮宇矩之说，以宇为素，以宙为逝，统类会宜，而归于法位中节。非过冬关，开全眼，孰能准天地而传千圣不传之心乎？世之读《鼎薪》、《会宜编》者，固知别峰之应午会，有功于尼山绝学，而叹其随时之兼中妙叶也）。

第七首诗是对小序中"本于河洛"、"直继缁帷"的具体化。首句尼山代指孔子，别峰当然就是佛教了。尼山之心需靠别峰来传，这正如佛经中用来止小儿啼哭的以"黄叶"一样，只是一种方便。"符信图书携袖里"，是说方以智一切皆徵信于《河图》、《洛书》，"轮将宇宙挂帘前"，是说方以智虽隐于浮屠，却仍在深究贯穿宇宙的大道理。"一双眼出人间世"指的是学佛，"二六时归天下篇"指的是炮《庄》。可这两者都不是最主要的，所以"高堂"之上才虚着"正座"。为什么又要"莫惜"呢？因为无论是学佛还是炮《庄》，所传的"千圣不传之心"，落脚点都在"有功于尼山绝学"之上。

对于密之"有功于尼山绝学"的贡献，中通自注中特别提到了"两端四破之用中"、"公因反因"、"宙轮宇矩"说等。所谓"两端四破之用中"，乃是两端用中、中五四破的合称。"两端用中"出自《中庸》，乃孔子语。"中五四破"来自易学，指的是太极本体寓于四象之中。"公因反因"强调的是对立面的相反相成。所谓公因，指是为物不二、至诚无息的本体。所谓反因，指的是宇宙、上下、动静、内外、昼夜、生死、顿渐等相互对立的两端。公因和反因的关系是："极则必反，始知反因。反而相因，始知公因。公不独公，始知公因之在反因中。"[①]"宙轮宇矩"是说"宙轮于宇，则宇中有宙，宙中有

---

① 方以智：《易余·充类》，安徽省博物馆藏宝仁抄本。

字"①。由于宇为方、轮为圆，两者的关系正好合于河洛之方圆图。

这几点对于治学之重要性，方以智在《五位纲宗》中有过系统的说明：

> 学道得本，须明纲宗。纲宗既明，其本自立。自开全眼者观之，舍
> 大本无差别，含差别无大本。到此当处历然，当处寂然，秩序变化，方
> 圆同时，圆融不碍行布，行布不碍圆融，是岂人力思量之所能及哉！涅
> 槃心易晓，差别智难明。得少为足，昆仑吞枣。不肯徧参，自不知大定
> 中之条理细定，物物如是。又况情识之我见未莹，而儱侗滑疑、护短强
> 胜者，欲其彻此难矣。古德各就所知而言之，各不自欺。一曲皆道所收，
> 如举其全，须明公因反因者。正知偏知，乃能证此大符，未易言也。彼
> 或依火候而言，或从机下而言，或执六爻之自下而上为言，或执言宇而
> 不知宙，或执言宙而不知宇，岂能全举夫方圆寂历同时之一切生成、一
> 然俱然者哉？愚者尝言万法皆两端交纲，两端皆相反、皆相因，而公因
> 贯乎其中。人尚不信两间万古之皆两端，又况扫两见一，又况一二俱泯、
> 不二不一之故，又况二不是一、二即是一之故，又况一二之泯于千万动
> 赜中、随举皆具者乎？正偏也，先后也，混沌开辟也，发未发也，皆宇
> 藏于宙之两端叩竭也。②

"五位纲宗"本属曹洞宗的话题，方以智此处却结合易理予以发挥，认为圆融
和行布、全知与偏知，皆可通过公因反因、寂历同时来化解。

在致笑峰大然的一封信中，方以智曾说："《易》妙公因贯反对之因，所谓
待中绝待，代错之帱本如是也。世出世法舛驰，惟此妙叶乃可合统，乃可知合
而分任之。"③ 这句话就是方中通自注中"兼中妙叶"的最好注解。

九

> 已知身向三门入，又见花拈五色开。信此街头为绝壁，踏完峰顶立
> 平台。尘埃满面从今扫，寒暑惊心任自来。文字果然离不得，虚空粉碎
> 只怜才（自注：鹫岭用毒药，为尼山一助，而漆园旁击之，原于分别中

---

① 方以智：《物理小识》卷2，文渊阁《四库全书》本。
② 方以智：《冬灰录》，华夏出版社2014年版，第140页。
③ 方以智：《青原志略》，华夏出版社2012年版，第188页。

无分别也。障碍者不能穿彻，昆仑者不能研几，已可痛悼。而五宗之分门别户，不尤堪喷饭耶？且今者暗痴胶执之无记顽空、莽荡滑疑之标幢斗胜，徒以不立文字谓了涅槃之心，不以不离文字用穷差别之智，究之护短强胜，妄执愈增，差别未明，涅槃亦未晓，佛祖冤乎哉！故老父为之力扫窠白，挽回人心，发明寂历同时、昼统昼夜、善统善恶之说，而以无我为过关，以不自欺为薪火，打杀向上，专提向下。鸣呼，婆心切矣）。①

第八诗是讲方以智在佛学方面的贡献。从注文来看，首句的"三门"可能有双关意，一是专指佛门，一指儒释道三家。次句之"五色"，代指禅宗。第七句"文字果然离不得"，强调的是方以智对狂禅的批判。此诗再一次证明，中通虽极力表白其父之皈命于儒，但也并不否认其在救正佛门方面的作用。

十

多才绝世古今奇，十岁能文七岁诗。复壁五车犹未竟，铁函一字亦堪悲。丹青别染神州色，黑白空传故里棋（自注：浮山为远公祖庭，数年来不孝兄弟建报恩庵于山下，故乡诸公复迎老父主华严法席，将归而难作矣，鸣呼痛哉）。石上闲名镌汉篆，印泥落处几人知（自注：老父三岁知平仄，七岁赋诗，十岁属文，十五岁读罢十三经、廿一史，举之指掌。童角时即名播海内。生平著作百余种，别有书目总名之曰《浮山全书》。至百家技艺，若书法，若画，若奕，若图章，弗克枚举，无不穷变造极，非五地再生而能若是乎）。②

第九首诗讲的是方以智的多才多艺，内容比较清楚，不必过多解释。其中，"丹青"句讲的是密之的绘画成就，"黑白"句讲的是密之的棋艺，"印泥"句讲的是密之的篆刻技术。"复壁"和"铁函"突出的则是密之的气节。

---

① 方中通：《陪诗》卷四，《清代诗文集汇编》第133册，上海古籍出版社2010年版，第107页。
② 方中通：《陪诗》卷四，《清代诗文集汇编》第133册，上海古籍出版社2010年版，第107页。

十一

　　波涛忽变作莲花，五夜天归水一涯（自注：辛亥十月七日，舟次万安。夜分，波涛忽作，老父即逝，而风浪息云）。不尽寒江流血泪，敢言觉路总云霞。丁宁只望人传语，断绝惟余骨到家。惭愧荷薪忧力薄，且凭灯火照衰麻（自注：世出世间，穷尽一切，仍还一切，此老父之以知全仁知也。历诸患难，淬砺刀头，此老父以仁全仁知也。集大成而不厌不倦，其天之所以救世乎！惜辞世太迫，世鲜知者。小子复愧早昏，不克负荷，哀何能已？汇编《语录》之眼，敬述十章，不胜呜咽）。①

最后一首以方以智辞世作结。密之是否蹈水自尽，中通虽没有明说，但可能性比较大。"波涛忽变作莲花"，有接引之意。"五夜天归水一涯"，突出的刚好是"归"入水中。时间是五更天，此时的看守者也比较容易疏忽。自注中强调的"以仁全仁知"，似乎也有舍身成仁的味道。

　　蹈水自尽对方以智的意义，余时英《晚节考》已有详论，此处不再赘述。总之，通过这十首《哀述》诗，方中通追述了其父一生的功业和学行，对于出处进退、思想归宿这些古人极为重视的问题，给出了自己的说法。我们也许不一定同意他的判断，但这十首诗的确会加深我们对方以智行迹的了解，这多少已经实现了方中通这位孝子表彰父德的愿望。

（作者简介：张永义　中山大学哲学系）

---

① 　方中通：《陪诗》卷四，《清代诗文集汇编》第133册，上海古籍出版社2010年版，第108页。

王夫之《未济》卦阐发的几个思想维度

张学智

《未济》是《周易》之终卦，在整个卦爻系统中有特殊地位。王夫之对它的阐发包含着许多重要哲学思想。本文结合他早年所作的《周易外传》和晚年的《周易内传》，对其中的诠释维度和包含的哲学思想做一论述，重点在他的贯穿始终的本体论思维，对卦序的看法，对《未济》何以可做终卦的解释，及对小人如何得吉的告诫等，以见出这些思想中所体现的时代关切。

一、"乾坤并建"与本体论思维方法

王夫之《未济》卦阐发的重点之一是对本体论思维方法的强调。为了突出"乾坤并建"所蕴含的天地为体，万物为用，《乾》、《坤》父母产生六子（八卦中其余六卦）的思想，批评道家有生于无的宇宙论，和象数学机械、框定的思维方法，王夫之始终把本体论放在他解易诸原则的首出地位。《既济》、《未济》皆三阴三阳，正好符合王夫之乾坤并建、一阴一阳之道产生万物的本体论观念。王夫之在《周易内传》对《既济》的解释中，对乾坤并建在他的解易系统中的重要地位有明确、深入的说明：

《周易》乾坤并建以统全易，阴阳之至足，健顺之至纯，太极本然之体也，而用行乎其间矣。《乾》以易而知险，《坤》以简而知阻，阴阳不杂，自絪缊以成化，天下之物、天下之事、天下之情，得失吉凶，赜而存焉，而不忧物变事机之或轶乎其外。乃就一时一事而言之，大化无心而听其适然之遇。然而造化之妙，以不测为神；阴阳之用，以杂而不离乎纯者为正。故象虽诡异，而道以不限于方所者为无穷之大用。其曰一阴一阳之谓道者，阴阳十二皆备，唯其所用之谓也。非一阴而即间以一阳，一阳而即杂以一阴，一受其成型终古而不易之谓也。①

王夫之解易以"乾坤并建"为纲宗，以之统贯全《易》。《乾》、《坤》合撰，阴阳至足，健顺至纯，此一阴一阴之道。此"道"也可以叫作"太极"。王夫之所谓"太极"与朱熹不同。朱熹的太极是"总天地万物之理"，是具体事物之理的抽象、统合。而王夫之的太极是阴阳合撰之万物本身，是总体而观的天地万物。王夫之所谓道，所谓太极，是将具体事物的物质性存在、法则、规律、条理、运行涵括为一，它重在物质存在、运动义，不像朱熹的太极侧重理则、逻辑根据义。王夫之的道，是本体，是於穆不已、无一息或停的万物之总体，自然包含万物于自身之内。它与万物的关系是"道，体乎物之中以生天下之用者也"，② 道与万物是体用关系，有则一时皆有，道表现为万物，万物为道的展开，二者一体两面，即体即用，不是道家宇宙论的道。

王夫之此义在他的各种著作中论之甚多，他在《既济》卦阐发中着重表达的是，乾坤和万物的关系既然是本体论的，其展现为万物就是自然的、适然而遇的、随机呈露的，不是有顺序的、机械的、外力安排的。这恰好表现了天道生物的神妙不测，不疾而速，不行而至，符合易道"神也者，妙万物而为言者也"（《说卦传》），"无思无为，寂然不动，感而遂通天下之故"，"为道也屡迁，变动不居，周流六虚，上下无常，刚柔相易，不可为典要，唯变所适"（《系辞》下）的特性。王夫之最看重的，就是道的这一点，他认为天地之所以长久、之所以广大，全在它的生物不测。万物皆直接源自道，并非他物造成。虽然具体事物的产生和发展，皆有其理则，有其根据，非杂乱无章，凭空而有，但从根本上说，具体事物的根据、理则皆是道的一部分；具体事物的各个方面，其存在、其法则，皆可以从道得到说明。如果不是从道找根据，而是从他物找根据，则物的产生有顺序，有因缘，有安排，这就违背了天道自然，无目的、无意志、无造作的本性。

在对《未济》卦的阐发中，王夫之也着重申明了这一点。他是由具体事物与道的关系来说明的，他说：

> 若夫天地之所为大始者，则道也，道固不容于缺也。不容于缺，必用其全。健全而《乾》，顺全而《坤》，因是而山、泽、雷、风、水、火，

---

① 王夫之：《船山全书》第 1 册，岳麓书社 1996 年版，第 490 页。

② 王夫之：《船山全书》第 1 册，岳麓书社 1996 年版，第 821 页。

皆繁然取给于至足之《乾》《坤》，以极宇宙之盛，而非有渐次以向于备。
何也? 道无思而无为。渐次以向于备，则有为客留，有为增益，是且有
思而有为，其不足以建天地之大也久矣。①

天地本无终始，但如果必须从一点开始说起的话，则莫若从道开始。道是宇宙
的全体。这个全体不是抽象的理构成的"洁净空阔的世界"，这个世界包括了
所有的所以然之故和所当然之则，且是活生生的，於穆不已的变化大流。在这
个大流中，万物的物质存在及其理则、运动皆通一无二。用中国哲学的术语
说，性体、命体、道体、心体统合为一。此整全的存在以天地包笼之，天者刚
健，地者柔顺，乾坤并建而健顺和合。此为本体，山、泽、雷、风等具体事物
皆是这个本体的局部表现，皆取给于此本体。而所谓取给不是老子的"道生
一，一生二，二生三，三生万物"式的宇宙论的生，而是一时皆有，直接取足于
本体的"生"。而且这种生是自然而然的，内不由于己，外不由于造物者。如
果是渐渐完备的，则存在整体就是有意志、有思虑、有造作的，不足以为道
体。所以王夫之说:

《震》、《巽》、《坎》、《离》、《艮》、《兑》，男女之辨，长少之差，因
气之盈缩而分老壮，非长先而少后也。终古也，一岁也，一日也，一息
也，道之流动而周给者，动止、散润、暄说皆备于两间，万物各以其材
量为受，遂因之以有终始。始无待以渐生，中无序以徐给，则终无耗以
向消也。其耗以向消者或亦有之，则阴阳之纷错偶失其居，而气近于毁。
此亦终日有之，终岁有之，终古有之，要非竟有否塞晦冥、倾坏不立之
一日矣。②

这是说，乾坤所生之六子《震》、《巽》等，按《说卦传》的说法，有老少、男
女的差别，而实际上其差别是因得气之多寡、强弱，非其生有时间上的先后。
道的供给万物是普遍的、无私的。它流动至一切处，无远弗届。它本身就有运
动或停止、延扩或收缩、湿润或干燥、暄腾或翕聚等品格。《震》之动、《艮》
之止、《坎》之润、《离》之暄、《巽》之散、《兑》之悦，只是各以其本身的容
量接受天地间的气而有的特性而已。从具体事物说，其接受气有不同的时间
点，其受气容量不同，从这个意义说事物有先后；但其接受气并无外在条件的

---

① 王夫之:《船山全书》第 1 册，岳麓书社 1996 年版，第 976 页。

② 王夫之:《船山全书》第 1 册，岳麓书社 1996 年版，第 976 页。

限制，也不是逐渐向完备发展，也没有既定的次序，也无有逐渐消耗而归于无。具体事物的消耗是时时发生的，但绝无人消物尽天地倾坏之时。具体物此消则彼长，彼消则此长，就万物全体说，就道之运行说，所消者与所长者适相均等。人口若过多，必有兵燹、饥馑、瘟疫、疾病为之消耗。虽鸟兽草木，具体之生与消或幽暗难明，但生物之相生相食其总体为平衡，是可以想见的。这就像夏昼冬夜之长短暗移一样，其结果是平衡势均。天地以其自然任具体物之生消。所以王夫之归结说："要其至足之健顺，与为广生，与为大生，日可以作万物之始。有所缺，则亦有一物而不备矣。无物不备，亦无物而或盈。夫惟大盈者得大虚。今日之不盈，岂虑将来之或虚哉？故易成于《既济》而终《未济》。《未济》之世亦乾坤之世，而非先后之始终也。"[①] 本体论思维是王夫之哲学的出发点，是他的一切思想的理论基础。

二、本体论思维与卦序

王夫之以他的本体论思维为基础，对《周易·序卦传》、对程颐、对象数解易的方向都进行了批判，对《序卦传》批评尤其多。如在《内传》中他说："二篇（按《序卦传》分上下二篇）必非圣人之书。即以文义求之，亦多牵强失理。读者自当辨之。"[②] 并且对《序卦传》不解一字。在《内传发例》中，他明白指出："《序卦》非圣人之书，愚于《外传》辨之详矣。易之为道，自以错综相易为变化之经，而以阴阳之消长屈伸、变动不居者为不测之神。"[③] 他特别提到，《屯》、《蒙》继《乾》、《坤》，《需》卦继《屯》、《蒙》，犹有可说，而以《讼》卦继《需》卦，于象于数，无一可通，于理尤为不顺。《外传》中更有清楚的说明：

> 《序卦》非圣人之书也。乾坤并建而捷立，《周易》以始，盖阴阳之往来无淹待而向背无容留矣。故道生于有，备于大繁，有皆实而速行不息，太极之函乎五行二殊，固然如斯也。是故六阴六阳，十二皆备，统

---

① 王夫之：《船山全书》第1册，岳麓书社1996年版，第976页。

② 王夫之：《船山全书》第1册，岳麓书社1996年版，第638页。

③ 王夫之：《船山全书》第1册，岳麓书社1996年版，第676页。王夫之不讲卦序，而提出错综之象共36，《乾》、《坤》之外，其余34。详见《周易外传》之《序卦传》，及《周易内传》之《上经乾坤》。

天行地，极盛而不缺，至纯而奠位，以为之始，则万物之生，万物之化，质必达情，情必成理，相与参差，相与夹辅，相与补过，相与进善，其情其才，其器其道，于《乾》《坤》而皆备。抑无不生，无不有，而后可以为《乾》《坤》。天地不先，万物不后。[1]

此处之"捷立"甚有深义。捷立者，乾与坤同时而有，乾不先，坤不后，以彰显天地并有、乾坤并建为体之义。其次，乾坤与万物亦同时而有，天地不先，万物不后。以彰显本体论的"产生"义，此产生无有时间上的先后，无有空间上的次序，只是总体与个体的关系。从存有上说，个体皆在整体中方得以存在；从价值上说，个体皆在整体中才能得到解释，孤立、闭约的事物皆不存在。所以在王夫之对道体的说明中，生动活泼的具体事物构成一幅互相联系、互相制约、互相补足的於穆不已之整体。其中个体皆直接是这整体的体现，并无先后次序可言。《序卦传》的"有天地然后万物生，盈天地之间者惟万物，故受之以《屯》。屯者物之始生也，物其必蒙，故受之以《蒙》"等，皆牵强附会、肤浅皮相之说，不能反映天地生物不测的真实图景。王夫之甚至认为是后世献书时混入之赝品，而墨守文义不知义理的学者持之："河内女子献于购书之时，传于专家之学，守文而困于理，昧大始而破大成，故曰非圣人之书。"[2]

但《周易》64卦有其排列，排列就有次序。而王夫之所谓次序不是顺序而是条理，即必然有的逻辑展开所表现之差异。顺序有时间上的先后，空间上生与被生的关系，而条理是并时而有的广度上的延展，动静、隐显上的不同状态，及各部分之间的关联形式，甚至逻辑上的转折、递进关系，王夫之对此说明道：

然则《周易》何以为序邪？曰：《周易》者，顺太极之浑沦而拟其动静之条理者也。故乾坤并建而捷立，以为大始，以为成物。资于天者皆其所统，资于地者皆其所行。有时阳成基以致阴，有时阴成基以致阳。材效其情而情无期，情因于材而材有节。有节则化不溢于范围，无期则心不私于感应。[3]

---

[1] 王夫之：《船山全书》第1册，岳麓书社1996年版，第1091—1092页。

[2] 王夫之：《船山全书》第1册，岳麓书社1996年版，第1092页。

[3] 王夫之：《船山全书》第1册，岳麓书社1996年版，第1093页。

代表天地万物的 62 卦与代表其本体的《乾》、《坤》二卦并时而有。万物的运动皆顺其本性的必然性，无有意志，无有安排，无有框定，无有期必，但有条理。条理自身即内在地包含与他物的调节。原有的非复即变的排列规律不过是动静、阴阳的自然感召与顺之带出的效应而已。这便是王夫之所谓卦序。这仍是本体论思维方法在卦的排列上的体现。

由此对程颐的《周易程氏传》，王夫之有褒有贬。褒扬的是程颐摒弃象数，以《周易》中的卦爻辞阐发天地间的道理，即程颐《易传序》所谓"至微者，理也；至著者，象也。体用一源，显微无间。观会通以行其典礼，则辞无所不备"①。而阐发道理，照理而行是学易、用易的重要方面。贬斥的是程颐解易循卦序之说，不敢越雷池一步，违背了《周易》神妙无方，无思无为，不可典要的性质。程颐解《易》十分重视《序卦传》，每卦解义，先置《序卦传》之文以为引领，解义中也处处贯彻《序卦传》之义。《周易程氏传》书首之《上下篇义》即以解释卦序开其端："《乾》、《坤》，天地之道，阴阳之本，故为上篇之首；《坎》、《离》阴阳之成质，故为上篇之终，《咸》、《恒》，夫妇之道，生育之本，故为下篇之首；《未济》，《坎》、《离》之合，《既济》，《坎》、《离》之交，合而交则生物，阴阳之成功也，故为下篇之终。二篇之卦既分，而后推其义以为之次，《序卦》是也。"② 王夫之在《内传发例》中对程颐信用卦序说，有明确的批评："程子之《传》，纯乎理事，固易大用之所以行。然有通志成务之理，而无不疾而速、不行而至之神。"③ 批评程颐背离了道表现为万物的迅捷性，道与万物同时而在的本体论。有序列就有转手，有假借，有淹待，有吝留，非不疾而速、不为而成之自然的、直接的表现。有序列就有时空上的先后，就会堕入宇宙生成论的思维方式。而宇宙生成论推到极端，必达至"有生于无"之论，这正是王夫之所屡屡反对，时时申斥不已的。王弼到程颐的义理解《易》，是矫象数之偏而过正者；至朱子反对程颐而专言象占，则又矫正而陷于枉。

王夫之在反对卦序中彰显的本体论思维方法，是中国哲学发展到明清之际的必然结果。本体论与宇宙论是两种不同的思维方法。宇宙论侧重于对宇宙

---

① 程颐、程颢：《二程集》，中华书局 1981 年版，第 689 页。

② 程颐、程颢：《二程集》，中华书局 1981 年版，第 692 页。

③ 王夫之：《船山全书》第 1 册，岳麓书社 1996 年版，第 653 页。

源头的追寻，是一种带有科学性质的较为实证的陈述和说明。中国古代哲学往往本体论和宇宙论区分不很分明，这是因为古代宇宙论有很大的猜测、玄想的成分。对宇宙论最有兴趣的是道家。而道家对宇宙源头的追寻主要是为它的根本法则虚静、守柔等找出逻辑根据。本体论则主要注目于本体和它的作用、表现的关系，是一种纯粹的理论设定和阐释，它代表哲学家的识度、观照。是完全的哲学活动而非哲学和科学的混杂体。中国哲学经过宋明理学特别是阳明心学的洗礼，经过儒释道三家互相渗透、影响所导致的融会贯通，完全向外探寻的趣向，被向内探究精神活动的深厚含蕴这一大的哲思趋势所淘洗与改铸。宇宙论大大褪色。王夫之要站在时代的高度阐释他对于哲学根本问题的见解，特别是他所用的主要理论工具易学本身的阐释性质，更使他采取本体论的进路。所以他在研究《周易》的初期即定下了本体论的基调；他作于早年的《外传》起首第一句就是"道，体乎物之中以生天下之用者也"，规定了他对道体的探寻方式：本体论。他解《易》最基础、最首出的义理乾坤并建、四圣一揆、占学一理等皆在此基础上展开。乾坤并建即天地为本体，世间一切皆是它的展现，理为实际事物的条理和法则。本体并非虚廓飘缈。万物之间的联系为实为有。人的本性源于天，天性即人性。天地万物日新不已，生生不息。太极有易而有于易，相摄互涵，既有普遍必然性又有可经验性。既有下学又有上达。既是可利用的实际事物又是供人做形上升华的觉解媒介。这些二相归一的性质，决定了王夫之必定采取本体论的进路。

三、《未济》何以可做终卦

《未济》何以可做64卦之终，王夫之在对《未济》卦的阐发中对此有所涉及，于中可见他崇尚健动，崇尚生生，崇尚事物的丰富与多样性的哲学思想。在晚年所写的《内传》中，王夫之只是顺《周易》原典随文作注，对这一有深厚意蕴的哲学问题没有多论及，而在早年的《外传》中，对此有多重阐发。《外传》因作于明亡后不久，王夫之心中愤懑、怨恨、忧虞之气萦绕不去。他的阐发，也因而与他对导致明亡的诸多因素的反省、思考有关。

首先是对象数易学的批评。王夫之继承了程颐以来的义理传统，其解《易》原则首在乾坤并建、四圣一揆，占学一理而尤以学为重，故对象数学从多个方面进行了批判，即使对他素所尊仰的朱子的解《易》方向与旨趣，也多

有批评,不稍宽贷。对《周易》之外之占筮书也不信从。《外传》对《未济》的阐发首先从此入手,王夫之说:

> 水火之为功,不及天地之盛,因是而为害亦不如阴阳亢战之穷。逊其可大,故其成也小;让其可久,故其毁也不长。故天地而无毁也。藉有毁天地之一日,岂复望其亥闭而子开如邵子之说也哉? 成之小者不足以始,故易首《乾》《坤》而不首《坎》《离》(自注:据"天一生水"则当首《坎》矣);毁之长者不可以终,故终《未济》而不终《坤》。①

《未济》卦内《坎》外《离》,故先从水火起论。王夫之认为,周易《乾》、《坤》二卦为始,《既济》、《未济》二卦为终。《坎》、《离》所象征的水火其产生万物的重要性,当然不及天地之大。其所招致的危害也不及天地之大。所谓危害,指《乾》之"亢龙有悔",《坤》之"龙战于野,其血玄黄"、"龙战于野,其道穷也"。而《既济》、《未济》之害,不过"初吉终乱","无所利"而已。故其与《乾》、《坤》相比,其成就小,其毁坏也不长。而天地实无毁坏之一日,"《乾》《坤》毁则无以见易",天地的存在是恒久的,无始无终的。对天地终始的象数论解说,如邵雍所谓"天开于子,地辟于丑"之说,实为"鬻技之小数"。王夫之由此对朱熹之解易方向有严厉批评:

> 朱子学宗程氏,独于《易》焉尽废王弼以来引伸之理,而专言象占,谓孔子言天、言人、言性、言德、言研几、言精义、言崇德广业者,皆非羲、文之本旨,仅以为卜筮之用,而谓非学者之所宜讲习。其激而为论,乃至拟之为《火珠林》卦影之陋术,则又与汉人同,而与孔子《系传》穷理尽性之言,显相牴牾而不恤。由王弼以至程子,矫枉而过正者也;朱子则矫正而不嫌于枉矣。②

当然朱子并非像王夫之批评的那样,仅以《易》为卜筮之用,而不讲天人、性德。这个问题所含摄的内容甚为广泛,这里不辨。这里只指出王夫之对象数学的批评,由对象数的批评,带出对杂占的批评;由对杂占的批评,显出对《周易》的唯一信从,及对解易的义理方向的遵守。王夫之对《连山》、《归藏》之类杂占之书,皆不信用,尝说:"秦焚书,而《易》以卜筮之书,不罹其灾,故六经唯《易》有全书,后学之幸也。然而易之乱也自此始。孔子之前,文、

---

① 王夫之:《船山全书》第 1 册,岳麓书社 1996 年版,第 975 页。
② 王夫之:《船山全书》第 1 册,岳麓书社 1996 年版,第 653 页。

周有作，而夏商《连山》、《归藏》二家杂占之说，犹相淆杂。孔子删而定之，以明吉凶之一因于得失，事物之一本于性命，则就揲策占象之中，而冒天下之道。乃秦既夷之于卜筮之家，儒者不敢讲习，技术之士又各以其意拟议，而诡于情伪之利害。汉人所传者非纯乎三圣之教，而秦以来杂占之术纷纭而相乱。"① 这里王夫之认为，《周易》是纯乎儒家圣人之教的典籍，《连山》、《归藏》虽亦为筮人之书，但杂而不纯。《周易》是讲天人性命的，儒家根本之道，就包含在象占之中。周易以《乾》《坤》二卦为首，体现的是乾坤并建，天地为体，为能生之母；万物为用，为所生之子的思想，为他定立天地之理，以理为法则、规范，穷理尽性，极深研几，即象见理，以理为得失准则的根本意旨服务。所以水火为小，不足以为天地之始。《连山》首《艮》、《归藏》首《坤》，皆为后世杂占之书，不足以与《周易》并列。而"天一生水"之说，以《坎》为首，也为不经之谈。天地万物并不像象数家所说的有始点，有终点。即使是像《周易》这样刻画天地万物的变化的书籍，其中必须有卦爻之序列，也不能从水火二卦构成的《既济》、《未济》开始，而只能以《既济》、《未济》告终。

另一点理由是，如上述，王夫之是以本体论方法批评宇宙论方法，所以就万物之总体说，既无盈满过多之时，也无短缺不足之时，代表万物总体变化的"易"就是"既济"和"未济"并存的。《既济》代表已成，《未济》代表未成。已成者往矣，未成者方来；已成者向未成转化，未成者向已成行进；《乾》、《坤》所生之一切，并世而在，盈缺互存，共同构成宇宙健动不息之大流。所以《既济》、《未济》亦《乾》、《坤》之世，《乾》、《坤》之用，《既济》之后必有《未济》，二者彼此抵消，平衡互济，否则有盈满或不足之患。

而在《既济》与《未济》二者中，《未济》为何殿后，王夫之亦有说，他从《未济》卦的卦象加以说明。王夫之首先从阴阳相交之完备程度着眼：

> 阴阳之未交也，则为《乾》《坤》。由其未交，可以得交。乃既交而风、雷、山、泽亦变矣。其尤变者，则莫若水火。一阳而上生一阴，一阴而上生一阳以为《离》；一阴而上生一阳，一阳而上生一阴以为《坎》。互入相交，三位相错，间而不纯。既或以为《坎》，或以为《离》矣，因而重之：《离》与《坎》遇，《离》三之阳上生一阴，因以成《坎》，而为《既济》。《坎》与《离》遇，《坎》三之阴上生一阳，因以成《离》，而为

---

① 王夫之：《船山全书》第 1 册，岳麓书社 1996 年版，第 652 页。

《未济》。互交以交，六位相错，间而不纯，阴阳之交，极是乎而甚。故此二卦者，《乾》《坤》之至变者也。由其尽交，非有未交，交极乎杂，无可复变，是故有终道焉。①

这是说，从三画卦说，《坎》、《离》阴阳间隔，一阴而即有一阳，乃阴阳相交之极至。由六画卦说，《既济》、《未济》皆三阴三阳相间而成，而二卦皆由代表物质元素之极至的水火相叠而成，故代表阴阳之交的极至。极至者极此而止，阴阳相交之程度最深，形式最高，也代表顺序之末，至此无可变之余地。故在本无终始的宇宙本体中权且寻得一逻辑终点——《既济》、《未济》。

而在此二卦中，王夫之继续从其卦象及所象征的事物关系中寻找其最后的终点。王夫之说：

《既济》得居，《未济》失居。杂而失居，伤之者至矣。水胎阳而利降，火胎阴而利升。《既济》水升火降，升者有余位以降，降者有余位以升。《未济》水降火升，降极而无可复降，升极而无可复升。性流于情，情孳于生，交极位终，则《既济》成而《未济》终。固一日之间，一物之生，皆有此必终之理行乎阴阳，听万物材量之自受，则《未济》亦可以一终矣。②

所谓《既济》得居《未济》失居，是说《既济》六爻皆当位，《未济》六爻皆不当位。不仅如此，《未济》上卦为《离》，下卦为《坎》，《坎》卦阳爻在中，阴爻在外，且水性为降下。《既济》反之，上卦为《坎》，下卦为《离》，《离》卦阴爻在中，阳爻在外，火性为升上。《既济》水升火降，象征水火交用共成一物。而《未济》水降火升，本降者继续下降而穷，本升者继续上升而亦穷。二者皆穷而物无成功之日。故就成物之功言，《既济》愈于《未济》。《既济》已成而完满，《未济》未成而有缺。在价值上《既济》在先而《未济》在后。另外，《未济》上下卦听任其本性泛滥而无节，只顾满足自身的本能需求。用理学家的惯用语言说，则"性流于情，情孳于生"。从世俗的眼光看，《未济》可谓一生极尽享乐。但《既济》代表理想之完成，《未济》代表世俗之极至，从理想的角度，《未济》亦未成而有缺。《既济》、《未济》所代表的两种发展趋向存在于世间，万物由于自己的才量、机缘而各有所得。《未济》之作终卦，

---

① 王夫之：《船山全书》第1册，岳麓书社1996年版，第977页。

② 王夫之：《船山全书》第1册，岳麓书社1996年版，第977页。

亦自然之结果。王夫之这里是先从天然、自然的角度论证万物在交往中表现出的本性，以为他的理想之境张本。

王夫之继续申论：

> 然而交则极也，阴阳则未极。阴阳之极者，未交则《乾》《坤》也，已交而得居则《泰》也，已交而失居则《否》也。《乾》《坤》之极，既已为始，《否》之极又不可终，非《乾》则《坤》，非《坤》则《乾》，十二位之间，向背而阴阳各足。既不容毁《乾》而无《坤》，毁《坤》而无《乾》，又不得绝《否》之往来以终于晦塞。惟夫往来皆杂，十二位相错而未有纯者，则《未济》遂足以一终。[①]

这是说，《既济》、《未济》一阴一阳相交之全面、彻底在六十四卦中达于极点，但三阴三阳之阴阳自足则未至极。其至极者，阴阴未交则为《乾》、《坤》，已交则为《泰》、《否》。按王夫之的解释，泰者，大也，安也。表示天地施化广大所以安泰。且《泰》，《乾》下《坤》上，《乾》为阳刚清朗之气，势用是上升的；《坤》为沉浊重拙之气，势用是下降的。在《乾》的上升《坤》的下降中，二气相交，广大且安泰。故《泰》之象传说"天地交而万物通也，上下交而其志同也"。王夫之在《内传》注释此句时特别点明："天以清刚之气为生物之神，而妙其变化。下入地中，以鼓动地之形质上蒸，而品物流形，无不畅遂；若《否》则神气不流行于形质，而质且槁。君以其心下体愚贱之情，而奠其日用饮食之质，民且上体君心，而与同忧乐。若《否》则各据其是以相非，貌虽应而情相离。合天化人情而言，《泰》之所以施化盛大而亨者见矣。"[②] 对《泰》之欣悦赞佩之意溢于言表。以万物本体说，《乾》、《坤》已做了开始，《泰》、《否》二者为错卦，但《否》卦《象传》"天地不交而万物不通，上下不交而天下无邦"，《象传》"君子俭德避难，不可荣以禄"，否塞不通之物，不能做终卦。算来阴阳相交、阴阳至足者，只有《既济》、《未济》二卦，而《既济》代表以往，《未济》代表方来；方来者无穷尽，表示万物之生机盎然，生生不息，能彰显《泰》之天地交而万物通之理想。唯《未济》符合往来皆杂，十二位相错（显者为《未济》，隐者是它的错卦《既济》，两卦合为十二位）而未有纯者的标准，故可做终卦。这里标举的是，阴阳各足，阴阳间杂而不纯，

---

① 王夫之：《船山全书》第 1 册，岳麓书社 1996 年版，第 978 页。

② 王夫之：《船山全书》第 1 册，岳麓书社 1996 年版，第 142 页。

才足以代表万物之本体，才足以与奠立开始之基的《乾》、《坤》相配合、相应和。这是王夫之以《未济》为终卦的一个理由。

可以看出，王夫之作为起始的，是天地万物之总体，健动不息，生生不已，健顺互涵，相辅相成。作为终结的，是经过事物充分召开之后的阴阳相交达于极至，打通阻隔闭塞，潜藏着未来无穷生机，招致未来丰富多样性的个体。此个体是逻辑终点，是并不离开整全的本体的个体。王夫之为未来建立文化理想的苦心于此可见。

四、小人之"亨"与"贞吉悔亡"

按王夫之的解《易》原理，乾坤并建为体，其余六十二卦为用。而造化神妙不测，万物以阴阳杂糅、杂而不离乎纯为正。所以卦象之杂越，正代表万物之无有方所、不为典要。而《既济》、《未济》皆三阴三阳间隔整齐，非天地万物杂然并陈、阴阳随机组合之本然。虽亦有承有乘，阴阳相应，似为上吉之卦，实则与阴阳不测之机相违背。王夫之尝言："若其一炎一寒、一润一燥、一上一下者，皆形而下之器，滞于用而将消者也。由此言之，则《既济》、《未济》为人事已谢之陈迹，而非乾元乘龙、坤元行地之变化，明矣。自不知道者言之，则曰爻有奇偶之定位，而刚柔各当其位，贞悔各奠其中，初与四、二与五、上与三各应以正，乾坤之变化至此而大定，而不知此有形之刚柔同异，不足与于不测之神也。"① 以此主辅、体用不立之道处事，则小人怀土自私之道将大行，而君子之刚中之道将退缩，故不是阳刚持盈保泰之福。从万物之化生言，以水火为最显著的要素。而万物变化的结果，火息水暵，化为气而返归太虚。而《既济》、《未济》之内卦、外卦皆由代表水火的《坎》、《离》构成，此二卦又处于六十四卦之末，象征水干火灭，人消物尽，与象征万物蓬勃生发，蒸蒸日上的《乾》、《坤》正好相反。从卦辞看，《既济》为"小利贞，初吉终乱"。其象传曰："《既济》亨，小者亨也。"《未济》为"小狐汔济，濡其尾，无所利"。狐为媚惑之兽，为阴类。二卦皆以阴为主，故二卦皆为小人之卦。所以王夫之以为，《既济》者，阴之济，《未济》者，阴之未济，《既济》未必

---

① 王夫之：《船山全书》第 1 册，岳麓书社 1996 年版，第 491 页。

可喜,《未济》未必可悲,因为"二卦皆小人之道,衰世之象也"①。

王夫之既以阴、以小人定《未济》之基调,所以他对《未济》整个卦的解释趋向就是贬抑的。他认为,《未济》初、三、五皆阴爻,皆不当位,且其升进,遭到二、四、上三阳爻的阻遏、掩覆,不能达于上,所以"未济"。而此"未济"未必非君子之福。从内外二卦说,《未济》内卦为《坎》,外卦为《离》,水本润下,已经为下则干涸;火本炎上,已经为上则散灭,虽各遂其情,但不相为用,没有在化生万物中发挥应有的作用,故亦"未济"。更为重要的是,王夫之认为,以阳为代表的主动的势用,内蕴着奋发、昂扬、健行的本质,而阴则不具备这样的势能,须有阳震动、鼓舞、激荡,使之奋起。王夫之说:

> 盖阳气之流行,上穷碧霄,下彻黄垆,无往而非其体之所在,无往而非其用之所行。天包地外,亦入地中,升降出入,行焉而皆得,化焉而皆成,故曰:时乘六龙以御天。若阴之升而成功于两间,非阳袭其内以震起之,则凝滞而不足以资变蓄之生。阳覆于上,不为鼓荡以升,而阴不济矣。故《既济》、《未济》皆以阴道之成毁言,而阳不与焉。②

这里,王夫之扬阳抑阴,进君子而退小人,褒扬阳的主动、向上、健行、刚强诸品质,赞美其震起阴以相配合、相辅助,夹持而行的意图是很明显的。

此意在对《未济》卦辞"《未济》亨,小狐汔济,濡其尾,无攸利"的解释中也表现得很清楚。何以既言"亨",又言"无所利"?王夫之论证道,此中"亨"是对阴而言,六五得利好之爻位,又为上卦《离》之中,"离"有附丽、光明等义。六五之亨,在于能附丽于阳刚以为明,又能虚己以接受阳之震起,主动与阳配合。仍是得阳之势用为己之利。在解释《未济》象传"未济亨,柔得中也"时王夫之也说,《未济》好于《既济》的地方在于,六五居中,以柔为主,能虚心听命于阳,虽阴爻当令,但知柔道在奉刚为主,虚心臣服,乾刚实际上仍能做主。

但王夫之亦告诫,阴以静居听命于阳为吉,若欲有所为,将招致凶的结果,所以他认为"未济亨"下随"小狐汔济,濡其尾,无攸利"有其深意。王夫之说:

---

① 王夫之:《船山全书》第 1 册,岳麓书社 1996 年版,第 492 页。
② 王夫之:《船山全书》第 1 册,岳麓书社 1996 年版,第 498 页。

得位而居则亨，欲行焉则无利也。《未济》三阳皆失位矣，阴阳相间而阳道穷。然而阳失位而阴亦不得，则阴之不利未足以为病。故拟之以小狐濡尾，若有幸辞焉。狐者，淫惑之兽也。杂处以交于人，而更利于济，则为人道之患。故于其丽于明也，则迪之以君子之道，而许其亨；于其弱而无力、狂而妄逞，则明告以凶吝而止其愿。易之所以曲为裁成也。①

其意为，六五以阴爻占据阳位，虽不当位，而能安居不为，尚不失其利；如欲有所作为，则不但无利，且将有害，故以小狐濡尾将济未济拟之。《未济》象传也说，狐之未济，是因为"未出中"，即止息于六五，未再升进而达于上爻。如其像《未济》内外卦所象征的（《坎》下《离》上），能附丽于光明，受君子之道熏化，尚能有亨；如果听其妄逞私欲，则陷于灾。《周易》对其曲加裁拟，明告以凶吝，目的在止其为害。这里仍是以阳抑阴，以君子教化小人，以善道监临恶行之意。王夫之主张的是以阳统阴，以健统顺，虽阴阳相参相合而以阳为主，此为处事之恒常法则。

此外，王夫之在《未济》卦中，对九二、六五代表君子之位者，也有明白告诫。他对九二爻辞"曳其轮，贞吉"发论曰："柔欲济，而二以刚中止之，初是以有濡尾之吝。裁阴而不使得志，得正而吉矣。"着重于对阴进行裁抑。对小象辞"九二贞吉，中以行正也"之发论，则侧重于裁抑阴使之受控御方显出阳本身之中正："居中而不过，以刚处柔，而善其闲勒，则中以得正矣。"②都主张对阴柔所代表的小人要加以裁抑。

但王夫之又告诫，以刚断裁抑阴须持中，不能过激，否则会引起相反的结果："道宜刚断以裁抑之，而又不欲过激。二唯刚柔相剂，而以中道行之，故处于二阴之间，而不为其所忌，奚必大正以相治，而后得为贞乎！"③ 这里实为明末国事而发。正而不知权变，刚而不审时势，激起君子小人之激烈冲突而于国为大害，此莫甚于明末东林与魏忠贤阉党的冲突。王夫之对此有持正之论，此处不及。④ 而对于阴何以自处才能得吉，王夫之也有明白剀切的指出。在对六五爻辞"贞吉无悔，君子之光，有孚，吉"及小象辞"君子之光，其晖

---

① 王夫之：《船山全书》第 1 册，岳麓书社 1996 年版，第 499 页。
② 王夫之：《船山全书》第 1 册，岳麓书社 1996 年版，第 502 页。
③ 王夫之：《船山全书》第 1 册，岳麓书社 1996 年版，第 502 页。
④ 参见张学智：《王夫之〈既济〉卦阐发中的时代关切》，《船山学刊》2015 年第 4 期。

吉也"的解释中，王夫之说："以柔居刚而履中，未出乎中而不求上进，安其位而知止，故得正以吉，而固无悔。处阴阳交杂之世，独能虚中以丽乎二阳，而著其文明，虽非大人之造，而允为君子之光。君子者，以位言则守成而不徼功之令主，以德言则希圣而不躐等之纯儒。以是而孚于阳，虽用异而志同，阴之以不求济而得吉者也。""资阳为德而不自求成，所谓'鲁无君子，斯焉取斯'。"① 都在强调阴思不出其位，安而知止，不造作，不躁进，取资阳之令德为己之助益，方能得相辅相益之结果。

王夫之以上四个维度的阐发，都与他总结明亡教训，纠正当时学弊，为未来中国文化奠立昂扬、健实、尚动、阔大的基调有关。王夫之深重、殷切的牖世之心于此可以概见矣。

（作者简介：张学智　北京大学哲学系）

---

① 王夫之：《船山全书》第 1 册，岳麓书社 1996 年版，第 503—504 页。

清儒消解《孟子》良知良能申论

李畅然

一、缘起——清儒指《孟子》"良知"非术语

"良知良能"出自《孟子·尽心上》（§13.15）：

> 人之所不学而能者，其良能也；所不虑而知者，其良知也。孩提之
> 童，无不知爱其亲者；及其长也，无不知敬其兄也。亲亲，仁也；敬长，
> 义也；无他，达之天下也。

乾嘉时代的焦循和其族姊夫阮元均指出，"良知"这一王学核心概念本非名词
术语，只是临时组成的词组也即短语。王阳明之训因自朱熹《四书章句集注》。
用心极细的朱熹把《孟子》三章的四个"良"字（良心、良贵、良知良能）统
一解释为"本然之善"。但"本然"与"善"实为两义，不可得兼，用此义即
不可同时再兼彼义。

嘉庆末年焦循《孟子正义》于更靠前的《告子上》"欲贵者人之同心"章
（§11.17）"人之所贵者，非良贵也"下即指出"良"无本然义：

> 良之训为善，毛、韩之传《诗》，郑氏之注《礼记》、《周礼》、笺
> 《诗》，何氏注《公羊传》、韦氏注《国语》，高氏注《吕氏春秋》，许氏
> 《说文解字》注，张氏《广雅》，司马氏注《庄子》，某氏传《尚书》，孟
> 康、如淳注《汉书》，孔晁注《周书》无不然。
>
> 故"良心"① 即指仁义之心，谓"善心"也。
>
> 此"良贵"，赵氏明指"仁义""广誉"，则亦当训为善，谓"贵之善
> 者"也。人所贵者富贵，富贵之贵，不如仁义之贵良也。……此仁义之
> 贵，比校富贵之贵，所以为良，非"良"字有"自有"之训也。……自儒

---

① 出自最靠前的《告子上》"牛山之木"章（§11.8）"其所以放其良心者"一句。

者误以"良"为自有之训，遂造为"致良知"之说。六书训诂之学不明，其害如此。①

焦循遍查古训，特别是借助阮元刚主编出来的《经籍籑诂》，找不到"良"有本然、自有的义项暨用法；而且，尽管"良心"之"良"的确是道德意味上的，然而"良贵""良知良能"的"良"却是更为普通的功能上的优（劣）义。

在大约同时或者稍早，焦循的族姊夫阮元在其《孟子论仁论》中也提出了类似的观点。阮元在"良知良能"章（§13.15）下说：

> 按，"良能"、"良知"，"良"字与"赵孟之所贵""非良贵也""良"字同。良，实也，（见《汉书》注）无奥旨也。此"良知"二字不过孟子偶然及之，与"良贵"相同，殊非七篇中最关紧要之言。……不解王文成何所取，而以为圣贤传心之秘也？②

今按，焦、阮二人对《孟子》"良"字的理解，以焦循为长。"良，实也"出《汉书·荆燕吴传》"诛罚良重"注（卷三五），是程度副词，阮元移诸《孟子》的形容词用法，属于以训诂代本字的训诂谬误。③其所谓实，当指真实不虚之义，其实与本然自有之解相去并不甚远。但阮元指出此语"不过""偶然及之"，"非""关紧要"，较之焦循讲得显豁，也即"良知"没有算作名词术语的资格，而只是特定语境下临时搭建起来的词组，这足以摧破宋以来的"良知情结"。以"善"、"好"解《孟子》本身以及先秦古书，皆可以贯穿，而所谓"本然"之"良"，唯见于《孟子》，特别是"良知良能"的那一章。况且《孟子》彼章虽然的确是在讨论道德问题，然而"良知"、"良能"却是以功用言，而非以道德言，更不具备本然或先天之义。

焦、阮之说提出后，大体石沉大海，既无人反对，也无人喝彩。本文即发扬二儒绪论，从历史语言学的角度予以申述和证成。

---

① 焦循：《孟子正义》下，中华书局1987年版，第796—797页。

② 阮元：《揅经室集》卷9，中华书局1993年版，第202页。

③ 以训诂代本字的谬误主要源于甲可训为乙在义项上存在限制，倘不分辨词性则更为严重。"良"的副词用法迟至战国末期始出现，何况凡训为确实、果然的副词用法都是程度副词的派生用法，可以通过程度副词来解释。论详下。

二、良、善、好皆以超道德的合目的性为其基本含义

我们知道语言是人类交流思想、协调行动的核心工具，具有社会性。[①]索绪尔从语言（language）中区分了语言（法语 langue）和言语（parole）两个层面。前者大致包括语音、词汇和语法三个方面，以句子为最大单位，具有社会同质性；后者则是人们实际说出来的话语，以句子为最小单位，具有个人化的异质性。前者对个人而言是强制的，不自由的，而个人自由只体现在后者当中；另一方面，后者却是现实的，拥有第一性，它维护前者作为纯粹心理事实的存在，并推动着前者的发展演变。[②]当我们说《孟子》"良知良能"之"良"不具备先天自有之义时，正是通过对《孟子》以及先秦两汉文献的普查始得出的结论。

"良知"、"良能"以功用言而非以道德言，对《孟子》义理本身没有任何损害。相反，"良"字的功用义恰恰为其基本义，是道德义的基础。我们调查了与"良"字意义接近的"善"和"好"以及反面的"恶"，发现四字在先秦两汉的情况是相当类似的，都没有纯粹、孤立的道德义用法，先天、本然义更是绝无。材料上优先使用《孟子》，然后旁及他书，例证尽量举年代早者。

先看"良"字。《孟子》全书"良"字共出现 22 次。除前揭最易有歧解之 4 例（当然"良心"基本无歧解），以及人名（陈良、王良）7 例、作为丈夫讲的"良人"7 例外，尚有 4 例，都是普通的"好"，也即合目的的功能性意义[③]：6.1 嬖奚称赞御者王良为"天下之良工也"，7.15"存乎人者，莫良于眸子"，12.9"今之所谓良臣，古之所谓民贼也"（2 次）。"良臣"粗看具有道德意味，但《孟子》这里恰恰强调对君主统治得力（贤良能干）的臣下，是祸害人民因而是不道德的民贼。"良工"亦自然只对其工种而言，至于工种本身道德与否，不在考虑之内。因此孟子是通过造箭（攻击性武器）与造铠甲（防御

---

① 这在后期维特根斯坦那里也得到了论证。

② 参见索绪尔：《普通语言学教程》，商务印书馆 1985 年版，第 34—35、39、41、107、109—112、129、174 页；李畅然：《戴震〈原善〉表微》，北京大学出版社 2014 年版，第 299—300、310—311 页。

③ 王力主编：《王力古汉语字典》所列第一个义项即"好的，合乎理想和要求的"，中华书局 2000 年版，第 1035 页。

性武器）的工种之别，来比喻慎选人生道路的："矢人岂不仁于函人哉？矢人惟恐不伤人，函人惟恐伤人。巫匠亦然。故术不可不慎也。"（《孟子》3.7）尽管孟子反对战争，但《左传》言及军队之"良"时①，显然指其能打仗，而且战斗力强的军队对其国家和人民而言，一般来说还是合目的的。

指称丈夫的"良人"与"良臣"类似，粗略看具备道德性，细看道德性更多是对妇人个人而言，而且对妇人有利（良）的显然不限于道德，例如身体强健就更为根本，而且是其道德践履（例如养家）的前提，而身体健康本身并不具备道德性。所以"良人"之"良"毋宁视作对其妻妾（配偶）的合目的性。类似的，"良家"亦非必然指安于乡里之家，主要指殷实或有势力的家族；②"良国"也不指对周边友好，而指强国。③

事实上，"良人"除了作丈夫讲④，也可以反过来指美丽的妻室，对男子具有合目的性，如《诗经·绸缪》"今夕何夕？见此良人。子兮子兮！如此良人何"；可以指易于管理的平民，对"劳心"的君臣（行政管理者）具有合目的性，如《后汉书·董宣传》"陛下圣德中兴，而纵奴杀良人，将何以理天下乎"⑤；也可以指前述对君有合目的性的良臣，如《国语·齐语第六》管仲语"四里为连，连为之长；十连为乡，乡有良人焉"，韦昭注："贾侍中云'良人，乡士也'，昭谓良人，乡大夫也"⑥；当然也可以指有道德的人，如《诗经·黄鸟》"彼苍者天，歼我良人"，这种良人与良臣不甚好区分，既对国君有合目的性，也对平民有合目的性（从而具有大致无可争议的道德性），可见道德上的善只是纷繁多样的各种合目的性中的一种形式，而且并非清晰易辨，尽管是人类最最需要、最常讨论的一类。以上对"良人"意义的区分多只是后天的所指对象的区分，而先天的能指之核心词义上并没有差别——对说话者的意向而

---

① 《左传》襄公二十六年苗贲皇说："楚师之良，在其中军王族而已。"

② 《管子·问》："问乡之良家，其所牧养者几何人矣。"尹知章注："良家，谓营生以致富者。"《后汉书·陈蕃传》与"卑微"相对，则"良家"非道德或者行政管理义可知："初，桓帝欲立所幸田贵人为皇后。蕃以田氏卑微，窦族良家，争之甚固。"

③ 《国语·吴语》："夫吴，良国也，能博取于诸侯。"清王引之《经义述闻·春秋名字解诂上》驳韦注训善，举"齐高强字子良"为证。

④ 《孟子》外，如《诗经·小戎》"厌厌良人，秩秩德音"。

⑤ 范晔撰，李贤等注：《董宣》，《酷吏列传》卷67，《后汉书》卷77，中华书局1965年版，第2490页。

⑥ 左丘明：《桓公自莒反于齐》，《齐语第六》，《国语集解》，中华书局2002年版，第224页。

言，具有合目的性。

皋陶对尧赓歌时以元首和股肱喻君臣，在喻体的意象中，无法认为"良"具有道德价值："元首明哉，股肱良哉，庶事康哉!"（《今文尚书·皋陶谟》）这适可证明政治·道德上的合目的性与自然器官的（无目的的）合目的性相通。一旦脱离了人的论域，则"良"字与道德的联系基本可以撇清。像前揭《孟子》所论"矢人惟恐不伤人，函人惟恐伤人"，矢自以易伤人为良善，函则自以保护人为良善，二者虽用途相反，皆战争工具所不可缺者。又如《周礼·天官》："玉府，掌王之金玉、玩好、兵器，凡良货贿之藏。"又，"内府，掌受九贡、九赋、九功之货贿、良兵、良器，以待邦之大用。"《礼记·月令》："乃命大酋，秫稻必齐，曲糵必时，湛炽必洁，水泉必香，陶器必良，火齐必得，兼用六物。"按，财物器具良不良不涉及道德域，即便征收合理，应用恰当（道德、政治上"良"），也可能是质量不太"良"的。又如《周礼·天官》内宰，"佐后而受献功者，比其小大与其粗良而赏罚之"。与"粗"相对①，则"良"只关乎质量。

战国晚期表示程度深的副词用法②就是由这种合目的性的用法发展出来的，像良久即很久③，良已即病大好④，良苦即很辛苦⑤。至于辞书所列表示肯定，相当于确实、的确、果然的副词用法⑥，假如不是"谅"的通假，那么也完全

---

① 类似的有与"苦"相对，如《管子·宙合》："可正而视，言察美恶，审别良苦。"后世又与"窳"相对。

② 如《荀子·成相》："隐讳疾贤，良由奸诈鲜无灾。"《汉书·冯唐传》："上既闻廉颇、李牧为人，良说。"《孔丛子·抗志》："故微子去殷，纪季入齐，良知时也。"

③ 《战国策·燕策三》："左右既前斩荆轲，秦王目眩良久。"何建章注释：《燕太子丹质于秦章》，《燕策三》，《战国策注释》卷31，中华书局1990年版，第1194页。《史记·秦始皇本纪》："始皇默然良久。"《列子·仲尼》："公子牟默然良久，告退。"

④ 《史记·孝武本纪》："遂幸甘泉，病良已。"司马迁：《孝武本纪》第12，《史记》卷12，中华书局1982年版，第459页。类似的如"良愈"：《新唐书·列女传·房玄龄妻卢》："会玄龄良愈，礼之终身。"

⑤ 《后汉书·王常传》："王廷尉良苦，每念往时，共更艰厄，何日忘之?"
按，同时期合目的性的用法引申出程度深的用法，如良夜即指深夜，如《后汉书·祭遵传》："幸遵营，劳飨士卒，作黄门武乐，良夜乃罢。"（范晔撰、李贤等注：《祭遵》，《铫期王霸祭遵列传》第10，《后汉书》卷20，中华书局1965年版，第741页）

⑥ 如《史记·赵世家》："诸将皆以为赵氏孤儿良已死，皆喜。"《后汉书·景丹传》："邯郸将帅数言我发渔阳、上谷兵，吾卿应言然，何意二郡良为吾来!"

可以并到程度副词里来。

因此，善的各种义项都发展不出本然、先天的含义来。值得今日研究《孟子》者注意的是，旧时代的各种字书、韵书，均不为《孟子》良知良能或良贵的天赋本然义专列义项。聊举较早的辞书为例。《玉篇》卷十五只有"良：良善也"一个训释。《广韵》卷二："良：贤也，善也。首也，长也。又姓，《左传》郑大夫良霄，郑穆公之子子良之后。"《集韵》卷三："良：《说文》善也。一曰甚也。亦姓。"即便是相当完备的《康熙字典》，依然不为良知立义项。

我们不能无视语言的社会性。科学哲学里，拉卡托斯提出过"特设"的问题，指专门为某一个特定事例而发展出来的科学解释，它不涉及整个科学理论的内核，却与之不兼容，最终或者需要抛弃，或者会颠覆既有的科学大厦。关于"良知良能"的先天性解释，我们就认为是一个特设，而且属于需要抛弃的特设。

三、《孟子》"良贵"对"良知良能"含义的照亮

（一）

经过一番着眼于"良"字在《孟子》本书及时代接近文献之用法的语言学考察以后，我们再回到《孟子》原文原章，以确定"良知良能"的"良"为何意：

> 人之所不学而能者，其良能也；所不虑而知者，其良知也。
>
> 孩提之童，无不知爱其亲者；及其长也，无不知敬其兄也。
>
> 亲亲，仁也；敬长，义也；
>
> 无他，达之天下也。（《孟子·尽心上》13.15）

这时"良贵"对揭示"良知良能"的含义，具有极大的参考价值：

> 欲贵者，人之同心也。
>
> 人人有贵于己者，弗思耳。
>
> 人之所贵者，非良贵也。赵孟之所贵，赵孟能贱之。……（《孟子·告子上》11.17）

人人皆欲贵①，贵有自己想贵即贵，有依赖外人提拔而贵。这两种贵相比较，

---

① 这里孟子显然有意回避了日常话语中经常并举的欲富的问题。请对比《孟子》同书4.10、6.2、8.33、9.1、9.3之"富贵"并举。

后者不是一个较好的贵。（较）好，就是"良贵"之"良"的含义。假如良贵即指真实自有，那么《孟子》就可以说"人人有良贵，弗思耳"，就不需要说"人之所贵者，非良贵"了，因为假如说"别人（权贵）封赐提拔的贵不是道德的贵"是废话，属于"秃子头上的虱子，明摆着"——两个东西自然不是一个。只有说贵于己与人之所贵（贵于人）不同，后者不及前者为佳，始为一个不断有信息含量的会话。

"良知良能"章其实也暗含着类似的比较，是与长大后专门习得的知识技能相比较。（这里的讨论姑且忽略《孟子》原文"及其长也"一句，该句显然对纯粹的良知良能说存在较大的隐患，从而也可以反证《孟子》关于爱亲敬长未能持先天纯粹的立场①）孟子认为，爱亲、敬长在人类能、知当中（"人之所不学而能者，其良能也；所不虑而知者，其良知也"的能、知对举属于互文现义，能与知不需要特别加以区分，所以下句爱亲敬长俱以"知"言），属于"不学而能"、"不虑而知"者，所以它们较之学而能、虑而知的能、知相比，是更好的，也即"（更）良"的。此章并未像"良贵"那章一样把对比、比较的另一方明确提点、指认出来，导致更容易把良知良能作天赋自然的解释。

如果把"良"理解为本然天赋，那么它与"不学而能"、"不虑而知"同样构成语复，除非换为定义，还勉强可以接受。例如说"人之所不学而能者，谓之良能；所不虑而知者，谓之良知"，或者倒过来说"人之良能者，其所不学而能者也；人之良知者，其所不虑而知者也"，是用字句较长的义界法来解释字句较短的貌似名词的短语，还有一点儿信息含量；现在既然以"人之所不学而能者，其良能也；所不虑而知者，其良知也"为序，其实是不太合乎常理的，所以不如抛弃天然天赋的解释。

（二）

那么有没有可能把《孟子·告子上》"牛山之木"章（§11.8）的"良心"也做类似的去道德化解释？我们认为没有。孟子的理论架构相当简单，只有一个心，它作为"大体"，作为思之官，与"小体"，与其他不会思的器官特别是耳目鼻口诸感官相区别（《孟子》11.15）。二者相较只可能得出更好的"官"——"心之官"，更好的"体"——"大体"，而不会比较出更好的心。所以我们认为11.8的"良心"只能是道德心，这是由孟子的心性论决定的。

---

① 对孟子而言，道德不仅是先天的，也是人后天选择的。

心只有良的，良心只有持和丧，没有两个心。

那么有没有可能反过来，以道德之"良"来统领良知良能和良贵？我们认为以道德之"良"解"良知良能"那一章，还有成立的可能，因为说道德意识和道德能力与生俱足，不假后天学习，虽然不合乎事实（像康德就承认道德规范多数是通过认知获得的），但未尝不可以作为一种学说，一种道德论范式。但"良贵"那一章是说不太通的。"人人有贵于己者，弗思耳。人之所贵者，非道德之贵也"两句之间会存在非常大的断裂暨跳跃，因为并未点明"贵于己者"就是"良（道德上的）贵"，所以下一句说"人之所贵者，非道德之贵"，其实是相当突兀的。还是把"良贵"之"良"解释为普通的好、优，最为通顺自然。这个断裂在"良知良能"章，反而不太突出。

此外搁置原文论域的限制，道德的贵是什么意思呢？如果是说通过道德修养得来的贵，难道它真的是纯粹的"贵于己"，而不可以通过向老师学习，向《论语》、《孟子》学习来获得，从而兼属于他"人之所能贵"（同样是使动用法）？难道其结果不可以是意动用法的"人之所贵"，即他人——包括世家大族的赵孟——认可自己人格、精神的高贵？

再者，有没有可能"良贵"、"良知良能"的"良"是"谅"的通假？我们认为几无可能，因为这里需要的是广泛意义上的真实不虚乃至本然固有的意思，而与经常做定语的形容词"良"不同，"谅"主要做不及物动词（品德上的有信用①）和副词（确实，诚然②），后者语法上有鸿沟，前者意义不同，存在隔膜——谅专指人品守信，不是普遍意义上的真实。例如《离骚》"惟此党人之不谅兮，恐嫉妒而折之"，"谅"不能解为真实或者先天固有，党人当然是真实不虚、客观实在的"所予"，只是道德上没有信用罢了。而且我们几乎没查到"谅"做定语的用例，唯一用例是《礼记·乐记》："致乐以治心，则易、直、子、谅之心，油然生矣。"它有"之"字结构的支持，定语的范围自然放宽，而且"谅"很可能属于"良"字的通假。像朱熹《仪礼经传通解》卷九

---

① 《论语·卫灵公》："君子贞而不谅。"《方言》卷一："众信曰谅，周南、召南、卫之语也。"（钱绎撰集：《方言笺疏》卷第1，中华书局2013年版，第40页）及物用法属活用，或者说属于文言的宾语类型，如《诗经·墉风·柏舟》："母也天只，不谅人只。"

② 《诗经·小雅·何人斯》："及尔如贯，谅不我知。"（与郑笺解不同）《楚辞·九章·惜往日》："谅聪不明而蔽壅兮，使谗谀而日得。"郑玄《诗谱序》："诗之兴也，谅不于上皇之世。"

即云："《韩诗外传》'子谅'作'慈良'，近是。"[1] 而且，即便可以解作"谅"，依然不能解"良心"；倘解作合目的性的好、善，则与"良心"一而二，二而一，可以区别也可以不区别，因为道德上的善只不过是视人类为目的共同体时的合目的性而已，尽管从本体论上看，大化流行并没有一个终点，而且一定不是，也一定不会是以人为终点（目的）的。这在良、善、好乃至反面的恶等字的含义分析上，已经提示得非常明显。

（三）

我们可以把本节讨论的各种可能的解释义项、享有解释力的文本以及适用的判断文本诠释优劣之原则制成下表：

解释义项	《孟子》相关章节				他书相关文本	适用原则暨说明
	良知良能章 13.15	良贵章 11.17	良心章 11.8	所有其他章节		
天赋自然?	+	+	+	−?	−	最接近孤证
道德	+?	−?	+	−	−/+	略接近孤证
合目的之功能性	+	+	−	+	+/−	反孤证原则最强

表中有解释力的标加号，无解释力的标减号，两可者以概率大者居先，两种可能性之间以右斜杠区隔，存在疑问的标问号。相关的文本诠释原则，一为简单性原则，即所需脱离原文的说明越少越好；二为反孤证原则，即有解释力的文本越多越好[2]，鉴于本文的论题，我们限定在《孟子》全书之内。

必须承认，天赋自然的解释是符合孟子主导思想的。例如《孟子》讨论矢人、函人的3.7章提出仁是"天之尊爵"，且像射箭一样需要"反求诸己"。"反求诸己"首先是恕道，但恕道之所以可能，是因为人先天即为一类，可以以此心度彼心[3]，因此"反求诸己"也可以作为先天的标志。特别是以"天爵"

---

[1] 黎靖德编：《朱子语类》卷22、80、87，中华书局1986年版，第509、2066、2256页。

[2] 判断文本诠释优劣的二原则，详见李畅然：《清代〈孟子〉学史大纲》，北京大学出版社2011年版，第32—34页。

[3] 参《孟子》8.1章："舜生于诸冯，迁于负夏，卒于鸣条，东夷之人也；文王生于岐周，卒于毕郢，西夷之人也。地之相去也，千有余里；世之相后也，千有余岁；得志行乎中国，若合符节。先圣后圣，其揆一也。"

与"人爵"对言的 11.16 章:"有天爵者,有人爵者。仁义忠信,乐善不倦,此天爵也;公卿大夫,此人爵也。古之人修其天爵而人爵从之,今之人修其天爵以要人爵,既得人爵而弃其天爵。"在提出"四端"说的 11.6 章提出"求则得之,舍则失之"——"仁义礼智,非由外铄我也,我固有之也,弗思耳矣。故曰'求则得之,舍则失之'";13.3 章也提出,"求则得之,舍则失之,是求有益于得也,求在我者也;求之有道,得之有命,是求无益于得也,求在外者也",后者足以著名的性命之辨章(《孟子》14.24)相证发:"口之于味也,目之于色也,耳之于声也,鼻之于臭也,四肢之于安佚也,性也,有命焉,君子不谓性也;仁之于父子也,义之于君臣也,礼之于宾主也,知之于贤者也,圣人之于天道也,命也。有性焉,君子不谓命也。"①

但我们需要指出的是"良贵"章(《孟子》11.17)天赋自然之思想明确出自"人人有贵于己者"之语,而非来自"良贵";"良知良能"章(《孟子》13.15)天赋自然之思想明确出自"人之所不学而能"、"所不虑而知"以及"孩提之童,无不知爱其亲者;及其长也,无不知敬其兄也",而非来自"良知""良能"。何况"求则得之,舍则失之"之说证明孟子的伦理学很难称得上是一个纯粹的先验论者,先验的东西是无从"舍则失之"的。

此外也必须承认《孟子》不少章节并未提出道德之贵优于有待于外物赋予的富贵,而只是指出二者足以相抗。例如 4.2 的三达尊说:"曾子曰:'晋楚之富,不可及也;彼以其富,我以吾仁;彼以其爵,我以吾义;吾何慊乎哉?'夫岂不义而曾子言之?是或一道也。天下有达尊三:爵一,齿一,德一。朝廷莫如爵,乡党莫如齿,辅世长民莫如德。恶得有其一以慢其二哉?"本章只是以仁义之德尊抗衡富贵之爵尊,并没有说德尊优于爵尊(参 4.11 章"昔者鲁缪公无人乎子思之侧则不能安子思,泄柳、申详无人乎缪公之侧则不能安其身")。类似的尚有 10.7 章,亦未区分优劣:"子思之不悦也,岂不曰:'以位,则子君也,我臣也,何敢与君友也;以德,则子事我者也,奚可以与我友?'"前述"求则得之,舍则失之"的 11.6 章、13.3 章以及性命之辨章(《孟子》14.24)也并非之说客观上在己就更好,追求在己之德只是一种选择,特

---

① 其实荀子也有类似的思想:"楚王后车千乘,非知也;君子啜菽饮水,非愚也;是节然也。若夫心意修,德行厚,知虑明,生于今而志乎古,则是其在我者也。故君子敬其在己者,而不慕其在天者;小人错其在己者,而慕其在天者。"(《荀子·天论》)

别是君子的选择。

但这无法抹杀"良知良能"章（《孟子》13.15），特别是"良贵"章（《孟子》11.17）明显具有的比较意味。中国传统文化讲究天人合一，天永远是人模仿的对象、追求的理想，天然的（无目的的合目的性）优于人为的（有目的的合目的性），无论儒家、墨家都如此认为，甚至荀子在其旗帜鲜明提出"明于天人之分"的《天论》中，把理性之心也即人伪（为）得以可能的关键条件称作"天君"："耳目鼻口形能各有接而不相能也，夫是之谓天官；心居中虚以治五官，夫是之谓天君。"孟子讲人性善，首先是讲人天赋的无目的的合目的性，其次是讲需要主观上意识到并保持这种善，也即由无目的的合目的性上升到有目的的合目的性。

四、引用《孟子》"良知良能"的典故自宋儒始

唐代以前，尽管《孟子》一直比较受重视①，然而没有文献资料显示有人援引过《孟子》的"良知良能"。同形的字眼都出现过，却只是偶然同构，与《孟子》的"良知""良能"没有联系。"良能"就是有（政治）才干：葛洪《抱朴子内外篇》卷十一："而欲缉隆平之化，牧良能之勋。"《后汉书·卢植传》："宜依古礼，置诸子之官，征王侯爱子、宗室贤才，外崇训道之义，内息贪利之心，简其良能，随用爵之，强干弱枝之道也。"元稹《赠裴行立左散骑常侍制》："累更事任，益见良能。"而"良知"则指知交、好友：谢灵运《游南亭》："我志谁与亮，赏心惟良知。"罗隐《秋日寄狄补阙》："不为良知在，驱车已出关。"值得注意的是"良执"也指好友，构词方式也是"良＋动词"②，用例年代亦相近：潘岳《夏侯常侍诔》："惨尔其伤，念我良执。"王勃《与契苾将军书》："敬想情则懿亲，义惟良执。"③

引用《孟子》"良知""良能"的话语或典故自宋儒始。因论文写作时间有限，兹选择理学学脉的张载、二程、朱熹简略述之。

---

① 汉唐具体的引用可以参看焦循《孟子正义》的辑录。一个突出的表现是自汉至唐，《孟子》的注本不但其出现远早于，而且其创作总是远多于《荀子》。

② 所以"良知"有的用例依然是谓词性的，而不转指良知的对象——友人，如初唐褚亮《奉和禁苑饯别应令》："怀德良知久，酬恩识命轻。"

③ 董诰等编：《全唐文》卷179，中华书局1983年版，第1825页。

张载对"良知""良能"都有使用，俱出《正蒙》。其用"良知"一次："诚明所知乃天德良知，非闻见小知而已。"[①]"良能"五条六次：①"鬼神者，二气之良能也。圣者，至诚得天之谓；神者，太虚妙应之目。凡天地法象，皆神化之糟粕尔。"[②]②"神化者，天之良能，非人能；故大而位天德，然后能穷神知化。"[③]③"圣不可知者，乃天德良能，立心求之，则不可得而知之。"[④]④"声者，形气相轧而成。两气者，谷响雷声之类；两形者，桴鼓叩击之类。形轧气，羽扇敲矢之类；气轧形，人声笙簧之类。是皆物感之良能，人皆习之而不察者尔。"[⑤]⑤、⑥"天良能本吾良能，顾为有我所丧尔。"[⑥]其中第①条后世援引和讨论极多。这些话语应该都出自《孟子》，因为均以"天"之自然言之，这是以往文献的用例所不具备的。但与《孟子》唯于人言良能不同，《正蒙》把主要精力集中于天地造化的良能；当然于人之良知良能，《正蒙》也谈到了，只是强调其天赋自然或者说客观必然性的一面，这应该开朱熹以"本然之善"解《孟子》的先河。

二程没有正式文字提及"良知""良能"，但在语录中均同时提及二者，计五条：①"'必有事焉而勿正，心勿忘，勿助长'，未尝致纤毫之力，此其存之之道。若存得，便合有得。盖良知良能元不丧失，以昔日习心未除，却须存习此心，久则可夺旧习。"[⑦]②"良能良知，皆无所由，乃出于天，不系于人。"[⑧]③"万物皆有良能，如每常禽鸟中，做得窠子，极有巧妙处，是他良能，不待学也。人初生，只有吃乳一事不是学，其他皆是学，人只为智多害之也。"[⑨]④"意必固我既亡之后，必有事焉，此学者所宜尽心也。夜气之所存者良知也，良能也，苟扩而充之，化旦昼之所害为夜气之所存，然后可以至于圣人。"[⑩]⑤"子曰：夜气之所存者，良知也，良能也。苟扩而充之，化旦昼之所

① 张载：《诚明篇第六》，《张载集》，中华书局 1978 年版，第 20 页。

② 张载：《太和篇第一》，《张载集》，中华书局 1978 年版，第 9 页。

③ 张载：《神化篇第四》，《张载集》，中华书局 1978 年版，第 17 页。

④ 张载：《神化篇第四》，《张载集》，中华书局 1978 年版，第 17 页。

⑤ 张载：《动物篇第五》，《张载集》，中华书局 1978 年版，第 20 页。

⑥ 张载：《诚明篇第六》，《张载集》，中华书局 1978 年版，第 22 页。

⑦ 程颢、程颐：《元丰己未吕与叔东见二先生语》，《二程集》，中华书局 2004 年版，第 17 页。

⑧ 程颢、程颐：《元丰己未吕与叔东见二先生语》，《二程集》，中华书局 2004 年版，第 20 页。

⑨ 程颢、程颐：《杨遵道录》，《二程集》，中华书局 2004 年版，第 256 页。

⑩ 程颢、程颐：《畅潜道录》，《二程集》，中华书局 2004 年版，第 321 页。

栝，为夜气之所存，然后有以至于圣人也。"①末二条基本相同。可以看到二程讨论良能也不局限于人（③），而且也将良知良能归于天（②），但总体上还是围绕着人（①③④⑤），更接近《孟子》原始的论域。

朱熹正式著作涉及"良知""良能"者，除了四书类的以外，尚有《小学》卷五外篇引杨亿家训："童稚之学不止记诵。养其良知良能，当以先入之言为主。"可见宋初学者即熟练援引《孟子》之说，足与孙奭校订《孟子章句》，编写《孟子音义》相印证。《杂学辨》、《伊洛渊源录》及《论孟精义》涉及二程弟子以下相关的资料，类型上不出张载二程；余下的都是与朋友及学生的问答，载在《晦庵集》书信部分以及《朱子语类》，亦未出《孟子》、张程之藩篱，故不赘述。

本文只涉及《孟子》"良知""良贵"相关诸语的解读，无意挑战孟子伦理学的先验特质。我们认为，先天自然之意味进入"良知"意涵，是《孟子》该章的语境义进入"良知"词义的结果。先天自然并不来自于"良"的词义，而是来自该章与"良知""良能"共现的"不学而能"、"不虑而知"，来自"孩提之童，无不知"、"及其长也，无不知"，来自这些其他的，"良"字以外的语句。打个（未经反思的）比方，先天自然的意味对"良"字而言，属于后天的，经验的，非关本质的；而非先天的，纯粹的，因而是关乎本质的。所以我们认为与其说"良知""良能""良贵"之"良"本来就有先天本然的词义，毋宁说宋以后发展出先天本然的典故义更为准确，这是出自经典联想——或者说后天综合——的结果。

我们并不否认阳明致良知学说的重要意义，而且我们也不认为失去了"良知"的名号，就不可能有与之相当的理论出现。阳明所谓"良知"，与孟子所谓"执中无权，犹执一"、"大人者，言不必信，行不必果——惟义所在"，在精神上是一致的②，不必非要挂在推广爱亲敬长的良能良知上。良知应该属于那种对恒常的社会规范（大概率事件，所谓"经"）有天然的亲近感，但在特殊的伦理情境下（小概率事件），又能够灵活处置（所谓"权"）的能力。哲

---

① 程颢、程颐：《心性篇》，《二程集》，中华书局2004年版，第1260页。
② 当然我们认为与《孟子》"赤子之心"无关，详见李畅然：《清代〈孟子〉学史大纲》，北京大学出版社2011年版，第34、359—361页。

学上的创新假如能有古典相呼应固然美善，若纯属拔地而起，更属乐事。在我们看来，阳明的致良知依旧与孟子精神遥相呼应；尽管按焦循、阮元以及我们的看法，它失去了一条响亮的名号上的支持，仅此而已。

（作者简介：李畅然　北京大学《儒藏》编纂中心）

略论《汉学商兑》的思想谱系与理学批评

李　辰

以往学者考察《汉学商兑》(1831)，多从清代学术"汉宋之争"的背景切入，侧重讨论其中的汉学批评与影响，本文则尝试探究其书背后的思想谱系，并对其理学批评予以辨析。不可否认，方东树写作《商兑》很大程度上是为回应江藩《国朝汉学师承记》(1818)。①《师承记》的立意，无疑是要为清初以来蔚为大观的汉学研究建谱立系，而《商兑》则是要站在程朱理学的立场回护宋学，故其书在形式上，表现为对《师承记》所立汉学谱系中诸家批评理学观点的依次铺陈反驳。有趣的是，方氏虽然极力反对门户之见（如在《商兑》中，他不仅反对汉学家所立谱系，对于宋学演变中形成的谱系亦有批评②），但在不断引述宋儒"正论"以驳正汉儒诸"谬论"的同时，《商兑》泾渭分明的思想谱系也逐渐浮出水面，这背后更为深层的原因，恐怕与两种不同价值取向的学术方法之间的矛盾有关。厘清《商兑》中这条思想线索，或有助于理解为什么《汉学商兑》刊刻之后，汉宋学术之争的问题不仅未得以调解，反而有愈炽

---

① 皮锡瑞："江藩作《国朝汉学师承记》，焦循贻书诤之，谓当改《国朝经学师承记》，立名较为浑融。江藩不从，方东树遂作《汉学商兑》，以反攻汉学。"（皮锡瑞：《经学历史》，《皮锡瑞全集》第 6 册，中华书局 2015 年版，第 90 页）皮锡瑞之论影响较大，也有学者认为《汉学商兑》是为了回应阮元《儒林传稿》。（参见戚学民：《〈汉学商兑〉与〈儒林传稿〉》，《学术研究》2010 年第 7 期）

② 方东树："周汝登作《圣学宗传》程子下分二支，一支朱子，下不系一人；一支陆子，下系阳明。沈佳作《明儒言行录》收阳明于正集，而于其弟子皆从删汰，盖陆王虽有病痛，若在孔门，亦邀狂狷之与，未可以末学之见轻欲裁简。至黄宗羲作《明儒学案》视周、沈二书详密，然意尤左右，阳主阴违，亦非正见。"（方东树：《汉学商兑·卷上》，清道光十一年刻本，第 12b 页）

之势，甚至到了民国时期，其影响仍见于学界①，此其一。其二，通读《商兑》全书，不难发现方东树"商兑"的对象并不限于汉学诸家，如在《商兑》上卷，他就着力批评黄震、顾炎武等人的"心理"观念，而后其理学批评的范围又延伸到如熊赐履、李光地等被列入官方程朱理学阵营的学者，其中亦涉对其师姚鼐的理学观点的批评。此外，如颜元、李塨、李颙等学术立意超出汉宋范畴的学者也在其批评范围之内。对《商兑》中不同类型的理学批评的分辨，或能更为全面认识方东树的理学思想以及汉宋纷争背后的学术渊流。以下就此两方面展开引申，所论多有狭促之处，还望方家斧正。

一、《汉学商兑》的思想谱系

（一）"惟独董子、韩子及宋程朱始本六经孔孟之言而发明之"

《商兑》一书伊始，方东树便旗帜宣明的反对毛奇龄《西河集》中有关道学源起和确立的说法。毛奇龄认为，"道学"两字在六经中从来都是分开出现的，而到司马迁写作《史记》才正式确立了道家的概念，并且道家之学未列入官学，故只能"私相阴行其教"，直到宋代，由道士陈抟收集诸种道书作《道学纲宗》，得到周敦颐、邵雍、二程等人的发扬，"道学"之名才得以显著，再后来才有了宋史《道学传》。②方东树则认为，道学问题应该从"学道"与"道学"的辩证关系来看。他认为"道学"只是后人追加的名号，而"学道"对于士人而言本属职责所在，汉儒虽立"道家"一脉，但是少从"道"的本义予以辨析，只有董仲舒、韩愈、二程、朱子能发明"道"之大义。董仲舒将"道"与"天"联系起来（"道之大原出于天"），韩愈《原道》则以"仁义"释道，将"道"之"道路"义引申为"天下古今所共由之路"，程颐则又进一步将《中庸》中的"中正"之义与"正道"关联，直溯周孔"道"论。自此而言，"道"之本义方大白于天下。而老子所称之"道"，不过偏其一隅，并且道家在

---

① 钱穆："此数十年来，中国学术界，不断有一争议，若追溯渊源，亦可谓仍是汉宋之争之变相。一方面高抬考据，轻视义理。其最先口号，厥以为科学方法整理国故，继之有窄而深的研究之提倡。此派重视专门，并主张为学术而学术，反之者，提倡通学，遂有通才与专家之争。又主明体达用，谓学术将以济世。因此菲薄考据，谓学术最高旗帜，乃当属于义理之探究。"（钱穆：《新亚学报·发刊词》，1955年8月第1期）

② 参见方东树：《汉学商兑·卷上》，清道光十一年刻本，第1a—1b页。

先秦就已分流，老庄列杨诸家之道学观须分别对待。① 思考毛奇龄与方东树对"道学"理解之所以不同，从其学思理路上看，无疑在于二者"原道"方法存在根本差异。毛奇龄重"还原"，层层剥离"道学"之现有义，进而追溯其原始义；方东树则偏重"解释"，他以程朱为的论，进而追认前代共有观念发明者。两种辨学方法的根本不同，导致双方在追溯"道学"的思想谱系时产生了重大差异，而这种情况在《商兑》涉及汉学家有关质疑时，出现得尤为普遍。

(二)"上古圣人不以儒名"

回应道学的合法性问题之后，方东树又引述了《四库提要》对万斯同《儒林宗派》的主旨的总结：

> 自《伊洛渊源录》出，宋史遂分《道学》、《儒林》为二传，非惟文章之士，不得列于儒，即自汉以来传圣人之遗经者，亦不得列于儒，讲学者明以来谈道统者，扬己凌人，互相排轧，卒酿门户之祸。②

这里值得注意的是，《四库提要》借《儒林宗派》批评《道学传》以"道"凌"儒"，虽然未显明是万斯同的直接批评，但从《儒林宗派》的体裁、形式、人物取舍、主次安排来看，无疑与清初以来对"道学"与"儒林"之争的背景有关，其目的旨在将其师黄宗羲与朱彝尊等人"儒林足以包道学，道学不可以统儒林"的观念予以落实。③ 方东树一方面同意朱彝尊对门户的批评，认为这是历史上一种难免的现象，正如"恶莠乱苗"不能归咎于"教稼者"，把责任归结于程朱是不恰当的，另一方面则着重回应"儒"的问题。

方东树认为："上古圣人不以儒名，周公设官分职，始别师儒之用。"又说："儒之名义无定，如孔子告子夏有君子小人之殊，荀子书有贱儒、愁儒之讥。"并且"汉以来传圣人之遗经者不得列于儒，非事实也"。在他看来，"康成礼注所指先师及唐贞观所褒，正周公所以谓之儒者也。而明嘉靖所改称先贤及宋五子乃周公所以谓之师者也。"④ 而《儒林传》的问题在于"祗载传经诂之儒而道德大贤不与焉"，而《道学传》的出现，正与周公"师儒"之制相合，他引阮元《拟儒林传序》中的观点予以佐证：

---

① 参见方东树：《汉学商兑·卷上》，清道光十一年刻本，第 2a—5b 页。

② 方东树：《汉学商兑·卷上》，清道光十一年刻本，第 9b 页。

③ 对于万斯同《儒林宗派》主旨解读，参见石立善：《论儒林宗派》，见《第七届世界儒学大会论文集》，2015 年。

④ 方东树：《汉学商兑·卷上》，清道光十一年刻本，第 10a—12a 页。

昔周公制礼，太宰九两系邦国，三曰师，四曰儒，复于司徒本俗，联以师儒。师以德行教民，儒以六艺教民，分合同异，周初已然矣。数百年后，周礼在鲁，儒术为盛。孔子以王法作述，道与艺合，兼备师、儒。……司马、班、范，皆以《儒林》立传，叙述经师家法，授受秩然，虽于周礼师教未尽克兼，然名儒大臣，匡时植教，皆于《儒林传》相出入。宋初名臣，皆敦道谊。濂洛以后，遂启紫阳。阐发心性，分析道理，孔孟学行，明著天下。《宋史》以《道学》、《儒林》分两传，终明之世，学案百出，而经训家法，寂然无闻。揆之周礼，有师无儒，空疏甚矣。然其间台阁风厉，持正扶危，学士名流，知能激发。虽多私议，或伤国体。然其正道，实拯世心。是故两汉名教，得儒经之功；宋明讲学，得师道之益。皆於周孔之道，得其分合，未可偏讥而互诮也。①

阮元此论，无疑对《道学传》的合法性予以了肯定，但值得留意的是，方东树引述阮元的这段话中的"濂洛以后，遂启紫阳。阐发心性，分析道理，孔孟学行，明著天下"一句在阮元的《研经室集》中则表述为："洛以后，遂启紫阳。阐发心性，分析道理，孔孟学行，不明著于天下哉。"②一字之差，表明了二者在汉宋问题上有着根本不同的态度。观《儒林传序》，阮元所推崇在"兼备师、儒"，而方东树说："断制两千余年学脉，颠扑不破，无若阮氏之言者。惜乎阮氏之言若彼，而其志业表彰，仍宗汉学一脉。"透露出他很清楚阮元虽然在《儒学传序》中肯定《道学传》，并且采用调和的话语论述汉宋学术关系，但其实际意图仍然是为汉学立言，为注疏之学拓立空间，故方东树反其道行之，一方面采纳阮元的"师儒说"以保证《道学传》的地位，另一方面批评儒有"俗、伪、迁、鄙"，反对将这些不同类型的儒无所辨别一并放入《儒林传》，从而在其思想谱系中，达到抑汉扬宋的目的。

（三）"经与人分之不可"

朱彝尊《道传录序》中批评程朱道：

宋元以来，言道学者必宗朱子。朱子之学，源于二程子。先程子言学者为周子，于是论者尊之，谓直接孟子。是为道统之正。毋论汉唐诸儒，不得在其列也。即七十子亲授学于孔子者，亦不与焉。故凡著书言

---

① 方东树：《汉学商兑·卷上》，清道光十一年刻本，第13a页。
② 阮元：《拟国史儒林传序》，《研经室集》卷2，台湾世界书局1982年版，第32页。

> 道统者，辙断自周子……且夫圣人之道，著在六经，岂一师所能囊括者？与世之治举业者，以四书为先，务视六经可缓以言诗，非朱子之传义弗敢道也。以礼言朱子之家礼，弗敢行也。推是而言，尚书、春秋非朱子所授，则朱子所与也。道德之一，莫逾于此时矣。然杜其聪明见者，无仁智之殊论者，少异同之辨习者，莫有温故知新之义，不能无敝焉。①

方东树认为，朱彝尊批评周程截断七十子及汉唐诸儒直接孟子说法有误，在于忽视了周程之学具有的不可替代的作用："周程之学，岂但汉唐诸儒所弗及，即七十子实有不能皆逾焉者。"并且"七十子虽贤，亦自有优劣差等，不得以其亲受学于圣人一例，皆许为能传道也"②，强调道统的特殊地位并非人人可以授受。此外，针对朱彝尊"六经非一师所囊括"的批评，方东树认为："朱子谆谆教人读汉魏诸儒注疏，文集中凡数十见。即四子书集注所采五十四家之言，何尝杜其聪明，断以一师。"③即批评朱彝尊把后人不读书的责任加于朱子，却忽略了朱子保存汉魏诸儒注疏的功绩。方东树说："蓋朱子之教，何尝不是上探古圣，下考近代诸儒，而后折中至正以昭学者，而必欲排之者何？"④批评朱彝尊失之在妒名。

方东树又引顾炎武《日知录》中《论明嘉靖之议诸儒从祀》一条道：

> 弃汉儒抱残守缺之功，而奖末流谈性论天之学。语录之书日增月益，五经之义委之榛芜，自明人之议从祀始也。有王者作，必遵贞观之制乎？⑤

顾氏认为，明儒不尊唐制，褒奖性理之学，导致五经之学隐微。如荀、扬、韩三人议论虽然有与圣人相合之处，但没有传注之功，故不当从祀。方东树则提出诸儒从祀的标准应该是"经行合茂而后可"，如果经与行必取其一，那么"宁取其行，不得以著述偏重"，因为"后世著述易而实践难也"，德行之功应高于传经之功。故方东树赞同荀况、扬雄、韩愈三人从祀，并反驳道："不知颜、闵诸贤曾著何书，而世竟以虚车剿说，为有功于圣道。"

---

① 方东树：《汉学商兑·卷上》，清道光十一年刻本，第14a—14b页。

② 方东树：《汉学商兑·卷上》，清道光十一年刻本，第15a页。

③ 方东树：《汉学商兑·卷上》，清道光十一年刻本，第15b页。

④ 方东树：《汉学商兑·卷上》，清道光十一年刻本，第16a页。

⑤ 方东树：《汉学商兑·卷上》，清道光十一年刻本，第17a页。

从《商兑》卷上考察可见，方东树不仅在批评汉学时，秉持的是回护程朱一系的道统观，而在甄别理学阵营内部时，方东树亦以程朱理学为检验准绳：

> 闲尝推论，以为穷理极高明，则偏而流于虚狂，此弊之所必至也。故宋明人失之，为禅为心学，救虚狂以道问学，政当导之以道中庸，尽精微，敦厚崇礼，朱子当日所以力与金溪争者，此也。①

方氏认为："孔孟之道，至伊洛而始得其传，而伊洛之学至朱氏而始无余蕴，必若是而后可言道学也。已外若广汉张敬夫、东莱吕伯恭，亦皆以其学传授，而陆子静、张子韶往往流于异端……至于永嘉诸公，则以词章议论，固已不可同日而语也。"② 如此，陆九渊、张九成、叶适谱系的理学家已被他排除在外。又如：

> 世又有一种浅陋之士，自视无甚以为进取之地，辄自附于道学之名，褒衣博带，危坐阔步，或钞节语录以资高谈如近人《反身录》、《儒门法语》亦是，或闭眉合眼，号为默识。而扣击其所学，则于古今无所闻知；考验其所行，则于义利无所分别。此圣门之大罪人，吾道之大不幸，而遂使小人得以藉口，为"伪学"之禁，而君子受玉石俱焚之祸者也。③

这里《反身录》应指李颙的《四书反身录》，《儒门法语》作者则为清初调和陆王与程朱学说的彭定求。④ 方东树这里并没有对李颙、彭定求做具体批评，在同治十年的三益斋版《商兑》中，方东树隐去了《反身录》和《儒林法语》注语⑤，可见方东树对此二人的学术存在保留意见。⑥ 方东树在此着重批评假借"道学"外衣逐利的"伪道学"，因为在他看来，道学内部的流弊亦不小于汉学对道学的攻击，并且汉学家很多攻击理学话头都是由理学内部的批评袭承而来。以下，本文试对方东树的理学批评做进一步辨析。

---

① 方东树：《汉学商兑·卷上》，清道光十一年刻本，第20a页。
② 方东树：《汉学商兑·卷上》，清道光十一年刻本，第7b页。
③ 方东树：《汉学商兑·卷上》，清道光十一年刻本，第7b页。
④ 关于彭定求《儒门法语》，参见彭国翔：《清康熙朝理学的异军：彭定求的〈儒门法语〉初探》，《北大中国文化研究》第2辑，社会科学文献出版社2012年版。
⑤ 参见漆永祥点校：《汉学商兑》，凤凰出版社2016年版，第25页注1。
⑥ 彭定求在《商兑》中仅见于此处，有关李颙的批评见本文第二部分。

二、《汉学商兑》中的理学批评

(一) 为道心说辩护

《商兑·卷中之上》引黄震《黄氏日钞·卷五·读尚书》"人心惟微"一条：

> 此本尧命舜之辞，舜申之以命禹，加"危微精一"于"允执厥中"之上，所以使之审择而执其中耳。此训之之辞也，皆主于尧之"执中"一语而发，岂爲心设哉。近世喜言心学，舍全章本旨，而独论人心道心。甚者单摭"道心"二字，而直谓"即心是道"，盖陷于禅学而不自知，其去尧舜禹授受天下之本旨远矣。蔡九峰之作《书传》，虽亦以是明帝王之心，而心者治国平天下之本。其说固理之正，其后进此《书传》于朝，乃因以"三圣传心"爲说，世之学者遂指此书十六字为"传心之要"，而禅学者借以为据依矣。①

这里黄震对朱熹弟子蔡沈的《书集传》一书中的心学思想的批评可以分为两点，一者黄震认为，道心一条，主旨在执中，而非在心；其二，后世标榜道心说，易流于禅学。方东树首先就流于禅学的批评做出回应，他认为，"古今神圣一切智愚动作云为，皆心之用"，禅学在尧舜时期还未传入中国，故不可说尧舜流于禅学。此外，针对"人心惟危，道心惟微"是后世作伪者从《荀子·解蔽》中引《道经》"人心之危，道心之微"而来的说法，方氏引述荀子在后一句"危微之几，惟明君子而后能知之"，指出这后一句中，儒家心学的深刻意涵已得以展现，而批评者往往分裂道心四句与此句间的关联，简单以篡经视之。方东树又举禅学与儒学在"心"的问题上有着根本不同的内在义理架构来论证道心说非禅学。他说，禅学之心"专事明心断知"，在价值取向上"见绝义理"，方法上追求"洒然证悟"，而儒学则秉持圣人之教"兢业以持心"，在价值取向上"精择善"，方法上坚持"执中"之态度，故禅儒两家处理"心"的问题有根本不同。

针对黄震"道心"四句主旨在"执中"的批评，方氏认为，"盖单提危微二语，虽有警惕提撕意，犹引而不发。至合下精一、执中则所以区处下手，功

---

① 方东树：《汉学商兑·卷中之上》，清道光十一年刻本，第 1a—1b 页。

夫至密，道理直盛得水住，而犹妄议之可谓昧矣。"这里方氏视察心精一工夫与执中工夫为一个整体，故黄震强调执中只是取其一端而已。方氏接着又从道心、人心的区别来回应"心一"说。他认为："若以皆为道心与，则断不可谓古今天下皆圣贤；若以为皆人心与，亦断不可谓天下古今皆邪慝。若以为不属道边亦不属人边，粗则如告子之知觉运动与禽兽同焉者，是精则正堕向禅学即心是道及阳明本心良知之说。"① 以上谈的是心一说的流弊。方东树还反对心一说将孟子"仁，人心也"中只解释为人心，进而造成人心与欲心相分割，导致一切人心全于仁而无欲。方东树说："试令夫人自扪其心，果皆仁而无欲乎？"如果人皆无欲，那么"圣人为学与教又何忧"呢？方氏认为："有不仁也，惟夫人心本仁而易堕于人欲之危，是以圣人既自精择而守之，以执其中又推以为教于天下万世。千言万语，欲使同归于仁而已。然固不能人人皆自觉悟以返于仁，则有赖此四言之教相传，不刊以为迷途之宝炬慧灯，所以历代帝王兢兢守之，不敢失堕，此所谓传心者也……初心之士，欲审善恶邪正全在察人心、道心危微二端之几。懋修之儒，欲救误认道心堕禅之失，全在精一识中之学。"② 即在方东树看来，精一执中与道心、人心之辨皆不可失，黄震之误正在此。

（二）对顾炎武"心宗理说"的批评

在为"道心说"辩护之后，方氏对顾炎武在《日知录》卷十八"心学"一条引接黄震批评而来的"心宗理说"进行了回应，顾炎武认为：

> 心不待传也。流行天地，贯彻古今，而无不同者，理也。理具于吾心而验于事物，心者所以统宗此理，而别白其是非、人之贤否、事之得失、天下治乱，皆于此判。此圣人所以致察于"危微精一"之间，而相传以执中之道。使无一事之不合于理，而无有过不及之偏者也。禅学以理为障，而独指其心曰"不立文字，独传心印"，圣贤之学，自一心而达之家国之用，无非至理之流行。明白洞达，人人所同。历千载而无间者，何传之云，俗说浸淫，虽贤者或不能袭用其语。③

方氏认为，顾炎武之意在不言心只谈理，然而在他看来，心与理并不可分割，舍心无法见理，传理就是传心。他引用陆九渊的"千百世之上有圣人出焉，此

---

① 方东树：《汉学商兑·卷中之上》，清道光十一年刻本，第3b—4a页。
② 方东树：《汉学商兑·卷中之上》，清道光十一年刻本，第4b—5a页。
③ 方东树：《汉学商兑·卷中之上》，清道光十一年刻本，第6a—6b页。

心同焉，此理同也；千百世之下有圣人出焉，此心同也，此理同也"为据，认为只言传理，在辞义上不充分，言传心意义应如"《公羊传》所谓避不成文是也"。这里的"避不成文"应该是从"名实"关系上论证"心与理"两者缺一不可，至于顾氏对心易流禅的说法，方氏回应的理据与回应黄震时一致，还是批评禅学在心的问题上"但取光明本觉，而不知有品端四节"。方氏认为，顾氏的错误在于"但取足于米不必言禾"，即只言理而不言圣人之心，就会造成理无所托，如果只有讲理，以理贯彻古今，随时随事随人取用，那么古圣贤经典文字都可废弃了。方氏又引述《朱子文集》卷七十"记疑"一条来反驳顾氏的宗理说：

> 先圣后圣，若合符节，非传圣人之道，传圣人之心也。非传圣人之心，传己之心也。己之心，无异圣人之心，广大无垠，万善皆备，欲传圣人之道，扩充此心而已。朱子辨曰："此言务为高远，而实无用力之地。夫学圣人之道，乃能知圣人之心，知圣人之心以治其心，而至于与圣人之心无以异焉，是乃所谓传心者也。岂曰不传其道而传心，不传其心而得己之心哉。且既曰己之心矣，则又何传之有，况不本于讲明存养之渐而直以扩充为言，则亦将以何者为心之正而扩充之邪。"①

这里朱子批评的是不可只言传心而不传道，即强调道心一体说，如果偏心一端，则道一端失，方氏认为顾氏之误恰似此论之颠倒，即偏向道之一端，则又将心之一端失去了。

（三）对谢良佐"内心说"的分辨

《商兑》引黄震《黄氏日钞》卷二读《论语》三省一条：

> 孔门未有专用心于内之说。用心于内。近世禅学之说耳。象山陆氏因谓："曾子之学是里面出来，其学不传诸子是外面入去。今传于世者皆外入之学，非孔子之真。"遂于论语之外，自谓得不传之学，凡皆源于谢氏之说也。后有朱子，当于集注去此一条。②

方东树认为，黄震对谢良佐存在误读，谢良佐说："诸子之学，皆出于圣人，其后愈远而愈失其真。独曾子之学，专用心于内，故传之无弊，观于子思、孟子可见矣。惜乎其嘉言善行，不得尽传于世也。其幸存而未泯者，学者其可

---

① 方东树：《汉学商兑·卷中之上》，清道光十一年刻本，第8b—9a页。

② 方东树：《汉学商兑·卷中之上》，清道光十一年刻本，第10a页。

不尽心乎。"① 这里谢良佐说的"用心于内"指的是"守约而不外驰"的意思，而陆九渊则要讲"从里面出来"，两者大有不同。而针对黄震"用心于内"是禅学的批评，方东树将汉学家对理学"致知穷理为堕禅"的批评一同进行了分辨，他认为，黄震、顾炎武指出"言心堕禅"在理论上虽然"灭裂"，不过"尤实有其害"，而汉学批评"致知穷理堕禅"则是没有理解禅学的主旨正在"不许求心穷理"，因为"才一心穷理便非禅"。汉学家以为程朱言心言理堕入禅学，却不明白程朱正是了解禅学之害在"不致知穷理"，进而才强调以致知穷理破除禅学。

（四）论《大学》格致诚意主次关系

前文提到方东树对李颙之学持有保留态度，观《商兑》所涉批评，方氏基本上将李颙与颜元、李塨并置，并着重批评李塨。大体上，方氏一方面对此三人讲求躬行实践之学予以肯定，但一方面也批评他们和汉学考据一样，不能避免偏于一端之弊：

> 又若李塨等以讲学不同，乃至说经亦故与宋人相反，虽行谊可尚，而妒惑任情，亦所不解。②

> 孙君奇逢《岁寒集》有云："门宗分裂，使人知反而求之事物之际，晦翁之功也。然晦翁没而天下之实病，不可不泻。辞章繁兴，使人知反而求之心性之中，阳明之功也。然阳明没而天下之虚病，不可不补。"按：此论殊影响不确。朱子平日论永嘉学问，在事功上讲用而无体，世遂诬朱子尊德行而薄事功，以空谈性命为其罪。说既多诬此，又论其病实而宜于用泻，益非情实，殆未知朱子者也。至其所谓虚病宜补者是也。但永嘉之事功，习斋、二曲等之躬行实践，汉学家之考证名物，同欲用补者也。特方药均偏，或遂误致杀人耳。③

这里批评谈到孙奇逢，但《商兑》一书对孙氏其学并未有更多论述。《商兑》中对颜、李的批评主要集中在《大学》"格致诚意"问题上，并由臧琳在《经义杂记》卷二十四"更定大学"一条而发。

臧琳认为，《大学》本不存在经传划分和阙格致一节的问题，大学最紧要

---

① 朱熹：《论语集注》，《朱子全书》第6册，上海古籍出版社2010年版，第69页。
② 方东树：《汉学商兑·序》，清道光十一年刻本。
③ 方东树：《汉学商兑·卷上》，清道光十一年刻本，第20b页。

的地方在于应重"诚意"而不应退至"格致"环节。① 方东树对此极力反对，他认为，《大学》"明明德"在"明德"之上的"明"不可忽视，致知正是就这一"明"字而发，故不存在后退一说。方氏认为，"不穷理致知，则不知至善之所当止之处。"只讲"诚意"不讲"格致"，便如同拆掉这儒、禅、愚三者之间的隔墙，"诚意"便与告子的"不动心"和禅家的"不思善不思恶心"没有差别，故方东树称"格致"为学者"鬼门关"，不可不辨。

方氏认为，"格物致知"是"明之实事实功"，"明明德"必从格物致知入手，而后才能"知止"，而提倡"静坐"和"慎独"的陈白沙、刘宗周也皆对此"格致知止"工夫有所失。他说："白沙从静中养出端倪，是先从定静入手，无头而同于禅矣。虽主静功夫不可少，然古今学人亦安能尽得宽闲岁月如僧家之闭门瞑目静坐乎？"而"凡人未曾致知者，人欲交滚，念念动乱，以恶为能，且不知已念中何者为善，何为不善，何时有静，何时动起，安能遽望其慎独、念动而即能辨善恶之几邪？"故刘宗周"以省察为头，毕竟前面亦少格致，正与以诚意入手同旨，特改换名目耳"。何谓"知止"？方东树认为："尧舜之敬敷五教，周乐正之、崇四术，孔子之入孝出弟、谨信亲爱、学文处贫、富无求安饱，《孟子》义利性善、王霸辞受取与《中庸》亦先提个命、性、道，都教人先知大分从此学之，所谓知止也。"而陆王一系之偏颇正在只关注自己及"学者已成就向上者"，而忽视《大学》之"诚意乃讨实下落事也"。由此也引入了对李塨、李颙的批评，方氏说：

> 李塨谓直以诚意指其入手，臧氏谓诚意正学着所以成始，皆大误。夫人未致知，则始学功夫有阙，纵诚得善意而品节，必不详。岂不同于禅，故格致传断不可攻，诚意断不可作入手。李二曲曰：明德与良知无分别，念虑微起，良知即知其善与不善，知善即实行其善，知恶即实去恶，不昧所知，心方自慊。愚谓：此亦谈何容易。上根上智，如颜子，犹需用克治；其次，则必大勇血战。故孔子告原宪曰："可以为难。"自古圣贤所争在此。故朱子谓之人鬼关，然前面必须有致知一层。李氏移"诚意"合于知，以"良知"混当"致知"之"知"，所谓顿门也。陆王之旨如此，不知良知、明德是指本体，与"致知"知字不同。上圣之人，本诚而明者，或即用明德、良知为照。若学者思诚明明德则必先"致知"，

所谓明之也，明而后诚也，致曲也。陆王只由自己天资高，不顾古今学者……故孔孟之学必从下学入手，朱子所以苦争之也。二曲《学髓图说》与蕺山《人极图》皆沿姚江之谬。比因论诚意不可入手，致知之功不可缺。而二曲牵知与诚意作一事，益为谬说，故附订之。总之《大学》本经曰："在明明德"。姚江以来诸儒，祇提倡明德，将上一明字抹去，何其卤莽灭裂也。如李塨，直以明德、新民对言，可谓不通。①

这里方东树对李塨的批评与对陈白沙、刘宗周的批评主旨一致，反对李塨以"诚意"作为《大学》入手处，强调其忽视"致知"环节的重要性。此外，方东树认为，李塨强调"诚意"还与其故意弱化"格物"的作用有关。他说：

塨以《大学》"格物"为《周礼》"三物"，孔子时，大学教法所谓六德六行六艺者，规矩尚存，故格物之学，人人所习，不必再言。惟以明德、新民标其目，以诚意指其入手而已。格物一传，可以不必补。按：塨此说谬妄，非一圣人立教，只教当时，不顾后世。及至后世，此事不兴，岂不缺此一义乎。若曰人人所习，不必再言，亦无此体例。孔子时，用人理财诸事，皆尚有规矩，胡为又言之孔子时三物尚存，故不言至朱子时三物已不与，仍不必补传，是终废此一义也。一派谬说，全非理实。塨学于颜元，又以躬行为主，此等妄说，盖又沿之王柏、毛奇龄诸人者也。②

考察李塨《大学辨业》，方东树所论并非无的放矢，如李塨认为："先致知而后格物矣，不则先明德而后格物致知矣，或先正心而后格物致知矣。"③又言："格致为始事，诚意以至天下平为由始而终事，功次划然，不可淆乱。"④又说："诚意为明亲之首，故统大学之道。"⑤可见李塨确以诚意为主。又如说："格物致知，学也，知也。"⑥"六艺，大学之实事也。今云入大学更不甚学，只理

① 方东树：《汉学商兑·卷中之上》，清道光十一年刻本，第27b—28b页。三益斋本无"苏子由所云本觉自明也"一句，今据后本去之。（参见漆永祥点校：《汉学商兑》，凤凰出版社2016年版，第77页注1）
② 方东树：《汉学商兑·卷中之上》，清道光十一年刻本，第25a页。
③ 李塨：《李塨集·大学辨业·卷三》下册，人民出版社2014年版，第944页。
④ 李塨：《李塨集·大学辨业·卷三》下册，人民出版社2014年版，第948页。
⑤ 李塨：《李塨集·大学辨业·卷四》下册，人民出版社2014年版，第950页。
⑥ 李塨：《李塨集·大学辨业·卷四》下册，人民出版社2014年版，第943页。

会理。"① "朱子数语，本之程子，近宗程朱者谓此语内外该括，格物除此无别事矣。然实按之，皆旁义也。考之事为是力行，察之念虑是诚意，求之文字，则或训诂、或雕虫事矣；索之讲论，犹格物所有，但正学不的，则讲其非讲矣。"② 则可见其格物说与其训格物为三物主旨一致，都强调从具体的实用之学（六艺）来发挥"格物"的作用。不过方东树虽然不同意颜李的格物实学论，但也将颜李实学区别于汉学考据。他说："李颙、颜元、李塨等有徵于明儒心学之失，务以躬行矫之似也。而亦毁程朱亦不穷理，则亦子莫之执中也。兹汉学者，仅欲以训诂、小学、名物、制度易程朱之统，又下于二曲、习斋辈一等。"③ 故总体而言，方氏仍主以朱子学规视颜李学术：

> 孔子所以教人以知，转皆以行言之。如格物一贯诸说是也。不知吾道一是贯行，偏于尊德行（此邓定宇、李二曲、颜习斋、李刚主一派），而遗道问学，失圣人以中道教天下后世之旨。又厉禁求心穷理，率天下而从于罔，尤为祸道害教。④

（五）对李光地"贯之以一说"的批评

《商兑》中对官方朱子学的批评首推李光地，方东树认为李光地虽然以朱子学为学旨，但考察其学，则会发现李光地多以己说篡改朱子：

> 安溪平生事事学朱子，如依样葫芦，然者而其所著书，则皆暗与朱子立异。如论孟则有《劄记》，大、中则有《章》《段》，易有《观象》，诗有《所》，《参同》《阴符》《楚辞》皆有注。《榕村劄记》则拟《语类》，《文集》拟《大全集》。⑤

这其中，方东树着重对李光地"贯之以一"的说法进行了批评。李光地认为：

> 从来讲得"贯之以一"，未曾说得"一以贯之"。"贯之以一"，如孟子所谓"反说约"，朱子"一旦豁然贯通"，义非不是，但"一以贯之"，是学问头脑，非指其究竟处也。惟当先有此头脑，故后来能到说约、贯通地位。须历多学而识、博文详说工夫。盖虽圣人，不能无所谓"贯

① 李塨：《李塨集·大学辨业·卷四》下册，人民出版社 2014 年版，第 945 页。
② 李塨：《李塨集·大学辨业·卷三》下册，人民出版社 2014 年版，第 945 页。
③ 方东树：《汉学商兑·卷中之上》，清道光十一年刻本，第 37a 页。
④ 方东树：《汉学商兑·卷中之上》，清道光十一年刻本，第 41a 页。
⑤ 方东树：《汉学商兑·卷下》，清道光十一年刻本，第 9a 页。

之"也。①

方氏认为，李光地将"一以贯之"作为学问头脑，与陆九渊"先立乎其大者"犯了同样的错误，原因在于孔孟教人，先以"多识、博学、详说"，并不先举一个"一"作为头脑。此外，朱子之主一说，也不是于"致知诚意"之外另一物，而是立一"敬"字。"敬"亦与李光地所言之"一"有根本区别。方氏引述朱子的话批评李光地"乱钱未有一文，先与一条绳索"，而唯有以程颢"人之为学，忌先立标准，若循循不已，自有所至矣"点明之。此外，《商兑》对其他官方朱子学人物也有批评，如批评熊赐履道：

> 如东坡以伊川为奸，岂非过论？叶绍翁诋道学为市，近世熊赐履《闲道录》詈陆王为异类，萧企昭阳明为贼，皆过言也。②

此处批评熊赐履对陆王的批评为"过言"，检之《商兑》，实方东树本人亦对陆王多责言，不过如前文所示，方氏亦对陆王留有余地，称陆王其学"虽有病痛"，但亦可邀为"孔门狂狷"。盖方东树认为，异说的兴起，往往不是源自一个学说的开创者，而多流弊于后学的浮躁，即"其始由一种知贤之过，不能反己潜心，尽精微之蕴以约之至道之正，而又或鼓之以客气浮情，遂如水火之不相为谋"，最终流于一种偏见，故学者当引以为戒。方氏亦举其师姚鼐为例标榜此义：

> 《惜抱轩笔记》有一条说孟子"必有事焉"，以为程子及程门诸贤说此皆从心体上说，朱子他处亦多取之，至《孟子集注》乃云必以集义为事，似是误也云云。树按：朱子有《答问何叔京书》一条，政辨此义。且程子亦有此说数处甚详。《惜抱》偶未见耳。乃益信学者不可轻议《集注》。③

学界历来对《汉学商兑》一书及其思想价值评价不一，概而言之，无外乎两端。一则认为方东树书中对评汉学的批评多为无的放矢之论，其人其学皆不可观，持此观点者如皮锡瑞："方氏纯以私意肆其谩骂，诋及黄震及顾炎武，名为扬宋抑汉，实则归心禅学，与其所著《书林扬觯》，皆阳儒阴释，不可为

---

① 李光地"贯之以一"一段为后补之文，清道光本无。（参见漆永祥点校：《汉学商兑》，凤凰出版社 2016 年版，第 96 页）

② 方东树：《汉学商兑·卷下》，清道光十一年刻本，第 28a 页。

③ 方东树：《汉学商兑·卷下》，清道光十一年刻本，第 8b 页。

训。"① 一则如章太炎、钱穆等，认为其书失在激烈，然其论亦有可观。② 方氏《书林扬觯》一书是否"阳儒阴释"暂且不论，其晚年《考槃集》中《辨道论》对儒佛关系的论述或可为学者参考。方东树说：

> 佛不可辟乎？辟佛者辟其足害乎世也。佛可辟乎？害乎世者，其人未可定也。世之辟佛者，夷佛于杨墨矣。孟子之罪杨墨也，为其无父无君也。由无父无君而驯至弑父弑君。故曰：辨之不可不早辨也。则以罪杨墨者，罪佛亦将如是云尔？春秋之事可考而知矣。其时杨墨犹未有也。而乱臣贼子已接迹于鲁史之书矣。故孔子惧而作春秋也。商臣赵盾、崔杼之祸固非由杨墨而致也。汉之事可考而知矣。传言明帝时佛法始入中国，而王莽已生乎其前矣。其后若董卓、曹操可谓无父无君之尤者矣，而莽与卓与操固不习乎佛之教也。今郡县小者不下数十万人，此数十万人贞邪不一，而极其行恶至于无父无君、弑父弑君盖不多有焉。余谓不多有之，无父无君之人必在于学乎杨墨与佛之人，而习儒者无不出于忠孝也。虽好异者，亦莫敢正主其说。汉高之甘心烹父以取天下也，以为民则固已倒矣，以为为富贵则狗彘不若也。其后如杨广、若刘守光、若李彦珣，或手刃其父，或亲集矢其母，皆汉高之实启之，佛固不忍为此矣。③

盖在方东树看来，风俗人心的变坏并非在于佛，而在于儒者不敢追溯造成风俗变坏的罪魁祸首——帝王。老、庄、杨、墨、佛等学术的不同，就如同秦、楚、齐、晋各国风俗、语言不同类似，从一言之，都是"大道之分著"，如同"耳、目、口、鼻"各有所明，"欲比而同之"，则有所不可。学者应"知有圣则百家之说，各有所明，时有所用，固无庸废也"。即儒家同其他学术流派之间的关系，就如同周与诸国间的关系："杨墨之道不熄，孔子之道不著。譬齐、楚、秦、晋而侵弱乎周也。诸侯强天子弱，其势足使天下不知有王。"④ 而韩

---

① 皮锡瑞：《经学历史》，《皮锡瑞全集》第6册，中华书局2015年版，第90页。
② 章太炎："东树亦略识音声训故，其非议汉学，非专污谰之言。"（章太炎：《检讨·清儒》，《章太炎全集》2014年版，第484页）钱穆："郑堂之《师承记》、芸台之《经解》，皆汉学极盛期之产品也。而植之其时适在粤，乃不禁对此全盛之空气而生反动。其议论所到，实亦颇足为汉学针砭……"（钱穆：《中国近三百年学术史》，商务印书馆2005年版，第574页）
③ 方东树：《辨道论》，《考槃集文录》卷1，清光绪二十年刻本，第1页。
④ 方东树：《辨道论》，《考槃集文录》卷1，清光绪二十年刻本，第3页。

愈、欧阳修作《原道》、《本论》辟佛，正如孟子辟杨墨，是为了挽救时弊，重整儒道。

方东树认为：

> 君子立言，为足以救乎时而已。苟其时之敝不在是，则君子不言，故同一言也。失其所以言之心，则言虽是而不足传矣。故凡韩子、欧阳子之所以辟乎佛者，辟其法也。吾今所为辟其佛者，辟其言也。其法不足以害乎时，其言足以害乎时也。则置其法而辟其言，而为其言者不足以害乎时，而为其言者，阳为儒阴为佛足以惑乎儒，害乎儒。其势头亦将使程朱之道乱而不复明也。①

由此看来，皮锡瑞对方东树"阳儒阴佛"的批评正为其本人所辟，故皮氏之批评，或未切中方氏之学旨。概观方氏《辨道论》中所论，大抵亦见于《汉学商兑》中的理学批评，即其学旨仍主之以程朱理学，坚持分别"道心、人心"，反对"一心说"。而其引据佛学，则重在证明陆王"阳儒阴佛"。如他说："先明乎善而后能实其善，《中庸》之旨也。明乎心而无不明而无事下学者，佛氏之教也。若夫明乎心而犹有未明，犹待下学。此陆氏之创，言本于佛氏带果修因之说，非《中庸》之旨也。"②

（作者简介：李　辰　中山大学哲学系）

---

① 方东树：《辨道论》，《考槃集文录》卷1，清光绪二十年刻本，第3页。

② 方东树：《辨道论》，《考槃集文录》卷1，清光绪二十年刻本，第8页。

康有为政治哲学的人性论基础

——以《孟子微》为中心

干春松

儒家的政治哲学大率建基于其对于人性的理解，对于人性的不同态度往往决定着其对于秩序建构原理的不同方向。秩序问题的核心是人类活动与制度体系的关系问题，换句话说，人类如若要有一种美好的生活，应该依赖人心的"提升"还是完善制度的"制约"。儒家素来主张教化和秩序的结合，即所谓礼乐刑政，互相支持。

然而，如果一定要确立一种价值的优先性，儒家政治思想更为注重人的"主动性"，即相信即使有好的制度，如果没有君子的参与，秩序就会失去其效能。反之，即使秩序崩坏，若有君子，亦可勉力维持。在《中庸》中，我们可以看到这样的说法："子曰，文武之政，布在方策。其人存，则其政举；其人亡，则其政息。""故为政在人。取人以身。修身以道。修道以仁。"这一方面是说制度和政策的设定要因人而异，另一方面则强调了制度对于人的依赖。所以，儒家的政治向例是以修身为出发点。而修身问题的核心则是对人性的理解，人性问题奠基了如何自我修养和社会教化的方式。以此来看，儒家的政治哲学的制度维度和心性维度是相即不离的。

自19世纪末，儒家思想的解释力遭受空前的质疑，儒家论域中的关注焦点在经学体系内的古今之争。在公羊学成为政治变革的经学基础的背景下，作为传统儒学思想中最为基础性的人性论，则用力者甚少。在这样的背景下，康有为却一直重视人性问题，并由此来展开他的政治秩序构想。作为公羊学的继承者，他追慕董仲舒，因此，在其人性论的思考中，亦以董仲舒的"善质"为基础并综合孟荀，回归孔子。而尤以《孟子微》中专列性情一章，阐发其人性与制度之间的关系，以"生之为性"为基础，并将儒家的不同的人性理置于他的三世说之中，强调不同的人性设定指向不同世的制度目标，为传统的人性论讨论之别开生面。

当然，要理解康有为的人性论，除了其与公羊三世说的关系之外，首先是他对于人的理解的改变。也就是康有为在儒家从"社会关系"层面来理解人的本质之外，还试图建构超越现实层面的更为"抽象"的人。在这方面他可以借助荀子的礼有三本中的"天"和"祖宗"两方面，同时阐发春秋"元"的思想，试图为理解"人"确定两个方向，即自然之本和类之本。在作于1893—1897年期间的《春秋董氏学》中，康有为结合《春秋繁露》的说法，对于人类做了一种发生学意义上的重新确定，其目标在于要给人的产生找到一种形而上的基点即"元"，虽然康有为依然从"核"、"卵"来比拟生命的本原，但其着力处在于"始"，即"万物的开端"。如此说来，我们每个人就有了两个源头，即本原意义上的开端和自然生命的开端。本原意义上的开端，就是"元"，而自然生命的开端即是父母生之时。由此，既为儒家的血缘性伦理秩序找到"类之本"，亦为超越这种"类"的伦理而超越之的普遍伦理找到依据，即"为人者天"。所以康有为说："若但父天，则众生诚为平等，必将以父母侪于万物，则义既不平，无厚薄，远近之序，事必不行。若但父父，则身家诚宜自私，必将以民物置之度外，仁既不广，将启争杀之祸，道更不善。"因此，圣人将天道之平等和人道之亲亲结合起来，则"仁至义尽"①。由此，我们庶几可以理解康有为人性论思想的复杂性和综合性。

一、康有为对人性的思考的发展

康有为早年从岭南理学大师朱次琦学，认同以心性论为基础的朱子理学，肯定朱子能得"先王学术之全，治教之密"②，不过，他也批评朱子对于孔子改制之学，未及深思，所以他的作品注解过多，经世之业少。虽然康有为之离开朱次琦的原因有更多，但希望更多的现实政治实践，应该是康有为转向公羊学的重要原因。

在早期讲学过程中，康有为颇为看重人性问题的探讨，但其人性论更为

---

① 康有为：《春秋董氏学》，《康有为全集》第 2 集，中国人民大学出版社 2007 年版，第 375 页。

② 康有为：《教学通义》，《康有为全集》第 1 集，中国人民大学出版社 2007 年版，第 45 页。

倾向于善恶是后天环境熏习的影响，认为将仁义作为善，是"习"不是"性"。
1886年《康子内外篇》中说：

> 人之有生，爱恶仁义是也，无所谓性情也，无所谓性情之别也。爱
> 恶皆根于心，故主名者名曰"性情"。造书者从心生，要知其生于心而
> 已。存者为性，发者为情，无所谓善恶也。后人有善恶之说，乃谓"阳
> 气善者"为"性"，"阴气有欲"为"情"。《说文》于是以仁义为阳而善
> 者，以爱恶为阴而欲者。夫仁之与爱、义之与恶，何异之有？今之所谓
> 仁义者，积人事为之，差近于习，而非所谓性也。若夫性，则仁义爱恶
> 无别也。善者，非天理也，人事之宜也。故以仁义为善，而别于爱恶之
> 有恶者，非性也，习也。①

这段话虽然并不是严格意义上讨论人性的，但包含着诸多康有为讨论人性的基
本因素，比如阴阳、性习等。康有为认为人之生，有善恶之别，但善恶是后天
形成的，非是天生的，所以，学习和教化，都是对自然之人性的节制和规训，
这也是礼乐教化之所由起也。而在康的表述中，人的自然情感就是自然之人
性，发之为喜怒哀乐。

> 凡言乎学者，逆人情而后起也。人性之自然，食色也，是无待于学
> 也；人情之自然，喜、怒、哀、乐无节也，是不待学也。学所以节食、
> 色、喜、怒、哀、乐也。圣人调停于中，顺人之情，而节人之性焉。②

这个时期的康有为对人性的讨论，更多是从孔子的性近习远出发，认为后天的
教育和培育对于成就自我尤其重要，他在《长兴学记》（1891）中说：

> 夫性者，受天命之自然，至顺者也。不独人有之，禽兽有之，草木
> 亦有之，附子性热，大黄性凉是也。若名之曰人，性必不远，故孔子曰，
> 性相近也。夫相近，则平等之谓，故有性无学，人人相等，同是食味、
> 别声、被色，无所谓小人，无所谓大人也。有性无学，则人与禽兽相等，
> 同是视听运动，无人禽之别也。③

这是从"生之为性"的角度来描述人性的状态，强调人之为人的关键并

① 康有为：《康子内外篇·爱恶篇》，《康有为全集》第1集，中国人民大学出版社2007年版，第101页。
② 康有为：《康子内外篇·性学篇》，《康有为全集》第1集，中国人民大学出版社2007年版，第102页。
③ 康有为：《长兴学记》，《康有为全集》第1集，中国人民大学出版社2007年版，第341页。

不是先天决定的，人与禽兽的差别是由"学"所决定的。孔子论性之语略少，儒家论性之煌煌大者为子思、孟子和荀子。

康有为并不是将孟子和荀子视为"对手"，而是将他们归入孔子人性论的不同层次的展开，所以，他不同意宋人专门尊崇孟子而贬斥荀子的做法。1894年，他在去广西讲学的时候，提出孟、荀应该并重，并认为宋儒所说的"变化气质"其实就是继承了荀子"劝学"以化人的理念。他说："宋人以荀子言性恶，乃始抑荀而独尊孟。然宋儒言变化气质之性，即荀子之说，何得暗用而显辟之？盖孟子重于心，荀子重于学；孟子近陆，荀子近朱，圣学原有此二派，不可偏废。而群经多传自荀子，其功夫尤大；亦犹群经皆注于朱子，立于学官也。二子者，孔门之门者也。舍门者而遽求见孔子，不可得也。二子当并读，求其大义，贯串条分之。"① 既然宋儒区分义理之性和气质之性，那么，就说明他们事实上在"暗用"荀学。康有为进一步解释说，荀子也并非全然是性恶论者，他所主张的是"本始才朴"，即从源头上是不分善恶的。而孟子的性善说不可能得到经验的证实。"宋儒以气质言性，亦以义理言性。荀子'性恶'之'恶'，指质朴而言。孟子之言性善未确。"② 同时期或稍后的《春秋董氏学》中，认为孟荀之间在"朴"这一点上是共通的。

> 《荀子》：性者，本始质朴也，即天质之朴也。伪者，文理隆盛也，即王教之化也。故刘向谓：仲舒作书美荀卿也。然无其质，则王教不能化，乃孟子之说，则辨名虽殊，而要归则一也。③

在《万木草堂口说》中，康有为专门讨论了宋明儒者的性善说，认为性善说并非是确凿之论，而是后世儒者"行权"之论，他说：

> 朱子言"性即理也"，说本程子《四朝闻见录》，其弟子刘静春已讯之。性确有关天理，如林木之有文理，然《中庸》言"率性"之谓，王充《论衡》"率，勉也"，自不能说性。
>
> 古人多言道，宋人多言理，但以理为性不可。
>
> 董子言性，为中人言之也，故孟子言"尧、舜性之也，汤、武身之也"，不尽言性善。

---

① 康有为：《桂学答问》，《康有为全集》第 2 集，中国人民大学出版社 2007 年版，第 19 页。

② 张伯桢记录：《康有为先生讲学记》，《康有为全集》第 2 集，中国人民大学出版社 2007 年版，第 106 页。

③ 康有为：《春秋董氏学》，《康有为全集》第 2 集，中国人民大学出版社 2007 年版，第 386 页。

性善之说，行权也，后世陆、王主张此说，但专用遁法耳。①

基于生之谓性的人性论，所以，康有为认为告子的人性论更符合孔子的倾向，他说：

凡论性之说，皆告子是而孟非，可以孔子为折衷。告子之说为孔门相传之说，天生人为性。

性无善恶，为圣人所主也。

善谓其出于性也，可。谓其出于智也，可。

从荀子说，则天下无善人。从孟子说，天下无恶人，荀子说似较长。②

康有为说既然世界上有许多残暴之人，那就表明不可能所有人都是性善的。"孟子言性善，扩充不须学问。荀子言性恶，专教人变化气质，勉强学问。论说多勉强学问工夫，天下惟中人多，可知荀学可重。荀言穷理，多奥析。孟养气，故学问少。孟言扩充，是直出。荀言变化，是曲出。孟子但见人有恻隐辞让之心，不知人亦有残暴争夺之心也。"③

这个时期，与孟子的性善说相比，康有为更为推崇荀子的人性论，不过他又说《白虎通》的说法更为精细一些。"荀子言性恶，以恶为粗恶之恶。董子言生之谓性，是铁板注脚。总之，'性是天生，善是人为'，二句最的。其善伪也，伪字从人，为声，非诈伪之伪，谓善是人为之也。荀子言性恶，义理未尽，总之，天下人有善有恶，然性恶多而善少，则荀子之言长而孟子短也，然皆有为而言也。孟子传孔子之学粗，荀子传孔子之学精。孟子言扩充，大指要直指本心。荀子则条理多，孟子主以魂言，荀子主以魄言。二者皆未备，《白

---

① 康有为：《万木草堂口说》，《康有为全集》第2集，中国人民大学出版社2007年版，第174页。

② 康有为：《万木草堂口说》，《康有为全集》第2集，中国人民大学出版社2007年版，第186页。告子的人性论一直受人质疑，但近年来的郭店竹简的出土，似乎是可以证明告子的人性论可能是儒家某一阶段比较流行的学说。如《性自命出》篇说："凡人虽有性，心无定志，待物而后作，待悦而后行，待习而后定。喜怒哀悲之气，性也。及其见于外，则物取之也。性子命出，命自天降，道始于情，情生于性。始者近情，终者近义。知情者所能出之，知义者能入之。好恶，性也。所好所恶，物也。善不善，性也。所善所不善，势也。"（李零：《郭店竹简校读记》，北京大学出版社2002年版，第105页）

③ 康有为：《万木草堂口说》，《康有为全集》第2集，中国人民大学出版社2007年版，第182—183页。

虎通》所说更精。"①

　　那《白虎通》所说为何呢？"性善性恶、无善无恶、有善有恶之说，皆粗。若言天有阴阳之施，身亦有贪仁之性，与《白虎通》同，可谓精微之论也。《易·系辞》：一阴一阳之谓道。继之者，善也。成之者，性也。言性善者，皆述之。然《易》意阴阳之道，天也，继以善教也。成其性，人也。止之内，谓之天性，天命之谓性也，率性之谓道，修道之谓教。止之外，谓之人事，事在性外，所谓人之所继天，而成于外也。"②康有为更为肯定用魂魄和气化来解释人性，从而更为接近自然人性论。这为后天的教化活动提供了可能。在这段话中康有为进一步将《周易》的阴阳思想引入人性论，从而给人性的讨论增加了"宇宙生成论"的维度。这也是他后来从自然生成和生物生成两个方面讨论人性的渊源所在。

　　由此可见，在人性论问题上，康有为与宋明儒者的差异是非常明显的。他甚至认为宋儒之所以极力发明性善说，主要是因为佛学在宋代的流行，而佛教即心即佛的思想与性善说暗合，才导致人们推崇孟学。他说："孟子性善之说，所以大行于宋儒者，皆由佛氏之故。盖宋儒佛学大行，专言即心即佛，与孟子性善暗合，乃反求之儒家，得性善之说，乃极力发明之。又得《中庸》'天命谓性'，故亦极尊《中庸》。然既以性善立说，则性恶在所必攻，此孟子所以得运二千年，荀子所以失运二千年也。然宋儒言变化气质，已不能出荀子范围，此则宋儒之蔽也。"③

　　1890年，康有为在接受公羊学之后，他在人性问题上重视董仲舒的思想，不过在早期，他并没有太发挥董仲舒的"善质"说，而是认为性善性恶或者无善无恶的说法，都不够精细，而是着力于发挥周易和中庸的观念，从《系辞》中的一阴一阳之谓道，继之者善也，成之者性也这句话加以展开，认为阴阳是天道，而继之成之则是人事。因此，率性之为道，修道之谓教。

　　既然自然的情感来自于自然，那么人的天性就需要保护，董仲舒认为，要让民心有所归，就必须要知道"引其天性所好，而压其情之所憎者也"。(《春

①　康有为：《万木草堂口说》，《康有为全集》第2集，中国人民大学出版社2007年版，第184页。

②　康有为：《春秋董氏学》，《康有为全集》第2集，中国人民大学出版社2007年版，第385页。

③　康有为：《万木草堂口说》，《康有为全集》第2集，中国人民大学出版社2007年版，第181页。

秋繁露·正贯》）对此，康有为加以申论说："引天性之所好，而压其情之所憎，率性为之道不可离，既不可离，故唱而民和，动而民随。吾向谓：凡道民者，因人情所必趋，物性所不能遁者，其道必行。所谓言虽约说，必布人之为道，而远人不可以为道。精义妙道，真能发明孔子立教之本也。"① 康有为认为董仲舒的人性论的高妙之处在于以情感的好恶来引导人们的行为，才能取得成效。

这个时期对康有为的人性论观点有正面交锋的是朱一新，根据朱一新给康有为的信，可知康有为和朱一新② 曾有一次彻夜长谈。朱一新指出在人性问题上，两人的立场"终以不合"，并认为，"自告子、荀子之论出，乃始与老、庄、释氏相混"③。其实是要说康有为推崇告子和荀子，实际上是认同了道家和佛教的立场。他们之间争论的焦点在于，康有为同意告子和荀子的看法，认为性本无善恶之分，人之有善恶乃在于后天的习染所致，所以圣人制定礼义秩序才有其必要，人需要通过学和修养来节制才具有合理性。而朱一新则认同孟子、程朱的人性观点，认为如果人性恶，没有善端，那么人类自身向善的动力何在，人也就会把圣人所制之礼，看作是"苦人之具，而并非顺乎性之自然"④。

康有为还辩说自己推重荀子和董仲舒的人性论，并非如一般所论扬荀贬孟，而是认为荀子之学对于当下复兴礼乐关系甚大，而担心"惟从孟子之说，恐人皆任性，从荀子之说，则人皆向学"⑤。在这一点上，阳明后学强调良知流

---

① 康有为：《春秋董氏学》，《康有为全集》第 2 集，中国人民大学出版社 2007 年版，第 387 页。

② 朱一新（1846—1894），字鼎甫，号蓉生。浙江人。历官内阁中书舍人、翰林院编修、陕西道监察御史。任广州广雅书院山长。光绪十六年（1890），康有为移居广州。朱一新在广州与康有为时相过从，每辩论自晚达旦。朱一新遗著中有多封致康有为书信，明确反对康有为的人性论及经学立场。

③ 朱一新：《朱侍御答康长孺论性书》，见《康有为全集》第 1 卷，中国人民大学出版社 2007 年版，第 331 页。朱一新在《无邪堂答问》中，专就顾炎武关于学者不当言心性问题做出答复，认为人性和人心问题是自孟子以来儒家论学的关键，固然不从事实践而仅言心性是一种令人"厌鄙"的行为，但不能因噎废食，不谈心性，也不能如荀子、告子般否定人性本善，从而使仁义礼智无所出。（见朱一新：《无邪堂答问》，中华书局 2000 年版，第 117—121 页）

④ 朱一新：《朱侍御答康长孺论性书》，见《康有为全集》第 1 卷，中国人民大学出版社 2007 年版，第 332 页。

⑤ 康有为：《答朱蓉生先生书》，《康有为全集》第 1 集，中国人民大学出版社 2007 年版，第 330 页。

儒学的当代理论与实践

行而忽视道德修养的弊端似乎可以佐证康有为的立论。

我们知道，在 1898 年戊戌变法之前，康有为的关注点在上书表达变法设计并撰写各种奏折以鼓动朝廷实施。然变法失败之后，流亡中的他有比较充沛的时间进行理论创构，自从 1900 年离开日本之后，他开始系统地对儒家的一些经典进行再阐释，主要是《中庸》、《论语》、《孟子》、《礼运》篇，在这些新的注释中，康有为开始结合公羊学和西方的政治理论，试图为他的政治哲学寻求经学的支持。

在人性的问题上，他在《中庸注》中，对《中庸》开篇所论"天命之谓性"的解读，殊为值得注意。这也标志着他对人性问题理解的进展。他将"天命之谓性"理解为"人非人能为，天所生也。性者，生之质也，禀于天气以为神明，非传于父母以为体魄者，故本之于天"①。强调人性本之于天生，是要强调人性之共同性，并在此基础上建立起公共的规则。由此，"率性"就可以被理解为遵循公共互行的"道"。而修道，则是被理解为将这些规则传达给每一个人。最后康有为引申说："孔子教之始于人道，孔子道之出于人性，而人性之本于天生，以明孔教之原于天，宜于人也。"②

《中庸》论性的一个很重要的视角是对于"情"的讨论，《中庸》中所作的"未发之中"和"发而中节"的问题讨论乃后世儒家心性论的核心议题之一。《中庸》说："喜怒哀乐之未发，谓之中。发而皆中节，谓之和。中也者，天下之大本也。和也者，天下之达道也。"而康有为对于这段的解释，主要是从分辨圣人和一般人出发的，在他看来，一般人很难做到未发之中与发而中节，"然其本始，甚微甚渺，皆因创制者之性情而生。创制者喜怒哀乐之本性有偏，则喜怒哀乐之发情有戾。于是施行之而为道教，即不能无畸轻畸重、毗刚毗柔之失。厚于仁者，或薄于义。厚于义者，或薄于仁"③。在康看来，这并非是基于人的本愿，而是情性发用过程并不能做到内外合一的原因所造成。④ 只有圣人才能真正做到诚中形外。

---

① 康有为：《中庸注》，《康有为全集》第 5 集，中国人民大学出版社 2007 年版，第 369 页。

② 康有为：《中庸注》，《康有为全集》第 5 集，中国人民大学出版社 2007 年版，第 369—370 页。

③ 康有为：《中庸注》，《康有为全集》第 5 集，中国人民大学出版社 2007 年版，第 370 页。

④ 康有为在《万木草堂口说》中说到《中庸》第一章的时候说："《中庸》'天命之谓性'三句，若子思既有性善之说，则必无'修道之谓教'语，此性字乃是人之质也。方为确诂。"见康有为：《万木草堂口说》，《康有为全集》第 2 集，中国人民大学出版社 2007 年版，第 169 页。

694

《中庸注》中提出，"圣人之性"，"夫圣人之性，会道教之原，为群生所托命焉，故为天下之大本也。孔子涵养其性于寂然不动、通渊合漠之时，以戒慎恐惧，时时顾諟天命，日监在兹，洗心藏密，净彻灵明。故能上合乾元，与天同体，正其性命，保合太和。大化浩浩而平流，天倪光炯而常耀，此本性深远自得之体，在七情未发之先，在用力之始，在戒慎恐惧。其成性之后，为正纯粹精。以德言之，则大明始终。以体言之，则浑然中平"①。这显然是董仲舒性三品说的发挥，因为，在董仲舒看来，所谓的人性一般是指"中人之性"，而圣人则是人之表率，而斗筲之人则是无法教化的。

在人性善恶上，他坚持原先的立场，认为善恶是后天的产物。并从《中庸》区分自诚明与自明诚来说明性善和性恶都是有依据的。除《中庸注》之外，《论语注》中也有涉及人性问题的论述。《论语》中关于人性的讨论，主要是性近习远和上智下愚不移那段话。

康有为在《论语注》中论上智下愚不移的问题时，是以气秉的清浊来说明人性善恶的。他说：上智之人魂魄皆清明，而不会被恶习所移，而下愚则魂魄俱浊，则难以教化。而对于性相近习相远，康有为认为后世讨论性都拘泥于善恶，"孔子则不言善恶，但言远近。盖善恶者教主之所立，而非天生之事也。甚矣！圣人之言之精浑无病也。言性者聚讼纷如，亦折中于孔子可矣"②。他认为后来人性善恶的讨论原因在于背离了孔子不言善恶只言远近的原则。

二、人性善恶与生之为性

康有为对于人性问题的讨论比较集中于在流亡初期所作的《孟子微》一书中，在《孟子微》的导言中，康有为说孟子不传《易》，对于天道之精微处，很少论及，但孟子的"养气知言"乃是孔门之真传，与《中庸》和《礼运》十分契合。并与公羊穀梁也符合，所以，如果要了解孔子关于"太平世大同"的想法，舍孟子而不可求。如此说来，在康有为的视野中，孟子所承担的是建构儒家的理想社会理论，这个理论的人性基础是性善论，制度模范是尧舜之治。在总论中，康有为强调孟子思想最关键处是"道性善"和"称尧舜"两句话。

---

① 康有为：《中庸注》，《康有为全集》第5集，中国人民大学出版社2007年版，第370页。

② 康有为：《论语注》，《康有为全集》第6集，中国人民大学出版社2007年版，第516页。

他在总论中概括孟子的人性论思想说：

> 孟子探原于天，尊其魂而贱其魄，以人性之灵敏皆善，此出于天生，而非禀于父母者。厚待于人，舍其恶而称其善，以人性之质点可为善，则可谓性为善，推至青云之上，而人不可甘隳于尘土也。盖天之生物，人为最贵，有物有则，天赋定理，人人得之，人人皆可平等自立。故可以全世界皆善，恺悌慈祥，和平中正。无险诐之心，无愁欲之气。建德之国，妙音之天，盖太平大同世之人如此。①

这段话强调了孟子对于人性尊严的肯定，虽然，他将孟子的人性思想概括为"人性之质点可以为善"并不准确，然而，他说孟子强调人性之善是由天赋而成，亦是得孟子良知学说的真精神。进一步，康有为将孟子的人性思想归之于三世中之太平大同世。认为性善的人性特性属于"太平大同世"的人所具备的，在这样的条件下，便自然会主张"选贤能以禅让，太平大同之民主也"②。

人性之善必然会推出仁政的主张，即有不忍人之心，而有不忍人之政。康有为用了新的物理概念来解释这种"不忍人之心"，"不忍认之心，仁也，电也，以太也，人人皆有之，故谓人性皆善。"有这样的不忍人之心，必然会生发出不忍人之政。"人道之仁爱，人道之文明、人道之进化，至于太平大同，皆从此出"③。而不同的"世"，对于人性会有不同的定位，并产生不同的秩序，所以"盖言性恶者，乱世之治，不得不因人欲而治之。故其法检压伏为多，荀子之说是也。言性善者，平世之法，令人人皆有平等自立，故其法进化向上为多，孟子之说是也"④。通过将孟子和荀子的人性论的适用范围重新划定来化解他们之间的矛盾。

在《孟子微》中，康有为尤其着力于思考儒家伦理中的人伦之爱和普遍之爱之间的关系，而尤其强调了普遍性的向度。理想的秩序应该是超越国家而达天地万物为一体，因为孔子推行的人道之教，其立足于所有人。在这个角度，"人为天生"则是普遍性向度的基础。"人人皆天生，故不曰国民而曰天民，人人既是天生，则直隶于天，人人皆独立而平等，人人皆同胞而相亲如兄

---

① 康有为：《孟子微》，《康有为全集》第 5 集，中国人民大学出版社 2007 年版，第 413 页。

② 康有为：《孟子微》，《康有为全集》第 5 集，中国人民大学出版社 2007 年版，第 413 页。

③ 康有为：《孟子微》，《康有为全集》第 5 集，中国人民大学出版社 2007 年版，第 414 页。

④ 康有为：《孟子微》，《康有为全集》第 5 集，中国人民大学出版社 2007 年版，第 414 页。

弟。"① 如果基于天生人的前提，那么，必然要确定平等的原则，但天之生人，又有智愚强弱的区别，所以物争而天择之，因此"不平者天造之，平均者圣人调之"②。也就是说，自然竞争的结果必然会因为先天条件的不同而产生差异，而圣人则基于此而进行调整，才大成均平之社会。

基于对普遍性的爱的推崇，康有为甚至认为只要符合仁政的原则，那么谁在推行似乎并不重要。他在评点《离娄》篇中舜是东夷之人，文王为西夷之人的说法时，评论说："舜为太平世民主之圣，文王为拨乱世君主之圣，皆推不忍之性以为仁政，得人道之至以为人矩者。孔子祖述宪章，以为后世法程。其生自东西夷，不必其为中国也。其相去千余岁，不必同时也。虽迹不同，而与民同乐之意则同。孟子所称仁心仁政，皆法舜、文王，故此总称之。后世有华盛顿其人，虽生不必中国，而苟合符舜、文，固圣人所心许也。"③ 在康有为的认识中，如果华盛顿所施行的是尧舜之仁政，那么他就是圣人。

但是康有为并不因强调普遍性而否定儒家之人伦之爱，"本仁于父母而孝弟，本仁于天而仁民爱物，皆人性之次第也。父母兄弟之亲亲，乃不忍之起点。仁虽同而亲亲为大，仁虽普而孝弟为先"④。康有为说，一个人如果能忍弃骨肉，何以能仁民爱物。

康有为要建立起一种与民主平等相符合的人性论基础，那么孟子的性善论是很有解释空间的。但平等观念必然与儒家的"差等"观念产生紧张，这个时候，公羊三世，或孟子的乱世、平世说往往是最后支撑点。

《孟子》书中提到"乱世"和"平世"，所以，在诠释《孟子》的时候，他是公羊三世和乱世、平世两种历史范型同时使用。并比较多地使用乱世、平世的划分。如释《离娄下》"禹、稷当平世"节说：

> 故有平世乱世之义，又能知平世乱世之道各异。然圣贤处之各因其时，各有其宜，实无可如何。盖乱世各亲其亲，各私其国，只同闭关自守。平世四海兄弟，万物同体，故宜饥溺为怀。大概乱世主于别，平世主于同。乱世近于私，平世近于公。乱世近于塞，平世近于通，此其大别也。孔子岂不欲即至平世哉？而时有未可，治难躐级也。如父母之待

① 康有为：《孟子微》，《康有为全集》第 5 集，中国人民大学出版社 2007 年版，第 415 页。
② 康有为：《孟子微》，《康有为全集》第 5 集，中国人民大学出版社 2007 年版，第 420 页。
③ 康有为：《孟子微》，《康有为全集》第 5 集，中国人民大学出版社 2007 年版，第 417 页。
④ 康有为：《孟子微》，《康有为全集》第 5 集，中国人民大学出版社 2007 年版，第 418 页。

> 婴儿，方当保抱携持，不能遽待以成人之礼；如师长之训童蒙，方用夏楚收威，不能遽待以成学之规。故独立自由之风，平等自主之义，立宪民主之法，孔子怀之，待之平世，而未能遽为乱世发也。以乱世民智未开，必当代君主治之，家长育之，否则团体不固，民生难成。未至平世之时，而遽欲去君主，是争乱相寻，至国种夷灭而已。……至于平世，则人人平等有权，人人饥溺救世，岂复有闭门思不出位之防哉？若孔子生当平世，文明大进，民智日开，则不必立纲纪、限名分，必令人人平等独立，人人有权自主，人人饥溺救人，去其塞、除其私、放其别，而用通同公三者，所谓易地则皆然。①

这是从多视角对比乱世与平世的区别。在这里他更注重的是循序渐进的进化即所谓的社会改良，而不是具有破坏性的革命，改良可以避免由革命导致的社会乱荡，使社会获得良性的发展。他所向往的是那"独立自由之风，平等自主之义，立宪民主之法"的平世，充分吸取了西方自由、民主、平等思想，以及相适应的法律理念，并把它们与《孟子》思想相印证，这也是他此前倡导变法想要达到而未能达到的。

他还把《礼运》中的大同、小康之别与孟子的平世、乱世进行比较，认为大同即平世，小康即乱世。

> 言父子，平世不独亲其亲，子其子；乱世各亲其亲，各子其子。言夫妇，平世男有分，女有归，分者有所限，归者能独立，男女平等自由；乱世以和夫妇。言君道，平世天下为公，选贤与能；乱世大人世袭。言兄弟，平世老有所终，壮有所用，幼有所长，矜寡孤独废疾有所养；乱世以睦兄弟而已。言货力，平世货恶其弃于地，不必藏于己，力恶其不出于己身，不必为己；乱世则货力为己。②

与同时期所注的《论语》、《中庸》所不同的是，康有为的《孟子微》是将孟子的思想以专题的形式来讨论的，而所谓的孟子"微"是着重要阐发孟子思想中的微言大义。

《孟子微》中第一个专题就是"性命"。可证康有为是将人性问题作为理解孟子思想的首要问题。

---

① 康有为：《孟子微》，《康有为全集》第5集，中国人民大学出版社2007年版，第421—422页。
② 康有为：《孟子微》，《康有为全集》第5集，中国人民大学出版社2007年版，第422页。

在这章中，康有为系统梳理了孟子、荀子、董仲舒和宋明儒者对于人性问题的思考，提出了他自己的人性观念，以及他对于人性和政治问题的一些考虑。

由于康有为并不同意性善说，所以，他在介绍孟子的人性思想的时候，首先要找出孟子人性论中比较倾向于善恶是后天形成的那些表达。比如，在解读《告子上》的"乃若其情"一段话时，与后世儒者更多关注的是"四端说"不同，康有为并没有从四端入手，而是从"乃若其情，则可以为善矣"入手，即认为孟子自己也承认人可以为善，而不是先天的"性善"。孟子在这段话的结尾，以《诗经》中，"天生烝民，有物有则，民之秉彝，好是懿德"作为证据。康有为推论说"好是懿德"中强调了人最多就是有对于"德"的偏好，但这恰好表明《诗经》中也不认为人天生就善。

康有为说：天生万物，就会赋予每一个物种以独特的特性，这个特性也可以称之为"天则"，康有为是从事物的规定性来解读这个"则"的。比如"附子性热，大黄性凉，因其则可以为医"。并进一步以金属的导热性和导电性来解释"则"，"金类传热，电气通远，因其则，故可以为电线，传声传言"①，每一个人的"天则"也就是人性的倾向是"好是懿德"，人性的特质在于天然被道德吸引。这种能力并非是人通过学习得来的，而是与生俱来的由上天赋予的。"好之云者，如磁之引铁，芥之引针，其以太之所含，能与懿德合而摄之，如阳电阴电之相吸也，非本有其电，则不能不与他电相吸。此人独得于天者也。"②他借用《春秋繁露》中《王道通》中的话说："人之受命于天也，取仁于天而仁也。是故仁之受命天之尊，有父兄子弟之亲，有忠信慈惠之心，有礼义廉让之行，有是非顺逆之治。文理灿然而厚智，广大而博。此民所受之天则，故自好懿德也。"③

康有为将"天则"理解为人自我提升的"天性"，如此，"天则"也就是中庸所说的"德性"和"明德"。是向善的动力，但并不能将之等同于善。"性不能尽善"，但所秉之"天则"不会沉沦，因此就会导引人类向善。《尧典》中的"明其峻德"，《大学》中的"明其明德"，《中庸》中的"尊其德性"，《诗经》

① 康有为：《孟子微》，《康有为全集》第5集，中国人民大学出版社2007年版，第426页。
② 康有为：《孟子微》，《康有为全集》第5集，中国人民大学出版社2007年版，第426页。
③ 康有为：《孟子微》，《康有为全集》第5集，中国人民大学出版社2007年版，第426页。

中的"予怀明德",孟子所强调的"养性"都是就人之所含的"天则"所作出的肯定。

> 惟人入于形色体魄之中,则为体魄所拘。投于声色臭味之中,则为物交所蔽。熏于生生世世业识之内,则为习气所镕。故性不能尽善,而各随其明暗、轻清、重浊以发之,要其秉彝所含终不能没,苟能养之,终可以任人尽善。盖惟人人有此性,而后得同好仁而恶暴,通好文明而恶野蛮,同好进化而恶退化。积之久,故可至太平之世、大同之道、建德之国也。若无好懿德之性,则世界只有退化,人道将为禽兽相吞食而立尽,岂复有今之文明乎?①

在这里,康有为解释"乃若其情,则可以为善矣"是说正是因为有"好是懿德"这样的偏好,所以人人才能进化文明,否则便会是退化野蛮,也是在这个意义上,康有为认为孟子的性善是"其情可为善,乃所谓善,此孟子性善说所由来也"②。

经过这样的解释,我们从孟子身上看到了董仲舒的影子。换句话说,康有为是从董仲舒的善质来理解人性中的这种禀赋的。

为解决孟子和荀子的善恶困境,董仲舒提出了"善质"说。善质并不能直接称之为善,只有等到这种善质的现实化之后才能冠之以善。

董仲舒在《春秋繁露·深察名号篇》中,以卵和鸡、蚕与丝的比喻来区分人性善的可能性与现实性之间的差别。董仲舒认为先秦各家所谓性善,各有其意,"性有善端,动之爱父母,善于禽兽,则谓之善,此孟子之言。循三纲五纪,通八端之理,忠信而博爱,敦厚而好礼,乃可谓善,此圣人之善也。"因此,孟子所说的性善和圣人之性善,所指并不相同。如果是跟禽兽相比,那么所有人的人性都是善的,而如果以圣人之善为标准,那么一般的百姓的人性就不一定能称之为善了。所以,董仲舒认为要对"性"、"善"这个名号进行一下分辨,他说:"善如米,性如禾。禾虽出米,而禾未可谓米也。性虽出善,而性未可谓善也。米与善,人之继天而成于外也。非在天所为之内也。天所为,有所至而止。止之内谓之天,止之外谓之王教。王教在性外,而性不得不

---

① 蒋贵麟主编:《中庸注 孟子微》,《康南海先生遗著汇刊》(5),台湾宏业书局有限公司1987年版,第148页。

② 康有为:《孟子微》,《康有为全集》第5集,中国人民大学出版社2007年版,第426—427页。

遂，故曰性有善质，而未能为善也。"①

据此，董仲舒认为圣人之性与斗筲之性，都不可以称之为性，只有介于圣人和斗筲之间的中民之性才算是性。他说："中民之性如茧如卵，卵待复二十日尔后能为雏，茧待缲以涫汤而能为丝，性待渐于教训而能为善。善，教诲之所以然也，非质朴之所能致也，故不谓性。性者，宜知名矣，无所待而起，生而所自有也。"因此，善虽然是出于性，但并不是性本身。然后性与善则是互资利用，"性者，天质之朴也。善者，王教之化也。无其质，则王教不能化。无其王教，则质朴不能善"②。

在确定了这样的基础之后，康有为开始评析先秦时候各种不同的人性学说，他所借助的是王充的《论衡·本性》篇对于先秦至汉的人性观的材料，他认同王充对从孟子到刘向等人的评价，即认为他们的人性论未能得孔子思想之正，而周人世硕的人性有善有恶论，以及这种观点在宓子贱、漆雕开、公孙尼子等人的延续，是对孔子人性论的坚持。并认为孟子和荀子的人性论其实也与董仲舒一样主要是对"中人"而言。他说：

> 孟子之言性善曰："其情可以为善"，则仍是性可以为善、可以为不善之说耳，并非上智之由仁义行也。荀子之本始质朴，但未加文饰耳，亦非下愚之不移也。孟、荀所指，仍皆顺就中人言之也。古今学者之言孟、荀，皆闻其性善性恶而议之，不细读此二言而生驳斥，亦可异也。③

这看上去是调和孟荀，实质上是替荀子辩护，并质疑宋以后对孟子的推尊。所以，康有为对宋明以来的张载、朱熹等所主张的气质之性和天命之性也必然会做出评论，"张子所谓有气质之性，有义理之性，盖兼理气言之。其善乎？然莫精于董子之言也"④。他结合《周易》中"一阴一阳之谓道，继之者善也，成之者性也"。和《中庸》中"天命之谓性"、"尊德性"等说法，指出天之生人是理气合一、阴阳兼备的，所以，用天地之性和气质之性来说明性善和人行为中之恶的来源是不合适的。人性是具备"善质"的，这也是荀子所主张的"性者，本始质朴也。伪者，文理隆盛也"。在这方面，荀子和孟子大致是相同的。后人不善于体会他们的立意，所以有很多的争议。总而言之，"孟子

---

① 董仲舒著，阎丽译注：《董子春秋繁露译注》，黑龙江人民出版社 2003 年版，第 181 页。

② 董仲舒著，阎丽译注：《董子春秋繁露译注》，黑龙江人民出版社 2003 年版，第 182 页。

③ 康有为：《孟子微》，《康有为全集》第 5 集，中国人民大学出版社 2007 年版，第 430 页

④ 康有为：《孟子微》，《康有为全集》第 5 集，中国人民大学出版社 2007 年版，第 430 页。

之言性善曰，'其情可以为善'，则仍是性可以为善，可以为不善之说耳，并非上智之由仁义行也。荀子之本始质朴，但未加文饰而，亦非下愚之不移也。孟、荀所指，仍皆顺就中人言之也。古今学者之言孟、荀，皆闻其性善性恶而议之，不细读此二言而生驳斥，亦可异也"①。在这方面，康有为的态度是始终一致的，一方面要替荀子辩护，另一方面要强调孟子和荀子的一致性。

康有为还通过对《孟子告子》篇中的"孟告论辩"进行了辨析，进一步强化他对于生之谓性立场的坚持。

首先是对于性犹杞柳的说法：康有为认为告子的思想与后来的荀子、董仲舒的人性论是一致的，都强调了人性中所存在的善质，但这善质要通过王道教化的方式将之发挥出来。孟子也并不能驳倒，但孟子所注意的是顺而扩充，而不在逆而戕贼之。但孟子的这种扩充法，主要还是针对上根之人而来的，直证直任，是无上法门，但对于乱世粗下之人恐怕难以发挥作用。

其次是对于性犹湍水一段的讨论。康有为认为告子的性犹湍水之说，与孔子的性近习远之义符合。然孟子认为人的选择可以导致不善的行为发生，这就好比，本来是水性就下，如果激博之，也可以流向别的区域。在战国时期，杀人遍野，就不是人性的自然呈现，因此，孟子的提法也不为国君所接受。

对于告子生之谓性的论断，康有为比较不同意孟子以犬牛之性为例对告子生之为性的批评。"孟子以犬之性犹牛之性，牛之性犹人之性折之，未能穷告子也。夫有物有则，故物理万殊。非止物物各殊，人与物殊，即人与人，性亦极殊。"②虽然朱熹对孟子的支持可以看作是持论太过③，但康有为对告子的辩护也没有做到逻辑周延，因为他这样的推论等于否定了有共通的人性的存在。康有为依然采用大同小康分层的方式来化解。他说：如果从大同的眼光来看，我们自然可以看到各有相似之处，但从不同处看，则人与犬牛之性必然存在着差别。"且孟子固以形色为天性，形色非生二何？而以诘难告子，未得其解。"④

---

① 康有为：《孟子微》，《康有为全集》第 5 集，中国人民大学出版社 2007 年版，第 430 页。

② 康有为：《孟子微》，《康有为全集》第 5 集，中国人民大学出版社 2007 年版，第 431 页。

③ 朱子认为孟子这一章的批驳是人性问题的关键，并说告子不知性之为理，而只是从气的成分来讨论人性，因此只看到人与动物一致的地方，而不能看到仁义礼智作为人的特质的部分。认为孟子论说精详。很显然朱子是以宋代的人性论来观照孟子告子的论辩，但并没有解决孟子的逻辑跳跃。参见《朱熹全书》第 4 册，上海古籍出版社、安徽教育出版社 2000 年版，第 384 页。

④ 康有为：《孟子微》，《康有为全集》第 5 集，中国人民大学出版社 2007 年版，第 432 页。

第三个部分是对于仁内义外的讨论。告子说，食色性也，仁内也，非外也。义外也，非内也。康有为抓住孟子直接反驳仁内义外，而没有批评食色性也这一点，认为这表明孟子也同意"生之谓性"。"若义外之说，则告子诚大谬。权衡其宜，皆有中心，孟子'长者义乎？长之者义乎？'一言断定。其他权衡于敬乡人、敬兄、敬叔父、敬弟，饮汤饮水之宜，皆由内心，不待辨矣。而孟季子犹惑之，公都子不能答，此言道所以难也。告子以长为外，则何以不敬长马而敬长人？然则长之为内，无可言矣。即白之在外，亦由吾目光见之。若吾目光有炫，则有以白为青黄者矣。此告子不知精义入神之学，其有不得于言，勿求于心者，真告子之大谬，与论性诸说不同。"① 这有点类似于与儒学史的某种妥协，也即在为告子的人性论做辩护的时候，拿他的仁内义外说批驳之，尽管康有为并没有提供有力的证据。

所以，康有为认为从"乃若其情，可以为善"这个角度看，告子、荀子、董子与孟子并无实质的差别，差别之所在，主要是在于如何保持和扩充善性的方式的差异，"故孟子之言性，全在率性而扩充之。如火之由一星而燎原，水之由涓滴而江河，此乃孟子独得之要，而特提供妙诀以度天下者，此其所与告子、荀子、董子用隳括克制之道异也"②。在康有为看来，中国还处于据乱世，人们的道德水准比较低下，所以，还需要外在的力量来矫正、规范人的行为。而孟子的修养论则是针对上根之人而发。对于粗下之人，则难以承当如此高的要求。康有为认为，孟子的人性观类似大禹治水，专注于疏浚，而荀子的人性论所提倡的修养论则类似于筑堤防水。而宋儒的人性观，则来自于佛教绝欲之说，不留导引渠，"于是河日涨而堤日高，甚至水底高于平地，而河决无日矣"③。

三、人性的"设定"与秩序建构

孟子和荀子的对于人性的善恶的认知，很大程度上与他们的政治理念密切相关，孟子从性善出发，强调人皆有不忍人之心，并由不忍人之心推扩而成

---

① 康有为：《孟子微》，《康有为全集》第5集，中国人民大学出版社2007年版，第432—433页。

② 康有为：《孟子微》，《康有为全集》第5集，中国人民大学出版社2007年版，第431页。

③ 康有为：《孟子微》，《康有为全集》第5集，中国人民大学出版社2007年版，第433页。

不忍人之政，所以，他严王霸之别，行仁政、推王道。而荀子从性恶立论，认为人的好利之心，必然会引发人与人之间的争夺和社会的混乱，所以，圣人要明分使群，隆礼尊法。而康有为从孔子的"性近习远"出发，结合生之谓性和董仲舒的"善质"说，认为人生来并无善恶之分，但却有向善之趋势。因此，在政治理念上，将荀子之人性论视为据乱世的人性论，需要惩恶制欲。而孟子的性善论则是为大同世立说，"孟子之道，一切出于孔子。盖孔子为制作之圣，大教之主。人道文明，进化之始，太平大同之理，皆孔子制之以垂法后世"①。

康有为一心要以生之为性来统合孟荀，"性善之说，孔门固有之。盖既以为人副天数，自贵于物，则不能不以性为善矣。但所异者，此善即孟子所谓'善端'，荀子所谓'质朴'，其加之纲纪、礼文，所谓圣人之善，乃所谓教以继之、成之也。然则诸儒所辨，正可得其会通，而无容增其辩难矣"②。但他不是要是此非彼，而是要借助公羊三世说，将儒家的制度设计放置于不同的"历史境遇"中，一方面为传统的儒家政治制度找到其合法性，另一方面要为儒家开出新的制度获得新的可能性。因此，荀子被置身于"历史"的语境中，而孟子则更具有未来的指向。而康有为就是在这样的"糅合"中，通过自己对于历史上的人性论的梳理，为他的"制法"活动提供人性基础。所以，在《孟子微》中，康有为借助人性论的重新梳理，将《孟子》一书视为阐发儒家制度思想的微言大义之书。

在《孟子微》的制度设计中，也是从儒家的孝亲立论，他在第六章中，先阐发孝弟思想。根据《离娄上》中孟子所言"仁之实，事亲是也。义之实，从兄是也。智之实，知斯二者弗去是也"一语，康有为继承孟子对墨子兼爱的批评，认为孝弟乃人道自然之理，"不爱其亲，而爱他人者，谓之悖德。故仁无不爱，而施从亲始"③。在《孝弟章》中，康有为反复引述孟子中关于事亲、孝亲以及家庭伦理的诸多方面，认为孔子之教，乃是本末精粗具备的，"重魂灵，亦重体气。故于父子夫妇之传，极重人道之繁衍，实赖此义。若如佛氏，则生人久绝矣。孔子以生为道，故以父子夫妇为重也。孟子传之。中国人类多

---

① 康有为：《孟子微》，《康有为全集》第 5 集，中国人民大学出版社 2007 年版，第 425 页。

② 康有为：《春秋董氏学》，《康有为全集》第 2 集，中国人民大学出版社 2007 年版，第 386—387 页。

③ 康有为：《孟子微》，《康有为全集》第 5 集，中国人民大学出版社 2007 年版，第 442 页。

于地球，孔子重父子夫妇致之也"①。并认为慎重追远，事亲送死，应该坚持三年之丧。

在《孟子微》第七、第八两章，康有为主要阐发王霸思想，在第七章"仁不仁"中，康有为一方面认为区分政治之正当与否的标准是仁或不仁，然其展开的方式，颇有复杂性，一方面，他以《公孙丑上》中，"仁则荣，不仁则辱"来说明只有仁政才能使国家强大，避免受辱。另一方面，他又强调人道竞争是天理，如果不变法就会使国家弱小，因此，只有追求富强才能使别的国家"敬畏"。康有为说日本明治维新，国家强大，而中国的慈禧则将海军军费挪移建颐和园，因此，台湾和旅顺被割让。所以，在这乱世竞逐之际，必须顺应民意，实行政治社会变革。

与此同时，康有为依然对竞争之世的竞逐规则违背仁道原则多有批评，他说：

> 诸国相争，杀人如麻，各夸攻伐，铭功金石，耀美史书，其罪应若干倍，不待言矣。取非其有，按律犹科大罪，此固古今万国之所同，至于杀人无数，万骨枯于成功，则夸名将之伟绩殊功矣，如此不公，义实难解。②

所以，他借用孟子的口气，认为这些妄取百姓钱财，以杀人而掠夺他国财货，亦是违背公理的"贼"，"盖生者，天心也，人理也。战者，与生理相反，大害人道，此一国之自私耳，非公理所许也"③。

《仁政》第九和《同民》第十，乃康有为阐发儒家政治理想的部分。康有为认为孔子立制，一般都会包含三个层面的内容，以待后人变通，并认为孔子之道，就是要从"乱世"进化到"平世"。

> 孔子道主进化，不主泥古，道主维新，不主守旧，时时进化，故时时维新。《大学》第一义在新民，皆孔子之要义也。…盖凡物旧则滞，新则通。旧则板，新则活。……孔门非常大义，可行于万世者也。孔子之道本于仁，仁本于孝，孝在于锡类，仁在于推恩，凡人类皆天所生，分形而同气者也。仁者博爱，己欲立而立人，必思所以安乐之，无使一夫之

---

① 康有为：《孟子微》，《康有为全集》第5集，中国人民大学出版社2007年版，第444页。
② 康有为：《孟子微》，《康有为全集》第5集，中国人民大学出版社2007年版，第449页。
③ 康有为：《孟子微》，《康有为全集》第5集，中国人民大学出版社2007年版，第450页。

失所，然必当有仁政，乃能达其仁心。井田以养生，学校以明伦，正经
界以分田，……①

而在《孟子微》中，康有为专门列《同民》章，来阐发天下为公的思想。
同民者，即忧乐与民同之，虽是对统治者立言，但"分享"和"公有"的思想
是康有为所要着力阐发的。

在这章中，康有为借助孟子对于禅让说的讨论，认为孟子所强调的"天
子不能以天下与人"的观念，是一种"民主"观念，因为"民主国不能依国授
人，当听人公举。""以民情验天心，以公举定大位，此乃孟子特义，托尧、舜
以明之。"②虽然，康有为认为民主公举乃最为理想的权力转移规则，但不同的
世则应该有不同的方式，只要政治的核心在于"民"。

乱世、升平世、太平世，皆有时命运遇，不能强致，大义则专为国
民。若其因时选革，或民主、或君主、或君民共主，迭为变迁，皆必有
之义，而不能少者也。即如今大地中，三法并存，大约据乱世尚君主，
生平世尚君民共主，太平世尚民主矣。③

（作者简介：干春松　北京大学儒学研究院）

①　康有为：《孟子微》，《康有为全集》第 5 集，中国人民大学出版社 2007 年版，第 455 页。

②　康有为：《孟子微》，《康有为全集》第 5 集，中国人民大学出版社 2007 年版，第 463 页。

③　康有为：《孟子微》，《康有为全集》第 5 集，中国人民大学出版社 2007 年版，第 464 页。

宗教・儒教・民间儒教

解光宇　宋冬梅

一、儒教伴随着儒学发展而发展

儒家思想是中国传统文化的主干，这是毫无疑问的。但儒学是不是宗教性的儒教以及儒学与儒教之间的关系，学术界一直争论不休。近现代中国曾有批判宗教的运动，认为宗教是愚昧落后的东西，是迷信、鸦片，这对儒教冲击最大。故许多学者认为儒学只是学，而不是教；儒教是教化之教。真正把儒教当作宗教研究的，是任继愈先生提出"儒教是教"说，但是反对的很多。为什么，在那个政治背景下，热爱儒学的人，热爱传统文化的人都知道，如果把儒学弄成儒教可能会被打倒，因为宗教是迷信、鸦片。到世纪之交这个情况发生了变化，有许多学者同意儒学是教，因为改革开放以后，政治环境变了，同意儒学是教正是为建构中华民族的精神家园开了先河。特别是最近这些年，许多人明确提出了儒学是儒教，或者说儒学与儒教并行不悖，同时重振儒教。但是意见并不一致。一是儒教是教，是一个有神、教义、组织、信徒等要素的宗教组织。常说中国古代儒释道三教并立，其中的"儒"就是指儒教，其性质像佛教、道教一样，是典型的宗教。二是儒教非教。认为儒学是一种以政治伦理为核心、以修己治人、内圣外王为宗旨的学说体系，所谓"儒教"是指儒学的教化功能，而不是宗教。三是儒学具有宗教性，认为儒学具有超越性和终极性以及其他宗教性因素，在中国历史上起了宗教的作用但并没有成为真正意义上的宗教。儒学虽不是严格意义上的宗教，但具有宗教性教化功能，故可称之为一种准宗教。

纵观儒学整个发展历史，有一个由儒学向儒教发展转化的过程。在孔子言论和思想中，其宗教性处于潜在阶段。孔子学说虽然不是宗教学说，但自觉或不自觉地带有一定的宗教色彩，如"天"、"天命"、"神"等观念。但这不是孔子思想的主流，其思想主流是政治哲学与伦理哲学。这种哲学对于协调人际关系、人与社会关系以及维系中华民族的凝聚力和大一统局面都有重要的意义。尤其是提供"仁"、"忠"、"孝"以及劝人向善的思想，不仅具有教化功能，同时也具有现代意义上的宗教功能。正因为如此，司马迁在《史记·游侠列传》中就指出的，"鲁人皆以儒教"。当然，这里的"教"大半是教化之意，但也有广义上的宗教之意。正如张岱年先生在给香港孔教学院院长汤恩佳先生所著《孔学论集》作序中指出的，"孔子提出了人生必须遵循的为人之道，使人民有坚定的生活信仰。在这一意义上，孔子学说又具有宗教功用，可以说孔学是一种以人道为主要内容、以人为终极关怀的宗教"。

董仲舒将儒学神学化，其宗教性处于显性阶段。董仲舒构建了一个天人感应的庞大儒学体系。董仲舒说"王道之三纲，可求于天"，也就是说，孔子所认为最重要的君臣父子之道，是出于天意。天意出"三纲五常"，天还可庇佑遵守"三纲五常"的人们："夫仁义礼智信五常之道，王者所当修饬也。五者修饬，故受天之佑，而享鬼神之灵。"由于董仲舒将儒学神学化，加之汉武帝出于统治需要独尊儒术，儒学逐渐向有神教的儒教过渡。汉武帝独尊儒术作为国家意识形态和指导思想，在儒学向儒教转化过程中起了重大作用。"其后郡国立孔子庙，岁时致祭，学说有背孔子者，得以非圣无法罪之。于是儒家具有宗教之形式。汉儒以灾异之说，符谶之文，糅入经义。于是儒家言亦含有宗教之性质。是为后世儒教之名所自起。"[①] 可见，儒学在汉武帝时，既有儒教的内在内容，又有儒教的外在形式。董仲舒将儒学神学化，其宗教性处于显性阶段。

唐代儒、释、道并称三教，儒学已成为儒教。宋明理学使儒学的宗教天命观思辩化，并且在儒教世俗化方面作了很大的贡献。清末民初，一批学者致力从理论上论证儒学为儒教，认为儒教有其自身的优越性。

二、宗教是"精神世界"，是"精神生活"、"精神支柱"

在现代中国，儒学是中国传统文化的主干，在思想文化领域占有重要的地位，但儒教是否成立，争议较大。为什么对儒教问题的看法不一致呢？这首

---

① 蔡元培：《中国伦理学史》，商务印书馆 2000 年版，第 32 页。

先涉及对宗教的认识。宗教的特质是什么？

在 1949 年后的较长一段时间里，由于受极左思想影响，对这个问题存在着模糊认识甚至错误认识。如"宗教是人民的鸦片"，应该"批判宗教神学"，"大力宣传无神论"，甚至"扫除宗教"，等等，就这个问题我们不妨看看赵朴初先生的看法。

赵朴初先生本着对国家、对宗教负责的精神和科学的态度，对宗教的特质进行了认真的探讨。赵朴初先生认为："宗教牵系着我国亿万群众的精神世界和现实生活，涉及各种社会关系，尤其是民族关系、文化关系、国际关系，情况错综复杂，它是一个历史悠久并将长期存在的社会现象。由此可见，宗教无小事，正确认识和对待宗教问题，对于顺利实现建设有中国特色社会主义的目标影响深远，关系重大。"[1]"宗教信仰是人类精神生活的一个组成部分"[2]，"宗教是一定形态的思想信仰体系，宗教也是一定形态的文化体系，宗教还是具有同一思想信仰的人们结成的社会实体，三者构成宗教实在整体。""宗教固然曾为剥削阶级所利用，但也曾为劳动人民的反抗和斗争提供了思想体系和精神支柱。"[3]

在这里值得注意的是，宗教牵系着我国为数不少信教群众的"精神世界"，是"精神生活"、"信仰体系"、"精神支柱"。这就涉及对宗教本质问题的认识。

一般说来，宗教是人类社会发展到一定历史阶段出现的一种文化现象。宗教的共同点是，相信现实世界之外存在着超自然的神秘力量或实体，该神秘力量或实体统摄万物而拥有绝对权威，主宰自然进化，决定人世命运，从而使人们对之产生敬畏及崇拜，并从中引申出信仰认知及祭祀仪式等活动。

上述对宗教的诠释并没有错，但忽视了宗教的一个重要特征，即有精神的寄托、心灵慰藉的功能。每一个精神正常的人，都有精神活动、精神诉求、精神追求。如果精神追求暂时甚至永远不会实现，或者是精神受到打击和创伤，在这样的情况下，精神的寄托、心灵的慰藉就显得非常重要。而宗教的重要功用，就是给人以精神寄托和慰藉，宗教是人们精神生活中不可或缺的

---

[1] 《赵朴初文集》，华文出版社 2007 年版，第 1300 页。

[2] 《赵朴初文集》，华文出版社 2007 年版，第 762 页。

[3] 《赵朴初文集》，华文出版社 2007 年版，第 1301 页。

因素。

宗教信仰构成精神家园，如果无精神家园，精神追求就无目的，精神就无所寄托。而精神家园的重要功用，就是给人以精神寄托和慰藉，故精神家园是精神生活中不可或缺的因素。从这个意义上说，赵朴初关于宗教是"精神世界"，是"信仰体系"、"精神支柱"，正是对宗教本质的科学揭示。

赵朴初认为，马克思关于"宗教是人民的鸦片"一语，是对人民"富有同情的形象化的概述"，并不是把宗教看成毒品，更不是把人民看成"吸毒犯"。剥削阶级可以利用宗教作为维护剥削制度的精神支柱，被剥削阶级也可以用宗教来作为其精神支柱去反对剥削阶级。

赵朴初还就现代社会问题，强调人类精神品格自我完善的意义。当今时代，人类在取得科学技术和物质文明空前成就的同时，也面临着许多忧患。例如：精神空虚、道德沦丧、环境污染、生态失衡、核战威胁等。赵朴初指出：

"不应把这些问题归咎于科学技术的发展和物质生活的丰裕，而应当归咎于人类自身的不完善。人类忽视了自身的建设，致使人的精神素质远不能适应和把握科学技术和物质文明发展的方向。高度发达的科技文明，只有在精神品格高度完善的人的自觉指导下，才能更好地造福于人类社会；否则，它会异化成一种驱役乃至毁灭人类的恐怖力量。因此，在未来的世纪，人类的幸福和世界的和平，将主要取决于人类精神品格的自我完善。"[①] 这段话是赵朴初先生在1996年所说，20年后的今天，更凸显其时代价值。

三、儒教的优越性

我们充分认识了宗教的特质后，就可以理解儒教有其自身的优越性。儒教自身的优越性在哪里？

一是儒教能争取到更多的大众。"学"是指一种知识体系。在"学"中，理性因素占主导地位，说理、论证是其主要方式。学习与掌握"学"的人必须具有一定的文化程度。而"学"对文化程度较低或文盲之人基本上发挥不了什么作用。正因为"学"具有这样的特点，所以在争取大众方面，就受到一定的限制。

---

① 《赵朴初文集》，华文出版社2007年版，第1350页。

"教"的情形就不一样了。"教"是以感性因素为主导的，有纯朴的感情、虔诚的信仰、严明的纪律等因素。其中信仰是首要的，只要具有简单的信仰，就可以叫"信教"，这比起"为学"要简易得多，易争取到更多的大众。儒学是"学"，有高深难懂的四书五经，让人望而却步；儒学是"教"，只要信仰崇拜，便是儒教中人了。如此简易，势必吸引更多的人。

二是儒教能维持社会的平稳安定。大凡理论学说都是反映当时的社会存在。进步的学说反映着社会发展的客观规律，反映着人心所向，并要求社会繁荣安定。当年孔夫子周游列国，到处游说，无外乎是欲以"仁"的思想外化为统治者的"仁政"；以"忠"、"孝"的思想外化为人际关系的准绳，力图以自己的学说为社会带来和平协调与平稳安定。但是学说与思想对社会的平稳安定也是有限度的。对于统治者而言，统治者中的一部分，特别是处于上升时期的统治者，能够接受正确的学说，将其应用在治国安邦的实践中，保证社会在一定程度上的稳定。但统治者中的另一部分拒绝"儒学"和任何进步的学说，不仅不施"仁政"，相反我行我素，严刑酷法，滥施淫威，置百姓于水深火热之中，给社会带来祸害和动乱。统治者中还有一部分，表面上接受"仁政"、"仁者爱人"思想，但背地里却倒行逆施，为自己的私利不惜损害社会利益，同样是社会不安定的因素。普通百姓若无"仁义礼智"之教，也是社会动乱的根源。如果使"儒学"成为"儒教"，以"劝人向善"引导人们，并以教义、教规约束之，势必使人们把"行善"作为人伦标准和价值尺度，作为对自己心灵的慰藉，这样有利于约束人的行为，有利于人心的稳定，有利于整个社会的统一、平稳和安定。

三是儒教能增强中华民族的凝聚力。凝聚力是一个民族生存发展繁荣的重要因素，如果一个民族没有凝聚力那是不可思议的。中华民族精神是中华民族凝聚力的集中表现。中华民族的凝聚力是奠定在民族文化传统积淀之上，由此形成中华民族精神。中华民族精神又反过来巩固民族文化传统，因此，民族精神和文化传统的关系是互动的关系。中华民族文化传统是广义的、多层面的，包括中国文化结构中的心理层面、思维方式、价值观念、道德情操、审美情趣、宗教情感、民族性格等。虽然文化传统是多层面的，但贯穿各层面的民族哲学思想则决定着各个层面的特征。毫无疑问，占中华民族主导地位的哲学思想是儒学。在中华民族几千年的发展历史中，儒学像一条纽带，横向紧紧系着中华民族各民族人民，纵向紧紧系着中华民族不屈地向前发展延伸。儒学在增强整个民族凝聚力方面起着不可替代的作用。

　　儒学固然在增强民族凝聚力方面起着巨大的作用，但我们也应该看到，儒学对全民的影响还是有一定的局限性，研究和弘扬儒学的人仅限于民族中的知识分子。知识分子毕竟是民族中的少数，以少数人的凝聚力代替不了全民族的凝聚力。少数人的凝聚力虽说可以扩散到整个民族，但随着与凝聚力中心的距离拉大，凝聚力就有所减弱，即离凝聚力核心愈远，凝聚力愈弱。

　　如果说使儒学成为整个中华民族的宗教，可以很好地弥补在凝聚力方面的缺陷。在社会的各种组织中，宗教组织的凝聚力比学术组织的凝聚力要强得多。翻开中外宗教的历史，我们能看到宗教战争统摄人心的召唤力与向心力；也可看到对敌对的宗教派别和有辱本教的言论那种拼命战斗精神。这是从负面看到宗教的凝聚力。从正面理解，如果中华民族中的上层知识分子理智地信仰儒教，一般百姓情感地信仰儒教，使整个中华民族有一个坚强的精神支柱，便可以形成强大的凝聚力。这对于将分布在世界各地的华人凝聚到一起、中华民族的统一以及整个综合国力的提高都有极其重要的意义。

　　可以说，儒教伴随着中华民族几千年的文明史，为中华民族的安身立命、发展、繁荣以及中华民族的精神形成乃至个体精神的健全，作出了重要的贡献，儒教是中华民族的精神家园。

四、儒教为教的四个条件

　　儒学是哲理性的，但同时又具有宗教性。我们现在审视宗教往往按西方的标准来衡量，即宗教要具备四个要素：神、教义、组织、信徒。暂且不论这个标准是否科学，是否符合中国和东方的文化传统和国情，即使用这四个要素来衡量，儒学也是标准的宗教。关于儒教之神，毫无疑问是孔子。实际上，"神"并不神，不过是人们崇拜至极的反映。佛教创始人释迦牟尼从未以神自居，他活着的时候，弟子们也从未以神待之。一直到了相当晚的时期，随着教义影响的扩大和信徒崇拜的增加，释迦牟尼才逐渐被神化。同释迦牟尼一样，孔子在生前也没有被神化，去世后很长时间才被重视，影响渐渐扩大，才被神化。在古代，遍及全国各地以及东南亚各国的孔庙、夫子庙、文庙，无不以孔子作为儒教之神来叩拜。

　　关于儒教的教义和戒约，则更不成问题了。以《论语》为核心的儒教经典，更是丰富多彩。儒教元典的经典是六经，即诗、书、礼、易、乐、春秋。到了宋代，由程朱等理学家整理为四书五经，并竭力推广，遂成为儒教代表性的圣经。但由于四书五经内容繁多，文字深奥，不适合初入门者。而《论语》传诵千年，家喻户晓，通俗易懂，是初入儒教的首选。《论语》也好，四书五经也好，有相当部分的内容教导人们修身，劝人向善，可以说是典型的儒教教义。

儒教组织在中国古代的形式是多样的。皇帝率众官员到曲阜孔庙祭孔，州府县官仿效皇帝到府学、县学的孔庙、夫子庙、文庙祭孔，说明儒教组织是官方的，甚至表明儒教是国教；而书院、私塾祭孔或人们自发到孔庙、夫子庙、文庙祭孔，说明儒教是民间的，组织相对松散。到清末民初，典型的、现代意义的儒教组织出现了，陈焕章等在北京创办孔教大学和孔教会，又到许多国家去宣传孔教。现在香港的孔教学院以及新加坡、马来西亚、印度尼西亚等的孔教组织，更以儒教为宗教。上述可见，儒教在中国有悠久的历史渊源，现代海外的儒教组织也比较成熟，其信徒更是遍及海内外。孔子"为神明，为圣王，为万世作师，为万民作保，为大地教主"[1]。"六经"为儒教的教义。教徒更是广众，"人人皆在孔教中"："昔者吾国人人皆在孔教之中，鱼相忘于江湖，人相忘于道术，则勿言孔教而教自在也。"[2]

蔡尚思先生曾说："本身不是宗教的道家，可以把它变成宗教的道教，那为什么不可以对儒家也同样把它宗教化呢？""中国各县的孔庙，多到不在近代外国人来华开办的天主教堂、基督教堂之下。中国老百姓知道孔子比知道耶稣还要普遍，这也包括点烛、烧香、拜跪等风俗习惯。"[3] 就是说，儒学在古代已完全具备了儒教的条件，故重振儒教并不难。

五、怎样重振儒教

儒教问题是当今学界具有争议的重大问题，也是当今社会的一个重要热点。目前儒教重建问题已经提上了议事日程，但具体怎么重建，学界和社会仍然不能达成一致，出现了多元化的探索。

---

① 康有为：《孔子改制考·序》，《康有为全集》第3集，中国人民大学出版社2007年版，第3页。
② 康有为：《孔教会序》，《康有为全集》第9集，中国人民大学出版社2007年版，第342页。
③ 蔡尚思：《儒学非宗教而起了宗教的作用》，《文史哲》1998年第3期。

我们的想法，重振儒教从以下几个方面着手：

首先，恢复祭孔仪式。韩国祭孔历史很久远，一直没有中断。韩国成均馆文庙一年两次祭奠，为春季释奠和秋季释奠。规模相当大，也很规范，有很多国内外来宾和新闻媒体。韩国政府也很重视，往往总统送的花篮摆在中间。祭奠仪式的礼服好像是中国明代的式样。一套释奠礼非常完整、古朴，据说已是世界非物质文化遗产了。香港孔教学院往年是秋季释奠，从2011年开始分为春秋两季释奠了。改革开放以后，我国各地的拜祭炎黄以及孔子等活动悄然兴起，特别是以曲阜孔庙为中心的祭孔大典，已产生世界性的影响。浙江衢州南孔庙的祭孔典礼隔年举办，也成制度化了。这些活动，不仅扩大了儒学在海内外的影响，而且无疑增强了中华民族的凝聚力。形式反映内容。祭孔仪式虽然是形式，但它深刻地反映了对儒学的信仰和崇拜，同时也表明儒学不仅是学，也是教。

其次，普及以《论语》为核心的儒家思想，使儒学大众化，为建构儒家圣经打基础、做准备。一般宗教都有劝人向善和教化的功能，而儒学最为显著。作为宗教形式的儒教，其内容则是儒学。故儒学与儒教不仅并行不悖，而且相辅相成。《论语》中教化和劝人向善比比皆是，如忠恕、和为贵、忠孝等。整个儒学史中经典颇多，涉及内在的心性修养，成贤成圣，即内圣的工夫。修得内圣工夫，还要为人民奉献、服务，即外王工夫。这也表明儒教是人间宗教。当然，许多宗教都提倡入世服务，如佛教倡导人间佛教，就是说没有绝对的出世宗教。另外，儒学还涉及许多知识，除上述谈到的"内圣外王"的人生观以外，还有"天人合一"的自然观、"和为贵"的人际观、"性善论"的人本观、"大一统"的国家观等。当然，儒学的这些思想，要将之系统化、通俗化，让大众喜闻乐见，易于接受。这就给儒学和儒教工作者提出一项重要的任务，就是编著一本适合传教的"圣经"。

再次，恢复孔庙、文庙、夫子庙和书院。中国各地的孔庙、文庙、夫子庙和书院，虽然在"文化大革命"中破损惨重，但在改革开放之后，维修、恢复了不少。更有很多孔庙、文庙、夫子庙和书院，由文化文物部门管理，保存得更好。有了这样的场所，可以传播儒教的"圣经"，儒教才能发挥其劝人向善和教化的功能。

当今儒教重建代表人物蒋庆、康晓光、陈明、韩星等学者提出了"上行路线"、"下行路线"之说，值得关注。

（作者简介：解光宇　安徽大学哲学系　宋冬梅　孔子研究院）

印度佛教心性论诘难

张广保

世界上任何原创性的文明都必定会提出归属于自己的独特的思想论题。从文明比较的角度看，中华文明从开端之处就踏上一条有别于其他文明的精神途程。从思想史的视角来观照，中华思想在看待世界时倾向于采取一种整体性、连续性、有机性的态度。中华思想成功克服了横亘于西方思想之中的神与人、自然与人文、灵与肉之间的二元对立。关于西方思维的这种二元分裂，朱利安·赫胥黎说："当今的西方世界陷入两种思想模式相冲突的二难境地，其一为绝对化模式——绝对的真、美、正义和善均来源于绝对之绝对，即上帝。超自然的凌驾于自然界之上，灵魂凌驾于肉体之上，永恒的凌驾于暂时的之上……绝对的启示和绝对的纯粹理性在其间回答一切可能的问题。人在宇宙中的地位相当于上帝创造的永恒灵魂，凭借永恒的价值完成其宿命。"[①]

此外与现存世界上其他主要文明相比，中华文明还存在一个重要的特征：此即以此世的、人文的关怀为中心。这与其他文明奠基于神性中心形成鲜明比照。从中华文明发展的历史看，中华文明的这一特色可以溯及其发轫之根源，而尤与轴心时代对传统的突破所采取的独特路向息息相关。与其他文明在轴心时代思想有所不同，中国轴心时代的思想突破显得更为温和，其与传统之间维持着顽强的延续性。

一、佛、道哲学的心性概念

近年来，研究中国哲学史、思想史的学者都注意到中国思想史有着自己独特的问题意识及内在发展脉络。像道论、心性论、境界论、工夫论都是中国

---

① 朱利安·赫胥黎：《现代世界里的人》，纽约 Mentor Books1956 年版，第 146 页。

古代哲学家、思想家关注的重点，然而这些问题在其他文明中却并未凸显出来。相似地在古印度思想中贯穿始终的解脱论问题，以及在古希腊哲学中特别凸显的认识论问题在中国古代思想中也都没有得到彰显。

心性论是中国古代思想家尤其是儒、道两家讨论的中心问题，是贯穿中国哲学史、思想史的核心问题意识。我认为也是中国古代思想家提出的独特思想论题。中国佛教宗派尤其是禅宗当然也是把明心见性作为成佛做祖、宗教了证的关键。天台宗、华严宗等中国化佛教宗派也很关注对心性问题的讨论。例如天台宗提出一念心概念，提出一心三观，华严宗提出自性清净心。[①] 但无论是天台宗还是华严宗，他们关注的中心问题都不是心性问题，天台宗主张空、假、中三谛圆融，骨子里还是浸润着中观哲学的精神，因此其将龙树推尊为初祖并非毫无缘由；而华严宗的支撑理论也还是奠基于般若空观的法界理论。不过对于这个问题，我们在此不想过多讨论。这里我们想提出这么一个问题，即中国佛教凸显心性问题，重视对心性论的建构，到底是接续印度佛教的思维传统，还是受中国本土思想传统的刺激而产生的问题意识？这个问题也可转换成：印度佛教有没有心性论，或者心性论是否也是印度佛教关注的中心问题？这是一个涉及中、印思想尤其是儒、释、道三教思想关系的重大思想论题。值得我们认真思考、探究，不可轻易放过。

（一）印度佛教的"心"概念

任何哲学理论的构建都必须依托其自身固有的概念、范畴。毋庸置疑，中国哲学的心性论也自有其一套自相衔接、互相关联的概念、范畴系统。像心、性、道、善、恶、真、朴、天、返、复等都是中国思想传统中儒、道两家展开其心性理论时经常使用的概念丛，在这组概念、范畴中居于核心者无疑是心、性、道。中国哲学对这三个概念的独特定义并不是随意的、偶然的，它的后面有着深厚的文化传统支撑。中国哲学对心、性、道等概念的理解与使用充分彰显出中国思想彻上彻下、打通形上形下界限的独创性，这在其他文明的思想传统中无论是古印度还是古希腊都是没有的。中国哲学创立心性论对中国哲学的发展意义重大，心性论的构建使中国哲学开辟出"向上一路"，在内在的

---

① 宗密使用灵明清净一法界心："谓六道凡夫，三乘贤圣，根本悉是灵明清净一法界心。性觉宝光，各各圆满，本不名诸佛，亦不名众生。但以此心灵妙自在，不守自性，故随迷悟之缘，造业受报，遂名众生；修道证真，遂名诸佛。"（宗密：《禅源诸诠集都序》卷2，《大正藏》第48册，大正一切经刊行会1912—1925年版，第409页上）

心性之中建立起内在超越根基，如此才使中华精神之现实超越，无论是儒家之德性超越，还是道家的道性超越成为可能。同时也经由此等哲学致思，最终避免了西方哲学超越论的那种因为终极超越实体与心性主体的割裂而导致的荡然无归、茫茫无依的迷难局面。

在印度佛教经典对心概念的使用中，我们就发现根本没有与传统中国经典中类似的心、性概念。而中国古代思想的心性论恰恰是建立于其独特的心性概念之上。

关于印度佛教经典中"心"的概念，由于梵文佛经系在不同时期汉译出世，加之印度思维传统与中国迥然不同，因而其使用显得相当混乱，对此中国古代不少高僧大德曾都做过认真分疏。唐代华严宗五祖宗密（780—841）在《禅源诸诠集都序》从四方面对梵文的心进行梳理："泛言心者，略有四种，梵语各别，翻译亦殊。一、纥利陀耶，此云肉团心。此是身中五藏心也。二、缘虑心，此是八识，俱能缘虑自分境故。此八各有心所、善恶之殊。诸经之中，目睹心所，总名心也，谓善心、恶心等。三、质多耶，此云集起心，唯第八识，积集种子生起现行故。四、乾栗陀耶，此云坚实心，亦云贞实心。此是真心也。"①

依据宗密这里的说法，中国哲学的"心"概念在梵文中要用四个概念才能说清楚。首先是纥利陀耶，梵文 hṛd，这在中国古代有多种音译，一般音译汗栗驮，又作肝栗大、干栗多、诃栗多、干栗太、矣栗驮、污栗驮、干栗陀多。相当于中文的肉体心，即作为身体五脏之一的心藏，位于身体之中。意译作肉团心、中心、坚实心。据大正藏本《楞伽阿跋多罗宝经》卷一的小注载，肝栗大除心藏之义外，在梵文中还有树木之心之意②，在这一意义上中土佛教论著有时又生成出本体之心或自性第一义之心。例如法藏所著《入楞伽心玄义》、《金刚顶瑜伽略述三十七尊心要》等，均以汗栗驮为自性真实心。不过法藏对梵文 hṛdaya 所发挥的这一层含义，据现代佛教学者研究并不符合梵文的本义。纥利陀耶、肝栗大都不具有精神含义，没有念虑之心的意思。（念虑心的梵语为 citta，音译质多）。

---

① 宗密：《禅源诸诠集都序》卷1，《大正藏》第48册，大正一切经刊行会1912—1925年版，第401页下。

② 参见高楠顺次郎主编：《楞伽阿跋多罗宝经》卷1，《大正藏》第16册，大正一切经刊行会1912—1925年版，第483页中。

其次为缘虑心，对此宗密在文中没有给出相应的梵文（其实依宗密的解释，也应该是梵语 citta，音译质多，即念虑心）。宗密以八识来解释，也就是说八识皆可称为心。值得注意的是宗密在此是以识来解释心。所谓的八识，即眼识、耳识、鼻识、舌识、身识、意识、末那识、阿赖耶识。宗密又解释说八识的构造各有心所，这是以印度佛教心识论的心所理论来解释，所谓心所就是心所有的意思，亦即心的功能、特性。其突出的特点是心识的带境性。对意识做心所、心境这类区分是印度佛教特有的。第三义的心为质多耶，梵文 cetaya，宗密解释说专指第八识，以集起为作用，集起种子以生现成。这也是以法相唯识宗的第八识阿赖耶识解释心。对此，南宋法云在《翻译名义集》对质多耶的解释与宗密大抵相似，其云："或名质帝，或名波荼。此方翻心。《黄庭经五藏论》目之为神。西域外道计之为我。此土佛教翻缘虑心。此通八识，谓眼缘色，乃至第八缘根身种子器世间。故云：集起以解心，第八独名心，缘虑以解心（缘谓缘持，虑即思虑），八识总名心。"①法云在此对质多耶的解释是统合宗密对心的第二、三两种解释，既说其通八识，又说第八识独名心。总之，也是将心归为识。这其实很符合梵文原意。而宗密则以质多耶专指第八识，实际上是指唯识宗的第八识阿赖耶识或藏识。最后为乾栗陀耶或纥哩陀耶，梵文 hṛdaya，义为真实心、坚实心，宗密认为类似于中土表示精神性实体的真心。其实这一概念在梵文中原为中性名词，其义为中心、核心。并没有中土作为宇宙本体的真心之意。美国学者丹·拉斯豪斯（Dan Lusthaus）在《批判佛教与回归源头》中说："在梵文中，心（hṛdaya）是指'本质，核心'，这个词在词源上与那些用于指示心和精神活动的不同语词（citta，manas，vijñāna）之间是没有关系的。在中、日文中，心既可指'heart'，也可以指'mind'。"②又隋代天台宗创始人高僧智顗（538—597）在《摩诃止观》卷一中也将污栗驮（hṛdaya）与具有思虑之义的梵文质多 citta 相混："质多者，天竺音，此方言心，即虑知之心也。天竺又称污栗驮，此方称是草木之心也。又称矣栗驮，此方是积聚精要者为心也。今简非者，简积聚、草木等心，专在虑知心也。"③

① 高楠顺次郎主编：《翻译名义集》卷 6，《大正藏》第 54 册，大正一切经刊行会 1912—1925 年版，第 1152 页下。
② 杰米霍巴德、保罗史万森主编：《修剪菩提树》，上海古籍出版社 2004 年版，第 51 页。
③ 高楠顺次郎主编：《摩诃止观》卷 1，《大正藏》第 46 册，大正一切经刊行会 1912—1925 年版，第 4 页上。

除上述意义外梵文的"心"概念还有宗密未论及的阿世耶（āśaya），指意乐之心。玄应《一切经音义》二十三曰："阿世耶此云意乐，亦云种子。"[1]《显扬圣教论》三曰："此贪行贪阿世耶，此瞋行瞋阿世耶，此癡行癡阿世耶。"[2] 在此需要特别强调的是，梵文 citta 仅指具有人的各种心理、精神功能，尤其是认识功能，而没有像中文那样超越性精神本体、实体的意义。

除宗密外，玄奘再传弟子义忠在《百法论疏》也对心之诸种意义做了分疏，分疏出心的六种意义："心法有六种义：一、集起名心，唯属第八，集诸种子，起现行故。二、积集名心，属前七转，能熏积集诸法种故。或初集起，属前七转，现行共集，熏起种故。或后积集名心，属于第八，含藏积集，诸法种故。此上二解，虽各有能集所集之义，今唯取能集名心，如理应思。三、缘虑名心，俱能缘虑自分境故。四、或名为识，了别义故。五、或名为意，等无间故。六、或第八名心，第七名意，前六名识。由此《入楞伽经》云：'藏识说名心，思量性名意，能了诸境相，是说名为识。'"[3]

义忠在此采用《入楞伽经》对心的解释，其对心分疏很显然是站在唯识学的角度，对心概念从心、意、识三面进行分疏，而最终归结为唯识宗的第八识。这其实很符合印度佛教尤其是法相唯识学对心的理解。

又唐慧沼《金光明最胜王经疏》卷 2 总结四种心："凡言心者有四义：一真实名心，如般若多心，即真如理，亦名为心故。《胜鬘经》云'自性清净心'，彼名干栗心。二缘虑心，即通八识，彼名质多。三积集义名心，亦通八识，通能所积集故。四积聚最胜义名心，即唯第八。"[4] 窥基《大乘百法明门论解》也总结心有六义："心法者，总有六义：一、集起名心，唯属第八，集诸种子，起现行故。二、积集名心，属前七转识能熏，积集诸法种故；或集起属前七转现行共集，熏起种故；或积集名心，属于第八含藏，积集诸法种故。三、缘虑名心，俱能缘虑自分境故。四、或名为识，了别义故。五、或名为意，等无

---

[1] 高楠顺次郎主编：《一切经音义》卷 47，《大正藏》第 54 册，大正一切经刊行会 1912—1925 年版，第 619 页中。

[2] 高楠顺次郎主编：《显扬圣教论》卷 3，《大正藏》第 31 册，大正一切经刊行会 1912—1925 年版，第 493 页上。

[3] 义忠：《大乘百法明门论疏》卷 1，《洪武南藏》第 205 函，四川省佛教协会 1999 年版，第 235 页中—236 页上。

[4] 高楠顺次郎主编：《金光明最胜王经疏》卷 2，《大正藏》第 39 册，大正一切经刊行会 1912—1925 年版，第 218 页中。

间故。六、或第八名心，第七名意，前六名识，斯皆心分也。"① 可以看出，慧沼、窥基都是将心、意、识融通使用，其中以第八识为心为二人特别强调。

综合以上佛教大德对心的各种分疏，我们说印度佛教与其说是以心为中心来致思，倒不如说是以识为核心建构其思想体系。从中印思想比较的角度来考察，印度本土思想文化传统无论是佛教创立之前的《吠陀》、《奥义书》，还是稍后的佛教、耆那教都没有类似于中国文化的心概念。盖心在中文是个多义词，其所承载的形上意义乃是奠基其于形下含义。即中国思想文化传统下思悟之心是以肉体之心为依托而生成出来的。之所以会有这种引生，其实与中国古代相信心具有思悟功能密切相关。盖中国哲学认为世界并非仅是知解式的认知对象，而是主张人通过整体生命的投入，对世界从生命的角度做存在面的契入，这当然就不能拘限于知解的层面。

梵文中的心也不像中文那样具有伦理道德意识及主体、本体等哲学意义。其次我们还应注意，宗密提到的缘虑心与名为质多耶的集起心，这在印度佛教唯识宗都是以识，梵文 vijñāna 来表示，宗密认为缘虑心通指前八识，质多耶唯指第八识阿赖耶识，其特点宗密概括得很准确，即它们都有所缘之境。这主要是从主体、客体二分角度来讨论外在对象的变现，其认识论的意义相当浓厚。因此印度佛教尤其是唯识宗重在从识概念角度来解构客观世界，其思想归依是万法唯识所变现，将对象世界归结为诸识的变现。这种解释的思想倾向颇为接近古希腊观察世界的认识论导向，而为中国古代思想传统所不取。

据以上的分析，我们可知梵文中确实没有与汉语中对等的心概念。然而，我们又的确在现存汉译印度佛典中发现不少使用心的概念。这些汉译佛典既有属于根本佛教时期的阿含系经典，又有属于大乘各宗系的经典。我们先来看阿含系经典对心概念的使用。

《增壹阿含经》卷 51 提到心为法本："心为法本，心尊心使，心之念恶，即行即施，于彼受苦，轮辗于辙。心为法本，心尊心使，心之念善，即行即为，受其善报，如影随形。"② 又《增壹阿含经》卷 20 则使用人心："今日月有四重翳，使不得放光明。何等为四？一者云也，二者风尘，三者烟，四者阿须

---

① 高楠顺次郎主编：《大乘百法明门论解》卷 1，《大正藏》第 44 册，大正一切经刊行会 1912—1925 年版，第 47 页上。

② 高楠顺次郎主编：《增壹阿含经》卷 51，《大正藏》第 2 册，大正一切经刊行会 1912—1925 年版，第 827 页中。

伦，使覆日月不得放光明。是谓，比丘，日月有此四翳，使日月不得放大光明。此亦如是。比丘！有四结覆蔽人心不得开解。云何为四？一者欲结，覆蔽人心不得开解；二者瞋恚，三者愚痴，四者利养，覆蔽人心不得开解。是谓，比丘，有此四结覆蔽人心不得开解。当求方便，灭此四结。"① 这里提到人心，并以欲、瞋恚、愚痴、利养对举，以为此四者均系覆蔽人心，使其不得开解的心理现象，经文将其形象地为喻为四结。可以看出《增壹阿含经》此处对诸种心理现象已进行了较详细的观察。不仅是《增壹阿含经》，《杂阿含经》也多次提到心，例如《杂阿含经》卷10使用心恼、心净，从众生心理状态寻求烦恼之因。《杂阿含经》卷10之267："心恼故众生恼，心净故众生净。譬如画师、画师弟子，善治素地，具众彩色，随意图画众种像类。"② 正是居于这一考虑，《杂阿含经》语及心解脱，《杂阿含经》卷1之2："比丘！于色正思惟，观色无常如实知者，于色欲贪断，欲贪断者，说心解脱。如是受、想、行、识当正思惟，观识无常如实知。所以者何？于识正思惟，观识无常者，则于识欲贪断，欲贪断者，说心解脱。"③

除根本佛教经典外，不少汉译大乘经典也论及心。东晋佛陀跋陀罗所译《华严经》将心比喻为画师，其造作万物就如同绘画师的艺术创作："心如工画师，画种种五阴。一切世界中无法而不造。如心佛亦尔，如佛众生然。心佛及众生，是三无差别。诸佛悉了知，一切从心转。"④ 这里实际上已把心视为世界万物的最高本体，其心概念已经不限于心理层面，而跃入本体层面。这种思想不单见于《华严经》，乃是唯识宗一系经典反复宣说的思想。如《十地经》说："三界虚妄，但是一心作。"对此，世亲《十地经论》解释说："但是一心作者，一切三界，唯心转故。"⑤ 值得我们注意的是，世亲用心转万物来解释三界唯

① 高楠顺次郎主编：《增壹阿含经》卷20，《大正藏》第2册，大正一切经刊行会1912—1925年版，第650页上。

② 高楠顺次郎主编：《杂阿含经》卷10，《大正藏》第2册，大正一切经刊行会1912—1925年版，第69页下。

③ 高楠顺次郎主编：《杂阿含经》卷1，《大正藏》第2册，大正一切经刊行会1912—1925年版，第1页上。

④ 高楠顺次郎主编：《大方广佛华严经》卷10，《大正藏》第9册，大正一切经刊行会1912—1925年版，第465页下—第466页上。

⑤ 世亲：《十地经论》卷8，《大正藏》第26册，大正一切经刊行会1912—1925年版，第169页上。

心。这种思想颇有印度的特色，在佛教传入之前的古代中国较为少见。

那么对上举根本佛教阿含系经典、大乘佛教经典使用的心概念，我们应当如何理解呢？是否据此就表明印度佛教也存在心性论呢？我认为不能这么看。事实上，上举印度佛典中对心的使用，应该从格义佛教的角度去理解，也就是说这是早期佛典翻译者的一个创造性诠释，而不是梵文佛典中真有类似中土的心概念。这个道理很简单，只要我们细究一下梵文佛典中的心到底相当于上引宗密所分疏的四心中哪一心，便可一目了然。由于印度佛典梵本多已不存，我们无法确定。不过依理推测，当系梵文 citta 质多的汉译。按梵文 citta，其词根 ci 义为思，有积、集之意，集积眼耳鼻舌身意六识以生起万法。汉译一般译为心，唯识宗有时以其专指第八识阿赖耶识。不过必须提请注意的是，梵文 citta 只强调心的思考、积集功能，并无中国古代心概念的五藏之心、道德主体、超越主体等支撑性含义。因此把梵文 citta 译为心，只是差强人意，不得已而为之。早期佛典的这种格义式的翻译，不是个别现象，也不仅限于心的翻译，像以真人译罗汉，以自然无为译涅槃，均系格义式的翻译。东汉译家竺大力、康孟祥，他们在翻译《修行本起经》卷下《遊观品》时，就套用道教术语"真人"以译解阿罗汉。其云："罗汉者，真人也。声色不能污，荣位不能屈，难动如地，已免忧苦，存亡自在。"[1] 吴支谦译《佛开解梵志阿颰经》以道教天师译佛："吾闻天帝释与帝第七梵，皆下事之，所教弟子悉得五通。轻举能飞，达视洞听，知人意志，及生所从来，死所趣向。此盖天师。"[2] 支谦在翻译佛经时又使用道、道士、自然等道家、道教名相，其云："佛言：我见世间，亦有道士，不知佛法，隐居薮泽，食于果蓏，言不用师，当得自然。此得道乎？对曰：不得。佛言：道从心得，当有师法，是为痴妄信道也。"[3] 此处提到"道从心得"，使用的都是中土哲学名相。按早期佛经翻译使用中土哲学尤其是道家哲学名相，乃系早期格义佛教的一般风尚。我们当然不能据此就认为古代印度佛教也有真人，也有天师、道教。

---

① 高楠顺次郎主编：《修行本起经》卷2，《大正藏》第3册，大正一切经刊行会1912—1925
　　年版，第467页中。

② 高楠顺次郎主编：《佛开解梵志阿颰经》卷1，《大正藏》第1册，大正一切经刊行会1912—
　　1925年版，第259页下。

③ 高楠顺次郎主编：《佛开解梵志阿颰经》卷1，《大正藏》第1册，大正一切经刊行会1912—
　　1925年版，第263页上。

论及于此，我们必须辨明一桩事：此即通过格义以迻译佛典绝对不只有翻译意义，更不是误译，而应视为一种重要的思想创造性诠释手段。中国佛教正是通过此种格义式的迻译成功实现问题意识的转换。像在印度佛教并不突出的如来藏、佛性理论，由于中国传统的心性思想传统，在中国佛教中得到彰显，成为关注的焦点。中国佛教正是通过此种格义逐渐成长，以此达成本土化，从而完成印度佛教向中国佛教跃升。对于佛教这一创造性转换，我们只有从中、印两大成熟文明以佛教为媒介实现思想的创造性融合去理解，才能体略其中所含蕴的精髓。像近期日本批判佛教热衷于追寻"纯正印度佛教"，而对中国化佛教诸宗例如禅宗、华严宗，以及中国化佛教关注的重要问题意识予以批判，只能是皮相之论。

（二）中国本土哲学的"心"概念

在中国哲学史中春秋、战国时期是心性理论创建的关键时期，其中战国时期是心性论发展的成熟期。在这一时期儒家学派的子思、告子、孟子、荀子，道家的《管子四篇》、庄子、《吕氏春秋》都居于各自不同的理论关注，构建起具有自身特色的心性理论体系。众所周知，这一时期对人性问题的大讨论是思想界关注的热点，形成这一时代的主流思潮。战国时期中国思想界对心性问题的思考之所以体现中国哲学的特色，首先与诸子百家使用的心概念紧密相关。

关于心概念，先秦时期道家、儒家都频繁使用，老子、孔子都使用了心的概念。《老子》第三章有"虚其心，实其腹，弱其志，强其骨"，其中的"虚心"显然已经是哲学概念。至于孔子对心的认识，从《论语·雍也》"回也，其心三月不违仁"一句中，孔子心、仁对举看，其使用的心显然具有道德主体之意义。又《孟子·告子篇》转述孔子的话也提及心："孔子曰：操则存，舍则亡，出入无时，莫知其乡。惟心之谓欤！"可知孔子已认识到心的灵妙作用。总结先秦时期中国哲学的心概念，我们可以梳理出四层含义：其一在体或在形之心，即作为五藏器之一的心。对此，《管子·心术上》："心之在体，君之位也；九窍之有职，官之分也。"孟子又认为心具有思的功能，其关于心的名谈："心之官则思，思则得之，不思则不能得也，此天之所与我者。"（《孟子·告子》）。现代学者常依据当代脑科学知识对孟子关于"心之官则思"的论断予以嘲讽，殊不知孟子此处的思乃指对人生的切入、领悟，并非只限于理性思维。观荀子以心为神明之主便可一目了然："心者形之君也，而神明之主也，出令而无所受令。"（《荀子·解蔽》）儒、道两家这种从社会政治伦理的角度以透视人体，把心在人体中作用比作社会政治组织中的君王，此种对心的认知并非全然是生理学的，而且还投射出政治伦理的意义。中国古代对心的这一解释很独特，在其他民族较为少见。其次灵明之心，这一层面以《管子》、《庄子》论述最为精彩。《管子·内业》描述心之各种不同的活动形态说："凡心之刑，自充自盈，自生自成。其所以失之，必以忧乐喜怒欲利。能去忧乐喜怒欲利，心乃反济。彼心之情，利安以宁，勿烦勿乱，和乃自成。折折乎如在于侧，忽忽乎如将不得，渺渺乎如穷无极。此稽不远，日用其德。"

《管子》论心还有一点值得我们注意，此即特别强调心的整全性。这与后世道教思想家由于受到禅宗心性思想的影响而对原本整全的心做各种支离分解完全不同。

又《庄子》一书也多言心，据陈鼓应先生统计，《庄子》书中共一百八十余次提到心，单是《庄子内篇》就有四十余处提到心。由此看来，《庄子》与其说是一部论道之书，倒不如看成一部论心之书。《庄子·在宥》对于人心的各种情态做了惟妙惟肖的刻画："崔瞿问于老聃曰：不治天下，安藏人心？老聃曰：女慎，无撄人心。人心排下而进上，上下囚杀，淖约柔乎刚强；廉刿雕琢，其热焦火，其寒凝冰，其疾俯仰之间而再抚四海之外。其居也，渊而静；其动也，县而天。偾骄而不可系者，其唯人心乎！"（《庄子·在宥》）

此处对人心各种神妙作用的描述，表明作者对心的观察、思考相当仔细、深刻。值得注意的是，《庄子》对心的认知已经不再局限于精神之现实层面，而是跃入到精神的真实层面。此即《庄子·德充符》使用的在真体意义上的"常心"概念："以其知得其心，以其心得其常心。"这里的"常心"应当是指一种与道相合的精神状态。其后禅佛教使用的真心、本心当系化用庄子这一思想。

除心之外，《庄子》在讨论心性问题时，还使用了其他类似于心的概念，例如《庄子·齐物论》"吾丧我"一段，其区分吾与我，吾即真实层面之心，我则为现实层面之心。《庄子·齐物论》还用"真君"、"真宰"表达对精神真实存在维度的认知。《齐物论》："其递相为君臣乎？其有真君存焉。"此外，《德充符》使用"灵府"、《齐物论》使用"天府"之类概念以替换心概念。

关于道德之心，即作为道德主体的心，以孟子论述最为透彻。例如《孟子·尽心上》："君子所性，仁义礼智根于心。"《孟子·公孙丑上》："恻隐之心，仁之端也；羞恶之心，义之端也；辞让之心，礼之端也；是非之心，智之端也。人之有四端，犹其有四体也。"这里提到的四端之心显然着眼于伦理道德层面，系指人的先天道德意识。也正是居于此，孟子才提出性善论。因此孟子的心论与其性论是环环相扣的。孟子对心的把握也主要集中于这一层面。最后是超越之心。先秦时期儒、道两家对心的领悟并非封闭于现实世界，而是具有超越意义，都不约而同贯通超越界。道家论心与道贯通，较早见于《管子》。《管子》所论之心与道通连一体，例如《管子·中匡》说："道之在天者，日也；其在人者，心也。"《管子·内业》也说："夫道者，……卒（萃）乎乃在于心。"这显然认为道贯通于人乃系通过心的中介。可见，心是打通形而上与形而下，现实世界与超越界的关键。对此，孟子也有相似的领悟，只不过他的超越界乃是至善至诚之天。《孟子·尽心下》："尽其心者，知其性也。知其性，则知天矣。存其心，养其性，所以事天也。"孟子以为通过"尽心知性知天"这一内在体究之途，人可达至天道至善之诚境。他所说"诚者，天之道也"（《孟子·离娄上》）就是其道德心的落泊处。而中国古代哲学家之所以要穷究心性论，也是因为这其中存在一条内在超越之路。

不过，无论是道家还是儒家，都认为与道相贯通的心并非现实的人心，而是要经由一番修心立诚的工夫，才能达至与道、天相合的境界。例如《管子》说："道不远而难极也，与人并处而难得也。虚其欲，神将入舍；扫除不洁，神不留处。人皆欲智，而莫索其所以智。智乎智乎，投之海外无自夺，求之者，不及虚之者。夫圣人无求之也，故能虚。"（《管子·心术上》）这种心性工夫，《管子》称为虚心，庄子名之为为心斋、坐忘，孟子则名为尽心。总之，儒道两家的心性论与其工夫论是紧密相联的。

中国哲学的这种主体与本体合一的思维方式乃是其思想的典型特征，应当也是中国思想的独创性。无论是先秦儒家《中庸》论诚明、《易传》穷理尽性以至于命，孟子的尽心知性知天，还是道家的性合于道都是典范。此思维之特色是彻上彻下，形上与形而了无窒碍。值得重视的是儒、道两家贯通天道与人道、形上与形下思想传统之落脚点乃在现象界、在此世。这就是所谓的极高明而道中庸。而这与印度哲学包括佛教普遍重视本体界，轻视现象界之思想传统格格不入。婆罗门教视现象界为摩耶即幻象（māyā），佛教也通过否弃此世以证得涅槃。对此，朱子有精彩的评论："或问：《中庸》说道之费隐，如是其大且妙，后面却只归在'造端乎夫妇'上，此中庸之道所以异于佛老之谓道也。曰：须更看所谓'优优大哉！礼仪三百，威仪三千'处，圣人之道，弥满充塞，无少空阙处。苦于此有一毫之差，便于道体有亏欠也。若佛则只说道无不在，无适而非道；政使于礼仪有差错处，亦不妨，故它于此都理会不得。"①

此外还有一点值得提请注意的是，中国传统心性哲学无论是儒家还是道家心性哲学所用心性概念都是在主体意义上使用。儒家的心性是道德主体，是人成圣成贤所依托之道德主体。道家道教的心性则是证道成真的修炼主体，具有生命超越的维度。这与佛教根本上以消解我法的空义完全不同。无论是释迦牟尼根本佛教的无我论、缘起论，还是大乘空宗的空论都与实体意义的心性概念不相容。

中国本土思想之所以凸显心性问题，乃是与他们对世界采取一种生存式的领悟态度，而这种生命领悟是发自心的，这与西方以脑为中心的对世界采取知解式的立场绝然不同。而印度、西方思想传统对心并没有这种理解，因此梵语中要用四个不同概念才能与中文"心"概念对译。而中国古代的心也绝对没有像印度佛教唯识宗那样有八识的区分，尤其是第七末那识、第八识阿赖耶识就根本不是佛教传入之前中国思想的问题意识，从未进入佛教传入之前中国思想家的思考视域。

二、关于性的概念

性是支撑中国哲学心性理论的另一核心概念。在中国古代心性论中，性与心互相关联、环环相扣，形成层层相逼、逐步推进的观念体系。然而，反观印度佛教思想，我们却并未发现这一思维逻辑。梵文佛典中的性概念与中国心性论中使用的性概念存在较大差异，此外，印度佛教性与心之间也没有类似中国古代哲学中的关联性与贯通性。

（一）印度佛典中的性与界

性在印度佛教经典中一般称为界，梵文 dhātu，汉译为界。原义是指放东西的场所、基座、依处。这一概念是印度佛教的基本概念，佛教以蕴、处、界等概念对万法进行分类。将万法分为五蕴、十二处、十八界。界的观念在印度佛教经典中出现较早，例如根本佛教阿含系经典就使用界。《中阿含经》的

---

① 黎靖德编：《朱子语类》卷63，中华书局1986年版，第1540页。

《多界经》列出六十二界，部派佛教也频繁使用界的观念，例如世亲《俱舍论》卷一："法种族义是'界'义……如是一身或一相续有十八类诸法种族，名十八界。"说一切有部法救的《杂阿毗昙心论》以十一品即界、行、业、使、贤圣、智、定、修多罗、杂、择及论品阐述教理，其中即有界品。犊子部论典《舍利弗阿毗昙论·非问分》专列《界品》，就是属于这一性质的类集。其所谓"界"，就是种类的意思，乃是对佛教教义的一种分类。《界品》对万法进行分类，将同一性质的法予以类集，总共区分为六十二门。此外铜鍱部旧传所谓六施设：蕴施设、处施设、界施设、谛施设、根施设、人施设，其中就有界施设。对于界的解释《大毗婆沙论》卷71指出界有：段义、分义、片义、异相义、不相似义、分齐义。[①] 可以看出无论是根本佛教，还是部派佛教其使用的界的含义都是多元的、含混的，与中国哲学的性概念并不契合。

大乘佛典尤其是如来藏系经典，多以依、持、建立等三义解释界与性。如来藏系经典建立起带有实体意义的如来藏概念，并以如来藏为众生之真实本体，为佛性。这一思想由于与中国本土思想对人性论的重视互相契合，因而在中国南北朝佛教界受到普遍关注，引发中国佛教界持久不衰的对佛性问题的大讨论。而如来藏学派在印度佛教影响并不大。什么是佛性，高崎直道等著《如来藏思想》："'佛性'（buddha-dhātu）是等于'佛的本质'或'本性'的意思。一切众生皆有与'佛'同样之本性，而此本性，使众生将来能够成佛，把这个意思，说明为'佛之因'或'成佛之因'。同样的亦叫作'如来之胎儿'，汉译为'如来藏'。"[②] 佛性论的思想理路与中国心性论尤其是孟子的性善论很契合。

如来藏系经典《胜鬘经》论述如来藏说："如来藏者离有为相，如来藏常住不变。是故如来藏是依、是持、是建立。世尊，不离不断不脱不异不思议佛法，世尊，断脱异外有为法依、持、建立者，是如来藏。"[③] 这是在体性的意义上以如来藏为一切法的最终依据。如来藏已蕴含有某种实体意味。

《宝性论》卷4对《胜鬘经》这一思想做了推衍："此中明性 dhatu 义以为

① 参见高楠顺次郎主编：《阿毗达磨大毗婆沙论》卷71，《大正藏》第27册，大正一切经刊行会1912—1925年版，第367页下。

② 高崎直道等：《如来藏思想》，贵州大学出版社2013年版，第2页。

③ 高楠顺次郎主编：《胜鬘经》卷1，《大正藏》第12册，大正一切经刊行会1912—1925年版，第222页中。

因义。以是义故，经中偈言：无始世来性，作诸法依止，依性有诸道，及证涅槃果。此偈明何义？无始世来性者，如经说言，诸佛如来依如来藏，说诸众生无始本际不可得知故。……作诸法依止者，如圣者《胜鬘经》言：世尊，是故如来藏是依、是持、是住持、是建立。"①这里引《胜鬘经》之语，以如来藏万法之体性、实性，为世间、出世间诸法的根本依据。因此如来藏就是佛性的同义语。如来藏、佛性贯通于万事万物，是所有精神、物质存在的最终依据。又古唯识学大师真谛三藏则以五义分疏界义，这就使界的意义逐渐清晰。在《摄大乘论释》卷1中，真谛解释说："此界有五义：一、体类义，一切众生不出此体类。由此体类，众生不异。二、因义，一切圣人法、四念处等缘此界生故。三、生义，一切圣人所得法身，由信乐此界法门故，得成就。四、真实义，在世间不破，出世间亦不尽。五、藏义，若应此法自性善故，成内若外。此法虽复相应，则成彀故。"②

真谛所释界的这五种意义已不像早期佛教那样，只是用于对教义的分类。界显然已蕴含着主体性、真体性、本体性。这表明界的概念，经过逐渐发展已具有哲学本体的蕴义。值得注意的是，性的这五义中，其中的实体性意味很浓烈。这与佛教传统的无我论是矛盾的。不过真谛在此仍然坚持使用界。隋代天台宗智顗在《摩诃止观》中就用性，并从三方面解释佛教性概念的意义："性以据内，总有三义：一、不改名性。《无行经》称'不动性'，性即不改义也。又性名性分，种类之义，分分不同，各各不可改。又性是实性，实性即理性，极实无过，即佛性异名耳。"③智顗在此彰显性的不改义、种性义、理性义。这就使佛教性概念很接近中国本土哲学的性。

除此之外，唯识宗还以种子解释性，其种子、界、性是同义的，《瑜伽师地论·初持瑜伽处种姓品》卷35："又此种姓，亦名种子，亦名为界，亦名为性。"④

① 高楠顺次郎主编：《究竟一乘宝性论》卷4，《大正藏》第31册，大正一切经刊行会1912—1925年版，第839页上。
② 高楠顺次郎主编：《摄大乘论释》卷1，《大正藏》第31册，大正一切经刊行会1912—1925年版，第156页下。
③ 高楠顺次郎主编：《摩诃止观》卷5，《大正藏》第46册，大正一切经刊行会1912—1925年版，第53页上。
④ 高楠顺次郎主编：《瑜伽师地论》卷35，《大正藏》第30册，大正一切经刊行会1912—1925年版，第478页下。

窥基《成唯识论述记》居于中土的思想传统，以本性解释种子义："性者体也，姓者类也，谓本性来住此菩萨种子姓类差别。"① 对此，近代中国佛教唯识学大师欧阳竟无从法性、体性、实性三方面概括唯识学的界义："法界者，法谓一切有为、无为之圣法，一切圣法生长依因名界，则界即依止义。一切法实性，一切如来自体名界，则界即体性义。清净无生灭，犹如虚空，具足功德，即涅槃，即真如。如来出世、若不出世，此性常住，诸佛有情平等共有，即法住，即法性。"② 此即区分法性、体性、实性三义。③

印度佛教也使用自性、自相概念，所谓的自性，是指因缘聚合的有为现象中，具有自生、自成、永恒存在的自体，用现在的话讲，就是指世界万事万物的本质。《大毗婆沙论》中设自性门对万法自相进行讨论。《大毗婆沙论》卷三十九曰："问：诸行自性有转变不？设尔何失，若有转变，云何诸法不舍自相？若无转变，云何此中说有住导？答：应说诸行自性无有转变。复次有因缘故说无转变，有因缘故说有转变。有因缘故说无转变者，谓一切法各住自体、自我、自物、自性、自相，无有转变；有因缘故有转变者，谓有为法得势时生，失势时灭……故有转变。"④

而唯识家的自性，是指依他生起的一切现象，各有相对独立的体质及简别于他的功能。

然而，值得注意的是，与中国古代心性思想不同，印度佛典并不区分法性与众生性。相反印度佛经中使用性首先是在法性即空性的意义上来界定。例如龙树在《中论》中认为万法由众缘而生，均无自性："众缘中有性，是事则不然；性从众缘出，即名为作法。"⑤ "性若是作者，云何有此义？性名为无作，不待异法成。"⑥ 由此可见，中观学派是主张以空为性，由缘起证成性空，实际

---

① 高楠顺次郎主编：《成唯识论述记》卷9，《大正藏》第43册，大正一切经刊行会1912—1925年版，第556页上。

② 王雷泉编选：《悲愤而后有学——欧阳渐文选》，上海远东出版社1996年版，第348页。

③ 参见高楠顺次郎主编：《瑜伽师地论》卷21，《大正藏》第30册，大正一切经刊行会1912—1925年版，第395页下。

④ 高楠顺次郎主编：《大毗婆沙论》卷39，《大正藏》第27册，大正一切经刊行会1912—1925年版，200页上。

⑤ 鸠摩罗什译：《中论》卷3，《藏要》第2册，上海书店影印本，第980页。

⑥ 鸠摩罗什译：《中论》卷3，《藏要》第2册，上海书店影印本，第980页。

上是以无性为性。如此其性概念就不是一个实体概念。① 这里我们需要特别指出的是，印度佛教无论是根本佛教的五蕴论，还是空宗的缘起性空，在佛教方面都是作为一个预设性的思想公理来使用的。然而，印度佛教的这一思想公理在中国传统思想中并不成立。中国思想的和同论特别强调和的境界，而所谓和就是事物中各种不同存在因素构成的一种平衡状态，而且这种平衡还是一种动态平衡。关于和同论，春秋时期晏婴、老子、孔子就有精彩论述。《左传·昭公二十年》记载晏婴对和与同的分别，强调追求和的境界。② 老子说"冲气以为和"（《老子》第四十二章），从宇宙创生论角度，视阴阳二气的平衡组合为和，认为是万物化生之根本。孔子也以"君子和而不同"一语，将和提升至政治、伦理准则。至《中庸》通过对已发、未发的讨论，已从宇宙本体角度演述中和思想。这都与印度佛教的缘起性空论大相径庭。其实，关于印度佛教缘起性空论与中土思想和合论的根本差异，早在魏晋南北朝三教大辩论中，就有人予以指出。刘宋文帝时曾有黑衣宰相之称的释慧琳著《白黑论》对佛教缘起性空论予以质疑。他在文章中正是依据中国传统的和同思想对佛教的缘起性空理论予以驳斥："今析毫空树，无伤垂荫之茂；离材虚空，不损轮奂之美。明无常增其渴荫之情，陈苦伪笃其竞辰之虑。"③ "贝锦以繁采发挥，和羹以盐梅致旨，齐侯追爽鸠之乐，燕王无延年之术。恐和合之辨，危脆之教，正足恋其嗜欲之私，无以倾其爱竞之惑也。"④

　　这显然是用中土的和同论来驳斥佛教的缘起论。这是极有见地的。至于印度佛教为何否定事物的综合性，追求单一的纯正性，这与印度思想的整体导

---

① 南北朝时，北朝杜弼论佛性与法性的分别："(魏帝问杜弼)：'闻卿精学，聊有所问。经中佛性法性，为一为异？'弼曰：'正是一理。'又问曰：'说者妄，皆言法性宽，佛性狭，如何？'弼曰：'在宽成宽，在狭成狭，若论性体，非狭非宽。'诏曰：'既言成宽成狭，何得非狭非宽？'弼曰：'若定是宽，则不能为狭；若定是狭，亦不能为宽。以非宽非狭所成虽异，能成恒一。'"（《北齐书》卷24《杜弼传》，中华书局1972年版，第348页）

② 《左传·昭二十年》："齐侯至自田，晏子侍于遄台，子犹驰而造焉。公曰：唯据与我和夫！晏子对曰：据亦同也，焉得为和？公曰：和与同异乎？对曰：异。和如羹焉，水、火、醯、醢、盐、梅，以烹鱼肉，燀之以薪，宰夫和之，齐之以味，济其不及，以泄其过。君子食之，以平其心。君臣亦然。君所谓可而有否焉，臣献其否以成其可；君所谓否而有可焉，臣献其可以去其否，是以政平而不干，民无争心。故《诗》曰：'亦有和羹，既戒既平。鬷嘏无言，时靡有争。'先王之济五味、和五声也，以平其心，成其政也。"

③ 《宋书》卷97《天竺迦毗黎传》，中华书局1974年版，第2389页。

④ 《宋书》卷97《天竺迦毗黎传》，中华书局1974年版，第2389页。

向密切相关。日本著名印度学家中村元在《比较思想史论》评述印度思想之特征时就说:"无视个别和特殊的东西,而关注于普遍的东西,对于普遍的重视表现为偏重于抽象概念,而抽象概念又被赋予了实体性。这是印度思想的一般特征。"① 又说:"印度思想对普遍的重视,其极限以至使印度思想呈现出否定的性格。"② 这些评论都是很准确的,抓住了包括佛教在内的印度思想的本质特征。而中国思想则开创出与印度颇为不同的思维传统。中国思想很注重对本根论的探讨,此种本根论不像古希腊哲学那种以纯粹认知为导向的本源论,而是与生存论密切相关。换句话说,道家之所以反复讨论宇宙万物本根问题,乃是意在从中化引出一种与本根之道相契合的生存态度。

此外,尤可注意者,印度佛教的性概念是联系诸法即外在对象而言,无论是自相共相,还是因相果相,都是指外在事物的各种不同存在状态。这与中国古代心性哲学使用的性概念主要指主体的状态完全不同。

至于如来藏系经典使用的如来藏概念虽带有实体的意味,但如来藏本质上仍为空性,而与实体我不同。宋译《楞伽阿跋多罗宝经》卷4《一切佛语心品》:"佛告大慧:我说如来藏,不同外道所说之我。大慧,有时说空、无相、无愿、如、实际、法性、法身、涅槃、离自性,不生不灭,本来寂静,自性涅槃,如是等句。……如来之藏若不如是,则同外道所说之我。"③

这样看来如来藏与上引龙树的空性、实性、法性并无不同,两者的差距只不过是论述角度不同,龙树是从万法缘生的角度论空,如来藏学则从我的缘生性论空:"佛以性空、实际、涅槃、不生、无相、无愿等句义说如来藏,为令愚夫离无我怖,说无分别无影象处如来藏门。于远离分别相无我法中,以智慧巧便,或说如来藏,或说无我,应知无我如来藏义。"④ 以空性说如来藏,将最高本体归结为空,这是中国本土没有的思想。大乘佛教追求否定性的空,这也符合印度思维崇尚寂静的精神传统。对此,中村元总结说:"由于无视个别与特殊,使得印度思想形成一种万物一体观。此外,还使得印度思想在其语言

---

① 中村元:《比较思想史论》,浙江人民出版社1987年版,第167页。

② 中村元:《比较思想史论》,浙江人民出版社1987年版,第167页。

③ 高楠顺次郎主编:《楞伽经·一切佛语心品》卷2,《大正藏》第16册,大正一切经刊行会1912—1925年版,第489页中。

④ 欧阳竟无:《楞伽疏决》,《欧阳竟无著述集》下,东方出版社2014年版,第711页。

表现和思想形态方面，形成了一种静的特征。"[①]

（二）中国哲学的"性"

中国哲学的性与心一样，也有形而上、形而下相互关联的两层含义。其超越的形上意义同样也是立基于形下的生理层面。据徐复观先生在《中国人性论史》中考证，性字系从生字孳乳出来，性的意义与生紧密相联："性字之含义，若以生字无密切之关联，则性字不会以生字为母字。但性字之含义，若与生字之本义没有区别，则生字亦不会孳乳出性字。并且必先有生字用作性字，然后渐渐孳乳出性字。"[②] 性、心概念在中国思想中与人生命的源初关联，说明中国哲学本质上是指向生命的，是一种围绕生命致思的思想体系。对于中国哲学的重生特性，六朝高道顾欢在《夷夏论》通过对佛、道两教之立教宗旨之分判做了精彩总结。他分别用正真之道、正一之道综括佛、道二教：

> 寻圣道虽同，而法有左右。始乎无端，终乎无末。泥洹仙化，各是一术。佛号正真，道称正一。一归无死，真会无生。在名则反，在实则合。但无生之教赊，无死之教切。切法可以进谦弱，赊法可以退夸强。[③]

顾欢在此用无生、无死来分判佛教与道教，称佛教为无生之教，道教为无死之教。

又隋末唐初高道李仲卿《十异九迷论》也说：

> 夫等无生灭，其理则均，导世引凡，不无差异。但生者物之所以欣，灭者物之所以恶。然则生道难得，必俟修功，灭法易求，讵劳禀学？是知腾神驾景，自可积劫身存；气尽形殂，固当一时神逝。此教门之殊二也。[④]

这就抓住道教及中土文化的贵生传统对佛教的以贬斥生命为代价而达成的单纯精神解脱提出批评。这一对佛、道精神之分判无疑极有见地。

考察先秦儒、道两家心性论，对性的定义都是从生起说。《孟子·告子》述告子对性的理解，经典性表述即为"生之谓性"。这明显是以人的生理本能为性。对此，孟子并未予以否定。《孟子·尽心》有一段话，表明孟子也承认

---

① 中村元：《比较思想史论》，浙江人民出版社 1987 年版，第 167 页。

② 徐复观：《中国人性论史》，华东师范大学出版社 2005 年版，第 4 页。

③ 《南史》卷 75《顾欢传》，中华书局 1975 年版，第 1877 页。

④ 法琳《辩正论》，见石峻等编：《中国佛教思想资料选编》第 3 册，中华书局 1981 年版，第 343 页。

性涵盖人的基本欲望。其云："口之于味也，目之于色也，耳之于声也，鼻之于臭也，四肢之于安佚也，性也，有命焉，君子不谓性也；仁之于父子也，义之于君臣也，礼之于宾主也，知之于贤者也，圣人之于天道也，命也，有性焉，君子不谓命也。"孟子在此既承认人的基本生理欲望属于性，同时又强调要在人的生理欲望中发掘出形而上层面的天命。这种以性论命，在平常中体认出真常的思维进路正是中国哲学的特色。又《荀子·正名》论性也是以生之谓性："生之所以然者谓之性。"《荀子·礼论》也说："性者，本始材朴也。"又言："凡性者，天之就也，不可学不可事；礼义者，圣人之所生也，人之学而能，所事而成者也。"（《荀子·性恶》）以生言性，在先秦道家中也常见。《庄子·庚桑楚》即云："性者，生之质。"这与告子、荀子论性是相同的。

除生之谓性外，先秦儒家的性也有向上超越，与天命贯通的意义。对此，《中庸》"天命之谓性，率性之谓道，修道之谓教"一句，显然就是从天命角度论性，其性具有内在超越的意义。先秦道家使用的性概念同样也不限于形而下之生理意义，而是与超越界内在贯通的。对此庄子又称为真、天、素、自然，如《庄子·渔父》以真言性云："真者，所以受于天也，自然不可易也。故圣人法天贵真，不拘于俗。"《庄子·刻意》以纯素界定人的本性："故素也者，谓其无所与杂也；纯也者，谓其不亏其神也。能体纯素，谓之真人。"此所谓的真即指人禀自于道的天然本性；纯素则指性体纯粹不杂，精一无二的品性。庄子上述用以描述人之本性的真、天、素、自然等，也是他对道体的界定。可见，他也认为人性与道有着内在的贯通性，这表明本质上庄子也像孟子一样主张性善论，只不过他是以真、自然、淳朴为至善至美，是以超越善恶二元对待的道为归依的。然而，无论是《中庸》、孟子，还是庄子，他们论性都采取了人道与天道，形而下与形而上相互贯通的理路，且落脚点是在人而非天，也就是说采取了内在超越的进路。这是我们应特别注意的。

（三）印度佛教的心性

中国哲学讨论心性论时，不仅单用心、性概念，而且常常心性连用，以彰显主体与本体的贯通性。中国古代哲学的心性论，由心至性至道，标示主体沿着内在超越的生命通道，与终极的超越实体合而为一。这是中国本土思想最典型的生命解脱论或者超越论。那么印度佛教经典中究竟有没有心性概念，心性在梵文中是怎么拼读的？关注佛教心性论的学者杨维中教授说："从今日的学术立场言之，'心性'应该是梵文 citta-prakṛti 的意译。但若想在早期汉译经典之中做追根求源式的研究是有相当难度的。因为据现存梵文原本，我们已经很难搞清楚佛典中所有的'心性'一词是否均为 citta-prakṛti 的对译，而古代汉语以单音字为主的特点更使我们难于分清楚其到底是一个范畴还是两个词。"① 不过，从现存汉译印度佛典看，无论是根本佛教、部派佛教，还是大乘佛教都有不少地方使用心性一词。例如《大方等大集经》说："一切众生心性本净。性本净者，烦恼不能染着，犹若虚空，不可沾污。心性、空性等无有二，众生不知心性净故，为欲烦恼之所系缚。如来于此而起大悲，演说正法，欲令知故。"② 又《大般涅槃经》也使用心性："心性异故，名为无常。……善男子，以是义故，当知心性各各别故，当知无常。"③ 但需要注意的是，在《大方等大集经》、《大般涅槃经》心性一词在印度佛教中的意思相同，都是指称主体，实际上都是指心。心性并不构成一范畴，这与中土用法不同。我认为乃系昙无谶格义翻译所致，梵文原本并无对应的概念。

此外尤可注意者，在根本佛教尤其是部派佛教时期曾热烈讨论过的心性本净、心性本不净说。关于心性本净，部派佛教犊子部论典《舍利弗阿毗昙论》卷27说："心性清净，为客尘染。凡夫未闻故，不能如实知见，亦无修心；圣人闻故，如实知见，亦有修心。心性清净，离客尘垢。凡夫未闻故，不能如实知见，亦无修心；圣人闻故，如实知见，亦有修心。"④ 这里不但出现心性连用，而且还明确主张心性本来清净，因为客尘污染才使凡夫不能如实了知万法真相，因此凡夫的修行就是修心。

又依据说一切有部根本论典《大毗婆沙论》的记载，印度佛教各部派还曾围绕心性是否本来清净展开热烈争论。《大毗婆沙论》卷27说："谓或有执心性本净，如分别论者。彼说心本性清净，客尘烦恼所染污，故相不清净。为止彼执，显示心性非本清净，客尘烦恼所染污，故相不清净。若心本性清净，客尘烦恼所染污，故相不清净。何不客尘烦恼本性染污与本性清净心相应，故

---

① 杨维中：《中国佛教心性论研究》，宗教文化出版社 2007 年版，第3—4页。

② 北凉昙无谶译：《大方等大集经》卷2，《大正藏》第13册，大正一切经刊行会1912—1925年版，第11页下。

③ 北凉昙无谶译：《大般涅盘经》卷14，《大正藏》第12册，大正一切经刊行会1912—1925年版，第446页上。

④ 高楠顺次郎主编：《舍利弗阿毗昙论》卷27，《大正藏》第28册，大正一切经刊行会1912—1925年版，第697页中。

其相清净?"① 据此所述,当时印度佛教部派中也有主张心性本不净者。对此,说一切有部著名论师诃梨跋摩在《成实论》中对心性本不净的主张做了记载,《成实论》说:

> 有人说心性本净,以客尘故不净。又说不然。问曰:何因缘故说本净?何因缘故说不然?答曰:不然者,心性非本净,客尘故不净。所以者何?烦恼与心常相应生,非是客相。又三种心:善、不善、无记。善、无记心是则非垢;何不善心,本自不净,不以客故。复次,是心念念生灭,不待烦恼,若烦恼共生,不名为客。②

有学者正是根据部派佛教论典此类心性术语认为印度佛教也关注心性问题,并于心性理论中就心性是否本来清净展开争论。例如我素所尊敬的、老辈佛教学者吕澂先生曾专门撰文对此予以探讨。在《试论中国佛学有关心性的基本思想》一文中,吕澂先生不但对印度佛教心性论做了论述,而且比较了中、印佛教心性论的特点。他说:"印度佛学对于心性明净的理解是侧重于心性不与烦恼同类。它认为烦恼的性质嚣动不安,乃是偶然发生的,与心性不相顺的,因此形容心性为寂灭、寂静的。这一种说法可称为'性寂'之说。中国佛学用本觉的意义来理解心性明净,则可称为'性觉'之说。从性寂上说人心明净,只就其'可能的'、'当然的'方面而言;至于从性觉上说来,则等同'现实的'、'已然的'一般,这一切都是中印佛学有关心性思想所有的重要区别。"③ 除吕澂先生之外,日本老辈佛教学者木村泰贤在名著《小乘佛教思想论》中,也对印度佛教关于心性净与不净问题的讨论予以探讨。④

吕澂先生在此以性寂说概括印度佛教心性论,以性觉说指称中国佛教心性论。除此之外,吕澂先生还认为印度佛教讨论心性问题时没有区分法性与心性,均归依于空寂。而中国佛教则区分法性与心性,心性是昭昭灵明,法性则空寂无知。吕澂先生这一观点对中国佛教学者影响很大,许多学者之所以认为中国佛教讨论心性论系接续印度佛教的学统,很大部分是采用吕澂先生的上述

---

① 高楠顺次郎主编:《大毗婆沙论》卷27,《大正藏》第27卷,大正一切经刊行会1912—1925年版,第140页中。

② 鸠摩罗什译:《成实论》卷3,《大正藏》第32卷,大正一切经刊行会1912—1925年版,第258页中。

③ 吕澂:《吕澂佛学论著选集》,齐鲁书社1991年版,第1147—1148页。

④ 参见木村泰贤:《小乘佛教思想论》,贵州大学出版社2013年版,第299—303页。

观点。

那么我们是否能根据以上所述印度部派佛教对"心性本净"的争论，就断定心性问题也是印度佛教的重要问题意识呢？心性到底在梵文中有无对应词，抑或是佛典翻译者格义所致，就像前面提到的佛经使用真人、天师一样。这些都需要进一步研究。不过我这里要问的是：以心性论为思想主线是否能贴切地领悟印度佛教的思想独创性？对此，我们应该认真予以考究。其实从印度精神传统的整体来把握佛教的思想独创，与其纠缠于心性论，倒不如关注佛教对自我的独特看法。正是围绕自《奥义书》以来对梵我关系这一印度思想核心问题意识的独特精神思考，释迦牟尼提出了无我这一石破天惊的哲学主张，从而真正突破了《奥义书》以来的思想传统，完成了思想的跃升。因此，无我论才是佛教接续印度自《奥义书》以来的精神传统关注的核心问题意识。

我，梵语 ātman，原意为呼吸、气息，后来演变为生命、身体、我、自我、精神、灵魂和主宰等义。关于我、梵我关系的问题，早在《奥义书》的时代就凸显出来。《歌者奥义书》论我："它是我的灵魂，处于我心中，小于米粒或麦粒，或芥子，或黍，或黍子核；这个我心中的我，大于天，大于地，大于空，大于万有世界。"根本佛教时期承古印度《奥义书》以来的传统，在论及主体时也使用我这一概念，不过佛陀破斥《奥义书》的梵我一如，主张非我、无我。事实上从根本佛教的教义看，无我论是具有中心地位的。众所周知，诸行无常，诸法无我乃是根本佛教两大核心教义之一。佛教的无我包括法无我、人无我。又在根本佛教的四法印苦、空、无我、涅槃寂静中，无我即为其中之一。毫无疑问，无我论是佛教提出的区别于其时印度其他宗教哲学派别的独创性思想。职此之故，印度古代哲学家、思想家又把佛教称为无我论（nairātmyavāda）。

无我的思想贯穿三藏十二部经，乃系大小乘佛教共同执持的核心思想。《杂阿含》第 273 经"此等诸法非我非常，是无常之我，非恒非安隐，变易之我。所以者何？比丘！谓生老死没受生之法"。对于无我，根本佛教的阿含系经典注重通过对五蕴的分析，说明五蕴均没有恒常不变的我性，据此论证无我的真实。例如《杂阿含·无我相经》中即云："色无常；无常即苦；苦即非我；非我者即非我所。如是观者，名真实观。如是受、想、行、识无常；无常即苦；苦即非我；非我即非我所。如是观者名真实观。"①

又处于部派佛教向大乘过渡的《成实论·有我无我品》在阿含系经典无我论理论基础上对无我论进行进一步细致思想分疏，从而拓展无我论之思想深度。其云："又处处经中皆遮计我，如圣比丘尼语魔王言，汝所谓众生是即为邪见，诸有为法聚皆空无众生。又言，诸行和合相续故有，即是幻化诳惑凡夫，皆为怨贼如箭入心，无有坚实。又言，无我无我所无众生无人，但是空，五阴生灭坏败相，有业有果报，作者不可得，众缘和合故有诸法相续。以是等缘故。佛种种经中皆遮计我，是故无我。"②

大乘空宗大师龙树《中论》也宣说无我以证成空论："若我是五阴，我即为生灭；若我异五阴，则非五阴相。若无有我者，何得有我所？灭我、我所故，名得无我智。"③"内外我、我所，尽灭无有故；诸受即为灭，受灭则身灭。业烦恼灭故，名之为解脱。"④

对于佛教的这种无我论，苏联著名佛教学者舍尔巴茨基评论说："（佛陀）为了竭力逃避永恒不灭性的、一元论的和唯物论的各种矛盾，佛陀又陷入了在我们看来的一种新矛盾，即没有人格之我的道德律的矛盾——道德律本应该依存于自我的；佛教的解放是没有人存在的解脱，而我们通常所理解的解脱，应该是人能够达到的那种理想目标。"⑤

为了补救这一理论困境，部派佛教犊子、经量、化地部建立补特伽罗我pudgala、施设我。例如《俱舍论》转述说一切有部的经典说："若定无有补特迦罗，为可说阿谁流转生死？不应生死自流转故。"⑥又说："若一切类，我体都无，刹那灭心，于曾所受久相似境，何能亿知？"⑦至于经量部，则提出胜义补特迦罗。

---

① 求那跋陀罗译：《杂阿含经》卷 1，《大正藏》第 2 册，大正一切经刊行会 1912—1925 年版，第 2 页上。

② 鸠摩罗什译：《成实论》卷 3，《大正藏》第 32 册，大正一切经刊行会 1912—1925 年版，第 259 页上。

③ 鸠摩罗什译：《中论》卷 4，《藏要》第 2 册，上海书店影印本，第 995 页。

④ 鸠摩罗什译：《中论》卷 4，《藏要》第 2 册，上海书店影印本，第 995 页。

⑤ 舍尔巴茨基：《大乘佛学》，中国社会科学出版社 1994 年版，第 6 页。

⑥ 玄奘：《俱舍论》卷 30，《藏要》第 8 册，上海书店影印本，第 659 页。

⑦ 玄奘：《俱舍论》卷 30，《藏要》第 8 册，上海书店影印本，第 660 页。

三、意识论还是心性论

印度、中国作为两个原创性的古老文明，无疑都有着各具特色的精神传统。这一精神传统当然也体现在双方关注的独特思想问题之中。日本著名印度学家中村元在评论中、西、印三系思想的差异时说："西方思想以自然现象为问题，重视对物质的探讨；中国虽然也有自然主义，但那不是科学家的自然主义，而是艺术家及浪漫主义者的自然主义。而印度思想则是以对自身的思考为主。"① 对人类心理、精神现象的细致分析和思考在印度达至极端，像唯识学、如来藏思想体系，都是通过对心理、精神现象的深度分析以构建其思想体系。此外，值得注意的是，这种对精神现象之分析乃是通过内省式的体验达成的。因此印度思想尤其是印度教、佛教的工夫论相当发达，这与中国思想重视知行合一，重视工夫论颇为契合。而西方思想由于过于重视知识论的建构，对工夫论极端漠视。这与其居于主流地位之思想传统将世界主要设定为认识对象，强调主体对客体的中立态度有关。

与中国哲学一样，印度哲学也很关注自我、主体，但印度文明与中华文明有着本质的不同。它是一种以出世主义为导向的解脱文明。印度思想之所以重视对主体的研究，意在从人自身去寻找苦难的根源并进而探索出一条精神解脱之路。这里需提请注意的是，包括佛教在内的印度哲学对自我的探究偏好采取一种条分缕析式的分解态度。对此，著名佛教学者舍尔巴茨基评论说："佛陀哲学主张的独创性主要表现在否定了一切实体性，将世界过程转变为无数分离各别的转瞬即逝的元素的调和现象。他放弃了奥义书的一元论和数论派的二元论立场，建立了一套基于极端多元论立场的哲学体系。"② 对于自我，印度佛教同样也是采取一种独特的分解态度，无论是早期佛教的五蕴论，还是大乘法相唯识宗的识论，都是通过对心理的分析来解释世界。这种思想进路更接近现代心理学。因此，我们与其热衷于从心性论角度去把握印度佛教的真精神，倒不如从意识论的角度反而更显得贴切。实际上这也是印度佛教自身所呈现的特点。这其中识是一个核心概念，抓住识的演变就能把握印度佛教思想的创

---

① 中村元：《比较思想史论》，浙江人民出版社 1987 年版，第 184 页。

② 舍尔巴茨基：《大乘佛学》，中国社会科学出版社 1994 年版，第 5 页。

特性。

早在佛教创立之前的《奥义书》时代，印度思想就对阿特曼（我）从五方面进行分析。《奥义书》论我之五义，其中有食味所成我、生气所成我、现识所成我、认识所成我、妙乐所成我。释迦牟尼创立佛教，虽然标举无我，但并未放弃对意识现象的分析，只不过使用了另外一个概念，此即识。佛陀正是围绕识来创建其教义教理体系的。众所周知，根本佛教的五蕴论及依其建立的十二处、十八界等三科理论是佛教贯穿始终的基本理论。五蕴之蕴，梵文skandha，意为聚集，五蕴为色、受、想、行、识等蕴。这显然是依据缘起论而创立的分析性的存在论。其中识蕴不但为五蕴之一，而且从其后佛教的发展看，同时也是五蕴之归结点。又早期佛教的十二缘生理论也提到识，十二因缘的第三环即为识，所谓无明缘行，行缘识，识缘名色……。至于部派佛教更是重视对识的讨论，例如大众部用根本识，上座部分别论者用有分识 bhavāṅga-vijñāna。[1]

识蕴之识，梵文 vijñāna，意为了别，在思考的意义上与汉语的心概念有部分重叠之处。虽然在《庄子·缮性》中有"心与心识知"一语，较早使用识，但识无疑不是中国本土思想使用的主要概念。但印度佛典中，识却是三藏十二部经使用的重要概念，译成汉文有时与心、意没有区分。阿含系经典在相同意义上使用心、意、识："彼心、意、识日夜时刻，须臾转变。"[2] 又《俱舍论》卷1也说："颂曰：识谓各了别，此即名意处，及七界应知，六识转为意。论曰：各各了别彼彼境界，总取境相，故名识蕴。"[3] 大乘空宗论心与意、识，也是以意、心、识联用。龙树《大智度论》卷36认为心即意，意生识，三者是相通的："为是相续心故，诸心名为一意，是故依意而生识。"[4]

从心的角度来分析，识蕴属心法、心王，受、想、行三者为心所法。自五蕴之识蕴到十二处之六根、六尘再到十八界的六识、六根与六尘。这其中识

---

[1] 参见马定波：《中国佛教心性说之研究》，台湾正中书局1980年版，第95页。

[2] 高楠顺次郎主编：《杂阿含经》卷12，《大正藏》第2册，大正一切经刊行会1912—1925年版，第81页下。

[3] 参见高楠顺次郎主编：《阿毗达磨俱舍论》卷1，《大正藏》第29册，大正一切经刊行会1912—1925年版，第4页上。

[4] 高楠顺次郎主编：《大智度论》卷36，《大正藏》第25册，大正一切经刊行会1912—1925年版，第325页下。

都是核心。众所周知，部派佛教之说一切有部将一切法加以归纳分类，其中最完整的分类，要算世友的《品类足论》及世亲的《俱舍论》中所说的五位七十五法。五位即色法、心法、心所法、心不相应行法、无为法。其中色法分为十一种，心法一种，心所法分为四十六种，心不相应行法分为十四种，无为法分为三种，共合七十五种法。这其中心法居于重要的地位。

大乘有宗法相唯识学也是通过对人的意识现象进行精密分析从存在论的角度以解释宇宙万事万物的存在，其归结点是将外物归本于人的意识，其核心命题是万法唯识。唯识经典有时也将心、意、识通用。唯识宗所论之心、识是偏重从认知角度来讨论的，他们通过对意识结构进行细致分析，以论证世界乃心识的创造，并无实体性。对此，有学者评论说："对瑜伽行派或唯识学派而言，称诸法皆空即意味着诸法皆为心识所造——一切发生于我们视为实体之上的相互作用皆不过是心之所现。心及其世界是一个纯粹由心识运作的闭合系统。存在的不过是自意识演生出来的图像和符号。而我们却将这些演生物视作一个包含众多物体的外部世界。"①

虽然唯识宗有时解释境的变现，也使用心概念，宣说万法唯心，甚至有时也以心性与阿赖耶识对举，例如地婆诃罗译《密严经》就以心性之类中土概念与阿赖耶识、藏识对等使用："诸仁者，心之体性不可思议，密严中人善能知见。诸仁者，一切众生阿赖耶本来而有，圆满清净，出过于世，同于涅槃。譬如明月显众国土，世间之人见有亏盈，而月体性未尝增减。藏识亦尔，普现一切众生界中，性常圆洁，不增不减。无智之人妄生计著，若有于此能正了知，即得无漏转依差别。"②此即以阿赖耶为心之体性。又《大乘庄严经论》卷6："已说心性净，而为客尘染，不离心真如，别有心清净。"③其注语正用阿摩罗识解心："说心真如，名之为心，即说此心为自性清净，此心即是阿摩罗识。"④

---

① 蒂安娜保尔：《中国六世纪的心识哲学》，上海古籍出版社 2011 年版，第 2 页。

② 高楠顺次郎主编：《大乘密严经》卷 2，《大正藏》第 16 册，大正一切经刊行会 1912—1925 年版，第 737 页下。

③ 高楠顺次郎主编：《大乘庄严经论》卷 6，《大正藏》第 31 册，大正一切经刊行会 1912—1925 年版，第 623 页上。

④ 高楠顺次郎主编：《大乘庄严经论》卷 6，《大正藏》第 31 册，大正一切经刊行会 1912—1925 年版，第 623 页上。

然而由于中国本土心概念一词多义，过于笼统，既可指人体生理器官，又可指感觉、思维器官，还可指道德伦理意识，甚至超越的宇宙本体意识也可包容于心中。这不适合以对意识现象进行精细辨析之印度唯识学，因此总的看来唯识学逐渐淡化使用心，更加注重使用识概念。例如宋求那跋陀罗所译《楞伽经》就是凸显识的概念，以识统心，其云："大慧，善不善者，谓八识。何等为八？谓如来藏为识藏，心、意、意识，及五识身。"① 唯识古学大师真谛在所译《转识论》、《显识论》、《三无性论》、《决定藏论》等论典中系统论述了古唯识理论。对于识，真谛所译的《显识论》中，将其分别为显识与分别识："是一切三界，但唯有识。何者是耶？三界有二种识：一是显识，二者分别识。显识者，即本识，此本识转作五根、四大等。何者分别识？即是意识，于显识中分别作人天、长短、大小、男女、树藤诸物等。"② 这里的本识，后来有时也改用心。据马定波研究，真谛所译诸经论例如《显识论》、《转识论》、《佛性论》等，对阿赖耶识的翻译，除极少数译为心，多数是用阿梨耶识（异名本识、宅识、藏识）、显识、阿罗耶识、一切种子识。③

又真谛译《十八空论》有时也以识、心互释，以阿摩罗识为自性清净心："云何分判法界非净非不净？答阿摩罗识是自性清净心，但为客尘所污故，名不净；为客尘尽故立为净。"④ 此外真谛译《决定藏论》还特别重视阿罗耶识（系阿黎耶识的异译）与阿摩罗识："断阿罗耶识，即转凡夫性，舍凡夫法，阿罗耶识灭。此识灭故一切烦恼灭。阿罗耶识对治故，证阿摩罗识。阿罗耶识是无常，是有漏法；阿摩罗识是常，是无漏法。得真如境道故，证阿摩罗识。"⑤ 其中阿摩罗识显然具有心体的意味。又菩提流支所译《入楞伽经》同样也是突出识："复次，大慧言，善不善法者，所谓八识。何等为八？一者阿梨耶识，二者意，三者意识，四者眼识，五者耳识，六者鼻识，七者舌识，八者

① 高楠顺次郎主编：《楞伽经·一切佛语心品》卷4，《大正藏》第16册，大正一切经刊行会1912—1925年版，第512页中。
② 真谛译：《显识论》卷1，《大正藏》第31册，大正一切经刊行会1912—1925年版，第878页下。
③ 马定波：《中国佛教心性说之研究》，台北正中书局1980年版，第95页。
④ 高楠顺次郎主编：《十八空论》卷1，《大正藏》第31册，大正一切经刊行会1912—1925年版，第863页中。
⑤ 真谛译：《决定藏论》卷上，《大正藏》第30册，大正一切经刊行会1912—1925年版，第1020页中。

身识。"① 菩提流支在这里干脆把求那跋陀罗翻译时使用的心概念取消了，替换成识。

菩提流支还在所译《入楞伽经》以阿梨耶识为具有真体意义的如来藏："阿梨耶识者，名如来藏，而与无明七识共俱，如大海波常不断，绝身俱生故，离无常过，离于我过，自性清净，余七识者，心意意识等。"②

唯识宗的主要论典《成唯识论》虽然很注意区分心、意、识，然而其使用心概念明显也是指阿赖耶识："第八名心，集诸法种，起诸法故；第七名意，缘藏识等，恒审思量为我故；余六名识，于六别境粗动间断了别转故。"③ 这里所谓的第八名心显然是指第八识阿赖耶识，又称藏识。今古唯识论典对识的细致讨论，对中国佛教各宗影响很大，即使到隋代天台宗创始人智顗虽然不专擅唯识学，但在《金光明经玄义》中也还在讨论三识即菴摩罗识、阿梨耶识、阿陀那识，认为其分别对应佛识、菩萨识及凡夫识。④

对识的讨论不仅见于上述印度佛教各派，而且也是南北朝以来中国佛教高僧普遍关注的主要教理问题。净影慧远（523—592）在《大乘义章》中就重点论述第七阿陀那、第八阿黎耶两识。对于第七阿陀那识，他从八大角度予以分疏：

> 一无明识，体是根本无明地故；二名业识，依无明心，不觉妄念忽然动故；三名转识，依前业识，心相渐粗，转起外相，分别取故；四名现识，所取妄境，应现自心，如明镜中现色相故；五名智识，于前现识所现境中，分别染净违顺法故，此乃昏妄分别名智，非是明解脱为智也；六名相续识，妄境牵心，心随境界，攀缘不断，复能住持善恶业果，不断绝故；七名妄识，总前六种非真实故；八名执识，执取我故，又执一切虚妄相故。⑤

在这一分疏框架下第七阿陀那识实际上相当于中土的尘心。对此净影慧远之

① 高楠顺次郎主编：《入楞伽经》卷 8，《大正藏》第 16 卷，大正一切经刊行会 1912—1925 年版，第 559 页中。

② 高楠顺次郎主编：《入楞伽经》卷 7，《大正藏》第 16 卷，大正一切经刊行会 1912—1925 年版，第 556 页中下。

③ 玄奘译：《成唯识论》卷 1，《藏要》第 31 卷 4 册，上海书店影印本，第 565 页。

④ 参见高楠顺次郎主编：《金光明经玄义》卷 1，《大正藏》第 39 册，大正一切经刊行会 1912—1925 年版，第 4 页上。

⑤ 隋慧远：《大乘义章》卷 3，《大正藏》第 44 卷，大正一切经刊行会 1912—1925 年版，第 524 页下。

师、北齐地论南道论师法上在《十地论义疏》中说："心者第七心，意者第六意，识者五识识。故《楞伽经》云：'心为采集主，意谓广采集，现识分别五。'离此七种，识转为智。"① 其所谓的第七心就是阿梨耶识，乃是生死之本。可见中土的心概念也被包容进佛教识的理论。

慧远此处对七识的分析多从佛教修行的角度，其对第七阿陀那识论述视域独特，细致入微。不少内容是中国本土思想未曾触及的，也是中国心概念无法涵容的。这充分体现佛教识论对意识构造及意识与外境的关系，具有自身独特的理解，这在印度佛教之外的思想中很少见。又其对第八识的论述，更是为佛教唯识学所独有。他阐述阿黎耶识也有八名，实际上是从八个侧面阐述阿黎耶识的内容：

> 一名藏识，如来之藏为此识故，是以经言，如来之藏名为藏识，是以此识中涵含法界恒沙佛法，故名为藏。又为空义所覆藏故，亦名为藏。二名圣识，出生大圣之所用故。三名第一义识，以殊胜故，故《楞枷经》说之以为第一义心。四名净识，亦名无垢识，体不染故，故经说为自性净心。五名真识，体非妄故。六名真如识，论自释言，心之体性无所破故，名之为真；无所立故，说以为如。七名家识，亦名宅识，是虚妄法所依处故。八名本识，与虚妄心为根本故。②

慧远在此从八个不同角度阐述第八识阿黎耶识，其所论的第八识实际相当于中土真心概念，但阿黎耶识之义蕴较中土真心更为丰厚。我们注意到净影慧远在分疏阿黎耶识八层含义时，主要是使用识这一概念，并未突出心概念，这样反而梳理得很清楚。

印度佛教尤其唯识宗之所以要创建识论，对意识、精神现象进行精密分析，乃是为了证成万法唯识，从识的角度对世界万事万物提供系统的解释。唯识宗将一切物质、精神之存在现象区分为五类百种，此即五位百法。其中心法八种，心所法五十一种，色法十一，不相应行法二十四，无为法六。这种对精神现象的分析是印度佛教一以贯之的传统。《中阿含经》将心理现象细分为触、觉、想、思、念，《中阿含经》卷28："如是耳鼻舌身缘意及法生意识，三事

---

① 法上：《十地论义疏》卷1，《大正藏》第85册，大正一切经刊行会1912—1925年版，第763页下。
② 隋慧远：《大乘义章》卷3，《大正藏》第44册，大正一切经刊行会1912—1925年版，第524下—525页上。

共会便有更触，缘更触便有所觉，若所觉便想，若所想便思，若所思便念，若所念便分别。"① 又根本佛教的五蕴理论，除色蕴外，受、想、行、识等四蕴都属精神的范畴，受为领纳，想为取像，行为心理造作。佛教又将受细分为 108 种，想则有六种。至于识蕴，《清净道论》认为识蕴涵容 89 种心理现象。铜鍱部的论书《法集论》第一〈心生起品〉，创立八十九心说。

然而唯识宗的归结点是在心识，尤其是第八识阿赖耶识。《唯识三十颂》认为万法的存在都是识的变现，提出一切唯识的断语："是诸识转变，分别所分别；由此彼皆无，故一切唯识。"② 唯识宗对识的研究极为精细，它们从多角度对识进行考察。例如将识 vijñāna 区分为异熟、思量及了别。《唯识三十颂》："由假说我、法，有种种相转，依彼识所变。此能变唯三，谓异熟、思量，及了别境识。"③ 这里异熟指阿赖耶，思量指末那识，了别境识指眼、耳、鼻、舌、身、意等六识。依据印度唯识学识变说，第八识阿赖耶为初能变，第七识末那为次能变，前六识为第三能变。八识各分心王、心所。唯识宗还以四分说对识予以结构式区分，此即分为相分、见分、自证分、证自证分。又以四缘理论即因缘、等无间缘、所缘缘、增上缘解释识转境的具体过程。尤其是其对第八识阿赖耶、第七识末那识的论述，触及人类意识世界的最深层，堪称古今思想史的绝唱，对于人类正确认识自身很有教益。蒂安娜保尔评论说："《转识论》中展现的意识流传过程假设了一个潜意识'清算所'（阿黎耶识）的存在，它以某种有点类似电脑的运作方式储存、整理和编制心理状态。瑜伽行派的佛教学者与今天的许多认知心理学家一样，有着远大的抱负和雄心壮志：试图将诸如语言、记忆过程、知觉、推理和情感之类的众多认知功能，用一个统一的理论框架展现出来。"④

即使从当今的意识学角度来看，唯识宗对精神现象的分析与把握，仍然具有独到的价值。事实上，西方不少学者也注意到唯识理论对精神分析的独创成就，例如瑞士现象学家耿宁就从现象学角度对玄奘的意识理论进行会通。他对玄奘的意识理论予以高度评价："著名的中国高僧玄奘在其第二部论著

---

① 高楠顺次郎主编：《中阿含经》卷 28，《大正藏》第 1 册，大正一切经刊行会 1912—1925 年版，第 604 页中。

② 玄奘译：《成唯识论》卷 7，《藏要》第 4 册，上海书店影印本，第 704 页。

③ 玄奘译：《成唯识论》卷 1，《藏要》第 4 册，上海书店影印本，第 565 页。

④ 蒂安娜保尔：《中国六世纪的心识哲学》，上海古籍出版社 2011 年版，第 4—5 页。

《成唯识论》里对意识的一般结构提出一种分析。这一分析非常值得由埃德蒙德·胡塞尔的思想而形成学派的现象学家的注意。"① 这无疑是极有见地的。

此外值得注意的是，唯识宗的识论不仅是一种解释理论，而且还是一种解脱理论。与当今意识学不同，唯识宗对意识的把握既有分析的解释进路，同时还有转依的解脱进路。此即唯识宗的转识成智理论，亦即转舍有漏之八识，证得无漏之四智。转前五识为成所作智，转第六识为妙观察智，转第七识为平等性智，转第八识为大圆镜智。因此，从中、印思想比较研究的角度看，只有唯识宗的意识理论才能真正代表印度佛教思想的独创性。

（作者简介：张广保　北京大学儒学研究院）

---

① 耿宁：《试论玄奘唯识学的意识结构》，《心的现象》，商务印书馆 2012 年版，第 134 页。

李退溪《天命图说》述论

杨柱才

《天命图说》本来是朝鲜中期理学家郑秋峦（之云，字静而，号秋峦，1509—1561）的作品，经过多年反复修改而成，并得到李退溪（滉，字景浩，号退溪，1501—1570）的肯定和订正。李退溪除了订正郑秋峦《天命图说》之外，也作有《天命图说》，在思想上与郑秋峦的作品有所不同。郑秋峦《天命图说》及退溪订正本，皆为9节，收入《秋峦实记》一书。退溪所作《天命图说》为10节，收入其《文集续集》。李退溪是朝鲜中期著名理学家，其《天命图说》也常为学者所提及，但专门讨论的似不多见。笔者曾对于郑秋峦《天命图说》有所研究①，而未及系统讨论李退溪的《天命图说》。这里，主要讨论退溪《天命图说》的性情问题。

一、李退溪《天命图说》概述

据李退溪《天命图说后叙》，李退溪与郑秋峦相识并订正《天命图说》在嘉靖三十二年癸丑（1553）秋至冬。《退溪年谱》载，是年10月订正郑秋峦《天命图》。退溪获观郑秋峦《天命图说》则当在10月之前，乃是因其侄子将所得《天命图说》呈退溪观览，而后退溪才询问到郑秋峦其人，其后二人以数月之工商订《天命图说》。此后一年多的时间里，李退溪又对《天命图说》作了反复的思考，于嘉靖三十四年乙卯（1555）春完成《天命图说》定本。这个本子尽管是在郑秋峦《天命图说》的基础上撰写的，但是某些观念与郑秋峦有较大的不同，可以说代表了李退溪本人的见解。

---

① 杨柱才：《中韩理学家关于〈太极图说〉注解的比较研究》，韩国高等教育财团国际交换学者项目最终研究成果 2005—2006 年。

李退溪《天命图说》共 10 节，第一节论天命之理，天即是理，天理有元亨利贞四德。此四德就其循环不息，真实无妄来讲，即是诚。四德寓于二气五行的流行过程，成为万物之性的根源，性的内涵即是仁义礼智信五常；阴阳五行之气则决定了万物各有其形。第二节论五行之气，主要讲理气同时存在并一同起作用，在气化过程中，元亨利贞四德之理对应于木火金水之气所代表的春生、夏长、秋收、冬藏的运行节律，土则俱旺四季。第三节论理气之分，实质是就《天命图》揭示理（四德）与气（阴阳五行）的关系。退溪认为，《天命图》以四德五行同位合书，而五行置于阴阳之中，四德又置于五行之中，其意义在于说明理气是有明确区分的，但二者的关系又是"理外无气，气外无理"，"理终不杂乎气，而亦不离乎气也"①。这一节为退溪所特别提出，郑秋峦《天命图说》无此一节。第四节论生物之原，着重讲述贞下起元的道理，也即是从万物化生的源头来看，元虽为始物之理，但元又是来自于贞。同样，木气虽为生物之气，但木气根源于水。第五节论人物之殊，主要讲人与禽兽、草木虽然所受之理一致，但由于所禀之气的差异，导致现实的本性各有不同，人得气之正，因而全具五性；物得气之偏，因而其性暗塞，禽兽或通一路，草木则全塞不通。第六节论人心之具，以人心含具理气，人心之理的特点为虚，人心之气特点为灵。理在人心即是性，气在人心即是情。心有主宰功能，所谓心统心情也。人心的五常之性（即四德之理）纯善无恶，一旦发动即体现为四段，也是无有不善；人心之气质并非本然之性，故其所发之七情易流于恶。第七节论性情之目，说明人之五性四端与天之四德相应，七情虽然数目与四德四端不一致，但实质仍可与五行对应，此即喜爱对应于木，乐对应于火，怒恶对应于金，哀对应于水，欲配土而无不在。故此，就与五行相搭配来说，七情的数目可归结为四，而与四德四端在数目结构上一致。第八节论意几善恶，心有未发已发的不同状态，未发之前如同太极具动静之理而未判为阴阳，浑然一性，纯善无恶。已发之时产生意念，如同太极已判，动为阳，静为阴，故而有善恶之分。第九节论气质之禀，由于天地之气有清浊粹驳的多样性，禀得清粹者为上智之人，禀得清而驳，浊而粹者则为中人，禀得浊且驳者则为下愚。第十节论存省之要，心为一身之主宰，内具四德之理，感物而动，情意随之而出，善恶于是分焉。此心未发之前，主敬而加存养工夫以保其体；已发之

① 李退溪：《退溪集续集》卷8，《韩国文集丛刊》第31辑，第210页下。

时，主敬而加省察以正其用。主敬乃通贯一心之体用，而所以成始成终的根本方法。

总体而言，退溪的 10 节本《天命图说》扼要地概括了程朱理学的主要思想学说，以理气心性问题贯穿全篇，有助于对理学的直观理解。

二、李退溪论《天命图说》的思想主旨

起初，郑秋峦作成《天命图说》之后，与学者有所交流，于嘉靖二十八年己酉（1549）得到河西金厚之的赞许。同时，《天命图说》也引起许多非议，以致李退溪不得不卷入其中，展开辩论。大概就在李退溪订正郑秋峦《天命图说》之时，就已经有人因反对郑秋峦《天命图说》而将批评的矛头指向李退溪了。这一点，李退溪在《天命图说后叙》中已经提到，并对辩难经过作了扼要叙述。其后于嘉靖三十九年庚申（1560），即郑秋峦去世前一年，李退溪在《答郑静而》中说道："明彦书两纸具悉。"近又得明彦书，"其书及辩难，近数千余言，浩博无涯涘，甚可叹赏。其攻吾辈之失，不为专非，亦不能专是"。书中对于奇明彦提出的意见有所肯定，如"善恶未专等语"，"今得明彦所驳而觉得未安处，亦非一二。于此益知朋友讲论之有大补也"。但退溪也讲到，奇明彦（高峰）对于《天命图说》的看法有两个错误，"必欲举全篇大义尽斥攻之，无一句得完者，此其一病也"，"专不自知其失，务欲自护而专攻人，此又其二病也"[1]。针对奇明彦的非难，李退溪作了全面的回应和辩论。从退溪《答郑静而》书，还可以知道，在退溪与明彦辩论之前，明彦已与郑秋峦有书信往返，可见二人是有所辩论的，但这方面的材料没有保存下来，我们也就无从详悉了。下面依据李退溪的《后叙》及退溪与明彦的往复书信，对李退溪关于《天命图说》的思想主张作一介绍。

李退溪于《后叙》中以答客问的方式对于时人对《天命图说》的批评作了全面的回答，其中不少论述体现了李退溪的思想主张。大致来说，《后叙》涉及了这样几个问题：

---

[1]　李退溪：《答郑静而》，《退溪文集》卷 12，第 1—2 页；《退溪全书》第 1 册，第 346 页。按，此书题下有"庚申"二字，可知此书作于嘉靖庚申。《秋峦实记》卷五收入此书时抹去了"庚申"二字。

第一，客曰："河洛呈瑞，羲禹因之而作《易》《范》。五星聚奎，周子应之而建《图说》。由是观之，图书之作，皆出于天意，而必有圣贤者作，然后始可为也。彼郑生何人，而敢为图；子亦何人，而敢效尤欤？"退溪答曰："虽然，使斯图违经旨，出私见，创立别义，则不唯吾子之讥之，人人所当攻之。不唯获罪于先正，亦且获戾于天矣。今是图也，不过用朱子说，据太极之本图，述《中庸》之大旨，欲其因显而知微，相发而易晓。如斯而已，何深过之有？"①驳难者的意思是，图书不是人人可作的，一要天显祥瑞，二要圣贤出现，郑秋峦作《天命图说》实在是胆大妄为，而李退溪参与其中并作订正，则是效尤。退溪作出回应，认为，如果《天命图说》违背经旨，只是据私意而妄作，则人人可以攻之。可事实是，《天命图说》完全是运用朱子之说，依据周濂溪《太极图》，祖述《中庸》之大旨，目的在于使人"因显而知微，相发而易晓"。也即是说，《天命图说》完全有经典的依据，是来自《中庸》、《太极图》及朱子之说的，意在使人观图而知精微之理。

第二，客曰："周子之图，由太极而五行，为三层。气化形化，又为二层。此图则只块然一圈子耳。何为其同也？"退溪答曰："客诚谓太极二五，有三层耶？气化形化，又出于三者之外，而别有二层耶？五行一阴阳也，阴阳一太极也。而二之化，即一之为也。故浑沦言之，只一而已矣。顾周子为图以示人，不得不分而为五尔。"客曰："然则此亦为图以示人，何不如周子分一为五，乃反合五而为一。兹非其立异耶？"退溪曰："各有所主。濂溪阐理气之本原，发造化之机妙，不分为五，无以晓人。是图因人物之禀赋，原理气之化生，不合为一，不成位置。皆不得已而为之者也。而况就人位而观之，所谓分一为五者，宛然毕具，其义已备于濂溪《图说》。此不过即《图说》而画出之耳，非有异也。"②驳难者所提的问题为，周濂溪图自上而下为五层，是分一为五，可郑秋峦图却只是一个圈子，乃合五为一，二者明显不同，怎么能说相同呢？退溪指出，周濂溪的意图在于"阐理气之本原，发造化之机妙"，故而分为五层，这也是为了使人易于明白其中道理。《天命图说》的意图在于"因人物之禀赋，原理气之化生"，故而合五为一，使人明白天理四德与人之性心情意之关

---

① 李退溪：《天命图说后叙》，《退溪文集》卷41，第2—3页，《退溪全书》第2册，第321页下—322页上。

② 李退溪：《天命图说后叙》，《退溪文集》卷41，第3—4页。

系，也就是各有其对应的位置。二者都是不得已而为之。且就濂溪《太极图》来说，如果从人的位置来看，其实已经包含了"分一为五"的全部道理，这在《太极图说》中可以得到反映。退溪的意思，应该是说，《太极图说》所谓"惟人也得其秀而最灵"，"五性感动而善恶分，万事出矣"，"原始反终，故知死生之说"，已经包含了"太极图"全部五圈的道理。而《天命图》正是体现了濂溪此意。故此，二者只是各有所主，原理则是一致的。

第三，客曰："《太极图》阴中有阳，阳中有阴，而此无之。《太极图》无元亨利贞，而此有之。《太极图》无地与人物之形，而此有之。何耶？"退溪答曰："阴之自子至午，为阳中阴；阳之自午至子，为阴中阳。图与濂溪皆然也。但彼主于对待，故包客在主之中。此主于运行，故当时者在里，成功者在表，其实一也。濂溪《图说》曰：'五行之生也，各一其性。'性即理也。则彼所谓五行之性，即此元亨利贞之谓也。岂可谓彼无而此有之乎？若夫地与人物之形，亦于《图说》取之，所谓真精妙合，成男成女，化生万物，万物生生而变化无穷者，非人物而何？吾固曰，此图因人物之禀赋，原理气之化生而作，则地亦一物也。然则形人物，而并形地，皆有所祖述。子何疑有无同异于其间哉？"[1] 驳难者提出三点，以为《天命图》与《太极图》有明显不同，一是《太极图》阴中有阳，阳中有阴，而《天命图》无之；二是《太极图》无元亨利贞，而《天命图》有之；三是《太极图》无所谓地形和人物之形，而《天命图》有之。对此，退溪解释说，其一，《天命图》阴自子至午为阳中阴，阳自午至子为阴中阳，这即是阴中有阳，阳中有阴。二者的区别在于，《太极图》是主于对待，即阴阳互相对待，故阴阳皆包含对方于自身之中；而《天命图》则是主于运行。故看起来，阴阳运行时在里，完成时则在外，实际也是相互对待、相互包含的。其二，濂溪《太极图说》所谓"五行之生也，各一其性"，此所谓性，即是理。而五行之性，也就是元亨利贞之理。（土旺四季，信寓于仁义礼智之中，一如诚为四德之实。）此与《天命图》也是相通的。其三，濂溪《太极图说》所谓成男成女，化生万物，万物生生而变化无穷，其"万物"一词包含了人物之形，当然也包含了天地之形。《天命图》标示地之形，地也是物中之一者。所以，《天命图》与《太极图》是没有差异的，前者是祖述后者而来的。

---

① 李退溪：《天命图说后叙》，《退溪文集》卷41，第4页。

第四，客曰："子谓此于《太极图》有所祖述者，似矣。然《太极图》左为阳，右为阴，本于河图洛书，前午后子，左卯右酉之方位，固万世不易之定分。今图一切反是而易置之，不亦疏谬之甚耶？"退溪回答说："不然。此非方位之易置也，第因观者之于图有宾主之异耳。何者？河洛以下，凡图书之位，皆自北为主，而观者亦由北，从主而观之，是图与人无宾主之分，故前后左右，东西南北，皆不易也。今此则图为主在北，观者为宾在南，由宾而向主，自南而观北，故其前后左右，由观者之向背而互易耳，非天地东西南北之本位有变也。此其曲折之似殊，而意义则无不同也。"曰："河洛先后天等皆由下而始，而此则由上而始，何耶？"曰："是亦仿《太极图》而然也。而《太极图》所以必由上始者，请言其故。自北面南而分前后左右，仍以后子为下，前午为上者，河洛以下皆然也。其所以然者，阳气始生于下而渐长，以极于上。北方，阳气之始生也，彼图书率以阴阳消长为主，而以阳为重，则由北而始于下，固当然也。至于《太极图》则异于是，原理气而发化机，示上天命物之道，故始于上，而究于下，其所以然者，天之位固在于上，而降衷之命，不可谓由下而上故也。今之为图，一依濂溪之书，安得于此而独违其旨乎？当初静而因河洛之例由下而始，改而从濂溪之例，滉之罪也。"[1] 驳难者谓，从方位来讲，河洛是前午后子，左卯右酉，周濂溪《太极图》左阳右阴也是本于河洛之方位，可是郑秋峦图却在方位上与此不同，不是疏谬太甚吗？退溪回答说，其实并不是这样的，这里有个图之方位与观者之方位的宾主之分，河洛图书都是以北为主，而观者也是从北而观之。这样，图与人也就无宾主之分，因而前后左右、东西南北没有任何差异。郑秋峦图是为主在北，而观者为宾在南，由宾而向主，自南而观北，所以前后左右之方位，由于观者的方位改变了，便显得图之方位有所不同，实际上天地东西南北之本位是没有任何改变的。《天命图》之所以改为由上而下，也是仿周濂溪《太极图》而作的。河洛图着重表述阴阳消长之义，又以阳为重，而阳气始生于下，则图由北而南固然是正当的。《太极图》之命意则在于"原理气而发化机，示上天命物之道"，故其方位表现为自上而下，与上天降衷之命自上而下是一致的，不能说《太极图》和《天命图》在方位上是由下而上。这里，退溪还讲到，当初郑静而图是根据河洛之例由下而上，李退溪改为由上而下，其根据就是周濂溪《太极图》。

---

① 李退溪：《天命图说后叙》，《退溪文集》卷41，第4—6页。

第五，客曰："《太极图》之由上，当午方火旺之次，此图之由上，当子方水旺之次，是可谓同乎？"退溪解释说："《太极图》既以命物为主，则其图之上面，乃是上帝降衷之最初源头，而为品汇根柢之极致，与河洛等图以消长为主者自不同也。然则其图之体，只是竖起当中，直看下来，非偏以南方为上也，明矣。今为是图，自人物禀生之后，而推天地运化之原，则图之上面，固《太极图》之上面也，而其所以为上之位置等级则有不同焉。盖《太极图》始于太极，次阴阳五行，而后有妙凝之圈，即斯图所揭天命之圈是也。朱子云：'太极之有动静，是天命之流行也。'信斯言也，为天命之图，当始于太极。而今乃始于'妙合而凝'，何哉？从人物既生后推而上之，至于妙凝处，已为极致。故，以是当图之上，而为天命之际接，其自五行阴阳以上，则固具于天圆一图，而太极之无声无臭又不待摹焉，而亘於穆不已于其中矣。然则图之上面，亦岂偏当水旺之次云尔哉？"① 驳难者说，周濂溪《太极图》之由上，是当于午方火旺的位置，而《天命图》之由上，是当于子方水旺的位置，二者的差异是很明显的，怎么能说相同呢？退溪回答说，《太极图》是从源头处讲起，着重表述命物（也即万物发生和形成）之意，与河洛着重表述阴阳消长有所不同，故此《太极图》从当中竖起，直看下来，由太极而阴阳五行，而无极二五妙合，以至化生万物，却并不是以南方为上，这是很清楚的。《天命图》则是表述人物既生之后，"因人物之禀赋，原理气之化生"，其天命之圈即相当于《太极图》妙凝之圈，而天圆一图则含括了《太极图》五行阴阳以上之意，并且太极之无声无臭亦包含于其中。所以，《天命图》之上面，并不只是简单地相当于水旺之次，而是对应于《太极图》之妙凝之圈，却又含括了太极阴阳五行之义。故此，二者在本质上具有同一性。

第六，客曰："然则独不得如《太极图》之由北面南，而置人物于其间耶？且北为上，南为下，亦有说乎？"退溪回答说："天地之性，人为贵。《易》曰：'立天之道曰阴与阳，立地之道曰柔与刚，立人之道曰仁与义。'此言人极之立，与天地参也。天地之道，主北面南，人生其间，背阴抱阳，亦主北面南而立，是为正位，可见其与天地参三之贵矣。苟为不然，天地则主北面南，而人则自南向北，背阳而抱阴，天地为主，而人为宾，则其名实向背，轻重贵贱，皆失其当矣。奚可哉？且从来图书以北为下者，北非下也，由气之从下升上

---

① 李退溪：《天命图说后叙》，《退溪文集》卷41，第6—7页。

而言耳。若此图，自天地定形而言，则固北极高，南极下，西北高，东南下，又何疑之有？"① 这里主要讨论图的方位问题，驳难者认为《太极图》是由北面南，而置人物于其间，可是《天命图》却相反。退溪解释说，从来图书以北为下，实际北并不是下，而是从气是从下升上来说的；《天命图》是从天地定形之后说起，故以北为上，南为下，这并不是对向来图书做法的违背，而是对天地定形之后北极高南极下的一种模仿，而且天地之性人为贵，也是主北面南，故此《天命图》与《太极图》并无不同。

第七，驳难者说："人与禽兽草木之形，以方圆横逆之类分之，何所主欤？"退溪回答："是本先儒之说，而静而之辩亦悉矣。滉未暇致详焉。"曰："然则自天命而下，心性情意、善恶之分，与夫四端七情之发，合于子思周子者，可得闻其略欤？"曰："天命之圈，即周子所谓无极二五妙合而凝者也。而子思则就理气妙合之中，独指无极之理而言，故直以是为性耳。分人分物，物物各具一太极者，本周子图说之意，而子思之所谓性也。心性之圈，即周子所谓'惟人也得其秀而最灵'者也。灵者心也，而性具其中，仁义礼智信五者是也。秀者，气与质也，右质阴之为，即所谓'形既生矣'者也；左气阳之为，即所谓'神发知矣'者也。性发为情，心发为意，即'五性感动'之谓也。善几恶几，'善恶分'者也。四端七情，'万事出焉'者也。由是言之，图之节节，皆本于周子图说，而性情之未发已发，又岂外于子思之意欤？而况敬以存养于静者，是周子之主静立极，而子思由戒惧致中之谓也。敬以省察于动者，是周子定之修之之事，而子思由谨独致和之谓也。而恶几之横出，即小人之悖凶者也。则吾谓此图，非私意之创立，夫岂借重厚诬之言哉？而学者于此，诚能知天命之备于己，尊德性而致信顺，则良贵不丧，人极在是，而参天地赞化育之功，皆可以至之矣。不亦伟哉！"② 所谓人与禽兽草木之形以方圆横逆分之，本于先儒之说，北宋邵雍有这样的主张。而《天命图说》之天命、心性情意、善恶之分、四端七情之发，与子思周子的联系，退溪逐一作了解释。退溪认为，《天命图》的天命之圈，即周子《太极图说》所谓无极二五妙合而凝的意思，而子思则是就理气妙合之中独指无极之理而言，所以径直以天命为性；心性之圈，对应于周子《太极图说》所谓"惟人也得其秀而最灵"，灵即是心，

---

① 李退溪：《天命图说后叙》，《退溪文集》卷41，第7页。

② 李退溪：《天命图说后叙》，《退溪文集》卷41，第7—8页。

而五常之性具于其中，秀即人的气和质，就"太极图"而言，右质是阴为之，即《太极图说》所谓"形既生矣"，左气是阳为之，即所谓"神发知矣"。《天命图》之性发为情，心发为意，即《太极图说》所谓"五性感动"之意；善几恶几，即"善恶分"之谓；四端七情，即"万事出焉"之意。退溪的结论是，《天命图》的每个环节都是本原于周子《太极图说》，而性情之未发已发，则是根据子思《中庸》而提出的。而且，《天命图》于静时敬以存养，正是周子主静立极之意，也符合子思戒惧致中之说；于动时敬以省察，则是周子所谓"圣人定之以中正仁义"及"君子修之吉"之意，也即子思谨独致和之谓。而恶几之横出，则是周子所谓"小人悖之凶"之谓。因此，《天命图》绝不是私意之创立，而是远有所祖，近有所宗，实在是很伟大的创举。

李退溪对于驳难者的答复，无疑使得《天命图说》更为完备，而且提出《天命图》"节节皆本于周子图说"，并作了详细的解释。这对于纠正时人对《天命图说》的误解和偏见起到了十分重要的作用，也推动了朝鲜中后期理学的发展。

三、李退溪《天命图说》的性情论

从上述可知，李退溪认为《天命图说》渊源于周濂溪的《太极图说》。然而，就其思想内容来看，则不仅仅是对《太极图说》的模仿，而是综合了程朱理学的主要思想系统，将理气论、心性论、工夫论包容于一个图式之中。下面对其中的性情问题作一述论。

首先，如同人物之生是理气妙合流行的结果，作为一身之主宰的心也含理与气，理即是四德之理，在心即是五常之性，此性纯善无恶，其所发之四端亦纯善无恶。心所具之气即是阴阳五行之气，表现为气质，其所发之七情易流于邪恶。性情虽有不同，但皆为心所统摄。心是主宰，故心统性情。在退溪看来，性情根源于心，皆有动静两种不同的形态，性之未发即是四德之理，性之已发即是四端，皆纯善无恶；七情未现即是气质，七情已现便兼有善恶。心则是妙运者，性情的未发已发、动静隐现皆由心的活动而达成。

其次，心之所发为意，意几有善恶。心之动或已发直接表现为意，心又是性情的主体。退溪说："当此心未发之前，如太极具动静之理而未判为阴阳者也，一心之内浑然一性，纯善而无恶矣；及此心已发之时，如太极已判而动为阳，静为阴者也，于斯时也，气始用事，故其情之发不能无善恶之殊。而其端甚微，于是意为心发，而又挟其情而左右之，或循天理之公，或循人欲之私，善恶之分由兹而决焉。此所谓意几善恶者也。"① 退溪还讲到，意几虽有善恶不同，然善出于固有，恶为歧出，故《天命图》于此取赵致道《诚几图》以善为直遂顺出，恶为横逆旁出。

再次，心有性情之发动及意几活动，其修养工夫即是静时存养，动时省察，而敬则通贯心之动静的全过程。退溪说："人之受命于天也，具四德之理，以为一身之主宰者，心也。事物之感于中也，随善恶之几，以为一心之用者，情意也。故君子于此心之静也，必存养以保其体；于情意之发也，必省察以正其用……是以君子之学，当此心未发之时，必主于敬而加存养工夫；当此心已发之际，亦必主于敬而加省察工夫。此敬学之所以成始成终，而通贯体用者也。"② 这里，提出了"敬学"一说，可见退溪对于心性工夫的重视，也可见退溪对于程朱工夫论的全面继承。

总之，李退溪《天命图说》与理学宗师周濂溪《太极图说》有着较密切的渊源关系，以图解的方式揭示了程朱理学的基本思想主题，并提出四德七情之说，此点尤其富有创建性，也影响到朝鲜理学的未来发展。

（作者简介：杨柱才　南昌大学江右哲学研究中心）

---

① 《退溪集续集》卷8，《韩国文集丛刊》第31辑，第212页下。
② 《退溪集续集》卷8，《韩国文集丛刊》第31辑，第213页下。

《正教真诠》和《天主实义》的关系初探

问永宁

一、问题的提出

天主教与伊斯兰教是当代活跃的两种世界性宗教。但这两大宗教在中国的传播过程中，发生过怎样的关系，学界却一直缺乏相应分梳。

明朝末年，天主教传教士来华，利玛窦等人写了不少宣传教义的汉文著作，对中国文化界有广泛而持久的影响。利玛窦所著的《天主实义》，堪称天主教汉文著述的代表作。① 《四库全书总目提要》称《天主实义》初刻于万历三十一年即 1603 年。天主教汉文著述影响最大的地方是南京。

稍后，同样在南京，中国伊斯兰教史上影响极大的汉文著述出现，当时的代表人物是王岱舆，影响最大的著作是《正教真诠》与《清真大学》。《正教真诠》梁以浚序称初刻于崇祯壬午即 1642 年。就汉文著述而言。王岱舆是一个重量级的学者，他的学术水平很高，学术地位亦日渐得到肯定。"2000 年是联合国同古代文明对话年。其中，在提到对古代文明有贡献的人物中，有中国回族学者王岱舆。"②

这两种都以新柏拉图主义和新亚里士多德主义为基础，神学、哲学背景相近的宗教③，其汉文著述的流行地域重叠，出现时间之间隔如此之短，二者

---

① 关于利玛窦等人的影响，参见李天纲：《中国礼仪之争——历史·文献和意义》，上海古籍出版社 1998 年版；孙尚扬：《基督教与明末儒学》，东方出版社 1994 年版；利玛窦：《利玛窦中国札记》，中华书局 1983 年版。

② 张绥：《王岱舆的"以儒解回"和利玛窦的"易佛补儒"》，见《中华文史论丛》第 70 辑，上海古籍出版社 2002 年版。

③ 关于神学哲学方面的情况，参见马坚为博尔的《伊斯兰哲学史》所写的译者序，中华书局 1958 年版。天主教神学家中，托马斯·阿奎那受伊斯兰哲学影响尤深。关于伊斯兰哲学和西方哲学的关系，可参见博尔《伊斯兰哲学史》第 4 章、第 5 章及序论，中华书局 1958

的出现有无关联，是一个值得研究的问题。澄清这个问题，对于中国伊斯兰教史的研究，对于天主教、伊斯兰教在华传播史的研究，对于中国文化和天主教、伊斯兰教等叙利亚型宗教以及天主教、伊斯兰教等叙利亚型宗教之间的冲突与交流的研究，都有很大价值。此前关于明末天主教与中国伊斯兰教史的研究，对此问题，缺乏关注。实际上，伊斯兰教汉文著述和天主教汉文著述，有紧密关联。

从下面文字看，尽管王岱舆将《天主实义》的文字或稍作改写，或加以重新编排，《正教真诠》袭用《天主实义》仍是很清楚的事实。[①] 由于本文所比较的只是明显雷同的文字，考虑到王岱舆在利用《天主实义》时，在文字上往往作了改变，而《正教真诠》中尚有不少段落在思想上、结构上甚至关键词上与《天主实义》中的相关文字关系暧昧，则王岱舆对《天主实义》的袭用，还不止于下面所引内容。

对于王岱舆《正教真诠》袭用利玛窦《天主实义》一书，有这样几个问题需要回答：

首先，从《清真大学》与《正教真诠》的文字看，王岱舆的理论水平不在利玛窦之下，王岱舆完全有能力独立完成自己的著作，为什么要袭用？

其次，在天主教和伊斯兰教严重对立的世界背景下，作为一个虔诚的伊斯兰教教徒，王岱舆为什么愿意抄天主教的著作？

再次，利玛窦等传教士的汉文著作很多，在《正教真诠》写作之前，出版的天主教汉文著作已有不少，王岱舆为什么独抄一部影响广泛、发行颇广而又完全可以不抄的《天主实义》？

最后，由王岱舆对利玛窦的袭用，还对另外一个长期没有解决的问题，提供了线索。即伊斯兰教汉文著述的产生有没有受到天主教汉文著述的影响，如果有，这种影响有多大？

年版。又可参见幼狮翻译中心编译：《拜占庭伊斯兰及犹太文明》第 12 章，幼狮翻译中心 1974 年版。关于道统的认同，参见刘智：《卷之首》，《天方至圣实录》，中国伊斯兰教协会 1984 年版，是章所列举的回教圣人包括了摩西、大卫、所罗门、耶稣等所有犹太教和基督教的圣人。

① 白寿彝：《王岱舆传》云："《真诠》和《大学》的文风颇不相似，可能其间有请人代笔之作。"（余振贵、铁大钧译注：《正教真诠、清真大学、希真正答》，宁夏人民出版社 1999 年版，第 582 页）白氏已看出《正教真诠》有问题，但不知问题何在。本文受到白先生此说的重要影响。

本文认为王岱舆对利玛窦的袭用和中国的学术传统、中国的宗教传统、回族的形成过程有密切关系。伊斯兰教汉文著述则是天主教汉文著述刺激的直接产物。

本文用来比较的是下面两本书的对应部分：朱维铮主编的《利玛窦中文著译集》与余振贵点校的《正教真诠·清真大学·希真正答》。前者以明刻《天学初函》本为底本，文字与万历三十五年燕贻堂刻本相同（燕贻堂刻本见《续修四库全书》1296册）。此书由复旦大学出版社2001年出版，本文用其中的《天主实义》①（下引此书，简称《天主实义》）。后者的底本为广州清真堂本，其序云："此书板藏于江宁，闻已遭回禄，恐日久篇断简残，有负岱舆与王君维持正教至意，今将原书缮写校对，重付梨枣，庶不致湮灭失传云尔"。这说明广州清真堂本的底本为江宁本，这是《正教真诠》的最早刊本。此书由宁夏人民出版社1988年出版。本文用来比较的是其中的《正教真诠》②（下引此书，简称《正教真诠》）。

本文所列共二十余条，只包括二书中文字明显雷同部分。目的在于说明问题。对于意思相近，袭用的可能性很大的文字，只要字面改动较大，本文就暂不涉及。每条先列《天主实义》相关文字，后列《正教真诠》对应文字。

二、雷同文字比较

（1）《天主实义》第42页：比如首上灵神与心内灵神，同为一体也，故适痛楚之遭，变故之值，首之神混淆，心之神钧混淆焉，必不得一乱一治之矣。今吾心之乱，固不能混天上天主之永攸澄徹，彼永攸澄徹，又不免我心之混淆，则吾于天主非共为一体，岂不验乎！

《正教真诠》第20页：譬如，顶上灵性与心间觉性，同为一体，或遭祸害，顶上灵性不安，而心中觉性亦乱，必不得一治一乱矣。夫人之惑乱，必不干真主之定安。真主之清净，必不染人心之昏晦，兹足见真一自与万类无干也。

---

① 朱维铮主编：《利玛窦中文著译集》，复旦大学出版社2001年版。

② 王岱舆：《正教真诠·清真大学·希真正答》，余振贵点校，宁夏人民出版社1988年版。《正教真诠》又有中华书局本，系马安礼修订之作，也收在余振贵点校的《正教真诠·清真大学·希真正答》中，文字改动较大，故不引。

（2）《天主实义》第 18 页：无其理则无其物，是故我周子信理为物之原也。

《天主实义》第 19 页：《太极图注》云理者，非物矣。

《正教真诠》第 42 页：《太极图注》云："理者非物也。"所以无其理则无其物，故周子信理为物之原也。

（3）《天主实义》第 41 页：圣人不敢居圣，而令恒人疑天主乎？……至于裁成庶物，盖因天主已形之物，而顺材以成之，非先自无物而能创之也。如制器然，陶者以金，斫者以木，然而金木之体先备也。无体而使之有体，人孰能之？人之成人，循其性而教之，非人本无性，而能使之有性也。

若夫天主造物，则以无而为有，一令而万象即出焉，故曰无量能也，于人大殊矣。且天主之造物也，如砆印之印楮帛。楮帛之印，非可执之为印，斯乃印之迹耳。人物之理，接天主迹也，使欲当之原印，而复以印诸物，不亦谬乎？

智者之心，含天地，具万物，非真天地万物之体也，惟仰观俯察，鉴其形而达其理，求其本而遂其用耳，故目所未睹，则心不得有其像。若止水，若明镜，影诸万物，乃谓明镜、止水均有天地，即能造作之，岂可乎？必言顾行乃可信焉，天主万物之原，能生万物，若人即与之同，当亦能生之。然谁人能生一山一川于此乎？

《正教真诠》第 47 页：夫圣人尚不自居于圣，而令世人皆为万物主宰可乎？至于宇宙之中，裁成庶物，盖因真主已造之类，圣贤无非顺材以用之，非原无诸物而能自有也。如制器物，或以金玉，或以木竹，然金玉木竹，其质已备，无体而使之有体，惟真主之造化，一命而万象即有。故曰："无量大能。"非若人以有物而成物之比也。且真主造物，若宝印之印于纸帛，纸帛之印，乃宝印之迹也，设以此迹而欲转印于他物，则惑矣。所以智人之心，含天地，具万物，非果有天地万物之体也，缘彼仰观俯察，因其形而达其理，故遗腹子不思其父，因无恩于心；不梦见像，为无形于目。凡目未见者，则心不得有其形，若止水明镜映诸万物，即谓水镜之中，真有天地万物，便能造化天地万物，其可乎？言必合行，始可信也。凡人果与真主同体，必亦能造化天地物，然谁曾造一人一物于此乎？

（4）《天主实义》第 44 页：观画之精妙，慕其画者曰高手之工，而莫以是为即画工。

《正教真诠》第 48 页：常观画之精妙者，必羡曰此名手之作。决不以此即画师也。

（5）《天主实义》第43页：如为尊主，而专握一身之柄，则天下宜无一人为恶者，何为恶者滋众耶？天主为善之本根，德纯无渣。既为一身之主，犹致蔽于私欲，恣为邪行，德何衰耶？当其制作乾坤，无为不中节。奚今司一身之行，乃有不中者？又为诸戒原，乃有不守戒者，不能乎？不识乎？不思乎？不肯乎？皆不可谓也。

其曰物如躯壳，天主使用之，若匠者使用其器械，则天主尤非其物矣。石匠非其錾，渔者非其纲、非其舟。天主非其物，何谓之同一体乎？循此辨焉，其说谓万物行动，不系于物，皆天主事，如械器之事，皆使械器者之功。夫不曰耟耒耕田，乃曰农夫耕之；不曰斧劈柴，乃曰樵夫劈之，不曰锯断板，乃曰梓人断之；则是火莫焚，水莫流，鸟莫鸣，兽莫走，人莫骑马乘车，乃皆惟天主者也。小人穴壁踰墙，御旅于野，非其罪，亦天主使之之罪乎？何以当恶怨其人，惩戮其人乎？为善之人，亦悉非其功，何为当赏之乎？

《正教真诠》第48页：倘人之身，果系主宰掌握，天下当无一人为恶，何为恶者甚多耶？且主宰清净无染，为万善之源，既为一身之宰，犹蔽于私欲邪行。始初造化乾坤，能为其大，今转不能司一身之小者，何也？更为诸戒之本，今又不自守其戒，于理可乎？彼言："万物如躯壳，主宰使之。若人用物，则主固非其物矣。"既云若人使器，主宰非物，其万物一体之说，自不符矣。如此，则鸢不飞，鱼不跃，马不上阵，牛不耕田，火不燃，水不流，如风鼓物，非干物也。若恶人之恶，亦非其罪，乃主宰使之然耳，将何以罚其人乎？若善人之善，亦非其功，将何以赏其人乎？

（6）《天主实义》第42页：神为形之役，情为性之根，于识本末者，宜不喻而自解矣。且两间之比，孰有踰于造物者，能囿之陷之于四大之中，以昧溺之乎？

《正教真诠》第48页：且以神为形之用，情为性之宗，凡知体用者，当不辩而自明，尚有何物何能，逾于造物之能？倘彼囿于四大之中，将何以为万物之主也？

（7）《天主实义》第70页：仁者为能爱人，能恶人，苟上帝不予善人升天堂，何足云能爱人？不进恶人于地狱，何足云能恶人乎？夫世之赏罚大略，未能尽公，若不待身后以天堂地狱，还各行之当然，则不免乎私焉。弗信此，乌信上帝为仁为公哉！

《正教真诠》第 54 页：夫仁人尚能爱人，能恶人。设若天地之主，不与善人升天国，何以为能爱人；不降恶人于地禁，何以为（能）恶人。盖今世之赏罚，未能体贴其心，必待后世以天阙地禁，报其意念之当然，绝无一丝之枉屈，虽千万世以前，及千万世以后，万事万物在真主无一不明如现见也。信不至此，将何以为信天地之主至仁至公也。

（8）《天主实义》第 72 页：知事而不知己本，知之亦非知也。欲知人性其本善耶，先论何谓性，何谓善恶。夫性也者，非他，乃各物类之本体耳。曰物各类也，则同类同性，异类异性。

《天主实义》第 73 页：西儒说人，云是乃生觉者，能推论理也。曰生，以别于金石。曰觉，以异于草木。曰能推论理，以殊乎鸟兽。曰推论不直曰明达，又以分之乎鬼神。鬼神者，彻尽物理如照如视，不待推论。人也者，以其前推明其后，以其显验其隐，以其既晓及其报未晓也，故曰能推论理者。立人于本类，而别其体于他物，乃所谓人性也。

《天主实义》第 73 页：若论厥性之体及情，均为天主所化生，而以理为主，则俱可爱可欲，而本善无恶矣。至论其用，机又由乎我。我或有可爱，或有可恶，所行异，则用之善恶无定焉，所为情也。夫性之所发，若无病疾，必自听命于理，无有违节，即无不善。然情也者，性之足也，时著偏疾者也，故不当一随其欲，不察于理之所指也。身无病时，口之所啖，甜者甜之，苦者苦之，乍遇疾变，以甜为苦，以苦为甜者有焉。

《正教真诠》第 57 页：凡人知事而不知己者，其所有知之，皆非真知也。欲知人性之善恶，必先知何为性命，何为善恶。性命乃各物之本然。但物各有类，同类者性同，异类者性异。惟人之性能生长，而且知觉更能推理也，乃生长殊于金石，知觉异于草木，推理超于禽兽。抑其推论事物，不特明理而已，更能辨鬼神不测之机。见其始，遂达其终；因其外，遂彻其里。所以能推理者，独归人类而别于他物，方为人之性命也。若论性命之本体与情用，均出真主之造化。凡以理为本者，自皆可喜可爱，因本善无恶也，及论其情用之际，又由于己，己或行善或作恶，因己所行之殊异，则情用于善恶之间矣。比如君王所赐剑印，得者公私任其自便耳。所谓情者即性之所发，若无外感之私，自然听命于理，无不善也。倘执己偏，自然不得其正，无非恶也。如人无病时，诸味皆得其正，或遇病疾，以甘为苦，以苦为甘。

（9）《天主实义》第 74 页：中士曰：若吾性既善，此恶自何来乎？

761

西士曰：吾以性为能行善恶，固不可谓性自本有恶矣……彼金石鸟兽之性，不能为善恶，不如人性能之，以建其功也。其功非功名之功，德行之真功也……则固须认二善之品矣。

性之善，为良善；德之善，为习善。夫良善者，天主原化性命之德，而我无功焉。我所谓功，止在自习积德之善也。孩提之童爱亲，鸟兽亦爱之。常人不论仁与不仁，乍见孺子将入于井，即皆怵惕，此皆良善耳。鸟兽与不仁者，何德之有乎？见义而即行之，乃为德耳。彼或有所未能，或有所未暇视义，无以成德也。故谓人心者，始生如素简无所书也。又如艳貌女人，其美则可爱，然皆其父母之遗德也。

《正教真诠》第57页：或曰："人性本善，恶自何来？"曰：凡人之性，能行善恶，非性本有恶也……至鸟兽之性，则不似人性之能作善行恶，所以不能建德行之真功，不获登荣贵之天国矣。然善亦有二端：性之善为本善；行之善为习善。本善者乃真主化生性命之原德，而人不与焉。夫人之善，乃自习功行之积德也，若婴儿爱亲，虽禽兽亦然，跪乳反哺之类是也。即若世人，不论善恶，设见赤子坐立危险，莫不救视，此皆本善，其与禽兽之于不善之人何有也。见义即行，无善不乐之谓习德。大都人之初生若美女，然皆父母本来之遗。

(10)《天主实义》第26页：彼世界之魂，有三品。下品名曰生魂，即草木之魂是也，此魂扶草木以生长，草木枯萎，魂亦消灭。中品名曰觉魂，则禽兽之魂也，此能附禽兽长育，而又使之以耳目视听，以口鼻啖嗅，以肢体觉物情，但不能推论道理，至死而魂亦灭焉。上品名曰灵魂，即人魂也，此兼生魂、觉魂，能扶人长养，及使人知觉物情，而使之能推论事物，明辨理义；人身虽死，而魂非死，盖永存不灭者焉。凡知觉之事，倚赖于身形。身形死散，则觉魂无所用之，故草木禽兽之魂，依身以为本情，身殁而情魂随之以殒。若推论明辨之事，则不必倚据于身形，而其灵自在；身虽殁，形虽涣，其灵魂仍复能用之也，故人与草木禽兽不同也。

《天主实义》第12页：物之有始有终者，鸟兽草木是也，有始无终者，天地鬼神及人之灵魂是也。天主则无始无终，而为万物始焉，为万物根柢焉。无天主则无物矣，物由天主生，天主无所由生也。

《正教真诠》第61—62页：有，有三品，曰："无始无终之有"，乃真主独一之有也；"有始无终之有"乃天仙、人神、数一之有也；"有始有终之有"，乃水陆飞行、草木、金石倚赖之有也。盖性命有三品：下品曰"生性"；中品曰"觉性"；上品曰"灵性"。生长之命，乃草木之性，能扶草木生长，草木枯败，性亦消灭；知觉之命，乃鸟兽之性，能附鸟兽生长，而又使之以眼、耳、鼻、舌、身、心，能视、听、闻、尝、知、觉，但不能推理，至死其性亦灭矣；灵慧之命，乃人之性，更兼生觉二性，能扶人长养，及使人知觉，而更能推论事理，此身虽死，其性长在，凡知觉之事，倚托于身者，身形若止，知觉之性，亦无所用，故草木鸟兽之性，以身为本；身死，其性即随而灭。若推论明理之性，不必倚证于身，其性自能用事，身形虽灭，依原能用其神，故与禽兽草木大异也。

(11)《天主实义》第27页：中士曰：何谓赖身与否？

西士曰：长育身体之事，无身体则无所长育矣。视之以目司焉，听之以耳司焉，嗅之以鼻司焉，啖之以口司焉，知觉物情之以四肢知觉焉。然而，色不置目前，则不见色矣。声不近于耳，则声不闻矣。臭近于鼻，则能辨，远则不辨也。味之咸酸甘苦，入口则知，不入则不知也。冷热硬软合於身，我方觉之，远之则不觉也。况声，同一耳也，聋者不闻；色，同一目也，瞽者不见，故曰觉魂赖乎身，身死而随熄也。

若夫灵魂之本用，则不持乎身焉，盖恃身则为身所役，不能择其是非？如禽兽见可食之物即欲食，不能自已，岂复明其是非？人当饥饿之时，若义不可食，立志不食，虽有美味列前，不屑食矣。又如人身虽游在外，而此心一点犹念家中，常有归思，则此明理之魂，赖身为用者哉？

《正教真诠》第62页：或问："何为倚身与不倚身者？"曰：生育身形之能，若无此身，则无可长育。若视、听、闻、尝、知、觉，寄于眼、耳、鼻、舌、身、心，皆缘气味、声色、冷暖而已，若无兹六事，视、听、闻、尝、知、觉，一无所用，皆为形之所役，所以生觉之性赖于身，身死而随灭者此也。若夫灵性之本用，则不倚于身。若倚此身，则为身所役，何以别是非也，如禽兽见可食之物，欲食而不能自己，岂能辨其是非礼让乎；若人当饥渴之际，见不义之食，其心自然不惑，虽美必不屑食也，且有认主，忠君孝亲，齐家治国，德泽天下，芳流千古，身虽未动，神游宇宙之间，无所不用其极，岂为身之所役哉。

(12)《天主实义》第28页：一物之生惟得一心，若人，则兼有二心，兽心、人心是也；则亦有二性，一乃形性，一乃神性也。……如吾或惑酒色，既似迷恋欲从，又复虑其非理。从彼，谓之兽心，与禽兽无别，从此，谓之人心，与天神相同也。……试尝二江之水，一咸一淡，则虽未见源泉，亦证所发不一矣。

《正教真诠》第62—63页：大都有生之物，惟有一心，独人有两心，乃"人心"、"物心"；亦有二性，乃"真性"、"禀性"。凡遇不义财色，爱之虑其非礼，从之是为物心，惟却之乃为人心也，兹若二水并流，一清一浊，虽未见其本源，自知其必不一矣。

(13)《天主实义》第46—47页：以人为同乎天主，过尊也；以人舆物一，谓人同乎土石，过卑也。……天主之为天地及其万物，万有繁然，或同宗异类，或同类异体，或同体异用。今欲强之为一体，逆造物者之旨矣。物以多端为美，故聚贝者欲贝之多，聚古器者欲器之多，嗜味得欲味之多，令天下物均红色，谁不厌之！或红、或绿、或白、或青，日观之不厌矣。如乐者皆宫，谁能听之！乍宫、乍商、乍角、乍徵、乍羽，闻之三月食不知味矣。外物如此，内何不然乎？吾前明释各类以各性为殊，不可徒以貌异，故石狮与活狮貌同类异，石人与石狮，貌异类同，何也？俱石类也。尝闻吾先生解类体之情，曰"自立之类，同体者固同类，同类者不必同体"，又曰"全体者之行为，皆归全体"，而并指各肢。设如右手能救助患难，则一身两手，皆称慈悲；左手习偷，非惟左手谓贼，右手、全体，皆称为贼矣。推此说也，谓天下万物一体，则世人所为，尽可相谓，跖一人为盗，而伯夷并可谓盗；武王一人为仁，而纣亦谓仁，因其体同而同之，岂不混各物之本行乎！

学士论物之分，或有同体，或有各体，何用骈众物为同体？盖物相连则同体也，相绝则异体也。若一江之水，在江内是与江水一体，既注之一勺，则勺中之水，于江内水，惟可谓同类，岂仍谓同体焉？泥天地万物一体之论，简上帝，混赏罚，除类别，灭仁义，虽高士信之，我不敢不诋焉。

《正教真诠》第65—66页：若言人同品于真一，则太过；若言人同品于万物，则太卑。真主造化天地万物，或同宗异类，或同类异体，或同体异用，凡欲强之一体，岂不匿造化之全能也。物以多端为美，若天下诸物，皆是一色，谁不恶之；如五色相错，莫不乐观，其五味五音皆如是也。外尚如此，内岂同乎？凡分各类各性之殊，不可指其相异，若活人与木人，相虽同而类本异；木人之与木马，相虽异而类本同。是故类之别，不可混一也。若自立之类，同体者必同其类，同类者不同其体。大都同体之事，皆归全体丰骸，若口能劝喻，使人行善改过，则通身皆称仁义，非特赏其口；若手能巧窃，则通身谓盗，此理之固然也。若天下万物，果为一体，如盗跖一人为盗，下惠亦可谓盗；文王一人行仁，商纣亦可称仁，因其一体，固赏罚不得不同，倘如是见，岂不混各物之本然乎？所以论万物之殊，或有同体，或有各体，安得合万物为一体也。盖体之相续者为一体，相间者为异体。且人之一类，品逾牛毛。鸟兽何止千种，草木岂啻万端，是谓各同其类，非为同体也。倘泥于万物一体之说，则轻造化，混赏罚，昧同异，一高下，革是非，其妄言之罪不浅鲜矣。

(14)《天主实义》第9页：凡人之所以异于禽兽，无大乎灵才也。灵才者，能辨是非，别真伪，而难欺之以理之所无，……斯于人身，犹太阳于世间，普遍光明。舍灵才所是之理，而殉他人之所传，无异乎寻觅物，方遮日光，而持灯烛也。

《正教真诠》第66页：因人异于禽兽，能证人品者，莫大乎本智，本智能辨是非，别真伪，知己而认主，则难欺以理之所无。且智具于人身，若太阳之在世，普遍光明，无所不照。若夫背明命之旨，弃本智之明，而徇异端之偏传，何异乎舍日光而以灯烛物也。

(15)《天主实义》第56页：仆役过健，恐忤抗其主也，血气过强，定倾危乎志也。志危即五欲肆其恶，而色欲尤甚。丰味不恣腹，色欲何从发？淡饮薄食，色气溉馁，一身既理约，诸欲自服理矣。此齐素正志之说，二也。

且本世者，苦世也，非索玩之世矣。天主置我于是，促促焉务修其道之不暇，非以奉悦此肌肤也，然吾无能竟辞诸乐也，无清乐，必求淫者；无正乐，必寻邪者。……夫德行之乐，乃灵魂之本乐也，吾以兹与天神侔矣！饮食之娱，乃身之窃愉也，吾以兹与禽兽同矣。吾益增德行之娱于心，益近至天神矣；益减饮食之乐于身，益逊离禽兽矣。

《正教真诠》第86页：仆役过壮，必忤主人；血气盛强，定倾心志。所以厚味不恣于身，绫锦不加于体。血气和平，通身自约，此二义也，且眼前身世，乃长途客寓，非游乐之所，当忙忙于正道，岂暇顾于偏岐。夫道德之乐，可与天仙并列；饮食之关，原与异类同途。道德令人心明，而润及其身；食饮使人身倦，而累及其心。

(16)《天主实义》第54页：夫世固少有今日贤，而先日不为不肖者也，少有今日顺道，而昔日未尝违厥道者也。

《正教真诠》第86页：人少有当下贤，而往日不为不肖者也。少有当下在道，而往日不背于道者也。

（17）《天主实义》第62页：西士曰：俗之利害有三等。一曰身之利害，此以肢体宁寿为利，以危夭为害。二曰财货之利害，此以广田畜、充金贝为利，以减耗失之为害。三曰名声之利害，此以显名休誉为利，以谴斥毁污为害也。……利所以不可言者，乃其伪，乃其悖义者耳。《易》曰："利者，义之和也。"又曰："利用安身，以崇德也。"论利之大，虽至王天，犹为利之微。况战国之主，虽行仁政，未必能王；虽使能王天下，一君耳，不取之此，不得予乎彼。夫世之利也，如是耳矣。

吾所指，来世之利也，至大也，至实也，而无相碍，纵尽人得之，莫相夺也。

《正教真诠》第106页：今之世人，言利害有三品：曰身之利害，劳逸寿夭是也；曰财之利害，得失增减是也；曰名之利害，毁诋赞誉是也。正教言利，乃固本和义之真利，非忘源背本之名利也。《易》曰："利者，义之和也。"又曰："利用安身，以崇德也。"和义崇德之利可无乎？若今世之富贵，莫过于天下，声名无逾于帝王，兹亦不长之虚利也。所以正教之利，超此三品，独言后世真久之荣，虽尽人得之，莫有相争者。

（18）《天主实义》第63页：吾即死，所留者二，不能朽者精神，速腐者髑髅。我以不能朽者为切，子尚以速腐者为虑，可谓我迂乎！……吾今所见者，利害之影耳。故今世之事，或凶或吉，俱不足言也。吾闻师之喻曰：人生世间，如俳优在戏场，所为俗业，如搬演杂剧。诸帝王，宰官，士人，奴隶，后妃，婢媵，皆一时妆饰之耳。则其所衣衣，非其衣，所逢利害，不及其躬。搬演既毕，解去妆饰，漫然不复相关。

《正教真诠》第106页：夫人之本，总有二事，长在者性灵，腐朽者身体。彼以长在者为真，俗以腐朽者为实；彼以故乡为本，俗以寄寓为家。谁迂乎？目今之利害，乃利害之样子，所以今世之事，或吉或凶皆不足论。即如俳优在戏场，妆扮帝王、官宰、士人、仆役、婢妾俨然若真，皆一时之饰，其所著衣物，本非其有；所经利害，不及其身，搬演已毕，脱去妆饰，略无关切。

（19）《天主实义》第66页：夫世之仁者不仁者，皆屡有无嗣者，其善恶何如报也？我自为我，子孙自为子孙。夫我所亲善恶，尽以还之子孙，其可为公乎？且问天主既能报人善恶，何有能报其子孙，而不能报及其躬？苟能报及其躬，何以舍此而远俟其子孙乎？且其子孙又有子孙之善恶，何以为报？亦将俟其子孙之子孙，以酬之欤？尔为善，子孙为恶，则将举尔所当享之赏而尽加诸其为恶之身乎？可谓义乎？尔为恶，子孙为善，则将举尔所当受之刑，而尽置诸其为善之躬乎？可为仁乎？非但王者，即霸者之法，罪不及胄。天主舍其本身，而惟胄是报耶？

《正教真诠》第 107 页：且世之仁与不仁者，常有孤身无子之人，其善恶将何以报也？祖父自为祖父，子孙自为子孙，若以祖父之善恶尽归于子孙，可谓公乎？既能赏善恶，何故报其子孙，而不报其本身也？且子孙又有子孙之善恶，设若祖父行善，子孙行恶，必以祖父应受之赏，即加于为恶之子孙，可谓义乎；或祖父行恶，子孙行善，必以祖父应受之刑，尽归于为善之子孙，可谓仁乎？不但王法，虽霸道之法，罪亦不及无辜，况至公至仁之真主哉！

（20）《天主实义》第 60 页：昔有二弓士，一之山野，见从有伏者如虎，虑将伤人，因射之，偶误中人；一登树林，恍惚傍视，行动如人，亦射刺之，而实乃鹿也。彼前一人果杀人者，然而意在射虎，断当褒。后一人虽杀野鹿，而意在刺人，断当贬。奚由焉？意之美丑异也，则意为善恶之原，明著矣。

《正教真诠》第 129 页：昔有二人同猎山中，一见树林中伏物若兽，虑其伤人，故射之，及视乃人也。一见林中行动若人，亦射之，及视乃獐也。前人误伤乎人，意在救人，理当断赏；后人虽是获獐，意在杀人，理当断罚。何也？射獐射人，虽属误中，意善意恶，理不容逭。

（21）《天主实义》第 49 页：夫轮回之说，其立逆理者不胜数也。兹惟举四五大端，一曰，假如人魂迁往他身，复生世界，或为别人，或为禽兽，必不失其本性之灵，当能记念前身所为。然吾绝无能记焉，并无闻人有能记之者焉。

《正教真诠》第 135 页：今试揭轮回之谬可乎。彼言人之精魂，复生人世，或另为人，或为异类，然使人人不失本性之灵，能尽记前身之事，一以自悔，一以动人，岂不两得，奈俱不自知生前为谁。

（22）《天主实义》第 51 页：彼言戒杀生者，恐我所屠牛马，即是父母后身，不忍杀之耳。果疑于此，则何忍驱牛耕畎亩或驾之车乎？何忍羁马而乘之路乎？吾意弑其亲，与劳苦之于耕田，罪无大异也；弑其亲，与恒加之以鞍，而鞭辱之于市朝，又等也。然农事不可废，畜用不可免，则何疑于戒杀之说。

《天主实义》第 52 页：谓人魂能化他人身，信其说将使夫婚姻之礼，与夫使令之役，皆有窒碍难行者焉。何者？尔所娶女子，谁知其非尔先化之母，或后身作异姓之女者乎？谁知尔所役仆、所詈责小人，非或兄弟、亲戚、君师、朋友后身乎？此又非大乱人伦者乎？

《天主实义》第55页：凡牛之耕野，马之骖乘，未免终身之患，岂伊不常有痛乎？较杀之之痛止在一时，又远矣。

《正教真诠》第135页：再若戒杀之谈，恐人所屠牛羊诸类，或即父母后身，故不忍杀害，果尔复何忍驱牛耕地驾车，乘马负重致远乎？使其杀之于一时，犹未及耕驾鞭辱于一世之为苦辛也。然农务征伐，必不可废；畜养鞭驱，必不可免，何独杀之当戒也。设若转生为人，则婚配之事，使令之役，皆不可也。何也？彼所娶之伉俪，恐即先前之诸母姊妹；所役之童仆，恐即生前之父兄长上师友，皆有犯纲常者也。

(23)《天主实义》第85页：夫三宗自己意不相同，而二千年之后，测度彼三心意，强为之同，不亦诬欤？

一曰，三教者，一尚"无"，一尚"空"，一尚"诚""有"焉。天下相离之事，莫远乎虚实有无也。借彼能合有与无、虚与实，则吾能合水与火、方与圆、东与西、天与地也，而天下无事不可也。

《正教真诠》第135页：三氏本意自不相同，后人乃欲强而合之，不亦诬乎？夫三教一曰"无"、一曰"空"、一曰"有"。天下极相反之事，莫越乎虚实有无，果能合而为一，是水火方圆，亦不难同一局矣。有是理乎？

三、几点分析

由于资料的限制（目前没有资料表明王岱舆和天主教传教士有直接来往，由于天主教传教士对伊斯兰教抱敌视态度，我怀疑明末来华传教士和伊斯兰教学者的来往不会太频繁，关系不会很密切。不过王岱舆和当时的佛教界颇有来往，《希真正答》一文中有数处文字提天童、博山。天童即天童圆悟，博山即博山无异，皆为当时名禅师，圆悟且有《辨天说》之作，以反对天主教。[1] 王岱舆和这些禅僧的来往，会影响到他对天主教传教士著作的注意。同时南京回族聚居的三山街一带，是当时全国的文化中心，张中、伍遵契、马注、刘智等名学者都生活游学于此，王岱舆的居处亦在附近，他有机会看到各种天主教传

---

[1]　忽滑谷快天：《中国禅学思想史》，上海古籍出版社2002年版，第844页。

教士的汉文著作①，他袭用《天主实义》是有选择、有计划的行为，不是见书就抄的），我们对王岱舆袭用利玛窦这一事件，也只能做背景分析。本文试图回答第一部分所涉及的四个问题。至于王岱舆的真实心理，只能暂付阙如。

关于第一个问题，即王岱舆为什么要袭用？应该从中国传统中找答案。

王岱舆的祖上于明初来华，至王岱舆明代末期，已二百余年。王氏家族在这二百年间，生活在汉文化圈中，在日常语言、生活习惯、价值观等很多方面已经相当中国化。在中国传统中，只要思想或编排方式是自己的，单纯文字上的袭用，并不是一件大事情，《汉书》抄袭《史记》，是众所周知的事情，《淮南子》也抄袭《文子》。②先秦古书之间，相互抄袭，文字雷同的现象很常见。相同材料，只要做了不同解释，就不算问题。唐宋至明清时期的笔记体书中，相互抄袭的现象，非常普遍，读者大多习以为常，不觉得有什么不妥。王安石等人有众多的集句诗，全以古人现成诗句拼凑而成，这些抄袭之作不仅未遭诟病，反而成为一种文体。清末，张之洞的得意门生周锡恩，抄龚自珍给阮元写的贺寿文章来给张之洞贺寿，被人指出，不仅不觉得尴尬，反而理直气壮。③在这种风气之下，王岱舆袭用《天主实义》中的文字，讲述伊斯兰教教义，也就不存在问题。

王岱舆抄《天主实义》，伊斯兰教内部可能有学者知道此事，《问答纪言》中有人指出王氏"援引诸家，彼此辨论"④，《正教真诠》第10页又说："子既

---

① 《利玛窦中国札记》云："（南京钦天监的人员）作为朋友来访问他（利玛窦），并向他学习所能教给他们的东西。当他回访他们时，发现了某些新东西，那是远远超出他所意料之外的新东西。"（利玛窦：《利玛窦中国札记》，中华书局1983年版，第352页）这些所谓的新东西，即利玛窦所说："（天文仪器）是由一个具有某些欧洲天文学知识的外国人所设计的。"（利玛窦：《利玛窦中国札记》，中华书局1983年版，第354页）这些外国人，大概就是包括王岱舆祖辈或者父辈在内的天文学家。王岱舆本人也很可能（至少其家族中有人）任职钦天监，利玛窦和南京钦天监的人有来往，他的教堂在正阳门西营崇礼街（利玛窦：《利玛窦中国札记》，中华书局1983年版，第373页注），离三山街、雨花台（南京钦天监所在）很近，与王家不远。利玛窦云："利玛窦神父的这本印了四版，并在不同的省份出版。"（利玛窦：《利玛窦中国札记》，中华书局1983年版，第487页）这些材料都指向这样一个结论，即王岱舆对利玛窦及天主教传教士的著作，一定相当熟悉。
② 参见李定生：《论文子》，《文子校释》前言，上海古籍出版社2004年版。
③ 参见刘禺生：《世载堂杂忆》，中华书局1960年版，第63—64页。
④ 王岱舆：《正教真诠·清真大学·希真正答》，余振贵点校，宁夏人民出版社1988年版，第9页。

深论二氏，及子之书中多引有二氏之语，几于入玄入宗。"细读《正教真诠》一书，其内容除伊斯兰教教义外，多用理学术语，多抄《天主实义》，涉及释教的内容不多，涉及道教的内容更少，前引二氏之说，具体内容为"三位一体"、"三清一点"，则此处二氏疑指天主教与犹太教。① 王岱舆回答说："清真之经典不乏，而教外莫有能知者，以文字之各殊也。予特著论以彼达此，悉属借用，顾其理如何耳，其词何一非借，又奚以二氏为异乎。"② 由此看来，王氏对袭用《天主实义》并没有觉得尴尬，因为理是他自己的，借用的只是文字，这种袭用，在他所处的时代，算不上什么问题。我们不能用时下的所谓学术规范看待明代的事情。

关于第二个问题。王岱舆袭用的是《天主实义》，一部天主教传教士的著作，这就不是一件小事，在当时天主教和伊斯兰教严重敌对的情况下，王岱舆为何要抄一个天主教传教士的著作？

这个问题，一方面和中国传统有关：

从十字军东征之后，天主教世界和伊斯兰教世界日趋对立，两种宗教互不相容。马可·波罗曾说，穆斯林都是非常残酷、凶恶和不诚实的人。而同时的穆斯林，则把一切可能的邪恶都归咎于基督徒。③ 早期入华的传教士如利玛窦等人，对伊斯兰教抱有敌意。《利玛窦中国札记》在提到伊斯兰教徒时说："撒拉逊人无论在什么地方都是一切基督教的不共戴天的仇敌。"④ 在利玛窦看来，撒拉逊人（穆斯林）是基督徒的敌人，他对伊斯兰教教徒的态度是敌视的。

另一方面，伊斯兰世界在早期的翻译运动之后，长期对西方缺乏兴趣。

---

① 刘智：《卷之首》，《天方至圣实录》，中国伊斯兰教协会 1984 年版，在讲到《引支勒》（即《新约》）时说："二氏之众，不能复见古本，唯听学人口传心授。"《天方至圣实录凡例》云："《录》中称二氏乃指朱乎得，芯尔撒两教徒也，朱乎得乃母撒之教徒，芯尔撒乃尔撒之教徒。"《天方至圣实录》卷 12 又云"二氏称理学曰费录锁非"。"费录锁非"即英语的 Philosophy。刘智的说法必有所承，王岱舆对二氏的界定应与刘智相同。王岱舆对天主教应有一定了解。王氏所说二氏，也应包括天主教。

② 王岱舆：《正教真诠·清真大学·希真正答》，余振贵点校，宁夏人民出版社 1988 年版，第 10 页。

③ 参见伯纳德·路易斯：《中东——自基督教兴起至二十世纪末》，中国友谊出版公司 2004 年版。

④ 利玛窦等：《利玛窦中国札记》，中华书局 1983 年版，第 121 页。

十字军在地中海地区断断续续待了两百年，当时阿拉伯学者，无论政治、神学等领域，对他们都不怎么关注。14、15世纪以来，奥斯曼帝国的不断胜利，使穆斯林对西方产生了一种优越感。这种军事胜利带来的优越感是全面的。"凡是与基督教欧洲有关的东西，穆斯林的官吏和学者都示以轻蔑和傲慢。……这种唯我独尊的态度最有破坏性的一个后果就是，在穆斯林和西方之间，特别是在愈益重要的科学领域里，放下一道思想铁幕，实际上，穆斯林对于帕拉切尔苏斯在医学方面和哈维在解剖学方面，哥白尼、开普勒在天文学方面所做出的划时代成就一无所知。"[①] 这种优越感使得穆斯林世界的封闭进一步加深。14世纪以后，阿拉伯哲学长期陷入停顿。

在这两种宗教如此相互封闭、相互敌视的情况下，王岱舆为什么还要大量袭用利玛窦著作？王岱舆在袭用利玛窦时，他的核心信仰坚定，护教意识很强。他批评天主教说："切不可以天地万物之大父，而当天地万物之真主也，彼常与知己言我至圣乃主宰显化，开示迷人，普济万世。……主宰治世而降生，不亦主宰末若人乎？兹何异二氏之'三位一体'，'三清一点'乎？即彼之显身说法，度尽众生，皆一同耳。"[②] 此即针对当时天主教以耶稣为天主而发。王岱舆一方面坚持伊斯兰教信仰，对天主教三位一体的人神同体之说予以批驳，一方面又大量袭用其著作。这样，如何理解王岱舆的行为，就成了一个很有意思的题目。

在中国史上，只要不涉及政治，信仰基本自由，有多元信仰并存的传统。在中国史上，没有发生过单纯的宗教战争，宗教间的冲突并不激烈。在中国传统社会中，儒学是文化上的主导。从周公、孔子以来，儒学就是一种学习型的文明，在大成先师的背后，是一个"每事问"的学者，这和代天传言的穆罕默德、摩西、大卫，以及天主降生的耶稣不同。和耶教、回教等宗教相比，儒学没有传教的习惯，而多了取经的传统。各种宗教长期在儒学的浸润中，也都程度不同地染上了这种气质。在这种背景下，各种宗教之间，一方面互相排斥，一方面互相学习、互相融合。宋代以降，这个趋势更加明显，全真教即是三教合一的产物，明代更有"三一教"的兴起。僧人以儒解禅，以禅解儒（如智圆

---

① 基塔夫里阿诺斯：《全球通史》下册，北京大学出版社2005年版，第61页。

② 王岱舆：《正教真诠·清真大学·希真正答》，余振贵点校，宁夏人民出版社1988年版，第45页。

号"中庸子"。和王岱舆同时代的藕益，在作批驳天主教的《天主初征》等书的同时，则有《周易禅解》之作），道士引理学入道教（全真教中，丘处机一派颇近儒，清初王常月《龙门心法》极具理学色彩）。民间宗教大多有很强的混合色彩，不少流派讲五教（儒、释、道、耶、回）合一。在这样的一个文化背景下，伊斯兰教也走上了混合诸教的道路。在坚持基本信仰的同时，与阿拉伯国家相比，相对要开放得多，对很多其他宗教的内容，予以吸取。民国时期，喇世俊先生在《蟠龙嫡派七传杨老道祖归真七十年纪念碑》中云："盖善堂道祖，虽探源于《古兰经》，而宝沂流老子《道德》，释家《华严》，基督《新约》，及其至也，尤惟深潜于羲、文、周、孔之易，所以《纲常》一书，谈性命，叙彝伦，阐阴阳，洞生死，洋洋集五教之大成"，又云："回、耶、释、道，其于天人之际，以一贯之矣。"[1] 喇世俊与杨保元皆系嘎德林耶大拱北派的名人，他对杨氏思想的描述，是准确的。杨氏生活在清代乾隆至同治年间，这一时期，国外宗教界几乎和国内断绝了来往，西北的伊斯兰教又因屡屡反清而遭压制，在这种情况下，中国的伊斯兰教还能吸收其他宗教的营养，在明末清初的开放学风中，王岱舆利用天主教著作就不奇怪。《刘介廉先生墓碑》云刘智曾"读西洋书百三十七种"[2]，这些西洋书的具体内容已不可考，然而包括有天主教传教士的著作则是可以推测的。[3] 这种宗教间的融合吸收，显然和中国

---

① 余振贵主编：《中国回族金石录》，宁夏人民出版社 2001 年版，第 323 页。
② 马在渊：《刘介廉先生编年考》，甘肃人民出版社 2012 年版，第 151 页。
③ 刘智时代的南京，是天主教传教的一个中心，传教士活动频繁，著作颇多，且在南京一带广为流传。明末教案发生于南京，清初礼仪之争的中心也在南京，而且《天方性理》杨序云："欧罗巴之文，靡不悉心殚究。"（《续修四库全书》1296 册）；《天方至圣实录》卷首又云"《引支勒经》有四家音者，曰谟他、曰郁合纳、曰穆赖格、曰老噶。"（刘智：《卷之首》，《天方至圣实录》，中国伊斯兰教协会 1984 年版，《引支勒经》即《圣经》。四家音就是四福音书，以音对之，谟他即《马太福音》、郁合纳即《约翰福音》、穆赖格即《马可福音》、老噶即《路加福音》）刘氏熟读拉丁文与《圣经》，则表明他对天主教有学术兴趣。刘智生活的南京三山街为当时全国的出版中心，在天主教传教士的著作风行天下的情况下，刘氏所读天主教传教士著作必不会少。刘智有《天方至圣实录》一书，天主教传教士罗明坚有《圣教实录》一书，艾儒略有《天主降生言行纪略》一书，从书名看，刘书的编排极可能受罗明坚、艾儒略的影响，因找不到罗明坚、艾儒略之书，目前还无法断定二书有无关联。《圣教实录》印于 1584 年，是传教士的第一部华文著述，《天主降生言行纪略》1642 年印于北京，皆远在刘智著书之前。刘智对《圣经》很熟悉。又读西书多种，他受天主教汉文著述的影响不会太小，刘智所读的西洋书中包含传教士的著作，应该是合理的推测。《天方典礼择要解》卷

传统中宗教信仰相对自由的环境相关。同时中国的伊斯兰教与天主教之间没有政治关联，其间的关系也不像国外那样紧张。王树民《洮州日记》说，1938年西北回族地方势力正盛之时，在回族聚居的临夏地区，小学课本除有《论语》、《孟子》等书外，"学生案头更多放置《马可福音》、《使徒行传》一类册籍"①。这表明当时中国天主教和伊斯兰教之间的关系并不紧张。宗教之间的敌意较淡，相互间对话的可能性更强，正是在这一背景下，王岱舆能在坚持基本信仰的前提下，大量吸取理学与天主教、佛教的内容，建构自己的中国伊斯兰教哲学。他虽然没讲诸教合一，事实上他是在做将诸教合于伊斯兰教的工作。

另一方面，王岱舆袭用《天主实义》还有神学上的原因。天主教和伊斯兰教在神学哲学思想上颇多吻合，广义上讲，天主教徒甚至可以算作穆斯林。两种宗教有相当多的共同的宗教资源，这使得面对教外人士时，两种宗教所面临的问题，有相当多的一致性，利玛窦所遭到的质疑，也是王岱舆需要回答的，利玛窦对很多问题的回答，也为王岱舆所认同。王岱舆所以从事著述，是"惧夫道之不明"②，是为传教而作的，在写作过程中，他"或晤诸家，多滋辩论"，他又善于论说："彼恒不竞，为予理屈"，于是"归而取所论记之"③，可见《正教真诠》大体上是王岱舆对论辩问题的整理。在整理的过程中，"理道悉本尊经，参与典籍"，许多《天主实义》中的问题与回答，在不和伊斯兰教教义冲突的情况下，因为形式相近，内容相关，也被收入《正教真诠》。

王岱舆的神学思想，是根于希腊哲学的伊斯兰经院哲学。作为他思想核心的流溢说，是伊斯兰化了的新柏拉图主义；他证明上帝存在的方法，基本同于托马斯·阿奎那的"五路"说；他对善恶的论述，则和奥古斯丁的自由意志说无二。宗教哲学方面的一致性，也是王岱舆认同，从而袭用利玛窦的一个

十三云："朋友为我之半，是第二我也。"（刘智：《天方典礼》，天津古籍出版社1988年版，第144页）利玛窦《友论》云："吾友非他，即我之半，乃第二我也。"（利玛窦：《交友论》，见《天学初函》第1册，台湾学生书局1965年版，第300页）。二文对照，再考虑到刘智的学术背景，考虑到稍前的同教前辈王岱舆曾抄《天主实义》，刘氏此处抄自利著的可能性很大，王岱舆袭用《天主实义》当非特例。

① 王树民：《曙庵文史续录》，中华书局2004年版，第444页。

② 王岱舆：《正教真诠·清真大学·希真正答》，余振贵点校，宁夏人民出版社1988年版，第10页。

③ 王岱舆：《正教真诠·清真大学·希真正答》，余振贵点校，宁夏人民出版社1988年版，第16页。

原因。

王岱舆袭用利玛窦，事实上体现了他对天主教教义某种程度上的认同。这种认同的背景，除了中国传统的宗教自由、诸家并存、诸教之间有较多的对话与融合倾向外，和回族的形成有关系。伊斯兰教虽然早已传入中国，但回族的形成，则是较晚的事情。明代早期，回族才出现雏形，明代中后期，回族还在成长的过程中。回族的来源复杂，很多不同文化背景、血缘背景的人的加入，会将不同文化引入新生的回族群体①，这就使得回民族在文化上具有较强的包容性，在伊斯兰教的大旗下，事实上存在着多样性的文化。在回族的形成过程中，原先在元代信仰其他宗教，特别是景教、天主教、犹太教的一些民族，因为信仰相近，种族相同（色目人），长期被称作回回，元亡之后，逐渐也融进回族之中。② 这些民族的融入，带来了原先的信仰，使得中国回族的伊斯兰教信仰与其他地区相比，更加丰富，更加有活力，对天主教的排斥也更小。而且远离了有直接冲突的东欧、西亚，敌对的背景既不存在，两者的亲和

---

① 王树民说："（光绪年间）汉、回、番之间亦曾共吃血酒。"（王树民：《曙庵文史续录》，中华书局2004年版，第442页）饮酒、吃血都是不合伊斯兰教教法的行为，这表明中国伊斯兰教有相当程度的中国化。同书又云："此一带居民多姓孔，大川附近之孔庙即孔氏家祠，其族中之一部分则信回教，汉民中孔姓皆自称为孔子之后。"（王树民：《曙庵文史续录》，中华书局2004年版，第508页）此又足证回族来源的多元性与复杂性。孙滔的《青海回族源流考》一文（杨怀中主编：《首届回族历史与文化国际学术讨论会论文集》，宁夏人民出版社2003年版）认为青海回民中的"托茂人"来源于蒙古人、"红帽人"来源于汉人及蒙古人、"卡力岗人"来源于西夏人和藏人。甘肃、青海如此，内地回族的来源同样复杂。关于回族的形成，苏三洛的《中亚东干人的历史与文化》第1章（宁夏人民出版社1996年版）有一个非常好的综述。

② 张迎胜说，"元代来华西域人中有许多非穆斯林种族（如信仰希腊东正教的阿速人，信仰一赐乐业教的犹太人以及'啰哩人'即吉普赛人，相继融入回回民族）。""基督教世家出身的马祖常，其后代代代与回族联姻，早已是回族人了"。（张迎胜：《元代回族文学家》，人民出版社2004年版，第131页）张说可从。《利玛窦中国札记》云："（犹太）已经变成撒拉逊人，或不信教的人了。"（利玛窦等：《利玛窦中国札记》，中华书局1983年版，第118页）同书云："（以前的基督教教徒，在元亡之后）四处逃散，有些人此后就自称是撒拉逊人，有些则冒充犹太人。"（利玛窦等：《利玛窦中国札记》，中华书局1983年版，第121页）传统中国社会对于外来宗教，确实缺乏分疏，常常将诸教混为一谈，此三教在明代因同为色目人信仰，其仪式经典又多相通，如犹太教与伊斯兰教皆名其寺曰清真。（参见陈垣：《开封一赐乐业教考》，商务印书馆1923年版；陈垣：《明季滇黔佛教考》，河北教育出版社2000年版，第62—75页）

性就凸显出来。不论利玛窦们如何敌视伊斯兰教，中国伊斯兰教学者对天主教的态度，从王岱舆、刘智、杨保元等人的行为来看，普遍是开放包容的，这也是王岱舆能心安理得地袭用《天主实义》的一个原因。

第三个问题，利玛窦等传教士著作很多，在《正教真诠》写作之前，出版的天主教汉文著作已有不少①，王岱舆为什么独抄《天主实义》？

王岱舆的抄袭，有他的选择与原则，他没有抄流行极广的《交友论》、《畸人十篇》，而只抄《天主实义》，这是因为《天主实义》是一部神学、哲学著作，其程度较前二书高出甚多。《天主实义》系问答体，其中很多问题有深度，利玛窦的回答也有一定水平，适合于王岱舆的学术口味。而其他著作中缺乏为建构中国伊斯兰哲学所需要的内容，可以设想，如果有可以利用的材料，王岱舆也会抄天主教传教士的其他著作，他对天主教传教士的宇宙说其实也是认同的。

王岱舆的目标读者群是儒学界，而利玛窦等人在儒学界有极大影响，从李贽到置李贽于死地的东林党人张问达，甚至佛教僧侣都对天主教有浓厚的兴趣②，利玛窦在传教的过程中，接触了很多有影响的人物，他的朋友和论敌如豫章书院的山长章潢、李之藻、徐光启、袾宏、冯应京、李贽、瞿太素、石星、王忠铭、黄洪恩等，都有很高的政治地位或学术地位，从《天主实义》中"中士"的提问看，都有很强的针对性，有一定的学术水平。可以说，利玛窦面临的挑战，就是中国学术界对天主教的挑战，他的回答，就是天主教神学哲学对中国学术界的回答。王岱舆的生平已不清楚，但可以肯定，他在学术界的交往层面是没法同利玛窦相比的，很多在《天主实义》中提出的问题，王岱舆有能力做出很好的回答，但以王岱舆的社会地位，似乎没有机会遇到主流学术界这种高水平的提问。《正教真诠》第257至304页所收《希真正答》一文，系问答体，其中的问题，大概是王岱舆实际中遇到过的问题，这些问题的学理

---

① 如《畸人十篇》1608年刻于北京，1609年刻于南京及南昌，此书曾引起袾宏的反感，且著书攻击；《几何原本》刻于1605年北京；《交友论》1599年刻于南京，1595年刻于南昌，1603年刻于北京。此外，亚里士多德的一些哲学著作如《寰有论》、逻辑学著作如《名理探》也在此前出版。基督教汉文著述的情况参见王治心：《中国基督教史纲》，上海古籍出版社2004年版，第92页。

② 参见钟鸣旦：《杨廷筠——明末天主教儒者》，社会科学文献出版社2002年版，第118—120页。

性没法和《天主实义》中的问题相比。利玛窦面临的挑战及其回答，在很多地方对伊斯兰神学哲学也适用。因此，将这些问题及利玛窦的回答加以改写和补充，引在《正教真诠》之中，对于有意传播伊斯兰教的学人，无疑有极大的诱惑力。这大概就是王岱舆袭用《天主实义》的一个原因。

最后，我们谈一下天主教汉文著述对伊斯兰教汉文著述之产生的影响问题。伊斯兰教汉文著述产生的原因，目前有两种看法：一种认为是自然发展的产物，如王怀德认为经堂教育的不足，"于是有汉文译著活动的兴起。"[①] 李兴华的观点与此基本相同。[②] 邱树森归因于明末社会的资本主义萌芽[③]，一种则承认天主教汉文著述的刺激作用，认为"在我国，儒释道著述历来甚丰，明清之际，连基督教的汉文译著，经外国传教士之手也已刊行数百种，这对我国江南地区的穆斯林知识分子的著述活动无疑是一种借鉴和推动"[④]。杨怀忠、余振贵亦持此观点。[⑤] 第一种观点完全排除了天主教汉文著述对伊斯兰教汉文著述的影响。但无从解释元明以降的三百余年，为什么没有伊斯兰教汉文著述的产生，如果只是为了加强教内人士的宗教意识，经堂教育不失为很好的选择。当时回教内部很多人认为："凡以一句'哈他'（译曰差错）文字，杂于清真，真主之慈即止，而罚且随之。若以'哈他'文字，注释正教之经旨，岂不大悖乎？"[⑥] 为什么王岱舆甘冒压力，以"哈他"文字来宣传教理？为什么伊斯兰教汉文著述没有产生在经学教育发达的陕西、山东，而是出现在经学教育并不发达，却是天主教传教中心的北京、南京一带？这种观点由于不能解释这些问题，所以我们认为并不可取。

第二种观点承认天主教汉文著述对伊斯兰教汉文著述的影响有一定认识，但由于没有看到王岱舆对利玛窦的袭用，所以语焉不详，对天主教汉文著述对伊斯兰教汉文著述的影响估计不足。

伊斯兰教汉文著述产生的具体时间，已不可考，就现有文献看，稍早于

---

① 王怀德：《伊斯兰教史》，宁夏人民出版社 1992 年版，第 424 页。

② 参见李兴华等：《中国伊斯兰教史》，中国社会科学出版社 1998 年版，第 554 页。

③ 邱树森：《中国回族史》，宁夏人民出版社 1996 年版，第 527 页。

④ 金宜久：《伊斯兰教史》，中国社会科学出版社 1990 年版，第 443 页。

⑤ 杨怀忠、余振贵主编：《伊斯兰教与中国文化》，宁夏人民出版社 1995 年版，第 385 页。

⑥ 王岱舆：《正教真诠·清真大学·希真正答》，余振贵点校，宁夏人民出版社 1988 年版，第 284 页。

王岱舆的詹应鹏和张忻有著作。张忻的《清真教考序》作于崇祯甲戌（1634），詹应鹏的《群书汇辑释疑跋》作于崇祯丙子（1636）（《天方至圣实录》卷二十）。均晚于利玛窦，张、詹二人久居北京，对于盛行一时的天主教汉文著述不容不知，由于其著作已佚，其思想是否受天主教教士的影响已不能断定，但受影响的可能性极大。

由于天主教传教士的影响广泛，特别是他们的汉文著述，将一些神学哲学术语用儒学、佛学的术语系统地讲出来，这对伊斯兰教学者有很大影响。在此以前，在伊斯兰教内，已有人用宋明理学的术语解释伊斯兰教教义[1]，但都不成系统。得西人系统著述之榜样，伊斯兰教汉文著述遂于经堂教育不甚发达，但文化水平较高的南京、北京一带蓬勃发展起来。正是由于天主教汉文著述的刺激，才使得王岱舆等思想开明、宗教意识强烈的伊斯兰教知识分子从传统中走出来。我们完全可以猜测，天主教汉文著述是伊斯兰教汉文著述的催产剂，没有天主教汉文著作，伊斯兰教汉文著述会不会在当时出现，会不会以现在这种形式出现，都是需要考虑的问题。

从王岱舆大量袭用利玛窦，刘智读西书数十种、熟悉《圣经》这一事实看，本文认为伊斯兰教汉文著述是天主教汉文著述刺激的直接产物。

（作者简介：问永宁·深圳大学国学研究所）

---

① 参见余振贵主编：《中国回族金石录》，宁夏人民出版社 2001 年版，第 212、215 页。

从诠释学看儒学民族化的进路
和回族思想的核心理念

李 伟 潘忠宇

　　创建中国的现代诠释学是汤一介老师生前提倡并致力做的一件事，在海内外学者的努力下，学术界蓬勃的研究局面和丰硕的学术成果在一定程度上已经做了正面的回答。"中国诠释学"如何建构？各路学人本之于各自的学术优长和独特识见，也从不同的角度提出了林林总总的方案。① 但是在这一过程中儒学民族化的诠释建构却建树较少，这使得我国少数民族传统的思想资源不能得到有效的提升，也无法向内在化的中国哲学创造去发展。引入诠释学的方法来重新解读儒学民族化的进路，挖掘中国回族传统文化的思想资源，可以为儒学的民族化的探索提供一个新的视角和研究路径，也是纪念汤一介老师的最好方法。

一、中外诠释学经典诠释形态的异同

　　在汤一介先生的眼中，中外诠释学各有自己的发展进路。作为现代西方阐释学，从古老的圣经释义学，到近代施莱尔马赫（F.Schleiermacher）等人的改造，特别是由伽达默尔（H.G.Gadamer）发展出哲学诠释学后，它已成为当代最具活力的哲学思潮之一。中国有着两千年以上的注释经典的传统，有关"诠释"的话题和资源可以说丰厚无比，这为建立现代中国诠释学的吸纳和消化营造了非常独特的思想空间。把中国传统学术和现代诠释学联系在一起，为中国儒学研究寻找一种新的方法，扩大研究者的视野是汤一介先生生前一直追

---

① 景海峰、赵东明：《诠释学与儒家思想》，东方出版中心 2015 年版。

求的。那么如何有效地借鉴现代诠释学的方法和视角来研究中国少数民族传统思想资源，特别是经典思想，首先需要搞明白中西诠释学在经典诠释过程中的研究形态。西方诠释学按照其发展阶段大致可分为两种形态：第一种是方法论形态，它大致经过了从局部诠释学到一般诠释学的转变，首先是作为圣经注释的方法论从1654年丹豪尔（J.C. Dannhauer）第一次使用诠释学作为书名起，它就成为一种解释圣经的技术而被主要用于神学方面。伴随着启蒙运动中理性主义的发展，18世纪古典语文学（philology）的出现对圣经释义学产生了深远的影响。文本的阐释使神学方法和世俗理论在文本解释的技巧方面趋向一致。这时阐释学还主要是作为一种宗教文献的方法论面世。从宗教的文本诠释走向语言的诠释是从施莱尔马赫（F.Schleiermacher）开始的，"只有施莱尔马赫才使诠释学作为一门关于理解和解释的一般学说而摆脱了一切教义的偶然因素。……由于把理解建立在对话和人之间的一般相互了解上，从而加深了诠释学基础，而这种基础同时丰富了那些建立在诠释学基础上的科学体系"①。施莱尔马赫认为理解包含两个重要方面——语法的和心理学的。他说理解只是这两个环节的相互作用（语法的和心理学的）②，并指出语法和心理学的阐释是同等重要的，施莱尔马赫强调阐释必定是从整体到部分，再从部分到整体循环往复的过程。③这样施莱尔马赫就解决了一个"圣经诠释"与文学规范方面的共通性和在各自学科领域的差异问题，完成了从局部诠释学到一般诠释学的方法论的转变。但由于施莱尔马赫的诠释学处于康德哲学的影响之下，他的阐释理解仍然是希望寻求一个客观的普遍主义的解释原则。因而它的阐释学就具有了双重标志，就它诉诸创造过程的活生生的关系而言，它是浪漫的；就它希望精心制定普遍有效的理解规范而言，它是批判的。

西方现代诠释学的另一种形态是本体论形态，完成阐释形态从方法论向本体论的阐释形态转变的集大成者是伽达默尔。伽达默尔把从海德格尔那里开始的存在论视阈下的阐释学发展成为集解释性、综合性、批判性于一身的高度

---

① 汉斯-格奥尔格·伽达默尔：《真理与方法——哲学诠释学的基本特征》，上海译文出版社1999年版。

② 参见弗里德里希·施莱尔马赫：《诠释学讲演》，见洪汉鼎主编：《理解与解释——诠释学经典文选》，东方出版社2001年版，第51—52页。

③ 参见弗里德里希·施莱尔马赫：《诠释学讲演》，见洪汉鼎主编《理解与解释——诠释学经典文选》，东方出版社2001年版，第63页。

成熟的哲学实践方式。他确认阐释学的普遍性，并以此去探求知识和真理的内涵，从而使阐释学能成为解释人类存在的本根性学问，把阐释学从方法论形态上升到了本体论的高度。在伽达默尔那里："文本这一概念并非只是文学研究的对象领域的名称，而诠释也远非仅是对文本的科学解释的技术。"① 伽达默尔认为文本和诠释这两个概念在 20 世纪从根本上改变了它们在我们认识世界方程中的地位，伽达默尔首先从历史视角探讨文本概念的产生，他说："'文本'（Text）这个概念本质上是以两种关联进入现代语言中的，一方面是作为人们在布道和教会学说中进行解释的圣经的文本，因而文本是一切注释工作的基础，而所有注释工作都是以信仰真理为前提的。另一个对'文本'一词的自然使用是在与音乐的联系中出现的。在音乐中，文本是歌唱艺术的文本，是对词语的音乐解释的文本，在此意义上，文本也不是一个先行给予的东西，而是从歌唱的实践过程中积淀下来的东西。"②

伽达默尔给出的文本两大条件可以说是我们今天定义文本的必要条件。首先，文本必须是经典，而且是一直被人们奉为真理的经典，有如我们说"盖经者非也，即天下之公理而已"。我们今天在各民族那里都可找到这些经典，而且我们今天的学者主要研究和阐释的也是这些经典，这种经典不仅是指像《圣经》、《坛经》、《古兰经》、《道德经》等这些宗教经典，而且也指我们在哲学、文学、史学、法学等方面长期传承下来的经典著作，如《易经》、《论语》、《形而上学》、《伊利亚特》、《奥德赛》、《诗经》、《汉书》、《史记》、《罗马法》等，这些经典都有其自身的经典内容，需要我们不断地理解和诠释。人类文化的传递和发展都靠这种经典的解读和理解。其次，文本必须是经过长期不断理解和解释的著作，也就是文本与对其的理解和解释构成不可分离的关系，甚至我们可以说理解与解释本身的内在本质，离开了不断的解释和理解，文本不成其为文本，人类文化的继续和发展也将中断。前一个特征可以说是文本的原典性、原创性，后一个特征则是文本的开放性和发展性。唯有同时具有这两个特征，文本才是真正的文本。

文本这种可解读、可理解的性质使伽达默尔认为，理解文本和解释文本，不是一个方法论的问题，它不涉及使文本像所有其他经验对象那样受科学探究

① 伽达默尔：《真理与方法》第 2 卷，商务印书馆 2013 年版，第 341 页。
② 伽达默尔：《真理与方法》第 2 卷，商务印书馆 2013 年版，第 340 页。

的理解方法，而是属于人类的整个世界经验。他特别指出，文本其实根本不是真正的文本或作品，而是集许多世代谈话的记录。他写道："哲学文本并不是真正的文本或作品，而是进行了诸多朝代的一场谈话的记录。"[①]

中国有着两千年以上的注释经典传统，有很多关于诠释学的思想资料，并形成了较有代表性的若干诠释学方法和理论。其中经学对经典文本的解释和理学对经典文学的解义，成为中国古代解释传统的两大特点。宋代心学家杨简（1141—1225）说："先儒以己意解释古训，岂能一一皆中？后世以《左传》，古书也，一切信之，不敢有改？"[②] 既看到以解释者的"己意"来解释古训，不可能都符合文本之原意，又指出如果对古书一切崇信而不敢改，亦会带来不必要的误解和因循守旧。所以应把对文本的理解和解释放在本原性与创造性相结合的基础上，而不可偏于一方。从诠释学的理路，而不是既有的思想史或儒学史的方式，我们大致可以把儒学经典诠释的形态区分为两种，一种是围绕着文本的注疏式理解，意义的生成和扩展也是在字斟句酌的解释之中完成的。另一种即观念的演绎，文本只是作为材料被不断地选取并加以阐发。前一种方式较为符合古典知识相对封闭的传递要求，而后者则充满了现代性发散与扩张的色彩，由此形成了不同文明传统之间的自由穿梭态势和观念的交织与叠加。宋明理学开创了儒学诠释策略的根本性转向，五经系统的话语权力让位于传记系统。以传记为中心的解释系统，更直接地表达了古典文明的意蕴，宋儒对传、记的诠解，除了延续传统经注的一般方法之外，更注重于文本义理的发挥，凸显了理学系统在诠释上的价值。这两种形态对于儒学的民族化起到了积极的作用。

二、儒家思想对回族思想体系建构的影响

在中国的少数民族中回族是一个人口较多、经济文化较发达的民族，也是我国信仰伊斯兰教人口最多的民族。回族的形成最早可以追溯到唐朝，从祖源的 DNA 上看它的形成既不同于很多其他的民族，不是由古代某个古老的民族、部落发展而成，也不是纯粹移植而来的外来民族，它是一个以来自域内域外信仰伊斯兰教的人在中国大地上长期历史发展中吸收和融合了多种民族成分

---

① 伽达默尔：《真理与方法》第 2 卷，商务印书馆 2013 年版，第 341 页。
② 杨简：《慈湖诗传》卷 16，影印文渊阁《四库全书》本。

而逐渐形成的民族。从文化来源的 DNA 上看回族是中华文化与伊斯兰文化相互交往过程中形成于中华大地的一个文化起点较高的民族。回族形成的基本要素之一就在于开始大量使用汉文印刷伊斯兰教经书典籍和用汉语宣讲伊斯兰教教义。根据历史记载，回族祖先的某些知识分子从唐代开始就已经学习汉文化，宋代是大食蕃客最活跃的时期，广州、泉州等地都建有蕃学，蕃客子弟不仅学习汉文，还能听懂并讲解经学。自伊斯兰教传入中国至明清时期，如何处理伊斯兰教教义与中国传统文化的关系伴随着回族形成和发展的始终。虽然伊斯兰教在回族的起源及文化的形成和发展中起着非常重要的作用，但它在中国大地上生存发展就必须与以儒家文化为核心的中国文化相协调、相适应，使伊斯兰教文化与儒家思想相结合。明末清初，在我国北方回族穆斯林开始建立经堂教育制度，用阿拉伯语和汉语传袭经典，培养宗教人员；在江南以南京、苏州为中心的经文评著活动非常活跃，在经堂教育中培养了一批"回汉兼通"、"回而兼儒"的宗教职业人才；同时，在回族知识分子中兴起了"汉文译著"运动。"汉文译著"是一种以新的"回儒对话"方式对信仰伊斯兰教的民众进行回族文化的教育。汉文译著用儒家的思想来诠释伊斯兰教的教义，从而有效地解决了伊斯兰宗教文化与中国传统文化的关系，促进了伊斯兰教本土化的进程。在汉译著述中回族知识分子以伊斯兰教教义为轴心，熔伊斯兰教思想与儒家思想为一炉，形成了比较系统而又具有明显回族特点的思想学说。从内容上看，回族知识分子在汉译著述中大量吸取了儒家理学思想，如王岱舆的《清真大学》、马注的《清真指南》，特别是刘智的《天方性理》和《天方典礼》，都试图用理学的思想来阐释伊斯兰教的教义从而使它能更好地实现伊斯兰教的本土化。

儒学何以能被回族知识分子在汉文译著中用来阐释伊斯兰教的教义，并使之本土化呢？这与中国古代儒学所具有的注经与注传的两种阐释形态有着直接的关系。儒学在注经阐释形态中的方法，汤一介先生曾经以先秦时代典籍注解的不同方式归纳出三种早期经典阐释的路向。一是"历史事件的解释"，它对经文的说明是叙事式的，从而在对"时间的历史"进行阐释的过程中形成了"叙述的历史"。这一点与西方早期宗教的文本叙事有着惊人的相似之处；二是"整体性哲学解释"，这一解释包含了哲学本体的观念，或对宇宙生成变化的整体性看法；三是"社会政治运作性的解释"，汤先生以《韩非子》对《老子》的论说为代表，提出这些著作大多以法家的社会政治观点来解释《老子》或干脆用历史的故事来说明君主成败、国家兴衰之故。而在宋明理学的以传记为中心的阐释形态中，许多儒家经典经过理学家们的创造性的诠释之后，使经典的阐释具有了根源性的意义。这种阐释不仅延续了注经阐释的传统方法，而且更注重于文本义理的发挥，这就为回族知识分子阐释伊斯兰教教义提供了新的创造空间，形成了以儒诠经的伊斯兰教本土化路径，从而完成了回族自身的思想理论系统。

理学亦称"道学"，其最大的特点是以儒家的伦理纲常为核心，吸收佛教、道教的宇宙观和诸子思辨方法，建立起思辨而精致的新儒学体系，它的产生使传统的儒家思想获得了完备的理论形态，达到了最高的发展阶段，并使儒学以新的形态重又取得了独尊的地位。理学这种不拘于经学经典阐释的传统方法将经典解释与自身哲学体系的建构紧密地结合在一起，通过儒、佛、道的对话、交融和相互作用，在理论上既传承了以往儒学的特点，又独树一帜地实现了儒学理论形态上的创新。这种阐释进路本身就为回族知识分子的汉文译著提供了一种新的阐释形态和方法进路。儒学在思想形态上既坚持儒学的传统立场，又吸收佛、道的思想精华，从而使儒学获得了新的理论形态。例如：在宇宙观和道德本原论上，程朱把封建道德"三纲五常"抽象化、客观化为天地万物的本原和本体，即"天理"；在"理气"（道器）关系上，主张"理在气先""理在事先"；然后倒过来再由"天理"推出封建道德。从而在天与人即"天道"与"人道"的关系上，构建了一个以天人"一理"为形式的"天人合一"的宇宙伦理模式。它抛弃了汉儒"天人合类"的神学形式，采取了纯哲理的思辨形态，实际上是对"以无为本"的"玄学"本体论的改造，即以"仁义礼智"为内容的"天理"取代了"无"。这就为论证封建伦理纲常的合理性、绝对性找到了更为合适的理论形式。由宇宙论推衍人性论，理学家又提出了"天地之性"与"气质之性"相结合的人性结构"二重"说。他们从理为气"本"、理又不离气的"理一元论"出发，认为人禀理为"性"，"性即是理"，是为"天地之性"；人又禀气而生，"气即性"，是为"气质之性"。前者为"至善"，后者有善、有恶，是恶的根源，从而使儒家的德性人性论沿着先验论的道路达到了"圆备"的形态。二程说："论性不论气，不备；论气不论性，不明，二之则不是。"在逻辑上，比以往"人性"诸说对善、恶根源的回答，显得更为彻底、更为精致。理学的这一"性命之学"或曰"心性之学"，还从根本上规定了"义利理欲"之辨的基本原则，并由此规定了对理想人格的塑造。程朱理学充实和完善了前代儒学的理论，强调"格物、致知、正心、诚意、修身"是"齐家、治国、平天下"的前提，强调通过道德自觉达到理想人格的建构与实现，也强化了中华民族注重人格气节和德行情操，注重社会责任与历史使命感的文化性格。上述这些思想为回族文化的形成提供了重要思想文化资源。

三、从诠释学看儒学民族化的进路和回族思想的核心理念

诠释学所特别强调的历史意识，就是要打破科学方法论的主客分置之观念，在"前见"、"前理解"的传统集蕴和过去与未来的延续中，把握一种在场感，用理解的方式融入历史本身，进入到所谓"效果历史"的状态。[①] 就回族经典思想的注释而言，以往对其所下的学术判断大多隐含有 20 世纪国内对回族思想评价的背景，这种评价的指向要么过分地强调儒家思想对回族思想的影响，要么过分地坚持伊斯兰教文化的核心作用，而往往忽视了回族思想在对儒家思想和伊斯兰教思想阐释的过程中，由于方法进路和思想阐释的关系自觉和不自觉地已完成了对本民族思想理论体系的建构。这也正是我们试图从当代阐释学的角度对回族思想的核心理念再作阐发的原因，也是对儒家思想民族化研究进路的一个探索。

从阐释学的视角和儒家思想民族化的进路我们可以发现回族思想的核心理念既源自伊斯兰教经典，又得益于中国传统思想的资源，并在此基础上形成了具有回族特点的核心理念。这些核心理念是回族思想体系的内核，它们的形成为回族思想理论体系的建立和伊斯兰教本土化打下了坚实的基础。

（一）"顺主忠君"

"顺主"是伊斯兰教思想的核心。"万物非主、唯有真主，穆罕默德是安拉的使者"是伊斯兰教思想的核心内容。但是在中国的大地上，"君"是国家的最高统治者，"忠君"是中国传统政治文化的核心内容，"普天之下，莫非王土，率土之滨，莫非王臣"。逆君被视为违背天道和人道。这样，顺主与忠君的二元矛盾就成为回族如何在本体论在当时背景下面临的哲学问题和生存、发展的现实问题。在这种背景下，明末清初的回族学者王岱舆在《正教真诠》中首次提出既要忠于真主又要忠于君王的"真忠正道"的"二元忠诚"的理念。

---

① 参见景海峰、赵东明：《诠释学与儒家思想》，东方出版中心 2015 年版，第 115 页。

他认为："尊独一无二之主，方谓之真忠。""忠于真主，更忠于君父，方为正道。""所以人但顺主、赞主、拜主、感主恩，而不能忠君、赞圣、孝亲、济人者，则事亦不足为功；如徒忠君、赞圣、孝亲、济人者，而不能顺主、赞主、拜主、感主恩，前事仍为左道。"他在对各执一说的两种极端观点批判之后提出，只有忠于主、忠于君、忠于亲，才是"人生之三大正事"；忠于主（宗教的）、忠于君（社会的）、忠于亲（宗法的）三者是一致的、统一的。这样，中国穆斯林既可以自己以虔诚之心敬奉真主，又可以同样虔诚的态度来对待封建君主，积极参与中国封建政治，从而在回族思想史上第一次成功解决了"二元忠诚"问题。此后，回族学者刘智为"顺主忠君"的"二元忠诚"观做了系统的理论总结。他提出，"君者，主之影。忠于君，即所以忠于主也"；"君为有象之主，主为无象之君"。在这里，刘智不但把神权、君、亲三者结合在一起，而且还把伊斯兰教"信主独一"的根本信仰与中国封建社会伦理思想的核心——忠君、孝亲观念有机地结合起来，十分巧妙地说明忠于君同顺于主二者之间是统一的。从理论上最终完成了回族"顺主忠君"政治思想体系的构建，成功地解决了"认主独一"与"顺主忠君"的关系问题。"二元忠诚"思想实际上是对中国古代天地君臣的说教，中国封建社会自秦汉以来，无论在国家统一还是分裂格局的状况下，都是高度集权的国家政权。皇权高于一切，回族在中国封建社会要图生存求发展就必须解决好"顺主"与"忠君"的关系。"二元忠诚"观既继承了伊斯兰教思想的基本精神和原则，又吸收了儒家"三纲五常"的思想，加进了"服从皇权"的内涵，提出真主与君王二者不可分割的理念和在中国封建社会回族穆斯林对非穆斯林君主应持的态度，既解决了回族当时的生存和发展的理论困境，又为后来"救亡救教"、"爱国爱教"的回族爱国主义传统奠定了思想理论基础。

（二）"两世吉庆"

回族的"两世吉庆"理念来自伊斯兰教"两世幸福"思想的影响。伊斯兰教在鼓励人们追求来世幸福的同时，也要求人们努力去创造今世的幸福。《古兰经》说："你应当借着真主赏赐你的财富营谋后世的住宅，但你不要忘却你在今世的定份。"（28：77）回族学者坚持了伊斯兰教"两世"的说法。王岱舆在《正教真诠》中说："圣人云：'有今世，毕竟有后世。'"[1] 王岱舆认为今

---

[1]　王岱舆：《正教真诠　清真大学　希真正答》，宁夏人民出版社1988年版，第216页。

世是客寓，后世是归宿。他说："人有原始、现在和归回三世"，"归回后世，得者永得，失者永失"。其过程是：人死后经过末日审判，"善者便入天国，永享全福"，恶者"堕入地禁"，"束缚于万苦之中"[①]，因而他认为"尘世乃古今一大戏场"[②]。尽管如此，王岱舆并不教人们厌世悲观，逃避现实，或者游戏人生，而是着重强调"死时唯有善恶刻不相离"，教人"须从浮生之前，瞬息光阴而取"，表现出对现实生活的肯定和重视。

儒家思想重视现世有为，强调现世中的精神追求，把人生的快乐和幸福与现世的成家立业、齐家治国平天下联系在一起，形成了中国的吉庆文化。回族学者很好地吸收了儒家"现世吉庆"的思想，用"两世吉庆"的中国话语来诠释《古兰经》中的"两世幸福"概念，把今世的吉庆与后世的幸福结合起来，强调重视"后世"不弃"今世"，认为追求"今世"与"后世"的幸福才是人生吉庆之事，才是有意义的人生和人活着的目的。在用儒家思想诠释伊斯兰教"两世幸福"的过程中，回族学者提出了"信道"、"行善"、"去私"三者合一才能"两世吉庆"的思想，为回族重视"今世"，追求"来世"的幸福提出了实现的基本条件和重要路径。"信道"和"行善"是《古兰经》中对寻求后世幸福的要求，回族学者在用儒家思想诠释的过程中增加了"去私"的内容。所谓"去私"，就是要节制私欲，行善时动机要纯，目的要端正，绝不能为个人的私利而行善，更不能以得到回报和虚荣去行善。沽名钓誉、患得患失，都是私的表现，有了私就不可能实现真正意义上的善，去私是行善、信道的前提条件。王岱舆说"以正道浇培者，结清真之果；用己私灌养者，开谬妄之花"，"不克己，不能归真入道也"。信道、行善、去私，三个条件必须同时具备，缺一不可。三者的核心是行善，行善是最基本的内容，去私是行善的必要前提和条件，信道则是行善的总指导，给行善以灵魂和精神支柱。回族穆斯林把"信道、行善、去私"看作是进入后世天园的基本途径；又把寻求后世幸福的过程，看作是实现人生价值的最佳过程；把"信道而且行善"并获得报酬看作是衡量人生价值的最高标准。把行善的人生看作是最有价值的人生，而价值的大小，则取决于行善的多少和信仰的程度。回族穆斯林，在重视今世的人生观的影响下，形成了积极进取的人生态度。"像样的生，像样的死"是回族

---

① 王岱舆：《正教真诠 清真大学 希真正答》，宁夏人民出版社 1988 年版，第 222—224 页。

② 王岱舆：《正教真诠 清真大学 希真正答》，宁夏人民出版社 1988 年版，第 220 页。

穆斯林对生死观的生动概括。

（三）"谨守中道"

中道，即中正之道。中道是伊斯兰教所倡导的重要思想主张，是穆斯林宗教功修和社会生活中应该遵循的重要原则。在《古兰经》中"中道"更多的是用"正路"的话语来表述，既有宽容、和睦相处、适当之意，但更重要的在于强调公正、中正的内涵。中道精神体现在处理问题的温和态度和伊斯兰教不强人所难。因为失去温和和强人所难，都是不"中道"的。圣训中说："教门确是易行的，干教门绝不要过激，否则就会力不从心、难以胜任。故你们当谨守适中，但求进步，一如既往，以早上、晚上和夜间的功修求助真主。"（《布哈里圣训》第三十九段）根据伊斯兰教"中道"思想，人最重要的品德应该是理智、勇敢、公正，处理任何事情都应以"适中"为准则，走向偏狭的两极都不是美德。如果穆斯林放松了"中道"精神的修养，处世为人就会"过"或"不及"。

清代，伍遵契、刘智、舍蕴善、马德新等学者把符合正统派信仰、坚持中道的苏菲名著《米尔萨德》（Mersad）、《默格索德》（Maqsad al-aqsa）、《莱玛尔特》（Ashat Lammat）、《拉瓦一哈》（Lawa'ih）分别译为汉语《归真要道译解》、《研真经》、《昭元秘诀》、《真境昭微》。翻译过程中，中国穆斯林学者对穆罕默德·安萨里（Ghazzali）、伊拉齐（Iraqi）、贾米（Jami）、鲁米（Rumi）等学者描述苏菲修道者对真主的爱恋、思念、渴慕等情感化的、象征性的、隐喻的诗文进行删改，使之符合儒家的价值取向。波斯文著作以"信"（Iman）划分人性等级，刘智改作以"德"为区分依据，符合人性，也符合儒家的价值取向。马注本人熟读儒书，在《清真指南》中融入了大量儒家伦理思想。他说："吾教道理是至中至庸、至和至平之正道。""西域圣人之道同于中国圣人之道。其立教本于正，知天地化生之理，通幽明死生之说，纲常伦理，食息起居，罔不有道，罔不畏天。""客"问："儒者之道何如？"马注回答说："宇宙间纲常伦彝，正心诚意，修齐治平之道，理尽义极，无复遗漏，至中至正，不偏不倚。"刘智更是以数十年之工夫潜心钻研天方之经和孔孟之学，"恍然有感于天方之经，大同孔孟之旨也"。他说："虽事属寻常，而理寓高远……虽载在天方之书，而不异乎儒者之典。遵习天方之礼，即犹遵习先圣先王之教也。……圣人之教，东西同，古今一，第后世不之讲求，而逐渐失之矣。惟幸天方之礼为独存。"刘智在《天方典礼》和《天方性理》中充分吸纳了儒家文化的"中庸之道",特别是宋明理学的和谐理念。对此杜维明先生也有评论:"在刘智所阐明的思想主题中,天人合一的观念尤其引人入胜。而在他对于真主的理解的本体论和知识论说明中,《中庸》的宗旨也是一个突出的特色所在。《中庸》所体现的人类参与宇宙创造性的那种天人一体观(anthropocosmic),成为刘智融会伊斯兰教和儒学的支撑。"马德新强调儒家的"天",近乎伊斯兰教的"真主"。他说:"一大者天,独一而至大之谓也,天字二义,乾象名曰天,造物亦曰天。"而造物之天,正是穆斯林所崇拜的真宰:"清真所尊奉者,造化天地、养育万物、纲维数理、掌握人神之真宰也。儒门称之为天,是天下万世所公共者也,其所持守者,顺天、事天、敬天、畏天,亦千古万国所当行之公礼也。"他说:"天所通于人者,道也;人所合乎天者,德也。物之所以然,理也;事之所当然,礼也。道也,德也;理也,礼也。表里一体也。道出于天,德有于人。理乃天事之自然,礼乃人事之当然。礼合于理而发于人,为天命所当行之事,所谓天之节文也。人能体之而达乎天,是所谓德也。体之而至于不自知其与天合,则无我也。无我则纯乎天理,是则所谓道也。"基于此,马德新主张中国穆斯林应当"重天道亦重人道,尊天方圣人亦尊东方圣人"。马德新对伊斯兰文化和儒家文化的成功调和与贯通,"为回族穆斯林的发展打开了精神通道"。

(四)"人道五典"

受儒家"五伦"思想的影响,回族形成了"人道五典"的伦理观念,伊斯兰教也提倡"孝于亲",其观念散见于《古兰经》、"圣训"的许多章节中,但并不系统。为了适应中国封建宗法制度,明清回族学者在"以儒诠经"活动中对伊斯兰教的伦理观进行改造,用儒家思想阐发和宣扬"人道五典"的理念,将儒家所说的"五伦"阐释为"五典"作为常经,提出了夫爱妇敬之道,父慈子孝之道,君仁臣忠之道,兄弟协义之道,朋友忠信之道的"人道五典"理念,并把它与伊斯兰教的"天命五功"并列,说伊斯兰教立"五功"是为了尽"天道",立"五典"是为了尽"人道"。二者互为表里,相互补充。"圣教立五功以尽天道,又立五典以尽人道者,天道、人道,原相表里而非二也。盖尽人道而返乎天道,斯有道有以立其基;尽天道而存乎人道,斯人道有以正其本。天道、人道尽,而为人之能事毕矣。"① 五典与三纲的关系是:"人伦之礼

---

① 刘智:《天方典礼》,天津古籍出版社1988年版,第116页。

本乎三，而尽乎五。"视三纲为人伦之礼的"本"，五典为人伦之礼的具体体现。他们进而认为，只有尽心维护君臣、父子、兄弟、夫妇、朋友的"人道五典"，又能坚持念、礼、斋、课、朝的"天道五功"，才称完成了做人的义务。

回族穆斯林"家庭之伦"是"五典"的重要内容，其价值理念源于伊斯兰教伦理道德观念，而其内容和形式又带有浓厚的儒家风格。刘智在条分缕析"家庭之伦"的每一具体内容时，既大量引用了《古兰经》和"圣训"作为有力的证据，同时又吸收了儒家"三纲五常"的学说来丰富自己的"家庭五伦"说，认为人伦之礼本于"三纲"而尽于"五典"，"三纲"制约着"五典"的义，"五典"统一于"三纲"之名，"名义立，而道尽，人伦之要无余蕴矣"。

回族学者用儒家思想对伊斯兰教孝亲思想的阐释，不仅在内容上的规定深刻全面，而且涉及回族子女与父母关系的方方面面，成为一种非常具体的行为伦理规范。从这些伦理规范不难看出，回族学者是将忠孝作为宗教善功的组成部分，作为诚信真主的见证而加以阐释的。这样做的主观意图，当然具有论证伊斯兰教伦理思想与儒家伦理道德学说相通的一面，同时，这样做，也合乎回族穆斯林尽孝尽忠的传统，因而，在回族群众中产生了巨大反响。使孝敬父母，孝敬老人，从一种宗教道德扩展和延伸为全民族普遍的伦理道德规范和社会风尚，并世代相传。这表明，由明末清初回族学者所构建的，以"五典"说为基本内容的回族伦理系统，是深受儒家伦理思想深刻影响而形成的，从而也成为中国封建社会意识形态的一个重要的组成部分。当然，回族学者对于"人道五典"内容的排列与儒家有所不同。儒家宣扬"君为臣纲"总揽一切，而回族学者则突出"代天地育人"，将其相互关系居于"五典"最前列，提到"顺天命"的高度。这又说明，回族伦理文化在深受儒家思想影响的同时，也具有了自己独立的特点和风格。

（五）"义利合德"

回族是一个有经商传统的民族，也是一个擅长经商的民族。经商对回族而言，既有悠久历史，又有鲜明特色。回族经商禀赋最重要的来源是伊斯兰教重视商业的理念和传统。伊斯兰教积极鼓励人们投入市场交换，认为人们要获得自己所没有的东西，必须拿自己所拥有的东西去交换；为了交换的方便，需要一部分人专门从事这项活动。因此，伊斯兰教重视商业，积极鼓励穆斯林远行经商，鼓励人们艰苦奋斗，并对专门从事商业活动的商人给予称赞和美好的许诺。《古兰经》中说："谁为主道而迁徙，谁在大地上发现许多出路，和丰富的财源；……真主必报酬谁。"（4：100）"凭自己的财产和生命而奋斗的人，真主使他们超过安坐家中的人一级。"（4：95）

"义"、"利"是儒家思想的重要范畴，义利关系是中国经济伦理的基本问题。回族学者一方面坚持用伊斯兰商业伦理思想修正中国儒家思想中"重义轻利"或"褒义贬利"的价值观念，另一方面又积极汲取中国儒家义利观的思想精髓，用儒家仁爱思想和义利价值观中合理的思想来阐释伊斯兰商业伦理理念，形成了特色鲜明的"义利合德"的回族商业文化核心理念。

明末清初著名回族学者刘智在义与利的关系问题上主张"合义利以成德"。他说："夫财者，民命之所寄也。民以财市，以财贾，以财集，犹鱼潜于水而贪之。故一闻财利，辄往趋之，此今古所同然者也。"[1]在他看来，人是血肉之躯，须臾离不开财，犹如鱼离不开水一样。基于上述认识，他进而认为，"主之所以授人者，曰利；天之所以全主者，曰义。义与利分则为祸，义与利合则成德"[2]；"人之生也，无嗜欲则不能领略声色臭味之妙，无功修，则不能渐还夫本然之真"[3]。

"义"和"礼"都是儒家思想的重要范畴。刘智阐述了自己对"义"和"礼"的看法。他在《天方典礼》中指出："财货，非义不取，非礼不用。百官非礼不纳，朝廷非礼不税。"[4]即是说，获得财货须符合"义"的要求，使用财货须合乎"礼"的规定。官员不应接受不符合"礼"的要求和规定的馈赠，朝廷也不得收取不合乎"礼"的规定和要求的捐税。在他看来，"四民之资，在乎业。业无大小，惟近于仁义者为正。业无通塞，惟本于忠信者为公"[5]，从而将儒家的义利、仁义、忠信等伦理主张纳入其宗教经济伦理思想之中。

"取财有道"是儒家义利思想的重要理念，王岱舆和刘智都强调要在符合伊斯兰教伦理道德的前提下生财致富，指出："须知生财自有大道，交易宜出公平，体阴阳之变化，仿时序之盈虚，利害相均，得失同受，当听其自然而然。"[6]他认为，伊斯兰教允许"生财"，但不能靠积谷、月利等邪门歪道获取财利，

---

① 刘智：《天方典礼》，天津古籍出版社1988年版，第156页。
② 刘智：《天方典礼》，天津古籍出版社1988年版，第151页。
③ 刘智：《天方性礼》，中州古籍出版社1994年版，第275页。
④ 刘智：《天方典礼》，天津古籍出版社1988年版，第156页。
⑤ 刘智：《天方典礼》，天津古籍出版社1988年版，第157页。
⑥ 王岱舆：《正教真诠 清真大学 希真正答》，宁夏人民出版社1988年版，第127页。

而应当通过正当的"大道",即公平的交易方式来获得。在他看来,以公平、诚实、忠信的态度进行商业贸易,不仅是做人的原则,也是对真主的责任。

"仁"是儒家思想的核心,回族学者将伊斯兰教有关反对聚敛财富的思想同儒家的仁爱思想结合在一起,提出"仁者疏财以合众"的思想。刘智主张:"仁者,疏财以合众;不仁者,分众以聚财。"①他认为,疏财的目的和作用在于"合众",所以,疏财者为"仁者";而聚财的结果会导致"分众",所以,通过分众而聚财者为"不仁者"。对于如何做到"疏财以合众",刘智针对一些官吏"横征暴敛"、"竭泽而渔"的做法提出了"为上者宽征薄敛"的理念,指出"为上者宽征薄敛,赈饥恤贫,养老慈幼,不吝帑藏之财,以解民困,被其泽者,有不父母亲之而元后戴之者哉?其合也,以疏得之,此仁者为之也"②。针对为仁与不仁的取财后果,刘智论述道:"仁者悠久,不仁不常";"仁也者,大造生物之心也。人有此心,是为恒心。有恒心者,享祚久长,福有攸归也。不仁也者,即失此心之谓也。既失恒心,倾覆及之,何常之有?"③刘智在这里自觉把"疏财以合众"、"为上者宽征薄敛"等经济伦理主张同国家命运紧密联系起来,融会了儒家"仁义"的精神,并大力张扬,认为统治者只有成为"仁者",国家才能长治久安。

这样回族学者用儒家治国理财的合理理念阐释了伊斯兰教的财富观和经商观,提出了一整套回族财富观、经商观和理财观的价值理念和伦理思想,形成了具有回族鲜明特色的经市理财济民的商业经济思想体系,为回族商业经济的发展提供了坚实的思想理论基础。

综上所述,我们可以发现当我们从中国阐释学的视角来看儒学民族化的进路,重新审视回族核心理念的形成过程,就会发现中国古代儒学民族化的过程实际上是和伊斯兰教本土化的过程同步的,在这一过程中二者相辅相成、相得益彰,从而有力地促进了回族思想理论体系的形成。尽管这一进路的探索还有许多值得进一步探讨的地方,但是它为我国现代阐释学的建立提供了一个新的视角。

(作者简介:李　伟　宁夏大学　潘忠宇　北方民族大学)

---

① 刘智:《天方典礼》,天津古籍出版社 1988 年版,第 156—157 页。

② 刘智:《天方典礼》,天津古籍出版社 1988 年版,第 156—157 页。

③ 刘智:《天方典礼》,天津古籍出版社 1988 年版,第 156—157 页。

伊儒会通视域下明清回儒善恶观

潘忠宇　于　兰

　　"伊儒会通"是指伊斯兰文化与儒家文化之间的交流、对话、沟通与融合。这是中国跨文化研究的重要领域。伊斯兰文化与儒家文化本来是不同的民族文化类型，但是，在中国历史发展中，一些精通伊斯兰文化与儒家文化的学者，积极进行了伊斯兰文化与儒家文化之间的交流、对话、沟通与融合的有益探索，并卓有成效。明清时期的一些回族思想家就是这一探索的优秀代表。本文试图在伊儒会通视域下，以善恶观为核心范畴，以明清时期的一些回族思想家为代表，对伊儒会通视域下明清回儒善恶观作一探讨。

一、善、恶的内涵：善恶是真主对人的人品的考验

　　伊斯兰教认为，善恶是真主为人设置的试验，是真主对人的人品的考验，是人在今世行为的表现，是人在后世得到赏罚的根据。"真主造化了人神，并人所用之事物，因为试人之善恶也。成立善恶乃前定，作用善恶乃自由。"① 真主造化了人祖，然后繁衍后代，人世间每个人的人品不同，所作所为就会有差异，所以真主先天为人造化了善恶的标准和善恶的理念，如果按照真主的要求去做则所行为善，相反则为恶。人有选择善恶的自由，但这样的自由行为的结果直接就是人后世得到奖惩的依据。王岱舆提到"成立善恶乃前定，作用善恶乃自由"，在真主之理中，已经明确了将来奖罚人的手段，就是要依据人的所作所为，是善则赏，是恶则罚，这体现了真主的伟大，显示了真主的公平。所以真主在没有造化天地世界的时候，就已经为人世间的人们确立好了行动的标准，"未始有天地之先，真主运无极而开众妙之门。当是时，各正性命也。众

---

① 王岱舆：《正教真诠》，宁夏人民出版社 1988 年版，第 29 页。

妙之门乃前定，彼时善恶之因已具，高下之品已设。"① 人的行为遵循教义则为善，违逆教义则为恶。所以人们只需要信仰真主之教，遵循教义经典，践行宗教要求，便是善行，能够获得好的归宿。

善行有不同的层次。既有一般的行善，也有真心实意的行善。马注认为一般性的行善止恶还不行，要做到没有私欲目的的行善止恶才是真正的善。他说："善当行而志在天堂，善非真善。恶当止而心忧地狱，事属勉强。"② 如果只关注做善行恶的目的本身已经带有了人的私欲，就不是真的善，要抛开功利目的去行善止恶，即"何必问天堂，检点逐日行藏，便知身后下落。不须忧地禁，追悔昔时罪业，自能完却先天"③，这是做善止恶的基本要求，也是虔诚信仰清真之教的最高境界，不问善恶的目的，只是虔诚地遵循教义教法，一心向主，则必然是走正道上的人，其所思所想必是善行。

马注不仅从深度上区分了一般的善和真正的善，还在广度上把善分成了不同的层次："能慈骨肉者，谓之独善；能慈同教者，谓之兼善；能慈外教者，谓之公善；能慈禽兽、昆虫、草木者，谓之普善。"④ 善行从自身推及同教之人，从同教之人推及外教之人，甚至从人推及万物，将个人的小善推及天地万物的大善。这是善行的不断延伸，更是人品德的精进。

二、善、恶的标准："恶莫大于背主，善莫美于顺命"

善与恶是对人的行为或事件价值进行评价的最一般概念，是个人与社会之间所发生的复杂的道德关系的反映，它既是对人们行为价值的评价，也是人们在道德选择、道德评价和道德修养过程中的一种心理上的自我选择。什么行为是善？什么行为是恶？不同时代、不同利益集团的评价标准不同，在不同的文化背景和不同的思想体系中评价标准也不一样。一般来讲，伦理学上的善就是符合一定道德原则和规范的行为或者事件，反之就是恶。

王岱舆说："所谓情者即性之所发，若无外感之私，自然听命于理，无不

① 王岱舆：《正教真诠》，宁夏人民出版社 1988 年版，第 52 页。
② 马注：《清真指南》，青海人民出版社 1988 年版，第 200 页。
③ 马注：《清真指南》，青海人民出版社 1988 年版，第 200 页。
④ 马注：《清真指南》，青海人民出版社 1988 年版，第 211 页。

善也。倘执己偏，自然不得其正，无非恶也。"① 人在没有受外在影响，自然发于本性意念的就是善的意念，以善的意念指导便有善的行为，综合而言就是善；相反，受个人私欲影响，偏离人的本性，这样的意念和行动就必然是恶。这里面发于本性的就是来自于真主造化人时就已赋予人的本性，当然是善性。马注也提出过这样的看法，他说："恶莫大于背主，善莫美于顺命。"② 从行为结果上确定了善行与恶行的基本标准，同时也能看到在他们的思想中善与恶的本质是与伊斯兰教义紧密联系的。善恶有其特有的标准，"行善是造物主的命令，人类的基本义务"③。所以在明清回族伊斯兰学者的思想中，善与恶的根本标准就是伊斯兰教义，"伊斯兰伦理学认为，人的伦理行为尽管复杂，但判断其善恶，最根本的只能以是否有利于实现崇拜安拉和治理人世这个目的为标准"④。这是评价善恶的最根本的标准，符合教义及要求的思想行为就是善，违逆教义及要求的思想行为就是恶。

善与恶既是一种价值，也是一种价值判断的标准；既是一种道德行为，也是一种道德判断的标准，是对人行为的最高评判。所以善恶作为研究人们行为结果的一对重要的伦理范畴，善与恶的思想对人们的价值选择和道德行为具有重要的指导意义。在中国传统哲学中，善恶是与人性紧密相连的，善恶的问题本质上是指人性的善与恶。回族伊斯兰哲学思想家重视善恶问题，"夫清真教道，指迷归正，劝人做善，止人为非，乃人道当然，无此则人道为不备"⑤。在明清回族伊斯兰哲学思想中，善恶也是用来解读人性的本质，略微不同的是伊斯兰思想中的善恶观点直接是和伊斯兰教的"两世说"以及末日审判的思想相关联。它所要阐述的观点就是善恶是人可以选择的行为，而不是普遍的人性，人在今世的善恶行为是真主末日审判的根据，后世是真主赏善罚恶的境地，在这里有天堂和火狱，真主根据人在今世的所作所为、善恶结果做出永恒性的决断，行善者进天堂，作恶者入火狱。在后世，人的赏罚完全由真主做公正的评判，后世对人的赏罚是绝对的，只有善与恶两种结果，天堂只是善，不存在恶，是善人永远居住的地方；火狱只是恶，没有善，是恶人永远居住的地方。

---

① 王岱舆：《正教真诠》，宁夏人民出版社 1988 年版，第 57 页。
② 马注：《清真指南》，青海人民出版社 1988 年版，第 116 页。
③ 马贤、马效智：《伊斯兰伦理学》，宗教文化出版社 2005 年版，第 119 页。
④ 马贤、马效智：《伊斯兰伦理学》，宗教文化出版社 2005 年版，第 115 页。
⑤ 王岱舆：《正教真诠》，宁夏人民出版社 1988 年版，第 9 页。

中国传统伦理学中关于善恶行为的评价标准主要还是以社会道德规范和原则为主，尽管是抽象的道德规范，但在具体的社会都有固定的基本的道德准则，凡是违反这些道德规范的就是恶的行为，凡是符合这些道德规范的就是善的行为。如在中国哲学史上，孔子、孟子提出的"义"标准，符合义的行为就是善，不符合义的行为就是恶。墨子的"天意"标准，所谓善就是顺天意，恶就是反天意，天意是善恶的标准。明清回族伊斯兰学者关于善恶行为的标准直接就是以真主的意志为标准，在具体生活中，人们的行为符合伊斯兰教教义、教法的就是善，相反则是恶。

三、善、恶的来源："善恶乃性命之发用"

善恶与性命有关联，要了解人性是否具有普遍的善或恶的特性，就要先明确在明清伊斯兰学者的思想中如何看待性命和善恶的关系。

首先，"善行来自于人的本用"。善恶是性命的表现。善恶是人行为的结果，人的行为为什么会有善与恶的区分？这个问题一直以来都是人们思考人性本质的一个重要问题。在一些思想家看来，善与恶的行为来自于人头脑中或者人本性就具有的善与恶的意念，所以他们便将善恶上升到人性的问题，以此讨论人性本质是善是恶的问题。明清回族伊斯兰学者也从人性的角度以及宗教的背景思考这一问题。王岱舆就认为："性命乃各物之本然，善恶乃性命之发用。"万物的根本是性命，善恶则是性命的体现，善恶来源于人本身的性命。他认为性命的体现或者说发用有两种形式，一个是本用，一个是作用。"善为本用，若视听闻言，不能增减，不能授人；恶乃作用，若写画技艺之类，人己兼该，互相训习。"善为本用，类似于来自人自身根本的形体灵性等不能增减不能割裂的部分和内容，属于先天性的。恶为作用，类似于人可以通过学习训练得到的技艺等，这些可以增加减少、可以帮助他人习得，属于后天性的。之所以称为恶，原因在于这些意念和行为是沾染了人的情感等私欲，只要偏离本性便是恶。本用、作用和性命的关系是，"有性命必有本用，无本用则性命有亏。有性命不必有作用，无作用不为欠缺"。即善是人性必然具备的，缺乏善的性命是有亏欠的性命。恶则不必然是人性具备的，没有恶的性命也是完全的性命。这里强调的善是人本性就具备的，行善是人性本身的流露，是人修炼本性的结果，作恶也是人性的显现，是人后天养成的习性，这个习性与人后天所禀理气有关系，与自己生存的环境有关系。在此理论基础上，王岱舆认为清真教法主要是为了教化凡愚之人，因为圣贤之人天生就明白善恶的道理，有能力以自身的本用纠正出现的作用。而凡愚之人则是经过后天学习才有可能了解善恶的道理，所以往往不能按照本用行事，不能完全行善止恶。这样就需要清真教"指引迷途，复归正道，直达本原，重登天国"①。善只是某类人品的显现，不是所有的人都自然会有善行。

其次，恶行来自于人的情用。在王岱舆看来，本用就是性命的本体，作用则是人的情用，王岱舆认为如果人本着性理行事，则全是善。如果受个人物欲、偏邪操纵，那所行之事难免恶者多。他说："若论性命之本体与情用，均出真主之造化。凡以理为本者，自皆可喜可爱，因本善无恶也。及论其情用之际，又由于己，己或行善或作恶，因己所行之殊异，则情用于善恶之间矣。"②实际上他想要说明的就是人如果不受外界影响，以本性所思所为，则是善，相反受个人情用的作用，则所思所为，就会有善恶之分。王岱舆强调性命之本是善，恶是受外界环境引导的，凡愚之人容易作恶，"凡人之性，能行善恶，非性本有恶也"③。在于后天发生的变化，后天的变化原因就在于人自身。为进一步说明恶的来源，王岱舆又把善分为两类：性之善为本善，行之善为习善，即理念中的善和行为上的善。"本善者乃真主化生性命之原德。而人不与焉。夫人之善，乃自习功行之积德也。"④人天性中有善的因素，正所谓孟子讲的恻隐之心人皆有之，这是真主创造人时就赋予人的。在后天，人们可以通过学习、修行达到行善的目的，人行善"必须皆有培植，始能馨发其蕴，正教真传，即正人之培植；鬼祟异端，即邪人之滋养。人之得正者为圣为贤，去世上升天国；人之失正者，为迷为逆，死后下贬地禁，与鬼祟共囚于暗狱"⑤。人在后天的行善作恶是人品修养的表现，顺应正道则习得善行，受邪逆影响则习得恶行，最终行善、作恶，是善人还是恶人，归根结底由自己的行为来决定，"凡善恶之因，皆出于真主之造化，其过与不及，本在人之自用耳"⑥。

---

① 王岱舆：《正教真诠》，宁夏人民出版社 1988 年版，第 56 页。
② 王岱舆：《正教真诠》，宁夏人民出版社 1988 年版，第 57 页。
③ 王岱舆：《正教真诠》，宁夏人民出版社 1988 年版，第 57 页。
④ 王岱舆：《正教真诠》，宁夏人民出版社 1988 年版，第 57 页。
⑤ 王岱舆：《正教真诠》，宁夏人民出版社 1988 年版，第 72 页。
⑥ 王岱舆：《清真大学》，宁夏人民出版社 1988 年版，第 243 页。

马德新译著的《大化总归》一书是从论述人性善恶的角度出发，将人的品性分为先天之性和后天之性，认为由于两种品性的来源不同，是善是恶就有了结果，"而知性有先天之性、后天之性，故性出于先天者，则善而无恶也，性出于后天者，则恶多而善少也"①。后天之性包括坚定性、生发性、活性、气性，先天之性包括本性、继性。后天之性是与种俱存、与胎俱生，禀受的是水、火、土、气四行之气，就是说这四性是从人自身产生。因为这四性的差异，人在后天就有了不同。这四性中，气性是一个承上启下的关键环节。书中认为先天之性没有形体，必须要由人的气性来承载，这样才能使本性有所寄托方能显现，才造就了人的知能。人的气性又分为情和形两种。本性又分为义和理两种，这是人与物区别的关键，也是人与人区别的关键。本性是一般性的命，气清者得之清，气浊者得之浊，原因就在于人的气性中的情和形的不同。提出这样的说法，马开科认为就是天方教义与儒家学说在人性善恶问题上的区别，天方教义能够明确地说明人性善恶问题，原因就在于人有先天之性和后天之性的区别，先天之性本为善，后天之性有可能导致恶的结果，这与儒家思想不同。

明清回族思想家的善恶观在一定程度上吸收和借鉴了中国传统儒家伦理思想中善恶的思想，所以两者之间有许多观点相似。两者主要都是在抽象的人性基础上谈论善恶问题，认为善恶与人性相关，特别强调气是恶的原因。人所做善与恶的行为是人性本身的表现，要扬善止恶就要加强人性的修养，修身养性，将人性中善的一面充分表达，去除恶的欲念，控制恶的行为。明清回族伊斯兰学者认为人具有圣贤凡愚等人性的差异，而这些差异就会表现在善与恶品行上的区别，这个思想同董仲舒的"性三品"说有极大的相似性。

但是，两者在是否有统一的人性方面有区别。中国传统儒家伦理思想一直在强调人性的善恶，虽然也有"性分三品"等差异性的人性说，但基本上还是倾向于统一的抽象的人性，或善或恶，总是在这个问题上兜兜转转。在明清回族伊斯兰学者的善恶观点中，不存在统一的人性，人性是有差异的。他们明确指出人是由真主创造的，真主赋予了人的本性，人性由真主之命决定，命有差异，性各千秋。至于人所表现出来的善恶的行为，既与他个人先天本性有关系，有的人本性有善，有的人本性有恶，也是个人后天习得的结果或者是任由

---

① 马德新：《大化总归》下卷，民国 11 年版，第 17 页。

人情欲表现的结果。这些差别不是人普遍的表现。

四、善、恶的本源：“成立善恶乃前定，作用善恶乃自由”

宋明理学关于善恶本源有一个明确的解释，把人性分为天命之性和气质之性，天命之性为善之根源，气质之性为恶之根源。基本上，明清回族伊斯兰学者也借鉴了这个看法，但认为善恶最根本的决定者是真主，这点是和宋明理学有区别的。在善恶的本源问题上，明清回族思想家有这样三种代表性观点。

第一，善恶本因在真主，善为本用，恶为作用。这是王岱舆的看法，在他看来，善恶既是前定，也有人为自由。王岱舆认为人的善与恶是与性命紧密相连的，万物的根本是性命，善恶则是性命的体现。善来自于人自身，属于先天。恶源于人后天的习得、情欲，属于后天性的，之所以称为恶，原因在于这些意念和行为是沾染了人的情感等私欲，只要偏离本性便是恶。善是人性必然具备的，缺乏善的性命是有亏欠的性命，恶则不必然是人性必备的。如果人本着天生性理行事，则全是善。如果受个人物欲、偏邪左右，那所行之事难免恶者多。

第二，善恶前定，父母之善恶还可报应到子女为善为恶。这是马注的观点，他所谓的善恶前定略不同于王岱舆所说的前定，是指“父母前定，或行一善而子孙荣昌；或行一恶，而子孙妖灭。推父母之善恶，则知我为吉人，应享父母之善报，益加省惕；我为凶人，应受父母之恶报，改其宿非，即有诸恶，真主能消之，且能轻之，此善恶之前定也”①。很明显这个观点有轮回报应的特点，区别于其他回族译著家的看法，因为在他们看来，每个人所行的善恶只和自身有关系，不存在延续到后代身上这样的结果，后代的祸与福不是真主对前辈善恶行为的赏罚，所有善恶的赏罚都是集中到审判之日才能够见分晓。没有提前赏罚，更不会涉及子孙后代。可以看出马注的观点多少是受了汉文化的影响。

第三，善恶源于人身、性不同的来源。这是《大化总归》一书的观点。书中认为人都具有善恶的本性，就像时间有昼夜更替一样自然，“夫人俱有身有性，身生于地而所秉者暗，性出于天而所秉者明。由明而生善，由暗而生

---

① 马注：《清真指南》，青海人民出版社 1988 年版，第 394 页。

恶。故造物之与人又受以变化善恶之能焉"①。善恶的根源在于人的身性来源不同，人人都是这样，但却有明显的善恶差别，原因是什么？书中引用《妙喻经》的说法说道："论人之性则类乎天仙，论人之身则类乎禽畜。性属阳似火而禀于上，身属地似水而禀于下。是性胜者身随性而向上，则所行者善，将来必归于至善。形胜者性随身而趋于下，则所行者恶，将来必归于至恶。然惟恶则必招天怒，地狱其究竟也；惟善则必招天悦，天堂其归宿也。"看来是身随性为善将来进天堂，性随身为恶将来进地狱。善恶的形成原因是明白的，但为什么性会随身或者身会随性呢？是谁在起作用？书中引文证明"善恶之机早具于灵性气性之中，其滋长微似乎人之助也，助善则善启，助恶则恶生。究其实天堂之恩惠本生于灵性之光辉，地狱之威烈本生于气性之暴虐"②，归根结底在于人为，涉及气性，那又是人之物欲、迷误在起作用，还是在人要功修，要明心尽性，尽量做到以善助善，得到善果。

实际上，三种观点本质上是一样的，肯定善恶是前定的，这是因为善恶的观念、标准在真主之理中早已存在，善恶标准是真主对人的考察。其实三种观点认为人性中有善恶，与他们对人性的理解有重要的关系，如果简单地把人性分为先天本性和后天习得的属性，即现在的说法为自然属性和社会属性，那么三个观点中的善主要就是指人本身的自然属性，而恶则是来源于后天习得的社会属性。从人的本性来讲，人各有性，圣贤凡愚多有差别，这种差别是真主大命决定的，这些不同人性在善恶品性以及善恶行为方面都有区别。在人的造化过程中，本性是否完全发挥和展现出来则是与每一个人的人品有关，所以就存在凡愚之人常常出现的恶行。真主之理目的就在于教化这些凡愚之人，遵循真理为善，反之则为恶。善恶半以前定半以自由的观点，给了人一定范围内的自由，在理论上为进一步调动人做功修的积极性做了铺垫，起到引领人们扬善止恶的作用。

在善恶的来源问题上，明清回族伊斯兰哲学认为最终的来源是真主，天地万物都是真主本质的体现，具体讲，就是人世间所存在的这种善恶现象最终的决定者就是真主，真主在造物时，已经把人性分为了不同的层次，气的清浊肯定也是真主的安排，接受着这样不同层次的性和气，导致人世间人品的差

---

① 马德新：《大化总归》下卷，民国11年版，第22页。
② 马德新：《大化总归》下卷，民国11年版，第23页。

异，行善作恶也是人品差异的表现，也就是善恶行为虽有人选择的自由，但最终都逃不过前定即真主的决定。真主前定人的善恶存在，乃至于根据善恶行为在后天的赏罚，根本的原因还在于证主，证明真主的伟大和全能。

五、善恶的价值：善恶是真主后世审判的标准

明清回族思想家认为善恶是后世审判的标准。人生在世有众多的得失相随始终，按照王岱舆的说法就是"伴侣"，主要有三个"伴侣"：财物、妻子、善恶，"财物妻子，本无终始，遇死难则分离。善恶在心，相随信友。逢患害而长守，独此一件，可以同生死，可以共苦乐。其他诸物，有何益焉。"① 与功名利禄、妻子儿女相比较，善恶始终伴随着人的一生，也就是说善恶的结果是人的"真得"，这样一个伴随人始终的行为结果自然是检验人品的最佳标准。所以伊斯兰教认为善恶是真主用来试探人品的方式，所以善恶的评价结果就非常重要。在明清回族伊斯兰学者看来，今世是虚幻的世界，由真一到今世是真而幻的过程，是人匆匆而过的旅站，是真主创造的一个考验人之善恶品行的迷局，不应该把它看作是人的生死终点。后世是真主赏善罚恶的境地，在这里有天堂，有火狱，真主根据人在今世的所作所为、善恶结果做出决断，行善者进天堂，作恶者入火狱。后世完全由真主做公正的评判，"须知归回后世，得者永得，失者永失，必无荣辱兼有，及有平等之地，可以侥幸其得失，非若今世善恶同处，祸福均受"②。后世对人的赏罚是绝对的，只有善与恶两种结果，天堂只是善，不存在恶；火狱只是恶，没有善。而且是一种永恒的善恶评判，其依据就是人在尘世的所作所为。后世不存在今世才有的那种善恶赏罚不公的现象，尘世的善恶赏罚是虚幻的、短暂的，而后世的赏罚是真实的、永恒的，这个时候所得到的幸福和痛苦才是最终的真正的、永恒的，真正体现了尘世是寄寓之所的本质。"是时始知授世福于恶人，非喜之地，以此瞬息细微之值，酬彼偶行纤妙之善，其恶业无限之苦，直待死后方与鬼祟同受于暗狱而无疆矣；其加世苦于善人，非恶之地，因赎彼微小之罪愆，净洁其世务之染玷，若其真

---

① 王岱舆：《正教真诠》，宁夏人民出版社 1988 年版，第 132 页。
② 王岱舆：《正教真诠》，宁夏人民出版社 1988 年版，第 140 页。

诚功德之报，亦必待彼殁后，与天仙并列，享全福于天国而无疆矣。"① 今世与后世的善恶赏罚的差异，在今世就已经种下了根本，在后世知道惩罚的结果悔之晚矣。

具体来讲，在真主审判的时候，"彼时善恶之人，具复生原身，判理已毕，善者便登天国，与其本来灵性，同享全福，兼满形神之乐，其形体之患悉除，内外光明，并无老幼，总肖人祖壮年仪表，亦无长短大小异，更赐以如意无拘，润泽其身。"② 身体成为金刚不坏的具有多种功能的身体，永不灭亡，"复生之身，非若目今之浊，无翅翅而能飞，不行动而能至。任意往来，不论遐迩高下，瞬息而至也"③。对人来说，达到了人的最高快乐，是真正永恒的快乐，那就是"明达天地万物之理，及认识真主之妙"④。相反，那些行恶者的下场则极为恐怖："迷人则不然，虽同复生，其实乃不死不活，虽自欲长死而不能自死，岂若居天国者，谓之长生也。生者乃动而如意，无拘之谓，如源泉泛泛，昼夜不息，方为活水；迷人被禁略无转移，如掘地而注，竟无流动，则死水也。既入地禁，束缚于万苦之中，日复痛楚，一息不止，虽彼恳求呼吸之停，不特不允其求，而且更加其辱，永久如是，再不灭亡。即世之牢狱重犯，苦之有限，无非一死则已，不若是之至楚至毒，无极无尽也。"⑤ 作恶者在火狱中的煎熬是永恒的、绝对的，尘世短暂的恶的作为，换来了后世永恒的惩罚，这样的警示与教育对信教者而言具有很强的威慑作用。正如王岱舆所总结："经云：'今世乃后世之田，栽花者得花，种棘者成棘'。"⑥ 若要后世得享天堂，今世必然要谨小慎微，遵循天经，顺从"圣训"，扬善抑恶。

中国传统儒家哲学中关于善恶的思想是为了调整人与人之间的社会关系，作为道德规范的善恶是人们从事道德行为过程中必须要坚持和遵循的原则，作为道德评价标准的善恶是对人们行为结果做出的评价的尺度，善的行为得到社会的肯定和效仿，恶的行为受到社会的谴责和禁止。另外，行善止恶还是人们道德修养的目标之一，在儒家道德思想中，止于至善是一种很高的道德境界。

---

① 王岱舆：《正教真诠》，宁夏人民出版社 1988 年版，第 140 页。
② 王岱舆：《正教真诠》，宁夏人民出版社 1988 年版，第 141 页。
③ 王岱舆：《正教真诠》，宁夏人民出版社 1988 年版，第 141 页。
④ 王岱舆：《正教真诠》，宁夏人民出版社 1988 年版，第 142 页。
⑤ 王岱舆：《正教真诠》，宁夏人民出版社 1988 年版，第 142 页。
⑥ 王岱舆：《正教真诠》，宁夏人民出版社 1988 年版，第 143 页。

明清回族伊斯兰学者关于善恶的思想具有一定的道德规范价值，但从根本上来讲，他们的善恶思想解决的是人与真主之间的关系问题，与真主的末日审判有直接的关系。在他们看来善恶是真主为人设置的一个迷局，是真主考验人品的试验。人在今世所行善恶是人后世得到赏罚的根据，在末日审判时，善者进入天堂，享受永恒的幸福；恶者贬入地狱，承受永恒的痛苦。善恶结果直接关系到人在后世的处境，对于信教民众来说是极具威慑力的。

人与人的社会关系是历史的、具体的，所以各种道德规范的产生也是历史的、具体的。善恶作为道德规范是由基本的社会关系决定的，也是人们长期社会实践的产物，在人类生活的各个领域和各种关系中，广泛地履行着自己的社会职能。人们所形成的各种善恶观念是对不同历史阶段社会道德的概括和总结，不同时代、不同阶层的人们具有不同的善恶观念。明清回族思想家认为这些人与人之间的伦理关系以及解决这些人伦关系的道德原则和规范都来源于真主，人世间的人伦关系是按照真主预定而确定的，这些道德原则是真主之理，认为善恶既有前定，也有人的自由，但最终是前定的结果。善恶既是人们在今世行为的表现，也是后世得以奖罚的根据。明清回族思想家的善恶观根源于伊斯兰教教义，又借鉴和吸收了中国传统儒家伦理思想中的善恶范畴和观点。

（作者简介：潘忠宇　于　兰　北方民族大学）

王阳明与冯友兰的道德观差异

金周昌

一、绪　论

一般认为王阳明是最接近理想的圣人，冯友兰则认为王阳明只具备了一种圣人的才力而已。冯友兰将圣学定义为一种提高道德精神境界的学问，而圣人是道德境界达到最高水平的人物。圣人可以恒常保持最高的道德水平，但才人却不能经常如此，而圣人具备的知识和事功却不一定同才人相当。①

王阳明说："所以为圣者，在纯乎天理，而不在才力也。故虽凡人，而肯为学，使此心纯乎天理，则亦可为圣人。"（《传习录上》）按照冯友兰的标准而看，阳明还是似乎不足于天理方面的纯粹。但冯友兰因为在理学的立场而评的，肯定对于心学的道德观是不很公平的。

二、王阳明的超时空道德观

冯友兰说："在程朱及一般宋明道学家之哲学中，所谓善即是道德底善；而整个宇宙，亦是道德底。"② 在冯友兰以前，哲学家认为宇宙是依照一定的规律而动，这即是道，而依照它而形成的状态称为德。合乎这两个范畴，则称为

---

① "王阳明是最近乎一般人之理想中底圣人者，然阳明以为圣人之才力，可有不同。……所谓圣人，即是常在上所说之精神境界中者。才人亦时有此种境界。圣人虽有此种境界，但不必有才人所有之知识与本领。"（冯友兰：《新理学》，《三松堂全集》第4卷，河南人民出版社2001年版，第183页）

② "在程朱及一般宋明道学家之哲学中，所谓善即是道德底善；而整个宇宙，亦是道德底。"（冯友兰：《新理学》，《三松堂全集》第4卷，河南人民出版社2001年版，第91页）

道德，继之为善。① 因此遵循这个善，便可与宇宙相沟通，最终融为一体。这是过去中国哲学家都普遍认同的一般的常识。王阳明就更不用说了。

此后，随着人们历史经验的积累和知识的不断丰富，逐渐出现了把宇宙与人分开审视的思维体系，这在宋明理学中体现得尤为明显。而这种将宇宙与人相分离的思维方式，正好与我们的知识体系相吻合。这在历史上表现为统一国家的分裂，以及分裂国家的重新统一。当统一的国家分裂时，其国家理念也随即分化，并在此基础上形成新的国家理念。在这一过程中，宇宙和人之间的联系被割断，这一情形在宋明时期表现得尤为明显。因此，这一时期的学者们极力倡导修复和重建天人关系，并提出了天人合一的思想。② 但王阳明却不同意所谓"天人合一"的观点，而主张"天人一体"的思想。③

人们一般认为，传统意义的宇宙是顺着道德律而生成变化，王阳明则把这一道德律与天人一体的状态相结合。这也正是孔子以来的传统。孔子自己所作的《春秋》即试图在绵绵的历史之中，探寻以此道德律构筑世界乃至宇宙的依据。自孔子后，这道德律便成为中国人心目中普遍认同的规律。由于王阳明的思想较好地继承了这一传统，因此我们将其称为圣学也不为过。④

王阳明思想中的一个前提，即天人关系是一种内部关系。⑤ 也就是把宇宙和人规定为一体，程朱也有类似的观点。阳明与理学家的不同之处，在于他否定了依靠外在的知识体系来实现境界提升。⑥ 这在中国哲学史上是一个里程碑

---

① 《周易·系词传上》："一阴一阳之谓道，继之者善也，成之者性也。"

② 朱子（《性理大全》）及冯友兰（《三松堂全集》）等，多有出现。

③ "先生曰：'尔看这个天地中间，什么是天地的心？'对曰：'尝闻人是天地的心。'曰：'人又什么叫做心？'对曰：'只是一个灵明。'可知充天塞地，中间只有这个灵明。人只为形体自间隔了。我的灵明，便是天地鬼神的主宰。"（《王阳明：传习录》下）

④ "王阳明是最近乎一般人之理想中底圣人者，然阳明以为圣人之才力，可有不同。……所谓圣人，即是常在上所说之精神境界中者。才人亦时有此种境界。圣人虽有此种境界，但不必有才人所有之知识与本领。"（冯友兰：《新理学》，《三松堂全集》第 4 卷，河南人民出版社 2001 年版，第 183 页）

⑤ "或可问：宋儒以为宇宙是道德底；他们所谓天，正是指宇宙之道德底力量。照他们的看法，天与人有一种内部底关联。陆王所说，人本与天地万物为一体者，程朱亦持之。所以他们以为知天事天，可得到，或回复到，所谓天地万物一体之境界。"（冯友兰：《新理学》，《三松堂全集》第 4 卷，河南人民出版社 2001 年版，第 192 页）

⑥ "王阳明以为人有良知；良知见善即知是善，见恶即知是恶，不假思考。"（冯友兰：《新理学》，《三松堂全集》第 4 卷，河南人民出版社 2001 年版，第 98 页）

式的突破。他的这一思想后来得到很多人的呼应，在学界产生了深远的影响。因此，冯友兰将阳明评为具备圣人才力的人物。① 即简化了其他理学家在个人修养方面的烦琐要求，遂得成功。这也体现出王阳明独到的哲学眼光。

王阳明特别把人作为宇宙天地之主体，而强化道德的力量及增配道德的责任。② 同时他倡导人自身主体行为的发挥，将人的地位从宇宙的边缘转移到中央。这不仅提升了人的地位，而且要求人们肩负起更多的道德责任。从这个意义上说，王阳明超越了董仲舒设定的天地人三体同等地位的思想。③ 这如同赋予了人们手握宝剑在宇宙中尽情挥舞的权利。这在中国哲学史乃至整个学术史上都具有划时代意义。

此外，王阳明超时空道德观的形成与其所处时代环境不无关系。当时皇帝不理朝政，权贵阶层结党营私、争权夺利现象十分普遍，社会动荡不安，各种思潮相互激荡，许多学者和志士仁人都积极探究国运民生的出路，王阳明的道德体系也应运而生。

王阳明说，宇宙是我们温暖的家，生长于其间的万物皆如一家之亲。宇宙本身是天地神明，人是其神明而形成的一种集合体。王阳明认为，我们的灵明本来是与天地连为一体的，可是囿于肌体的局限，常给人分离之感。但我们对自身具备的灵明是能够觉悟的，其瞬间与天地合乎一体。这种觉悟的瞬间我们称为豁然贯通。④

综而观之，王阳明的天人一体思想是可称为超时空的道德观。

---

① "王阳明是最近乎一般人之理想中底圣人者，然阳明以为圣人之才力，可有不同。"（冯友兰：《新理学》，《三松堂全集》第4卷，河南人民出版社2001年版，第83页）

② "先生曰：'尔看这个天地中间，什么是天地的心？'对曰：'尝闻人是天地的心。'曰：'人又什么叫做心？'对曰：'只是一个灵明。'可知充天塞地，中间只有这个灵明。人只为形体自间隔了。我的灵明，便是天地鬼神的主宰。"（《传习录》下）

③ 金周昌：《物学의起点，董仲舒哲学의辩证法의思惟：一气、感应、民主概念을中心으로》，见《儒学研究》第34辑，韩国忠南大学校儒学研究所2016年版，第259—262页。

④ "一人之学问，可经数年或数十年始成，但其真正创作，则只有一个或几个俄顷之间。其前乎此时间所用之工夫，可以说是一种预备工夫；其后乎此时间所用之工夫，可以说是一种修补或证明工夫；俱不是创作。例如王阳明在龙场居夷处困，一夕忽悟'致良知'之旨，于是豁然贯通。此夕之悟，即是有见于一种本然哲学系统。此夕之悟，即是创作。至其前乎及后乎此在学问方面所用之工夫，则皆是一种预备及修补或证明工夫也。预备及修补或证明工夫并不是创作。所以于此作工夫时，不需要上所说之心理状态。"（冯友兰：《新理学》，《三松堂全集》第4卷，河南人民出版社2001年版，第182页）

三、冯友兰的时空道德观

冯友兰生存的时代，民族共同体思想比世界共同体思想更为突出。这与王阳明时代所提倡的世界（天下）文化共同体思想有很大不同。随着时代变化，冯友兰的道德理念更多地聚焦于社会共同体。①

冯友兰的道德观是从社会共同体和共同命运观角度出发的。如果超出这一范畴，则没有太大的讨论价值。在此共同体中，必然有作为骨干的社会规律，人的行为自然受其约束，因此符合这些社会规律的行为是道德的。其社会规律即为道德的。这里的道德范畴与之前儒学者的观点相比缩小了许多。需要注意的是，阳明认为只有维持超时空的普遍性才可视为道德的，但冯友兰认为，只有能够保障社会共同体的利益，并且能控制社会的才可为道德的。此外，冯友兰还强调，为了正确地认识或实践这一道德理念，我们必须对此进行慎重思考和多次修改。因此，他不同意王阳明所谓道德不可拟议增损的主张。② 因为这是一种知识问题，必须通过调整才可以维持其生命。道德虽然是社会共同体的骨干，但是不可超越其共同体而存在。道德本身不是为了调整人和宇宙之间的关系，而是为了协调人与社会之间的矛盾。

中国进入近代以后，儒家思想曾遭到猛烈的批判甚至否定，而以儒家思想为根基的道德意识也几近崩溃。哲学是彻头彻尾国家的理念，而道德是这理念的侍女而已。当然他们的标的是儒家理念，由于其骨干的道德相对僵化，致使他们的思维灵活度和自由度受到很大限制。因此，他们想把这道德进行调整，并将其作为我们生活的标准。因此，冯友兰按照时代的要求，主张对儒家思想进行全面的调整，进而建立新的道德。正是基于这样的历史经验，他提出了建立一定时空下社会共同体的道德理念。当时的人们尚未将道德问题视为宇

---

① "这些欲我们称之为私欲。欲之私者，大概总是不道德底；因为道德是社会底，是公底。"（冯友兰：《新理学》，《三松堂全集》第 4 卷，河南人民出版社 2001 年版，第 98 页）

② "阳明一派的主张，以为我们对于所谓至当或'天然之中'之知识，若是良知所知，亦是不可拟议增损底。假如我们承认，我们有如阳明所说之良知，我们当然亦如阳明所主张。不过我们只说，我们有知，可以知所谓正当或'天然之中'，但此知可有错误，而且事实上常有错误。我们有知；此知亦可说是相当地'良'；但不是如阳明所说那样地'良'。"（冯友兰：《新理学》，《三松堂全集》第 4 卷，河南人民出版社 2001 年版，第 118 页）

宙共同体的内部问题，而是随社会环境变化的一种调节措施而已。①

西洋自近代以来，理念共同体逐渐分裂而地域共同体日渐形成。从那以后，哲学也出现主客分离的概念，如主观和客观等概念的对立。②随着这类概念的普遍化，冯友兰据此推演出道德的概念，并且依据它来解释精神境界。因此，牟宗三把传统的道德解释为"内在而超越"的存在。③这里的道德表面属于主观范畴，实际则超越其主观的范畴而打通客观的领域。冯友兰未如阳明一般，用真际的概念来审视道德，而把它用现代语言来解释。因为冯友兰很清楚，哲学家无法脱离自己所处时代的知识体系来进行哲学问题的研究，因此离开现代的知识体系来阐释哲学命题是没有太大价值的。我们当然无法再回到阳明所生存的时代，就算用当时的语言来表达，也未必能为现代人所完全理解。冯友兰以为，哲学家自身不可能完全理解其当时的语言及感觉，即使可以了解到，也不完全和那时的一样。

冯友兰认为，哲学是基于文化土壤滋养的产物，因此哲学家不可脱离其土壤。④他认为，哲学及道德是文化土壤的产物，就不是天命的产物。随之，道德理念是针对其社会环境的变化而形成的。与之不同的是，阳明认为道德是一种上天的普遍规律。

冯友兰曾把阳明的哲学位列于圣学系列，而他自己的哲学则没列入这个系列。但笔者认为他的哲学也可被视为另外一个现代的圣学系列。他的哲学体系也是按照他的标准建构的，尤其是对精神境界的高扬。⑤但他的方法不同，并且内容也不同，这是因为他是接着宋明理学而建立的。关于这方面，我们兼有赞赏和批判，是可为反证的。

---

① "或可问：宋儒以为宇宙是道德底；他们所谓天，正是指宇宙之道德底力量。照他们的看法，天与人有一种内部底关联。陆王所说，人本与天地万物为一体者，程朱亦持之。所以他们以为知天事天，可得到，或回复到，所谓天地万物一体之境界。"（冯友兰：《新理学》，《三松堂全集》第4卷，河南人民出版社2001年版，第192页）

② 参见张申府：《张申府文集》第2卷，河北人民出版社2005年版，第335页。

③ 参见董彪：《牟宗三"内在超越"思想及其困境探析》，《云南社会主义学院学报》2012年第1期。

④ 参见冯友兰：《三松堂全集》，河南人民出版社1986年版。

⑤ 参见冯友兰：《三松堂全集》，河南人民出版社1986年版。他所提示的精神境界中，第四境界的天地境界，是因为仿佛阳明的境界。

　　如果不通过现代的知识体系，哲学即为空虚的。这样的哲学，在现代人看来犹如暗号而不可了解。冯友兰用现代的知识概念评价和解释其之前的哲学命题，并且建立了自己的哲学体系。他顺着现代的潮流把传统的超时空的道德观，革新为一定时空下被人所掌控的道德观。这在中国哲学现代化方面，可谓矗立了一座不可磨灭的丰碑。

（作者简介：金周昌　韩国檀国大学哲学系）

文化坚守者与学问家的张力

——以汤用彤为分析个案

李兰芬

走进现代化进程的中国，必然碰到与外来文化（宗教）相交涉的问题。用何种新方式来理解、批评外来文化，也成为中国近现代知识分子需要面对的问题。

19世纪末西方势力的入侵，不仅改变了古老中国政治、经济的存在方式，中国传统的教育、学问方式也遭到挑战。

中国传统学术从来不是书斋中"独善其身"的事。这养成了中国知识分子（士人）学习、学问与家、国、天下事不分的习惯。也在某种程度上，中国知识分子将做学问，变成是理解生活世界、融入生活世界、作为生活世界的一种独特方式。

而这种方式，在面对外来文化（宗教）时，是否仍然有效，成了纠结的和需要不断探索的问题。

本文企图通过对汤用彤个案的分析，展现近现代中国知识分子与现代化进程中的文化（宗教）的多重复杂关系。尤其是与对外来宗教的纠结关系。

汤用彤是一位对现代中国学术有重要作用的学者。他的学术贡献都与近现代中国学术能否用新方法对中国传统（包括中国宗教）思想作新解释有关。至今，他示范的学术规范，仍影响着中国佛教史的研究，影响着道教史料的整理研究，更重要的是，他的魏晋玄学研究仍然对中国学者如何理解儒家、道家的哲学，有深刻的作用。在一定程度上说，通过魏晋玄学研究，汤用彤从哲学的学术层面上，开启了一种中国知识分子理解多种宗教间可交融的新视域。

或者说，汤用彤是以学问家的方式，进入（参与）到不同的宗教（不同的宗教思想）里去的。

他这种参与或隶属方式，在某种程度上反映了近现代中国知识分子与现代学术，及现代进程中的文化（宗教）的复杂关系。

一、宗教或宗教含义的多重解读

近现代中国知识分子对西文"religion"的理解和接受心态，较为矛盾，也较为含糊。

中国传统上没有西文宗教含义上的宗教。传统中的三教：儒释道，其含义的理解，基本上是从中国古典思想的"教化"意义上界定的。[1]

儒家思想是否为宗教，一直就是中国人文学界争论的问题。就与传统"教化"含义相关的、被扩展的宗教含义［主要是指宗教性或有终极意味的世界观（韦伯语）］上看，儒家思想可被看作宗教。[2] 但至少在近现代的中国知识分子看来，儒家思想不可能等同于基督教等一神宗教。[3]

外来的佛教在中国化后，也被认定与西方不同。[4]

作为三教之一的"道教"最早只是指道家，后来在中国思想史上的三教关系讨论中，也较多被侧重指称。宗教化的道教在近现代中国知识分子眼中，也多被看成是民间宗教，而不完全是西文意义上的宗教。

宗教的归属和参与问题，实际上是在近现代西方政治、经济、文化进入中国后，迫使中国知识分子重新面对的问题。这关系到对西方精神的理解，对西方宗教实践方式的是否认同等复杂的问题。因伴随西方宗教问题而来的，还有至少是西方文化的问题，这使得中国知识分子在如何确定自己的宗教归属或宗教参与时，便有了非常矛盾的表现。

---

[1] 近年因儒家宗教问题的热烈讨论，学者从不同角度重新审核"宗教"一词的词源及词义的不同理解。其中，李申选编：《儒教、孔教、圣教称名说》一书，从中国不同的古典文献中，相对集中地梳理了"教"与"教化""宗教"、"圣教"等词的词义。（参见李申选编：《儒教、孔教、圣教称名说》，国家图书馆出版社 2009 年版）

[2] 参见韦伯在其宗教社会学相关著作中，对"宗教"及中国宗教的论述。

[3] 较多的学者强调儒家无论从思想还是实践上都与基督教等一神宗教不一样。尤其是儒家思想对价值立场的坚守及对"神圣"的理解，并不远离、外在人。

[4] 近现代中国知识分子普遍持此看法。典型代表为欧阳竟无，他不仅不将佛教看作西文意义上的宗教，而且认为佛学与西方哲学无关。（参见欧阳竟无：《佛法非宗教非哲学》，《欧阳竟无集》，中国社会科学出版社 1995 年版）

那么，这种矛盾是什么呢？

首先是与自己传统相关的解读和与西方含义解读相关的解读之间的矛盾。这不仅是对一神信仰的理解与否的问题，而且还是神圣信仰作用是否与教化相关的理解问题。传统的"教化"等于西来概念"religion"吗？这种有一神信仰意味的"religion"，其对人心、人生的作用，与中国传统具有人文关怀的"教化"作用，可等同而语吗？

其次是宗教（不管是中国传统"教化"含义上的三教儒释道，还是被认为与西方一神信仰关联的，如基督教）的作用，究竟是通过精神教化而起作用，还是通过实践教化（中国传统的教化实践，主要表现为儒家要实际影响国家统治者的政治实践及实际影响民众的伦理道德修养，还有个人的德性修炼）而起作用？

最后是对于作为学者的近现代中国知识分子来说，如何参与或归属宗教，有非常复杂和矛盾的表现方式。对自己文化传统的保守情怀，及原本与特定宗教游离的状态，在这个时期，依然是他们与宗教关系的主要表现方式。但因西方宗教与文化传入，使他们如何对待不同宗教与文化，有了新的选择。其中，有的知识分子为了接受西方教育，成为基督教徒，从实际人生中体现宗教的作用。但大部分学者型的中国知识分子，他们并不归属某一种形式的宗教，而只是企图用学术的方式来理解宗教及接受宗教（不是一种宗教）在精神教化上的积极作用。用汤用彤自己的话来说，便是挖掘宗教驭心以驭身的大作用。①

二、文化坚守与新旧的学术方式

在中国，因科举制度的建立，学术从来就是知识分子理解及塑造传统的一种方式。同时，学术也是中国知识分子，尤其是儒家知识分子体会、融化外来宗教文化思想的一种独特方式。或者说，学术是中国知识分子坚守文化的独特方式。

历史上，正是通过学术讨论的方式，儒家思想成功地融合了印度的佛学，并从道家的新解释学（魏晋玄学）中，发展了一套新的守护传统、更新传统的

---

① 汤用彤在 1914 年 9 月至 1915 年 1 月发表的长文《理学谵言》里，表达了他的文化坚守者抱负。参见汤用彤：《理学·佛学·玄学》，北京大学出版社 1991 年版。

论说方式。以本文讨论的学者汤用彤的看法来描述，这是一种区别开传统儒学中的经学，而具融合中外文化的新眼光、新方法。

近现代西方文化的传入，再次使中国知识分子面临如何坚守传统、发扬传统的问题。宋明以来体现中国最核心价值观念的理学（或在西方学者看起来最具神学色彩的理论），尽管在言说方式上，比魏晋时期融合佛学但对儒学立场有虚空可能的玄学，更加鲜明地突出儒家的教化立场和价值理念。但是，西方的宗教与文化与印度的佛教、文化不尽相同。何种学术形式才是最适合既坚守中国儒家传统，又能融化外来新精神（或新知），成为部分持较温和保守主义立场的中国知识分子努力解决的问题。

汤用彤出身于士大夫世家，小时候受严格的儒家经典教育。年青时代又因长辈的鼓励，进入同时传授中国古典知识与西方知识的新学堂。[①] 在这时期，他形成自己"昌明国粹、融化新知"的文化保守主义立场，并以此作为学者的使命。与他持同样立场的著名学者还包括历史学家陈寅恪、文学家吴宓等。他们虽然认定儒家是中国精神的核心，但并不将自己简单地归属于儒家。他们所从事的学术，也不是儒家研究经、史、子集的古典学术，而是将古典学术与西方学术（他们称之为新学术或新知）结合的中国现代人文学术。后来，汤用彤更有机会留学美国。

就汤用彤来看，体现其文化保守主义立场的学术努力分为两个方面。

对外来宗教文化的温和理解和接受上，汤用彤的学术努力主要表现在哲学上。他在美国留学时，对欧美经验主义哲学及唯理论哲学有系统的理解。回中国后，他曾为北京大学学生开设这种专题课程。也因在哈佛大学时受美国新人文主义代表白璧德（Irving Babbitt，1865—1933）和兰曼（C. R. Lanman，1850—1941）等的影响，学习了印度宗教哲学，他回中国后，同样为学生开设了印度哲学课程。这些与学术有关的研究课程，可看作他从思想和理论上对其他不同宗教文化的融化（某种程度上的归属和参与）的努力。

在直接体现其文化保守主义立场的学术研究上，汤用彤的表达较为隐匿及复杂。他坚持将儒家思想看作中国精神的核心，是重振民心的精神资源。但他却主张重回魏晋玄学，重回中国佛教历史中，提取坚守中国传统，并同时能

---

① 汤用彤早期就读的顺天学堂和清华学堂，不仅教授新式的西方知识，而且同时保持中国传统人文学术的讲授。

使中国文化与外来文化融合的宝贵经验。他的魏晋玄学研究，和他的中国佛教历史研究，都是他至今仍深刻影响中国学术的两种辉煌成就。在这些与体现其文化保守情怀的学术研究中，明显可见，汤用彤对包括儒家在内的各种中国"教化"意义上的宗教，采取了一种在思想和理论上同时归属但又有所侧重的态度。在这种学术研究里，他将玄理的体会、论证（佛学、玄学及西方哲学的学术方式），与严格的文献训诂、考据（儒家经学，特别是古文经的学术方式）结合，企图从文献、历史的思想解读中，表达他在对各种宗教文化包容的理解上，坚守中国传统和力图挖掘中国传统走向世界、走向现代化进程资源的抱负。

但汤用彤学术上的努力，在其后半生，并没有完全坚持到底，其温和的文化保守主义情怀，也没能通过其学术得到完美体现。其最后的学术方式完全是古典的。作为学问家的汤用彤，终究不能用学术方式，表达其在思想和理论上对不同宗教文化的宽容理解。

三、学问家的限度

从汤用彤学问方式的侧重上看，他主要是擅长对中国儒家思想和其他各种宗教文化思想进行哲学分析。这种涉及概念、理论的逻辑及论证分析，尽管是用他结合了中国古典学术中的语言、历史、文献等方式来进行的，但他学术光彩之处，仍是用理性的分析，揭示了语言、历史、文献背后的思想实质。

问题是，汤用彤对思想的理解，并不狭隘地只限一家一派，但又有极强的文化保守情怀，其学术方式的哲学侧重，固然能使他对各种宗教文化思想共通之处，做出精彩的分析和揭示，但同时有可能使其侧重的儒家思想精神得不到细致和被道统所接受的说明。

儒家思想有极鲜明的经世致用色彩。其对政治、文化、社会和人生的教化作用，必须通过具体的制度落实、风俗塑造、个人德性养成等来体现。而这些与实际生活、实际的社会历史形态紧紧结合在一起的教化实践，虽渗透着超越时空的、与其他宗教文化相通的精神，但更多的应是儒家作为一个民族，作为一个在不同历史社会时空中变迁的具体宗教文化，自己独有的特质。这种特质，不可能由哲学的学术方式提供完全的揭示。

何况，在近现代儒家思想有可能不再成为主流的中国核心价值时，儒家思想能否只借用学问的方式（不管是哲学的，还是其他人文学的）来坚守，来开发儒家思想与其他宗教文化沟通的可能，本就成一问题。

事实上，汤用彤对中国传统与外来宗教文化关系的解释方式（学问），很快同时遭到侧重古典学术学者的质疑。[①] 不仅如此，汤用彤借学问来实现文化保守及文化宽容的抱负，在后来的人生中，也渐渐落空。最终，他放弃与文化抱负相关的哲学学问方式，而回归传统较为专精的古典学术，只做考据、训诂，对以学术的方式一概自我贬低和自我批评。

至此，学问家的汤用彤与作为文化坚守者的汤用彤已经分离了。

假如说，历史上中国知识分子曾借学术方式，或他们以学问家的身份，提供了中国传统文化应对及融化外来佛教的有效途径，近现代中国知识分子再以学问家的身份，以学术方式，来重振传统，开发传统在新时代与其他宗教文化对话与融合的新路径，仅靠哲学或人文学的学术方式来探索，应该是不够的。是否至少应增加社会科学的学术方式？这仍是有待探讨的问题。

（作者简介：李兰芬　中山大学哲学系）

---

① 另一位研究中国佛教历史的著名学者吕澂曾严厉批评汤用彤对佛教中国化的分析。参见吕澂、柳诒徵、姚治华：《吕澂柳诒徵〈汉魏两晋南北朝佛教史〉审查书》，《汉语佛学评论》2013年版。

人道即天道

——邹化政先生的儒家哲学研究

李景林

　　我的老师邹化政先生（1925—2008）是一位中西兼通的哲学家。先生20世纪40年代末至50年代初先后就读于东北行政学院（吉林大学前身）和中国人民大学，1954年中国人民大学研究生班毕业后，执教于吉林大学哲学专业，是新中国大学培养起来的一位哲学家。学贯中西，是民国时期学者的一个普遍特点，而这在新中国成立以后培养的学者中，却属凤毛麟角。这当然与当时的历史条件有关。先生1957年被错划为右派，"文化大革命"期间又蒙冤被打成现行反革命，直到1980年才得以平反昭雪，重登杏坛。在长期的劳动改造期间，先生克服重重困难，以令人难以想象的毅力，卧薪尝胆，饱览中西哲学原典，凭借自己的天资和努力，在学术上打通中西，形成了自己独特的学术和思想系统，在德国古典哲学、儒家哲学、形上学、认识论、价值论诸哲学领域都有自己独到的建树。先生生前已出版有《〈人类理解论〉研究》（1987）、《黑格尔哲学统观》（1990）、《先秦儒家哲学新探》（1990）等学术著作，另有遗著多部尚在箧中。邹师晚年殚精竭思，写成总结其毕生哲学思考的《第一哲学原理的科学体系》一书。此书有望在近期出版。

　　先生全身心投入教学和研究，其为人诚悫率真，浑若赤子，不事张扬，亦绝少交游。是以其思想学术，犹若蚌中之珠，实高而不名。不过，相对而言，因先生出身西方哲学，其有关西方哲学的研究，在业内颇为识者所重，亦有相当的影响；而其儒学的研究，就很少为人所知了。邹师所著《先秦儒家哲学新探》（下文简称《新探》）一书，是其有关儒家哲学和中国哲学研究的代表作。该书1990年由黑龙江人民出版社出版，距今已有27年的时间了。其实，约在"文化大革命"期间，先生已经开始了对儒家哲学的研究和思考，写过一部十余万字的《论孔子》的手稿。20世纪80年代中期，又在匡亚明先生的鼓励下，写成了百万余言的《儒家道统新论》。这部书稿，我曾有缘先睹为快，邹师也曾在其《人学原理》的课堂上讲授过它的内容。《新探》一书，就是由这部《儒家道统新论》浓缩提炼而成的。

我们会议的主题是"儒学的当代理论与实践"，其中一个子目叫作"30年来的中国哲学：思潮、人物、专题等研究"。邹化政先生《先秦儒家哲学新探》一书，是一部深具原创思想的儒家和中国哲学研究著作，这本书的特点，不在于对儒学作细部的解释，而是以一种新的诠释理念和宏观的哲学视野，对儒学做出一种现代意义的理论重构，以应对儒学在现实境遇中所面临的种种理论问题。《新探》一书对儒家哲学的诠释提出的一些思想，在今天看来，仍有重要的思想和理论意义，值得我们去深入发掘和借鉴。

一、"人道即天道"的诠释理路

邹化政先生虽出身于西方哲学，但却反对现成地依照西方哲学的概念和理论框架来直接规范和解释中国哲学。《新探》一书的研究方法，是首先统合中西哲学，提出一种超越于西方哲学的、整体论的哲学观，再以此来反观和诠释儒家哲学，以对之作出现代意义的定位与理论的重构。

在西方哲学中，本体论、宇宙论、价值论、知识论、道德伦理等问题，分属于不同的哲学部门。西方近代以来的哲学，又特别强调价值与事实、应当与实然的区分，这也强化了现当代哲学对道德和价值问题的相对主义理解。麦金泰尔用"情感主义"来概括现代人的生存状况和道德价值观念，就很形象地表明了这一点。[①]

毫无疑问，道德、伦理、治道和人格成就的问题，是中国哲学尤其是儒家哲学的核心内容。哲学本质上是一种形上学，它最终的指向，是一个真理的体系。因此，如果我们仅按照西方哲学的部门划分，把儒学和中国哲学的理论形态，局限于其中的伦理道德、价值观和政治理论的论域，又因近代以来西方哲学事实与价值、实然与应然之分立的观念，而把道德、价值问题主观化，当然会对儒学之作为一种哲学或形上学的地位产生怀疑。现代一些学者否定中国

---

① 参见麦金泰尔：《德性之后》第2、3章，中国社会科学出版社1995年版。

有哲学或形上学，也有学者批评儒家是一种道德决定论或泛道德主义，多由此思路而来。

《新探》其实并不是一部通常意义上的先秦儒家哲学史，而是一部黑格尔所说的作为一种"哲学本身的研究"①的儒家哲学论著。换言之，《新探》所做的工作，是在确立自身哲学观念和诠释原则的基础上，对儒家哲学的一种义理重构。它的长篇"导论"和第一章"中国的哲学传统"，用近 120 页的篇幅，着力从中西哲学之比较与融合的角度，阐述了作者独特的哲学理念，并以对中国哲学特殊历史背景与宗教观念的深入探讨为基础，揭示了中国古代与西方迥异的道德传统，以及由此所决定的中国哲学的基本原则——以天人关系为出发点的"人道即天道"的哲学原理。是著即以此为诠释原则，重构儒家哲学的理论系统并赋予其在世界哲学中的合理定位。这一诠释理路，对于回应和纠正现代以来以西方哲学概念和理论模式解释中国传统思想和儒学所产生的种种问题及其误解，具有重要的方法论意义和思想解释力。

在《新探》的"导论"部分，邹先生首先提出了一种"总体性"的哲学概念，以作为其探讨儒家哲学的诠释原则。这个所谓哲学的"总体性"，实质上就是一种统合并超越于中西哲学的一种普遍的哲学观。

《新探》"导论"指出，哲学作为一种"智慧之学"，其研究对象就是主客观的关系。"用现代的话说，哲学便是以人的主客观关系为对象的科学。"②不过，我们不能停留在对哲学的这种抽象的理解上。反思是哲学的一个根本的特性。从反思的而非日常经验和实证科学意识的立场来看，人并不能直接地与客观的对象世界打交道。作为哲学之对象的主客的关系，实质上只能是一种"思维以感性为中介而对存在的关系"③。思维统合感性并以感性为中介而关涉于存在的问题，就是一个"思维规律的问题"。在这一层面上，哲学乃表现为一个思维规律的体系。

但是，哲学不能仅仅把思维理解为一种单纯抽象的理智活动。进一步来看，思维作为人的理性，实质上是人的存在或"人性"的表现。或者可以说，

---

① 黑格尔认为："哲学史本身就应当是哲学的"，"哲学史的研究就是哲学本身的研究"。见黑格尔：《哲学史讲演录》第 1 卷，商务印书馆 1981 年版，第 13、34 页。

② 邹化政：《先秦儒家哲学新探》，黑龙江人民出版社 1990 年版，第 1 页。

③ 邹化政：《先秦儒家哲学新探》，黑龙江人民出版社 1990 年版，第 9 页。

"人性就是人的思维作为理性的本性"①。因此，"有关人自身的哲学"的"人学原理"，便构成了哲学作为"智慧之学"的一个内在的、本质的规定。西方哲学论人的理性，有理论理性与实践理性的区分。就此而言，要从人的整体存在而非单纯抽象认知的立场来理解人的"智慧"或理性的内涵，就必须确立实践理性对于理论理性的先在性和基础的地位。

如果我们把人的理性看作抽离于实践理性的单纯的"思"、"知"，这样的思、知便会成为一种无关乎人的存在的"空有"，因而必须由对象性的经验内容来填充并规定其内容。这正是康德转向实践理性来确立人的道德形上本体的缘由所在。"所以，理论理性的思维规律只有在实践理性的思维规律的基础上才能得到科学的解释……理论理性和实践理性的统一，才构成人类智慧的整体。"② 而"哲学作为智慧之学，是有关人的理性的理论，它揭示的是思维以感性为中介而对存在的关系总体，而这个总体又是理论理性的思辨原理和实践理性的人学原理的统一。这即是哲学意义上的思维科学的总体性。在这个总体性中，世界观与社会历史观、认识论与伦理道德观、逻辑学与人学原理是统一不可分的。只有这样的哲学，才能表达思维与存在关系的整体"③。这一超越于中西哲学的"总体性"或普遍的哲学观念，就是《新探》重构儒家哲学义理系统的基本的诠释理念。

邹先生指出："站在这样的哲学概念之上，我们便能更加清楚地看到中国儒家哲学的基本内核和伟大历史意义。中国儒家哲学，一开始便是在这个高度上来表现和发展其哲学思想的……这些思想原则的展开，又都是以人学原理为核心，以理论理性的思辨原理为逻辑基础，在不同程度上表达了思维对存在的总体关系。哲学概念的不同环节，在中国哲学的发展中，始终没有相互分离，而各自形成一些抽象片面的哲学意识。我们可以这样说，不理解最高层次的哲学概念，就不能透彻地理解中国儒家哲学。"④ 这段对儒家哲学的总体评论，有三个要点。第一，儒家哲学自始至终都贯彻了前述"总体性"的哲学理念。而在邹先生看来，西方哲学只有德国古典哲学才达到了这样的高度。⑤ 第二，儒

---

① 邹化政：《先秦儒家哲学新探》，黑龙江人民出版社 1990 年版，第 18 页。

② 邹化政：《先秦儒家哲学新探》，黑龙江人民出版社 1990 年版，第 19 页。

③ 邹化政：《先秦儒家哲学新探》，黑龙江人民出版社 1990 年版，第 20 页。

④ 邹化政：《先秦儒家哲学新探》，黑龙江人民出版社 1990 年版，第 20 页。

⑤ 参见邹化政：《先秦儒家哲学新探》，黑龙江人民出版社 1990 年版，第 20 页。

家哲学特别突出了人性论或人学原理对于整个哲学系统的核心及其通贯性地位。第三，儒家哲学由此而具有了一种整体论和内在关系论的理论特色，其哲学的每一观念及诸环节，都内在地包含着这一总体性理念的全体。这一点，集中体现在儒家的天人关系观念和宋明儒学普遍的"宇宙—心性—人性"观念中。① 这便形成了儒家自身独特的哲学原理和思想系统。

《新探》第一章更由这一"总体性"哲学理念引申出了中国哲学和儒学的哲学原理——"人道即天道"。

儒学既以实践理性的"人学原理"为核心贯通理论理性作为自己的指导性原则，则作为哲学对象的主客关系问题，或者说，"思维统合感性并以感性为中介而关涉于存在"的问题，便转变为一个以人性或人的存在之实现为前提的"天人关系"问题。因此，"天人关系"问题，便构成了中国哲学和儒学的出发点和核心问题。

西方哲学偏重于理论理性的认知传统，规定了其哲学的反思，必"开始于万物本源是什么的本体论问题"；其哲学史亦必"在开端上仅仅表现为一种有关自然的自然哲学"②。与此相对，中国哲学所理解的"人与物"的关系，则表现为一个"在人对人关系中的人物关系"③。因此，"天人关系必然成为中国哲学所从而出发的反思对象，并且成为贯通整个哲学发展的核心"④。而中国哲学"对天道的反思，总是作为天人关系的一个基本关系进行的"⑤。对"天道"作为万物本原的反思，既非中国哲学之作为理论系统的出发点，亦不能构成中国哲学史的开端。而在这个作为中国哲学反思对象的天人关系结构中，人所追求的目标和最高境界，就是人与天地万物为一体的天人合一境界。而人在人性或人的存在实现的历程中来证成天道的客观性，其内在的原理就是"人道即天道"。这是中国哲学迥异于西方哲学的一个重要的特点。

《新探》强调，儒家哲学"在中国哲学的发展中，最为典型、最为突出地自觉到天人关系的总体作为一个人道的思维与存在的同一性问题"⑥。"人道即

---

① 参见邹化政：《先秦儒家哲学新探》，黑龙江人民出版社 1990 年版，第 1、6、7 章。
② 邹化政：《先秦儒家哲学新探》，黑龙江人民出版社 1990 年版，第 84 页。
③ 邹化政：《先秦儒家哲学新探》，黑龙江人民出版社 1990 年版，第 88 页。
④ 邹化政：《先秦儒家哲学新探》，黑龙江人民出版社 1990 年版，第 84 页。
⑤ 邹化政：《先秦儒家哲学新探》，黑龙江人民出版社 1990 年版，第 85 页。
⑥ 邹化政：《先秦儒家哲学新探》，黑龙江人民出版社 1990 年版，第 96 页。

天道的哲学原理，自孔子开始便为儒家所坚持。孔子所谓人心有仁义之性的固有'明德'，'人能弘道，非道弘人'，以及'道不远人，人之为道而远人，不可以为道'的原则；子思'合外于内'为一道的原则；孟子所谓'知性而知天'的原则；二程、朱熹所谓知性知物一回事、有知于性则有知于物的原则；都是在向人表明人道即为天道的最高哲学原则。儒家哲学的发展，实质上是这一哲学原则的展开"①。

儒家哲学的"天道"观念，乃由殷周时期的"神道"观念转变而来。殷周时代的宗教，其神道的观念与世界其他的宗教不同，它的神格的方面并不突出，其上帝天命的观念，乃是其内在地主宰自然（物则）与人伦之道（民彝）为一体的法则系统。在这里，神与人乃统合为一，并未抽离为两个独立的世界。这"决定了中国人一元化的宗教意识，难以得到充分的、独立的发展，它必为有关这个天道观念的哲学意识所代替，特别是为儒家哲学意识所代替"②。因此，在儒家哲学中，"天道"作为一个本体或万物之统一体的观念，从来就不是一个"简单的自然观念"③或独立于自然和人伦世界的形式化实体或本体，而是被理解为一个内涵至善价值规定的本体。"天道"在自然一面，乃表现为一个本具"神明德性"或不同层级精神性规定的、生命伦理义的宇宙（天地万物）观念；它的"最高环节"，就是"人的明德之性或人性……在圣人那里表现为一个天人一体的圣人之道"④，并展开为一个人和人伦世界的存在。人道、人性或人的存在内在地拥有天道，其最终指向，是实现天人的合一，即人道与天道的合一。

在这样一个"人道即天道"的理论视域中，前述思维与存在的关系问题，就拓展为一个人道与天道的关系问题。从西方哲学理论理性与实践理性区分的角度看，思维与存在的关系，就是一种认知或认识的关系。而在儒家哲学"人道即天道"的视域中，人与周围世界的关系则必然是一种以人性或人的存在之实现为前提的"天人关系"。由此，儒家哲学所理解的"理性"，亦必然是一个"实践理性逻辑上居先而统辖理论理性"的理性整体。⑤

---

① 邹化政：《先秦儒家哲学新探》，黑龙江人民出版社 1990 年版，第 95 页。

② 邹化政：《先秦儒家哲学新探》，黑龙江人民出版社 1990 年版，第 73 页。

③ 邹化政：《先秦儒家哲学新探》，黑龙江人民出版社 1990 年版，第 83 页。

④ 邹化政：《先秦儒家哲学新探》，黑龙江人民出版社 1990 年版，第 213 页。

⑤ 参见邹化政：《先秦儒家哲学新探》，黑龙江人民出版社 1990 年版，第 363 页。

在这个意义上，儒家哲学的道德、人伦概念，乃是一个内在地包涵自觉或理智于其中的关乎人之存在的总体性概念，而非仅仅西方哲学意义上的狭义的道德。思孟所提出的"诚"的概念，即集中地表现了这一点。

这个"诚"，既是"天道"，同时亦标明了"性之德"。"诚"是"真实无妄"，是"真"；同时，在它标明人、物各"是其所是"即其应当的意义上，又即是"善"①。"诚"作为内在于人的"天道"，即是这样一个"真"与"善"、实在与应当的本原一体性。《中庸》又言诚明互体："自诚明，谓之性，自明诚，谓之教。诚则明矣，明则诚矣。""诚"为人性和人的存在之实现，"明"则为知、智、明觉或智慧。② 这个"诚、明"的统一，亦即孟子所谓"良心"与"良知"的统一。③

自然物皆天然地、真实地拥有其"所是"。人因其自我意识的知、智作用，在现实上有分化。因此，人必须经由"诚之"的道德实践的工夫历程，才能重新拥有其"性"即其"所是"。而这个"诚之"的工夫历程，亦是诚所本具之"明"实现其为人的"智慧"的历程。从这个意义上，人的理论理性虽然具有相对独立的作用，但脱离开实践理性的"智"，只能达到某种真理的片面性。④《新探》指出，实践理性内在所具有的这种"智"或"明"的规定，是人的思维或理性之"超验性"的根据。⑤ 但它只有在人性或人的存在实现的前提下，才能转成和实现为人心把握天道之作为客观真理的真智慧。

同时，《新探》认为，理性和真理内在地要求着一种"展现其自身、表现其自身"的一个"条件总和"。⑥ 而这个"条件总和"在现实中只能有相对的达成，在这个意义上，"天道"对人的最终展现，只能被理解为一个永在途中的"极限"概念。⑦ 就人类而言，这个达到真理的"不同高度"的"条件总

---

① 参见邹化政：《先秦儒家哲学新探》，黑龙江人民出版社 1990 年版，第 281 页。

② 参见邹化政：《先秦儒家哲学新探》，黑龙江人民出版社 1990 年版，第 259—268 页，对《中庸》"诚明"与"合外内之道"的讨论。

③ 参见邹化政：《先秦儒家哲学新探》，黑龙江人民出版社 1990 年版，第 270 页。

④ 参见邹化政：《先秦儒家哲学新探》，黑龙江人民出版社 1990 年版，第 365 页。

⑤ 参见理性的"超验性"，在《新探》中指人的意识和理性超越于经验，达到客观真理的作用，亦称作"意识的超验本性"。参见邹化政：《先秦儒家哲学新探》，黑龙江人民出版社 1990 年版，第 560 页。

⑥ 参见邹化政：《先秦儒家哲学新探》，黑龙江人民出版社 1990 年版，第 289—290 页。

⑦ 参见邹化政：《先秦儒家哲学新探》，黑龙江人民出版社 1990 年版，第 252—253 页。

和"，要由实践理性所规定的、每一时代处在人人关系中的人物关系的总体来提供；就个体而言，这一"条件总和"则必须由每一时代"不同高度"的"至诚之圣"的人格来担当。因此，《新探》强调："人在非逻辑的任何非性之恶中，都不能达到这个真理性，而只有在反身于心之为思的人性之诚的实在性中，让实践理性逻辑上居先而统辖理论理性的思维规律，在良心的基础上通畅无阻地起作用，才能达到这个真理性。"①

这样看来，经由人的存在实现以达成人道与天道的合一，在此前提下，才能真正建立起一个真与善、实在与价值内在统一的形上学和真理的体系。这是儒学建构其形上学的基本进路。

《新探》在基于"总体性"哲学概念所提出的"人道即天道"的诠释原则，深刻地揭示了儒家哲学之异于西方哲学之独特的哲学精神。这一原则，对于儒家思想学术在现代哲学视域中的重构，证成儒家之作为一种哲学形上学的思想意义，有着很强的理论解释力。

二、儒家人性论新解

这个"人道即天道"的原理，落实到人的存在的实现这一问题上，可以归结为"人性即天道"这样一个命题。这便涉及人性论的问题。

如前所述，《新探》是在人的"理性"的意义上理解人的本性的。所谓"人性就是人的思维作为理性的本性"②，就表明了这一点。不过，《新探》对"理性"又有新的界定。确切地说，《新探》是在"实践理性逻辑上居先而统辖理论理性"，实践理性与理论理性本原一体性的意义上规定"理性"这一概念的内涵的。由此出发，《新探》对儒家的人性论，提出了自己全新的理解。

康德强调，道德的出发点应是作为实践理性之自律原则的道德法则，而不应是以个人功利性感性情欲满足为指向的幸福原则。在这一点上，邹先生很赞赏康德；同时，他又对康德割裂形式与内容，把道德原则仅仅理解为一种形式性的原则提出了批评。《新探》指出："康德高谈实践理性的道德法则，实际上并没有提出一条具有普遍意义的道德法则，而只规定了道德法则所应有的形

---

① 邹化政：《先秦儒家哲学新探》，黑龙江人民出版社 1990 年版，第 374 页。

② 邹化政：《先秦儒家哲学新探》，黑龙江人民出版社 1990 年版，第 18 页。

式特点。"① "康德没有实现理性与自然本性的感性情欲的内在统一。康德所谓的道德法则，只是一个普遍的形式原则，既缺乏普遍的内容，又缺乏这普遍内容在历史和现实中呈现的不同环节的具体内容。"② 因此，康德论人性的方式，是在设定理性立法之意志和道德法则的前提下，从人作为一种理性存在的角度，探讨善恶在理性中（而非时间中——如基督教原罪说）的起源，由此分析出人性中所可能有的向善、向恶之趋向或性癖。西方哲学的人性论，要在通过分析的方法，从诸要素和可能性的角度来规定人性。其论人性，是一种形式的讲法，而非一种内容的讲法。康德对人性的理解，就集中体现了这一思想。

《新探》论儒家的人性论，亦是从人作为"理性"的存在这一前提出发，但其言人性，却非仅从抽象的要素分析的角度来谈，而是转从"心性"或"性情"这一论域来具体展现儒家人性论的思想内涵。

《新探》首先从逻辑上肯定了儒家的性善论。从逻辑上讲，"一切对象只能是其所是，不能是其所非是"③。在统括人、物的意义上，我们可以把"性"理解为"一切对象只能是其所是"，"使它们成其为它们的规定系统"，它以此"是之所以为是"的"质的规定性为基础"；与之相对，"非性"或"性"的对立面则是一切对象之"非其所是"或"非是的规定系统"，"它也以非是之所以为非是的质的规定性为基础"④。这个意义上的"性"，"亦即孔子、子思所谓真实无妄的诚"⑤。如前所说，这个"诚"，即是一个"真"与"善"、实在与应当的本原一体性。从逻辑的意义上讲，"性"只能是"善"，不能是"恶"，亦不能是一种"无善无恶"的绝对空虚。由此推而言之，则人性便"是人之所以为人的质或规定性，是以此为基础的一个人之所以为人的规律系统"⑥。这样，人性亦只能是善，不能是"恶"，不能是一种"无善无恶"的绝对空虚。

人是一种理性的存在。从这个意义上讲，"人性"作为"人之所以为人的规律系统"，其内容便表现在一个"理性对自然本性的固有关系"的系统中。⑦

① 邹化政：《先秦儒家哲学新探》，黑龙江人民出版社 1990 年版，第 217 页。
② 邹化政：《先秦儒家哲学新探》，黑龙江人民出版社 1990 年版，第 65 页。
③ 邹化政：《先秦儒家哲学新探》，黑龙江人民出版社 1990 年版，第 284 页。
④ 邹化政：《先秦儒家哲学新探》，黑龙江人民出版社 1990 年版，第 280 页。
⑤ 邹化政：《先秦儒家哲学新探》，黑龙江人民出版社 1990 年版，第 281 页。
⑥ 邹化政：《先秦儒家哲学新探》，黑龙江人民出版社 1990 年版，第 283 页。
⑦ 参见邹化政：《先秦儒家哲学新探》，黑龙江人民出版社 1990 年版，第 332 页。

这里所说的"自然本性",就是以人的"食色之性"为内容的种种情感和情欲表现。《新探》强调,人具有先天的情感和欲望要求,但我们却不能直接把人性等同于人的自然本性。《新探》指出,在儒家的人性论系统中,"人性不是一个食色之性的自然本性,而是心之为思即理性在其对自然本性所指向的人人关系、人物关系及在此种关系里的一切事物的关系中的规律系统,是规定自然本性而使其作为性的潜在本质进入意识的一个同然之道"①。"食色之性"作为人的"自然本性",当然属于人性的内容。但是,"自然本性""之为性的合理内容和意义",只有在"理性"规定中才能得以实现。②"食色之性的自然本性,在其直接的情欲形态上,还只是一个有待理性来表现、来规定的思维对象,它还不成其为人的人性。它只有在其作为这种对理性的被表现、被规定的固有关系中,它才是人的人性。"③孟子讲"形色,天性也;唯圣人然后可以践形"。是言"形色"作为人之"天性"的意义,只有修养达于圣人的人格和境界,才能得到其本真性的实现。就表明了这一点。因此,在其与"理性"的"固有关系"之外,"自然本性"并不具有其作为"人性"的现成的、独立的意义。

《新探》这里所谓的"固有关系",强调的是理性对自然本性之关系的先天性和必然性。人性作为一个整体,是人之作为人的"类性"。在这个意义上,其"自然本性",亦本有与其他存在物在"类"性意义上的本质区别。学界讨论儒家的人性论,往往习于从孤立的、现成的意义上理解人的所谓"生物性",认为人与动物有着相同的"生物本性",而人的本质却在于其道德性。这样理解的所谓"生物性"和"道德性",就成了现成的两种要素。如果说人有一个与动物相同的现成的生物本性,那人的道德性对人的实存而言,就成了一种"外铄"的作用,人性实质上亦由此被理解为一块无任何先天道德规定的"白板"。这与儒家的性善论的观念是正相反对的。《新探》在人性论上强调人的"自然本性"对于"理性"的"固有"的、先天必然的关系,对于准确理解儒家人性本善的观念,是有重要理论意义的。

这里要再次提请注意,《新探》所谓的儒家的"理性"概念,是"实践理

① 邹化政:《先秦儒家哲学新探》,黑龙江人民出版社 1990 年版,第 315 页。
② 参见邹化政:《先秦儒家哲学新探》,黑龙江人民出版社 1990 年版,第 301 页。
③ 邹化政:《先秦儒家哲学新探》,黑龙江人民出版社 1990 年版,第 337 页。

性逻辑上居先而统辖理论理性"意义上的"理性"。从这个角度看，所谓"理性对自然本性的固有关系"，就是一种存在实现意义上的关系，而非一种单纯认知的关系（当然也包括认知的规定在内）。这样，《新探》所谓"理性"，亦即是儒家所说的以主宰为根本义的"心"。因此，在这个"理性对自然本性的固有关系"中的人性，就表现为相互关联的两个方面的统一：就人心的自觉一方面说，它表现为"心"之作为"思"的一个"同然之道"，此即孟子所谓的"良知"，可以称作人之作为一个"类"的存在的"类意识"；就人的实存方面说，它则表现为一种与气性相关的情感状态，此即孟子所谓的"良心"，可以称作人之作为一个"类"的"类感情"。人性就是这两个方面的统一。

《新探》特别强调，在"理性对自然本性的固有关系"中，人性的内容的先天性，乃表现为一种作为"规律"意义的必然性，而非某种固定和现成的要素。因此，我们必须把儒家"仁义之心"、"不忍人之心"、"四端"这类概念看作"人性之为其同然之道的规律系统起作用的必然表现或产物"，而决不能像西方哲学那样，把它理解为一种"原样地那么存在于人心之中"的"现成的天赋观念、天赋感情"①。这是《新探》分析儒家人性论思想的一个特别值得关注的一个诠释角度。

就理论理性而言，思维在其对感性的固有关系中，会依照相应的范畴把握感性所提供的内容，从而形成经验的知识。②就实践理性而言，人心以其"好、恶"③迎拒事物的情感情欲活动，必然要在实践理性作为意志（心）的规定和决断中，表现为"理与情的统一"的"类感情"和"类意识"④。如前所述，这里所谓的"类感情"，指孟子所说的以"恻隐之心"为代表的"四端"之情，而此"四端"作为"情"，其本身即内在具有"智"或自觉的规定于其中，并非西方哲学意义上的"非理性"。这样，在与理性的"固有关系"中，人的"自然本性作为类本性的类感情（恻隐之心等）必然是意义觉知的意识"。因而，作为良心的"类感情"，同时即表现为一种具有自觉义的"类意

---

① 邹化政：《先秦儒家哲学新探》，黑龙江人民出版社 1990 年版，第 316 页。
② 如思维对前后相继的感性形象，会按照因果的范畴，把它把握为一种因果关系，由此形成一种经验的知识。
③ 人的自然本性之情感欲望表现，可以归结为一种以好、恶迎拒事物的作用。
④ 邹化政：《先秦儒家哲学新探》，黑龙江人民出版社 1990 年版，第 372 页。

识"（"良知"），可以把它称作是一种"类感情的类意识"①。可见，这种人性作为"类感情"与"类意识"的统一，是一种本原意义上的一体性，并非两个现成的要素的结合。

据此，《新探》提出了一个特别有解释力的概念："理性本能"，来说明儒家的人性观念。儒家所理解的人性之内容，是在人的"类感情"内涵"智"的自觉规定而呈现为"类意识"的一种"理与情的统一"，因此，人的理性的表现，并非是"三思后行"的知、行分离，而必然表现一种具有存在力量和当下直接实践能力的理性决断，《新探》借用莱布尼兹的说法，称之为一种"理性本能"。"莱布尼兹说，人的理性作为实践理性，首先是一种理性本能，因为实践理性的作用，是立即要制约人进入行动的，它不容人在其根本前提的问题上进行推论。"② 这个"理性本能"，在现实中乃表现为一种作为理性的"本能的直觉"③。《新探》提出的这个"理性本能"或"本能的直觉"的概念，强调的是人的理性和道德意识所具有的存在性"能力或力量"④ 和当下实践性的意义。《新探》认为，西方哲学秉持形式与实质分立的哲学立场，使其未能够真正了解道德法则的具体性。儒家有关道德原则和人性本善的理论，才真正揭示出了这一"理性本能"观念的真实义涵。

《新探》从"理性对自然本性的固有关系"这一角度，揭示了儒家人性论之异于西方哲学人性论的一个重要特点。西方哲学的人性论，是从知性分析出发的一种形式的讲法，儒家的人性论则是一种内容的讲法。我研究儒家的人性论，提出必须把儒家的人性论放在"心性论"这一论域中来考察，才能理解其本真的内涵。⑤ 从这个角度看，儒家的性本善论，不仅具有先天的逻辑必然性，而且具有先天的存在内容。《新探》在理论上对所以如此的缘由，做了严密的、深刻的理论阐述。

过去，学界批评儒家的所谓"先验道德论"，往往是用西方哲学的"天赋观念"、"天赋道德"论来比附其"恻隐"、"不忍"之心的观念。《新探》从"理

---

① 邹化政：《先秦儒家哲学新探》，黑龙江人民出版社 1990 年版，第 333—334 页。

② 邹化政：《先秦儒家哲学新探》，黑龙江人民出版社 1990 年版，第 216 页。

③ 邹化政：《先秦儒家哲学新探》，黑龙江人民出版社 1990 年版，第 367 页。

④ 邹化政：《先秦儒家哲学新探》，黑龙江人民出版社 1990 年版，第 180 页。

⑤ 参见李景林：《人性的论域暨价值取向》，见《性朴还是性善——中国人性论通史修撰学术研讨会纪要》，《光明日报》2016 年 5 月 30 日。

性对自然本性的固有关系"的角度，对儒家哲学的道德意识与西方哲学的"天赋观念"、"天赋情感"亦作出了明确的区分。

《新探》指出，"天赋观念"、"天赋情感"一类概念，是一种"现成"设定的抽象要素，其根源于西方哲学认知分析的立场。而儒家在"理性对自然本性的固有关系"中所揭示的人性的内容的先天性，却是一种作为"规律"意义的必然性。正像理论理性规定感性以形成经验知识的过程是一个无意识的过程一样，实践理性规定好、恶以迎拒事物的活动，亦是一种自发的无意识活动。人见孺子入井而生恻隐之情，见鸟兽之觳觫而生不忍之心，是"心之为思"亦即理性规定人的自然情感的结果。吾人知此结果，但这一结果之发生的内在过程，对人而言，却属于无意识的领域，须经反思，才能知道。[1]《新探》把这种基于力量和情感的道德意识称作一种"理性本能"或"本能的直觉"，道理正在于此。

不过，反思却是一把双刃剑。一方面，反思可能在人的道德抉择中羼入私意计较而使人"陷溺其心"，从而陷入"非性之恶"[2]。另一方面，这表现为"理性本能"或理性"本能的直觉"的善性内容，乃是"理性对自然本性的固有关系"中的当下表现，而非"现成性"的道德内容，必经存心养性，尽心知性的反思、修养工夫，达于天人合一之境，才能最终实现其固有的价值和存在意义。

《新探》对儒家人性论的新诠，高屋建瓴，理论分析鞭辟入里，细入毫芒，对于澄清长期以来现成套用西方哲学观念对于儒家人性论的误解，切实把握其本真的理论内涵，仍具有重要的思想和方法论意义。

三、中国哲学传统与儒家的天道观念

《新探》依据其超越中西哲学的"总体性"哲学观念，证成了儒家思想作为一种哲学形上学的合法性。《新探》认为，儒家哲学始终以"天人关系"为出发点和核心问题，这使儒家哲学的形上学亦即本体论具有了与西方哲学明显不同的特色。

---

① 参见邹化政：《先秦儒家哲学新探》，黑龙江人民出版社1990年版，第318—319页。

② 邹化政：《先秦儒家哲学新探》，黑龙江人民出版社1990年版，第329页。

天道观是儒家哲学本体观念的核心内容，下面，我们主要就儒家的天道观来谈一谈《新探》对儒家形上学观念的新诠和独到的理解。

《新探》指出，中国哲学传统与基于中国古代社会伦理制度所形成的道德传统密不可分。① 邹先生认为，中国三代的社会形态，是一种封建领主制，而非古希腊罗马的奴隶制。而"人格在不同等级的阶梯上依家长制相互依存和从属"，则是中国古代这种封建领主制社会形态在社会伦理关系方面的表现。② 规定这种社会伦理关系的社会生活样式，便凸显为一套完备的礼仪礼俗系统或礼乐文明。这决定了中国古代的道德传统，必是一个"突出社会伦理规范、原则，亦即突出伦理形式，以伦理形式去统辖个人行为动机、统辖伦理内容的礼义道德传统"③。中国古代这个道德传统的性质，可以理解为是一种"最能体现人的道德理想的非功利主义的道德传统"④。相比较而言，古希腊罗马文明则是一种"强调和突出人的伦理内容、强调和突出人的功利、以伦理内容及其功利统辖伦理形式的功利主义道德传统"⑤。

中国古代这种以礼乐文明为标志的"礼义道德传统"，决定了中国上古时代的天道观念的内涵。这个"天道"的观念，有以下两个方面的显著特点：

第一，它所关注的重心，并非脱离人伦关系的一个单纯自然的天道，人对物和周围世界的关系，是在"人对人的关系"中展现出来的人对物的关系。因此，"中国人的天道，从来都不是一个单纯自然的概念，不是一个以某一或某些自然物乃至一般自然物为最后据点的自然规律的概念"⑥。天道作为一个"超越自然又能主宰自然，超越物又能归于物的最高统一性概念"⑦，本身就具有关乎人伦世界之至善价值本原的规定，古人有关"民彝物则"本原于天，人

---

① 邹化政：《先秦儒家哲学新探》，黑龙江人民出版社 1990 年版，第 47 页。

② 邹化政：《先秦儒家哲学新探》，黑龙江人民出版社 1990 年版，第 61 页。

③ 邹化政：《先秦儒家哲学新探》，黑龙江人民出版社 1990 年版，第 62 页。"伦理形式"、"伦理内容"（或称"伦理实质"），是邹化政先生研究伦理道德问题所使用的两个概念。"伦理形式"，指表现社会伦理规范体系及其伦理意识的形式原则或道德法则；"伦理内容"，则指人的自然本性及其实现的种种社会需要，属于人的伦理意识的内容方面。（参见邹化政：《先秦儒家哲学新探》，黑龙江人民出版社 1990 年版，第 14 页以下）

④ 邹化政：《先秦儒家哲学新探》，黑龙江人民出版社 1990 年版，第 62 页。

⑤ 邹化政：《先秦儒家哲学新探》，黑龙江人民出版社 1990 年版，第 62 页。

⑥ 邹化政：《先秦儒家哲学新探》，黑龙江人民出版社 1990 年版，第 68 页。

⑦ 邹化政：《先秦儒家哲学新探》，黑龙江人民出版社 1990 年版，第 68 页。

伦政务皆"取法于天"的观念,就表明了这一点。①

第二,中国上古时代的"神道"观念②,强调和凸显的是"神"主宰世界的人伦秩序与自然运行的过程性一面,而非其神格作为主体的一面。这一点,对儒家哲学的本体论形态,有重大的影响。

《新探》从中西比较的角度概括商周时代"神道"观念的特点说:"在回教、犹太教、基督教的神道观念中,强调和突出的与其说是它的道,毋宁说是它的至高至上的人格和意志本身,而它的道却是非常抽象的。与此相反,中国人在殷周之际的神道观念,强调和突出的与其说是它的那个主体——至高至上的人格或意志,毋宁说是它的道,是它主宰人伦与自然统一体的规律系统,并且把这规律系统具体化为各种特定的礼义形式。中西方的这种差别,决定了中国人一元化的宗教意识,难以得到充分的、独立的发展,它必为有关这个天道观念的哲学意识所代替,特别是为儒家哲学意识所代替。"③

《新探》对商周时代神道观念的这一论述,有两点值得注意。一是西方宗教神道观念的特点,所凸显的是其"至高至上的主体",亦即其神格方面的意义,其神之"道"这一方面,却非常抽象。而商周宗教的神道观念却与此相反,其关注的重点在神之"道"而不在其神格的主体方面。三代宗教的核心概念是"天命"和"上帝",人必须法则天、帝,亦是当时人所流行的观念。但这上天之则或神道的内涵,则是统合自然与人伦之道为一体的礼义道德原则。在这里,神与人乃统合为一,并未抽离为两个独立的世界。二是商周时期的天道观念凸显神之"道",天、帝的内容乃通体表现于现实世界的法则和规则,神格主体性的方面则较弱,这一特点,决定了中国古代难以形成独立的一神教的宗教体系,却易于转变为一种形上性的哲学系统。

近年西方华人学者研究中国古代文明的起源和古代宗教宇宙观的特征,颇强调"连续性"这一概念的意义。如张光直先生把中国古代文明起源的特征概括为一种"连续性"的形态,而把西方文明的起源,概括为一种"破裂性"的形态。这里的连续性,是讲中国古代的文明创制,与其所从出的自然之间,

---

① 邹化政:《先秦儒家哲学新探》,黑龙江人民出版社 1990 年版,第 70—72 页。

② 《新探》把商周时期的"神道"观念,看作中国古代"天道"观念表现于上古时代的一种历史形态。

③ 邹化政:《先秦儒家哲学新探》,黑龙江人民出版社 1990 年版,第 73 页。

存在着一种内在的联系。① 杜维明先生则用"连续性"这一概念，来说明中国古代宗教的宇宙论的特征。这种宇宙论把宇宙理解为一个有机的、连续的生命过程，在其中，它的所有部分都内在地相互关联，并整合构成为一个有机的整体。而这样一种具有"连续性"特征的整体性的宇宙概念，不能允诺一个在这个宇宙整体之外的"造物主"的观念。② 这一连续性的概念，与邹化政先生对中国古代神道观念特征的论述，颇能相互印证。

上帝天道内在于实存的宇宙过程和社会伦理系统，而不能独立为一种在世界之外的神界，其实质，可以概括为一种神性内在的观念。③《新探》强调，这一神道观念，既难以进一步发展为一种独立的一神教的宗教体系，同时亦规定了以后中国哲学尤其是儒家哲学形上学的精神方向和理论特质。

《新探》指出，与上古时代宗教的"神道"观念相一致，儒学的天道本体观念所突出的并非其形式化主体或实体性一面，而是它"化生万物的规律一面"④。儒学凡言天道，强调的都是道体之"流行"的意义，同时"道体"又构成了万事万物之流行、创生过程本身的能动性原则。而"天道"之流行和内在于宇宙过程之流行和创生的意义，则根源于上古宗教之神道的神性内在的观念。所谓神性内在，落实下来，就是"神性"内在于包括人在内的天地万物的实存性。这样，天道流行于天地万物，既具有其存在性方面的规定，同时亦具有其精神方面的规定，《新探》称之为"天道"的"物质属性"和"精神属性"。

不过，天道的这种"物质属性"和"精神属性"，并非相互分离的两种特性。天道即自然和社会之创生流行的过程而显，并非在此流行过程之外的一个形式本体。这样，天道于其存在之一端，就表现为一个物质"实体"。在儒家哲学的天道或本体论中，与西方哲学之物质实体和或构成物之实存的质料概念相当的是"气"这一概念。但是，二者之间却存在着一种根本的差别。在西方

① 参见张光直《连续与破裂：一个文明起源新说的草稿》《从商周青铜器谈文明与国家的起源》两文，见张光直：《中国青铜时代》，生活·读书·新知三联书店 1999 年版。
② 参见杜维明：《存有的连续性：中国人的自然观》，《杜维明文集》第 3 卷，武汉出版社 2002 年版。
③ 参见李景林：《义理的体系与信仰的系统——考察儒家宗教性问题的一个必要视点》，《北京师范大学学报》2016 年第 3 期。
④ 邹化政：《先秦儒家哲学新探》，黑龙江人民出版社 1990 年版，第 104 页。

哲学中，占主导地位的是一种机械的物质观，质料被看作一种被动的、惰性的与料，能动的原则是在它之外的形式和精神性原则。与此相反，"中国哲学所谓气的实体，不是一种死物，而是一种能伸缩自如的活动体。"儒家哲学把宇宙看作一个生生的"气化"过程。但是，"气化"概念，并非被理解为机械的物质作用，"气化"本身即是内涵精神生命的创造活动。由此，"天道"之"精神属性"并非其作为本体的一个独立的性质，而是表征其存在的"气"作为"实体"所本具的一种内在的精神性规定。"气"作为实体，就是"这两种属性的统一体"。这个统一体的本质内涵，"实际上是一个气作为实体的精神属性调整、节制其物质作用的物质机能系统"①。宋儒谓鬼神为"气之良能"，以鬼为"阴之灵"，神为"阳之灵"，皆是以精神为"气"之固有的本质。因而，儒家"所谓'人物'、'物物'的'交感作用'，决不能单纯理解为一种机械的物质作用，而应理解为一个物质实体（气）的精神作用调整、节制其物质作用形成的统一性"②。

由此言之，包括人在内的宇宙实存，无不有"心"，无不内涵精神生命。宋儒所谓宇宙大心的观念，就表现了这一点。"在纯粹天道中的物质本体在万物中作为实体——气而存在，普遍地具有等级不一的精神属性，所以它表现出来的万物，也有不同等级的心灵：人有人心，物有物心，人物的交互作用，都要受其心的调整和节制"③。朱子说："天地以此心普及万物，人得之遂为人心，物得之遂为物之心，草木禽兽得之遂为草木禽兽之心，只是一个天地之心尔。""若果无心，则须牛生出马，桃树上发李花，他又却自定。"④朱子之说，亦印证了这一点。

所以，《新探》结论说，儒家哲学，无论是唯物论，还是唯心论，其"所谓气，就其性能而言，一向都是物质性与精神性的统一。""气化"表现着精神生命创造的能动性，而此创造活动的统一性、整体性和能动性，就是所谓"天道"、"天理"的规律系统。儒家讲"即用即体"、"由体达用"、"体用一源"，根据即在于此。

"天道"在表征其存在性的实体（气）上表现出物质属性与精神属性的统

---

① 邹化政：《先秦儒家哲学新探》，黑龙江人民出版社 1990 年版，第 111 页。
② 邹化政：《先秦儒家哲学新探》，黑龙江人民出版社 1990 年版，第 111—112 页。
③ 邹化政：《先秦儒家哲学新探》，黑龙江人民出版社 1990 年版，第 112 页。
④ 黎靖德编：《理气上·太极天地上》，《朱子语类》卷 1，岳麓书社 1997 年版，第 1 页。

一。因而，儒家的"天道"作为形上本体，便是将"气化"的现实存在过程扬弃包含其中的一个整体性或具体概念。儒家哲学历来强调"时中"、"物来顺应"、"上下与天地同流"，在一种动态的整体性中直观和亲证道体，皆与上述对本体的理解有关。《新探》对儒学天道观念的新阐释，对于我们准确地理解儒家形上学之异于西方哲学的特征及其精神实质，是有重大的理论意义的。

邹化政先生哲思宏深，高屋建瓴，在思想理论上尤富原创力。是著参酌中西，纵览今古，其对儒家思想的诠释，悉出先生造道之自得，不仅在儒学义理和中国文化精神的重构方面为我们展示了一个全新的思想世界；同时，其有关儒家与道家及其他诸流派的关系、三教合流对宋明儒学的影响、中国哲学的发展规律、儒家在世界哲学中的定位、马克思主义哲学中国化诸问题的探讨，亦识见高卓，奥义迭出，率多孤明先发之论。书中持论及对相关哲学理论问题的辨析，对于澄清现代以来社会、学界加诸儒学的种种误解，仍具有重要的启示和方法意义。会前时间有限，以上仅能就我这次读书所得，谈几点粗浅的体会。二十多年后再读邹师《新探》一书，更感"思想之树常青"，几十年岁月的拷问，更凸显出了此书所提出的一些核心的诠释理念和思想观点之恒久的学术和理论价值。

（作者简介：李景林　北京师范大学哲学学院）

附 录

汤一介思想国际学术会议论文集目录

（以姓氏拼音排序）

略论汤一介对中国传统哲学范畴体系的研究 （黑龙江大学 柴文华 张美玲）

庄子对孔子思想观念的转化 （北京大学 陈鼓应）

从牛马之喻看天人的隔断与贯通 （中国社会科学院 陈静）

"道"与"心"：中国文化之中的宗教宽容精神何以可能 （中山大学 陈立胜）

人自我身心内外的和谐——汤一介"普遍和谐"观的重要面向 （首都师范大
　　学 陈鹏）

汉学与哲学 （中山大学 陈少明）

梦的理学义蕴 （华南师范大学 陈椰）

哲学与历史的融合——本体诠释学的本体诠释与中国解释学的历史诠释 （美
　　国夏威夷大学 成中英）

论汤一介道教研究的历史价值 （武汉大学 邓妍）

儒家礼乐文明与政治中正 （浙江大学 董平）

汤一介先生概念范畴进路的方法论反思 （台湾大学 杜保瑞）

先秦秦汉"性"字的多义性及其解释框架 （清华大学 方朝晖）

康有为政治哲学的人性论基础——以《孟子微》为中心 （北京大学 干春松）

汤一介哲学的践行 （三智文化书院 高斌）

新轴心时代的展望——从《瞩望新轴心时代》看世界秩序的重构 （华东师范
　　大学 高瑞泉）

论汤一介先生的中国哲学史方法论思想 （西南大学 高秀昌）

《周易》——"宇宙之弦" （深圳职业技术学院 高予远）

大学人性教育当如何进行？——以《论语》中的教课教育为中心 （韩国成均馆大学 高在锡 元勇准）

汤一介中西学术对话思想中西方思想元素及其对西方思想的态度 （上海建桥学院 高中理）

汤一介先生的学术贡献 （武汉大学 郭齐勇）

中华文化对第二个轴心期的应有贡献 （韩国首尔大学 郭沂）

聚焦中国诠释学问题 （北京市社会科学院 洪汉鼎）

儒学传统的现代境遇 （北京大学 胡军）

汤一介先生《周易》诠解述论 （中国社会科学院 胡士颖）

汤一介关于儒学与马克思主义关系的思考及其启示 （武汉大学 胡治洪）

凤凰涅槃比翼齐飞——汤一介乐黛云思想合说 （北京大学 胡仲平）

汤一介《郭象与向秀》读后——向、郭异同再商榷 （香港科技大学 黄敏浩）

汤一介先生儒学观初探 （苏州大学 蒋国保）

中国当代艺术的逻辑起点探索——中国当代油画"语言写实主义"的实践轮廓 （云南大学 蒋永青）

从"接着讲"看中国哲学的分期和发展 （人民出版社 金春峰）

初探荀子礼乐论在哲学咨询领域之应用 （韩国江原大学 金汝珍）

易经哲学诠释学试论 （韩国成均馆大学 金圣基）

王阳明与冯友兰的道德观差异 （韩国檀国大学 金周昌）

中国经典诠释学建构的三个维度 （深圳大学 景海峰）

四端之心——孟子对德性理据性的追问 （中国社会科学杂志社 匡钊）

论马克思主义儒家化——接着汤一介先生之大河与小河思想谈 （西安交通大学 雷原 齐怀峰）

邢昺《论语注疏》所引王弼《论语释疑》考辨 （深圳大学 黎业明）

清儒消解《孟子》良知良能申论 （北京大学 李畅然）

略论《汉学商兑》的思想谱系与理学批评 （中山大学 李辰）

儒佛二教的交集与分歧——以朱熹对"作用见性"的理解为中心 （南京大学 李承贵）

关于老庄"道根"与"道本"问题的追问 （深圳大学 李大华）

人道即天道——邹化政先生的儒家哲学研究 （北京师范大学 李景林）

文化坚守者与学问家的张力——以汤用彤为分析个案 （中山大学 李兰芬）

文中子的王道思想及其对朱陈王霸之辩的影响述论 （深圳职业技术学
　院　李强）

论先秦儒家的语言观与诠释观 （湖南大学　李清良　周律含）

从诠释学看儒学民族化的进路和回族思想的核心理念 （宁夏大学　李伟　北
　方民族大学　潘忠宇）

章学诚的历史形上学论析 （中山大学　李长春）

诠释学的存有学探源——以"存有三态论"为核心的展开 （台湾慈济大学
　林安梧）

众望从今仰斗山——怀念汤一介先生 （山东大学　刘大钧）

The Goodness in Human Nature：New Perspectives on Mencian Theory （香港中
　文大学　刘笑敢）

《湛甘泉全集》的整理出版与湛甘泉的《非老子》思想研究 （五邑大学　刘
　兴邦）

从《中庸》言"中和"看儒家的生活方式 （河海大学　柳向忠）

论专制帝王的儒学情结 （吉林大学　吕文郁）

我与汤一介先生 （吉林大学　吕文郁）

喻进与典范：从《关雎》之义的早期转变看经典意义的塑造 （北京大学　孟
　庆楠）

湛甘泉的人格与境遇——关于人生之命的一种思考 （佛山科技学院　宁新昌）

从"知行合一"看王阳明对孔子的继承和发展 （武汉大学　欧阳祯人）

伊儒会通视域下明清回儒善恶观 （北方民族大学　潘忠宇　于兰）

心学与国人的信仰哲学 （中国孔子基金会　彭彦华）

汤一介公《论利玛窦汇合东西文化的尝试》一文之我见——基于西化、并置、
　化西"三款六式"之比较研究视角 （北京行政学院　钱爽）

心性论的主要问题与逻辑关系 （北京师范大学　强昱）

学术与政治的深度紧张——董仲舒《春秋》学的三大面相 （西安第四军医大
　学　王博）

湘学称谓的历史变迁及其内涵 （深圳大学　王立新）

也谈"亲亲相隐"与儒家伦理中的"道德两难" （香港中文大学　王庆节）

从"曲"到"戏"：先秦"乐教"考察路径的转换 （香港中文大学　王顺然）

理学知行观与传统之差别暨《中庸》的一处倒文 （山东大学儒学高等研究

院　王小婷）

汤一介先生对中国哲学的哲学思考——从范畴研究到哲学地思考中国哲学
　（深圳大学　王兴国）

《正教真诠》和《天主实义》的关系初探　（深圳大学　问永宁）

建构第三期中华文明的经典体系与经学　（台湾大学　吴展良）

宗教·儒教·民间儒教　（安徽大学　解光宇　孔子研究院　宋冬梅）

试论玄学的分期问题　（台湾佛光大学　谢大宁）

再论魏晋玄学与儒道会通　（台湾佛光大学　谢大宁）

王心斋的工夫理论探析　（贵州师范大学　谢群洋）

汤一介与海外中国学研究　（大连理工大学　徐强）

汤一介先生论儒学的复兴——读《中国儒学史·总序》　（北京大学　许抗生）

汤一介先生的佛学研究　（北京大学　杨浩）

李退溪《天命图说》述论　（南昌大学　杨柱才）

孟子性善论及其意义　（贵州省社会科学院　于民雄）

“君子”、“小人”、“女子”及“与”之再辨析　（中山大学　张丰乾）

印度佛教心性论诘难　（北京大学　张广保）

舍人、盛览与西汉时期的儒学南渐　（贵州大学　张新民）

王夫之《未济》卦阐发的几个思想维度　（北京大学　张学智）

“内在关系”论——兼评汤师20岁时对金岳霖知识论之批评　（北京市委党
　校　张耀南）

方中通《哀述》诗释读　（中山大学　张永义）

试论儒家思想语境中的“无为”（北京大学　郑开）

论明清之际儒学的一元化倾向　（香港中文大学　郑宗义）

唐宋道统说新考：容荀子等人及进出变化　（华南师范大学　周炽成）

元代科举之罢与蒙汉观念之“冲突”（中山大学　周春健）

策划编辑:方国根
责任编辑:钟金铃　武丛伟　崔秀军
封面设计:石笑梦

图书在版编目(CIP)数据

儒学的当代理论与实践/景海峰 主编. —北京:人民出版社,2017.11
ISBN 978 - 7 - 01 - 018441 - 8

Ⅰ.①儒… Ⅱ.①景… Ⅲ.①儒学-文集 Ⅳ.①B222.05-53

中国版本图书馆 CIP 数据核字(2017)第 260072 号

儒学的当代理论与实践

RUXUE DE DANGDAI LILUN YU SHIJIAN

景海峰　主编

人民出版社 出版发行

(100706　北京市东城区隆福寺街99号)

北京龙之冉印务有限公司印刷　新华书店经销

2017 年 11 月第 1 版　2017 年 11 月北京第 1 次印刷
开本:710 毫米×1000 毫米 1/16　印张:53.25
字数:890 千字　印数:0,001-2,000 册

ISBN 978 - 7 - 01 - 018441 - 8　定价:142.00 元

邮购地址 100706　北京市东城区隆福寺街 99 号
人民东方图书销售中心　电话 (010)65250042　65289539